E.T.A. Hoffmann

E.T.A. Hoffmann

Leben – Werk – Wirkung

2., erweiterte Auflage

Herausgegeben von
Detlef Kremer

De Gruyter

Dieser Band ist text- und seitenidentisch
mit der 2010 erschienenen gebundenen Ausgabe.

ISBN 978-3-11-026831-7

Bibliografische Information der Deutschen Nationalbibliothek

Die Deutsche Nationalbibliothek verzeichnet diese Publikation in der Deutschen Nationalbibliografie; detailierte bibliografische Daten sind im Internet über http://dnb.dnb.de abrufbar

© Copyright 2012 by Walter de Gruyter GmbH & Co.KG, Berlin/Boston

Satz: pagina GmbH, Tübingen
Druck: Hubert & Co. GmbH & Co KG, Göttingen
Printed in Germany

www.degruyter.com

Vorbemerkung des Verlages zur 2. Auflage

Im Mai 2009 erschien dieses Handbuch in der ersten Auflage. Das Werk erhielt schon bald nach seiner Veröffentlichung hervorragende Rezensionen und wurde von Hoffmann-Forschern des In- und Auslandes sehr positiv bewertet.

Zu unserem großen Bedauern starb der Herausgeber, Professor Dr. Detlef Kremer, plötzlich und völlig unerwartet kurz nach Erscheinen des Werks am 3. Juni 2009. Er hat den Erfolg seines in vielen Jahren Arbeit gereiften Handbuchs leider nicht mehr erlebt. Sein Tod hat nicht nur alle Mitarbeiter des Verlages betroffen gemacht, die bei der Herausgabe des Werks mit ihm zusammengearbeitet haben, sondern er hat auch eine kaum zu schließende menschliche und fachliche Lücke in der Germanistik gerissen.

Die positive wissenschaftliche Resonanz auf das E.T.A.-Hoffmann-Handbuch schlug sich in einem sehr guten Absatz nieder, so dass der Verlag sich schon bald vor die Entscheidung gestellt sah, eine zweite Auflage zu drucken. Wir legen sie hiermit vor und nutzen die Gelegenheit, dem – ansonsten unveränderten – Band eine Zeittafel und ein Register der Werke E.T.A. Hoffmanns beizugeben. Professor Kremer hatte beides im Vorwort der ersten Auflage zwar angekündigt, doch in der Endphase des groß angelegten Projekts wurde dann versäumt, Zeittafel und Register noch auszuführen.

Möge das wichtige Handbuch, um diese Beigaben erweitert, der Hoffmann-Forschung auch in Zukunft wertvolle Dienste erweisen und die Erinnerung an seinen exzellenten Herausgeber, Professor Dr. Detlef Kremer, lebendig erhalten.

Berlin, im März 2010   Lektorat Sprach- und Literaturwissenschaft
Walter de Gruyter, Berlin/New York

Vorwort

Knapp 200 Jahre nach E.T.A. Hoffmanns Tod versucht das vorliegende Handbuch, einen Gesamtüberblick über sein Œuvre zu geben. Dieses schließt die literarischen und die musikalischen Werke ebenso ein wie Hoffmanns juristische Tätigkeit. Am Gelingen dieses Unternehmens haben zahlreiche Literatur-, Musik- und Rechtswissenschaftler und -wissenschaftlerinnen mitgewirkt. Ihnen sei an erster Stelle ein herzlicher Dank ausgesprochen.

Abgesehen davon, dass ein solches Projekt monographisch kaum zu bewältigen ist, bietet eine Kooperation den unschätzbaren Vorteil, dass das facettenreiche Werk Hoffmanns aus verschiedenen, sich ergänzenden Blickwinkeln beleuchtet wird. Zwar folgen die einzelnen Beiträge lose einer allgemeinen Vorgabe, dabei ist aber ihr individueller Charakter erhalten geblieben.

Das Hoffmann-Handbuch gliedert sich in fünf große Abschnitte. Im ersten Teil wird ein biographischer Abriss durch eine lexikonartige Liste ergänzt, die Informationen über wichtige Personen aus Hoffmanns Leben und beruflicher Tätigkeit bietet. Darauf folgt ein zweiter Abschnitt, der literarische, diskursive und poetologische Voraussetzungen von Hoffmanns Schreiben beinhaltet. Neben literarischen Traditionslinien und der frühromantischen Ästhetik werden die romantische Psychologie, Medizin, Natur- und Sprachphilosophie, jeweils mit Blick auf Hoffmann, in knappen Überblicksdarstellungen erschlossen.

Der umfangreiche Hauptteil ist dem Werk Hoffmanns, einschließlich der Briefe und Tagebücher, gewidmet. Das literarische Œuvre wird in Einzeldarstellungen präsentiert, wobei die Sammelwerke (*Fantasiestücke*, *Nachtstücke*, *Die Serapions-Brüder*) zusätzlich mit Gesamtdarstellungen versehen wurden. Neben den philologischen Entstehungs- und Publikationsfakten informieren die Einzeldarstellungen über Einflüsse und Wirkung sowie Forschungsperspektiven und Aspekte der Deutung. Zwei Beiträge stellen Hoffmann als Komponisten und als musikalischen Schriftsteller vor. Artikel über den Brief- und Tagebuchschreiber Hoffmann sowie seine juristische Praxis runden den dritten Abschnitt ab.

In enzyklopädischer Gliederung unternimmt der vierte Teil den Versuch, zentrale Begriffe im Hinblick auf Narrativik, Motivik, Medialität etc. definitorisch und mit Verweis auf wichtige Stellen in Hoffmanns Erzählungen zu erschließen. Der fünfte Teil ist der Forschung und der literarischen Wirkung Hoffmanns gewidmet. In dem Maße, wie Hoffmann, zögernd noch im 19., vollends dann im 20. Jahrhundert zum Gegenstand der Weltliteratur wird, verstehen sich die Beiträge zur literarischen Wirkung als kursorischer Überblick, der durch zwei exemplarische Fälle ergänzt wird: die intensive Rezeption Hoffmanns in der Prager Neoromantik sowie seine Bedeutung für den Film. Der abschließende Forschungsbericht zeichnet die Grundlinien der literaturwissenschaftlichen Forschung vom 19. Jahrhundert bis in die Gegenwart nach. Zeittafel, eine umfangreiche Bibliographie sowie verschiedene Register unterstreichen die Benutzerfreundlichkeit des Bandes.

Zitiert wird nach der maßgeblichen Ausgabe des Deutschen Klassiker Verlages, Frankfurt am Main 1985ff. Die Zitate aus Hoffmann-Texten werden direkt im laufenden Text unter Angabe der Band- und Seitenzahl in Klammern belegt. Aus Gründen der Lesbarkeit wurde auf Fußnoten verzichtet; Zitate und Verweise lassen sich über Verfasser- und Jahresangabe in der Bibliographie ausfindig machen.

In der Hoffnung, mit einem ebenso informativen wie verständlichen, übersichtlichen wie anregenden Handbuch die unterschiedlichen Forschungsperspektiven zu E.T.A. Hoffmann bündig zusammengefasst zu haben, sei es einer breiten, interessierten Öffentlichkeit übergeben, nicht jedoch ohne Dr. Heiko Hartmann vom de Gruyter Verlag zu danken, der vor einigen Jahren der verdienstvolle Initiator war. Ebenso sei den Mitarbeiterinnen und Mitarbeitern in Münster und – allen voran – noch einmal den zahlreichen Beiträgern gedankt, ohne deren vielfältiges Wissen dieses Handbuch nicht möglich gewesen wäre.

Münster, im Januar 2009   Detlef Kremer

Inhaltsverzeichnis

Vorbemerkung des Verlags zur 2. Auflage V
Vorwort VII

E.T.A. Hoffmann in seiner Zeit 1

I. Hoffmanns Leben 1
1. Jugend, Justizlaufbahn: Königsberg – Berlin (1776–1800) . . 1
2. Justizdienst, Regierungsrat a. D.: Posen, Płock, Warschau, Berlin (1800–1808) 4
3. Kapellmeister in Bamberg (1808–1813) 6
4. Künstler in Dresden und Leipzig (1813–1814) 10
5. Regierungsrat und Erfolgsautor: Berlin (1814–1822) 11
6. Person, Persönlichkeit 14

II. Bekannte und Zeitgenossen E.T.A. Hoffmanns 18

Literarische und diskursive Voraussetzungen 37

I. Hoffmanns literarische Traditionen 37

II. Frühromantische Theorie der Literatur 47
1. ‚Progressive Universalpoesie' 47
2. Romantische Ironie 49
3. Fragment 50
4. Heterogenität und Metamorphose 53
5. Selbstreflexion und Imagination 55

III. Romantische Psychologie 58
1. Vorgeschichte 58
2. Frühromantik/Spätromantik 59
3. Mesmerismus/Magnetismus 61
4. Literarische Psychologie der Romantik 62

IV. Romantische Medizin und Psychiatrie	. . . .	65
V. Romantische Naturphilosophie	. . . .	71
VI. Romantische Sprachphilosophie	. . . .	76

Das literarische Werk 81

Ritter Gluck. Eine Erinnerung aus dem Jahre 1809 81
   1. Entstehung und Publikation 81
   2. Skizze der Handlung 82
   3. Doppelungen und verschobene Identitäten 83

Fantasiestücke in Callot's Manier (1814/15) 87
   1. Entstehung und Struktur der Sammlung 87
   2. Jean Pauls Vorrede: Hogarth vs. Callot 88
   3. Die Manier Callots 89
   4. Manier oder Stil? 91
   5. Die Vorlagen Callots: das Verhältnis von Kunst und Literatur 92
   6. Die Alltäglichkeit des Wunderbaren 93
   7. Literarische Ekphrasis 94
   8. Bürgerlichkeit vs. Künstlertum 96
   9. Phantasie, Enthusiasmus und Besonnenheit 98
   10. Zusammenfassung 99

Nachricht von den neuesten Schicksalen des Hundes Berganza . . 101
   1. Entstehung 101
   2. *Berganza* – ein autobiographischer Schlüsseltext? 101
   3. Eine Erzählung in Callot's Manier 102
   4. Hoffmanns Dramaturgie 104

Der Magnetiseur 108
   1. Entstehung 108
   2. Zeitgenössische Rezeption und Beiträge der Forschung . . . 109
   3. Struktur der Erzählung 110
   4. Mesmerismus 112

Der goldene Topf 114
   1. Schreibszenen zwischen Chemie und Wahnsinn 114
   2. Deutungsaspekte 118
   3. Metamorphosen von Schreiber und Schriftsteller 121
   4. Die *figura serpentinata* und die Macht der Kalligraphie . . . 124

Die Abenteuer der Sylvester-Nacht 131
   1. Entstehung und Einfluss 131
   2. Spiegel und gebrochene Identität 132
   3. Der leere Spiegel und die verweigerte Identität 135

Prinzessin Blandina 137
   1. Entstehung und Einflüsse 137
   2. Stellung in den *Fantasiestücken* – Rezeption und Forschung 138
   3. Romantische Gozzi-Komödie 140
   4. Epigonalität 142

Die Elixiere des Teufels. Nachgelassene Papiere des Bruders
Medardus, eines Kapuziners (1815/16) 144
   1. Entstehung 144
   2. Literarische Wirkung und Forschung 147
   3. Erzählstruktur und gebrochene Identität 151
   4. Labyrinth und Wiederholung 154
   5. Bilder/Frauenbilder 156

Nachtstücke (1816/17) 161
   1. Entstehung und Wirkung 161
   2. Begriffshorizont 162
   3. Themen, Motive, Strukturen 164
   4. Komposition der Sammlung 166

Der Sandmann 169
   1. Entstehung und Überlieferung 169
   2. Aufbau und Inhalt 171
   3. Zeitgenössische und wissenschaftliche Rezeption 172
   4. Verbrieftes Leid, erkauftes Glück 176
   5. Datensalat und Maschinenlogik 180

Ignaz Denner 186
    1. Entstehung und Wirkung 186
    2. Handlung und Verhandlung 186
    3. Wahrscheinlichkeiten 188

Die Jesuiterkirche in G. 190
    1. Entstehung, Aufbau und Rezeption der Erzählung 190
    2. Die Rahmenerzählung 191
    3. Künstlertum und Künstlerliebe 193

Das öde Haus 197
    1. Entstehung und Überlieferung 197
    2. Aufbau und Inhalt 197
    3. Grundzüge der Deutung 198

Das Majorat 203
    1. Entstehung und biographische Einflüsse 203
    2. Historisch-politischer Kontext 204
    3. Erzählaufbau und juristischer Diskurs 206

Seltsame Leiden eines Theater-Direktors (1818) 209
    1. Entstehung und Voraussetzungen 209
    2. Ein Dialog über das Theater 211
    3. Romantische vs. klassizistische Vorstellung vom Theater . . 212

Klein Zaches genannt Zinnober. Ein Märchen (1819) 215
    1. Entstehung 215
    2. Eine Skizze der Märchenhandlung 215
    3. Struktur und Deutung 218
    4. Märchen und Moderne 221

Haimatochare (1819) 225
    1. Entstehung und Einflüsse 225
    2. Grotesker Forscherdrang und passionierte Liebe 226

Die Marquise de la Pivardiere (Nach Richer's Causes Célèbres)
(1820) 231
    1. Quellen, Entstehung und Handlungsskizze 231
    2. Perspektiven der Analyse 234

Inhaltsverzeichnis

Prinzessin Brambilla (1820) 237
    1. Entstehung, Publikation, Intermedialität 237
    2. Quellen und Stellung im Gesamtwerk 240
    3. Rezeption und Forschungsgeschichte 243
    4. Paratexte, Genre 245
    5. Entzweiung und Identität im „chronischen Dualismus" . . 248
    6. Erzählung 252
    7. Die Nadel der romantischen Textur 254
    8. Wirkung 255

Die Serapions-Brüder (1819/21) 257
    1. Entstehung 257
    2. Genre 258
    3. Aufbau 259
    4. Kohärenz 260
    5. Thema 261
    6. Stil 262
    7. Das serapiontische Prinzip 263
    8. Erzähler 265
    9. Wirkung 267

Rat Krespel 268
    1. Entstehung und Textüberlieferung 268
    2. Ansätze der Forschung 269
    3. Zum musikalischen Gehalt von *Rat Krespel* 270

Die Bergwerke zu Falun 276
    1. Entstehung, Quellen und Einflüsse 276
    2. Das romantische Bergwerk 277
    3. Unbehaustheit 280
    4. Die imaginäre Ordnung der Unterwelt 283

Nußknacker und Mausekönig 287
    1. Entstehung, Gattungsfragen und Rezeption 287
    2. Weihnachten bei Familie Stahlbaum 289
    3. Initiationsspuk 293

Doge und Dogaresse 298
   1. Entstehung, Aufbau und Wirkung 298
   2. Bild und Narration 299
   3. Vergangenheit, Geschichte und Identität 302

Meister Martin der Küfner und seine Gesellen 304
   1. Entstehung und Quellen 304
   2. Grundlinien der Forschung 305
   3. Ein biedermeierlicher Bilderbogen 306

Das fremde Kind 310
   1. Entstehung und Bild der Kindheit 310
   2. Magister Tinte und das fremde Kind 311
   3. Selbstreflexive Züge: ein Märchen des Märchens 313

Das Fräulein von Scuderi 316
   1. Entstehung und Quellen 316
   2. Wirkung und Rezeption 318
   3. Erzählerische Tiefe 320
   4. Wahrheitstechniken 322
   5. Künstlertypen 323

Die Königsbraut 325
   1. Entstehung und Quellen 325
   2. Wirkung 328
   3. Aspekte der Deutung 329

Die Automate 332
   1. Entstehung und Einflüsse 332
   2. Automate, Somnambule und die *musica mundana* 334

Lebens-Ansichten des Katers Murr (1819/21) 338
   1. Entstehung und Publikation 338
   2. Einflüsse 338
   3. Zeitgenössische Rezeption, literarische Wirkung und ältere
      Forschung 341
   4. Grundzüge der neueren Forschung 343
   5. Fragmentarische Form 345
   6. Der romantische Text als Umschrift 348
   7. Ein Fest im „Lande der Maskenfreiheit" 351

Inhaltsverzeichnis

Die Irrungen / Die Geheimnisse (1820/1821) 357
   1. Entstehung, Veröffentlichung, Quellen 357
   2. Rezeption und Forschung 358
   3. Interpretation 360

Die Doppeltgänger (1821) 364
   1. Entstehung und Wirkung 364
   2. Aufbau und Erzählstruktur 365
   3. Deutungsansätze 368

Der Elementargeist (1821) 371
   1. Entstehung und Quellen 371
   2. Wirkung 373
   3. Aspekte der Deutung 375

Meister Floh (1822) 378
   1. Entstehung, Quellen, zeitgenössische Aufnahme und Ansätze
      der Forschung 378
   2. Arabeskes Erzählen. Der labyrinthische Handlungsverlauf . 381
   3. Titelkupfer und Titel 383
   4. Satirische Erzählweisen 386
   5. Naturphilosophischer Hintergrund und poetische Aufhebung
      des ‚chronischen Dualismus' 387
   6. Hoffmanns *Erklärung zu „Meister Floh"* 390
   7. Ausblick 392

Des Vetters Eckfenster (1822) 394
   1. Entstehung und Einflüsse 394
   2. Grundzüge der Forschung 395
   3. Fenster als Medien der Imagination und Perspektive 397
   4. Formate und Farben 399
   5. „Geübte Physiognomik" 402
   6. Phantasmagorien eines einsamen Autors 403

Der Feind (1822) 407
   1. Entstehung und Publikation 407
   2. Skizze der Handlung 407
   3. Künstler und Bürgertum 409

Das Musikalische Werk 413

I. Musikalische Schriften und Rezensionen 413
   1. Hoffmanns Arbeiten für die *AMZ* 413
      1.1 Rezensionen der Sinfonien 5 und 6 von Friedrich Witt . 414
      1.2 Rezension von Beethovens 5. Sinfonie 414
      1.3 *Der Dichter und der Komponist* 415
      1.4 *Über einen Ausspruch Sacchini's, und über den sogenannten Effekt in der Musik* 416
      1.5 *Alte und neue Kirchenmusik* 419
      1.6 Rezension der *Zwölf Lieder* von Wilhelm Friedrich Riem 422
   2. Beiträge Hoffmanns zu Berliner Blättern 423

II. E.T.A. Hoffmann als Komponist 425
   1. Entstehung und Aufführung der Kompositionen 429
   2. ‚Künstlichkeit' als Stilmittel 432
   3. Symmetrische Strukturen 435
   4. *Undine* 439
   5. Musik zum *Kreuz an der Ostsee* und zur *Dirna* 440
   6. Kirchenmusik 444
   7. ‚Musikalische' Erzähltechnik 446
   8. Rezeption 447

Hoffmanns Briefe und Tagebücher 449
   1. Die Briefe 450
   2. Herkunft und Überlieferung der Briefe und Forschungsgeschichte ihrer Editionen 452
   3. Hoffmanns Adressaten 454
      3.1 Die Briefe an Hippel 454
      3.2 Briefe an Verleger und Redakteure 459
   4. Die Tagebücher 461
      4.1 Inhalte und Form der Tagebuchnotizen 462
      4.2 Die literarische Struktur der Tagebücher 464

E.T.A. Hoffmann als Jurist: Künstler vs. Konvention, Citoyen vs. Staatsmacht 467
   1. Verteidigung der Individualität 467
   2. Vom Königsberger Jurastudenten zum Richter am Berliner Kammergericht 468

3. Hoffmann als Strafrichter 472
4. Hoffmann als Richter in der „Immediat-Untersuchungskommission" 473

Systematische Aspekte 481
Arabeske 481
Automaten 484
Doppelgänger 487
Fragment 489
Herausgeberfiktion 491
Ironie / Humor 493
Groteske und Pathos 496
Identität / Ich-Auflösung 499
Identität, verschobene und nicht-identische 501
Identität, verweigerte 503
Kindheit als Trauma 506
Künstler / Außenseiter 508
Magnetismus / Mesmerismus 511
Metamorphose 513
Phantastik 516
Phantastik und Alltäglichkeit 519
Philister und gemeines Leben 525
Poetik des Konjunktivs / Leseransprache 529
Selbstreflexion 535
Serapiontik 537
Text-Bild-Relationen 540
Text-Musik-Relationen 546
Tier-Mensch-Kreuzungen 552
Traum und Rausch 554
Wahnsinn 557
Wiederholung 559

Hoffmanns literarische Rezeption im 19. und in der Neuromantik des frühen 20. Jahrhunderts 563
1. Edgar Allan Poe und Auguste Villiers de l'Isle-Adam . . . 563
2. Hoffmann und die Prager Neuromantik 568
   2.1 Gustav Meyrink *Der Golem* (1915) 570
   2.2 Leo Perutz 572

3. Der Maler und Illustrator Hugo Steiner-Prag 574
4. Philologische Neuromantik: Carl Georg von Maassen . . . 577

E.T.A. Hoffmanns Wirkung im Film und in der Literatur nach 1945 581
1. Hoffmanns Wirkung in der Literatur nach 1945 581
2. E.T.A. Hoffmann und der Film 584

Grundzüge der Hoffmann-Forschung 593
1. Das 19. Jahrhundert 593
2. Von der deutschen Reichsgründung bis zum Ende des Zweiten Weltkriegs 596
3. 1945–1980 602
4. Die Gegenwart der Hoffmann-Forschung seit etwa 1980 . . 608

Literaturverzeichnis 617
1. Hoffmann-Ausgaben 617
2. Bibliographien 617
3. Quellen 618

Zeittafel 657
Personenregister 659
Register der Werke E.T.A. Hoffmanns 669

E.T.A. Hoffmann in seiner Zeit

I. Hoffmanns Leben

1. Jugend, Justizlaufbahn: Königsberg – Berlin (1776–1800)

Ernst Theodor Wilhelm Hoffmann wurde am 24. Januar 1776 in Königsberg geboren und am 2. Februar evangelisch-lutherisch getauft. Seine Großmütter waren die Schwestern Maria Elisabeth und Lovisa Sophia Voeteri. Maria Elisabeth (1713–1789) heiratete den Pfarrer Friedrich Christoph Hoffmann (1708–1758), Lovisa Sophia (1712–1801) den Hofgerichtsadvokaten Johann Jacob Doerffer (1711–1774). Hoffmanns Vater Christoph Ludwig (geboren 1736 in Neumark, Kreis Preußisch Holland, gestorben in Insterburg 1797), Hofgerichtsadvokat in Königsberg, heiratete 1767 seine Kusine Lovisa Albertina Doerffer (Königsberg 1748 – Königsberg 1796). Sie hatten drei Söhne: Johann Ludwig (Königsberg 1768 – nach 1822), Carl Wilhelm Philipp (Königsberg 1773, gestorben als Kind) sowie Ernst Theodor Wilhelm. Die Eltern lebten sich bald nach der Geburt ihres jüngsten Kindes auseinander, 1778 verließ der Vater die Familie und zog mit seinem ältesten Sohn nach Insterburg. Ernst – so der Rufname des jüngsten Sohnes – hat seinen Vater nie näher kennengelernt, mit seinem Bruder kaum Kontakt gehabt. Seine Mutter zog mit Ernst in das Haus ihrer verwitweten Mutter Lovisa Sophia Doerffer, in dem noch drei ihrer Geschwister, unverheiratet, lebten: Otto Wilhelm Doerffer (1741–1811), Johanna Sophia Doerffer (1745–1803) sowie Charlotte Wilhelmine Doerffer (1755–1779). In diesem Haushalt wuchs Ernst auf: bei einer dominanten Großmutter, gegen die sich keines der erwachsenen Kinder behaupten konnte, einer psychisch anfälligen Mutter, einer Tante, die als einzige einiges Verständnis für den Jungen aufbrachte (die jüngere Tante verstarb sehr früh). Der Onkel war kein Vaterersatz: Der wegen Unfähigkeit 1782 frühpensionierte Justizrat kompensierte die Langeweile seines Junggesellenalltags mit einer strengen Ordnung seines Tagesablaufs. Seinen gelegentlichen Versuchen, den Neffen zu dieser Tugend zu erziehen, entzog sich dieser mit Geschick. Der „O-weh-Onkel" war die Zielscheibe von Ernsts frühem kindlichen und jugendlichen Spott.

Ernst wuchs also ohne Vater auf, auch zu der Mutter scheint er keine engere Bindung gehabt zu haben. Ihren Tod 1796 empfand er offenbar nicht als tiefen Verlust. Später hat er von der „bizarren Einsamkeit" (Hoffmann I, S. 134) seiner Kindheit und Jugend gesprochen.

Über die Zeit bis zu Hoffmanns 18. Lebensjahr liegen keine direkten Quellen vor, nur punktuelle spätere Erinnerungsbilder. Es gibt eine Reihe von Konstellationen und Szenen in seinem späteren Werk, vor allem in den Romanen, die von seinen Biographen autobiographisch gedeutet und daher benutzt wurden, um diese großen Lücken zu füllen; da Hoffmann bereits in seinen Briefen seine Erlebnisse und Erfahrungen sehr stark literarisiert, ist dieses methodisch ohnehin fragwürdige Verfahren bei ihm äußerst problematisch.

1782 wurde Hoffmann Schüler der angesehenen reformierten Burgschule, seit 1786 war er mit dem etwa gleichaltrigen Theodor Gottlieb Hippel eng befreundet. Der Schulfreund blieb auch engster Vertrauter während des Studiums. Hippels gleichnamiger Onkel war seit 1780 Stadtpräsident – die damalige Bezeichnung des Ersten Bürgermeisters – von Königsberg, 1790 wurde er geadelt. Dass er auch ein vielseitiger witziger, humoristischer Schriftsteller und scharfzüngiger Gesellschaftskritiker war, blieb den Zeitgenossen verborgen, bis zu seinem Tode wahrte er seine Anonymität.

Mit 16 Jahren, 1792, bezog Hoffmann die Königsberger Universität. Er studierte wie sein Vater Jura. Für die Juristen bildeten Philosophie und Naturrecht die wissenschaftlichen Grundlagen für das eben (1794 offiziell) eingeführte „Allgemeine Preußische Landrecht". Es beruhte auf den vom berühmtesten Professor der Universität, Immanuel Kant, formulierten Prinzipien der aufgeklärten Rechtsphilosophie. Kant selbst hat auf Hoffmann keinen prägenden Eindruck hinterlassen; sein wichtigster akademischer Lehrer war der Kantianer Daniel Christoph Reidenitz. Hoffmann absolvierte sein Studium zügig, aber offenbar ohne größere Begeisterung: „Das Studieren geht langsam und traurig – ich muß mich zwingen ein Jurist zu werden" (ebd., S. 33). Im Juli 1795 legte er das erste juristische Examen ab und wurde Auskultator (eine Art Beisitzer ohne Stimmrecht, Referendar) bei dem Obergericht in Königsberg.

Da Hippel kurz zuvor in gleicher Funktion seine Ausbildung in Marienwerder fortgesetzt hatte, kam es zu einem regen Briefwechsel, so dass wir seit dieser Zeit erstmals Genaueres über Hoffmanns Denken und Fühlen wissen. Aus den Jahren bis zu Hoffmanns 30. Geburtstag sind insgesamt 57

Briefe überliefert, davon allein 47 an Hippel, die wenigen andern sind unpersönlicher Natur. So entsteht ein Brief-Kunstwerk der Freundschaft, aber auch des literarisierten Freundschaftskultes. Daher ist bei dessen Auswertung als biographische Quelle große Vorsicht geboten, was die meisten Hoffmann-Biographien nicht berücksichtigen. Ihr Dilemma ist: Es gibt nur sehr wenige sonstige Zeugnisse, kein einziger Brief an Hoffmann aus diesem Zeitraum ist bekannt. Wir erfahren von Hoffmanns frühen künstlerischen Neigungen, seiner Begeisterung für die Musik, besonders für Mozart, vom Musizieren im Familienkreis, von der Ausbildung bei dem Organisten Christian Podbielski, einem Anhänger Bachs, von den ersten eigenen Kompositionen, die durchweg verloren gingen. Daneben steht eine Ausbildung und rege Tätigkeit als Zeichner und Maler und nicht zuletzt eine ausgebreitete schriftstellerische Tätigkeit. 1795/96 entstehen zwei Romane, *Cornaro. Memoiren des Grafen Julius von S.*, und *Der Geheimnisvolle* – auch sie sind wie zahlreiche weitere Schriften nicht erhalten. Immer wieder betont Hoffmann die Einheit der Kunstformen: „Meine Musik – mein Malen – meine Autorschaft" (ebd., S. 47). Neben der Begeisterung für die Kunst und der Feier der gegenseitigen Freundschaft stehen Hoffmanns Liebesbeziehungen im Vordergrund, vor allem sein Verhältnis zu der zehn Jahre älteren, verheirateten Dora Hatt. Hippel hat allerdings durch eine willkürliche Auswahl der Briefe Hoffmanns und etliche Zensurstriche dafür gesorgt, dass auch hier die Fantasie der Biographen das karge Faktengerüst ausschmücken muss. Bei aller Verliebtheit des jungen Studenten ist festzuhalten: Hoffmann literarisiert diese große Liebe von Beginn an, malt einzelne Episoden als Roman, Tragödie oder Komödie aus.

Das Verhältnis zu Dora Hatt – vor allem ein öffentlicher Zusammenstoß mit dem Ehemann – führte dazu, dass Hoffmann sich im Juni 1796 an die Oberamtsregierung im schlesischen Glogau versetzen ließ. Er wohnte dort bei seinem Patenonkel, dem Regierungsrat Johann Ludwig Doerffer. In die Glogauer Zeit fiel der Tod des Vaters, hierüber sind – bezeichnenderweise – keine besonderen Reaktionen Hoffmanns überliefert. Nach dem Bruch mit Dora Hatt verlobte er sich 1798 mit der Tochter seines Onkels, seiner Kusine Sophie Wilhelmine Konstantine (Minna) Doerffer. Er bestand am 20. Juni sein zweites juristisches Examen „überall ausnehmend gut", und da sein Onkel zur gleichen Zeit zum Geheimen Obertribunalsrat in Berlin ernannt wurde, bewarb sich Hoffmann um die Versetzung als Referendar an das Kammergericht in Berlin. Im August 1798 unternahm er erstmals eine größere Ferienreise ins Riesengebirge, durch Böhmen und Sachsen; der Besuch der Dresdner Galerie beeindruckte ihn tief.

In Berlin begann für Hoffmann im Herbst 1798 eine neue Lebensphase.

In den Anfangsjahren der Regierung König Friedrich Wilhelms III. und seiner kunstsinnigen Frau Luise blühte in Berlin das kulturelle Leben auf, insbesondere Theater und Oper wurden zur Leidenschaft Hoffmanns. Obwohl die Hauptstadt in diesen Jahren auch eines der Zentren der literarischen Frühromantik war, ist von Kontakten Hoffmanns zu dieser Szene nichts bekannt. In Hoffmanns eigener künstlerischer Arbeit stand mehr denn je die Musik im Mittelpunkt. Er nahm Kompositionsunterricht bei dem berühmten Komponisten Johann Friedrich Reichardt, ein Singspiel, *Die Maske*, ist sein erstes größeres erhaltenes Werk. Zu einer Aufführung kam es allerdings nicht.

2. Justizdienst, Regierungsrat a. D.: Posen, Płock, Warschau, Berlin (1800–1808)

Im März 1800 legte Hoffmann sein drittes Examen ab und wurde als Assessor nach Posen versetzt, das erst kurz zuvor mit der zweiten polnischen Teilung 1793 an Preußen gefallen war. Die Übersiedlung bedeutete zum ersten Mal ein Leben ohne die Obhut und Aufsicht der Verwandten; er wurde – nach seiner eigenen Formulierung – „das was SchulRektoren, Prediger, Onkels und Tanten liederlich nennen" (ebd., S. 130). 1802 löste er das Verlöbnis mit der in Berlin gebliebenen Braut Minna und heiratete (am 26. Juli) Marianne Thekla Michaelina Rorer (1778–1859), die er „Mischa" nannte, eine Polin aus einfachen Verhältnissen. In Posen erlebte Hoffmann auch zum ersten Mal die Aufführung einer eigenen Komposition: einer *Cantate zur Feier des neuen Jahrhunderts* an Silvester 1800; 1801/02 wurde Hoffmanns Komposition zu Goethes Singspiel *Scherz, List und Rache* mehrfach aufgeführt. Goethe, dem Hoffmann durch Jean Paul – ihn hatte er in Berlin kennengelernt – die Partitur geschickt hatte, äußerte sich übrigens nicht dazu. Bei der Karnevalsredoute 1802 war Hoffmann in einen Skandal verwickelt – der Zeichnung und Verteilung von Karikaturen auf die Spitzen der preußischen Gesellschaft in Posen, vor allem die aristokratischen Militärs –, der zu seiner Versetzung nach Płock führte. Obwohl sie mit Hoffmanns Beförderung zum Regierungsrat verbunden war, empfand er die Verbannung in das Städtchen von weniger als 3.000 Einwohnern auf halbem Weg nach Warschau als „Exil". Da Hoffmann in dieser Zeit erstmals ein Tagebuch führte (1.10.1803–10.3.1804), sind wir über seine Stimmungen gut informiert: vorwiegend deprimiert, verzweifelt, versetzt mit Galgenhumor: „Ein erbärmlicher Tag in jeder Hinsicht" (ebd., S. 329); „wie gewöhnlich alle Musick hier in diesem abscheulichen Neste unter aller

Kritick" (ebd., S. 331); „Ich bin heute so verstimmt, so verdrüßlich, daß mir nichts gelingen will!" (ebd., S. 333); „miserables Einerlei" (ebd., S. 335); „Dies tristis" (ebd., S. 337). Häufig ist auch von künstlerischen Plänen und Ansätzen die Rede, ganz selten von Gelungenem. Zu den wenigen Lichtblicken in dieser Zeit weitgehender kultureller Isolation gehörte eine erste kleine Publikation eines theaterkritischen Textes in der Berliner Zeitung *Der Freimüthige*; in einem von derselben Zeitung veranstalteten Preisausschreiben für das beste Lustspiel erhielt Hoffmanns Stück *Der Preis* eine lobende Erwähnung („die meiste Anlage zum Lustspieldichter"). Das Werk ist nicht erhalten.

Erst im März 1804 erreichte Hoffmann die Versetzung nach Warschau, der früheren (bis 1795) polnischen Hauptstadt, nun der mit 70.000 Einwohnern nach Berlin zweitgrößten Stadt Preußens. Hoffmann genoss das reiche kulturelle Leben, gehörte zu den Gründern einer „Musikalischen Gesellschaft", trat als Dirigent und als Sänger auf, komponierte eine Fülle unterschiedlichster Werke, darunter eine Sinfonie in Es-Dur. Auf dem Titelblatt der Partitur des Singspiels *Die lustigen Musikanten* (1804; Aufführung am 6. April 1805) steht zum ersten Mal der Vorname „E.T.A." – Hoffmann hatte seinen dritten Vornamen „Wilhelm" aus Verehrung für Mozart gegen „Amadeus" ausgetauscht; die Initialen wurden später zu seinem Markenzeichen. In Warschau kam es zur Wiederbegegnung mit Zacharias Werner, den er aus Königsberger Tagen kannte. Werner war mittlerweile ein berühmter Dramatiker, für dessen Trauerspiel *Das Kreuz an der Ostsee* Hoffmann die Bühnenmusik schrieb und – für die Buchpublikation 1806 – die Titelvignette zeichnete. Wichtiger noch war die Begegnung mit dem Justizassessor Julius Eduard Itzig, der aus einer der berühmtesten jüdischen Familien Berlins stammte und über zahlreiche literarische Kontakte verfügte. Er machte den Kollegen mit vielen Werken der Gegenwartsliteratur, insbesondere der Romantik bekannt. Itzig, der sich seit 1809 Hitzig nannte, blieb Hoffmanns (nach Hippel) vertrautester Freund bis zu seinem Tod und wurde danach sein erster Biograph.

Die Warschauer Jahre erlebte Hoffmann als eine glückliche Phase seines Lebens, auch im privaten Bereich: 1805 gebar seine Frau eine Tochter, sie erhielt den Namen Cäcilia, nach der Heiligen der Musik. Diese für Hoffmann angenehme Zeit ging 1806 zu Ende, als Napoleon – nach dem Sieg über Preußen bei Jena und Auerstedt – in Berlin und wenig später in Warschau einzog und die preußische Verwaltung auflöste. Da Hoffmann den Huldigungseid auf Napoleon nicht leisten wollte, musste er die Stadt verlassen. Er schickte seine Frau mit Cäcilia nach Posen (dort starb die Tochter nach kurzer Zeit) und zog selbst Mitte 1807 nach Berlin. In der von den

Franzosen besetzten Hauptstadt lebte Hoffmann in wachsender Armut: „Seit fünf Tagen habe ich nichts gegessen als Brod" (ebd., S. 190). Einnahmen aus künstlerischer Tätigkeit – einer Zeichnung, einer Komposition – blieben minimal. So gab er schließlich Anfang 1808 ein Stellengesuch auf, in dem er sich als Direktor eines Theaters oder einer Privatkapelle anbot. Eine Anfrage kam vom Direktor des Theaters in Bamberg, Julius Graf von Soden. Er forderte als Probe die Vertonung eines von ihm selbst verfassten Librettos, *Der Trank der Unsterblichkeit*. Hoffmann erledigte die Aufgabe zur Zufriedenheit und erhielt ab dem 1. September 1808 die Stelle als Musikdirektor.

3. Kapellmeister in Bamberg (1808–1813)

Bamberg, geprägt von seinem Dom und seinem mittelalterlichen Stadtbild, wurde Ende des 18. Jahrhunderts für die jungen Romantiker Ludwig Tieck und Wilhelm Wackenroder zum Inbegriff des katholischen und als „romantisch" empfundenen Mittelalters. Das seit vielen Jahrhunderten bestehende Fürstbistum war 1802 von Napoleon in das Königreich Bayern eingegliedert worden. Davon profitierte das Theater, das von dem früheren preußischen Minister von Soden gefördert und geleitet wurde. Dieser legte jedoch kurz vor Hoffmanns Ankunft in Bamberg die Theaterleitung nieder, seinem Nachfolger fehlte jeder Sachverstand. So begann die erste Station von Hoffmanns Laufbahn als angestellter Künstler enttäuschend. Seine Unerfahrenheit als Orchesterleiter und Intrigen des durch ihn ersetzten Kapellmeisters führten nach kurzer Zeit zum Eklat. Hoffmanns Karriere als „Musikdirektor" war faktisch zu Ende, noch ehe sie begonnen hatte. In der Folge arbeitete er als Gelegenheitskomponist für das Theater oder für Festlichkeiten des Hofes, daneben, um die überaus schmalen Einnahmen aufzubessern, als Klavier- und Gesangslehrer. Die Situation änderte sich erst, als 1810 Franz Holbein, den Hoffmann von Berlin her kannte, Theaterdirektor wurde. Während seiner Intendanz (bis 1812) arbeitete Hoffmann zwar ohne Amt, aber in vielerlei Funktionen: als Kapellmeister, Komponist, Theatermaler und -architekt. Im Spielplan dominierte, wie fast überall in Deutschland, August von Kotzebue, in weitem Abstand folgten Schiller, Iffland und Schröder; gelegentlich wurden Lessing, Kleist und Shakespeare gegeben. Außergewöhnlich für eine Provinzbühne war die Aufführung von drei Dramen Calderóns, mit angeregt von Hoffmann, der auch einen längeren Beitrag darüber schrieb. Unter den vielen aufgeführten Opern und Singspielen ragen Mozarts *Don Giovanni* und *Die Entführung aus dem Serail* hervor.

Neben den Gelegenheitsarbeiten für das Theater blieb Hoffmann viel Zeit zum Komponieren und zum Schreiben. Von seinen Kompositionen sind etwa 20 erhalten: neben kleineren Bühnenwerken unter anderem eine erste ernste Oper, *Aurora*, ein Grand trio für Klavier, Violine und Violoncello in D-Dur, ein Miserere für Soli, Chor und Orchester. Es kam zu vereinzelten Aufführungen, aber ein überregionales Echo blieb aus.

In der Bamberger Zeit tritt Hoffmann erstmals – wenn auch noch deutlich in zweiter Linie – als Schriftsteller hervor (allerdings nicht unter seinem Namen, da alle Texte bis 1814 anonym oder nur mit Sigle versehen erscheinen). Die meisten in Bamberg entstandenen Texte haben die Musik zum Gegenstand. Die Erzählung über einen seltsamen Musiker und Komponisten, der sich für den Ritter Gluck hält, wird zum ersten literarischen Text, den Hoffmann veröffentlichen kann: in der wichtigsten Musikzeitschrift der damaligen Zeit in Deutschland, der *Allgemeinen Musikalischen Zeitung* in Leipzig, am 15. Februar 1809. Mit der Übersendung der Erzählung bot sich Hoffmann dem Herausgeber der Zeitschrift, Friedrich Rochlitz, als Rezensent neu erschienener Kompositionen an; damit begann Hoffmanns Rezensionstätigkeit für dieses angesehene Blatt. In den folgenden Jahren erschienen hier über 20 teilweise umfangreiche Rezensionen, darunter über Werke der großen Komponisten der Zeit, allen voran Beethoven, dessen Genie Hoffmann als einer der Ersten erkannte und als Erster emphatisch verkündete und interpretierend nachwies. Nachdem Hoffmann sich als Rezensent etabliert hatte, bot er der *AMZ* auch mehrfach neue Erzählungen an; in verschiedenen steht ein Kapellmeister namens Johannes Kreisler im Mittelpunkt. Bereits der Titel der ersten dieser Erzählungen macht deutlich, worum es in der Hauptsache geht: *Johannes Kreislers, des Kapellmeisters, musikalische Leiden*. Es sind die Leiden des Künstlers in einer Gesellschaft, die Musik nicht wie er als Kunst betrachtet, sondern bestenfalls als Zeitvertreib und Unterhaltung. Die Konflikte, die daraus resultieren, führen dazu, dass der Künstler als exzentrisch, ja nicht selten als wahnsinnig angesehen wird. Sicher hat Hoffmann hier eigene Erfahrungen der Bamberger Zeit einfließen lassen und verarbeitet.

Die deprimierendsten Erfahrungen der Bamberger Jahre musste Hoffmann in seiner Tätigkeit als Gesangs- und Klavierlehrer für die höheren Töchter der Bamberger Gesellschaft machen. Hier wurde ihm die untergeordnete Funktion des Künstlers in der bürgerlichen Gesellschaft in erniedrigender Weise bewusst gemacht. Zu den Gesangsschülerinnen gehörte die zu Beginn des Unterrichts 13-jährige Julia Mark, in die Hoffmann sich bald verliebte. Da er 1809 das Tagebuchschreiben wieder aufnahm und in der Bamberger Zeit intensivierte (der Jahrgang 1810 ist nicht erhalten, 1814 werden die Eintragungen unregelmäßig, 1815 aufgegeben), sind wir über keine andere Zeit seines Lebens aus seiner Sicht besser informiert, über seine künstlerische Arbeit, aber auch über seine Gefühle, Träume, Ängste und damit nicht zuletzt über sein Verhältnis zu Julia. Nach außen hin wahrte der 20 Jahre Ältere weitgehend den Schein, aber dem Tagebuch vertraute er seine Liebesleiden an, seine Hoffnungen, Verstimmungen, Enttäuschungen. Das unmittelbar Erlebte und Erfahrene wird jedoch von Beginn an gebrochen durch eine kritisch-ironische Selbstbeobachtung und eine Literarisierung der Geliebten: Er nannte sie meistens „Ktch.", nach Kleists eben erschienenem (und unter seiner Mitwirkung in Bamberg aufgeführten) romantischen Schauspiel *Das Käthchen von Heilbronn*. Dieses Verhältnis von Schwärmerei und in der Fantasie ausgemalten Begegnungen fand ein jähes Ende, als Julia Mitte 1812 mit dem Hamburger Kaufmann Graepel verlobt wurde. Bei einem gemeinsamen Ausflug im September 1812 kam es zum Eklat: Der Verlobte war betrunken, Hoffmann beschimpfte ihn wüst, die Mutter Julias verbot ihm ihr Haus und die meisten Bamberger Mütter zeigten sich solidarisch. Die Stellung Hoffmanns in Bamberg war unmöglich geworden. Als sich wenig später, im Frühjahr 1813, die Chance bot, eine Stelle in Sachsen anzunehmen, entschied sich Hoffmann ohne Zögern, Bamberg zu verlassen.

Das ‚Julia-Erlebnis' ist von den meisten Biographen, vor allem als Anfang des 20. Jahrhunderts die Tagebücher veröffentlicht wurden, zu einem Schlüssel zum Verständnis des weiteren Lebens und insbesondere des Werkes von E.T.A. Hoffmann gemacht worden: Der ständige Wechsel zwischen Liebessehnsucht und Liebesleid, die dadurch aufs höchste gesteigerten Emotionen: „Ktch-Ktch-Ktch!!!! exaltiert bis zum Wahnsinn" (ebd., S. 385), der Kampf gegen die eigenen Triebe, die gesellschaftliche Erniedrigung, das klägliche Ende der Beziehung – das alles habe Hoffmanns Charakter geprägt, sein weiteres Werk bestimmt, ja ihn eigentlich erst zum Künstler gemacht. Dem ist entgegenzuhalten: Hoffmanns erste bedeutende Leistung als Künstler, die Erzählung *Ritter Gluck*, entsteht vor der Bekanntschaft mit Julia; und: Die Literarisierung des Verhältnisses zu Julia beginnt bereits im Tagebuch, in der Verwandlung Julias in die Kunstfigur „Käthchen", die Einordnung in das Figurenensemble von Shakespeares Liebestragödie *Romeo und Julia*; es setzt sich dann fort in der noch in Bamberg geschriebenen *Nachricht von den neuesten Schicksalen des Hundes Berganza* und mehreren späteren Werken. So kann man sagen: Das ‚Julia-Erlebnis' – konkret: die lange wechselhafte und unglückliche Liebe zu Julia, die Art dieser Liebe, die Erfahrung Hoffmanns mit seinem eigenen Körper (der Künstler war klein und wird von verschiedenen Zeitgenossen als eher hässlich beschrieben), der Zusammenstoß mit den Ritualen und Gesetzen der bürgerlichen Gesellschaft, die Behandlung als Außenseiter – das alles wurde zu einem Fundus für sein literarisches Werk und für einige der darin zentralen Aspekte, z. B. das Verhältnis von Kunst und Liebe, von Liebe und Gesellschaft, nicht zuletzt: das Frauenbild. Seine eigene Ehe bot ihm eine alternative (literarisch allerdings weit weniger ergiebige) Perspektive. Mischa ertrug seine Liebesaffären wohl weitgehend klaglos. In den Briefen und Tagebüchern wird sie kaum einmal erwähnt, einzelne Eintragungen sind, vielleicht im Blick auf ihre Neugier oder Eifersucht, durch griechische Buchstaben oder Bildsymbole leicht verschlüsselt. Man wird wohl sagen können: Durch ihre umsichtige Organisation des Alltags erleichterte sie ihrem Künstlergatten das Leben.

Verschiedene weitere Bamberger Begegnungen waren für Hoffmanns Leben und Werk ebenfalls von Bedeutung. Wichtig wurde vor allem der Umgang mit Medizinern und Naturphilosophen, die ihn in die Grundlagen ihrer Fächer und deren aktuelle Diskussionen einführten. Das gilt insbesondere für den Arzt Adalbert Friedrich Marcus, den Direktor des allgemeinen Krankenhauses und Leiter der Irrenanstalt St. Getreu in Bamberg. Durch ihn kamen zahlreiche prominente Besucher wie Schelling, dessen Schüler Gotthilf Heinrich Schubert, Johann Christian Reil oder Henrich Steffens nach Bamberg, um sich über die neuesten Entwicklungen zu informieren. Für Hoffmann von besonderem Interesse war der Komplex der psychischen Krankheiten, vor allem Wahnsinn und animalischer Magnetismus, die in seinem Werk fortan eine große Rolle spielen sollten. Das hier erworbene Wissen erweiterte Hoffmann durch eine umfassende Lektüre. In der Leihbibliothek des Weinhändlers Carl Friedrich Kunz fand er zahlreiche Standardwerke dieser Wissenschaft und popularisierende Werke, deren Fallbeispiele für ihn zu Quellen späterer Erzählungen wurden.

Kunz war für Hoffmann noch in anderen Bereichen wichtig: vor allem als bevorzugter Zech- und Unterhaltungspartner an sehr vielen Abenden (kein Zeichen kommt in den Tagebüchern öfter vor als ein – gelegentlich gar geflügelter – Kelch); sowie als angehender Verleger, der 1813 einen Verlag gründete und Hoffmann als ersten Autor dafür gewinnen wollte und gewann: Er schlug ihm vor, einige der in den zurückliegenden Jahren erschienenen musikalischen Texte zu einem Band zusammenzustellen. Der Verlagsvertrag vom 18. März 1813 (den Geburtstag von Julia Mark hatte Hoffmann demonstrativ und symbolisch als Tag des Abschlusses gewählt) nennt den Titel *Fantasiestücke in Callot's Manier*. Wenige Wochen darauf verließ Hoffmann Bamberg.

4. Künstler in Dresden und Leipzig (1813–1814)

Hoffmann folgte einer Einladung, die ihm Ende Februar 1813 der Schauspieldirektor Josef Seconda geschickt hatte: als Musikdirektor bei seiner Truppe zu arbeiten, die in Dresden und Leipzig spielte. Als Hoffmann am 21. April 1813 zusammen mit seiner Frau nach Sachsen aufbrach, kam er in ein Kriegsgebiet. Hier hatte Napoleon nach der Niederlage gegen Russland die Reste seines nach Mitteleuropa zurückgekehrten Heeres gesammelt, hier hatten sich die seit Februar 1813 alliierten Preußen und Russland verbunden, um dem langjährigen Beherrscher Europas entgegenzutreten. Nach Napoleons Sieg über die Alliierten bei Lützen räumten diese Dresden, und der Kaiser rückte am 8. Mai mit seinen Truppen ein. Nach einem Waffenstillstand im Sommer kam es am 26. und 27. August zur Schlacht bei Dresden, dem letzten großen Sieg Napoleons auf deutschem Boden, der über 40.000 Tote und Verstümmelte forderte. Hoffmann notierte über die Schreckensbilder des Schlachtfeldes in sein Tagebuch: „entsetzlicher Anblick, zerschmetterte Köpfe – [...] Unvergeßliche Eindrücke. Was ich so oft im Traume gesehn ist mir erfüllt worden – auf furchtbare Weise – Verstümmelte zerrissene Menschen!!" (ebd., S. 471).

Nach der Völkerschlacht bei Leipzig im Oktober 1813 hielten sich die Franzosen in Dresden noch einige Wochen, Typhus und andere Krankheiten grassierten in der Stadt, am 10. November fiel Dresden, die Kriegszeit in Sachsen war zu Ende.

In diesen gefährlichen Monaten ging Hoffmann zum ersten und zum einzigen Mal in seinem Leben für einige Zeit – soweit es die Kriegsereignisse zuließen – einer regelmäßigen künstlerischen Tätigkeit nach, die von überregionaler Bedeutung war. Am 25. Mai 1813 nahm er seine Tätigkeit in Leipzig auf, von Juli bis Dezember spielte die Truppe in Dresden, dann wieder in Leipzig. Hoffmann dirigierte in diesen Monaten über 30 verschiedene Stücke, einige davon mehrfach. Neben dem gängigen Repertoire einer gehobenen Truppe waren darunter auch anspruchsvollere Opern von Luigi Cherubini, Antonio Salieri, Giovanni Paisiello und vor allem Gluck (*Iphigenia in Tauris*) und von Mozart (*Don Juan, Die Zauberflöte, Die Entführung aus dem Serail*). In diesen Monaten schrieb er ferner intensiv an neuen Texten für die *Fantasiestücke*, darunter das Märchen *Der goldene Topf*, so dass das geplante Werk auf insgesamt vier Bände anwuchs. Daneben standen Musikrezensionen, kleine Schriften zum Tagesgeschehen, die Weiterarbeit an der Komposition einer schon in Bamberg begonnenen Oper, *Undine* (das Libretto hatte ihm Fouqué nach seiner berühmten Erzählung selbst geschrieben). Diese produktive und für Hoffmann trotz des

Kriegsgeschehens und des Chaos der ersten Nachkriegsmonate glückliche Zeit ging abrupt zu Ende, als Seconda ihm nach einem Streit Ende Februar 1814 kündigte. Das stürzte ihn plötzlich wieder in Armut, denn die *Fantasiestücke* waren noch immer nicht erschienen, die kleinen Publikationen – darunter drei antinapoleonische Karikaturen – wurden schlecht honoriert.

Bereits im Frühjahr 1813 hatte Hoffmann in Dresden im Gefolge des Staatskanzlers von Hardenberg seinen Jugendfreund Hippel wiedergetroffen, der, mittlerweile Staatsrat, berühmt geworden war als Autor des Aufrufs „An mein Volk", mit dem der König für den Kampf gegen Napoleon geworben hatte. Hippel vermittelte im Lauf des Sommers 1814 die Rückkehr Hoffmanns in den preußischen Justizdienst, der nach Ende der napoleonischen Herrschaft wieder aufgebaut werden sollte. Es war sicher ein schwerer Entschluss, denn es bedeutete das Ende des Lebens als ‚freier' Künstler, aber Hoffmann war im Laufe der zurückliegenden fünf Jahre zu der leidvollen Einsicht gekommen, dass es nicht möglich war, mit seiner Art der Kunst in der Gesellschaft, so wie sie war, genug zum Leben für sich und seine Frau zu erwerben.

5. Kammergerichtsrat und Erfolgsautor: Berlin (1814–1822)

Im September 1814 übersiedelte Hoffmann mit seiner Frau nach Berlin, dort lebte er, von wenigen kurzen Ferienreisen abgesehen, bis zu seinem Tod 1822. Am 1. Oktober 1814 wurde er beim Kammergericht als Mitarbeiter eingestellt, zunächst auf ein halbes Jahr ohne Gehalt. Zum 1. Mai 1816 wurde er als Kammergerichtsrat zum Wirklichen Mitglied des Kriminalsenats des Kammergerichts berufen, mit einem Jahresgehalt von 1.000 Reichstalern, das 1819 auf 1.300, 1820 auf 1.600 Reichstaler stieg. Anfangs spielte er noch mit dem Gedanken, sich mit einer untergeordneten Position innerhalb des Justizdienstes zufrieden zu geben, die ihm Zeit genug lassen würde, seinen künstlerischen Neigungen nachzugehen, und er beklagte, dass die Justiz der Kunst „zu heterogen" sei (Hoffmann VI, S. 64). Derartige, vielleicht auch eher rituell zu verstehende Klagen traten allmählich zurück, nicht zuletzt wohl auch, weil Hoffmann sah, wie viel zeitliche Freiräume ihm die Justiztätigkeit bot. Hoffmann war ein guter Jurist, nicht nur klar im Denken und Argumentieren, sondern auch fleißig und effektiv. Das zeigen die jährlichen Berichte seines unmittelbaren Vorgesetzten, des Vizepräsidenten des Kammergerichts Friedrich von Trützschler und Falkenstein. So rühmt dieser etwa Anfang 1817: „Vorzüglichen Gewinn gewährt er [...] dem Collegio durch seine Arbeiten, die sich durch edle Schreibart, durch geschickte und klare Darstellung und tiefes Eindringen in den Geist der Gesetze eben so vortheilhaft auszeichnen, wie ihm das Lob gebührt, daß keine Sache bey ihm veraltet" (Schnapp 1974, S. 374).

Vor dem Hintergrund einer gesicherten beruflichen Laufbahn und eines unauffälligen Familienlebens, das in Hoffmanns Briefen fast nie erwähnt wird, entfaltete der Kammergerichtsrat eine äußerst rege künstlerische Tätigkeit. Anfangs spielte dabei die Musik noch eine größere Rolle. Er gewann den Generalintendanten der Königlichen Schauspiele, Karl Reichsgraf von Brühl, für eine Aufführung seiner Oper *Undine* und Karl Friedrich Schinkel, den neuen Stern am Himmel der Bildenden Künstler Berlins, als Maler für die Dekorationen. Die Oper wurde am 3. August 1816, zum Geburtstag des Königs, im Königlichen Schauspielhaus am Gendarmenmarkt mit großem Erfolg aufgeführt und in der Folge 13 Mal wiederholt – bis das Schauspielhaus im Juli 1817 abbrannte.

Zu dieser Zeit war das Komponieren bereits deutlich hinter die Schriftstellerei zurückgetreten. Die 1814/15 erschienenen *Fantasiestücke* hatten Hoffmann mit einem Schlage in der Hauptstadt bekannt gemacht. Er wurde von Herausgebern der jährlich erscheinenden Almanache und Taschenbücher umworben, bald auch von Verlegern. In jedem Jahr veröffentlichte er mehrere, teils umfangreiche Texte, insgesamt in den knapp acht Jahren bis zu seinem Tod acht selbstständige Werke in 22 Bänden, über 30 Erzählungen und zahlreiche kleinere Schriften. Er wurde zum Lieblingsautor zahlreicher – insbesondere weiblicher – Leser. Der Erfolg spiegelt sich auch im Anstieg der Honorare: bei Taschenbuch-Erzählungen von durchschnittlich 20 Reichstalern pro Bogen Kleinoktav auf 40 Taler, für einen Buch-Bogen etwas weniger. Das brachte ihm jährlich mehr ein als sein Gehalt. Trotzdem befand sich Hoffmann ständig in Geldnöten, nicht zuletzt (aber sicher auch nicht vor allem) wegen seiner häufigen Besuche in Weinrestaurationen. Hier – vor allem bei Lutter & Wegner am Gendarmenmarkt – traf er sich regelmäßig abends, oft bis spät in die Nacht, mit Freunden wie dem bekannten Schauspieler Ludwig Devrient, den Schriftstellern Chamisso, Contessa und Fouqué sowie dem alten Freund aus Warschauer Tagen, Hitzig. Wenige Schritte daneben, direkt hinter dem Schauspielhaus, hatte Hoffmann in der Taubenstraße, Ecke Charlottenstraße, im Juli 1815 eine endgültige Wohnung gefunden, nur kurze Fußwege von der Prachtstraße Unter den Linden und vom Kammergericht entfernt.

Die bohèmehafte Lebensweise und die wachsende Arbeitsbelastung durch die juristische wie die schriftstellerische Arbeit machten Hoffmann seit 1818 zunehmend anfällig für Krankheiten, er war mehrfach wochenlang nicht in der Lage, seiner Arbeit oder dem Schreiben nachzugehen.

Hoffmanns juristische Fähigkeiten führten ihn 1819 in eine schwierige Situation, die seine Stellung in den letzten Lebensjahren zunehmend belastete. Die konservativen Regierungen Preußens, Russlands und Österreichs hatten sich in den Karlsbader Beschlüssen zur strengen Verfolgung von Anhängern liberaler und freiheitlicher Ideen bekannt. In diesem Zusammenhang setzte der preußische König im September 1819 eine „Immediat-Untersuchungskommission zur Ermittlung hochverräterischer Verbindungen und anderer gefährlicher Umtriebe" unter Vorsitz von Trützschlers ein, der seinen bewährtesten Mitarbeiter Hoffmann mit in die Kommission nahm. Hoffmann plädierte in mehreren Voten energisch für die seiner Überzeugung nach zu Unrecht Verfolgten und Inhaftierten, so dass er sich die Gegnerschaft des Direktors im Polizeiministerium von Kamptz, des Innen- und Polizeiministers von Schuckmann und des Justizministers von Kircheisen zuzog. Hoffmann war – wie er seinem Freund Hippel anvertraute – empört zu erfahren, wie sich vor seinen Augen „ein ganzes Gewebe heilloser Willkür, frecher Nichtachtung aller Gesetze, persönlicher Animosität, entwickelte!" (Hoffmann VI, S. 188). Als Hoffmann immer wieder energisch auf Rechtsstaatlichkeit pochte, verschärften sich die Spannungen. Die Minister versuchten sich den Kritiker vom Hals zu schaffen und sorgten dafür, dass er Ende 1821 in den Oberappellationssenat des Kammergerichts, die oberste Instanz der preußischen Gerichtsbarkeit, versetzt wurde. Zu diesem Zeitpunkt arbeitete Hoffmann bereits an seinem Märchenroman *Meister Floh*. Als Anfang 1822 ruchbar wurde, dass dieses Werk satirische Ausfälle gegen die Demagogenverfolgung und von Kamptz enthalte, leitete der Polizeiminister ein Zensurverfahren gegen das Märchen und ein Verfahren wegen „Verletzung der Amtsverschwiegenheit" gegen dessen Verfasser ein. Den zu erwartenden schlimmen Ausgang erlebte Hoffmann nicht mehr. Bereits seine vom König verfügte Vernehmung im Februar 1822 konnte nur in seinem Haus durchgeführt werden, denn eine Lähmung der Beine hatte allmählich auf den ganzen Körper übergegriffen. Bald konnte Hoffmann sich kaum noch bewegen und nicht mehr schreiben. Am 25. Juni 1822 starb er, am 28. wurde er auf dem Kirchhof der Jerusalemsgemeinde am Hallischen Tor in Berlin begraben. Auf seinem Grabstein steht: „E.T.W. Hoffmann / [...] / Kammer Gerichts Rath / ausgezeichnet / im Amte / als Dichter / als Tonkünstler / als Maler". Die Freunde wählten bewusst die Initiale des bürgerlichen Taufnamens „Wilhelm" und stellten das Amt dem Künstlertum voran; ihnen war daran gelegen, den Verunglimpfungen durch die staatlichen Behörden entgegenzutreten.

Kurzfristig war dieser Versuch vergeblich. Der Hass des Polizeiministers verfolgte den Verstorbenen noch nach Jahren. Als 1828 die Mitglieder der Kommission eine Vergütung erhielten, bewirkte er, dass Hoffmanns Witwe davon ausgeschlossen blieb, weil der Dichter in staatsfeindlicher Weise unheilvoll gewirkt habe. Obwohl Hoffmann seit den 1830er Jahren in Frankreich zu einem Autor der Weltliteratur aufstieg, starb seine Witwe 1859 in Armut.

6. Person, Persönlichkeit

Zwei Hauptquellen existieren, um sich eine Vorstellung vom Äußeren der Person Hoffmanns zu machen: die Selbstporträts sowie die Bilder und Beschreibungen von Zeitgenossen. Es gibt so gut wie keine Selbstbeschreibungen von Hoffmann, wohl aber eine Anzahl von gezeichneten Selbstporträts. Allerdings sind sie überwiegend karikaturistisch angelegt und bewusst verfremdet, einigen wenigen wird von den Zeitgenossen Porträtähnlichkeit zugestanden, sein langjähriger Freund und Kollege Hitzig hat ein Selbstporträt von etwa 1820 als „das ähnlichste Bild, welches von ihm existiert", bezeichnet (Hitzig I, nach S. XIV) und von Ludwig Buchhorn 1823 stechen lassen.

Hitzig hat – in der ersten und sogleich sehr umfang- und detailreichen Biographie Hoffmanns aus dem Jahr 1823 – auch die detaillierteste Beschreibung von dessen Äußerem gegeben: „Hoffmann war von sehr kleiner Statur, hatte eine gelbliche Gesichtsfarbe, dunkles, beinahe schwarzes Haar, das ihm tief bis in die Stirn gewachsen war, graue Augen, die nichts besonderes auszeichnete, wenn er ruhig vor sich hinblickte; die aber, wenn er, wie er oft zu thun pflegte, damit blinzelte, einen ungemein listigen Ausdruck annahmen. Die Nase war fein und gebogen, der Mund fest geschlossen [...]. Auf den Bakkenbart hielt er große Stücke, und ließ ihn sorgfältig gegen die Mundwinkel hinziehen. [...] In seiner ganzen äußern Erscheinung fiel am meisten eine außerordentliche Beweglichkeit auf [...]" (Schnapp 1974, S. 703f.).

Die Angaben über Größe, Haarfarbe, Bart und Nase sind wohl als Fakten zu nehmen, aber bereits in diese kurze Beschreibung schieben sich Deutungen ein. Das wird besonders an zwei Punkten deutlich: den Hinweisen auf die „Beweglichkeit" und die Augen. Hier decken sich die Angaben Hitzigs weitgehend mit denen anderer Beobachter. Die „Lebhaftigkeit" wird dabei nicht selten als Unruhe und als Zappeln bezeichnet. Die Augen, auch bei anderen Porträtierungsversuchen meistens im Mittelpunkt, werden von den Betrachtern gleichfalls als „lebhaft" und „beweglich" beschrieben, als „listig" und „verschmitzt", aber auch eher negativ als „unruhig", „funkelnd", „stechend". Aus den Porträts oder Selbstporträts können solche Angaben selbstverständlich nicht abgelesen, sondern nur aus der Kenntnis solcher Beschreibungen hineingelesen werden.

Noch wesentlich schwieriger ist es, ein Bild vom Charakter Hoffmanns zu gewinnen. Auch hier wieder war Hitzigs Biographie von starker Wirkung, die mit „Zügen zur Characteristik Hoffmanns" endet. So betonte Hitzig als erstes, dass es schwer gewesen sei, „in Bekanntschaft mit ihm [Hoffmann] zu kommen"; am liebsten sei er mit alten Bekannten zusammen gewesen; er habe verlangt, dass sie sich ganz auf ihn ausrichteten, es daher „als eine Felonie" betrachtet, „wenn sie sich verheiratheten, mit ihren Kindern lebten, u.s.w." (ebd., S. 704f.). Hier verallgemeinert Hitzig wohl seine persönliche Beziehung zu Hoffmann: Er gehörte zwar zu den ‚alten' Freunden, aber nicht zu den sehr wenigen, mit denen Hoffmann sich duzte; und als Hitzig immer bürgerlicher wurde und der Familie den Vorzug vor dem geselligen Kreis im Weinrestaurant gab, wuchs die Distanz zwischen beiden.

Hitzigs Wendung war auch eine hin zur bürgerlichen Moral, und aus dieser Perspektive unterdrückte er bei aller Freundlichkeit nicht seinen Unwillen gegenüber Hoffmanns exzentrischem Verhalten und seinem schlechten Umgang, vor allem mit den „Freunden" aus dem Weinhaus sowie gegenüber Hoffmanns Alkoholkonsum. Diese von Unverständnis und einer engen Moral geprägten Passagen wurden von großer Bedeutung für das Bild des Menschen Hoffmann, sie formten Urteile und Vorurteile, die umso lieber nachgesprochen wurden, als sie verbreiteten Ansichten über romantische Künstler und den Schaffensprozess ‚genialischer' Dichter entsprachen und von einem langjährigen guten Freund und Kenner des Verstorbenen stammten.

Von Hitzig überliefert – oder behauptet – ist auch Hoffmanns distanziertes Verhältnis zu Frauen: „Den Umgang mit Frauen liebte er eben nicht" (ebd., S. 705). Allenfalls junge hübsche Mädchen habe er gelten lassen, nicht reifere Frauen, schon gar nicht gelehrte. „Für sittliche Würde des Menschen äußerte er, durch die Wahl seines Umgangs, wenig Sinn. Gesinnung galt ihm in geselliger Beziehung nichts" (ebd.). Er schließt die eher kritische Charakteristik mit dem Hinweis ab: „Wollte man nun aus Allem diesem den Schluß ziehen, daß Hoffmann ohne alle natürliche Guthmütigkeit gewesen; so würde man ihm Unrecht thun" (ebd., S. 707). Aber es folgen dann doch wieder Beschreibungen seiner rasch wechselnden Stimmungen.

Mit diesen Angaben hat Hitzig das Charakterbild Hoffmanns für spätere Biographen weitgehend festgelegt. Von Hoffmann selbst gibt es so gut wie keine autobiographischen Texte, die dieses Bild bestätigen oder korrigieren könnten. Denn in seinen Werken steckt zwar selbstverständlich sehr viel von eigener Erlebnisumwelt und Identität, die Probleme der Künstler in seinen Werken sind teilweise auch die eigenen – aber all das ist literarisch so stark überformt, dass es – nach meiner Überzeugung – mehr als problematisch ist, davon auf die Person Hoffmanns selbst zu schließen oder gar zur Veranschaulichung seines Charakters Passagen über Kreisler oder den Paten Drosselmeier heranzuziehen. Lange Zeit sprachen auch diejenigen, die diese Ansicht über die Problematik autobiographischer Rückschlüsse aus literarischen Werken mehr oder weniger teilen, den Briefen und vor allem den Tagebüchern einen hohen Grad an Authentizität und damit an Bedeutung für das Verständnis der Persönlichkeit Hoffmanns zu. Allerdings erkannte die neuere Forschung immer deutlicher, dass auch dies literarische Textsorten sind, die Wirklichkeit nicht unmittelbar widerspiegeln und deren Aussagen daher auch nicht umgekehrt unmittelbar auf die Wirklichkeit Hoffmanns rückübertragen werden können. Das zeigt sich am deutlichsten an den zahlreichen Masken, die Hoffmann auch und gerade in den Briefen und Tagebüchern annimmt – häufig literarische Masken wie die der Narren Shakespeares oder der Liebhaber bei Mozart oder Cervantes; und oft genug zeigt sich Hoffmann dem mit intertextuellen Verfahren vertrauten Leser als Person, deren ‚authentisches' Bekenntnis eben zugleich eine literarische Maske und ein literarisch überformtes Spiel ist.

So kann man Hoffmanns ‚Charakter' eher dadurch beschreiben, dass er solches Spiel auch mit Freunden und Bekannten gerne trieb, die Camouflage gerade den etwas Begriffsstutzigeren gegenüber liebte. Er war sicher kein leichter und stets angenehmer Gesprächspartner und Freund, und das gilt sicher in noch stärkerem Maße für den Liebhaber und den Ehemann. Aber dass er sich nicht von Stimmungen und Emotionen treiben oder gar beherrschen ließ, zeigen seine juristische Tätigkeit und die Zeugnisse, die mit ihr zusammenhängen.

Hoffmanns Leben verlief zwar äußerlich eher unspektakulär. Aber seine ‚Liebesgeschichte' mit Julia, sein Doppelleben zwischen bürgerlichem Beruf und künstlerischer Existenz, mit Alkoholexzessen, Wahnsinnsanfällen, nächtlichen Alpträumen, dämonischen Schreckensbildern (Zuschreibungen, die man häufig aus den Werken in den Autor rückprojizierte) setzten schon früh die Fantasie von Biographen und Künstlern in Gang. Das Dichterbild von Jacques Offenbachs Oper *Les Contes d'Hoffmann* war von großer und bis heute andauernder Wirkung. Auch die seriöseren Biographen – zuletzt Rüdiger Safranski (1984) und Eckart Kleßmann (1988) – füllten gelegentlich Lücken im Quellenmaterial durch fantasievolle Spekulation, zahlreiche andere Versuche waren hierin weit weniger skrupulös. Einige schafften sich von vornherein den Freiraum dafür, wenn sie ihre Annäherungen an die Person des Künstlers als Roman, Erzählung oder – wie Peter Härtling (2001) – als „Romanze" ausgaben. Diese verschiedenen biographischen Arbeiten beleuchten Leben und Gestalt Hoffmanns in unterschiedlicher Zuverlässigkeit. Der Blick auf sein künstlerisches Werk wird auf diesem Wege allerdings nicht selten durch die Annahme zu eindeutiger Beziehungen eher verstellt als erhellt.

(Hartmut Steinecke)

II. Bekannte und Zeitgenossen E.T.A. Hoffmanns

Buttmann, Philipp (Karl) *1764 Frankfurt am Main, † 1829 Berlin, deutscher Philologe. Als Sohn eines Frankfurter Kaufmanns studiert Buttmann nach einem abgebrochenen Theologiestudium Altphilologie in Göttingen und siedelt danach nach Berlin über, wo er 1796 nach Aushilfstätigkeiten einen Posten als Sekretär in der königlichen Bibliothek Friedrichs des Großen erhält. Buttmann ist Verfasser einer vielbeachteten, mehrfach aufgelegten griechischen Grammatik und ab 1800 Lehrer für Griechisch und Latein am Joachimsthalschen Gymnasium. Ein Jahr nach seinem Ausscheiden 1808 gründet er, inzwischen angesehenes Mitglied der Berliner Gelehrtenwelt, „Die Gesetzlose Gesellschaft zu Berlin" zum Zwecke gepflegter Konversation. Er hat u. a. Umgang mit Schleiermacher, Savigny, den Brüdern Humboldt, Lachmann und Klenze und erhält 1806 einen Ruf an die Berliner Akademie als Mitglied der historisch-philologischen Abteilung.

von Chamisso, Adelbert (eigentlich Charles Adélaïde de Chamisso de Boncourt) *1781 Schloss Boncourt/Châlons-en-Champagne, † 1838 Berlin. In Frankreich geborener Schriftsteller und Naturforscher, der sein Hauptwerk in deutscher Sprache verfasst. Nach seiner Flucht aus Frankreich im Zuge der französischen Revolution wird von Chamisso 1796 Page bei Luise Friederike von Preußen in Berlin und beginnt zwei Jahre später eine Offizierslaufbahn im preußischen Heer. 1804 bis 1806 gibt von Chamisso mit Freunden des romantischen Dichterkreises „Nordsternbund", zu dem auch Neumann, ↑Hitzig, ↑Fouqué und Varnhagen von Ense zählen, den *Berliner Musenalmanach* heraus und lernt 1814 Hoffmann kennen, dessen literarischem Zirkel der Serapionsbrüder er sich anschließt. Auf dessen Kunstmärchen *Peter Schlemihls wundersame Geschichte* (1814) nimmt Hoffmann in *Die Abenteuer der Sylvester-Nacht* (1814) Bezug. Nach einer dreijährigen Weltumseglung als Naturforscher und einer sich anschließenden Arbeit als Vorsteher des Herbariums am Botanischen Garten in Berlin ist von Chamisso zwischen 1833 und 1838 zusammen mit Gustav Schwab Herausgeber des *Deutschen Musenalmanachs*.

Contessa, Carl Wilhelm Salice *1777 Hirschberg, † 1825 Berlin, schlesischer Dichter und Landschaftsmaler. Von seinem Freund Houwald finanziell unterstützt, widmet sich Contessa 1802 nach einem abgebrochenen Jurastudium in Erlangen dem literarischen und musikalischen Schaffen in

Weimar, um 1805 nach Berlin zu ziehen, wo er elf Jahre später neben ↑Hitzig und ↑Koreff an der Neugründung des literarischen Zirkels der Serapionsbrüder um Hoffmann beteiligt ist. Gemeinsam mit diesem und ↑Fouqué verfasst Contessa zwei Bände mit *Kindermärchen* (1816 und 1817). Die diabolischen Elemente seiner romantischen Dichtung, deren Handlungsraum häufig das Riesengebirge ist, sind wegweisend für Hoffmann.

Cuno, Heinrich *Pommern, † 1829 Karlsbad/Böhmen. Ein von Hoffmann wenig geschätzter Bamberger Theaterdirektor (ein „unwissender eingebildeter Windbeutel", so in einem Brief an Hitzig) zu dessen Allegorie *Das Gelübde* er als neu engagierter Musikdirektor anlässlich der Eröffnung 1808 die Musik komponiert. Eine weitere Gemeinschaftsarbeit, *Die Wünsche*, folgt. Cunos Unfähigkeit in der Theaterleitung führt zum Bankrott. Durch Mäzene bleibt das Theater unter der Direktion des vorigen Direktors ↑von Soden, ab 1810 unter der von ↑Franz von Holbein, und Hoffmanns Stellung als Musikdirektor erhalten.

Crespel, Johann Bernhard *1747 Frankfurt/Main, † 1813 Laubach/Hessen, Archivar und Jugendfreund Goethes. Von früh auf mit der Familie Goethe verbunden, liefert Crespel Goethe die Idee zu dem in *Dichtung und Wahrheit* geschilderten Mariage-Spiel. Nach einem Studium der Rechtswissenschaften in Paris, Würzburg, Wetzlar und Göttingen übernimmt er das Amt eines Archivars in Frankfurt. Zeitlebens erscheint Crespel als kauziger, melancholischer Sonderling, der Hoffmann, wohl von Brentano in Kenntnis gesetzt, zu seiner Novelle *Rat Krespel* inspiriert.

Devrient, Ludwig (eigentlich David Louis De Vrient) *1784 Berlin, † 1832 Berlin, deutscher Schauspieler. Nicht dem Willen seines Vaters nach einer kaufmännischen Ausbildung folgend, schließt sich Devrient 1803 einer fahrenden Schauspieltruppe an und steht ein Jahr später selbst auf der Bühne. Nach Tourneen und einem festen Engagement in Dessau verschlägt es ihn 1809 nach Berlin, wo er schon bald zu einem der beliebtesten Schauspieler avanciert. 1815 lernt er Hoffmann kennen, mit dem ihn eine enge Freundschaft verbindet.

Doerffer, Charlotte Wilhelmine, E.T.A. Hoffmanns Tante mütterlicherseits, eine Schwester von ↑Lovisa Albertine Hoffmann.

Doerffer, Johann Ludwig *1743, † 1803, E.T.A. Hoffmanns Onkel mütterlicherseits und Patenonkel. Der Bruder von ↑Lovisa Albertine Hoffmann amtiert als Regierungs- und Konsistorialrat in Glogau und besetzt seit 1798 die Stelle eines Geheimen Obertribunalrats in Berlin. Nach der Affäre mit ↑Dorothea Hatt lässt sich E.T.A. Hoffmann 1796 zu ihm an die Oberamtsregierung nach Glogau versetzen und wohnt im Hause Doerffer, wo seine Beziehung mit ↑Sophie Wilhelmine Konstantine Doerffer ihren Anfang nimmt. Mit der Beförderung des Onkels zieht Hoffmann ebenfalls nach Berlin.

Doerffer, Johanna Sophie, E.T.A. Hoffmanns Tante mütterlicherseits, eine Schwester von ↑Lovisa Albertine Hoffmann.

Doerffer, Lovisa Sophie (geb. Voeteri) (1712–1801), E.T.A. Hoffmanns Großmutter. Die Mutter von ↑Lovisa Albertine Hoffmann ist verheiratet mit Johann Jakob Doerffer, der 1774 verstirbt. Vier Jahre später kehrt die Tochter, nach Lösung ihrer ehelichen Bindung, mit ihrem Sohn (E.T.A. Hoffmann) zu den drei ehelos gebliebenen Geschwistern ins Elternhaus zurück. Lovisa Sophie Doerffer dominiert Hoffmanns Erziehung und den Haushalt.

Doerffer, Otto Wilhelm *1741, † 1811, E.T.A. Hoffmanns Onkel mütterlicherseits. Der Bruder von ↑Lovisa Albertine Hoffmann ist Justizrat in Königsberg, muss jedoch „wegen Unfähigkeit" vorzeitig in Pension. Im Haus der Großmutter ist der Onkel Zielscheibe des Spotts und der Streiche des jungen Ernst, der ihm wegen seiner Pedanterie unter dem Namen „O-weh-Onkel" firmiert.

Doerffer, Sophie Wilhelmine Konstantine (genannt Minna) *1775, † 1853, Cousine und von 1798 bis 1802 Verlobte E.T.A. Hoffmanns, Freundin der Frau Jean Pauls. Anfang März löst Hoffmann seine Verlobung mit Minna Doerffer und heiratet am 26. Juli Marianna Thekla Michaelina Rorer („Mischa").

Dümmler, Ferdinand *1777 Batgendorf/Thüringen, † 1846 Berlin, Verleger und Buchhändler. Nach seiner Ausbildung in Leipzig und sich anschließender Arbeit in Buchhandlungen in Berlin und Göttingen übernimmt Dümmler nach einjähriger Kriegsgefangenschaft die Buchhandlung ↑Julius Eduard Hitzigs „Unter den Linden" und dessen Verlegertätigkeit für E.T.A. Hoffmann. Unter anderem erscheinen bei ihm *Klein Zaches* und *Lebens-Ansichten des Katers Murr*.

Duncker, Carl Friedrich Wilhelm *1781 Berlin, † 1813 Berlin, Verleger. 1809 übernimmt Duncker zusammen mit Pierre Humblot (*1779, † 1828) den 1798 von Heinrich Frölich gegründeten Verlag, bei dem bereits die Zeitschrift *Athenäum* erschienen war. Bei Duncker und Humblot, dem noch heute fortbestehenden Verlagshaus, veröffentlicht E.T.A. Hoffmann *Die Elixiere des Teufels*.

Elsner, Joseph Anton Franz *1766 Grottkau/Schlesien, † 1854 Elsnerowo/Warschau, polnischer Komponist und Direktor des Nationaltheaters. Sohn eines Instrumentenbauers und Tischlers, zeigt Elsner schon früh seine Begabung für Gesang und Komposition, widmet sich jedoch erst mit vierundzwanzig Jahren gänzlich der Musik und wird 1791 Geiger an der Oper in Brünn. 1799 erhält er das Amt des Kapellmeisters an der Warschauer Oper, deren Direktion er später übernimmt. Während einer Konzertreise nach Posen macht er Bekanntschaft mit E.T.A. Hoffmann. Die freundschaftliche Verbindung führt 1805 zur gemeinschaftlichen Gründung der deutsch-polnischen „Musikressource" und zur Veröffentlichung von dessen *Klaviersonate A-Dur* im gleichen Jahr. Elsners Verdienst ist die Etablierung der polnischen Sprache in der Komposition, die Gründung und Leitung des Warschauer Konservatoriums sowie die Ausbildung und Förderung Chopins, aber auch der Anstoß polnischer Mozart- und Weber-Rezeption.

Eunike, Johanna (verheiratete Krüger) *1798 Berlin, † 1856 Berlin, Schauspielerin und Sopranistin am Berliner Opernhaus von 1813 bis 1825. E.T.A. Hoffmann verfasst für sie anlässlich ihres 22. Geburtstags ein pathetisches Geburtstagssonett mit gleichsam ironischem Unterton; unterzeichnet ist es mit „Murr". 1826 heiratet Eunike Franz Krüger, ein dem preußischen Königshaus verbundener Berliner Historienmaler und Professor der Akademie der Künste.

Fouqué, Friedrich Heinrich Karl Baron de la Motte (Pseudonyme: „Pellegrin", „A.L.T. Frank") *1777 Brandenburg a.d. Havel, † 1843 Berlin, Schriftsteller. Nach einer militärischen Erziehung nimmt Fouqué 1794 an den Koalitionskriegen gegen Frankreich (1813 ebenfalls am Befreiungskrieg) teil und widmet sich privat seinen poetischen Ambitionen, die ihn 1802 in Weimar und Berlin u.a. mit Goethe, Schiller, Herder und A.W. Schlegel sowie ein Jahr später in Dresden mit Kleist und Tieck zusammentreffen lassen. Sein literarisches Debüt hat er in Schlegels Zeitschrift *Europa*. 1804 wieder in Berlin bewegt er sich im Umfeld von Arnims,

Eichendorffs, Fichtes sowie Brentanos und veröffentlicht 1808 zusammen mit ↑von Chamisso, Varnhagen von Ense, Bernardi und Neumann die Romanparodie *Die Versuche und Hindernisse Karls*. Nach Beiträgen für Kleists *Berliner Abendblätter* gründet er für eigene Beiträge die Zeitschrift *Die Jahreszeiten* (1811), in der auch der Vorabdruck seiner wohl bekanntesten Erzählung *Undine* (1811) erscheint, ein mystisch-phantastisches Kunstmärchen, das 1816 mit der Vertonung E.T.A. Hoffmanns und einem Bühnenbild ↑Schinkels als Oper aufgeführt wird. Fouqué ist Mitglied der *Christlich-deutschen Tischgesellschaft* und später der Serapionsbrüder. Er gibt ↑von Chamissos *Peter Schlemihl* (1814) sowie – gemeinsam mit Neumann – den *Berliner Musenalmanach* heraus. Zu seinem Freundeskreis zählen auch von Weber, C. D. Friedrich, Heine und Immermann.

Graepel, Johann Gerhard, Hamburger Kaufmann und Verlobter der Gesangsschülerin ↑Juliane Mark, in die Hoffmann sich 1811 verliebt. Während einer Nachfeier der Verlobung in Pommersfelden brüskiert E.T.A. Hoffmann Graepel, indem er ihn wüst beschimpft, woraufhin der Kontakt zur Familie Mark abrupt endet. Die Heirat Graepel-Mark findet 1812 statt.

Härtel, Gottfried Christoph *1763, † 1827. Härtel tritt 1795 dem Musikverlag Johann Gottlob Immanuel Breitkopfs als Kompagnon bei. 1796 wird er Alleininhaber des Verlags, der seither unter „Breitkopf und Härtel" in Leipzig firmiert und sich zunehmend auf Musikdrucke spezialisiert. Für die dort seit 1798 erscheinende *Allgemeine Musikalische Zeitschrift* schreibt Hoffmann unter dem Pseudonym "Kapellmeister Johannes Kreisler". Zudem sind musikalische Werke Hoffmanns (nach wie vor) bei "Breitkopf und Härtel" verlegt.

Hatt, Dorothea („Dora")*1766, † 1803. Dorothea Hatt lernt den zehn Jahre jüngeren Hoffmann während dessen Studienzeit in Königsberg kennen. In literarischer Stilisierung macht Hoffmann aus der hübschen Nachbarsfrau eine „Inamorata", eine Angebetete namens „Cora", wie es in mehreren Briefen dokumentiert ist. Die Musikschülerin und ihr Lehrer verlieben sich ineinander, jedoch ist Hoffmann gezwungen, die Verbindung 1796 zu lösen, indem er sich beruflich nach Glogau versetzen lässt, weil Hatt bereits, wenn auch unglücklich, verheiratet ist.

Hiller, Johann Adam *1728 Wendisch-Ossig/Görlitz, † 1804 Leipzig. Der Musiklehrer und -kritiker gründet 1775 in Leipzig die *Musikübende Ge-*

sellschaft und wird später musikalischer Direktor der Gewandhauskonzerte. Außerdem komponiert er selbst und vertont einige Singspiele, darunter das populäre *Die verwandelten Weiber, oder Der Teufel ist los*, was Hoffmanns eigenen Stücken den Weg ebnen soll. Hiller unterstützt die *Allgemeine Musikalische Zeitschrift* (↑Gottfried Christoph Härtel) in ihrer Gründung, für welche auch Hoffmann schreiben wird, und verfasst selbst einige Rezensionen.

von Hippel, Theodor Gottlieb *1741 Gerdauen in Ostpreußen, † 1796 Königsberg. Hippel („Der Ältere") ist der Onkel von Hoffmanns langjährigem Freund gleichen Namens und ist neben seinen Tätigkeiten als Oberbürgermeister und späterer Stadtpräsident Königsbergs selbst Schriftsteller. Als Hauptwerk des gelernten Juristen gilt *Lebensläufe nach Aufsteigender Linie nebst Beylagen*.

von Hippel, Theodor Gottlieb *1775 Königsberg, † 1843 Bromberg. Hippel („Der Jüngere") ist der Neffe des gleichnamigen Erziehers und Mentors, von dem er sich 1795 endgültig loslöst. Bereits 1786 lernt er seinen Mitschüler Hoffmann auf der Königsberger Burgschule kennen. Die daraus resultierende lebenslange Freundschaft wird durch zahlreiche, die räumliche Distanz überbrückende Briefe dokumentiert, die Bestandteil seines Nachlasses sind und für die Forschung eine wichtige Quelle darstellen. Hippel, der sein Jura-Studium 1791, ein Jahr vor Hoffmann, aufnimmt, hilft Hoffmann in den kommenden Jahren uneigennützig mit Geld aus und besorgt ihm überdies eine Stelle im preußischen Staatsdienst. Erst wenige Jahre vor seinem Tod bekennt sich Hippel selbst der Autorschaft; der 1813 erschienene Appell zum Widerstand gegen die napoleonische Besatzung, *An mein Volk!*, vom preußischen König unterzeichnet, stammt in Wirklichkeit aus Hippels Feder.

Hitzig, Julius Eduard (Isaac Elias Itzig) *1780 Berlin, † 1849 Berlin. In Warschau, wo Hitzig seit 1804 Regierungsassessor ist, lernen sich der Jurist und der neue Regierungsrat der südpreußischen Regierung, Hoffmann, kennen. Nach dem zwischenzeitlichen Namenswechsel von Isaac Elias Itzig, der aus einer ebenso reichen wie bekannten jüdischen Familie stammt, zu Julius Eduard Hitzig im Jahr 1809 treffen sich beide 1815 in Berlin wieder, wo Hitzig inzwischen Kriminalrat sowie Verlagseigentümer und Herausgeber ist. Er führt Hoffmann in die Berliner Literatenkreise ein und stellt ihm u. a. ↑Fouqué, ↑von Chamisso und Tieck vor. Hitzig gehört den Serapionsbrüdern an. Neben kriminologischen Schriften verfasst und veröffentlicht Hitzig auch erste biographische Texte zu Hoffmann: *E.T.A. Hoffmann's Leben und Nachlaß*.

Hoffmann, Albertina Lovisa (geb. Doerffer; auch Louisa, Luise) *1748, † 1796. Die Advokatentochter wird 1767 die Frau ↑Christoph Ludwig Hoffmanns, mit dem sie drei Kinder hat, von denen nur das älteste, ↑Johann Ludwig, und das jüngste, Ernst Theodor Amadeus, überleben. Als sie sich 1778 scheiden lassen, erhält sie das Sorgerecht für den zweijährigen Ernst. Sie zieht zu ihrer Mutter und ihrer Schwester ↑Johanna Sophie Doerffer in das ehemalige Elternhaus zurück, wo Hoffmann von ihrem unverheirateten Bruder ↑Otto Wilhelm Doerffer mit strenger Hand erzogen wird, während sie sich selbst, zunehmend apathisch und verwirrt, zurückzieht, sich nicht mehr in der Lage sehend, ihr Kind zu erziehen.

Hoffmann, Christoph Ludwig *1736 Neumark, † 1797. Der Vater E.T.A. Hoffmanns, aus polnischem Adelsgeschlecht stammend, ist Advokat am Hofgericht im preußischen Königsberg, wo er 1767 seine Cousine ↑Lovisa Albertine Doerffer heiratet. Man sagt ihm den Ruf eines gewitzt-geistreichen Lebemannes mit Hang zum Alkohol nach. Nach der Geburt von drei Kindern, von denen Ernst das jüngste ist, trennen sich die Eheleute 1778 aufgrund unüberwindbarer Gegensätze. Christoph Ludwig Hoffmann bekommt das Sorgerecht für seinen Sohn ↑Johann Ludwig zugesprochen, mit welchem er nach Insterburg zieht, wo er die Arbeit als Justizkommissar und Kriminalrat aufnimmt.

Hoffmann, Johann Ludwig *1768. Er ist der ältere Bruder E.T.A Hoffmanns, der nach der Scheidung der Eltern mit dem Vater ↑Christoph Ludwig Hoffmann nach Insterburg geht. Die Kontakte der beiden Familienhälften sind spärlich und enden bald gänzlich.

Hoffmann, Marianna Thekla Michaelina (geb. Rorer) *1778, † 1859. In Posen, heute Poznan in Polen, trifft die Tochter eines Magistratsschreibers um 1800 auf den jungen Assessor Hoffmann, mit dem sie eine Affäre eingeht. Nachdem dieser aufgrund einiger Karikaturen seine Anstellung bei der preußischen Regierung verliert, ziehen die beiden 1802 in das provinzielle Płock, wo sie kurz darauf ungeachtet „Mischas" geringerer sozialer wie finanzieller Stellung heiraten. Aus der Ehe, die bis zum Lebensende Hoffmanns halten soll, geht nur das 1805 geborene Kind Cäcilia hervor, welches 1807 verstirbt.

von Holbein, Franz *1779 Zistersdorf/Niederösterreich, † 1855 Wien. Holbein ist 1798 Schauspieler und Autor am Königsberger Theater, wo er Hoffmann kennenlernt. Die beiden treffen sich 1810 erneut; Holbein ist inzwischen Direktor des Bamberger Theaters, welches zuvor von Julius von Soden geführt wurde. Unter von Holbein wird Hoffmann Direktionsassistent. Für zweieinhalb Jahre der Blütezeit am Bamberger Theater, bis nämlich Holbein die Führungstätigkeit abgibt, ist Hoffmann Hauskomponist, aber auch für etliche andere Tätigkeiten der Gehilfe des Intendanten.

Jahn, Friedrich Ludwig *1778 Lanz, † 1852 Freyburg. Jahn ist 1811 maßgeblich an der Erbauung des ersten deutschen Sportplatzes beteiligt und rief die Turnerbewegung ins Leben. Aus seiner nationalistischen Gesinnung – die Stärkung des deutschen Volkes gegen Einflüsse von außen, besonders der Franzosen – machte er keinen Hehl und somit war die von ihm propagierte körperliche Bewegung immer auch eine politische. Der sogenannte Turnvater Jahn gerät unter Verdacht der Staatsfeindlichkeit und infolgedessen an Hoffmann, der seit 1816 in Berlin als Kammergerichtsrat tätig ist. Hoffmann setzt sich in seinem Bemühen zur Unparteilichkeit gegen ↑Karl Albert von Kamptz für ihn ein, weil Jahn keine direkte Straftat begangen hat und für Hoffmann eine Gesinnung keinen Inhaftierungsgrund darstellt. Für seinen Protest erhält Hoffmann schlussendlich ein Disziplinarverfahren, welches nach seinem Tod eingestellt wird. 1840 wird Jahn unter der Herrschaft Friedrich Wilhelms IV. vollständig rehabilitiert.

von Kamptz, Karl Albert *1769 Schwerin, † 1849 Berlin. Der Geheimrat und Direktor der Polizeiabteilung im Innenministerium ist 1819, wie Hoffmann ebenfalls, in der „Immediat-Untersuchungskommission zur Ermittlung hochverräterischer Verbindungen und anderer gefährlicher Umtriebe" tätig und wird zum politischen Gegenspieler Hoffmanns. Beide haben unterschiedliche Auffassungen, was eine Festnahme legitimiere, worüber von Kamptz mehrfach mit Hoffmann in Konflikt gerät (↑Friedrich Ludwig Jahn). Hoffmann verarbeitet diesen Disput ironisch in der Erzählung *Meister Floh*, in der ein gewisser Hofrat Knarrpanti frappierende Ähnlichkeit mit von Kamptz aufweist. Als dieser und andere hohe Staatsbeamte davon erfahren, lassen sie diese in ihren Augen literarische Verunglimpfung beschlagnahmen und zensieren. Die „Knarrpanti-Affäre" hat zur Folge, dass erst 1906 die vollständige Ausgabe des Meisters Floh erscheinen kann.

Kaufmann, Johann Gottfried *1752 Siegmar/Chemnitz, † 1818 Frankfurt am Main. Von 1810–1812 bauen der Mechaniker Friedrich Kaufmann und sein Sohn Friedrich (1785–1866) einen aufsehenerregenden künstlichen Menschen, genauer: einen Trompetenautomaten, der heute noch im Deutschen Museum in München zu sehen ist. Den Automaten, der in der Lage ist, die Trompete mechanisch an die Lippen zu führen, um im Folgenden eigenständig ein Lied darzubieten, besichtigt Hoffmann 1813 in Dresden persönlich. Die Erschaffung des künstlichen Menschen, also die Verbindung von Mechanik und Körper, ist in der ersten Hälfte des 19. Jahrhunderts ein überaus prominentes Thema in Forschung und Literatur, und auch Hoffmann setzte sich in mehreren Werken intensiv damit auseinander.

von Kircheisen, Friedrich Leopold *1749 Berlin, † 1825 Berlin. Der Justizminister Preußens wird von Hoffmann Anfang September 1814 brieflich wegen einer möglichen Stelle kontaktiert. Von Kircheisen kann dem zu dieser Zeit finanziell mittellosen Hoffmann tatsächlich eine Stelle als Rat im preußischen Staatsdienst verschaffen. Obschon die Arbeit das erste halbe Jahr unbezahlt ist, zieht Hoffmann noch im selben Monat mit seiner Frau nach Berlin, wo er u. a. ↑Julius Eduard Hitzig wiedertrifft. Künftig wird von Kircheisen wohlmeinende Berichte von ↑Friedrich Karl Adolf von Trützschler und Falkenstein über Hoffmanns Arbeit erhalten.

Kluge, Carl Alexander Ferdinand *1782 Strausberg, † 1844. 1811 erscheint das Hauptwerk *Versuch einer Darstellung des animalischen Magnetismus als Heilmittel* des Berliner Arztes, das Hoffmann häufig als Quelle dient, ganz offensichtlich in *Der Magnetiseur*. Die zu dieser Zeit lebhaft geführte Diskussion über die medizinische Heilkraft des Magnetismus, maßgeblich von Friedrich Anton Mesmer („Mesmerismus") geprägt, ist Grundlage von Kluges Arbeit. Hoffmann setzt sich aktiv mit dem aktuellen Forschungsstand auseinander, pflegt in diesem Zusammenhang auch Kontakt zu den Ärzten ↑Adalbert Friedrich Marcus und ↑Friedrich Speyer.

Kolbe, Carl Wilhelm *1781 Berlin, † 1853 Berlin. Der Maler stellt 1816 in der Berliner Kunstakademie sein Bild *Doge und Dogaresse* aus, welches Hoffmann zur gleichnamigen Erzählung im 1819 erscheinenden zweiten Band der *Serapions-Brüder* inspiriert. Zudem hat das lange verloren geglaubte, erst im Jahre 2002 wieder aufgetauchte Gemälde Kolbes, *Bötticher Werkstatt. Altdeutsch 1568*, Hoffmanns Erzählung *Meister Martin der Küfner und seine Gesellen* beeinflusst.

Koreff, David (ab 1816: Johann Ferdinand) *1783 Breslau, †1851 Paris, jüdischer Arzt, Mitglied des Berliner Nordstern-Bunds. Ab 1816 ist er Professor in Berlin und wenig später Leibarzt des Staatskanzlers Hardenberg. Er gehört neben ↑Fouqé, ↑von Contessa, ↑Hitzig und anderen zu den Serapionsbrüdern, deren Gründung zum 12. Oktober 1814, kurz nach Hoffmanns Übersiedlung nach Berlin, datiert wird. Als Vertreter des Magnetismus hat er maßgeblichen Einfluss auf dessen Thematisierung in Hoffmanns Werk. Koreffs Schenkung von 24 Radierungen Callots, *Balli di Sfessani*, zu Hoffmanns 44. Geburtstag am 24. Januar 1820 gilt als Grundlage für das Capriccio *Prinzessin Brambilla*.

Kralowsky, Friedrich, Hoffmanns Buchhändler und Leihbibliothekar in Berlin.

Kühnel, Ambrosius *1771, Lobendau bei Liegnitz/Schlesien, † 1813 Leipzig; Organist und Verleger, Inhaber eines großen „Bureau de Musique" in Leipzig. Im Oktober 1807 schickt Hoffmann ihm eine Aufstellung seiner musikalischen Werke. Kühnel lehnt den Druck ab, bietet Hoffmann aber die Stelle eines Korrektors an.

Kunz, Carl Friedrich *1785, † 1849, Bamberger Weinhändler und Verleger. Kunz und Hoffmann lernten sich im März 1809 kennen und waren eng befreundet. Kunz richtet unter der Mithilfe Hoffmanns 1812 eine Leihbibliothek in Bamberg ein, die dieser fortan ausgiebig nutzt. Im Jahr 1813 schließen Hoffmann und Kunz einen Verlagsvertrag ab, aus dem 1814 die *Fantasiestücke in Callot's Manier* hervorgehen. Weitere drei Bände der *Fantasiestücke* folgen. Als Datum des Vertragsschlusses wählt Hoffmann den 18. März, den Geburtstag ↑Juliane Marks. Kunz findet sich auf einigen Zeichnungen Hoffmanns porträtiert; bekannt ist der sogenannte „Kunzische Riß", auf dem Hoffmann seine Berliner Wohnung und die unmittelbare Umgebung zeichnet und abgebildete Figuren mit Namen wie Tieck, ↑Fouqué, Brentano und eben auch Kunz versieht. Kunz hinterließ in seinen 1835 verfassten *Supplementen* umfangreiches biographisches Material aus Hoffmanns Bamberger Zeit, dessen Wert aber umstritten ist, da Kunz tatsächlichen Begebenheiten häufig Erfundenes hinzufügt. An Kunz' alter Haustür befindet sich noch heute ein bronzener Türknopf mit den verschmitzten Gesichtszügen eines alten Weibchens, dem Apfelweib, das Hoffmann im *Goldenen Topf* verarbeitet hat.

Marcus, Adalbert Friedrich *1753 Arolsen/Hessen, † 1816 Bamberg. Direktor des Allgemeinen Krankenhauses und der Irrenanstalt St. Getreu. Marcus verfasste wissenschaftliche Traktate, u. a. mit seinem Freund Friedrich Wilhelm Schelling, und wandte seine Überlegungen in der therapeutischen Praxis an. Hoffmann war mit Marcus näher bekannt und mit dessen Neffen ↑Friedrich Speyer befreundet. Für seine Erzählung *Der Magnetiseur* informierte er sich bei Marcus über Theorie und Praxis des Magnetismus. Zeitweise bezieht Hoffmann ein Atelier auf der 1801 von Marcus erworbenen Altenburg, die sogenannte Hoffmann-Klause. Marcus ist der Onkel von ↑Juliane Mark.

Mark, Franziska („Fanny"). Die Witwe des amerikanischen Konsuls für Franken beauftragt Hoffmann im November 1808, kurz nach seiner Ankunft in Bamberg, mit dem Gesangsunterreicht ihrer beiden Töchter. Sie beendet dessen Lehrtätigkeit 1812, nachdem Hoffmann, der sich unglücklich in eine der Töchter (↑Juliane Mark) verliebt, den von ihr ausgesuchten Ehemann, ↑Johann Gerhard Graepel, öffentlich beschimpft hat.

Mark, Juliane („Julia") *1796, † 1864. Seit 1808 Gesangsschülerin von Hoffmann, in die er sich unglücklich verliebt. In den Tagebüchern von 1811 und 1812 finden sich etliche Eintragungen über Julia unter der Verschlüsselung „Käthchen", abgekürzt „Kthch" oder „Ktch.". Hoffmann schildert darin seine Gefühlsregungen und unerfüllten Sehnsüchte. Die Heirat Julias mit dem wohlhabenden Kaufmannssohn ↑Johann Gerhard Graepel aus Hamburg, den ihre Mutter als Ehemann ausgesucht hat, trifft Hoffmann schwer. Die Ehe verläuft jedoch unglücklich und endet nach wenigen Jahren mit einer Scheidung. Wenig später stirbt Graepel. 1821, ein Jahr vor Hoffmanns Tod, heiratet Julia erneut, und zwar ihren Cousin Ludwig Mark, den Sohn ihres Onkels, des Arztes ↑Adalbert Friedrich Marcus. Hoffmann hat seine Erlebnisse mit Julia vielgestaltig in seine Literatur eingebracht. Sie scheint oft durch seine Frauengestalten hindurch, so etwa in der Cäcilia im *Berganza*, in der Julie in *Abenteuer der Sylvester-Nacht*, in der Klara in *Der Sandmann* oder der Aurelie in *Die Elixiere des Teufels* und noch in der Julia im *Kater Murr*. Hatten frühere Forschungen zu Hoffmann dezidiert einen präzisen autobiographischen Nachweis zu erbringen versucht, so wird heute allgemeiner davon ausgegangen, dass die Erfahrungen Hoffmanns in seine literarischen Gestaltungen von Kunst und Liebe sowie die Konzeption seiner Frauenbilder eingegangen seien.

Max, Josef, Breslauer Verleger. Gibt 1821 *Prinzessin Brambilla* und 1823 *Meister Johannes Wacht* heraus.

Nägeli, Hans Georg *1773 Wetzikon, † 1836 Zürich, Komponist, Musikverleger und Musikpädagoge. Nägeli gründet 1791 in Zürich eine Musikalienhandlung mit Leihbibliothek und erweitert sie 1794 um einen Verlag. Er ist Herausgeber u. a. von Klavierwerken Johann Sebastian Bachs (*Wohltemperiertes Clavier*, 1801 und *Kunst der Fuge*, 1802), Georg Friedrich Händels und Ludwig van Beethovens und hat zahlreiche Sammlungen zur Chor- und Gesangsdidaktik unter Einfluss der Erziehungsideale Heinrich Pestalozzis sowie fragmentarische Schriften zu allgemeinen Fragen der Pädagogik, Philosophie und Religion verlegt. 1833 wird ihm der Ehrendoktor der Universität Bonn verliehen. Hoffmann tritt in Kontakt mit Nägeli, indem er ihm im August 1803 und Anfang 1804 auf eine Ausschreibung hin jeweils eine Sonate sendet. Beide Einsendungen lehnt Nägeli ab.

Pfeuffer (Pfeufer), Christian *1780, † 1852, Medizinaldirektor in Bamberg. Hoffmann hat ihn auf einer Federzeichnung (1809–1813) karikiert. Die Zeichnung zeigt Pfeuffer bei der Untersuchung der Zunge von Hoffmanns erstem Verleger ↑Carl Friedrich Kunz sowie Hoffmann selbst.

Pinel, Philippe *1745, † 1826, einer der führenden französischen Psychiater seiner Zeit. Er ist Verfasser des Standardwerks der neuen Wissenschaft, des so genannten „Pinel" (*Traité medico-philosophique sur l'aliénation mentale ou la manie*, 1802; dt.: *Philosophisch-medizinische Abhandlung über Geistesverwirrungen oder Manie*, Wien 1801), mit dem Hoffmann gut vertraut war.

Podbielski, Christian Wilhelm *1740, † 1792, Königsberger Organist und Komponist. Hoffmann erhielt bei Podbielski Musikunterricht und wurde von ihm intensiv in der Kunst des Kontrapunktes ausgebildet.

Pückler-Muskau, Hermann Graf *1785 Schloss Muskau/Oberlausitz, † 1871 Schloss Branitz/Cottbus. Er ist verheiratet mit Lucie Gräfin von Hardenberg, gesch. von Pappenheim (1776–1854). Zu seinen Lebzeiten genoss Pückler-Muskau den Ruf eines aristokratischen Lebemanns und abenteuerlichen Reisenden. Seine schriftstellerische Produktion, deren materieller Erfolg vor allem seinen Muskauer Parkarbeiten zugute kam, erfuhr unterschiedliche Beurteilung. Dank sehr positiver Rezensionen, die durch

Goethe und Varnhagen veranlasst werden, gelangt er mit den *Briefen eines Verstorbenen* (1830–1832) zu internationalem Ruhm. Mit *Tutti Frutti. Aus den Papieren eines Verstorbenen* (1835), einer Sammlung ausufernder Erlebnisschilderungen und fiktionaler Erzählungen, versuchte er sich im Stile Hoffmanns. Pückler-Muskau stand mit Hoffmann in losem Kontakt.

Reichardt, Johann Friedrich *1752 Königsberg, † 1814 Giebichenstein/ Halle, Komponist und Musikschriftsteller. Friedrich II. beruft ihn 1775 als königlich preußischen Kapellmeister nach Berlin. 1776 heiratet er Juliane Benda (1752–1783), die Tochter Franz Bendas. 1782–83 lernt er auf seinen Reisen bedeutende Künstler und Denker seiner Zeit kennen, u. a. Goethe, Herder, Nicolai, Lavater und Mendelssohn. 1786 wird Reichardt Kapellmeister unter Friedrich Wilhelm II. Die Bekanntschaft mit Goethe, Schiller und Herder führt zu einer intensiven Beschäftigung mit dem Lied und dem deutschen Singspiel. 1789 wird in Zusammenarbeit mit Goethe *Claudine von Villa Bella* uraufgeführt. Als Republikaner verdächtigt, wird er 1794 aus dem Amt des Kapellmeisters entlassen. Er zieht nach Giebichenstein bei Halle und kauft das Kästnersche Kossätengut, das zahlreiche Dichter als „Herberge der Romantik" gerne besuchen, u. a. von Arnim, die Brüder Grimm, Tieck, Novalis und Schlegel. Auch Hoffmann zählt zu den Besuchern Reichardts, mit dessen musikästhetischen Schriften er vertraut ist. Vermutlich nimmt Hoffmann auch Unterricht bei Reichardt. So scheint das Singspiel *Die Maske* durch Reichardt inspiriert zu sein.

Reil, Johann Christian *1759 Rhaude/Ostfriesland, † 1818 Halle/Saale, Arzt und Professor in Halle und Berlin. Er ist der Erfinder des Begriffs „Psychiaterie", aus dem dann sehr schnell „Psychiatrie" wurde. Ab 1803 ist er einer der Leibärzte Goethes. 1809 wird die Reil'sche Badeanstalt in Halle gegründet. Hoffmann beschäftigt sich intensiv mit Reils Kompendium *Rhapsodieen über die Anwendung der psychischen Curmethode auf Geisteszerrüttungen* (Halle 1803) sowie mit dessen *Über die Erkenntniß und Cur der Fieber* (4 Bände, Halle 1799–1805, darin Band 4: Nervenkrankheiten). Hinsichtlich Figurenzeichnung und Motivik lassen sich in Hoffmanns Erzählungen zahlreiche Bezüge zu Reils Schriften nachweisen.

Reimar, Georg Andreas *1776 Greifswald, † 1842 Berlin, Verleger und Kunstsammler. Reimar gründet nach der Teilnahme an den Befreiungskriegen 1819 seinen eigenen Verlag. Zu den bedeutendsten Editionen gehören die Erstausgabe der *Kinder- und Hausmärchen* der Brüder Grimm sowie Werke von Novalis und Achim von Arnim. Als Verleger Hoffmanns veröffentlicht er zahlreiche Erzählungen und Sammelbände, darunter die *Nachtstücke*, die *Serapions-Brüder* und die *Kinder-Märchen*.

Robert, Ludwig (Liepmann Levin) *1778 Berlin, † 1832 Karlsruhe. Liepmann Levin wird in einer jüdischen Kaufmannsfamilie geboren. Er ist der jüngere Bruder von Rahel Levin, späterer Rahel Varnhagen von Ense. Unter dem Namen Ludwig Robert, wird er als Literat, Dramatiker und Feuilletonist bekannt, dessen berühmtestes Werk *Die Macht der Verhältnisse* ist. Gemeinsam mit dem Ehepaar Varnhagen von Ense verkehrt er in den Berliner Salons mit den Brüdern Schlegel und Humboldt sowie mit Kleist und Tieck.1820 bittet er Hoffmann brieflich um einen satirischen Beitrag zur Herausgabe eines Taschenbuches.

Rochlitz, Friedrich *1769 Leipzig, † 1842, Leipzig. Rochlitz ist Herausgeber der Leipziger *Allgemeinen Musikalischen Zeitung* sowie Publizist verschiedener Literaturmagazine. Neben eigenen musikalischen, schriftstellerischen und dramatischen Arbeiten veröffentlicht er im Februar 1809 Hoffmanns literarischen Erstling, die Erzählung *Ritter Gluck*, und nimmt Hoffmann als Mitarbeiter seiner Zeitschrift an. 1813 erfolgt die Publikation des *Don Juans*. Rochlitz bespricht seinerseits die musikalischen Werke Hoffmanns in der *AMZ* und trägt so zu dessen Wirkungsgeschichte bei.

Saemann, Johann Saemann erteilt Hoffmann im Zeitraum um 1790 Zeichenunterricht. Nach ↑von Hippels Aufzeichnungen sei er ein „anspruchsloser gemüthlicher Maler", der „fast peinlich" die Federführung seines Schützlings überprüfte. Unter seiner Führung kann Hoffmann seine ersten künstlerischen Erfolge feiern.

Schinkel, Karl Friedrich *1781 Neuruppin, † 1841, Berlin. Karl Friedrich Schinkel wird am 13. März als Sohn eines Pfarrers geboren. Durch eine Italienreise beeinflusst, betätigt sich der ausgebildete Architekt als Dioramenmaler und Bühnenbildner, unter anderem mit großem Erfolg bei Hoffmanns Oper *Undine* im Jahr 1816. Das Ausüben seiner Bautätigkeit in Berlin wirkt sich ausgesprochen günstig für ihn aus: Bis 1830 gelingt es Schinkel durch das Erschaffen von Neuer Wache, Schauspielhaus, Schlossbrücke, Museum sowie einiger Palais das Bild des Berliner Stadtkerns umzuformen und sich zum renommiertesten deutschen Architekten seiner Zeit aufzuschwingen.

Schott, (Peter) Bernhard *1748 Eltville, † 1809 Sandhof/Heidesheim. Bei dem Mainzer Musikalienverleger versucht Hoffmann 1804, nachdem er schon bei ↑Nägeli erfolglos gewesen war, eine Sonate in As-Dur zu veröffentlichen; doch auch hier vergeblich. Die Komposition Hoffmanns ist nicht mehr erhalten. Schotts 1780 gegründeter Verlag wird später unter dem Namen „B. Schotts Söhne" international bekannt.

Schubert, Gotthilf Heinrich *1780 Hohenstein/Sachsen, † 1860 Laufzorn/Oberbayern. Unter dem Einfluss von Schellings Naturphilosophie und dem animalischen Magnetismus Mesmers hat der Arzt Schubert zahlreiche Schriften im Grenzgebiet von Philosophie, Psychologie und Medizin verfasst. Nach kurzer Tätigkeit als Arzt wendet er sich stärker seinen naturphilosophischen Interessen zu, wird zunächst von 1809 bis 1816 Direktor der Nürnberger Realschule, dann Prinzenerzieher und schließlich Professor für Naturgeschichte in Erlangen und München. Zu Schuberts bekanntesten Schriften gehören die *Ansichten von der Nachtseite der Naturwissenschaft* (1808) und die *Symbolik des Traumes* (1814), die Hoffmann genau kannte und in zahlreichen Texten verarbeitet hat. So stammt die mehrfach von Hoffmann verwendete Rede vom „versteckten Poeten in unserm Innern" wörtlich aus Schuberts *Symbolik des Traumes*.

von Schuckmann, Friedrich *1755 Mölln bei Neubrandenburg, † 1834 Berlin. Innenminister von Schuckmann bewirkt das Publikationsverbot von Hoffmanns *Meister Floh* 1822, da sich sein Untergebener, der Polizeidirektor ↑von Kamptz, in der Figur des Hofrates Knarrpanti lächerlich gemacht sieht. Hoffmann hat seiner Figur Knarrpanti Äußerungen von Kamptz' in den Mund gelegt und ihn in begleitenden Karikaturen ziemlich genau getroffen. Auf Schuckmanns Hinweis an den Justizminister Hardenberg und dessen Veranlassung hin soll eine Strafversetzung Hoffmanns nach Insterburg durchgeführt werden. Nur durch Hoffmanns zwischenzeitlich eingetretenen Tod erübrigte sich das Verfahren.

Seconda, Joseph. Der Dresdener Schauspieldirektor Joseph Seconda bietet Hoffmann kurz nach dessen 37. Geburtstag 1813 eine Tätigkeit als Musikdirektor an, die jener freudig nach seinen „Lehr- und Marterjahren" als selbständiger Künstler in Bamberg entgegennimmt. Die Schauspieltruppe Secondas muss nach Leipzig umsiedeln, da das von Napoleon besetzte Dresden Kriegsgebiet ist. Hoffmann und sein Ensemble, das nun zwischen Dresden und Leipzig pendelt, warten trotz der äußerst schwierigen Verhältnisse mit einem vielseitigen Spielplan auf. Ein Jahr später kommt es zum Zerwürfnis zwischen Seconda und Hoffmann. Nachdem Hoffmann die Oper *Camilla* von Paer dirigiert hat, wird er entlassen.

von Seyfried, Joseph Ritter *1780 Wien, † 1849 Wien. Der adlige Theaterdichter, Kritiker und Übersetzer schreibt neben zahlreichen anderen Arbeiten zwischen 1806 und 1811 auch das Melodram *Saul, König in Israel*, welches von Hoffmann vertont und von ↑Franz von Holbein inszeniert wird. Die Uraufführung erfolgt im Juni 1811. Kurz darauf wendet Seyfried dem Theater den Rücken zu und wird künftig Herausgeber der Zeitschriften *Thalia*, der *Wanderer* sowie der *Abendländischen Blätter* und der *Wiener Zeitung*.

von Soden, Julius Graf *1754 Ansbach, † 1831 München. Julius von Soden, Direktor der königlich privilegierten Schaubühne in Bamberg, stellt Hoffmann im September 1808 als Musikdirektor ein, nachdem dieser ihm ein Libretto von Sodens namens *Der Trank der Unsterblichkeit* vertont hat. Mit dem Ergebnis überaus zufrieden, wird Hoffmann engagiert und zudem sein kritischer Artikel über *Das Urteil von Salomon* von Quaisin in der *Allgemeinen deutschen Theater-Zeitung* publiziert. Doch kurz nach Hoffmanns Antritt in Bamberg gibt von Soden zu dessen Unglück die Theaterdirektion auf, wodurch Hoffmann betriebsinternen Intrigen zum Opfer fällt. Ein Jahr später übernimmt von Soden die Leitung des Theaters aufs Neue, wodurch es zur Vertonung und erfolgreichen Aufführung der Melodramen *Dirna* und *Julius Sabinus* kommt. 1810 debütiert der Schauspieler und spätere Freund Hoffmanns ↑Franz von Holbein in der Direktion der Bamberger Bühne.

Speyer, Friedrich *1780 Arolsen, † 1839 Bamberg. Der Mediziner Speyer ist ein Neffe von ↑Adalbert Friedrich Marcus und zu Bamberger Zeiten mit Hoffmann befreundet. In zahlreichen Gesprächen profitiert Hoffmann von Speyers weit gespanntem Wissen über Theorie und Praxis des Magnetismus.

Thiele, Carl Friedrich *1780, † 1836. Der Berliner Kupferstecher Thiele fertigt im Auftrag Hoffmanns acht Stiche nach den Vorlagen Callots von 1622 an, die, wenn auch spiegelverkehrt, in das Capriccio *Prinzessin Brambilla* integriert werden. Hoffmann entfernt hierzu die nun zweckentfremdete Subscriptio und betitelt sie neu. Unter- und Hintergrund werden ausradiert oder verändert.

von Trützschler und Falkenstein, Friedrich Karl Adolf *1751 Culmitzsch, † 1831 Falkenstein/Vogtland. In seinem Vorgesetzten Trützschler, dem Vizepräsidenten des Kammergerichts sowie zweiten Präsidenten des Instruktions- und Kriminalsenats, findet Hoffmann einen dezidierten Verfechter seiner juristischen Strebsamkeit und ebenso treuen Bewunderer seiner Kunst. Es gelingt ihm, eine Gehaltserhöhung für Hoffmann zu erwirken, der sich, laut Trützschler, tagsüber missmutig, aber fleißig als Jurist betätige und des Nachts als Schriftsteller. Die Jahresberichte Trützschlers über Hoffmann weisen diesen als ausgezeichneten Juristen aus und dienen als maßgebliche Quelle zu Hoffmanns Tätigkeit als Strafrichter.

Werner, Zacharias *1768 Königsberg, † 1823 Wien. In den *Serapions-Brüdern* wird der Rezeption des Tragödiendichters ein ganzer Abschnitt gewidmet; ein mit Bleistift gezeichnetes Portrait Werners ist dem beigefügt. Hoffmann hat zu dem acht Jahre älteren Dramatiker zeitweise ein engeres Verhältnis. Beide haben vorübergehend in demselben Haus in Königsberg gewohnt. Hoffmann sieht in dem zwischen exaltierter Religiosität, genialischer Künstlerschaft und Wahnsinn hin und her gerissenen Werner eine Art Alter ego. In Hoffmanns Warschauer Zeit kommt es erneut zu einem Zusammentreffen mit ihm. Zu seinen bekannteren Stücken zählen *Die Söhne des Tales* (1803/04), *Das Kreuz an der Ostsee* (1806) und *Martin Luther, oder: Die Weihe der Kraft* (1807). 1810 konvertiert er zum Katholizismus und wird Priester.

Wetzel, Friedrich Gottlob *1779 Bautzen, † 1819 Bamberg. Wetzel, der sich gerne hinter den Pseudonymen Theophrast und Ysthamarus verbirgt, ist gleichermaßen Arzt wie Schriftsteller und gehört zum Bamberger Zirkel, in dem auch Hoffmann verkehrt. Die Bekanntschaft der beiden prägt anhaltend die naturwissenschaftliche Perspektive in Hoffmanns Erzählungen.

Wilmans, Friedrich *1764 Bremen, † 1830 Frankfurt/Main. Bei Wilmans in Frankfurt erschien 1822 der *Meister Floh*, allerdings in einer durch die sogenannte Knarrpanti-Affäre und die daraus resultierende Zensur gekürzten Fassung. Auf Intervention der preußischen Behörden musste Wilmans die inkriminierten, den Polizeidirektor ↑von Kamptz beleidigenden Passagen zur Drucklegung des Textes streichen.

Woldermann, Johann Daniel *1753, † nach 1822. Kammergerichtspräsident Woldermann führt am 22.2.1822 die Vernehmung Hoffmanns in der

*Meister Floh-*bzw. Knarrpanti-Affäre durch. Nach der wegen Hoffmanns angeschlagenem Gesundheitszustand sehr moderaten Befragung attestiert Woldermann dem Kammergerichtsrat Hoffmann in einem Protokoll „Ernst und würdiges Betragen in seinen Amtshandlungen", wogegen ↑Schuckmann wiederholt beim Justizminister Hardenberg Einspruch erhebt.

(Detlef Kremer)

Literarische und diskursive Voraussetzungen

I. Hoffmanns literarische Traditionen

E.T.A. Hoffmanns literarische Lektüren und Quellen lassen sich nach verschiedenen Gesichtspunkten aufteilen, um über Umfang und Qualität der auf ihn wirkenden Einflüsse einen aussagekräftigen Überblick zu erhalten. Gerhard R. Kaiser zum Beispiel ordnet Hoffmanns Quellen nach „qualitativen, genealogischen und chronologischen Aspekten" (Kaiser 1988, S. 158). Da es im Folgenden nicht nur um Hoffmanns Quellen im Sinne einer traditionellen Einflussforschung gehen kann, sondern um Hoffmanns Verhältnis zur literarischen Tradition und seine daraus geformten Schreibweisen, empfiehlt sich ein modifiziertes Modell unter Einbezug weiterer Aspekte.

Aus einer chronologischen Betrachtung von Hoffmanns Lektüren, orientiert an Hartmut Steineckes Einteilung der verschiedenen Lebens- und Schaffensperioden des Autors (vgl. Steinecke 2004), ergibt sich, dass Hoffmann sehr früh, etwa ab 1790/91, mit den für ihn wichtigen literarischen Traditionen vertraut geworden ist. Seine Kenntnis der verschiedenen Nationalliteraturen unter Einbezug gattungstypologischer Aspekte zeigt, dass er sich vor allem an Werken der klassischen Antike, der englischen, spanischen, italienischen, französischen und deutschen Literatur orientiert hat. Dabei sind Präferenzen (zum Beispiel Shakespeare) ebenso festzustellen wie gewisse Lektüre-Defizite. Im Anschluss an moderne komparatistische Verfahren (vgl. Konstantinović 1988; Zima 1992; Corbineau-Hoffmann 2000) ist nach der Qualität von Hoffmanns Kontakten zu literarischen Prätexten zu fragen; ausgeklammert bleiben deshalb typologische Analogien oder thematische Parallelitäten. Die bloße Zahl der in den Tagebüchern, Aufzeichnungen, Briefen, Gutachten, Erklärungen und in allen Werken (die ohnehin als literarisches Ensemble zu lesen sind) zitierten Texte sagt über die Modi der produktiven Rezeption noch nichts aus, kann aber immerhin Rückschlüsse auf Vorlieben oder Abneigungen erlauben. In einer Verbindung der chronologischen und qualitativen Aspekte sollen besonders die genetischen Kontaktbeziehungen beleuchtet werden, weil sich erst so Hoffmanns spezifischer Umgang mit der Tradition und sein Standort im Universum der Texte bestimmen lassen.

Schon mit vierzehn Jahren (vgl. Steinecke 2004, S. 36ff.) hat Hoffmann begonnen, die klassischen oder seinerzeit kanonischen Texte der europäischen Weltliteratur zu lesen und seine Lieblingsautoren zu entdecken. Von Beginn an verfügte Hoffmann über ein feines Sensorium für künstlerische Qualität. Sein Verständnis für die Bemühungen „drittklassiger Künstler" (Kaiser 1988, S. 158) war begrenzt; zwar las er die zeitgenössischen, trivialen Erfolgsromane von Lafontaine, Cramer, Vulpius u. a. und schlug sich als Theatermann zwangsläufig mit den einschlägigen, zumeist mittelmäßigen Autoren des Bühnenrepertoires herum, aber in erster Linie und oft als Trost für solche Lektüre-Leiden (vgl. *Seltsame Leiden eines Theater-Direktors*) suchte er nach den Perlen der Weltliteratur, die ihn selbst künstlerisch weiterbringen konnten. Schon früh wusste Hoffmann, welche Werke und ästhetischen Konzepte dies waren, und nur allzu gerne hätte er sich diesen Vorbildern intensiver gewidmet, wenn es die Alltagspflichten erlaubt hätten. Seine Rezeption der literarischen Tradition stützt die Ergebnisse der neueren Forschung, dass die lange verbreitete Auffassung einer Entwicklung Hoffmanns zum Realismus und die daraus abgeleitete Unterscheidung von Früh- und Spätwerk zu korrigieren ist.

Hoffmanns Poetologie, mithin der „Katechismus der hohen Ästhetik" (Baudelaire I, S. 303), wurde bereits in seiner ersten Schaffensperiode entwickelt und ist in seinen Lektüren präformiert. Dafür genügte ihm etwas mehr als ein halbes Dutzend von Lieblingsautoren mit ihren wichtigsten Texten. Zu ihnen gehörten Rousseaus *Confessions*, Rabelais' *Gargantua et Pantagruel*, Cervantes' *Don Quijote* und *Novelas Ejemplares*, Gozzis Märchendramen, Jean Pauls humoristische Romane und Erzählungen, Tiecks *Phantasus*, Kleists Erzählungen und Dramen, vor allem *Käthchen von Heilbronn*, Sternes *Tristram Shandy* und *Sentimental Journey* sowie – vor und über allen – Shakespeares Dramen, wobei, von *Hamlet* und *Romeo and Juliette* abgesehen, Hoffmann die Komödien und Romanzen gegenüber den Tragödien bevorzugte. Hoffmanns Vorliebe galt den hochartifiziellen und selbstreflexiven, zumeist mit einem komisch-parodistischen Gestus versehenen Meister-Texten und den darin verhandelten Narren und Lebenskünstlern mit ungewissen oder verdoppelten beziehungsweise potenzierten Identitäten: Von Shakespeares Yorick/Probstein/Jaques/Falstaff und Sternes Yorick führt ein direkter Weg zu Hoffmanns Kapellmeister Kreisler und Peter Schönfeld alias Pietro Belcampo oder zu den multiplen Akteuren der *Prinzessin Brambilla*. Sie allesamt sind Figuren, die auf den karnevalesken Bühnen des Lebens und der Literatur mehrere Rollen zugleich spielen und die dem Zuschauer die Entzifferung des Szenarios ebenso wie die Differenz zwischen Fiktion und Wirklichkeit als unabschließbare Aufgabe überlassen.

Hoffmanns Anti-Idealismus und Antiklassizismus, wie sie sich etwa in seiner kritischen Einstellung zur Weimarer Inszenierungspraxis, zu Schillers *Braut von Messina* oder dessen Gozzi-Bearbeitung äußerten, waren, ebenso wie seine Abneigung gegen die empfindsamen Rührstücke eines Iffland oder Kotzebue und gegen die eindimensionale didaktische Aufklärungsliteratur, früh ausgeprägt und nach seinem ästhetischen Selbstverständnis wohlbegründet. Wenn er Autoren der Aufklärung schätzte, dann für deren ‚Witz' (vgl. Kaiser 1988, S. 160) – das gilt für Lessing ebenso wie für den „sehr geistreichen" (Hoffmann III, S. 894) Lichtenberg oder für die „Tiefe" (Hoffmann V, S. 161) und den „Humor" (Hoffmann IV, S. 1037) Hamanns. Auf Lichtenberg, dessen *Ausführliche Erklärung der Hogarthischen Kupferstiche* für Hoffmanns Poetologie kaum zu unterschätzen ist, und auf Hamann sollte sich Hoffmann noch in seiner *Erklärung* im Zusammenhang des Prozesses um den *Meister Floh* berufen (vgl. Hoffmann VI, S. 521). Von den trivialen Schauer- und Unterhaltungsromanen seiner Zeit ‚verwertete' Hoffmann, abgesehen von parodistisch eingesetzten Versatzstücken, im Grunde nur Grosses *Genius* und Lewis' *The Monk* produktiv, indem er ihnen durch erzählerische Transformationen und Komplexionen, vor allem in *Die Elixiere des Teufels*, entscheidende psychologische Tiefendimensionen hinzufügte. Im Blick auf diese hochdifferenzierte Identitätsproblematik erklärt sich Hoffmanns Interesse an der autobiographischen Literatur von Rousseaus *Confessions* über Cellinis *Vita* und Goethes *Dichtung und Wahrheit* bis zu Moritz' *Anton Reiser*.

Auf Hoffmanns Vertrautheit mit Volksbüchern, traditionell überlieferten Stoffen sowie mit der Bibel und Reiseberichten oder Chroniken (über Italien, Paris, Nürnberg oder Skandinavien) braucht hier nicht weiter eingegangen zu werden, weil diese Textsorten von Hoffmann nur für das Lokalkolorit oder eine suggerierte Authentizität eingesetzt werden. Diese sind in den Artikeln zu den einzelnen Texten vermerkt.

Unter gattungstypologischen Aspekten ist eine deutliche Präferenz Hoffmanns für Prosaformen zu konstatieren. Wenngleich Hoffmann mit dem Standard seiner Zeit auch im Bereich von Liedern und Balladen vertraut war, kann man im Bereich der Lyrik ein eher geringes Interesse feststellen, was sich wohl auch der Einsicht in ein eigenes Begabungsdefizit auf diesem Gebiet verdankt. Allerdings verstand es Hoffmann, aus der Not eine künstlerische Tugend zu machen und dies für parodistische Strategien zu funktionalisieren, indem er die eigenen lyrischen Versuche in veränderten Kontexten (etwa im *Kater Murr* oder in *Prinzessin Blandina*) als Zeugnisse eines komischen Scheiterns vorführt und sie infolge ihrer kunstvollen Ambivalenz beinahe rettet (vgl. Steinecke 2004, S. 215ff.). Auch als Dramatiker ist Hoffmann nicht in die Literaturgeschichte eingegangen, wenngleich seine Leistungen als Librettist nicht zu unterschätzen sind und er auch im dramatischen Genre ähnlich wie im Bereich der Lyrik Mechanismen der Kompensation gefunden hat. Hier ist an die lange vernachlässigte, endlich gewürdigte *Prinzessin Blandina* zu denken (vgl. ebd., S. 231ff.). Durch den mutwilligen Fragmentcharakter des Stückes, durch dessen multiple fiktive Autorschaften und durch den mehrfach verschachtelten Kontext des Stückes innerhalb der *Kreisleriana* und innerhalb der *Fantasiestücke* reiht sich Hoffmann ein in die Tradition des sog. Meta-Theaters. In der Nachfolge Gozzis und Tiecks variiert er das selbstreflexive Schema im Hinblick auf einen Medienwechsel vom Theater zu einem erzählten ‚Prosa-Theater', analog zu seinen Prosa-Metamorphosen von Bildern, Musik, wissenschaftlichen und juristischen Diskursen.

Hoffmanns Beschäftigung mit der Dramenliteratur und der Theaterpraxis ist weit ausgeprägter als sein Interesse an der Lyrik. Während er sich vom Klassizismus jedweder Provenienz mit Spott und Häme absetzte (etwa im *Schreiben eines Klostergeistlichen*, den *Seltsamen Leiden eines Theater-Direktors* und der *Prinzessin Brambilla*) oder dazu allenfalls periphere Bemerkungen abgab (wie zu Corneille und Racine), weil diese Formen keinerlei produktive Anregung für die eigene anvisierte Poetik bieten konnten, hatte er jedoch – neben seiner Vorliebe für das Theater als ‚Welttheater' im Sinne Shakespeares oder Calderóns – einen scharfen Blick für die dialogischen, disputativen Aspekte des Theaters. Diese diskursiven Momente schlugen sich bei Hoffmann nieder – erneut in der Mischform des erzählten Theaters oder der dialogischen Erzählung – in Texten seit dem *Ritter Gluck* bis zu *Des Vetters Eckfenster*, insbesondere auch in den *Seltsamen Leiden*, den *Kunstverwandten* oder dem *Berganza*. Als vermittelnde Instanz wäre an den Dialogroman *Rameaus Neffe* von Diderot zu erinnern, den Hoffmann bewunderte (vgl. ebd., S. 253).

Will man Hoffmanns Lektüren nach Nationalliteraturen einteilen, so ergibt sich aus seinen Werken und den biographischen Dokumenten (z. B. über seine Mitwirkung an der Leihbibliothek seines Bamberger Verlegers Kunz) ein recht übersichtliches Bild. Im Bereich der klassischen Antike war er mit dem Kanon vertraut. Er kannte – um nur die wichtigsten anzuführen – Horaz, Seneca, Terenz und Plautus (allerdings kaum deren Komödien), Cicero, Vergil und Ovid. Die Kenntnis der griechischen Klassiker hielt sich vergleichsweise in Grenzen. Natürlich las er Homer, kannte Plato und Aischylos, vermutlich jedoch nicht die Komödien des Aristophanes. Auch Aristoteles spielte für ihn offenbar keine Rolle, vermutlich weil Hoffmann die normative Regelpoetik mit ihren starren Gattungsgrenzen, die er in seinem Vorbild Shakespeare längst überwunden sah, kaum mit seinem Poetikverständnis vereinbaren konnte. Dafür interessierte er sich für die Parallelbiographien des Plutarch ebenso wie für die Traumbücher des Artemidorus, was sich unschwer in den psychologischen Tiefendimensionen seiner Figuren samt deren komplexen Identitäten wiedererkennen lässt. Vertraut war er weiter mit dem Märchenzyklus *1001 Nacht* (in der auf Galland basierenden Übersetzung von Voß), mit *Nibelungenlied* und Artussage sowie den wichtigsten Volksbüchern – also in etwa mit dem Kanon der Weltliteratur von der Antike bis zur Frühen Neuzeit.

Recht umfassend waren Hoffmanns Kenntnisse der italienischen Literatur (vgl. Segebrecht 2002). Er las – auch im Original – Dante und Petrarca, kannte natürlich Boccaccios *Decamerone* als Ur-Modell des Erzählens im geselligen Rahmen (vgl. *Die Serapions-Brüder*), vermutlich aber nicht bzw. nicht aus eigener Lektüre Straparola, Basile, Sarnelli und Bandello, was angesichts ihres novellistischen und zyklischen Erzählens überraschen mag. Dafür waren ihm Dante, Ariost und Tasso vertraut sowie – alle überragend – Gozzi mit seinen Märchendramen (vgl. Steinecke 2002; 2004). Schon in der ersten Erwähnung überhaupt, in einem Brief vom 26. September 1805 an Hippel, nannte Hoffmann ihn „Heiliger Gozzi" (Hoffmann I, S. 151); dieser wird sich dann als im Gesamtwerk nahezu omnipräsent erweisen. Das gilt auch für den Spanier Calderón, den vor allem August Wilhelm Schlegel in Deutschland bekannt gemacht hat. Zu den Autoren aus dem ‚Siglo de Oro' gehörte außerdem Cervantes, dessen *Don Quijote* nicht nur zu den Lieblingsbüchern Hoffmanns zählte, sondern dessen Titelheld ihm auch zum Paradigma der eigenen Exzentriker und begnadet-gefährdeten Sonderlinge diesseits und jenseits der Vernunftgrenzen wurde.

Mit den Hauptwerken der französischen Literatur war Hoffmann ebenfalls vertraut. Zu den von ihm favorisierten Autoren gehörten Rousseau (aus psychologischem und genrebedingtem Interesse), Rabelais (infolge seiner grotesken Komik) und Diderot (ebenfalls genrebedingt im Hinblick auf ein dialogisches Erzählen). Es ist in erster Linie dieses Dreigestirn, das unmittelbar auf Hoffmanns Schreibweise eingewirkt hat. Er schätzte auch Paul Scarron und dessen meta-narrativen *Roman comique* (vgl. Hoffmann VI, S. 28), von dem über Diderots *Jacques le Fataliste et son maître* die Spur wiederum zu Sternes *Tristram Shandy* führt. Weiter kannte er Voltaire, Racine und Corneille, deren Klassizismus Hoffmann verständlicher Weise nur peripher berührte, sowie erneut aus gattungsspezifischen Gründen die Märchen des französischen Schotten d'Hamilton sowie einiger schreibender Hofdamen (Madame d'Aulnoy) und von Perrault, die allesamt für Hoffmann eher stoffliche Anreize denn poetologische Anregungen boten. Ähnlich gilt dies für Madame de Staël, deren Deutschlandbuch Hoffmann kannte, aber deren Künstlerroman *Corinne* thematisch für ihn von höherer Bedeutung war. Weitere französische Lieblingsautoren sind Lesage und Cazotte, deren Teufel Hoffmann allerdings zu ungleich diabolischeren Gestalten mutieren lässt. Diese Funktionalisierung benutzter Folien erweist sich als charakteristisch für Hoffmanns Art der produktiven Rezeption.

Das lässt sich auch an seinem Umgang mit englischen Vorbildern beobachten (vgl. Segebrecht 1996c). An Shakespeare beeindruckte ihn die gattungsüberschreitende Mischung von Tragischem und Komischem und damit der Humor, was in gleicher Weise für Swift, Smollett und vor allem für Sterne gilt. Zwar hat Sterne die Form des Romans und die Möglichkeiten des Erzählens revolutioniert, Hoffmann jedoch ging (vor allem im *Kater Murr* und in der *Brambilla*) noch einen Schritt weiter, indem sich bei ihm kein Erzählkreis mehr schließt, sondern sich die Kreise in endloser Offenheit spiralförmig ausdehnen. Wie sehr für Hoffmann die Ironie (als rhetorisches Verfahren) und der Humor (als ästhetisches Modell) Möglichkeiten zu neuen Schreibweisen boten, das illustriert besonders sein Verhältnis zu Scott, aus dem sich gleichsam ex negativo Hoffmanns ästhetische Intentionen ablesen lassen. Ausgerechnet der Freund Hitzig war es, der Hoffmann die Romane Scotts, namentlich *Guy Mannering*, zur Lektüre empfohlen hatte, um ihn nach den angeblichen Aberrationen der *Brambilla* sozusagen ‚zur Räson' zu bringen (vgl. Hoffmann IV, Kommentar, S. 1628f.). Der Patient, für den im Anschluss an die Auffassung Jean Pauls (vgl. Loquai 1984, S. 132f.) die „Besonnenheit" (Hoffmann I, S. 535, 551) stets als Korrektiv der Exaltation gegolten hatte, ließ sich zwar auf die Lektüre ein, jedoch nicht im Sinne einer therapeutischen Maßnahme. So bemängelt der Serapionsbruder Ottmar, Scott fehle „das Brillantfeuer des tiefen Humors der aus Sterne's und Swifts Werken hervorblitzt." (Hoffmann IV, S. 1114) Am Beispiel des in der Tat humorlosen Scott, dessen genaue Figurenzeichnung (ausgenommen die Frauengestalten) Hoffmann durchaus schätzte (vgl. ebd.), konnte sich Hoffmann im eigenen Humorkonzept in der Tradition von Rabelais, Cervantes und Sterne bestätigt sehen, weshalb er in seiner letzten Schaffensphase die Komplexität seiner Schreibweise noch verschärfte, etwa in *Des Vetters Eckfenster*, das sich auch deshalb nicht einfach als ein Werk des frühen Realismus verrechnen lässt. Scott und im Verein mit ihm Goethe haben in der Kritik an Hoffmann eben diese artifizielle Komplexität und Modernität nicht verstanden, mit ihnen auch lange die germanistische Forschung nicht.

Was schließlich Hoffmanns Verhältnis zu den Traditionen der deutschen Literatur betrifft, so sind auch hier mit seinem Poetikverständnis korrelierende Präferenzen und Abneigungen festzustellen. Hoffmanns Kenntnis der wichtigsten kanonischen Texte von Alexis bis Zacharias Werner, von den Klassikern Goethe und Schiller über die zeitgenössischen Romantiker-Kollegen bis hin zur populären Unterhaltungsliteratur ist belegt. Zu den bevorzugten Autoren, erneut wegen deren Schreibweisen und Poetologie, gehören Lichtenberg, Jean Paul, Kleist und Tieck, mit denen die Hoffmann interessierende Spanne zwischen aufklärerischem ‚Witz' und romantischer Ironie umrissen wäre, in einer Art Ahnengalerie der modernen Literatur, in die sich Hoffmann einreihen sollte.

Auffallend sind einige Lücken in Hoffmanns Lektüre. So fehlen etliche Autoren, die bei der Entwicklung von Hoffmanns ästhetischem Credo hätten inspirierend sein können. Neben Fielding und anderen Vertretern des europäischen Pikaroromans sind Hoffmann offenbar vor allem im Bereich der dramatischen Literatur einige Virtuosen entgangen. Man denke an die Rivalen Shakespares, etwa Ben Jonson mit seinem von Tieck übersetzten venezianischen Maskenspiel *Volpone*. Molière (vgl. Hoffmann III, S. 455) und Goldoni (vgl. ebd., S. 423) werden von Hoffmann jeweils nur einmal erwähnt, und zwar in Kontexten, die eher auf Unkenntnis als auf Lektüre schließen lassen. Die flüchtigen Erwähnungen stehen im Zusammenhang von Schauspielkunst: Es geht um Ludwig Devrient als Schauspieler in Molières *Der Geizige* bzw. Rosaura als Gestalt in Stücken Goldonis. Immerhin enthielt Kunz' Leihbibliothek zwei Goldoni-Ausgaben in deutscher Übersetzung. Dabei wären beide Autoren für Hoffmanns metafiktionale Spiele, mit denen er in *Prinzessin Blandina* experimentiert und die er in der Prosa perfektioniert hat, in höchstem Maße anregend gewesen. Zu denken ist besonders an Molières *L'Impromptu de Versailles* (1663) und an Goldonis *Il teatro comico* (1750), beides avancierte Modelle des Metatheaters, bei denen auf der Bühne die eigene Ästhetik inszeniert und Poetik ‚gespielt' wird (vgl. Kiermeier-Debre 1989, S. 73ff.). Zumindest im Falle Goldonis ist Hoffmanns Defizit insofern verständlich, als für die Goldoni-Rezeption in Deutschland (vgl. Maurer 1982) charakteristisch ist, dass ihm zunächst Gozzi vorgezogen wurde: so von Schiller und, mit Einschränkung, von Goethe, der auf seiner Italienreise immerhin Goldoni-Inszenierungen gesehen hat, und eben auch von Hoffmann. Goldoni hat sich erst im Laufe der Literaturgeschichte als der bedeutendere und modernere Autor durchgesetzt. Zu dominant – und daher Hoffmann wohl abschreckend – war das Bild von Goldoni als Reformator der Aufklärungskomödie und zu wenig bekannt der Goldoni autothematischer Lustspiele (vgl. Liver 1964). Produktive Rezeption wäre damit nicht nur eine Frage ‚kreativer Missverständnisse‘, sondern Unkenntnis auch eine Möglichkeit der Kreativität ohne Einflussangst (vgl. Bloom 1973; 1975). Man mag solche Negativbefunde bedauern, aber diese versäumten Kontakte ändern nichts an dem grundsätzlichen Befund, dass sich Hoffmann mit seinem Werk in jene Traditionslinien der europäischen Literatur einschreibt, die mit ihren metafiktionalen Konzepten und Fiktionsironien die Genese der Moderne einleiten.

Abschließend ist festzuhalten, welche genetischen Kontakte zu Prätexten, über bloße intertextuelle Bezugnahmen hinaus, ein solches Maß an Intensität erreichen, dass sie unmittelbar die Qualität der produktiven Rezeption bestimmen. Schon im frühen *Ritter Gluck* wirken sich Hoffmanns Lektüren auf die Schreibweise aus. In Anspielungen auf Böhme, Novalis, Homer, Vergil und Dante verändert Hoffmann Rochlitz' *Geschichte im Irrenhause* durch die erweiterten Kontexte und in Anlehnung an Diderots dialogisches Erzählen so, dass Hoffmanns Erzählung zu einer selbstreflexiven Poetik der Kunstaporien, damit zu einem Diskurs über die (moderne) Problematik des immateriellen Kunstwerks gerät (vgl. Pontzen 2000, S. 154ff.). Das dialogische Prinzip setzt sich fort im *Berganza*, dessen wichtigsten Prätext Cervantes' Novelle *El casamiento engañoso* darstellt, den Hoffmann durch die Integration heterogener Diskurse so umformt, dass daraus ein exemplarischer Baustein für seine Poetik entsteht. Nimmt man die *Kreisleriana* sowie *Don Juan* bzw. die gesamten *Fantasiestücke* hinzu, sind in dieser Schaffensphase Hoffmanns die Fundamente seiner Poetik gelegt (vgl. Steinecke 2004, S. 132). Wichtige Bezugstexte zur Herausbildung dieser Poetik und der von ihr geforderten Erzählformen sind Wackenroders *Berglinger*-Novelle als Folie für die Kreislerfigur und das Thema der Kunstaporie sowie – insbesondere für den *Goldenen Topf* – die Märchen aus *1001 Nacht*, dem *Cabinet der Feen* und der *Blauen Bibliothek*, die Märchen von Wieland, Novalis und Tieck sowie Goethes *Märchen*, Chamissos *Peter Schlemihl* und Klingemanns (damals noch anonyme) *Nachtwachen*. Hoffmann jedoch löst „alle theoretischen Vorgaben in einem freien ästhetischen Spiel auf", indem er sie „vollständig dem Primat autonomer Kunst" unterwirft (Kremer 1999a, S. 19). In den *Elixieren des Teufels* verdichten sich Prätexte wie Wackenroders *Berglinger* und Kleists *Findling*, Grosses *Genius* und Lewis' *The Monk* sowie Schillers

Geisterseher und Lesages *Hinkender Teufel* zu einer das Genre des Schauerromans divinierenden psychologisch-philosophischen Studie über die Abgründe der menschlichen Seele und die Gefährdungen fragwürdig gewordener Identität. Auch Fichtes Identitätsphilosophie dient hier als Folie, die in skeptischem Gestus parodiert wird. Hoffmanns Erzählen zielt somit auf eine Universalkunst, die Prätexte eigener oder fremder Hand integriert und die unterschiedlichsten Genres vermischt. Das gilt auch für den Zyklus *Die Serapions-Brüder*, der sich in der Rahmenstruktur zwar an die Modelle von Boccaccios *Decamerone*, Wielands *Hexameron von Rosenhain*, Goethes *Unterhaltungen deutscher Ausgewanderten* und vor allem Tiecks *Phantasus* anlehnt, aber jeweils in verwandeltem Kontext: Alle Erzählenden sind Künstler in der modernen Großstadt, die in stets neuen Erzählrunden Fragen des Künstlertums, der Illusion und Irritation, von Krankheit und Gesundheit, von Utopie und Aporie diskursiv durchspielen. Die intertextuellen Bezüge, mal deutlich markiert, mal kryptisch, in Einzelreferenzen oder kontaminiert (von Shakespeare, Sterne, Gozzi, Rousseau, Rabelais, Schiller, Goethe, Novalis, Hebel, Tieck, Kleist, Jean Paul, Lichtenberg u. a.), lassen sich als parodierende oder destruierende Gedanken-Spiele innerhalb der erzählten Diskurse bzw. als diskursive Erzählungen verstehen. Die Summe dieser Ästhetik findet sich in den Erzählformen des *Katers Murr* und der *Prinzessin Brambilla*, im *Klein Zaches*, im *Meister Floh* und in *Des Vetters Eckfenster*. Sie gipfelt in einem karnevalistischen Erzählen, das traditionelle Formen und Gattungen aufgreift, diese funktionalisiert und in ein artifizielles Spiel andauernder, unabschließbarer Selbstreflexion integriert. Der Leser wird zum Dialogpartner dieser in sich wiederholenden Spielen und Spiegelungen auf eine „endlose Schleife" (ebd., S. 142) hinauslaufenden ironischen Autothematik. Somit steht der Leser „mit wahrhaft poetischem Gemüt" (Hoffmann I, S. 625) im Zentrum dieser Ästhetik; denn er ist es, der ihr sowohl unterhaltendes wie Erkenntnis förderndes Potential abruft, es im Prozess der Lektüre aktiviert und revitalisiert. Im Verlauf dieser produktiven Lektüre bildet sich stets aufs Neue jene transnationale Gemeinschaft der „unsichtbaren Kirche" (ebd.), deren triumphales Credo lautet: Fantasie, Ironie und „echter Humor" (Hoffmann III, S. 911).

Neben der produktiven Rezeption im Zuge genetischer Kontakte mit Prätexten ist ein Phänomen bezeichnend, nämlich dass sich Hoffmanns Werke gleichsam auch aus sich selbst heraus schreiben und weiterschreiben. Denn Hoffmann setzt nicht nur die Prätexte anderer Autoren fort, sondern verweist, in permanenter Erweiterung der Erzählkreise, im Fortgang des Œuvres zunehmend auf eigene frühere Texte, lässt Figuren und

Konstellationen in neuen Kontexten auftauchen und seine Grundfragen ‚durchspielen'. Hier wäre der seit Kristevas Intertextualitätsbegriff überholte Begriff Bachtins hinsichtlich der „Dialogizität" von Texten (Bachtin 1979, S. 162ff.) noch einmal in Betracht zu ziehen. In den diversen Selbstzitaten Hoffmanns zeigt sich jene besondere Form der Hoffmannschen Universalkunst, die mit der Weltliteratur, sich selbst und mit dem Leser spielt, im Sinne von Lust- und Erkenntnisgewinn gleichermaßen.

Von zentraler Bedeutung für Hoffmanns Ästhetik sind somit jene literarischen Traditionslinien, die seit Bachtin mit dem Begriff des ‚Karnevalesken' bezeichnet werden (Bachtin 1987; 1990), also jene Spur, die in Europa von Rabelais und Cervantes über Shakespeare, Swift und Sterne, Gozzi und die Commedia dell'arte bis zu Lichtenberg, Jean Paul und Tieck in Deutschland schließlich auch zu Hoffmann führt und von ihm weiter in die literarische Moderne und zu postmodernen Schreibweisen, bei Italo Calvino und etlichen anderen.

Diese Traditionslinien ergeben die Konturen der literarischen Landkarte, in der sich Hoffmann als Leser und Autor wiedererkennen konnte. Von Beginn seiner literarischen Laufbahn an hatte er das Ziel, sich auf dieser Landkarte einen eigenen Platz in erwünschter Nachbarschaft zu den erwähnten Autoren zu ‚erschreiben'. Nach rund zweihundert Jahren der Wirkungsgeschichte Hoffmanns in der Weltliteratur ergibt sich als vorläufiges Resümee, dass Hoffmann mit seiner selbstreflexiven, multiperspektivischen Ästhetik den seinen Intentionen gemäßen Platz im Atlas literarischer Traditionen gefunden hat und dass die Rezeptionsgeschichte die Faszinationskraft und das Potential von Hoffmanns Poetik unterstreicht sowie deren Modernität und ungebrochene Aktualität bestätigt. So ist Hoffmann wie der von ihm am meisten bewunderte Shakespeare zu einem Autor ‚of all time' geworden, der mit seiner artifiziell avancierten Universalkunst durch die Zeitläufte hindurch oder über methodische Moden hinweg zur stets neuen Deutung einlädt, im Sinne eines ‚unendlichen Textes' (vgl. Frey 1990, S. 155ff.), dessen Lektüre gar nicht abgeschlossen werden kann.

(Franz Loquai)

II. Frühromantische Theorie der Literatur

1. ‚Progressive Universalpoesie'

Bis auf geringfügige Nuancen werden die Grundsteine zu einer romantischen Theorie der Literatur in der Frühromantik gelegt. Anders als in den Systemästhetiken des deutschen Idealismus bedienen sich die frühromantischen Theoretiker einer fragmentarischen Präsentation ihrer Reflexionen. Dies und eine ausgeprägte Pflege von Ambivalenz, Paradoxie und Unverständlichkeit bezeichnen die Schwierigkeit, frühromantische Theorie der Literatur systematisch darzustellen. Sie findet sich verstreut in den Fragmenten, die Friedrich Schlegel für die Zeitschrift *Lyceum der schönen Künste* und zwischen 1798 und 1800, gemeinsam mit seinem Bruder August Wilhelm Schlegel, für die Zeitschrift *Athenäum* verfasst hat. An der Formulierung einer romantischen Programmatik der Literatur ist gleichzeitig Friedrich von Hardenberg (Novalis) mit etlichen Fragmenten beteiligt, die nur zu einem kleinen Teil unter dem Titel „Blüthenstaub" im *Athenäum*, zum weitaus größeren Teil posthum („Allgemeines Brouillon") publiziert wurden. Auch Friedrich Schlegel hat neben den *Lyceums*- und *Athenäums*-Fragmenten eine Vielzahl von in sich äußerst heterogenen Fragmenten verfasst, die vollständig erst in der zweiten Hälfte des 20. Jahrhunderts veröffentlicht wurden. Systematische Versuche zur Kunst und Literatur haben aus dem frühromantischen Jenaer Kreis Schelling, vor allem in seiner *Philosophie der Kunst* (1802/03), und, stark von Schelling beeinflusst, August Wilhelm Schlegel in seinen Jenaer *Vorlesungen über philosophische Kunstlehre* (1798–99), den Berliner *Vorlesungen über schöne Literatur und Kunst* (1801–1804) und den Wiener *Vorlesungen über dramatische Kunst und Literatur* (1808) unternommen. Gegenüber den Schlegels, Novalis und Schelling ist der literaturtheoretische Ertrag von Wackenroder, Tieck, Brentano oder auch Schleiermacher deutlich geringer zu veranschlagen. Allesamt stimmen sie aber in der Fortführung eines Autonomiepostulats der Literatur überein, wie es von Karl Philipp Moritzens *Über die bildende Nachahmung des Schönen* (1788), Kants *Kritik der Urteilskraft* (1790) und Schillers *Über die ästhetische Erziehung des Menschen in einer Reihe von Briefen* (1795) formuliert wurde (vgl. Frank 1989a).

In der Frühromantik wird das autonome Profil einer romantischen Literatur als „progressive Universalpoesie" und, in Abkehr von älteren Konzepten der Mimesis, als Effekt der Imagination bestimmt. Im 116. Athenäumsfragment Schlegels heißt es: „Die romantische Poesie ist eine progressive Universalpoesie. […] Die romantische Dichtart ist noch im Werden; ja das ist ihr eigentliches Wesen, daß sie ewig nur werden, nie vollendet sein kann." (Schlegel II, S. 182f.) Gegenüber einem klassischen Begriff des in sich selbst vollendeten und begrenzten Kunstwerks wird der romantische Text über eine Prozessstruktur bestimmt, die eine weitergehende Präzisierung über die Kategorie der „Transzendentalpoesie" (ebd., S. 204) erfährt (vgl. Behler 1957). In Anlehnung an Kants Begriff der Transzendentalphilosophie prägt Schlegel diesen Neologismus, um zwei Aspekte der romantischen Literatur zu präzisieren. Wenn ‚Transzendentalphilosophie' eine Reflexion und eine Metareflexion der Bedingung der Möglichkeit philosophischer Erkenntnis bedeutet, dann meint ‚Transzendentalpoesie' einerseits die Selbstreflexivität romantischer Poesie, die folglich „zugleich Poesie und Poesie der Poesie" (ebd.) zu sein habe, und andererseits eine Vermischung von philosophischer Reflexion und ästhetischer Imagination. Von den frühromantischen Komödien Tiecks und Novalis' *Heinrich von Ofterdingen* bis hin zur spätromantischen Prosa Hoffmanns wird diese Programmatik einer transzendentalen Selbstreflexion literarisch umgesetzt. Tiecks *Der gestiefelte Kater* (1797) verbindet eine rudimentäre dramatische Handlung mit einer mutwilligen Reflexion über die Bedingungen einer romantischen Komödie (vgl. Japp 1999, S. 27–46; Scherer 2003), wie das Buch des provenzalischen Einsiedlers den fragmentarischen Roman des Novalis kommentierend spiegelt oder Hoffmanns *Der goldene Topf* nicht nur die Profile eines ‚Märchens aus der neuen Zeit', sondern das gesamte mediale Arrangement der romantischen Kommunikation, Schreiben, Lesen, Verstehen oder Missverstehen, thematisiert.

Im Bild einer schwebenden Reflexion verpflichtet Schlegel romantische Poesie auf die Ambivalenz einer unabschließbaren Universalität bzw., was in poetologischer Hinsicht auf das Gleiche hinauskommt, einer Prozessualität, die zwar Unterbrechung, gewiss aber keinen Abschluss mehr zulässt. Hierin gründet die Tendenz der romantischen Poesie zur Wiederholung und Kreisstruktur, die ihren exemplarischen Ausdruck etwa in der *Prinzessin Brambilla* gefunden hat, wo Hoffmann die Geltung einer ironischen Selbstrelativierung über ein zyklisch wiederkehrendes Fest absichert, das gleichermaßen die Struktur einer Wiederholungslektüre des voraussetzungsreichen, universalpoetischen Textes der Romantik vorgibt (vgl. Kremer 2004, S. 81–105). Insofern Hoffmann mit seiner *Prinzessin Brambilla* durchaus auch eine existenzphilosophische Perspektive verfolgt, holt er den frühromantischen Anspruch Schlegels ein, dass ‚progressive Universalpoesie' auf eine wechselseitige Durchdringung von Poesie und Leben angelegt ist: „Die romantische Poesie [...] will [...] die Poesie lebendig und gesellig, und das Leben und die Gesellschaft poetisch machen" (Schlegel II, S. 182).

2. Romantische Ironie

Den prägnantesten Ausdruck hat die romantische Doppelreflexion in der Form der Ironie bekommen, die als ‚romantische Ironie' Epoche gemacht hat. Ihr eigentlicher Theoretiker in der Frühromantik ist Friedrich Schlegel, während bei Novalis sowohl in den Fragmenten als auch in seinen poetischen Texten eine auffällige Distanz zur Ironie zu beobachten ist. Die weitreichende Bestimmung der Ironie gibt Schlegel im 48. *Lyceums*-Fragment: „Ironie ist die Form des Paradoxen." (ebd., S. 153; vgl. de Man 1984) Diese Bestimmung deutet an, dass der Begriff der romantischen Ironie der rhetorischen Tradition entstammt, in der die Figur der Ironie eine Aussage bezeichnet, die das genaue Gegenteil von dem meint, was sie buchstäblich sagt. Schlegels Begriff geht aber über die Tradition der Rhetorik hinaus und bedeutet eigentlich einen philosophischen und genauer: einen ästhetischen Begriff (vgl. Schlegel II, S. 152). Er bezeichnet die ästhetische Funktion des paradoxen Kontrastes von Universalität, Unabschließbarkeit und fragmentarischer Begrenzung, immer aber auch eine polyphone Struktur, in der ein ernster Ton mit komischen oder humorvollen Elementen versetzt wird (vgl. Strohschneider-Kohrs 1960; Behler 1972): „So wird Ironie die latente Sprachhaltung des Endlichen, das vom Unendlichen reden will." (Gockel 1979, S. 28) In diesem Sinne bezeichnet romantische Ironie keine spezifische Aussage, sondern das Verhältnis der Schwebe oder der Verschiebung zwischen Aussagen in einer Darstellungsform, die poetisch-assoziative Bildlichkeit mit philosophischer Diskursivität verbindet. Schlegels Begriff der Ironie bezeichnet ein reflexives Szenario, das dem ontologischen Prinzip des „Chaos" (Schlegel II, S. 263), der daraus abgeleiteten erkenntnistheoretischen Dimension des Witzes und seiner fragmentarischen Darstellungsform verpflichtet ist (vgl. Gockel 1979, S. 26). Wo Systemdenken vom jungen Friedrich Schlegel mit toter Buchstäblichkeit assoziiert wird, ist der ‚lebendige Geist' auf der Seite der Ironie und des fragmenthaften Witzes zu finden. Der philosophiegeschichtliche Bezugspunkt der romantischen Ironie liegt in der dialektischen Form des Sokratischen Dialogs mit seiner beweglichen und metamorphotischen Gedanken- und Gesprächsführung (vgl. Matuschek 2002).

Die Konfrontation von Stimme und Schrift wird in der romantischen

Literatur auf den unterschiedlichsten Ebenen verhandelt und zumeist auch, bei Hoffmann durchweg, in ihrer medialen Funktion reflektiert. So sichern die vielfach integrierten Lieder und Gedichte die Präsenz der lebendigen Stimme in der Erzählung. Ein weiterer Aspekt der Oralisierung des Textes betrifft die integrierten Binnenerzählungen, die die lebendige Figur des Erzählers simulieren und die Narration auch auf einer Meta-Ebene als Prozess offenhalten. In zahlreichen Erzählungen operiert Hoffmann mit einer Erzählerfigur, die selbst dem Fiktionszusammenhang angehört und dem geschriebenen Text einen Schein von Mündlichkeit verleiht. In etlichen Erzählungen, beispielhaft etwa in *Das Fräulein von Scuderi* oder *Nußknacker und Mausekönig*, arbeitet er mit weitergehenden diegetischen Verschachtelungen, so dass in den Binnenerzählungen erneut Erzählerfiguren aufwarten, die das Wechselspiel von Stimme und Schrift auf einer höheren Stufe verhandeln. Ähnliche Funktion haben die Rahmengespräche der nach dem historischen Vorbild von Boccaccios *Decamerone* zu einem Novellenzyklus zusammengebundenen Erzählungen der *Serapions-Brüder*. Anschauliches Beispiel für eine Thematisierung des Zusammenspiels von weiblicher Stimme und männlicher Schrift ist *Der goldene Topf*, wo die poetische Niederschrift als unmittelbares Ergebnis der soufflierten Rede für den Fall in Aussicht gestellt wird, dass der Schreiber Anselmus seiner spirituellen Geliebten Serpentina rein platonisch zugetan ist (vgl. Kremer 1993, S. 79–98).

3. Fragment

Das Moment der Unabschließbarkeit fügt der romantischen Literatur einen Grundzug des Fragmentarischen ein, dessen Status nicht zufällig, sondern notwendig ist, insofern das romantische Fragment als in sich vollendet und gleichzeitig unendlich gedacht wird (vgl. Gockel 1979, S. 26). Schlegels Vorstellung des Ganzen als ‚Chaos' beruht in erkenntnistheoretischer Hinsicht auf der intellektuellen Anschauung des ‚Witzes', der sich nur in Fragmenten äußern kann, Fragmenten allerdings, die im Einzelnen ein Bild des Ganzen erfassen. Wenn er den Witz als „fragmentarische Mystik" (Schlegel XVIII, S. 90) charakterisiert, dann betont er einerseits eine Nähe zu analogischen Kombinationsverfahren, löst sich andererseits aber von der Versöhnungssemantik der Mystik und betont den differentiellen Aspekt des Fragmentarischen, um ein Miniatur-Bild des Universums zu erstellen, als „punktuelles Aufblitzen der Einheit von Einheit und Unendlichkeit im Endlichen." (Frank 1989a, S. 294f.) Der Witz ist bei Schlegel eine reflexive

Analogiebildung zum poetischen Vermögen des Genies. Er bezeichnet eine synthetische Fähigkeit, gewissermaßen eine „exoterische Ausfaltung" (Gockel 1979, S. 27) mystischen Analogiedenkens, die in der Lage ist, unterschiedliche und disparate Dinge aufeinander zu beziehen: „Die ars combinatoria des Witzes erweist sich als jene überraschende Kunst des Denkens, die noch da Vermitteltes erkennt, wo das Trennende überwiegt." (ebd.)

Vom punktuellen, bisweilen kaum die Syntax des Satzes wahrenden Aphorismus oder Aperçu reicht das fragmentarische Repertoire Schlegels und Novalis' bis hin zum ausformulierten Essay. Charakteristisch für das frühromantische Fragment ist eine Durchsetzung der philosophischen Aussage mit poetischen Bildern und Unschärfen sowie eine experimentelle Erprobung von Ideen und heuristischen Einfällen, die weniger am logischen Abschluss eines Gedankens als an der elastischen Gedankenentwicklung orientiert ist: „Heterogenität, Inkonsequenz, Verworrenheit, ja Unverständlichkeit sind aus dieser Sicht nicht nur erlaubte Abweichungen des Fragmentstils, sondern notwenige Kriterien, die seinen ästhetischen Wert begründen." (Ostermann 1994, S. 282)

Selbstverständlich muss von den philosophischen, enzyklopädischen und ästhetiktheoretischen Fragmenten Schlegels und Novalis' der Fragmentcharakter literarischer Texte der Romantik unterschieden werden. Beide finden sich aber bereits beim frühen Schlegel ineinander gespiegelt: „Ein Fragment muß gleich einem kleinen Kunstwerke von der umgebenden Welt ganz abgesondert und in sich selbst vollendet sein wie ein Igel." (Schlegel II, S. 197) Auffällig für Schlegels Bestimmung des Fragments sind zunächst das Vorbild des Kunstwerks und die Vorstellung von Autonomie im Sinne einer Unabhängigkeit nach außen sowie einer in sich geschlossenen Vollendung nach innen. Aus seiner wechselseitigen Koppelung des Endlichen mit dem Unendlichen kann deutlich werden, warum aus dem miniaturhaften Bruchstück die Forderung nach Totalität erwächst, die sich am eindrücklichsten in der romantischen Fantasie vom „absoluten Buch" (ebd., S. 265) niederschlägt, jener profanen Bibel, die Novalis und Schlegel als Integral der Literaturgeschichte wiederholt propagiert haben. Im 95. Fragment der *Ideen* stellt Schlegel sich die rhetorische Frage: „Oder gibt es ein andres Wort, um die Idee eines unendlichen Buches von der gemeinen zu unterscheiden als Bibel, Buch schlechthin, absolutes Buch?" (ebd.) Im Grunde ist die Rede vom ‚absoluten Buch' nichts anderes als eine Umformulierung der ‚progressiven Universalpoesie', worin jeder einzelne romantische Text als konstruktives und dynamisches Moment eines romantischen Gesamttextes verstanden wird. Folglich sieht Schlegel jeden einzelnen romantischen Text, zumindest denjenigen, den er als gelungen bezeichnen würde, als Fragment der Idee der Romantik. Einerseits schreibt jeder einzelne Text, vermittelt über die Dialektik von Endlichkeit und Unendlichkeit, an diesem universalen Text mit, andererseits legt ihn dieselbe Dialektik darauf fest, Fragment zu sein.

Innerhalb der Frühromantik kommt dieser Programmatik Novalis' *Heinrich von Ofterdingen* sehr nahe. Unabhängig davon, dass dieser Roman auch rein äußerlich Fragment geblieben ist, weil ihn der Autor nicht fertiggestellt hat, ist er in einem substanzielleren Sinn Fragment, da die Intention, enzyklopädische und integrale Summe der Literatur in einem Text zu sein, notwendig scheitern muss. In dieser Hinsicht setzt Novalis' Roman ein Signal für die Literatur der Moderne, das noch in Musils *Der Mann ohne Eigenschaften* nachhallt. Es entspricht ganz dem Schlegel'schen Konzept des Fragments, dass dieser prinzipiellen Unabschließbarkeit eine Reihe von fragmentarischen Miniaturen entsprechen, die sich aus dem narrativen Prozess des Romans herauskristallisieren und den enzyklopädischen Text in einer Art *mise en abîme* spiegeln. Ob das integrierte Märchen von Eros und Fabel oder das provenzalische Buch des Einsiedlers, immer korrespondieren diese Miniaturen mit der Gesamtanlage des Romans, und wenn im besagten Buch des Einsiedlers der „Schluß fehlt" (Novalis I, S. 313), dann kann das nach allem nicht verwundern.

Sowohl die theoretische Programmatik des Fragments als auch der *Heinrich von Ofterdingen* als literarischer Text haben auf die Entwicklung des romantischen Romans traditionsbildend gewirkt, über Brentanos *Godwi* (1800/02), Arnims *Gräfin Dolores* (1810) und *Die Kronenwächter* (1817) bis hin zu Hoffmanns *Kater Murr* (1819/21), in dem Schlegels frühromantisches Konzept vermutlich die radikalste und avancierteste Form erhalten hat. Exemplarisches Fragment des romantischen Romans ist der *Kater Murr* nicht, weil der fiktive Herausgeber am Ende des zweiten Bandes einen dritten Band ankündigt, der dann allerdings niemals geschrieben wird, sondern aufgrund seiner gesamten kompositionellen Anlage, in der zwei Texte, der satirische Bildungsroman des Katers und die Künstlerbiographie Kreislers, hoffnungslos auseinanderbrechen und doch tiefgründig miteinander verwoben sind. Die Erklärung des Herausgebers, der des Schreibens mächtige Kater habe für seine Autobiographie ein anderes Buch, die Lebensgeschichte Kreislers, zerrissen und „teils zur Unterlage, teils zum löschen" missbraucht, und der Drucker habe diese Fragmente „aus Versehen mit abgedruckt" (Hoffmann V, S. 12), ist selbstverständlich ironisch: Demgegenüber handelt es sich um ein sehr genau kalkuliertes Spiel mit einer fragmentarischen Konstruktion, in der es zu einer wechselseitigen Inversion von Menschen- und Katzen-Schrift kommt: „Der Text des Katers ist gezeichnet vom Menschen, der des Menschen zerkratzt vom Kater." (Kofman 1985, S. 68; vgl. Kremer 1999a, S. 200–225) Innerhalb der editorischen Fiktion des Textes hat der Kater in einem Akt des „litterarischen Vandalismus" (Hoffmann V, S. 12) nicht nur die bereits in Buchform vorliegende Biographie Kreislers zerstört, sondern er hat ihr vor allem ihre Linearität genommen. Durch die fingierten Eingriffe des Katers zerfällt ein vormals linearer Text in siebzehn Einzelteile, wobei ungeklärt bleibt, wie viele Passagen auf diese Weise verlorengegangen sind. Die syntaktisch unterbrochenen Einzelpassagen sind ihrer chronologischen Ordnung entbunden. Erst durch die kontinuierlich durchgeführte Autobiographie des Katers wird die Simultaneität der siebzehn zerrissenen Makulaturblätter erneut in eine lineare Struktur überführt. Da die vom Kater hergestellte Reihenfolge eine rein zufällige ist, könnte sie, nimmt man den Fiktionszusammenhang ernst, auch ganz anders aussehen. Verlässt man die Herausgeber- und Editionsfiktion, ist klar, dass Hoffmann selbst die fragmentarische Form des Romans zu verantworten hat. Bei genauerer Lektüre stellt sich heraus, dass die Komposition sowohl in thematischer, intertextueller und leitmotivischer sowie in chronologischer Hinsicht genauestens durchdacht ist. Der Text untersteht einer zeitlichen Ordnung, in der Anfang und Ende spiralförmig voneinander abgesetzt sind: Das letzte Makulaturblatt endet mit der Ankündigung eines Festes, von dem im ersten Blatt schon aus der Erinnerung gesprochen wird.

4. Heterogenität und Metamorphose

Auf der Ebene der Gattungsästhetik ist für die romantische Ästhetik eine Tendenz zur Vermischung der Gattungen und Stile zu beobachten. Gegenüber dem klassizistischen Primat der Tragödie führt dies zu einer Favorisierung des Romans als einer integralen Übergattung. Nicht im Sinne einer distinkten Gattung empfiehlt sich der Roman als „romantisches Buch" (Schlegel II, S. 335) schlechthin, sondern als offene poetische Summenbildung, die prinzipiell alle poetischen und diskursiven Formen integrieren kann: „Ja ich kann mir einen Roman kaum anders denken, als gemischt aus Erzählung, Gesang und andern Formen" (ebd., S. 336), so Schlegel im *Gespräch über die Poesie*. Aus dem Begriff einer Gattungs-Hybridität resultiert ein Problem der Formlosigkeit, dem die frühromantischen Theoretiker einerseits, wie gesehen, mit einem aufwendigen Konzept des Fragmentarischen, andererseits mit der nicht weniger anspruchsvollen

Vorstellung einer neuen ästhetischen Mythologie begegnen. Diese soll sich jedoch nicht durch einen Rückgriff auf ältere mythische Bildbestände ergeben, sondern Schlegel konzipiert das mythopoetische Kunstwerk der Romantik als das „künstlichste aller Kunstwerke" (ebd., S. 312), d.h. als formales Gebilde von hoher semiotischer Verdichtung, dessen präzise äußere Begrenzung mit einer unendlichen Reflexionstiefe und einer inkommensurablen Bildkomplexität kommuniziert. In ihm soll alles „Beziehung und Verwandlung" (ebd., S. 318) sein, Metamorphose und Bewegung. Für diesen voraussetzungsreichen, nur einer konzentrierten Wiederholungslektüre zugänglichen Text hat Schlegel das Prädikat der ‚Unverständlichkeit' gewählt (vgl. ebd., S. 363–372), das noch auf die Literaturtheorien Roland Barthes' und Paul de Mans gewirkt hat (vgl. Kremer 2004, S. 100–105).

Noch in seiner späten *Philosophie der Mythologie* (1842) bestätigt Schelling genau diese Prädikate als Zentrum des mythopoetischen Kunstwerks der Moderne, dessen Reiz darauf beruhe, „daß es uns einen Sinn vorspiegle oder in der Ferne zeige, aber der sich uns beständig wieder entziehe, dem wir nachzujagen gezwungen wären, ohne ihn je erreichen zu können [...] In der That aber sey dieß die eigentlichste Beschreibung der Mythologie, die uns mit dem Anklang eines tieferen Sinnes täusche und immer weiter verlocke, ohne uns jemals Rede zu stehen." (Schelling V, S. 22f.) Was Schelling hier an Goethes *Märchen* (vgl. ebd., S. 22) als mythopoetische Qualität wertet, das luxuriöse Angebot und den gleichzeitigen Entzug von Sinn, hätte er an keinem romantischen Text besser verfolgen können als an Hoffmanns *Prinzessin Brambilla*. Das Credo des allegorischen Tanzes der flüchtigen Prinzessin lautet ganz entsprechend: „Nichts ist langweiliger, als festgewurzelt in den Boden jedem Blick, jedem Wort Rede stehen zu müssen!" (Hoffmann III, S. 870; vgl. Kremer 1999a, S. 137–143) Und wenn sie sich an ihren einfältigen Tanzpartner wendet: „Und darum mag ich dir auch gar nicht Rede stehen, du schmucker, flinker Geselle!", so spricht Hoffmann in hintergründiger und ironischer Weise auch den Leser seines Textes an, der gefälligst mit seiner *Prinzessin Brambilla* tanzen soll, ohne sie auf den fixierenden Begriff zu bringen. Ganz im Sinne Schellings muss dieser Leser lernen, was der Tanzpartner der Prinzessin zu berücksichtigen hat: die Geltung literarischer Beweglichkeit und poetischer Metamorphose: „Doch nein, nein! – so wie ich dich erfasste, wärst du ja nicht mehr – schwändest hin in Nichts! [...] Und doch, Schönste, bleibt ewig nur dein Tanz und das ist gewiß das Wunderbarste an dir –" (ebd., S. 871).

Stärker noch als die Vermischung der Formen hat Hoffmann in seiner Prosa eine Vermischung der Töne betrieben. Ebenfalls gegenüber der klassizistischen Option auf eine homogene Stillage bezieht Schlegel die romantische Poesie auf eine manieristische Heterogenität des Stils, die im Zusammenhang der Romantik ihren entscheidenden Ausdruck in der Konfrontation von Pathetisch-Erhabenem und Groteskem erhält. Im Wechsel von Erhabenem und Groteskem sichert der romantische Text das differentielle Spiel von Metamorphose und Prozessualität auch auf der Ebene des Stils. Ganz im Sinne einer ‚Kippfigur' ist der Leser in zahlreichen Erzählungen Hoffmanns immer damit konfrontiert, kaum dass er auf ein enthusiastisches Gefühl eingestimmt ist, wieder in die Niederungen des Kreatürlichen entlassen zu werden. Figuren dieser grotesken Entstellung des Enthusiastischen sind bei Hoffmann: Vermischung menschlicher und tierischer Züge, Konfrontation des Menschen mit seinem maschinellen oder marionettenhaften Spiegelbild, Figurenverdoppelungen, Maskeraden etc.

5. Selbstreflexion und Imagination

Die Behauptung ästhetischer Autonomie in der Literaturtheorie der Frühromantik stützt sich neben der ‚progressiven Universalpoesie' wesentlich auch auf eine Theorie der Imagination, die die älteren mimetischen Abbildkonzepte verabschiedet. Romantische Literatur sucht keinen direkten „Bezug zu einer vorgegebenen Wirklichkeit", sondern sie zielt auf die „Erzeugung einer eigenen Wirklichkeit" (Blumenberg 1969, S. 10), der imaginären Realität der Kunst. Selbstverständlich stellt sich im Akt romantischer Imagination auch ein Wirklichkeitsbezug her – gerade Hoffmanns Spiel der phantastischen Inversion des Alltags ist darauf angewiesen –, wichtiger aber als die Repräsentation von Welt ist die Codierung eines selbstreferenten Zeichensystems, das erst über das Zusammenspiel der einzelnen semiotischen Elemente zu decodieren ist, bevor es insgesamt wieder auf Welt bezogen werden kann. Hieraus resultiert die Tendenz romantischer Literatur zur Komplexität, Verrätselung und Hermetik. Sie muss deshalb die Möglichkeit der Entschlüsselung berücksichtigen und die Position des Lesers mitdenken. Wenn nicht mehr ein bestimmtes Nachahmungsverhältnis zu einer gegebenen Wirklichkeit Maßstab der Lektüre ist, dann muss ein noch auszubildender Leser vor allem über ausreichend imaginative Fähigkeiten verfügen, um die Phantastik des romantischen Textes handhaben zu können. Novalis weist deshalb daraufhin, dass der „wahre Leser" als „erweiterter Autor" zu verstehen ist, als jemand, der sich der „freyen Operation" (Novalis II, S. 399) des Lesens gewachsen zeigt. Entsprechend häufig wird die Position des Lesers und die Funktion des Lesens in romantischen Erzählungen thematisiert. Angesichts der Lektüre des Helden von Eichendorffs *Ahnung und Gegenwart* führt der „freye Autor" aus, welchen Leser er wünscht: „Und das sind die rechten Leser, die mit und über dem Buche dichten. Denn kein Dichter gibt einen fertigen Himmel; er stellt nur die Himmelsleiter auf von der schönen Erde. Wer, zu träge und unlustig, nicht den Mut verspürt, die goldenen, losen Sprossen zu besteigen, dem bleibt der geheimnisvolle Buchstabe ewig tot" (Eichendorff II, S. 156). In dieselbe Richtung zielen die rekurrenten Leseransprachen in Hoffmanns Erzählungen, seine Strategien, den potentiellen Leser immer wieder in die Schleifen seiner Möglichkeitsentwürfe hineinzuziehen und wieder daraus zu entlassen. Auch die Figur des Lesers wird zum Ereignis von Hoffmanns Texten, ausführlich im Wechselspiel von Lesen und Schreiben angesichts ‚unverständlicher' Manuskripte im *Goldenen Topf*, deutlich auch in *Prinzessin Brambilla*, wo der geheimnisvolle Regisseur des märchenhaften römischen Straßenkarnevals die Szene ausdrücklich als Leser betritt und an alle möglichen Leser „eine Menge unmäßig großer Brillen" (Hoffmann III, S. 273), Lesebrillen eben, verteilt: „Der Alte las, eine ungeheure Brille auf der Nase, sehr aufmerksam in einem großen Buche, das er vor sich aufgeschlagen." (ebd., S. 781)

Lesen und Schreiben bezeichnen die beiden grundlegenden Akte der poetischen Imagination. Die chiffrierte Transformation einer inneren Vision des schreibenden Autor-Ichs in die Ordnung der Schrift bedarf der Rückübersetzung bzw. Decodierung durch ein Leser-Ich. Beide Imaginationsleistungen beruhen auf höchst komplizierten psychischen Operationen, die aufeinander bezogen bleiben und einem Akt der Halluzination gleichen: „Der größeste Zauberer würde seyn, der sich zugleich so bezaubern könnte, dass ihm seine Zaubereyen, wie fremde, selbstmächtige Erscheinungen vorkämen" (Novalis II, S. 401). Die „selbstmächtigen Erscheinungen" romantischer Phantasie laufen letztlich in der Perspektive des Autors, des großen Zauberers, oder des Lesers zusammen, von dem ebenfalls eine ‚Zauberei' verlangt wird, nämlich dort farbige Welten zu konstruieren, wo rein materiell betrachtet nichts anderes als schwarze Differenzen auf weißem Grund stehen.

Von hier aus wird deutlich, weshalb kabbalistische und allgemein sprachmystische Spekulationen sowohl in der frühromantischen Theoriebildung als auch in der romantischen Literatur einen hohen Stellenwert haben. Man bezieht sich namentlich auf die Vorstellung einer weltschöpferischen, ganz mit Bedeutung aufgeladenen Ur- bzw. Namensprache. Novalis' Rede vom „Zauberstab der Analogie" (ebd., S. 743) ist jedoch rein ästhetisch gemeint. Vor dem Hintergrund einer jüdisch-christlichen Ursprache entwerfen Novalis und Schlegel romantische Literatur als neue imaginäre Weltschöpfung. Die kabbalistische Vorstellung einer absoluten Identität von Zeichen und Bezeichnetem dient als sakrale Folie einer säkularen Theorie literarischer Imagination (vgl. Kilcher 1993; 1998; Kremer 1999b). Dass zu diesem Zweck auch andere hermetische Lehren umfunktioniert werden können, zeigt beispielhaft die breite Rolle der Alchemie innerhalb der romantischen Literatur. Hoffmann hat beide Hermetica, Kabbala wie Alchemie, sehr weitgehend im *Goldenen Topf* in Dienst genommen (vgl. Kremer 1994). Hier hat er ein ganzes Arsenal alchemistischer Vokabeln aufgeboten, um die Veredelung seines ‚Laboranten' Anselmus, seine platonische Vereinigung mit Serpentina und seine Reise nach Atlantis zu chiffrieren. Zusätzlich hat Hoffmann das Schreibexperiment seines ‚Adepten' mit einer kabbalistischen Semantik flankiert, um sicherzustellen, dass seine Abschrift der hieroglyphischen Handschriften des Archivarius Lindhorst nicht auf das Kalligraphische beschränkt bleibt, sondern seine Metamorphose in einen anderen, einen poetischen Aggregatzustand zum Ziel hat. Deshalb muss Lindhorst die Abschrift an große Vorsichtsmaßnahmen binden, die nur dann verständlich werden, wenn man bedenkt, dass Anselmus sich schreibend in Poesie übersetzt und gleichsam spiritualisiert: „Sie werden daher künftig hier arbeiten, aber ich muß Ihnen die größte Vorsicht und Aufmerksamkeit empfehlen; ein falscher Strich, oder was der Himmel verhüten möge, ein Tintenfleck auf das Original gespritzt stürzt Sie ins Unglück." (Hoffmann II/1, S. 286)

(Detlef Kremer)

III. Romantische Psychologie

1. Vorgeschichte

Die Neubestimmung der Seele als Psyche und die Etablierung der Psychologie als wissenschaftliche „Seelen=Lehre" datiert in Deutschland in das frühe 18. Jahrhundert (vgl. Mahlendorf 1994, S. 590). Sie wird gemeinhin auf Christian Wolff zurückgeführt, der aus der Tradition Descartes' und Leibniz' kommend den Terminus Psychologie im deutschen Sprachgebrauch verankerte (vgl. Galle 2001, S. 326f.; Rudolph/Goubet 2004). Von Wolff stammt die Unterscheidung zwischen der Psychologie als empirischer Wissenschaft (*psychologia empirica*), die ihre Weiterentwicklung vor allem in Karl Philipp Moritz' Erfahrungsseelenkunde fand, und der deduktiv-metaphysischen Bestimmung psychischer Prozesse (*psychologia rationalis*). Ihr Ursprung liegt in der Zwei-Substanzen-Lehre Descartes', insofern die cartesianische Trennung von *res cogitans* und *res extensa* den Grundstein für die Spaltung der Seelentheorie in eine mechanisch-physikalische und eine transzendental-metaphysische Strömung legte. Während die Erfassung der *res extensa* bei Descartes der physikalischen Mechanik unterlag, erfolgte die Exploration des Inneren über die Introspektion. Im 18. Jahrhundert konzentrierten sich die Bemühungen verstärkt darauf, den durch Descartes errichteten Hiatus von Leib und Seele, wenn nicht zu schließen, so doch zu vermitteln. Hierzu wurden insbesondere in England und Frankreich die mechanisch-maschinellen Funktionsgesetze des Körpers auf das Innere des Menschen übertragen (in England bei Locke, Hume und Hartley, in Frankreich bei Malebranche, LaMettrie und Condillac; vgl. Parot/Michelle 1992). Demgegenüber blieb die Formierung des psychologischen Diskurses in Deutschland, begünstigt durch Leibniz' Versuch, die Eigengesetzlichkeit der Seele gegen kausalmechanische Erklärungen zu retten, durch den Gegensatz von metaphysisch abgesicherter Autonomie einerseits und Grundlegung im empirischen Erfahrungsbegriff andererseits bestimmt und fand erst in Kants transzendental-empirischer Vermögenspsychologie einen vorläufigen Endpunkt (vgl. Jüttemann 1988; Galle 2001, S. 313f.). Die Transformation der aristotelisch-scholastischen Seelenlehre in die neuzeitliche Psychologie kann in Deutschland in dem Moment als abgeschlossen gelten, in dem das Seelische als innerer, regelgeleiteter und empirisch überprüfbarer Prozess bestimmt wurde, der ob seiner Immanenz und Empirie in die Zuständigkeit der Wissenschaften fiel. Die Formierung der Psychologie als Lehre inneren Erlebens vollzog sich innerhalb einer diskursiven Ordnung, zu der neben Theologie und Philosophie auch Medizin, Nervenphysiologie, Anthropologie und Ästhetik zählten.

2. Frühromantik/Spätromantik

Großen Einfluss auf die frühromantische Psychologie hatte der Schotte John Brown, der das psychische Erleben als einen dynamischen Wechsel von Reizstimulation („Sthenie") und Reizmangel („Asthenie") definierte (vgl. Henkelmann 1981). In der Modifikation durch Andreas Röschlaub, der Browns energetisches Seelenmodell mit den nervenanatomischen Forschungen von Albrecht von Haller, Johann Christian Reil u. a. verknüpfte und so zu einer Differenzierung von körperlicher, auf die Muskeln bezogener Reizbarkeit und seelischer, das Gehirn und die Nervenfasern betreffender Sensibilität gelangte (vgl. Tsouyopoulos 1982), adaptierte die frühromantische Psychologie die physiologische Vorstellung der Psyche als ‚Ort' energetischer Prozesse. Hatte die Psychologie der Aufklärung das seelische Erleben zu einem äußerlich bedingten Ablauf maschinell-mechanischer Gesetzmäßigkeiten erklärt, so basierte die romantische Psychologie von Anfang an auf der Dynamik des Psychischen. Die Frühromantik setzte die Bewegungen der inneren Natur des Menschen in Relation zu Bewegungen der äußeren Natur. In Schellings *Von der Weltseele* (1798) und im *Ersten Entwurf eines Systems der Naturphilosophie* (1799) ebenso wie in Novalis' Fragmenten der Jahre 1799/1800 ist die Dynamik der Seele Teil einer allumfassenden, jede Entfremdung idealisch aufhebenden Bewegung zwischen Einzelnem und Ganzem. Die paradigmatische Bedeutung Schellings für die Psychologie der Frühromantik liegt in der dialektischen Vermittlung von Individual- und Kollektiv-, von Menschheits- und Naturgeschichte, die von der Geschichte als Wandlung psychischer Energien ausging; die Bedeutung von Novalis hingegen resultiert aus der Aufwertung emotionaler und kognitiver Ausnahmezustände wie Wahn, Hypochondrie, Traum, Geisteskrankheit oder Somnambulismus als Aussageformen über psychische Gesetzmäßigkeiten.

Während die frühromantische Psychologie von einem idealischen Urzustand ausging, der sich insbesondere in der Kindheit als noch nichtentfremdetem Zustand manifestierte (vgl. Kittler 1978; Pikulik 2000), ist die Spätromantik ambivalenter in ihren Wertungen, skeptischer idealischen Konzepten gegenüber und insgesamt stärker auf die ‚Nachtseiten' psychischen Erlebens fokussiert. Wie schon in der Frühromantik richtete sich auch das Interesse der Spätromantik in erster Linie auf die Grenzregionen psychischer Erfahrung und verstand die Psyche als eine dynamische Entität, beherrscht von widerstreitenden Regungen. Der idealistischen Intention der Frühromantik, eine „Einheit von Einheit und Gegensatz" zu stiften (Kremer 1997, S. 153), stand in der Spätromantik die Überzeugung entgegen, Identität lasse sich nur innerhalb der relativen Ungeregeltheit energetischer Prozesse denken. An die Stelle stabiler Identitäten im kosmischen Gefüge tritt das ‚Ich' als komplexe, fragile und von irrationalen und unbewussten Kräften dominierte Instanz, die sich der willentlichen Beeinflussung weitestgehend entzieht. Die Verlagerung der entscheidenden psychischen Triebkräfte in das Unbewusste erklärt die Faszination der Spätromantik für Grenzphänomene wie Somnambulismus, Hypnose, Wahn, Halluzination und Ichdissoziation. Sie sollten als nicht durch das Bewusstsein korrumpierte Zustände Einblick in das anderweitig unerreichbare Unbewusste geben und so die ‚wahren' inneren Gesetze der Natur und der Seele offenlegen (vgl. Mahlendorf 1994, S. 592f.). Mit der Unterscheidung von sichtbarer Oberfläche und verborgenem Inneren akzentuierte die spätromantische Psychologie das Bild der Psyche als räumliches Modell energetischer Prozesse, das es erlaubt, der Oberflächenstruktur des Körpers eine tiefenräumliche Bedeutung zuzuordnen, die gleichwohl immer wieder neu hervorgebracht werden muss. Die tiefenräumliche Ordnung ist dabei sowohl kausal als auch historisch gedacht. Auf ihr gründet der besondere Stellenwert der Kindheit, die in der Romantik eine signifikante Umwertung erfährt vom idealischen Ursprung zum sozio-psychologischen Biotop seelischer Konflikte, deren traumatisierende Wirkung sich zeitlich verschoben in den seelischen Störungen manifestiere. Obschon die kindliche Traumatisierung unhintergehbar ist, gibt die spätromantische Psychologie den Heilungsgedanken nicht auf; der therapeutische Zugriff erfolgte allerdings nicht über den Verstand, sondern über gezielte konträre seelische Reizungen (vgl. Crabtree 1993, S. 109ff.). Hier wiederholt sich die Überzeugung, Körperliches und Seelisches seien durch energetische Kräfte untrennbar miteinander verbunden. Indem die Behandlung der Seele stellvertretend am Körper erfolgte (vgl. Mahlendorf 1994, S. 595ff.; Barkhoff 2005, S. 15f.), kann die spätromantische Therapeutik sowohl als Beginn der Psychosomatik als auch als Ausgangspunkt jener Disziplinierung gesehen werden, die durch den Körper auf Psyche und Persönlichkeit zielte und zur Geburt des modernen Subjekts führte.

3. Mesmerismus/Magnetismus

Insbesondere die Schriften Franz A. Mesmers und seine Theorie des animalischen bzw. tierischen Magnetismus wirkten strukturbildend auf die spätromantische Psychologie. Mesmer hatte bereits in seinen Frühwerken, *Mémoire sur la découverte du magnétism animal* (1779) und *Précis historiques des faits relatif au magnétism animal* (1781), die magnetische Kraft zum Mittler zwischen Unbewusstem und Bewusstsein, Innerem und Äußerem, Vergangenheit und Gegenwart sowie Mensch und Natur erklärt und das seelische Erleben als eben jenen energetischen Prozess gefasst, in dessen Dynamik sich in Rekurs auf die paracelsische Makro-Mikrokosmos-Theorie die Gesamtbewegung der Natur und des Alls wiederholen sollte (vgl. Darnton 1968; Schott 1985). Drei Aspekte waren ausschlaggebend für die große Popularität, die Mesmer zunächst in Frankreich und nach dem Erscheinen seiner beiden Hauptwerke, *Allgemeine Erläuterungen über den Magnetismus und den Somnambulismus* (1812) und *Mesmerismus oder das System der Wechselwirkungen* (1814), auch in Deutschland genoss (vgl. Tatar 1978, S. 45ff.; Ego 1994): das Versprechen universeller Gültigkeit durch die Axiomatik von Anziehung und Abstoßung, das Postulat omnipräsenter, unsichtbarer, fluider Wirkungskräfte und dessen empirische Fundierung im Magnetismus sowie die umfassende Eingliederung des Menschen in die Natur durch die Unterwerfung der inneren Vermögen unter die Gesetze der Physik. Mesmers Konzept hatte ebenso weitreichenden Einfluss auf die frühe Psychiatrie (u.a. auf Hufeland, Soemmering, Reil, Koreff, Marcus und Wolfart) wie auf die Ästhetik und die Poetik des ausgehenden 18. und frühen 19. Jahrhunderts (vgl. Barkhoff 1995).

Neben Johann Christian Reils *Rhapsodien über die Anwendung der psychischen Curmethode* (1803), Johann Heinrich Jung-Stillings *Theorien der Geisterkunde* (1808) und Carl A. F. Kluges *Versuch einer Darstellung des animalischen Magnetismus als Heilmittel* (1811), die der Rezeption Mesmers in Deutschland den Boden bereitet hatten, ist Gotthilf Heinrich Schubert der wichtigste deutsche Vertreter des Magnetismus. Seine *Ansichten von den Nachtseiten der Naturwissenschaften* (1808) und die von Freud als Vorläuferstudie zur Traumdeutung anerkannte *Symbolik des Traums* (1814) (vgl. Kremer 1997, S. 141) wurden zur zentralen Quelle von Chiffren seelischer Entwicklungen für die Wissenschaften wie die Literatur der Romantik. Von Novalis und Schelling herkommend, hatte Schubert Mesmers Konzept des animalischen Magnetismus zu einer populären und wirkungsmächtigen Theorie des Unbewussten *avant la lettre* ausgebaut (vgl. Behrens 1994). Seine Darstellung unbewusster Triebkräfte und psychischer Devianzen fanden Eingang in zahlreiche literarische Werke, u. a. in Achim von Arnims *Armut, Reichtum, Schuld und Buße der Gräfin Dolores* und *Halle und Jerusalem*, in Bettina von Arnims *Goethes Briefwechsel mit einem Kinde*, in Tiecks *Franz Sternbalds Wanderungen*, in Wackenroders *Phantasien über die Kunst für Freunde der Kunst* und ganz besonders in die Erzählungen Hoffmanns, der vermutlich schon während seiner Bamberger Zeit, spätestens jedoch ab 1812/1813 genaue Kenntnisse über den Magnetismus besaß (vgl. Segebrecht 1978; Steinecke 2004, S. 126ff.). Doch Hoffmanns Erzählungen sind nicht einfach „dramatisierter Mesmerismus" (Börne II, S. 455), wie Ludwig Börne 1820 urteilte (vgl. Barkhoff 2005, S. 15), sie sind vor allem Indiz einer wachsenden Skepsis dem Mesmerismus und seiner magnetischen Therapeutik gegenüber. Die ambivalente Darstellung magnetischer Praktiken im *Magnetiseur*, die kritischen Diskussionen in den *Serapions-Brüdern*, im *Goldenen Topf* und in den *Lebensansichten des Katers Murr* erzählen die magnetischen Heilverfahren als ambivalente Machtpraktiken, deren Repräsentanten vor Missbrauch, Betrug und Selbstbetrug nicht gefeit sind. Mit wachsender Kritik an der romantischen Psychologie und zunehmender Skepsis ihren Phänomenen, vermeintlichen Heilerfolgen und Postulaten gegenüber ebbte der Einfluss des Mesmerismus in Deutschland in den späten 1820er Jahren erkennbar ab und Mesmers Schriften wie die seiner Zeitgenossen gerieten in Vergessenheit bzw. wurden als Curiosita ad acta gelegt (vgl. zur abweichenden Rezeptionsgeschichte in Frankreich Darnton 1968, S. 162ff.; zum angloamerikanischen Raum Tatar 1978, S. 198ff.; Gauld 1992, S. 179ff.).

4. Literarische Psychologie der Romantik

Ihre wichtigste und bis heute ungebrochene Wirkung entfaltete die spätromantische Psychologie in der Literatur. Die literarischen Texte standen in einem engen und wie z. B. bei Hoffmann zusätzlich über persönliche Freundschaften bestärkten Austauschverhältnis mit den Wissenschaften, das sich in vielfältigen interdiskursiven und intertextuellen Bezügen konkretisierte (speziell zum Werk Hoffmanns vgl. Tatar 1978, S. 121ff.; Auhuber 1986; Kohlenbach 1991; Mahlendorf 1994, S. 597ff.; Barkhoff 1995, S. 195ff.; Kremer 1997, S. 197ff.; Kremer 2001, S. 172ff.; Valk 2004). Die spätromantische Literatur folgt grundsätzlich dem psychologischen Postulat von der Ununterscheidbarkeit von Traum, Wahn, Absenz, Vision und Wirklichkeit, d. h. dem Übergriff des Unbewussten auf das Bewusste und der damit einhergehenden Auflösung der Ich-Konstitution durch die Verwirrung von räumlicher, zeitlicher und figürlicher Logik. Indem die psychologische Ordnung vom Subjekt abgelöst und auf den gesamten Text und seine psychologische Tiefenstruktur übertragen wird, werden die psychologischen Elemente und Motive zu „symbolische[n] Spuren in einem ästhetischen Spiel" (Kremer 1997, S. 144). Die Auflösung räumlicher Ordnungen durch die Verkehrung von Innen und Außen, die Vermischung, Verschiebung und Verzerrung von Zeitebenen durch die Irritation bzw. Durchbrechung linearer Zeitlichkeit, die Fragmentarisierung, Verdoppelung und Überblendung von Figurenidentitäten im Doppelgänger, in der Marionette, der Automate, dem Gespenst und der Puppe sowie das Spiel mit symbolischen Entgrenzungen in der Inszenierung kognitiver Zwischenzustände wie Somnambulismus, Wachtraum, Halluzination und Wahn geben sich als Elemente einer hochgradig psychologisierten Poetik zu erkennen, in der der einzelne literarische Text zum Element eines „protopsychoanalytische[n] strukturale[n] Feld[es]" (Böhme 1981, S. 133) avanciert. Nach Mahlendorf resultiert die Affinität der romantischen Literatur zur Psychologie aus ihrer Opposition zum Produktivitätsgebot des Bürgertums. Gerade das Abweichende, Verschobene und Ambivalente, das sich im psychologischen Grenzbereich von Vernunft und Wahn respektive Wirklichkeit und Einbildung konkretisiere, habe den Autoren der Spätromantik eine Nische geboten, sich gegen die Geradlinigkeit des bürgerlichen Selbstverständnisses zu behaupten (vgl. Mahlendorf 1994, S. 601). Ist die grundsätzliche Psychologisierung des Erzählens in der Spätromantik in der Forschung unumstritten, so lassen sich die Bezüge jedoch gerade in Hinblick auf Hoffmann verschieden klassifizieren. Während Müller-Funk Hoffmanns Erzählungen zwischen Dämonisierung und kritischer Partizipation am Wissenschaftsdiskurs verortet (vgl. Müller-Funk 1985) und Neumann sie als experimentelle „Erkundungsformen" (Neumann 1997a, S. 106) zwischen Realismus und Fantastik liest, die der psychologischen Erzählung des 19. Jahrhunderts vielfach vorgreifen, stellt Barkhoff Hoffmann in das Spannungsfeld von Technisierung und (musikalischer) Magie (vgl. Barkhoff 1995, S. 195ff.). Über Hoffmann hinausgehend, ihn aber gleichwohl zentral einbeziehend, klassifiziert Detlef Kremer drei thematische Kernbereiche der romantischen Literarisierung des Psychischen: erstens, die Kindheit als Ort ursprünglicher Traumatisierung, die sich als „unbewusste Wunde" in die literarischen Texte fortschreibt; zweitens, die intime Sozialstruktur der Kleinfamilie als Treibhaus inzestuösen und ödipalen Begehrens insbesondere zwischen Mutter und Sohn und, drittens, der Wahn als abgespaltene und verschobene Wahrnehmung, dessen poetische Valenz sich in der Vervielfältigung von Raum-, Zeit- und Identitätsstrukturen zeigt (vgl. Kremer 1997, S. 144ff.).

Die spätromantische Literatur hat damit nicht nur eine eigene psychologische Bildsprache hervorgebracht, ihr ist es auch zu verdanken, dass entscheidende Wissenselemente der (spät)romantischen Psychologie bis in das 20. Jahrhundert (und hier insbesondere in die Freud'sche Psychoanalyse) tradiert wurden (vgl. Ellenberger 1973; Marquard 1987; Crabtree 1993, S. 351ff.; Kremer 1997, S. 141f.; Koschorke 1999, S. 112f.). Hierzu zählen die Annahme eines dem Bewusstsein nicht unmittelbar zugänglichen Unbewussten und dessen implizite sprachanaloge Konzeption; die Differenz von Oberfläche und Tiefenstruktur, auf die mit einer Dialektik von Verbergen und Enthüllen, Absenz und Präsenz reagiert wird; die Konzeption des Unbewussten als poetische Aktivität, die das Psychische in eine funktionale Verwandtschaft zur Kunst, insbesondere zur Literatur stellt (vgl. z.B. Freuds Aufsatz *Der Dichter und das Phantasieren*, 1908) und schließlich die Substitution der Fundamentalopposition von Vernunft und Wahn, Gesundheit und Pathologie durch ein Modell gradueller Abstufungen, das im Wahn nicht länger das kategorisch Andere sieht, sondern eine Erlebensform, die offen ist für poetische Umschriften.

(Hania Siebenpfeiffer)

IV. Romantische Medizin und Psychiatrie

Romantische Medizin meint mehr als nur Medizin in der Zeit der Romantik etwa der Jahre von 1790 bis 1830. Letztere umfasst verschiedene Strömungen und heterogene Traditionen, die, häufig aus England und Frankreich kommend, von Medizinern und Ärzten im deutschen Reichsgebiet in den letzten Jahrzehnten des 18. Jahrhunderts aufgenommen wurden. Diese Schriften wurden zumeist noch im Erscheinungsjahr ins Deutsche übersetzt und waren somit rasch zugänglich. So unterschiedliche Richtungen wie die Erregungstheorie, naturphilosophisches Gedankengut, Animalischer Magnetismus oder Abhandlungen über psychische Kurmethoden gehörten ihr an. Aufgenommen und von Ärzten diskutiert wurde in jener Zeit auch noch die sogenannte ‚Vermögenspsychologie‘, wie sie im fraglichen Zeitraum etwa Kant in seiner *Anthropologie in pragmatischer Hinsicht* von 1798 darlegte. Krankheiten des Geistes und der Seele sind für ihn Krankheiten des Kopfes und liegen in individuell unzureichendem Erkenntnisvermögen. Kant antwortet in seiner kleinen Abhandlung *Von der Macht des Gemüts durch den bloßen Vorsatz seiner krankhaften Gefühle Meister zu sein* auf Christoph Wilhelm Hufelands Schrift *Makrobiotik oder Die Kunst, das menschliche Leben zu verlängern* (1797) und plädiert dafür, dass die Medizin immer noch des Rates der Philosophie bedürfe. Kant wendet sich auch direkt gegen Karl Philipp Moritz und dessen Konzept der psychologischen Selbstbeobachtung, wie er es im Vorwort zu seinem umfangreichen *Magazin zur Erfahrungsseelenkunde als ein Lesebuch für Gelehrte und Ungelehrte* (1783–1793) erläuterte. Das Beobachten seiner selbst, so Kant in seiner *Anthropologie*, „ist eine methodische Zusammenstellung der an uns selbst gemachten Wahrnehmungen, welche den Stoff zum Tagebuch eines Beobachters seiner selbst abgibt, und leichtlich zu Schwärmerei und Wahnsinn hinführt." (Kant X, S. 413f.) Eindrucksvoll an diesem Magazin bleibt jedoch das reiche empirische Material der Beobachtung, fern jeglicher philosophischer Spekulation, das ausschließlich auf „facta" beruhen sollte und nicht auf moralischer Bewertung (vgl. Obermeit 1980, S. 61).

Die romantische Medizin beschäftigte sich intensiv mit der Frage nach der spezifischen Eigenart der Krankheit. Man löst sich flächendeckend von der seit der Antike geltenden Vorstellung, dass Krankheit ihren Sitz im Ungleichgewicht der Säfte des Körpers habe – eine Überzeugung, die bis weit ins 18. Jahrhundert galt und unter dem Begriff der Humoralpathologie firmierte. Sie behielten aber die Vorstellung aus der Antike bei, dass Krankheit eine natürliche Erscheinung des Lebens und nicht als Folge göttlicher Eingriffe oder sündhafter Verfehlungen zu sehen sei, wie sie noch die mittelalterliche Medizin gepflegt hatte. Eine Strömung, die aus Schottland kam und in John Brown (1735–1788) aus Edinburgh ihren prominentesten Vertreter hatte, löste noch im 18. Jahrhundert die Säftelehre ab. Brown nahm an, „daß das Leben nicht ein spontaner, aus sich selbst ablaufender Zustand sei, sondern ein durch äußere oder innere Reize erzwungener Umstand. Für ihn war die Fähigkeit des Organismus ausschlaggebend, auf die Reize zu reagieren – somit war seine Erregbarkeit ein wichtiges Kriterium." (Deichfelder 1985, S. 128) Gesundheit betrachtete er als einen Zustand des Gleichgewichts von Reizen und Reizbarkeit: „Eine Verminderung der Reize erzeugt ‚Asthenie', eine Vermehrung, Sthenie.'" (Peters 1991, S. 9) Krankheit war demnach geradezu mechanisch zu beheben, indem Reize entweder zu verstärken oder abzumildern seien. Der berühmte Arzt und Leiter des Bamberger Krankenhauses, Adalbert Friedrich Marcus (1753–1816), der zum Bekanntenkreis E.T.A. Hoffmanns gehörte, war ein überzeugter Anhänger dieser Lehre, bevor er ab 1800 die Naturphilosophie Schellings begeistert rezipierte und in die Medizin integrierte.

Zur Abkehr von der Humoralpathologie trug auch ein neues Verständnis von Seelenstörungen bei, die man als Krankheiten des Kopfes und der Nerven betrachtete. Entzündete und verknotete Nerven, im damaligen Sprachgebrauch als „Ganglien" bezeichnet, sind es, die nach Überzeugung der Philosophen und Ärzte an der Wende zum 19. Jahrhundert nicht nur somatische Krankheiten auslösen, sondern Krankheiten wie Melancholie, partiellen Wahnsinn und fixe Ideen provozieren. Die romantische Naturphilosophie und in ihrem Gefolge die romantische Medizin rezipierten die Grundannahmen der Erregungstheorie und die Diagnostik sowie die auf psychischen Kurmethoden basierende Therapie von Nervenkrankheiten. Charakteristisch für die romantische Medizin (im engeren Sinne) ist ein Verständnis des Menschen aus einem Gesamtzusammenhang von Körper und Geist, der in Begriffen der Analogie und Äquivalenz gedacht wird: „[I]n Deutschland sind an den Veränderungen in der Medizin nicht nur Mediziner beteiligt: Schelling übt eine vielschichtige Wirkung auf die Psychologie und Psychiatrie aus und publiziert medizinische Schriften. Novalis schreibt über eine ‚polarische Medizin' und der erste Psychiater Deutschlands, Johann Christian Reil [auf den das Wort ‚Psychiatrie' zurückgeht; F.A.], betreibt in seinen Schriften eine konsequente Literarisierung des Wahns. Die deutschen Psychiater, Philosophen und Literaten stehen unter dem Einfluss einer romantischen Bewegung, die wenig Spielraum für eine naturwissenschaftlich-empirische Medizin lässt, sondern ganzheitliche Konzepte aufzustellen sucht, die auf Dauer keine diagnostischen und therapeutischen Erfolge verzeichnen können" (Tap 1996, S. 22).

Das ist gewiss richtig; und doch lässt sich gleichzeitig beobachten, dass die meisten Ärzte jener Epoche, wofür Reil und Marcus nur stellvertretend genannt seien, in ihren Schriften zwar zu theoretischen philosophischen Spekulationen neigten und in der Pflege und Behandlung von Geisteskranken so gut wie keine direkten Erfahrungen sammelten, in ihrer täglichen Arbeit jedoch immer auch praktisch am Krankenbett oder am Operationstisch tätig waren. Reil (1759–1813) starb als praktizierender Arzt – er war auch Gehirnanatom und Chirurg – an den Folgen von Typhus, mit dem er sich während einer Inspektion im Feldlazarett nach der Völkerschlacht bei Leipzig im Jahr 1813 infiziert hatte. Seit 1810 bekleidete er eine Professur für klinische Medizin an der Universität Berlin und war Vorsitzender des Medizinalwesens beim preußischen Ministerium des Innern. Gewiss, die Erkenntnis, individual- und entwicklungspsychologische Faktoren als Krankheitsauslöser zu verstehen, blieb ihm verschlossen, und seine therapeutischen Techniken folgten oft recht schlichten Mechanismen, gleichwohl war er von einer engen Beziehung zwischen Körper und Seele überzeugt: „Gefühle und Ideen, kurz gesagt, psychische Einflüsse, sind die geeigneten Mittel, mit denen sich die Störungen des Gehirns korrigieren und seine Lebensfähigkeit wieder herstellen lassen." (Reil 1803, S. 50) Bei Alexander und Selesnick heißt es: „Reil sah klar, daß zwischen psychologischen und physiologischen Erscheinungen im Organismus eine Wechselbeziehung bestehe, und er erkannte, daß die gesunde Persönlichkeit erklärt werden mußte, bevor sich die kranke Seele verstehen ließ." (Alexander/Selesnick 1969, S. 181)

Marcus wirkte seit 1778 in Bamberg. Zunächst war er Leibarzt des Fürstbischofs von Würzburg und Bamberg, Franz Ludwig von Erthal, hatte hohe Ämter in der Medizinalverwaltung inne und war mit Aufgaben einer Reform des Medizinalwesens betraut; 1787 wurde unter seiner Leitung das Allgemeine Krankenhaus in Bamberg nach modernsten Gesichtspunkten eingerichtet, zu denen Krankenversorgung, neuesten Erkenntnissen folgend, ebenso gehörte wie die Ausbildung junger Ärzte und medizinische Forschung. Seit 1803 zeichnete er als Direktor des gesamten Medizinalwesens in Franken verantwortlich.

Die genannten unterschiedlichen Strömungen versuchte man in der romantischen Medizin mit einem ganzheitlich gedachten Konzept philosophisch zu untermauern, das in erster Linie von der Naturphilosophie Friedrich Wilhelm Joseph Schellings (1773–1853) inspiriert war.

Kant und – mit geringer zeitlicher Verschiebung und differenzierter

Auseinandersetzung – auch Johann Gottlieb Fichte (1762–1814) hatten der nachfolgenden Generation in Philosophie und Medizin ein großes Problem hinterlassen, nämlich die Verfestigung eines dualistischen Weltbildes mit der reinen Vernunft einerseits und einer empirischen Wirklichkeit des Menschen andererseits, die nicht ohne weiteres in Einklang zu bringen waren. Anders gesagt ist die Ausgangssituation romantischer Philosophie und Medizin dadurch bestimmt, dass sie die begrifflichen Oppositionen der philosophischen Tradition in einer Logik der Identität vermitteln müssen. Das heißt aber auch, dass sie den polaren Begriffen verpflichtet bleiben: Geist und Natur, Bewusstsein und Unbewusstes, Ich und Welt, Krankheit und Gesundheit. Im Sinne von Schellings Identitätsphilosophie „postulieren die Romantiker den Begriff der ‚Ähnlichkeit'" (Hühnerfeld 1956, S. 111). Dass die Polaritäten miteinander zusammenhängen und nur scheinbar getrennt sind, also Verwandtschaften aufweisen, wird zur zentralen Idee, um dem Ziel einer Vereinigung der Gegensätze näher zu kommen. Auch die naturwissenschaftliche Entdeckung der galvanischen Elektrizität und [...] magnetischer Kräfte mit positiven und negativen Polen kam dem romantischen Denken entgegen. Der berühmte Arzt Christoph Wilhelm Hufeland meint im Magnetismus eine beseelte Kraft zu erkennen, die alle Gegensätze von Lebendigem und toter Materie aufheben könne. Und Karl Christian Wolfart versucht den Animalischen Magnetismus in das naturphilosophische System Schellings zu integrieren (vgl. Barkhoff 1995, S. 109ff). Für Schelling selbst waren diese Entdeckungen aus zwei Gründen sehr willkommen: Er konnte sie in sein System problemlos eingliedern und damit gleichzeitig die mechanistische und bipolare Trennung in *res extensa* und *res cogitans*, die seit Descartes galt, überwinden: „Elektrizität und [...] Magnetismus, die auf eine verborgene Einheit aller Naturkräfte hinzudeuten scheinen", werden von Schelling „zu wesentlichen Trägern des Lebens bestimmt." (Tap 1996, S. 64)

Dass die Medizin eine Schlüsselstellung einnahm, um die genannten naturphilosophischen Theoreme wenigstens ansatzweise praktisch zu überprüfen, erkannte Schelling selbst, pflegte deshalb den Kontakt zu Medizinern und schrieb in der Vorrede zu den *Jahrbüchern der Medizin als Wissenschaft* im Jahr 1805: „Die Arzneiwissenschaft ist die Krone und Blüte aller Wissenschaften". Wöbkemeier hebt den zentralen Stellenwert der Krankheit in Schellings System hervor: „In *Erster Entwurf eines Systems der Naturphilosophie* gibt Schelling seiner Theorie der Krankheit somit erklärtermaßen den Stellenwert eines Mittelglieds der Hauptuntersuchung. Diese postuliert die Einheit von organischer und ‚anorganischer' Natur, die Durchgängigkeit des allgemeinen Prinzips der Duplizität und dessen Ausprägungen gemäß einer dynamischen Stufenfolge. Die Theorie der Krankheit soll die Gültigkeit der Stufenfolge, die in der organischen Natur als Reproduktion, Irritabilität und Sensibilität gesehen wird, für das einzelne organische Individuum beweisen." (Wöbkemeier 1990, S. 26) Natur wird als dynamischer Prozess verstanden, in dem nichts feststeht oder fixiert ist und in dem der Mensch lediglich ein Teil ist. Schelling „sieht überall einen einzigen, einheitlichen Lebensprozeß. Natur und Leben sind für Schelling eine ununterbrochene Schöpfung, ein sich selbst Schöpfen und Erkennen, sie entwickeln sich stufenweise höher, bis sie mit der Welt der Kultur und des Menschen enden." (Berkowski 1979, S. 16) Damit wird in Schellings umfassendem System dem Menschen als Teil der Natur lediglich ein Stellenwert unter anderen zugewiesen. Das hat Konsequenzen für die Medizin: „Der Grundimpuls der Naturphilosophie, den Dualismus von Geist und Natur zur Harmonie zu bringen und die Position der vernunftbegabten Gattung Mensch innerhalb eines allumgreifenden Systems als geborgene zu verorten, hat insofern die Kehrseite, als […] medizinisches Bestreben, eine eventuelle menschliche Sonderstellung einzuebnen." (Wöbkemeier 1990, S. 26) Für die praktische Arbeit des Arztes am Krankenbett bleibt die empirische Beobachtung wichtig, „insofern nur sie zur Ermittlung quantitativer Aussagen führen kann, die die allgemeinen naturphilosophischen Bestimmungen konkretisieren" und damit „unerlässlich sind." (ebd., S. 27)

An dieser breit gefächerten Diskussion über Krankheit und Gesundheit – wie oben mit Moritz' *Magazin* bereits angedeutet – hatten die Literaten jener Epoche einen wesentlichen Anteil. Allerdings bringt es die voraussetzungsreiche, auf Autonomie abstellende Poetik der Romantik mit sich, dass ihre medizinischen und psychiatrischen Interventionen durchweg der literarischen Differenz unterstehen. Das heißt: von Novalis über Jean Paul, Friedrich Hölderlin und Heinrich von Kleist, von Achim von Arnim und Clemens Brentano bis hin zu Ludwig Tieck und E.T.A. Hoffmann verfolgen die romantischen Texte weniger das Ziel, die Ergebnisse und Diskurse der Medizin zu verdoppeln, als diese neuen Variationen und Metamorphosen zu unterziehen. So schlägt sich die diskursive Komplexität von Schellings Naturphilosophie gewiss in Hoffmanns Prosa nieder, deutliche Spuren etwa in *Der goldene Topf*, *Klein Zaches*, *Prinzessin Brambilla* oder *Meister Floh*, immer aber so, dass Schellings Vorgaben in ein grundsätzlich unabschließbares, weil ironisch gebrochenes Spiel der literarischen Signifikation eingebunden werden.

Das philosophisch anspruchsvolle Denken der romantischen Medizin war höchstens indirekt an der praktischen Arbeit des Arztes am Krankenbett interessiert, stärker dagegen an der Stimmigkeit des philosophischen Systems. Bereits um 1840 wurde die philosophische Betrachtung von Krankheit und Gesundheit durch eine viel näher an den Ergebnissen der Naturwissenschaft orientierte Medizin abgelöst, die sogenannten „Somatiker" im Unterschied zu den „Psychikern". Eine der Folgen der Verabschiedung ganzheitlicher Konzepte war eine immer größere Abwendung von der Philosophie zugunsten naturwissenschaftlich-empirischen Spezialisierung medizinischer Wissenschaft.

Die intellektuelle Leistung der Vertreter romantischer Naturphilosophie und in ihrem Gefolge jene der romantischen Medizin ist jedoch nicht gering zu veranschlagen, weil es die letzte, wenn auch sehr kurze Epoche war, die den Menschen in ein umfassend gedachtes philosophisches System von Geist und Materie, von Individuum und Kosmos, von Krankheit und Gesundheit einzugliedern trachtete, die konsequent innerweltlich dachte und auf religiös-metaphysische Lösungen verzichtete. Diese Leistung gilt es auch dann zu würdigen, vor allem unter historischen Gesichtspunkten, wenn vieles an diesem System vielleicht zu theoretisch, der Anspruch zu hoch gesetzt, die Ziele zu ehrgeizig gesteckt und ihre philosophischen Konzepte am Krankenbett praktisch nicht einzulösen waren. Mag der junge Schelling, wie Peter Sloterdijk pointiert vermutet, „wie ein enthusiastischer Gynäkologe am Bauch der geistträchtigen Natur [gelauscht haben], um in ihrem Inneren die Herztöne des noch nicht zur Welt gebrachten Selbstbewußtseins nachzuweisen" (Sloterdijk 1995, S. 14), so ist doch immer auch daran zu erinnern, worauf Schelling in seinen *Ideen einer Philosophie der Natur* (1797) bestand, wenn er über Gesundheit und Wiederherstellung der Identität ausschließlich mit Argumenten der Vernunft reflektierte: „Der Mensch ist nicht geboren, um im Kampf gegen das Hirngespinnst einer eingebildeten Welt seine Geisteskraft zu verschwenden [...]; zwischen ihm und der Welt also muß keine Kluft befestigt, zwischen beiden muß Berührung und Wechselwirkung möglich seyn, denn so nur wird der Mensch zum Menschen. [...] Aber nur im Gleichgewicht der Kräfte ist Gesundheit." (Schelling I, S. 251).

(Friedhelm Auhuber)

V. Romantische Naturphilosophie

Anders als stärker theoretisch orientierte Romantiker wie die Schlegels, Novalis oder Jean Paul hat sich E.T.A. Hoffmann nie intensiv mit der idealistisch-transzendentalphilosophischen Variante romantischen Naturdenkens auseinandergesetzt. Zwar steht am Anfang seiner literarischen Karriere die Lektüre von Schellings *Über die Weltseele* (1798) und am Beginn seiner Beschäftigung mit der romantischen Naturphilosophie die der Schriften von Novalis, doch bald werden statt dessen – neben poetischen Vermittlungen von z. B. Tieck und Wackenroder – die Werke des Schelling- und Herder-Schülers Gotthilf Heinrich Schubert zur wichtigsten Quelle für naturphilosophische Elemente in Hoffmanns Werk. Die beiden frühen Hauptwerke dieses höchst einflussreichen Popularisators romantischen Naturdenkens, die aus 1808 in Dresden gehaltenen, öffentlichen Vorlesungen hervorgegangenen *Ansichten von der Nachtseite der Naturwissenschaft* (1808) und die *Symbolik des Traumes* (1814), werden in Hoffmanns Erzählungen immer wieder explizit erwähnt und haben insgesamt in seinem Werk tiefe Spuren hinterlassen. Seinem Verleger Kunz dankt er anlässlich der Übersendung seiner u. a. von Schelling und Novalis' *Die Lehrlinge zu Saïs* (1802) inspirierten Erzählung *Der Magnetiseur* (1814) für den Erhalt des „herrliche[n] Buch[s]: Schuberts *Ansichten* pp" und betont, er sei „begierig auf alles was der geniale Mann geschrieb⟨en⟩ und schreibt." (Hoffmann I, S. 302) Und ein Jahr später bittet er Kunz, noch während *Die Symbolik des Traumes* im Druck ist, dringend um Schuberts neues Buch – „er dürstet darnach!" (Hoffmann VI, S. 32)

Schubert ist wie sein Lehrer Herder ein Synkretist, der in typisch romantischem Synthesegestus die verschiedensten Wissensgebiete wie Astronomie, Erd- und Kulturgeschichte, Naturwissenschaft, Medizin, Anthropologie, Religionswissenschaft und Psychologie verbindet, um auf diese Weise Wissen und Ahnung, Spekulation und Empirie zu einer höheren Einheit zu verschmelzen. Ihm geht es in seiner spekulativen und im Ton bewusst poetisierend-evokativen Abhandlung eher um Anschaulichkeit und Einfühlung denn um methodische Absicherung oder gar theoretische Widerspruchsfreiheit. Der Titel der *Ansichten* ist durchaus selbstbewusst gegen Lichtmetaphorik und Wissensbegriff der Aufklärung gerichtet. Ihm geht es um die verborgenen, vom kalten Licht aufklärerischer Naturforschung in den Schatten gerückten, mit exakter Wissenschaft nicht zu erhellenden Wissensbestände: Spekulationen über die Einheit von Natur und Geschichte, Ahnungen über die metaphysische Stellung des

Menschen, Einblicke in die Tiefe der Seele, Erkundung der Grenzphänomene von Krankheit, Somnambulismus und Tod. All dies zog Hoffmann ebenso an wie Schuberts Synthese naturgeschichtlicher, philosophischer, medizinischer und psychologischer Aspekte, die sich in beider Werke in der prominenten Position des Mesmerismus als romantisch-naturphilosophischem Paradephänomen kristallisiert.

Mit Schelling teilt Schubert zentrale Paradigmen romantischer Naturphilosophie: die Annahme einer allumfassenden, Mensch und Natur, Materie und Bewusstsein verbindenden metaphysischen Kraft, die die Einheit und Harmonie der kosmischen Ordnung und die Position des Menschen in dieser garantiert. Was Schelling „Weltseele" nennt, wird bei Schubert als „Lebensseele" bestimmt, „welche von oben ausgehend, alle Natur bis in das Aeußerste und Kleinste durchdringt." (Schubert 1808, S. 372) Schuberts fast obsessives Interesse an den sogenannten Imponderabilien, der Elektrizität, dem Magnetismus und dem Mesmerismus gründet in der Hoffnung, in den grenzüberschreitenden Erscheinungen dieser zwischen belebter und unbelebter Natur, Materie und Bewusstsein, Leib und Geist, Diesseits und Jenseits changierenden Kräfte den empirischen Wirkungen dieser Lebensseele auf der Spur zu sein. Dazu geht Schubert wie Schelling von der Prozesshaftigkeit des Naturgeschehens und der in dieses eingebetteten Menschheitsgeschichte aus und sieht beide von naturphilosophischen Strukturprinzipien wie Polarität, Analogie und Metamorphose organisiert. Für Hoffmanns Rezeption des Schubert'schen Systems besonders relevant ist dabei das triadische Modell, welches seinem teleologischen Geschichtsverständnis unterlegt ist. Die *Ansichten* suchen in der Natur- und Menschheitsgeschichte und auch im Leben des Individuums Spuren jener Goldenen Zeit ursprünglicher Harmonie von Mensch und Natur, die nach Schuberts Überzeugung auch nach dem Zerbrechen dieser Einheit durch die Bewusstwerdung des Menschen nicht vollständig verlorengegangen, in der Zukunft zu restituieren und bereits heute in Momenten der Erleuchtung antizipierbar sei. Geschichte ist für Schubert in enger Anlehnung an Schelling ein metamorphotischer Prozess der Selbstoffenbarung der Natur hin auf das Absolute. Das Erfassen ihres Zusammenhangs und die einfühlende Teilnahme daran sind dabei entscheidende, diesen Prozess vorantreibende Elemente: „Das älteste Verhältniß des Menschen zu der Natur, die lebendige Harmonie des Einzelnen mit dem Ganzen, der Zusammenhang eines jetzigen Daseyns mit einem zukünftigen höheren, und wie sich der Keim des neuen zukünftigen Lebens in der Mitte des jetzigen allmälig entfalte, werden demnach die Hauptgegenstände dieser meiner Arbeit seyn." (ebd., S. 3)

In der *Symbolik des Traumes* bestimmt Schubert „den versteckten Poeten in unserem Innern" (Schubert 1814, S. 3, 8f., 56f.) als den Agenten seines geschichtsphilosophischen Versöhnungsprojekts. In typisch romantischem Synkretismus beerbt Schubert die hermetisch-kabbalistische Signaturenlehre von einer „Hieroglyphensprache" (ebd., S. 2) der Natur, in der sich ihre höhere Ordnung verrätsele und die der objektivierenden modernen Naturwissenschaft ebenso entgehen müsse wie dem Normalbewusstsein, die aber in gehobenen Zuständen religiöser Ekstase, künstlerischer Inspiration, des Traums, somnambuler Trance sowie – unter betimmten Bedingungen – den Grenzphänomenen von Krankheit und ‚heiligem' Wahnsinn intuitiv lesbar werde. Konstitutiv für diese Leistung des ‚versteckten Poeten' ist die gewissermaßen wissenspoetische Entzifferung der Ähnlichkeitsbeziehungen zwischen Mensch und Welt. Im Medium der vereinenden Lebensseele bilden objektivierte Natur und subjektives Bewusstsein letztlich eine Einheit; die Strukturen der äußeren Welt haben ihre Entsprechung im Inneren des Geistes und der Seele. Deshalb ist romantische Naturforschung als sympathetische Entdeckung der Entsprechungen und Korrespondenzen zwischen Mensch und Welt immer auch Selbstbegegnung, ist die Enzifferung der Sprache der Natur immer auch, in Detlef Kremers Formulierung, „Lektüre des eigenen Selbst" (Kremer 1997, S. 83).

Für Hoffmann waren Schuberts Rede vom ‚versteckten Poeten' und die dahinterstehende Sprachtheorie besonders attraktiv, weil sie die Chiffrensprache der Poesie bzw. der Kunst insgesamt zum eigentlichen Wahrheitsmedium nobilitierten. So ist *Der goldene Topf* (1814) weitgehend von Schuberts Sprach- und Geschichtsphilosophie bestimmt. Die Einweihung des Helden Anselmus in das Amt des Schreibers durch Entziffern und Abschreiben uralter, rätselhafter Manuskripte wird dargestellt als das intuitive Erfassen versunkenen Naturwissens und als simultane Initiation in das Reich der Poesie. In alchemistischer Tradition wird die imaginative Verwandlung des Alltags ins Reich der Phantasie zugleich als Offenbarung der Geheimnisse der Natur und als Läuterung des eigenen Selbst verstanden. Anselmus gelingt diese Aktivierung seines versteckten Poeten in einem trance- oder rauschartigen Zustand jenseits des Normalbewusstseins. So wird er zum Entdecker von Atlantis als dem „Leben in der Poesie, der sich der heilige Einklang aller Wesen als tiefstes Geheimnis der Natur offenbaret" (Hoffmann II/1, S. 321), und scheint damit den Künstler als – im Sinne Schuberts – Träger geschichtstriadischer Erlösungshoffnungen zu verkörpern.

Für Hoffmanns Rezeption der Schubert'schen Naturphilosophie ist es nun allerdings von entscheidender Bedeutung, dass er zwar dessen Denk- und Argumentationsfiguren oft bis ins Detail und gelegentlich sogar wörtlich übernimmt, dabei aber dessen metaphysische Gewissheit keineswegs teilt, sondern dessen Vorstellungen „als ästhetisches Spielmaterial" nutzt und, wie Gerhard Kaiser treffend feststellt, „durch Perspektivierung, Zitatcharakter, Parodie skeptisch modalisiert." (Kaiser 1988, S. 121) So ist das oben angeführte Zitat, mit dem die Erzählung vom goldenen Topf schließt, bei Hoffmann als offene Frage formuliert und Versöhnung ohnehin nur im Märchen denkbar, besonders wenn dies, wie der Untertitel sagt, ein auf die Gegenwart bezogenes „Märchen aus der neuen Zeit" ist.

Auch in *Die Bergwerke zu Falun* (1818) ist das Eindringen ins Innere der Natur für den Protagonisten Elis eine hermetische Initiationsriten kopierende Suche nach den „geheimen Zeichen" und der „bedeutungsvolle[n] Schrift" (Hoffmann IV, S. 235) der Schubert'schen Allnatur. Die Sehnsucht, so den Geheimnissen der (eigenen) Natur auf die Spur zu kommen, erweist sich nun jedoch gegen Schubert als gefährliches, ödipales Verlangen nach erotisch-mystischer Vereinigung mit einer stark sexualisierten Mutter Natur. Das Bergwerk als Inneres der Natur wird hier zum Spiegelungsraum des Unbewussten, und der Gang in die Tiefe ist eine identitätszerstörende Konfrontation mit den dunklen, verborgenen Abgründen der eigenen Triebwünsche. Hoffmann entlarvt die „Nachtseite der Nachtseite" (Kohlenbach 1992, S. 220), indem er der „guten Romantiknatur" (Marquard 1987, S. 198) Schuberts eine Prä-Freudianische Triebnatur entgegenstellt, deren Kräfte das Ich nicht erheben und läutern, sondern vernichten. Zugleich signalisiert das Ende des Helden Elis in Wahnsinn und Tod, dass vormoderne Naturemphase, wie sie die Romantik wiederbeleben wollte, in der rationalistisch-gewinnorientierten Geldmoderne als deren verdrängtes Anderes wahnhafte Züge annimmt und zum Scheitern verurteilt ist.

Neben der Poesie als höchst ambivalentem Statthalter der Natursprache in der Moderne reflektiert Hoffmann in enger Anlehnung an Schubert auch die Musik als naturnahes Medium kommunikativer Unmittelbarkeit. *Die Automate* (1814) thematisiert die Aporien romantischer Musik zwischen Naturmedium und Kunstcharakter. Die Fähigkeit der Musik, Sehnsucht nach Ursprünglichkeit und Transzendenz auszudrücken, hängt, wie es in der Erzählung heißt, ab von der „Auffindung des vollkommensten Tons; ich halte aber den musikalischen Ton für desto vollkommener, je näher er den geheimnisvollen Lauten der Natur verwandt ist, die noch nicht ganz von der Erde gewichen" sind. In zum Teil wörtlicher Wiedergabe der „Worte eines geistreichen Schriftstellers [...] (Schubert in den Ansichten von der Nachtseite der Naturwissenschaft)" (Hoffmann IV, S. 421) wird solche Naturmusik als Residuum der Sphärenharmonie verstanden, die den Bewohnern des Goldenen Zeitalters noch vernehmbar war und die noch heute in der Musik nachhallt und von dieser mimetisch nachempfunden werden kann, um den Menschen wieder in Rapport mit dem Naturganzen zu setzen. Doch auch hier depotenziert Hoffmann das geschichtsphilosophische Versöhnungspotenzial der Kunst. In seiner hochkomplexen Reflexion der romantischen Musik steht letztlich die unaufhebbare Entfremdung des Menschen von der Natur im Vordergrund, die von der Musik beschworen, höchstens in intensivem Kunsterleben momentan überbrückt, aber keinesfalls überwunden werden kann. Noch in seiner letzten, auf dem Sterbebett diktierten Erzählung *Die Genesung* (1822) gestaltet Hoffmann eine äußerst ambivalente Schubert'sche Schwellenvision zwischen Gesundheit und Krankheit, Inspiration und Morbidität, Wachbewusstsein und Wahn, bei der unentscheidbar bleibt, ob Musik oder Kunst allgemein die Fähigkeit besitzen, den Riss zwischen Subjekt und Natur zu heilen, oder ob es in der Gegenwart nicht doch nur ihre Aufgabe sein kann, die Disharmonien einer von der modernen Fortschrittslogik vergewaltigten Natur zum Ausdruck zu bringen.

(Jürgen Barkhoff)

VI. Romantische Sprachphilosophie

Anders als im Fall von Hoffmanns juristischer Ausbildung, seiner Auseinandersetzung mit literarisch-ästhetischen Traditionen und seiner Rezeption medizinisch-naturwissenschaftlichen Wissens kann als vergleichsweise unklar gelten, inwiefern auch die Kenntnis der Sprachphilosophie des späten 18. und frühen 19. Jahrhunderts zu den Voraussetzungen seines Schreibens zählt. Allerdings begegnen in Hoffmanns Prosa immer wieder Aspekte der Sprachmagie und -mystik sowie des mythologisch-etymologischen Interesses an Wörtern und Namen, die sich in derselben Zeit auch in der gelehrten Beschäftigung mit der Sprache finden.

Diese wissenshistorische Konfiguration als „Sprachphilosophie der deutschen Romantik" zu bezeichnen, ist seit Eva Fiesels gleichnamigem Buch (1927) üblich. Die zeitgenössische Terminologie kennt jedoch nicht die disziplinäre Selbstzuschreibung ‚Sprachphilosophie'; vielmehr stehen gerade um 1800 die Begriffe von ‚Sprache' und ‚Philosophie' als solche zur Debatte. Die epochale selbstreflexive Wendung der Frühromantik, es sei „das Eigenthümliche der Sprache, daß sie sich blos um sich selbst bekümmert" (Novalis II, S. 438), versieht auch das Philosophieren *über* Sprache mit einem weitgehenden Vorbehalt und befördert stattdessen ein „Denken der Sprache" (vgl. Jaeger/Willer 2000), in dem sich die Verhältnisse zwischen Objektsprache und Metasprache fortwährend verschieben und umkehren können. Eine zentrale Bedeutung haben in diesem Zusammenhang die Differenzierungen zwischen dem Kollektivsingular ‚Sprache' und der Vielzahl von Einzelsprachen. ‚Die Sprache' bildet sich – wie ‚die Geschichte' – erst in der zweiten Hälfte des 18. Jahrhunderts als Wissensgegenstand heraus; zur selben Zeit erweitert sich aber auch der empirische Horizont der Philologen in Richtung auf außereuropäische Sprachen und ihre Zusammenhänge mit älteren Stufen der europäischen. Daraus entstehen die ersten Ausprägungen einer historisch-vergleichenden Sprachwissenschaft, beginnend mit Friedrich Schlegels *Über die Sprache und Weisheit der Indier* (1808). Im Zusammendenken der Empirie einzelner Sprachen mit Spekulationen über ‚die Sprache' überschneiden sich die im Folgenden zu unterscheidenden Ausrichtungen, die man hinsichtlich ihres philosophischen Einsatzes als (1) identitätsphilosophisch, (2) naturphilosophisch und (3) mythologisch klassifizieren kann.

(1) Ausdrücklich diskutiert wird das Verhältnis ‚der Sprache' zu ‚den Sprachen' in der *Sprachlehre* (1801–03) von August Ferdinand Bernhardi, die im Zusammenhang der Jenaer und Berliner Frühromantik entstand und

schon dem Titel nach deutlich an Fichtes *Wissenschaftslehre* ausgerichtet ist. Unter diesen identitätsphilosophischen Vorzeichen ist sie als eine Art Idealphilologie konzipiert, argumentiert also mit Sprache als Universalie und als Idee und setzt die Beschäftigung mit empirischen Sprachen vorwiegend als Grenzbestimmung ein. Die Sprachlehre zugleich spekulativ und empirisch darzulegen, bezeichnet Bernhardi als „unmöglich", weil dies voraussetzen würde, dass in den real vorhandenen Sprachen mit der „Masse ihrer Zeichen" auch „die Massen der Wahrheit [...] vollständig und systematisch konstruirt" wären (Bernhardi 1973, Bd. 1, S. 127f.). Demgegenüber versuchte Friedrich Rückert in seiner philosophisch-philologischen Abhandlung, mit der er sich 1811 an der Universität Jena habilitierte, genau diese systematische Konstruktion philosophischer Wahrheit mittels des Wortvorrats der deutschen Sprache durchzuführen. Ausgehend von der spekulativ gesetzten Urwurzel „Eh" unternimmt er es in höchst konstruierten etymologischen Ableitungen, die durchgehende Identität der Sprache als polare Organisation in semantischen Gegensatzpaaren zu beweisen: „Der Gegensatz und die Verwandtschaft der Buchstaben sind auch der Gegensatz und die Verwandtschaft der Idee." Eingeschrieben ist diesem Versuch die zugleich utopische und poetologische Orientierung in Richtung auf die Stiftung neuer Zusammenhänge und neuer Bedeutungen durch kreativen Umgang mit den gegebenen Ordnungsprinzipien. Das Ziel ist ein sowohl spielerischer als auch magisch wirksamer Umgang mit sprachlicher Identität und Differenz. Für diese „Polarität der Bestandteile der Sprache" steht das Phänomen des Reims: „Die Philosophie muß zum Spiel mit den Wörtern zurückkehren [...]; die Sprache wird einmal in ihrer Ganzheit ein Reim sein müssen." (Rückert 1994, S. 193; vgl. Willer 2004.)

(2) Bereits Johann Gottfried Herder hatte in seinem geschichtsphilosophisch-genetischen Konzept der Sprachentstehung, der *Abhandlung über den Ursprung der Sprache* (1772), von einer „Geschlechterschaffung der Sprache" und von „Genetalien der Rede" gesprochen, die der „Fortpflanzung" der Menschheit dienten (Herder I, S. 739). Die somit für die Kulturgeschichte berufenen Erkenntnisse der zeitgenössischen Physiologie und Embryologie – insbesondere die Betonung des Geschlechtsunterschieds und der sukzessiven Selbstorganisation neuen Lebens – bestimmten seitdem die sprachtheoretische Diskussion in naturalisierenden Konzepten von Keimen, Trieben, Wachstum und Fortpflanzung. Vor allem bei Wilhelm von Humboldt diente dann der Organismusbegriff als Argument der „Selbstursprünglichkeit der Sprache und der Identität von Sprechen und Denken", somit auch der „wesentlichen Sprachlichkeit des Menschen" (Müller-Sievers 1993, S. 93f.). Von dieser für den weiteren Verlauf des 19.

Jahrhunderts richtungsweisenden organologischen Betrachtungsweise nochmals zu unterscheiden ist eine andere Variante naturphilosophischer Sprachtheorie, wie sie sich in frühromantischen Überlegungen zur Offenbarung des Göttlichen in der Sprache oder dem ‚Buch der Natur' findet (vgl. Wackenroder/Tieck 1991; Blumenberg 1981, S. 233–266) und wie sie Gotthilf Heinrich Schubert in seinen *Ansichten von der Nachtseite der Naturwissenschaft* entwirft. Demnach ist die Sprache aus dem mimetischen Nachsprechen des kosmischen „Rhythmus der Bewegung der Welten" entstanden, wodurch der Mensch zugleich „den Zusammenhang der Naturereignisse, und die Beziehung der einzelnen Dinge auf das Ganze erkannt" habe. Die Sprache ist also als „unmittelbare Offenbarung der Natur an den Menschen" (Schubert 1808, S. 63) zu verstehen. Damit ist zugleich die „höhere Offenbarung" des göttlichen Wortes, d.h. die von Herder abgelehnte supranaturalistische Sprachursprungsthese, wieder ins Spiel gebracht. Das führt allerdings weniger zu einer Resakralisierung der Sprachtheorie als zu ihrer Annäherung an die Erforschung der Mythologie, etwa wenn Schubert den „Ursprung der Sprache und des Naturcultus" (ebd., S. 61) gemeinsam behandelt wissen will.

(3) Wie sehr somit die naturphilosophische Deutung der Sprache bereits in die mythologische übergeht, zeigt der Titel einer Schrift des Orientalisten Othmar Frank: *Fragmente eines Versuchs über dynamische Spracherzeugung nach Vergleichungen der Persischen, Indischen und Teutschen Sprachen und Mythen*. Ziel dieser Untersuchung ist es, eine „lebendige Verwandtschaft", eine „Innigkeit (Ineinander) der Sprachen" in ihren „sich bildenden Sprachkeime[n]" und ihrem „schaffenden Trieb" zu beweisen (Frank 1813, S. 5f.). Belege für diese generative Dynamik findet Frank allerdings nicht auf der Ebene der Sprachbildung selbst – etwa der Morphologie –, sondern im mythologischen Material, und zwar vor allem mithilfe von Etymologien, die in seitenweise fortgesetzten Sequenzen aufgelistet werden. Eine derartige mythographische Forschung betreiben auch der junge Jacob Grimm, Friedrich Creuzer in seiner *Symbolik und Mythologie der alten Völker* sowie, besonders extensiv, Johann Arnold Kanne in umfangreichen Werken wie *Erste Urkunden der Geschichte, Pantheum der Aeltesten Naturphilosophie* oder *System der indischen Mythe* (vgl. Willer 2003, S. 103–171). Dabei werden zwar Theoreme wie ‚Urlaut' oder ‚Ursprache' bemüht, denen die weltschöpferische Potenz einer „Logogonie" zugeschrieben wird (Schrey 1969, S. 192); in der Darstellung jedoch bewirkt der verwirrende und vielsprachige etymologische Durchgang durch alle irgend erreichbaren Mythologien die Zurückweisung jeglicher Ursprungsbehauptung. Da sich nach Kannes Worten „mythologi-

sche und Sprachuntersuchungen nie trennen" (Kanne 1808, S. 71), wäre erst mit dem phantastischen Projekt eines „Panglossiums" (Kanne 1811, S. 100), also der Kenntnis aller Wörter aller Sprachen, der Gesamtzusammenhang der Sprachen und Mythen zu erfassen. Das mythographische Verfahren mit seiner Verkettung wörtlicher Verwandtschaften zu immer weiter fortschreibbaren Sequenzen versteht sich als unendliche Annäherung an ein solches nur vorstellbares etymologisches Universalwörterbuch.

Das Phänomen der Vielfalt und Uneinheitlichkeit der Sprachen, das sich in allen drei genannten Ausprägungen als konzeptuelle Herausforderung zeigt, trägt entscheidend zur Literarizität der romantischen Sprachphilosophie bei. Das gilt zum einen für die Verfahren der Sprachreflexion selbst – deren Artifizialität bei Autoren wie Rückert und Kanne überaus deutlich wird –, zum anderen für die poetologischen Konsequenzen, die daraus gezogen werden und als deren Kurzfassung die Formulierung Jacob Grimms aus seinem frühen Aufsatz *Gedanken über Mythos, Epos und Geschichte* gelten kann: „In der allgemeinen Sprache würde kein Dichter singen können, durch eine allgemeine Mythologie würden wir uns um unsere Lieder, so zu sagen um unsere weibliche Freude am Leben bringen." (Grimm 1813, S. 72f.) Obwohl also die philosophische Absicht in der Reduktion sprachlicher Vielfalt hin zu ursprünglicher Identität liegt, öffnet sich das romantische Sprachdenken hin zur Pluralität und Heterogenität literarischer Verfahrensweisen.

Fragt man nach Spuren dieser wissensgeschichtlichen Konfiguration in der Prosa E.T.A. Hoffmanns, muss man betonen, dass in seinem stark auf literarische Selbstreflexion ausgerichteten Textkorpus die Thematisierung von Sprache geradezu zwangsläufig mit dem Prozessieren der Schrift vermittelt wird. Paradigmatisch zeigt sich das in der Erzählung *Der goldene Topf*, die die genannten sprachphilosophischen Probleme – Identität, Natur, Mythos – auf mehrfache Weise zum Gegenstand macht. Gleich die erste Begegnung des Studenten Anselmus mit der schlangengleichen Serpentina, die sich mit ihren Schwestern „in Sinne verwirrender Rede" (Hoffmann II/1, S. 234) unterhält, steht im Zeichen der Epiphanie einer allgemein verständlichen Natursprache. Nimmt Anselmus gerade diese Verständlichkeit zunächst noch als ein Missverständnis – „[D]as ist denn doch nur der Abendwind, der heute mit ordentlich verständlichen Worten flüstert" –, geht ihm nach dem Blick in Serpentinas Augen die tatsächliche Kraft jener Sprache auf, die in einer synästhetischen Verschmelzung liegt: „Der Holunderbusch rührte sich und sprach: ‚Du lagst in meinem Schatten, mein Duft umfloß dich, aber du verstandest mich nicht. Der Duft ist meine Sprache, wenn ihn die Liebe entzündet.' Der Abendwind strich vorüber und sprach: ‚ich umspielte deine Schläfe aber du verstandest mich nicht, der Hauch ist meine Sprache, wenn ihn die Liebe entzündet.' Die Sonnenstrahlen brachen durch das Gewölk und der Schein brannte wie in Worten: ‚ich umgoß dich mit glühendem Gold, aber du verstandest mich nicht; Glut ist meine Sprache, wenn sie die Liebe entzündet.'" (ebd.) Das erotische „Gelispel und Geflüster und Geklingel" (ebd., S. 233) der Serpentina verheißt eine sprachliche Kontinuität jenes fantastischen Bezirks, der in der Erzählung mit dem Namen „Atlantis" chiffriert wird. So bekräftigt sie es auch später Anselmus gegenüber: „[D]u verstandest ja unter dem Holunderbusch meinen Gesang – meinen Blick – du liebest die grüne Schlange, du glaubest an mich und willst mein sein immerdar! – Die schöne Lilie wird emporblühen aus dem goldnen Topf und wir werden vereint glücklich und selig in Atlantis wohnen!" (ebd., S. 291f.)

Obwohl Hoffmanns Erzähler schließlich mit einem solchen Ende aufwarten kann, erweist sich *Der goldene Topf* gerade darin – so der Untertitel – als *Märchen aus der neuen Zeit*, dass die verheißene Natursprache von vornherein medial gebrochen ist. Anselmus' Weg nach Atlantis führt durch das Medium der Schrift, genauer gesagt durch die Schreibstube des Archivarius Lindhorst. Dieser – Serpentinas Vater – besitzt „eine Anzahl zum Teil arabischer, koptischer und gar in sonderbaren Zeichen, die keiner bekannten Sprache angehören, geschriebener Manuskripte" (ebd., S. 242). Die Schriftstücke beurkunden gleichsam die parallele Realität der Atlantis-Welt; wirksam wird dies aber erst in nochmaliger Rückwendung auf die Materialität der Schrift: im Vorgang des Abschreibens. Indem Hoffmann zum Helden seines modernen Märchens einen Jüngling macht, der „auf geschickte Weise kopieren" und „mit der höchsten Genauigkeit und Treue alle Zeichen [...] übertragen" kann (ebd.), lässt er die semiotischen Prozesse selbst zum entscheidenden Handlungselement werden, womit sich gewisse Analogien zur jüdischen Sprachmystik der Kabbala ergeben (vgl. Kremer 1993, S. 129–142; 1999, S. 35–39). Die gesamte Doppelung der Erzählebenen im *Goldenen Topf* ist auf diese Weise semiotisch mitbestimmt, wie sich besonders an der wichtigen Umschaltfigur Lindhorst zeigt – als Herr in Atlantis ein Fürst der Geister, als Archivar ein Verwalter der Buchstaben. So bildet das ironische Spiel des Märchens mit seinen verschiedenen Zeichenarrangements und -regimen die zentrale Erkenntnis romantischer Sprachreflexion ab: Die konkrete Materialität der Sprachen ist der Prüfstein ihrer Theoretisierbarkeit.

(Stefan Willer)

Das literarische Werk

Ritter Gluck. Eine Erinnerung aus dem Jahre 1809

1. Entstehung und Publikation

Am 15. Februar 1809 wird in der Leipziger *Allgemeinen Musikalischen Zeitung* (*AMZ*), Ausgabe 20, Jahrgang elf, E.T.A. Hoffmanns erste Erzählung *Ritter Gluck* veröffentlicht. Eckart Kleßmann und Gabriele Wittkop-Ménardeau heben in ihren Biographien (Kleßmann 1988, S. 154; Wittkop-Ménardeau 1966, S. 64) dazu zwar folgenden Tagebucheintrag vom 27. Januar 1809 hervor: „Mei⟨ne⟩ literarische Karriere scheint beginnen zu wollen." (Hoffmann I, S. 355) Aber alles deutet darauf hin, dass es in erster Linie wohl ein Versuch war, vor allem im Feld der Musikschriftstellerei und -kritik Fuß zu fassen. Zwei Musikrezensionen hat Hoffmann zu diesem Zeitpunkt bereits publiziert, und in einem Brief an Johann Friedrich Rochlitz, den Redakteur der Zeitschrift, der dem Manuskript des *Ritters Gluck* beiliegt, erkundigt sich Hoffmann nach der Möglichkeit einer Mitarbeit (vgl. ebd., S. 202–204). In diesem Brief bezieht er seinen „Aufsatz" auch auf Rochlitz' Artikel *Der Besuch im Irrenhaus* (1804) und vor allem auf dessen Schilderung eines „Wahnsinnigen", der auf eine „wunderbare Art auf dem Klavier zu fantasieren pflegte." (ebd., S. 204; vgl. Spiegelberg 1973) In den nächsten drei Jahren wird Hoffmann auch – neben den *Kreisler*-Aufsätzen – ausschließlich Rezensionen veröffentlichen. Für den ersten Band der *Fantasiestücke in Callot's Manier*, der zur Ostermesse 1814 erscheint, überarbeitet Hoffmann die Fassung des *Ritters Gluck* ein wenig und fügt den Untertitel „*Eine Erinnerung aus dem Jahre 1809*" hinzu. Zusammen mit seinem Gegenstück, der Erzählung *Don Juan* (1814) im selben Band, wird *Ritter Gluck* auch lange Zeit in einem musikkritischen Kontext betrachtet.

2. Skizze der Handlung

Die Erzählung beginnt mit einer detailliert beschriebenen Berliner Straßenszene im Spätherbst. Ort und Zeit sind exakt benannt, und die genaue Szenenbeschreibung des Ich-Erzählers trägt zum Eindruck der Authentizität bei. Zunächst schildert er ausschließlich visuelle Eindrücke. Das Raumarrangement muss erst durch den Blick etabliert werden, bis es sich mit dem Wunderbaren zu einem Raum der Phantastik zusammenschiebt. So sitzt der Erzähler im Gartenlokal „Klaus und Weber", durch ein Geländer von der Heerstraße getrennt, und beobachtet das Wetter, die Straßen und das bunte Treiben der Passanten, die zum Tiergarten spazieren. Er beschreibt auch, wie der „Mohrrüben-Kaffee dampft" (Hoffmann II/1, S. 19), ein Hinweis auf die wirtschaftlich prekäre Lage Berlins als Folge der Kontinentalsperre und Verarmung durch den Krieg. Der Erzähler lässt sich weiterhin von seinen Eindrücken treiben, um sich dem „leichten Spiel [der] Fantasie" (ebd.) zu überlassen: „Immer bunter und bunter wogt die Masse der Spaziergänger bei mir vorüber, aber nichts stört mich, nichts kann meine fantastische Gesellschaft verscheuchen." (ebd., S. 19f.) Dann bricht auf der Ebene der akustischen Wahrnehmung die idyllische Traumwelt des Erzählers zusammen. Zunächst hört er nur einige Gesprächsfetzen der Passanten und fast noch belustigt „eine verstimmte Harfe, ein paar nicht gestimmte Violinen, eine lungensüchtige Flöte und ein spasmatischer Fagott" (ebd., S. 19), zusammengefasst: ein „kakophonisches Getöse" (ebd.), bis dann ein „niederträchtige[r] Walzer" (ebd., S. 20) einsetzt.

Genauso störend empfindet ein älterer Herr die Musik. Dieser taucht plötzlich, ohne dass es der Erzähler bemerkt, an seinem Tisch auf. Es folgt eine genaue Beschreibung der Gestalt, die einen tiefen Eindruck auf den Erzähler hinterlässt. Der Fremde lässt dann das Gartenorchester die Ouvertüre der Gluck-Oper *Iphigenia in Aulis* spielen. Mit einem schnellen Wechsel an unterschiedlichen Gesichtsausdrücken und Gebärden, der offensichtlich unter großen Schmerzen verläuft, begleitet der Alte das Stück wie ein Kapellmeister mimisch und gestisch. Obwohl er sofort bereit ist, mit dem Erzähler Wein zu trinken, besteht er auf seiner Anonymität: „Wir wollen uns unsere Namen nicht abfragen: Namen sind zuweilen lästig." (ebd., S. 23) Zumindest gibt er sich im Gespräch als Komponist zu erkennen, singt leise Variationen aus der *Iphigenia in Tauris*, ebenfalls von Gluck, vor sich hin und berichtet von den Qualen, die er erleidet. Kurz darauf verschwindet er so plötzlich, wie er gekommen ist: „Er war im Augenblicke wie verschwunden, und mehrere Tage hinter einander suchte ich ihn im Tiergarten vergebens." (ebd., S. 27)

Einige Monate später kommt der Erzähler an einem Theater vorbei, das gerade eine andere Oper von Gluck, *Armida*, aufführt. Er belauscht ein Selbstgespräch und unterbricht es bei der Frage: „Welcher böse Geist hat mich hier festgebannt?" (ebd., S. 28) In der Tat trifft der Erzähler wieder auf den „Sonderling aus dem Tiergarten" (ebd.). Dieser nimmt ihn diesmal mit in seine Wohnung, die altmodisch und düster wirkt. Spinnenweben überziehen das Tintenfass. In einem Schrank stehen zwar die Bücher sämtlicher Stücke Glucks aufgereiht, sie sind aber leer: gerastert, jedoch ohne Noten. Wieder verzerrt sich das Gesicht des Fremden, und, sich das leere Buch zu *Armida* auf das Pult stellend, spielt er die Ouvertüre meisterhaft und mit neuen Ideen am Klavier. Nach dieser Interpretation sagt er mit „dumpfer Stimme" (ebd., S. 30): „Alles dieses [...] habe ich geschrieben, als ich aus dem Reich der Träume kam. Aber ich verriet Unheiligen das Heilige, und eine eiskalte Hand faßte in dies glühende Herz! Es brach nicht; da wurde ich verdammt, zu wandeln unter den Unheiligen, wie ein abgeschiedener Geist – gestaltlos, damit mich Niemand kenne, bis mich die Sonnenblume wieder emporhebt zu dem Ewigen." (ebd.) Drängend stellt der Erzähler nach dieser rätselhaften Eröffnung die Frage nach seiner Identität. Der Befragte vermeidet zunächst eine Antwort. Stattdessen kostümiert er sich mit einem „gestickten Gallakleide, reicher Weste, den Degen an der Seite" (ebd., S. 31) und antwortet dann endlich mit dem kursiv hervorgehobenen Schlusssatz der Erzählung: *„Ich bin der Ritter Gluck!"*

3. Doppelungen und verschobene Identitäten

Von dieser letzten Erklärung her formiert sich seitdem die Interpretationsarbeit nicht nur für die Erzählung, sondern für die Literatur Hoffmanns insgesamt: „Der Zugang zum Gesamtwerk E.T.A. Hoffmanns hängt von der Antwort ab, die einer hier [auf die Frage, wer der Ritter Gluck sei] zu geben hat. Die erste eigentliche Dichtung des damals dreiunddreißigjährigen Hoffmann enthält im Keim die Grundstruktur all seiner späteren poetischen Werke." (Mayer 1980, S. 116; vgl. Liebrand 1996, S. 19–44) Dabei verweigert Hoffmanns rätselhafte Künstlerfigur in jeder Hinsicht die Offenlegung ihrer Identität. Ihre Referenzperson, Christoph Willibald Gluck, wurde als Komponist von ‚Reformopern' bekannt, die eine Abkehr sowohl von der *Opera buffa* als auch von der *Opera seria* bedeuteten. Glucks Anliegen war es, die Oper von der Fixierung auf Arien und damit vom oberflächlichen italienischen Belcanto zu befreien und stattdessen den Akzent wieder auf die Dramatik zu legen. Zu seinen bekannten Opern zählen

Iphegénie en Aulide (1774), *Orphée et Euridice* (1774), *Alceste* (1776), *Armide* (1777) und *Iphigénie en Tauride* (1779), deren deutsche Fassung 1781 produziert wurde. Den Titel „Ritter Gluck" trug er, nachdem er von Papst Benedikt XIV. (wie später auch Mozart) zum „Ritter des Goldenen Sporns" ernannt wurde. Entscheidend für die Erzählung ist aber die Tatsache, dass 1809 der historische Gluck bereits 22 Jahre tot ist.

Der Erzähler begegnet also entweder einem Wahnsinnigen, der Gluck perfekt imitiert und damit das Thema der Koppelung von Wahnsinn und künstlerischer Genialität anführt, oder es handelt sich um die phantastische Figur eines Revenants, eines gespenstischen und zeitlich verschobenen Wiedergängers Glucks. Die Beschreibung als „abgeschiedene[r] Geist" (Hoffmann II/1, S. 30), der Hinweis auf seine Gestaltlosigkeit und Verdammnis sowie seine Qualen implizieren eine verfluchte Existenz, die an den Topos des ewigen Juden anknüpft. In diesen beiden Lesarten kann der Fremde einerseits als Inkarnation einer fixen Idee oder des Wahnsinns, den Musik- oder Kunstbesessenheit hervorruft, andererseits als Geist der Reformoper, als Genie unter Dilettanten, als untoter Kritiker am flachen Berliner Musikgeschehen sowie letztlich als allegorische Verkörperung des Musikalischen und Künstlerischen schlechthin gedeutet werden.

Bernhard Dotzler und Günter Oesterle verweisen im Zusammenhang mit der Ungleichzeitigkeit der Figur auch auf die ‚Calderón-Anekdote' in Hoffmanns Tagebuch (vgl. Dotzler 1988; Oesterle 1993). In diesem kleinen Prosastück berichtet Hoffmann davon, wie der Dichter als Küchenjunge von Friedrich dem Großen nach dem Hubertusburger Frieden 1763 entdeckt wurde und wie dieser ihn zum Poeten hat ausbilden lassen. Calderón starb allerdings schon 1681. Raffiniert, so Oesterle, werden in dieser Anekdote historische Zeiten ineinander geblendet. Gleiches darf für den *Ritter Gluck* gesagt werden. Dass Hoffmann genaue Daten zu Raum und Zeit liefert, kann als authentifizierende Finte verstanden werden, um die Wirkung des phantastischen Täuschungsmanövers zu steigern. Die Chronologie wird als relevantes Maß verabschiedet, um der romantischen Imagination das Feld zu überlassen. Letztlich könnten die beiden Begegnungen mit Gluck auch gänzlich als Traumgeschehen des Erzählers verstanden werden, der auf diese Weise sein Missfallen an der dilettantischen Musikinterpretation im zeitgenössischen Berlin Ausdruck verleiht.

Bis zuletzt wird im *Ritter Gluck* die Spannung zweier Welten ausgehalten, die auf der nicht zu identifizierenden phantastischen Figur des Gluck beruht. Dieser Dualismus kann als grundsätzliches Erzählprinzip Hoffmanns betrachtet werden und erschöpft sich keinesfalls in einer Dichotomie von innen und außen oder von Wahnsinn und Vernunft. Die Erzählung zerfällt dabei nicht nur in zwei Teile, sondern steht auch gattungstechnisch, mit Anleihen sowohl bei der Anekdote als auch bei der Novelle, im Spannungsfeld zwischen „publizistischer Novität" einerseits und „poetischer Selbstbezüglichkeit" (Oesterle 1993, S. 58) andererseits. Diese Poetik der Phantastik, die nicht abschließend zwischen verschiedenen Realitätssystemen entscheidet, hält Identitäten in der Schwebe, um zwischen den Modi des Traums, der Phantasie, des Wahnsinns und der Kunst einen autonomen Raum der Imagination zu etablieren, der zwischen Alltag und der Welt des Wunderbaren steht.

„Es wurde zu heiß, und der Euphon fing an zu klingen." (Hoffmann II/1, S. 26) So steht es erratisch vor den Eröffnungen des Fremden, als er von seinen Qualen bezüglich der Opernaufführungen in Berlin berichtet und speziell zu einer misslungenen *Don Giovanni*-Aufführung betont, „daß der Euphon von diesen Massen viel zu sehr bewegt wird und unrein anspricht!" (ebd., S. 27) Kurz darauf gibt der Sonderling zu, nach Weingenuss und nach dem Gespräch mit dem Erzähler so aufgeregt gewesen zu sein, dass der „Euphon zwei Tage hindurch" (ebd., S. 28) nachklang. An keiner Stelle in der Erzählung wird der rätselhafte Begriff des ‚Euphons' erklärt. Auch reagiert der Erzähler nicht darauf. Mit dem Hinweis auf diesen ‚Zündbegriff' bringt Oesterle dann einen neuen Aspekt ins Spiel der Interpretation. Denn abseits der buchstäblichen Bedeutung vom ‚guten Ton' oder ‚Wohltöner', der der Kakophonie des Gartenorchesters und der Berliner Opern gegenübergestellt werden kann, bezeichnet das ‚Euphonium' (1789) eine Erfindung des bekannten Akustiktheoretikers Ernst Florens Friedrich Chladni (1756–1827). Es ist eine Weiterentwicklung der Glasharmonika, eines klavierähnlichen Instruments mit Glasglocken, für das auch Gluck eigens Stücke komponiert hat. Der Euphon, dem hypnotische bis Nerven zerrüttende Effekte nachgesagt wurden (vgl. Oesterle 1993, S. 72) und der eines der neuen Instrumente war, mit denen Chladni noch unbekannte und dissonante Töne entdeckte, kann dabei als Allegorie der konfliktreichen Kopplung von physikalischer Klangtheorie und einem wieder reüssierenden mystischen Musikverständnis im 18. Jahrhundert aufgefasst werden. Die Musik als Entgrenzungsmedium und zwischen angenehmem Ton und schmerzhaftem Klang positioniert, stellt in dieser Hinsicht auch das Formular für den „romantischen Typ des Künstlers" (ebd., S. 77) bereit. In jedem Fall kann der Euphon damit auch als „Kunstchiffre ästhetischer Grenzerfahrung" (ebd., S. 72) verstanden werden, an deren Modulationen ein hypersensibler Geist wie Gluck leiden muss. Er initiiert überdies einen hermeneutischen und poetologischen Diskurs über das musikalische Rätsel des ‚Ritter Gluck'. Denn nicht zufällig ertönt der Euphon zum ersten Mal, um eine Szene über die Unverständlichkeit einzuleiten, als der Erzähler dem Sonderling zugibt, „Ich verstehe sie nicht" (Hoffmann II/1, S. 26), und der Fremde mit einem, „Desto besser" (ebd.) antwortet. Das Unaussprechliche und Dissonante der euphonischen Sphärentöne wird somit auf die Literatur übertragen. Denn hierin spiegelt sich das Verhältnis vom Leser zum literarischen Text, und das zentrale Thema der Musik im *Ritter Gluck* wird auf die Ebene der allgemeinen Kunsterfahrung und letztlich auf die verstehende Lektüre von Literatur projiziert.

Unschwer lässt sich am ‚Ritter Gluck' auch der Prototyp für Hoffmanns spätere Sonderlinge, geniale und besessene Künstler, erkennen, die zwischen prosaischer Alltagsrealität und einem phantastischen Reich der Kunst leben und in der Figur des Kapellmeisters Kreisler wohl die deutlichste Ausformulierung als literarisches *alter ego* des Dichters selbst erfahren. Hoffmanns erste Künstlerfigur ist, ob Wahnsinniger oder Gespenst, gerade als Genie derjenige, der am Leben oder an der Zeit erkrankt, also buchstäblich an seiner Ungleichzeitigkeit leidet. Und erstmals hat Hoffmann seinen mysteriösen Künstler das Ringen um Ausdruck mit dem Motiv der Folter, genauer noch: mit Selbst-Folter assoziieren lassen (vgl. ebd., S. 25). Er hat damit ein Modell künstlerischer Selbstauslegung vorbereitet, das über Gustave Flaubert und den französischen Symbolismus bis hin zu Franz Kafka traditionsbildend werden sollte. Man kann Hans Mayers Einschätzung nur zustimmen, dass der *Ritter Gluck* als Schlüssel für das erzählerische Werk Hoffmanns betrachtet werden kann. Die Suche nach der Identität, das zentrale poetologische Thema der Erzählung, ist bestimmend für das gesamte Hoffmann'sche Erzählwerk. Die nicht fassbare und phantastische Figur Gluck, die diese Suche spiegelt, kann deshalb letztlich als entscheidende „allegorische Selbstauslegung von Hoffmanns Schreiben" (Kremer 1998a, S. 47) gelesen werden.

(Arno Meteling)

Fantasiestücke in Callot's Manier (1814/15)

1. Entstehung und Struktur der Sammlung

Die *Fantasiestücke in Callot's Manier. Blätter aus dem Tagebuche eines reisenden Enthusiasten* begründeten den Ruhm des bis dahin weitgehend unbekannten Autors Hoffmann. Die ersten beiden Bände der Sammlung kamen Anfang Mai 1814 auf den Markt, versehen mit einer als Vorabrezension ausgegebenen „Vorrede" Jean Pauls, von der sich der Bamberger Verleger Carl Friedrich Kunz einige Werbewirksamkeit für Hoffmann erwartete. Die Bände enthalten die „Erinnerung aus dem Jahre 1809" *Ritter Gluck*, die *Kreisleriana* Nr. 1–6 sowie die „fabelhafte Begebenheit" *Don Juan* (Band 1); daneben die *Nachricht von den neuesten Schicksalen des Hundes Berganza* und die „Familienbegebenheit" *Der Magnetiseur* (Band 2). Im Herbst 1814 erschien als dritter Band der *Fantasiestücke* das bereits im Februar des Jahres vollendete „Mährchen aus der neuen Zeit" *Der goldene Topf*. Der im Frühjahr 1815 publizierte „vierte und letzte Band" beinhaltet *Die Abentheuer der Sylvester-Nacht* und weitere *Kreisleriana*. Das in *Kreislers musikalisch-poetischer Clubb* eingerückte „romantische Spiel in drei Aufzügen" *Prinzessin Blandina* fehlt in der ‚zweiten, durchgesehenen Auflage' der Sammlung, die „in zwei Theilen" 1819 ebenfalls bei Kunz in Bamberg erschien.

Einige der in diesem Publikationskontext veröffentlichten Texte waren nicht eigens für die Sammlung verfasst, sondern bereits vor 1814 entweder in der *Allgemeinen Musikalischen Zeitung* (AMZ) oder in der *Zeitung für die elegante Welt* (ZeW), jeweils Leipzig, abgedruckt worden: *Ritter Gluck*, AMZ 1809; das Kreislerianum Nr. 1 als *Johannes Kreisler's, des Kapellmeisters, musikalische Leiden*, AMZ 1810; das Kreislerianum Nr. 3: *Gedanken über den hohen Werth der Musik*, AMZ 1812 (als *Des Kapellmeisters, Johannes Kreislers, Dissertatiuncula über den hohen Werth der Musik*); sowie *Don Juan* 1813. Andere Texte sind zwar gezielt für die Sammlung verfasst worden, aber bereits in deren Vorfeld erschienen: das ‚Kreislerianum' Nr. 4: *Beethovens Instrumentalmusik*, ZeW 1813 (es handelt sich um die Zusammenführung und Bearbeitung zweier Rezensionen, die Hoffmann zuvor in der AMZ veröffentlicht hatte); das Kreislerianum Nr. 5: *Höchst zerstreute Gedanken*, ZeW 1814; das Kreislerianum Nr. 9 als *Nachricht von einem gebildeten, jungen Mann. Aus den Papieren des Kapellmeisters, Johannes Kreisler*, AMZ 1814; das Kreislerianum Nr. 10: *Der Musikfeind*, AMZ 1814; das Kreislerianum Nr. 11 als *Ueber einen Ausspruch Sachini's*, *und über den sogenannten* Effect *in der Musik*, AMZ 1814. Der Briefwechsel zwischen „Baron Wallborn" und „Johannes Kreisler" von Hoffmann und Friedrich de la Motte Fouqué (das Kreislerianum Nr. 7: *I. Brief des Baron Wallborn an den Kapellmeister Kreisler. II. Brief des Kapellmeisters Kreisler an den Baron Wallborn*) wurde Ende 1814 in der von Fouqué und Wilhelm Neumann veranstalteten Zeitschrift *Die Musen* erstmals veröffentlicht (zum Entstehungs-, Publikations- und Wirkungskontext der Sammlung insgesamt vgl. ausführlich Hoffmann II/1, Kommentar, S. 548–579).

2. Jean Pauls Vorrede: Hogarth vs. Callot

Dass E.T.A. Hoffmann mit Jean Pauls Vorrede zu den *Fantasiestücken* auch jenseits persönlicher Vorbehalte gegen den übermächtigen Bayreuther Schriftsteller nicht einverstanden sein konnte, liegt auf der Hand: Jean Pauls Fehldeutungen werden weder dem spezifisch romantischen Konzept der ‚Manier Callots' im Sinne Hoffmanns gerecht noch dem sich gerade ausbildenden Autorschaftsverständnis des vormaligen Bamberger (1808) und jetzigen Dresdner bzw. Leipziger Musikdirektors (1813/14). Hoffmann wollte sich auf die reine Wortkunst keinesfalls beschränkt sehen; seine poetisch-musikalische Doppelkompetenz aber wird an dieser Stelle mit dem Hinweis in Frage gestellt, „daß wir noch bis diesen Augenblick auf den Mann harren, der eine echte Oper zugleich dichtet und setzt." (Hoffmann II/1, S. 16) Jean Paul dechiffriert nicht nur die anonyme Verfasserschaft Hoffmanns, er reduziert die Bände zudem auf eine Sammlung von „Kunstnovellen", die mit „Callots Maler- oder vielmehr Dicht-Manier" weder positiv noch negativ zu fassen seien (ebd., S. 12). Darüber hinaus konzediert er zwar Anleihen bei der launigen und humorvollen Ironie Swifts oder Sternes; indem er aber andeutet, aus dem „Lichten des komischen Stils" ergebe sich nicht von selbst ein „Anwuchs des komischen Witzes" (ebd., S. 15), ordnet er die Texte der Sammlung implizit doch der gesellschaftskritischen Satire der Spätaufklärung zu, in der die Ernsthaftigkeit einer grundlegend didaktischen Absicht jeglichen Esprit und jede spielerische Leichtigkeit nur allzu oft zu verdrängen droht. Die Rede ist von einflussreichen Publikationsmedien und Vertretern der Aufklärung wie etwa den „breiten dicken Salzpfannen der Bahrdte mit ihren Ketzeralmanachen, der Kriegsrat Kranze, der Vademekumer, der Wetzel, der allg. deutsch. Bibliothekare u. s. w." (ebd.).

Tatsächlich scheinen die Vorbehalte der *Fantasiestücke* gegen den künstlerischen Dilettantismus, der sich aus reiner „Gefallsucht" (ebd., S. 13) etwa in den Salons am Klavier oder im Gesang versucht, Lessings oder Schillers Kritik an der fehlenden Professionalität gerade des kunstreproduzierenden Gewerbes auf die halbprivate Sphäre der bürgerlichen Öffentlichkeit auszudehnen (vgl. Lessing VI, S. 693–707; Schiller XX.1, S. 79–86). Kreislers musikalische Leiden verfolgten demnach einen rein aufklärerischen Impuls, über dem der „Künstler" in der Tat „leicht genug – Beispiels halber sei es unser Verfasser – aus Kunstliebe in Menschenhaß geraten, und die Rosenkränze der Kunst als Dornenkronen und Stachelgürtel zum Züchtigen verbrauchen" könnte (Hoffmann II/1, S. 13). Jean Paul zufolge gleichen Hoffmanns Erzählungen damit weniger einer literarischen Umsetzung der Zeichnungen Jacques Callots als vielmehr der erzählerisch disponierten – „prosaischen" (ebd., S. 12) – Kupferstiche William Hogarths. Hätte Jean Paul Recht, wäre Hoffmann als Satiriker in erster Linie ein Moralist, der in der Tradition von Hogarths „'modern moral subjects'" das Publikum „im Wortsinne ‚zur Vernunft bringen'" (Döring 1998, o. S.) möchte.

Mit Hoffmanns dichterischem Selbstverständnis und Werkkonzept ist diese Perspektive nun aber gerade nicht vereinbar. Zwar hat er, wie oben erwähnt, einige der Erzählungen nicht eigens für eine gemeinsame Publikation geschrieben, einige der Texte rechnen gar mit einer aus musikalischen Experten bestehenden Leserschaft im Umkreis der AMZ (vgl. Spiegelberg 1973, S. 8–13). Eine ‚rein zufällige', „wüste *Materialsammlung*" (von Müller 1974, S. 337) stellen die *Fantasiestücke* deshalb aber keinesfalls dar.

3. Die Manier Callots

Was Hoffmann genau unter der ‚Manier Callots' versteht, in der die im Untertitel „Blätter aus dem Tagebuche eines reisenden Enthusiasten" genannten *Fantasiestücke* verfasst sind, erläutert er zum einen in einem eigenen ersten Stück mit Vorwortcharakter (*Jaques Callot*). Zum anderen lässt es sich an der Gesamtanlage der Sammlung ebenso ablesen wie an der je eigenen programmatischen Disposition der einzelnen Stücke. *Jaques Callot* bezieht ‚Callots Manier' auf insgesamt drei Ebenen: erstens auf die Ebene der Produktion von Kunst, deren eigenwillig geregelte, mit einem Leitwort der *Kreisleriana* „besonnene" Regellosigkeit (vgl. Hoffmann II/1, S. 55) die Verbindung von Phantastischem und Alltäglichem gelinge; zweitens auf die Ebene der Rezeption, die dem Lesepublikum eine bestimmte

Haltung abverlange: die Bereitschaft zur ‚Anschauung' des Artefakts; und drittens auf die Ebene des vorgelegten ‚ironischen' Textverfahrens, dessen auf Ganzheit zielende Poetologie der Abschweifung und der parataktischen Ordnung als ein poetisch-praktischer Vorschlag für die frühromantischen Forderungen nach einer Einheit des Mannigfaltigen zu verstehen ist – ob nun dabei mit Friedrich Schlegels *Wilhelm Meister*-Kritik an die „gebildete[ ] Willkür" der Textorganisation zu denken ist (vgl. Schlegel II, S. 134) oder an August Wilhelm Schlegels Forderungen nach unauflöslicher Mischung des Entgegengesetzten in der romantischen Poesie: „Natur und Kunst, Poesie und Prosa, Ernst und Scherz, Erinnerung und Ahnung, Geistigkeit und Sinnlichkeit, das Irdische und Göttliche, Leben und Tod, verschmilzt sie auf das innigste miteinander." (A.W. Schlegel VI, S. 112).

Der universalpoetischen Anlage dieses romantischen Konzepts entspricht es, dass Hoffmanns *Fantasiestücke* – die poetische Ausgestaltung einer bildkünstlerischen Vorlage – die „Instrumentalmusik" zu dessen höchstem künstlerischen Ausdruck erklären. Seine Rezension von Beethovens 5. Sinfonie (*Beethovens Instrumental-Musik*) bezeichnet die Instrumentalmusik in Anlehnung an Wackenroder und Tieck als „die romantischste aller Künste", „denn nur das Unendliche ist ihr Vorwurf" (Hoffmann II/1, S. 52). Zum einen funktioniere sie unabhängig von einem äußeren Regelwerk. Zum anderen bilde sie die Geheimnisse des unübersehbaren Daseins nicht nur in ihrer Rätselhaftigkeit ab, sondern lege diese zugleich offen, indem sie über die Evokation „jene[r] unendliche[n] Sehnsucht, welche das Wesen der Romantik ist" (ebd., S. 54), Einblicke in den „innere[n] tiefe[n] Zusammenhang jeder Beethovenschen Komposition" gewähre (ebd., S. 55). Einer auf die Einhaltung äußerer Regeln dringenden Ästhetik (etwa der Aufklärung) wird dieser Zusammenhang gerade entgehen. Zwar mögen Callot „die Regeln der Malerei" nicht eigentlich bekannt gewesen sein, gleichwohl erscheine „[s]elbst das Gemeinste aus dem Alltagsleben […] in dem Schimmer einer gewissen romantischen Originalität" (ebd., S. 17). In diesem Sinne geht es um die „*besondere subjektive Art* wie der Verfasser die Gestalten des gemein⟨en⟩ Lebens anschaut und auffaßt" (Hoffmann I, S. 307).

Die etwa durch irritierende Zusammenführung von „heterogensten Elementen" (Hoffmann II/1, S. 17) oder durch die Darstellung „groteske[r] Gestalten" (ebd., S. 18) vollzogene Verfremdung schärft die Wahrnehmung auf das nicht mehr banale Alltägliche und erschließt zumindest demjenigen, der bereit ist, die „Kompositionen" „lange" anzuschauen, den Zusammenhang des aus Einzeltexten bestehenden Ganzen (ebd., S. 17). Wenn Hoffmann schließlich sogar den Offenbarungscharakter der Kunstproduktion und -rezeption betont, knüpft er an das in der Frühromantik propagierte Prinzip der Anschauung an, das aus der Mystik geläufige Formen der Versenkung in die Dinge und damit der Vergegenwärtigung eines prinzipiell Unanschaulichen (des Absoluten) für künstlerische Belange revidiert (vgl. Dierse/Kuhlen 1971; Schmidt 1985, S. 381–403).

4. Manier oder Stil?

Dass Hoffmann die eindringliche Wirkung seiner frühen Erzählungen ausgerechnet von einem darstellerischen Verfahren erwartet, das er als „Manier" bezeichnet, überrascht nur dann, wenn man Hoffmanns Verständnis einseitig auf die seit Goethes Überlegungen zur *Einfachen Nachahmung der Natur, Manier, Stil* auch den Zeitgenossen gängige ästhetische Kategorie der italienischen Renaissance bezieht. Zum einen schließt Hoffmanns bereits zitierte Annahme eines besonderen subjektiven Blickwinkels auf die Welt an die etablierte begriffliche Semantik an, der zufolge die „Manier" eines Werks die persönliche Handschrift eines Künstlers bezeichnet, wie sie seiner eigentümlichen künstlerischen Verarbeitungsweise zu entnehmen ist. Im Unterschied zur „einfachen Nachahmung" (Mimesis), die ein gleichsam naturalistisches Abbild versucht, definiert Goethe „Manier" als je individuellen Ausdruck eines genialen Künstlers, der sich so „selbst eine Weise" erfinde, „selbst eine Sprache" mache, „um das, was er mit der Seele ergriffen, wieder nach seiner Art auszudrücken, einem Gegenstande den er öfters wiederholt hat, eine eigne bezeichnende Form zu geben" (Goethe WA I, 47, S. 78f.).

Zum anderen geht Hoffmanns auf Anschauung setzendes Kunstprogramm darin nicht auf. Beabsichtigt Kunstrezeption „in Callots Manier", hinter der skurrilen Oberfläche des Abgebildeten die „höhere Wahrheit" bzw. „wahre Natur" der Dinge zu entdecken, muss sie geradezu in der Lage sein, von jeder subjektiven Konkretion und Beschränkung zu abstrahieren. Das aber setzt eine Darstellungsart voraus, die eine ‚manierierte' Naturnachahmung im Sinn Goethes bereits hinter sich gelassen und die stattdessen eine verallgemeinerbare wie allgemeingültige Sprache für die immanente Gesetzlichkeit der Sachverhalte gefunden hat: den „Stil" – mithin eine Darstellungsart, die sich, nach Goethe, nicht mit der „fasslichen Form[]" einer einzigen (wenngleich der „schönsten") Rose begnügt, sondern die „einen allgemeinen bestimmten Begriff von der Schönheit der Rose" zur Anschauung bringt (ebd., S. 81).

5. Die Vorlagen Callots: das Verhältnis von Kunst und Literatur

Auf der Ebene der Rezeption impliziert Callots individuelle ‚Manier' der Darstellung die Bereitschaft, die beiden auf den ersten Blick unvereinbaren Sphären des in den Gemälden gestalteten Wirklichen zusammenzudenken. In den nach Hartmut Steinecke in *Jaques Callot* zitierten beiden Bildern (vgl. Hoffmann II/1, Kommentar, S. 607f.) gelingt dies dem Betrachter insbesondere dann, wenn er sich auf die ‚Wirklichkeit' der jeweiligen Abbildung überhaupt einlässt. Betont *La Tentation de Saint Antoine* die Sphäre des Metaphysischen, deren ‚teuflische' Vertreter etwa über ‚flintenförmige Nasen' an spezifische Details der zeitgenössischen Lebensrealität zurückgebunden werden, so scheint in der Radierung *La Foire de Gondreville* hinter dem alltagsnah gezeichneten Jahrmarkttreiben eine grotesk-komische Unwirklichkeit auf (die zum „Bauerntanz" aufspielenden „Musikanten" sitzen „wie Vögelein in den Bäumen", Hoffmann II/1, S. 17). Beiden Fällen gemeinsam ist, dass derart subtile Neuakzentuierungen nicht notwendig auf den ersten Blick auffallen. Vorausgesetzt wird die Bereitschaft des Betrachters, sich für Kleinigkeiten zu interessieren. Dann nämlich lässt sich seine Aufmerksamkeit wie von selbst auf die gezeigten Minimalverschiebungen lenken, die einerseits die herkömmliche Wahrnehmung irritieren, andererseits die jeweils gegenteilige Sphäre als gleichsam naturgemäßen Bestandteil des dargestellten dominanten Bereichs erscheinen lassen. Demzufolge ist die Wirkung der Manier Callots nicht allein auf dessen ‚meisterliche' Kunst zurückzuführen, „in einem kleinen Raum eine Fülle von Gegenständen zusammenzudrängen, die ohne den Blick zu verwirren, neben einander, ja ineinander heraustreten, so daß das Einzelne als Einzelnes für sich bestehend, doch dem Ganzen sich anreiht." (ebd., S. 17) Ohne die entsprechende Sympathie des Publikums bleibt Callots Manier unerkannt. Friedrich Schlegels „Autor in der 2t Potenz" (Schlegel XVIII, S. 106) wird so zum tragenden Prinzip der *Fantasiestücke*, und eine an den Maßstäben der Regelpoetik orientierte Wertungspraxis und Kunstkritik wird diese Leistung schlichtweg übersehen. Die synthetische Schau erst vollendet den poetischen Akt, indem sie dessen Eigenarten zur ‚Erscheinung' bringt, die gegebenenfalls nur ‚scheinbar' Teil der sichtbaren Wirklichkeit sind: „Selbst das Gemeinste aus dem Alltagsleben [...] erscheint in dem Schimmer einer gewissen romantischen Originalität" (Hoffmann II/1, S. 17).

Die Frage nach den Möglichkeiten und Grenzen der literarischen Umsetzung malerischer Prinzipien stellt sich bei allen Stücken der Sammlung gleichermaßen. Was noch Lessing als Triumph der Poesie über die Malerei gewürdigt hatte – die aus der Sukzession sich ergebende Fülle, Motivation, Präzision, ästhetische Angemessenheit und (auch ethische) Wirkung (vgl. Lessing VI, S. 23f.) –, wird vor dem Hintergrund einer auf Simultaneität in der Darstellung abonnierten Ästhetik der Zusammenschau fragwürdig. Genauer reagiert Hoffmann mit der Ausbildung einer poetischen „Manier" nach *Jaques Callot* auf das strukturelle Ungenügen der Poesie zur unmittelbaren Anschauung: „[D]aß sich eine Reihe von Begebenheiten, Handlungen und Gemüthszuständen durch Worte eigentlich nicht malen läßt" (Allgemeines Theater-Lexikon 1841, S. 29f.), gehört schon in der ersten Hälfte des 19. Jahrhunderts zu den gängigen enzyklopädisch-populären Wissensbeständen. Die gleichsam epische Konstellation der Bildgeschichten Hogarths konnte für das Programm einer poetischen Evidenz (analog zur malerischen) kein Vorbild sein. Mit seinen Überlegungen zu ‚Callots Manier' stellte sich Hoffmann vielmehr der Herausforderung, eine Lösung für das Problem der medial bedingten Grenzen einer schriftsprachlichen Mimesis des Augenblicks anzubieten. Auch Jean Pauls Vorwort bemerkt diesen Zusammenhang, möchte das Ergebnis aber so nicht akzeptieren, wenn es heißt, dass „Callots Maler- oder vielmehr Dicht-Manier […] weder mit ihren Fehlern, noch, einige Stellen ausgenommen, mit ihren Größen im Buche" herrsche (Hoffmann II/1, S. 12).

Unabhängig davon, ob Jean Paul zuzustimmen ist oder nicht – von Interesse soll hier nur sein, dass Hoffmanns Konzept eines ‚poetischen Callot' den fortdauernden Wechsel im Leseakt zwischen unterschiedlichen Leveln mit abgestufter Faktualität so plausibel wie möglich erscheinen lassen möchte. Für das Problem, wie die malerische Gleichzeitigkeit von Ereignissen auf den Bereich der literarischen Sukzession zu übertragen ist, legen die *Fantasiestücke* demnach ein doppeltes Angebot vor: erstens auf der Ebene der in den Erzählungen verhandelten Motive, zweitens auf der Ebene der Textstruktur.

6. Die Alltäglichkeit des Wunderbaren

Die Sammlung stellt das Abweichende als natürlichen Bestandteil der bürgerlichen Wirklichkeit aus und erklärt das Wunderbare so zu etwas Alltäglichem, indem sie – analog zu einem Traum – „alle wundervollen Erscheinungen in ihrer tiefsten Bedeutung wie das Bekannteste aufnimmt und erkennt." (*Der Magnetiseur*; ebd., S. 179) Mögen auch die ‚musikalischen Leiden' des Kapellmeisters Johannes Kreisler sowie sein endgültiges Verschwinden aus der stadtbürgerlichen Sphäre, nachdem er „wirklich" „mit zwei übereinander gestülpten Hüten und zwei Rastralen wie Dolche in den roten Leibgürtel gesteckt, lustig singend zum Tore hinaus" gehüpft sei (*Kreisleriana Nro. 1–6*; ebd., S. 33), auf psychopathologisch erklärbaren Deformationen beruhen und deshalb den faktualen Bereich an keiner Stelle ernsthaft verlassen oder gar in Frage stellen. Dass man im spätherbstlichen Berlin des Jahres 1809 einem toten Komponisten (*Ritter Gluck*) oder während einer abenteuerlichen Sylvesternacht Adelbert von Chamissos Märchenfigur Peter Schlemihl begegnet (*Die Abenteuer der Sylvester-Nacht*), dass gar ein Hund selbst ausführlich Rechenschaft über seine „neuesten Schicksale" ablegt (*Nachricht von den neuesten Schicksalen des Hundes Berganza*), lässt sich so jedenfalls nicht mehr begreiflich machen. Die Figur des ‚sprechenden Hundes' etwa weicht derart von den sonst üblichen Erfahrungswerten ab, dass sie allein in einem diesen Tatbestand ironisierenden Erzählakt eine Art ‚selbstverständliche Existenz' erhalten kann – eine Daseinsberechtigung, die sich in diesem Fall in erster Linie intertextuell auflösen lässt: Immerhin gehört das in Cervantes' Erzählungen dokumentierte Gespräch zwischen den Hunden Cipión und Berganza zum festen Bestandteil des weltliterarischen Gedächtnisses, auf das sich Hoffmann allerdings nicht verlässt, wenn er in einer eigenen Fußnote darauf verweist. Entsprechend fällt dem Erzähler als einzigem Ohrenzeugen des Berichts die Widernatürlichkeit des Ereignisses gar nicht erst auf. Dass ein Hund spricht, scheint ihn nicht zu verwundern; dass es dieser Hund „so vernehmlich" tut, sehr wohl (ebd., S. 102). Ebenso mag sich die in *Der Magnetiseur* verhandelte unsichtbar wirkende Kraft, der Magnetismus, wie alle Erscheinungen der animalischen und geistigen Welt auf natürliche Ursachen zurückführen lassen (vgl. ebd., S. 187). Die von dieser Kraft ausgehende grundsätzlich bedrohliche Macht aber, die schließlich eine Familie zerstört, indem sie ihre Mitglieder vernichtet, legt ein metaphysisches Erklärungsmodell für die Vorkommnisse um den Magnetiseur Alban nahe – ohne allerdings im letzten darauf zu bestehen: Der Text bleibt Fragment.

7. Literarische Ekphrasis

Eine literarische Zusammenschau kann auch auf struktureller bzw. dispositorischer Ebene gelingen, wenn etwa zu Beginn der Initiationsnovelle *Ritter Gluck* (vgl. Karoli 1976, S. 335) mit der Figur eines das Geschehen von außen betrachtenden Erzählers ein Beobachterstandpunkt installiert wird, der – vergleichbar der später in *Des Vetters Eckfenster* elaborierten Turmexistenz – Übersicht an Distanz koppelt. Als Vorbilder hierfür bieten sich weniger die o. g. Referenzbilder an als vielmehr Callots Stich *Die beiden Pantalone* oder der Zyklus *Balli di Sfessania*, auf den sich Hoffmann auch mit seinem „Capriccio" *Prinzessin Brambilla* bezieht (vgl. Bomhoff 1992; Kremer 1993, S. 261ff.; Bomhoff 1999, S. 70–93; Schmidt 2003, S. 215–222; Schmidt 2006, S. 141–191). Diese Radierungen spielen Wunderbares und Wirkliches, Grotesk-Komisches und Alltägliches sehr viel radikaler gegeneinander aus als die auf Minimalabweichungen abonnierten Vorlagen für *Jaques Callot* (vgl. Callot 1992, S. 37 [Nr. 90]; Callot 1995, S. 65f. [L. 379–401]), so dass sich ein Zusammenhang der beiden Sphären vor allem dann ergibt, wenn die Logik des Bildaufbaus (und die entsprechende Metaphorik zu deren Beschreibung) in die Deutung integriert wird. Dass die den Vordergrund des Bildes beherrschenden Commedia-dell'arte-Figuren in *Die beiden Pantalone* von der bürgerlichen Sphäre im Hintergrund nicht etwa getrennt sind, sondern im Wortsinn darauf gründen, erschließt sich allein dem synthetisierenden Blick. Die bizarren Verrenkungen der beiden Masken und die gewöhnlichen Sonntagsvergnügungen der bürgerlichen Spaziergänger auf dem Lande gehören demnach zusammen wie die beiden Seiten einer Medaille. Anders gesagt, hinter den harmlosen Bürgern scheint immer ebenso die grotesk-komische Verzerrung ihres Verhaltens auf, wie den beiden Pantalone-Figuren die bürgerliche Sphäre eingeschrieben ist – der tradierten Rollenzuschreibung zufolge handelt es sich dabei zumeist um alte, geckenhaft sich gerierende Kaufleute.

Hoffmanns Übertragungsleistung des Bildmaterials in Poesie – ausgehend von den *Fantasiestücken* – für das Gesamtwerk nicht nur zu behaupten, sondern an konkreten Textbeispielen nachzuweisen, hat Olaf Schmidt an den Beispielen *Doge und Dogaresse* und *Prinzessin Brambilla* mit Gewinn versucht (vgl. Schmidt 2003, S. 188–208, 209–237). Nicht weniger aufschlussreich für diesen Zusammenhang ist der Erzähleinsatz von *Ritter Gluck*, der analog zu den genannten Vorlagen Callots einen panoramatischen Rundumblick auf die Szenerie anbietet, indem der Text mit einer Skizze der üblichen Sonntagsvergnügungen im spätherbstlichen Berlin beginnt. Der Einsatz des epischen Präsens an dieser Stelle unterstreicht inhaltlich die Gewöhnlichkeit und stete Wiederholbarkeit der Vorgänge, strukturell den Charakter der Passage als Ekphrasis: Geleitet durch den Erzähler „sieht man eine lange Reihe, buntgemischt – Elegants, Bürger mit der Hausfrau und den lieben Kleinen in Sonntagskleidern, Geistliche […] durch die Linden, nach dem Tiergarten ziehen", und zwar zu Ausflugslokalen wie „Klaus und Weber" (Hoffmann II/1, S. 19). Zunehmend fokussiert der Text den Blick auf die Position des Erzählers, an dem „die Masse der Spaziergänger" zwar immer „bunter und bunter" vorüberzieht, der sich aber durch „nichts" (ebd.) davon abhalten lässt, imaginäre Gesprächspartner („meine fantastische Gesellschaft") der realen Kontaktaufnahme mit seiner unmittelbaren Umgebung vorzuziehen (ebd., S. 20). Die Panoramasicht weicht endgültig einer Art Naheinstellung, wenn sich der Einzelne im nächsten Schritt aus der heterogenen Menge aussondert und die Erzählung vom Alltäglichen ins Einmalige (deswegen auch vom Präsens ins Präteritum) wechselt. Ob die dabei herausgehobene Gestalt, deren Beschreibung eine Callot'sche Figur vorstellt, dem „Spiel" der „Fantasie" des Erzählers zuzurechnen ist (ebd., S. 19) oder ob sie diesem tatsächlich Gesellschaft geleistet haben soll, bleibt offen. Deutlich wird nur, dass es sich um eine groteske Figur mit skurriler Physiognomie handelt, die eine ebenso altertümliche wie eigene Kleidung trägt, sich durchaus sonderbar verhält, einigermaßen phantastisch artikuliert und bei der auch die „abstehenden Ohren" nicht fehlen (vgl. ebd., S. 20–23) – um eine Figur also, die, so die Schlusspointe, schon seit zwanzig Jahren tot sein müsste. Kurz zusammengefasst lässt sich dieses Erzählen als ‚Poetisierung des Realen' beschreiben: Der Alltag (‚Hintergrund') wird vom Wunderbaren her (‚Vordergrund') perspektiviert und erscheint so in einem neuen, ‚interessanten' Licht. Die Alltäglichkeit des Wunderbaren generiert eine höhere Form von Wirklichkeit, zu der neben den (Tag-)Träumen auch die Musik gehören kann. Nebenbei wird auf diese Weise das Alltägliche allererst poetisch erschlossen (vgl. Stockinger 2005, S. 59).

8. Bürgerlichkeit vs. Künstlertum

Nicht immer verbinden sich die beiden Sphären so mühelos. Das Beispiel des Kapellmeisters Kreisler etwa zeigt, dass Außergewöhnliches und Alltägliches, Künstlerdasein und Bürgerlichkeit zumeist unversöhnt einander gegenüberstehen. Diese nachhaltige Trennung der Sphären kulminiert in mannigfachen philiströsen Vorbehalten gegen die Zurechnungsfähigkeit Kreislers, denen die erzählerische Lösung korrespondiert, Kreisler schlichtweg verschwinden zu lassen. Noch der Ich-Erzähler und Dialogpartner des Hundes Berganza in der nach Letzterem benannten Erzählung kolportiert das Urteil, Kreisler „habe schon sein ganzes Leben hindurch zu Zeiten etwas weniges übergeschnappt, bis denn endlich der helle Wahnsinn ausgebrochen sei"; der Einweisung in eine „nah' gelegene Irrenanstalt" (Hoffmann II/1, S. 124) habe sich der Musiker durch Flucht entzogen. Auch anderen Gerüchten zufolge war er plötzlich, „man wußte nicht wie und warum verschwunden." (*Kreisleriana Nr. 1–6*; ebd., S. 33)

Den Maßstab für die Diagnose ‚Wahnsinn' liefern die Erklärungsmodelle der zeitgenössischen Erfahrungsseelenkunde, denen zufolge der „Mangel der *verhältnismäßigen Übereinstimmung* aller Seelenfähigkeiten" als „Seelenkrankheit" zu bezeichnen ist (Moritz I, S. 28f.). Eine einseitig von der Phantasie beherrschte Psyche befindet sich in einem derartigen Ungleichgewicht, dass es dem Künstler gar nicht gelingen kann, im Einklang „mit der Welt zu leben und ihr Werke zu dichten, wie sie dieselben, selbst im höhern Sinn, eigentlich brauche" (Hoffmann II/1, S. 33): „Die Freunde behaupteten: die Natur habe bei seiner Organisation ein neues Rezept versucht und der Versuch sei mißlungen, indem seinem überreizbaren Gemüte, seiner bis zur zerstörenden Flamme aufglühenden Fantasie zu wenig Pflegma beigemischt und so das Gleichgewicht zerstört worden" (ebd., S. 32) ist. Aus Sicht dieser Welt interessiert die Figur Kreisler mit ihren scheinbaren Deformationen lediglich als Objekt erfahrungsseelenkundlicher Beobachtungen. Der Sicht einer Welt, in der ein anregendes Gespräch mit einem Hund als normal gilt, ist diese Perspektive dagegen weder kompatibel, noch hat sie im eigentlichen Sinn dafür irgendeine Relevanz (vgl. Lindner 2001, S. 137–140). Sie verrät höchstens ein „blödes Auge", das „die Werke des hohen Genie's" niemals erfassen wird (*Über einen Ausspruch Sachini's, und über den sogenannten Effekt in der Musik*; Hoffmann II/1, S. 441) und sich stattdessen darauf ‚konzentriert', „besser zu essen und zu trinken, und keine Schulden zu haben" (*Berganza*; ebd., S. 125).

Im besten Fall eignet einer Figur, einem Autor oder einem Rezipienten eben jenes ‚kindliche poetische Gemüt', das den Studenten Anselmus zum Dichter, anders gesagt: zum Ehemann der Serpentina, Tochter eines Salamanders und einer grünen Schlange, qualifiziert (*Der goldene Topf*; vgl. ebd., S. 291). Produktivität setzt demnach eine grundsätzlich unbedarfte, naive Haltung voraus. Die Verbindung von Poesie und Wirklichkeit kann nur in wenigen glücklichen Augenblicken gelingen. Der ‚sentimentalische' Zustand, der die ‚Welt der Erwachsenen' zumeist dominiert, schließt eine große Anzahl an potentiellen Interessenten für Erfahrungen im Bereich poetischer (metaphysischer) Wirklichkeit ohnehin aus – es sei denn, es gelänge den Erwachsenen, ihre „ganze Ausbildung auf zwei Stunden beiseit" zu legen, wie das der „Dichter" in Tiecks *Gestiefeltem Kater* fordert (Tieck VI, S. 563).

9. Phantasie, Enthusiasmus und Besonnenheit

Entsprechend bezieht sich die Genrebezeichnung „Fantasiestück" nur im engeren Sinn auf den musikalischen Bereich, den insbesondere die *Kreisleriana* poetisch gestalten (vgl. Sulzer 1771, S. 368; Conversations-Lexikon 1809, S. 7f. [Art. *Die Fantasie*]). Im weiteren Sinn meint ‚Phantasie' sowohl ein produktives als auch ein reproduktives Vermögen, genauer die Fähigkeit der „Einbildungskraft", „gehabte Vorstellungen und Ideen nicht nur willkürlich in sich zurückzurufen (Erinnerung), sondern dieselben auch zu verarbeiten und neue daraus zu gestalten". Dass diese Fähigkeit keineswegs auf den Menschen beschränkt bleibt, sondern „daß auch die Thierseele P.[hantasie] in diesem Sinne hat" (Herders Conversations-Lexikon. Bd. 4. 1856, S. 521), ist für Figuren wie Hoffmanns sprechende Katzen oder Hunde von besonderer Bedeutung.

Daneben setzt die angemessene Produktion wie Rezeption von Phantasiestücken ‚Enthusiasmus' voraus, eine Begeisterung, die an dieser Stelle nicht als Zustand religiöser Schwärmerei zu verstehen ist, sondern als intellektuelle Haltung von ‚klarstem Bewusstsein', in der die „ganze Thätigkeit des Geistes, alles Denken u. Wollen ungewöhnlich gehoben ist", und zwar für eine spezifische „Idee", sei es auf „religiösem und sittlichem Gebiete" (Herders Conversations-Lexikon. Bd. 2. 1856, S. 569f.), sei es auf dem Gebiet von Kunst, Literatur oder Musik. Die in den *Fantasiestücken* gestaltete Einheit des mannigfaltig Einzelnen erschließt sich eben nicht dem weltentrückt ekstatischen, sondern dem zutiefst ‚besonnenen' Charakter, dessen Überlegenheit gegenüber der aufgeklärten Vernunft *Beethovens Instrumental-Musik* auf den Punkt bringt: „Ästhetische Meßkünstler haben oft im Shakespeare über gänzlichen Mangel innerer Einheit und inneren Zusammenhanges geklagt, indem dem tieferen Blick ein schöner Baum, Blätter, Blüten und Früchte aus einem Keim treibend erwächst; so entfaltet sich auch nur durch ein sehr tiefes Eingehen in Beethovens Instrumental-Musik die hohe Besonnenheit, welche vom wahren Genie unzertrennlich ist und von dem Studium der Kunst genährt wird." (Hoffmann II/1, S. 55)

Die in diesem Verständnis ‚besonnene' Betrachtung der heterogenen Elemente funktioniert nach der Logik der Assoziation, nach den Gesetzmäßigkeiten der „Ideen-Vergesellschaftung" (Walch 1726, Sp. 1509) also, die auf der Verknüpfung und Verwandtschaft der Ideen untereinander beruht, so dass sich das eine aus dem anderen gleichsam wie von selbst ergibt und ein „Gleichgewicht" zwischen den scheinbar unvereinbaren Kräften Enthusiasmus und Besonnenheit hergestellt wird (vgl. Jean Paul I.5, S. 56).

Auf der Ebene der Texte fallen nicht die Differenzen, Abweichungen oder Eigenheiten der unterschiedlichen Motive, Episoden, Genres und Erzählungen in den Blick, sondern das Gemeinsame, das sich etwa aus Analogieschlüssen ergibt: Die Wirklichkeit des sprechenden Hundes Berganza entspricht der Wahrheit einer Begegnung mit dem toten Komponisten Gluck oder mit einer Märchenfigur Chamissos etc.

10. Zusammenfassung

Für die Ordnung der Sammlung *Fantasiestücke in Callot's Manier* sind zweierlei Instanzen verantwortlich, erstens die Erzählerfigur, zweitens das zugrunde liegende poetologische Konzept. Der Erzähler tritt in den Texten der Sammlung zumeist als ‚reisender Enthusiast' auf (in den Erstdrucken gibt sich Hoffmann verschlüsselt – als „ – – –nn" in *Ritter Gluck* – oder explizit – in den beiden Beethoven-Rezensionen – als Autor der Texte zu erkennen; vgl. Hoffmann II/1, Kommentar, S. 556) und berichtet etwa von eigenen Erlebnissen: Texte wie *Ritter Gluck*, *Don Juan* oder *Berganza* zeichnet diese Form des extradiegetisch-homodiegetischen Erzählens aus. In anderen Fällen ist der Erzähler an einem überlieferten Geschehen gerade nicht beteiligt, sondern betätigt sich z. B. als Herausgeber. Hierzu gehören die „Aufsätze" des Kapellmeisters Johannes Kreisler, die „auf den weißen Rückseiten mehrerer Notenblätter" (Hoffmann II/1, S. 34) entdeckt worden seien und jetzt der Öffentlichkeit zugänglich gemacht würden. Die Herausgeberfiktion, die das eigentliche Geschehen in einen Binnenbereich des Erzählens transferiert, genauer die intradiegetisch-heterodiegetische Erzählweise, gehört zu den typischen Mustern romantischer Prosa. Hoffmanns Roman *Die Elixiere des Teufels* (1815/16), im Untertitel als „Nachgelassene Papiere des Bruders Medardus eines Kapuziners. Herausgegeben von dem Verfasser der Fantasiestücke in Callots Manier" bezeichnet, ist hierfür ein prominentes Beispiel.

Das dem Gesamtprojekt eigene Konzept einer Bündelung des Zerstreuten in der auf Besonnenheit verwiesenen Phantasie schließt Produktions- und Rezeptionsseite zusammen. Mit einem in *Berganza* für die verwickelte Erzählstruktur des Textes verwendeten Terminus gründet die Sammlung auf einer Poetik der „Abschweifung" (ebd., S. 134), über die wiederum die Einheit der gesamten Komposition einsehbar werden soll. Eigentlicher Konnex beider Seiten ist der ‚poetische Zustand', dem sich „der heilige Einklang aller Wesen als tiefstes Geheimnis der Natur offenbaret" (*Der goldene Topf*; ebd., S. 321) und der zugleich das romantische Verständnis von Autorschaft am konkreten Textbeispiel einübt und nachvollziehbar macht. Es geht dabei nämlich immer auch um das Problem des ‚Verstehens', das in der Romantik selbst zu einer produktionsästhetischen Kategorie wird: „[E]in Kunstwerk ganz verstehen, heißt, es gewissermaßen erschaffen", sagt Tieck in *Die Gemälde* (Tieck, Schriften XVII, S. 70). Entsprechend gestaltet Hoffmanns *Der goldene Topf* die Ausbildung seines Protagonisten Anselmus zum Dichter als einen „Prozeß des Schreiben-Lernens", der „vom bloßen Nachschreiben" zum vollständigen Verstehen führt (Hoffmann II/1, Kommentar, S. 769f.). Zunächst betätigt sich der Student Anselmus als Kopist, schließlich wird er über dieser Tätigkeit zum Dichter. Im Akt des Schreibens, der als reale Rekonstruktion des Erzählten inszeniert wird, fallen Verstehen und Hervorbringen des Erlebten zusammen (Kittler 1987, S. 104; Kremer 1993, S. 79–87; Stockinger 2000a, S. 31).

Mit der Sammlung *Fantasiestücke in Callot's Manier* etabliert sich E.T.A. Hoffmann nicht nur als eigene ‚romantische Marke' im zeitgenössischen Literaturbetrieb. Die darin ausgeprägte Poetologie bildet zudem die Grundlage für Hoffmanns gesamtes erzählerisches Werk. „Callot's Manier" liefert all diejenigen Stichworte, die Hoffmanns späteres ‚serapiontisches' Erzählprinzip ausgestalten wird: Zum einen korrespondiert das in der Schreibweise Callots erzeugte ‚stabile' Verhältnis von wirklicher und wunderbarer Welt mit jener späteren „Korrelations-Poetik" Hoffmanns (Japp 1992, S. 73), bildlich gesprochen: jener „Himmelsleiter" in „höhere Regionen", von der in der Sammlung *Die Serapionsbrüder* die Rede ist. Diese Leiter ist zwar fest im Leben verankert, sie ermöglicht aber jedem ‚poetischen Gemüt' den Aufstieg ins „Zauberreich" der Phantasie. Wem dieser Aufstieg gelingt, dem wird die wunderbare Welt als Teil seines Lebens erscheinen (vgl. Hoffmann IV, S. 721). Zum anderen bildet das ‚richtige Sehen' als Inzitament und Beurteilungsinstanz poetischer Produktion die Grundlage der Poetik Hoffmanns. Die Veralltäglichung des Wunderbaren in der Romantik zielt auf eine Poetisierung des Lebens, und der Erzählpraxis Hoffmanns zufolge gelingt dies allein einer zur ‚wahrhaften' Schau des Gegenstands fähigen Produktion und Rezeption. Die in *Jaques Callot* vorgeschlagene aufmerksame Betrachtung des Heterogenen begründet die eigentliche ‚Verständlichkeit' und ‚Wahrhaftigkeit' serapiontischen Erzählens; umgekehrt formuliert: „Vergebens ist das Mühen des Dichters, uns dahin zu bringen, daß wir daran glauben sollen, woran er selbst nicht glaubt, nicht glauben kann, weil er es nicht erschaute." (ebd., S. 67f.)

(Claudia Stockinger)

Nachricht von den neuesten Schicksalen des Hundes Berganza

1. Entstehung

Die seit dem 17. Februar 1813 entstandene Erzählung *Nachricht von den neuesten Schicksalen des Hundes Berganza* ist Anfang Mai 1814 im zweiten Band der Sammlung *Fantasiestücke in Callot's Manier. Blätter aus dem Tagebuche eines reisenden Enthusiasten* erschienen. Sie gilt als derjenige Text Hoffmanns mit den auffälligsten autobiographischen Anteilen. Das bezieht sich zum einen auf die Parallele Berganza – Hoffmann: Die Erlebnisse des Hundes Berganza erinnern an die erfolglose Liebe Hoffmanns zur zwanzig Jahre jüngeren Julia Mark, als deren Gesangslehrer er in seiner Bamberger Zeit fungierte – in Hoffmanns Tagebüchern taucht der Name des Mädchens verschlüsselt auf, etwa als „Käthchen von Heilbronn" oder als „Ktch." (das zu Julias 15. Geburtstag verfasste „Sonett an Cäzilia" ist in die Erzählung integriert: vgl. Hoffmann II/1, S. 143; Steinecke 2004, S. 116–123). Zum anderen wird in der Literatur immer wieder auf die Parallele Berganza – Pollux hingewiesen: Dem Boxer der *Theaterrosen*-Wirtin Kauer am Schillerplatz in Bamberg fühlte sich Hoffmann geradezu freundschaftlich verbunden (vgl. Müller 1984, S. 13; Kunz 1836, zit. nach Hoffmann II/1, Kommentar, S. 690f.).

2. *Berganza* – ein autobiographischer Schlüsseltext?

Eine rein biographistische Lesart setzt nicht nur Autorerleben und Textgeschehen gleich (nach Kunz 1836 erscheint der Text in einer moderaten, d. h. um brisante Stellen gekürzten Fassung; vgl. dazu Hoffmann II/1, Kommentar, S. 693), zudem wird der Autor Hoffmann dadurch auf nur einen Protagonisten der Erzählung reduziert: auf den Hund Berganza. Soll diese Perspektive überhaupt stark gemacht werden, so ist zu betonen, dass sich Züge Hoffmanns durchaus noch in anderen Figuren, insbesondere in den Figuren des Ich-Erzählers, des Musiklehrers, des Philosophen oder des Kapellmeisters Kreisler entdecken lassen, der gemeinsam mit dem Ich-Erzähler (dem „reisenden Enthusiasten") die *Berganza*-Erzählung auf der Ebene des Erzählpersonals an die Sammlung der *Fantasiestücke* zurückbindet (vgl. Steinecke 2004, S. 122). In der Tat dürfte Hoffmann die in *Berganza* satirisierte zeitgenössische Salonkultur, den „litterarisch-poetisch-künstlerischen Zirkel" (Hoffmann II/1, S. 133), in den Geselligkeiten der Konsulin Mark, der Mutter Julias, kennengelernt haben. Allerdings wird die Erzählung weniger durch ihre gegebenenfalls planen autobiographischen Tendenzen zu einem Schlüsseltext der Sammlung. Ihre Bedeutung gründet vielmehr darin, dass sie über allgemeine Einblicke in die zeitgenössische bürgerliche Salonkultur und Musikszene – von deren Borniertheit und Dilettantismus sich der Autor mit seiner Kreisler-Figur ebenso wie mit der Figur des Hundes Berganza zutiefst abgestoßen fühlte – die Grundsätze von Hoffmanns Poetologie und Dramaturgie entfaltet.

Hoffmann vermeidet die Form der theoretischen Abhandlung; vielmehr verwendet er die für lehrhafte Absichten schon in der Aufklärung beliebte Dialogerzählung (auf Diderots *Le Neveu de Rameau* verweist *Berganza* explizit; vgl. Prawer 1977, S. 281f.), die er auf die Tradition der literarischen Gespräche mit Hunden hin spezifiziert (u. a. Lukian, Bonaventure des Périers). Genauer orientiert sich Hoffmann an Miguel de Cervantes Saavedras Erzählung *El coloquio de los perros*, mit der die Sammlung *Novelas ejemplares* (1613) schließt und die Hoffmann im Sinne der „Transposition" Gérard Genettes bearbeitet (vgl. Genette 1993, S. 43f.). Die hypertextuellen Übernahmen, so satirisch oder spielerisch sie sich im Hinblick auf die zeitgenössische Gesellschaft auch ausnehmen, aktualisieren ein dem Hypotext vergleichbares Handlungsschema und nehmen diesen dabei durchaus sehr ernst. Erfährt in Cervantes' Vorlage ein in das Hospital zur Auferstehung in Valladolid eingelieferter Fähnrich namens Campuzano den Lebensbericht Berganzas, indem er zwei nächtliche Gespräche zwischen den Hunden Berganza und Cipión belauscht (für Einzelheiten vgl. Prawer 1977), so unterhält sich in Hoffmanns Erzählung der Ich-Erzähler selbst mit dem Hund, dem er auf dem Heimweg von einer Abendgesellschaft begegnet.

3. Eine Erzählung in Callot's Manier

Schon in den ersten Abschnitten stellt sich der Erzähler dabei zum einen als ein geeigneter Gesprächspartner Berganzas dar. Zum anderen klingt die Leitfrage der gesamten *Fantasiestücke* bereits hier ebenso an wie die in ihren vielfältigen Texten angebotenen Lösungen. Indem der Ich-Erzähler als eine Figur eingeführt wird, die sich stets auf der Suche nach einer Ablenkung vom Alltäglichen und Gewöhnlichen befindet („mich durchflog die frohe Ahndung, es könne mir wohl etwas ganz besonders begegnen, was in diesem ordinären hausbacknen Leben immer mein Wunsch und Gebet ist", Hoffmann II/1, S. 101), ruft er das die Sammlung grundierende

Spannungsverhältnis zwischen realer und fiktionaler, alltäglicher und wunderbarer Welt auf. Zugleich qualifiziert er sich als einer jener Beobachter, die das nötige Sensorium für abweichendes Verhalten besitzen, zu ‚richtigem' Sehen im Sinn Hoffmanns also in der Lage sind. Wie „Callots aus Tier und Mensch geschaffne groteske Gestalten", so soll „dem ernsten tiefer eindringenden Beschauer" auch die in der *Berganza*-Erzählung vorgeführte Konfrontation von Mensch und Tier „alle die geheimen Andeutungen [enthüllen], die unter dem Schleier der Skurrilität verborgen liegen" (ebd., S. 18). Die durchgehend ironische Erzählhaltung des Dialogtextes zielt darauf, das ärmliche „Tun und Treiben" (ebd.) der Menschen vorzuführen und zu entlarven: „Nun liege ich unbeachtet als Hund unter dem Ofen und Eure innerste Natur, ihr Menschlein! die ihr ohne Scham und Scheu vor mir entblößt, durchschaue ich mit dem Hohn, mit dem tiefen Spott, den Eure ekle leere Aufgedunsenheit verdient" (ebd., S. 130f.; vgl. Steinecke 2004, S. 125).

Die ‚Entlarvung' von Schwächen konstituiert die komische Seite des Textes. Die Erzählung transformiert das bürgerliche Leben in eine Art Commedia-dell'arte-Vorstellung, deren einzelne Mitwirkende sie zudem nur als Karikaturen ihrer selbst wahrnehmen kann (in der „Pantalone"-Figur des ‚possierlichen Alten' kommen beide Ebenen zusammen; vgl. Hoffmann II/1, S. 151f.). Die Kehrseite des Lächerlichen bildet das ernsthafte Interesse des Textes an der Profilierung eines poetologischen Programms, das sich vor allem auf die neuen Ganzheitsvorstellungen der Romantik bezieht. Zum einen erscheint der Text als ein der „Abschweifung" (ebd., S. 134) verpflichtetes, auf assoziativen Reihungen beruhendes, zusammenhangloses Konglomerat von einzelnen Sequenzen. Zum anderen erschließt sich einem ‚poetischen Gemüt' in der konzentrierten Anschauung des Ganzen gerade dieses Konglomerat als Beispiel für die höhere Ordnung der Wahrheit und damit als eigentliches Mittel zur Erkenntnis. Mit dem Ich-Erzähler der *Berganza*-Erzählung gesagt: „Aber gerade in den Werken der größten Dichter, entfaltet sich nur dem poetischen Sinn der innere Zusammenhang, der Faden der sich durch das Ganze schlängelt, und jeden kleinsten Teil dem Ganzen fest anreiht, wird nur dem tiefen Blick des echten Kenners sichtbar." (ebd., S. 164) Beispiele und Vorbilder hierfür findet der Text nicht nur in Shakespeare und Calderon, sondern auch bei den deutschen Romantikern. Näher bezeichnet werden Tieck, explizit mit *Der gestiefelte Kater* (vgl. ebd., S. 171), Novalis (in dessen ‚kindlichem Gemüte' „die reinsten Strahlen der Poesie" leuchteten; ebd., S. 173) sowie Friedrich de la Motte Fouqué als „unumschränkter Herr im Reich des Wunderbaren" (ebd.).

Zum einen also digrediert die Rede Berganzas in unterschiedlichste Richtungen: Erlebnisse mit der Hexe Cannizares provozieren ihn zu umständlichen Auslassungen über die Natur der Hunde (vgl. ebd., S. 108f.); der Bericht über die Ereignisse unmittelbar vor der Begegnung mit dem Ich-Erzähler verzögert sich permanent, etwa durch Exkurse über die Schlechtigkeit der Menschen (vgl. ebd., S. 130f.) und die „Unverbesserlichkeit der Weiber" (ebd., S. 145) oder durch die Einfügung zweier Sonette (vgl. ebd., S. 140f., 143) und eines Dialogs im Dialog, der die Redesituation zudem weiter in sich verschachtelt (vgl. ebd., S. 136–138). Zum anderen lässt sich die Erzählung thematisch klar in drei Teile gliedern (vgl. dagegen den kleinteiligeren Gliederungsvorschlag von Prawer 1977, S. 291): Der erste Teil führt den Hund Berganza ein, indem er eine literarische Figur in die zeitgenössische Realität hinein verlängert und zugleich deren Geschichte „seit der Zeit, da ich das Hospital der Auferstehung in Valladolid verließ" (Hoffmann II/1, S. 106) in der Cannizares-Episode fortsetzt (vgl. Cervantes 1963, S. 654–668). Die Hexe Cannizares verwechselt den Hund mit ihrem „geliebten" Sohn Montiel und verfolgt ihn. Schließlich scheitert sie mit Versuch, den Hund mittels eines Zauberlieds in den Sohn zurückverwandeln zu lassen (vgl. Hoffmann II/1, S. 112f.). Der Ich-Erzähler reagiert darauf ebenso wenig mit Skepsis, wie er, von der Wahrheit der spanischen Novelle insgesamt überzeugt, auch von Berganzas Auftauchen selbst nicht irritiert wird.

Der zweite Teil widmet sich in allen seinen Abschnitten der Kritik am zeitgenössischen Dilettantismus in der Kunst: zum einen fokussiert auf Berganzas Ausbildung bei Johannes Kreisler, die ihn die Normalität des Wahnsinns als Kontrastprogramm zur bürgerlichen Beschränktheit erfahrbar macht; zum anderen bezogen auf Berganzas Eintritt in den Haushalt einer gebildeten „Dame", deren geselliger „Zirkel" (ebd., S. 133) alle Spielarten menschlicher Eitelkeiten, kunsttheoretischer Halbbildung und künstlerischer Stümperei versammelt, deren Tochter Cäzilia der Hund Berganza aber sehr zu schätzen weiß. Als Berganza die frisch Vermählte in der Hochzeitsnacht vor den Übergriffen des betrunkenen Bräutigams („George") beschützen möchte, wird er aus dem Haus gejagt.

4. Hoffmanns Dramaturgie

Nach seinem Cäzilia-Erlebnis kommt Berganza bei einem Theater unter, und so behandelt der dritte Teil der Erzählung die Zustände der zeitgenössischen Bühne und gibt Hinweise auf eine eigene, genuin romantische

Dramaturgie. In klassischer Manier (prominentes Vorbild hierfür ist Gotthold Ephraim Lessings *Hamburgische Dramaturgie*) nimmt sich der Text die drei zentralen Bestandteile des Betriebs vor: das Publikum, dessen Unverstand zu beklagen sei, die Schauspieler und Schauspielerinnen, deren Eitelkeiten und Gefallsucht jedes ‚wahre Spiel' subvertiere, sowie die Schauspieldirektoren und Regisseure, die keine künstlerisch hochwertigen Stoffe und Dramen auswählen, sondern auf Kassenschlager setzen, auf „Mittelgut, das bei Euch nur in zu großer Menge zu Markte gebracht wird" (ebd., S. 165). Implizit spielt der Text dabei auf den Erfolg des Iffland-Theaters, der empfindsamen Rührstücke, an; explizit bemängelt er die Sucht nach Neuigkeiten auf der Bühne sowie die unangemessene Redaktion der Stücke. Analog zu Friedrich Schlegels Kritiker, dem „Autor in der 2t Potenz" (Schlegel XVIII, S. 106), fordert Hoffmann vom Dramaturgen, selbst „ein guter Dichter" zu sein (Hoffmann II/1, S. 166).

Als leitenden Maßstab für die dramaturgische Bearbeitung, die ‚Striche', nennt der Text die „Einheit des Ganzen", die der intentionalen Wirksamkeit des Dramas geschuldet ist („jeder von dem Dichter mit Bedacht und Überlegung vorbereitete Effekt"; ebd., S. 164). Wenn Hoffmann damit die Ordnung des nur auf den ersten Blick Unzusammenhängenden betont (vgl. Stockinger 2000b), distanziert er sich vom aufklärerischen Konzept der Schaubühne als moralischer Anstalt, das die Institution Theater nicht um ihrer selbst willen interessant zu finden scheint, sondern diese für die Veränderung der gesellschaftlichen Verhältnisse funktionalisiert: „Überhaupt datiere ich den Verfall Eures Theaters von *der* Zeit, als man die moralische Verbesserung der Menschen als den höchsten, ja einzigen Zweck der Bühne angab und so dieselbe zur Zuchtschule machen wollte." (Hoffmann II/1, S. 167)

Was also soll Hoffmann zufolge das Theater stattdessen leisten? Immerhin lehnt er die Reduktion auf bloße Nützlichkeitserwägungen ebenso ab wie auf das Interesse an reiner Unterhaltung, die aus jeder Theateraufführung, jeder Lektüre oder jedem Konzert eine populäre Veranstaltung machte und sich so kaum den Gefahren sowohl der Trivialisierung als auch der Ideologisierung entziehen könnte (vgl. Hügel 2003, S. 16, 347). Den „höheren Zweck" der Bühne (Hoffmann II/1, S. 168) löst damit allein das romantische Drama ein (vgl. Scherer 2003, S. 49–146), dem sich Hoffmann nicht nur im vierten Band des Erstdrucks der *Fantasiestücke* mit der ‚Komödie' *Prinzessin Blandina* genähert hat (1815). Die nach dem (früh)romantischen Gattungsverständnis transzendental-poetologische Dimension des Dramas subsumiert auch Texte wie die vorliegende Dialog-Erzählung *Nachricht von den neuesten Schicksalen des Hundes Berganza*, deren ‚arabeske Struktur' nicht auf additive Reihung zielt, sondern sich aus der ästhetischen Integration aller Gattungen (Epik, Lyrik, Dramatik) zu einem neuen Ganzen fügt (vgl. Kluge 1963, S. 43–48, 87; Stockinger 2004, S. 126f.).

Das Drama in diesem umfassenden Verständnis eignet sich insbesondere dazu, den in der Sammlung *Fantasiestücke in Callot's Manier* verhandelten Widerspruch zwischen alltäglicher und wunderbarer Welt zu lösen. In diesem Sinne formuliert der Text nicht nur eine Antwort auf das Leitthema der Sammlung („Es gibt keinen höheren Zweck der Kunst, als, in dem Menschen diejenige Lust zu entzünden, welche sein ganzes Wesen von aller irdischen Qual, von allem niederbeugenden Druck des Alltagslebens, wie von unsaubern Schlacken befreit"; Hoffmann II/1, S. 168). Die hier eingerückte, in ihrem ‚Wahrheitsgehalt' literarhistorisch abgesicherte Unterhaltung zwischen Hund und Mensch soll diese Vereinbarkeit und gleichsam ‚natürliche' Überglichkeit zwischen den Welten zugleich vollziehen und dadurch dem Leser vorführen. Die Dialog-Erzählung zielt in einer ganz spezifischen – nämlich ‚dramatischen' – Weise darauf, die Aufmerksamkeit des Lesers auf die eigentliche ‚höhere' Wahrheit des Lebens zu lenken und das Theater als eine Art ‚Schule des Sehens' aufzuwerten, das den Menschen „*so* erhebt, daß er sein Haupt stolz und froh emporrichtend das Göttliche schaut, ja mit ihm in Berührung kommt." (ebd.) Wenn dies gelingt, wird aus dem Rezipienten selbst ein Produzent, und die Grenze zwischen Dichter, Dramaturg und Leser wird aufgehoben. Als dafür geeignetes poetisches Verfahren nennt Berganza die Idealisierung („Verklärung" und „Verherrlichung") des Lebens in der Dichtung, die deshalb auf die vollständige Illusionierung des Publikums setzt. Genauer geht es um dessen „Erhebung zu dem poetischen Standpunkte, auf dem man an die herrlichen Wunder des Rein-Idealen willig glaubt" (ebd.).

Es ist bemerkenswert, dass in zeitgenössischen Rezensionen insbesondere die Darstellungsform des ansonsten eher verhalten aufgenommenen Texts positiv vermerkt wurde (vgl. Hoffmann II/1, Kommentar, S. 705f.). Das dialogische Erzählen macht sich die Vorteile der szenischen Unmittelbarkeit für eine möglichst wirksame, also anschauliche, lebendige und intensive Darstellung zunutze, ohne einen bloß belehrenden Gestus anzunehmen. Nebentexte wie Regiebemerkungen werden in die Figurenrede verlagert, was den skizzierten Eindruck noch unterstützt: „*Ich.* Berganza? – Was ist dir – du stockst? – du legst den Kopf auf die Pfote?" (Hoffmann II/1, S. 122). Zudem lösen sich die wenigen epischen Passagen des Textes von ihrer klassischen Funktion, indem sie die einzelnen Sequenzen nur selten verknüpfen, um die Abfolge etwa zu motivieren. Im Gegenteil wird

Berganzas Rede dadurch eher noch weiter aufgeschoben (vgl. ebd., S. 123).

Die mit den Themen ‚intertextuelle Referenz', ‚Kunst- und Literaturbetrieb', ‚Theater' und ‚Dramaturgie' angesprochenen durchaus ernsthaften Fragestellungen verselbständigen sich nach den Vorgaben jener von Hoffmann profilierten grotesk-komischen ‚Manier Callots', als Poetik der ‚Digression', also der „Abschweifung" (ebd., S. 134). Für die Disposition des Textes heißt das: Seine Bestandteile reihen sich nach den ‚Regeln' der Assoziation. Wie für die Sammlung *Fantasiestücke* insgesamt gefordert, gelingt es so, „die heterogensten Elemente" (ebd., S. 17) in das Gespräch aufzunehmen, wenngleich deren Integration nicht immer völlig gelingt. Der selbstreferentiellen Anlage der Erzählung entsprechend, die immer auch auf die Bedingungen der Möglichkeit von Literatur reflektiert, macht der Erzähler explizit auf Berganzas ‚Abschweifungen' aufmerksam (vgl. ebd., S. 134).

(Claudia Stockinger)

Der Magnetiseur

1. Entstehung

Hoffmann schrieb die Erzählung *Der Magnetiseur* innerhalb weniger Monate im Sommer 1813. Erstmalig erwähnt wird sie im Tagebucheintrag vom 19. Mai 1813 unter dem Titel *Träume sind Schäume*. Ihren endgültigen Titel erhielt sie am 29. Juni 1813 (vgl. Hoffmann I, S. 458, 465). Knapp zwei Wochen später hatte Hoffmann den ersten Textteil beendet und schickte ihn an seinen Freund, den Bamberger Arzt Friedrich Speyer, mit der Bitte, ihn zu lesen, da „er eine noch unberührte neue Seite des Magnetismus" entwickele (ebd., S. 292). Aus dem Schreiben geht auch hervor, dass er das bisherige Manuskript noch nicht für beendet hielt; doch erst im fast zeitgleichen Brief an seinen Verleger C. F. Kunz geht Hoffmann ausführlicher auf die geplante Gesamtkomposition ein: „Der Aufsatz, welcher nach meiner ersten Idee nur eine flüchtige, aber pittoreske Ansicht des Träumens geben sollte, ist mir unter den Händen zu einer ziemlich ausgesponnenen Novelle gewachsen [...]. Außer dem, was Sie besitzen [den ersten Textteil], wird die Erzählung noch drei Abteilungen haben, nehmlich: Mariens Brief an Adelgunda; Albano's Sendschreiben an Theobald, und das ‚einsame Schloß'." (ebd., S. 294) Begünstigt wurde die Fertigstellung des *Magnetiseurs* durch den Vorschlag Kunzes, die *Fantasiestücke* um einen zweiten Band zu erweitern, ein Vorschlag, dem Hoffmann mit Blick auf den *Magnetiseur* zustimmte. Die Tagebucheintragungen der folgenden Wochen weisen eine beständige Beschäftigung mit der Erzählung aus (vgl. ebd., S. 465–468). Anfang August ist der zweite Textteil, *Mariens Brief an Adelgunde*, beendet, wenig später der dritte, *Fragment von Alban's Brief an Theobald*, und am 12. August 1813 schickt Hoffmann die fast fertig gestellte Erzählung an Kunz. Der Schluss des *Magnetiseurs* folgt am 19.8., drei Tage nach der Beendigung des Manuskripts (vgl. ebd., S. 469).

Im Gegensatz zu *Ritter Gluck*, *Don Juan* und einigen der *Kreisleriana*-Erzählungen erschien *Der Magnetiseur* nicht im Vorabdruck, sondern wurde im April 1814 als Stück Nr. 6 im zweiten Band der *Fantasiestücke* erstveröffentlicht. Für die zweite Auflage der *Fantasiestücke* 1819 überarbeitete Hoffmann die Erzählung grundlegend. Neben sprachlichen und stilistischen Veränderungen im Gesamttext wurde der vierte Textteil, *Das einsame Schloß*, um die Leichenrede des Pfarrers (vgl. Hoffmann II/1, S. 219), das Gespräch zwischen Pfarrer und Ich-Erzähler (vgl. ebd., S. 220) sowie die Ausführungen des Pfarrers über die Wandgemälde Bickerts (vgl.

ebd., S. 221) gekürzt. Ebenfalls gestrichen wurde das in der Erstfassung von 1814 angefügte *Billet des Herausgebers an den Justizrat Nikodemes*. Ungeachtet der signifikanten Texteingriffe stützen sich nachfolgende Ausgaben der *Fantasiestücke* auf diese spätere Fassung; die ursprüngliche Textversion wurde erst 1993 mit der von Hartmut Steinecke u. a. besorgten kritischen Edition als Band II/1 der *Sämtlichen Werke* wieder zugänglich.

2. Zeitgenössische Rezeption und Beiträge der Forschung

Der Magnetiseur muss heute als eine der weniger bekannten Erzählungen aus Hoffmanns *Fantasiestücken* gelten, die zudem thematisch und stilistisch aus dem Kontext der Sammlung herausfällt. Bereits Jean Paul war die Sonderstellung des *Magnetiseurs* aufgefallen. In seiner der Erstausgabe als Vorrede vorangestellten Besprechung monierte er, die Erzählungen hätten „richtiger [...] Kunstnovellen" heißen sollen, allerdings mit Ausnahme von „Nro. VI. der Magnetiseur", denn diese spiele „in einem andern Gebiete" und sei eine „mit kecker Romantik und Anordnung und mit Kraftgestalten fortreißende Erzählung." (ebd., S. 12) Während die *Fantasiestücke* fast ausnahmslos begeistert aufgenommen wurden (vgl. Kremer 1999a, S. 22) und Hoffmann zum ersten, entscheidenden Erfolg als Schriftsteller verhalfen, war das Echo auf den *Magnetiseur* gespalten. Die Mehrzahl der Rezensionen stimmte der Ansicht Jean Pauls zu; insgesamt drei Rezensionen charakterisierten den *Magnetiseur* als „schauerliches Nachtstück" und werteten damit die Erzählung als Vorläufer von Hoffmanns 1816 erschienenen *Nachtstücken* (vgl. Hoffmann II/1, Kommentar, S. 730).

Mit der Erzählung *Der Magnetiseur* erschloss sich Hoffmann ein literarisches Thema, in dem das Wirken unbekannter, unbewusster, unkontrollierbarer und in diesem Sinne ‚nächtlicher' Kräfte auf den Menschen im Mittelpunkt steht. Vor dem Hintergrund dieser in den *Nachtstücken* wenig später perfektionierten Gegenstandsbestimmung verlor sich das spezifische Interesse am *Magnetiseur* relativ rasch. Zwar wurde die Erzählung als Bestandteil der *Fantasiestücke* weiterhin rezipiert; die Forschung gab jedoch anderen Erzählungen, vor allem dem *Goldenen Topf*, den Vorrang. Erst seit wenigen Jahren ist eine gezieltere Auseinandersetzung mit dem *Magnetiseur* zu beobachten, wobei zwei Forschungstendenzen unterschieden werden können: zum einen die Situierung der Erzählung im Kontext zeitgenössischer wissenschaftlicher Diskurse, insbesondere die Diskussionen um Magnetismus und Mesmerismus (vgl. Tatar 1978; Müller-Funk 1985; Kohlenbach 1991; Forssmann 1999, S. 60–70, Barkhoff 1995 und 2004); zum anderen die Betonung des historisch-politischen Entstehungskontextes (Endphase der Napoleonischen Herrschaft in Sachsen, Besuch Hoffmanns auf dem Dresdner Schlachtfeld sowie die zeitnahe Verfertigung seiner 1814 anonym publizierten Schrift *Die Vision auf dem Schlachtfelde bei Dresden*). Entsprechend lesen Dammann (1975) und Safranski (1984) die Figur des Majors und/alias Albans als Allegorie auf Napoleon; Rohrwasser (1991, S. 15–51) betont den Gleichnischarakter der Erzählung für die Destruktivität eines absoluten Herrschaftswillens, und Triebel (vgl. 2003, S. 67–94) sieht im *Magnetiseur* eine Herrschaftsparabel auf die soziokulturellen Umbrüche um 1800 und den Untergang feudaler Herrschafts- und Familienstrukturen als Moment der Entstehung der bürgerlichen Disziplinargesellschaft. Die unmittelbare Referentialisierung des *Magnetiseurs* mit Nietzsches Diktum vom „Willen zur Macht" bei Jürgens (vgl. Jürgens 2003, S. 152–155) ist allerdings aufgrund ihrer fehlenden historischen Differenzierung wenig überzeugend. Weiterhin existieren Forschungsbeiträge zu Einzelaspekten, die sich bislang jedoch noch nicht zu Interpretationstendenzen verdichtet haben, so z. B. zur Sozialisation und Identitätsentwicklung (vgl. Neumann 1997c, S. 92–96), zum Modus der Fallgeschichte (vgl. Barkhoff 2004), zur Fantastik (vgl. Woodgate 1999, S. 223–228), zur Dämonologie (vgl. Nettesheim 1967) und zur Rhetorik (vgl. Fernandez Bravo 1995).

3. Struktur der Erzählung

Ungeachtet der komplexen Erzählstruktur ist *Der Magnetiseur* bislang nicht in den engeren Fokus narratologischer Untersuchungen gerückt worden. Dabei besitzt die Erzählung sowohl auf der Handlungs- wie auch auf der Erzählebene eine Komplexität, die sich durchaus mit anderen Erzählungen Hoffmanns messen kann. Die Erzählung ist in fünf heterogene Abschnitte eingeteilt (in der Erstfassung mit dem *Billet des Herausgebers* um einen sechsten Teil erweitert), deren kompositorisches Gesamtgefüge sich erst am Ende verrät. Die Erzählung setzt als konventionelle extradiegetische Erzählung mit unbenannt bleibendem Erzähler ein und präsentiert im Rahmen eines abendlichen Kamingesprächs eine Kontrafaktur verschiedener Positionen zum Wahrheitswert von Träumen und Nutzen des Magnetismus. Wesentliche Handlungsfiguren sind ein Baron, der Träume für Schäume hält und dem Magnetismus ablehnend gegenübersteht, sein vom Magnetismus begeisterter Sohn Ottmar, der Maler Franz Bickert sowie Maria, die Tochter des Barons. In die Diskussionen eingelassen sind längere

Figurenreden, die im Falle des Barons und Ottmars den Charakter eigenständiger Intradiegesen annehmen. Die Erzählung des Barons über eine Begebenheit seiner Ausbildungszeit führt die Figur des Majors ein, eines ebenso faszinierenden wie unheimlichen Ausbilders, dessen unerklärlichen Tod in der Nacht eines 9. Septembers der Baron in einem Traum vorhersah, der ihn seitdem verfolgt. Die in Widerspruch zur skeptischen Haltung des Barons stehende Begebenheit veranlasst den dem Gespräch beiwohnenden Maler zu einer rationalistischen Erörterung, Ottmar hingegen zur Erzählung über seinen Freund Alban, der als Arzt und Magnetiseur seinen Freund Theobald zu einer erfolgreichen mesmeristischen Beeinflussung der Träume von dessen Verlobter animiert. Die Ohnmacht, mit der die zuhörende Marie auf Ottmars Erzählung reagiert, und der fast gleichzeitige Auftritt Albans künden die beiden folgenden Textteile an. *Mariens Brief an Adelgunde* nennt als Erklärung für die Ohnmacht die Wiedererkennung der mesmeristischen Beeinflussungssituation und gibt Marie als untergebene und hörige Patientin Albans zu erkennen; das *Fragment von Alban's Brief an Theobald* dagegen verrät als Grund dessen unstillbares Verlangen nach „unbedingte[r] Herrschaft über das geistige Prinzip des Lebens" (Hoffmann II/1, S. 213), das im Falle Marias darauf zielte, „[sie] ganz in mein [Albans] Selbst zu ziehen, ihre ganze Existenz, ihr Sein so mit dem meinigen zu verweben, daß die Trennung davon sie vernichten muß" (ebd., S. 216). Beide Teile vertiefen jeweils eine Figurenperspektive und bilden einen Baustein jenes Geschehens, das der vierte Textteil als „Katastrophe [...], in der ein ganzer Zweig einer bedeutenden Familie unterging" (ebd., S. 222), benennt. Dieser Teil ist als Meta-Erzählung ausgewiesen, insofern ein im inzwischen verlassenen Schloss residierender Ich-Erzähler (d. i. der reisende Enthusiast, der als diachrone Erzählerfigur die *Fantasiestücke* miteinander verzahnt) angibt, alle vorangegangenen Textabschnitte im Nachlass des verstorbenen Malers Bickert gefunden zu haben, zusammen mit einigen „hingeworfenen Notizen nach Art eines Tagebuches" (ebd.), die den fünften (in der überarbeiteten Fassung gleichzeitig letzten) Textteil bilden und in knapper Raffung vom Tod aller beteiligten Figuren künden. Das Ende des vierten Teils verrät in einer metaleptischen Wendung Herkunft und Ordnung der bisherigen Texte: Der Verfasser des ersten Teils ist Bickert, dessen Erzählung die dort entfalteten Vorausahnungen nicht als Chronik, sondern als eine nachträgliche Suche nach den Gründen der Katastrophe zu erkennen gibt, wohingegen der reisende Enthusiast als Monteur der Textteile fungiert, für den sich mit dem Fund des Nachlasses von Bickert „das Ganze [rundet]" (ebd.). So löst sich die Katastrophe in ihrer retrospektiven Erzählung auf und der reisende Enthusiast wird, so Rohrwasser, zum „Pionier der Erzähltechnik der Moderne" (Rohrwasser 1991, S. 101). Die Erstfassung setzt mit dem *Billet des Herausgebers* hinter Verfasser und Arrangeur zusätzlich den fiktiven Justizrat Nikodemes, dem der (fiktive) Herausgeber der *Fantasiestücke* (und tatsächliche Verfasser des *Billets*) die vom reisenden Enthusiasten arrangierte und in den Hoffmann'schen *Fantasiestücken* de facto abgedruckte Erzählung verdankt.

4. Mesmerismus

Die Erzählung hält eine Fülle romantischer Motive und Strukturen bereit, die sich als Spiel von inner-, inter- und außertextuellen Referenzen konkretisieren. So wird die retrospektive Rekonstruktion der Textgenese als Rekonstruktion einer zeitlich und kausal schlüssigen Handlung durch die Übereinanderlagerung von zeitlichen Situierungen und figürlichen Identitäten erschwert. Besondere Bedeutung besitzt die Nacht des 9. Septembers, auf die der Diskussionsabend, der Tod des Majors und der des Barons selbst fallen, was, da die Erzählung keine Jahreszahlen bereithält, eine eindeutige teleologische Struktur unterläuft (vgl. Triebel 2003, S. 85). Gleiches gilt für die Identität von Alban, der – vergleichbar der Doppelfigur Coppelius/Coppola im *Sandmann* – sowohl als eigenständige Figur wie auch als Doppel- respektive Widergänger des Majors figuriert (vgl. Hoffmann II/1, S. 203f.). Über nächtliche Visionen Marias (vgl. ebd., S. 210), die Evokation des Teufels (vgl. ebd., S. 224) und die Nennung des Hl. Antonius (vgl. ebd., S. 222) bezieht Hoffmann sich auf den gleichnamigen Stich Jacques Callots von 1635. Weitere intertextuelle Referenzen ergeben sich durch den Bezug des ersten Teil- und vormaligen Gesamttitels auf Novalis' *Heinrich von Ofterdingen* und die explizite Nennung der *Lehrlinge zu Saïs* (vgl. ebd., S. 180) sowie durch Verweise auf Schillers *Wallensteins Tod* (vgl. ebd., S. 178), auf Shakespeare (vgl. ebd., S. 179, 211 und 222), Jean Paul (vgl. ebd., S. 188) und auf die Märchen Giambattista Basiles (vgl. ebd., S. 206). Die wichtigste außerliterarische Referenzfolie stellt zweifelsohne der mit den Namen Mesmer, Kluge, Bartel, Schubert und Schelling verknüpfte Diskurs des (animalischen) Magnetismus dar, den der Text auf der Erzählebene über die intertextuell verfahrende Selbstpositionierung der Figuren (v. a. im ersten Teil) und auf der Handlungsebene über die Schilderung der mesmeristischen Praktik der hypnotischen Traumbeeinflussung (Erzählung Ottmars; Briefe Marias und Albans) einholt. Indem die Erzählung die mesmeristische Praktik in den Binnenraum der Familie verlagert (vgl. den Untertitel *Eine Familienbegebenheit*), nimmt sie die Psychodisziplinierung des bürgerlichen Subjekts vorweg (vgl. Rohrwasser 1991, S. 22f.; Triebel 2003, S. 78f.), indem sie sie als Herrschaftspraktik erzählt, fokussiert sie zugleich ihr in der Ambivalenz von Heilen und Vernichten aufgehobenes destruktives Potential. Die im Text entfalteten Praktiken sind dabei geschlechtsspezifisch codiert: Während die Position des Magnetiseurs den männlichen Figuren Alban und Theobald vorbehalten ist, ist die Rolle des passiven, hypnotisierten Opfers bei Hoffmann, im Gegensatz etwa zu Caroline de la Motte Fouqués literarischer Magnetiseurin Antonie in *Magie der Natur* (1812), durchweg weiblich codiert (vgl. auch die Symbolik der Lilie). Dabei zeigt sich die Macht des Magnetiseurs als erfolgreiche Usurpation der Träume der Frau durch den Mann (vgl. Neumann 1997a, S. 134–136; Gruber 2001). Die kontinuierliche, die einzelnen Teiltexte durchziehende zeichentheoretische Reflexion im *Magnetiseur* verweist demgegenüber auf die Ebene semiotischer Selbstreflexion romantischen Erzählens. Indem die Ermächtigung über das Subjekt an den Akt des Erzählens gebunden wird, wird das mesmeristische Wissen um die Psychodynamik des Seelischen zum Herrschaftsinstrument über die Zeichen und ihre Bedeutung, eine Herrschaft, deren Modus die Erzählung in der Macht Albans über Maria exemplifiziert: „Denke einmal, liebe Adelgunde, ich [Maria] träume jetzt oft: ich könne mit geschlossenen Augen […] Farben erkennen, Metalle unterscheiden, lesen u. s. w. sobald es Alban nur verlange" (Hoffmann II/1, S. 208).

(Hania Siebenpfeiffer)

Der goldene Topf

1. Schreibszenen zwischen Chemie und Wahnsinn

E.T.A. Hoffmanns *Der goldene Topf*, ein „Märchen aus der neuen Zeit", wie es im Untertitel heißt, erschien 1814 als dritter Band der *Fantasiestücke in Callot's Manier*. Der Goldene Topf ist ein „Entwicklungsroman in Märchenform" (Hoffmann II/1, Kommentar, S. 777), in dem das Verhältnis von ‚bürgerlicher' und ‚wunderbarer' Welt in Form einer Liebesgeschichte erzählt wird, die sich als merkwürdige Dreiecksbeziehung entpuppt: Protagonist ist der Student Anselmus, der, hin- und hergerissen zwischen der bürgerlichen Veronika und der wunderbaren Serpentina, im Verlauf der Handlung seine ‚romantische Metamorphose' (vgl. Kremer 1993) vom Schreiber zum Schriftsteller erfährt. Anselmus hat eine Begabung zur Kalligraphie, zur Schönschrift also, und so macht er das Kopieren zum Beruf – doch seine Berufung ist die Poesie: die sublimierte Kalligraphie, bei der die schöne Schrift zu wahrer Schrift veredelt wird.

Der goldene Topf, der in der zweiten Auflage vom Verleger Kunz den verkürzten Titel *Der goldne Topf* erhielt, gilt als eines der zentralen Werke der deutschen Romantik und zählt zu den Veröffentlichungen Hoffmanns, die auch vom zeitgenössischen Lesepublikum „am höchsten geschätzt wurde" (Hoffmann II/1, Kommentar, S. 762). Bis heute erweist sich der Text als überaus vielschichtiger, und das heißt auch: schwer zu fassender Gegenstand, wovon die literaturwissenschaftliche Forschung ein beredtes Zeugnis ablegt (vgl. Kremer 1999a, S. 23–28 sowie Hoffmann II/1, Kommentar, S. 924–928; Wührl 2004, S. 172–175; Liebrand 1996, S. 111). Um zunächst eine der zeitgenössischen Stimmen über die Aufnahme des *Goldenen Topfs* zu Wort kommen zu lassen, sei hier die hymnische Rezension von Friedrich Gottlob Wetzel angeführt, die dieser 1815 in den *Heidelbergischen Jahrbüchern der Litteratur* veröffentlichte:

„Wenn es Werke des Genius gibt, die, gleich hoch über Lob und Tadel erhaben, den Maßstab, nach welchem sie zu messen sind, erst mit sich selbst auf die Welt bringen, so rechnen wir unbedenklich dieses wunderschöne Mährchen zu jenen seltnen Geistesblühten. In der That wüßten wir neben ihm nichts zu nennen, als Göthe's berühmtes Mährchen in den Unterhaltungen Deutscher Ausgewanderter und Fouque's liebliche Undine; doch übertrifft der goldene Topf diese unstreitig noch an phantastischem Reichthum und kecker lebendiger Charakteristik. Die kühnste Phantasie, mit den gewagtesten Combinationen, wie nur der Traum sie schaffen kann, in geisterhafter Lebendigkeit spielend, durchdringt sich in diesem wunderbaren Produkte mit dem reifsten Verstande und der klarsten Besonnenheit." (Hoffmann II/1, Kommentar, S. 761).

Goethe war übrigens keineswegs vom *Goldnen Topf* begeistert – möglicherweise lag dies auch daran, dass er den Text nur in englischer Übersetzung kannte. In einer Tagebuchnotiz vom 21.5.1827 heißt es lapidar: „Hoffmanns Leben. Den goldnen Becher angefangen zu lesen. Bekam mir schlecht; ich verwünsche die goldnen Schlängelein." (Goethe WA III 11, S. 59). Tatsächlich deuten die „goldnen Schlängelein" eine recht offensichtliche intertextuelle Verbindung zwischen Hoffmanns Erzählung und Goethes 1795 erschienem *Märchen* an: Bei Goethe steht eine grüne Schlange im Mittelpunkt des Geschehens, die „durchsichtig und leuchtend" (Goethe WA I 18, S. 211) wird, nachdem sie einen Goldschatz verschlungen hat. Die grün-goldene Schlange fungiert bei Goethe als Vermittlerin zwischen einer schönen todbringenden Lilie und einem schönen toten Jüngling, der durch die Berührung eben dieser Lilie gestorben ist; das Selbstopfer der Schlange erweckt den Jüngling jedoch wieder zum Leben. In seinen *Ansichten von der Nachtseite der Naturwissenschaft* (1808) vertrat der romantische Naturphilosoph Gotthilf Heinrich Schubert – einer der wichtigsten Gewährsmänner Hoffmanns – die Ansicht, Goethe verhandle in seinem Märchen „alle Geheimnisse unsrer Natur", die schöne grüne Schlange stehe für „das klare Selbstbewußtsein, die Reflexion" (Schubert 1808, S. 324).

In Hoffmanns Märchen aus der neuen, der romantischen Zeit begegnen uns gleich drei grüne Schlänglein, die, in einem Holunderbaum sitzend, dem Studenten Anselmus am Himmelfahrtstag erscheinen, um seine Sehnsucht nach Liebe und Poesie zu wecken. Eine dieser drei ist die eingangs bereits erwähnte Serpentina. Sie ist die Tochter des geheimen Archivarius Lindhorst, der aus dem Geschlecht der Salamander stammt, nun aber in Dresden als höherer Beamter wirkt. Seine Heimat war einst das märchenhafte Atlantis, aus dem er jedoch von Phosphorus, dem Fürst der Elementargeister, vertrieben wurde, nachdem er aus Liebeskummer einen wunderbaren Blumengarten verwüstet hatte. Der Grund für den Liebeskummer war die ‚glühende' Liebe des Salamanders – darin seinem Wesen als Elementargeist des Feuers folgend – zu einer grünen Schlange, die mütterlicherseits von einer Lilie abstammte. Als der Salamander, alle Warnungen des Phosphorus missachtend, versuchte, seine Geliebte zu umarmen, zerfiel diese zu Asche, „und ein geflügeltes Wesen, aus der Asche geboren, rauschte fort durch die Lüfte." (Hoffmann II/1, S. 289) Da ergriff, wie der Leser später erfährt, den Salamander „der Wahnsinn der Verzweiflung und er rannte Feuer und Flammen sprühend durch den Garten und verheerte ihn in wilder Wut" (ebd.). Zur Strafe wurde er als ein „Zwischenwesen" (Paracelsus 1993, S. 161), halb Mensch, halb Elementargeist, auf die Erde verbannt und darf erst dann wieder nach Atlantis zurückkehren, wenn seine drei Töchter – sie verdanken ihr Dasein der Verbindung des Salamanders mit seiner geliebten grünen Schlange, die er nach seiner Verbannung in einem Lilienbusch wiederfand – an drei Jünglinge vermählt worden sind, die ein „kindliches poetisches Gemüt" (Hoffmann II/1, S. 291) besitzen. Als Mitgift erhält jede Tochter einen „Topf vom schönsten Metall", in dessen Glanz sich das „wundervolle[] Reich" Atlantis abspiegelt, „wie es jetzt im Einklang mit der ganzen Natur besteht" (ebd.).

Der Hinweis auf Atlantis greift auf ein Motiv in Novalis' unvollendet gebliebenem Roman *Heinrich von Ofterdingen* (1802) zurück. Dort berichtet ein Sänger von einer „uralten goldenen Zeit", in der „Liebe und Poesie", das heißt eine „allmächtige Sympathie der Natur" (Novalis I, S. 271) herrschte. Diese romantische Sicht der Natur als harmonische Ganzheit – sie findet sich prominent vertreten in Schellings Traktat *Von der Weltseele* (1798) – ist in Novalis' *Die Lehrlinge zu Saïs* mit einer mythischen Schriftmetaphorik gekoppelt: Die Natur erscheint als „große Chiffernschrift", als „ächte[s] Sanscrit", als „heilige Schrift" (ebd., S. 201), die, obgleich unverständlich, dennoch keiner Erklärung bedarf, deren Bedeutung vielmehr erspürt werden muss. Nur derjenige bekommt eine Ahnung davon, was die „Wunderschrift" der Natur zu sagen hat, der „wahrhaft" im Einklang mit der Natur spricht, und das ist für Novalis der Sänger bzw. der Dichter: „Wer wahrhaft spricht, ist des ewigen Lebens voll, und wunderbar verwandt mit ächten Geheimnissen dünkt uns seine Schrift, denn sie ist ein Accord aus des Weltalls Symphonie." (ebd.) Die Bedeutung der ‚wahren Schrift' liegt in diesem Gleichklang zwischen dem Schreibenden und dem Kosmos. Goethe, Novalis, Schelling, Schubert: Damit sind nur einige wenige Autoren genannt, deren Werke E.T.A. Hoffmanns *Goldenen Topf* nachhaltig beeinflusst haben. Man könnte die Reihe weiterführen – etwa mit Hinweis auf die Plautus-Komödie *Aulularia* (in der Übersetzung trägt sie den Titel *Der Goldtopf*), in der ein Topf als Hochzeitsmitgift fungiert oder auf Wielands phantastische Geschichte vom Prinzen Biribinker, die im *Don Sylvio von Rosalva* erzählt wird: eine Geschichte, „worin alles Wunderbare natürlich zugeht", wie es im Untertitel heißt. Zu erwähnen sind auch Louis Claude de Saint Martins Buch *Vom Geist und Wesen der Dinge*, das 1812 in einer Übersetzung von Schubert erschien, sowie Wilhelm Ritters *Fragmente aus dem Nachlasse eines jungen Physikers* (1810), eine bunte Sammlung aus physikalischen und chemischen Beobachtungen, die mit kosmologischen Spekulationen angereichert sind und sich in vielerlei Hinsicht als Schlüsseltext für den *Goldenen Topf* erweisen.

So propagiert Ritter eine romantisierende Rückkehr zu quasi-paradiesischen Zuständen, wenn er schreibt: „Unsere Aufgabe ist, *erste* Menschen zu sein" (Ritter 1984, S. 250). Und tatsächlich verhält sich der Student Anselmus gleich zu Beginn des *Goldenen Topfes* in einem ironischen Sinne ‚wie der erste Mensch': Er gebärdet sich als unglückseliger Tolpatsch, der auf dem Dresdner Marktplatz in einen Korb mit Äpfeln rennt. Die zeternde Marktfrau – in ‚Wirklichkeit' ist sie eine Hexe, die sich im weiteren Verlauf als seine Erzfeindin und als magische Gegenspielerin des Archivarius Lindhorst entpuppt – belegt Anselmus mit einem Fluch, der das ganze Märchen überschattet: „Ja renne – renne nur zu, Satanskind – ins Krystall bald dein Fall – ins Krystall!" (Hoffmann II/1, S. 229) Der von Anselmus verschuldete Unglücksfall wird hier in Analogie zum Sündenfall Adams gesetzt. Der „Holunderbaum", in dem Anselmus die Bekanntschaft mit seiner gold-grünen Schlange Serpentina macht, ist nicht nur als „Baum der Poesie" (Schmidt 1981a, S. 186), sondern auch als Baum der Erkenntnis zu deuten, der die Differenz zwischen der poetisch-paradiesischen und der profan-bürgerlichen Welt zu Bewusstsein bringt: ein Bewusstsein, das bei Menschen mit poetischem Gemüt eine glühende, „unendliche Sehnsucht" (Hoffmann II/1, S. 258) auslöst, an der sie irre werden – es sei denn, sie finden als schreibende Poeten einen Weg zurück ins paradiesische Reich der Phantasie. Lässt man sich von diesem Weg ablenken, dann verfällt man angesichts der Kluft zwischen Poesie und Leben dem Wahnsinn, der hier metaphorisch als „Fall ins Krystall" umschrieben wird. Tatsächlich hat es gegen Ende des Märchens zunächst den Anschein, als würde der Fluch des Äpfelweibs wahr werden – ausgelöst durch einen weiteren Unglücksfall, der sich im Rahmen der Schreiberdienste ereignet, die Anselmus für den Archivarius Lindhorst verrichtet. Trotz eindringlicher Warnung fällt ein Tintenklecks auf eines der seltsamen Original-Manuskripte, die Lindhorst sorgfältig aufbewahrt. Lindhorst reagiert ausgesprochen heftig: Er verbannt Anselmus mit den Worten: „Wahnsinniger! erleide nun die Strafe dafür, was du im frechen Frevel tatest!" (ebd., S. 302) in eine Glasflasche. Der „Fall ins Krystall" wird buchstäbliche Wirklichkeit. Der Tintenfleck steht offenbar für eine frevelhafte Ablenkung vom Weg der Poesie – er ist die unmittelbare Folge davon, dass Anselmus an der Macht der Phantasie gezweifelt hat, als er Lindhorsts Erzählung für „tolles Zeug" (ebd.) hielt. Hier wiederholt sich der adamitische Sündenfall in sublimierter Form im Kontext einer „Schreibszene" (Campe 1991, S. 759).

2. Deutungsaspekte

Schreiben findet, so könnte man vorläufig festhalten, in E.T.A. Hoffmanns Märchen am Rande des Wahnsinns statt. Unter diesen Vorzeichen lassen sich insgesamt vier motivische Schwerpunkte ausmachen: Erstens das Motiv der poetisch-romantischen Metamorphose vom Schreiber zum Schriftsteller, der seine Eingebungen immer nur während der gewissenhaften Ausübung kalligraphischer Schreibarbeiten empfängt. Dabei erfolgen die Eingebungen jedoch bemerkenswerter Weise im Medium der Mündlichkeit, nämlich als stimmliche Einflüsterungen der schönen grünen Schlange Serpentina. Zugleich nimmt die poetische Metamorphose mitunter christologische Züge an. Darauf deutet nicht zuletzt der Zeitpunkt hin, an dem die Geschichte einsetzt: Der Himmelfahrtstag, also jener Tag, an dem Christus die irdische Welt verlässt und in ein überirdisches, göttliches Reich entrückt wird. Auch der Untertitel der Erzählung, „Märchen aus der neuen Zeit", könnte ein Hinweis auf diesen Zusammenhang sein. So findet sich bei Ritter eine Unterscheidung zwischen der „Zeit von Adam bis Christus" und der „Zeit von Christus bis ***", die er auch als „neue Zeit" bezeichnet. In dieser Zeit erscheint „Adam [...] wieder, und das Paradies geht in Gott höher ein" (Ritter 1984, S. 253).

Das zweite Motiv besteht in der chemischen und alchemistischen Metamorphose, nämlich in der Verbindung und Verwandlung von Metallen, Gegenständen, Lebewesen zu phantastischen Hybriden. Möglicherweise sind die Märchenfiguren – Lindhorst, die Hexe, Serpentina – zugleich Allegorien für chemische Prozesse und alchemistische Experimente (vgl. Kremer 1994; 1999, S. 31). Hier kommt es zu zahlreichen Interferenzen zwischen der Welt der Chemie und der Welt der Schrift. So wird etwa der Archivarius Lindhorst als eine Mischung aus „forschende[m] Antiquar" und „experimentierende[m] Chemiker" beschrieben (Hoffmann II/1, S. 241). Auch die Bemerkungen über die Konsistenz und die Haltbarkeit der Tinte, mit der Anselmus seine Schreibarbeiten für Lindhorst verrichtet, finden vor dem Hintergrund einer sublimen chemischen Argumentation statt. In diesem Zusammenhang ergeben sich zahlreiche Querverbindungen zu Novalis, der – wie auch Friedrich Schlegel – bei der Beschreibung der romantischen Poesie immer wieder auf Metaphern aus der Chemie zurückgreift. Seinem Diktum „Die Welt muß romantisirt werden. So findet man den urspr[ünglichen] Sinn wieder" schiebt Novalis folgende Begründung nach: „Romantisiren ist nichts als eine qualit[ative] Potenzirung. Das niedre Selbst wird mit einem bessern Selbst in dieser Operation identificirt." (Novalis II, S. 334) Die Operation der qualitativen Potenzierung verweist auf eine Metamorphose, die eine Sublimierung im Sinne der Chemie und der Alchemie implizieren kann. Die Sublimation ist ein Destillationsprozess, bei dem feste Körper in einen gasförmigen Zustand gebracht werden. Dabei löst sich, so die damalige Vorstellung, das ‚Phlogiston' (der Feuerstoff) vom ‚Phlegma' (dem Destillationsrückstand) und verflüchtigt sich: eine Operation, die in der Romantik in Parallele zu den Prozessen geistiger Sublimierung gesetzt wird (vgl. Preisendanz 1963, S. 79). In der alchemistischen Tradition wird die Sublimierung aber auch als eine Verbindung zweier unterschiedlicher Elemente gefasst und häufig in die Metapher der Hochzeit gekleidet (vgl. Kremer 1993, S. 112; 1994, S. 40–49). So lässt sich denn auch die romantische Transformation des „Gemeinen" in einen „hohen Sinn" (Novalis II, S. 334), ja überhaupt die „Verbindung des Märchenhaften mit dem Alltäglichen" (Hoffmann II/1, Kommentar, S. 765) als Ergebnis von Sublimationsprozessen deuten.

Die märchenhafte Verklärung des Gewöhnlichen ist eine grundlegende Strategie im *Goldenen Topf*. Sie korrespondiert mit einem dritten Motiv: dem Motiv des Wahnsinns, das sich zum einen als verzerrte Weltwahrnehmung des Protagonisten, eines Jünglings mit ‚poetischem Gemüt' manifestiert: eine Weltwahrnehmung, die in poetische Visionen mündet und die gewöhnliche Welt als wunderbar erscheinen lässt. Zum anderen macht sich das Motiv des Wahnsinns aber auch am Wahrgenommenwerden des Protagonisten durch die Welt der vernünftigen Bürger fest. In ihren Augen verhält sich Anselmus wunderlich, für sie ist er „nicht recht bei Troste!" (Hoffmann II/1, S. 235) Allerdings gibt es noch weitere Formen des Wahnsinns, die am Ende des Märchens vorgeführt werden. Nachdem Anselmus seinen „Fall ins Krystall" erlebt hat, stellt er fest, dass er nicht der einzige ist, der in eine Glasflasche eingesperrt wurde. Neben ihm bemerkt er „Kreuzschüler" und „Praktikanten" (ebd., S. 304), die ihre Gefangenschaft im Glas – ein Bild für den Verlust nicht nur der körperlichen, sondern auch der geistigen Bewegungsfreiheit – jedoch keineswegs beklagen. Sie führen – in ihrer Selbstwahrnehmung – ein ganz normales bürgerliches Leben. Damit wird der Verblendungszusammenhang der bürgerlichen Welt als Form des kollektiven Wahnsinns markiert. Eine andere Filiation dieses kollektiven Wahns tritt im Rahmen der im neunten Kapitel geschilderten „Punschgesellschaft" zu Tage – hier handelt es sich um eine deutliche Anspielung auf Hogarths berühmten Stich *A Midnight Modern Conversation* – ein Titel, den Lichtenberg in seinen *Erklärungen der Hogarthschen Kupferstiche* mit „Punsch-Gesellschaft" oder „gesellschaftliche Mitternachts-Unterhaltung im neuesten Geschmack" übersetzt (Lichtenberg 1991, S. 40f.): Der Alkoholgenuss versetzt den Konrektor Paulmann und den

Registrator Heerbrand in einen Zustand kollektiver, rauschhafter Wahnvorstellungen: Das bürgerliche Wohnzimmer wird zu einem „Tollhause" (Hoffmann II/1, S. 299).

Viertens das Motiv der Liebe: Anselmus verliebt sich sowohl in die bürgerliche Veronika, die Tochter des Konrektors Paulmann, als auch in die wunderbare Serpentina, die Tochter des märchenhaften Archivarius Lindhorst. Dies treibt ihn in einen „tolle[n] Zwiespalt" (ebd., S. 238), den er vergebens zu mildern sucht. Hier kommt es zu einer Interferenz mit dem Motiv des Wahnsinns – das gilt übrigens nicht nur für Anselmus, sondern auch für Veronika. Sie erwartet von Anselmus einerseits, dass er Hofrat wird, bevor sie ihn heiraten will. Andererseits versucht sie ihn mit Hilfe der schwarzen Magie innig an sich zu binden. Doch die Indienstnahme der Magie für Zielsetzungen der bürgerlichen Welt – auch hier zeigt sich eine Kluft zwischen Poesie und Leben – misslingt: Anselmus folgt schließlich der sublimen Serpentina nach Atlantis, Veronika verfällt für einige Zeit dem Liebeswahnsinn, entscheidet sich dann aber doch dafür, den Registrator Heerbrand zu heiraten – nachdem dieser Hofrat geworden ist.

Bei genauerer Betrachtung kann man feststellen, dass alle vier Motive unentwegt ineinander spielen, und zwar sowohl in Form der Interferenz als auch der Interdependenz. Hoffmanns Märchen bringt eine diskursive Dynamik in Gang, die jedes stabile System von Beziehungen – und Bedeutungen – dementiert. Zum einen kann man die Tendenz beobachten, dass, parallel zur alchemistischen Sublimation, feste körperliche Verbindungen in einen körperlosen, geistigen Aggregatzustand verwandelt werden. Zum anderen werden permanent Elemente aus unterschiedlichen – christlichen, mythologischen, alchemistischen – Kontexten verbunden, aufgelöst und auf andere Art wieder neu verbunden. Entscheidend ist dabei, wie Hoffmann, häufig in Form einer vom Grotesken inspirierten Kontrafaktur, „die vorgefundenen Anschauungen aufgreift, variiert und insbesondere, wie er sie ästhetisch fruchtbar macht." (Hoffmann II/1, Kommentar, S. 761). Dies geschieht, indem alchemistische Verfahren der Verbindung und Verwandlung von Stoffen zu „Kunstgriffen" der Textkonstitution moduliert werden (Šklovskij 1984, S. 9). Die alchemistischen Verfahren werden sozusagen auf ihre „Analogie zur poetischen Imagination" erprobt und dem „freien Spiel der literarischen Metamorphose" überlassen (Kremer 1999a, S. 21).

3. Metamorphosen von Schreiber und Schriftsteller

Folgt man Foucault, dann haben die Phantasmen des 19. Jahrhunderts ihren Ort nicht mehr nur in der Nacht, „sondern im Wachzustand, in der unermüdlichen Aufmerksamkeit, im gelehrten Fleiß, im wachsamen Ausspähen. Das Chimärische entsteht jetzt auf der schwarzen und weißen Oberfläche der gedruckten Schriftzeichen, aus dem geschlossenen staubigen Band, der, geöffnet, einen Schwarm vergessener Wörter entläßt" (Foucault 1993, S. 160). Die Chimären der Einbildungskraft sind phantastische Hybride, die durch den Leser, bei der Rezeption der ‚schwärmenden Wörter', gebildet werden. Doch auch auf Seiten desjenigen, der die Schriftzeichen erzeugt, dem Autor also, kommt es auf unterschiedlichsten Ebenen zu Hybridbildungen. Zum einen, weil jeder Autor immer auch ein Leser ist, zum anderen, weil sich die Tätigkeit des Schreibens und die Funktion des Schriftstellers in spezifischer Weise kreuzen: „Unsere Epoche", so behauptet Roland Barthes in seinem Essay *Schriftsteller und Schreiber*, „bringt den Bastard-Typus zu Welt, den Schriftsteller-Schreiber" (Barthes 1969, S. 52). Dies gilt freilich auch schon für die Epochenschwelle um 1800: Während der Schriftsteller „etwas vom Priester" hat, insofern sein Schreiben „ein intransitiver Akt" (ebd., S. 50) ist, zeichnet sich der Schreiber durch eine gewisse Beamtenhaftigkeit aus. Der Schreiber ist ein „transitiver Mensch" (ebd., S. 49), für den das Wort nur ein Mittel zum Zweck der Mitteilung ist.

Hoffmanns *Der goldene Topf* ist so besehen eine Geschichte vom Intransitiv-Werden der Schrift: eine Geschichte, die in zwölf Vigilien erzählt, wie sich die poetische Metamorphose des Anselmus vom Schreiber zum Schriftsteller vollzieht. Der Dreh- und Angelpunkt dieser Metamorphose ist das, was Barthes in einem unveröffentlichten Manuskript als Geste der *scription* bezeichnet hat: Hierunter versteht er den „muskuläre[n] Akt des Schreibens, des Buchstabenziehens", nämlich die „Geste, mit der die Hand ein Schreibwerkzeug ergreift (Stichel, Schilfrohr, Feder), es auf eine Oberfläche drückt, darauf vorrückt, indem es sie bedrängt oder umschmeichelt und regelmäßige, wiederkehrende, rhythmisierte Formen zieht [...]" (Barthes 1994, S. 82f, übersetzt von Stingelin 2000).

Alle gerade genannten Aspekte der Schreibgeste begegnen uns im *Goldenen Topf*: Angefangen bei der bürgerlichen Beamtenhaftigkeit, die den Schreiber Anselmus umgibt, weil er mit dem Registrator Heerbrand und dem Konrektor Paulmann befreundet ist. Auch Anselmus hofft auf eine gesicherte Beamtenexistenz als „geheimer Sekretär" oder „Hofrat" (Hoffmann II/1, S. 258). Der geheime Archivarius Lindhorst steht ebenfalls in einem Beamtenverhältnis; zugleich hat er aber – auch in dieser Hinsicht erweist sich Lindhorst als paracelsisches ‚Zwischenwesen' respektive als ‚Bastard-Typus' im Sinne von Barthes – etwas von einem ‚Hohepriester der Schrift' an sich: Bei den Schriften, die er verwahrt, handelt es sich um geheimnisvolle Manuskripte, die aus Arabien, Ägypten und Indien stammen – den mythischen Ursprungsländern der Schrift und der Poesie (vgl. Nygaard 1983, S. 85): „Er besitzt", so heißt es über Lindhorst, „außer vielen seltenen Büchern eine Anzahl zum Teil arabischer, koptischer und gar in sonderbaren Zeichen, die keiner bekannten Sprache angehören, geschriebener Manuskripte. Diese will er auf geschickte Weise kopieren lassen und es bedarf dazu eines Mannes, der sich darauf versteht mit der Feder zu zeichnen, um mit der höchsten Genauigkeit und Treue alle Zeichen auf Pergament und zwar mit Tusche übertragen zu können." (Hoffmann II/1, S. 242) Anselmus fällt nun die Aufgabe zu, als Lohnschreiber, für einen „Speziestaler" am Tag, kalligraphische Reproduktionen anzufertigen. Von poetischer Produktion ist zunächst nicht die Rede – die ergibt sich sozusagen beiläufig beim Akt des Abschreibens.

Anselmus' Verwandlung vom Schreiber zum Schriftsteller vollzieht sich im Rahmen einer quasi-religiösen *professio*, bei der der Glaube an die grüngoldene Schlange und das Hören auf ihre Stimme zugleich die Berufung zum Schriftsteller bedeutet. Allerdings setzt die poetische Metamorphose des Anselmus die Geste der Skription notwendig voraus. Das Handgreifliche der Handschrift ist gewissermaßen das Medium für die „qualit[ative] Potenzierung" (Novalis II, S. 334) vom niederen Selbst des Schreibers zum besseren Selbst des Schriftstellers. Man kann, wie es bei Schubert heißt, nicht teilhaben am „Geist des höheren künftigen Daseyns", ohne eine „thätige und kräftige Ausbildung des jetzigen, in allen Anlagen" (Schubert 1808, S. 322). Deshalb ist die Geistigkeit des Schreibens rückgebunden an die Geste der Skription und an die Materialität der Schrift. Dies lässt sich als Reflex auf die Abwertung des Buchstaben im Rahmen der idealistischen Transzendentalphilosophie deuten. So trennt Fichte den „Geist" des Kunstwerks streng von den „zufälligen Gestalten" des Ausdrucksmediums – dem „Körper" oder dem „Buchstaben" (Fichte 1846, S. 294). Die romantische Transzendentalpoesie betont dagegen – oftmals ironisch, etwa als Kommentar des Setzers in Brentanos *Godwi* oder als Biographie des typographischen Enthusiasten Fibel in Jean Pauls *Leben Fibels* – die Notwendigkeit, durch das Körperliche der Schrift zu einer Geistigkeit zu gelangen, die das Resultat eines Sublimationsprozesses ist. Im *Goldenen Topf* kann man eine Hybridisierung sublimierender Schreibprozesse und sublimierender chemischer Prozesse beobachten.

Im sprachlichen Code der alchemistischen Tradition wird das ‚Phlogiston', das sich bei der Sublimation verflüchtigt, als ‚Seele' bezeichnet, der zurückbleibende Destillationsrest dagegen als ‚Leiche'. Im ikonographischen Code der alchemistischen Tradition wird die ‚Seele' häufig als „‚aufsteigende Vögel', als geflügelter Drache oder als geflügelte oder ungeflügelte Schlange" dargestellt (Kremer 1993, S. 120). Diese Umschreibung trifft auch auf zwei zentrale Figuren im *Goldenen Topf* zu, die das Wechselverhältnis von Schreibprozessen und chemischen Prozessen verkörpern: den Archivarius Lindhorst und seine Tochter Serpentina. Lindhorst ist nicht nur ein Hybrid aus forschendem Antiquar und experimentierendem Chemiker, er verwandelt sich von Zeit zu Zeit in einen Vogel: Mal erscheint er als Geier, mal verwandelt er sich in einen „ungeheuren Adler" (Hoffmann II/1, S. 281) – ganz abgesehen davon, dass bereits sein Name eine Kreuzung von Lindwurm und Adlerhorst impliziert (vgl. Kremer 1994, S. 42). Hier kommt es zu einer merkwürdigen Interferenz zwischen dem bildlichen Code der Alchemie und einer mythologisch überformten „Anspielung auf Schrift" (Kremer 1993, S. 120). Detlef Kremer vermutet im Rekurs auf Arnold Kannes *Erste Urkunden der Geschichte oder allgemeinen Mythologie*, dass Hoffmann mit seiner Figur des Archivarius Lindhorst einen etymologischen Zusammenhang zwischen Schrift, Gold und Greifvogel herstellt. Nach Kanne ist der Greif ein „goldener und Gold findender" Wächter des Goldes. Der Schreiber leitet sich vom griechischen γρυψ her, „eine Form von γραψ" respektive von „γραφευς, un greffier, Griffel, schon im indischen Haja-Griwa." (Kanne 1808, zit. nach Kremer 1993, S. 99)

Der Ausdruck *un greffier* verdient besondere Beachtung, denn mit ihm stellt sich eine doppelte Anspielung auf Schrift her. Zum einen ist der *Greffier*, wie man in der *Encyclopédie* liest, ein professioneller Schreiber (als Synonyme werden die Ausdrücke „scriba, actuarius, notarius, amanuensis" angeboten), der Schriftstücke zu kopieren, registrieren und archivieren hat (vgl. Diderot/d'Alembert 1757, S. 924, Stichworte „Greffe" und „Greffier"). Zum anderen bezeichnet der Ausdruck *greffer* ein botanisches Verfahren zur Veredelung von Pflanzen, nämlich die Aufpfropfung, die eine besondere Form der nicht-sexuellen Hybridisierung ist, bei der Teile von zwei verschiedenen Pflanzen „verletzt und dann so zusammenfügt [werden], daß sie miteinander verheilen" (Allen 1980, S. 62). Dabei wird ein fruchtbringender ‚Reis' mit einer robusten, im Boden verwurzelten ‚Unterlage' verbunden. Diese Operation des Zusammenfügens von verschiedenen Teilen bildet den Tenor einer metaphorischen Pfropfung im Rahmen von Derridas Schriftmodell. So bezeichnet Derrida nicht nur das Zitieren als „greffe citationelle" (Derrida 2001, S. 32), sondern letztlich hat für ihn jede Form des Schreibens Aufpfropfungscharakter: „Écrire veut dire greffer. C'est le même mot" (Derrida 1972, S. 431; vgl. hierzu auch Wirth 2004). Damit wird die *Greffe* zu einem Modell sowohl für das kopierende Abschreiben als auch für das intertextuelle Zusammenschreiben, ja, sie stellt neben den ‚Chimären der Phantasie' (Foucault) und dem ‚Bastard-Typus' des Schriftsteller-Schreibers (Barthes) eine dritte Form der Hybridbildung dar. Mehr noch: Über den Aspekt der Veredelung ergibt sich eine Verbindung zur Alchemie, deren Ziel die „Veredelung und Färbung der unedlen Ausgangsmetalle hin zum Gold" (Kremer 1993, S. 117) ist. Die Kehrseite der Aufpfropfung als Hybridisierungsoperation ist die groteske Mesalliance (vgl. Bachtin 1985, S. 132), die prototypisch in der Monstrosität des Äpfelweibs verkörpert wird: Sie hat ihr Dasein nämlich der Liebe einer Drachenfeder zu einer Runkelrübe zu verdanken (vgl. Hoffmann II/1, S. 293).

Umgekehrt ist die Schlange Serpentina eine veredelte, eine „sublimierte Frau" (Kremer 1993, S. 79), die nicht mehr wie die biblische Schlange zum Bösen ‚verführen', sondern Jünglinge mit poetischem Gemüt zu höherer Geistigkeit führen will – nicht zuletzt, um ihren Vater, den Salamander Lindhorst, von seinem profanen Erdendasein zu erlösen. Doch auch mit Blick auf den Studenten Anselmus betreibt sie ein Erlösungswerk: Sie zitiert, während Anselmus als Buße für seinen Frevel in einer Kristallflasche ausharren muss, den Korinther-Brief: „Anselmus! – glaube, liebe, hoffe!" (Hoffmann II/1, S. 305). Schlange und Drachen erfahren im *Goldenen Topf* mithin eine positive Umwertung, genauer gesagt: eine romantische Veredelung: Sie sind nicht mehr Ausgeburten des Bösen, sondern Verkörperungen einer Sehnsucht nach Transzendentalpoesie, die eine im Spannungsfeld von Schrift und Chemie stehende Dynamik in Gang bringt. Dabei initiiert Serpentina als sublimierte Frau nicht nur einen Prozess zunehmender Entkörperlichung, der mit der sublimen Verflüchtigung der Seele ins ideale Reich der Phantasie endet; sie verkörpert auch als *figura serpentinata* eine Schönheitslinie (vgl. Kittler 1987, S. 112; Oesterle 1991, S. 73), die das Vorbild einer idealen Schönschreiblinie ist.

4. Die *figura serpentinata* und die Macht der Kalligraphie

Die *figura serpentinata* wurde in der Renaissance als Prinzip einer idealen Schönheitslinie eingeführt, die sowohl in der Natur als auch in der Kultur zu finden ist – etwa bei Pflanzen, aber auch bei antiken Statuen. In seiner Abhandlung über Malerei beschreibt der Kunsttheoretiker Giovanni Paolo

Lomazzo die *figura serpentinata* als Bewegungsfigur, die die „Form einer züngelnden Flamme" hat und einer „sich bewegenden Schlange" gleicht. Die Figur soll „wie der Buchstabe ‚S' aussehen" (Lomazzo 1584; zit. nach Shearman 1994, S. 96). All diese Umschreibungen treffen auch auf die goldgrüne Schlange Serpentina in Hoffmanns Erzählung zu: Sie ist die Tochter einer Schlange, deren Mutter eine Lilie war – beides Figurationen des Buchstabens ‚S'; sie ist zudem die Tochter eines Salamanders, dem Elementargeist des Feuers, und sie ist eine Figur, die auch als Verkörperung der Schriftlinie noch an der Fluidität gesprochener Sprache teilhat. Eben deshalb ist Serpentina für Friedrich Kittler eine Kronzeugin für das ‚Aufschreibesystem' um 1800, das sich nicht nur um eine schriftliche Simulation von Mündlichkeit bemüht, sondern eine innere Beziehung zwischen Handschrift und Stimme annimmt. So bezeichnet Hegel in seiner *Phänomenologie des Geistes* die „*einfachen Züge der Hand*" ebenso wie „*Klang und Umfang der Stimme*" als „individuelle Bestimmtheit der *Sprache*" (Hegel III, S. 238). Im Umkehrschluss wird insbesondere das Schreibenlernen zu einer Praktik, mit der sich „Individualität produzieren" lässt (Kittler 1987, S. 90). Tatsächlich erlaubt Kittlers Verweis auf die Schreiblektionen Johannes Pöhlmanns eine Engführung der *figura serpentinata* als Schönheitslinie und Hoffmans Figur Serpentina als Verkörperung eines Schriftprinzips, das in Bewegung bleibt. „Wenn die Schlangen kriechen", heißt es bei Pöhlmann, „so bewegen sie sich nie gerade, sondern in lauter Krümmungen fort, so daß, wenn sie in etwas feinem Sande kröchen, eine solche (fig. 19) zurückbleiben würde. Daher nennt man eine Linie, die sich abwechselnd so hin und her krümmt, eine Schlangenlinie. Wer gut schreiben lernen will, muß eine solche Linie vollkommen richtig zeichnen können." (Pöhlmann 1803; zit. nach Kittler 1987, S. 112).

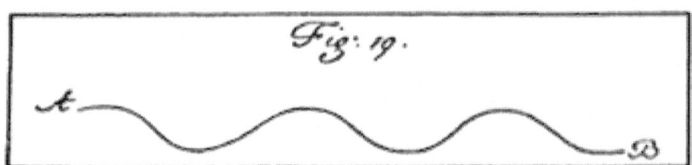

Auch mit Blick auf Anselmus ist dieser Hinweis relevant: Anselmus ist nämlich nicht einfach nur ein Schreiber, sondern er ist ein Schönschreiber. Seine „wahre Passion" ist es, „mit mühsamen kalligraphischem Aufwande abzuschreiben" (Hoffmann II/1, S. 243). Die Formulierung „wahre Passion" kann natürlich als pseudo-christologischer Hinweis auf die „poetische Himmelfahrt" (Kremer 1993, S. 121) von Anselmus gedeutet werden.

Genauso wichtig ist jedoch der Umstand, dass die Kalligraphie Gesten der Skription erfordert, die an der Grenze zwischen Schrift und Malerei operieren (vgl. Coulmas 1982, S. 140). So werden die beiden Tätigkeiten in ein disjunktives Verhältnis gesetzt, wenn der Archivarius Lindhorst den Schreiber Anselmus mit dem „Abschreiben oder vielmehr Nachmalen gewisser in besonderen Zeichen geschriebener Werke" (Hoffmann II/1, S. 285) beauftragt. Dergestalt wird das malerische Prinzip der *figura serpentinata* mit dem durch Serpentina verkörperten Prinzip der Schönschrift gekreuzt. Zugleich wird damit die von Bodmer und Breitinger erhobene Forderung nach der „Gleichheit der Mahlerey und der Poesie" auf die Geste der Skription bezogen. Tatsächlich behauptet Bodmer, dass die Qualität des Malers „einem jeden Scribenten ohne Metapher zukömmt" (Bodmer 1971, S. 38). Darüber hinaus fungiert die *figura serpentinata* als Verbindungsglied zu einem anderen Modell der Schrift-Bildlichkeit, das in der Romantik Hochkonjunktur hat: die Arabeske. Schlegel bezeichnet in seinem *Gespräch über die Poesie* die Arabeske als „eine ganz bestimmte und wesentliche Form oder Äußerungsart der Poesie" (Schlegel II, S. 331), wobei er eine Verbindung zwischen dem mythologischen „Kunstwerk der Natur" und dem „großen Witz der romantischen Poesie" herstellt (ebd., S. 318). Damit wird die Arabeske zu einem „Aneignungsverfahren", das, wie Günter Oesterle schreibt, „das Heterogene, Verschiedenartige, Fremde verbindet, ohne es bis zur Unkenntlichkeit zu amalgamieren" (Oesterle 1991, S. 90, vgl. Laußmann 1992, S. 12). Auch die Arabeske ist also eine Form der Hybridbildung, eine Art intermediale Aufpfropfung. Im *Goldenen Topf* wird das Prinzip der Arabeske zunächst dadurch eingeführt, dass Anselmus den Auftrag erhält, arabische Manuskripte zu kopieren. Später begegnet uns die Arabeske in sublimierter Form, nämlich als in einer unbekannten Sprache verfasste, „seltsam verschlungene Zeichen". Die „vielen Pünktchen, Striche und leichten Züge und Schnörkel" scheinen „bald Pflanzen, bald Moose, bald Tiergestalten nachzuahmen" (Hoffmann II/1, S. 286). Die Chiffernschrift der Natur kommt hier als naturähnliche Schriftform ins Spiel, die jedoch nicht Nachahmung der Natur sein will, sondern Einstimmung in eine Schreibbewegung, mit deren „rhythmisierten Formen" (Barthes) sich eine zweite Natur darstellen lässt. Die Arabeske impliziert eine Prozessualität des Schreibens, bei der sich der Kopist „in die spezifischen Schreibbewegungen dieser Schrift einschwingt", und zwar so, dass die Schreibbewegungen „ab einem bestimmten Punkt gleichsam von selbst weiter laufen" (Polaschegg 2005, S. 297).

Dass das Abschreiben respektive Nachmalen besonderer Zeichen nicht nur besondere Fähigkeiten, sondern auch besondere Schreibmaterialien erfordert, wird in der sechsten Vigilie deutlich, wo Anselmus seine „kalligraphischen Kunstwerke" (Hoffmann II/1, S. 268) präsentiert – ohne jedoch bei Lindhorst die erhoffte Anerkennung zu finden. Seine Handschrift „in der elegantesten englischen Schreibmanier" (ebd., S. 272) entlockt Lindhorst nur ein sonderbares Lächeln und Kopfschütteln. Auch Anselmus sieht seine Arbeit mit einem Male in einem neuen Licht: Er muss feststellen, dass die Ergebnisse seines bisherigen Schönschreibens keineswegs perfekt sind: „Da war keine Ründe in den Zügen, kein Druck richtig, kein Verhältnis der großen und kleinen Buchstaben, ja! schülermäßige schnöde Hahnenfüße verdarben oft die sonst ziemlich geratene Zeile." (ebd., S. 273). Doch nicht nur die Form der Schrift, auch die verwendeten Schreibmaterialien erfahren eine Fundamentalkritik: „Und dann, fuhr der Archivarius Lindhorst fort, ist Ihre Tusche auch nicht haltbar. Er tunkte den Finger in ein mit Wasser gefülltes Glas, und indem er nur leicht auf die Buchstaben tupfte, war alles ohne Spur verschwunden." (ebd.) Das ist eine deutliche Bezugnahme auf das neunte Kapitel von Novalis' *Heinrich von Ofterdingen*, wo es eine Konkurrenz zwischen „dem Schreiber" und der „kleinen Fabel" gibt. Der Schreiber muss das, was er hört, aufzeichnen und einer „edlen, göttergleichen Frau" zur Prüfung vorlegen. Diese taucht das beschriebene Blatt in eine „dunkle Schaale mit klarem Wasser", die auf einem Altar steht, wobei jedoch nur diejenigen Schriftzeichen unversehrt bleiben und „glänzend" werden, die poetisch wahr sind. So ist der Schreiber oft verdrießlich, „wenn seine Mühe vergeblich gewesen und alles ausgelöscht war." (Novalis I, S. 342) Schrift wird hier mit hohepriesterlicher Geste einer chemisch-poetischen Prozedur unterzogen, nämlich in eine Art Scheidewasser getaucht, das das Falsche auslöscht und das Wahre glänzend veredelt. Es steht zu vermuten, dass nur die intransitive Schrift Bestand hat.

Auch in Hoffmanns *Der goldene Topf* wird das Schönschreiben zu einer Metapher für die ‚wahre', d. h.: poetisch wahre Schrift. Dabei lässt sich aber im Vergleich zu Novalis eine Akzentverschiebung ausmachen: Bei Hoffmann steht nicht das Produkt, sondern der Prozess des Schreibens, genauer gesagt die Skription, im Vordergrund. So erhält Anselmus vom Archivarius Lindhorst neue Schreibfedern und eine „geheimnisvolle Tinte", die „rabenschwarz und gefügig auf das blendend weiße Pergament" (Hoffmann II/1, S. 273f.) fließt. Das Geheimnis dieser Tinte scheint darin zu liegen, dass sie im Akt des Schreibens das Bewusstsein von der Medialität des Schreibens auslöscht. Sowohl die Körperlichkeit der Schrift als auch der Körper des Schreibers verflüchtigen sich, heißt: werden sublimiert. Die körperliche Schönschreibgeste wird unter der Vermittlung Serpentinas zu einer inspirierten schriftstellerischen Produktion, sie entführt Anselmus in andere Sphären. Sobald dieser aus seinen Reverien erwacht, fällt ihm ein, „daß er nicht das mindeste kopiert habe" (ebd., S. 292). Er blickt besorgt auf das Blatt, doch „o Wunder! die Kopie des geheimnisvollen Manuskripts war glücklich beendigt und er glaubte schärfer die Züge betrachtend, Serpentina's Erzählung von ihrem Vater, dem Liebling des Geisterfürsten Phosphorus im Wunderlande Atlantis, abgeschrieben zu haben." (ebd., S. 292f.) Die Erzählung Serpentinas erfolgt indes mündlich, das heißt, Anselmus schreibt eigentlich nicht ‚ab', sondern ‚mit'. Während sich Anselmus noch über die „Schnelle und Leichtigkeit" wundert, mit der er im Hause Lindhorst „die krausen Züge der fremden Schrift nachzumalen vermochte", ist ihm, „als flüstre aus dem innersten Gemüte eine Stimme in vernehmlichen Worten" zu (ebd., S. 274). Serpentinas Stimme übersetzt ihm, was er kopiert. Da werden Anselmus die „unbekannten Zeichen" immer „verständlicher", ja, er muss „kaum mehr hineinblicken in das Original" (ebd.). Nicht der Blick ins Original, sondern das Hören auf die Stimme Serpentinas ermöglichen eine Abschrift, die die Anerkennung des Archivarius Lindhorst findet.

Wie es scheint, nimmt das kalligraphische Kopieren unter der (Schreib-)Hand Züge eines literarischen Übersetzungsprozesses an, dessen Resultat die Mitschrift einer gehörten Geschichte ist. Diese ‚Abschrift' hat nicht mehr den Charakter einer Kopie, sie stellt als ‚wahre Schrift' ein Original dar: Sie ist die diplomatische Umschrift eines Urbildes, das aus dem Reich der Ideen stammt. Damit transponiert der *Goldene Topf* das platonische Konzept der Ideenschau in den Kontext einer paradoxen Schreibszene: Das Reich der Ideen ist ein exotisches Archiv der Original-Urkunden, nämlich die *„Bibliothek der Palmbäume"* (ebd., S. 284): Dort wachsen die Originale buchstäblich auf den Bäumen – die Blätter sind ‚eigentlich' Pergamentrollen. Anselmus wird damit auch im botanischen Sinne zu einem *Greffier*, weil er die Original-Urkunden kopierend aus der Sphäre der Naturschrift herbeizitiert und in die Schriftform der „neuen Zeit" transplantiert. Dies impliziert eine Form der *greffe citationelle*, die zugleich den Charakter einer transzendental-poetischen Aufpfropfung annimmt: Tatsächlich hat ja der *Amanuensis* etwas von einem Schreiber, der von höherer Stelle Botschaften diktiert bekommt, die er getreu zitierend mit der Hand niederschreibt (vgl. Nygaard 1983; Kremer 1999a, S. 26). Im *Goldenen Topf* werden die Original-Urkunden aus der jenseitigen Sphäre der Ideenschrift in die diesseitige Sphäre der materiellen Schrift ‚übersetzt', und zwar nicht nur durch die mündlichen Dolmetsch-Dienste Serpentinas, sondern auch durch eine Art virtuelle Vorschau, aufgrund der Anselmus den Eindruck hat, „als stünden schon wie in blasser Schrift die

Der goldene Topf 129

Zeichen auf dem Pergament, und er dürfe sie nur mit geübter Hand schwarz überziehen." (Hoffmann II/1, S. 274)

Die Interferenz von inspirierender Stimme und kopierender Schrift ist in diesem Zusammenhang nicht als Medienkonkurrenz zu werten, sondern als besondere Form der Medienkomplementarität, die vermutlich auf einen Gedanken Herders zurückgeht. In seiner *Ältesten Urkunde des Menschengeschlechts* behauptet Herder, die „Natursprache" sei „Sprache und Schrift zugleich", nämlich „zwo Schwestern Hand in Hand", so dass Sprache und Schrift ursprünglich „wechselsweise in einander flossen, sich bildeten und halfen" (Herder V, S. 280f.). Dieses Wechselweise-Ineinanderfließen beschreibt recht treffend die semiotischen Metamorphosen, die Serpentina als Schönheitslinie, Schönschreiblinie und liebliche Krystallstimme durchläuft. Darüber hinaus finden sich auch bei Ritter – im Ausgang von Herder – einige Spekulationen über die „innige Verbindung von Wort und Schrift", die direkt auf die inspirierten Schreibszenen im *Goldenen Topf* beziehbar sind. Da ist zum einen die Frage, ob wir „*je* einen Gedanken, oder eine Idee" haben können, „ohne ihre Hieroglyphe, ihren Buchstaben, ihre Schrift" (Ritter 1984, S. 267). Das erinnert an die virtuelle Vorschau des Anselmus, als er in blasser Schrift schon die Zeichen auf dem Pergament zu sehen meint. Zum anderen findet sich in Ritters *Fragmenten* aber auch der Schlüssel zu der im *Goldenen Topf* immer wieder markant zum Vorschein kommenden Interferenz zwischen Schrift und Stimme: Ritter stellt einige recht kühne Thesen über eine „hörbare Schrift" auf, wenn er sich fragt: „[I]st nicht jedes Sehen mit dem *innern* Auge *Hören*, und Hören ein Sehen von und durch *innen*?" (ebd.) Die semiotische Kopplung, bei der jeder Ton „seinen Buchstaben immediate bei sich [hat]", bezeichnet Ritter als „*Feuerschrift*" (ebd.).

Die Feuerschrift ist, genau wie die sich schlängelnde Serpentina, eine fluide Schrift, die wie eine *figura serpentina* ständig in Bewegung bleibt. Zugleich wird in der Feuerschrift die Verbindung der beiden Register Schrift und Alchemie sinnfällig – personifiziert durch den Archivarius Lindhorst, der mythischer Schriftbewahrer und beamteter Feuersalamander zugleich ist. Die assoziative Kopplung von Feuer und Schrift findet ihre Potenzierung in der Schlussszene, wenn Lindhorst dem Erzähler einen brennenden Punsch serviert. In der zwölften und letzten Vigilie berichtet der Erzähler über seine Mühen, das Märchen zu vollenden. Er schildert, wie er sich „zur Nachtzeit hinsetzte" und wie er mitunter in den „Zustand des Studenten Anselmus" geriet (Hoffmann II/1, S. 316). Da erhält er „ganz unerwartet" ein Billet vom Archivarius Lindhorst, in dem er den Erzähler zu sich nach Hause bittet, damit dieser, im „blauen Palmbaumzimmer" sitzend, mit den „gehörigen Schreibmaterialien" ausgestattet, in „wenigen Worten" den Lesern kundtun kann, was er „geschaut" (ebd., S. 317). Der Archivarius bringt einen „schönen goldnen Pokal" (ebd., S. 318) mit Punsch: „Es ist angezündeter Arrak in den ich einigen Zucker geworfen." (ebd.) Anschließend legt der Archivarius seinen Schlafrock ab, steigt in den Punsch-Pokal und verschwindet in den Flammen, um dem erstaunten Erzähler von dort aus Gesellschaft zu leisten, „während Sie sitzen und schauen und schreiben" (ebd.). Damit wird der Alkohol als Medium der Phantasie in Szene gesetzt. Während in der bürgerlichen Punschgesellschaft auf den tollen Rausch eine Ernüchterung folgt, die mit dem Alkoholrausch auch den poetischen Rausch verfliegen lässt, bilden Lindhorst und der Erzähler eine Art poetische Punschgesellschaft: Der angezündete Arrak befeuert die Einbildungskraft des Erzählers, er wird nicht durch die Einflüsterungen einer wunderbaren Schlange, sondern durch das Einflößen eines wunderbaren Getränks ins Reich der Phantasie entführt. Mehr noch: der Arrak ist als Schnaps, der aus Palmsaft gewonnen wird, eine „qualit[ative] Potenzirung" (Novalis II, S. 334) der Palmbäume in der Bibliothek Lindhorsts (vgl. Kittler 1987, S. 113), deren „smaragdenen Blätter" nach dem Genuss des Punsches übrigens sofort ein „sanfte[s] Säuseln" (Hoffmann II/1, S. 319) im Ohr des Erzählers auslösen. Dieser Klang wird von einem Lichtstrahl überblendet – auch hier erweist sich das Hören als ‚Sehen von und durch innen': Der Erzähler erblickt Anselmus und Serpentina in Atlantis, wie sie in verklärt-anämischer Harmonie einen „herrlichen Tempel" betreten, während sie den goldenen Topf, dem „eine herrliche Lilie entsprossen" ist (ebd., S. 320), vor sich her tragen. So sieht es aus, das wahre Leben in der Poesie!

Zum Schluss sei noch auf eine Merkwürdigkeit hingewiesen: Im letzten Kapitel wird mit keinem Wort erwähnt, dass der Erzähler irgendein altes Manuskript abschreiben muss, um nach Atlantis entrückt zu werden. Offenbar hat sich die Konfiguration der poetischen Schreibszene verändert – vielleicht handelt es sich auch hierbei um eine sublime „qualit[ative] Potenzirung". Um ins Reich der Phantasie zu gelangen, bedarf es keiner mühsamen kalligraphischen Gesten der Skription mehr, es genügen einige Gläser Punsch (vgl. Momberger 1986, S. 67f.). Der Alkohol feuert gewissermaßen den Schreibfluss der „geheimnisvollen Tinte" (Hoffmann II/1, S. 273) an. Auch so lässt sich – einen in brennendem Punsch schwimmenden Salamander vor Augen – eine poetische Feuerschrift erzeugen. Der goldene Pokal, in dem der Punsch serviert wird, erscheint insofern als ein zweiter goldener Topf.

(Uwe Wirth)

Die Abenteuer der Sylvester-Nacht

1. Entstehung und Einfluss

Nach einem literarisch unproduktiven Interim der letzten Monate des Jahres 1814 nimmt Hoffmann am Neujahrstag 1815 seine dichterische Arbeit wieder auf. Angeregt durch Chamissos Erzählung *Peter Schlemihls wundersame Geschichte* verfasst er in nur sechs Tagen *Die Abenteuer der Sylvester-Nacht*. Die Erzählung eröffnet den vierten Band der *Fantasiestücke* und besteht aus vier nummerierten Kapiteln, denen ein Vorwort des Herausgebers vorangestellt ist. Ein Postskript des – bei Hoffmann immer wieder als Autormaske bemühten – reisenden Enthusiasten beschließt sie. Bereits die beiden flankierenden Textsegmente verweisen auf eine komplizierte Erzählstruktur. Die Erzählung bedeutet für Hoffmann den Wiederbeginn seiner Doppelexistenz als Jurist und Schriftsteller. Ebenso verdoppeln sich der reale Beginn der Niederschrift und die fiktiv festgehaltene Zeit der Jahreswende 1814/1815 in Berlin. Die verwendete Form des Tagebuchs fungiert dabei als textueller Spiegelraum, der die diegetische um eine perspektivische Vielschichtigkeit erweitert. Der fiktive Herausgeber veröffentlicht als Choreograph der fiktionalen Aufzeichnungen die Tagebuchnotizen des Enthusiasten, der wiederum gleichzeitig auch eine Teilfigur des Rahmens bildet, indem seine Nachschrift die Erzählung formal begrenzt und zugleich wieder an das Vorwort zurückbindet. Durch in den Mund des fiktionalen Herausgebers gelegte Urteile über die fiktionale Erzählfigur des Enthusiasten erfolgt eine Leserlenkung. In Anspielung auf Schillers gleichnamige Erzählung nennt er ihn einen „Geisterseher", der zwischen innerem und äußerem Leben nicht richtig unterscheiden könne und dem überall viel „seltsames und tolles" begegne (Hoffmann II/1, S. 325).

Chamissos Erzählung vom verlorenen Schatten wird von Hoffmann explizit als Prätext ausgewiesen, indem er die Titelfigur Peter Schlemihl als literarischen Gast in seinem Text auftreten lässt. Dieser märchenhaft-allegorischen Vorlage kommt hierbei vor allem eine inspirierende Funktion zu. Hoffmann löst das zentrale Motiv aus dem Kontext romantischer Kritik an einem am ökonomischen Mehrwert orientierten Handeln und transformiert es in das in der romantischen Literatur zentrale Spiegelmotiv. Er überbietet so Chamissos Novelle, denn der replizierte Prätext gewinnt in Hoffmanns Fantasiestück eine komplexere Gestalt. Dessen intertextuelle Aufladung sei, so Markus May, selber als eine Spiegelungsform zu begreifen: „Das Symbolische des geschriebenen (Prä-)Textes setzt einen Prozeß des Imaginären in Gang. Danach erscheint die Variation der Schlemihl-Figur, Erasmus Spikher, die sich einer Verschiebung des bei Chamisso entwickelten Motivs verdankt, welche die im ursprünglichen Motiv angelegte Subjektproblematik an ihren Ausgangspunkt, der Spiegelrelation, zurückführt." (May 2003, S. 149)

Gerade durch die zerstückelte Form von vier Erzählungen mit Vorwort und Postskript unterläuft Hoffmanns Text schon formal das Konzept der sich durch den Spiegel scheinbar konstituierenden Identität. Entsprechung auf inhaltlicher Ebene findet die Gefährdung des Ich in der Selbstauflösung im Spiegel, im abhandengekommenen Spiegelbild. Auf der Ebene der Figurenkonstellation führt dies zu Verdoppelungen, Multiplikationen, Abspaltungen und Verwandlungen, die Hoffmann in seinem im Jahr zuvor begonnenen Roman *Die Elixiere des Teufels* in ihrer ästhetischen Komplexität weiter verdichten sollte.

2. Spiegel und gebrochene Identität

In den *Abenteuern der Sylvester-Nacht* steht, wie in zahlreichen anderen Erzählungen Hoffmanns, die Unterminierung einer authentischen Identität im Zentrum. Sie findet in einer gebrochenen Erzählstruktur ihre Entsprechung. Die Erwartungen, die der Titel der Erzählung weckt, die Beschreibung einer Reihe spannender Erlebnisse, erweisen sich als Trugschluss. Wer den genauen Hergang der Ereignisse zu rekonstruieren versucht, wird bemerken, dass auf einer realistisch nachvollziehbaren Ebene wenig geschieht. Die eigentlichen Abenteuer finden im Inneren der Protagonisten statt. Das erste Kapitel („Die Geliebte") versetzt den Leser nachhaltig in die Szenerie einer ‚finstren', ‚stürmischen' Nacht. Der Enthusiast erzählt in der Ich-Perspektive von seinem Zusammentreffen mit seiner früheren Geliebten am Sylvesterabend auf einer Gesellschaft. Zwischen der aktuell anwesenden und der virtuellen, in der Erinnerung stilisierten Geliebten mit Namen Julie nimmt er – obschon im Liebesrausch – einen Moment der Dissonanz wahr, als sie „in beinahe fremdem Ton" (Hoffmann II/1, S. 327) das Wort an ihn richtet. In Gestalt der verführerischen Frau tritt ihm die eigene Gefährdung als fremde Bedrohung entgegen. Der tatsächliche Liebesgenuss besteht daher in distanzierter Verklärung. Aus diesem Grunde verwandelt der Enthusiast Julie in einen Kunstgegenstand, ein schönes Frauenbildnis, das zum Abbild seiner Imagination wird. Das, was er für wahre Liebespassion hält, erweist sich als autoerotisches Liebesabenteuer, das er zuletzt in seinem Spiegelbild fixieren will. Der Moment der Erfüllung romantischer Liebessehnsucht, angeregt durch Musik und Punsch, wird auf das Profanste entweiht durch die unerwartete Anwesenheit eines Ehemannes, der in Hoffmanns grotesker Zeichnung Züge eines menschlich-tierischen Zwitterwesens annimmt. Desillusioniert flüchtet der Enthusiast, Hut und Mantel zurücklassend, in die „stürmische Nacht" (ebd., S. 330).

Alle Abenteuer dieser Sylvesternacht kreisen um Gefährdung und Verlust von Identität. In der integrierten „Geschichte vom verlornen Spiegelbild" kulminiert die Identitäts-Thematik in der zentralen Metapher des blinden Spiegels. Nach der schreckenerregenden Konfrontation von Selbstidentität und -auflösung im weiblichen Gegenbild trifft der Enthusiast im zweiten Kapitel auf eine merkwürdige „Gesellschaft im Keller". Er begegnet dort einem seltsamen Gespann, bestehend aus einem ‚Kleinen' und einem ‚Großen'. Der ‚Kleine' ist ein kleiner Mann mit zwei unterschiedlichen Gesichtshälften und einer ausgeprägten Angst vor Spiegeln; der „Große" ist der besagte Peter Schlemihl aus Chamissos Erzählung. Beunruhigende Beziehungen von Bekanntem und Fremdheit entstehen: „[A]ber immer mehr regte sich eine Ahnung in meinem Innern, und es war mir, als habe ich den Fremden nicht sowohl oft *gesehen* als oft *gedacht*." (ebd., S. 334) Als der Erzähler den Kleinen ansieht, scheint er ein anderer geworden zu sein. Nicht nur, dass er aus „zwei verschiedenen Gesichtern" herausschaut, sondern auch dass er „wie von lauter Springfedern getrieben" (ebd., S. 335) scheint, macht ihn zum Repräsentanten Hoffmann'scher Figurenentwürfe der Nichtidentität und Nichtfixierbarkeit. Der Kleine ist nicht nur Doppelgänger des Ich-Erzählers, er ist gleichermaßen ein Verwandter des Meisters Floh und anderer grotesker Figuren. Die drei Gestalten im Keller erkennen ihre innere Verwandtschaft, die sie als Produkt von Identitätsverschiebung und -verwirrung ausweist. Die figurale Trias variiert das Motiv des Identitätsverlusts, da jeder von ihnen etwas von seinem „teuern Selbst [hat] hängen lassen." (ebd., S. 336)

Das Zurücklassen von Hut und Mantel, in dem sich der Haustürschlüssel des Enthusiasten befindet, initiiert die traumhafte Sequenz des dritten Kapitels („Erscheinungen"). Die Konfiguration des ‚Kleinen' und des Ich-Erzählers als Doppelgängerpaar kristallisiert sich nun deutlich heraus: Die Simultanität der unglücklichen Liebesseufzer, die variierende Nennung des Namens der Geliebten bereiten die Verdoppelung vor. Der Enthusiast legt sich im Hotel zu seinem Alter ego ins Bett, der ihm gesteht, sein Spiegelbild seiner italienischen Geliebten Giulietta gegeben zu haben, die in Wendungen beschrieben wird, die zum Teil als wörtliche Wiederholungen der Beschreibung Julies zu erkennen sind. Giulietta wird zu ihrer Doppelgängerin, die wiederum dem Enthusiasten als sein abgespaltenes weibliches Ich „aus des Spiegels tiefstem Hintergrunde" bezeichnenderweise als „dunkle Gestalt" (ebd., S. 338) entgegentritt. Die Identitätsverschiebung von den schimärenhaften Umrissen des spukhaft aussehenden ‚Kleinen', alias Erasmus Spikher, zum Erzähler-Ich zeichnet die Positionsveränderung der reflexiven biographischen Rekapitulation nach, in der die Umrisslinien eines Zusammenhangs fassbar werden, die aus dem Erzähler-Ich ein „er" machen. Die kunstvolle Verwirrung und Verschiebung von Identitäten und das Verweben fantastischer und alltäglicher Begebenheiten der gesamten Erzählung werden in der Traumsequenz des Enthusiasten gespiegelt. Sie fingiert gewissermaßen die Fiktion der Fiktion; die übrige Erzählung wirkt dadurch umso authentischer (vgl. Wolf 1993, S. 249). Hoffmanns erzählerisches Kalkül geht auf – die folgende Erzählung des Kleinen in der bearbeiteten Fassung des Enthusiasten rückt in den Fokus des Interesses. Dies zeigt sich auch in der Rezeptionsgeschichte der Erzählung (vgl. Hoffmann II/1, Kommentar, S. 799f.).

Der Ich-Erzähler hält nach seinem Erwachen am Morgen die nächtliche Begegnung mit Erasmus Spikher ebenfalls für einen Bestandteil seines Traumes. Er findet jedoch im vierten Kapitel („Die Geschichte vom verlornen Spiegelbilde") den schriftlichen Überrest der Erscheinung: Die autobiographische Niederschrift Erasmus Spikhers. Der reisende Enthusiast überarbeitet die autobiographischen Notizen und präsentiert sie in der reflexiven Distanz der Er-Form. Die Geschichte beginnt – wie so oft in der romantischen Literatur – mit Spikhers Kunst-Reise nach Italien als Chiffre für eine Reise in die Kunst selbst und damit ins eigene Innere. Hartmut Steineckes Hinweis, dass es sich bei Erasmus Spikher um den ersten von zahlreichen folgenden Malergestalten handelt, trifft zu (vgl. ebd., S. 804). Hoffmann gibt diesen Hinweis jedoch indirekt an anderer Stelle, indem er eine Zeichnung, die den Kapellmeister Kreisler darstellt, als von Spikher gezeichnet vorgibt und somit auf eine Potenzierung seines Spiels der Spiegelungen von Identität verweist (vgl. Hoffmann II/2, S. 738).

Erasmus Spikher bricht aus seinem prosaischen Leben mit Hausfrau und Kind in Nürnberg aus. Die Wahl des Ausgangsortes der „Geschichte vom verlornen Spiegelbilde" könnte auch schon als versteckter Hinweis auf das in der gesamten Erzählung zentrale Spiegelmotiv gelesen werden, denn in Nürnberg war ein Verfahren zur Herstellung gläserner Konvexspiegel beheimatet (vgl. Konersmann 1991, S. 137). Bei einem Fest in Florenz trifft Erasmus Spikher mit Giulietta zusammen, deren Erscheinung mit seinem imaginären Idealbild der geliebten Frau identisch ist. Für ihn wird sie die ins Leben getretene Imagination eines höheren Lebens, das für Hoffmann gleichbedeutend mit der Kunst ist. Und somit ist ihr plötzliches Erscheinen auch wieder alles andere als zufällig. Sie erweist sich als ein Geschöpf eines Wunderdoktors namens Dapertutto, der mit Hilfe der dämonischen Verführerin Giulietta versucht, Spikhers Spiegelbild zu rauben. Auch die Identitätsverschiebungen von Enthusiast und Spikher erfolgen über die ‚Spiegelfrau' in ihrer jeweiligen Namensentsprechung Julia/Giulietta und über die Simultanität ihrer „romantischen Arbeitsteilung" (Kremer 1993, S. 231) von Träumen und Schreiben desselben Inhalts.

Das Postskript des reisenden Enthusiasten öffnet die Perspektive auf seinen Erkenntnisstand, der die Frage nach der Selbstidentität als eine nicht zu beantwortende, in ihrer dem Spiegelbild eingeschriebenen Unentschiedenheit zwischen Bekanntheit und Unvertrautheit belässt: „Was schaut denn dort aus jenem Spiegel heraus? – Bin ich es auch wirklich?" (Hoffmann II.1, S. 359) Die von Hoffmann gewählte märchenhafte Form und Bildsprache darf nicht darüber hinwegtäuschen, dass mit dem Zitat des Spiegelblicks der Prozess der Selbsterkenntnis zu einem schreckenerregenden Abenteuer gerät, das subjektive Identität immer schon als vom Ich-Zerfall bedrohte zeigt. Während die virtuose Gestaltung der Spiegelmetapher, die auf inhaltlicher Ebene das Verhältnis von Identität und Differenz zur Darstellung bringt, in der neueren Forschung besonders hervorgehoben wird, fand die Metapher des blinden Spiegels keine Beachtung (vgl. Giraud 1971, S. 109–145; Hoffmann II.1, Kommentar, S. 796–812; Neymeyr 2004, S. 60–74; Neymeyr 2005, S. 63–92).

3. Der leere Spiegel und die verweigerte Identität

Im Ganzen kennzeichnet die Erzählung eine Ununterscheidbarkeit der Perspektive zwischen Traum und fiktiver Realität. Sie wiederum entspringt einer semantischen Technik der Doppelung, die den gesamten Erzähltext bestimmt und die Auflösung von Figurenidentitäten in Gang setzt. Dabei fungieren die einzelnen Kapitel wie Textmembrane, die das Figurenensemble in unterschiedliche Konfigurationen oszillieren lassen. In der Simultanität von Traum und fiktiver Realität ist eine Figur zugleich sie selbst und eine andere. Die Autoridentität in den *Abenteuern der Sylvester-Nacht* verwandelt sich in eine Art literarische Schlingpflanze, die sich in eine Vielzahl ästhetischer Identitäten verzweigt und dabei die Dynamik einer mäandernden Bewegung entwickelt, die die einzelnen Figurenidentitäten einer klaren Identifikation entzieht. Im Gegensatz zur Anlage der positiv besetzten Figur des Hexenmeisters Abraham aus Hoffmanns Roman *Lebens-Ansichten des Katers Murr* ist sie in den *Abenteuern der Sylvester-Nacht* diabolisch angelegt. Der Scharlatan Signor Dapertutto, von dessen mobiler Identität schon sein Name zeugt, nämlich überall und nirgends zu sein, ist der Gebieter über die poetischen Mächte. Das plötzliche Auftauchen und Verschwinden ist ihm geradezu wesensgemäß, es handelt sich um die Allgegenwart des realen Autors Hoffmann. Aus dem Mund des diabolischen Wunderdoktors Dapertutto verwundert es dann auch nicht, eine Art Geständnis zu hören, dass er mit der Zauberkunst, Spuren verwischen zu können, bestens vertraut sei: „,Ich kenne', fuhr der Mann fort, ,ein sympathetisches Mittel, das Eure Verfolger mit Blindheit schlägt, kurz, welches bewirkt, daß Ihr ihnen immer mit einem andern Gesichte erscheint und sie Euch niemals wieder erkennen.'" (Hoffmann II.1, S. 351)

Die Modellfunktion der Erzählung für Dostojewski, Gogol, Bulgakow und Kafka beweist ihre thematische und formale Modernität (vgl. Neymeyr 2005, S. 89ff.). Auf Hoffmanns Doppelgängermotiv und die Figur des teuflischen Scharlatans greift auch der 1913 nach dem Drehbuch von Hanns Heinz Ewers und Paul Wegener gedrehte Film *Der Student von Prag* zurück, der eine expressionistische Neuschöpfung verschiedener Magiergestalten aus Hoffmanns Erzählwerk darstellt (vgl. Gruber 2005). Hoffmanns Inszenierung des Spiegelmotivs, das die *Sylvester-Nacht* vielfältig strukturiert, gipfelt im Bild des leeren Spiegels, der den Blick nicht reflektiert und das Subjekt mit seiner Leere und Haltlosigkeit konfrontiert. Die traditionsbildende Kraft dieser Imagination innerhalb der Moderne belegt etwa ein Beispiel aus der zeitgenössischen Kunst. Über ein Selbstportrait Roy Lichtensteins von 1978 heißt es bei Martina Weinhart: „Leerer Spiegel und körperhafte gleichwohl körperlose Hülle entsprechen auch hier einem Begriff von Selbstdarstellung, der die Mechanismen der Repräsentation selbst zum Thema nimmt. Eine ganz wesentliche Funktion übernimmt dabei wiederum der Spiegel, den er hier so zentral ins Bild rückt. Das Gegenüber in ihm fehlt wie der Körper selbst. Lichtensteins Selbstportrait bietet die Paradoxie eines Selbstportraits mit Spiegel, der die Spiegelung verweigert." (Weinhart 2004, S. 151)

(Bettina Schäfer)

Prinzessin Blandina

1. Entstehung und Einflüsse

E.T.A. Hoffmann ist als Dramatiker kaum bekannt. Neben einem zweiten Stück, dem Lustspielversuch *Der Preis* (vgl. Steinecke 2004, S. 53f., 251), sind nur Libretti aus den Jahren 1799–1809 überliefert (vgl. Hoffmann I, S. 809–954). Das ist bemerkenswert, insofern das Drama seit der etablierten Gattungstrias in der zeitgenössischen Poetik als die höchste Gattung gilt. Trotz dieser Vorrangstellung tritt Hoffmann neben Jean Paul als einer der ersten konsequenten Prosa-Autoren der deutschen Literatur in Erscheinung, die sich im Drama und in der Lyrik nur noch beiläufig versuchen. Auch in dieser Hinsicht zeichnet sich eine bestimmte Vorläuferschaft zur ‚Prosa der Verhältnisse' im Realismus und zu Autoren wie Storm, Keller und Raabe ab.

Als einzige gedruckte dramatische Arbeit figuriert das Märchenspiel *Prinzessin Blandina* (1815): „ein romantisches Spiel in drei Aufzügen", von dem jedoch nur der erste Akt geschrieben und in die erste Auflage der *Fantasiestücke* aufgenommen wird. In den *Kreisleriana* unter dem Titel *Kreislers musikalisch-poetischer Clubb* integriert, dient die Vorlesung des „fantastischen Schauspiels" durch den ‚Jovialen' aus einem „sauber geschriebene[n] Manuskript" (Hoffmann II/1, S. 375) in erster Linie dazu, Kreislers musikalische Exaltationen, seine „aufgeregte Stimmung" (ebd.) zu ‚bekämpfen'. Dienlich sei dazu „etwas rein lustiges, luftiges [...], das weiter keine Ansprüche macht, als den der darin herrschenden guten Laune." (ebd., S. 375) Hoffmann spielt damit auf die ‚illudierende' Spielkomödie Brentanos an (vgl. Japp 1999), etwa auf die ‚Vorerinnerung' zu *Ponce de Leon* (1804), mit dem Brentano auf Schillers ‚Dramatische Preisaufgabe' (*Propyläen*, November 1800) antwortet, die ein ‚lustiges Lustspiel' in der ‚Freiheit des Gemüts' durch ‚absolute moralische Gleichgültigkeit' anfordert (vgl. Scherer 2003, S. 504). Hoffmann vertonte vorher bereits Brentanos poetisches Singspiel *Die lustigen Musikanten* von 1803 (vgl. Steinecke 2004, S. 65f.), in dem Figuren der Commedia dell'arte (Pantalon, Tartaglia und Truffaldin) vorkommen. Brentano setzt hier wiederum das Projekt einer poetisierten Oper fort, das Tieck mit der musikalischen Märchenkomödie *Das Ungeheuer und der verzauberte Wald* von 1797/98 in die Dramatik einführte (vgl. Hoffmann IV, S. 114; Scherer 2003, S. 326–332). Aus dieser Traditionslinie heraus erklärt sich Hoffmanns Adaption von Gozzis *Turandot* aus dem Geist der Commedia dell'arte, mit der er sich gegen die klassizistische Bearbeitung Schillers von 1802 wendet. Gegen die Kritik der Zuhörer nach der Vorlesung – das Stück sei „ohne alle Tiefe, ohne allen wahrhaft eingreifenden Humor" (ebd., S. 416f.), die Wortspiele seien zu verwerfen – betont der ‚Joviale' im anschließenden Gespräch, dass die Komödie nicht auf „tiefen Eindruck" rechne, sondern „nur ein Spiel zum Spiel" (ebd., S. 417) sein wolle.

2. Stellung in den *Fantasiestücken* – Rezeption und Forschung

Das Fragment ist also im Rahmen der *Fantasiestücke* entstanden, wohl aber kaum im Kontext der *Kreisleriana* geplant gewesen (vgl. Hoffmann II/1, Kommentar, S. 823, 825). Als das Stück im vierten Band erscheint, glauben Leser und Kritiker, es handele sich um ein frühes Werk Hoffmanns. Dafür gibt es jedoch keine Belege. Bezeugt ist die Arbeit daran seit Mai 1814 (vgl. ebd., S. 824f.). Geschrieben hat Hoffmann tatsächlich nur den ersten Akt, so dass er das Stück als Fragment eines Schauspiels in die *Fantasiestücke* einfügte. Dies geschehe nicht ohne Absicht, wie die anschließende Stellungnahme ihres fiktiven Verfassers Kreisler insinuiert, weil sich gerade mit dem Fragmentcharakter die romantische Idee des Unendlichen artikuliert. Denn Kreisler, der auf die kritischen Reaktionen zunächst schweigt, spinnt sogleich die beiden fehlenden Akte aus, selbstverständlich im Konjunktiv (vgl. ebd., S. 417). Er hält die imaginierte Fortsetzung in der Schwebe, um sie auf diese Weise umso phantastischer ausmalen zu können: „Soviel will ich Euch nur verraten, daß Blandina keineswegs den Amandus heiratet [wie der versöhnliche Schluss des 1. Akts unterstellt] [...]. Amandus zieht nach seinem irdischen Untergange als singender Schwan durch die Lüfte und rettet Blandina aus den Klauen des Teufels, der sie als Elementargeist täuschte und ins Verderben locken wollte. Ihr Herz bricht in des Gesanges höchster Seligkeit!" (ebd., S. 417) Diese ‚fantastische' Fortsetzung in der Phantasie Kreislers wird indes, blickt man auf den vorliegenden Akt, insofern ironisch konterkariert, als mit dem „[f]eierliche[n] Siegesmarsch" im zehnten Auftritt (ebd., S. 415) und durch die Ankündigung der „Hochzeit" zwischen Blandina und Amandus (ebd., S. 416) sehr wohl ein veritables Finale stattfindet.

Die zeitgenössische Rezeption hat das Stück kaum beachtet. Sie stellt es unter Trivialitätsverdacht, denn sie sieht darin in erster Linie nur eine platte Nachahmung Tiecks (vgl. Hoffmann II/1, Kommentar, S. 826). Überliefert ist Brentanos wohlwollendes Urteil, selbst wenn auch ihm die „Ironie des aus dem Stückfallens allein" überlebt erscheint (Brief an Hoffmann, Anfang 1816, zit. nach Hoffmann II/1, Kommentar, S. 826). In der Neubearbeitung der *Fantasiestücke* für die zweite Auflage eliminiert Hoffmann das Stück. Dies hat zur Folge, dass auch die Forschung die Komödie für unwichtig erachtet und bislang entsprechend kaum beachtet hat (vgl. Feldmann 1971, S. 140f., 149–153; Steinecke 2002, S. 133–143; Scherer 2003, S. 571f.; Steinecke 2004, S. 231–234). Sie beruft sich dabei auf Hoffmanns Urteile über „mißrathene Schauspiele (Blandina etc)" (zit. nach Hoffmann II/1, Kommentar, S. 826) und über sein „schwächstes Produkt" (Hoffmann VI, S. 71). Auch das Rahmengespräch in den *Fantasiestücken* verwirft das Stück, was aber allein aufgrund des für Hoffmanns Darstellung konstitutiven Perspektivismus und der Kontextabhängigkeit solcher Urteile nicht mit seiner tatsächlichen Auffassung zu verwechseln ist (vgl. Steinecke 2002, S. 138f.).

Die Einbindung der Komödie in die *Kreisleriana*, von einer Figur aus Kreislers ‚Musikalisch-poetischem Clubb' nach dem Vorbild von Tiecks *Phantasus* (1812) vorgelesen, provoziert die Frage nach ihrem Status in dieser Rahmung; genauer danach, ob das Stück als theatralische Einlage oder als szenische Fortsetzung der romantischen Theaterkritik anzusehen ist, die im ersten Teil der *Kreisleriana* mit dem Kreisler-Blatt Nr. 6 *Der vollkommene Maschinist* einsetzt. Hier wird die Frage nach der Illusion durch Dekoration oder Poesie noch diskursiv bzw. in Form eines Briefs an die Verteidiger einer rationalistischen Auffassung verhandelt. Legt man diese Rückverweisung zugrunde, so gehörte die im Kontext der *Fantasiestücke* von Kreisler verfasste *Prinzessin Blandina* als dramatische Einlage zur poetischen Kunst- und Theaterkritik der *Kreisleriana*, in der die satirische Selbstreflexion auf Möglichkeiten und Grenzen von Theatralität nach dem Vorbild von Tiecks *Der gestiefelte Kater* praktisch vorgeführt wird. Dies wiederum führt Hoffmann in einer doppelten Perspektive durch, die Tiecks Aufspaltung in Märchendrama und Illusionsdurchbrechung selbst entspricht: in das Märchenstück *Prinzessin Blandina* aus dem Geist der Commedia dell'arte bzw. Fiabe Gozzis auf der einen Seite, in die szenisch verhandelten Umstände seiner Aufführung auf der anderen Seite. So disputieren Adolar und Sempiternus in der ersten Szene über das Problem der Exposition zu diesem „höchst erbärmlich[en]" Stück (Hoffmann II/1, S. 380). Fortgesetzt wird die Selbstverulkung in der „Zwischenszene hinter dem Theater" vor dem achten Auftritt: „Ich merke schon", meint der Direktor gegenüber dem Regisseur, „das ist heute wieder so ein neumodisches ästhetisches Stück, Kraut und Rüben durcheinander" (ebd., S. 410).

Das Stück kombiniert die Fiabe Gozzis mit den selbstreflexiven romantischen Komödien Tiecks, eingeschachtelt in die *Fantasiestücke* nach dem Muster von Tiecks *Die verkehrte Welt*. Bereits hier wird die Technik der Einlagerung des Spiels im Spiel, analog zu den russischen Puppen, bis auf fünf Ebenen vorangetrieben (vgl. Scherer 2003, S. 299). In den *Fantasiestücken* verhält es sich so, dass der anonyme Herausgeber Hoffmann in seinen Zyklus aus verschiedenen Texten die Blätter Kreislers einfügt, zu denen in einem dieser Blätter (*Kreisleriana* Nr. 8) als wiederum eingelagerte Vorlesung das Stück namens *Prinzessin Blandina* gehört. In der Komödie selbst sind dann die beiden Spiel-Ebenen zu unterscheiden: das fiktionale Spiel von ‚Prinzessin Blandina', das Spiel des realen Theaterapparats (Souffleur, Direktor, Regisseur, Schauspieler) zu dessen Inszenierung, die als solche wiederum auf die Frage nach der Illusionierung durch Theatralität im Kreisler-Blatt *Der vollkommene Maschinist* zurückverweist. Nur im Blick auf die tatsächliche Autorschaft Hoffmanns kann *Prinzessin Blandina* folglich als autarkes Stück gewürdigt werden, während es im Kontext der *Fantasiestücke* zu den szenisch-poetischen Varianten der Kunst- und Theaterkritik, also zu den Metatexten über das Theater gehört.

3. Romantische Gozzi-Komödie

Als isoliertes Drama betrachtet, ist *Prinzessin Blandina* ein Märchenstück aus dem Geist der Commedia dell'arte, die auf Hoffmanns Begeisterung für Gozzi zurückgeht. In *Der Dichter und der Komponist* rühmt und diskutiert er Gozzis Märchendramen als „reiche Fundgrube vortrefflicher Opernsujets" (Hoffmann I, S. 761). Von der Fiabe hat Hoffmann typische Figuren und Darstellungstechniken übernommen: die komischen Figuren der Commedia dell'arte (Pantalone, Tartaglia, Brighella, Truffaldin), aber auch die Kontrasttechnik aus ernsten und komischen Szenen, die formal zwischen Vers und Prosa unterschieden werden. Anders als bei Gozzi sind allerdings auch die metrisch gebundenen Szenen (Blankverse und die musikalisierte romantische Stimmungslyrik Roderichs im 4. Auftritt) durch Übertreibung des Pathos stets komisch gebrochen. Dem ‚Hofpoeten' Roderich, Prototyp des eitlen, opportunistischen und in sich selbst verliebten Gelegenheitsdichters, steht der ‚romantische' Dichter Amandus gegenüber, dessen Gefühle und poetische Überzeugungen ebenfalls satirisch verspottet werden. Erhabenes und Lächerliches geraten direkt aneinander. Im Vergleich zu Gozzi werden die Kontraste noch schärfer markiert. Diese Mischung des Tragischen mit dem Komischen sei „wahrhaft" romantisch (Hoffmann IV, S. 108).

Hoffmann kontaminiert seine Gozzi-Adaption mit den satirischen Theaterkomödien, weil er in Tieck den kongenialen Nachfolger Gozzis sieht – nicht ganz triftig im Übrigen, weil gerade Tieck in seiner romantischen Phase seit 1795/96 Gozzis opernhafte Effektdramatik als unpoetisch verwirft, zumal sie eben durchaus klassizistisch begründet ist und lehrhaftmoralische Ziele verfolgt. Hoffmanns Gegenbild zu seiner „modifizierte[n] Turandot" (Hoffmann II/1, S. 380) ist Schillers *Turandot*-Bearbeitung (vgl. Feldmann 1971, S. 141–153). Die Kritik an Schiller richtet sich gegen die Verfeinerung, Psychologisierung, Motivierung und Idealisierung der Vorlage Gozzis (vgl. *Seltsame Leiden eines Theater-Direktors*, Hoffmann III, S. 469f., 475f.). Andererseits verulkt sich die Komödie selbst: „Elende Nachahmerei – nichts weiter. Die Prinzessin Blandina ist eine modifizierte Turandot, der Mohrenkönig Kilian ein zweiter Fierabras. – Kurz, man müßte nicht so viel gelesen haben, man müßte nicht in der Bildung so weit vorgeschritten sein, wenn man nicht augenblicklich alle Muster, die der Dichter vor Augen gehabt, wieder erkennen sollte." (Hoffmann II/1, S. 380)

Das Stück weiß folglich um seine Epigonalität, ja es stellt seine Plünderung der Theatertradition in zahllosen Anspielungen u. a. auf Tieck (vgl. ebd., S. 410), auf die aristotelische Tragödienformel (vgl. ebd., S. 379), auf die Anagnorisis der griechischen Tragödie (vgl. ebd., S. 376), auf Blandina als „zweite Johanna" (ebd., S. 388) usw. geradezu ostentativ aus. Andererseits löst *Prinzessin Blandina* gegenüber den gleichförmigen Blankversen Schillers tatsächlich den Spielcharakter der Fiabe ein. Am deutlichsten äußert sich die gute Laune in den forcierten Wortspielen (nach dem Vorbild Shakespeares und Brentanos *Ponce de Leon*) und in der ‚exponierten' Selbstthematisierung als Theateraufführung gleich eingangs mit der verweigerten ‚Exposition' durch Adolar und Sempiternus im Spiel mit der doppelten Semantik von „exponieren" (ebd., S. 382): „Weg mit dem tollen Stück fantast'scher Narrheit! / Wir exponieren nicht!" (ebd., S. 381). Das parabatische Spiel wird fortgesetzt im Gespräch über die Schwächen des Stücks zwischen Regisseur und Direktor und die daraus resultierende Notwendigkeit zusätzlicher Szenen, die sich sogleich erfüllt: „Aber um des Himmels willen, was für Szenen? – Doch eben fällt mir ein – eine haben wir ja so eben selbst gespielt" (ebd., S. 410).

Der komischen Selbstreflexion des Ganzen als Theaterspiel kontrastiert die an sich ‚ernste', durch die pathetisch überdrehte Form indes sogleich ins Komische verschobene Blandina-Handlung: Der mächtige Mohrenkönig Kilian ist von der stolzen Prinzessin gleich einer zweiten Turandot abgewiesen worden und liegt mit seinem Heer vor der Stadt, um sich die Braut mit Gewalt zu holen. Die Lage Blandinas und ihres kleines Reiches Ombrobrosa scheint hoffnungslos. Der Dichter Amandus verspricht, das Reich zu retten. Im scheinbar aussichtslosen Zweikampf schlägt er dem grobianischen Riesen den Kopf ab, ohne dass allerdings Blut fließt. Wie in *Prinzessin Brambilla*, die schon durch die Klangähnlichkeit des Titels auf das Märchenstück verweist, ist alles nur ein Theatereffekt: „Wahrhaftig der Kilian muß aus dem Laden einer Putzmacherin [!] herstammen." (ebd., S. 414) Dass sich die Figuren einer vereindeutigenden allegorischen Lektüre erschließen – Amandus sei eine Allegorie des Geistes und der Poesie, Blandina der Sehnsucht und der Liebe, der Riese Kilian des leeren Nichts und der Prosa (vgl. Feldmann 1971, S. 150f.) – scheint allein deshalb fraglich, weil damit die gute Laune des Spiels einem moralisch-didaktischen Zweck unterworfen würde. Dieser eignet tatsächlich der Fiabe Gozzis, kaum aber der Gestaltung Hoffmanns. Die durchgehende Ironisierung des Geschehens auf der Bühne verwandelt das an der Commedia dell'arte geschulte Lustspiel in eine romantische Komödie, die spielerisch die entsprechenden Theatertraditionen von Calderón und Shakespeare über Gozzi und Holberg (z. B. Kilian aus *Ulysses von Ithakien*, 1725) bis hin zu Tieck und Brentano ausbeutet.

4. Epigonalität

Eine spezifischere Konsequenz des Fragmentstatus besteht darin, dass *Prinzessin Blandina* tatsächlich nur wie eine formale ‚Imitation' Tiecks erscheint (vgl. Stockinger 2000a, S. 37): Die Erfolglosigkeit des Fragments hat folglich auch damit zu tun, dass es die polemischen Impulse der Satire Tiecks gegen den zeitgenössischen Literaturbetrieb nicht aktualisiert. Die parabatische Komödie geht im Spiel mit dem Theaterspiel nicht auf, sondern sichert sich ihre Aufmerksamkeit gerade auch durch polemische Verstöße gegen den Literaturbetrieb. Hoffmann jedoch übernimmt nur das Verfahren, so dass seine Theatersatire um 1815 notwendig epigonal erscheint. Er bestätigt damit zudem Cyprians Wort in den *Serapions-Brüdern*, wonach „Schriftsteller, die lebendig erzählen, die Charakter und Situation gut zu halten wissen, oft an dem Dramatischen gänzlich scheitern" (Hoffmann IV, S. 855).

So zeigt sich die Epigonalität der *Blandina* in der bloßen Wiederholung Tieckscher Einfälle mit mäßigem Witz durch Minimalabweichung: „Herr! – Sie fallen aus der Rolle!" – „*Nein*, Herr! – ich bin aus der Rolle *gestiegen*" (Hoffmann II/1, S. 382). Die Parodien auf klangmalerische Stimmungspoesie (vgl. ebd., S. 394) hatte Tieck in *Prinz Zerbino* bereits selbst an sich exekutiert. Die ‚modifizierte Turandot' erschöpft sich daher in Reminiszenzen auf eine überkommene Dramaturgie: in einer Parodie des opernhaften Sturm und Drang-Pathos etwa (vgl. ebd., S. 393, 395) oder im launigen Spott auf die Naturpoesie aus *Prinz Zerbino* (vgl. ebd., S. 402). Dergestalt bietet Hoffmanns Märchenstück tatsächlich wenig Neues. Es wiederholt noch einmal die Techniken der romantischen Komödie, ohne deren satirische Impulse zu aktualisieren. Witzig konterkariert wird die Kritik an ihrer Epigonalität im Rahmengespräch der *Fantasiestücke* nur durch Kreislers Rühmung der beiden nicht ausgeführten Akte. So erscheint *Prinzessin Blandina* fast wie inszenierte Epigonalität, die den kraftlosen Verfallszustand der postromantischen Dramaturgie ihrer Zeit zur Kenntlichkeit bringt. Ungleich virtuoser agiert Hoffmann die theaterironischen Mechanismen daher in der Prosa seiner erzählten Komödie *Prinzessin Brambilla* aus, die sich schon durch die Titelnähe als episches Komplementärunternehmen zum scheiternden Dramenexperiment zu erkennen gibt.

(Stefan Scherer)

Die Elixiere des Teufels. Nachgelassene Papiere des Bruders Medardus, eines Kapuziners (1815/16)

1. Entstehung

Die Entstehung der *Elixiere des Teufels* fällt in Hoffmanns Zeit in Leipzig im Frühjahr 1814. Am 4. März 1814 notiert er in sein Tagebuch, dass ihm mit der Beendigung der Niederschrift des *Goldenen Topfes* die „Idee zu dem Buch *Die Elixire des Teufels*" (Hoffmann VI, S. 255) gekommen sei. Einen Tag später hat er laut Tagebuch mit der Arbeit an den *Elixieren* begonnen und drei Wochen später, am 24. März, behauptet er brieflich gegenüber dem Verleger Kunz, den ersten Teil beinahe vollständig fertiggestellt zu haben. Hier nennt er auch erstmals den vollständigen Titel nebst Untertitel und gibt eine knappe Inhaltsübersicht: „Das Büchlein heißt: Die Elixiere des Teufels, aus den nachgelassenen Papieren des Paters Medardus, eines Capuziners. Es ist darin auf nichts geringeres abgesehen, als in dem krausen, wunderbaren Leben eines Mannes, über den schon bey seiner Geburt die himmlischen und dämonischen Mächte walteten, jene geheimnisvollen Verknüpfungen des menschlichen Geistes mit all' den höhern Prinzipien, die in der ganzen Natur verborgen und nur dann und wann hervorblitzen, welchen Blitz wir dann Zufall nennen, recht klar und deutlich zu zeigen." (ebd., S. 24) Eine erste Fassung des ersten Romanteils stellte Hoffmann bis zum 4. April fertig, die er bis zum 24. April überarbeitete und bis Anfang Mai 1814 in Reinschrift beendete. Für Anfang Mai heißt es im Tagebuch: „endlich die mühsame Abschrift vollendet" (ebd., S. 258).

Die Veröffentlichung verzögerte sich dann allerdings nicht unerheblich, da Kunz den Roman – aus nicht bekannten Gründen – nicht verlegen wollte und auch Friedrich Rochlitz, in dessen *Allgemeiner Musikalischer Zeitung* Hoffmann bereits einige Rezensionen und den *Ritter Gluck* publiziert hatte, eine Veröffentlichung ablehnte. Ebenso negativ endete eine Anfrage bei Cotta, so dass Hoffmann das Manuskript Anfang Juni 1814 an seinen Freund Julius Eduard Hitzig schickte, mit der Bitte, es in dessen Verlagsbuchhandlung zu drucken. Hitzig war allerdings im Begriff, seine Verlagsbuchhandlung zu schließen. Immerhin hat er das Manuskript dem Berliner Verlag Duncker und Humblodt empfohlen, wo der erste Teil der *Elixiere* im September 1815 erschien. Über Entstehung und Niederschrift des zweiten Teils gibt es keine zuverlässigen Daten, da Hoffmann nach dem Sommer 1815 kein Tagebuch mehr geführt hat. Aus den wenigen brieflichen Andeutungen lässt sich mit einiger Sicherheit jedoch schließen, dass der zweite Teil im Spätherbst 1815 abgeschlossen wurde. Er erscheint im Mai 1816 ebenfalls bei Duncker und Humblodt.

Ähnlich wie die meisten anderen Texte Hoffmanns stehen die *Elixiere* in einem komplexen intertextuellen Entstehungs- und Verweisungszusammenhang. Unter den literarischen Einflüssen nimmt der Schauerroman bzw. die Gothic novel eine bestimmende Rolle ein. Die literarische Reihe der Gothic novel beginnt mit *The Castle of Otranto, a Story* von Horace Walpole aus dem Jahr 1765. Der Roman wurde bereits 1768 ins Deutsche übertragen und breit rezipiert. Das Genre-Merkmal ‚gotisch' spielt auf die historisch nicht weiter differenzierte Sicht auf ein düsteres Mönchs- und Rittermittelalter an. Hoffmann nennt es bereits auf der ersten Seite des Vorworts (vgl. Hoffmann II/2, S. 11). Vor dem schauerlichen Panorama nächtlicher Klöster- und Ruinenszenarien spielen sich düstere und zumeist blutige Katastrophen um Leidenschaften und niederdrückende Lebensschicksale ab. In Deutschland nehmen die verschiedenen Ausprägungen des Schauerromans neben der Tradition des empfindsamen Romans eine zentrale Stelle in der Publikumsgunst ein. Christian Heinrich Spieß, Carl Gottlob Cramer, Carl Grosse und etliche andere haben in den letzten beiden Jahrzehnten des 18. Jahrhunderts Dutzende von mehr oder minder trivialen Romanen geschrieben, unter denen auch zahlreiche ‚gotische' Schauerromane sind. Da sie ihre Geschichten fast durchweg über Mord, Totschlag und andere Verbrechen organisieren, öffnen sich die Schauerromane zum Kriminalistischen. Deutliche Spuren in den *Elixieren* hat Grosses Roman *Der Genius. Aus den Papieren des Marquis C* von G** (1791–95) hinterlassen. In etlichen frühen Briefen hat Hoffmann dokumentiert, welch starken Einfluss dieser Roman auf ihn ausgeübt hat. Seine verlorengegangenen Jugendromane *Cornaro. Memoiren des Grafen Julius von S.* und *Der Geheimnisvolle* darf man sich ein Stück weit im Stile Grosses vorstellen. Und noch in den *Elixieren* beschränkt sich der Einfluss Grosses nicht auf den Untertitel. Hierzu zählt vor allem die immer auch mit magisch-esoterischen Motiven spielende Kombination aus Familiengenealogie und Fatalität, über die das narrative Gerüst aufgebaut ist. Daneben spielt Hoffmann auch in etlichen Motiven und Einzelszenen auf den *Genius* an. Ein stärkeres Gewicht auf das Sexuelle im Rahmen eines fatalistischen Familienfluchs fand Hoffmann in einer der bekanntesten Gothic novels vorgeprägt, die zudem noch das Mönchs- und Klosterszenario vorgibt: *The Monk* (1796) von Matthew Gregory Lewis, der schon ein Jahr nach seinem Erscheinen ins Deutsche übertragen wurde. Dem Umstand, dass er sich an diesen Text sehr weitgehend angelehnt hat, trägt Hoffmann dadurch Rechnung, dass er ihm ein Denkmal gesetzt hat, indem er ihn zum Lektüreereignis seiner weiblichen Hauptfigur Aurelie werden lässt. Lewis' Mönch Ambrosio ist ebenso wie Hoffmanns Medardus ein rhetorisch versierter, vor allem an der Wirkung seiner Kanzelrede auf Frauen interessierter Prediger und lässt sich gleich ihm, schwankend zwischen einem jungfräulich-keuschen und einem sinnlich-verführerischen Bild der Frau, zu Inzest und Mord hinreißen. In kompositioneller Hinsicht fallen jedoch erhebliche Unterschiede zwischen beiden Texten auf. Dies gilt besonders für den Wechsel der Erzählperspektive vom Er- zum Ich-Erzähler, für die Brechung der Perspektive in Hoffmanns Herausgeberfiktion, für die in ihren medialen Funktionen reflektierte Relation von Bild und Text sowie für die insgesamt hochgradige semiotische Verdichtung.

Die Verknüpfung von mönchischer Existenz und Künstlerschaft fand Hoffmann in den *Herzensergießungen eines kunstliebenden Klosterbruders* (1797) von Wackenroder und Tieck vorgeprägt, und zwar gleich in mehrerer Hinsicht. Zum einen finden sich hier, vor allem im Schlussstück der Sammlung, „Das merkwürdige musikalische Leben des Tonkünstlers Joseph Berglinger", Konturen eines Bildes vom Künstler als in sich zerrissene Außenseiterfigur. Zum anderen erfüllt dieser Künstlertypus bereits bei Wackenroder/Tieck ein Profil, in dem die einsame, in gewisser Weise asoziale monastische Existenz im Rahmen einer enthusiastischen Kunstreligion in beinahe sakraler Perspektive stilisiert wird. Des Weiteren findet sich der starke Akzent auf Malerei in den *Herzensergießungen* präfiguriert. Als ästhetischer Kunstessay besteht der Text aus verschiedenen Kleinformen: fiktive bekenntnishafte Briefe, Künstlernovellen, Gemäldebeschreibungen, von Vasari inspirierte Parallelbiographien von Malern der Frühen Neuzeit etc. So hat Wackenroder Leonardo da Vinci mit dem anmaßenden, von Selbstüberschätzung verblendeten Francesco Francia kontrastiert. Mit seinem gegensätzlichen Malerpaar Leonhard/Leonardo und Francesco spielt Hoffmann deutlich auf Wackenroders Text an. Aber der intertextuelle Verweis erschöpft sich nicht in der Namensgebung, sondern er schließt ein ganzes ästhetiktheoretisches Programm ein.

Für die Gestaltung inzestuöser Verwicklungen, namentlich ödipaler Konflikte in der neu entstehenden Kleinfamilie, die in den *Elixieren* einen breiten Raum einnehmen, bildet vor allem Kleists Erzählung *Der Findling* (1811) einen entscheidenden Bezugspunkt. Ausdrücklich hat Hoffmann den Stammvater der Francesco-Figurenreihe als Findling bezeichnet, der wie in Kleists Erzählung sexuellen Umgang mit der Stiefmutter hat. Ähnlich wie bei Kleist die Figur Elvire pflegt in Hoffmanns Roman die Mutter Aurelies in einem heimlichen, verschlossenen Kabinett ihre verbotene

Liebe über den Fetisch eines Männerbildes in „Lebensgröße" (Kleist III, S. 274).

Die gegenüber der Tradition der Gothic novel bei Hoffmann verstärkt zu beobachtende psychologische Differenzierung ist z. T. bei Kleist, vor allem aber in Schillers Romanfragment *Der Geisterseher* (1787–89) vorgebildet, wo bereits die Handlungsfülle des Genres einer minutiösen psychologischen Motivierung geöffnet wurde. Selbstverständlich müssen in diesem Zusammenhang besonders die zeitgenössische Psychologie bzw. Psychiatrie sowie ihre hermetischen und parawissenschaftlichen Grenzdiskurse (Mesmerismus, tierischer Magnetismus etc.) bedacht werden. Hoffmanns Blick auf die irrationalen und unbewussten Schichten der Psyche, seine Konzentration auf Traum, Somnambulismus, Visionen und Hypnosezustände sind ebenso in den Wissensdiskursen der romantischen Psychologie anzutreffen wie die Entdeckung der Kindheit als traumatische Phase in einem entwicklungspsychologischen Modell. Eine Vorläuferfunktion kommt hier Karl Philipp Moritzens „Erfahrungsseelenkunde" zu, deren Materialien und Theorieansätze im *Magazin zur Erfahrungsseelenkunde* (1783–93) und im psychologischen Roman *Anton Reiser* (1785–90) vorlagen. Die scharfe Trennung von gesundem Normalzustand und Wahnsinn, auf der die Aufklärungspsychologie weitgehend bestand, gerät bei Hoffmann und namentlich in den *Elixieren* in Fluss. Erscheinungen von Ichspaltung und Halluzinationen werden nicht im Kontrast zu einer psychischen Norm abqualifiziert, sondern Traum und ekstatische Wahnvorstellungen werden umgekehrt zu Gegenständen eines besonderen psychologischen Erkenntnisinteresses aufgewertet.

2. Literarische Wirkung und Forschung

Im Untertitel der *Elixiere* bringt Hoffmann sich selbst als „Verfasser der Fantasiestücke in Callots Manier" beim Publikum in Erinnerung, um den Erfolg der *Fantasiestücke* zu beschwören. Seine Beschwörung misslingt gründlich. Der Roman ist alles andere als ein Verkaufserfolg. Das gilt sowohl für den ersten als auch für den zweiten Teil. Im Spiegel der zeitgenössischen Literaturkritik rundet sich das Bild eines (beinahe) vollständigen Misserfolgs ab. Von den insgesamt nur sehr wenigen Rezensionen fallen die meisten entweder nichtssagend oder ablehnend aus. In einem ausführlichen Hoffmann-Essay aus dem Jahr 1823 hat Willibald Alexis, der Hoffmann ansonsten durchaus gewogen war, die möglichen Leser gar vor dem Roman gewarnt: „Um sich zu ergötzen, um den Dichter lieben zu lernen, würde ich Niemanden ihn zu lesen anrathen, wer aber den Dichter, oder überhaupt die Geschichte der Poesie studiren will, der muß dieses Gemälde einer üppigen Phantasie durchlesen, um darin die göttlichen Funken, neben einer verwerflichen Anwendung zu bewundern." (zit. nach Hitzig 1823 II, S. 355) Konrad Schwenck, der ein scharfer Kritiker Hoffmanns war, hat in einem längeren Beitrag über E.T.A. Hoffmanns Schriften (1823) die *Elixiere* ausdrücklich gelobt: „In keinem seiner Werke hat der Dichter diese Reinheit der Sprache und das Ergreifende der Situationen wieder zu erreichen vermocht, und in allen seinen auf Effect berechneten Erzählungen findet sich nichts, was an das Erschütternde in dieser Dichtung reicht." (Schwenck 1823, S. 127) Einsichten, die von einigem analytischen Ertrag wären, finden sich in den wenigen zeitgenössischen Äußerungen nicht. Selbst Heine, der sich ansonsten sehr scharfsinnig zu Hoffmann geäußert hat, fällt zu den *Elixieren* nicht mehr ein, als dass Lewis' *The Monk* weit „schwächer" sei. So heißt es in den *Briefen aus Berlin*: „In den Elixieren des Teufels liegt das Furchtbarste und Entsetzlichste, das der Geist erdenken kann. Wie schwach ist dagegen ,the monk' von Lewis, der dasselbe Thema behandelt." (Heine III, S. 66) Von einer eigentlichen Rezeptionsgeschichte der Elixiere kann man in Deutschland während des 19. Jahrhunderts kaum sprechen. Auf ihre Art kennzeichnend ist eine Tagebucheintragung Friedrich Hebbels vom 9. Januar 1842, in der das Lob auf die *Elixiere* mit einer Abwertung und krassen Fehleinschätzung der übrigen Schriften Hoffmanns erkauft ist: „Das meiste von Hoffmann hat sich überlebt, aber seine ‚Elixiere des Teufels' sind und bleiben ein höchst bedeutendes Buch, so voll warmen, glühenden Lebens, so wunderbar angelegt und mit solcher Konsequenz durchgeführt, daß, wenn es noch keine Gattung gibt, der Darstellungen dieser Art angehören, das Buch eine eigne Gattung bilden wird." (Hebbel T 1, S. 448) Die hier prognostizierte Gattungsgeschichte lässt allerdings noch bis zum phantastischen Roman der Neoromantik, besonders der sog. Prager Neoromantik, zu Beginn des 20. Jahrhunderts auf sich warten. In Gustav Meyrinks Roman *Der Golem* (1915) etwa wird die Kombination aus phantastischer Poetik, psychologischer Raffinesse der Figuren-Metamorphose und einer semiotischen Komplexität auf einem Niveau durchgeführt, die der Differenziertheit von Hoffmanns Roman in nichts nachsteht.

Die *Elixiere* wurden bereits 1824 als erster Text Hoffmanns ins Englische übersetzt und veröffentlicht. Diese Übersetzung zog die einzige ausführliche und aussagekräftige Rezension des Romans nach sich. Sie stammt von John Gibson Lockhart und erschien noch im selben Jahr in *Blackwood's Edinburgh Magazine*. Ein Jahr später wurde das deutsche Publikum über einen Beitrag aus dem *Morgenblatt für gebildete Stände* mit dieser Rezension und dem großen Erfolg der *Elixiere* in England bekannt gemacht. Über den englischen Umweg kam somit der Roman nach Deutschland zurück. Aus der Paraphrase des *Morgenblatts* konnten der deutschen Öffentlichkeit, drei Jahre nach Hoffmanns Tod, immerhin grundlegende Einsichten in die Poetik der *Elixiere* zugänglich sein: die Ambivalenz von Grauen und Ironie, die enge Verbindung von Normalität und Wahn, Traum und Wirklichkeit, die psychologische Bedeutung von Doppelgängerstrukturen: „Die große Vortrefflichkeit der Elixiere des Teufels liegt in der Geschicklichkeit, mit welcher der Verf. die schauerliche Erscheinung des Doppelgängers mit den gewöhnlichen menschlichen Gefühlen aller Art zu verbinden wußte. [...] Er wagte es sogar, äußerst scherzhafte Scenen und Charaktere in die Handlung zu mischen, ohne daß die Wirkung des Schauerlichen im geringsten geschwächt würde. Im Gegentheil scheint die Wirkung dieses Werkes, welches es als ein Ganzes auf die Einbildungskraft übt, der bewundernswerthen Kunst zugeschrieben werden zu müssen, mit welcher der Verf. Traum und Wirklichkeit, den Schein der Wahrheit und die wildesten Phantasien durch Einweben von Dingen, welche wir alle fühlen, zu verbinden wußte" (zit. in: Hoffmann II/2, Kommentar, S. 572f.). Weitergehende Resonanz in der deutschen literarischen Öffentlichkeit fand diese positive Einschätzung der *Elixiere* allerdings nicht.

Ins Französische wurde der Roman 1829 von Jean Cohen übersetzt – allerdings ohne den Autor Hoffmann zu nennen. In die französische Gesamtausgabe der Werke Hoffmanns wurden die *Elixiere* erst 1861 aufgenommen. Vor dem Hintergrund der ausgeprägten Hoffmann-Rezeption in Frankreich liegt eine explizite Bezugnahme in Balzacs Roman *L'Elixir de Longue Vie* (1830) vor. Im amerikanischen Raum ist die Bedeutung der *Elixiere* für Poe und Hawthorne (vgl. Becker 1986) belegt. Außer Zweifel steht auch der Einfluss von Hoffmanns Roman auf Dostojewski und Gogol. Ja, man darf sagen, dass Doppelgängermotive in der späteren Literatur der Moderne beinahe durchgängig auf Hoffmann und zum großen Teil auf die *Elixiere des Teufels* zurückgeführt werden.

Abgesehen von einigen wenigen Beiträgen setzt die neuere wissenschaftliche Rezeption der *Elixiere* erst in den 1960er Jahren ein. Leitende Perspektiven waren zunächst Fragen der Genealogie und, eng damit verbunden, der Figuren-Identität. Die genealogischen Versuche münden in eine komplizierte Stammtafel des Mönchs (vgl. Negus 1958; von Schroeder 1976), die seitdem in kaum einer Ausgabe der *Elixiere* fehlt. Sicher lässt sich eine halbwegs übersichtliche Genealogie eines „verbrecherischen Vaters"

(Hoffmann II/2, S. 335) erstellen, die bis auf den alten Maler Francesko, Günstling des Fürsten von P., zurückgeht und die beiden Brüder Medardus und Viktorin in einen schicksalhaften Familienfluch einbindet. Entscheidender aber als eine genealogische Ordnung ist Hoffmanns Spiel mit verschobenen Identitäten und Doppelgängern. Das ästhetische Profil des Textes ergibt sich weniger über die Rekonstruktion eines Stammbaums als über eine prinzipiell unauflösbare Wiederholungs- und Verschiebungsstruktur (vgl. Kremer 1993, S. 230ff; Strobel 2005, S. 37).

Untersuchungen zur Identitätskonzeption stützen sich zumeist auf die autobiographische Form des Romans: „Selbstfindung" (Nehring 1981, S. 335), „Selbsterkenntnis" (Reuchlein 1986, S. 274) oder „Selbstvergewisserung des Ichs" (Meixner 1971, S. 230) sind die Stichworte, die bei Segebrecht (1967) und Magris (1980) um eine Diskussion des Bildungs- bzw. Entwicklungsromans erweitert werden. Bereits 1966 hatte hingegen Köhn darauf aufmerksam gemacht, dass die *Elixiere* weit eher auf Irritation als auf Bildung setzen und dass die Zeitstruktur eine der Wiederholung und Differenz, nicht der Entwicklung ist. Die Einsicht in die differentielle Ich-Struktur in den *Elixieren*, die auch Meixner (1971) diskutiert, hat Sarah Kofman, orientiert an der Psychoanalyse Lacans, in ihrem Essay *Vautour Rouge* (1975) ausgeführt. Von hier aus haben Manfred Momberger (1986) und Johannes Harnischfeger (1988), indem sie sowohl Derridas Dekonstruktion als auch Barthes' Semiologie in Dienst nahmen, den Zusammenhang von psychologischer und semiotischer Differenz sowie das Phantasma des Subjekts unter anderem auch am Text der *Elixiere* konkret überprüft. Hoffmann, so Momberger im Hinblick auf die *Elixiere*, „treibt die Erfahrung des Subjekts bis an die Grenze der Vernunft, bis zu dem Punkt, wo der Schleier reißt und den Blick freigibt auf eine Leere, in der das Subjekt sich verliert." (Momberger 1986, S. 192)

Ein dritter zentraler Aspekt der Forschung, das Künstlerthema, wurde gleichzeitig von Peter von Matt und Horst Meixner 1971 erschlossen. Von Matts Interesse an einer „Vivifikation" (von Matt 1971a, S. 57) des Unbelebten – Automaten, Skulpturen und Bildern gleichermaßen – lässt ihn die bildnerische Gestaltung als Zentrum der Künstlerthematik in den *Elixieren* ansehen. Meixner hebt die Bedeutung des faustischen Teufelspaktes hervor. Medardus trinkt vom Teufelselixier, um den „Verlust der Inspiration" (Meixner 1971, S. 167) zu überwinden und um ein begnadeter Kanzelredner zu werden. Bei Claudia Liebrand (1996) erscheint die „ästhetische Autothematisierung" (Liebrand 1996, S. 70) als Fluchtpunkt der Kunstreflexion in den *Elixieren*.

3. Erzählstruktur und gebrochene Identität

Die narrative Struktur des Romans ist vielfach perspektivisch gebrochen. Ein fiktiver Herausgeber, in dem sich Hoffmann selbst als Verfasser der *Fantasiestücke* ins Spiel bringt, bildet einen erzählerischen Rahmen, zwischen dem die autobiographische, als monastische Bußübung handschriftlich verfasste Lebensgeschichte des Mönchs Medardus aufgespannt wird. Hoffmann gibt seinen Romantext von Anfang an als eine Umschrift bzw. Transformation zu erkennen, in der die Lektüre zur Voraussetzung von Schrift wird und umgekehrt. Trotz der „sehr kleinen, unleserlichen mönchischen Handschrift" (Hoffmann II/2, S. 12) habe die philologische Lektüresorgfalt, so die Fiktion des Herausgebers, schriftliche Früchte getragen. Der als Transskription gerahmte Text der mönchischen Autobiographie ist von seiner gesamten Anlage her unzusammenhängend. Nicht nur dass er – wie die meisten Autobiographien – ein Gemisch von Beschönigungen, Lügen und schonungsloser Selbstbezichtigung darstellt und diesen Aspekt in einer integrierten gefälschten Lebensgeschichte des Mönchs selbst spiegelt: Es verbinden sich in ihm zudem unterschiedliche Aspekte, Perspektiven und Interessen, die auch eine Lektüre des Romans nur als eine doppelte bzw. mehrfache zulässt. Auf einer realistisch nachvollziehbaren Handlungsebene wird eine Lebensgeschichte von der Geburt bis zum Tod erzählt, die mit ihren hermetischen Korrespondenzen, Verbrechen und erotischen Skandalen auch auf die Sensationslust des Publikums zielt. Gleichzeitig wird diese Lebensgeschichte mit zahlreichen Details aus dem katholischen Mönchswesen auf ein Schema von Schuld und Sühne bezogen. Vor allem wird die Oberfläche der Handlung bereits von einem psychoanalytischen Interesse grundiert, das die Lebensbedingungen einer Person, die nicht eins ist, aus einer traumatischen Urszene der Kindheit ableiten will. Die Ich-Form der Lebensgeschichte macht eine perspektivische Brechung sowohl der frühkindlichen Ereignisse wie der Umstände des Todes notwendig. Erstere ergeben sich aus den Erzählungen der Mutter. Über diese klärt ein „Nachtrag des Paters Spiridon, Bibliothekar des Kapuzinerklosters zu B." auf. Darüber hinaus wird die Lebensgeschichte des Mönchs durch eine Reihe weiterer, integrierter Schriftstücke unterbrochen. Neben einigen verstreuten Briefen gilt dies vor allem für das umfangreiche „Pergamentblatt des alten Malers". Für den Gang der Geschehnisse sind außerdem immer wieder eingeschobene Bildnisse wichtig, insofern sie, vergleichbar den integrierten Schriftstücken, die Verhältnisse motivieren und gleichzeitig verkomplizieren, jedenfalls aber vorantreiben. Es ist für die medientheoretische Selbstbewusstheit Hoffmanns resp. seiner Herausgeberfigur von großer Bedeutung, dass neben der Schriftreflexion auch eine ausgeprägte Reflexion von Bild-Text-Relationen zu beobachten ist, die bereits im Vorwort des Herausgebers initiiert wird. In einem für Hoffmanns erzählerischen Diskurs typischen Ausgriff im Irrealis führt er dem potentiellen Leser die Vorgängigkeit von inneren und äußeren Bildern für die Niederschrift wie die Lektüre von Texten vor Augen. Wahlweise sind dies „Heiligenbilder", die erzählerisch animiert werden („Sind denn die Heiligenbilder lebendig worden und herabgestiegen von den hohen Simsen? ebd., S. 5), oder – und damit kommen optische Apparaturen ins Spiel – „mannigfache Bilder der Camera obscura", die im Kopf des Lesers imaginative Gestalt annehmen, wobei die Camera obscura als „Metapher einer Lektüre" (Kittler 1994, S. 221; vgl. Kaminski 2001) fungiert.

Die Lebensgeschichte des Mönchs nimmt ihren dramatischen Anfang in einem Kloster, in dem er, ohne dass ihm dies zunächst bewusst ist, ausgerechnet durch eine ehemalige Geliebte seines Vaters symbolisch initiiert wird. Zwar bleibt diese sexuelle Initiation zunächst folgenlos, und der kleine Franz schlägt den Weg der Keuschheit ein und wird Mönch. Das sinnliche Begehren, das die Männer seiner Familie über Jahrhunderte hindurch umtrieb, hat sich ihm aber bereits so tief eingeprägt, dass der erste Blickkontakt mit Aurelie, dem Abbild der genealogischen Frauenreihe, ausreicht, ihn aus dem Kloster zu treiben und auf ein lüsternes, verbrecherisches Leben einzuschwören. Wie eine Marionette treibt ihn sein sexuelles Begehren durch die Welt, um ihn schließlich, nach Aurelies Ermordung durch einen Doppelgänger des Mönchs, im Kloster zur Ruhe und zum Tode kommen zu lassen. Unter dem Einfluss des titelgebenden Elixiers, das neben „betäubendem Dampf" charakteristischer Weise auch „allerlei scheußliche sinneverwirrende Bilder der Hölle" (Hoffmann II/2, S. 36) freigibt, gestaltet sich sein Leben als rasche Abfolge von rätselhaften Korrespondenzen, Todeskämpfen mit mysteriösen Doppelgängern, Giftanschlägen in gotischen Klostergewölben, Vergewaltigungen und Mord vor Altären sowie inzestuösen Verwicklungen.

Einen zentralen Fokus in Hoffmanns *Elixieren* bildet die Thematisierung, genauer: Problematisierung von Identität. Die Darstellung einer Lebensgeschichte von der Kindheit bis zum Tod hat in der Forschung dazu geführt, den Text unter der Perspektive einer Bildungs- und Entwicklungsgeschichte und vor dem Panorama des Entwicklungsromans zu lesen (vgl. Segebrecht 1967; Magris 1980). Vor dem Hintergrund eines im Unbewussten festgelegten Lebens erscheint dies jedoch äußerst fraglich. Auch eine geschichtsphilosophische Identitätssicherung bietet sich allenfalls oberflächlich über eine zyklische Anordnung von kindlicher Idylle, Entfremdung und abschließendem Klosteridyll an. Es geht in den *Elixieren* jedoch nicht um Entwicklung und Identität, sondern um Wiederholung und Differenz. Es handelt sich in Hoffmanns Roman vielmehr um die Beschreibung einer fragmentarischen, in sich gebrochenen Persönlichkeit und einer Form der Identität, die zutiefst zwiespältig ist. Deren Porträt hat Hoffmann seinem Mönch selbst in den Mund gelegt. Es bezeichnet den genauen Gegenpol zum humanistischen Identitätsentwurf, wie er sich etwa in Schillers *Ästhetischen Briefen* findet: „Mein eignes Ich, zum grausamen Spiel eines launenhaften Zufalls geworden, und in fremdartige Gestalten zerfließend, schwamm ohne Halt wie in einem Meer all' der Ereignisse, die wie tobende Wellen auf mich hineinbrausten. – Ich konnte mich selbst nicht wieder finden! [...] Ich bin das, was ich scheine, und scheine das nicht, was ich bin, mir selbst ein unerklärlich Rätsel, bin ich entzweit mit meinem Ich!" (Hoffmann II/2, S. 73)

Die individualpsychologische Selbstdiagnose des Mönchs wird mit dem abschließenden Eintritt ins Kloster keineswegs aufgehoben, denn er ist nur um den Preis des Todes zu haben.

Auf der Ebene der Figurenkonstellation entspricht der Einsicht des Medardus eine Serie von Verdopplungen und Metamorphosen, wobei zwischen den Figuren vage Korrespondenzen aufgebaut werden, die ihre Identitäten erschüttern und paradoxe Relationen von nichtidentischer Identität eröffnen. Die Hauptfiguren von Hoffmanns Roman werden als eigenständige Figuren behandelt, aber immer wieder über geheimnisvolle Andeutungen mit anderen Figuren in Beziehung gebracht, so dass sie als projektive Abspaltungen in einer psychosemiotischen Lektüre verstehbar werden. Medardus und sein Doppelgänger Viktorin sind zwei unterschiedliche Romanfiguren, die dennoch über ihre zahlreichen Beziehungen zu den gegensätzlichen Teilen einer einzigen Person zusammenlaufen. Ihre Kreuzsymmetrie regelt eine doppelte Perspektivführung, die sich gleichzeitig bedingt und ausschließt. Immer wenn Medardus den Doppelgänger Viktorin als Phantom seines Wahns verstehen will, dann wird er mit einer konkreten eigenständigen Figur konfrontiert; wenn er ihm hingegen Realität zubilligt, dann behauptet das Phantom Viktorin seine Identität mit Medardus und rückt ihn selbst in die Position des Phantasmas.

4. Labyrinth und Wiederholung

Den Doppelungen in der Figurenfügung entspricht eine durchgängige Kippfigur von Pathos und Ironie, die für Hoffmanns Poetik insgesamt charakteristisch ist. In den *Elixieren* steht der Maler im violetten Mantel für die Schreckensbilder, die den Katalog einer Ästhetik des Erhabenen aufrufen, und sein pathetischer Ernst wird durch die grotesk-komischen Kapriolen Belcampos/Schönfelds gebrochen, der sich immer dann bereithält, wenn sein Schützling in Gefahr ist, um ihm durch eine „kleine Seitentüre" (ebd., S. 106) zur Flucht zu verhelfen. Die Momente von Wiederholung, Häufung und Heterogenität weisen Hoffmanns Roman im Kontext einer manieristischen Ästhetik aus. Das besonders sinnfällige Beispiel einer manieristischen Imagination findet sich nicht zufällig, nachdem Medardus auf seiner unbewusst gesteuerten Reise in Italien angekommen ist. Er sieht sein „Ich hundertfach zerteilt" (ebd., S. 255) und von „Traumbildern" (ebd., S. 270) gequält, die zwischen sexuellem Begehren und Angstvisionen ein Szenario der Deformation und Selbstauflösung aufspannen: „Köpfe krochen mit Heuschreckenbeinen, die ihnen an die Ohren gewachsen, umher und lachten mich hämisch an – seltsames Geflügel – Raben mit Menschengesichtern rauschten in der Luft – Ich erkannte den Konzertmeister aus B. mit seiner Schwester, die drehte sich in wildem Walzer, und der Bruder spielte dazu auf, aber auf der eigenen Brust streichend, die zur Geige worden. – Belcampo, mit einem häßlichen Eidechsengesicht, auf einem ekelhaften geflügelten Wurm sitzend, fuhr auf mich ein, er wollte meinen Bart kämmen mit eisernem glühendem Kamm – aber es gelang ihm nicht. – Toller und toller wird das Gewirre, seltsamer, abenteuerlicher werden die Gestalten, von der kleinsten Ameise mit tanzenden Menschenfüßchen bis zum langgedehnten Roßgerippe mit funkelnden Augen, dessen Haut zur Schabracke worden, auf der ein Reuter mit leuchtendem Eulenkopfe sitzt. – Ein bodenloser Becher ist sein Leibharnisch – ein umgestülpter Trichter sein Helm! –" (ebd., S. 270f.).

Das manieristische Bildformat für die Gestaltung des Amorphen und Hybriden ist unschwer bei Hieronymus Bosch oder Pieter Brueghel zu finden. Für die manieristische Poetik der *Elixiere* sind in dieser Traumsequenz besonders die Figurenhäufung und -verwandlung, Fragmentarisierung, Hyperbolik, Ekel und Profanation hervorzuheben. Zusammen mit den Funktionen der Wiederholung, Ambivalenz und Unsicherheit erfüllen sie eine zyklische und labyrinthische Raumordnung, die alle Sicherheiten erschüttert. Sie ist fest mit der Bildtradition des Manierismus verbunden.

Wiederholung und labyrinthische Unübersichtlichkeit geben gleichsam die Ordnung des Psychischen und speziell des sexuellen Begehrens vor. Vor seinem Begehren kann Medardus trotz aller Selbstkasteiung erst sicher sein, nachdem er in Gestalt des Doppelgängers Viktorin den Gegenstand seiner Begierde, Aurelie, getötet und sie gewissermaßen wieder in ihr Urbild der Heiligen Rosalia zurückgebildet hat. Denn es war der Urahn Francesko, der unter dem Einfluss des Teufelselixiers das Bild der Heiligen Rosalia als Venusgestalt ausführte, das darauf ‚ins Leben' trat, den Familienfluch über Generationen begründete und noch in der späteren Inkarnation der Aurelie virulent bleibt. In dieses Familienschicksal wird der Held der *Elixiere* durch eine markante, in sich äußerst ambivalente Initiationsszene eingeführt. Ihm wird das Zeichen des Kreuzes durch ein Schmuckstück der ehemaligen Geliebten seines Vaters, einer Äbtissin, förmlich als Brandzeichen eingraviert. Das christliche Kreuz verspricht zwar einerseits Schutz und abschließende Gnade für den Helden, es markiert aber auch den Stachel der Sünde im Fleisch, dessen er sich erst im Tod entledigen kann. In einem magischen Akt der Benennung stellt die Äbtissin den Zusammenhang des Familienfluchs selbst auch ausdrücklich her, indem sie den kleinen Franz mit dem Namen des Vaters, Franziskus, identifiziert und das erotische Verhältnis zum Vater am Sohn wiederholt.

Die Szene erfüllt in allen Einzelheiten die Bedingungen einer Initiation, im Zusammenhang von Erotik und körperlicher Verletzung wird der kleine Franz zum Mann. Daraufhin – „jetzt schon dreister geworden" – lässt er sich nicht mehr lange nötigen, sondern probiert den „süßen Wein", der ihm „bis jetzt ganz unbekannt" war, und „naschte tapfer von den Süßigkeiten, die [ihm] die holde Frau, welche sich gesetzt und [ihn] auf den Schoß genommen hatte, selbst in den Mund steckte." (ebd., S. 19) Später heißt es, das Diamantkreuz der fürstlichen Äbtissin habe eine „rote, kreuzförmige Narbe hinterlassen, die die Zeit nicht vertilgen konnte." (ebd., S. 205) Sie bedeutet das Zeichen des körperlichen Begehrens, das erst zu verschwinden scheint, nachdem das Objekt der Begierde, Aurelie, und damit das Begehren selbst immerhin symbolisch ausgelöscht worden ist. Um sein Leben zu retten, opfert der Mönch stellvertretend für den Körperteil, um den es eigentlich geht, den linken Arm. Er schüttet den giftigen Inhalt eines Weinpokals, der ihm von römischen Dominikanern aufgezwungen wird, in den linken Ärmel seiner Kutte. Der Arm kann zwar gerettet werden, „aber bis auf den Knochen dorrte das Fleisch ein und alle Kraft der Bewegung hatte der feindliche Schierlingstrank gebrochen." (ebd., S. 312)

Die Initiation des kleinen Franz stellt sich als Wiederholung der familiären Urszene des Vorfahren Francesko dar. Dies prägt sein gesamtes Leben. Immer wieder wird er mit Aurelie oder einem Bildnis von ihr und mit dem phantastischen Maler konfrontiert. Psychologisch gesprochen, sorgen sie dafür, dass der Mönch den „Erinnerungen aus [seiner] frühsten Jugend" (ebd., S. 112f.) nicht entkommen kann. Wo er auch hingeht, sie sind schon da. Alle Stationen bleiben letztlich Wiederholungen seiner traumatischen Urszene, „Kopien" der Bilder, mit denen jener Maler „in uralter Zeit" die Kirche der heiligen Linde ausgemalt hat. Die Gemälde der „Heiligen Familie" führen ihn stets wieder auf seinen familiären Ursprung zurück, alle Frauenporträts stellen eine unausweichliche Beziehung zur Mutter, zur Pflegemutter und zu Aurelie her, die eigenständige Figuren sind, aber vielfach konvergieren. Überhaupt fügen sich alle Bildnisse zu einem „Zyklus", der „Andeutungen über [sein] ganzes Leben" (ebd., S. 115) enthält. Der Sinn des Bilderzyklus' ist ihm auf eine unerklärliche Weise verständlich. Als Kind kann er der Fürstin „die schönen Bilder des fremden unbekannten Malers so lebendig, als habe [er] sie im tiefsten Geiste aufgefaßt, beschreiben" (ebd., S. 19), weil sie seine eigene Vorgeschichte enthalten und die Geschichte seines Lebens präfigurieren.

Folgt man der hier ständig mitschwingenden ödipalen Logik, dann stellt sich der weitere Lebensweg des Mönchs als ständiger Wechsel zwischen dem Versuch dar, die jungfräuliche Geliebte/Mutter zu schänden, und der notwendigen Reue darüber. Entsprechend verfolgt der violette Maler das Geschäft der väterlichen Rache und wird zum „Über-Ich", zum Gewissen des Mönchs. Die Farbe des Mantels spielt dabei sowohl auf das Motiv von Gewalt und Vergewaltigung („violence") als auch auf das Objekt der Gewalt an: Im Bild des Veilchens ist die Keuschheit der Mutter Gottes präsent. Das Vergewaltigungs- und Tötungsphantasma gegenüber der jungfräulichen Aurelie, das ihm der Urvater Francesko mit der Farbe seines Mantels ständig vor Augen führt, resultiert aus den inzestuösen Schuldgefühlen des Sohns Medardus.

5. Bilder/Frauenbilder

In Hoffmanns ambivalenter Imagination der Frau steht entlang eines alten patriarchalen Topos die keusche Jungfrau mit der verführerischen Hure in offensichtlicher Konkurrenz. Das Erste, was dem Mönch nach seiner Ankunft im römischen Kapuzinerkloster vor Augen kommt, ist das Altarbild der Heiligen Rosalia, „das verhängnisvolle Altarblatt [seines] Klosters" (ebd., S. 268). Wenig später, im „Pergamentblatt des alten Malers", erfährt der Leser, dass es sich dabei um die Kopie eines Originals handelt, das einst an das Kapuzinerkloster zu B. verkauft wurde und folglich das ‚Urbild'

Aurelies darstellt, von dem also das schicksalhafte sexuelle Begehren der Väter und Söhne seinen Ausgang nahm. Dies beschreibt eine Konstellation, die Hoffmann in zahlreichen Texten wiederholt und variiert hat. Es handelt sich um eine komplizierte Relation unterschiedlicher Niveaus der Repräsentation, um die Transformationsbeziehungen zwischen Urbild, Abbild und literarischer Narration. Initiale Funktion kommt darin einem (zumeist weiblichen) Urbild zu, dessen malerische Darstellung schon einer Verzerrung gleichkommt. Der nächste Schritt lässt sich als Verlebendigung des Abbildes begreifen; er bezeichnet also den Übertritt des Abbildes in den Raum des literarischen Fiktionszusammenhangs. Die Transformationsregel lässt sich ganz allgemein als Metamorphose fassen, wenn man bedenkt, dass darin eine anamorphotische Verstreckung, eine perspektivische Verzerrung, mitgedacht ist.

Hoffmann hat seiner literarischen Animation der Venus einen blasphemischen Zug eingeschrieben, der im Grunde die Mönchs-, Novizinnenoder Kloster-Erotik des gesamten Romans durchzieht. Er verbindet ein satanisches Element mit dem Motiv der Wiedergeburt am dritten Tag: „Dann zerraufte er sein Haar und gebehrdete sich wie einer, der von dem Satan besessen. Schon zwei Tage und zwei Nächte hatte es Francesko so getrieben; am dritten Tag, als er, wie eine erstarrte Bildsäule, vor dem Bilde stand, ging die Türe seines Gemachs auf, und es rauschte hinter ihm wie mit weiblichen Gewändern." (ebd., S. 283) Was hier rauschend Franceskos Leben und den fiktiven Handlungsraum des Romans betritt, ist alles andere als eine christliche Offenbarung: eine Epiphanie des „teuflischen Weibes" in heidnischer Gestalt eines „freudigen frischen Altertum[s]". Ihre Schönheit erweist sich zwar folgerichtig als „lügnerisches Trugbild", das wenig später – nach dem Maßstab der mittelalterlichen Frau Welt – sein wahres „gräßlich verzerrtes runzliges Gesicht" (ebd., S. 285) zeigt und stirbt, immerhin aber bekommt mit ihm zum einen das ambivalente Urbild der Frauenreihe Rosalia-Venus-Aurelie erstmals Konturen, zum anderen setzt es den ‚Findling' in die Welt, mit dem sich die Reihe der Franceskos bis auf den Mönch fortsetzt. Das zwiespältige Frauenbild der (christlichen) Mutter und (heidnischen) Hure bedeutet für die Identitätsstrukturen der *Elixiere des Teufels*, dass Medardus gegenüber den Frauen immer auch die Rolle des Sohnes einnimmt, der sich außer mit sich selbst nur mit der Mutter beschäftigt. So wird es verständlich, dass die Männerfiguren des Romans sich stets in Doppelgänger des Mönchs verwandeln und die Frauen Variationen des einen Urbildes Rosalia/Venus sind.

Mit dem Findling Francesko nimmt das sexuelle Verhängnis der Mönchsfamilie zuerst Gestalt an. Ganz nach dem – eingangs bereits bemerkten – Vorbild Kleists aus der Erzählung *Der Findling* usurpiert er die Position des wohlmeinenden Adoptivvaters, des Grafen Filippo, und setzt mit dessen Gattin, der Gräfin S., die inzestuöse Familiengeschichte fort. Mit seiner Adoptivmutter zeugt der Findling unter anderem die Gräfin Angiola, die schließlich Opfer einer Vergewaltigung durch ihren Halbbruder Paolo Francesko wird, den legitimen Spross des Findlings aus einer späteren Ehe. Aus dieser Gewalttat geht ein weiterer Francesko hervor: der leibliche Vater des Mönchs, der mit der Mutter Aurelies, die gleichen Namens ist, wiederum ‚sündhaft' eben die Euphemie zeugt, die sowohl mit Medardus als auch mit seinen beiden Halbbrüdern (und zugleich Doppelgängern) Viktorin und Hermogen ein sexuelles Verhältnis pflegt.

Aus einem längeren eingeschobenen Brief Aurelies an die Äbtissin eines Zisterzienserklosters erfährt man, dass sie auf eine ähnlich traumatische Weise mit Medardus verbunden ist wie er umgekehrt mit ihr. Auch sie weiß von einem Erlebnis aus der „frühe(n) Kinderzeit" (ebd., S. 237) zu berichten, das ihr weiteres Leben nachhaltig geprägt hat. Inmitten ihrer idyllischen Kindheit wird es ihr einmal verwehrt, zur Mutter zu gehen, denn, so die Begründung ihres Bruders Hermogen: „die Mutter ist im blauen Kabinett und spricht mit dem Teufel!" (ebd., S. 238) In der kindlichen Phantasie verbindet sich mit dem Teufel die Vorstellung von „einem bösen hässlichen Gespenst", mit dem die Mutter verkehre und das für ihre „fürchterlichen Krämpfe" und ihren „todähnlichen Zustand" verantwortlich sei. Zufällig wird die Kleine Zeugin davon, was es mit dem teuflischen Rendezvous der Mutter auf sich hat. Im Mittelpunkt steht das „lebensgroße Bild", das Francesko und den violetten Maler, die beiden schizophren miteinander verbundenen Figuren, zusammenführt. Erneut zitiert Hoffmann Kleists Erzählung *Der Findling*. Nicht nur, dass Aurelies Mutter, wie Kleists Elvire, in einem verschlossenen Kabinett ihre heimliche Liebe über den Fetisch eines Männerbildes pflegt, in beiden Fällen handelt es sich auch explizit um ein Gemälde in „Lebensgröße".

Aurelies Initiation trägt – ebenso wie im Falle des Mönchs – Züge einer kindlichen ‚Urszene', wie Hoffmann sie in zahlreichen Texten als psychogene Traumatisierung und Strukturierung einer Biographie verwendet hat. Das Bild des Mannes, der später in Medardus Gestalt annehmen wird, hinterlässt einen solchen Eindruck bei ihr, dass sie vor Freude „jauchzt". Mit vielen „Achs" beklagt sie, dass die Mutter ihr das Bild sofort wieder vorenthält. Denn diese, ansonsten sanft und gütig, reagiert auf die Entdeckung ihrer geheimen Lüste äußerst empfindlich und zeigt sich „erzürnter", als die Tochter sie je erlebt hat. Die kleine Aurelie fühlt sich an diesem Zwischenfall vermutlich auch deshalb schuldig, weil sie der lebensgroße

Mann im violetten Mantel so tief berührt hat. Nach der Logik des Unbewussten hat sie der Mutter den imaginären Liebhaber streitig gemacht und muss deshalb den Vorfall und mit ihm den Mann verdrängen: „Wir gingen nach der Hauptstadt, das Bild verlor sich aus meinem Gedächtnis und wurde selbst dann nicht wieder lebendig, als wir nach dem Tode der guten Mutter auf das Land zurückgekehrt waren." (ebd., S. 239)

Hierin irrt Aurelie: Selbst wenn sie das Bild vergessen hat, aus ihrem Unbewussten ist es keineswegs gelöscht. Die Mutter muss nur erst gestorben sein, damit ein zweites Ereignis es umso heftiger zum Leben erwecken kann. Dringende Reparaturarbeiten im väterlichen Schloss machen es unumgänglich, das blaue Kabinett der Mutter zu öffnen. Dabei entdeckt Aurelie nicht nur die Mechanik, mit der die Mutter einst ihren Geliebten aus der Wand springen ließ, sondern auch den Mechanismus ihrer Leidenschaft. Die Kindheitsszene stellt sich mit aller Emotionalität wieder ein und löst bei der pubertären Vierzehnjährigen „unerklärliche Stimmungen" und „seltsames Übelbefinden" aus, das sich bis hin zu „körperlichem Schmerz" und Gliederzucken steigert. Hier kann auch der vom Vater hinzugezogene Arzt nicht helfen: Das „Geheimnis der Liebe" hat sich Aurelie – wie es heißt – „erschlossen", sie ist zur Frau geworden und kommt nicht mehr los vom scheinbar „vergessene[n] Bild jenes unbekannten Mannes" (ebd., S. 241), der niemand anders als Medardus ist: „Du selbst, du selbst, Medardus, bist es, den ich so unaussprechlich liebe." (ebd., S. 243f. und gleichlautend S. 51)

Spätestens hier wird deutlich, wie sehr Hoffmann Aurelie als weibliche Parallelfigur des Mönchs angelegt hat. Die vertrackte Beziehung beider ruft noch einmal die Frage der problematischen Identität auf. Gegen Ende der *Elixiere* lässt Hoffmann den Doppelgänger Viktorin eine Selbstbeobachtung anstellen, die eine wenig kaschierte Anspielung auf die romantische Poetik der Imagination und Metamorphose bedeutet: „Aber als ich so recht mit mir zu Rate ging, war es, als träten die heimlichsten Gedanken aus meinem Innern heraus und verpuppten sich zu einem körperlichen Wesen, das recht graulich doch mein Ich war." (ebd., S. 332) Im Akt literarischer Metamorphose zerstreut sich die soziale Identität des Autors und verwandelt sich in ästhetische Identitäten, deren Hauptmerkmale Selbstreferentialität und Vieldeutigkeit sein müssen, damit eine Rückübersetzung in soziale oder psychologische Identifikationen verhindert werden kann. Romantisches Schreiben sollte nicht einseitig als Suche nach der verlorenen sozialen Position interpretiert werden; eher geht es Hoffmann darum, sich dieser im imaginären Raum der Kunst zu entziehen. Kunst stellt für Hoffmann den Bereich dar, in dem er seine sozialen Spuren verwischen und im komplexen Spiel der Anspielungen und Maskierungen eindeutige Fixierungen vermeiden kann. Die fiktiven Ich-Metamorphosen haben allesamt einen phantasmagorischen Status. Neben Viktorin, Hermogen und dem „Haarkräusler" Schönfeld/Belcampo, in dem offenbar auf den Maler Johann Heinrich Schönfeld angespielt wird (vgl. Kaminski 2001, S. 347ff.), ist auch Medardus ein Phantom des schönen Scheins, den sein Meister von den Elixieren des Teufels kosten lässt, um den Kelch an sich selbst vorübergehen zu lassen. Der Meister selbst würde sich besser in der Rolle des Heiligen Antonius gefallen, der den Schlüssel zum Giftschrank und dem Teufelselixier in seinem Schreibtisch „tief unter [seinen] Skripturen" (Hoffmann II/2, S. 37) versteckt und, anstatt davon zu kosten, sich der Askese der literarischen Schrift unterzieht, die immerhin sublimierte narzisstische Lüste ermöglicht, ohne gleich daran zugrunde zu gehen.

(Detlef Kremer)

Nachtstücke (1816/17)

1. Entstehung und Wirkung

Entstehung und Publikation der nach dem Vorbild der *Fantasiestücke* konzipierten Erzählsammlung *Nachtstücke* fallen in den Zeitraum zwischen den Novembermonaten 1815 und 1817, zwei für den Juristen und Künstler Hoffmann entscheidende Jahre. Er wird zum ‚wirklichen Mitglied' des Kriminal-Senats am Berliner Kammergericht ernannt und erhält als Rat des obersten preußischen Strafgerichts ein pensionsfähiges Jahresgehalt von 1.000 Reichstalern. Seine Oper *Undine* (nach Fouqué) besteht mit großem Erfolg die Uraufführung und kann sich anschließend auf dem Spielplan des Königlichen Schauspielhauses behaupten. Der Plan für ein weiteres Sammelwerk entstand 1815 während der Arbeit am zweiten Band der *Elixiere des Teufels* und greift auf die Erzählung *Der Revierjäger* zurück, der Hoffmanns Bamberger Verleger und Freund Kunz die Aufnahme in die *Fantasiestücke* verwehrt hatte. Die dunkle Räuber- und Familiengeschichte sollte prägend sein für die Grundstimmung der neuen Sammlung, die gleichwohl von einem anderen Text eröffnet wird: „Der Sandmann / d. 16. Novbr. 1815 Nachts 1 Uhr" lautet in der Manuskriptfassung die Überschrift der Erzählung (vgl. Hoffmann III, Kommentar, S. 944), in der die raren zeitgenössischen Rezensionen, beispielhaft die *Allgemeine Literatur-Zeitung* aus Halle, lediglich „geisterhaften Spuk" und „unwillkürliches Phantasieren" (zit. ebd., S. 948) erkannten. Im ersten Band, der im September 1816 bei Reimer in Berlin mit dem Datum des Folgejahres erschien, folgen ihm *Ignaz Denner*, so der neue Titel des überarbeiteten *Revierjäger*, sowie die Erzählungen *Die Jesuiterkirche in G.* und *Das Sanctus*. In dem bis zum Sommer 1817 entstandenen zweiten Band mit ebenfalls vier Erzählungen folgt auf *Das öde Haus* das fast Romanlänge erreichende *Majorat* sowie die weitaus kürzeren *Das Gelübde* und *Das steinerne Herz*. Eine weitere Auflage hat es zu Hoffmanns Lebzeiten nicht mehr gegeben.

Hoffmann ließ die *Nachtstücke* als „Herausgegeben / vom Verfaßer der Fantasiestücke in / Callots Manir" (ebd., S. 944) erscheinen, um an den Erfolg des populären Erstlingsbandes anzuknüpfen, fand aber weder vergleichbaren Absatz noch Gnade bei den Kritikern. Hatten die großen Rezensionsorgane die *Fantasiestücke* mit überschwänglichem Lob bedacht, straften sie den Nachfolger mit Nichtachtung. Der erste Band erhielt eine einzige, ausschließlich negative Besprechung, der zweite wurde überhaupt nicht mehr rezensiert. Die privaten Zeugnisse und Analysen von Zeitgenossen ergeben ein vergleichbares, wenn auch weniger einseitiges Bild. Heinrich Voß stellt den *Sandmann* als „eine der geistreichsten Erzählungen unserer Zeit" heraus, moniert aber die Dominanz von „Schauer und Entsetzen" (Voß 1834, S. 96). Walter Scotts ähnlich differenziert argumentierende Untersuchung zum *Majorat* und zum *Sandmann* (vgl. Scott 1827) nahm erst im Gebrauch Goethes und durch dessen ausgesprochen tendenziöse Übersetzung die Gestalt des Verdikts an, das die deutsche Haltung zu Hoffmann lange bestimmen sollte. Der Dichterfürst wollte in den Nachtarbeiten seines im Hauptberuf ungleich erfolgreicheren Juristen-Kollegen nur den Ausdruck eines Drogenproblems erkennen – „unmäßiger Gebrauch des Opiums" (Goethe WA I, 42/2, S. 87) – und empfahl seinen Phantasien „mehr den Beistand des Arztes als des Kritikers" (ebd.). Das Bild vom effekthaschenden „Gespenster-Hoffmann" war damit autorisiert, die deutsche Rezeption der *Nachtstücke* – im Unterschied etwa zur fruchtbaren Aufnahme in Frankreich und Russland – nachhaltig trockengelegt. Noch in der Hoffmann-Forschung des 20. Jahrhunderts fristet die Sammlung ein eher dürres Dasein. Gegen das mit Freuds Aufsatz über *Das Unheimliche* gewachsene Interesse der psychoanalytisch orientierten Literaturwissenschaft am *Sandmann* fallen die Untersuchungen zu allen anderen Erzählungen der Zahl nach deutlich ab. Eine umfassende Einzelanalyse der *Nachtstücke* insgesamt steht noch immer aus.

2. Begriffshorizont

Dem Begriff ‚Nachtstück' unterliegt im Eigengebrauch Hoffmanns zunächst eine enge produktionsästhetische Bedeutung, die das Zustandekommen der Erzählungen bezeichnet. Die Handschrift zum *Sandmann* zeigt an: Je mehr Verantwortung Hoffmann in Berlin als Richter zu tragen hatte – nach nur drei Monaten als Hilfsarbeiter erhielt er am 7. Januar 1815 volles Stimmrecht –, desto ausschließlicher blieben tatsächlich nur die Nachtstunden für die literarische Tätigkeit. Ihre Schöpferkraft gewährt indes bei aller offensichtlichen Rebellion gegen die Institution und die Identität als Staatsdiener, „die ihn vereinnahmen wollen" (Steinecke 2004, S. 269), Einblicke in gerade jene dunklen Abgründe der aufgeklärten bürgerlichen Existenz des Menschen, mit denen Hoffmann als forensischer Gutachter auch von Amts wegen umging (vgl. Reuchlein 1985). Gerade weil der literarische Romantiker vom juristischen Aufklärer nicht getrennt werden kann (vgl. Neumann 1997a), erscheint Hoffmann als frühes Spannungsbild eines modernen Schriftstellers, der den Begriff ‚Nachtstück' auf ganz eigene Weise prägte.

Ursprünglich stammt der Genrebegriff aus der Malerei und dient als allgemeine Bezeichnung für Gemälde mit starken Hell-Dunkel-Kontrasten, bis er schließlich für die spezielle Motivik schauderhaft gewaltsamer Szenen Verwendung findet, etwa für die Arbeiten von Pieter Brueghel dem Jüngeren (um 1564 – um 1638), dem sogenannten „Höllenbrueghel", oder für die „rauhen Wüsteneien" Salvator Rosas (1615–1673), die Hoffmann in *Die Jesuiterkirche von G.* erwähnt (vgl. Hoffmann III, S. 127). Schon Jean Paul hatte den Begriff auf die Literatur übertragen. Hoffmanns Verdienst ist es, ihn „um die ästhetische Reflexion der Nachtseiten der menschlichen Seele erweitert" (Kremer 1998a, S. 67) und zur literarischen Weltanschaulichkeit aufgewertet zu haben. Das Interesse für das Unbewusste und seelische Vorgänge als Schattenseiten der Aufklärung ist von Beginn an ein wesentliches Charakteristikum der Romantik, wobei Hoffmann im Unterschied vor allem zu Novalis' überpersönlicher Transzendenz den unheimlichen Imaginationen seiner Helden stets einen individuellen, meist in der Familienhistorie begründet liegenden Zuschnitt verleiht, ohne sie auf eine Fallgeschichte oder den „Familienroman der Neurotiker" (vgl. Freud VII, S. 227–231) zu reduzieren. Das unterscheidet die *Nachtstücke* sowohl von der Inanspruchnahme durch die Psychoanalyse als auch von zeitgenössischen Vorgängern wie Karl Philipp Moritz' *Magazin zur Erfahrungsseelenkunde* (1783–1793) und seinem autobiographischen Roman *Anton Reiser*.

Indem Hoffmann wissenschaftliche Quellen in den Erzählungen kenntlich macht, tritt die Differenz des Literarischen als nie zu erschöpfender Beziehungsreichtum hervor. So veranlasst die Lektüre von Reils *Rhapsodien über die Anwendung der psychischen Curmethode auf Geisteszerrüttungen* (1803) Theodor in *Das öde Haus* dazu, einen Arzt aufzusuchen, der ihn durch Hypnose, durch „magnetischen Rapport" (Hoffmann III, S. 198), tatsächlich zu heilen scheint, auf jeden Fall aber soweit wiederherstellt, dass er als Erzählinstanz fungieren kann. Die Erzählung freilich sendet ohne Unterlass Textsignale der Unzuverlässigkeit aus, diskutiert in ihrem mit den *Serapions-Brüdern* vergleichbaren Gesprächsrahmen den offenen Entwurf einer Poetologie des Wunderbaren und bezieht am Ende die Wissensinstanz des Mediziners selbst in den Wahrnehmungswahnsinn ein, um den die Handlung sich dreht. Ungewissheit wird als Grundstruktur des stilbildenden Unheimlichkeitseffekts offenbar: „Immer wieder werden in den Nachtstücken Phänomene naturwissenschaftlich, psychologisch oder medizinisch erklärt, aber man kann nie sicher sein, ob diese Erklärungen hinreichen oder ob sie nicht gar in die Irre führen; und es bleiben stets weitere Teile, die solchen Erklärungen unzugänglich sind." (Steinecke 2004, S. 267) *Ansichten von der Nachtseite der Naturwissenschaft*, wie der Titel einer für Hoffmann wichtigen Abhandlung von Gotthilf Heinrich Schubert aus dem Jahre 1808 lautet, präsentieren die Nachtstücke nicht in Gestalt irrationaler Gegenbilder zum Rationalismus der Aufklärung. Die Vertreter der Schönen Wissenschaften und Künste, die die Erzählungen bevölkern, werden wahnsinnig gerade durch ihren wissenschaftlichen Trieb zum exakten Sehen, zum radikalen Experiment oder zur kunsttheoretischen Ausdifferenzierung von Ideal und Wirklichkeit. Wo die mit der Aufklärung universalisierte Wirkungsmacht epistemischer Wissensformen sämtliche Lebensbereiche durchdringt, wird nicht die Sicherheit des Wissens, sondern der systematische Zweifel zum Paradigma. Man lebt, wie es bei Lichtenberg heißt, „unter Hypothesen" (vgl. Lichtenberg I, S. 29); nur die Ungewissheit des Seins ist gewiss. Das Nachtseitige von Hoffmanns Helden liegt in der Notwendigkeit, das eigene Selbst und die Identifikation im Gegenüber immer neu herstellen, bespiegeln und erschauen zu müssen. Wissenssicherheit erlangen sie nur im Wahn, der die Noesis zur Paranoia, zur fixen Idee verdichtet.

3. Themen, Motive, Strukturen

Durchgehende Konkurrenz mehrerer Erzählperspektiven, psychogene Szenarien und Symbolismen sowie die Ambivalenz der Figurenidentitäten bilden die narrativen, rhetorischen und motivlichen Basisstrukturen der Erzählungen, die sich thematisch auf drei Komplexe konzentrieren: Kindheit als Trauma, Liebe als katastrophische Passion und gestörte Wahrnehmung als Ursache des Wahnsinns (vgl. Kremer 1998a, S. 72). Kindheit ist für Hoffmann nicht Ideal, sie ist im Sinne der Erfahrungsseelenkunde Periode der Prägung und als solche Ursprung der Wiederholungen, die die Protagonisten durchleiden. Regelmäßige Analepsen etablieren und tragen diesen Zusammenhang. Liebe bedeutet anders als in der Frühromantik keine Verschmelzung zu höherer Einheit. Sie wird zum Schauplatz fortlaufender Fehlidentifikation und grotesker Irrtümer. Ein vorgängiges Erlebnis, das nicht voll bewusst erlebt wird und darum in traumatischer Wiederholung insistiert, bestimmt alle acht Nachtstücke. Im *Sandmann*, der *Jesuiterkirche von G.* sowie in *Das öde Haus* und im *Majorat* tritt in Verbindung mit dem Fokus auf Wahrnehmung und Wahn Hoffmanns besondere Vorliebe für „optische Medien" (vgl. Kittler 2002) zutage: Nathanaels irritierte Einsichten durch das ‚Perspektiv' Coppolas, ‚die sinnetäuschende Perspektive' des Architekturmalers Berthold (vgl. Hoffmann III, S. 48, 116), der Spiegel Theodors und die astronomischen Instrumente des Majoratsherrn, die seine Nachkommen in den Abgrund reißen, sie alle markieren visuelle Darstellungstechniken, über die Hoffmann die Unfälle der Aufklärung im ständigen Übergang von Sehen und Erzählen in den Blick nimmt.

Der *Sandmann*, welcher Hoffmann selbst als prototypisches Nachtstück erschien, folgerichtig die Sammlung eröffnet und mit großem Abstand die meiste Aufmerksamkeit der Interpreten auf sich gezogen hat, schließt die verschiedenen Komplexe der Darstellung des Unbewussten in einer von den anderen Erzählungen nicht erreichten Dichte und Vielschichtigkeit zusammen. Das von der medialen Motivik her am engsten verwandte *Öde Haus* verfährt im modern anmutenden Grundthema subjektiver Identifizierungstechnik weit weniger subtil und spiegelt pathologischen Narzissmus wider, wo der *Sandmann* die Perspektiven pluralisiert. Nathanaels nächtliches Kindheitstrauma vom drohenden Augenraub durch den ‚Sandmann', als dessen Wiedergänger sich der Advokat Coppelius und der Wetterglashändler Coppola in einer unkontrollierbaren Identitätsverkettung ablösen (eine Serienstruktur, die Kafka zur Grundlage des modernen Institutionsromans machen wird), interferiert mit einem zweiten Identifikationsprozess, der gleichfalls auf Eskalation hin angelegt ist. Anstelle seiner Verlobten Clara, die ihm die Anerkennung als Dichter versagt und die er deshalb als „lebloses [...] Automat" (ebd., S. 32) verdammt, gesteht der Student der Automatenpuppe Olimpia seine Liebe, deren beständiges Schweigen „seine Dichtergabe" (ebd., S. 43) so weit animiert, dass er „außerordentlich lebhaft" (ebd., S. 40) das reiche Repertoire romantischer Innerlichkeit auf sie projiziert. In einer sonst nur bei Kleist erreichten Radikalität spannt Hoffmann Belebtes und Unbelebtes, Organik und Mechanik in einen Zusammenhang grotesker Leiblichkeit, der das Authentizitätssyndrom nicht nur der Romantik, sondern des gesamten Zeitalters dekonstruiert und die am aufrichtigen Ausdruck des Inneren orientierte ästhetische Theorie in eine „Ästhetik der Negativität" (Liebrand 1996, S. 17) umschlagen lässt. Während damit der in Kleists *Über das Marionettentheater* gewiesene Weg einer Metapoetologie der Epoche konsequent fortgesetzt wird, bleibt die Wiederaufnahme Kleist'scher Motivik in Gestalt des somnambulen Vergewaltigungstraumas in *Das Gelübde* ohne repräsentationstheoretische Tragweite und also gegenüber dem Vorgänger zurück.

Das in den Erzählungen mehrfach direkt bezeichnete Gefühl des Unheimlichen tritt in unterschiedlichen Ausprägungen auf. Es dominiert einerseits die Unentscheidbarkeit zwischen Lebendem und Totem, die im *Sandmann* und im *Öden Haus* aus dem visionären Blick der Protagonisten entsteht. Die Totenlarve Hermenegildas im *Gelübde* spielt mit der Erinnerung daran. Andererseits ist es die Wiederholung traumatischer Urszenen oder Bilder, deren Unheimlichkeit sich als nicht zu bannender Effekt und Erzählanreiz einstellt. Neben dem prominenten Motiv des gefährdeten Blicks im *Sandmann* zählen dazu auch das verhängte Gemälde Bertholds in der *Jesuiterkirche in G.*, das dessen unvollendete Vergangenheit insistieren lässt, oder der Nachtwandel des Dieners Daniel im *Majorat*, der zum Schauplatz seines Mordes zurückkehrt. Zur Unheimlichkeit der Wiederholung gehört auch das Doppelgängermotiv um das Figurenpaar Coppelius/Coppola, das die Grundstruktur des Identitätszweifels plastisch vor Augen führt. Ob die Wiederholung identisch ist oder aber eine Differenz besteht, das bleibt offen, und gerade dadurch stellt sich der Effekt des Unheimlichen ein. Freud hat bekanntlich versucht, als Alternative zu der, wie er fand, ‚stofflichen' Bestimmung des Unheimlichen durch Jentsch eine strukturelle Definition zu geben, um dann selbst mit der Wiederkehr verdrängter Kastrationserlebnisse nur allzu stofflich zu argumentieren. Dass er dabei Hoffmanns *Sandmann* bis zum handfesten Lektürefehler zurichten musste (vgl. Weber 1981), hat den Blick frei werden lassen für die eigenständige literarische Struktur des Unheimlichen, das auf der Ebene der Semiose und des hermeneutischen Verstehens selbst Identität und Differenz als unentscheidbar verschwistert ausweist und den „Widerstand" (Kremer 1999a, S. 7) des Literarischen gegen eine abschließende Theoretisierung, gegen ein Ende der wiederholten Lektüre ausstellt.

4. Komposition der Sammlung

Zu den *Nachtstücken* existiert kein Vorwort wie zu den *Fantasiestücken*. Im Vergleich zu den teilweise gleichzeitig entstandenen Erzählungen der *Serapions-Brüder* gibt es auch keine Einbindung in ein Rahmengespräch und keine Verpflichtung auf ein bestimmtes Erzählprinzip. Es ist deshalb bisweilen ein finanzielles Kalkül als hauptausschlaggebend für die Zusammenstellung angenommen worden, was jedoch angesichts des sich gerade während der Arbeit an den *Nachtstücken* einstellenden großen beruflichen Erfolgs Hoffmanns als Richter nicht eben plausibel erscheint. Ein genauer Blick auf das Verhältnis der Einzeltexte ergibt ein differenzierteres Bild. Den Eindruck der Dominanz des *Sandmanns* als Nachtstück gegenüber den nachfolgenden Erzählungen hat die Forschung durch ihre einseitige Aufmerksamkeit, wenn nicht erzeugt, so doch erheblich befördert, was nicht dagegen spricht, dass dem tatsächliche Qualitätsunterschiede zugrunde liegen. Hoffmann selbst hat in seiner privaten Korrespondenz darauf hingewiesen und Kunz in einem Brief vom 8. März 1818 über das am nächsten an der Eröffnungserzählung orientierte Werk vertraut: „das öde Haus taugt nichts" (Hoffmann VI, S. 137). Heute korrigiert man diese Selbsteinschätzung (vgl. Kremer 1987, S. 75f.; Kremer 1998a, S. 67; Lieb 2002), die wie die generelle Ablehnung der *Nachtstücke* durch die Meinung der Zeitgenossen auf die historische Gebundenheit von Literaturkritik und die Dimension des Unzeitgemäßen im Werk Hoffmanns verweist. Unabhängig jedoch von allen Werturteilen muss als unbestritten gelten, dass es sich bei dem Sammelwerk um eine zusammenhängende Komposition handelt. Wie in einer Ouvertüre versammelt und konzentriert der *Sandmann* die Themen und Strukturen der *Nachtstücke*, die die einzelnen Stücke in geringerer Intensität durchführen. Die inhaltliche Dichte des Anfangs löst sich auf in mehr monothematisch orientierten Werken, die jeweils einen bestimmten Aspekt besonders vertiefen und in *Das steinerne Herz* die düstere Grundstimmung durch einen satirisch-heiteren Schlussakkord aufhellen.

Ignaz Denner, der neue Titel der ältesten Erzählung der Sammlung, lässt den Einfluss des *Sandmanns* bei der Überarbeitung kenntlich werden: Anstelle des Revierjägers Andres ist es nun ebenfalls die dämonische Macht, die in Gestalt des Räuberhauptmannes der Erzählung den Namen gibt. Die handlungsorientierte Narration dominiert die Motivtechnik, die mit zahlreichen Elementen der Schauerromantik versetzt wird, etwa dem Herstellen von Wundermitteln aus dem Herzblut von Kindern, wie es von Denners Vater, dem teuflischen Giftmischer Trabacchio, berichtet wird, in dessen Bann auch Denners Anschläge auf die Söhne von Andres stehen, die damit nachtstücktypisch als Akte einer vorzeitlich geprägten Wiederholungsstruktur kenntlich sind. Im Laufe der Handlung spitzt sich die Erzählung zum Justizdrama zu, das mit dem erfolterten Geständnis, aus dem Andres körperlich und seine Frau seelisch gebrochen hervorgehen, seinen Höhepunkt erreicht (vgl. Kramer 2004, S. 173–179). Hoffmann öffnet die Tür zu den dunklen Räumen des Rechts und gibt den Blick frei auf die Nachtseiten der Wahrheitstechniken in der zeitgenössischen Strafjustiz (vgl. Hoffmann VI, S. 659). Im *Majorat* setzt sich diese Linie auf zivilrechtlicher Seite fort, wobei der verhängnisvolle Erbrechtsstreit unter den Söhnen des alten Herrn ein weiteres Grundthema der Nachtstücke variiert: die existentielle, meist bedrohliche Bedeutung von Genealogie. Zugleich kommt über die Wirkung der Musik des Ich-Erzählers Theodor auf die sensible Majoratsherrin Seraphine die Passion ins Spiel, die in den Nachtstücken den Liebes- und den Künstlerdiskurs gleichermaßen antreibt, wofür wiederum Nathanaels ‚Kunstgespräch' mit Olimpia das Urbild abgibt.

Weitergeführt wird dieser Bedeutungsstrang in den Künstlergeschichten der *Jesuiterkirche in G.* und in *Das Sanctus*. Vor dem Hintergrund des großen poetologischen Themas der Medienkonkurrenz von Bild und Poesie, das im Zentrum von Hoffmanns Gesamtwerk steht (vgl. Gnam 2004), erscheint die Entwicklung des Malers Berthold, der in Abgrenzung zur bloß äußerlichen Produktionsweise der zeitgenössischen Historien- und Landschaftsmalerei das ‚innere Bild' seiner Einbildungskraft zum Maßstab der Kunst erhebt und dabei immer wieder Phasen der Darstellungsunfähigkeit durchleiden muss, als Vorwegnahme des in den *Serapions-Brüdern* formulierten Erzählprinzips. Der dort thematisierten, leitmotivischen Gefahr der übersteigerten Orientierung an Innerlichkeit, der Übergängigkeit von Fantasie und Wahnvorstellung (vgl. *Der Einsiedler Serapion*, Hoffmann IV, S. 23–36), ist er nicht gewachsen. Er opfert nicht weniger gewaltsam als Nathanael sein Lebensglück dem Kunstideal. Im Vergleich dazu bietet Hoffmann in *Das Sanctus*, der kürzesten Erzählung des Bandes, eine heilsam-ironische Variante des Kunstverlustes, in welcher die Sängerin Bettina durch eine kathartische Geschichte ihre verlorene Stimme zurückerhält.

(Thomas Weitin)

Der Sandmann

1. Entstehung und Überlieferung

Seine bekannteste Erzählung gehört zu den wenigen Texten Hoffmanns, deren handschriftliche Fassung erhalten ist. Sie befindet sich im Märkischen Museum in Berlin. Das Manuskript ist auf den 16. November 1815 „Nachts 1 Uhr" datiert. Dem Titelblatt ist zu entnehmen, dass Hoffmann bereits zu dieser Zeit, als er am zweiten Band des Romans *Die Elixiere des Teufels* arbeitete, den Plan zu einer weiteren Erzählsammlung gefasst hatte, die an den Erfolg der ein Jahr zuvor publizierten *Fantasiestücke* anschließen sollte. Der volle Titel der Handschrift lautet: „Nachtstücke. | Herausgegeben | vom Verfaßer der Fantasiestücke in | Callotts Manier | Der Sandmann". Die Handschrift gilt als erste Niederschrift des Textes und weist zahlreiche Korrekturen auf, die sich auf rund 1.000 Textvarianten summieren – einzelne Textstellen sind per Streichung und Überschreibung bis zu viermal überarbeitet worden. Mehrheitlich handelt es sich um stilistische Verbesserungen, die einerseits für eine stärkere Rhythmisierung sorgen und andererseits die Metaphorik der Erzählung durch ein einheitlicheres semantisches Bezugsgeflecht verdichten. Eine textkritische Edition des *Sandmanns*, die alle Varianten verzeichnet und gegenüber der ersten, unvollständig gebliebenen Transkription Carl Georg von Maassens (Hoffmann 1909, ed. von Maassen) dem heutigen editorischen Standard genügt, hat Ulrich Hohoff (1988) vorgelegt.

Bereits am 24. November 1815, gut eine Woche nach der Niederschrift, schickte Hoffmann das erhaltene Manuskript an den Berliner Verleger Reimer und bot diesem an, „ein Bändchen Erzählungen unter dem allgemeinen Titel: *Nachtstücke*" und den *Sandmann* als erstes Stück „in Verlag zu nehmen" (Hoffmann VI, S. 82). Für die Druckfassung ist keine handschriftliche Vorlage von Hoffmann überliefert, doch hat er die Textgestalt des ersten *Nachtstücke*-Bandes, der im Sommer 1816 in Druck ging und im September desselben Jahres mit der Jahreszahl 1817 in der Reimer'schen Realschulbuchhandlung erschien, durch sein Einverständnis mit der Drucklegung autorisiert (vgl. ebd., S. 89). Die Druckfassung des *Sandmanns* weist im Vergleich zum Manuskript Raffungen auf, die darauf zielen, den Effekt des Unheimlichen zu pointieren, indem die Ambivalenzen des Textes, vor allem der Figurenführung, stärker in den Vordergrund gestellt werden. So fallen mehrere Erzählerkommentare weg, darunter ein Satz, der die Identität von Coppola, Coppelius und dem Sandmann suggeriert: „Am Ende war [Coppola] doch wohl der gräßliche Sandmann Coppelius" (Hohoff 1988, S. 134). In der Druckfassung wird die Identität der drei Figuren nur noch aus der Perspektive Nathanaels plausibel. Generell ist die deutlich konturierte Erzählerfigur der Handschrift, die wortreich erklärt, kommentiert und bisweilen ihr eigenes Innenleben thematisiert, im Druck einem Erzählergestus gewichen, der das Geschehen neutraler und vermeintlich objektiver präsentiert. Zu diesen erzähltechnischen Verfeinerungen treten narrative Änderungen, die vor allem die Figur Coppelius betreffen. In der Druckfassung entfällt Nathanaels briefliche Beschreibung von Coppelius als Schneemann zugunsten der Einheitlichkeit des Sandmann-Motivs („Zur Winterszeit pflegte er ganz weiß zu gehen – selbst Hut, Rock und Uhrband waren von weißer Farbe [...]. Uns Kindern war er dann wie ein scheußlicher Schneemann, dem man das Gesicht mit Ziegel gefärbt und Kohlen statt der Augen eingesetzt"; ebd., S. 15f.); desgleichen fehlt eine längere retrospektive Passage aus Nathanaels Kindheit, in der Coppelius als Mörder von dessen jüngerer Schwester figuriert: „Ich war vierzehn, meine jüngste Schwester, der Mutter treues Ebenbild, anmuthig, sanft und gut wie sie, sechs Jahr alt worden, ich liebte sie sehr, und so geschah es, daß ich oft mit ihr spielte. So saß ich einst mit ihr in unserer ziemlich einsamen Straße vor der Hausthür, und ließ ihre Puppen miteinander sprechen, so daß sie in kindischer Lust lachte und jauchzte/ Da stand mit einem Mahl der verhaßte Coppelius vor uns – Was wollen Sie hier? – Sie haben hier nichts zu suchen – Gehen Sie – gleich gehen Sie – So fuhr ich den Menschen an, und stellte mich kampflustig vor ihn hin – Hoho hoho klein Bestie – lachte er hämisch, aber er schien nicht ohne Scheu vor meiner kleinen Person. Doch schnell, ehe ich mir's versah, ergriff er m[eine] kleine Schwester – Da schlug ich ihn nach dem Gesicht – er hatte sich gebückt – ich traf ihn schmerzlich – mit wüthendem Blick fuhr er auf mich loß – ich schrie Hülfe – Hülfe – des Nachbars Brauers Knecht sprang vor die Thür, Hey Hey – hey – der tolle Advokat – der tolle Coppelius – macht euch über ihn her macht euch über ihn her – so rief es und stürmte von allen Seiten auf ihn ein – er floh gehezt über die Straße – Aber nicht lange dauerte es, so fingen meinem Schwesterlein die Augen an zu schmerzen, Geschwüre, unheilbar sezten sich dran – in drey Wochen war sie blind – drey Wochen darauf vom Nervenschlag getroffen todt – „Die hat der teuflische Sandmann ermordet – Vater – Vater – gieb ihn bey der Obrigkeit an, den verruchten Morder! – so schrie ich unaufhörlich. Der Vater schalt mich heftig und bewies mir, daß ich was unsiniges behaupte, aber in dem Jammerblick der trostlosen Mutter las ich nur zu deutlich, daß sie dieselbe Ahnung in innern trage." (ebd., S. 26–28)

Zwei Komplementärstellen sind ebenfalls dem Rotstift zum Opfer gefallen, eine Passage aus Nathanaels Gedicht, in der seine Braut Clara, der Schwester gleich, nach ihrer Blendung durch Coppelius „entseelt" niedersinkt, sowie eine Szene am Ende der Erzählung, wo Nathanael vom Turm aus Coppelius erblickt, dieser das in der Kindheit verankerte wahnhafte Verhältnis zu Nathanael erneuert und schließlich zu dessen Mörder wird: „[D]a rief eine widerwärtige Stime von unten herauf: Ey Ey – Kleine Bestie – willst Augen machen lernen – wirf mir dein Holzpüppchen zu! […] Komm' schon – Komm schon! Und damit sprang [Nathanael] über das Geländer!" (ebd., S. 143f.) Durch die Streichung dieser Teile entfällt nicht nur die zweifache Kennzeichnung von Coppelius als „toll" und seine eindeutige Festlegung als Mörder, Hoffmann entledigt sich mit der Schwester auch einer weiteren Doppelgängerfigur, die im Manuskript über die Augen- und Todesmotive identifikatorische Bezüge zu Nathanael bzw. Clara aufweist und außerdem zu beiden Elternteilen: Ebenbild ihrer Mutter, stirbt sie wie ihr Vater auf mysteriöse Weise durch Coppelius' Hand.

2. Aufbau und Inhalt

In der Druckfassung gliedert sich der *Sandmann* in fünf Teile, von denen die beiden Briefe des Protagonisten und Claras Antwortbrief die drei ersten bilden, gefolgt von der Geschichte Nathanaels und Claras bis zum drohenden Zweikampf zwischen Nathanael und Claras Bruder Lothar. Der letzte und weitaus längste Teil erzählt von Nathanaels passionierter Liebe zum Automaten Olimpia und umreißt sein weiteres Schicksal bis zum Tod, bevor der Text schließlich mit dem Gerücht über Claras bürgerliches Glück mit einem anderen Mann endet.

Als Medium intimer Kommunikation exponieren die Briefe Nathanaels Inneres und führen so in das Thema der Erzählung ein. Den Physikstudenten Nathanael treibt das Entsetzen um, da er fürchtet, dass eine „schauerliche Geschichte" aus seiner Kindheit sich zu wiederholen beginnt. Der Wetterglashändler Coppola erscheint ihm als Widergänger des grauenvollen Coppelius, mit dem sein Vater alchemistische Experimente betrieb, bis er dabei auf rätselhafte Weise zu Tode kam. Da die Mutter Nathanael an jenen Abenden mit der Erklärung zu Bett schickte, dass der Sandmann käme, galt ihm Coppelius als „der böse Sandmann, der uns immer von Papa forttreibt" (Hoffmann III, S. 12). Ein Ammenmärchen, wonach der Sandmann es auf die Augen kleiner Kinder abgesehen hat, verschärfte das Angstszenario und schien sich prompt zu bewahrheiten, als Coppelius

Anspruch auf Nathanaels Augen erhob. Obwohl der Vater den Augenraub verhindern konnte, fiel Nathanael damals in eine fast tödliche Ohnmacht und fürchtet jetzt, da „jener Wetterglashändler eben der verruchte Coppelius war", dass „schweres Unheil" droht (ebd., S. 20). Clara und ihr Bruder suchen die Ängste des Bräutigams und Freundes zu zerstreuen, indem sie sie rationalisieren und die Narration als Produkt einer überhitzten kindlichen Phantasie abtun. Diese Strategie geht auf, bis Nathanael sich als Laiendichter betätigt und darüber immer heftiger mit seiner Braut in Streit gerät; denn „[n]ichts war für Clara tötender, als das Langweilige", das ihr Physikstudent zu Papier bringt (ebd., S. 30). Als er schließlich ein Gedicht verfasst, in welchem er Coppelius auf Clara hetzt und obendrein ihrer beider Hochzeit platzen lässt, eskaliert die Situation, und es kommt beinahe zum Duell. Zurück in der Universitätsstadt G., verkauft ihm der gefürchtete Coppola ein „Taschenperspektiv", das seinen Blick und seine Liebe auf jene künstliche Schönheit lenkt, die im Fenster gegenüber sitzt und auf den weihevollen Namen Olimpia hört. Bei einem Fest begegnen sie sich, und Olimpia, die selbst bei stundenlangen Lesungen nichts als „Ach, Ach!" und ein abgründiges „Gute Nacht, mein Lieber!" sagt, wird Nathanael zur Erfüllung seiner Wünsche und Träume (ebd., S. 43). Im Begriff, um Olimpias Hand anzuhalten, geht seine Liebe über in Wahnsinn, da er Zeuge wird, wie die Automatenpuppe von ihrem Schöpfer Spalanzani und Coppola im Streit zerfetzt wird. Der Fall wird publik und in den ‚Teezirkeln' der Stadt fürchtet man, den Schwestern Olimpias zu begegnen. Nach einem Aufenthalt im Irrenhaus kehrt Nathanael zu Clara zurück, die er bislang vergessen hatte, und macht einen Ausflug ins Städtchen mit ihr, der ihn das Leben kostet. Auf einem Turm erblickt er Clara durch sein Taschenperspektiv, hält sie in einem neuerlichen Ausbruch von Wahnsinn für ein „Holzpüppchen" und will sie in die Tiefe stürzen. Clara wird jedoch von ihrem Bruder gerettet, während Nathanael „mit zerschmettertem Kopf auf dem Steinpflaster" endet (ebd., S. 49).

3. Zeitgenössische und wissenschaftliche Rezeption

Die deutsche Rezeption des *Sandmanns* fiel im 19. Jahrhundert enttäuschend aus. Wenn der Text überhaupt wahrgenommen wurde, dann erhielt er meist vernichtende Urteile. Ein anonymer Rezensent der *Allgemeinen Literatur-Zeitung* (Nr. 179, 1817, Sp. 597) denunzierte den *Sandmann* bereits im Juli 1817 als „schauderhaftes Nachtstück", in dem „der gräßliche Ernst die Grenze der Dichtung [überschreitet]". 1823 erschien in *Hermes oder Kritisches Jahrbuch der Literatur* ein Beitrag des Literaturkritikers Konrad Schwenck, der jedes einzelne *Nachtstück* mit einer niederschmetternden Wertung versah. Über den *Sandmann* heißt es: „Hier ist die Darstellung so ungeschickt und trotz aller groben Pinselstriche so matt, daß kein Interesse, kein Leben sichtbar wird." (Schwenck 1823, S. 109) Von 1827 datiert Walter Scotts einflussreicher Aufsatz *On the Supernatural in Ficticious Composition; and particularly on the Works of Ernest Theodore William Hoffmann*, in dem die Erzählung als nicht interpretierbar und ihr Autor als Fall für den Psychiater gehandelt wird: „It is impossible to subject tales of this nature to criticism. They are not the vision of a poetical mind, they have scarcely even the seeming authenticity which the hallucination of lunacy convey to the patient; they are the feverish dreams of a light-headed patient" (Scott 1827, S. 97).

Dennoch gelangten Hoffmann und sein *Sandmann* in England und vor allem in Frankreich zunächst zu größerer Berühmtheit als in Deutschland. Zwischen 1828 und 1833 erschien in Frankreich eine zwanzigbändige Ausgabe von Hoffmanns Erzählungen, und 1851 verfassten Michel Carré und Jules Barbier ein Theaterstück, das in der Opernbearbeitung von Jacques Offenbach weltbekannt wurde: *Les contes d'Hoffmann*, uraufgeführt 1881, adaptieren drei Erzählungen, darunter den *Sandmann*. Auch Léo Delibes' Ballett *Coppélia ou La fille aux yeux d'émail*, das 1870 in Paris Premiere feierte, trug zur Popularität des Textes in Frankreich bei; zwei Verfilmungen unter der Regie des Pariser Filmkünstlers und -produzenten Georges Méliès, *Coppélia ou La poupée animée* (1900) und *La poupée vivante* (1909), taten ein Übriges. Die erste deutsche Verfilmung, *Hoffmanns Erzählungen*, entstand 1916 unter der Regie von Richard Oswald.

Zu Beginn des 20. Jahrhunderts meldeten sich auch in Deutschland positive Stimmen zu Wort. Die neuere wissenschaftliche Rezeption des *Sandmanns* begann mit zwei psychoanalytischen Studien, die das Motiv des Doppelgängers und die Psyche des Helden thematisierten. Es handelt sich um Otto Ranks *Der Doppelgänger* von 1914, in dem Hoffmanns Erzählung kursorisch erwähnt und einige für sie wichtige Motive aus dem Volksaberglauben thematisiert werden, und um den 1919 erschienenen Essay *Das Unheimliche* von Sigmund Freud, der Nathanaels Trauma aus der Perspektive der Neurosenlehre auf den kindlichen Kastrationskomplex bezieht: Die Vorstellung, der Augen beraubt zu werden, sei als „Ersatz für die Kastrationsangst" zu lesen (Freud XII, S. 243). Trotz der naheliegenden psychoanalytischen Vereinfachung des *Sandmanns* – zu Beginn des Textes bekundet Freud ein Desinteresse an ästhetischen Fragen – erschien in der Auseinandersetzung mit Freuds Lektüre eine beachtliche Zahl literaturwissenschaftlicher Beiträge zu Hoffmanns Erzählung (Kofman 1973; Cixous 1974; Uber 1974; Aichinger 1976; Kittler 1977; Hertz 1979; Magris 1980; Obermeit 1980; Mahlendorf 1981; Jennings 1986; Sommerhage 1987; Kremer 1987; Würker 1993; Saito 2000; Preuß 2003).

Wegen seiner breiten Resonanz daraus hervorzuheben ist der Aufsatz Friedrich A. Kittlers *Das Phantom unseres Ichs' und die Literaturpsychologie: E.T.A. Hoffmann – Freud – Lacan* (1977). Im Anschluss an die Diskursanalyse Michel Foucaults nimmt Kittler eine Historisierung von Psychologie und Wahnsinn um 1800 vor, die einander selbst zu „Doppelgänger[n]" würden, um von dort aus am Beispiel des *Sandmanns* den „gemeinsamen Ort von Literatur und Psychoanalyse" zu bestimmen (Kittler 1977, S. 140–143). Als Scharnier dieser Bestimmung dient nicht nur Freuds *Sandmann*-Analyse, sondern vor allem Jacques Lacans Erweiterung der Psychoanalyse zu einer „Sprachtheorie" (ebd., S. 151), deren Bezugspunkt die Rede ist und die so die Basis für eine selbstreflexive Analyse des literarischen Textes bildet.

Aus den 1970er und 1980er Jahren datiert eine im engeren Sinn medizinhistorisch orientierte Forschung, die – jenseits der Psychoanalyse – Hoffmanns Rezeption der zeitgenössischen Medizin, der Seelenheilkunde und des damit verbundenen Magnetismus bzw. Mesmerismus analysiert und die *Sandmann*-Philologie um wichtige Quellenangaben bereichern konnte (Segebrecht 1978; Auhuber 1986; Reuchlein 1986). Der detaillierte Beitrag Wulf Segebrechts lässt keinen Zweifel daran, dass Hoffmann sich bereits in der Stadt Bamberg, die mit ihren vorbildlichen Lehr-, Kranken- und Fürsorgeanstalten als Zentrum medizinischer Lehre und Forschung auch im Bereich der Geisteskrankheiten galt, mit den wissenschaftlichen Texten etlicher Ärzte wie Johann Christian Reil, Franz Anton Mesmer, Ernst Bartels, Johann Georg Zimmermann, Carl Ferdinand Alexander Kluge und Gotthilf Heinrich Schubert beschäftigte. Zwar ist das daraus stammende Wissen in Erzählungen wie *Das öde Haus* und den von Segebrecht analysierten *Magnetiseur* expliziter eingeflossen, doch hat auch die Belebung Olimpias einen magnetischen Bezugspunkt: Die Schöpfung des künstlichen Menschen gelingt durch magnetisch-alchemistische Praktiken.

Nathanaels Paranoia wiederum speist sich, terminologisch wie thematisch, in ihren wesentlichen Punkten aus Philippe Pinels *Philosophisch-medicinischer Abhandlung über Geistesverwirrungen oder Manie* (1801) und den daran anschließenden *Rhapsodieen über die Anwendung der psychischen Curmethode auf Geisteszerrüttungen* (1803) von Reil. Sie stehen psychiatriegeschichtlich in einer von John Locke begründeten Tradition, in der Wahnsinn als Wahrnehmungstrübung mit anschließender Ideenverwirrung interpretiert wurde und unkontrollierbare Leidenschaften als sein Auslöser (vgl. Shorter 2003, S. 54–58). Reil widmet dem „Liebeswahnsinn" einen ganzen Abschnitt und diagnostiziert dem Kranken, dass er „die äußeren Gegenstände falsch wahr[nimmt]" und „sie nicht genau von den Phantomen, die seine Phantasie ausheckt", scheidet (Reil 1803, S. 64f.; vgl. auch Hohoff 1988, S. 298–320).

Neben den pathologischen Subtexten bieten die Motive der scheinbar lebendigen Puppe und ihrer in die Katastrophe mündenden Animation literarhistorische Bezugsmöglichkeiten. Konkrete literarische Texte, die sich als Quellen für die Gesamtanlage des *Sandmanns* bestimmen ließen, bestehen zwar nicht. Detlef Kremer (1999, S. 65f.) macht jedoch intertextuelle Bezüge zu Jean Pauls Satire *Auswahl aus des Teufels Papieren* (1787), Goethes Komödie *Triumph der Empfindsamkeit* (1787), Ludwig Tiecks Erzählung *Liebeszauber* (1811) und Achim von Arnims Novelle *Melück Maria Blainville* (1812) plausibel und nennt als antike Bezugstexte aus den *Metamorphosen* Ovids das Pygmalion-Motiv sowie den Mythos von Narziss und Echo und schließlich die *Parallelbiographien* Plutarchs, wo die Mutter Alexanders des Großen unter dem Namen Olympias geführt wird. In Arnims Drama *Halle und Jerusalem* (1811) heißt die heftig umworbene, unerreichbare Geliebte Olympie. Bei Hoffmann verkörpert Olimpia eine ins Künstliche verschobene Clara, die der Braut gegenüber den Vorteil hat, des Helden „Spiegel" zu sein und so den elementaren Narzissmus zu befriedigen, den der Ovidische Mythos unter Strafe stellt: Der verliebte Blick auf den anderen erweist sich als verliebter Blick auf sich selbst. Im Zusammenhang mit der Olimpia-Figur entstand außerdem eine Reihe motivgeschichtlich orientierter Arbeiten, die sich um die zumeist verknüpften Komplexe der Automaten und der Optik gruppieren (Heilborn 1925; Müller 1966; Belgardt 1969; von Matt 1971a; Holbeche 1975; Gendolla 1980; Vietta 1980; Sauer 1983; Billy 1983; Boje 1984; Grob 1984; Drux 1986).

Wie diese und zahlreiche andere Studien, etwa zu Phantastik (Hayes 1972; Miller 1978; Haas 1982; Jansen 1986) und Realistik (Kaulbach 1980; Krolopp 1981), zu Erzählerfunktion (Boss 1978; Ellis 1981) und Rezeptionsästhetik (Elling 1973; Walter 1984) zeigen, avancierte *Der Sandmann* in den 1970er und 1980er Jahren zum zentralen Gegenstand der literaturwissenschaftlichen Hoffmann-Rezeption und bekleidet diese Position bis heute. Seit den späten 1980er Jahren lässt sich in der Forschung eine Konzentration auf die poetologischen Verfahren des Textes in Richtung einer selbstreflexiven Lektüre beobachten. In diesem Kontext sind neben Jochen Schmidt (1981) und Claudia Liebrand (1996) die Arbeiten Kremers hervorzuheben (Kremer 1987; 1993; 1998; 1999). Ausgehend von einer psychologischen Perspektive, die sich von Freud abgrenzt, nimmt Kremer eine differenzierte semiotische Lektüre vor, deren Bezugspunkt die gleitende Signifikation des Textes ist. Durch „Verschiebung signifikanten Sprachmaterials" (Kremer 1999a, S. 86) baut Hoffmanns Erzählung fragmentarisch bleibende lexikalische und figurale Bezüge auf, z. B. die Verschiebung des „Sandmanns Coppelius" zum „Landsmann Coppola" (Hoffmann III, S. 34f.; vgl. Kremer 1993, S. 148). In dieser Hinsicht fungiert nicht nur das zentrale Motiv des Auges als „Transformationsmedium, das die Beziehungen regelt", sondern in einer selbstreflexiven Wende der literarische Text selbst (Kremer 1993, S. 146). Ergänzt wird die neuere Forschung durch eine Analyse des juristischen Diskurses, der im Advokaten Coppelius Gestalt annimmt (Schadwill 1993), sowie in jüngerer Zeit durch eine Orientierung an literaturdidaktischen Fragestellungen (Rupp 2001, Werner 2002, Lieb 2005).

4. Verbrieftes Leid, erkauftes Glück

Hoffmann lässt seinen *Sandmann* als Briefroman beginnen, nur um dieses Genre, das im Anschluss an Samuel Richardsons Romane *Pamela* (1740) und *Clarissa* (1747/48) bis zur Jahrhundertwende 1800 Hochkonjunktur hatte, ad absurdum zu führen. Erstens ist nach drei Exemplaren mit dem Abdruck von Briefen Schluss, und zweitens verkörpert der kurze Briefverkehr einen Paradefall misslingender Kommunikation: Nathanael schickt zwei Briefe an Lothar, ohne dass der Adressat zurückschriebe, Clara – die sowohl Namen als auch Tugend und Klugheit mit Richardsons Clarissa, genannt Clary, teilt – sendet einen Brief an Nathanael und erhält ebenfalls keine Replik. Hoffmann bedient zudem die briefromantypische Herausgeberfiktion, lässt sie aber in das lakonische Geständnis des Erzählers münden, keine andere Art des Anfangens gefunden zu haben, als sämtlichen Lesern die Privatkorrespondenz seiner Helden preiszugeben.

Der erste, von Nathanael an Lothar gerichtete Brief wird von Clara beantwortet, weil er ihren statt Lothars Namen aufs Couvert geschrieben hat. Ins Postalische und so ins Fach der „tiefsinnigen" Zeichen verlegt (Hoffmann III, S. 24), ist das eigentlich komödiantische Motiv der Verwechslung an das Medium der Schrift geknüpft, bevor es auf der ihm angestammten Bühne der Sichtbarkeit zum Einsatz kommt: Nathanaels initiale Fehlleistung des Verschreibens wird sich zu einem Ver-Sehen verdoppeln, durch das er Coppelius mit Coppola und Clara letztlich mit Olimpia verwechselt. Eine gleichfalls vorausdeutende Funktion hat die

Tatsache, dass der Protagonist seine Braut ignoriert. Denn auf den zweiten Brief antwortet er, richtet sein Schreiben aber an Lothar und diskreditiert den „fatalen verständigen" (ebd., S. 25) Brief von Clara. Weil sie „ausführlich beweiset, daß Coppelius und Coppola nur in meinem Innern existieren und Fantome meines Ich's sind" (ebd., S. 24), beschließt Nathanael: „Deshalb schreibe ich auch heute nicht an sie." (ebd., S. 25) Und weil es keine poetische Gerechtigkeit gibt, wird die psychiatrisch so kundige Clara, der Hoffmann die Lehren Reils in die Feder diktiert hat, nimmermehr ein Billet ihres Liebsten empfangen. „Eben schrieb er an Clara" (ebd., S. 34), heißt es, nachdem er wieder in G. eingetroffen ist, als Coppola erscheint und den Briefschreiber unterbricht. Und ist der handschriftliche Brief erst mit dessen Brillen und Augen und einer Heerschar „großer und kleiner Perspektive" (ebd., S. 35) verschaltet, ist erst recht keine Datenübertragung zwischen Ärztin und Patient mehr möglich.

Schon der Anfang artikuliert die verschlungenen Gegensätze von richtiger und falscher Deutung, die das Grundgerüst der Handlung bestimmen. Obwohl Clara „nicht die rechten Worte" (ebd., S. 22) findet, stellt sie Nathanael die treffende Interpretation seines Schreibens, und das heißt: seines Innern zu. Dieses falsche Innere – Nathanaels Deutung seiner Kindheitserlebnisse – wird von der falschen Adressatin, die laut „Aufschrift" (ebd., S. 20) aber die richtige ist, aufgebrochen und entschlüsselt. Die hermeneutische Operation, mit der die Leserin Clara dem Text einen Subtext zuweist, indem sie die „wahre wirkliche Außenwelt" als Korrektiv einer wahnhaften Innenwelt etabliert, zielt darauf, den Brief durch eine rationale Lektüre verständlich zu machen. Es gilt, den Autor besser zu verstehen als dieser sich selbst: Mit der „verständigen Clara" und ihrem „verständigen" Brief ironisiert Hoffmann einen Topos der Hermeneutik, der sich etwa bei Kant, Fichte und Schelling findet und im *Athenäum* von Friedrich Schlegel aufgegriffen wird. Nathanael ist Claras „gar so verständig[e], so magistermäßig[e]" (ebd., S. 24) Auslegung zuwider, und mehr noch als seine Briefe sind seine „Dichtungen" schier „unverständlich" (ebd., S. 30). Es bedarf Olimpias, um weibliche Hermeneutik durch eine frömmelnde Andacht zu ersetzen und so die Hierarchie der Geschlechter zurechtzurücken: Der Mann schreibt, liest, spricht, die Frau schweigt – und versteht genauso wenig wie er: „Er saß neben Olimpia [...] und sprach hoch entflammt und begeistert von seiner Liebe in Worten, die keiner verstand" (ebd., S. 39f.). Nathanael steht zu Olimpia in einem Interpretationsverhältnis wie Clara zu Nathanael, mit dem Unterschied, dass der Held zur Fehllektüre prädestiniert ist.

Das bei Hoffmann rekurrente Thema der Liebe ist im *Sandmann* mit einem Diskurs verknüpft, der in der romantischen Literatur durchgängig zur Diskussion steht: die Wirkungsweise verschiedener Medien. Die Erkundung von Überschneidungen zwischen Wort und Bild ist beispielsweise in diesem Kontext als Strategie zu verstehen, das Medium Literatur als Medium auszustellen. Die Romantik weist damit auf die Künstlichkeit literarischer Texte hin. Und eine Literatur, die sich programmatisch der eigenen Medialität verschreibt, kann ihren bevorzugten Gegenstand davon nicht ausnehmen. Das hat zur Folge, dass Liebe nicht nur als soziales, psychisches und körperliches Problem behandelt, sondern vor allem als Medienspektakel im Text inszeniert wird. Diesem Umstand trägt bereits die Poetologie der Frühromantik Rechnung. In Friedrich Schlegels theoretischen Schriften wird Liebe auf das mediale Paradox des Sichtbar-Unsichtbaren verpflichtet und zum Kernstück des Romantischen erhoben: Antonio definiert im *Brief über den Roman* (1800) das Romantische als dasjenige, was einen sentimentalen Stoff in einer phantastischen Form darstelle. „Quelle und Seele" dessen „ist die Liebe, und der Geist der Liebe muss in der romantischen Poesie überall unsichtbar sichtbar schweben" (Schlegel II, S. 333f.). Die Anspielung auf Friedrich Schillers *Geisterseher* (1789), der zu Hoffmanns Lieblingstexten gehörte, taucht weit deutlicher als bei Schlegel im *Sandmann* auf, wenn Nathanael sich zu Beginn „einen aberwitzigen Geisterseher" nennt (Hoffmann III, S. 11). Auch Kants *Träume eines Geistersehers, erläutert durch Träume der Metaphysik* aus dem Jahr 1766, wo der Geisterseher als zum Wahnsinn neigender Phantast behandelt wird, kommt als Anspielungsfolie in Betracht.

Nathanaels Liebe fällt jäh und gespenstisch auf Olimpia, als er das von Coppola erworbene magische Perspektiv benutzt. Dadurch blickt er in die Ferne, meint aber „scharf und deutlich" in der Nähe zu sehen. Er sieht die plötzlich lebendige Tochter Spalanzanis, und so „dicht vor die Augen" (ebd., S. 36), sprich: vor das optische Gerät, gerückt, bemächtigt sich ihr Anblick seiner. Von „glühendem Verlangen" mit „Gewalt getrieben" (ebd., S. 37), zieht es Nathanael zu Olimpia. Doch hat er das Perspektiv „zu teuer bezahlt!" (ebd., S. 36), wie er nicht weniger als drei Mal feststellen muss. Er erkauft sich die Liebe einer Frau, die keine ist, und wird schließlich mit Verstand und Leben dafür zahlen.

An die Stelle von Liebe tritt somit Prostitution. Mit Vollmanns *Burschicosem Wörterbuch* bezeichnet ‚Olymp' im zeitgenössischen studentensprachlichen Milieu „das Freudenhaus", ‚Olympiade' meint „Hurerei" und ‚olympisch' soviel wie „hurend" (Vollmann 1846, Bd. 2, S. 347; zit. nach Schadwill 1993, S. 248). Woraus unmittelbar folgt, dass im studentischen Kontext, der im *Sandmann* vorherrscht und dessen Kenntnis Hoffmann unterstellt werden darf, Olimpia als Hure gelten kann, die vom Kuppler Coppola an den Mann gebracht wird. Allerdings lässt sich der Text nicht auf diese von Uwe Schadwill (1993) vorgenommene, überaus plausible Lektüre reduzieren. Neben dem fast homonymen Kuppler bergen die Namen Coppola und Coppelius, wie schon von Freud nachgewiesen, den Schmelztiegel (*coppella*) der Alchemie und die Augenhöhle (ital. *coppo*). Orbita, die anatomische Bezeichnung der Augenhöhle, ist dem Lateinischen entlehnt und heißt wörtlich soviel wie Kreislauf, Kreis. „*Feuerkreis* dreh' dich" lauten die vorletzten Worte Nathanaels, „Sköne Oke" – schöne Augen – die letzten (Hoffmann III, S. 49).

Hoffmann hat sein Interesse an Pathologien mehrfach an das Motiv des Feuerkreises geknüpft (vgl. Hohoff 1988, S. 261) und zudem der Orbita zu prominenter Gestalt verholfen. Seit den *Fantasiestücken*, seiner ersten Buchpublikation, „kreiselt" „der Kreisler" durch seine Prosa hindurch, und daher kann Kapellmeister Kreisler aus der Erzählung *Kreisleriana* als „Stammvater aller Figuren" (Kremer 1999a, S. 52) gelten, die an der „Grenze der Vernunft" zwischen Wahnsinn und Begehren taumeln und auf „Liebe, Leid und Tod!" verpflichtet sind (Hoffmann II/1, S. 361). Die Kreisler-Figur kehrt in den *Lebens-Ansichten des Katers Murr* wieder, und der Wiedergänger selbst spielt auf den anatomischen Diskurs an, dem „der bizarre Name: Kreisler" seine „Abstammung" verdankt: „[B]etrachten Sie meinen schlichten Namen im gehörigen Licht, und Sie werden ihn, was Zeichnung, Kolorit und Physiognomie betrifft, allerliebst finden! [...] stülpen Sie ihn um, sezieren Sie ihn mit dem grammatischen Anatomiermesser, immer herrlicher wird sich sein innerer Gehalt zeigen!" (Hoffmann V, S. 77f.) In Kreislers Lichtspiel gerät der Name nicht nur zum Bild, sondern zum Organ, das nach außen gestülpt, mit Messern versehrt und mikroskopisch betrachtet werden muss. Die Differenz von Innen und Außen, Schrift und Bild, Natur und Technik wird hier, wie im *Sandmann*, liquidiert.

Die Signatur der Anatomie, deren Vokabular Hoffmann aufgrund seiner ausgezeichneten medizinischen Kenntnisse beherrschte, prägt Nathanaels paranoische Rede über Feuerkreis und Holzpüppchen, die er beide in drehender Bewegung sieht – Pupilla, der anatomische Name der Pupille, lässt sich wörtlich mit Püppchen übersetzen. Namentlich an physiologische Teile des Auges gebunden, unterlaufen die Puppe und Coppelius/Coppola die Grenze zwischen Auge und Figur. In diesem Zusammenhang sei auch Spalanzani erwähnt, Namensvetter des italienischen Vitalisten Lazzaro Spallanzani (1729–1799), dessen Experimente zur künstlichen Befruchtung von Tieren in dem von Hoffmann viel benutzten *Versuch einer Darstellung des animalischen Magnetismus* (1811) von Kluge erwähnt werden – das italienische Verb *spalancare* bedeutet „die Augen aufreißen" (vgl. Kremer 1999a, S. 74). Ein Pendant findet die semiotische Beziehung, die sich zwischen Puppe und Pupille, Coppola und *coppo* sowie Spalanzani und *spalancare* herstellen lässt, ohne dass sie restlos aufginge, in der Behandlung der optischen Medien, indem zusätzlich zur Differenz von Auge und Figur auch der Unterschied zwischen Auge und Medium eingeebnet wird. Hoffmanns *Sandmann* spannt die Identität von Auge und Fernrohr, von natürlicher und künstlicher Linse, in ein Vexierspiel ein, das Auge und Glas sowie Brille und Perspektiv füreinander eintreten lässt. Coppola bezeichnet sein Perspektiv als Glas und seine Brillengläser als Augen. Die Sehhilfen kommen als groteske Organe in Betracht, die, sobald sie den Besitzer gewechselt haben, eine neue Wahrnehmung erzwingen. Denn durch Coppolas ‚Augen' sieht Nathanael, was „keinem andern Auge sichtbar" (Hoffmann III, S. 25) ist: die Liebe und Lebendigkeit Olimpias. Romantische Liebe, so zündend und glühend sie ‚entflammt' sein mag, ist daher vor allem als eins zu begreifen: als Medieneffekt.

5. Datensalat und Maschinenlogik

Expliziter als Hoffmanns Erzählung hatte Novalis bereits 1798/99 im *Allgemeinen Brouillon* die Identität von Körper und Medium ausgesprochen: „Zunge und Lippen etc. sind Theile eines Telegrafs. Telegraf ist ein künstliches Sprachwerckzeug. Die Augen sind Fernröhre – die Fernröhre Augen – die Hand, als Sprachwerckzeug" (Novalis II, S. 639). Mit dem Aufkommen der optischen Telegrafie der Gebrüder Chappe um das Jahr 1794, deren Nachrichtenträger durch Signalarme verstärkte Teleskope waren, und der elektrischen Nadeltelegrafie, die 1809 mit Sömmering begann, eröffneten sich dem frühen 19. Jahrhundert Übertragungswelten, die dem Verkehr mit Geistern kaum nachzustehen schienen (vgl. Zorn 1977). Zwar sollte die Romantik die Erfindung des Schreibtelegrafen und des Morseapparats nicht mehr erleben. Die Phantasmatik der eigenen medialen Gegenwart jedoch – des Telegrafen, der Stimme und Schrift erst durch optische Signale und dann durch Drähte verschwinden ließ, der Elektrizität, deren unsichtbare Speicher- und Leitungskapazität von den Datenströmen phantastischer Literatur vereinnahmt wurden, wenn der Erzähler des *Sandmanns* die Wirkung von Rede und Wort mit einem „elektrische[n] Schlag" vergleicht (Hoffmann III, S. 26) – diese Phantasmatik sich der Anschauung entziehender Übertragungsmedien wurde bald vom Phantasma des künstlichen Menschen überformt, der undurchsichtig und daher ungeheuerlich kommuniziert.

Hoffmann hatte bereits 1801 in Danzig eine Vorführung von Automaten gesehen; 1813 besuchte er eine Ausstellung musikalischer Maschinen der Konstrukteure Johann Gottfried und Friedrich Kaufmann, und die Berichterstattung über Wolfgang von Kempelens sprechenden Automaten, die unter dem Titel *Über Herrn von Kempelens Schachspieler und Sprachmaschine* im *Teutschen Merkur* des Jahres 1784 erschienen war, war ihm wahrscheinlich bekannt (vgl. Kremer 1999a, S. 68; Lieb 2008). Da Olimpia zudem als singende Pianistin auftritt, kommt auch die 1774 erbaute Androide *La Musicienne* der Konstrukteure Henri-Louis und Pierre Jaquet-Droz als Modell für Hoffmanns Figur in Frage: eine hölzerne, reich gekleidete und bemalte Puppe mit beweglichen Augen und einem sich hebenden und senkenden Brustkorb, die aufgezogen rund 90 Minuten auf einem Harmonium musizierte (Drux 1986, S. 100; Carrera u. a. 1979, S. 18–76). Im Anschluss an ihr Konzert ergeht sich Nathanael darin, Olimpia zum Tanz „aufzuziehen" (Hoffmann III, S. 39); nach ihrer Entlarvung als Maschine wiederum moniert man, „das Selbstaufziehen des verborgenen Triebwerks" hätte merklich „geknarrt" (ebd., S. 46).

Vor diesem Hintergrund führt *Der Sandmann* die prekäre Identität von Körper und Medium auch an Olimpia vor, die als ‚bestes Automat' ihres Erfinders brilliert, nicht aber als beste aller Frauen für Nathanael. Schon Walter Benjamin hat darauf hingewiesen, dass Hoffmann das ‚Satanische' mit dem ‚Automatischen' gleichsetzt, „und dieses ingeniöse Schema, das seinen Erzählungen zum Grund liegt, erlaubt ihm, das Leben ganz für die reine, lautere Geisterseite in Anspruch zu nehmen" (Benjamin II.2, S. 644). Mit Benjamins medientechnischem Scharfblick, der vor allem die musikalischen Geräte erkennt, geht Hoffmanns Prosa der Frage nach, ob man die „Botschaft der Geisterwelt nicht auch auf mechanischem Wege hervorbringen [könnte]? Waren die Wetterharfe und das Klavichord nicht schon gelungene erste Schritte auf diesem Wege? Dann war es überhaupt möglich, uns mit mechanischen Kunststücken in unserer tiefsten heiligen Sehnsucht zu äffen, dann wurde jede Liebe, die uns mit heimatlichen Lauten ansprach, zum Phantom. Diese Fragen bewegen die Hoffmannsche Dichtung dauernd." (ebd.)

Das Phantasmagorische der Liebe korrespondiert im *Sandmann* mit demjenigen der Ehe. Die Erzählung stellt den Protagonisten zwischen Clara, seine bürgerliche Braut, und die künstliche Maschine Olimpia, die einer Frau zwar täuschend ähnlich sieht, in der Pose einer ‚toten Braut' jedoch nur mäßig glänzt. Wie der Text ironisch herauskehrt, sind Automaten im verheißungsvollen Reich sich anbahnender Ehen nur sehr bedingt brauchbar. Sie mögen zur künstlichen Sprachmaschine taugen, doch nur zu einer, die auf Eis gelegt ist – „eiskalte Lippen" und „kalte" Hände sprechen allenfalls die Sprache der Kunst, und das heißt: die Sprache des Uneigentlichen, nicht aber die Sprache der Liebe. Da kann der Held noch so beharren: „Liebst du mich Olimpia? – Nur dieses Wort! – Liebst du mich?" So flüsterte Nathanael, aber Olimpia seufzte, indem sie aufstand, nur: „Ach – Ach!" (Hoffmann III, S. 40)

Olimpias „einzigartiger Signifikant" bewirkt, so Friedrich Kittler, „eine völlige Individualisierung der Rede" (Kittler 1987, S. 55), die ironischerweise durch ein völlig Beliebiges entsteht. Die Attraktion des „Ach!" leitet sich aus seiner Funktion der semantischen Leerstelle ab, in die sich Nathanael ungehindert einschreiben kann. Schier uferlos ist das Datenbündel, mit dem er das Vakuum maschineller Innerlichkeit stopft: „Gedichte, Fantasien, Visionen, Romane, Erzählungen, [...] täglich vermehrt mit allerlei ins Blaue fliegenden Sonetten, Stanzen, Canzonen", kurz allem, das er „jemals geschrieben" (Hoffmann III, S. 42f.).

Indem der Text das Motiv der vertauschten Braut bedient, werden die zeitgenössischen Verfahren der Eheschließung einer Kritik unterzogen. Im 19. Jahrhundert wurden Ehen nach sozialen Ausschlussverfahren arrangiert, so dass im Idealfall nur eine Frau für einen Mann bestimmt war, so wie Clara für Nathanael, die schon als Kinder Verlobte sind. Da Liebe unter diesen Umständen strukturell uninteressant wird, breitet die Literatur der Romantik Figuren aus, die weitere Anschlussmöglichkeiten bieten als nur die eine oder den einen, die von Kindesbeinen an dafür bestimmt sind. Die Alternative jedoch – eine Maschine, die an die Stelle der Braut tritt – hat verheerende Folgen. Romantische Liebe erweist sich damit als ambivalente Größe, die nur im Reich der Phantasie zu vorübergehender Eindeutigkeit findet. So deutet Nathanael das „Ach" seiner Olimpia „als echte Hieroglyphe der innern Welt voll Liebe" (ebd., S. 42). Und seine Quintessenz lautet: „Nur dem poetischen Gemüt entfaltet sich das gleich organisierte!" (ebd.)

Wie ungleich das vermeintlich Gleiche ist, zeigt sich daran, dass der Text den geschwätzigen Nathanael gegen die schweigende Olimpia ausspielt, seine „glühenden" Lippen gegen ihre eiskalten und einen lebendigen Männerkörper gegen einen toten Frauenkörper setzt. Um diese Kluft zu überbrücken, muss nicht nur die Maschine selbst, sondern auch ihr Auge ausdrucksfähig werden: „Was sind Worte – Worte! – Der Blick ihres himmlischen Auges sagt mehr als jede Sprache hienieden." (ebd., S. 43) Im Jenseits der Zeichen angelangt, das Nathanael als Himmelreich der Bedeutung erscheint, bringt der Blick einen alten semiologischen Puritanismus hervor: Hoffmanns Erzählung zitiert den Topos der Augensprache zwischen Verliebten und führt ihn im Dialog mit der Maschine ad absurdum. Um optische Signale zu dekodieren, bedarf es im Jahr 1815 anderer Methoden als jene, die das Archiv der Literaturgeschichte vorgibt. Doch auf dieses staubige Archiv greift Nathanael zurück, und so interpretiert er den Automaten als Medium, „in dem sich mein ganzes Sein spiegelt" (ebd., S. 40). Die romantische Frage, ob Maschinen lieben können, ist als Frage nach dem Bezug des Ichs zu sich selbst formuliert und fragt erst in zweiter Linie nach seinem Bezug zur Maschine.

Der *Sandmann* verdeutlicht, wie heikel es ist, sich auf ein Phantom namens Ich oder Olimpia Spalanzani einzulassen. Eiskalte Lippen küssen sich schlecht, vor allem, wenn die eigenen glühen. Der Höllendiskurs des Feuers, der den erregten Körper des Liebenden beschreibt, trifft am Ende auf jenen des Wahnsinns, der mit „glühenden Krallen" nach Nathanael greift und „in sein Inneres" fährt (ebd., S. 45). Den Instrumenten der zeitgenössischen Anatomie ausgesetzt, wird er scheinbar bei lebendigem Leibe seziert: glühende Nadeln, Knochenscheren und das Skalpell zählten zu den Werkzeugen des historischen Spallanzani. Auslöser der Paranoia ist die ihrerseits sezierte Olimpia, deren „blutige Augen", ihren „schwarzen Höhle[n]" entrissen, auf Nathanaels „Brust" (ebd.) prallen. Dadurch ihrer Funktion als Medium beraubt, zeigt der Text Olimpia als das, was der Protagonist bislang hartnäckig verdrängte: als reinen Körper ohne Geist. Sie opponiert so in einer präzisen Drehung Clara, die im Orbit der reinen Geister ohne nennenswerte Körper kreist. Nicht zufällig ist eine Nonne und Heilige: Klara von Assisi, Gründerin des Klarissenordens, ihre Namenspatronin. Die Synthese von beidem – Körper und Geist – klingt nur in der eingestreuten Teezirkel-Satire und dem abschließenden Gerücht über Claras Ehe- und Mutterglück an und kommt daher nicht als ernstzunehmende Lösung in Betracht.

Der *Sandmann* schreibt sich in einen zeitgenössischen literarischen Diskurs ein, der einerseits die Angst vor der Maschine schürt, andererseits jedoch die Verbindung von Maschine und Text als poetische Funktionseinheit setzt (vgl. Schmidt-Biggemann 1975). Da die intelligenten Maschinen um 1800 nach dem Prinzip der Ähnlichkeit, das heißt: der mimetischen Naturnachahmung konstruiert waren, ist es nur folgerichtig, dass sie für die Metaphorisierung des Dichtens genutzt wurden. In diesem Kontext sei der mit Hoffmann persönlich bekannte Jean Paul genannt – ‚poetische Maschinen' einzusetzen, erklärt der Vorredner aus Jean Pauls Roman *Unsichtbare Loge* (1793) zum Alltagsgeschäft eines jeden Schriftstellers.

Zu den poetischen Maschinen des *Sandmanns* zählt nicht nur die Maschine selbst, sondern auch ihre wundersame Erweckung. Olimpia muss zum Bild eines Mediums werden, um das Begehren des Helden zu erregen. Im Zeichen der Liebe zu gespenstischem Leben erwacht, führt ihr Bild ins Zentrum eines Textes, der „wie ein kecker Maler [...] immer glühender [...] die Farben [eines] inneren Bildes" (Hoffmann III, S. 26) auf das Papier des Buches aufgetragen wissen will. Wo die Erzählung die Wirkung der Malerei metanarrativ als Vorbild anruft und zwei Maler explizit nennt – den Direktor der Akademie der bildenden Künste in Berlin, Daniel Nikolaus Chodowiecki (1726–1801), und den holländischen Landschaftsmaler Jacob van Ruisdael (ca. 1628–1682) –, da betont sie auch narrativ die Leistung eines Helden, der dort eine sinnliche Frau halluziniert, wo andere nur ein „Wachsgesicht" an einer leblosen „Holzpuppe" erblicken (ebd., S. 41).

Damit Puppen und Bilder tatsächlich lebendig werden können, setzt der Text einen mehrfach angesprochenen „Leser" voraus. Hoffmann spielt damit auf einen animatorisch gedachten Lektüreakt an: Wie Peter von Matt (1971) gezeigt hat, sind seine Geschichten als Verwandte der Automaten konstruiert, da sie erst durch die Augen eines Lesers lebendig werden. Der Erzähler des *Sandmanns* arbeitet expressis verbis daran, die Kluft zwischen Leser und Held in diesem Sinne verschwinden zu lassen. Er geht den optischen Manipulationen Coppolas zur Hand, wenn er sie unumwunden auf den Leser überträgt: „Hast du, Geneigtester! wohl jemals etwas erlebt, das deine Brust, Sinn und Gedanken ganz und gar erfüllte [...]?" Zur „siedenden Glut" gesteigert, die das „Blut" (Hoffmann III, S. 25) entzünde und die Wangen färbt, läuft das vom Erzähler suggerierte Lesererlebnis schließlich ausdrücklich mit der Wahrnehmung Nathanaels zusammen. „Dein Blick war so seltsam als wolle er Gestalten, keinem andern Auge sichtbar, im leeren Raum erfassen" (ebd., S. 25f.).

Auch jenseits der Leser-Erzähler-Relation ist der *Sandmann* von optischen Motiven durchzogen, die vielfache Sinnbezüge zum Schreiben, Lesen und Erzählen herstellen und in ihrer wechselseitigen Vernetzung auf den Text selbst referieren. Nathanaels Augentausch wird durch zwei Geschichten präludiert, die als schriftliche auftauchen – er selbst erzählt sie in seinem Brief, der den Text eröffnet. Zunächst gibt es das Ammenmärchen vom Sandmann, der Kindern Sand in die Augen streut, „daß sie blutig zum Kopf herausspringen" (ebd., S. 13). Den grausamen Sandmann identifizierte das Kind Nathanael, so schreibt er, „mit dem teuflischen Coppelius", und dieser schickte sich an, das Schauermärchen an Nathanael zu exekutieren: „‚Nun haben wir Augen – Augen – ein schön Paar Kinderaugen'. So flüsterte Coppelius, und griff mit den Fäusten glutrote Körner aus der Flamme, die er mir in die Augen streuen wollte." (ebd., S. 17) Was der Vater laut Brief noch verhindern kann, wird Coppola, der „Doppeltgänger" von Coppelius, mit seinen künstlichen Augen vollenden.

Bevor es soweit ist, müssen noch zwei Briefe geschrieben werden und ein Gedicht mit der Pointe, dass Coppelius abermals zum Sandmann wird. Nur hat er es in diesem Schriftstück auf Clara abgesehen und darauf, des Helden Liebesglück zu zerstören. Nathanael erdichtet ein Szenario, in dem Coppelius die Augen seiner Geliebten berührt, und „*die* springen in Nathanaels Brust wie blutige Funken sengend und brennend" (ebd., S. 31). Nachdem die Clara des Gedichts ihn darauf hingewiesen hat, dass in seiner Brust ja nur „Tropfen" des „eignen Herzbluts" „brennen", schließt das Poem mit der Prophezeiung: „[E]s ist der Tod, der mit Clara's Augen ihn freundlich anschaut." (ebd.) Hoffmann inszeniert eine semiotische Verschiebung, die Augen und Blutstropfen füreinander eintreten lässt, die jene in die Brust eingelassenen Augen mit dem Herzen identifiziert und schließlich die Identität von Auge und Tod behauptet. Damit gehen die zentralen Signifikanten der Romantik: Brust, Herz, Blut, Auge und Tod eine Einheit ein. Indem Nathanael seinen Text vorliest, werden sie noch um die Komponenten Mund und Stimme ergänzt. Außerdem nimmt das Gedicht das Ende der Erzählung vorweg, mit der neuerlichen Verschiebung, dass Olimpia dann an die Stelle Claras und Coppola an jene von Coppelius treten wird. Das Geschriebene folgt somit einer Kreisstruktur: Es kehrt in leichten Verdrehungen mehrfach wieder, bis die Rotunde zwischen „Gott" und „Teufel", zwischen angelischen Verlobten und satanischen Automaten durchschritten ist.

(Claudia Lieb)

Ignaz Denner

1. Entstehung und Wirkung

Die älteste Erzählung der *Nachtstücke* entstand im Mai 1814 und hatte ursprünglich als *Der Revierjäger* Teil der *Fantasiestücke* werden sollen. Hoffmanns Bamberger Verleger Kunz lehnte sie jedoch als zu schwach ab. Im Anschluss an den *Sandmann* wurde der Text Anfang 1816 überarbeitet und erhielt nach dessen Vorbild mit Ignaz Denner gleichfalls die dämonische Figur der Handlung zur Titelgestalt.

Die zeitgenössische Rezeption mochte in der Erzählung nicht mehr sehen als ein solide gearbeitetes Stück Unterhaltungsliteratur, das Harich gar als „Niedergang" (Harich 1920, Bd. 2, S. 17) der Hoffmann'schen Dichtkunst empfand. Fühmann spricht dagegen von einer „hartnäckig mißachteten Geschichte" (Fühmann 1979, S. 108), ein Urteil, das angesichts der fortdauernd geringen Präsenz der Erzählung in der Forschung nach wie vor zutrifft. Neben zwei Analysen zu intertextuellen Referenzen (vgl. Werber 1998; Paul 1998) sind in jüngerer Zeit das Italien- und das Familienbild der Erzählung untersucht worden (vgl. Imada 1997; Loquai 2002). Eine umfassende Einzelanalyse liegt dagegen nicht vor.

2. Handlung und Verhandlung

Unter dem neuen Titel als Räubergeschichte ausgewiesen, reiht sich die Erzählung in die Tradition der populären Schauergeschichten ein, zu der Schillers *Räuber* und vor allem die erste deutsche Kriminalerzählung *Der Verbrecher aus verlorener Ehre* eine literarische Alternative geschaffen hatten. Anders als im Sturm und Drang ist Hoffmanns Räuberhauptmann kein Agent der poetischen Gerechtigkeit mehr, der durch sein Handeln die Missstände des absolutistischen Rechtssystems zu beseitigen trachtet. Ignaz Denner entpuppt sich stattdessen als diabolische Gestalt und Sohn des Giftmischers Trabacchio, der mit dem Teufel im Bunde steht. Die Hilfe, die er dem Revierjäger Andres zu Anfang gewährt, wenn er dessen kranke Frau Georgina mit einer geheimen Medizin rettet, erweist sich schnell als äußerst unheilvoll. Andres gerät nicht nur in Abhängigkeit von der Bande und wird zur Beteiligung an einem Überfall gezwungen. Denner ermordet einen der Söhne des Jägers auf grausame Weise, um, wie sich später aufklärt, Kinderblut für sein Wundermittel zu gewinnen. Hoffmann wiederholt diesen dramatischen Höhepunkt ein zweites Mal, als Denner, dessen Vor- und Familiengeschichte inzwischen bekannt ist und der sich von seinen teuflischen Machenschaften losgesagt hat, auch Andres' zweiten Sohn zu töten versucht, was dieser im letzten Moment verhindern kann.

In ihrer unheimlichen Wiederholungsstruktur entsprechen die Anschläge Denners den Angriffen, denen Nathanael im *Sandmann* ausgesetzt ist. Ein Wiedergängerpaar wie Coppelius/Coppola entsteht auch aus dem Vater/Sohn-Verhältnis Trabacchio/Denner. Nur ist es in der zweiten Erzählung der *Nachtstücke* nicht die Imagination des Protagonisten, sondern die tatsächliche Handlungsebene, auf der sich das Geschehen abspielt, wobei das Moment psychologischer Profilierung eher in den Hintergrund tritt. Lange war es herrschende Meinung der Interpreten, Hoffmann habe dies zugunsten trivialromantischer Spannungsbögen bewusst in Kauf genommen. Fühmann hat dagegen auf die sozialpsychologische Dimension aufmerksam gemacht, die gerade in dem unwahrscheinlichen Handlungsverlauf zu erkennen sei. So wie Andres am Anfang unfähig ist, etwas gegen die Armut, die ihm das von seinem Dienstherren als Dank für eine Rettungstat verliehene Jägeramt bringt, zu unternehmen, verhalte er sich demütig gegenüber Denner, dem er immer wieder, selbst nach der Zerstörung seiner Familie, rettend zur Seite steht. Tatsächlich bleibt das Aufbegehren gegen den brutalen Räuber lange Zeit ein rein verbaler Akt, der erst am Ende als Reaktion auf den Mordanschlag auf seinen zweiten Sohn in körperliche Rache umschlägt, deren Vollzug er seinem Dienstherren sofort „treulich" (Hoffmann III, S. 108) berichtet. Nachdem der Graf von Vach als oberster Richter die Tat billigt, ist der Jäger mit der Obrigkeit ausgesöhnt.

Dass Andres der Autorität des Gesetzes wie der sich ihm gegenüber in Gestalt der Räuber an ihre Stelle setzenden Macht der Gesetzlosigkeit jeweils treu dient und dadurch in einen Konflikt gerät, den er bis zum psychologisch Unplausiblen erduldet, lässt ihn als ein Extrembild des Untertanen erscheinen. Und doch erschöpft sich die Hauptfigur der Erzählung nicht in ihrer übergroßen Folgebereitschaft. Denners Taten können durch seine fantastisch ausgeschmückten Kindheitserfahrungen mit der Schauergestalt des Vaters als motiviert gelten. Andres' Verhalten hingegen bleibt nicht zuletzt dem untersuchenden Gericht rätselhaft. Das falsche Zeugnis des Räubers beschuldigt ihn des Mordes und der Mitgliedschaft in der Bande, die Zeugen, die das Gegenteil beweisen könnten, sind nicht zu erreichen. Eine Erbschaft seiner Frau wird fälschlicherweise für Diebesgut erachtet. Auch alle anderen Indizien werden gegen ihn ausgelegt. Für ihn sprechen einzig „Miene und Sprache" (ebd., S. 83) seiner Unschuldsbekundung. Ihre Zweifel wissen die Richter nicht anders auszuräumen, als durch die nach starkem Verdacht verhängte Folter, in deren Folge Andres ein Geständnis ablegt. Als ihn daraufhin der gleichfalls einsitzende Denner mit einer Feile zur Flucht bewegen will, zeigt Andres dies an und flieht nicht. Das Gericht vermutet ein „unerkläriches Geheimnis" (ebd., S. 89), verfügt aber gleichwohl die Hinrichtung, die nur verhindert wird, weil im letzten Augenblick der entscheidende Zeuge erscheint und Andres entlastet, Denner aber zur Preisgabe der Wahrheit und seines Vorlebens animiert. Die Erzählung erscheint als „Erzeugnis wahnsinniger Überspannung" (ebd., S. 93) und muss durch die eigens aus Italien, dem Ursprungsland der Räuberbande, herbeigeschafften Akten beglaubigt werden. In einer weiteren unwahrscheinlichen Wendung findet der Handlungsverlauf seinen Schluss. Denner springt vom Gefängnisturm, wird von Andres gefunden und gepflegt und erst nach dem Versuch, auch den zweiten Sohn des Jägers zu ermorden, wird er von diesem getötet, nicht ohne sich zuvor mit bereits zerschmettertem Gehirn noch einmal aufzurichten.

Die Überspanntheit der Erzählung, die sich selbst als solche ausstellt und thematisiert, überträgt die für die *Nachtstücke* grundlegende Wiederholungsstruktur in eine Überbietungsästhetik des Schreckens, die das visuelle Archiv des modernen Horrorfilms reichlich bestückt (vgl. Meteling 2006). Damit ist freilich nur die motivliche Dimension des Textes erfasst. In der Figurenzeichnung und auf der Ebene der Erzählphilosophie entspricht ihr das Prinzip der Wahrscheinlichkeit des Unwahrscheinlichen, das den Einsatz des Fantastischen bei Hoffmann auf eine Weise bestimmt, die die Literatur gegen konkurrierende Wahrscheinlichkeitskalküle nicht fiktionaler Diskurse behauptet (vgl. Schneider 2005). Die unwahrscheinliche Persönlichkeit Andres' ruft in Erinnerung, dass Hoffmanns Figuren keinen seelenkundlichen Schablonen entspringen und es dem Erzählverlauf gerade deshalb gestatten, in Bedeutungsdimensionen jenseits psychologischer Probabilität vorzudringen, dorthin, wo Subjektivität und Institution nicht getrennt werden können.

3. Wahrscheinlichkeiten

In diese Richtung weist das Verfahren gegen Andres, in dem mit Indizienbeweis und Zeugenschaft verschiedene Wahrheitsformen zum Einsatz kommen, die für sich genommen allesamt unzureichend sind. Zeugen führen das Gericht ebenso in die Irre, wie sie schließlich den entscheidenden Hinweis geben. Die Indizienlage muss die Unschuld des Jägers aus der

Perspektive des Gerichts extrem unwahrscheinlich erscheinen lassen, die auktoriale Erzählperspektive und mit ihr der Wissensstand der Leser entlarven diesen Schein als trügerisch. Erzählung und Ermittlung werden nicht in Deckung gebracht, sie treten auseinander. Andres vernimmt von Beginn an eine „innere Stimme" (Hoffmann III, S. 55, 62), die sein Gefühl von Recht und Unrecht bestimmt. Dieses subjektive Rechtsempfinden teilen zwar die Richter und der junge Graf von Vach, ohne dass sie dafür einen institutionellen Spielraum öffnen könnten. Sie verfügen nur über die äußerliche, das Subjektive am Leiblichen brechende Geständnistechnik der Tortur, mit der die Wahrheit formal statt faktisch erzwungen wird. Andres hingegen bleibt ausschließlich seinem Rechtsgefühl verpflichtet, und am Ende ist es die „wunderbare verworrene Ahnung" (ebd., S. 107), die ihn Denner auf frischer Tat ertappen und das Recht vollstrecken lässt.

Die jüngere Forschung zum *Ignaz Denner* hat die literarhistorische Bedeutung der Erzählung betont, die als erste ihrer Zeit nicht die ausführliche Beschreibung des Vorgangs, sondern die Konsequenzen der Folter in den Mittelpunkt stellt (vgl. Kramer 2004, S. 173–179). Andres' versehrter Körper, die einsetzenden Wahnvisionen und der Tod seiner vom Entsetzen aufgezehrten Frau lassen keine Zweifel an der Auffassung des Richters Hoffmann, dass die Folter ein „grausame[s] und dabei so trügliche[s] Mittel die Wahrheit zu erforschen" (Hoffmann VI, S. 659) ist. Wie in der Kriminalerzählung *Das Fräulein von Scuderi* tritt eine außerjuristische Instanz des Ahnungsvollen und der Intuition in Konkurrenz zum Rechtssystem, das in der Welt des Wunderbaren und Fantastischen das notwendige Supplement seiner Erkenntnisprozesse findet.

(Thomas Weitin)

Die Jesuiterkirche in G.

1. Entstehung, Aufbau und Rezeption der Erzählung

Zur Entstehung von Hoffmanns Erzählung ist wenig bekannt, da keinerlei Zeugnisse überliefert sind. Sicher ist, dass die Niederschrift im Laufe des Jahres 1816 erfolgte und spätestens im August beendet war – bereits Ende September desselben Jahres erschien *Die Jesuiterkirche in G.* im ersten Band der *Nachtstücke*. Lange Zeit jedoch wurde sie kaum in diesem Kontext gelesen, sondern vielmehr als eine Künstlernovelle, die man eher noch im Licht von Hoffmanns *Fantasiestücken* betrachtete (vgl. Hoffmann III, Kommentar, S. 986ff.). Zu dieser ersten, weitaus erfolgreicheren Buchpublikation des Autors liegen in der Tat strukturelle und thematische Parallelen vor. So tritt der von dort vertraute „reisende Enthusiast" auch in der *Jesuiterkirche* auf, um im ersten Teil der Erzählung seine Begegnung mit dem rätselhaften Künstler Berthold zu schildern. Der zweite Teil, die Vorgeschichte Bertholds, wird als das Manuskript eines Studenten in die Rahmenhandlung eingefügt. Einhergehend mit dieser Fokussierung auf den Maler, werden zugleich grundlegende Fragen des künstlerischen Selbstverständnisses aufgeworfen, was eine weitere Kontinuität zu den *Fantasiestücken* herstellt. In paradigmatischer Weise ist Berthold den Gefährdungen von Identität ausgesetzt, die Hoffmann nahezu allen seinen Künstlern mit auf den Weg gibt. Für Berthold allerdings, und mutmaßlich auch für seine Frau und sein Kind, endet dieser Weg tragisch. Die Schilderung seiner gebrochenen Existenz flankiert die Erzählung mit einem psychologischen Interesse, das sich – darin ganz dem Geist der *Nachtstücke* verpflichtet – vor allem auf die dunklen, unwägbaren Kräfte der Seele richtet. Das ästhetische Profil dieser Reflexionen bringt nicht zuletzt auch die malerischen Vorlagen zur Geltung, die Hoffmann bei seiner Erzählsammlung im Blick hatte. Denn gerade die *Jesuiterkirche* – die durchgängig vom Transfer zwischen Bild- und Textmedium geprägt ist – setzt einschlägige Merkmale wie das manieristische Chiaroscuro szenisch um.

Ähnlich wie die anderen Texte der Sammlung, geht auch die *Jesuiterkirche* nicht auf eine direkte Quelle zurück. In den ersten Teil der Erzählung hat der Autor biographische Spuren eingewoben: Der mit „G." abgekürzte Schauplatz lässt sich unschwer mit dem niederschlesischen Glogau identifizieren, wo Hoffmann von 1796–98 im Haus seines Onkels lebte. Schon bald nach seiner Ankunft lernte er den Miniaturmaler Aloys Molinary (1772–1831) kennen, der Renovierungen in der Glogauer Jesuiterkirche ausführte und dem Hoffmann, tief beeindruckt, bei der Arbeit zu helfen beschloss. Unter dem Vorzeichen einer semiotischen Neuordnung ging diese biographische Begebenheit als Schlüsselszene in die Erzählung ein. Darüber hinaus weist die *Jesuiterkirche* zahlreiche intertextuelle Bezüge auf. Dies gilt besonders für die Reflexionen von Kunst und Künstlertum, die hier, wie in der späteren Romantik generell, stark durch frühromantische Schriften geprägt sind. Zu nennen sind vor allem Wilhelm Heinrich Wackenroders *Herzensergießungen eines kunstliebenden Klosterbruders* (1797) und Ludwig Tiecks Roman *Franz Sternbalds Wanderungen* (1798) (vgl. Schmidt 2006, S. 119ff.), wobei Hoffmann seine Akzente noch entschiedener als diese auf die riskanten und abgründigen Seiten des Künstlerdaseins legt. Eine dezidiert anti-romantische Position wird mit dem Landschaftsmaler Philipp Hackert eingespielt; für dessen Porträt griff Hoffmann vornehmlich, und meist mit bissiger Ironie, auf eine Darstellung Goethes zurück (*Philipp Hackert. Biographische Skizze, meist nach dessen eigenen Aufsätzen entworfen*, 1811).

Insofern sie als untypisch für die Sammlung galt, wurde *Die Jesuiterkirche in G.* von den Zeitgenossen günstiger aufgenommen als die weiteren *Nachtstücke*. In der Rezeption von Hoffmanns Werk führte sie dennoch ein weitgehend randständiges Dasein; auch die literaturwissenschaftliche Forschung hat sich ihr erst in jüngerer Zeit verstärkt zugewandt. Hervorzuheben ist allerdings die wegweisende Position der *Jesuiterkirche* im Hinblick auf spätere Künstlernovellen des 19. Jahrhunderts. Insgesamt verdankt dieses Genre zahlreichen Texten Hoffmanns wichtige Impulse; die Spezifik der *Jesuiterkirche* liegt indessen darin, wie sie den Topos der ‚gemalten Geliebten' (vgl. von Matt 1971a, S. 38ff.) konfiguriert. Das geläufige Motiv, einen absoluten Kunstanspruch als unvereinbar mit dem Leben auszuspielen, kulminiert hier in einem vampiresken Verhältnis von Bild und Frau, und wurde in dieser Form zu einer zentralen Anregung für Edgar Allan Poes *The Oval Portrait* von 1842 (vgl. Kesting 1990, S. 179).

2. Die Rahmenerzählung

Der Auftakt der *Jesuiterkirche* eröffnet eine klassisch novellistische Erzählsituation: Ein Unfall zwingt den reisenden Enthusiasten, einige Tage in einer Provinzstadt zu verweilen, um die Reparaturarbeiten an seinem Wagen abzuwarten. Er bezieht Quartier im örtlichen Jesuiter-Kolleg und schließt sich dort zwei Männern an, die gegensätzlicher kaum sein könnten:

Sein Gastgeber, der Jesuiter-Professor Aloysius Walther, erweist sich als ein aufgeklärter, unbekümmert dem Diesseits zugewandter Rationalist. Als solcher ruft er bisweilen den Widerwillen des Enthusiasten hervor; gleichwohl bleibt dieser ihm – als einer Art Mentor und Gesellschafter – bis zum Ende seines Aufenthalts treu verpflichtet. Den Gegenpol zum sinnenfreudigen Professor nimmt der Maler Berthold ein. In ihm erkennt der Enthusiast sogleich einen veritablen, tragisch in sich zerrissenen Künstler, dem er mit Bewunderung und Neugier gleichermaßen begegnet. Seiner Annäherung an den Maler widmet sich der erste, rahmende Teil der Erzählung. Während der Enthusiast hier in erster Linie als rezeptive Figur auftritt (vgl. von Matt 1971a, S. 65), rückt zunehmend die Charakterisierung Bertholds in den Vordergrund, um sich zum Porträt des Künstlers als eines gescheiterten Mannes zu verdichten. Dass Berthold, bevor er ein vagabundierender Wandmaler wurde, zu größten Meisterwerken fähig war, bezeugt das noch unvollendete Altarbild aus seiner Hand. Wie sich nach und nach herausstellt, ist allerdings gerade diesem Gemälde auch die gesamte Tragik des Geschehens eingeschrieben. Offen bleibt indes die Frage nach der psychischen Disposition des Künstlers. Berthold wird als krisenhafte Ausnahmefigur angelegt, die sich im Spannungsfeld von Genialität, Wahnsinn und möglicherweise Verbrechen bewegt und solchermaßen exemplarisch die Grenzwerte moderner Individualität umreißt.

Die Rahmenhandlung ist auf den Schauplatz der Titel gebenden Jesuiterkirche konzentriert. Sie dient dabei primär als Kulisse ästhetischer Inszenierungen: Anfänglich, im Tageslicht, werden die „hohen, luftigen, hellen Säle" (Hoffmann III, S. 111) des Gebäudes sowie ihr reicher, heiterer Schmuck betont. Die Kritik des Enthusiasten, der sich vom jesuitischen Barock befremdet zeigt, nimmt der Professor gelassen, um ihn gleich darauf über die Renovierung der alten Pracht zu unterrichten. So lernt der Enthusiast Berthold kennen, der aus Gründen der Kostenersparnis beauftragt wurde, das *Trompe-l'oeil* eines marmornen Altars an die Wand zu malen. Diese Tätigkeit verrichtet er vorwiegend bei Nacht, wie der Enthusiast noch am Ende desselben Tages feststellt. Hier entfaltet sich der Kirchenraum zu einer genuin nächtlichen Szenographie, die nun ganz auf die Charakterzeichnung Bertholds abgestimmt ist. Im unsteten Licht der Fackel blüht der Maler regelrecht auf, und so findet der Enthusiast ihn „um Mitternacht" (ebd., S. 114) überraschend vital und gesprächig vor. Bertholds Ausführungen über das künstlerische Schaffen offenbaren gleichwohl tiefste Resignation und Verzweiflung. Sein Schicksal fasst er im Bild des gefesselten Prometheus, der als Strafe für sein vermessenes Rivalisieren mit Gott nun „zu ewiger fürchterlicher Qual" (ebd., S. 117) verdammt ist.

Es scheint nicht nur der ohnmächtigen Unterwerfung, sondern auch der eigenen Prävention geschuldet zu sein, wenn Berthold nun „das Gemessene" (ebd., S. 118) zum Credo seines Schaffens erhebt und peinlich genau befolgt – die Farben für die Wandmalerei etwa werden bei Tag gemischt, und um sie des Nachts in ihrem Einheitsgrau zu unterscheiden, „numeriert im Winkel" (ebd.) aufgestellt. In ähnlicher Absicht hat sich Berthold offenbar auch das mechanistische Weltbild des Professors angeeignet. Zwar teilt er keineswegs dessen selbstzufriedenes Einvernehmen mit der Welt, überbietet ihn aber noch in der Radikalität seiner Anschauungen (vgl. Kittler 1999, S. 110ff.), um mit „verzweifelnder Ironie" (Hoffmann III, S. 123) das Ausgeliefertsein des Menschen an fremde Mächte zu beklagen – ein Thema, das die *Nachtstücke* insgesamt wie ein roter Faden durchzieht.

Was Berthold in seiner Rede nur indirekt – unter dem Stichwort „teuflischer Trug" (ebd., S. 117) – erwähnt, ist die Problematik von Künstlertum und Liebe, die einen entscheidenden, verhängnisvollen Nexus seiner Geschichte darstellt. Auch dies wird durch das Altarbild bezeugt: Es lässt die ehemalige Geliebte „in zauberischem Glanze" (ebd., S. 121) erstrahlen, muss jedoch mit Rücksicht auf den Künstler während dessen Anwesenheit verdeckt werden. Der innere Zusammenhang dieser Umstände wird im zweiten Teil der Erzählung aufgerollt, in dem nicht nur die Geschichte Bertholds, sondern komplementär dazu auch die seines Meisterwerks berichtet wird.

3. Künstlertum und Künstlerliebe

Den Übergang von der Rahmen- zur Binnenerzählung vollzieht Hoffmann durch eine oftmals variierte erzähltechnische Wendung: Die Vorgeschichte Bertholds wird als das Manuskript eines Jesuiter-Studenten eingeschoben, das der Enthusiast vom Professor erhält und dem Leser scheinbar unkommentiert zur Verfügung stellt. Die Verschachtelung der Erzählperspektiven setzt sich fort, indem innerhalb der Binnengeschichte die „Reden des Malers wörtlich in der ersten Person" (ebd., S. 123) eingerückt werden. Ein weiterer Schritt in diesem „Spiel mit den Bedingungen der Textkonstitution" (Drux 1992/93, S. 84) erfolgt, wenn der Enthusiast schließlich seine Identität mit dem „Verfasser der Fantasiestücke in Callots Manier" behauptet und somit auch die Autorschaft des „Studenten-Machwerk[s]" (Hoffmann III, S. 123).

Bertholds Vorgeschichte zeichnet zunächst die zentralen Stationen seiner künstlerischen Bildung nach, die sich nach bewährter Tradition in

Italien vollzieht, „dem Lande, wo die Kunst gedeiht" (ebd., S. 124). Vorläufig aber verharrt die Arbeit des jungen Mannes in leblosen Kopien, und die „schönsten Hoffnungen" (ebd., S. 125) werden bald von Zweifeln und Enttäuschungen eingeholt. Seine Rettung sucht Berthold ausgerechnet darin, sich dem Landschaftsmaler Philipp Hackert in Neapel anzuschließen. Der „ehrliche deutsche Hackert" (ebd., S. 127) wird in Hoffmanns Erzählung als der Inbegriff einer rein technisch versierten, pedantischen Naturnachahmung vorgeführt, die sich überdies dem feudalen Mäzenatentum andient. Berthold aber, nachdem ihm sein Bekenntnis zur Landschaft bislang nur Ablehnung einbrachte, hofft in Hackert einen Gleichgesinnten zu finden, der ihm den rechten Weg zur Natur und zum Erfolg weist. In der technischen Meisterschaft kann Berthold sich schon bald mit seinem Lehrer messen. Er erfreut sich gerade der ersten Publikumserfolge, als er einem mysteriösen Fremden begegnet, der in ihm den „hohe[n] Geist" des romantischen Kunstideals weckt. Die Worte dieses Fremden öffnen Bertholds Sinn für die magische „Stimme der Natur" (ebd., S. 130), die der geweihte Künstler ahnungsvoll in sich aufzunehmen und ins Werk zu setzen vermag. Doch mit der Hinwendung zum eigenen Inneren, zu den imaginativen und unbewussten Seelenkräften, tun sich auch bereits die ersten Abgründe auf. Solange Berthold nicht seine eigentliche Initiation erfährt – wozu es notwendig der Vision eines „hochherrlichen Weibes" (ebd., S. 133) bedarf –, treten Innen- und Außenwelt in seiner Wahrnehmung bedrohlich auseinander. Erst als ihm sein weibliches Idealbild als Epiphanie vor Augen tritt, kann diese Kluft überbrückt und der Künstler produktiv werden. Die Liebe zu der unerreichbaren Frau setzt Berthold endlich in den Stand zu malen, und für kurze Dauer lebt er im Zenit seiner Schaffenskraft.

Einmal mehr stellt Hoffmann hier ein labiles Gefüge von Künstlertum und Erotik her, dessen Zentrum die begehrte und vor allem spiritualisierte, das heißt unkörperliche Frau ist. Entsprechend verkehren sich die Vorzeichen, sobald diese als „irdisches Weib" (ebd., S. 137) ins Leben tritt. Bertholds Identität hat sich kaum gefestigt, als die Handlung plötzlich eine dramatische Wendung nimmt: Mit eruptiver Gewalt bricht in Neapel der Lazzaroni-Aufstand los, und in einer eigentümlichen Verkettung aus Zufällen, historisierenden Daten und märchenhaften Momenten wird Berthold zum Retter der Prinzessin Angiola – die er als sein Fleisch gewordenes Ideal erkennt – und heiratet sie. Der in jeder Hinsicht katastrophale Verlauf dieser Ehe ist vorprogrammiert. Seine Hingabe an die leibhaftige Frau wird für Berthold zum Verrat an der Kunst; sein Ideal ist entzaubert und damit auch die wichtigste Quelle der Inspiration versiegt. In dramatischer Zuspitzung tritt nun der „Abtausch zwischen Kunst und Leben" (Kesting 1990, S. 168) hervor, der Bertholds Verhältnis zu seiner Geliebten von Grund auf bestimmt. Konstitutiv dabei sind, wie in zahlreichen Texten Hoffmanns, die verschiedenen Stufen von Repräsentation, die die weibliche Figur durchläuft. Angiola war Berthold einst als die Verlebendigung eines gemalten Urbildes erschienen (vgl. von Matt 1971a, S. 44ff.); wenn sie ihm jetzt als Gattin Modell sitzt, verwandelt seine Malerei sie „zum toten Wachsbilde, das ihn mit gläsernen Augen anstierte." (Hoffmann III, S. 138) Das Motiv der fantasmatischen Belebung von Bildern, als eine skeptische Variation des ,Pygmalionmythos', erhält eine mortifikatorische Kehrseite, die von der Ebene bildlicher Repräsentation auf die Existenz der porträtierten Figur übergreift. Im weiteren Verlauf wird Bertholds Haß gegen Frau und Kind ebenso wahnhaft wie gewalttätig, bis er sich ihrer schließlich auf unbekannte Weise „entledigt". Im Gegenzug flammt erneut seine Schaffenskraft auf; „voll heitern Mutes" (ebd., S. 138) ist er nun in der Lage, das lange geplante Altarbild zu malen. Eine schwere Krankheit aber unterbricht seine Arbeit und versetzt ihn selbst an die Schwelle des Todes. Kaum genesen, tritt er sein Dasein als bettelarmer Wandmaler an, um schließlich, anlässlich seines Auftrags in der Jesuiterkirche, auf sein unvollendetes Altarbild zu treffen, das durch das Los der Versteigerung ebenfalls dorthin gelangt ist.

Auf das Ende des Manuskripts folgt ein kurzer Abspann der Rahmenerzählung. Im Rekurs auf die Ausgangssituation findet auch die letzte Begegnung zwischen dem Enthusiasten und Berthold im Tageslicht statt, während der Maler die Wände marmoriert. Der Enthusiast ist von Bertholds Geschichte tief erschüttert, doch selbst die ungewisse Beweislage hält ihn nicht davon ab, sein Gegenüber direkt ins Gesicht des Mordes anzuklagen. Der aufgebrachte Künstler wiederum dementiert und droht mit dem gemeinsamen Sturz vom Malergerüst. Wenn der Enthusiast sich mit einem Hinweis auf das an der Wand zerfließende, „häßliche Dunkelgelb" (ebd., S. 140) aus der Situation winden kann, so appelliert dieser profanisierende Kommentar mit Erfolg an die Ordnungsmanie des Künstlers. Einige Monate nachdem der Enthusiast die Stadt G. wieder verlassen hat, erfährt er, dass der Maler nach diesem Ereignis erneut zur künstlerischen Höchstform zurückgefunden und sein Altarbild „auf die herrlichste Weise" (ebd., S. 140) vollendet hat. Im Anschluss daran, darauf jedenfalls deutet alles hin, beging Berthold Selbstmord. Sein intertextuell anspielungsreicher Tod im Wasser mag als Eingeständnis seiner Schuld gelten; er schließt zugleich an den semantischen Komplex an, der sich um den zentralen Bilddiskurs organisiert. Wurde die Existenz des weiblichen Modells durch seine Repräsentation eingeholt, so steht das endliche Leben seine Malers hinter dem Ewigkeitsanspruch seiner Kunst zurück; das vollkommene Gemälde fungiert in diesem Sinne als Epitaph und Testament gleichermaßen.

(Alexandra Heimes)

Das öde Haus

1. Entstehung und Überlieferung

Die außergewöhnlich breite Rezeption, die Hoffmanns *Sandmann* gefunden hat, ließ seine anderen *Nachtstücke* in den Hintergrund treten, vor allem das strukturell ähnlichste unter ihnen: *Das öde Haus*. Beide sind von ihrer Anlage her so verwandt, dass die meisten literaturwissenschaftlichen Lektüren zum *Öden Haus* den Spuren des *Sandmanns* folgen (Hoffmann III, Kommentar, S. 1007f; Peez 1990, S. 342–347; Kremer 1993, S. 163–165). Über die Entstehungsgeschichte der Erzählung ist nicht viel bekannt, außer dem wahrscheinlichen Zeitraum der Niederschrift zwischen Herbst 1816 und Frühjahr 1817 sowie dem Berliner Stadthaus Unter den Linden 9, das dem Titel gebenden Haus Modell gestanden haben soll. Hoffmanns eigenes, abschätziges Urteil – „das öde Haus taugt nichts" – ist vom 8. März 1818 überliefert (Hoffmann VI, S. 137). Es fällt, nachdem der Text im November 1817 in der Reimerschen Realschulbuchhandlung an erster Stelle des zweiten Bandes der *Nachtstücke* veröffentlicht worden war.

2. Aufbau und Inhalt

Das öde Haus teilt sich in eine Binnenerzählung und ein sie umschließendes Rahmengespräch zwischen Franz, Lelio und Theodor, in dem das Erzählte kommentiert wird. Theodor erfüllt die dreifache Funktion des Erzählers, Protagonisten und Kritikers seiner eigenen Geschichte. Er berichtet rückblickend, dass er von einem verwahrlosten Spukhaus in Bann gezogen wird. Am Fenster dieses Hauses meint er eine Frau zu erblicken und verliebt sich in sie. Im Traum erscheint sie ihm als Ziel seiner Wünsche, auch wenn ihre Augen „etwas todstarres" haben und „die Täuschung eines lebhaft gemalten Gemäldes" nahelegen (Hoffmann III, S. 176). Die Verlebendigung des Portraits, das er sieht, gelingt vollkommen, als ein Krämer ihm einen Spiegel verkauft, den er zur Besichtigung der künstlichen Frau benutzt. Umgekehrt lähmt der Blick in den Spiegel jedoch Körper und Auge des Betrachters, was der Held als Wiederholung eines grauenvollen Vorfalls aus seiner frühen Kindheit deutet: Kindern, die nachts in den Spiegel guckten, zeige sich ein „fremdes, garstiges Gesicht", so seine Wartefrau, und „der Kinder Augen blieben dann erstarrt stehen." (ebd., S. 177) Das

Märchen bewahrheitete sich, als der kleine Theodor das nächtliche Spiegelverbot übertrat, zwei glühende Augen sah und in eine heftige Ohnmacht stürzte, die ihn nun einzuholen scheint. Er nimmt sich als Opfer unbekannter Mächte wahr, die er für sein Lieben und seinen beginnenden Wahnsinn verantwortlich macht. Bevor der Text seinen Protagonisten letztlich unbeschadet aus Familienfluch und wahnhaftem Begehren entlässt, entfaltet er nach und nach die Genealogie der portraitierten Grafentochter: Durch Liebeszauber spielte eine Zigeunerin der Gräfin Angelika von Z. deren einstigen Liebhaber, den Grafen S., in die Arme. Darauf brachte die Gräfin ein uneheliches Kind namens Edmonde zur Welt, während Edwine, die neugeborene Tochter ihrer Schwester, verschwand. Edmonde wurde der Schwester, die mittlerweile die Gattin des Grafen ist, als eigenes Kind untergeschoben und trägt seitdem den Namen ihrer Base. Graf S. kam später auf rätselhafte Art zu Tode, Angelika verfiel dem Wahnsinn und wird im öden Haus versteckt gehalten, was Theodor bei einer abschließenden Begegnung mit ihr entdeckt.

Sieht man von Hoffmanns *Sandmann* ab, lässt sich aufgrund deutlicher motivischer Überschneidungen Ludwig Tiecks Erzählung *Liebeszauber* aus dem Jahr 1811 als literarisches Archiv benennen (vgl. Lieb 2002). Weitere intertextuelle Bezüge ergeben sich für das Pygmalion-Motiv und den Mythos von Narziss und Echo aus den Ovidischen *Metamorphosen*. Theodors Liebe zu einem vermeintlich lebendig gewordenen Ölbild, die durch den Blick in einen Spiegel entsteht, wird dadurch narzisstisch konnotiert. Die mythische Blendung des Protagonisten legt eine Anspielung auf Ödipus nahe, wenngleich der Vatermord verschoben stattfindet und die Hochzeit mit der zentralen Mutterfigur verhindert werden kann. Heinz Brüggemann hat die Verwendung des Medusen-Motivs nachgewiesen, das den Anblick weiblicher Körperlichkeit mit der Todessimulation der Versteinerung pariert (vgl. Brüggemann 1989, S. 147f.). Der Mythos kehrt zeitgenössisch abgewandelt wieder, indem Theodor zum *tableau vivant* erstarrt.

3. Grundzüge der Deutung

Wie das Rahmengespräch deutlich macht, setzt die Erzählung auf die imaginäre Kraft des Stadterlebnisses, bei dem sich „das Wunderliche und Wunderbare" auf „recht schauerliche Weise" mischen (Hoffmann III, S. 165). In ihren Ausführungen zu einer Theorie literarischer Phantastik hat Renate Lachmann dieses Gespräch zum Anlass genommen, um Hoffmann als den ersten, bislang verborgen gebliebenen Theoretiker der Phantastik zu identifizieren. Denn er lasse nicht nur im Freundeskreis über die zwei Manifestationen des Phantastischen diskutieren, das Wunderliche und das Wunderbare, sondern belege sie auch performativ mit Hilfe der rahmenden Geschichte (vgl. Lachmann 2002). Außerdem vergegenwärtigt der Rahmen die Voraussetzung für den dichterischen Schaffensakt, indem sich Theodor als Erzähler und Flaneur einführt – sein ständiges Unterwegssein in der Stadt, zufällige Begegnungen und die Ästhetik der Epiphanie geben Anlass für zahllose Geschichten und Phantasien, aus denen sich die eine von Theodor profiliert, die er neben anderen in sein „Taschenbuch" notiert und anschließend seinen Freunden erzählt. Damit gibt er nebenbei auch die Geschichte seines eigenen Ursprungs preis: ein „unlängst erlebte[s] Abenteuer", das er „im Geiste schaute" (Hoffmann III, S. 164). Die Handlung geht aus der fiktiv-autobiographischen Schrift eines Ich-Erzählers hervor, der über eine Reise berichtet. Es wird ein mündliches Erzählen inszeniert, das konsequent auf den Akt des Schreibens bezogen bleibt und die poetische Verdichtung als Ausgangspunkt des Geschehens wählt.

Die Binnenerzählung vernetzt Elemente aus der Kriminalliteratur mit den zeitgenössischen Diskursen der Optik und der Psychiatrie, nicht ohne diese ironisch zu verstellen. Schon die einleitenden Sätze des Rahmengesprächs richten sich kriminologisch auf die „unerforschlichen Geheimnisse" (ebd., S. 163), die es zu erkunden gilt. Davon ausgehend sind Zeichen der Verrätselung kontinuierlich über den Text verstreut. Sie konzentrieren sich um das öde Haus, wo „ein Geheimnis vor der Welt verhüllt werden sollte" (ebd., S. 173), und verknüpfen Magnetismus und Liebeszauber über die rekurrent eingesetzten Chiffren des „Geheimnisvolle[n]" (ebd., S. 167). Schauplatz, Figurenbeziehungen und die zentralen Motive des *Öden Hauses* sind so einer Verschleierungsprozedur ausgesetzt, die auch über die Grundzüge der Handlungsereignisse herrscht. In einer rasanten *tour de force* hat Hoffmann den amourösen Abenteuern seines Flaneurs zwei Mordfälle, eine Kindesentführung und einen Fall von Freiheitsberaubung vorangestellt, die nach dem Vorbild juristischer „Prozeßführungen" (Kanzog 1976, S. 57) zum Gegenstand von Ermittlungen werden, aber nicht vollständig aufgeklärt, sondern von verschiedenen Deutungen überlagert werden. Denn Theodors Geschichte basiert auf Informationslücken, die bestimmte Zusammenhänge unerklärlich erscheinen lassen, während er sich selbst einer Gefahr ausgesetzt sieht, die von einem Geheimnis umgeben ist. Wer ist für die Anfälle verantwortlich, die ihn pünktlich zur Geisterstunde heimsuchen, und in welchem Zusammenhang steht das Frauenbild damit? Hoffmann hat es zum Anliegen des Textes gemacht, dass diese

Rätsel vieldeutig bleiben. Zur Aufklärung der Morde, denen Graf S. und ein Obrist zum Opfer fallen, bieten sich etwa dämonische oder magnetische Kräfte an, Liebesverzauberungen oder aber eine natürliche Lösung, der ärztlich attestierte „Nervenschlag" (Hoffmann III, S. 187).

Hoffmanns Beschäftigung mit der zeitgenössischen Psychiatrie ist für das *Öde Haus* bestimmend und findet einen ungewöhnlich expliziten Niederschlag im Text. Johann Christian Reils *Rhapsodieen über die Anwendung der psychischen Curmethode auf Geisteszerrüttungen* (1803) werden vom Erzähler namentlich erwähnt und zur Erklärung seiner wahnsinnigen Liebeswut genutzt, ähnlich wie die Schriften zum animalischen Magnetismus von „Kluge, Schubert, Bartels" (Hoffmann III, S. 184). Dabei handelt es sich um Carl Alexander Ferdinand Kluges *Versuch einer Darstellung des animalischen Magnetismus als Heilmittel* aus dem Jahr 1811, Gotthilf Heinrich Schuberts *Die Symbolik des Traumes* (1814) sowie Ernst Daniel August Bartels *Grundzüge einer Physiologie und Physik des animalischen Magnetismus* (1812). Innerhalb der Erzählung leitet sich die Attraktion des Magnetismus aus seiner unheilvollen erotischen Konnotation ab: Nur durch den „festfixierten Gedanken und Willen" (Hoffmann III, S. 184) vermag der Magnetiseur auf Somnambule Macht auszuüben und ihnen Traumbilder einzuflößen, deren magische Anziehungskraft „feindlich verderbend" (ebd., S. 185) wirkt, vor allem dann, wenn das Traumbild eine begehrenswerte Frau vor Augen stellt. Wo erotische Obsessionen im Zeichen der Liebe mit den Symptomen des Wahnsinns gekreuzt sind, da bedarf es eigentlich keiner weiteren übernatürlichen Kräfte, um die Unmöglichkeit des Liebens auszustellen. Dennoch bietet der Text in direkter Parallele zum Magnetiseur noch eine alte Zigeunerin auf, die alle Praktiken des Liebeszaubers beherrscht und Teile des männlichen Personals zu ihrem Opfer macht.

Neben Magnetismus und schwarzer Kunst hat Hoffmann seine Variation über das Sehen und die Blindheit eines künstlerisch sensibilisierten Liebenden in den Wirkungsbereich verschiedener Medien gestellt und dies in Form eines Kindheitstraumas präfiguriert. Nach der Vorgabe eines Ammenmärchens wird der kindliche Blick in den Spiegel, den der noch junge Theodor allabendlich praktiziert, mit einer symbolischen Blendung bestraft: Er halluziniert, wie ein grässliches Augenpaar ihn glühend aus dem verbotenen Spiegel anblickt, und stürzt ohnmächtig zu Boden. Die Fähigkeit zur Reflexion, die das Spiegelbild als Bild erkenntlich macht und den grundlegend metamorphotischen Akt der Bildwerdung respektiert, wird durch den Einfluss einer Geschichte außer Kraft gesetzt. Das Spiegelbild wird zwar als etwas Nichtidentisches und daher Fremdes aufgefasst, aber als Ausdruck eines lebendigen Körpers missverstanden. Diese Verkennung ist für die Narration des *Öden Hauses* konstitutiv, da sie als sorgsam inszenierter Wiederholungszwang die Vita des Erzählers prägt. Wie der Blick auf das Frauenbildnis zeigt, bleibt Theodor auf die Perspektive des Kindes, das er war, verpflichtet (vgl. Lieb 2002).

Die zentrale Inversion von Körper und Bild, die sich bereits in der Kindheit abzeichnet, bedarf aber einer Reihung von Medien, um den erwachsenen Theodor irrezuleiten. Ohne von der Existenz des Gemäldes zu wissen, erblickt er durchs Fenster des öden Hauses einen weiblichen Arm. Das Körperfragment regt seine Phantasie an und steigert sich zur Obsession für das ‚Mädchen', als er Verstärkermedien hinzunimmt. Deren Funktion wird invertiert: Theodors Opernglas ermöglicht keine scharfe Sicht des Ölbildes, sondern eine Verwechslung von Mädchen und Bild, während sein „Taschenspiegel" nicht zur Betrachtung seiner selbst, sondern der unbekannten Schönen dient und eine phantasierte Animation erwirkt. Auch das Frauenbild ist durch seine „optische Täuschung" (Hoffmann III, S. 179) prinzipiell jenen Instrumenten verwandt, die als Spiegel, Fernrohr oder Perspektiv eine poetisch verstellte Sicht der Welt allegorisch vor Augen führen. Wie im *Sandmann* verdeutlicht Hoffmann im *Öden Haus*, dass es heikel ist, dem manipulativen Zugriff dieser geheimen Verführer stattzugeben: „Nehmen Sie sich doch vor Taschenspiegeln in Acht, die so häßlich lügen" (ebd.), wird Theodor gewarnt, als man ihn ertappt, das Gemälde im Fenster durch seinen Spiegel zu beobachten. Die Falllinie der Ikonisierung ist also durch eine Steigerung gekennzeichnet: Als Bild im Fensterbild im Spiegelbild wird die Frau als Erzeugnis dreier Medien präsentiert, von denen eine starke Anziehungskraft ausgeht, die eine Erfüllung des männlichen Begehrens aber in die Ferne rücken.

Die mediale Illusion des Bildes führt ins Zentrum eines Textes, der sich seiner eigenen medialen Voraussetzungen bewusst ist. Wenn der begehrte Körper als virtueller vorgegeben ist und nur noch marginal auf einen lebendigen Leib verweist, dann geht auch seine Animation nur vordergründig auf die Mächte von Zigeunerinnen und Magnetiseuren zurück. Vielmehr rückt die Kreativität einer Figur in den Mittelpunkt, die dort eine sinnliche Frau halluziniert, wo das prosaische Großstadtvolk nur ein „recht gut und lebendig in Öl gemaltes Portrait" sieht (ebd.). Dass die Gestalt im Fenster aber überhaupt als Bild oder als leibhaftiger Körper wahrgenommen werden kann, setzt die Imagination eines Lesers voraus, der aus Texten Bilder abstrahiert und sie wieder in den Text zurückübersetzt. Den Vorgaben der frühromantischen Schriftreflexion folgend, spielt die Erzählung auf einen animatorischen Lektüreakt an, der dem toten Zeichenmaterial der Schrift Leben einhaucht, so wie Theodor das Bild im Spiegel durch Anhauchen belebt. In diesem Sinn hat Peter von Matt die gemalte Geliebte schon früh als Teil eines selbstreflexiven Prozesses gesehen, bei dem die hoffmannschen Helden zwischen dem Aufbau von Illusionen und deren Entlarvung taumeln (vgl. von Matt 1971a).

Im zentralen Motiv des Auges laufen folglich zwei Perspektiven zusammen: Die Spaltung von Realistik und Phantastik und, damit verbunden, ästhetische Selbstreflexion. Hoffmann behandelt das Auge nicht nur als Einfallstor des Phantastischen, sondern auch als basales Sinnesorgan der Medien Bild und Schrift. Die wechselseitige Vernetzung von beiden strukturiert auf signifikante Weise den Text. Über Theodors Geschichte regieren einerseits der „Taschenspiegel", andererseits das „Taschenbuch" und damit zwei Medien, deren lexikalische Überschneidung kein Zufall ist. Der Taschenspiegel sorgt dafür, dass Theodor und das Ölbild sich spiegeln. Dadurch wird auch die Figur des Helden als doppelbödiges Kunstwerk einsichtig. Dass auch die Schrift als solche mit einer Spiegelfunktion ausgestattet ist, zeigt sich an den Texten im Text, die in Theodor einen interessierten Leser finden. Die Literalität von „Reils Buch über Geisteszerrüttungen" fesselt ihn ebenso stark wie sein imaginäres Spiegelbild und birgt ein ähnliches identifikatorisches Potential: „Ich fing an zu lesen, das Werk zog mich unwiderstehlich an, aber wie ward mir, als ich in allem, was über fixen Wahnsinn gesagt wird, mich selbst wieder fand!" (Hoffmann III, S. 181). Ein darauf konsultierter Arzt nimmt ihm den Spiegel ab, ermahnt ihn, seine Vorschriften zu befolgen und vertraut ihm zwei Lebensgeschichten an, die der Protagonist als Duplikate seiner eigenen versteht. Schließlich nimmt Theodor diese und andere Erzählstränge auf und schreibt sie in seinem Taschenbuch nieder, aus dem die Geschichte des *Öden Hauses* hervorgeht. Er schreibt sich die erotische Bedrohung vom Leib und entgeht damit dem tödlichen Ende seiner Doppelgänger.

(Claudia Lieb)

Das Majorat

1. Entstehung und biographische Einflüsse

Die Erzählung entstand im Zeitraum zwischen Ende 1816 und Sommer 1817. Zeugnisse, die eine genauere Datierung erlaubten, liegen nicht vor. *Das Majorat* erschien Ende 1817 im zweiten Band der *Nachtstücke*, der genau wie der erste Band keine weiteren Auflagen zu Hoffmanns Lebzeiten erfuhr. Einige wenige zeitgenössische Rezeptionsdokumente fielen durchweg positiv aus. In seinem Essay *Zur Beurtheilung Hoffmann's als Dichter* bemerkte Willibald Alexis, dass der Text bei seinem Erscheinen Aufsehen erregt hätte und wertet ihn als die „trefflichste aller Erzählungen" der *Nachtstücke* (Hitzig 1823 II, S. 354; vgl. Hoffmann III, Kommentar, S. 1015). In dieser Einschätzung stimmte Alexis genau mit seinem englischen Vorbild Walter Scott überein, dessen Romane er übrigens ins Deutsche übersetzte. Es überrascht nicht, dass gerade die Autoren mit einer eher realistischen Option dieses *Nachtstück* bevorzugten, finden sich die fantastischen gegenüber den realistischen Elementen hier doch merklich zurückgedrängt. Die positive Einschätzung der mit frühreatistischem Anspruch auftretenden Autoren steht in krassem Gegensatz zur Forschungsgeschichte, in der die Erzählung, selbst in jüngster Vergangenheit, keine Rolle gespielt hat.

Hoffmann war zur Entstehungszeit der Erzählung bereits seit zwei Jahren als Richter am Kriminalsenat des Berliner Kammergerichtes in den juristischen Staatsdienst zurückgekehrt. Dennoch gehörten die Jahre seiner zeitintensiven beruflichen Verpflichtungen (1815–1822) zur literarisch produktivsten Zeit Hoffmanns. Auffällig ist zudem, dass zahlreiche Erzählungen Hoffmanns aus dieser Zeit verstärkt juristische Motive und Fragen aufgreifen und variieren. Dies gilt zumal für *Das Majorat*, eine Erzählung, die im Titel einen juristischen Begriff führt und mithin einen Rechtsfall verspricht. Bereits die Konstellation der beiden Hauptfiguren der Erzählung – der junge, empfindsame Jurist Theodor und der nüchterne, erfahrene Justizrat V. – ist einer autobiographischen Erfahrung des jungen Referendars Hoffmann nachgebildet. Er begleitete einen sehr geschätzten Verwandten, seinen Großonkel Christoph Ernst Voeteri, mehrere Male als Protokollführer zu dienstlichen Reisen auf verschiedene Güter, für deren Besitzer der alte Jurist als Justiziar arbeitete. Vor allem aber gilt dies für die beiden Hauptthemen von *Das Majorat*: die fatale Wirkung einer überkommenen Rechts- und Gesellschaftsordnung und die ambivalente Rolle des

Rechts und seiner Vertreter innerhalb dieser Ordnungssysteme. Die Erzählung schildert die Vernichtung der Familie R.. sitten über mehrere Generationen hinweg. Die Ursache dafür findet sich nicht in Krankheit oder Krieg, sondern in den fatalen Konsequenzen einer Rechtsordnung, die nicht mehr in die Zeit passt: Das Rechtsinstitut des Majorates in Hoffmanns Erzählung repräsentiert eine solche überkommene Ordnung, die den Keim des Unterganges bereits in sich trägt. Erbe einer Majoratsherrschaft wird immer der älteste Sohn, alle anderen Kinder werden benachteiligt. Keine spätere erbrechtliche Bestimmung, keine einvernehmliche Verabredung der erbenden Kinder, orientiert etwa an deren Interessen und Fähigkeiten, kann an dem Verdikt des Majoratsgebers etwas ändern. Und genau in dieser letztlich menschen- und individualitätsfeindlichen Beharrungskraft liegt der Keim des Übels: Statt den Bestand des adeligen Hauses zu erhalten, sät das Majorat Zwietracht, Hass und Unglück, bis schließlich die gesamte Familie ausgelöscht ist.

Zieht man die Parallele zu Hoffmanns juristischer Existenz, so lässt sich *Das Majorat* als metaphorische Vision auf die gesellschafts- und rechtspolitischen Konsequenzen lesen, die die im Entstehungsjahr der Erzählung offenbar gewordenen Konflikte zwischen den liberalen bürgerlichen Bewegungen und der konservativ und restaurativ gesonnenen Staatsmacht andeuten und gerade Hoffmann als Staatsbürger und Jurist unmittelbar fordern werden.

2. Historisch-politischer Kontext

Im Jahre 1817 befindet sich Preußen politisch gesehen an einem Scheideweg: entweder am Vorabend eines sozialen und politischen Umbruches oder einer Restauration. Friedrich Wilhelm III. hat das Verfassungsversprechen nicht eingelöst, das er während der Befreiungskriege den liberalen, bürgerlichen Kräften seines Landes als Gegenleistung für ihre Unterstützung im Kampf gegen Napoleon gegeben hatte. Im Gegenteil war Preußen, was die Entwicklung der bürgerlichen Freiheitsrechte, der Rede- und der Pressefreiheit angeht – verglichen etwa mit den südwestdeutschen Staaten –, besonders rückständig. Doch wie in anderen Teilen Deutschlands formierten sich auch hier politische Gegenbewegungen, die mit unterschiedlicher Radikalität und Konsequenz die Einlösung der königlichen Verfassungszusagen einforderten. Ihren Ursprung hatten sie in den Bünden und Gesellschaften aus den Jahren der Befreiungskriege, die sich zunächst als Geheimorganisationen gegen die französische Okkupation gebildet und ihren Einsatz für die preußische Monarchie mit Forderungen nach bürgerlichen Freiheitsrechten verbunden hatten.

In den Folgejahren sammelte sich die zweite Generation in akademischen Studentenverbindungen, für die die nationale Befreiung von der französischen Okkupation naturgemäß kein Thema mehr war. Sie verfocht dezidiert politische Ziele: liberale Bürgerrechte, den nationalen, bürgerlichen Einheitsstaat entweder unter dem Dach einer konstitutionellen Monarchie oder in ihrer radikalen Form als Republik. Im Entstehungsjahr der Erzählung, 1817, schaffen sich die eher versprengten und in sich heterogenen bürgerlich-politischen Willensbekundungen mit dem Wartburgfest ihren ersten symbolischen Akt der Einigung und Selbstvergewisserung. Mit der Ermordung des populären Autors und russischen Staatsrates August Kotzebue durch den Jenaer Studenten Karl Ludwig Sand im März 1819 kam der politische Prozess ins Rollen, der E.T.A. Hoffmann unversehens zu einem Rädchen im Getriebe der Zeitgeschichte machte: Als eine Konsequenz der Karlsbader Beschlüsse, auf die sich die deutschen Staaten unter der Führung von Preußen und Österreich auf mehreren Konferenzen im Sommer 1819 einigten, wurde in Preußen die „Königliche Immediat-Untersuchungs-Kommission" eingesetzt, ein politisches Sondergericht, das allein dem Zweck dienen sollte, den sogenannten ‚Demagogen', Studenten und liberalen Intellektuellen, die im Sommer 1819 verhaftet worden waren, politische Straftaten nachzuweisen und sie auf diese Weise unter dem Mantel der Rechtsstaatlichkeit aus dem Verkehr zu ziehen. Hoffmann wurde neben anderen zum Mitglied dieser Kommission ernannt, doch gemeinsam mit seinen Kollegen widerstand er der politischen Instrumentalisierung des Rechts und widersetzte sich der Zumutung, Verhaftung und Strafe gegen Recht und Gesetz zu beantragen, nur weil es der Staatsraison dienlich zu sein schien. In dieser Kommission musste Hoffmann erkennen, wie eng die Grenzen rechtsstaatlichen Handelns gesetzt sind, wenn die überkommene politische Ordnung sich den Zeichen der Zeit verweigert, die auf Freiheitsrechte, Gewaltenteilung und Verfassungsstaat deuteten. Und er erfuhr in diesen Jahren der Auseinandersetzung mit der Politik, wie groß die Gefahr ist, als Richter zum Handlanger des Unrechts zu werden, wo man sich doch vielmehr als Bewahrer des Rechtes versteht.

3. Erzählaufbau und juristischer Diskurs

In einer vergleichbaren Situation scheinen sich die beiden Protagonisten der Erzählung zu befinden: Beide werden als Juristen zu Zeugen und ungewollt zu Katalysatoren des Niedergangs des Geschlechtes der R..sitten. Zugleich verkörpern sie – jeder auf seine Weise – die ambivalente und spannungsvolle Beziehung des Autors Hoffmann zu seinem juristischen Hauptberuf als Strafrichter. Die Bezüge zur beruflichen Erfahrungswelt des Autors im Majorat sind vielfältig. Nicht nur das Sujet und die Charakteristika der Protagonisten, sondern auch Stil, Diktion und Aufbau der Erzählung sind von professionellen juristischen Elementen geprägt. Die Erzählung beginnt, ähnlich einem juristischen Votum, mit einer historischen ‚Fallerzählung'. Prägnant und nüchtern werden die familiären und juristischen Zusammenhänge geschildert, die man kennen muss, um die dann folgenden, in der Ich-Form aus der subjektiven Perspektive des jungen Theodor erzählten dramatischen Begebenheiten halbwegs einordnen zu können. Und gleich zu Beginn dieser Ich-Erzählung wird offenbar, dass die entscheidenden, schicksalhaften Ereignisse bereits Vergangenheit und nicht mehr zu beeinflussen sind: Kurz vor Ankunft der beiden unterschiedlichen Juristen ist mit der Decke des Gerichtssaals das halbe Schloss eingestürzt: Das Urteil über die Familie ist bereits gesprochen, die beiden juristischen Helfer wohnen nur noch dem letzten Vollstreckungsakt bei.

Allerdings darf der juristische Grundzug der Erzählung nicht darüber hinwegtäuschen, dass Hoffmann auch dieses Nachtstück mit Elementen des Unheimlichen und Esoterischen, mit passionierter Liebe und tödlichen Intrigen durchsetzt hat (vgl. Hoffmann III, Kommentar, S. 1016f.). Ganz auch im Sinne des Schauerromans und ähnlich wie kurz zuvor in *Die Elixiere des Teufels* ist der Untergang der Familie R..sitten als unheimlicher Familienfluch gestaltet. Theodor, dem Ich-Erzähler des ersten Berichts, verleiht Hoffmann das eigene gebrochene Verhältnis zur juristischen Profession, ebenso seine intensive Beziehung zur Musik. Was Theodor als Künstler auszeichnet, als Jurist jedoch gefährdet, ist sein hohes Maß an Einfühlungsvermögen. Theodors Neigung zu Seraphine, der Frau des jungen Roderich, wird für beide zur Gefahr. Theodor verliert die – für den Juristen unabdingbare – kritische Distanz und sein unbestechliches Urteilsvermögen. Stattdessen droht er selbst in den Sog des Prozesses zu geraten, der die Familie zerstört. Gefährlich ist dieser Distanzverlust aber auch für seine ‚Klientin'. Seraphine gerät durch seine ‚musikalische Intervention' in einen psychisch instabilen Zustand. Theodor muss schmerzlich erfahren, dass er Seraphine weder als Künstler noch als Jurist retten kann, sondern allenfalls sich selbst, und zwar durch Wiedererlangung seiner kritischen Distanz.

In der Figur des Justiziars V., dem Berichterstatter des zweiten Teils der Erzählung, verkörpert sich ein klassisches Dilemma des Rechts – einerseits rechts- und friedensstiftend, andererseits das jeweilige politische und gesellschaftliche System stabilisierend auch dann zu wirken, wenn die staatliche oder gesellschaftliche Ordnung ungerecht oder historisch und politisch überholt ist. Der alte Justiziar hat seine Fähigkeiten über drei Generationen hinweg in die Durchsetzung des Majorates investiert. Sein professioneller Einsatz hat aber zugleich zur Optimierung der zerstörerischen Wirkung des Rechtsinstitutes beigetragen und damit den Untergang der Familie beschleunigt. Alle Mitglieder der Familie finden ihr Ende als Opfer von Verbrechen und Wahnsinn. Dem Justiziar wird der tragische Selbstlauf dieser Ereignisse zusehends klarer, und doch kann er ihn nicht aufhalten. Ganz im Gegenteil muss er erleben, dass jeder Versuch, dem normativen Recht Geltung zu verschaffen, sich zugleich als Beitrag zur Auflösung und Zerstörung der familiären Bande und am Ende auch der sie tragenden Majoratsordnung herausstellt: Sowohl als psychologisch geschickter Inquisitor, der dem alten Daniel das Versteck des Familienschatzes und sein Mordgeständnis entlockt, wie als Vermittler zwischen den verfeindeten Brüdern Roderich und Hubert und als Justiziar, der Roderichs Majoratsrechte gegen die Ansprüche seines Bruders begründet, befördert er gleichermaßen die Katastrophe.

Der zweite Teil der Erzählung, dessen Kern der Bericht des alten Justiziars bildet, dient der nachträglichen Aufklärung Theodors über die Ursachen und Hintergründe der gemeinsam erlebten Ereignisse im Angesicht des nahen Todes des alten Mannes. Hier findet Hoffmann für die Zwiespältigkeit des Rechts eine überzeugende erzählerische Lösung: Der Bericht selbst fügt in distanziertem Stil das bruchstückhafte Mosaik der Familientragödie durch zusätzliche Informationen und die Verknüpfung der dem Neffen bisher verborgenen Kausalzusammenhänge zu einem schlüssigen Ganzen zusammen.

Um die bittere Einsicht des Justiziars in die engen Grenzen menschlicher Handlungs- und Gestaltungsmacht auch in der Erzählstruktur aufscheinen zu lassen, wird dieser juristisch-rational anmutende Text erzählerisch umrahmt: Am Anfang wendet sich der alte Justiziar unmittelbar an Theodor. Seine einleitenden Worte sind geprägt von der resignativen Demut eines erfahrenen Juristen angesichts des „Walten[s] der unerforschlichen Macht" (Hoffmann III, S. 246). Sie gipfeln in dem Satz: „das Eigentliche, das kann ich dir nicht mit Worten sagen, keines Menschen Zunge ist dessen fähig." (ebd.) Der Erzähler Hoffmann lässt damit seinen juristischen Protagonisten den Anspruch auf Erklärbarkeit und Ordnung der Welt und damit zugleich seinen Glauben an eine juristische Gestaltungsmöglichkeit aufgeben.

Am Schluss der Erzählung geht der objektive Bericht des Justiziars über in dessen sehr emotionale, das unbeeinflussbare Schicksal beschwörende Schilderung von Seraphines Tod, nach der schließlich Theodor das versöhnliche Schlusswort erhält: In einer impressionistisch anmutenden Schlusspassage erzählt er, dass mit Roderichs Tod das Geschlecht der R .. sitten ausgestorben, das Schloss völlig zerstört und dessen Steine für den Bau eines Leuchtturms verwendet worden sind, nicht jedoch, ohne zu bemerken, dass im Schlosse selbst „noch jetzt sich oft, zumal beim Vollmonde, grauenvolle Klagelaute in dem Gestein hören ließen." (ebd., S. 284)

(Hartmut Mangold)

Seltsame Leiden eines Theater-Direktors (1818)

1. Entstehung und Voraussetzungen

Einer der wenig beachteten Texte Hoffmanns ist die Theaterschrift *Seltsame Leiden eines Theater-Direktors*, der im Gegensatz zum Titel den Dialog zweier Theaterdirektoren zum Thema hat. Ein genauer Blick auf den Text, der durchaus romanhafte Züge trägt (vgl. Steinecke 1997, S. 176), zeigt seine eigenständige literarische Bedeutung. Anlass für die Abfassung war offenbar die für Hoffmann kränkende Weigerung des Sängers Joseph Fischer, in Hoffmanns Oper *Undine* die Rolle des Kühleborn zu singen. Seine Verärgerung darüber findet ihren Niederschlag in einer satirischen Schrift über das Theater. Es handelt sich hierbei um eine weniger umfangreiche erste Fassung der *Seltsamen Leiden*, die unter dem Titel *Die Kunstverwandten* im *Dramaturgischen Wochenblatt in nächster Beziehung auf die Königlichen Schauspiele zu Berlin* in sieben Folgen im Jahr 1817 veröffentlicht wurde (vgl. Hoffmann III, Kommentar, S. 1039f.). Hoffmanns Entschluss, den anonym erschienenen Zeitschriftenbeitrag für eine Buchausgabe zu überarbeiten, scheint Ende desselben Jahres gefasst worden zu sein (vgl. ebd., S. 1041). 1818 erweiterte Hoffmann den Text auf fast den dreifachen Umfang. Das Entscheidende dabei ist die neue inhaltliche Gewichtung: Nicht allein aktuelle Kritik an technischen Rahmenbedingungen, Charakteren der Schauspieler oder dramaturgischen Unzulänglichkeiten bilden den Kern, sondern grundlegende Fragen des Theaters und des Dramas im Besonderen sowie der Kunst allgemein. Unter dem Titel *Seltsame Leiden eines Theater-Direktors* erschien das Werk in Buchfassung noch im Spätherbst 1818 mit der Jahreszahl 1819.

Das inhaltliche Gerüst bildet eine zufällige Begegnung zweier Theaterdirektoren in einem bekannten Gasthof einer berühmten freien Reichsstadt. Hoffmann verzichtet auf eine Namensgebung der Protagonisten und unterscheidet sie der Farbe ihrer Mäntel entsprechend als ‚der Braune' und ‚der Graue'. Die Ausgangssituation sei kurz skizziert: Der Braune liest mit großer Konzentration ein Manuskript – später erfährt der Leser, dass es sich um ein Stück von Gozzi handelt –, als der Graue hineinstürzt und nach dem Lesen eines Billets außer sich gerät und in eben jenem desolaten Zustand die Anteilnahme des Braunen erregt. Der Graue klagt dem Braunen seine durch bestimmte Eigenarten der Schauspieler verursachten Leiden und schließlich auch den eigentlichen Anlass seiner Verzweiflung, nämlich die Weigerung des Bassisten, seine Partie des Kajus zu singen und damit die

Aufführung der geplanten Oper *Gusmann der Löwe* zu verhindern. Fiktives Ärgernis und reale Empörung überlappen sich und bilden den Ausgangspunkt für den vielschichtigen Text. Biografische Erfahrungen aus den verschiedenen Funktionen Hoffmanns am Bamberger Theater und als Opernkomponist, ästhetisch-theoretische Reflexionen und Einflüsse der Freundschaft zum Schauspieler Ludwig Devrient lassen eine skurrile, tragikomische Dialogcollage entstehen. Reduzierte man das inhaltliche Verständnis allerdings allein auf eine Lesart einer immanenten Theaterpoetik, würde man dem Text nicht gerecht werden. Hoffmann war in seinen juristischen Funktionen und seiner Tätigkeit als Musikkritiker in der Lage, theoretisch-analytische Texte zu verfassen. Trotzdem hat er sich für die spezielle Form des Dialogromans entschieden.

Die bisherige Forschung hat diesen Text allerdings eher im Zusammenhang anderer Werke Hoffmanns interpretiert und als Beleg seiner poetologischen Reflexionen benutzt. Gründliche Analysen der Theaterschrift fehlen. Beachtung finden Hoffmanns Enthusiasmus für die dramaturgische Trias Shakespeare, Gozzi und Calderón sowie seine Ausführungen zur Theorie des Tragikomischen. Im Fokus des Interesses stehen daneben eher zeitbezogene Aspekte des Textes, vor allem Aussagen zum Theaterstil, insbesondere seine radikale Ablehnung des klassizistischen Darstellungsideals, das im Kontext der von Hoffmann postulierten Schauspielkunst kontraproduktiv wirken würde. Außerdem erfolgte eine Beschäftigung mit Hoffmanns eigener Theatererfahrung in Bamberg sowie eine Darstellung der zeitgenössischen Theatersituation an deutschen Bühnen. Lewandowski greift auf Köpplers umfangreiches Quellenmaterial zurück und kommt bei dessen Auswertung zu interessanten Ergebnissen, so belegt er unter anderem, dass die Spielpläne der damaligen Bühnen sich nicht wesentlich voneinander unterschieden und dass Kotzebue auch in Weimar der meistgespielte Autor war. Bemerkenswert ist außerdem, dass auch damals schon die Gewichtung zwischen Kunstanspruch und Unterhaltung problematisch war und dies deutliche Konsequenzen für den Spielbetrieb hatte: Es dominierten Einakter, häufig mehrere an einem Abend, und Aufführungen fanden meist nur ein einziges Mal statt (vgl. Köppler 1929; Lewandowski 1995, S. 40f.).

2. Ein Dialog über das Theater

Diese sich auf einzelne Aspekte beziehenden Interpretationen nehmen den Text aber nicht als in sich geschlossenes Werk wahr. Der Theaterschrift wurde bisher lediglich der Status eines thematischen Fundus zugebilligt, auf den man nach Bedarf zurückgreifen kann. Die inhaltliche Offenkundigkeit des Textes versperrte bisher den interpretativen Zugriff.

Der Dialog der beiden Direktoren simuliert ein reales, lebendiges Gespräch, in dem von Nebensächlichkeiten, wie ironischen Seitenhieben und der Schilderung von skurrilen Situationen, zu ästhetischen Grundproblemen, wie zum Beispiel der Forderung von werkgetreuen Inszenierungen, gesprungen wird. Dabei kommt es zu einer Aufspaltung der fiktiven Figur des Theaterdirektors in den sich an romantischen Kunstansprüchen orientierenden Braunen und den unter der Wirklichkeit der Bühnensituation leidenden Grauen. Dies inszeniert gleichsam die Spaltung eines dramatischen Werkes in den sprachlich fixierten Textkorpus und den szenisch polymedial erst noch zu realisierenden Teil und aktualisiert so die frühromantische Forderung nach Selbstreflexivität. Der Text als Ganzes, die Theaterschrift, simuliert dabei die dramatische Formensprache, ohne wirklich ein Drama zu sein, reflektiert aber dessen poetologische Implikationen. Dies geht so weit, dass Hoffmann sich bei der vermeintlichen Lösung des Dilemmas des romantischen Theaters eines Coup de théâtre bedient, der Präsentation der Marionetten als Huldigung der Kunst. Ähnlich ist auch sein Capriccio *Prinzessin Brambilla*, das als Commedia dell'arte die Imagination selbst zum Gegenstand macht, eine Komödie der Komödie und damit der Kunst überhaupt.

Sein Vorbild findet Hoffmann in einem seiner Lieblingsbücher, Diderots Roman *Le neveu de Rameau* (Vgl. Hoffmann III, Kommentar, S. 1046). Auch dieser entzieht sich gängigen Gattungsbegriffen, indem er sich zwischen philosophischem Dialog, Roman und dramatischer Satire bewegt. Der in Goethes Übersetzung vorliegende Text eines fiktiven Dialogs zwischen ‚Moi' und ‚Lui' in einem Pariser Café bietet Hoffmann eine Folie für seine Theaterschrift. Er transformiert die Figur des Lui zur Erfindung der Theaterfigur des Braunen mit seinem zwielichtigen Ensemble bestehend aus Marionettenfiguren, die in ihrer vermeintlich idealtypischen Besetzung das ambivalente romantische Motivspektrum der Automaten aufrufen. Die künstlichen Schauspieler in Hoffmanns Text könnten so als ironischer Hinweis auf eine extreme Konsequenz des romantischen Kunstpostulats und in ihrer erzähltechnisch paradoxen Wendung als Replik auf Diderots Roman gelesen werden.

3. Romantische vs. klassizistische Vorstellung vom Theater

Im gleichen Jahr, in dem Hoffmanns Oper inszeniert werden sollte, kam es in Berlin zu einer Kollision zweier konträrer Darstellungsstile: Bis zu Ifflands Tod hatte sich dort unter dessen Intendanz ein Darstellungsstil des sogenannten ‚idealisierten' Realismus ausgebildet. Unter seiner Nachfolge, der künstlerischen Leitung des Grafen Brühl, hielt der klassizistische Stil Weimarer Provenienz Einzug, der sowohl durch gemessene Bewegung als auch durch rhetorische Sprechtechnik einer natürlichen Schauspielkunst zuwiderlief (Vgl. Eilert 1977, S. 170). Ein Lieblingsschüler Goethes, Pius Alexander Wolff, wurde zusammen mit seiner Frau in Berlin engagiert, so dass der Weimarer Klassizismus zunehmend Einfluss auf die Berliner Bühne gewann (vgl. ebd., S. 170f.; Hoffmann III. Kommentar, S. 1047ff.). Zwischen die Fronten dieser Auseinandersetzung geriet Hoffmanns Freund Ludwig Devrient, der als schauspielerisches Ausnahmetalent keinem der beiden Stile zuzurechnen war. Für Hoffmann verkörperte er aufgrund seiner genialen Wandlungsfähigkeit und echten Passion wahre Schauspielkunst. Im Rivalitätskampf mit dem begnadeten Devrient nutzte Wolff seine leitende Position und beförderte seinen Nebenbuhler zunehmend ins Theaterabseits der Nebenrollen. In der Theaterschrift spielt Hoffmann deren unterschiedliche Darstellungsweisen gegeneinander aus, indem er dem Überwiegen rhetorischen Könnens zu Lasten des wahrhaft Dramatischen eine Absage erteilt: „Eben daher, weil die Schauspieler durch die Werke unserer rhetorisch gewordenen Dichter von dem wahrhaft Dramatischen entwöhnt sind wird ihnen die Darstellung Shakspearscher Rollen die nur ganz allein auf das dramatische basiert sind, schwer, ja unmöglich." (Hoffmann III, S. 465f.)

In den Ausführungen der Figur des Braunen greift Hoffmann die nur äußerliche, gleichsam seelenlose schauspielerische Darstellung an, wobei er durch Erwähnen eines konkreten physischen Mangels keinen Zweifel daran lässt, dass sich seine Kritik auf Wolff bezieht. Diesem bloß rhetorischen Schauspieler stellt Hoffmann das wahre Können des „kleinen Garrik" (ebd., S. 456) entgegen, mit dem, in Anspielung auf den berühmten englischen Schauspieler David Garrick, Devrient gemeint ist. Als Beispiel führt der Graue dessen Glanzrolle als Shylock in Shakespeares *Kaufmann von Venedig* an, die wiederum in die Beweisführung des Braunen, seiner „Theorie von tief komischen Rollen paßt und wohl nur von einem solchen Schauspieler, der in der Tat vielseitig ist wie [er] nehmlich Viel- oder Doppeltseitigkeit verstanden haben will, wahr und kräftig dargestellt werden könnte." (ebd.)

Neben Shakespeare kommen Calderón und Gozzi als Autoren in den Blick, die Hoffmanns Vorstellung vom Theater geprägt haben. Hoffmanns Sympathie für die genannten Dramatiker hängt auch mit einer bestimmten Bühnenform zusammen, die wiederum eng mit einem bestimmten Darstellungsstil verbunden ist. Dies gilt sowohl für die in den Zuschauerraum hineinragende Shakespearebühne, die somit auch räumlich die Trennlinie zwischen Bühne und Publikum verwischt, als auch für die auf öffentlichen Plätzen aufgeführten Stücke Calderóns, deren Hauptintention die dramatische Wirkung ist, und die märchenhafte Commedia dell'arte-Variante Gozzis, die, ebenfalls auf öffentlichen Plätzen gespielt, auf einem Ineinandergreifen des literarischen Basistextes und der freien Improvisation beruht. Allen dreien gemeinsam ist eine Vermischung des Tragischen mit dem Komischen, einem grundlegenden Element romantischer Ästhetik. Hoffmann bringt dieses an anderer Stelle, in der Erzählung *Der Dichter und der Komponist*, pointiert zum Ausdruck: „Nur im wahrhaft Romantischen mischt sich das Komische mit dem Tragischen so gefügig, daß beides zum Totaleffekt in Eins verschmilzt, und das Gemüt des Zuhörers auf eine eigne, wunderbare Weise ergreift." (Hoffmann IV, S. 108)

Die Anspielung auf Diderots *Rameaus Neffe* ist durchaus auch inhaltlich begründet, da Hoffmann dessen Ansicht vom Drama als Komik und Tragik vereinender Kunstgattung teilte. Überraschend ist allerdings der Stellenwert, den er der dramatischen Kunst in seiner Theaterschrift *Seltsame Leiden* zumisst. Schließlich hat er, mit Ausnahme eines verloren gegangenen Intrigenstücks und dem Lustspielfragment *Prinzessin Blandina*, keine Dramen verfasst, wenn er den Braunen das dramatische Genre würdigen lässt: „Worin besteht denn eigentlich die göttliche Kraft des Dramas die uns so wie kein anderes Kunstwerk, unwiderstehlich ergreift, anders, als daß wir mit einem Zauberschlage der Alltäglichkeit entrückt die wunderbaren Ereignisse eines fantastischen Lebens vor unseren Augen geschehen sehen?" (Hoffmann III, S. 463)

Auf die Intention, Vorstellungen von romantischem Theater darzustellen und gleichzeitig dessen mediale Bedingungen zu reflektieren, verweist schon der fiktive Herausgeber im Vorwort, hinter dem sich der Autor Hoffmann nur dürftig verbirgt, und den er mit dem Zuschauer Grünhelm aus Tiecks Komödie *Die verkehrte Welt* vergleicht; dieser will unbedingt in dem Stück mitspielen und vollzieht mit dem Rollentausch zugleich einen räumlichen Wechsel vom Parterre hinauf zum Theater. Das Gespür Hoffmanns für „das allmähliche Abweichen unserer Dichter von dem wahrhaft Dramatischen" (ebd., S. 464) lässt ihn das Schicksal des romantischen Dramas antizipieren. Denn aus der Retrospektive zeigt sich, dass die Mehrzahl der Dramen der Romantik weder auf der Bühne noch als Lesetexte erfolgreich war. Das Vorantreiben des literarischen Moments in fragmentarische Offenheit unterläuft die dramatischen Erfordernisse von Entscheidung und Abschluss (vgl. Kremer ³2007, S. 209). Den strukturellen Gegensatz zwischen Literarizität und Theatralität scheint Hoffmann zumindest unter den realen Bedingungen seiner Zeit für unüberbrückbar gehalten zu haben, deshalb überrascht er den Leser mit dem finalen Coup de théâtre (Vgl. Japp 1999, S. 114f.). Uwe Japp beobachtet im romantischen Drama eine Tendenz zur Literalität, die den Buchstaben und nicht den Körper favorisiert, dabei aber nicht automatisch eine Grenze der Spielbarkeit markiert.

Die Behauptung des Braunen, dass zur Zeit ausschließlich seine Truppe, bestehend aus den „allerzierlichsten und wohlgebautesten Marionetten" (Hoffmann III, S. 518), fähig sei, die Dramen Gozzis adäquat zu inszenieren, ist als ironischer Seitenhieb auf die theatralische Bühnenwirklichkeit und gleichzeitige – unter dem Einfluss von Kleists Marionettentheater-Aufsatz geäußerte – Gunstbezeugung gegenüber der Marionette zu verstehen.

Hoffmanns Theaterschrift versucht, das Koordinatensystem Theater in seiner Vielschichtigkeit zwischen manifestiertem Text und szenischer Realisierung abzustecken. Die eigenständige Bedeutung des Werkes liegt in seiner Funktion als zeitgenössisch-literarischer Bilanz: Die Romantik kann sich dem Theater nur nähern, ohne Theater zu sein. Der romantischen Forderung nach Literarizität trägt die narrative Struktur seines Textes Rechnung, die Theater erzählerisch zur Darstellung bringt und so die Erfordernisse von Theatralität umgeht und in fragmentarischer Offenheit der Fantasie den Raum zugesteht, den die zeitgenössische Bühne nicht gewährleisten konnte.

Interessante Parallelen finden sich in der Gegenwartsliteratur in Thomas Bernhards Stück *Der Theatermacher* (1984), in dem er selbstironisch seine Ästhetik des Dramas und in einem tragisch-komischen Ende das Scheitern der Kunst in einer kunstfeindlichen Welt inszeniert. Der Staatsschauspieler Bruscon, der in einem Dorfgasthof mit seiner Familie die von ihm selbst verfasste Menschheitskomödie *Das Rad der Geschichte* aufführen will, bezeichnet sich selbst als „geborene[n] Theatermensch[en]" (Bernhard 1984, S. 28), eine Replik auf Hoffmanns Überzeugung: „wie jeder wahre Künstler, wird der echte Schauspieler geboren." (Hoffmann III, S. 437)

(Bettina Schäfer)

Klein Zaches genannt Zinnober. Ein Märchen (1819)

1. Entstehung

Folgten wir Hoffmanns Biographen Julius Hitzig, so hätte Hoffmann *Klein Zaches genannt Zinnober* während einer Erkrankung im Jahre 1819 „vielleicht in nicht 14 Tagen gearbeitet" (Hitzig 1823 II, S. 138). Aller Wahrscheinlichkeit nach aber irrt Hitzig, was die genaue Datierung der Entstehungszeit und -dauer betrifft (vgl. Kaiser 1985a, S. 66–68; Kremer 1999a, S. 100f.; Hoffmann III, Kommentar, S. 1078). Hoffmann dürfte seine Arbeit im Mai oder Juni des Jahres 1818 aufgenommen haben. In diesen Monaten leidet er „an einem Unterleibsübel mit gichtischen Zufällen" (Hitzig 1823 II, S. 137) und sieht sich gezwungen, während mehrerer Wochen das Bett zu hüten. Am 17.6.1818 schreibt Hoffmann seinem neuen Verleger Ferdinand Dümmler, der *Klein Zaches* zu Jahresanfang 1819 in Berlin herausgeben wird, dass er „mit Eifer an dem Buch" (Hoffmann VI, S. 143) schreibe. Doch auch im Oktober 1818 scheint er noch an seinem Text zu sitzen, erkundigt er sich doch bei Chamisso nach gewisser „Wickelschwänze" „Linneischen Namen" (ebd., S. 148), die der Aufseher des zoologischen Kabinetts im siebten Kapitel auf den kleinen Zaches verwenden wird: „Ja ein sehr schönes Exemplar, ein vortrefflicher Brasilianer, der sogenannte *Mycetes Belzebub – Simia Belzebub Linnei – niger, barbatus, podiis caudaque apice brunneis* – Brüllaffe –" (Hoffmann III, S. 613f.).

Gleichviel ob nun Hoffmann im zweiten Halbjahr 1818 einige Wochen mehr oder weniger auf die Erzählung verwendet, so nimmt diese in seiner Wertschätzung einen ganz eigenen Ort ein. Er verleiht ihr das schöne Attribut „superwahnsinnig" (Hoffmann VI, S. 159) und bezeichnet sie in einem Brief als „das humoristischste, was ich geschrieben" (ebd., S. 157). In der Tat handelt es sich um eine seiner merkwürdigsten Geschichten, die in ihrer Merkwürdigkeit wohl nur noch durch *Prinzessin Brambilla* – „nach der Anlage das kühnste meiner Märchen" (ebd., S. 184) – überboten wird.

2. Eine Skizze der Märchenhandlung

Die Geschichte des kleinen Zaches spielt im Reich des bornierten Duodezfürsten Barsanuph. In diesem imaginären und zur Staffage verkommenen Operettenstaat, der an die „chimärische Hofhaltung" des Fürsten Irenäus (Hoffmann V, S. 53) erinnert, liegt der Hauptort der Handlung, die Residenz- und Universitätsstadt Kerepes. Die Landesgeschichte weiß von einem epochalen Ereignis: Paphnutius, ein Vorfahre Barsanuphs, dekretiert nach dem Tode seines Vaters die Aufklärung als neue Staatsideologie und verweist alle Feen und Zauberer des Landes. Einzig der Fee Rosabelverde wird unter dem Namen Fräulein von Rosenschön das Recht eingeräumt, fürderhin in einem Damenstift ihr offensichtlich immerwährendes Leben fortzuleben; der Zauberer Prosper Alpanus hingegen wählt die Scheinexistenz eines Arztes. Eine unbestimmte Zahl von Jahren nach der geschilderten Epochenwende begegnet das Fräulein von Rosenschön zufällig einem armen Weibe, das neben einem „abscheulichen Wechselbalg" (Hoffmann III, S. 534) schläft. Die Abscheulichkeit ist tatsächlich nicht unbedeutend: „Das, was man auf den ersten Blick sehr gut für ein seltsam verknorpeltes Stückchen Holz hätte ansehen können, war nehmlich ein kaum zwei Spannen hoher, mißgestalteter Junge [...]. Der Kopf stak dem Dinge tief zwischen den Schultern, die Stelle des Rückens vertrat ein kürbisähnlicher Auswuchs, und gleich unter der Brust hingen die haselgertdünnen Beinchen herab, daß der Junge aussah wie ein gespalteter Rettich. Vom Gesicht konnte ein stumpfes Auge nicht viel entdecken, schärfer hinblickend wurde man aber wohl die lange spitze Nase, die aus schwarzen struppigen Haaren hervorstarrte, und ein Paar kleine schwarz funkelnde Äuglein gewahr, die, zumal bei den übrigens ganz alten, eingefurchten Zügen des Gesichts, ein klein Alräunchen kund zu tun schienen. – " (ebd., S. 534)

Die Fee nimmt sich des kleinen Zaches an. Sie glättet sein widerspenstiges Haar und besprengt den kleinen mit „einem geistigen Wasser aus dem Riechfläschchen" (ebd., S. 536). Die Wirkung ist phänomenal: Nicht nur hat Zaches schönes und volles Haar, er hat nun auch sprechen und gehen gelernt. Im Dorfe angelangt, verguckt sich der Pfarrer unverzüglich in den Wechselbalg. Er bittet die dankbare Mutter, ihm das „hoffnungsvolle Kind zur Pflege und Erziehung" zu überlassen (ebd., S. 538). Wiederum ein paar Jahre später begegnen wir Zaches nun als angehendem Studiosus der Rechte wieder. Während Balthasar, ein schwärmerisch und poetisch veranlagter Student, die Stille der Natur sucht, um seiner Liebe zu Candida nachzusinnen, und dabei von seinem Freund Fabian empfindlich gestört wird, erleben die beiden Freunde, wie ein missgestalteter Zwerg auf hohem Pferde Richtung Kerepes stürmt und dabei Balthasar direkt „zwischen die Beine" fällt (ebd., S. 557). Während Balthasar dem Kleinen mit einer Mischung von Mitleid und Anstand begegnet, verlacht Fabian den „Däumling" (ebd.), der daraufhin in herrischem Tone auf den morgigen Tag Satisfaktion fordert. In die Stadt zurückgekehrt, stellt Fabian jedoch verwundert fest, dass seine Kommilitonen den kleinen Zaches, der sich nun

Zinnober nennt, ganz anders sehen; er erfährt, dass dieser „für einen schönen Mann von zierlichem Gliederbau und für den vortrefflichsten Reiter gehalten werde." (ebd., S. 563) Am selben Abend sind die beiden Freunde bei dem Professor der Naturwissenschaften, Mosch Terpin, dem Vater der schönen Candida, zu einem „literarischen Tee" (ebd., S. 567) eingeladen. Auch Zinnober, der alsbald auf die Gesellschaft den größten Eindruck macht, gehört zu den Gästen. Die Konfusion erreicht ihren Höhepunkt, als Balthasar eine eigene Dichtung vorträgt, an seiner Statt aber Zinnober den Beifall erhält. Kurz, es wiederholt sich, was sich in der Begegnung mit dem Pfarrer ereignet; die „Gabe" der Fee befähigt Zaches, dass „alles, was in seiner Gegenwart irgend ein anderer Vortreffliches denkt, spricht oder tut, auf *seine* Rechnung" komme (ebd., S. 616f.). So schafft es Zinnober, Favorit und Minister des Fürsten sowie Verlobter Candidas zu werden. Mit der Verleihung des „Orden[s] des grüngefleckten Tigers" (ebd., S. 602) erreichen Zaches' Aufstieg und damit auch die Satire ihren Höhepunkt. Eben da Balthasars und seiner Freunde Verzweiflung am höchsten ist, kommt in dunkler Waldesnacht ein phantastisches Wesen herbeigerauscht. Es ist Prosper Alpanus, der sich des unglücklich Verliebten annehmen wird. In einer spiritistische Séance, die an Schillers *Geisterseher* erinnert, gelingt es Alpanus, Zinnober und Candida in einem „Krystallspiegel" (ebd., S. 594) erscheinen zu lassen. Er fordert Balthasar auf, mit einem Rohr Streiche gegen das Bild Zinnobers zu führen; die Schmerzen, die der Zwerg verspürt, verraten den gewöhnlichen Menschen. Alpanus verspricht, den Dingen auf den Grund zu gehen. Die Schmerzen aber, die Balthasar dem „missgestalteten Däumling" (ebd., S. 597) zugefügt hat, veranlassen diesen, einen Haftbefehl zu erwirken. Balthasar flieht. Während er sich in dem Dorfe Hoch-Jakobsheim versteckt hält, besucht das Fräulein von Rosenschön den ihr noch unbekannten Alpanus. Es kommt zu einem Zauber-Duell, in dem sich die beiden in verschiedene Tiere verwandeln, bevor sie sich kurz in ihrer wahren Pracht präsentieren. Gerade als die Fee in ihrer ganzen Majestät auf den Magier zuschreitet, fällt ihr Kamm auf den Boden und zerbricht. Damit ist die Zauberwirkung zerstört, welche die Fee alle neun Tage durch das Kämmen von Zaches' Haar erneuert. Balthasar erhält von Alpanus den Rat, dem Gnom drei rote Haare zu entreißen, in denen der Rest der täuschenden Zauberkraft steckt, was ihm auf Zinnobers und Candidas Verlobungsfeier auch gelingen soll. Von nun an wird Zaches verspottet und mit Schimpf und Schande aus der Gesellschaft vertrieben. Er verschanzt sich in seinem Haus, wo am nächsten Morgen seine alte Mutter zu ihm vorgelassen werden möchte. Die Dienerschaft verweigert es; die Alte schlägt Alarm, das Volk versammelt sich, eine Revolte bricht aus. Der

Kammerdiener findet Zaches tot in einem „schönen silbernen Henkelgefäß" (ebd., S. 637). Er ist aus „Furcht zu sterben gar gestorben" (ebd., S. 640), wie sich der Leibarzt des Fürsten auszudrücken beliebt. Alpanus erfüllt das Versprechen, das er der Fee gegeben hat, und sorgt dafür, dass Zaches nach seinem Tod dem Fürsten und dem Hofe wieder als Zinnober erscheint und mit allen Ehren bestattet wird. Balthasar aber erhält von Alpanus ein Landhaus, heiratet seine geliebte Candida und wird „ein guter Dichter" (ebd., S. 649).

3. Struktur und Deutung

Auf den ersten Blick mag der Bau des Märchens alles in allem als unproblematisch erscheinen (vgl. Hoffmann III, Kommentar, S. 1084), wird das Geschehen doch, von einigen Rückblenden abgesehen, chronologisch erzählt. Bei genauerem Hinsehen jedoch erweisen sich gewisse narrative Verfahren als zumindest auffällig. Da ist vor allem der Anfang des zweiten Kapitels: In einem Brief erzählt der „Gelehrte Ptolomäus Philadelphus" (Hoffmann III, S. 548–551) seinem Freund Rufin, wie er nach dem Bruch der Deichsel seines Reisewagens Bekanntschaft mit einem merkwürdigen, ihm in seinen Sitten, Gebräuchen und Sprachen unbekannten Volke macht. Dieser Brief leitet von der Darstellung der politischen Entwicklung des Fürstentums sowie der Vorgeschichte der Fee zum eigentlichen Hauptgeschehen über. Er beschreibt von der Warte eines vollkommen orts-, ja kulturfremden Reisenden das Treiben und Renommiergehabe von Studenten der Universität Kerepes. Der fingierte Reisebericht lässt an ironische Vermittlungs- und Authentifizierungsstrategien denken, denen wir bei Zeitgenossen wie Jean Paul sowie den zahlreichen Nachahmern Cervantes' und Sternes begegnen, und auch bei Hoffmann sind solche erzählerischen Finten nicht etwa selten (vgl. Steinecke 2004, S. 500–502).

Nichtsdestoweniger erscheint Ptolomäus' Brief hier sonderbar ‚unter-', um nicht zu sagen ‚unmotiviert'. Das studentische Milieu nämlich spielt im Folgenden keine allzu gewichtige Rolle: Die altdeutsche Tracht findet zwar noch Erwähnung (vgl. Hoffmann III, S. 567), scheint aber wenig zu bedeuten, und auch das burschenschaftliche Gehabe steht nur in einer sehr entfernten Beziehung zur Geschichte von Zaches' Aufstieg und Fall. So liegt es nahe, die Funktion des Briefes nicht primär in thematischen oder motivischen Bezügen zu suchen, sondern vielmehr in der Blicksteuerung (vgl. Just 1964): Der Leser wird von der Landesgeschichte weg zum Schauplatz hin und schließlich auf die Hauptperson Balthasar gelenkt. Die Fokussierung, die hier ihren Anfang nimmt, findet ihren Höhepunkt sinnigerweise in einer Lorgnette, die Balthasar von Prosper erhält. Durch sie vermag er das Zentrum des Spuks, Zinnobers rote Haare, zu erkennen und an der Wurzel zu packen. Der Prozess der Fokussierung verläuft jedoch nicht einfach linear, indem mit fortschreitender Erzählung die Dinge näher und genauer in den Blick genommen würden, sondern viel eher konzentrisch, zwiebelförmig: So steht am Anfang die Begegnung zwischen der Mutter Zaches' und der Fee; die Mutter taucht erst zum Ende der Geschichte wieder auf, kurz bevor ihr Sohn stirbt. Das Motiv der Mutter, die ihr missratenes Kind in fremde Obhut gibt, und des alten Mütterchens, das ihr Kind wieder zurückholen möchte, bildet so gleichsam die äußerste Schale um die eigentliche Erzählung. Die Zwiebel, welche die alte Mutter dem trauernden Fürsten darbietet und die dieser genüsslich schält und verspeist (vgl. Hoffmann III, S. 643), mag zwar auf die falschen Tränen der Hofkamarilla verweisen, bezeichnet zudem aber auch eine Strukturanalogie. An diese äußere Schale angelehnt, findet sich das unnummerierte „letzte Kapitel", in dem das fiktive Autor-Ich mit ironischer Geste ein gerafftes Happy End nachliefert und dieses als mehr oder minder willkürliches Anhängsel auszeichnet: „Eigentlich hätte die Geschichte mit dem tragischen Tode des kleinen Zinnober schließen können. Doch, ist es nicht anmutiger, wenn statt eines traurigen Leichenbegängnisses, eine fröhliche Hochzeit am Ende steht?" (ebd., S. 646)

Die Schale der Mutter-Kind-Ebene umfasst also die eigentliche Geschichte, deren Kapitelzahl eine bedeutungsschwangere Neun ist. Daran schließt sich im Inneren die erwähnte Landesgeschichte an, die von der Durchsetzung der Aufklärung handelt (vgl. ebd., S. 538–547). Sie findet eine Entsprechung und Ergänzung in dem Bericht, den Alpanus nach dem Zauberduell der Fee gibt (vgl. ebd., S. 609–611). Hier ist die Perspektive nun nicht mehr an die Welt des Hofs, der die Aufklärung dekretiert, sondern an diejenige der Zauberwelt gebunden. Letztere muss sodann erfahren, wie das Wunderbare aus dem Alltag vertrieben wurde und nur mehr klandestin fortzuleben vermochte. Diese historische Ebene bildet so einen Rahmen um den Aufstieg des kleinen Zaches, der mit der Entdeckung des Geheimnisses der kämmenden Fee und endgültig mit dem Zerbrechen des Kammes sein Ende findet. An den historischen Bericht des ersten Kapitels schließt der Brief an, den Ptolomäus in dem Dorfe Hoch-Jakobsheim verfasst, in welches er vor den Studenten geflohen ist. Genau hierhin wird auch Balthasar fliehen, nachdem er den ersten Streich gegen Zinnober und dessen Spiegelbild getan hat; von den Ereignissen in Kerepes erfährt er seinerseits nur brieflich; hier verharrt er, bis er – von Alpanus mit den erforderlichen Zaubermitteln ausgerüstet – nach Kerepes zurückkehrt. Berichte und Briefe verweisen übers Kreuz auf Punkte der Geschichte, die den Rahmen um den eigentlichen Wendepunkt bilden, nämlich das Zauberduell. Dieses scheidet den Aufstieg Zinnobers, dessen Eroberung Candidas und das Leid Balthasars vom Aufstieg Balthasars, der Rückeroberung Candidas und dem Leid Zinnobers. Die Struktur zeugt so von einer grundlegend heterogenen Verwendung verschiedener Gattungskonventionen: Die geschilderte Symmetrie von Aufstieg und Fall des kleinen Zaches ist dramatisch, die Fokussierung auf die Figur und die Gefühlswelt Balthasars hingegen romanhaft; die Rückblenden, das ‚Es war einmal', gelten dem Märchenhaften, das durch ‚historische' Verzeitlichung jedoch vom Poetischen ins Prosaische kippt. Dieses Verhältnis von Märchenzeit und Geschichtszeit gilt es genauer zu betrachten. Kehren wir also zum Anfang der Geschichte zurück!

Der Perspektivenwechsel, den Ptolomäus' Brief darstellt, relativiert einiges, was der Erzähler des ersten Kapitels zur Landesgeschichte und zum Verlust des goldenen Zeitalters nach dem Tode des Fürsten Demetrius zu sagen hatte: Der Brief liefert das Gegenstück zur karikierenden Darstellung der Aufklärungspolitik, die satirisch auf Pockenimpfung, Zollgesetze, Verbannung von Poesie und Wunderbarem u. a. reduziert wird (vgl. ebd., S. 544f.), indem er das gerade und einfache Wesen in modisch altdeutschem Gewand seinerseits als affektiert und heuchlerisch entlarvt. So entzieht sich der Text einer einfachen polaren Entgegensetzung wie etwa derjenigen zwischen rationalistischem Maschinenstaat und organischem Staatskörper, welche die zeitgenössische, sogenannte ‚romantische' Staatstheorie in polemischer Absicht gegen die Aufklärung zu bemühen pflegt (vgl. Kondylis 1986, S. 282f.). Worum es im historischen Bericht des *Klein Zaches* geht, ist vielmehr der Verlust der Einfalt, die Zerstörung der magischen Gemeinschaft von Mensch, idyllischer Natur und personalisierten Gottheiten. Dieses goldene Zeitalter als geschichtslose Zeit wird durch das Aufoktroyieren politischer Einrichtungen und zwiefältiger Reflexion zerstört: Der Beginn der Geschichte geht einher mit dem Verlust märchenhafter Geschichtslosigkeit. Die gute Regierung nämlich ist diejenige, die sich nicht bemerkbar macht, die geradezu ereignislos ist: „Jeder wußte, daß Fürst Demetrius das Land beherrsche; niemand merkte indessen das mindeste von der Regierung, und alle waren damit gar wohl zufrieden." (Hoffmann III, S. 542) Ihr entsprechen Bürger, deren Naivität sie vor Unglück bewahrt: „[J]eder, von dem Entzücken, von der Wonne dieser Wunder ganz umflossen, [glaubte] völlig an das Wunderbare [...], und [blieb] ohne es selbst zu wissen, eben

deshalb ein froher, mithin guter Staatsbürger" (ebd., S. 543). Paphnutius und sein erster Minister Andres brechen mit dieser natürlichen Freiheit und vernichten die einfältige Einheit von Glaube und Wissen. Dass Hoffmann hier nicht die Aufklärung im engeren, sondern die Moderne im weiteren Sinne im Visier hat (vgl. Kaiser 1985b, S. 126f. u. 130), belegt der Akt buchstäblicher Willkür, durch welchen Paphnutius die Dinge ins Rollen bringt und seinem Land Geschichte beschert. Die Absichtserklärung, „Ich will regieren, mein Guter" (Hoffmann III, S. 543), zitiert einen Schlüsselmoment der Entwicklungsgeschichte des Absolutismus: Am
10. März 1661, einen Tag nach dem Tode Mazarins verkündet Ludwig XIV., dass er – wie es übereinstimmend in den zahlreichen Versionen seiner Ansprache an die Minister heißt – „selbst regieren" („gouverner moi-même") wolle. Als erstes macht Paphnutius seinen Diener Andres zu seinem ersten Minister, gleichsam zu seinem Colbert; dieser wiederum erhebt sich zum Sprachrohr des Volkes, das bis dato keinen Grund zur Klage hatte, und fleht – in parodistischer Anlehnung an Schillers *Don Carlos* (III, 10) – um Aufklärung (anstelle der Gedankenfreiheit). So wird der Bruch der Moderne und der Beginn einer neuen Zeitrechung sowohl durch Institutionalisierung als auch durch bewusste Reflexion markiert, was notwendig zum Verlust der ursprünglichen Freiheit und Einfalt führt – eine Denkfigur, die sowohl bei den Weimarern als auch bei den Romantikern und den Vertretern des deutschen Idealismus hoch im Kurs steht.

4. Märchen und Moderne

Bezeichnenderweise wird das Fürstentum, das vom Geisterreich durchdrungen war, nun von „Dschinnistan" als Exildestination für Feen und andere Zaubergestalten abgetrennt. Das Wunderbare, das in dem Fräulein von Rosenschön und dem Arzt Prosper Alpanus fortlebt, sieht sich zur Verstellung genötigt. Dadurch geht die Harmonie auch auf Seiten der Märchenwelt verloren; sie weicht einer berechnenden Haltung, die mitunter kompensierend Rache am Verlust nimmt. Zaches, der als Zinnober eine pure Kreatur der Fee ist, kann wahrlich nicht als ein liebreizendes Geschöpf bezeichnet werden; und auch Alpanus verpasst dem ungläubigen Fabian eine so deftige Lektion, dass dieser darüber „entstellt, hoffnungslosen Schmerz im Antlitz" (ebd., S. 621), krank im Bette liegt. Die an sich wohlwollenden und gutmütigen Vertreter der Märchenwelt sind also nicht mehr bloße Schutzgeister kindlicher Unschuld, sondern ebenso wie der Mensch ihres ursprünglichen Seins entfremdet. Auch sie haben die prosaische Kälte nach der Verbannung der Poesie erfahren und interiorisiert. So hat die Forschung ganz zu Recht auf die kleinbürgerlichen Züge dieser Märchenwesen aufmerksam gemacht – denn wo sonst begegnen wir einem Zauberer und einer Fee, die sich nach einem phantastischen Zauberduell ganz unpassend ans Kaffeetrinken (vgl. ebd., S. 608) machen; und wo sonst besteht der Zauber eines Märchenschlosses hauptsächlich darin, Kochen, Waschen und Putzen zu optimieren (vgl. ebd., S. 620)? Die Parallelen dieser Zauberwelt zur Teegesellschaft (vgl. Hoffmann IV, S. 1134ff.) eines Mosch Terpin bzw. zum durchaus prosaischen Wesen einer Candida sind unübersehbar. Die eingangs genannten Attribute ‚humoristisch' und ‚Märchen', die Hoffmann auf seinen *Zaches* zu verwenden beliebt, entsprechen dem Lavieren zwischen einem mythischen Heilszustand und der geradewegs pathologischen Gebrochenheit der modernen Alltagswelt (vgl. Martini 1976), verweist ‚humoristisch' zum einen doch auf die Säftelehre und damit in den Bereich der Seelenkrankheiten, der für Hoffmann von entscheidender Bedeutung für die Gestaltung seiner literarischen Figuren ist (vgl. Segebrecht 1978, S. 281–283), zum anderen auf das Sprunghafte, den tollen Einfall, der die Unausgewogenheit eines Charakters zum Ausdruck bringt. In *Klein Zaches* finden wir so die ganze Palette von idyllischen, märchenhaften, humoristischen und schließlich satirischen Darstellungsmitteln (vgl. Steigerwald 2001, S. 114–130), die dazu aufgewendet werden, den gesellschaftlichen Fetisch Zaches als Ausbund des Grotesken und Monströsen zu präsentieren: Die – wie es im *Meister Floh* heißt – „Dissonanz der Erscheinungen" (Hoffmann, VI, S. 389), die dieser sowohl in sich als auch in Beziehung auf andere darstellt, erfährt so im „superwahnsinnigen" Erzählen eine gewisse Einheit.

Umgekehrt vermag das Auseinanderbrechen der ursprünglichen Harmonie auch die durchaus ambivalente Bedeutung der Poesie im Reiche der Bürger und Philister zu erklären: Balthasar, der erfüllt von seliger Liebessehnsucht sein Nachtigallengedicht vor besagter Teegesellschaft zum Besten gibt, erfährt enthusiastischen Beifall, und dies gar von dem burschikosen Professor der Ästhetik und dem pedantischen Trottel Mosch Terpin; auch ist, wie bereits erwähnt, Candida alles andere als von poetischem Wesen. Nichtsdestotrotz erkennt Alpanus in Balthasar das ferne Echo der einstigen Heimat: „[I]ch liebe Jünglinge, die so wie du, mein Balthasar, Sehnsucht und Liebe im reinen Herzen tragen, in deren Innerm noch jene herrlichen Akkorde widerhallen, die dem fernen Lande voll göttlicher Wunder angehören, das meine Heimat ist." (Hoffmann III, S. 618) Dieses Echo ist, wie es der Natur des Widerhalls entspricht, schwächer, und diese Schwäche ist prosaisch; denn auch dort, wo sich in der besagten Teegesellschaft die Dichterseele des Jünglings am emphatischsten äußert, bleibt sie für Alpanus weit hinter dem zurück, was sie auszudrücken vermeint: „Ja, o Dichter, du bist ein viel besserer, als es manche glauben, denen du deine Versuche, die innere Musik mit Feder und Tinte zu Papier zu bringen, vorgelesen. Mit diesen Versuchen ist es nicht weit her. Doch hast du im historischen Styl einen guten Wurf getan, als du mit pragmatischer Breite und Genauigkeit die Geschichte von der Liebe der Nachtigall zur Purpurrose aufschriebst, [...] – Das ist eine ganz artige Arbeit" (ebd.; vgl. Feldges/Stadler 1986, S. 108f.).

Nach der Entzweiung der Moderne, die das Ende der Harmonie bedeutet, vermag die Poesie nur schwach und partiell die Urmusik wiedererklingen zu lassen, die in mythischer Vergangenheit die eigentlich poetische Einheit der Welt zum Ausdruck brachte. So steht „Dschinnistan", das Reich der Feen und der Magier, als Chiffre für das „ferne unbekannte Geisterreich" (Hoffmann I, S. 708), das zu erforschen oder besser: zu erahnen und wieder zu erspüren Aufgabe des Dichters wäre. Balthasars Sehnsucht nach Liebe, unmittelbarer Naturerfahrung und ungebrochener poetischer Gefühlsäußerung muss also als eine der zahlreichen Spielarten des ‚serapiontischen Prinzips' (vgl. Japp 1992) betrachtet werden, dass nämlich die „innern Augen" (Hoffmann V, S. 569) einer poetischen Anschauung fähig sind, deren Realisierung – sowohl was die Erfahrung als auch die Darstellung betrifft – das ganze Glück und Leid des künstlerisch veranlagten Menschen bestimmt. Am ehesten vermag den Weg zwischen innerer Wahrheit und äußerer Wirklichkeit die Musik zu gehen.

Als Signum der Entzweiung von Innen und Außen, von Dschinnistan und Kerepes, von Poesie und Prosa fungiert der Wechselbalg Zaches (vgl. Jennings 1970, S. 697–703; Kremer 1999a, S. 105f.). Die irregeleitete Wahrnehmung der prosaischen Zeitgenossen fixiert sich auf das Monströse, worin sie das Gute, das Schöne und das Wahre zu erkennen glaubt. So erscheint Zaches' Unnatur als das natürliche Objekt denaturierter Begierde. Zwischen der Körperwelt und der geistigen Welt klafft ein Graben, der tiefer nicht sein könnte. Die Rede des Leibarztes von Ganglien- und Zerebralsystem (vgl. Hoffmann III, S. 641f.) darf denn auch nicht als rein parodistisch und satirisch gemeinter Nonsens gelesen werden, sondern gibt durchaus avancierte Positionen der zeitgenössischen Medizin wieder, insbesondere Johann Christian Reils Lehre vom Ganglien- und Cerebral-System (vgl. Watzke 2003, S. 247–267). In seinen Ausführungen äußert der Leibarzt implizit die Möglichkeit einer krankhaften Besetzung des Körpers durch den Geist: „[S]o muß der Arzt immer bei der Denkkraft, bei dem Geist anfangen und den Leib nur als Vasallen des Geistes betrachten, der sich fügen muß, sobald der Gebieter es will." (Hoffmann III, S. 642) Zaches nun ist Kreatur einer irregeleiteten kollektiven Imagination. Seine Person, falls man von einer solchen sprechen kann, ist zusammengesetzt aus einem kranken, lebensuntüchtigen Körper und einem Geist, der ihm nicht selbst zukommt, sondern von außen investiert wird. An einer Stelle nennt der Erzähler den Wicht ein „Cartesianisches Teufelchen" (ebd., S. 574), womit in erster Linie ein Flaschenteufel oder cartesianischer Taucher gemeint sein dürfte. Zaches' Bewegungen erscheinen mechanisch determiniert, so wie die Bewegungen eines anteilig mit Wasser und Luft gefüllten Tauchers in einer vollen Flasche durch äußeren Druck bewirkt werden können. Gleichzeitig spielt der Ausdruck aber auch auf den ‚genius malignus' an, diesen hypothetischen Ursprung aller äußeren Erscheinungen, den Descartes zur Beurteilung der Möglichkeit einer reinen Welt aus lauter Trug in Anschlag bringt (vgl. Descartes 1904, S. 22). So partizipiert der Wechselbalg an den zwei Welten, indem er beide Welten in ihrer gegenseitigen Isolation zeigt: Als Körperwesen ist Zaches mechanisch determiniert, in seinem Wert als Person aber reines Produkt der Projektion. Auf dem Hintergrund der zeitgenössischen Auseinandersetzungen – man denke an Jacobis Kritik an Fichte im sogenannten Nihilismusstreit (vgl. Jacobi 1987), an Jean Pauls Kritik des poetischen Nihilismus und Materialismus (Jean Paul I 5, S. 31–40) – erscheint die relative Leere des rein Körperlichen bzw. rein Geistigen als der Horror, den zu überwinden und aufzuheben dem zeitgenössischen Dichter zentral aufgegeben ist (vgl. Schaeffer 1983). Es gilt, entgegen Hoffmanns eigener Schutzbehauptung im Vorwort von *Prinzessin Brambilla*, *Klein Zaches* nicht bloß als einen „ohne allen weitern Anspruch leicht hingeworfene[n] Scherz" (Hoffmann III, S. 769), sondern auch als ein philosophisches Märchen zu lesen, das sich dem Hoffmann'schen Grundproblem der poetischen Wahrheit in einer prosaischen Welt und der Sehnsucht nach Harmonie jenseits der Erscheinungen mit aller Radikalität stellt.

(Eric Achermann)

Haimatochare (1819)

1. Entstehung und Einflüsse

Der Text ist eine Mischform aus kurzem Briefroman und Novelle. Er umfasst ein von Hoffmann unterzeichnetes Vorwort und eine Serie von fünfzehn fingierten Briefen. Hoffmann verfasste ihn wahrscheinlich Anfang 1819. Die Erzählung erschien Ende Juni in drei Folgen in *Der Freimüthige oder Unterhaltungsblatt für gebildete, unbefangene Leser*. Erst 1839 wurde sie in eine Werkausgabe aufgenommen.

Die Erzählung ist in ihren narrativen Grundzügen schnell skizziert: Ein Gouverneur betreibt die Erforschung seiner frisch entdeckten Südseeinsel durch zwei renommierte Forscher, die sich in Freundschaft und Arbeit einander verbunden fühlen. Die Wissenschaftler entdecken auf der Insel eine neue Läusespezies. Beide glauben sich berechtigt, als Entdecker dieser Art zu gelten. Ehrgeiz und Ruhmsucht entfremden die beiden Freunde mehr und mehr, bis sie sich, aufs äußerste verfeindet, schließlich in einem Duell töten. Die Spannung des Textes besteht darin, dass der Leser bis zu dieser tödlichen Eskalation des Konfliktes im Glauben gelassen wird, es handele sich bei dem als ‚Haimatochare' bezeichneten Gegenstand des Streits um eine wunderschöne Eingeborenenfrau. Die groteske Wendung, dass sich das Streitobjekt als Laus erweist, erfolgt erst ganz zum Schluss.

Hoffmanns genaue Kenntnisse lokaler Gegebenheiten, Personen und Bräuche Hawaiis verdankt sich Berichten Adelbert von Chamissos, der sich während seiner Weltumseglung zweimal für einige Zeit auf Hawaii aufhielt: „Als namentlich genannter Herausgeber ‚verschanzt' er sich hinter dem leicht zu entziffernden ‚Informanten' Chamisso." (Schemmel 2006, S. 35) Gerhard Kaiser betont die ambivalente Haltung Hoffmanns zu Chamissos Wissenschaftsbegeisterung, denn so sehr er die wissenschaftlichen Ambitionen seines Freundes literarisch würdigen wollte, „so sehr hat er ihm und der empirischen Naturwissenschaft einen kritischen Spiegel vorgehalten." (Kaiser 1988, S. 94)

Kaiser zufolge berge für Hoffmann die der modernen Naturwissenschaft inhärente Detailorientierung grundsätzlich die Gefahr, die umfassendere Wirklichkeit zu verfehlen (ebd., S. 94). Obwohl die Forschung zeigen konnte, dass Hoffmann Chamissos Schilderung hawaiischer Sitten für seine Erzählung produktiv nutzt, glaubt Kaiser darin zu erkennen, wie Hoffmann die Information über die sexuelle Freizügigkeit der Hawaiianer im Sinne einer skeptischen Destruktion des Klischees vom edlen Wilden wende (vgl. ebd., S. 94). Bei der Untersuchung des regionalen Kontextes der Erzählung erhalten Hoffmanns literarische Transformationen historischer Figuren und ihrer Namen besondere Aufmerksamkeit (vgl. Moore 1978, S. 13–27). Anneliese Moore geht davon aus, dass Hoffmann das Motiv der eskalierenden Rivalität den Tagebüchern Chamissos entnommen habe. Hoffmann leihe, modifiziere und vermische die Namen historischer Figuren, um sie für seine fiktionale Expedition in neuer Konfiguration nutzbar zu machen: „Through the choice of English names Hoffmann sets ‚his' expedition apart from the Rurik's and his selection of names reads like a Who's Who in Hawaiian Exploration, yet those names are not commented on in Hoffmann editions." (ebd., S. 17)

Erst 1978 wurde die Erzählung von der hawaiischen Forschung als „the earliest piece of Hawaiian fiction" entdeckt, „the only ‚contemporary' Hawaiian fiction for the pre-Cook to 1820 period." (ebd., S. 25) Moore bezeichnet die Erzählung *Haimatochare* als „unique in its form among Hoffmann's works because it consists exclusively of letters, without any discursive intrusion by the author." (ebd., S. 14) Und tatsächlich liegt bei der kleinen Erzählung ein besonderer Fall vor. Hoffmann dokumentiert selber in einem Brief an Chamisso, in dem er um genauere Informationen bittet, die er für eine authentische Wirkung seiner Erzählung benötigt, ihren ‚Plot' und die von ihm als Autor verfolgte narrative Strategie und Darstellungsintention. In einem Brief vom 28. Februar 1819 unterbreitet Hoffmann Chamisso seinen Entwurf zu der „Geschichte von der Laus" (Hoffmann VI, S. 160). Er skizziert zunächst die Ausgangssituation, in der einer von zwei Naturforschern ein merkwürdiges Insekt findet, was bei dem anderen Neid und Hass auslöst, um dann auf den entscheidenden Punkt seiner Erzählsituation zu kommen: „Es kommt darauf an, daß der Leser bis zum letzten Augenblick, als die Ursache des Streits in einem Schächtelchen auf dem Kampfplatz gefunden wird, glaube, es gelte den Besitz eines schönen Mädchens, einer holden Insulanerin." (ebd.)

2. Grotesker Forscherdrang und passionierte Liebe

Interessant ist das Verfahren Hoffmanns, das das Täuschungsmanöver ermöglicht. Ihm geht es um die groteske Demaskierung einer Passion, die sich vom leidenschaftlichen Forschungsdrang in einen blinden Geltungswahn verwandelt. In der Folge von fünfzehn Briefen inszeniert Hoffmann dieses Thema gleichsam dramenanalog. Die ersten drei Briefe dienen der Einführung der Akteure und der Beschreibung ihrer besonderen Freundschaftsbeziehung und bereiten somit die dramatische Fallhöhe vor, in die das überraschende Finale mündet. Der Leser kann den Briefen entnehmen, dass es sich bei den Protagonisten der Erzählung um zwei befreundete Wissenschaftler mit Namen Menzies und Brougthon handelt. Der Letztere wurde vom Gouverneur von Neu-Süd-Wales zu einer Expedition nach O-Wahu beordert. Sein Freund Menzies wendet sich daraufhin in einem Schreiben an den Gouverneur mit der Bitte, sich der Expedition anschließen zu dürfen. Brougthon bestärkt Menzies Vorhaben durch einen Nachsatz im Brief, in dem er das Argument anführt, nur gemeinsam mit seinem Freund Menzies „zu leisten, was man von [ihm] erwartet." (Hoffmann III, S. 667) Das Antwortschreiben des Gouverneurs erteilt Menzies die Genehmigung, der Expedition nach O-Wahu folgen zu dürfen. Diesem Schreiben kommt die Funktion zu, noch einmal aus einer anderen Perspektive den Status quo der Freundschaftsbeziehung als besonders innig zu bestätigen. Im dritten Brief schreibt Menzies schon von Bord des Schiffes an einen Freund mit Namen Johnstone in London, so dass sich eine Annäherung an die Südseeinsel für den Leser simultan vollzieht. Dem Brief kommt auf der inhaltlichen Ebene eine gewisse Scharnierfunktion zwischen Anfang und Ende der Erzählung zu. Affirmativ wird die Freundschaftsbeziehung des Erzählanfangs wiederholt betont, indem Brougthon als edler Mensch und guter Freund beschrieben wird. In einer subjektiven Sichtweise auf sich selbst vertraut er dem Freund in London die Beschaffenheit seines Forschungstriebs an: „Ich weiß, Du findest es sonderbar, daß mein Forschungstrieb grade zu dem Reiche der Insekten sich hingeneigt, und ich kann Dir in der Tat nichts anderes darauf antworten, als daß die ewige Macht nun grade diese Neigung so in mein Innerstes hineingewebt hat, daß mein ganzes Ich sich nur in dieser Neigung zu gestalten vermag. Nicht vorwerfen darfst Du mir aber, daß ich über diesen Trieb, der Dir seltsam erscheint, die Menschen oder gar Verwandte, Freunde vernachlässige, vergesse." (ebd., S. 669)

Als abschreckendes Beispiel einer solchen obsessiven Forschung erzählt er eine Anekdote von einem alten holländischen Obristlieutnant, den er in Königsberg kennengelernt hat. Er war ein besessener Insektenforscher, den außerhalb dieses Mikrokosmos nichts interessierte. Und so schenkt er auch seinem Bruder, der ihn nach 30-jähriger Trennung besucht, keine Beachtung, weil er gerade ein sterbendes Insekt unter dem Mikroskop untersucht. Dieser Binnenerzählung kommt die Funktion zu, den späteren Handlungsverlauf des Textes antizipierend zu spiegeln. Im Anschluss daran berichtet er seinem Freund von einer „sonderbare[n] Ahnung irgend eines unerhörten Ereignisses", so dass es für ihn fast vorherbestimmt scheint, dass ihn in O-Wahu entweder das „größte Glück, oder unvermeidliches Verderben" (ebd., S. 671) erwarte. In dem zweiten, darauf folgenden Brief an seinen Freund in London verkündet er, in seinen Vorahnungen bestätigt, dass sich auf der Insel etwas ganz besonderes zugetragen habe, als er in einem Waldstück versucht habe, ein seltenes Schmetterlingsexemplar einzufangen. Menzies beschreibt seinem Freund das Eintreffen des ungeheuerlichen Ereignisses: „Da wurd' ich hinein gezogen wie von unsichtbaren Händen in ein Gebüsch, das mich im Säuseln und Rauschen wie mit zärtlichen Liebesworten ansprach. Kaum hinein getreten, erblicke ich – O Himmel! – auf dem bunten Teppiche glänzender Taubenflügel liegt die niedlichste, schönste, lieblichste Insulanerin, die ich jemals gesehen! – Nein! – nur die äußeren Contoure zeigten, daß das holde Wesen zu dem Geschlechte der hiesigen Insulanerinnen gehörte. – Farbe, Haltung, Aussehen, alles war sonst anders. – Der Atem stockte mir vor wonnevollem Schreck. – Behutsam näherte ich mich der Kleinen. – Sie schien zu schlafen – ich faßte sie, ich trug sie mit mir fort – das herrlichste Kleinod der Insel war mein! – Ich nannte sie Haimatochare" (ebd., S. 672; der Name „Haimatochare" ist dem Griechischen nachgebildet, zusammengesetzt aus *haima* und *charis*, und bedeutet soviel wie Freude am Blut; vgl. Hoffmann III, Kommentar, S. 1107).

Die von ihm Entdeckte wird mit einer Reihe von Substantiven benannt, die alle dem Leser suggerieren, es handele sich um eine schöne Frau. Durch vage Andeutungen wird der Szene ein Liebeskontext unterlegt. Die Vergleichskonstruktion „wie mit zärtlichen Liebesworten" bewirkt die sprachliche Uneindeutigkeit, die die amouröse Metaphorik aus der Leserperspektive eindeutig erscheinen lässt. Das von Hoffmann wohlkalkulierte Missverständnis ergibt sich aus einer wechselseitigen Amalgamierung der beiden Substantive *Frau* und *Laus*. Die Kontiguität auf metaphorischer Ebene öffnet den Raum für ein semiotisches Spiel der Zweideutigkeiten. Die semantischen Inkongruenzen bleiben dabei erhalten, sind aber für den Leser an dieser Stelle nicht zu erkennen. Die simultane Geltung und Nichtgeltung einer minimalen Gleichheit vollzieht sich über die Metonymie, die die Bedeutung von kleiner, schöner Insulanerin mit dem Kleinstlebewesen Laus identifiziert, auf das die Attribute der Schönheit zumindest aus Sicht des Forschers ebenfalls zutreffen, und die in der Offenlegung des Gegenstandes, dem sie zugeordnet wurden, eine groteske Wirkung erzielen. Die kontextuell beteiligten Formulierungen Hoffmanns manipulieren die affektive Einstellung des Lesers; er wähnt sich als Zeuge eines romantischen Liebesmomentes und erwartet den Beginn einer Liebesgeschichte. Verstärkt wird dieser Eindruck durch den Inhalt des fünften Briefes, in dem Brougthon dem Gouverneur von Neu-Süd-Wales in Andeutungen von seinem beginnenden Konflikt mit Menzies berichtet. Die affektive Aufladung dieses angedeuteten Rivalitätsverhältnisses vollzieht sich für den Leser über die thematische Verknüpfung der Schilderung ausbrechender Leidenschaft. Brougthon berichtet, dass die Königin der Südseeinsel, Kahumanu, in heimlicher Liebe zu Menzies entbrannt sei, der Kahumanus Liebe aber nicht erwidere, dagegen jedoch „von einer andern törichten, ja frevelhaften Leidenschaft" (Hoffmann III, S. 673f.) ergriffen sei. Diese Brougthon missfallende Neigung seines Freundes scheint durch die kontextuelle Platzierung ihre Unbestimmtheit zu verlieren und sich als Liebesabenteuer zu entpuppen. Auf diese Fährte lockt Hoffmann den Leser, der beim Lesen des siebten Briefes von Brougthon an Menzies glaubt, dem Geheimnis auf die Spur gekommen zu sein, wenn Brougthon sein Besitzrecht geltend macht: „[...] so rufe ich Dir denn den Namen ins Ohr, der Deinen Frevel ausspricht! – Haimatochare! – Ja! Haimatochare hast Du die genannt, die Du mir geraubt, die Du verborgen hältst vor aller Welt, die mein war, ja die ich mit süßem Stolz mein nennen wollte in ewig fortdauernden Annalen!" (ebd., S. 675)

Spätestens an dieser Stelle, an der Hoffmann mit der metaphorischen Bedeutung von ‚heiraten' spielt, ist der Leser davon überzeugt, dass es sich um Rivalität im Streit um den Besitz einer schönen Frau handele. Moore macht darauf aufmerksam, dass Hoffmann Menzies als einen Mann zwischen zwei Frauen stehend entwirft, mit denen jeweils typische kulturelle hawaiische Attribute assoziiert werden: „Kahumanu' with the hula and Haimatochare, at least indirectly with feather work." (Moore 1978, S. 20) Dass sich das Eifersuchtsdrama tatsächlich an einer Laus entzündet, wird erst im 13. Brief enthüllt. Nachdem beide Wissenschaftler im Pistolenduell starben, teilt der Kapitän des Expeditionsschiffes dem Gouverneur die traurige Nachricht mit und setzt ihn über die näheren Umstände der Tat in Kenntnis, vor allem aber wird an dieser Stelle offenbar, dass der Gegenstand des tödlich endenden Wettstreits um Ruhm eine – wenn auch neuentdeckte – Laus war. Romantischer Selbstreflexivität verpflichtet, kommentiert der Text sich im Antwortschreiben des Gouverneurs selbst als entomologische Groteske. Die vom Gouverneur aufgeworfene Frage enthält die Essenz des Textes und aus ihrer Beantwortung ergibt sich ein Korrektiv seiner satirischen Funktion: „Ist es möglich, daß der Eifer für die Wissenschaft den Menschen so weit treiben kann, daß er vergißt, was er der Freundschaft, ja dem Leben in der bürgerlichen Gesellschaft überhaupt schuldig ist?" (Hoffmann III, S. 679)

Der katastrophische Ausgang der passionierten Forschertätigkeit wird allerdings durch die Anordnung des Gouverneurs, in die ehrenvolle Seebestattung der beiden Naturforscher auch das umkämpfte Insekt einzubeziehen, erneut in einen grotesken Zusammenhang gebracht. Der von Menzies gewählte Name für die Laus wird seiner Bedeutung *Freude am Blut* somit durch den unsinnigen Tod der beiden Freunde auf hintersinnige Weise gerecht. Hartmut Steinecke sieht die kleine Erzählung in der Reihe der satirischen und grotesken Erzählungen Hoffmanns, vornehmlich derer die unter einem hehren Wissenschaftsbegriff getarnte Eitelkeit und Ruhmsucht demaskieren (vgl. Hoffmann III, Kommentar, S. 1107). Dieser Einschätzung ist grundsätzlich zuzustimmen; darüber hinaus verdient noch der Aspekt motivischer Ähnlichkeiten mit dem im Folgejahr entstandenen Capriccio *Prinzessin Brambilla* Beachtung. Das Motiv der plötzlich ausbrechenden Traurigkeit der Königin Kahumanu inmitten exotischer Lebensfreude der Südsee-Erzählung kehrt als mysteriöse Melancholie des Königs Ophioch in der märchenhaft-mythischen Binnenerzählung vom Urdarland des Capriccios wieder, ebenso wie das Motiv eines grotesken Duells, wobei der blutige Zweikampf aus *Haimatochare* in ein unblutiges Kunstgefecht verwandelt wird.

(Bettina Schäfer)

Die Marquise de la Pivardiere
(Nach Richer's Causes Célèbres) (1820)

1. Quellen, Entstehung und Handlungsskizze

Hoffmann verfasst *Die Marquise de la Pivardiere* auf Anfrage Carl Friedrich Enoch Richters für das *Taschenbuch zum geselligen Vergnügen auf das Jahr 1821*. Die Zusage an Richter erfolgt am 23. Dezember 1819, die Zusendung des beinahe fertigen Manuskripts am 13. Juli 1820. Dass es sich um eine Auftragsarbeit handelt, dürfte mit ein Grund für das eher geringe Ansehen des Textes und seine ziemlich marginale Rolle in der Hoffmann-Forschung sein. Dies ist bedauerlich: Die Geschichte nämlich ist spannend, und sie ist darüber hinaus aufschlussreich. Wir haben es hier mit einem durchaus instruktiven Exemplar der Gattung Kriminalerzählung zu tun, deren Frühphase zunehmend literarhistorisches Interesse erfährt. Zudem könnte eine eingehendere Untersuchung des Textes der wesentlich intensiveren Forschung zum *Fräulein von Scuderi* einige Anhalts- und Vergleichspunkte liefern, die der anhaltenden Diskussion um dessen Gattungszugehörigkeit zupass kämen (vgl. Lehmann 2005).

Wie der vollständige Titel zu erkennen gibt, geht die Geschichte der Marquise auf eine Erzählung aus den *Causes célèbres* zurück, die in ganz Europa bei den Zeitgenossen hohe Bekanntheit genießen. „Der Pitaval", wie diese Fallsammlung nach ihrem ersten Verfasser, dem Lyoner Advokaten François Gayot de Pitaval, gemeinhin genannt wird, kommt seit dem Jahre 1734 in zahlreichen Auflagen und Bearbeitungen von variierendem Umfang auf den Markt. Pitavals Rezept, in unterhaltsamer Form Sensation und juristische Information miteinander zu verbinden, hat Erfolg und findet Nachahmer, unter anderem den von Hoffmann genannten François Richer, der seit 1772 die Pitaval'schen „causes" in verschiedenen Auflagen und unterschiedlichem Umfang neu bearbeitet zum Druck gibt (vgl. Lüsebrink 1983, S. 104, 169f.). Hoffmann bedient sich bereits ein Jahr zuvor einer dieser Sammlungen für die Geschichte der Brinvilliers in *Das Fräulein von Scuderi*. Glauben wir den Kommentaren der verschiedenen Hoffmann-Ausgaben, so hat Hoffmann sowohl für das *Fräulein* als auch für die *Marquise* die vierbändige Ausgabe *Sonderbare und merkwürdige Rechtsfälle* in der Übersetzung von Carl Wilhelm Franz verwendet, die zwischen 1782 und 1792 in Jena erscheint, wobei diese Ausgabe häufig mit der von Schiller bevorworteten Pitaval-Ausgabe *Merkwürdige Rechtsfälle als ein Beitrag zur Geschichte der Menschheit* (Jena 1792–1795) in der Übersetzung von Friedrich Immanuel Niethammer verwechselt wird. Worauf sich diese Mutmaßungen und Behauptungen stützen, wird jedoch nicht gesagt. Dass Hoffmann sich die genannten Bände geliehen oder gekauft hätte, davon findet sich in seiner Korrespondenz keine Spur (vgl. Feldges/Stadler 1986, S. 158). Die französische Lautung des Untertitels sollte uns eher vermuten lassen, dass Hoffmann die weit verbreitete französischsprachige Ausgabe verwendet. Diese Vermutung wird durch einen Vergleich des Hoffmann'schen Textes mit dem Original und den beiden Übersetzungen bestätigt. Dies ist etwa dann von Bedeutung, wenn es um die relativ große Beachtung geht, die Hoffmanns angeblich so bezeichnende Titelwahl erfährt (vgl. Hoffmann III, Kommentar, S. 1134; IV, Kommentar, S. 876f.; Toggenburger 1983, S. 147; Steinecke 2004, S. 407): Pitaval/Richers Geschichte heißt nämlich nur in der deutschen Übersetzung *Geschichte des Herrn de la Pivardiere*, während der französische Titel einfach *Histoire de la Pivardière* lautet und so unterschiedslos für Marquis oder Marquise stehen kann. Hoffmanns Titelwahl ist also nicht mehr als eine naheliegende, in Anbetracht des Originaltextes aber durchaus plausible Übersetzung.

Was Hoffmann von Richer übernimmt, ist der Tatvorgang oder genauer: der mutmaßliche Tatvorgang. Die Geschichte spielt in den 90er Jahren des 17. Jahrhunderts. Die Marquise de la Pivardiere lebt zurückgezogen auf ihrem Gut Nerbonne. Ihr Gatte gibt vor, Dienst „in dem Dragoner-Regiment des Grafen Saint Hermine" (Hoffmann III, S. 740) zu leisten. Wie sich jedoch herausstellt, lebt er unter falschem Namen mit einer „Gastwirts-Tochter" in Auxerre (ebd., S. 746). Die Marquise erfährt davon; bei einem Besuch ihres Ehemanns kommt es zur Aussprache. Am nächsten Morgen ist der Marquis verschwunden. Zahlreiche Zeugen – nebst den Bediensteten auch die Tochter der Marquise – wollen gesehen haben, wie die Marquise ihren Mann in der Nacht ermordet hat. In Verdacht gerät bald auch der Kaplan des Schlosses, ein Augustiner-Chorherr namens Charost, dem ein Verhältnis mit der Marquise nachgesagt wird. Die Dinge nehmen ihren Lauf, ein Teil der behördlichen Untersuchungsinstanzen und die öffentliche Meinung sind sich der Schuld der Marquise gewiss. Da taucht ein Mann auf, der behauptet, der Marquis de la Pivardiere zu sein. Das Gericht untersucht die Beweise und Zeugenaussagen. Die Behauptungen des Mannes lassen sich überprüfen. Die Marquise und Charost werden freigesprochen, während die Befangenheit des Richters Bonnet immer klarer zutage tritt.

Dieses Gerüst, das sich wie erwähnt bei Richer findet, wird von Hoffmann übernommen, ebenso zahlreiche Formulierungen und Details, die mit dem Kern der Geschichte in Zusammenhang stehen. Nichtsdestotrotz weicht Hoffmann dezidiert von seiner Vorlage ab: beim Eingang der Erzählung nämlich, bei der Vorgeschichte der Hauptfigur sowie beim Ausgang. Die Eingangsszene zeigt eine Soiree bei der Duchesse d'Aiguillon. Die Duchesse ergeht sich in „moralische[n] Betrachtungen" (ebd., S. 730) zu einem Mord, den ein gewisser, historisch nicht identifizierbarer Barré an seiner Braut Antoinette begangen habe (vgl. ebd., S. 730f.). Das gemeine Volk, so die Duchesse, ermangle höherer sittlicher Bildung. Dem widerspricht der Graf von St. Hermin, der nun seinerseits mit einer erschütternden Neuigkeit aufzuwarten weiß: dem unerhörten Mord am Marquis de la Pivardiere, begangen durch dessen Frau, die wohlbekannte und hochgeschätzte Franziska, geborene Chauvelin. Dieser Saint Hermine ist bei Richer (vgl. Richer 1773, S. 435) tatsächlich der Kommandant des Dragoner-Regiments, in dem der Marquis dient, während die Namenswahl „Aiguillon" sich mit Verweis auf einen mutmaßlichen Verschreiber Hoffmanns („Duchesse d'Aiguesseau"; Hoffmann III, S. 764) erklären lässt. Hoffmann dürfte den historisch belegten Namen des Fürstengeschlechts „Aiguillon" (Stachel) aufgrund der lautlichen Ähnlichkeit mit „d'Aguesseau" und der durchklingenden etymologischen Assoziation („aigue" = spitz, stechend) gewählt haben. D'Aguesseau, den Hoffmann ansonsten unerwähnt lässt, hat als „avocat générale" des Parlaments von Paris den Fall de la Pivardiere zu beurteilen (vgl. Richer 1773, S. 532–548) – es sind im übrigen d'Aguesseaus Bedeutung als zentrale Figur der französischen Rechts- und Politikgeschichte des 18. Jahrhunderts wie auch dessen juristischer Scharfsinn, die wesentlich zur Bekanntheit des Rechtsfalls „Pivardiere" beigetragen haben (vgl. Hoareau 2004). Die Duchesse nun stellt die Verbindung zwischen der geschilderten Eingangsszene und der Vorgeschichte des Falles her; den Sprung zurück in die Jugendzeit der mutmaßlichen Mörderin zeigt ein bloßer Gedankenstrich an (vgl. Hoffmann III, S. 732). Wir haben es also mit einem – für Hoffmann durchaus typischen – „in medias res"-Anfang zu tun: Die Erzählung setzt mit dem Bericht des Mordes ein, blendet von hier aus zum Anfang des Tatvorgangs und dessen Motiv zurück und entwickelt anschließend chronologisch die Vorfälle, wie sie sich – mehr oder minder – nach Richer zugetragen haben, um erst ganz zum Schluss – nach einem vielsagenden „etc." (ebd., S. 764) – den Sprung zurück ins Milieu der Anfangsszene zu machen. Auch diese Form der Rahmung ist für Hoffmanns Erzähltechnik charakteristisch.

Die sowohl quantitativ als auch funktional bedeutendste Abweichung von der Vorlage stellt die Darstellung des Charakters und des Lebenslaufs der Marquise dar. Wo Richer von einer Mutter von fünf Kindern spricht, einer jungen Witwe, die er trocken als von unregelmäßigen Zügen, aber angenehmem Auftreten und einem gewissen Talent für die Gesellschaft schildert (vgl. Richer 1773, S. 433), erscheint Hoffmanns Franziska als eine „holde, geistreiche" Person von einem „unnennbaren Reiz", um die mit „Eifer sich Jünglinge und Männer [...] bemühten", ja als „der Abgott aller Zirkel" (Hoffmann III, S. 733). Das reizende Wesen nun ist das Produkt einer, gelinde gesagt, merkwürdigen Erziehung: Ihr Vater, der als Witwer Franziska allein erzieht, richtet all sein Bestreben dahin, „jene hohe Liebenswürdigkeit der Weiber, die sich aus der subjektiven Ansicht des Lebens von dem Standpunkt aus, auf den sie die Natur gestellt hat", bei seiner Tochter zu vertilgen und „jeden weiblichen Einfluß auf das junge Gemüt zu verhindern" (ebd., S. 732). Insbesondere aber ist es die Liebe, der gleichsam als Brennpunkt der weiblichen Liebenswürdigkeit die größte Verachtung gilt. In seinem Kampf gegen Liebenswürdigkeit und Liebe lässt der Vater es nicht bei Ironie und Sarkasmus bewenden. Das heftige Liebesbegehren der Tochter – es gilt dem erwähnten Charost, dem künftigen Domherrn – konterkariert er, indem er mithilfe eines gefälschten Briefes dem Galan eine heftige Abfuhr erteilt. Der traumatisierte Jüngling findet nach langer verzweifelter Flucht erst im Kloster Ruhe und wendet sich nun vollkommen Gott zu. Franziska ihrerseits findet Halt in der Ehe, die sie drei Jahre nach dem Tode des Vaters auf Anraten der Duchesse d'Aiguillon eingeht.

2. Perspektiven der Analyse

Die Frage stellt sich nach dem Grund dieser massiven Abweichungen und dem neuen Sinnzusammenhang, der sich durch die Kombination des sonderbaren Rechtsfalles und der kuriosen Erziehung der Marquise ergibt. Überschauen wir die Figurenkonstellationen, so erkennen wir, dass hier eine breite Palette von Liebeskonzepten durchexerziert wird: eine romantische, nicht erfüllte Jugendliebe (vgl. Witt 1999, S. 5–9); eine vernünftige, durch gesellschaftliche Konventionen gestiftete Ehe; eine fleischliche, illegitime Beziehung, die der ehebrecherische Gemahl unter falschem Namen eingeht; und schließlich die göttliche Liebe, die Caritas, die Charost erfüllt und die er seelsorgerisch der Marquise als Ziel, als Versöhnung mit der „ewigen Macht" (Hoffmann III, S. 765) anempfiehlt. Die Geschichte kann als eine Reihe von folgenschweren Irrtümern gelesen werden, die in der Hauptsache aus dem Konflikt zwischen Natur und Erziehung hervorgehen: Die unverheiratete Franziska irrt in ihrem Gefühl, da sie glaubt, den

„schweren Kampf" gewonnen und das „Bild des Jünglings" zum Verschwinden gebracht zu haben (ebd., S. 737); sie irrt, wenn sie sich zu ihrem „zweiten Sieg" (ebd., S. 738) gegen „verfängliche Ohnmachten eines verdrießlichen Liebesfiebers" beglückwünscht (ebd., S. 737); sie irrt, da sie sich „ihren Grundsätzen treu" den Marquis zum Manne wählt, mit dem sie „wohl glücklich sein könne" (ebd., S. 739); sie irrt schließlich, als sie die „Heiterkeit", die durch den „trostreiche[n] Zuspruch" des Kaplans „in ihr Leben" kommt, von Dauer wähnt (ebd., S. 745). Der Konflikt zwischen der Macht der Liebe und der väterlichen Macht wird durch alle Entwicklungsstufen der wahnhaften Gefühlswelt hindurchgetragen: Da ist zuerst der leibliche Vater mit seiner unseligen Erziehung; dann der Ehemann, der sich kühl berechnend „in seinen Meinungen und Grundsätzen" wie Franziskas Vater gibt (ebd., S. 739); dann Charost, der sich selbst als „Beichtvater" anempfiehlt (ebd., S. 745) und ab diesem Zeitpunkt von der Marquise auch „Vater" genannt wird (ebd., S. 757), schließlich Gottvater, dem sich die Marquise zu guter Letzt durch ihren Eintritt ins Kloster überantwortet. Die leidenschaftliche Liebe, diejenige zwischen Franziska und Charost, sieht sich also mit einem mehrstimmigen patriarchalen Liebesverbot konfrontiert. Die hart erkämpfte Seelenruhe, Resultat der Selbstdisziplinierung, hält der fortwährenden Desillusionierung (dem Betrug des Vaters, dem Ehebruch des Gatten, der angeblichen Mordtat) nicht mehr stand; die Spannung entlädt sich konvulsivisch. Die Marquise schwankt zwischen gleichmütigem Wahn und ekstatischem Schmerz. Am deutlichsten tritt dieser Zustand im Stakkato der Gefühlsausbrüche hervor: „Weh mir! – mit verdoppelter Kraft ergreift mich jene entsetzliche Macht! – Er kommt, er sucht dich auf! – Dieser Gedanke, – Entzücken, – Verzweiflung – raubt mir die Sinne!" (ebd., S. 737). Und: „Weh' mir! – was ist es, das noch jetzt, da ich Euch wieder sehe, mein Inneres zerreißt? – Doch nein! – alles ist Einbildung – Torheit" (ebd., S. 742).

Ihre Zerrissenheit führt die Marquise schließlich in eine Hölle von düsterer Gefühllosigkeit und Schmerz: „Ihr ganzes mißverstandnes Leben schien ihr eine finstre, freudenleere Gruft, in die sie rettungslos begraben; ein vernichtender Schmerz durchbohrte ihre Brust." (ebd., S. 745) Ganz auffällig und für Hoffmann von höchster Bedeutung ist in diesem Zusammenhang der wiederkehrende Verweis auf die Sphäre der Augen (vgl. Toggenburger 1983, S. 158f.), die als Kommunikationsmittel der Leidenschaft fungieren. Durch diese Öffnungen vermag die innere Burg des Gegenübers in harte Bedrängnis gebracht zu werden: Aus den Augen des Geliebten durchdringt die Marquise bald Feuer wie ein „glühender Dolch" (Hoffmann III, S. 736), bald ein „Feuerstrahl" (ebd., S. 741). Das seelische Widerspiel von Leidenschaft und Kontrolle, das lodernde Feuer und das Löschen des Brandes, verdichtet sich schließlich zum Oxymoron: „ein düsteres Feuer in ihren Augen" (ebd., S. 765).

So spiegeln sich die von Richer überlieferten historischen Umstände mit den von Hoffmann erfundenen Szenen: Die Täuschung, der die öffentliche Meinung aufsitzt, findet eine Entsprechung in der „Selbsttäuschung", mit der die Marquise das väterliche Prinzip gegen die Anwandlungen des mütterlichen „Erbteil[s]", „hohe Anmut und Liebenswürdigkeit" (ebd., S. 733), hält. So lebt die Marquise in tragischer Schuld, den dreifach Verbotenen zu lieben, und vermeint ganz folgerichtig, im weltlichen Gericht den ewigen Richter zu entdecken. Ihr Freispruch aber überzeugt sie nicht von ihrer eigenen Unschuld, vielmehr erkennt sie darin das Gnadengeschenk, hienieden Buße leisten zu können. Den Mord, den ihre Umgebung herbeiphantasiert, gesteht die Marquise nämlich bereits vor der angeblichen Tat bei ihrem ersten Wiedertreffen mit Charost im Beichtstuhl (vgl. ebd., S. 741). Dieses Geständnis (Mord am Geliebten und Untreue am Gatten) ist die genaue Umkehr desjenigen, was Gericht und öffentliche Meinung am Ende als Wahrheit akzeptieren werden, nämlich Nichtexistenz des Mordes und Untreue des Gatten.

In einem anhaltenden Liebesverlangen eine persönliche Schuld zu erkennen, die es zu sühnen gilt, ist merkwürdig. Der auktoriale Kommentar lässt jedoch vermuten, dass diese für die Gesellschaft schwer nachvollziehbare Einstellung ihre eigene Wahrheit enthalte: „Viele, sehr viele hätten die Marquise nicht verstanden. Auch die Duchesse verstand sie nicht und war nicht wenig betreten, den Parisern keine andere Nachricht von der Marquise mitbringen zu können, als daß sie weit entfernt, in das bunte Gewühl der Welt zurückzukehren, ihre Tage in einem Kloster zubringen wolle." (ebd., S. 765) Man kann den Schluss, der mit raffinierter Ironie auf das anfängliche Moralisieren der Duchesse zurückkommt, als Konzession an den gotischen Zeitgeschmack verstehen, der nicht nur Klöster liebt, sondern auch dunkle Vorstellungen von Zerrüttung und Schuld. Die unterdrückte Triebhaftigkeit bewirkt die nächtliche Seite des ansonsten so gesellschaftsfrohen Gemüts der Marquise, in welchem der Geliebte als ein „Geist aus grauenvoller Tiefe heraufgebannt" (ebd., S. 741) erscheinen muss. Diese Konventionen der Gothic Novel (vgl. Kremer 1999a, S. 42f.; Steinecke 2004, S. 265f.) stehen gleichzeitig jedoch im Einklang mit Hoffmanns Überzeugung, dass wahre Liebe keine irdische Befriedigung kennt.

(Eric Achermann)

Prinzessin Brambilla (1820)

1. Entstehung, Publikation, Intermedialität

Der humoristische „Märchenroman" (Steinecke 2004, S. 461) – von Hoffmann als das „der Anlage nach kühnste meiner Märchen" charakterisiert (Hoffmann VI, S. 184) – hat eine erstaunlich verkehrte Deutungsgeschichte hinter sich: Bis in die 1960er Jahre hinein bleibt die Literaturwissenschaft irritiert durch die „schöne Verwirrung der Fantasie" und „künstlich geordnete Verwirrung" (Schlegel II, S. 318), weil sie nur formlose Willkür erkennt. Mittlerweile wird das Capriccio dagegen durchweg als singuläres Prosawerk des 19. Jahrhunderts im Vorlauf zur literarischen Moderne angesehen, u. a. aufgrund seiner proto-surrealistischen Darstellung in der „prismatischen Gleichzeitigkeit" (Kremer 1993, S. 322) des Ungleichartigen: einer materialitäts- wie medienbewussten Selbstreflexion auf das Illusionäre der Wirklichkeit, die an Kafka denken lasse (vgl. ebd., S. 310). Erst die neuere Forschung erkennt die außerordentliche Artistik des Erzählens, aus dem trotz aller komplexen Selbstreferentialität in einem intermedial verspiegelten Labyrinth der „Luftschlösser" (Hoffmann III, S. 884, 885) ein utopisches Moment hervorgeht: der befreite Zustand im humoristischen Augenblick des Lachens, das momentan alle nostalgische Sehnsucht aufhebt und so das Glück der wiedergewonnenen Einheit erfahren lässt. Diese schöne Heiterkeit, durch das Lachen „eines vielleicht manchmal zu frechen Spukgeistes" (ebd., S. 769) bewirkt, wird von der Textur zugleich als „Kern der Hauptgeschichte" verhandelt (ebd., S. 816). Ihre bezaubernde Qualität hat zuerst der Ironiker Heine erkannt: *Prinzessin Brambilla* „ist eine gar köstliche Schöne, und wem diese durch ihre Wunderlichkeit nicht den Kopf schwindligt macht, der hat gar keinen Kopf." (Heine III, S. 66) Baudelaire zufolge liefert das Märchen den wahren „Katechismus der hohen Ästhetik", ein Beispiel „für das absolut Komische" (Baudelaire I, S. 303; vgl. Kremer 1993, S. 293; Kaiser 1997, S. 218–227). Erst seit den 1980er Jahren nimmt es die Literaturwissenschaft aber tatsächlich damit auf, die Komplexität der ästhetischen Verfahrensweisen zu erschließen, mit denen der wunderbare Effekt dieser schönen Laune herbeigeführt *und* jedem genauen Leser zugleich als Verfahren offengelegt wird.

Entstanden zwischen dem ersten und zweiten Band des *Katers Murr* Mitte 1820, datiert Hoffmann die ‚Vorrede' auf „September 1820" (Hoffmann III, S. 769). Offenbar wurde er durch ein Geschenk des befreundeten Arztes Johann Ferdinand Koreff zu seinem 44. Geburtstag am 24. Januar 1820 darin bestärkt, das „Capriccio nach Jakob Callot" – so der Untertitel – auszuführen. Es handelt sich um eine Sammlung von 24 Radierungen Callots, um die *Balli di Sfessania* (*Tänze der Verrückten*) von 1622, die nach dem Vorbild der Commedia dell'arte phantastisch verkleidete Paare mit Masken/Brillen, schnabel- und rüsselartigen Nasen, Kopffedern und Hörnern in teils grotesk tanzenden, teils anmutig gebändigten Körperhaltungen (und gelegentlich obszönen Posen) präsentiert (Abbildungen ebd., zwischen S. 920 und 921). Das groteske Szenarium ihrer Bewegungen wird von Hoffmann aber in ein völlig anderes Ambiente verlegt: in den römischen Karneval als zeitlich begrenzte Sphäre für vitales Volksleben und Volkskunst. Er wählt dazu acht Blätter aus (unter Aussparung der obszönen Ikonographie) und lässt Carl Friedrich Thiele Kupferstiche anfertigen. Diese Abbildungen werden in der Erstausgabe im Verlag Josef Max in Breslau, vordatiert auf das Jahr 1821, je einem der acht Kapitel beigefügt.

Zu den gravierenden Veränderungen gegenüber den Vorlagen Callots gehört, dass die Bildtitel wegfallen. Damit kann suggeriert werden, dass die unterschiedlichen Figuren als Illustrationen von Giglio Favas Kampf/Tanz mit seinem Doppelgänger (in verschiedenen Rollen/Masken) und mit Prinzessin Brambilla (resp. Giacinta Soardi) erscheinen. Die Auswahl zeigt bestimmte Episoden der Erzählung an, die eine veränderte Reihenfolge erzwang (vgl. Hoffmann III, Kommentar, S. 1151). Bei der Erzählung handelt es sich folglich um eine poetische Ekphrasis der Bildvorlagen (vgl. Behrmann 2002, S. 302–308). Ursprünglich plante Hoffmann, die Abbildungen so im Text zu platzieren, dass sie genau solche Episoden visualisieren, die „als literarische Metamorphose der Bilder konzipiert sind" (Kremer 1999a, S. 124). Der Plan scheiterte jedoch aus drucktechnischen Gründen. Auf jeden Fall aber sind die Kupferstiche weniger bloße Illustrationen. Sie dienen vielmehr der intermedialen Wechselbegründung von Bild und Text, genauer der wechselseitigen Evokation von konkret anschaulicher Abbildung und geistig abstraktem Spiel der Buchstaben – von „Anschauung" und „Gedanke" (Hoffmann III, S. 825). Neben den Beschriftungen sind hier alle weiteren Elemente, genauer die räumlichen Umgebungen im Bildhintergrund der Radierungen Callots eliminiert. Erst dadurch wird ja der Ort einer Straßenszene bzw. Handlung auf einem Platz bestimmt. Thiele gibt die parallele Anordnung von Handlungsgruppen in Vorder- und Hintergrund auf und stellt die Figuren-Paare auf eine ovale Plattform gegenüber dem „arenagleichen" Boden bei Callot (Bomhoff 1992, S. 21). Verstärkt wird so der Eindruck, es handle sich um Theaterszenen, zumal die Gedichte im Text die Bühne selbst als „klein zum Ei geründet" charakterisieren (Hoffmann III, S. 864, 904). Auf jeden Fall aber fehlt bei Thiele die räumliche Fixierung einer bestimmten und damit konkret bestimmbaren Wirklichkeit.

Noch entscheidender aber scheint ein anderer Effekt, der äquivalent zu den Wirkungen der Textur funktioniert: Zum einen wird durch das Aussparen ihrer Umgebung die Aufmerksamkeit auf die Figuren selbst konzentriert; ihre Raum erschließende, also sehr wohl perspektivische Darstellung auf der ebenso räumlich dargestellten ‚Bühne' als Plattform wirkt zudem plastischer bzw. malerischer als die graphischen, eher flächenhaften „Federstriche[]" der Umrisszeichnung Callots (ebd., S. 790). Zum anderen gerät vor allem das ornamentale Arrangement der tanzenden Paare selbst ins Schweben: Die Choreographie ihrer Tänze, angesiedelt zwischen anmutiger Grazie und grotesker Verzerrung der Körper, schwebt gewissermaßen selbst in der Luft auf ihrer Plattform in einem „abstrakten Schauraum" (Neumann 2004, S. 19). Auf diese Weise visualisiert die bildkünstlerische Darstellung die bodenlose Leichtigkeit der Erzählung nicht allein im grotesken Arrangement der detailgetreu ausstaffierten Tanzpaare, das eine Identifikation aufgrund fehlender Bildunterschriften nur durch den Text erlaubt. Sie korrespondiert mit den Textverhältnissen auch dergestalt, dass die anschaulich gezeichneten Figuren in der Luft selbst zu schweben scheinen: vor allem auf den mittleren Tafeln (Nr. 3–5), wo nur noch die Fußspitzen der bewegten Tänzer den Boden berühren. Die Anordnung der Tafeln selbst also – mit ruhigeren, gleichsam bodenständigeren Abbildungen als Rahmen für die entgrenzte Bewegtheit – erzeugt einen Rhythmus, auf den die Dramaturgie der Erzählung antwortet: In den mittleren Tafeln schweben die Tänzer wie das gesamte Arrangement über einer selbst schwebenden Bühne, bevor auf den letzten Tafeln das Paar in der beruhigten, anmutigen Haltung wieder den Kontakt zum Boden der Lebensbühne findet. Die Kupferstiche Thieles sind also insofern keine bloßen Illustrationen, als sie ästhetische Effekte der Textur im anderen Medium spiegeln, so dass sich Text und Bild wechselseitig evozieren und beglaubigen. Das Bild ist Medium und Modus der Erkenntnis. Es muss aber von einem Text expliziert werden, weil es ohne Schrift keinen Sinn artikulieren kann, während dem Text allein die geforderte Anschaulichkeit fehlt. Insofern liefert Hoffmanns Kunstmärchen auch einen poetischen Beitrag zur Diskussion über das Verhältnis von Text und Bild seit Lessings *Laokoon: oder über die Grenzen der Malerei und Poesie* (1766), also zum „Agon der Künste", den die „Spiegelfechterei" im Capriccio wiederum „ironisch subvertiert" (Schmidt 1999, S. 55).

Die Abbildungen stellen nicht zuletzt deshalb einen unverzichtbaren

Bestandteil der *Prinzessin Brambilla* dar, weil Hoffmann darauf als „Quelle" und „Basis des Ganzen" explizit hinweist (Hoffmann III, S. 769, 912). „Callot's Manier" (so der Untertitel der *Fantasiestücke*) ist damit nicht nur bloße Anregung; sie wird in *Prinzessin Brambilla* vielmehr anverwandelt „zum dichtesten Geflecht von Wort-Bild-Beziehungen in seinem Werk überhaupt" (Steinecke 2004, S. 466).

2. Quellen und Stellung im Gesamtwerk

Gegenüber Callot spielen die übrigen Quellen nur eine untergeordnete Rolle: für die Topographie Roms Goethe (*Italienische Reise*), Karl Philipp Moritz (*Reisen eines Deutschen in Italien in den Jahren 1786 bis 1788*), Carl Ludwig Fernow (*Sitten- und Kulturgemälde von Rom*) und Johann Jakob Volkmanns Italienführer *Historisch-kritische Nachrichten von Italien*; für die Darstellung des Karnevals Goethes *Das Römische Carneval* und für die naturphilosophischen Spekulationen neben Novalis u. a. Schuberts *Ansichten von der Nachtseite der Naturwissenschaften*.

Strukturbildende Funktion für die ganze Erzählung kommt dagegen der Commedia dell'arte, in diesem Horizont vor allem der Fiabe Carlo Gozzis zu: hier etwa Märchenkomödien wie *Die Liebe zu den drei Pomeranzen* und Gozzis Streit mit dem klassizistischen Tragödiendichter Pietro Chiari, der sich in den Auseinandersetzungen zwischen dem Fürsten Bastianello di Pistoja und dem Abbate Chiari niederschlägt. Der pathetische Tragödienschauspieler Giglio Fava wird durch die Commedia dell'arte für die Stegreif- und Maskenkomödie, also für das Lebendige gewonnen. Das simple Handlungsschema in diesem volkstümlichen Improvisationstheater mit festgelegten Typen/Rollenwechseln, das Hoffmann in der Trennung und Wiedervereinigung der Putzmacherin Giacinta Soardi und des Schauspielers Giglio Fava (die beiden Innamorati) aufgreift, dient auch in *Prinzessin Brambilla* als Basis für die Entfaltung toll-komischer Aktionen bis zum glücklichen Komödien-Ende: gesteuert durch die Intrigen des Drahtziehers Bastianello als Spielleiter auf dem engen Raum eines kleinen Welttheaters, das fast schon die drei Einheiten des klassizistischen Dramas einhält (vgl. Hoffmann III, S. 886). Neben den strukturellen Übernahmen der Commedia dell'arte durch Gozzi sind aber auch inhaltliche Bezüge, etwa zu Gozzis *Il mostro turchino* oder eben zu *L'amore delle tre melarance* in der Heilung der Schwermut durch das Lachen, festzustellen. So wie sich die mythische Geschichte vom melancholischen König Ophioch als *mise en abyme* der Haupthandlung einlagert, hat sich auch die Commedia dell'arte in die Wirklichkeit des römischen Karnevals „einlogiert" wie das „Märchen" im Palast Pistoja (ebd., S. 790).

Schon durch solche Formulierungen wird das Theater präsent gehalten, das im Capriccio in verschiedener Hinsicht (Theater Argentina, Theaterreform des Fürsten gegen Chiari) eine bedeutende Rolle spielt. Vor allem aber organisiert das Modell der Commedia dell'arte die Narration selbst. In Hoffmanns Werken spielt Gozzi bereits in *Der goldene Topf*, dann vor allem in den Dialogerzählungen *Der Dichter und der Komponist* und *Seltsame Leiden eines Theater-Direktors* eine prominente Rolle, hier auch für die Satire gegen das klassizistische Theater Goethes (vgl. Hoffmann III, Kommentar, S. 1161f.). Die Affinität dieses Erzählens zur dramatischen Rede wird bereits hier wie andernorts durch die dialogische Anlage markiert: also durch ein Schreiben in der Tradition des Dialogromans seit der Aufklärung (u. a. Diderots *Le Neveu de Rameau*), der diese Form der inszenierten Mündlichkeit für dramatische Unmittelbarkeitseffekte nutzt. Eine ‚erzählte Komödie' (Sdun 1961, S. 75–78; Eilert 1977, S. 96, 127) präsentiert bereits die ‚Novelle' *Signor Formica* aus den *Serapions-Brüdern*, das „gemächliche Vorspiel" zur *Prinzessin Brambilla* (Jürgens 2000, S. 26). Bereits hier wird das Modell einer erzählten Commedia dell'arte durchgespielt, wenngleich noch überschaubarer und eindeutiger auf Salvator Rosa alias Signor Formica bezogen, der als Drahtzieher im Verborgenen die Fäden der komödienaffin erzählten Handlung in der Hand hält. Auch durch *Signor Formica* soll dem Leser die „Freudigkeit" in seinem „eignen Gemüt" während der Lektüre dieser Verwirrung mit abschließender Auflösung „recht hell" aufgehen (Hoffmann IV, S. 1011).

Im Vergleich zu *Signor Formcia* ist die erzählte Commedia dell'arte in *Prinzessin Brambilla* noch einmal komplex gesteigert. Bastianello übernimmt hier in der Maske des Marktschreiers Celionati die ‚Vermittler'-Rolle (vgl. Kremer 1993, S. 274–276), um die Theaterreform durch Ablösung des pathetischen Tragödientheaters Chiaris zugunsten eines jährlich wiederkehrenden Volkstheaters zu betreiben. Die Satire auf das Theater der Weimarer Klassik zielt einerseits auf die Aufwertung der Commedia dell'arte durch narrative Re-Inszenierung ihrer Verfahren. Andererseits wird damit der Liebeskonflikt zwischen Giglio und Giacinta gelöst. Als ‚erfundene' Figur eines Dichters in diesem „durchaus erlogene[n] Capriccio" (Hoffmann III, S. 874) ist Celionati als Mittler-Figur jedoch sehr viel stärker als Signor Formica in die mehrfach verzweigten und ineinander geschachtelten Ebenen involviert, wenngleich er wiederum als einziger davon weiß, nur als Fiktion eines Dichters zu existieren: „Aber, ich sage euch, als mich der Dichter erfand, hatte er ganz was anders mit mir im Sinn" (ebd., S. 892). Nur eine Instanz, „die uns nie verläßt", wisse darüber hinaus alles, wie wiederum allein Celionati zu sagen weiß: „Ich meine nehmlich den Leser des Capriccio's, Prinzessin Brambilla geheißen, einer Geschichte, in der wir selbst vorkommen und mitspielen" (ebd.). Letztlich ist damit der Leser der souveräne Spielleiter des ganzen Texts, so dass Bastianello zum Schluss nicht ohne Grund diesen ‚Kritiker' ins Spiel bringt, „den wir alle sehr zu fürchten haben", weil er „uns vielleicht gar die Existenz bestreitet" (ebd., S. 911). Gegenüber *Signor Formica* wird die erzählte Komödie damit vor allem durch die fiktionsironische Selbstthematisierung des Märchens potenziert, also im Hinblick auf die Selbstreflexion als Fiktion durch Figuren, die wissen, Fiktionen eines Autors und deshalb seiner Willkür ausgeliefert zu sein.

Jenseits der expliziten Bezugnahme auf Callot und jenseits der narrativen Nachbildung der Commedia dell'arte bzw. Fiabe Gozzis ist das Kunstmärchen auf distinkte literarische ‚Quellen' kaum festzulegen. Denn in einem weit ausgreifenden intertextuellen Horizont werden zahllose andere – auch intermedial auf die Musik bezogene – Relationen und Anspielungen episch integriert, u. a. auf Fouqués *Die beiden Hauptleute*, Goethes *Wilhelm Meisters Lehrjahre*, Novalis' *Heinrich von Ofterdingen* und Shakespeares *Twelfth Night; or What You Will*, nicht zuletzt auf das initiale abendländische Modell selbstreflexiven Erzählens, auf Cervantes' *Don Quijote* (vgl. ebd., S. 829f., 878; Sdun 1961, S. 74f.). Weitere Bezugnahmen auf Theatertraditionen sind den *Seltsamen Leiden eines Theaterdirektors* zu entnehmen: Neben Gozzi und Shakespeare als Vertreter des wahren Humors spielen Calderón (vgl. ebd., S. 488f.), vor allem aber Tiecks romantische Komödien und die dramaturgischen Reflexionen auf eine innere Bühne der Phantasie in den Rahmengesprächen des *Phantasus* eine besondere Rolle (vgl. ebd., S. 401, 409, 411, 452, 480, 482).

Der Name Brambilla schließlich – in Norditalien durchaus gewöhnlich und verbreitet – lässt zugleich an brama (heftige Begierde), Sehnsucht und an billa = bella (die Schöne) denken (vgl. Behrmann 2002, S. 290; vgl. zu den sprechenden Namen überhaupt Kremer 1999a, S. 136). Er ist auf den Komponisten Paolo Brambilla (1781–1838) und den italienischen Bildkünstler Ambrogio Brambilla (wirkte 1589–1599 in Rom) als Vorläufer Callots mit Zeichnungen über die Commedia dell'arte (*Recueil Fossard*) zurückzuführen, so dass sich bereits hieraus die signifikante Überblendung zweier Künste erklärt (vgl. Steigerwald 2000, S. 189). Der Name ist zudem für den Seiltänzer Jacob Brambilla, den Ballettmeister Antonio Brambilla und eine Vielzahl von Sängern namens Brambilla überliefert (vgl. Goltz 1997/98, S. 63).

3. Rezeption und Forschungsgeschichte

Die zeitgenössischen Rezensionen (vgl. Hoffmann III, Kommentar, S. 1153f., 1188) reagieren in erster Linie ratlos auf die verwirrende Phantastik der Handlungsführung und das Exzentrische der Figurenverzweigungen. Nur Heine und Baudelaire zeigen Sinn für die Avanciertheit der Darstellung. Die philologische Rezeption setzt erst um 1900 wieder ein: Von Ellinger (1894, S. 163) bis Korff (1953 IV, S. 638) wird die vermeintlich chaotische Anlage mit wenigen Ausnahmen verworfen (z. B. als Vorstufe für die „Nervenkunst" in der Wiener Moderne: vgl. Harich 1920 II, S. 319). Eine Neubewertung beginnt seit 1960 mit der Aufmerksamkeit auf die genau kalkulierte Form der Erzählung. Nach Strohschneider-Kohrs (1960, S. 362–420) setzt *Prinzessin Brambilla* die frühromantische Ironie Friedrich Schlegels praktisch um. Dagegen betont Preisendanz (1963, S. 47–67) die versöhnende Kraft des Humors, Cramer (1966, S. 135) das Groteske im Verhältnis zur Ironie. So erkennen diese Untersuchungen zu den Spielarten des Komischen zunehmend die höchst vertrackten Formen der Selbstreflexion, bis die herausragende Stellung von *Prinzessin Brambilla* anerkannt ist (vgl. Zimmermann 1992; Scheffel 1992).

Mit wenigen Ausnahmen (Starobinski 1966; Eilert 1977; Magris 1980) bleibt die literarische Machart im komplizierten Zusammenspiel der verschiedenen Ebenen kaum untersucht: Strohschneider-Kohrs unterscheidet fünf ‚Erzählwelten' (bürgerliche Realität, Theater/Pantomime, römischer Karneval, Brambilla/Chiapperi, König Ophioch); Nehring (2003) dagegen beobachtet eine Dreiteilung nach Handlungssträngen: Urdarland, Theaterreform Bastianellos, Liebesgeschichte Giglio/Giancinta. Dass die *Prinzessin Brambilla* durch eine „logisch erfaßbare, durchdachte Struktur" gekennzeichnet ist, die sich einer „genauen" Lektüre erschließe, betont Steinecke (Hoffmann III, Kommentar, S. 1157). Den genaueren Nachweis der poetischen „Metamorphosen" in einem ‚literarischen Karneval' unternimmt Kremer (1993, 1995, 1999). Die Selbstreflexion der ästhetischen Textur als Gewebe diskutieren Kremer (1993, S. 302–317), Schmidt (1999, S. 53f.) und Jürgens (2000, S. 39f.). Mit der Aufwertung zum singulären spätromantischen Text an der Grenze zum Realismus geht die wachsende Aufmerksamkeit auf die Artistik eines Erzählens einher, das die eigene Medialität und Materialität der sprachlichen Klanggestalt reflektiert. Der Titel gebende Name der Prinzessin steigt ja einerseits aus dem Gesang und Klang hervor, mit dem der Maskenzug des Volks im ersten Kapitel durch die Porta del popolo zieht, andererseits aus dem Tanz der Vokale im Singsang während der Lektüre in einem Buch: Ein kleiner alter Mann im Zug auf dem Korso liest, „eine ungeheure Brille auf der Nase", in einem „großen Buche"; beim Umblättern lassen „zwölf reichgekleidete Mohren" ein „feines scharf durchdringendes: Kurri – pire – ksi – li – i i i vernehmen", wenn sie „Bram – bure – bil – bal – Ala monsa Kikiburra – son – ton!" singen (Hoffmann III, S. 781), Rahmen bildend variiert im letzten Kapitel: „Brambure bil bal – Alamonsa kikiburva son-ton – " (ebd., S. 903; vgl. Jürgens 2000, S. 31; Neumann 2003a, S. 68).

In der neueren Forschung wird der multimedial verspiegelten Artistik dieser Textur auch die ethische Bedeutung einer Lebenskunstlehre abgelesen: Liebrand (1996, S. 257) betont die positive Lösung des romantischen Künstler- und Kunstproblems, indem mit *Prinzessin Brambilla* die „romantische Kunstmetaphysik und ihre negative Ästhetik" des Wahnsinns und der Ich-Dissoziation verabschiedet wird. Das Märchen versöhne den „chronischen Dualismus" Giglios (Hoffmann III, S. 893) und damit den Gegensatz von Kunst und Leben. Kremer (1999, S. 129) wendet dagegen ein, dass diese versöhnliche Perspektive am Schluss „nur eine reflexive Endlosschleife" für weitere Kreisläufe begründet, so dass das Ende eher den Anfang eines neuen literarischen Karnevals der Lektüre (komplementär zu dessen jährlicher Wiederkehr) eröffnet. Stärker auf anthropologische Fragen verschieben die Beiträge von Saße (2001), Kim (2004) und Frischmann (2005) ihre Beobachtungen, indem sie *Prinzessin Brambilla* als poetische Reflexion auf das Problem moderner Rollen-Identität lesen. Die Duplizität von Imagination und Realität müsse sich *in* den Figuren verbinden, so dass die Lösung in der Anerkennung von Einbildung und Begehren im geliebten Gegenüber beschlossen liegt. Daneben verstärkt sich die Aufmerksamkeit auf Aspekte der romantischen ‚Wissenspoetik'. Neumann (2003a, 2004) zeigt, wie Hoffmanns Texte poetische Auseinandersetzungen mit anderen – wissenschaftlichen, politischen, ökonomischen und philosophischen – zeitgenössischen Diskursen betreiben, also Formen jener kulturellen Erzählung praktizieren, die das Wissen einer Zeit produziert und die zugleich von diesem Wissen und seinen Beständen gespeist und hervorgebracht werden. *Prinzessin Brambilla* betreibe ‚Verflüssigungs'-Experimente in verschiedenen kulturellen Räumen (Karneval, Commedia dell'arte, Mythos) auf den Bühnen ihrer poetischen Fantasie (Droge, Traum, Philosophie, Psychiatrie, Tanz, Duellordnung, Mythos, Karneval). Sie lässt mit den 24 Buchstaben des Alphabets (‚geschöpft' aus den 24 Blättern Callots) die Figuren des Maskenzugs in 12er-Gruppen auftanzen (vgl. Hoffmann III, S. 780), so dass sich das ideale ‚Dritte', ein „*dritter* Ort" (Liebrand 1996, S. 287, 299), im versöhnenden Lachen zur Verbindung von Kunst und Leben in der Kapitel-Zahl 8 selbst versteckt (3 mal 8 = 24

Stunden des Tages). Bergengruen (2005, S. 118) erklärt das Märchen kurzerhand zur „Geschichte eines medizinischen Heilungsprozesses" im Rekurs auf eines der einflussreichsten psychiatrischen Werke im 19. Jahrhundert, Johann C. Reils *Rhapsodieen über die Anwendung der psychischen Curmethode auf Geisteszerrüttung* von 1803. Wellbery schließlich modelliert die Ethik des Texts und seine Figur der Versöhnung als *rite de passage*, als Schwellenkunde: „Sie gibt uns die wirkliche Welt als eine, zu der wir uns frei verhalten können, indem wir an ihr die komische Brechung und Verkehrung von Subjektivität lesen. [...] In diesem Lesen, das die Paradoxie der Schwelle aushält, wird ästhetische Subjektivität aus sich selber klug." (Wellbery 2005, S. 334)

4. Paratexte, Genre

Neben dem Original-Titel „Prinzessin Brambilla. Ein Capriccio nach Jakob Callot von E.T.A. Hoffmann. Mit 8 Kupfern nach *Callot*schen Originalblättern" fungiert als weiterer Paratext und damit zugleich als Rahmen bildender Teil der Erzählung selbst das „Vorwort" (vgl. Hahn 1986, S. 137): hier mit einer seltenen Verteidigung Hoffmanns in eigener Sache und einem Verweis auf Gozzis „Vorrede zum *Ré de'geni*" (Hoffmann III, S. 769). Damit betreibt Hoffmann bereits hier die strukturbildende Einlagerungstechnik, die *Prinzessin Brambilla* nach dem Vorbild von Tiecks *Verkehrter Welt* organisiert. Der „Autor" erklärt an dieser Stelle seinen aus den Radierungen Callots ‚geschöpften' Text zum „Märchen". Wie die fiktionsironischen Selbstreflexionen des Ganzen als ‚Poesie der Poesie' verweist die Genre-Bezeichnung auf den Buch-Charakter: erkennbar allein an der Kapiteleinteilung mit Inhaltsangaben vor der erzählten Handlung durch Kurzsätze, die syntaktisch frühneuzeitliche ‚Volksbücher' zitieren (so z. B. die Inhaltsangabe zum 5. Kapitel, die auf den *Fortunatus*-Prosaroman mit Holzschnitten anspielt; vgl. Hoffmann III, S. 850). Damit kommt nicht zuletzt die entsprechend emblematische Struktur ins Spiel: Titel, Paratext, Vorwort und Inhaltsangaben vor jedem Kapitel bilden die *inscriptio*, die durch Abbildungen intermedial verdoppelte Erzählung die *pictura*, Leseranreden, explizierende Gedichte und die finale Auflösung Bastianellos zum Sinn der ganzen Inszenierung die *subscriptio*.

Andererseits werden die auf frühneuzeitliche ‚Volksbücher' beziehbaren Inhaltsankündigungen im „Schwindel – Strudel – Wirbel" (ebd., S. 872) einer digressiven, tänzerisch taumelnden Narration auch wiederum gehörig verwirrt (vgl. Jürgens 2000; Steigerwald 2001, S. 137f.; Hiepko 2003). Das

Capriccio selbst reflektiert sich vor allem in den „Schnörkel[n]" (Hoffmann III, S. 830) seiner zahlreichen Leseranreden als künstliches „Buch" bzw. „Büchlein[]" (ebd., S. 769, 790): nicht „für Leute" geeignet, „die alles gern ernst und wichtig nehmen." (ebd., S. 769) In diesen Exkursen verweist der Erzähler (respektive Herausgeber) wiederholt auf frühere Textpassagen mit Stellenangaben: „Der geneigte Leser kennt diese Maske schon aus dem ersten Kapitel" (ebd., S. 877). Schließlich wird Giglio selbst als Buch-Phänomen metaphorisiert: Er sei „ein wandelnder Roman, eine Intrigue auf zwei Beinen" (ebd., S. 778); später ist vom „lebendigen Roman auf zwei Beinen" die Rede (ebd., S. 845). Gespiegelt wird diese Selbstqualifizierung des Märchens als Buch in der mythischen Ebene, indem Magus Hermod aus einem Buch die eingelagerten Gedichte vorliest (vgl. ebd., S. 861). Der „geneigte Leser" soll durch die *captatio benevolentiae* der Leseranreden letztlich nicht nur zum Wohlgefallen am Text überredet werden, sondern er soll sich vielmehr – wie die Figuren über den Spiegel des Urdarsees – über den Text neigen, um sich darin ‚anschauen' und ‚erkennen' zu können. Der ‚geneigte Leser' ist auch in dieser Hinsicht der eigentliche Held und Spielleiter der erzählten Komödie, weil nur er die Fiktionalität der Ereignisse überblickt, von der fiktionsintern zunächst nur Celionati alias Bastianello und gegen Ende die „Dame" alias Prinzessin Brambilla wissen (ebd., S. 899; zum Leser vgl. Kremer 1993, S. 267ff.; Wellbery 2005, S. 334). Den Buch-Charakter stellt das Märchen auch durch Selbstreflexion auf seine materiale Verfasstheit aus: Seine Figuren und Dekorationen sind aus „Pappendeckeln" geformt (Hoffmann III, S. 889, 890, vgl. auch 899); sie existieren nur zwischen dem Einband eines Buchs, der zugleich als Theaterkulisse der Inszenierung dient. Lektüreszenen gehören wie die Einlagetechnik selbst zum romantischen Roman; ebenso die Gedichteinlagen, die von der Forschung allerdings eher vernachlässigt werden, obwohl gerade hier die wiederum häufig zitierten Kernaussagen des Texts fallen: in poetischer Form zwar, aber wiederum auch explizit genug in einer Art Gedankenlyrik, so dass auch in dieser Ambivalenz das ironische Spiel mit Konventionen des romantischen Romans bemerkbar wird. Statt die üblichen Volkslieder im Kunstton integriert Hoffmann durchaus diskursive Lyrik, und zwar ausschließlich in der Fortsetzung der mythischen Geschichte, angesiedelt zwischen Terzinen und Quartetten in fünfhebigen Jamben, die als solche wiederum den Bezug zum eher argumentativ angelegten Sonett präsent halten. So äußert sich die Verbindung von Süden (Terzine als italienische Strophenform Dantes) und Norden in den aufgegriffenen metrischen Formen selbst. Neben dem Paratext erklärt sich *Prinzessin Brambilla* im „Vorwort" zum Capriccio, indem der Herausgeber auf „Callot's fantastisch karikierte

Blätter" rekurriert (ebd., S. 769). Wiederholt wird diese Selbstcharakteristik eingangs des vierten Kapitels, um sie sogleich durch ironische Relativierung der Märchenhaftigkeit zu brechen, weil das Capriccio „einem Märchen so auf ein Haar gleicht, als sei es selbst eins" (ebd., S. 829). Daneben bringt das „Vorwort" auch sogleich die Musik ins Spiel, wenn der schon hier angesprochene „geneigte[] Leser" gebeten wird, „auch daran zu denken, was der Musiker etwa von einem Capriccio verlangen mag." (ebd., S. 769) Das Capriccio übergreift damit drei Künste. Seit dem 16. Jahrhundert wird das Wort für antiklassizistische Werke der Malerei und Musik verwendet. Es bezeichnet das Außergewöhnliche und Geistreiche, das den überlieferten Regeln nicht Entsprechende, kurzum eine manieristische Ästhetik des Grotesken. Etymologisch von lat. ‚capra' (Ziege), also nach der Bedeutung von ‚Bocksprung' abgeleitet, meint ‚a capriccio' soviel wie ‚nach Laune'. Das Wort wird mit Callots Bilderfolge *Capricci di varie figure* (1617) gebräuchlich; eine andere Folge trägt den Titel *Les Fantaisies* (vgl. Steinecke 2004, S. 451). Etwa zur gleichen Zeit um 1619 wird das Wort von Michael Praetorius für musikalische Variationen nach eigenem Geschmack und von der ‚Fantasie' geleitet verwendet. Hoffmann konnte sich über das Capriccio in dem im *Kater Murr* erwähnten *Musikalischen Lexikon* von Heinrich Christoph Koch (1802) informieren. Auch in der Literatur ist das Capriccio der launige Einfall, der den Eigensinn der Kunst gegenüber der Natur-Nachahmung demonstriert. Dennoch bedeutet Capriccio keine Willkür. Vielmehr wird in der antiklassizistischen bzw. manieristischen Anlage gerade die Kunstfertigkeit des ‚witzigen' Geists demonstriert, der auch längere, assoziativ sich verselbständigende Abschweifungen in der Tradition von Sternes *Tristram Shandy*, also die digressiven „Schnörkel" (Hoffmann III, S. 830) als „Experiment des innern Geistes" (ebd., S. 831) souverän zu bewältigen weiß. Zugleich ironisiert Hoffmann solche Digressionen wiederum durch die insgesamt siebenmal eingesetzte Formel „u.s.w." (vgl. ebd., S. 831, 837). Sie markiert die Leerstelle für nicht weiter ausformulierte Exkurse oder für den vorzeitigen Abbruch einer Abschweifung, z.B. über die zeitgenössische empirische Psychologie (vgl. ebd., S. 831). Sie demonstriert damit zugleich das ironische Spiel zwischen artistischer Komposition und loser Koppelung der ‚Blätter', aus denen der Herausgeber geschöpft habe: dort auf die Spitze getrieben, wo eine „Lücke" in „dem höchst merkwürdigen Originalcapriccio, dem der Erzähler genau nacharbeitet" (ebd., S. 876f.), die Erzählung unterbricht. An solchen Passagen stellt der Text die harten Schnitte bzw. Brüche seiner ‚Quellen'-Bricolage aus, die er explizit einräumt und sogleich wiederum gleitend überspielt – hier, indem er nach Feststellung der „Lücke" in musikalischer Metaphorik den fehlenden „Übergang von einer Tonart zur andern" bespricht: „Ja man könnte sagen, das Capriccio bräche ab mit einer unaufgelösten Dissonanz." (ebd., S. 877) Erst das musikalische Gleiten der Signifikanten über solche Brüche und Dissonanzen hinweg lässt die höhere Harmonie und Geschlossenheit des in sich chaotischen, weil labyrinthisch verzweigten Capriccios aufscheinen (vgl. Neumann 2003, S. 79–88). Durch *Prinzessin Brambilla* wurde ‚Capriccio' als literarische Gattungsbezeichnung bekannt und im 20. Jahrhundert dann u. a. von Jüngers Traumtagebuch *Das Abenteuerliche Herz* (2. Fassung 1938) benutzt, so dass sich auch von hier aus die angedeuteten proto-surrealistischen Züge begründen lassen.

5. Entzweiung und Identität im „chronischen Dualismus"

Die wechselseitigen Spiegelungen und Verknüpfungen der verschiedenen Sphären – Realität (I), Phantasie (II), Karneval/Commedia dell'arte (III) und Urdarmythos (IV) – betreibt das Capriccio, indem es seine Figuren entsprechend aufspaltet und diese Ebenen wiederum in den Figuren selbst simultan ineinander blendet. Giglio (I) ist auf diese Weise gleichzeitig Prinz Cornelio Chiapperi (II), Arlecchino/Pantalon (III) und König Ophioch (VI), wobei die Verzweigungen prinzipiell nicht hierarchisiert werden können: Er ist sich zwar selbst ein anderer, die verschiedenen Figurationen (im Inneren wie im Äußeren) sind aber stets zugleich in ihm angelegt. Ähnlich ist Giacinta gleichzeitig Prinzessin Brambilla, Colombina, Königin Liris und Prinzessin Mystilis (vgl. die Übersicht bei Frischmann 2005, S. 106). Celionati ist dieser Logik zufolge zugleich Fürst Bastianello und Bescapi, sowohl der Zauberer Ruffiamonte als auch Magus Hermod. Gerade in dieser Simultanpräsenz des Verzweigten demonstriert das Märchen die Einheit von innerer Welt und äußerer Realität, die Giglio und Giacinta zum Schluss im Urdarsee ‚anschauen' und ‚erkennen' – herbeigeführt durch die Verwirrung des Gewöhnlichen im Karneval.

Im Karneval sind Leben und Kunst-Spiel eins. Er ist ein Schauspiel, der Commedia dell'arte nicht nur mit seinen Masken eng verwandt, denn auch hier ist der Unterschied zwischen Schauspieler und Zuschauer aufgehoben. Die Zuschauer sind Beteiligte, Teil des Spiels auf diejenige Weise, wie der Leser in das komödienartig verwirrte Spiegelkabinett der Erzählung hineingezogen, ja so in die Textur verwickelt wird, als sähe er sich selbst darin – eben so, wie sich die Menschen im Karnevalstreiben bespiegeln. Im Karneval würde diese Verkehrung die gewöhnlichen Gegensätze verkehren: das Komische im Gegensatz zum Tragischen, den Körper und das Leib-Sinnliche gegenüber dem bloß Geistigen, sichtbar gemacht durch die Vermischung menschlicher und tierischer Züge in den Kostümen und Masken bereits in den Vorlagen Callots. Alle normalen Bezüge sind hier chiastisch verkehrt: innen und außen, unten und oben, links und rechts. Das Leben wird im Karneval ‚exzentrisch' entnormalisiert (vgl. Kremer 1995, S. 18f.), denn er subvertiert die üblichen ‚Wohlabgegrenztheiten': des Textes, der sozialen Welt, des Körpers und der personalen Identität (vgl. von Essen 1998). Im Karneval herrscht eine Ausnahmesituation wie im Theater, die Verwandlung des alltäglichen Lebens durch Tanz und Spiel.

Bereits die Eingangsszene zeigt Giacinta bei der Arbeit an dem von Schneidermeister Bescapi angeblich in Auftrag gegebenen Kleid. Ein Stich in den Finger lässt zwar das Blut tropfen. Doch das Blut und der Öltropfen der Lampe, die den Schaden beleuchten soll, hinterlassen keine Spuren. Das Kleid besteht ja tatsächlich nur aus dem Gewebe einer Fiktion, mit dem schön kostümierte Gestalten für die karnevalisierte Wirklichkeit der Poesie angefertigt werden. Gedacht ist das herrliche Kleid für eine unbekannte Auftraggeberin: Giacinta glaubt an eine Prinzessin. Als sie es anprobiert, passt es wie angemessen, und die Näherin verwandelt sich in den Augen der alten Beatrice sogleich in „meine gnädigste Prinzessin" (Hoffmann III, S. 774). Ihr Geliebter, der „seltsam" (ebd., S. 775) gekleidete Tragödienschauspieler Giglio, liebt daher mehr das Kostüm als sie selbst, weil er soeben im Traum die genauso gekleidete wunderschöne Prinzessin gesehen habe. Die Anfangsszenen enthalten alle Elemente eines Commedia dell'arte-Stücks über die Phantasie des Begehrens durch Kostümierung. Der Beginn der erzählten Commedia involviert so auch gleich den Leser, indem dieser die leibhaftige Gestalt annehmende Phantasie Giglios miterlebt, weil sich dessen Begehren nach der schönen Prinzessin zusehends in der vom Karnevalsgeschehen verwirrten Wirklichkeit ‚objektiviert'. Mit Giglios Perspektive vollzieht also auch der Leser den bruchlosen Übergang vom gewöhnlichen Leben ins Rollenspiel. Der eitle Schauspieler, der vor allem pathetisch-tragische Rollen spielt, verlässt seine Verlobte. Durch zahlreiche Verdoppelungen, Rollenwechsel und Metamorphosen in turbulenten Kämpfen mit seinem Doppelgänger (in der Rolle des Prinzen Cornelio Chiapperi tötet er sein früheres Schauspieler-Ich) wird er zum Anhänger der Commedia dell'arte geheilt. So kann er zum Schluss in der ersehnten Brambilla seine Geliebte Giacinta wiedererkennen.

In die verwirrende Handlungsführung (bei größtmöglicher Simplizität der Handlung selbst) ist eine längere ‚mythische' Erzählung von der Urdarquelle ‚einlogiert', in der eine philosophische ‚Deutung' des Geschehens gegeben wird: Die Urdarquelle sei früher rein und damit unverzerrtes Spiegelbild des Bewusstseins gewesen. Später trübt sie sich ein, so dass die Aufhebung der Spaltung des Ichs, also die Selbsterkenntnis als Welterkenntnis, erst erfolgen kann, nachdem sich die Reinigung im Irdischen vollzieht. Diesen ‚Kern der Geschichte' offenbart die karnevaleske Haupthandlung durch wechselseitige Spiegelungen zwischen ‚Mythos' und Commedia-dell'arte-Geschehen, zwischen Magus Hermod und Fürst Bastianello alias Celionati, der wiederum als Freund des Zauberers Ruffiamonte die Geschichte vom König Ophioch erzählt (vgl. ebd., S. 816ff.). Die ideale Verbindung der getrennten Sphären, die Versöhnung von Norden und Süden, scheint zuerst am Ende des vierten Kapitels (also genau in der Mitte der Erzählung) auf, wenn Giglio und Giacinta im spielerischen Streit das neue ideale Herrschaftsgebiet aushandeln: „[D]ort liegt Persien – dort Indien – aber hier Bergamo – hier Frascati – unsere Reiche grenzen – nein, nein, es ist ein und dasselbe Reich, in dem wir herrschen, ein mächtiges Fürstenpaar, es ist das schöne herrliche Urdarland selbst – Ha, welche Lust! –" (ebd., S. 908; vgl. auch S. 849). Persien ist die Heimat der Märchenfigur Brambilla, also die Heimat der Träume und der Phantasie; aus Bergamo kommen die Masken der Commedia dell'arte, es ist das Land des Humors; Frascati ist ein Städtchen in der Nähe Roms, so dass das Paar nunmehr, ohne die anvertraute alltägliche Gegend zu verlassen, im Reich der Märchen und der Phantasie leben kann, wo Giglio und Giacinta „ihres innern Peru's Edelsteine [...] erschauen" und von dort „herauf" in ihre gewöhnliche Welt bringen (ebd., S. 830), weil die Commedia dell'arte die Identität beider Welten erwiesen hat.

So wird die philosophische ‚Hauptidee der Geschichte', die Versöhnung der Duplizität im Subjekt und die Versöhnung von Norden (Urdamythos) und Süden (Italien, Commedia dell'arte) durch die Theatersphäre selbst hergestellt. Entsprechend betont Fürst Bastianello zum Schluss in deutlicher Anspielung auf Shakespeare: „So sollte, wenn ihr wollt, wenigstens in gewisser Art das Theater den Urdarbronnen vorstellen, in den die Leute kucken können." (ebd., S. 910) Im schönen Finale enthüllt Bastianello sein Ziel mit den beiden Innamorati explizit: „In der kleinen Welt, das Theater genannt, sollte nämlich ein Paar gefunden werden, das nicht allein von wahrer Fantasie, von wahrem Humor im Innern beseelt, sondern auch im Stande wäre, diese Stimmung des Gemüts objektiv, wie in einem Spiegel, zu erkennen und sie *so* ins äußere Leben treten zu lassen, daß sie auf die große Welt, in der jene kleine Welt eingeschlossen, wirke, wie ein mächtiger Zauber." (ebd., S. 910) In die Wirklichkeit des römischen Karnevals ‚einlogiert' sind der Palast Pistoja und der Urdargarten eng ineinander verschachtelte Sphären: als theatralische Staffage und als mythische Allegorie. Zugleich werden die derart verwobenen Ebenen als im Innern der Figuren aufscheinende Bilder traumhaft und entsprechend völlig anschaulich präsentiert, so dass sie im Prozess der Lektüre immer wieder leibhaftig auferstehen können. Zum idealen Leben soll das Paar im Zeichen des Humors hingeführt werden. Dazu greift Bastianello manipulativ in dessen Leben ein, indem er in der Maske Celionatis das Schicksal der beiden Liebenden lenkt. Giglio bewegt sich im tanzenden Gewoge des Karnevalstreibens wie „Ebbe und Flut" (ebd., S. 850): auf einem „Meer von Tollheit und Fopperei" (ebd., S. 851). In der Maske des Capitan Pantalon (als Commedia dell'arte-Figur) kämpft er gegen sein eigenes Ich in der Prinzenmaske (als eitler Tragöde). Der alte Tragödien-Giglio wird getötet, es siegt der komödiantische Giglio in einem Theatertod durch hölzerne Schwerter, bei dem kein Blut fließt, so wie bereits das Blut der Nadelstiche keine Spuren am Kleid Giacintas hinterließ. Zum Schluss heiratet der Verwandelte seine Geliebte. Die letzte Episode ein Jahr später zeigt das zum wahren Humor bekehrte ideale Schauspieler-Ehepaar, das auf das turbulente Geschehen zurückblickt, in das auch der Leser bis zur ‚schwindligen' Verwirrung seiner Sinne verstrickt war.

Beim Blick „in den klaren spiegelhellen See [...] *erkannten* sie sich erst, schauten einander an, brachen in ein Lachen aus" (ebd., S. 906). Das Lachen hebt im Augenblick alle Sehnsucht, ja das sentimentalische Bewusstsein überhaupt auf. Es führt zur Erkenntnis des anderen Menschen durch Erkenntnis des eigenen Ichs, das sich im Inneren des Andern gespiegelt hat. Das neue Komödien-Theater ist eine Stätte, „wo Ironie gilt und echter Humor" (ebd., S. 911): nicht als Gegensatz, sondern in komplementärer Ergänzung von schwebender Phantasie (Imagination) und körperhaftem Humor (im realen Spiel auf Erden). Beider Verschränkung ist das Ziel des Lebens und das Darstellungsziel des Texts *Prinzessin Brambilla*, so zumindest die Deutung des Fürsten: Die Prinzessin (als Text und als Körper Giacintas) ist die „Fantasie, deren Flügel erst der Humor bedürfe um sich emporzuschwingen, aber ohne den Körper des Humors wärst du nichts, als Flügel und verschwebtest, ein Spiel der Winde, in den Lüften." (ebd., S. 910) Die Phantasie muss sich folglich im wirklichen Leben verankern: Ein „rechtes Gleichgewicht" durch die „Aequilibrierstange" (ebd., S. 871) ist nötig, um das innere Schauen der Imagination und das äußere Schauen der realen Welt in wechselseitiger Balance zu halten. Herbeigeführt wird die punktuelle Versöhnung durch (ästhetische) Medien: Die Spiegel- und Erkenntnisfunktion des Theaters zeigt sich daran, dass gerade vom Theater des Karnevals eine entrückende Wirkung ausgeht. Die Doppelbewegung von Zerstreuung und Bündelung, Verzweigung der Ebenen und Wiedervereinigung wird an den leitmotivischen Bildern Prisma und Kristall anschaulich. Medien sind Durchgangsstationen für die wahre Erkenntnis des Ichs in der Vielfalt seiner Perspektiven. Und der Leser liest sich – perspektivisch gebrochen durch die gleichermaßen leitmotivisch aufgeführten Lese(r)-Brillen – im Spiegel des Texts aus einer Quelle, die prismatisch zerlegt und im Kristall der schönen Textur wieder zusammengeführt wird.

6. Erzählung

Die Figurenverzweigungen äußern sich in einer komplex perspektivierten Textur. Zwar lassen die Inhaltsangaben zu jedem Kapitel einen narrativen Zusammenhang, eine Ereignisfolge erwarten. Tatsächlich aber tritt eine verwirrende Übergänglichkeit der Formen, Perspektiven und Darstellungsverfahren ein: angesiedelt zwischen auktorialem und szenischem Erzählen, zwischen digressiven Leseranreden bzw. Herausgeberkommentaren und Zurücktreten des Erzählers hinter den Figurenreden bei unmerklich gleitendem Schauplatzwechsel und variablen Formen der Selbstreflexion. Statt auf die Handlung wird durch diese permanente Brechung der Perspektiven die Aufmerksamkeit auf die Form und ihr variantenreiches Spiel mit Darstellungsweisen gelenkt.

Der Erzähler, der in den Dialogpassagen völlig zurücktreten kann, ist unterschiedlich stark präsent. Versteckt er sich zum einen hinter der „Herausgeber"-Fiktion, meldet er sich zum anderen meist zu Beginn eines Kapitels auch wiederum überdeutlich zu Wort. Sein auktoriales ‚Wir' signalisiert vertrauliches Wissen in Andeutungen und Vorausdeutungen, aber auch halbes Verbergen, weil er das Rätsel der Verwirrungen erst ganz zum Schluss auflöst. Dieses wechselnde Aufscheinen im Hervor- und Zurücktreten erzeugt einen intermittierenden Rhythmus, der zwischen Illudierung und Desillusionierung, zwischen Anschauung (Kupferstiche) und Abstraktion (Buchstaben), zwischen auktorialer Souveränität und Delegitimierung des Erzählers schwebt. Im Verlauf des Texts nimmt die Präsenz des Erzählers in dem Maße zu, in dem die Perspektivierung auf die Innensicht Giglios zurücktritt und komplementär dazu die Selbstreflexion auf den Status und die Funktion seines Texts mit Rückverweisen auf frühere Kapitel zunimmt (vgl. Scherer 1993, S. 200). Lange Zeit herrscht zunächst die Perspektive Giglios (mit Ansätzen zum Inneren Monolog bzw. Gedankenbericht in Selbstgesprächen) vor. Der Leser erlebt die turbulenten Ereignisse aus seiner Sichtweise, in der die Einbildungen so ‚objektiv' werden, als begegne man ihnen leibhaftig wie der äußeren Welt. Diese Wahrnehmungsform wird in dem Maße aufgegeben, in dem Giglio seine Umwelt zu erkennen beginnt, so dass auch der Leser das Märchen allmählich überblickt. Insgesamt gibt es im Capriccio drei Blickwinkel: die Sichtweise Giglios, den Standpunkt des auktorialen Erzählers und schließlich die Sicht Celionatis, der als erzählte Figur stellenweise wie ein allwissender Erzähler auftritt, sich zugleich aber auch als erfunden bezeichnet und innerhalb der Fiktion wiederum verselbständigt. Celionati steht insofern auf einer gleichen Stufe wie der Erzähler.

Prinzessin Brambilla ist durch und durch intertextuell begründet: eine „Literatur als Literaturkommentar und -parodie", eine „Neuinszenierung tradierter literarischer wie philosophischer Bilder" (Jürgens 2000, S. 24). Ausgewiesen hat die Forschung vor allem die Bezüge zur frühromantischen Poetik Friedrich Schlegels und dessen Theorie der romantischen Ironie. Kaum untersucht sind dagegen bis auf vereinzelte Hinweise auf den *Gestiefelten Kater* die zahlreichen Systemreferenzen auf die romantische Komödie. Bereits in *Prinzessin Blandina* spielen Tiecks Stücke eine strukturbildende Rolle. Dieser Bezug wäre genauer als spezifische Systemreferenz auszuweisen, legt man eben das Modell der erzählten Komödie zugrunde. Neben den parabatischen Theaterkomödien Tiecks gibt vor diesem Hintergrund auch die illudierende Spielkomödie das Modell vor (vgl. Japp 1999): also Brentanos *Ponce de Leon* mit Sarmiento als geheimem Lenker der Intrigen im Hintergrund, der zum Schluss alle Verwirrungen und Verwechslungen im maskierten Sprechen auflöst (vgl. Scherer 2003, S. 504–510).

Hoffmann schätzt Brentanos *Ponce de Leon* (vgl. Hoffmann III, S. 493), zumal bereits hier verschiedene europäische Komödienmodelle kombiniert werden: die ‚italienischen' Verwechslungs- und Verwirrkomödien Shakespeares (wie *As you like it*) und die Comedias Lope de Vegas und Calderóns (z. B. *La dama duende*) mit den Stegreif- und Maskenmotiven der Commedia dell'arte und Fiabe Gozzis. Daneben spielen vor allem die Theaterkomödien Tiecks Varianten der Fiktionsironie, also die fiktionsinterne Reflexion auf den Fiktionscharakter im Spiel mit den Umständen einer Theateraufführung durch (vgl. Scherer 2003, S. 291–326). Figuren wie der Wirt in der *Verkehrten Welt* oder *Prinz Zerbino* wissen um ihre fiktionale Rolle als Produkte eines Autors, gegen dessen Willkür sie gelegentlich aufbegehren wie zum Schluss Giglio als Capitan Pantalon, der „länger keine Illusion und Fantasterei" mehr ertragen will, wenn ihm die „Dame" mitteilt, er selbst sei „weiter gar nichts, als eine Illusion!" (Hoffmann III, S. 899).

7. Die Nadel der romantischen Textur

Die materiale Reflexion auf die eigene Textur wird in der Anfertigung des schönen Kleids gespiegelt. Die Nadel ist das Medium für die Herstellung dieses Gewebes, einmal mehr auch intermedial beziehbar auf die Radiernadel Callots: „Die beiden Bedeutungen von ‚gráphein', ‚ritzen' und ‚schreiben', fallen gewissermaßen wieder in eins" (Schmidt 1999, S. 53). Die Nadel erweist dabei in verschiedener Hinsicht ihre metonymische Kraft: Sie sticht ein, so dass das Blut fließt, ohne allerdings Flecken auf dem Kleid zu hinterlassen, und sie näht als „schöpferische[] Nadel" (Hoffmann III, S. 909) die acht Kapitel zum schönen Kleid der Erzählung zusammen, in die Imagination und Leben im Zeichen des Humors eingewebt sind. Stecknadeln verbinden die einzelnen Lappen, halten zugleich aber auch die Bruchstellen präsent, die durch den Faden der Erzählung vernäht werden. Die Nadel ist damit das zentrale Medium dieser Textur (vgl. Kremer 1993, S. 302–310), weshalb sie in einem Elfenbeinkästchen begraben liegt, das Bescapi am Ende in der Hand hält. Folgerichtig spielt sie bereits in der Fortsetzung der Urdargeschichte eine besondere Rolle. Das Kästchen enthält nämlich das „hübsche zierliche Filetzeug" von Prinzessin Mystilis (Hoffmann III, S. 862), die sich im Moment, als sie es zum ersten Mal benutzt, in eine Porzellanpuppe verwandelt. Um sie wieder zu erlösen, müssen die Hofdamen „unablässig Filet machen" (ebd., S. 863), denn – so der feindselige Dämon Typhon – ein „bunter Vogel" muß in Netzen gefangen werden, „die Feenkunst mit zarter Hand gewoben" (ebd., S. 862, vgl. auch 863). Diesen Zauber bricht die schöpferische Nadel Bescapis.

Mit ihr wird ein Gewebe produziert, das rein bleibt, weil die Flecken des Realen an ihm spurlos abgleiten wie das Blut auf dem Kleid Giacintas. Bescapi ist damit neben Bastianello die zweite Hauptfigur. Er erzeugt den luftigen und lustigen Tanz eines Texts, der sich beweglich hält für die permanente Wechselrelativierung von Geist/Phantasie und Körper/Wirklichkeit. Der wie in Luft gewebte Text wird zur *wahrnehmbaren* Form des Äthergeists der Phantasie, der sich in das reale Leben eingewoben hat. Nicht ohne Grund ist das Märchen von einer Metaphorik der Luft im Modus des ‚als ob' durchzogen, in dem die „Luftschlösser" der Träume (ebd., S. 884, 885) im Text leibhaftig auferstehen und auf diese Weise real werden. Sie gewinnen anschauliche Gestalt wie das Spiel für den Zuschauer im Theater. Die Textur schwebt zwischen den Bezügen in einer luftigen Lustigkeit, die sich durch das Feenkleid Giacintas auf Giglio überträgt: „Wer bist du denn, geheimnisvolles Wesen, das aus *Luft* und *Feuer* geboren der *Erde* angehört und verlockend *hinausschaut* aus dem *Gewässer*!" (ebd.,

S. 871; Herv. S. S.) Luft und „Lust" sind die gleichklingenden Leitwörter für die angestrebte Wirkung in diesem erzählten Lustspiel (vgl. Fischer 1988). Die Nadel des Autors näht beides aus der Lust der Träume zusammen. Schon die Prosaeinleitung zu *Prinzessin Blandina* betonte die Absicht, mit dem Lustspiel etwas „rein lustiges, luftiges vorzutragen, das weiter keine Ansprüche macht, als den der darin herrschenden guten Laune." (Hoffmann II/1, S. 375) Auch *Prinzessin Brambilla* entzündet in Giglio „eine tolle Lustigkeit, die sich Luft" macht (Hoffmann III, S. 828). Die Lust der Lektüre lässt die Spiele der luftigen Phantasie lebendig werden. Der Kontrast zur empirischen Wirklichkeit erscheint im poetischen Augenblick dieses Äthergeists versöhnt, der in einer intermedialen Ästhetik der Wechselbespiegelung von Erzählen, Lust-Spiel, Bildender Kunst, Musik und Tanz ‚objektiv' wird.

8. Wirkung

Prinzessin Brambilla hat keine literarischen Nachfolger, aber verhältnismäßig zahlreiche Anregungen in der Musik gefunden: in einem Streichquartett von Brahms (op. 67 von 1875) und in drei weiteren Vertonungen, einer Oper (1908) und einer Karnevals-Ouvertüre (1912) von Braunfels und einer Bühnenkomposition (1920) von Fortner (vgl. Sdun 1961, S. 17). Reflexionsspuren finden sich bis ins Detail in Mörikes *Maler Nolten* (1828), etwa in der antiromantischen Umschrift des Mythos vom melancholischen König, der sich hier aber nur noch durch Verschmelzung mit seinem eigenen Spiegelbild erlösen kann. Die Bezüge zwischen *Maler Nolten* und *Prinzessin Brambilla* sind nicht erforscht, obgleich sie gelegentlich gesehen werden (vgl. Eilert 1992, S. 258). Der Roman reflektiert die negativen Konsequenzen dessen, was Hoffmann noch einmal durch die heilsame Wirkung der Kunst abfängt. Bei Mörike dagegen verlieren sich die Figuren im Labyrinth ihres eigenen Inneren. Die Verzweiflung über die Unmöglichkeit einer kunstvollen Inszenierung, mit der das Leiden an der eigenen Zeit zu heilen wäre, findet Erlösung nur noch im Tod. Kunst und Poesie versöhnen nicht mehr, sondern sie zeitigen nur noch zerstörerische Konsequenzen im Lügensaal der Bilder. Auch Mörike benutzt die Technik der Einlagerung mythischer Ebenen im Schattenspiel *Der letzte König von Orplid*, und auch er dekliniert die Identitätsproblematik, die Duplizität des Menschen an der leitmotivischen Spiegelbildlichkeit durch. Im *Maler Nolten* ist der Schauspieler Larkens, pointiert gesagt, eine Art personifizierter Tieck- und Hoffmann-Textur. Er fingiert Briefe und spricht in fremden

Rollen, er inszeniert Kunst und erzählt fremde Texte. Der Arrangeur all dieser Maskeraden, mit denen die Kommunikationsblockade zwischen Nolten und Agnes gelöst werden soll, ist allerdings kein positiver Mittler mehr wie noch Celionati/Bastianello, weil seine Intrigen durchweg tödliche Konsequenzen haben (vgl. Scherer 2004). Zwischen *Prinzessin Brambilla* und *Maler Nolten* ereignet sich deshalb der Umbruch des Literatursystems von der Goethezeit zum Realismus. Vor Schnitzler – in der *Traumnovelle* (1925) etwa oder im berühmten Bonmot „Wir spielen immer, wer es weiß ist klug" zum Schluss des *Paracelsus* von 1898 (vgl. Tunner 1988, S. 278) – sind kaum mehr Bezugsmöglichkeiten zum letzten großen Kunstmärchen der Romantik bekannt geworden.

(Stefan Scherer)

Die Serapions-Brüder (1819/21)

1. Entstehung

In einem bestimmten Sinn verdankt sich die Entstehung der *Serapions-Brüder* dem Geist (bzw. der Geselligkeit) der Großstadt. Im September 1814 übersiedelte Hoffmann nach Berlin, wo er zunächst in der Französischen Straße, später in der Taubenstraße wohnte. Hiermit endet die Zeit der wechselnden Engagements als Kapellmeister, Theaterkomponist oder Theaterdirektor zugunsten des Wiedereintritts in den Staatsdienst am Berliner Kammergericht. Die juristische Tätigkeit wird in den folgenden Jahren wiederholt der Ambition des Autors in die Quere kommen; gelegentlich wird sie aber auch als Motiv zu brauchen sein. Hoffmann befreundet sich in dieser Zeit mit zahlreichen Schriftstellern und Intellektuellen, zu denen unter anderem Fouqué, Koreff, Contessa und Tieck gehören. Am 12. Oktober 1814 wurde als eine Konsequenz der romantischen Geselligkeit, die Friedrich Schlegel andernorts auch als „Sympoesie" bezeichnete, der sog. „Seraphinenorden" gegründet. Aus diesem wiederum entstand nach einem Interludium von zwei Jahren – am 14. November 1818 – der Bund der Serapions-Brüder (vgl. Steinecke 2004, S. 352ff.). Wichtig hieran ist der gesellige Anlass, weniger die Übereinstimmung zwischen fiktiven und realen Personen (vgl. Schnapp 1962). Eigentlicher Anlass zur Buchproduktion war die Frage des Verlegers Reimer, ob man nicht die verstreuten Erzählungen Hoffmanns in einer Sammlung zusammenfassen und wieder veröffentlichen solle. Hoffmann stimmte sogleich zu und stellte lediglich zur Erwägung, ob es geratener sei, „die Sachen unter dem simplen Titel: Erzählungen gehn zu lassen oder eine Einkleidung zu wählen nach Art des Tiekschen Phantasus?" (Hoffmann VI, S. 134) Die Sammlung, zunächst auf einen Band berechnet, wuchs sich dann zu vier Bänden aus, die zwischen Februar 1819 und Mai 1821 erschienen. Dem 14. November kommt dabei – in der Geschichte und im Text – einerseits die Bedeutung zu, dem Ganzen einen Namen zu verleihen (durch einen Blick in den Heiligenkalender), andererseits die Funktion, ein Prinzip zu statuieren, das es erlaubt, einen Zusammenhang in der Vielfalt zu erkennen. Das Prinzip wird übrigens nicht gleich am Anfang der Erzählungs-Sammlung gefunden und diskutiert, woraus sich eine Frage des Aufbaus ergibt. Für die Entstehung der Sammlung *als Werk* ist bedeutsam, dass ein größerer Teil der Texte schon veröffentlicht worden war, bevor es zur Deklaration des Prinzips kam. Zu diesen Erzählungen gehören u.a.: *Die Fermate, Der Artushof,*

‚Rat Krespel', *Nußknacker und Mausekönig, Doge und Dogaresse, Meister Martin der Küfner und seine Gesellen, Der Kampf der Sänger*. Erzählungen, die nach der Einführung bzw. Erfindung des serapiontischen Prinzips verfasst wurden, sind ‚*Der Einsiedler Serapion', Die Bergwerke zu Falun, Die Brautwahl, Das Fräulein von Scuderi, Signor Formica, Die Königsbraut* u. a. (vgl. Steinecke 2004, S. 312–403; die Titel mit einfachen Anführungszeichen stammen nicht von Hoffmann). Es leuchtet ein, dass die genannte Differenz ein genealogisches Problem aufwirft. Tatsächlich ist aber der Unterschied zwischen den vor dem Serapions-Datum und den nach dem Serapions-Datum verfassten Erzählungen nicht so groß, wie man vermuten sollte; was dafür spricht, dass Hoffmann schon ein Praktiker der Serapiontik war, bevor er die ‚Theorie' bereitstellen konnte.

2. Genre

Hoffmann nennt im Vorwort zu den *Serapions-Brüdern* die Aufforderung des Verlegers, „daß der Herausgeber seine in Journalen und Taschenbüchern verstreuten Erzählungen und Märchen sammeln und Neues hinzufügen möge", als den eigentlichen Anlass der Publikation. Und er fügt hinzu, dass die Form des Werks an „Ludwig Tieck's Phantasus" (Hoffmann IV, S. 11) erinnern müsse, obwohl gerade dieser Vergleich für die eigene Arbeit nachteilig sei. Nun ist zwar richtig, dass die *Serapions-Brüder* in einer Art Ideal-Konkurrenz zu Tiecks *Phantasus* stehen, zugleich ist aber einzusehen, dass beide Werke auf einen weiteren Kontext verweisen: einen Kontext, der bis zu Boccaccio und seinem *Decamerone* zurückreicht, an den wiederum die entsprechenden Werke Margarethe von Navaras, Chaucers, Goethes und Wielands anschließen. Die Übereinstimmung zwischen diesen Werken besteht darin, dass es sich um mehr oder weniger umfangreiche Erzählungssammlungen handelt, die in einen situativen Rahmen eingefügt sind, der als intermittierende Struktur den Fortgang des Erzählens begleitet. Wie gewöhnlich sind bei solchen generischen Zuordnungen Einschränkungen zu machen. Boccaccios *Decamerone* gilt als das Gründungsdokument der europäischen Novellistik. Es fällt aber nicht leicht, Hoffmanns Texte als Novellen zu identifizieren. Hoffmann selbst hat im Vorwort wie im Untertitel von „Erzählungen und Märchen" gesprochen, was zutreffend erscheint, da den serapiontischen Narrationen häufig die novellistische Pointiertheit abgeht, während das Märchen ohnehin ein eigenes Genre konstituiert. Die einzige Erzählung der gesamten Sammlung, die Hoffmann als „Novelle" bezeichnet hat, ist *Signor Formica*.

Gerade dieser Text, der übrigens das in der Sammlung häufiger vorkommende Ineinander von Künstler- und Liebesgeschichte thematisiert, eignet sich mit seinen wechselnden Schauplätzen und seiner sich lang hinziehenden Intrige kaum zur Demonstration der *novità* der Novelle. Eher möchte man annehmen, dass es Hoffmann auf eine Variation des Paratextes ankam. Aber selbst die Doppelbezeichnung „Erzählung und Märchen" ist nicht ausreichend, da Hoffmann seiner Sammlung auch Dialoge, Anekdoten und Fragmente inkorporiert hat. Die Relation zwischen Rahmen und Erzählungen ist bei Hoffmann gelegentlich auf eine singuläre Weise gleitend. Sein narratives Verfahren exponiert eine Neigung zur Heterogenität, die aber regelmäßig von einer integrierenden Abrundung eingeholt wird (vgl. Segebrecht 1976). Was den Vergleich mit Tiecks *Phantasus* anbelangt, so steht dieser ohnehin auf schwankendem Boden, da Tieck in seiner Sammlung überhaupt nicht nur Erzählungen (und Märchen), sondern auch Dramen dargeboten hat. Darin ist ihm Hoffmann nicht gefolgt. Umgekehrt hat Hoffmann eine individuelle Signatur im Rahmen der Erzählungs-Sammlungen oder -Zyklen dadurch ausgeprägt, dass seine Rahmenhandlung in der Stadt angesiedelt ist, deren vielfältige Anregungen für die Erzähler der „Erzählungen und Märchen" essentiell sind. Die Stadt ist der Ort des geselligen Erzählens; zugleich ist sie die Veranlassung dafür, dass sich die erzählenden Freunde periodisch aus den Augen verlieren.

3. Aufbau

Hoffmanns Erzählungs-Sammlung beginnt mit dem Paradox, dass einige literaturbegeisterte Freunde beabsichtigen, einen Literatur-Klub zu gründen, obwohl sie die Philistrosität des Klub-Wesens verabscheuen. Andererseits befürchten sie eben, da sie keine Literaten sind, sondern verschiedenen Berufen und Interessen nachgehen, dass ihre Intention keinen Halt haben wird. Sie lösen ihr Problem, wie manche Erzählungen in der Sammlung auch, indem sie das Gemeinte in die Ironie und damit in die Uneigentlichkeit verschieben. So gewinnen sie eine Form, ohne von ihr abzuhängen. Innerhalb dieser Form etablieren sie eine Zeitfolge, die von der ‚Erzählzeit' ihrer Hervorbringungen strukturiert wird. Die Serapions-Brüder treffen sich an insgesamt acht Abenden, an denen sie sich die, je nach Zählweise und Ausgabe, achtundzwanzig Erzählungen vorlesen und diese in unterschiedlich ausführlichen Gesprächen kommentieren. Dass es auf der Ebene der Rahmenhandlung keinen Plan gibt, merkt man daran, dass gelegentlich eine Erzählung vorgelesen werden soll, die Freunde dann aber merken, dass der Abend schon weit fortgeschritten ist, weshalb sie beschließen, mit einer Anekdote oder einem Fragment zu enden. Auch von dieser Seite her wird also einer Poetik der Heterogenität das Wort geredet. Eine schon angedeutete Besonderheit der Anordnung besteht darin, dass das Prinzip, nach dem erzählt (und rezipiert) werden soll, nicht gleich am Anfang aufgestellt wird, weshalb es im Text mindestens zwei Erzählungen gibt, die nicht dem serapiontischen Prinzip unterworfen werden können, während es in der Wirklichkeit (der Entstehung) noch sehr viel mehr gibt. Die Freunde beginnen nach ihrer Klub-Gründung mit der Erzählung von dem vermeintlichen Mönch Serapion, der zwar nicht weiß, dass er sich nicht in der thebaischen Wüste (sondern in B.) befindet, der aber außerordentlich plastische „Novelle[n]" zu erzählen vermag (Hoffmann IV, S. 14). Damit hätten die Freunde das Stichwort für ihre serapiontische Poetik in der Hand, sie ergreifen es aber noch nicht. Vielmehr wird erst noch die Geschichte von Rat Krespel erzählt, der eine andere Skalierung des Verhältnisses von Wahn und Kunst exponiert (vgl. Japp 2004). Erst im Anschluss hieran wird ihnen das Grundtheorem von der Duplizität des Seins deutlich und die Formulierung des serapiontischen Prinzips möglich. Von nun an kann es nach dem genannten Mechanismus und im Namen Serapions so fortgehen, weshalb die Serapions-Brüder bereits am Ende des ersten Abends ausrufen: „O der herrlichen Serapions Verwandtschaft, die uns mit einem ewigen Band umschlingt!" (Hoffmann IV, S. 121f)

4. Kohärenz

Da sich die Serapions-Brüder pro Abend drei oder vier Erzählungen vorlesen, ergibt sich der folgende Rhythmus: I, 4; II, 4; III, 4; IV, 3; V, 3; VI, 3; VII, 3; VIII, 4. Die Formel täuscht indes über die Festigkeit der Kriterien, da erstens zwischen den Erzählungen die Gespräche zu situieren sind, zweitens nicht alle Titel von Hoffmann stammen, sondern als Herausgeberentscheidungen in die Editionsgeschichte eingegangen sind (so mit ‚*Der Einsiedler Serapion*‘, ‚*Rat Krespel*‘, ‚*Eine Spukgeschichte*‘, ‚*Alte und neue Kirchenmusik*‘ u.a.), drittens einige ‚Erzählungen' einen geringeren Grad an Kohärenz aufweisen, so dass nicht mit Sicherheit zu sagen ist, ob sie als Implikation des Rahmens oder als eigenständige Narrationen anzusehen sind. Das letztgenannte Problem tritt insbesondere im dritten und vierten Band auf, als habe Hoffmann gegen Ende seiner Komposition die Form mutwillig gelockert. Dabei sind zwei Typen der Kohärenz-Unterschreitung zu unterscheiden, die als Inklusion und als Intermittenz bezeichnet werden können. Die Bewandtnisse der Inklusion können am Beispiel des ‚Barons von B.' studiert werden. Eine eigentliche Geschichte gibt es hier nicht, auch die Personen bleiben weitgehend unbekannt, allein der Spleen des Barons tritt ins Licht, woraus sich dann Korrespondenzen zu anderen Erzählungen ergeben. ‚Der Baron von B.' ist aber auf solche Weise eine Inklusion des Rahmens, dass er überhaupt nicht als Einzeltext vorgeführt wird, sondern als Element einer Reihe, zu der auch der Bericht von jenem Mann gehört, der den Brand der Dominikaner-Kirche zu G. als Schauspiel genoss, sowie die Information über den Baron von R., der auf seiner steten Wanderung regelmäßig Waldrodungen vornehmen ließ, um schöne Ausblicke zu genießen. Die Serapions-Brüder bemerken das Unausgeführte dieser Texte, begründen aber ihre Aufnahme mit der Maßgabe, man solle sie als „Studium [...] zu größeren Gemälden" betrachten (ebd., S. 892f). Die exkulpatorische Tendenz dieser Bemerkungen ist nicht zu überhören. Sie betrifft aber nicht nur die kleineren ‚Partikel'-Texte, sondern auch größere Erzählungen, die zudem unter ihrem eigenen Titel firmieren, wie z. B. *Die Automate* oder *Die Brautwahl*. Der zweite Typ der Kohärenz-Unterschreitung (oder -Modulation) lässt sich an ‚*Zacharias Werner*' und *Erscheinungen* beobachten, weil hier nicht mehr linear oder arabesk erzählt wird, vielmehr das Sujet in Intermittenzen verschiedenen Grades aufgelöst wird. In *Erscheinungen* wird sogar dieselbe ‚Geschichte' zweimal erzählt. Auffällig ist die hohe Frequenz der Unterbrechungen, die, nebenbei gesagt, eine Steigerung der Serapions-Amplitude zur Folge hat: „Ich beuge, sprach Lothar lächelnd, ich beuge in tiefer Ehrfurcht meine Knie vor dem heiligen Serapion" usw. (ebd., S. 1050). Insgesamt ergibt sich eine Differenz zwischen großen, allbekannten und viel interpretierten Erzählungen (wie *Die Bergwerke zu Falun* oder *Das Fräulein von Scuderi*) und mehr oder weniger ausgeführten Texten, die mit der Rede der Serapions-Brüder als ‚Studien' bezeichnet werden können. Gerade das Ineinander dieser Unterschiede charakterisiert Hoffmanns Erzählungs-Sammlung und unterscheidet sie von anderen Unternehmungen dieser Art.

5. Thema

Man sollte nicht meinen, dass sich durch ein zyklisches Werk, dessen Titel erst gefunden wurde, nachdem ein größerer Teil der versammelten Texte bereits andernorts publiziert worden war, ein roter Faden thematischer Übereinstimmungen ziehe. Tatsächlich plädieren auch die Serapions-Brüder für eine Poetik der Offenheit, derzufolge sie sich „auf allerlei geistreiche Weise jedem Zwange fremd, erquicken und erheben" wollen (ebd., S. 122). Gleichwohl werden auch die Serapions-Brüder – trotz aller Neigung zur Offenheit und Zwanglosigkeit – von bestimmten Themen geradezu magisch angezogen. Zu diesen Themen gehört das Einbrechen des Wunderbaren und/oder Phantastischen in die reale Welt (vgl. Bergström 2000). Nach Todorov erscheint das Wunderbare als Bruch mit der Empirie, während das Phantastische als Unschlüssigkeit (hésitation) den Text bestimmt (vgl. Durst 2001, S. 37, 89). Man kann diese Sicht der Dinge an Hoffmanns Texten nachvollziehen. Der erste Fall wird von den Märchen erfüllt (*Das fremde Kind*, *Die Königsbraut*), der zweite tritt in solchen Erzählungen hervor, in denen gefährliche Verlockungen das Individuum von seiner Bahn abziehen, ohne dass letztlich deutlich wird, ob es die Bergkönigin (*Die Bergwerke zu Falun*) oder die Venusfiguration (*Der Kampf der Sänger*) außerhalb der Träume und Phantasien des Protagonisten gibt. Ein weiterer thematischer Fokus ist die Skalierung des Wahnsinns (bzw. der Vernunft). Das Thema begegnet gleich in der ersten Erzählung (‚*Der Einsiedler Serapion*') und wird in der zweiten (‚*Rat Krespel*') fortgesetzt, hier mit der systematisch anmutenden Intention, „den sanften Übergang vom Wahnsinn durch den Spleen in die völlig gesunde Vernunft zu bewirken." (Hoffmann IV, S. 39) Wie schon gesehen, finden sich noch weitere Ausarbeitungen des Themas, das zudem mit einem anderen Komplex in Kontakt steht: der Gefährdung des Künstlers durch seine Ambition oder seinen ‚bösen Stern' (*Das Fräulein von Scuderi*). Eine harmlosere, aber gleichwohl beharrende Verweisung betrifft den Gegensatz zwischen Künstlern und Philistern, der sowohl auf der Ebene des Rahmens als auch in den Erzählungen ausgetragen wird. Eine Merkwürdigkeit der Gesamtkonzeption besteht darin, dass die Erzähler auf der Ebene des Rahmens zu einer ‚gemütlichen' Sicht der Dinge tendieren und deshalb das von ihnen selbst exponierte Schreckliche und Grässliche (‚*Vampyrismus*') zu tadeln geneigt sind.

6. Stil

Hoffmann neigt zum formelhaften Sprechen, was insbesondere an den beständig wiederkehrenden Leseranreden bemerkt werden kann, aber auch an den notorisch lieblichen Mädchen und den unheimlichen Fremden. Sieht man das Romantische des Erzählens in der Form der Arabeske, so hat Hoffmann hieran – jedenfalls in den *Serapions-Brüdern* – durchaus Anteil. In den großen Erzählungen verfährt er eher linear – allerdings ergänzt bzw.

unterbrochen durch Rückblicke, Abschweifungen und Einschaltungen –, während in den kleinen bzw. unausgeführten Texten die oben erwähnten Kohärenz-Unterschreitungen in Rechnung zu stellen sind. Bedenkt man den Aufwand, den Hoffmann mit dem Schrecklichen und dem Grässlichen treibt, so kann sein Verfahren mit einem Wort Friedrich von Hardenbergs als „Gemütherregungskunst" bezeichnet werden (Novalis II, S. 801). Andererseits verpflichten sich die Serapions-Brüder einem Stilideal der ‚Gemütlichkeit', das gerade dazu zu dienen scheint, die zuvor erregten Affekte wieder zu kalmieren. In diesem Sinne lässt sich Theodor am Schluss der gesamten Sammlung vernehmen: „Frei überließen wir uns dem Spiel unsrer Laune, den Eingebungen unserer Fantasie. Jeder sprach wie es ihm im Innersten recht aufgegangen war, ohne seine Gedanken für etwas ganz besonderes und außerordentliches zu halten oder dafür ausgeben zu wollen, wohl wissend, daß das erste Bedingnis alles Dichtens und Trachtens eben jene gemütliche Anspruchslosigkeit ist, die allein das Herz zu erwärmen, den Geist wohltuend anzuregen vermag." (Hoffmann IV, S. 1199)

Tatsächlich geht es, wie jeder Leser weiß, in den Texten keineswegs so gemütlich und anspruchslos zu. Dies ist vielmehr ein Privileg solcher Erzählungen, die ihrerseits das Schreckliche fernhalten, um vielmehr einer Ideologie des Einfachen (auch im Gemüt des Künstlers) zum Ausdruck zu verhelfen. Hoffmann hat eben neben seiner phantastischen nicht nur eine realistische, sondern auch eine biedermeierliche Ader, wie insbesondere die Erzählung *Meister Martin der Küfner und seine Gesellen* zeigt (vgl. Kremer ³2007, S. 179). Auf der Makroebene der *Serapions-Brüder* sehen wir die Option des Stils durch den Gegensatz von „Gemütherregungskunst" und Gemütlichkeitsofferte bestimmt. Auf der Mikroebene sind dann noch die Verfahren der Satire, der Ironie und des Humors einzuzeichnen. Die Serapions-Brüder haben übrigens keine distinkte Vorstellung von diesen Begriffen, wie die Erzählung ‚*Zacharias Werner*' zeigt, in der der dem Wahnsinn überantwortete Dichter zugleich bzw. nacheinander als „Ironiker" und als „Humorist" angesprochen wird (Hoffmann IV, S. 1035f.; vgl. Preisendanz 1963, S. 47–117; Schnell 1989, S. 26–41).

7. Das serapiontische Prinzip

Das serapiontische Prinzip ist vielgestaltig. Es kommt in der mehr als tausend Seiten umfassenden Erzählungs-Sammlung an den verschiedensten Stellen vor, allerdings mit durchaus wechselnden Begründungen. Es ist deshalb in der Forschung auch die Auffassung vertreten worden, dass es sich überhaupt nicht um ein auch nur einigermaßen konsistentes Theorem handelt (vgl. Pfotenhauer 1982). Insbesondere das Postulat des ‚wirklichen Schauens' hat Rätsel aufgegeben, aber auch der Sachverhalt, dass gelegentlich eine Erzählung serapiontisch genannt wird, weil sie eine wahre Geschichte geschickt genutzt habe, weil sie über einen gemütlichen Ton verfüge, weil sie vom Historischen aufsteige ins Phantastische oder weil sie zwischen Ernst und Scherz anmutig wechsle. Die Serapions-Brüder sind eben (wie Hoffmann) keine strengen Theoretiker, sondern Enthusiasten, die das von ihnen formulierte Prinzip häufiger in ihren Hervorbringungen wiedererkennen als von der Sache her geboten. Gleichwohl kann man zwei klar voneinander zu unterscheidende Funktionen des serapiontischen Prinzips benennen. Die eine betrifft die Produktion, die andere die Rezeption der in Rede stehenden Erzählungen (vgl. Japp 1992). Vorab ist zu sagen, dass Hoffmann in den *Serapions-Brüdern* eine Seher-Poetik formuliert, die also als Quelle der Dichtung nicht das Studium betont, sondern das Schauen bzw. den Enthusiasmus. Wie schon erwähnt, wird das serapiontische Prinzip im Anschluss an die Lesung der ‚*Rat Krespel*'-Erzählung statuiert. Es lautet in seiner produktionsästhetischen Formulierung: „Jeder prüfe wohl, ob er auch wirklich das geschaut, was er zu verkünden unternommen, ehe er es wagt laut damit zu werden. Wenigstens strebe jeder recht ernstlich darnach, das Bild, das ihm im Innern aufgegangen recht zu erfassen mit allen seinen Gestalten, Farben, Lichtern und Schatten, und dann, wenn er sich recht entzündet davon fühlt, die Darstellung ins äußere Leben ⟨zu⟩ tragen." (Hoffmann IV, S. 69)

Es kommt also auf das *innere* Schauen an, das keineswegs mit einer realistischen Beobachtungsgabe zu verwechseln ist. Dies wird deutlich, wenn die Freunde befinden, dass *Die Fermate* nicht eigentlich serapiontisch zu nennen sei, weil der Erzähler „Bild und Gestalten die er beschrieben, wohl auch mit leiblichen Augen geschaut" (ebd., S. 92). Man sieht, dass die Freunde bereits zur Dimension der Kritik (bzw. der Rezeption) übergegangen sind. Zugleich wird deutlich, dass das serapiontische Prinzip in dieser verschärften Version nicht zu halten ist, da natürlich immer wieder auch Beobachtungen und Lektüren in die Texte eingehen. Die Freunde verständigen sich deshalb im Verlauf ihrer Gespräche darauf, dass die äußere Welt durchaus zugelassen ist (sogar die Benutzung von Chroniken ist erlaubt!), dass aber das innere Schauen als eine Art Transformator oder Generator des poetischen Prozesses vorauszusetzen sei. Die innere Schau garantiert die Authentizität des Geschauten, die Lebendigkeit und Plastizität der Bilder und Gestalten. Eine weitere Konzession, die die enthusiastischen Poetologen machen, betrifft die Anerkennung der Vernunft, die zwar kein primäres Element des inneren Schauens ist, die aber für den Transfer der Darstellung „ins äußere Leben" eine wichtige oder sogar notwendige Funktion übernimmt. Im Schlussgespräch der Sammlung wird dieser Aspekt prononciert zur Geltung gebracht. Das Hauptproblem des serapiontischen Prinzips besteht allerdings darin, dass es nicht immer funktioniert. Dieser Sachverhalt kann schon an der oben berührten Rezeption der *Fermate* bemerkt werden, denn über den Erzähler heißt es dort, dass er wohl einmal angenommen habe, dass seine Erzählung serapiontisch zu nennen sei. Wenn ihm die Freunde und Zuhörer darin widersprechen, was im Verlauf der Serapions-Abende immer wieder einmal passiert, dann muss es noch ein anderes Kriterium für die Triftigkeit des Serapiontischen geben als das der Selbstprüfung („Jeder prüfe wohl..."). Dieses Kriterium besteht eben in der Überprüfung des Geschauten durch andere. Damit tritt die rezeptionsästhetische Funktion des serapiontischen Prinzips in Kraft. Der Vorgang ist so vorzustellen, dass im Leser oder Zuhörer nur dann authentische Bilder generiert werden, wenn der Autor diese zuvor selbst in seinem Inneren (mit seinen inneren Augen) geschaut hat (vgl. ebd., S. 67). Zwar kann dieser Vorgang nicht dazu beitragen, in jedem Fall das gewünschte Resultat zu erzielen, er kann aber eine Erklärung dafür anbieten, warum es soviel ‚wirkungslose' Literatur in der Welt gibt. Indem nun die Serapions-Brüder sich auf Serapion und seine Sehergabe berufen, geben sie zu verstehen, welche literarische Strategie sie verfolgen wollen: „Der Einsiedler Serapion sei unser Schutzpatron, er lasse seine Sehergabe über uns walten, seiner Regel wollen wir folgen, als getreue Serapions-Brüder!" (ebd., S. 69) Dass sie dabei nicht immer ans Ziel gelangen, ist ein Zeichen für die metaphorische Lebendigkeit und Realistik der *Serapions-Brüder*. Schließlich ist zu berücksichtigen, dass die Referenzfigur des serapiontischen Prinzips ein Wahnsinniger ist, der zwar harmlos in seinen illuminierten Einbildungen und Phantasien vor sich hin lebt, der aber von den Schwierigkeiten, die dem realen Künstler begegnen, nichts weiß. Insofern wissen die Serapions-Brüder, dass das von ihnen formulierte Prinzip einer Ergänzung bedarf (vgl. Pikulik 2004).

8. Erzähler

Wenn man *Die Serapions-Brüder* unter dem Aspekt der Narration, also dem Akt der Hervorbringung der Erzählung, betrachtet, so kann man zunächst einmal zwischen dem Rahmen und den Binnenerzählungen unterscheiden, was in der Forschung ausführlich geschehen ist (vgl. Liedke Konow 1994). Es ergibt sich so eine binäre Struktur, die aber sogleich differenziert werden muss, da ja der Rahmen nicht nur am Anfang und am Ende des Werkes situiert ist, sondern intermittierend zwischen sämtlichen Binnenerzählungen jeweils wieder aufgegriffen wird, so dass genau genommen nicht von *einem* Rahmen zu sprechen ist, sondern von einer Kette oder einer Reihe von Erzählelementen. Mit den Figuren der Rahmenhandlung verhält es sich so, dass sie in den Binnenerzählungen ihrerseits zu Erzählern werden, zum Teil so, dass sie in ihrer Erzählung vorkommen, zum Teil so, dass sie in ihrer Geschichte nicht vorkommen (vgl. Genette 1994, S. 174ff.). Ein Erzähler, der in seiner Erzählung vorkommt, ist z.B. Theodor, der die ‚*Rat Krespel*'-Geschichte erzählt. Ein Erzähler, der nicht in seiner Erzählung vorkommt, ist z.B. Sylvester, der die *Fräulein von Scuderi*-Geschichte erzählt, was sich allerdings bei einer historischen Erzählung von selbst versteht. So verhält es sich im Großen und Ganzen. Es gibt aber noch einen Erzähler, der weder in der Rahmenhandlung noch in den Binnenerzählungen vorkommt. Dies ist der auktoriale Erzähler oder Erzähler mit Null-Fokalisierung, der sowohl die Rahmenhandlung als auch die Binnenerzählungen verantwortet, ohne in beiden vorzukommen, obwohl er sich fortwährend mit schmeichelhaften Anreden an den Leser wendet. Ein Erzähler kommt aber – narratologisch gesehen – nur dann in (s)einer Erzählung vor, wenn er als Figur in der erzählten Welt anzutreffen ist, wie es auf Theodor in der ‚*Krespel*'-Erzählung zutrifft, nicht aber auf den Erzähler der *Serapions-Brüder*. Bislang unterscheiden wir drei Ebenen (Erzähler, Rahmenhandlung, Binnenerzählungen). Betrachten wir die Binnenerzählungen, so ergibt sich, dass wir noch eine vierte Ebene, die zudem in sich abermals pluralisiert ist, anzunehmen haben, da in den Binnenerzählungen weitere Erzähler auftreten, was auf einfachere oder komplexere Weise geschehen kann. Ein relativ einfacher Fall ist mit der *Rat Krespel*-Geschichte gegeben, da diese von Theodor erzählt wird, während der Rat *in* Theodors Erzählung diesem seine Lebensgeschichte erzählt. Komplizierter verhält es sich mit der *Fräulein von Scuderi*-Erzählung. Diese wird von Sylvester erzählt, allerdings so, dass in seiner Erzählung Brusson, Cardillac, ein Anonymus und die Scuderi weitere Geschichten erzählen. Die Rahmenerzählung fungiert hier als die Erzählung erster Ordnung, in die mehrere Erzählungen zweiter Ordnung eingelagert sind. Wir deuten mit diesen knappen Bemerkungen auf Hoffmanns narrative Strategien, die als solche nicht aus dem Rahmen des Gewöhnlichen fallen, die aber durch den Grad ihrer Komplizierung doch an das Verschachtelungsprinzip der romantischen Prosa und, wenn man so will, auch an eine formale Variation der Arabeske erinnern. Hoffmann ist allerdings in dieser Sache noch einen Schritt weitergegangen, indem er in seinen serapiontischen Erzählungen Erzähler zweiter Ordnung installiert hat, die ihrerseits im Stil des serapiontischen Prinzips zu erzählen vermögen: „Der König, hingerissen von der Gewalt des lebendigsten Lebens, das in der Scuderi Rede glühte" (Hoffmann IV, S. 847).

9. Wirkung

Es erschienen bereits zu Hoffmanns Lebzeiten mehrere Rezensionen der *Serapions-Brüder*. Eine ausgewogene Besprechung, die weder mit Lob noch mit Tadel zurückhält, wurde von Friedrich Gottlob Wetzel 1819 in den *Heidelberger Jahrbüchern der Litteratur* veröffentlicht (Hoffmann IV, Kommentar, S. 1251). Wetzel bestätigt, dass die Sammlung „ächt serapiontisch" sei, er hebt insbesondere die Vielfalt der Formen hervor, vermisst allerdings „Ruhe" und „Maß" (vgl. *Heidelberger Jahrbücher* (1819), S. 1214f.). Die dezidierteste Kritik stammt von Ludwig Börne, der in seiner Zeitschrift *Die Wage* das serapiontische Prinzip *in toto* verworfen hat, mit dem Argument, ein Seher sei ein verzückter oder verrückter Geist, zu dem man entweder nicht hinaufsteigen könne oder nicht hinabsteigen wolle. Entsprechend verfehlt seien die Erzählungen (vgl. *Die Wage* (1818), S. 343). Eine direkte Anknüpfung an Hoffmanns Opus haben die russischen Schriftsteller um Konstantin Fedin und Lev Lunc unternommen, die 1921 in Petrograd die ‚neuen' Serapionsbrüder ins Leben riefen. Nicht ohne Ironie bezeichnen sie sich gerade deshalb als Schüler E.T.A. Hoffmanns, weil sie keine „bestimmte Richtung" vertreten wollen (Lunc 1963, S. 7). Letztlich ist es die gegen den Dogmatismus ausgespielte Vielfalt, die zur Identifikation einlädt. Zahlreiche Wirkungen gingen von einzelnen Erzählungen, unabhängig vom Rahmen, aus. Die wirkungsmächtigste Erzählung dürfte dabei *Das Fräulein von Scuderi* sein, die die verschiedensten Übersetzungen, Nachdichtungen, Dramatisierungen und Veroperungen veranlasst hat (vgl. Gorski 1980). Überhaupt ist die Zahl der Opern, denen ein Text oder Textfragment aus den *Serapions-Brüdern* zugrunde liegt, bemerkenswert, denke man hierbei an Jacques Offenbach, Richard Wagner, Ferrucio Busoni oder Paul Hindemith.

(Uwe Japp)

Rat Krespel

1. Entstehung und Textüberlieferung

Die in das Rahmengespräch der *Serapions-Brüder* eingeflochtene Geschichte vom *Rat Krespel* erschien zuerst Ende 1817 als *Ein Brief von Hoffmann an Herrn Baron de la Motte Fouqué* in Fouqués Frauentaschenbuch für das Jahr 1818 bei Johann Leonhard Schrag in Nürnberg. Der Brief, datiert vom 22. September 1816, enthielt die Mitteilung an Fouqué, diesmal für das in Vorbereitung befindliche Frauentaschenbuch keinen Beitrag liefern zu können – Hoffmann hatte im Jahr zuvor *Die Fermate* beigesteuert – und reflektierte auf launige Weise die Schwierigkeiten eines gefragten Autors, unter Zeitdruck mit einem guten Einfall und auf angemessenem schriftstellerischen Niveau eine Erzählung schreiben zu müssen. Erst im „Postscriptum" teilte Hoffmann mit, dass ihm, nachdem er diese Absage zu Papier gebracht habe, zwei Gestalten vor Augen getreten seien, „Antonie" und ein „gewisses neckendes, hohnlächelndes Teufelchen" (Hoffmann IV, S. 1272), in welchem er alsbald den „Rath Krespel" erkannt habe; nun folgen die bekannte Geschichte vom Geige spielenden Krespel und seiner Tochter Antonie, die nicht singen darf, und zuletzt noch ein *„Postscripti postscriptum"*, in welchem Hoffmann Fouqué fragt, ob nicht einfach dieser Brief „in der jetzigen Gestalt" (ebd., S. 1273) gedruckt werden könne? Da es für das Taschenbuch 1817 (das Ende 1816 herauskommen sollte) bereits zu spät war, erschien der Entschuldigungsbrief samt beider Postskripta im Taschenbuch des darauffolgenden Jahres.

Im Februar 1818 griff Hoffmann den Vorschlag des Berliner Verlegers Georg Reimer auf, seine in Almanachen und Zeitschriften verstreuten Erzählungen zu sammeln und in Buchform herauszugeben; die soeben erschienene Geschichte vom *Rat Krespel* integrierte er, redaktionell leicht überarbeitet, in die Einleitung der Sammlung: Sie stellt also auch in diesem neuen Kontext keine ‚selbständige' Erzählung dar. Dem wahnsinnigen Serapion steht nun beim ersten Zusammentreffen der Serapionsbrüder der „grauenhafte" (ebd., S. 64) Krespel gegenüber. Da der ursprüngliche Briefrahmen mit der Darstellung der poetologischen Entstehung der beiden Hauptfiguren fehlt, geriet *Rat Krespel* zu einer „der rätselhaftesten Geschichten" Hoffmanns (Hoffmann IV, Kommentar, S. 1277), die zahlreiche Deutungen erfahren hat.

2. Ansätze der Forschung

Ältere Interpretationen betonten zumeist den Zwiespalt zwischen den beiden „Daseinsbereichen Künstlertum und Bürgertum", in den Krespel wie alle „anderen Hoffmannschen Künstlergestalten" gerate (Vitt-Maucher 1972, S. 53), oder sahen ihn als Künstler unter der „Maske des harmlosen Sonderlings" (Meyer 1963, S. 110). Dagegen wäre jedoch zu bedenken, dass (in der Fassung der *Serapions-Brüder*) Krespel in den ersten Sätzen als „gelehrter gewandter Jurist und als tüchtiger Diplomatiker" (Hoffmann IV, S. 39) eingeführt wird, als sogar berühmter und erfolgreicher Bürger mithin, und noch in dem nachfolgenden Gespräch der Serapionsbrüder fehlt jeder Hinweis auf einen ‚Künstler' Krespel, wenn Lothar genug hat von dem „Baumeister, Diplomatiker und Instrumentenmacher, den wir hiermit der Vergessenheit übergeben wollen." (ebd., S. 65)

Neuere Interpretationen rückten die (vermeintlich) inzestuöse Konstellation zwischen Vater und Tochter in den Vordergrund (vgl. McGlathery 1978) oder suchten sie psychoanalytisch zu deuten (vgl. Würker 1993); auch eine vermeintlich ‚musikalische' bzw. an Gestaltungsformen der Musik angelehnte Erzählstruktur glaubte man entdecken zu können (vgl. Wittkowski 1978) bzw. sah in der Figur von Krespel selbst die „Inkarnation von Dissonanz" (Neymeyr 2003, S. 80). Eine interessante Spur verfolgte Haase, als er dem mutmaßlichen realen Vorbild für Krespel, dem preußischen Geheimen Postrat Carl Pistor (1778–1847), nachging, von dem Hoffmann über Clemens Brentano, der eine Zeitlang in Pistors Haus gewohnt hatte, gehört haben dürfte, wenn er ihn nicht sogar persönlich gekannt haben sollte (vgl. Haase 1987). Pistor spielte Violine, war mit einer Sängerin namens Lotte Henseler verheiratet, von sanguinischem Temperament, betrieb eine Feinmechanikerwerkstatt und zerlegte dort auf der Suche nach ihrem akustischen Geheimnis auch eine alte Amati-Geige. Nach Haase soll Pistor, als Postrat für das Nachrichtenwesen in Preußen zuständig, mit der Forschung an nichtelektrischer Nachrichtenübermittlung befasst und daher an akustischen Fragestellungen interessiert gewesen sein, insbesondere derjenigen, auf künstlichem Wege die menschliche Stimme zu erzeugen. Hoffmann habe mit seiner Geschichte auf literarischem Felde die Vorstellung einer künstlichen Stimmerzeugung bekämpft, indem er Krespels Versuche, mit einer Violine die Stimme Antoniens zu imitieren, scheitern ließ: „Krespels Tod als Nachrichtentechniker ist seine Geburt zum Autor" (ebd., S. 64).

Brandstetter hat die Geschichte vom *Rat Krespel* in ihrem musikalischen Gehalt genauer untersucht und dabei zeigen können, dass die Beschreibung von Antoniens Gesang mit instrumentalen, die von Krespels Violinspiel mit vokalen Metaphern und Vergleichen erfolge, die verwendete Beschreibungssprache aber auf einen ganz anderen Klangerzeuger hinweise, nämlich die Glasharmonika (vgl. Brandstetter 1988): Dieses zu Hoffmanns Zeiten viel Aufsehen erregende und lebhafte, auch medizinische Debatten auslösende Instrument wurde unter anderem von Franz Anton Mesmer, dem Begründer des Magnetismus, und von Christoph Willibald Gluck, dem von Hoffmann so bewunderten Komponisten, gespielt. Daher betrachte Krespel die eine besondere Geige, auf der er für Antonie zu spielen pflegt, als „Somnambule" in seines, des „Magnetiseur[s]", Armen (Hoffmann IV, S. 48). Die Substitution von Stimme und Instrument habe zunächst den Konflikt zwischen Stimme und Instrument (in der unglücklichen Ehe des Geigers Krespel mit der Sängerin Angela) abgelöst – Krespel spiele nun Violine anstelle des Gesangs Antoniens, die daher ausrufen kann: „Ach das bin ich ja – ich singe ja wieder." (ebd., S. 63) Schließlich, nach dem Tode Antoniens und der Selbstzerstörung jener besonderen Geige, die ihr mit ins Grab gelegt wurde, werde das Violinspielen seinerseits substituiert durch das dem Rat nun möglich werdende Erzählen. Die Sängerin musste demnach erst verstummen und dann sterben, um zur Muse des Dichters zu werden.

3. Zum musikalischen Gehalt von *Rat Krespel*

Im Brief an Fouqué geht der ‚Erfindung' Antoniens ein eigenartiges akustisches Ereignis voraus: „Es war tiefe Abenddämmerung geworden, und mochte es sein, daß der durch das Fenster hineinströmende Abendwind über den offen stehenden Flügel hineingestreift, oder daß ein flatternder Sommervogel die Saiten berührt hatte – genug, ein klarer Ton, wie aus weiblicher Brust hervorgehaucht, ging lang und leise verhallend durch das Zimmer. Ich hielt den Athem an, um das Verschweben des wunderbaren Lautes recht deutlich zu vernehmen, und da war es mir, als sei es die Stimme einer mir wohlbekannten Sängerin" (ebd., S. 1272).

Dies ist der Dreh- und Angelpunkt für ein musikalisches Verständnis der Erzählung. Doch bevor das näher gezeigt wird, seien ein paar Fragen aus der Sicht eines Musikers aufgeworfen: (1) Weshalb spielt Antonie, wenn sie nicht mehr singen darf, nicht selbst ein ‚Ersatzinstrument'? (2) Weshalb, wenn Krespel an ihrer Stelle musiziert, singt er nicht? (3) Weshalb muss es überhaupt um eine Violine gehen, und (4) warum muss Krespel Violinen zerlegen? Ist ihr Korpus nicht hohl? Was sollte in einem hohlen

Korpus zu finden sein? ‚Ton' heißt für einen Musiker der Hoffmannzeit zugleich ‚Tonart' (der Sprachgebrauch rührt von den alten Kirchentonarten, den Modi, her, die auch als erster bis achter ‚Ton' klassifiziert wurden). Wenn Hoffmann als Komponist für ein Musikstück eine Tonart (einen Ton) zu wählen hatte, nutzte er gerne den Umstand aus, dass die Anfangsbuchstaben des Alphabets zugleich Tonbuchstaben sind (*a-b-c-d-e-f-g-h*), wählte also zum Beispiel für die Arie eines *Enrico E*-Dur, für einen Chorsatz *Heysa-hu h*-Moll etc. Wenn man dies weiß, ist klar, was für ein seltsamer Ton durch das Zimmer klang, in dem Hoffmann gerade seine Absage an Fouqué verfasst hatte: ein *A*, denn aus genau diesem Ton geht im nächsten Satz die Sängerin Antonie – An*Ton*ie, Ton *A* – hervor. Dass dies kein Zufall ist, belegt folgender Umstand. Theodor, der Ich-Erzähler, dem es bei der ersten Begegnung mit Krespel nicht gelingt, diesen zum Violinspiel zu überreden, erhält ein seltsames Geschenk: eingewickelt in ein Stück Papier „ein Achtel-Zoll langes Stückchen einer Quinte, und dabei geschrieben: ‚Von der Quinte, womit der selige Stamitz seine Geige bezogen hatte, als er sein letztes Konzert spielte.'" (ebd., S. 49) Es handelt sich also um ein Stück einer Violinsaite, und die ungewöhnliche Bezeichnung ‚Quinte' deutet darauf hin, dass es um die zweitoberste Saite geht, die eine Quinte tiefer als die erste gestimmt wird – und das ist die *A*-Saite: Der auf Antonie neugierige Ich-Erzähler erhält ersatzweise ein ‚Stück' vom Tone *A*.

Bei einem späteren Besuch gelingt es dem Ich-Erzähler sogar fast, Antonie zum Singen zu veranlassen, weshalb ihn der Rat recht unsanft hinausdrängt und dabei „im kreischenden Tenor ‚Söhnchen – Söhnchen – Söhnchen'" (ebd., S. 50) schreit. Im Erstdruck stand hier noch der Satz „Gott weiß es, Baron! ich glaube fast es war das eingestrichene *As*; greifen Sie es doch nur gleich gefälligst auf Ihrem kleinen zarten Piano, in dem Tone wird Ihnen Krespel's grauliches Wesen recht aufgehen; eigentlich heißt er auch, der Ton nämlich, nicht *As* sondern *Gis*." (Hoffmann IV, Kommentar, S. 1284) Das *As* ist nicht nur ein verzerrtes, ein verstimmtes *A*, sondern der ‚Ton' *As* (bzw. *Gis*), eine für die Violine aus akustischen Gründen unangenehme Tonart – weshalb Fouqué das Klavier zu Hilfe nehmen soll.

Übersehen blieb bislang die unterschiedliche Art und Weise, in der Krespel Violine spielt: In Italien, zu Zeiten seiner Frau Angela, spielte er anders als später in Deutschland für seine Tochter Antonie. Von der besonderen Violine, die Krespel nicht zerstört, sondern dem Spielen für Antonie widmet, heißt es, sie sei ein „sehr merkwürdiges, wunderbares Stück eines unbekannten Meisters, wahrscheinlich aus Tartini's Zeiten." (Hoffmann IV, S. 48) Stellenkommentare begnügen sich hier mit dem Hinweis auf den berühmten italienischen Geiger Giuseppe Tartini und dessen Geigenschule (aus der im Übrigen der Baron von B. in der ebenfalls in den *Serapions-Brüdern* vorkommenden Erzählung hervorging). Tartini war aber mindestens ebenso berühmt als Theoretiker, und zwar wegen seiner akustischen Untersuchungen, die vornehmlich den sogenannten Kombinationstönen galten, die man nach ihm auch ‚Tartinische Töne' nennt. Sie werden gleich im ersten Kapitel seines *Trattato di musica secondo la vera scienza dell' armonia* (1754) behandelt. Dieses eigenartige akustische Phänomen zählte neben den sphärischen Klängen der Glasharmonika und den Klangfiguren Chladnis zu den großen musikalisch-akustischen Wunderrätseln der Hoffmannzeit. Spielt man auf einer Violine beispielsweise die große Sexte *a'-fis"* auf den beiden obersten Saiten, greift also zur leeren *A*-Saite das *fis"* auf der *E*-Saite, erklingt gut hörbar ein tiefes *d*, und da dieses gerade als dritte Saite neben der *A*-Saite liegt, kann man beim Spielen das Mitschwingen der *D*-Saite beobachten. Dies scheint ein einfaches Resonanzphänomen zu sein; doch der Versuch gelingt auch, wenn eine Sexte auf den beiden *untersten* Saiten gegriffen wird: Der nun ebenfalls (allerdings leiser) hörbare dritte Ton ist aber tiefer als die tiefste Violinsaite, er kann eigentlich gar nicht auf der Violine hervorgebracht worden sein, zumal ihm keine resonierende Saite entspricht. Dieser Ton ist ein sogenannter Kombinationston, der als Differenzton erster Ordnung stets zu zwei erklingenden Tönen hinzutritt, allerdings nur unter besonderen Bedingungen gut hörbar ist und in konsonantem Verhältnis zu den Ausgangstönen steht. Die akustischen Bedingungen solcher Kombinationstöne (deren man sich auch im Orgelbau bediente) hatte Tartini untersucht. Das führte ihn auch zu musikalischen Klangfolgen derart geschickt gewählter Doppelgriffe auf der Violine, dass der Eindruck eines Spielens *in Akkorden* entstehen konnte.

Dies vorausgeschickt, sind drei Stellen, an denen Krespels Violinspiel beschrieben wird, von Bedeutung: (a) Antoniens Mutter Angela trifft nach einer ehelichen Auseinandersetzung Krespel beim Violinspiel an und will sich mit ihm versöhnen: „Aber der Rat, *in die Welt seiner Akkorde verstiegen*, geigte fort, daß die Wände widerhallten" (Hoffmann IV, S. 57; Hervorhebung WK). Als er noch um sie geworben hatte, gewann er sie (b) durch sein „keckes und dabei höchst ausdrucksvolles Violinspiel" (ebd., S. 56). Demgegenüber erklärt er später in Gegenwart von Antonie dem Ich-Erzähler, der Vortrag der alten Meister sei den „großen, wahrhaftigen Sängern" (ebd., S. 50) abgelauscht gewesen, habe sich also nach vokalem Vorbild gestaltet, und wenn er „Antoniens schönste Lieder" spielt (c), klingt seine Violine, als seien die Töne „in der menschlichen Brust erzeugt." (ebd., S. 63) In (a) und (b) spielt Krespel die Violine quasi als autonomes

Instrument nach Art der als führend geltenden Tartini'schen Schule „keck" oder „in Akkorden"; in (c) spielt er kantabel und liedhaft. Man ist versucht zu sagen, er spiele ‚instrumental' und ‚maskulin' in (a) und (b), dagegen ‚vokal' und ‚feminin' in (c).

Relativ eindeutig beantwortet ist damit die obige Frage (4): Die Violine war seit Tartini das Instrument, an dem Fragen der Tonerzeugung, der akustischen Eigenschaften von Tönen und des Primats von vokaler und instrumentaler Musik diskutiert wurden. Im Inneren einer Violine befindet sich überdies ein kaum sichtbares, seinerseits mit einer gewissen Rätselaura umgebenes Bauteil, ein Holzstäbchen, das unterhalb des Steges zwischen Deckel und Boden geklemmt ist; einerseits gleicht es den von den Saiten über den Steg auf den Deckel ausgeübten Druck aus, andererseits hat es entscheidenden Anteil am Resonanzverhalten und damit dem Klang einer Violine: Dieser sogenannte Stimmstock, der, wenn er umfällt, nur mit Mühe und oft nicht ohne Öffnen des Korpus wieder eingesetzt werden kann, beeinflusst bereits bei winzigen Lageveränderungen erheblich den Violinklang; seinetwegen muss Krespel die Geigenkörper öffnen, und daher gerät er auch in gute Laune, wenn er die besondere Position eines Stimmstocks entdecken kann. Dieses Stäbchen heißt aber im Musikerjargon kurz die ‚Stimme', und deshalb kann die Violine die Stimme eines Menschen nicht nur klanglich, sondern auch wörtlich substituieren.

Es fällt auf, dass in der Geschichte vom Rat Krespel Antonie und Angela, die Frauen, singen, während Krespel, der Mann, ein Instrument spielt und obendrein eine hässliche Stimme besitzt. In anderen Erzählungen Hoffmanns finden sich ähnliche Konstellationen: Donna Anna (in *Don Juan*), Bettina (in *Das Sanctus*), Lauretta und Teresina (in *Die Fermate*), Julia (im *Kater Murr*) singen, der Baron von B., der Ich-Erzähler (in *Das Majorat*), Kreisler (in den *Kreisleriana*) und andere Männer spielen ein Instrument, meist das Klavier. Damit scheinen die Fragen (1) und (2) in Richtung auf eine Geschlechterordnung beantwortet zu sein. Aus der Perspektive der gender studies ließe sich, oberflächlich betrachtet, feststellen: Singen, das Organisch-Natürliche, ist weiblich, Instrumentalspiel, das Werkzeughaft-Künstliche, männlich konnotiert. Sogleich wird dann, etwa bei Haase, die ‚Stimme' im *Rat Krespel* zur Stimme der Lacan'schen „Mutter" (Haase 1987, S. 61 ff.), die, im Verborgenen wirkend, die romantische Kunstproduktion in Gang halte. Diese auf den ersten Blick einleuchtende Sichtweise greift aber wohl doch zu kurz und sagt jedenfalls mehr über unsere heutige postfeministische Haltung aus (die sogar, mit McGlathery, im Umriss einer Violine den eines Frauenkörpers wiederzuerkennen glaubt) als über Hoffmanns Intentionen.

An einer der meistzitierten Stellen in Hoffmanns Werken, bei der der Ich-Erzähler sich vom Gesang einer Sopranstimme betören lässt, im Kreislerianum *Ombra adorata*, singt nämlich keine Frau (bzw. bleibt dem Ich-Erzähler, der die Augen geschlossen hält, verborgen, wer tatsächlich singt): Hier singt ein *Mann*, allerdings ein kastrierter: Die Arie stammt von dem bedeutendsten Kastraten des 19. Jahrhunderts, Girolamo Crescentini, der mit dieser Einlagearie 1805 in Wien sogar Napoleon betören konnte und der enthusiastische Kritiken in der von Hoffmann gelesenen *Allgemeinen Musikalischen Zeitung* erhalten hatte; der damals ebenfalls in Wien anwesende Schopenhauer schrieb sogar, dass mit Crescentinis übernatürlich schöner Sopran-Stimme keine „Frauenzimmerstimme" verglichen werden könne (vgl. Ortkemper 1993, S. 334). Es waren auch Männer, die jene alte, fast schon verlorene, von Hoffmann wehmütig beschworene a capella Chor-Musik der Renaissance gesungen hatten, deren Niedergang er mit dem Aufstieg der modernen Instrumental- und Orchestermusik korrelierte (in *Alte und neue Kirchenmusik*); und schließlich war ein Instrument, nämlich ausgerechnet die Glasharmonika, die Domäne reisender Virtuosinnen wie der Engländerin Marianne Davies.

Ganz so eindeutig sind die geschlechtsspezifischen Zuordnungen von Stimme und Instrument also nicht, und die Rätsel der aus dem ‚Nichts' entstehenden Tartini'schen Töne wie die der musikalischen Klangfarbe vermag die Hoffmannzeit nicht deshalb nicht zu lösen, weil die mit inzestuösen Wünschen beschäftigten Mächte des Unbewussten den forschenden Verstand umnebelten, sondern weil diesem die physikalisch-akustischen und die mathematischen Kenntnisse, die erst seit der Mitte des 19. Jahrhunderts gewonnen worden sind, fehlten.

Worum es im *Rat Krespel* in ‚musikalischer' Hinsicht also tatsächlich geht, ist nicht das „Geheimnis" der „Musik" (Hoffmann IV, Kommentar, S. 1277), sondern das des Tones: seiner Entstehung, seiner besonderen Klangfärbung, seiner Wirkung auf die menschliche Psyche sowie seiner künstlichen Erzeugung, und dabei steht besonders die Faszination des *hohen* Tones im Zentrum: Violine, Sopran, Glasharmonika produzieren *hohe* Töne, die stärker zu wirken scheinen und von deren besonderer Ausstrahlung sich Menschen seit je her anstecken ließen, es handle sich um die spanischen Falsettisten in der päpstlichen Kapelle der Renaissance, die *spanioli*, die später durch Kastraten ersetzt wurden, oder um die hohen Soprane und Tenöre in der Oper oder um die hohen (und künstlich manipulierten) Stimmen der Beat-, Rock- und Popsänger unserer Zeit. Die romantischen Spekulationen um instrumentale oder vokale, künstlich oder natürlich erzeugte hohe Töne weisen auf die Erfindung des ersten elektronischen Musikinstruments hin: das von dem russischen Physiker Lew Sergejewitsch Termen entwickelte *Theremin* (1923/24), das mittels zweier Hochfrequenzröhren extrem hohe, außerhalb des menschlichen Hörbereichs liegende Ausgangstöne produziert, deren Kombinationstöne, durch Lautsprecher verstärkt, einen Klang ergeben, der wie eine Mischung aus Violine und Sopran, aus Krespel und Antonie, wirkt (vgl. Keil 2004).

(Werner Keil)

Die Bergwerke zu Falun

1. Entstehung, Quellen und Einflüsse

Hoffmanns Erzählung entstand im Dezember 1818 und wurde vermutlich zur Jahreswende abgeschlossen. Anders als die weiteren Texte der Sammlung, wurden die *Bergwerke zu Falun* eigens für den ersten Band der *Serapions-Brüder* verfasst, der im Frühjahr 1819 erschien (vgl. Steinecke 2004, S. 370). Im Rahmengespräch dieses Bandes kündigt der Serapionsbruder Theodor an, seine Geschichte werde „ein sehr bekanntes und schon bearbeitetes Thema" (Hoffmann IV, S. 208) behandeln. Gemeint ist der Stoff vom Faluner Bergmann, der auf ein historisch verbürgtes Ereignis zurückgeht: In den Kupfergruben der schwedischen Stadt Falun fand man bei einem Durchbruch im Jahr 1719 die Leiche eines Bergmanns, der knapp 50 Jahre zuvor dort verschüttet worden war. Als man ihn nun zutage förderte, nahm der Leichnam zunächst eine steinähnliche Substanz an. Vor allem aber trug der Körper, da vitriolhaltiges Wasser ihn konserviert hatte, keinerlei Verwesungsspuren, so dass der unbekannte Bergmann schließlich von seiner ehemaligen, jetzt hoch im Alter stehenden Braut wiedererkannt wurde.

Die Popularität dieses Stoffs im frühen 19. Jahrhundert verdankt sich einem kurzen Bericht in Gotthilf Heinrich Schuberts *Ansichten von der Nachtseite der Naturwissenschaft* (1808). Wenn Schubert die „Wiedervereinigung dieses seltnen Paares" auch mit einigem Pathos ausschmückt, so gilt sein primäres Interesse den Wechselwirkungen zwischen organischer und anorganischer Materie, für die der versteinerte Bergmann, der durch Einwirkung der Luft am Ende doch zu „einer Art von Asche" zerfällt, ein seltenes Beispiel abgibt (vgl. Schubert 1808, S. 215f.).

Nicht nur Hoffmann zog Schuberts Bericht als Quelle für seine Erzählung heran. Frühere Bearbeitungen finden sich u. a. bei Achim von Arnim (in der Ballade *Des ersten Bergmanns ewige Jugend*, 1808/09) und Johann Peter Hebel, der mit der Kalendergeschichte *Unverhofftes Wiedersehen* (1811) eine viel gerühmte Variante des Stoffs vorlegte. Es ist anzunehmen, dass Hoffmann diese Vorläufer kannte, wenngleich seine umfangreichere Erzählung andere Akzente setzt. Eine Parallele zu Arnim besteht insofern, als auch Hoffmanns Text seinen Schwerpunkt auf die – historisch nicht überlieferte – Vorgeschichte des Unglücks legt. Bei beiden ist zudem das Motiv einer unterirdischen, verlockenden Gesteinskönigin zentral. Entscheidender sind allerdings die intertextuellen Bezüge zu Ludwig Tiecks

Der Runenberg (1802) und Novalis' Roman *Heinrich von Ofterdingen* (1802). Eine Anlehnung an Novalis lässt sich vor allem in Hoffmanns Darstellung des Bergwerks und der Traumsequenzen erkennen, wobei er dem versöhnlichen Bild des *Ofterdingen* deutlich dämonische Züge einschreibt. Mit Tiecks Märchenerzählung teilen die *Bergwerke zu Falun* das Interesse, eine naturmystisch verklärte Bergwelt auf ihre bedrohlichen Schattenseiten und Abgründe zu öffnen.

Um seine Erzählung mit lokalem und fachsprachlichem Kolorit auszustatten, griff Hoffmann auf Reisebeschreibungen von Ernst Moritz Arndt (*Reise durch Schweden im Jahre 1804*, 1806) und Johann Friedrich Ludwig Hausmann (*Reise durch Skandinavien in den Jahren 1806 und 1807*, 1811–1818) zurück. Als historisierend können die *Bergwerke zu Falun* aber nur sehr bedingt gelten, zumal sie die Handlung offenbar näher an die zeitgenössische Gegenwart heranrücken. Insgesamt stehen weniger historische als vielmehr spezifisch narrative und formale Aspekte im Vordergrund, die an die früheren phantastischen Texte Hoffmanns und insbesondere den *Sandmann* anknüpfen (vgl. Kremer 1999a, S. 176f., 180). – Auch wenn damalige Rezensionen mitunter verhalten ausfielen, ist den *Bergwerken zu Falun* eine hohe Wirksamkeit beschieden. Ein literarisches Nachleben fanden sie u. a. in Hugo von Hofmannsthals Drama *Das Bergwerk zu Falun* (1899, posthum 1932 erschienen). Zudem existiert ein Opernentwurf von Richard Wagner *(Die Bergwerke zu Falun*, 1842), der über Stichworte jedoch kaum hinausgeht. Für spätere Texte, wie Robert Musils Novelle *Grigia* (1923) und die sog. *Elis*-Gedichte von Georg Trakl (*An den Knaben Elis* und *Elis*, beide 1913), stehen Einflüsse von Hofmannsthal, Hoffmann und Hebel in der Diskussion (vgl. Gold 1990, S. 113f.).

2. Das romantische Bergwerk

Der Protagonist der *Bergwerke zu Falun*, Elis Fröbom, wird zu Beginn der Erzählung als Seemann eingeführt. Als er mit dem Tod der Mutter seine letzten sozialen Verbindlichkeiten verliert, ereilt ihn das Schicksal zahlreicher romantischer Jünglinge: „Von unbekannter Macht fort getrieben" (Hoffmann IV, S. 216), verlässt Elis die gewohnte Lebenswelt, um in fremden Regionen sein Glück und seine Bestimmung zu suchen. Die Begegnung mit dem Bergmann Torbern sowie ein anschließender Traum veranlassen ihn, sich dem Bergbau zu verschreiben, und seinen Weg in die Tiefen der Erde macht Elis vor allem mit den Abgründen des eigenen Seelenlebens bekannt: Der Macht einer mysteriösen Bergkönigin ergeben, wird er zunehmend von seinem Wahn eingeholt und am Ende durch einen Bergsturz „im Gestein begraben" (ebd., S. 237).

Das Bergwerk, das den romantischen Jüngling mit magischer Gewalt in seine Tiefen zieht, ist auch bei Hoffmann zunächst ein Reich der Metalle, Mineralien und funkelnden Edelsteine. Wie in Novalis' *Ofterdingen* oder Tiecks *Runenberg* öffnen sich dem empfänglichen Gemüt hier die „geheimsten Schatzkammern" (ebd., S. 215) der Natur. Unberührt von aller Zivilisation und Geschichte, hat sich im Innersten der Erde eine Welt erhalten, die nicht weniger als den Urgrund des Lebens repräsentiert. Im Zeichen von Alchemie und Naturphilosophie wird das Bergwerk zu einem allegorischen Topos, dessen Anliegen die zeitgenössische Wirklichkeit des Bergbaus ausdrücklich nicht ist: Es zeichnet sich weder ein wissenschaftlich-technisches Verhältnis zur Natur ab, noch der Schatten einer allmählichen Industrialisierung (vgl. Ziolkowski 1992, S. 29ff.). Auch die Bilder einer unversöhnlichen, ausgebeuteten Natur, die in den *Bergwerken zu Falun* wiederholt erscheinen, sind mit ihrer Höllenmetaphorik einer Jahrhunderte alten Tradition verpflichtet (vgl. ebd., S. 71). Im Zentrum steht bei Hoffmann ein Bergwerk, das sich aus dem romantischen ‚Buch der Natur' her schreibt, das also durch und durch Zeichencharakter trägt, und dessen Edelsteine den Schlüssel zur hieroglyphischen Naturschrift bewahren (vgl. Kremer 1997, S. 74). Konstitutiv für dieses Bild des Bergbaus ist eine Raumsemantik, die sich, angefangen bei dem Dualismus von Oberfläche und Tiefe, über eine Vielzahl von Oppositionen herstellt. Das Berginnere ist dabei nicht als strikte Antithese zur oberirdischen Welt angelegt, sondern vielmehr als deren verdeckte Tiefenstruktur. „[W]ir sehen", schreibt Schubert in seinen *Ansichten*, „die Gestalten der Oberwelt in dem Reich der Metalle noch vollkommener abgespiegelt" (Schubert 1808, S. 200).

Die Unterwelt gewährt somit einen Zugang zu den verborgenen Tiefen von Erdgeschichte und Weltschöpfung. Sie ist jedoch ebenso das Terrain der dem Bewusstsein entzogenen Schichten der Seele. Die tiefen, labyrinthischen Bergschächte stellen ein topologisches Formular bereit, das sich geradezu anbietet, die verworrenen Bahnen der Psyche narrativ in sich auszumessen. Zudem geht die romantische Seelenkunde, in Einklang mit der Naturphilosophie, davon aus, dass sich im Unbewussten des Menschen eine mystische Verbindung zum Innersten der Natur offenbart (vgl. Engel 2002, S. 75). Diesen inneren Naturzusammenhang als friedvolle Einheit zu erfahren, stellt Novalis' *Ofterdingen* dem begabten Künstler in Aussicht. Die Höhlen und Bergwerke eröffnen hier einen Raum der projektiven Innerlichkeit, in dem der verständige Besucher einer unbekannten Natur begegnet, die ihm schließlich das Vermögen einer tiefen Weisheit und dichterischen Befähigung mitteilt. Bei Hoffmann und Tieck durchläuft dieses Bild eine dramatisierte und zugleich kritische Wendung. Einerseits wird die Magie des unterirdischen „Zaubergartens" (Hoffmann IV, S. 215) in den *Bergwerken zu Falun* als Zitat ausgestellt und so in ein stereotypes Licht gestellt. Im Gegenzug wird die imaginäre Dimension dieser Welt umso höher veranschlagt, genauer: ins Wahnhafte gesteigert.

Die höchste Erkenntnis, die den romantischen Jüngling im Bergwerk erwartet, nimmt bei Hoffmann weiterhin einen zentralen Stellenwert ein. Er lässt jedoch vor allem die narzisstischen Implikationen dieses Motivs hervortreten, so dass die Grenzen zum Wahn durchlässig werden. Bereits der alte Bergmann Torbern, der Elis Fröbom in den *Bergwerken zu Falun* für sein Gewerbe gewinnen will, appelliert an die Hybris des jungen Mannes: „[S]o möcht es wohl sein, daß in der tiefsten Teufe bei dem schwachen Schimmer des Grubenlichts des Menschen Auge hellsehender wird, ja daß es endlich [...] in dem wunderbaren Gestein die Abspiegelung dessen zu erkennen vermag, was oben über den Wolken verborgen." (ebd.) In Elis' Traum aber, der unmittelbar auf die Begegnung mit Torbern folgt, zieht sich der Wolkenhimmel über ihm signifikant „auf die Dimension einer Höhle" (Valk 2004, S. 173) zusammen, auf diese Weise all das abschirmend, was darüber sein könnte. Auch hier geht die Erzählung auf Distanz zum frühromantischen Universalitätsanspruch: Es erfolgt nicht die Einsicht in die innersten Gesetze des Universums, sondern eine solipsistische Reise in das eigene Innere, die schließlich zum völligen Realitäts- und Selbstverlust führen wird.

Der Fluchtpunkt dieser Projektionen ist bei Hoffmann und Tieck eine mächtige Gesteinskönigin, die die eminent erotische Dimension des ‚Seelenbergwerks' freilegt. Dem voran geht die traditionsreiche, anthropomorphe Verklärung der ‚Mutter Erde', die im Bild der Bergkönigin eine fantasmatische Verschiebung erfährt. Der Bann dieses abgründigen Verlangens wird bei Hoffmann vorbereitet durch eine Dirne, der sein Protagonist beim Seemannsfest begegnet. Als Angehörige der ungeliebten Alltagswelt wird sie von Elis alsbald wieder von dannen geschickt. Doch ihr „süß Gelispel" hat bereits „recht in sein Inneres hinein geklungen." (Hoffmann IV, S. 211) So ist es kein Zufall, dass Torbern nur wenige Augenblicke später auftaucht. Noch ohne dass die Gesteinskönigin erwähnt würde, kommt seine schillernde Rede von den Bergwerken gerade zur rechten Zeit, um Elis einen ungeahnten Resonanzraum seines einmal entfachten Begehrens aufzuzeigen. Für den Heimatlosen scheint sich hier endlich seine eigentliche „Bestimmung" (ebd., S. 219) zu offenbaren.

3. Unbehaustheit

Der Handlungsraum in *Die Bergwerke zu Falun* ist topographisch überschaubar organisiert. Für den heimatlosen Protagonisten sind im Wesentlichen vier Spielfelder von Bedeutung: Die unbeständige See, die geschäftige, aber als unwirtlich empfundene Handelsstadt Göteborg, die beschauliche Welt der Faluner Bergleute sowie schließlich das Bergwerk als topologisches Zentrum der Erzählung. Diese Felder profilieren sich zwar zunächst in Abgrenzung von den jeweils anderen, zugleich aber sind die attributiven Zuordnungen keineswegs stabil. Nur zum Teil ist dies auf die schwankende Gemütsverfassung des Helden zurückzuführen. Grundsätzlich wird das räumliche Gerüst von anderen Zeichenordnungen überlagert, was sich gerade an Elis' Reise in die Bergwelt beobachten lässt. Die Bewegung vollzieht sich nicht nur im Raum, sondern folgt vielmehr dem System einer elementaren Naturlehre. Diese ist zudem verschränkt mit einer imaginären Ordnung des Traums, deren Schauplätze sich naturgemäß vom Handlungsraum ablösen.

Zu Beginn der Erzählung herrschen klare Verhältnisse: Bei strahlendem Sonnenschein hat sich „alles Volk" (ebd., S. 208) der Stadt im Hafen von Göteborg versammelt, um eine aus Ostindien zurückkehrende Seemannschaft zu empfangen. Einträchtig erfreut man sich am „reichen Gewinn" (ebd.) der Expedition und den blendenden wirtschaftlichen Aussichten für die Stadt. In der Zusammenschau vereint diese Szene eine wogende Lebendigkeit, was die Sphäre der See auch formal mit der des Festlandes bzw. der Handelsstadt harmonisiert. Dem fröhlichen Treiben im Hafen korrespondiert eine spielerische, bezähmte Präsenz von Wind und Wasser; die Weite des offenen Horizonts wird unterdessen mit gebieterischem Kanonendonner und dem Jubel des Volks erfüllt. Kurz darauf geht die Geschäftigkeit der Leute in ausgelassenes Feiern und Tanzen über und just in dem Moment, als Letzteres immer „wilder" und „toller" (ebd., S. 209) wird, lenkt der Erzähler seinen Blick auf Elis Fröbom, der trübsinnig auf einer Bank vor dem Gasthaus sitzt. Für Elis fällt die Heimkehr aufs Festland in eins mit dem Verlust aller Heimstatt, denn nachdem Vater und Brüder schon vor längerem gestorben sind, hat er nun vom Tod der geliebten Mutter erfahren. In ihrem „kleinen Häuschen" (ebd., S. 212) sind bereits Fremde eingezogen, so dass sich endgültig aller Boden entzogen zu haben scheint. Sein Seefahrerdasein, die Erzählung wird ihm darin recht geben, gerät Elis zum Sinnbild eines existenziellen, haltlosen Umhergetriebenseins.

In dem Maße, wie das Tosen des Festes anschwillt, steigert sich seine Verzweiflung, und mit dem Wunsch, „in dem tiefsten Meeresgrunde" (ebd.,

S. 211) begraben zu sein, sehnt sich der Matrose bereits in das Innere der Erde hinein. Sogleich ist ein mysteriöser alter Mann zur Stelle, der Elis in die Geheimnisse des Bergbaus einweiht. Anders als die anmutige Dirne, die ihm die feiernden Kameraden zuvor hinausgeschickt hatten, hat der „Berggeist Torbern [...] leichtes Spiel" (Kremer 1999a, S. 177), den melancholischen Jüngling auf seine Seite zu bringen. Wenn Torbern „von dem unermeßlichen Reichtum der Erzgrube an dem schönsten Gestein" (Hoffmann IV, S. 215) berichtet, so lässt er geläufige romantische Topoi Revue passieren (vgl. Hartmann 1999, S. 64). Seine Beschreibung der Unterwelt ist, ähnlich wie die des Bergmanns in Novalis' *Ofterdingen*, auf eine scharfe Kontrastierung zum oberirdischen Leben bedacht: Der dort waltenden Profitgier stellt er das Ethos der Bergarbeit entgegen, die sich frei weiß von den Zwängen und Nichtigkeiten des Handels. Zudem wird Torbern nicht müde, den jungen Seemann von seiner wesensmäßigen Berufenheit für den Bergbau zu überzeugen, und er kann zufrieden sein, als dieser sich bereits in die Erdtiefen hinein halluziniert. – Nachdem Torbern Elis wieder verlassen hat, ist plötzlich auch der ‚Sturm' der Seemannsfeier zum Erliegen gekommen. In dieser metaphorischen Gleichung auf ein familiär tragisches Schiffsunglück ist es erneut der Vater, der das Nachsehen hat, während dem Sohn „das Leben" jetzt „erst recht aufgehen" soll (Hoffmann IV, S. 211). Er, der kraft väterlicher Bestimmung „von Kindesbeinen an" auf die Seefahrt eingeschworen war (ebd., S. 212, 224), trifft im Bild der Mutter Erde auf eine ganz andere und tiefere Verankerung seines Selbst. Denn „aller Zauber dieser Welt", wie sie ihm der Alte eröffnet hat, scheint „ihm schon zur frühsten Knabenzeit in seltsamen geheimnisvollen Ahnungen aufgegangen" (ebd., S. 216) zu sein. Die Reise in die Bergwerke, die Elis nun antreten wird, gilt somit auch einer hier initiierten, „matrilineare[n] Recodierung" (Kittler 1978, S. 103) seines Schicksals.

Ein nächtlicher Traum vollzieht den Übergang von der See zum Bergbau. Im Flimmern der imaginierten Gesteinswelt nimmt die unbekannte Macht, die Elis umtreibt, erstmals Gestalt an: Erfüllt „von Liebe, Sehnsucht, brünstigem Verlangen" (Hoffmann IV, S. 217) wird er der Bergkönigin gewahr, die ihm zugleich mit der höchsten Lust auch grenzenlosen Schrecken bereitet. Beginnt der Traum mit Verschmelzungsphantasien in einer „sexualisierte[n] Welt des Erdleibes" (Böhme 1988, S. 127), so schlägt er bald darauf in tödliche Bedrohung um. Die „sanfte Stimme" der Mutter sowie „ein holdes junges Weib", das oben an der „Spalte des Gewölbes" (Hoffmann IV, S. 217) erscheint, lassen Elis vergeblich auf Rettung hoffen. Seinen späteren Tod vorwegnehmend, endet der Traum mit der Auflösung seines „Ich [...] in dem glänzenden Gestein." (ebd., S. 218)

In einer für die Erzählung charakteristischen Wiederholungsstruktur wird Elis noch mehrfach von dieser Vision eingeholt. Damit einher geht eine Wahrnehmungstrübung des Protagonisten, die ihm Traum und Wirklichkeit zunehmend ununterscheidbar macht. Noch drei Tage lang läuft Elis, erratisch und von Halluzinationen verfolgt, durch die ihm fremd gewordene Heimatstadt, dann bricht er auf nach Falun. Einen gesicherten, selbstbestimmten Standpunkt wird der Jüngling auch dort nicht finden, „aller Anstrengung" (ebd., S. 227) zum Trotz bleibt er „hin- und hergeworfen" (ebd., S. 218, 230) wie ein Schiff auf stürmischer See. Der allgemeine Orientierungsverlust konkretisiert sich nun in einer libidinösen Zerrissenheit: An einem Pol wartet die engelsgleiche Ulla, am anderen insistiert das dunkle Verlangen nach der Venus im Berg. Auch diese bewährte romantische Konfliktformel lässt keinerlei Zweifel an einem tragischen Ende des Helden aufkommen (vgl. Kremer 1997, S. 111ff.). Vorübergehend weiß sich Elis, einzelne Rückschläge immer wieder „vergessend" (Hoffmann IV, S. 223), dem Leben der Faluner einzuordnen. Letztlich aber bleibt er hier buchstäblich „an der Schwelle stehen" (ebd.). Zwar öffnen sich dem vielversprechenden Jüngling alle Türen fast von selbst, und binnen kurzem sind ihm ein behagliches Heim, eine aussichtsreiche Einstellung und die Hand der schönen Tochter des Bergwerksbesitzers sicher. Die Liebe zu ihr beruht auf einem *Déjà-vu*, denn Ulla war ihm im Traum als – allerdings chancenlose – Retterin erschienen. Elis' Entscheidung, um ihretwillen als Bergmann in Falun zu bleiben, folgt nicht zufällig einem reflexartigen Impuls: Wollte er zuerst vor dem „Höllenschlunde" (ebd., S. 220) der Kupfergrube zurück nach Göteborg fliehen, besinnt er sich beim Anblick von Ulla wiederum auf „seine innerste Neigung [...] zum Bergbau". Mit diesem Bekenntnis, „ganz unwillkürlich" (ebd., S. 224) ausgesprochen, meldet sich jedoch in erster Linie sein erotisches Fantasma zu Wort. Wenn er Ulla als die Retterin liebt, die ihn aus der Traumwelt herausführt, so führt sie ihn umgekehrt, als metonymische Verschiebung der Bergkönigin, auch wieder hinein. Entsprechend machen nun beide Welten ihre unvereinbaren Ansprüche geltend: Die Artikulation des Begehrens bleibt an die „geheimen Zeichen" (ebd., S. 235) der Unterwelt gebunden, und Ulla gegenüber ist Elis außer Stande, seine Liebe auszusprechen: „Es war als verschlösse ihm eine unbekannte Macht mit Gewalt den Mund, als schaue aus seinem Innern heraus das furchtbare Antlitz der Königin, und nenne er ihren Namen, so würde, wie bei dem Anblick des entsetzlichen Medusenhaupts sich alles um ihn her versteinen zum düstern schwarzen Geklüft!" (ebd., S. 234)

Je mehr Elis den Verlust Ullas, seiner Beschützerin, fürchten muss, desto stärker kann sich die Gesteinskönigin seiner bemächtigen (vgl. Seebacher 2000, S. 58). Zwischen den beiden Sphären agiert Torbern – ein Alchemist wie Coppelius im *Sandmann* – als „umtriebige[r] Kuppler" (Kremer 1999a, S. 177), um zugleich die bürgerlichen Ambitionen des Helden als ‚Störer der Liebe' zu durchkreuzen. Mit der Klimax der Handlung verschärft sich zunehmend auch der polare Gegensatz beider Welten, deren dialektische Spannung immer neue Verschiebungen durchläuft. So baut die Erzählung zunehmend Korrespondenzen zwischen den anfangs konträren Figuren Torbern und Elis auf. Offenbar hat auch der untote Torbern, der Sage nach, ein rastloses Leben „ohne Weib und Kind, ja ohne eigentliches Obdach" (Hoffmann IV, S. 229) geführt und sich ganz dem Bergbau überantwortet. Dass sein lang zurückliegender Tod durch einen Bergsturz am Johannistag verursacht wurde, stellt eine von zahlreichen Präfigurationen dar, in die der Text Elis' Schicksal einbindet (vgl. Frank 1989b, S. 35).

4. Die imaginäre Ordnung der Unterwelt

Ein Spezifikum von Hoffmanns Darstellung des Bergwerks ist, dass Elis dieses nicht erst betreten muss, um bereits vollständig darin gefangen zu sein. Radikaler noch als in vergleichbaren Texten ist die zu übertretende Schwelle im Bewusstsein lokalisiert, während die topographische Struktur der Erzählung dem nachgeordnet bleibt. Das Bergwerk in seiner magischen Gestalt ist Elis erstmals schon in der Rede Torberns gegenwärtig. Im darauffolgenden Traum vermengt sich diese Vorlage mit den eigenen Projektionen – hier formiert sich das Bild, das Elis bis zu seinem Tod verfolgen wird. Die „paradiesische[n] Gefilde der herrlichsten Metallbäume und Pflanzen" (Hoffmann IV, S. 232), mit all ihren Freuden und Schrecken, existieren derweil allein in der Einbildung des Helden. Ein nüchternes Gegenbild vertreten die Faluner Bergleute. Als Elis dort zu arbeiten beginnt, versucht er vorläufig wie diese, sein Handwerk mit „Fleiß und Frömmigkeit" (ebd., S. 225) zu verrichten, um sich so vor den Abgründen seiner Traumwelt zu retten. Die übermächtige Projektion indessen trägt mit unerbittlicher Konsequenz den Sieg davon, und erst der Tod im Gestein lässt Fantasie und Wirklichkeit zur Deckung kommen. Innerhalb dieser Erzählstruktur hat das frühromantische Bergwerk nur in den verzerrten Bildern des Wahns einen Ort. Aufschlussreich ist zudem der Beginn dieser wahnhaften Logik: Sie nimmt ihren Ausgang bei einer Engführung von überhitzter Phantasie und der Magie des Wortes, namentlich in der ersten Begegnung Elis' mit dem Bergmann Torbern.

Es erscheint nur stimmig, wenn „der gespenstische Alte" (ebd., S. 234) den Jüngling in der denkbar besten Ausgangslage – trübsinnig, angetrunken und amourös stimuliert – abpasst. Torberns „novalisierende" Bergwerks-Schilderung (vgl. von Matt 1971a, S. 95) verfehlt nicht ihren Zweck, und wenn Elis glauben kann, er „sei schon hinabgefahren [...] in die Tiefe" (Hoffmann IV, S. 215), so verdankt sich dies offenbar der suggestiven Erzählkunst des Alten. Es kehrt den selbstreflexiven Zug von Hoffmanns Erzählung hervor, wenn die Rede des Bergmanns deutlich als eine Ekphrasis ausgewiesen wird, die mit rhetorischen Mitteln zauberische Welten erzeugt – vorausgesetzt, der Adressat trägt das Seine zur Illusionsbildung bei. In einer *mise en abyme* spiegelt die Szene damit das grundlegende Modell literarischer Imagination, die hier im selben Zug fantastisch potenziert wie zugleich auch selbstreflexiv gebrochen wird. Denn der Leser wird an genau dieser Stelle in kritische Distanz zum Geschehen gerückt: Der größte Teil von Torberns Schilderung zieht an ihm schlagwortartig in geraffter, indirekter Rede vorüber; erst wenn die Unterwelt in Elis' Visionen mit Schreckensbildern durchsetzt ist, wird sie auch dem Leser detailliert vor Augen geführt.

Ihre einschlägige Gestalt erhält diese Welt in einem Traum, der einen „figurale[n] Nexus" (Engel 2002, S. 88) des gesamten Erzählverlaufs darstellt. Der Auftakt der Traumszene – Elis auf einem „schönen Schiff" (Hoffmann IV, S. 216) – lässt kurz die Bilder prosperierender Seefahrt vom Beginn der Erzählung anklingen sowie eine Reminiszenz an den Vater, einen seinerzeit tüchtigen Steuermann. Den Sohn allerdings, der sich bald in der Betrachtung des Wasserspiegels verliert, zieht es erneut in die Tiefe des Meeres. Schon in Elis' initialem Blick auf das Wasser bündeln sich zentrale Vorgaben der gesamten Traumlogik, denn deren Triebkraft ist auch weiterhin das eindringliche, projektive Schauen. Zudem überlagern sich im Wasser als Medium von Beginn an die Funktionen des Spiegels und des Prismas, so dass narzisstische Projektion und kristalline Brechung des Blicks zusammenfallen (vgl. Kremer 1999a, S. 177). Der Traum lässt eine Kunstwelt aufblühen, in der alles Gegenständliche „auf wunderbare Weise" (Hoffmann IV, S. 216) im Funkeln und Glitzern des Gesteins zerfließt. Aus dieser Szenerie erwachsen arabeske Figurationen wie die verschlungenen Metallblumen, die zum festen Repertoire des romantischen Bergwerks gehören. Diese sich unentwegt fortzeugenden Gestalten bekunden die lebendige Ureinheit der Natur, in der sich feste und flüssige Materie, Organisches und Anorganisches wechselseitig durchdringen. Gleichermaßen stellen die metallischen Zaubergärten ihre Artifizialität zur Schau: Sie bilden das Emblem eines Kunstverständnisses, das sich in der unterirdischen Metallurgie seiner alchemistischen Erbschaft versichert (vgl. Böhme 1988, S. 104, 126f.).

Hoffmann gibt die emphatische Naturverklärung nicht nur als Zitat zu erkennen, sondern überformt sie zugleich durch eine psychogene Dynamik, die er bis in ihre tödlichen Aporien ausformuliert (vgl. Kremer 1999a, S. 177f.). Der Impuls allen Lebens und Wachstums geht auf den erotisch motivierten Blick zurück, und zielsicher steuert die Dramaturgie des Traums auf das Zentrum der Projektion zu: die Bergkönigin. Als Inbegriff eines Begehrens, das allein der eigenen, narzisstisch-regressiven Fantasie entspringt, ist die Königin sowohl unerreichbar wie in höchstem Maße verinnerlicht. Immerhin kommt es zu einem ekstatischen Liebeserlebnis, als Elis später erneut von seinem Traum heimgesucht wird. Doch ist das Versprechen einer entgrenzten Lust an eine nicht weniger fantasmagorische Angst gekoppelt, die sich in archaischen Bildern einer übermächtigen, bedrohlichen Weiblichkeit manifestiert. Diese Dimension der Erzählung hat nicht wenige psychoanalytische Deutungen auf den Plan gerufen, die vor allem den Zusammenhang von Narzissmus, Begehren und mythischen Mutter-Imagines in den Blick nehmen. Die Chancen und Grenzen einer solchen Lesart sind ganz ähnlich wie in Hoffmanns *Sandmann* gelagert. Einer diagnostischen Reduktion setzen auch *Die Bergwerke zu Falun* ihre semantische Komplexität und Beweglichkeit entgegen. Es ist in dieser Hinsicht bezeichnend, dass Hoffmann die verschiedenen Wirklichkeitsebenen seiner Erzählung zeitweilig unscharf konturiert und damit ineinander übergehen lässt. So ist die notorische Vertauschung von Traum bzw. Wahn und Wirklichkeit zunächst klar an die Perspektive des Helden gebunden; sein allegorisch überdeterminierter Tod, ebenso wie die Fantomgestalt Torbern, scheinen die Wahnvorstellungen indessen zu beglaubigen.

Die Figuration von Elis' Tod sowie die kurze Szene seines ‚Nachlebens' führen die zentralen Fäden der Handlung zusammen, ohne ihre Aporien schlüssig aufzulösen. Das Motiv von Tod und Vergänglichkeit, das die Erzählung von ihrem Beginn an durchzieht, kulminiert in der Wiedervereinigung des jugendlich erhaltenen, versteinerten Elis und seiner Braut, die mittlerweile ein „steinaltes graues Mütterchen auf Krücken" (Hoffmann IV, S. 238) ist. Zwischen den beiden setzt sich eine paradoxe Austauschfigur von Leben und Tod in Gang. Als Ulla seinerzeit am Hochzeitstag vom tödlichen Bergsturz erfuhr, war sie „wie tot nieder" gefallen (ebd., S. 237), doch sie überlebt ihren Bräutigam um jene 50 Jahre, während derer Elis, als bereits Toter, in die Ewigkeit der Gesteinswelt eingeht. Nachdem man seinen Leichnam geborgen hat, wird sein Körper von der irdischen Todesverfallenheit eingeholt – und verlässt doch nicht den alchemistischen

Diskurs. Er zerfällt zu Asche, als „die arme Ulla [...] auf dem Leichnam" (ebd., S. 239) ihr Leben aushaucht. „In der Kopparbergs-Kirche" (ebd.), wo einst die Trauung stattfinden sollte, wird das Paar bestattet – „Tod und Hochzeit, Hochzeit und Tod liegen sich in der Ideenassociation der Natur so nahe, wie in der des Traumes" (Schubert 1814, S. 39).

Die geheime Sprache der Natur ist über die gesamte Erzählung hinweg mit der Selbstreflexion romantischer Poesie und Imagination korreliert (vgl. Böhme 1981, S. 109ff.; Kremer 1999a, S. 179f.). Wenn Elis sich mit Leidenschaft der „bedeutungsvolle[n] Schrift" (Hoffmann IV, S. 235) der Unterwelt hingibt, so spiegelt sich in seiner Nähe zum Wahn ein zentrales Axiom der zeitgenössischen Künstlerproblematik. Die unvermeidliche Diskrepanz zur prosaischen Wirklichkeit wird vom Text etwa dann exponiert, wenn der euphorisierte Elis „die herrlichsten Trappgänge entdeckt", wo die anderen Bergleute „nichts [...] als taubes Gestein" vorfinden (ebd., S. 235). Das entscheidende Requisit ist hier der „kirschrot funkelnde Almandin", auf dem die Königin mit eigener Hand die „Lebenstafel eingegraben" hat (ebd., S. 236). In dieser Lebenstafel, so hat es Elis ein Traum in der Nacht vor der Hochzeit eingegeben, offenbart sich die Einheit des eigenen Lebens mit „dem Herzen der Königin im Mittelpunkt der Erde" (ebd., S. 237), mithin die Quintessenz der narzisstischen Projektion. Am Hochzeitsmorgen fährt Elis allein in die Grube ein, um die Tafel zu bergen. Der tödliche Ausgang dieses „träumerischen Unternehmen[s]" (ebd.) stellt die Abgründigkeit seiner Obsession bloß. Zugleich erfüllt sie die Sehnsucht, mit dem magischen Gestein zu verschmelzen, auch um den Preis, für die anorganische Unsterblichkeit das eigene irdische Leben herzugeben. Das Vitriol, das den Leichnam in der Blüte seiner Jugend konserviert, ist bis in Hoffmanns Zeit auch „eines der wichtigsten Ingredienzien für Tinte" (Kremer 1999a, S. 180); es verbindet mithin den Hinweis auf die materiale Dimension literarischen Schreibens mit jener fantasmatischen, die sich im Topos vom Ewigkeitsstreben des Künstlers artikuliert.

(Alexandra Heimes)

Nußknacker und Mausekönig

1. Entstehung, Gattungsfragen und Rezeption

Vermutlich schon 1815 hatte Hoffmann zusammen mit E.W. Contessa und Friedrich de la Motte Fouqué den Plan zu einem Band mit Kindermärchen gefasst. Als dieser Band über ein Jahr später realisiert wurde, enthielt er je einen Beitrag der drei Autoren: Contessas *Das Gastmahl*, Fouqués *Die kleinen Leute* sowie *Nußknacker und Mausekönig*, Hoffmanns Geschichte von der kleinen Marie Stahlbaum, in der sich märchenhafte Strukturen mit denen einer „Sozialisationsnovelle" (Neumann 1997b, S. 159) verbinden. Nachdem er zunächst offenbar keine Zeit gefunden hatte, verfertigte Hoffmann im Spätherbst 1816 die Niederschrift seines Märchens sowie außerdem sechs Zeichnungen, die er umgehend, am 16. November des Jahres, in Druck gab. Nur wenige Wochen später, und damit vor Weihnachten, kam die Erstausgabe der *Kinder-Mährchen* auf den Markt. Es war nicht zuletzt dieser Terminwunsch, der die Autoren veranlasste, noch kurz vor Drucklegung zu dem Verleger Georg Reimer zu wechseln, der bereits Hoffmanns *Nachtstücke* publiziert hatte. Der Zweitdruck des *Nußknacker*-Märchens erfolgte im ersten Band der *Serapionsbrüder*, der 1819 ebenfalls bei Reimer erschien. Bei der Entscheidung, es an den Schluss dieses ersten Bandes zu stellen, so wie später auch die Märchenerzählung *Das fremde Kind* an den des zweiten, standen offenbar die Erzählsammlungen Goethes und Wackenroders Pate (vgl. Hoffmann IV, Kommentar, S. 1340). Diese Schlussposition wird explizit auch zum Thema im Rahmengespräch der Serapionsbrüder, indem Lothar, als der fiktive Autor des *Nußknackers*, gleich zweimal auf die vergleichsweise helle Stimmung seines „Kindermärchen[s]" (Hoffmann IV, S. 241) und den somit versöhnlichen Ausklang der Erzählfolge hinweist.

Dominiert allerdings wird das Rahmengespräch durch die poetologische Frage, inwiefern hier überhaupt von einem kindgerechten Märchen die Rede sein kann. Zwar greift Hoffmann auf Versatzstücke aus der Tradition des Volksmärchens zurück, von der „Gattung Grimm" (Jolles 1982, S. 219) aber – die Grimmschen *Kinder- und Hausmärchen* waren 1812 und 1815 erschienen – setzt sich der Text dezidiert ab. Weitaus näher steht ihm das Format des europäischen Kunstmärchens und vor allem der französischen *Contes de fées* (vgl. Kremer 1999a, S. 89ff.). Die ausgefeilte Komposition des *Nußknackers* sowie die Verschränkung des Fantastischen mit Elementen der Gewalt und des Unheimlichen weisen ihn als exemplarisch für die (spät-)romantische Adaption des Kunstmärchens aus, die hier zudem mit novellistischen Erzählmustern versetzt wird (vgl. Neumann 1997b, S. 146). Während er Theodor im Rahmengespräch bezweifeln lässt, dass die formale Komplexion des Textes dem kindlichen Gemüt eingängig sei, hält Hoffmann gleichwohl an seiner Gattungsbezeichnung fest. Dies nicht nur aufgrund der scheinbar unbedarften Wahrnehmungs- und Handlungslogik, die der Erzählung eingeschrieben ist, sondern auch als Rezipienten, so wird es Lothar in den Mund gelegt, werden „lebhafte fantasiereiche Kinder" mit ihrer Empfänglichkeit für das Wunderbare „für meine kompetenten Kunstrichter" anerkannt (Hoffmann IV, S. 306). In diesem Sinne adressiert das Märchen immer wieder ausdrücklich eine kindliche Leserschaft, die stellvertretend zumeist mit Marie und Fritz, d. h. mit den Namen der fiktiven Geschwister Stahlbaum, angesprochen werden. Es handelt sich dabei zugleich um die Namen der beiden jüngeren Kinder von Hoffmanns Freund und Biographen Julius Eduard Hitzig, für die, Hitzigs Lebensbericht zufolge, der *Nußknacker* seinerzeit geschrieben wurde (vgl. Hoffmann IV, Kommentar, S. 1341ff.). Der Aufbau und die Handlungsführung des Märchens lassen jedoch keinen Zweifel daran, dass sein Autor gleichermaßen auf ein erwachsenes Publikum zählt. Darüber hinaus verliert sich der Text keineswegs in einer verklärenden Apotheose der Kindheit, sondern leuchtet mit psychologischem Scharfsinn vor allem auch die Nachtseiten dieses vermeintlichen Paradieses aus. Das wunderbare Geschehen, das der siebenjährigen Protagonistin im Gefolge des Weihnachtsabends widerfährt, ist entsprechend von alptraumhaften Schrecken durchzogen, die sich zu einem angstbesetzten Szenario kindlicher Sozialisation verdichten.

Literarische Vorlagen oder Quellen für Hoffmanns Märchen existieren zumindest im strengen Sinne nicht. Wohl aber unterhält es weit gestreute intertextuelle Bezüge, die mit einer nicht nur für Hoffmann, sondern für das romantische Kunstmärchen generell bezeichnenden Ironie in den Erzähltext verwoben werden. Als einer der wichtigsten Bezugstexte kann Gozzis Drama *Turandot* (1762) gelten, insofern auch dort das Verhältnis der Geschlechter zueinander über das Motiv zu knackender Nüsse sowie über die Leitopposition von Schönheit und Hässlichkeit ausgehandelt wird (vgl. Neumann 1997b, S. 151f.). Zudem korrespondiert das Weihnachtsgeschehen bei Hoffmann mit dem Beginn von Goethes Roman *Wilhelm Meisters Lehrjahre* (1795/96), um vor dieser Folie den humanistischen Perfektibilitätsgedanken zu unterlaufen. Im Hinblick auf das Motiv der Schlacht, die Hoffmann zwischen der Armee der Spielzeuge und jener des Mäusekönigs stattfinden lässt, hat man auf die mögliche Vorläuferschaft von Mme d'Aulnoys Märchen *La chatte blanche* verwiesen, in dem Katzen und Ratten zu einer Seeschlacht gegeneinander antreten (vgl. Zeller 1993, S. 62). Einen weiteren Resonanzraum des Märchens eröffnen die eher punktuellen Anspielungen und Zitate – so etwa aus Shakespeares *King Richard III.* –, die als spielerische Einsprengsel zum ironischen Unterton des Märchens beitragen; darüber hinaus impliziert sein Geschehen eine politische Metaphorik, die sich allusiv auf die zeitgenössische restaurative Entwicklung Preußens bezieht (vgl. Triebel 2003, S. 102ff.).

Entgegen seiner späteren Popularität nahm die allgemeine Rezeption des *Nußknackers* zunächst einen sehr verhaltenen Anfang. Vor allem bei der Erstpublikation in den *Kinder-Mährchen* schenkte ihm die zeitgenössische Kritik entweder gar keine Beachtung, oder sie geißelte die als inadäquat empfundene Gattungszuordnung, als deren Maßstab man stets die Grimm'schen *Kinder- und Hausmärchen* heranzog. Auch hinsichtlich seiner literarischen Wirkungsgeschichte erreichte der *Nußknacker* nicht den Erfolg des *Goldenen Topfes* oder des *Sandmanns*. Die zahlreichen Neuauflagen, Übersetzungen und die beachtliche Anzahl neuer Illustrationen belegen gleichwohl die starke Verbreitung des Textes. Nicht unwesentlich zu seiner Bekanntheit beigetragen hat Peter Tschaikowskys Ballett *Der Nußknacker* von 1892, dessen Libretto allerdings nicht direkt auf Hoffmann zurückgeht, sondern auf eine freie Übersetzung von Alexandre Dumas d.Ä., die dieser als *Histoire d'un casse-noisette* 1845 unter seinem eigenen Namen publiziert hatte (vgl. Brandstetter 1997, S. 163). Die wissenschaftliche Forschung hat den *Nußknacker* vornehmlich im Kontext von Hoffmanns gesamter Märchendichtung untersucht, wobei seine Attraktivität auch in diesem Feld zumeist durch den *Goldenen Topf* überstrahlt wird (vgl. Kremer 1999a, S. 91f.). Eingehende und detaillierte Analysen des *Nußknackers*, die zugleich auch dessen eigenständige und keineswegs unterlegene Qualität dem *Goldenen Topf* gegenüber aufzeigen, sind erst in jüngerer Zeit erschienen (vgl. Küchler-Sakellariou 1989; Neumann 1997b; Kremer 1999a, S. 89ff.).

2. Weihnachten bei Familie Stahlbaum

Hoffmanns Märchen beginnt mit einer realistischen Exposition, die den Leser gleich in den ersten zwei Sätzen genau über Ort und Zeit informiert: Man befindet sich am Heiligabend, kurz vor der Bescherung, in der bürgerlichen Wohnung des Medizinalrats Stahlbaum und seiner Familie. Als zentrale Figuren werden zunächst die Geschwister Fritz und Marie eingeführt, deren kindliche, erwartungsvoll gespannte Perspektive auch die erzählerische Darstellung in weiten Teilen bestimmt. Zugleich markiert diese Anfangsszene den Auftakt einer verschachtelten, in sich verzweigten Rahmungsstruktur, die das fantastische Geschehen des Textes nicht jenseits des Alltags ansiedelt, sondern es, initiiert durch das Weihnachtsfest, buchstäblich aus dem Grund der häuslichen Idylle hervorbrechen lässt. Diese Erzählsituation wird nochmals potenziert, wenn zusätzlich zu den fantastischen Abenteuern Maries das dreiteilige Binnenmärchen von der Prinzessin Pirlipat eingelassen wird, so dass die Fiktionsebenen gleichermaßen vervielfacht wie verwirrt werden.

Novellistische und märchenhafte Momente greifen bei dieser Struktur von Beginn an ineinander. Obgleich mitten in der Stadt gelegen, rekurriert die weltferne Abgeschlossenheit der Stahlbaumschen Wohnung, in der sich zumindest das realistische Geschehen des *Nußknackers* ausschließlich abspielt, auf das entlegene Haus als dem traditionellen topologischen Zentrum der Novelle. Dies gilt jedoch unter dem Vorzeichen, dass das herkömmliche Modell der Gattung in der Novellistik um 1800 einen Inversionsprozess durchläuft, der die vormaligen Rahmenfunktionen in den Binnenraum des häuslichen Geschehens transferiert (vgl. Knauer 1997); eine Tendenz, die sich in Hoffmanns Märchen weiter zuspitzt. Augenfällig wird dies in der Eingangssequenz, einer für Novellen typischen Wartezeit, deren Aufbau bereits narrative und temporale Funktionen der Rahmen- und Binnenstruktur in sich zusammenzieht und entsprechend auch den topographischen Raum organisiert: Da ihnen der Zugang zur „Mittelstube" und zumal zum „Prunkzimmer" der Wohnung untersagt wurde, haben die Kinder sich in „einem Winkel des Hinterstübchens zusammengekauert" (Hoffmann IV, S. 241). An diesem Ort, der eingetaucht ist in das Zwielicht der einbrechenden Dämmerung, kommen zugleich auch erste spukhafte Momente auf, so dass sich im begrenzten Schauplatz der Wohnung bereits hier das „Labyrinth von Ahnungen und Träumen" (ebd., S. 240f.) abzeichnet, in dem die fantastischen Szenen beheimatet sind.

Auch die Bescherung setzt an mit einer räumlichen Metapher, der Schwelle, die im Hoffmann'schen Erzählwerk ebenso prominent vertreten ist wie in der Tradition des Märchens. Wenn Fritz und Marie, nachdem sie vor Aufregung zunächst „wie erstarrt auf der Schwelle stehen blieben" (ebd., S. 244), von den Eltern feierlich in das erleuchtete Prunkzimmer geführt werden, so vollzieht sich hier in erster Linie der Übertritt in eine andere Wirklichkeitssphäre, der weniger an die räumliche Bewegung als an eine Verschiebung der Wahrnehmung gebunden ist (vgl. Miller 1975, S. 366ff.). Die Fähigkeit zu einem solchen Blick für das Wunderbare eignet, wie der personale Erzählstil demonstriert, allein den Kindern und wird im weiteren Verlauf ganz der Sensibilität Maries überschrieben – die geschwisterlichen Geister scheiden sich in spätestens dem Moment, als der hölzerne Nussknacker ins Spiel kommt. Denn mit diesem „Übergangsobjekt" (Neumann 1997b, S. 146) stellt sich in der Welt der kindlich-naiven Fantasie eine neue, potenzierte Ebene her, die Marie und in gewisser Weise dem Paten Droßelmeyer vorbehalten ist. Es wäre bei Hoffmann schwerlich zu erwarten, dass er dem Weihnachtsdatum eine genuin religiöse Bedeutung abzugewinnen versuchte. Im *Nußknacker* wie auch im *Meister Floh* figuriert dieses Sujet – darin dem Karneval vergleichbar – als ein zyklisch wiederkehrendes Ereignis, „an dem sich der Alltag, in erster Linie der kindliche Alltag, zu einem phantastischen Fest hin öffnet" (Kremer 1999a, S. 119). Für die Handlungsführung und deren Subtexte gibt die christliche Vorlage gleichwohl entscheidende Impulse vor. Die Feier der Geburt Christi, des symbolischen Sohns und Erlösers, stellt im *Nußknacker* nicht nur einen Höhepunkt im bürgerlichen Familienleben dar, sondern durchzieht in Form von säkularisierten und zumeist ironisierten Versatzstücken den gesamten Erzähltext. Eine Scharnierfunktion kommt hier auch den Geschenken bzw. Spielsachen zu: Dem empfänglichen Blick erscheinen sie „wie von segensreicher Hand berührt" (Hoffmann IV, S. 243), als magische Gegenstände, die von der Alltagssphäre in das Reich der Imagination überleiten. Der Duplizität von Hoffmanns Erzählwelt entsprechend, gehören diese Dinge jedoch gleichermaßen auch der alltäglichen Ordnung an. In diesem Sinne manifestiert sich in den Weihnachtsgaben ein Erziehungsprogramm, das die Kinder spielerisch in geschlechtsspezifische Rollenmuster einübt – während der raubeinige Fritz sich in simulierten Kriegskämpfen ergeht, erfreut sich die kleine Marie an Kleidern und Puppen. Besiegelt wird diese Ordnung durch den Glasschrank, der zur Aufbewahrung des Spielzeugs bei „Medizinalrats in der Wohnstube" (ebd., S. 251) thront. Mit seiner strengen Einteilung, die den Automaten, Soldaten, Bilderbüchern und Puppen der Kinder je eigene Fächer zuweist, archiviert und überwacht der Schrank die vorgesehenen Sozialisationsmodelle, so lange jedenfalls, bis der Nussknacker hinzutritt und das Inventar des Schranks zu eigenem Leben erweckt wird.

Der Nussknacker, als das entscheidende Requisit des Märchens, wird erst zuletzt von Marie auf dem Gabentisch entdeckt. Nachdem das mechanische Miniaturschloss des Paten schnell seinen Reiz für die Kinder verloren hat, ist es ausgerechnet diese unscheinbare und durchaus hässliche Holzfigur, die vor allem Maries Aufmerksamkeit bannt. Schon „auf den ersten Blick" (ebd., S. 248) entdeckt Marie im Nussknacker, gleichsam durch seine hölzerne Schale hindurch, einen liebenswürdigen, ihr ebenso befremdlich wie vertraut erscheinenden Kavalier. In der ausgiebigen Betrachtung träumt sie sich allmählich ihr männliches Idealbild zusammen, als eine Mädchenphantasie, wie sie im Schoß der bürgerlichen Kleinfamilie gedeiht und mit Droßelmeyer, dem Paten und Freund der Familie, als beständiger Vergleichsgröße. Derart rückt die Szene in die Nähe jener *Déjà-vu*-Begegnungen, die in der romantischen Literatur paradigmatisch das Aufflammen der Liebe markieren. Die in ihnen wirksamen metonymischen Verkettungen lassen im vorliegenden Fall den Nussknacker zu einem kindlich idealisierten Droßelmeyer werden, während der Pate seinerseits, ähnlich wie Coppelius im *Sandmann*, zwischen Kuppler- und verschobener Vaterfigur oszilliert.

Mit dem erotischen Subtext sind auch die Attacken verbunden, die bald darauf der Bruder Fritz auf den Nussknacker verübt, als er mit den „größten und härtesten" Nüssen (ebd., S. 249) eine Probe auf dessen Mannhaftigkeit unternimmt. Namentlich verliert der Nussknacker dabei einige seiner Zähne, um anschließend von Marie „wie ein kleines Kind wiegend in den Armen" (ebd., S. 250) gehalten zu werden. So mündet die Bescherungsszene in einem ironisch gebrochenen Weihnachtstableau: Der Nussknacker, dieser „allerliebste kleine Mann" (ebd., S. 248), regrediert zu einem hilflosen Wesen, während sich Marie mit mütterlicher Fürsorge um ihn bemüht. Insofern sie dabei eine Pose einnimmt, die an das Modell der Mutter Gottes, ihrer Namensvetterin, gemahnt, wird hier nicht nur ein Szenario der symbolischen Kastration verhandelt, sondern erneut auch die Geburt des Erlösers aktualisiert. Im Vorgriff auf das spätere Binnenmärchen verknüpft die Szene das Motiv der Liebe mit dem Nexus von symbolischem Tod, Erlösung und Wiedergeburt, wobei die Erlösungsbedürftigkeit bereits an dieser Stelle als eine wechselseitige bzw. komplementäre einsichtig wird. Ihr zugrunde liegen die verschiedenen Konfliktlinien, die sich im Verlauf der ersten Märchenkapitel in die dualistisch geprägte Lebensordnung einzeichnen – als aufbrechende Spannungen im Verhältnis der Geschlechter, des Erwachsen- und Kindseins, der menschlichen und nicht-menschlichen Sphäre usw. Im „Märchen von der harten Nuß" werden diese Bruchstellen erneut aufgegriffen, um sich im Geschehen um die Prinzessin Pirlipat figural zu verdichten. Für die Prinzessin wird es die größte Herausforderung sein, ihren jugendlichen Retter, einen Nussknacker von Profession, trotz seiner Hässlichkeit zu lieben. Der Jüngling seinerseits hat vor allem sein Gebiss unter Beweis zu stellen, indem er zur Erlösung der entstellten Prinzessin die Nuss Krakatuk, als die härteste und geheimnisvollste aller Nüsse, knackt.

3. Initiationsspuk

Dass eine elterliche, in diesem Fall väterliche Weihnachtsgabe eine derart signifikante Position in der Erzählung besetzt, stellt einen dialogischen Bezug zum Beginn von Goethes *Wilhelm Meisters Lehrjahre* (1795/96) her. Der Bildungsweg des jungen Wilhelm nimmt seinen Ausgang bekanntlich bei einem Puppentheater, einem Weihnachtsgeschenk der Mutter, das noch am selben Abend mit einer Aufführung zu eigenem Leben erweckt wird. Dieses Geschenk wird für Wilhelm, ähnlich wie der Nussknacker für Hoffmanns Marie, zum entscheidenden Medium der Initiation in eine bislang unbekannte Welt. Wo jedoch Wilhelms Sozialisation den Weg über das Theater nimmt und, mit all seinen Brüchen, schließlich in der Bildungsutopie des Romans aufgefangen wird, lenkt der *Nußknacker* seinen Fokus auf die traumatischen Dimensionen dieses Prozesses. Zudem stehen bei Hoffmann eine weibliche Protagonistin sowie eine sehr begrenzte Zeitspanne im Mittelpunkt, die er zur dramatisch ausgemalten Schwellensituation im Übergang von der Kindheit zum Erwachsenwerden verdichtet und dabei nicht allein Geist und Seele des Mädchens, sondern mehr noch den sexuell erwachenden Körper in den Blick nimmt (vgl. Kremer 1999a, S. 89). Es ist bezeichnend, dass Hoffmann diese Passage als eine ausgesprochen krisenhafte Erfahrung in Szene setzt. Denn anders als in der verklärenden Sicht der Frühromantik, erscheinen Kindheit und familiäre Sozialisation bei Hoffmann, und ähnlich auch bei Brentano oder Achim von Arnim, bevorzugt im dämonischen Licht von Angstzuständen und traumatischen Verletzungen. Zwar wird das Ausmaß dieser initialen Beschädigungen im *Nußknacker* weniger fatal gezeichnet als etwa in den *Elixieren des Teufels* oder im *Sandmann*; es ist gleichwohl eine Variation derselben Grundfigur, die auch die Märchennovelle prägt. Sie schreibt dem Geschehen eine psychologische Perspektive ein, die sich jedoch – auch darin gegenläufig zu Goethes *Meister* – kaum auf eine individuell differenzierte Gestaltung der Figuren richtet, sondern vielmehr auf das Walten unbewusster Triebkräfte, die als psychodynamische Substruktur die gesamte Erzählung grundieren.

Ein charakteristischer Auftakt der Hoffmann'schen Initiationen ist die stechende oder schneidende Verletzung (vgl. Küchler-Sakellariou 1989, S. 182f.), hier: eine blutende Wunde am Arm, die sich Marie an der Glasscheibe des ominösen Spielzeugschranks zuzieht. Dies geschieht in dem Moment, als das Mädchen um Mitternacht von einem fantasmagorischen Spuk heimgesucht wird und, während sie vor Schreck das Bewusstsein zu verlieren droht, mit dem Ellbogen das Glas der Schranktür durchstößt. Ein wiederkehrender, „recht stechende[r] Schmerz am linken Arm" (Hoffmann IV, S. 255) ist die Folge, ebenso wie eine signifikante „Blutspur" (Neumann 1997b, S. 142), die von hier aus mit deutlich sexueller Konnotation den labyrinthischen Erzähltext durchzieht. Damit bezeichnet Maries Unfall zugleich einen Einschnitt im kindlich-naiven Erleben, einen Riss in der vertrauten Wahrnehmungsordnung, der im Zersplittern des Glases – als einer „Chiffre der Perspektive" (Kremer 1999a, S. 97) – seinen sinnfälligen Ausdruck findet. Galt der Schrank bislang als das räumliche Emblem der elterlich überwachten Erziehung, so kehrt er nun seine literarisch weithin verbürgte Qualität als Einfallstor des Fantastischen hervor. Diesem Umschlag, einer Dramatisierung des Motivs der Schwellenüberschreitung, liegt abermals die Konfiguration von projektivem Blick und Liebe zugrunde, der eine entsprechende Veränderung in Maries Verhalten vorangeht. Im Verlauf des Weihnachtsabends löst der Nussknacker bei Marie, „selbst wusste sie nicht warum" (Hoffmann IV, S. 252), erste Befangenheiten der Mutter gegenüber und folglich den Wunsch nach Heimlichkeit aus, so dass das Mädchen zu später Stunde noch allein in der Wohnstube bleibt. Im Dämmerlicht redet sie tröstend auf den verletzten Schützling ein, der in dem Moment, als der Name Droßelmeyer fällt, blitzhaft zu eigenem Leben erweckt wird. Auf diesen „Augen-Blick der Animation" (Neumann 1997b, S. 142) reagiert Marie zunächst mit dem Bemühen, sich der vertrauten, aber längst hinfälligen Ordnung zu versichern. Als sie daran geht, einen Platz für „Nußknackerchen" (Hoffmann IV, S. 252) im Spielzeugschrank zu finden, treten angesichts von dessen Fächereinteilung neue Verlegenheiten ein, so dass sie sich letztlich für einen verschämten Kompromiss aus Puppenbett und Armeefach entscheidet. Der Nussknacker jedoch hat in diesem Gefüge prinzipiell keinen Ort; er „trägt gewissermaßen das Ende der Kindheit in den Schrank" (Kremer 1999a, S. 96).

Mit dem Verschließen der Schranktüren wird folgerichtig erst recht jener unheimliche Spuk entfacht, dessen Vorboten Marie bislang zu rationalisieren versuchte. Die vergoldete Eule auf der Wanduhr verwandelt sich in den Paten Droßelmeyer, der die Vorgänge wie ein dämonischer Regisseur zu steuern scheint, während sich rings umher eine lärmende Geräuschkulisse an der Grenze zwischen Laut und sprachlichen Zeichen aufbaut. Parallel dazu hält eine Invasion von Mäusen Einzug in die Stahlbaum'sche Wohnstube, aus deren Fußboden heraus sich schließlich auch der siebenköpfige Mausekönig, als die veritable Inkarnation des Ekels, Bahn bricht. Solchermaßen mit den Abgründen der eigenen Imagination konfrontiert, erliegt Marie dem ersten Anflug von Ohnmacht, in dessen Folge sie sich an der Glastür des Schranks verwundet und dann gänzlich das Bewusstsein verliert. Wenn anschließend zu ihrer Rettung die erste Schlacht zwischen den Spielzeugen – angeführt durch den Nussknacker – und dem Mäusevolk ausgetragen wird, so bleibt dieses Geschehen in der Schwebe zwischen Traum und märchenhafter Fantastik. So sehr es sich vom Alltagsleben abzulösen scheint, so plastisch führt es dessen doppelten Boden vor Augen und setzt die aus der Latenz wirksamen, unbewussten Tiefenstrukturen in ihr Recht. Der Nussknacker, der einerseits unermüdlich zu Maries Rettung ins Feld zieht, hat zugleich auch seinen Platz auf dieser dunklen Seite des narrativen Spektrums. Nachdem das Mäusevolk verjagt und der Spuk fürs erste beendet ist, rundet sich die Szene in einem grotesken Bild der Entjungferung ab. Die Mutter, die Marie noch in derselben Nacht auffindet, berichtet ihr am nächsten Tag: „Da lagst du dicht neben dem Glasschrank ohnmächtig auf der Erde und blutetest sehr" (Hoffmann IV, S. 262), mit den verstreuten, beschädigten Spielzeugen um sich herum. Und weiter: „Nußknacker lag aber auf deinem blutenden Arme und nicht weit von dir dein linker Schuh." (ebd., S. 262f.).

Die schwindelartige Entgrenzung und Aussetzung des Bewusstseins, die Marie im Verlauf der Geschichte wiederholt durchläuft, markieren die Stationen ihrer geschlechtlichen Identitätsbildung ebenso wie eine damit notwendige Umstellung in der symbolischen Ökonomie. Der Sozialisationsprozess macht das Mädchen mit dem kreatürlichen und formlosen Bodensatz bekannt, auf dem die kulturelle Ordnung ebenso wie die Konstitution von Subjektivität aufruhen und der – wie am Zeichenhaft-Werden des zunächst diffusen, spukhaften Rauschens ablesbar (vgl. Neumann 1997b, S. 142) – in Maries Vorstellung überhaupt erst Gestalt annehmen muss. Wenn Hoffmann die Sozialisationsproblematik als geradezu rituell vollzogene Schritte der Initiation in Szene setzt, so sind diese *rites de passage* in einem „Indifferenzbereich von Leben und Tod" (Wellbery 2005, S. 325) angesiedelt, der mit Wiederholungsstrukturen und einer Suspendierung der linearen Zeitmessung einhergeht. Letzteres korrespondiert nicht nur mit der Rolle der Uhren im *Nußknacker* und der Zeitlichkeit des Weihnachtsrituals, sondern schlägt sich zudem in der temporalen Gestaltung des Märchens nieder. Eine spezifische Engführung der Themenfelder klingt indessen auch bereits im Namen der Medizinalratsfamilie Stahlbaum an. Die bildliche Nähe zur glänzenden Weihnachtstanne aus der Bescherungsszene sowie das implizit phallische Konnotat weisen voraus auf die stechenden Verletzungen, aufgrund derer Marie später Blut vergießen wird. Metonymisch verflochten werden diese semantischen Fäden wiederum maßgeblich durch Droßelmeyer, als einer Figur, die gewissermaßen an der Schwelle der Familie positioniert ist. Er ist zum einen derjenige, der – in seiner Eigenschaft als Uhrmacher – in Maries Vorstellung zu Beginn als ‚Uhrendoktor' firmiert, der bei anfälligen Reparaturen allerdings „mit spitzigen Instrumenten in die Uhr hinein [stach], so daß es der kleinen Marie ordentlich wehe tat" (Hoffmann IV, S. 242). Ebenso ist es Droßelmeyers Aufgabe, dem verletzten Nussknacker nach Fritz' Angriffen die notorischen Zähne wieder einzusetzen. Und als Marie aufgrund ihrer Wunde selbst im Krankenbett liegt, tritt der Pate an die Stelle des Chirurgus Wendelstern und erzählt ihr zur Therapie das „Märchen von der harten Nuß".

Sowohl inhaltlich als auch strukturell erfüllt dieses Märchen im Märchen eine zentrale Funktion in Maries Initiationsprozess. Verschoben in ein imaginäres Königreich, greift seine Handlung auf die wesentlichen Elemente der Rahmenerzählung zurück, um das bereits Erzählte zu einer variierten „Umschrift" zu transformieren (vgl. Neumann 1997b, S. 143; Kremer 1999a, S. 99) und hohlspiegelartig auf die fiktive Gegenwart zurückzuwerfen. Jene Ereignisse, die in den Kapiteln zuvor Maries Erlebnishorizont zutiefst verstört haben, werden hier in eine nicht minder fantastische Vorgeschichte eingebettet und derart in einen begreiflichen Zusammenhang gestellt. Mit ihrer Tendenz zur Wiederholung und Variation arbeitet diese Erzählweise dabei weniger einer syntagmatischen Entwicklung zu, als dass sie eine paradigmatische Schichtung von Motiven und Figuren vornimmt, deren Differenzen auf den verschiedenen Narrationsebenen „gleichzeitig gesetzt und durchkreuzt" werden (Wellbery 2005, S. 327). Eben diese Struktur kennzeichnet auch die rituell inszenierte Schwellenerfahrung, die somit nicht nur thematisch im Fadenkreuz des *Nußknackers* steht, sondern maßgeblich auch dessen Erzählprinzip bestimmt. Eine derartige Formalisierung zeigt sich nicht zuletzt am Leitmotiv der räumlichen Schwelle, dessen narrative Funktion hier auf die eines den gesamten Erzählverlauf tragenden Strukturmusters umgestellt wird.

Die Perspektive des Binnenmärchens ist zunächst genealogisch angelegt: So wird etwa die Herkunft des Nussknackers aus der Familie Droßelmeyers nachgezeichnet sowie der Anspruch der Mäusevolks erläutert, mit der Familie des Königs und folglich auch mit der Prinzessin Pirlipat, Maries Identifikationsfigur, verwandt zu sein. Darüber hinaus bereitet die Geschichte ihre Adressatin auf die noch anstehenden Herausforderungen vor. Aus den Schilderungen über die zurückliegenden Entzweiungen und Vorgänge im Königreich wird plausibel, welche Hypotheken der Gegenwart, d. h. Marie, aufgegeben sind. Dies kulminiert in der verwunschenen Existenz des Nussknackers, der nur durch bedingungslose Liebe von seinem Schicksal erlöst werden kann. Denn er wurde, so das Binnenmärchen, durch die Königin des Mäusevolks mit dem Fluch der Hässlichkeit belegt, und zwar in dem Moment, als er die ihrerseits verfluchte Prinzessin durch das Knacken der Nuss Krakatuk befreite. In der Logik der wechselseitigen Rückkopplungen zwischen Rahmen- und Binnenerzählung entsteht daraus eine doppelte Aufgabe für Marie. Nicht nur ist nun sie dem Nussknacker, der sich in seinem Kern sogar als der König des Puppenreichs erweisen wird, die Erlösung schuldig, sie muss zudem ihren Abscheu gegenüber der ekelhaften Welt der Mäuse überwinden, um sich der als heteronom wahrgenommenen Bedrohung stellen zu können. Maries Belohnung fällt reich aus: Nachdem sie dem hölzernen Nussknacker ihre Liebe erklärt und ihn so in einen „hübsche[n] junge[n] Mann" (Hoffmann IV, S. 304) zurückverwandelt hat, folgen Hochzeit und glückliche Regentschaft im Reich der Puppen.

Das versöhnlich-komödiantische Telos der Märchennovelle nimmt ihrer Konstruktion dabei keineswegs den Stachel. Mit ihrem obsessiven Ausleuchten des weiblichen Seelenlebens nimmt die Erzählung ätiologische Züge an und stellt auf diese Weise Parallelen zu Hoffmanns Novelle *Der Magnetiseur* her (vgl. Neumann 1997b, S. 138ff.). Denn der undurchsichtige Droßelmeyer erscheint im *Nußknacker* zwar mitunter als ein verständnisvoller Begleiter Maries, der als einzige Figur aus der Alltagswelt Zugang zu den Fantasmen des Mädchens hat. Zugleich aber rückt ihn sein unheimliches Wissen darüber in die Nähe des Magnetiseurs, der mit spitzen, glühenden Sonden in das Gehirn seiner wehrlosen Probandin fährt. In diesem Sinne stellt auch das „Märchen von der harten Nuß", das Droßelmeyer Marie erzählt, ebenso ein Medium der Heilung dar, wie es auf der anderen Seite das Eindringen des männlichen, sezierenden Blicks in die Mädchenseele und ihre Begehrlichkeiten modelliert: Hier schließt sich der Motivkreis von den „spitzigen Instrumenten" des Uhrmachers Droßelmeyer und seiner therapeutischen Fürsorge Marie gegenüber. Hoffmanns Märchennovelle steht somit in der Fluchtlinie jener Erkundung der weiblichen Begehrensökonomie, die die romantische Literatur wie ein roter Faden durchläuft und die auch im *Nußknacker* – nicht zuletzt durch die parodistischen Züge eines Selbstporträts, die Hoffmann dem Paten Droßelmeyer eingezeichnet hat – in metafiktionalen Reflexionen kommentiert wird.

(Alexandra Heimes)

Doge und Dogaresse

1. Entstehung, Aufbau und Wirkung

Für die konstitutive Bedeutung, die Hoffmann malerischen Genres als Anregung und Gegenstand von Literatur beimaß, kann *Doge und Dogaresse* als eines der einschlägigsten Beispiele gelten. Es verhandelt das gemalte Bild im Zeichen einer serapiontischen Poetik, indem es literarische Imagination an die visuelle Wahrnehmung und deren Stimulationskraft für ein ‚inneres Sehen' koppelt. Die genauen Entstehungsumstände der Erzählung liegen weitgehend im Dunkeln. Soweit rekonstruierbar, wurde sie im Sommer 1817 geschrieben, nachdem Hoffmann im September des Vorjahres das Gemälde *Doge und Dogaresse* (1816) von Karl Wilhelm Colbe in der Berliner Akademie der Künste gesehen hatte. Im *Taschenbuch für das Jahr 1819. Der Liebe und Freundschaft gewidmet* wurde die Erzählung erstmals veröffentlicht, wobei sie scheinbar schon für den Band des vorherigen Jahres geplant, aber nicht rechtzeitig fertig geworden war (vgl. Hoffmann IV, Kommentar, S. 1399). Nach geringfügigen Korrekturen nahm Hoffmann sie zudem in den zweiten Band der *Serapions-Brüder* auf, der im September 1819 erschien. Wie die meisten seiner Almanach-Erzählungen handelt *Doge und Dogaresse* von einem historischen Sujet: Angesiedelt im Venedig der Jahre 1354–55, geht es um die staatspolitischen Fährnisse zur Zeit des Dogen Marino Falieri sowie um das darin verflochtene Schicksal des Jünglings Antonio und seine Liebe zur Gattin des Dogen. Charakteristisch ist zudem die Einbettung dieser Geschichte in eine Rahmenhandlung, die hier unmittelbar zeitgenössisch situiert ist und auf Hoffmanns eigenen Besuch der Berliner Kunstausstellung rekurriert. Kolbes Gemälde fungiert dabei als Scharnier zwischen den Fiktionsebenen, denn um die „tiefere Bedeutung des anmutigen Bildes" (Hoffmann IV, S. 482) im Geiste der Serapiontik zu erklären, wird es in den Raum literarischer Imagination überführt, d. h. in die Binnenerzählung vom Dogen, seiner Frau und ihrem Liebhaber, die zugleich eine „Geschichte über Liebe, Gewalt und Tod" (Neumann 1999, S. 113) ist.

Sein Wissen über die historischen Fakten bezog Hoffmann hauptsächlich aus der *Staatsgeschichte der Republik Venedig, von ihrem Ursprunge bis auf unsere Zeiten* (1769–1777) von Friedrich Johann Le Bret, die in ihrem zweiten Teil ausführlich über Marino Falieri und seine kurze Regentschaft berichtet. Während die Geschichte des Antonio in *Doge und Dogaresse* frei ersonnen ist, lehnt sich die Schilderung des Dogen eng und zuweilen wörtlich an Le Bret an. Im Rahmengespräch der Serapionsbrüder werden zudem die zahlreichen „pittoresken Ansichten von den Straßen und Plätzen Venedigs" (Hoffmann IV, S. 483) genannt, die Ottmar als der fiktive Autor für das lokale Kolorit seiner Erzählung verwendet habe. Diesen historisierenden Grundton von *Doge und Dogaresse* versetzt Hoffmann mit fantastischen Beiklängen, die sich aus den Wissensbeständen der Alchemie und des Mesmerismus speisen. Seine wichtigste Quelle sind hier einmal mehr Gotthilf Heinrich Schuberts *Ansichten von der Nachtseite der Naturwissenschaft* (1808), deren Einfluss sich etwa im Motiv visionärer Sehkraft niederschlägt sowie in der symbolisch untermalten Engführung von Liebe und Tod. Mit dem fantastischen Zug der Erzählung kommt zudem ein zweites Prinzip der Serapiontik zur Geltung: Beruht diese zum einen auf der lebendigen Darstellung eines innerlich geschauten Bildes, so geht dies einher mit der narrativen Doppelstruktur von alltäglicher – hier: historisierender – und fantastischer Wirklichkeit (vgl. Kremer 1999a, S. 166f.).

Besonders die Anfangsszenen von *Doge und Dogaresse* nehmen diese metafiktionale Perspektive in selbstreflexiver Spiegelung wieder auf; danach allerdings verliert der programmatische Ansatz an Konsequenz. So bleibt zwar die Wahrnehmungsproblematik ein strukturbildendes Moment der Erzählung; die anfänglich exponierte Rückbindung an die Malerei aber und die tragende Konstruktion eines Bild-Text-Transfers spielen später kaum noch eine Rolle. Hinzu kommt, dass die Binnengeschichte einen beachtlichen Aufwand betreibt, um verschiedene Handlungsfäden, Gattungstraditionen und hermetische Subtexte zu integrieren, am Ende jedoch einem eher konventionellen Schema verhaftet bleibt. Es hat u. a. mit diesen Asymmetrien zu tun, dass *Doge und Dogaresse* von der zeitgenössischen Kritik nur wenig Beachtung oder sogar Geringschätzung erfuhr; auch im literarischen Raum gab es so gut wie keinen Widerhall. Die wissenschaftliche Forschung hat sich ihrer, wenn überhaupt, meist nur beiläufig angenommen; in jüngerer Zeit aber sind im Zuge eines neuerlichen Interesses an der Korrelierung von Narration und Bildlichkeit eingehende Untersuchungen erschienen (vgl. Dieterle 1988; Klier 1999; Neumann 1999).

2. Bild und Narration

In knappen Worten stellt *Doge und Dogaresse* zu Beginn seinen zentralen Gegenstand vor: das gleichnamige Gemälde von Karl Wilhelm Colbe d.J. (1781–1853). Es wird auch hier, rückverweisend auf die Entstehung der

Erzählung, in der Berliner Akademie-Ausstellung von 1816 lokalisiert, so dass umso mehr der exemplarische Charakter dieser Ausgangssituation für das poetologische Programm hervortritt. Zunächst erfolgt eine sehr summarische Beschreibung des Gemäldes, die sich vor allem für die Figuren und deren Attribute interessiert, kaum aber für die klassizistische Ästhetik des Bildes. Bei aller Kürze werden der Doge und seine Gemahlin bereits hier als potenzielle Handlungsträger mit psychologischen Konturen skizziert, was den Gegensatz zwischen beiden noch forciert und so den Weg zur Binnenerzählung bahnt. Ein signifikantes Bindeglied zwischen Bild und Text stellen zudem die abschließend angeführten Verszeilen dar, die seinerzeit nachweislich in den „goldnen Rahmen" des Gemäldes „eingeschnitzt" (Hoffmann IV, S. 429) waren.

Erst nach diesem Vorspann wird der Ausstellungsraum szenisch belebt. Zwischen den Besuchern entsteht eine Diskussion über die richtige Deutung von Kolbes Gemälde, ein „unnützer Streit" (ebd., S. 430) deswegen, weil er lediglich die Alternative zwischen einer historisch verifizierenden und einer allegorischen Auslegung kennt (vgl. Dieterle 1988, S. 69f.). Ein Fremder, der sich als „Historiker" (Hoffmann IV, S. 431) ausgibt, setzt dem das romantische Primat der Imagination entgegen: „Es ist ein eignes Geheimnis, daß in dem Gemüt des Künstlers oft ein Bild aufgeht, dessen Gestalten, zuvor unkennbare körperlose im leeren Luftraum treibende Nebel, eben in dem Gemüte des Künstlers erst sich zum Leben zu formen und ihre Heimat zu finden scheinen." (ebd., 430) Über den Wirklichkeitsgehalt dieser innerlich geschauten Bilder, sei es die Vergangenheit oder Zukunft betreffend, muss der Künstler sich keineswegs bewusst sein. Einmal zu sichtbaren Formen geronnen, stehen die Kunstwerke den Projektionen des Betrachters offen, denn auch die Rezeption wird auf eine schöpferisch tätige Einbildungskraft verpflichtet. Kunstbetrachtung meint in diesem Sinn einen Prozess projektiver Rückkopplungen, in dem sich Fantasie und gemalte Darstellung wechselseitig beleben. Diesem Verständnis folgt auch der romantische Begriff der Ekphrasis, an den sich die „Erklärung" (ebd., S. 431) des Fremden anlehnt. Sie hält sich ausdrücklich nicht an eine mimetische Registratur des Dargestellten, sondern transformiert es in ein Textverfahren, das stets auch grundlegende Fragen der zeichenhaften Repräsentation verhandelt.

Während Kolbes Gemälde lediglich eine statische, figurenzentrierte Frontalansicht bietet und zudem einen Liebhaber nicht erkennen lässt, übersetzt der Historiker diese Vorlage in ein polyfokal erzähltes Geschehen mit einer in sich verschachtelten Handlungslogik. Bezeichnend für deren Struktur ist, dass sie – ausgehend von dem Grunddualismus zwischen Sehen und Erzählen – immer wieder bei dualistischen Oppositionen ansetzt, um aus deren Reibungen heraus die Geschichte voranzutreiben. So wird die Narration zunächst in zwei Handlungsstränge unterteilt, die sich jeweils in der Figur des mächtigen Dogen sowie im armseligen Dasein Antonios bündeln. Im alternierenden Wechsel stehen sich diese Erzählblöcke konfrontativ gegenüber, bevor sie zunehmend ineinander greifen. Auch dieses Verfahren nimmt seinen Ausgang von der Darstellung Kolbes, denn von Beginn an legt Hoffmanns Text sie auf einen kontrastiven Grundzug fest, der sich in der sichtbaren Kluft zwischen dem ungleichen Fürstenpaar manifestiert – als eine zum Geheimnis verklärte Leerstelle, die die folgende Erzählung überhaupt erst motiviert. Die Liebesgeschichte zwischen der Dogaresse und Antonio, die Hoffmann an dieser Stelle hinzufügt, ist indessen nur ein Aspekt der verschlungenen Handlungsführung. Antonios Dasein ist, was sich in seiner Tragweite erst nach und nach enthüllt, stets schon verwickelt in die offiziellen und inoffiziellen Geschehnisse auf Regierungsebene, die ihrerseits in hohem Maße personalisiert werden. Dabei ist das Diesseits der Handlung mit einem doppelten Boden versehen, der sich der Wahrnehmung der Figuren entzieht und sie von den entscheidenden Triebkräften des Geschehens abschneidet. So wird Antonio, kaum dass er sich allmählich seiner Biographie entsinnt, auch schon von den ungeahnten Hypotheken eingeholt, die die Vergangenheit ihm vermacht hat. Diese Struktur ist charakteristisch für den ‚anamorphotischen' Blickwinkel der Erzählung (vgl. Neumann 1999, S. 124ff.): Was sich an der Oberfläche der Gegenwart zeigt, verstellt zugleich die Sicht auf die im Verborgenen wirkenden Tiefenstrukturen; diese aber weisen das eigene Handeln immer schon als nachträgliches und damit vergebliches aus.

Bei aller ausgreifenden Schilderung verliert der Erzähler seine pikturale Vorlage nicht ganz aus dem Blick. Sowohl das Gemälde als auch der Vierzeiler auf seinem Rahmen werden im Schlussteil erneut aufgegriffen und in die fiktionale Wirklichkeit eingewoben: in die Szene der letzten Überfahrt des Fürstenpaares nach Guidekka, mit dem als Gondoliere getarnten Antonio an Bord. Beim Eintreffen auf der Insel treten die Figuren wie zu einem Tableau vivant zusammen, das Kolbes Komposition detailgetreu aktualisiert. Wenngleich dieser Szene eine gewisse Signifikanz eignet – denn der Dogaresse ist soeben das Unglück ihrer Liebe bewusst geworden (vgl. Pikulik 1987, S. 126) –, so bleibt sie doch ein flüchtiger Moment in einem Handlungsverlauf, der weitaus prägnantere Situationen kennt.

3. Vergangenheit, Geschichte und Identität

Ein tragendes Motiv der Erzählung ist das der Vergänglichkeit, das den melancholischen Grundton vom Beginn der *Serapions-Brüder* wieder aufgreift. Von der Zeit ist dort als einer „unbezwinglichen Macht" die Rede, „die fort und fort schafft in ewigem Zerstören" (Hoffmann IV, S. 13) und so den Einzelnen auf eine existenzielle Ohnmacht zurückwirft. Zugleich aber bleibt die Gegenwart von den Spuren der Vergangenheit durchdrungen, denn diese erhalten sich, auch jenseits der bewussten Erinnerung, als „Schattenbilder [...] in unserm Innern" (ebd.). Wenn auch *Doge und Dogaresse* ganz im Zeichen des Eingedenkens einer dunklen Vorzeit steht, so meint dies hier ebenso die historische Vergangenheit des 14. Jahrhunderts als auch den individuellen Prozess der Subjektwerdung, der am Beispiel Antonios mit deutlichem Akzent auf seine psychologischen Bedingungen vorgetragen wird. Antonio wird als ein auf den Tod verwundeter und bettelarmer Jüngling eingeführt, dessen zerschundener Körper das sichtbare Korrelat eines verstoßenen und seiner Geschichte beraubten Lebens ist. Er hat nicht nur früh seine Familie und bald danach die Pflegefamilie verloren, sondern im Zuge seiner abenteuerlichen Lebensumstände auch das biographische Gedächtnis – geblieben sind ihm „nur einzelne Bilder ohne Zusammenhang." (ebd., S. 449) So erfährt er sein Dasein als ein unbehauster „Fremdling" (ebd., S. 435), der, abgetrennt von seinen Wurzeln, in der Gegenwart nicht Fuß fassen kann. Beistand erfährt er durch die heilkundige Margaretha, seine ehemalige Amme, die er nicht wiedererkennt, weil sie durch Folter entstellt ist. Sie nimmt sich seiner in genau dem Augenblick an, da Antonio elendig zu sterben droht, während zeitgleich der neue Doge seine prunkvolle Einfahrt in den Hafen von Venedig antritt. Durch die Hilfe der Alten kommt Antonio blitzschnell wieder zu Kräften, um schon kurz darauf zum Retter des mittlerweile schiffbrüchigen Dogen und anschließend reich belohnt, aber erneut auch verstoßen zu werden.

Die Errettung aus dem Schiffbruch setzt das neue Leben Antonios und den Amtsantritt des Dogen in ein wechselseitiges Bedingungsverhältnis. Diese initiale Überkreuzung der zwei Handlungsstränge ereignet sich in einer fantastisch grundierten Schwebe von Zufall und Determination, und sie eröffnet das gemeinsame Spielfeld, auf dem die intrikaten Verflechtungen beider Welten aufkeimen. Eine entscheidende Rolle kommt dabei der alten Margaretha zu, die, ähnlich wie der Historiker aus der Rahmenhandlung, als „eine Art redendes Gespenst aus der Vorzeit" (ebd., S. 431) auftritt. Als die ehemalige Amme Antonios ist sie zunächst in der Lage, dem verzweifelten Jüngling seine Erinnerung zurückzugeben. Margarethas beherzte Eingriffe sind zudem nicht zu trennen von ihrer übersinnlichen, mesmeristischen Sehkraft, und so wächst ihr eine zentrale, durchaus ambivalente Funktion in der Erzählung zu: Indem sie Antonio heilt und zwischen den Liebenden vermittelt, agiert sie als „Kupplerfigur im Erzählgewebe" (Neumann 1999, S. 116) sowie schließlich als Medium jener „unbekannte[n] Macht" (Hoffmann IV, S. 454), die das Geschehen bis zum finalen Untergang schicksalhaft zu lenken scheint. Unter der Leitung Margarethas vollziehen sich die auf Antonio zentrierten Erzählsequenzen zunächst in einzelnen Schüben der Anamnese, während parallel dazu die Geschichte der Staatshändel voranschreitet. Die Gegenwart jedoch verfehlt Antonio in doppelter Hinsicht: Weder ahnt er seine Verstrickung in die konspirativen Umtriebe der Regierung, d.h. in die historisch-politische Dimension des Geschehens, noch wird er sich des blinden Flecks bewusst, der seine Liebe zu Annunziata von Grund auf bestimmt. Das Ziel ebenso wie der Ausgangspunkt seines Strebens ist das verlorene Paradies der Kindheit, das seinen Ort in einem zeitenthobenen und ödipal gefärbten Imaginären, aber nicht innerhalb des historischen Kontinuums hat. Die Begegnungen der Liebenden beschränken sich auf Augenblicke des Erkennens und der flüchtigen Gesten, und als es nach einigen Verfehlungen endlich zur Vereinigung kommen soll, wird Antonio kurzerhand von seiner Familiengeschichte eingeholt und in die Verschwörung gegen die Signorie verwickelt. Wenn ihm nach deren Scheitern zunächst die Flucht mit Annunziata und Margaretha gelingt, dann nur, um sich anschließend der „feindliche[n] Macht" des Meeres (ebd., S. 482) ausgeliefert zu sehen. Der Untergang der Figuren wird einerseits auf das traditionelle Ritual bezogen, demzufolge das Meer als „eifersüchtige Witwe" (ebd.) des Dogen Rache übt. Zugleich impliziert die Schlussszene eine Dramatisierung der psychologischen Rhetorik, insofern das Meer stets auch metaphorisch auf das aufgelöste, „ohne Halt schwimmende[] Bewußtsein" Antonios (ebd., S. 449) verweist. Vorgeprägt ist dieses Modell in den naturspekulativen Schriften der Romantik, insbesondere in den *Ansichten* von Schubert, die im Unbewussten des Menschen eine mystische Verbindung zu den Urgründen der Natur ausmachen. Auf Schuberts Psychologie dürfte zudem auch das Schlussbild der Erzählung zurückgehen: der gemeinsame Liebestod, den Antonio und Annunziata in engster Umschlungenheit antreten. Insofern die Pflegemutter in dieses Bild einbezogen wird und mit in den Tod geht, realisiert Hoffmann die in zahlreichen romantischen Erzählungen variierte Bestätigung der Familie im Tod.

(Alexandra Heimes)

Meister Martin der Küfner und seine Gesellen

1. Entstehung und Quellen

Einem Brief vom 15.12.1817 zufolge stellt Hoffmann dem Verleger Carl Friedrich Enoch Richter die Fertigstellung dieser Erzählung für Mitte Januar in Aussicht (vgl. Hoffmann VI, S. 130). Veröffentlicht wurde sie im Herbst 1818 im *Taschenbuch zum geselligen Vergnügen auf das Jahr 1819*. Beigefügt wurde ein Stich nach einem Gemälde des klassizistischen Malers Carl Wilhelm Kolbe mit dem Titel *Die Böttcherwerkstatt*. Als bildliche Vorlage für Hoffmanns Erzählung diente aber nicht dieser Stich, sondern Kolbes Gemälde, das über die dargestellten Figuren und Szenen genauer mit Hoffmanns Text korrespondiert (vgl. Türk 2003) und im Untertitel des Erstdrucks ausdrücklich erwähnt wird (vgl. Hoffmann IV, Kommentar, S. 1425). Im Herbst 1819 nahm Hoffmann die Erzählung in den zweiten Band der *Serapions-Brüder* auf und versah sie mit einem Rahmengespräch.

Material über Zunftwesen und Meistersang im frühneuzeitlichen Nürnberg fand Hoffmann in Johann Christoph Wagenseils Nürnberger Chronik von 1697. Weitergehende Informationen hat Hoffmann dem sechsten Band der *Ökonomisch-technologischen Enzyklopädie* (1775) von Johann Georg Krünitz und einer französischen Quelle entnommen, die 1765 in deutscher Übersetzung erschien: *Schauplatz der Künste und Handwerke, oder vollständige Beschreibung derselben, verfertiget oder gebilliget von denen Herren der Akademie der Wissenschaften zu Paris* (vgl. Hoffmann VI, S. 158).

Die zeitgenössische Kritik des *Meisters Martin* fiel weitgehend positiv aus. Neben lobenden und teilweise enthusiastischen Besprechungen in der *Allgemeinen Literatur-Zeitung* von 1818 und in den *Heidelbergischen Jahrbüchern der Literatur* von 1819 (vgl. Hoffmann IV, Kommentar, S. 1427–1433) ist hier vor allem der Beitrag Willibald Alexis' *Zur Beurteilung Hoffmanns als Dichter* zu nennen, der 1823 der ersten Hoffmann-Biographie von Hitzig beigefügt wurde. Neben dem *Fräulein von Scuderi* hob Alexis auch diese Erzählung als „Meisterstück" hervor: „In diesen Erzählungen hat sich Hoffmann selbst überwunden, d.h. seine wilde Kraft bezwungen. Die ausschweifende Phantasie, der ungezügelte Humor sind dienstbar geworden einer höhern Anordnung der Dinge. Wir finden dagegen eine klare Auffassung und Verarbeitung des Gegenstandes, und die Novellen sind in sich so geründet und abgeschlossen, wie wir die Kraft dazu dem Dichter der ‚Fantasiestücke' kaum zutrauten." (Hitzig 1923 II,

S. 348) Es fällt auf, dass Alexis' Wertschätzung auf einer realistischen Option beruht und sich entsprechend einer Abwertung des Phantastischen verdankt. Aus einer ähnlichen Ablehnung des Phantastischen bei Hoffmann, stärker aber ethisch gewendet, kommt Eichendorff zu einer ähnlich positiven Einschätzung des *Meisters Martin*, nicht aber ohne das ‚Unmoralische' seiner sonstigen Erzählungen mit einem Seitenhieb gegen die französische Romantik zu versehen: Hoffmanns „Mangel war daher weniger ein literarischer als ein ethischer, und es ist keineswegs zufällig, daß die ganz unmoralische sogenannte Romantik in Frankreich ihn fast ausschließlich als ihren deutschen Vorfechter anerkennt" (Eichendorff VI, S. 254).

2. Grundlinien der Forschung

Die Literaturgeschichten des 19. Jahrhunderts hoben, sofern sie Hoffmann überhaupt erwähnten, diejenigen Erzählungen hervor, die, wie *Das Fräulein von Scuderi* oder *Meister Martin*, über einen realistischen Grundzug verfügen. Mit der umfassenden Wiederentdeckung Hoffmanns zu Beginn des 20. Jahrhunderts war umgekehrt eine negative Sicht auf *Meister Martin* verbunden. Neben Hans von Müller ist auch Carl Georg von Maassen, der Herausgeber der unvollständig gebliebenen kritischen Hoffmann-Ausgabe der Jahre 1908ff., auf Distanz gegangen: „Niemals […] hat Hoffmann seinen Lesern eine Geschichte mundgerechter gemacht als diese, alles strotzt ordentlich von Biederkeit, Herzlichkeit und Edelsinn." (von Maassen 1908 VI, S. LV) Ricarda Huch nennt nur den Titel der Erzählung als „nüchternes" Gegenstück zu den „exotischen Erzählungen" (Huch 1951, S. 537), ohne auf den Text näher einzugehen. Auch Werner Bergengruen stellt lediglich fest, dass man „solche Dinge zu Unrecht als Meistererzählungen bezeichnet" (Bergengruen 1941, S. 77). Drastischer wird Arno Schmidt in seiner Fouqué-Biographie, wenn er den Text als „bocksteife Notstandsarbeit" abtut, „handgreiflich um des Lieben Geldes willen zurecht gezimmert." (Schmidt 1958, S. 529)

In der neueren Hoffmann-Forschung spielt die Erzählung nur eine Nebenrolle. Unter marxistischer Perspektive kann Hans-Georg Werner den realistischen Bezug auf Arbeitsverhältnisse des späten 16. Jahrhunderts loben, tadeln muss er jedoch die harmonisierende, „idyllische Verklärung" der Klassen- bzw. Ständedifferenzen (Werner 1962, S. 114). Eine gewisse Distanz zu Hoffmanns historisierender (Kunst-)Handwerker-Erzählung ist auch Lothar Köhns Monographie *Vieldeutige Welt* anzumerken. Hoffmann erprobe, so Köhn, eine wenn auch durch einen Komödienschluss relativierte „harmonische Lösung" (Köhn 1966, S. 153) des typisch romantischen Konflikts von Künstler und Gesellschaft. Peter von Matt gibt zu Bedenken, den realistischen Zug des Textes angesichts einer offenkundig artifiziellen, mit einer Art „Atlantis-Variation" spielenden Handwerker-Welt nicht überzubewerten (von Matt 1971a, S. 160; vgl. Feldges/Stadler 1986, S. 176). Demgegenüber sieht Segebrecht eine sozialgeschichtliche Präzision, mit der Hoffmann in den drei Gesellen und dem Meister vier unterschiedliche ständische und künstlerische Charaktere zeichnet. Zwischen „ritterlicher Lebensvorstellung und bürgerlicher Arbeit, zwischen aristokratischer Kunstgesinnung und bürgerlichem Lebenssinn sowie zwischen Liebe und Kunst im Bürgertum" begreift Segebrecht die Erzählung als „eine berufsständische Entwicklungsgeschichte" (Segebrecht 1996a, S. 146), die auf einen utopischen Ausgleich zwischen Künstler und Bürger abzielt.

3. Ein biedermeierlicher Bilderbogen

Hoffmann ist in dieser Erzählung an einer Poetik des Bilderbogens in der Weise orientiert, dass er die Vorgängigkeit des Piktoralen zur Voraussetzung des Erzählens macht. Der Anfang des Textes inszeniert den Blick in einen musealen Bildersaal, in dem das Bild gleichsam als Archiv der Geschichte oder – plastischer ausgedrückt – als Medium erscheint, das den Eintritt in das metaphorische „Haus" der Geschichte ermöglicht: „Wohl mag Dir auch, geliebter Leser! das Herz aufgehen in ahnungsvoller Wehmut, wenn du über eine Stätte wandelst, wo die herrlichen Denkmäler altdeutscher Kunst, wie beredte Zeugen, den Glanz, den frommen Fleiß, die Wahrhaftigkeit einer schönen vergangenen Zeit verkünden. Ist es nicht so als trätest Du in ein verlassenes Haus?" (Hoffmann IV, S. 502) Die melancholische Trauer über das „ewig rollende Rad der Zeit" (ebd.) wird zum Ausgangspunkt einer historistischen Einfühlung und Vergegenwärtigung. Um das „verlassene Haus" mit Leben zu Füllen, um die Differenz zwischen der eigenen Gegenwart und dem zeitlich Fremden zu überwinden, empfiehlt Hoffmann Selbstvergessenheit im Traum und Einfühlung in daraus resultierende Traum- und Schattenbilder: „Aber vergebens wartest du auf die, welche das ewig rollende Rad der Zeit fortriß, du magst dich denn überlassen dem süßen Traum, der dir die alten Meister zuführt, die zu dir reden fromm und kräftig, daß es dir recht durch Mark und Bein dringt. Und nun verstehst du erst den tiefen Sinn ihrer Werke, denn du lebst in ihrer Zeit und hast die Zeit begriffen, welche Meister und Werk erzeugen konnte." (ebd.)

In einer „leicht archaisierenden Sprache" (Köhn 1966, S. 148), streng einer Chronologie folgend und ohne phantastische Irritationen erzählt Hoffmann die Geschichte des Nürnberger Küfermeisters Martin und der komplizierten Brautwerbung um seine schöne Tochter Rosa. Hoffmann zeigt einen Handwerksmeister voller gemütlicher Biederkeit, Bürgerstolz und ausgeprägter Handwerkstradition. Eben dieser stolze Sinn für Tradition nötigt ihn, als künftigen Ehemann seiner Tochter nur einen Küfer zuzulassen und selbstverständlich nur den ersten seines Faches. Ein vieldeutiges „weissagende[s] Lied" (Hoffmann IV, S. 518) der Großmutter kann er aus genannter Charakteristik nur so verstehen, dass es ihn in seiner zukünftigen Wahl des Schwiegersohns bestärkt. Da es aber drei Kandidaten gibt, die zudem nicht einmal Küfer sind, dies zunächst aber vor dem Meister verbergen, muss es zwangsläufig zu Schwierigkeiten kommen. Die drei Bewerber haben ihren ursprünglichen Beruf bzw. Stand aufgegeben, um Küfer zu werden und in die Werkstatt Meister Martins einzutreten. Da ihr Ziel aber nicht das Küferhandwerk ist, sondern die altdeutsche Jungfrau, kann daraus nichts werden. Am wenigsten geeignet erscheint der erste Kandidat, Conrad, da ihn sein ritterliches Ethos vollständig daran hindert, in die bürgerliche Welt einzutreten. Er kann sein ritterliches und fürstliches Herkommen nicht verleugnen und missversteht die Küferwerkstatt als Turnierplatz. Zum Bruch mit Meister Martin und dem zünftigen Handwerkerleben muss es kommen, als dieser ihn schlägt und damit seine ritterlich-feudale Ehre im Kern trifft. Um diese wiederherzustellen, bleibt ihm nach den Regeln des feudalen Verhaltenskodex eigentlich keine andere Wahl, als den Meister zu töten. Dass es dazu nicht kommt, ist nur der Intervention Friedrichs zu verdanken. Vor seinem Abschied stellt Conrad die Notwendigkeit seines Tuns vor den beiden Mitgesellen klar: „ich *mußte* den dicken Meister totschlagen, eigentlich müßt' ich mit euch gehen und es *noch* tun, wie es nur möglich wäre!" (ebd., S. 550) Noch am versöhnlichen Ende, nachdem er als Ritter enttarnt ist und eigentlich mit einer Frau zufriedengestellt wurde, die der Tochter des Meisters zwillingsgleich ist und zudem noch auf den gleichen Namen Rosa hört, stellt er vor dem bürgerlichen Handwerksmeister klar: „Eigentlich, lieber Meister, mußt ich Euch totschlagen, das werdet Ihr wohl einsehen" (ebd., S. 566).

Wie alle Künstlerfiguren in Hoffmanns Erzählungen muss der zweite Kandidat, der Maler Reinhold, um die Autonomie seiner Kunst nicht zu gefährden, die Ebenen der Repräsentation berücksichtigen und Frauen allenfalls als Bilder lieben. Er darf das Urbild seiner Malerei, Maria, so wie er sie auf einem Bild Albrecht Dürers gesehen hat, nicht mit einer ‚leibhaftigen' Frau vertauschen, auch wenn es sich um eine engelsgleiche Böttcherstochter handelt, die dem Marienbild so täuschend ähnlich sieht: „Ich kam hieher nach Nürnberg und als ich Rosa erblickte, war es mir, als wandle jene Maria, die so wunderbar in mein Inneres geleuchtet, leibhaftig auf Erden." (ebd., S. 554) Seine Aufgabe ist es zu malen, entsprechend verlässt er als zweiter Kandidat die Werkstatt Meister Martins, nachdem er in seiner Gesellenstube das Bildnis Rosas in Perfektion gemalt hat.

Der dritte Geselle, Friedrich, der einzige Kunsthandwerker unter ihnen, bekommt die Braut allerdings auch erst, als er zu seinem wahren Kunsthandwerk, der Silberschmiede, zurückgefunden hat und der starrsinnige Meister erkannt hat, dass die Weissagung der Großmutter durchaus auch mit einem Silberschmied vereinbar ist. Um das Genre der Idylle zu erfüllen, kommen die beiden abtrünnigen Gesellen, der Ritter und der Kunstmaler, pünktlich zur Hochzeit zurück, um ihre wahre Identität zur eröffnen. Das frühbürgerliche, harmonische Handwerkeridyll wird eigentlich nur durch einen hauchdünnen Riss gestört, den man auch leicht übersehen oder überlesen kann. Er besteht in der Ironie, mit der Hoffmann das Objekt des Begehrens am Ende verdreifacht und ganz nebenbei die literarische Erzählung wieder in einem Bild verschwinden lässt, das ihr Ausgangspunkt war. Er ruft damit im Kontext der an historischem Realismus ausgerichteten Erzählung seine beiden phantastischen Verdoppelungsstrategien figuraler Identität in Erinnerung: Rosa, die ähnlich blass bleibt wie die meisten Frauenfiguren Hoffmanns, begegnet ihrer Doppelgängerin Rosa, der Frau des Ritters Konrad, und gleichzeitig noch ihrem Abbild auf dem Gemälde Reinholds. Bis in die Schlussszene lässt Hoffmann seinen Kunstmaler beherzigen, dass er beim Hochzeitsmahl zwar „zwischen den beiden Rosen" (ebd., S. 568) sitzen darf, dass er ansonsten aber ehelos bleiben muss und „Rosen" nur malen darf.

Trotz dieser Bestätigung der autonomen Kunst gegen „das einfache, harmlose Leben des tüchtigen Bürgers" (ebd., S. 556) ist die Erzählung insgesamt auf einen sozialen Ausgleich von Kunst/Handwerk und bürgerlicher Existenz gerichtet. In Hoffmanns Erzählungen ist die Außenseiterrolle des Künstlers weitaus wahrscheinlicher, und die Versöhnung von Künstler und Gesellschaft gelingt in der Regel allenfalls als selbstironisches Projekt. Der Versuch, diesen Ausgleich als sozial lebbares Modell zu entwerfen, überschreitet die Grenzen der Romantik in eine biedermeierliche Richtung. Eduard Mörikes Roman *Maler Nolten* (1832) kann dafür ebenso als Beispiel dienen wie einige spätere Texte Tiecks. Ganz anders als etwa Hoffmanns Figur des Kapellmeisters Kreisler, der sein Außenseitertum im

Dienst der Kunst unter ständiger Bedrohung durch den Wahnsinn pflegt und als eine Art Selbst-Folter erlebt, gibt Mörike seinem Maler Nolten zur Aufgabe, „das Leben seines Innern harmlos und ruhig zu vermitteln" (Mörike III, 79). Dass diese Perspektive im Spätwerk Hoffmanns häufiger zum Tragen kommt als in den frühen Erzählungen, trägt auch dem Umstand Rechnung, dass der radikale Entwurf romantischer Künstlerschaft auf Dauer schwer durchzuhalten ist oder dass er zumindest eines entlastenden Gegengewichts der Versöhnung bedarf. Dass auf diese Entlastungsstrategie das Etikett des Philiströsen zutrifft, ist Hoffmann bestens bewusst.

Festzuhalten bleibt aber, dass sich in Hoffmanns historisierendem Blick auf frühbürgerliche Kunst- und Kunsthandwerkerherrlichkeit die – auch in den Gesprächen der Serapionsbrüder immer wieder bemühte – Gemütlichkeit und Beschaulichkeit biedermeierlicher Idylle zu deutlich in den Vordergrund schiebt. Es entsteht keine romantische Phantasmagorie, auch nicht eigentlich ein sozialgeschichtlicher Realismus, sondern ein biedermeierlicher Bilderbogen um ältere Herren, die „manchen lustigen Schwank aus froher Jugendzeit aufzutischen" (Hoffmann IV, S. 510) bemüht sind, und verliebte Jünglinge, die von einer „lieblichen Jungfrau" (ebd., S. 531) träumen. Im abschließenden Rahmengespräch lässt Hoffmann seinen Serapionsbruder Lothar diesen Vorbehalt selbst artikulieren. Zwar hält man die Erzählung wegen des „gemütlichen Ton[s]" (ebd., S. 568) darin für würdig, im Serapionsklub vorgetragen zu werden. Die Kritik folgt aber auf dem Fuße, denn als im engeren Sinne serapiontisch kann man die Erzählung sicherlich nicht bezeichnen. Die Kritik bezieht sich auf die steife Bildlichkeit der Erzählung. Zwar enthalte der Text, „angeregt durch das Gemälde unseres wackeren Kolbe" (ebd.), eine Reihe von lebhaften, farbigen Szenen, es sei aber nicht gelungen, den piktoralen „Ursprung" narrativ, d.h. in dramatische „Bewegung" (ebd.) aufzulösen. Es bleiben zudem Bilder, die, anstatt in ein perspektivisches Spiel der Wahrnehmungen eingebunden zu werden, am Rande des historisierenden Klischees zu erstarren drohen.

(Detlef Kremer)

Das fremde Kind

1. Entstehung und Bild der Kindheit

Hoffmann schrieb den Text 1817 für den zweiten Band der *Kinder-Märchen*, der, wie beim ersten Band, eine Gemeinschaftsproduktion von Hoffmann, Fouqué und Contessa war. Hoffmann übernahm dabei auch die Rolle des Herausgebers und zeichnete Vignetten zu dem Märchen. In einem Schreiben an Fouqué, in dem er den Erhalt von dessen Märchen *Der Kuckkasten* bestätigt, beurteilt er seinen eigenen Beitrag als unschuldig und fromm (vgl. Hoffmann IV, Kommentar, S. 1450). Für den Druck in den *Serapions-Brüdern*, als Schlussstück des zweiten Bandes von 1819, hat Hoffmann es einer leichten stilistischen Revision unterzogen (vgl. ebd., S. 1451). Die romantische Kunstdichtung für Kinder befand sich zu dieser Zeit – mit Ausnahme von Tiecks Elfenmärchen aus dem *Phantasus* – im Gegensatz zur volksliterarischen Überlieferung erst am Anfang einer Traditionslinie: „So stellen die *Kinder-Märchen* von Contessa, Fouqué und E.T.A. Hoffmann den ersten öffentlichkeitswirksamen Fall dar, in dem romantische Dichter den Anspruch auf einen schöpferischen Anteil an der Kinderliteratur erheben und einlösen." (Kinder-Märchen, Nachwort, S. 338f.)

Dem Vorbild von Tiecks *Phantasus*-Märchen folgend, verbindet Hoffmann in seiner Erzählung die relativ einfachen Konturen des Märchens mit einer ausgeprägten selbstreflexiven Komponente und einer komplexen Figuren-Metamorphose. Seine moderne Märchenerzählung korrespondiert mit einem neuen Kindheitsbild, das sich von der Aufklärung abgrenzt und Kindheit als eigenständige Existenzweise gegenüber der Erwachsenenwelt profiliert. In der Geschichte der Kindheitsidee hatte sich zuvor eine Wende von den dem frühaufklärerischen Rationalismus der Leibniz-Wolff-Schule verpflichteten pädagogischen Vorstellungen zu Rousseaus Sicht der Kindheit vollzogen, die das überkommene Bild des Kindes erschütterte. Über Herder fanden Rousseaus Ideen in aktualisierter Form Eingang in das Kindheitsbild der Romantik. Beide sprechen der Kindheit einen eigenständigen Status zu, die von einem unvollständigen, noch nicht Erwachsenensein losgelöst als etwas völlig Neues begriffen wird: „Im Prozeß der Wahrnehmung eines zunehmenden Abstandes zwischen Erwachsenen und Kindern bedeutet dies einen tiefen Einschnitt, einen dialektischen Umschlag. Aus dem unvollständigen Menschen ist mit einem Male ein andres, ein von Grund aus fremdes Wesen geworden, das seine eigene, zunächst ganz rätselhafte Vollkommenheit hat." (Ewers 1989, S. 12; vgl. Kremer 2003)

2. Magister Tinte und das fremde Kind

Hoffmann setzt in seinem Märchen, der Maßgabe des serapiontischen Erzählens entsprechend, die innere Welt der Fantasie mit der rationalen Außenwelt in Beziehung. Der Text ist – für Hoffmann eigentlich untypisch – geradlinig und ohne zeitliche Brüche aufgebaut. Diese chronologische Erzählweise ist in die bei Hoffmann häufig verwendete Kreisstruktur eingebunden. Ausgangspunkt des Märchens ist die Beschreibung einer Idylle in einem Haus in Brakelheim, dessen Dorfbewohner es als „Schloß" bezeichnen, das, obwohl durchaus „anmutig und hübsch", eigentlich „gar kein Schloß" (Hoffmann IV, S. 571) ist. Am Ende des Märchens wird diese Idylle nicht mehr existieren: Die Familie des Landadeligen Thaddäus von Brakel wird nicht mehr intakt sein und sie wird ihr einladendes Häuschen verlassen müssen.

Zunächst leben dort die beiden Kinder Felix und Christlieb mit ihren Eltern. Hoffmann skizziert eine glückliche Familie, die ein Landleben in Eintracht mit der Natur führt. In diese friedliche Welt bricht plötzlich das Unheil ein in Gestalt vornehmer Verwandter aus der Stadt, die zu Besuch kommen. Deren Kinder, Herrmann und Adelgunde, werden wie Automaten vorgeführt, die ihr gespeichertes Wissen gewissermaßen auf Knopfdruck abspulen. Die Eltern von Christlieb und Felix wünschen sich nun auch für ihre Kinder eine Unterrichtung in den Wissenschaften. Der vornehme Cyprianus legt gegenüber seiner verarmten Verwandtschaft ein blasiertes Entgegenkommen an den Tag, indem er verspricht, einen „gelehrten Mann zuzuschicken, der ganz umsonst den Unterricht der Kinder übernehmen werde." (ebd., S. 577) Bevor der Besuch wieder abreist, schenken die kleinen menschlichen Automaten Adelgunde und Herrmann den beiden Naturkindern mechanisches Spielzeug, das vortäuscht, lebendig zu sein. Die erste Reaktion der Kinder nach der Abreise des Besuchs ist ihr gewohnter freiheitlicher Drang, in den Wald zu laufen. Der Reiz, den die neuen Spielsachen auf sie ausüben, erweist sich jedoch als ungleich größer. Im lebendigen Naturraum tritt allerdings das Mechanisch-Künstliche und Tote des Spielzeugs zutage. Die Kinder entscheiden sich für die Natur und werfen die Spielsachen ins Gebüsch. Ihre tote Mechanik wird sich am Ende des Märchens in gespenstische Lebendigkeit verwandeln, wenn die fortgeworfenen Spielsachen die Kinder bedrohen und ihnen den Weg versperren – gemeint ist der Weg zurück in ihre behütete Kindheit. Doch zuvor vollzieht sich ein Ebenenwechsel: Das antinomische Figurenarsenal wird im Verlauf des Märchens um zwei Figuren erweitert, die wiederum zwei Prinzipien verkörpern, die sich gegenseitig bekämpfen: das ‚fremde Kind' und der ‚Magister Tinte'. Im Wald erscheint den Kindern das fremde Kind, das keinen Namen hat und dessen Androgynität sich dem Geschlecht des von ihm erzählenden Kindes anpasst. Es verhüllt seine Herkunft in Form von fantasiereichen Erzählungen, so dass seine Identität rätselhaft bleibt. Christlieb und Felix haben das Gefühl, als hätten sie das schöne Kind schon lange gekannt. Es verwandelt ihren Wald in eine bunte Spiel-Welt, in der sie mit ihm hoch in die Lüfte fliegen. Ohne die kindlich-naive Lektüre zu beeinträchtigen, lässt Hoffmann dabei zentrale Begriffe der frühromantischen Theorie wie ‚Spiel' und ‚Schweben' anklingen. Das ‚fremde Kind' ist Chiffre für das Prinzip Fantasie, poetische Imagination, dem im Märchen das Prinzip der aufgeklärten Ratio, vertreten durch Magister Tinte als Erzieher, gegenübersteht. Mit der sadistischen Figur des Hauslehrers, der zudem die Erscheinungsformen des Gnomen Pepser und zum Schluss die einer teuflischen Fliege annimmt, verkehrt Hoffmann das Bild vom Licht der Aufklärung in den schwarzen Saft der Tinte, die die Farbigkeit des Fantasiereichs des fremden Kindes zu überziehen versucht. Lebendiges Erzählen von wahrhaft Geschautem im Sinne des serapiontischen Prinzips und das von Magister Tinte beabsichtigte kalte aufklärerische Beschreiben – in Anspielung auf Novalis' bösen Schreiber aus dem Klingsohr-Märchen – werden in Opposition gesetzt, ebenso wie die medialen Bedingungen der Gattung Märchen selber, indem Hoffmann den Märchenkonsens bedingungsloser Glaubwürdigkeit des Geschehens aufgibt zugunsten eines Diskurses, der den – durch die Eltern von Felix und Christlieb geäußerten – Realitätszweifel auf der Ebene der Erzählfiktion thematisiert.

Während bei Novalis die Herrschaft des Schreibers überwunden wird, muss bei Hoffmann das feindliche Prinzip des toten Buchstabens in seinen verschiedenen Metamorphosen bezwungen werden. In Gestalt des Gnomenkönigs Pepser wurde es zwar aus dem Fantasiereich der Mutter des fremden Kindes vertrieben, bedroht jedoch weiterhin in der Erscheinung als Hauslehrer die beiden Kinder und das fremde Kind „rastlos unter allerlei Gestalten" (ebd., S. 598). Bei einem gemeinsamen Gang in den Wald mit ‚Meister Tinte' entwickeln die Kinder eine Todesfurcht vor dem seelenlosen Hauslehrer, der sich, als der Gnom Pepser enttarnt, in eine große hässliche Fliege verwandelt. Wieder in der Gestalt des Hauslehrers, kehrt er aus dem Wald in das Haus der Brakels zurück. Überreste seiner vormaligen Verwandlung verraten seine wahre Identität. Schließlich wird er vom Vater mit der Fliegenklatsche verjagt, das fremde Kind bleibt verschwunden, und der heimische Wald entfremdet sich ihnen. Der Vater stirbt und vertraut seinen Kindern zuvor an, dass auch ihm früher das fremde Kind erschienen war. Das Haus wird von den reichen Verwandten zum Pfand genommen, und die Kinder müssen es zusammen mit der Mutter mittellos verlassen. Die zurückgelassene Kindheit und das neue Erwachsenenleben trennt eine Brücke, eine Schwelle folglich, die sie symbolisch überqueren. An dieser Stelle erreicht sie noch einmal die Stimme des fremden Kindes, das ab diesem Moment für die Kinder nicht mehr sinnlich wahrnehmbar, sondern als Bild in ihrem Inneren bewahrt bleibt, in der Erinnerung, im Traum und im Märchen. Hoffmanns Text endet mit einem versöhnlichen Schluss, der im Rahmen einer dualistischen Weltsicht das kindliche Grenzüberschreiten von Fantasie und realer Welt in abgeschirmten Räumen bewahrt.

3. Selbstreflexive Züge: ein Märchen des Märchens

Im Gegensatz zu Hoffmanns *Nußknacker und Mausekönig*, dessen Rezeptionsgeschichte sich nach anfänglicher Kritik schnell als sehr erfolgreich erwies, fand sein zweites Märchen nur geringe Wertschätzung. Orland von Plantas hat die bisher einzige Monographie zu *Das fremde Kind* vorgelegt. Sie beginnt mit einer positiven Betrachtung des Märchens: „*Das fremde Kind* gehört allerdings nicht zu Hoffmanns berühmtesten und meistgelesenen Erzählungen, aber in seiner gedanklichen Anschaulichkeit und künstlerischen Vollendung, die man gerade bei diesem Dichter häufig vermißt, steht es einzigartig da." (von Planta 1958, S. 6) Dem anfänglichen Lob folgt eine wenig nachvollziehbare Interpretation, die in höchst spekulativer Manier Aspekte von Hoffmanns Biographie und Charakter mit den fiktiven Figuren kurzschließt: „Hoffmann selber war verschlossen und verstellte sich wie Cyprianus und der Magister Tinte, empfand das aber selber als Trug und Mantel der Bosheit und schuf als Wunschgestalt einen so offenen, treuherzigen und redlichen Jungen [...]. Hoffmann selber war boshaft, heimtückisch und zersetzerisch, aber er litt unter seinem eigenen Gift und sehnte sich nach der Unschuld, die ihm zeitlebens versagt blieb und die er in den herzensguten Kindern Felix und Christlieb und, ins Mythische verdichtet, im fremden Kind gestaltete" (ebd., S. 77).

Die initiierende Funktion für die neuere Forschung kommt nicht dieser Monographie, sondern der aufschlussreichen Analyse von Brigitte Feldges zu, die Hoffmanns Rezeption Rousseaus und der Reformpädagogik für den Text fruchtbar macht (vgl. Feldges/Stadler 1986, S. 85–98). Die sozialgeschichtlich bedeutsamen Aspekte des Märchens behandelt Dieter Richter (1987). Yvonne-Patricia Alefeld glaubt in der Gestaltung des fremden Kindes eine säkularisierte Umformung des göttlichen Kindes als Spiegel des Kosmos in Novalis' *Die Lehrlinge zu Saïs* zu erkennen. Ihr an sich einleuchtender intertextueller Ansatz scheitert jedoch daran, dass sie den ironischen Gestus in Hoffmanns Märchen übersieht (vgl. Alefeld 1996, S. 367).

Man sollte nicht verkennen, dass Hoffmann *Das fremde Kind* im Kontext seines berühmteren Märchens *Nußknacker und Mausekönig* verfasste. Die Kritik an diesem Text bestand im Kern aus dem Vorwurf, er sei nicht in dem Maße kindgerecht, wie es der Titel der Sammlung, in der er publiziert wurde, annehmen ließ. *Das fremde Kind* könnte in diesem Zusammenhang den Eindruck eines von sexueller Symbolik gereinigten und in einfacher Struktur dargebotenen Gegenentwurfs erwecken. Was auf den ersten Blick wie eine opportunistische Korrektur wirkt, mag aber vielmehr aus einem selbstreflexiven Umgang mit der Gattung Märchen resultieren, da Hoffmann seine Märchenkomposition ganz im Zeichen der Romantik mit einer theoretischen Selbstreflexion angereichert hat, die für eine naive Lektüre zu voraussetzungsreich ist und im Sinne der Transzendentalpoesie Schlegels die Erzählung gleichsam als Märchen des Märchens erscheinen lässt. Der Erzählfiktion der Rahmenhandlung zufolge handelt es sich bei demjenigen Serapionsbruder, der *Das fremde Kind* vorträgt, um denselben, nämlich Lothar, der auch das Märchen *Nußknacker und Mausekönig* vorgelesen hat und der nun bemüht erscheint, ein der Gattung Kindermärchen adäquateres Beispiel zu präsentieren: „Erinnert euch, daß ich es unternehmen wollte für die Kinder meiner Schwester ein zweites Märchen zu schreiben und weniger in fantastischem Übermut zu luxurieren, frömmer, kindlicher zu sein als im Nußknacker und Mausekönig." (Hoffmann IV, S. 569)

Wahrscheinlich ist *Das fremde Kind* tatsächlich als Gegenentwurf zu Hoffmanns erstem Märchen konzipiert, jedoch in einem viel subtileren Sinne: Geht es im *Nußknacker und Mausekönig* um die Entwicklung geschlechtlicher Identität, thematisiert er hier das Entstehen sozialer Identität. Die Vorbildfunktion von Tiecks Märchen *Die Elfen* aus dem *Phantasus* wird in der Forschung allgemein bemerkt, jedoch reduziert auf inhaltliche Anleihen Hoffmanns. Tiecks Märchen thematisiert die neue Auffassung vom Kind als fremdem Wesen, denn als ‚fremdes Kind' wird in seinem Elfenmärchen explizit die kindliche Protagonistin bezeichnet, die sich der Handlungsfiktion zufolge sieben Jahre im Reich der Elfen aufhält: „Eine große Frau in glänzendem Kleide trat herzu, und fragte nach dem fremden Kinde." (Tieck VI, S. 310) In Hoffmanns Bezugnahme auf Tiecks Text erfolgt ein markanter Perspektivenwechsel. Das fremde Kind begibt sich nicht *in* das Reich der Feenkönigin, sondern kommt als deren Kind umgekehrt *aus* ihm. Das Attribut ‚fremd' kennzeichnet es aus der Perspektive der kindlichen Protagonisten Christlieb und Felix. An dieser Stelle erweitert sich dessen Symbolfunktion von der Handlungsebene auf einer höheren Sinnebene zu einem Spiegelwesen, das die Identitätsentwicklung der kindlichen Helden initiiert. Aus diesem Grunde variiert auch das Geschlecht des ‚fremden Kindes' abhängig von Christliebs oder Felix' Perspektive. Es handelt sich um den Blick auf ihr Selbst, das sich von einem mit sich selbst identischen Kinder-Ich plötzlich in ein Anderes verwandelt. Das Erscheinen des ‚fremden Kindes' verweist so auf die Spiegelung von Identität und Alterität. Es markiert das Ende kindlicher Unschuld – so wie der vom animierten Spielzeug versperrte Weg darauf verweist, dass die Kinder nicht hinter den erreichten Punkt des reflexiven Bewusstseins zurückkehren können. Für Hans-Heino Ewers stehen Hoffmanns Kindermärchen vor diesem Hintergrund für eine neue Sichtweise, die die Kindheit in einem bis dahin nicht gekannten Maße ernst nimmt. Der kindliche Leser wird aus seiner in sich geschlossenen Sphäre herausgezogen und selbst Teil eines doppelten Märchenspiels, durch das er herausgefordert wird, sich in einer dualistischen Welt zu orientieren. Daher verkörpern Hoffmanns Märchen „den äußersten Grad an Modernität, den eine romantische Kinderliteratur zu erreichen vermag. Sie halten am kinderliterarischen Diskurs fest, der für das romantische Denken nur ein mythischer sein kann; gleichzeitig führen sie die Kinder bis an den Rand der modernen Wirklichkeit." (Kinder-Märchen, Nachwort, S. 350; vgl. auch Neuhaus 2005, S. 175)

(Bettina Schäfer)

Das Fräulein von Scuderi

1. Entstehung und Quellen

Die Entstehung der Kriminal- und Künstlererzählung, mit der Hoffmann einen seiner größten Publikumserfolge erzielte, lässt sich auf die Spanne zwischen Frühjahr und Herbst 1818 eingrenzen. Aus der an den Berliner Leihbibliothekar Kralowsky am 28. März des Jahres gesandten Bitte, ihm Voltaires *Le siècle des Louis XIV.* zukommen zu lassen, kann geschlossen werden, dass der Autor zu diesem Zeitpunkt bereits in Studien für seine *Erzählung aus dem Zeitalter Ludwig des Vierzehnten* – so der Untertitel – vertieft war. Am 16. Oktober teilt er Helmina von Chézy ebenfalls brieflich die Fertigstellung mit. Leben und Werk seiner Titelheldin, der höfischen Schriftstellerin Magdaleine von Scuderi (Madeleine de Scudery, 1607–1701), fand Hoffmann bei Voltaire vorgezeichnet. Dass er einen ihrer weitläufigen historisierenden Romane selbst gelesen hat, gilt als unwahrscheinlich. Das Sittengemälde der Verbrechensmetropole Paris, welches als Hintergrund der Handlung dient, weist in der Person des Polizeiministers Argenson und in der Strategie seiner Behörde Überschneidungen mit Schillers *Polizey*-Fragment auf (vgl. Rohrwasser 2000, S. 58). Die Giftmordserie der Brinvillier, die das vom König eingesetzte Sondergericht der „chambre ardente" aufklären soll, stammt aus der Neubearbeitung von Pitavals *Sonderbaren und merkwürdigen Rechtsfällen* (*Causes célèbres et interessantes*) durch François Richer, die 1792 mit einem Vorwort Schillers in deutscher Übersetzung erschienen waren. Pitavals berühmte juristische Fallsammlung war ursprünglich schon 1747 auf Deutsch publiziert worden, hatte aber in ihrer ausführlichen Reproduktion aus Akten eher Fachkreise als eine breite Leserschaft erreicht. Richers Überarbeitung verlegte sich, um die Zielgruppe zu erweitern, auf die „Kunst des *arranger les faits*" (Hitzig/Häring 1842, Bd. 1, S. XIV), wie die deutschen Bewunderer und Nachahmer dieser Ausgabe, Eduard Hitzig und Willibald Alexis (Wilhelm Häring), in ihrem *Neuen Pitaval* festhalten. Hitzig war als Hoffmanns enger Freund und Richter-Kollege der Initiator der Serapions-Abende, von denen er später in der ersten Hoffmann-Biographie berichtet. Eine weitere Quelle wird im Rahmengespräch der Serapions-Brüder direkt eingeführt, in dem vom „Dichterglück" Sylvesters die Rede ist, „in einer Nürnberger Chronik das Fräulein von Scuderi anzutreffen" (Hoffmann IV, S. 855). Verwiesen wird damit auf Johann Christoph Wagenseils *Nürnberger Chronik* aus dem Jahr 1697, der Hoffmann Ausgangspunkte für das zweite Serienverbrechen seiner Erzählung entnehmen konnte. Wagenseil erwähnt eine Bittschrift an den König, in der Verliebte die Bedrohung ihrer nächtlichen Aktivitäten durch zunehmende Diebstähle beklagen. Die Scuderi habe daraufhin eine fingierte Erwiderung im Namen der Diebe in Verse gebracht, deren Schluss-Sentenz lautete: „Un amant qui craint les vouleurs / n'est point digne d'amour." („Ein Liebhaber, der Diebe fürchtet, ist der Liebe nicht würdig"). Der Dichterin wiederum sei im Gegenzug von einem vermeintlichen Angehörigen der Räuber ein Dankesgeschenk überbracht worden, das sich jedoch als Scherz der Herzogin von Montausier entpuppt habe.

In Hoffmanns Version erhält das Fräulein vom Goldschmiedegesellen Olivier Brusson ein geheimnisvolles Kästchen, das Juwelenschmuck, aber auch einen „verhängnisvollen Zettel" (ebd., S. 797) enthält, der auf zunächst unerklärliche Weise ihr eigenes, bei Hofe vorgetragenes Bonmot zitiert. Als Autor dieser unheimlichen Wiederholung stellt sich später Oliviers Meister René Cardillac heraus, der im Fortgang der Erzählung auch als Urheber der grausamen Raubmorde ausgemacht werden kann, für die man seinen Gesellen in Haft genommen hat. Auf dem äußerst verwickelten Weg des Nachweises seiner Unschuld tritt der Richter La Regnie, der dem Sondergericht der „chambre ardente" vorsteht, als zentraler Gegenspieler der auf eigene Faust nachforschenden Scuderi in Erscheinung. In seinem inquisitorischen Übereifer, den die Pariser fast ebenso fürchten wie die Verbrecher, die er verfolgen lässt, stellt die Erzählung das zu Hoffmanns Zeit bereits überkommene, gleichwohl noch Geltungskraft besitzende Beweisrecht des Inquisitionsprozesses als unmenschliches, vor allem aber ineffizientes Mittel der Wahrheitsfindung aus. Der bedenkliche Zustand der deutschen Rechtspflege spiegelt sich in der Jurisdiktion einer vergangenen Epoche, die im Nachbarland Frankreich, das die Handlung zum Schauplatz hat, in Folge der Revolution längst überwunden war. Dass Hoffmanns Erfahrungen in der preußischen Immediat-Untersuchungs-Kommission, die nach den Karlsbader Beschlüssen hochverräterische Umtriebe von ‚Demagogen' verfolgen sollte, in die Erzählung eingegangen sind, kann ausgeschlossen werden. Seine Tätigkeit für dieses mächtige Vollstreckungsorgan der Restauration (vgl. Mückenberger 1989; Schadwill 1993, S. 66–88; Segebrecht 1996a, S. 97f.), während der er sich, wie sich etwa im Prozess gegen den ‚Turnvater' Jahn zeigte, ein kritisches juristisches Bewusstsein bewahren konnte, begann erst am 1. Oktober 1819. *Das Fräulein von Scuderi* hatte er bereits ein Jahr zuvor abgeschlossen.

2. Wirkung und Rezeption

Mit dem Erscheinen im Herbst 1819 in Stephan Schützens Almanach *Taschenbuch für das Jahr 1820. Der Liebe und Freundschaft gewidmet* wurde die Erzählung schlagartig zu einem sensationellen Erfolg, der auf dem populären Markt der Literatur eine große Nachfrage nach weiteren Werken des Autors erzeugte. Der Herausgeber Schütze bedauerte, dass die richterliche Tätigkeit Hoffmann von einem Beitrag auch für das nächste Taschenbuch abhalte (vgl. Schnapp 1974, S. 496), dem Verleger Wilmans war die Versicherung seiner Wertschätzung im Februar 1820 fünfzig Flaschen edlen Rheinweins wert, eine Anerkennung, die am Ende der Rahmenhandlung der *Serapions-Brüder*, in deren dritten Band die *Scuderi* im gleichen Jahr noch einmal publiziert wurde, ausdrücklich Erwähnung findet (vgl. Hoffmann IV, S. 1199). Willibald Alexis, im *Neuen Pitaval* für die sprachliche Darstellung verantwortlich, aber wie Hitzig und Hoffmann Volljurist, würdigte die Erzählung als „vollendetste unter des Dichters eigenen Arbeiten" und erkannte in ihr gar „eine der besten unter den deutschen Novellen" überhaupt (zit. nach: Lindken 1978, S. 49). Die klassizistischen Vorstellungen verpflichtete *Allgemeine-Literatur-Zeitung* hingegen blieb der seit den *Nachtstücken* eingenommenen kritischen Position zu Hoffmann treu und lehnte das „ganze Schauergemälde" rundheraus ab (Allgemeine-Literatur-Zeitung 1822, Bd. IV, Ergänzungsblatt 57, Sp. 455).

Die literaturwissenschaftliche Forschung über den inzwischen zum ‚Schulklassiker' (vgl. Bogdal/Kammler 2000) gereiften Publikumserfolg ist ertragreich und vielseitig. Sie weist gleichwohl deutlich identifizierbare Schwerpunkte auf. Die gattungstypologisch orientierte Diskussion zur detektivischen Gestalt der Erzählung und ihrem kriminalistischen Narrativ ist durch Untersuchungen abgelöst worden, die das zugrunde liegende Verhältnis von Recht und Literatur diskursanalytisch fokussiert haben, womit zugleich die psychologisch akzentuierte Künstlerthematik und das serapiontische Erzählprinzip stärker in den Mittelpunkt des Interesses getreten sind. Richard Alewyns These, wonach *Das Fräulein von Scuderi* die in der Literaturgeschichte erste – und damit vor Edgar Allan Poe – den Prototyp der Detektiverzählung darstellt (vgl. Alewyn 1974), hat Fürsprecher (vgl. Kanzog 1964; Kunz 31992) wie Gegner (vgl. Gerber 1971) gefunden. Conrads Kommentar zu dieser Kontroverse, erzählerisches Anliegen Hoffmanns sei die Demonstration des Versagens der rationalistischen Ermittlungsmethoden der Aufklärung angesichts eines irrationalen Verbrechens, beschreibt vor allem die Figurenkonstellation zu ungenau, da keine der handelnden Personen wirklich den Standpunkt der aufklärerischen Justizreformen einnimmt. Richtig aber ist der Hinweis, dass das Konkurrenzverhältnis in den Untersuchungen der Scuderi und ihres professionellen Gegenparts la Regnie, die Frage der Wahrheitstechnik entscheidend hervortreten lässt.

Arbeiten zur Koexistenz von juridischem Wissen und literarischer Ästhetik haben sich mit der Rechtsabbildung in der Kriminalerzählung befasst (vgl. Meier 1994), Hoffmanns juristische Biographie herangezogen (vgl. Schadwill 1993) oder die zeitgenössische Forensik zur Erklärung vor allem der Figur Cardillacs bemüht (vgl. Reuchlein 1985; Herwig 2004). Damit hat die Künstlerproblematik als zweites großes Thema eine eingehendere Würdigung erfahren. Parallel zum kriminalistischen Konkurrenzverhältnis Scuderi/La Regnie tritt der Titelheldin mit dem Goldschmied ein modernes Künstlergenie entgegen, dessen Abgründigkeit die engen Grenzen der Hofkünstlerin herausfordert. Während Müller-Seidel die Modernität Cardillacs als bloßes *l'art pour l'art* abtut (vgl. Müller-Seidel 1963, S. 1016), spricht Jochen Schmidt von dem scheiternden Versuch der Erzählung, in Gestalt der Scuderi und Cardillacs Menschlichkeit und Künstlertum zu versöhnen. In eine ähnliche Richtung argumentiert Liebrand, die in der Spannung zwischen beiden und dem Triumph der Scuderi am Ende die Überwindung einer negativen Ästhetik erkennt, die gleichwohl noch einmal breiten Spielraum erhalte (vgl. Liebrand 1996, S. 176). Blamberger und Pikulik gehen demgegenüber nicht von einer Reinigung der Kunst vom Verbrechen aus, sondern fragen, warum Hoffmann das eine mit dem anderen kontaminiert (vgl. Blamberger 1991; Pikulik 1993). Kremer spricht mit Blamberger ganz bewusst von einem „Analogieverhältnis" (Kremer 1999a, S. 156) und legt die Grundlage für eine umfassende Betrachtung, die Künstler- und Kriminaldiskurs nicht länger trennt. Auf dieser Basis lassen sich die traditionell kontextorientierten diskursanalytischen Ansätze mit der für diesen Text unverzichtbaren erzähltheoretischen Perspektive verbinden, wobei in jüngerer Zeit das Verhältnis von Poesie und Wissenschaft (vgl. Stadler 2005) und Fragen des erzählten Raumes (vgl. Landfester 2000; Wigbers 2003) besondere Beachtung gefunden haben. Ein weiterer Schwerpunkt ist die wahrscheinlichkeitstheoretische Komponente (vgl. Dohm 1999; Schneider 2005) des serapiontischen Erzählprinzips (vgl. Japp 1992), das die Rahmenerzählung der *Serapions-Brüder* in besonderem Maße durch *Das Fräulein von Scuderi* erfüllt sieht.

3. Erzählerische Tiefe

Als „wahrhaft serapiontisch" findet die Erzählung Sylvesters den vollen Beifall der versammelten Freunde, „weil sie auf geschichtlichen Grund gebaut, doch hinaufsteige ins Fantastische." (Hoffmann IV, S. 853) Das serapiontische Prinzip ist im Kern eine Authentizitätsverpflichtung, die jeden der wechselnden Erzähler anhält zu überprüfen, „ob er auch wirklich das geschaut, was er zu verkünden unternommen" (ebd., S. 69). Das emphatisch verstandene „Schauen" bezeichnet eine Opposition zum bloß Sichtbaren und stellt die äußere Wahrnehmung der Maßgabe des „inneren Bildes", das schon für den Maler Berthold in der *Jesuiterkirche von G.* maßgebend ist. Es geht um das richtige Verhältnis zwischen dem Sehen als *videre* und als *contemplari* (vgl. Stadler 2005, S. 279) und um Aufrichtigkeit der eigenen Einbildungskraft gegenüber (vgl. Winter 1976, S. 9). Wie der Fall Bertholds zeigt auch die Geschichte des Namensgebers Serapion, mit der Cyprian die Runde eröffnet, die Übergängigkeit zwischen produktiver Fantasie und manifestem Wahn, die Hoffmann immer wieder zum Grenzkonflikt stilisiert. Der Einsiedler, der seinen Wald für die Thebaische Wüste hält, wird zum Vorbild konsequenter Imagination und zeigt zugleich die Orientierung nach innen als Absturz aus der sozialen Welt. Mit Bedacht entschärfen die Serapions-Brüder deshalb das nach ihm benannte Kunstideal und belassen es bei der schlichten Verabredung, „sich durchaus niemals mit schlechtem Machwerk zu quälen." (Hoffmann IV, S. 70)

In der Figurenkonstellation der Erzählung verkörpern die beiden konkurrierenden Künstler die serapiontische Innerlichkeit in unterschiedlicher Ausprägung. Cardillac wird getrieben von einer unheimlichen Stimme, die ihn zu seinen Verbrechen treibt. Die Scuderi, „der innern Stimme mehr vertrauend als dem, was vor unsern Augen geschehen" (ebd., S. 816), löst das Geheimnis dieser Destruktivität, indem sie ihre Ahnungen und dunkler Erinnerung folgt. Durchgehend agiert sie aus halbbewussten Zuständen heraus, beständig am Rande der Ohnmacht, die sie in den Momenten entscheidender Erkenntnis heimsucht, als sie das geheimnisvolle Kästchen mit dem Zettel Cardillacs öffnet und als ihr Olivier zum ersten Mal zur Vernehmung zugeführt wird. Auch beim zweiten Mal, da der junge Mann tatsächlich zu erzählen beginnt, sinkt sie, die Hände vor das Gesicht schlagend, in die Polster zurück, und die Erzählung blendet gleichfalls zurück zu einer Szene aus der Kindheit Oliviers, da ihm die Scuderi mütterlich verbunden war. Worin alle psychoanalytisch motivierten Lesarten ihren Dreh- und Angelpunkt finden (vgl. Kittler 1991), das generiert Hoffmann durch eine besondere Erzähltechnik als narrative Tiefenstruktur des Unbewussten. Die alles entscheidende Vorgeschichte Cardillacs erzählt sein Geselle als eine intradiegetische Instanz, die berichtet, was ihr vom Meister und diesem wiederum in der Kinderzeit aus nicht näher genannten Quellen über sein pränatales Trauma anvertraut worden ist, das als ursprüngliche Ursache der Raubmorde und seiner Schmuckobsession erscheint. In mehrfacher Metadiegese, der komplexen Ineinanderschachtelung erzählten Erzählens, entsteht, potenziert durch die Erzählfigur (Sylvester) und den Erzähler der Rahmenerzählung, eine narrative Tiefendimension, in welcher der Ursprung des Verbrechens sondiert wird bis ins ‚Innerste', wie das romantische Schlüsselwort der Erzählung lautet (vgl. Kremer 1999a, S. 158). Die Subjektsondierung reicht bis in den Uterus von Cardillacs Mutter, in dem dieser sich bereits befand, als sie sich, von ihrer Gier nach Juwelen getrieben, einem Kavalier mit blitzender Halskette anbot, der beim Geschlechtsakt seinen Geist auf- und die fetischistische Verbindung von Schmuck und Tod dem Ungeborenen weitergab. Die traumatische Urszene in Kombination mit dem Motiv der erblichen Belastung verleiht dem *Fräulein von Scuderi* im Hoffmann'schen Werkzusammenhang einen exemplarischen Charakter (vgl. Pikulik 1987, S. 169; Kaiser 1988, S. 76).

Die eingehenden Erzählanalysen haben freilich längst den Widerhaken entdeckt, mit dem Hoffmann die vermeintliche Authentisierung des Unbewussten versehen hat. Was als Ursprung entschlüsselt wird, ist klar als ein Erzählakt kenntlich, dessen narrative Brechung in verschiedene Perspektiven das Wissen vom Anfang als ein hergestelltes erscheinen lässt (vgl. Blamberger 1991; Pikulik 1987). Die Ermittlung unbewusster Inhalte, das unterstreichen die einander einschließenden Erzählinstanzen, ist immer schon Interpretation. Ulrike Landfester hat darauf verwiesen, dass der Schauplatz der überlieferten Traumatisierung durch einen versteckten Hinweis als Fiktion ausgewiesen ist (vgl. Landfester 2000, S. 121). Das Schlösschen Trianon, der Ort des Hoffestes, auf dem die Begegnung der Mutter mit dem Juwelenkavalier stattgefunden haben soll, war zur erzählten Zeit der Scuderi noch nicht erbaut und kann also, zieht man das angegebene Lebensalter Cardillacs ab, gut fünfzig Jahre zuvor erst recht nicht existiert haben. Die damit ausgestellte Fiktionalität weist Cardillacs Konfession in ihrem Initial als eine Geschichte aus, die der Goldschmied aus den Erzählungen über seine Mutter übernimmt, weil sie seine fatale Entwicklung als Folge dieser Ursache wahrscheinlich macht (vgl. Blamberger 1991, S. 121). Die Probabilisierung geht in Oliviers Erzählung ein und steht als Beweisstück der Scuderi gegen die von La Regnie auf Indizienbasis erzeugte Wahrscheinlichkeit. Sie ist nicht unbedingt „wahrer" und als Ergebnis einer ganzen Folge von Erzählakten nicht einmal wahrhaftiger im Sinne einer ursprünglichen Authentizität. Sie folgt einem anderen Wahrscheinlichkeitskalkül. La Regnies Indizienkette kann als solche Beweiskraft nur auf der Grundlage nachprüfbarer Sachverhalte in der Außenwelt erlangen, Olivier hingegen erzeugt im Gespräch mit der Schriftstellerin eine narrative Evidenz, die auf der unbewussten Logik des Subjektinnenraums beruht. An die Stelle der statistischen tritt die genuin literarische Wahrscheinlichkeit des Unwahrscheinlichen, die „serapiontische Probabilistik" (vgl. Schneider 2005).

4. Wahrheitstechniken

Die ausführliche rechtshistorische Quellendiskussion Meiers (vgl. Meier 1994) konnte nachweisen, dass die Antipoden Scuderi und La Regnie trotz ihrer gegensätzlichen Handlungs- und Ermittlungsweise auf ein und dasselbe Recht zurückgreifen: die preußische Kriminalordnung von 1805, die gemeinsam mit dem Strafgesetzbuch aus dem Allgemeinen Preußischen Landrecht von 1794 herausgelöst worden war und dem Berliner Richter Hoffmann als Arbeitsgrundlage diente. Zu Beginn des Rahmengesprächs der Serapions-Brüder ist diese Kodifikation in einer humoristischen Anspielung präsent (vgl. Hoffmann IV, S. 17).

Ebenso wenig wie die Figurenkonstellation die romantische Subjektivität und den Rationalismus der Aufklärung als Antagonismen präsentiert, ist das Verhältnis des Intuitiv-Ahnungsvollen zur formaljuristischen Wahrheitsprozedur eine schlichte Dichotomie. La Regnie nimmt die Dienste der Schriftstellerin bei seinen Ermittlungen ausdrücklich in Anspruch. Die Konkurrenz beider ist zugleich eine bedingte Kooperation. Der Gerichtspräsident verkörpert stellvertretend das geständnisorientierte Inquisitionsverfahren, dessen Grausamkeiten, das belegen Hoffmanns juristische Arbeiten in ihren kritischen Wendungen (vgl. Hoffmann VI, S. 659), zu Beginn des 19. Jahrhunderts noch allgegenwärtig waren. Vom Erzähler und in der Fremdwahrnehmung der mithandelnden Personen wird La Regnie bis zur physiognomischen Plattitüde negativiert, was angesichts der Tatsache, dass sein Vorgehen größtenteils durch das (auch zu Hoffmanns Zeiten) geltende Prozessrecht gedeckt ist, nur einen Schluss zulässt: Die Rechtsordnung befindet sich in einer tiefen institutionellen Krise. Einerseits exekutiert La Regnie weiterhin die anachronistische Wahrheitserpressung durch Folter, andererseits verlegt er sich auf den modernen Indizienbeweis, der sich jedoch im Falle Olivier Brussons gerade in der scheinbar lückenlosen Empirie als Täuschung entpuppt, was erst durch die Scuderi aufgedeckt wird. Wo die Folter nur eine dem Einzelfall äußerliche Wahrheitsprobe darstellen kann, bedarf die Kette der Indizien einer narrativen Verknüpfung, ohne welche sie der Wahrheit gleichfalls äußerlich bleibt. Erst die aus der Tiefe der Subjektivität gegen alle objektive Wahrscheinlichkeit ermittelten Erzählungen stellen diesen inneren Zusammenhang bei Hoffmann her.

5. Künstlertypen

Das Fräulein von Scuderi ist geprägt vom perspektivischen Charakter seiner Titelheldin, die in Abhängigkeit von der betrachteten Figurenkonstellation je unterschiedlich in Erscheinung tritt. Im Unterschied zu den offiziellen Rechtsinstanzen steht sie für den Einsatz moderner psychologischer Verhörmethoden. Gerade die romantische Orientierung an der Intuition und am Ahnungsvollen stellt sich in den Dienst der Aufklärung und kann deren gewaltsames Scheitern abwenden (vgl. Neumann 1997a). Im Vergleich mit dem Goldschmied Cardillac hingegen schieben sich andere Attribute der Protagonistin in den Vordergrund. Ihre Auftritte am Anfang und Ende der Erzählung entsprechen in Vollendung dem Typus der galant-geselligen höfischen Dichtung, die gelegenheitsmotiviert, unmittelbar adressatenbezogen und rhetorisch verfasst ist. Auf diese Weise entsteht zunächst vor der Öffentlichkeit des Hofes der kurze Aphorismus über die Ehre der Liebhaber („Un amant qui..."), dazu kommen später die komischen Verse zu der an gleicher Stelle erfolgten Begegnung mit Cardillac, deren Vortrag den König zum Lachen bringt. Er lobt ihren unvergleichlichen Witz, so wie er auf die theatrale Darlegung des Brusson-Falles hin, die das Urteil des Souveräns entscheidend beeinflusst, ihre „Beredsamkeit" würdigt: „Ihr solltet Parlementsadvokat sein und meine Rechtshändel ausfechten" (Hoffmann IV, S. 851).

Der geübten Rhetorikerin steht mit Cardillac „einer der kunstreichsten und zugleich sonderbarsten Menschen seiner Zeit" (ebd., S. 799) gegenüber, ein Künstler also, der ganz im Gegensatz zur Scuderi ein Außenseiter ist. Während die Verse der Scuderi ihrer eigenen Einschätzung nach „mittelmäßig" sind und „niemandes Neid erregen können" (ebd., S. 796), sind die Werke des Goldschmieds unverwechselbar und einzigartig. Anders als die Schriftstellerin verfügt er über ein klares Bewusstsein der subjektiven Signatur seiner Werke, deren Eigentümlichkeit er als Eigentumsrecht reklamiert. „In der Tat, Frau Marquise, man muß René Cardillac's Arbeit schlecht kennen, um nur einen Augenblick zu glauben, daß irgend ein anderer Goldschmied in der Welt solchen Schmuck fassen könne. Freilich ist das meine Arbeit." (ebd., S. 802) Dem aggressiv angemeldeten Anspruch auf Anerkennung des Eigentümlich-Genialen wohnt schon die Gewaltsamkeit inne, mit welcher der Meister im Erzählverlauf seine Urheberschaft als Eigentumsrecht in Selbsthilfe durchsetzen wird (vgl. Kittler 1991, S. 209). Mit Cardillac zeichnet Hoffmann das Bild eines Künstlers, der sich im modernen Sinne als Autor versteht, wohingegen seine Kunden ihn zum Handwerker degradieren. Die „unheimliche Stimme" (Hoffmann IV, S. 833), die ihn wieder und wieder zum Raub dessen drängt, woran er nach der Fertigung kein Recht mehr hat, ist im Rahmen der Handlung mit der traumatischen Urszene individualpsychologisch erklärt. Über diesen Rahmen hinaus aber schallt der Ruf nach einem modernen Urheberrecht.

(Thomas Weitin)

Die Königsbraut

1. Entstehung und Quellen

Hoffmann beabsichtigte alle vier Bände der *Serapionsbrüder* mit einem Märchen zu beenden, wobei die *Königsbraut* den dritten Band beschließen sollte. So schreibt Hoffmann am 6. September 1820 in einem Brief an den Berliner Buchhändler und Verleger Georg Reimer: „Den dritten Band [der *Serapions-Brüder*] schließe ich in diesen Tagen auch mit einem funkelnagelneuen Märlei" (Hoffmann VI, S. 193), konnte jedoch dem Zeitplan des Verlegers Ferdinand Dümmler nicht folgen; die Niederschrift der *Königsbraut* verzögerte sich bis zum Frühjahr 1821, so dass das satirische Märchen den vierten und letzten Band der *Serapions-Brüder* beschloss, ohne dass es vorher an einem anderen Ort gedruckt wurde. Die handschriftliche Druckvorlage gilt als verloren.

In der *Königsbraut*, diesem „Märchen [...] auf den Mohrrübenring" (Hoffmann IV, S. 1198), wird auf zwei Typen von Quellen verwiesen: zunächst auf eine „Chronik von Dapsulheim, aus der diese ganze Geschichte geschöpft" (ebd., S. 1197) sei; das ist freilich eine fingierte Quelle, die Teil der erzählerischen Fiktion ist. Nach der Beendigung des Märchens weist sodann sein Erzähler, Vinzenz, – wenn auch ex negativo – auf die entscheidende reale Quelle hin, die zu einem beträchtlichen Teil das Märchen begründet: den *Gabalis*: Der Serapionsbruder Vinzenz, als dessen Vorbild der Berliner Arzt David Ferdinand Koreff galt und der dem realen Seraphinen-Orden angehörte, behauptet hier, dass das Märchen vom „Mohrrübenring" und vom Gemüse-König mit seinem Gefolge seine Erfindung sei, „da ihr im ganzen Gabalis oder sonst in einem andern Buche der Art, keine Spur von ihm finden werdet" (ebd., S. 1198). Tatsache aber ist nicht nur, dass das „Märchen auf den Mohrrübenring" auf Koreff zurückgeht (indem er es in der Serapions-Figur Vinzenz als seine Erfindung preist), sondern auch, dass der Hinweis auf den *Gabalis* als Quellenbefund ernst zu nehmen ist. In der Tat schöpft Hoffmann sein Wissen über die Elementargeisterlehre, das die Ausgangslage dieses Märchens bietet, aus Abbé Montfaucon de Villars *Le Comte de Gabalis ou Entretiens sur les sciences secrètes* (1670), wobei Hoffmann eine französische Ausgabe von 1718 benutzte, wie ihm wohl auch die deutsche Übersetzung von 1782 unter dem Titel *Gespräche über die geheimen Wissenschaften* bekannt war.

Hoffmann bediente sich dieser Schrift und der darin beschriebenen Lehre der Elementargeister nicht nur in der *Königsbraut*, sondern auch in der fast gleichzeitig, nämlich Anfang 1821 entstandenen Erzählung *Der Elementargeist* sowie bereits in seinem ersten Märchen *Der goldene Topf* (1814). In der Tat beruht die in der *Königsbraut* von dem ‚Kabbalisten' Dapsul von Zabelthau als „überirdische[ ] Wissenschaft der heiligen Kabbala" (ebd., S. 1154) dargelegte sowie in der Handlung umgesetzte Elementargeisterlehre im Wesentlichen auf diesem „elementarischen Knigge" (ebd., S. 1160). Dabei handelt es sich beim *Gabalis* genauer um eine auf Paracelsus beruhende Darstellung des Wissens über die Elementargeister (vgl. Kilcher 1998, S. 317–327). Gemäß Paracelsus' *Liber de nymphis, sylphis, pygmaeis et salamandris, et de caeteris spiritibus* (postum 1566), worauf sich nicht nur Villars' *Comte de Gabalis*, sondern auch *Die Königsbraut* bezieht (vgl. Hoffmann IV, S. 1154), sind die vier Elementargeister – die Undinen, Sylphen, Gnomen und Salamander – den vier Elementen zugeordnete, seelenlose Wesen. Die Undinen sind die Geister des Wassers, die Sylphen die der Luft, die Gnomen die der Erde und die Salamander die des Feuers. Sie können nach Paracelsus mit einem Menschen in Kontakt treten, stets das Ziel verfolgend sich mit ihm zu vermählen. Eine solche Vereinigung ist für einen Elementargeist die einzige Möglichkeit, eine Seele und damit die Unsterblichkeit zu erlangen.

Seit Villars' *Comte de Gabalis* nun – und darin folgt Hoffmann nicht Paracelsus, sondern primär diesem Text – werden Menschen, die sich mit einem Elementargeist vereinen, als „Kabbalisten" bezeichnet. Villars' „Kabbala" ist folgerichtig eine Theorie der Geisterwelt, der „Kabbalist" ein Geisterseher. Wenn Hoffmanns Vinzenz alias Koreff sodann nicht nur vom „Gabalis", sondern auch von diesem oder jenem „andern Buche der Art" (ebd., S. 1198) spricht, so rekurriert er auf eine ganze Reihe esoterischer wie literarischer Adaptionen des Elementargeisterkomplexes in Hoffmanns Vorfeld. Zu nennen sind etwa Marquis d'Argens' *Lettres Cabalistiques* (1737–38) bzw. deren deutsche Übersetzung durch Friedrich Nicolai unter dem Titel *Kabbalistische Briefe, oder philosophischer, historischer und kritischer Briefwechsel zwischen zween Kabbalisten, verschiedenen Elementargeistern und dem höllischen Astaroth* (1773–1778), Peter Friederich Arpes *Geschichte der talismanischen Kunst [...] Ein Beitrag zu den geheimen und höhern Kenntnissen der Menschen* (1792), Friedrich Schillers *Geisterseher* (1769), Jacques Cazottes *Le diable amoureux* (1772), Carl Grosses *Der Genius* (1791–94), Friedrich de la Motte Fouqués *Eine Geschichte vom Galgenmännlein* (1810) und *Undine* (1811) – Quellen, die Hoffmann in der zeitgleich zur *Königsbraut* entstandenen Erzählung *Der Elementargeist* teils ausdrücklich nennt. In die *Königsbraut* wiederum sind diese allerdings eher indirekt eingeflossen; unmittelbar sind aber die Bezüge zum *Gabalis*.

Wenn Vinzenz für sich in Anspruch nimmt, abgesehen von diesem Elementargeisterkomplex mit dem „Märchen [...] auf den Mohrrübenring" außerhalb des *Gabalis* zu stehen, mag dies zwar zutreffen, doch als eigene „Erfindung" lässt es sich dennoch nicht verbuchen. Motive wie belebte Pflanzen und der magisch bindende Ring haben Vorlagen insbesondere im Volks- und Kunstmärchen der Goethezeit. Beim *Froschkönig*, wie er sich in Grimms *Kinder- und Hausmärchen* (1812/1815) findet, bindet die goldene Kugel die Königstocher an ein unterweltliches Wesen, an einen Frosch, der aus einem Brunnen entspringt. Wie Daucus Carota fordert der Frosch mehr als nur Dank – Tisch und Bett soll die Prinzessin fortan mit ihm teilen. Sprechende und kichernde Früchte, Gemüse und Getreide wiederum sind aus *Frau Holle* geläufig. Auch die Mohrrüben der Tochter des Kabbalisten von Zabelthau, Ännchen, können – bereits bevor sie sich, von dem Elementargeist „Dauctus Carota" angeführt, personifizieren – Laute von sich geben: „Es war auch wirklich, als wenn die Möhrenkinder sich in der Erde über Ännchens Lust mit freuten, denn das feine Gelächter, das sich vernehmen ließ, stieg offenbar aus dem Acker empor." (ebd., S. 1143) Noch weitreichender ist der Bezug zu Goethes Kunstmärchen *Die neue Melusine* (1807), das als Teil der *Wanderjahre* erschien. Signifikant ist dort insbesondere die magische Kraft eines Ringes, der Menschen und Elementargeister aneinander bindet bzw. ineinander verwandelt. Einmal angestreift, vermag sich Goethes gnomenhafte Elfe Melusine in einen Menschen zu verwandeln ebenso wie sich ihr Auserwählter mit dem Anstecken des Ringes an sie bindet und sich in eine ihr ähnliche zwergenhafte Gestalt verwandelt. Befreiung von diesem Bann wird hier wie in der *Königsbraut* durch das Abfeilen des Ringes versucht. Nicht zuletzt auch die Figuration eines scheinhaften und tabuisierten Geister-Palastes – bei Goethe ein „Kästchen", bei Hoffmann ein „Gezelt aus goldgelbem Stoff" (ebd., S. 1165) – sind vergleichbar. Weitere Vorlagen für die Märchenmotive der *Königsbraut* sind das französische Feenmärchen (vgl. Pikulik 1987, S. 205) und die *Commedia dell'arte* (vgl. Behrmann 1978), deren Poetologie bzw. „Callotsche Manier" der Groteske Hoffmanns Schreiben überhaupt leitet.

Mit Blick auf diese zahlreichen Motive aus der Märchenliteratur kann für die *Königsbraut* in Anspruch genommen werden, was Jacob Grimm für das Märchen überhaupt deklarierte: „[ein Märchen ist ein] Niederschlag uralter, wenn auch umgestalteter und zerbröckelter Mythen." (zit. nach Behrmann 1978, S. 119) In diesem Sinne tradiert, zitiert und transformiert Hoffmann in dem neuen Märchen der *Königsbraut* nicht nur zahlreiche Elemente einer literarischen Volkskultur, sondern auch eines volkskundlichen Wissens bzw. Parawissens wie etwa die Vorstellung der Alraunwurzel, deren „entsetzliche[s] Gewinsel und Geheul [...], wenn man sie herauszieht aus der Erde, das menschliche Herz durchschneidet." (Hoffmann V, S. 1150) Dass Hoffmann mit solchen populären Vorstellungen allerdings auch ironisch umgeht, zeigt die klischeehaft überzeichnete Charakterisierung des Zauberers Dapsul von Zabelthau, welcher „von allerlei wunderlichen Instrumenten und bestaubten Büchern umgeben, auf einem großen Lehnstuhl von seltsamer Form [sitzt]", eine „hohe, spitze, graue Mütze auf dem Kopfe" trägt, einen „weiten Mantel von grauem Kalmank" um die Schultern geworfen und „einen langen weißen Bart am Kinn" (ebd., S. 1152) angeklebt hat.

2. Wirkung

Bis heute ist *Die Königsbraut* eine der wenig beachteten Erzählungen E.T.A. Hoffmanns und dies obwohl die erste Rezension in den *Heidelbergischen Jahrbüchern der Literatur* äußerst positiv ausfiel. Friedrich Gottlob Wetzel schreibt dort 1821, also kurz nach dem Erscheinen des – so der Untertitel – „nach der Natur entworfenen Märchens", folgendes: „Hier funkelt [...] alle ergötzliche Laune und echte Possenhaftigkeit und das rein Komische tritt eben in dem Spiele mit dem Nichts [...] hervor. [...] Gar herrlich [...] spielt die dreifache Thorheit in dem astrologischen Dapsul von Zabelthau, in dessen Tochter Anna und ihrer Vermählung mit dem Gnomen-Barone Porphyrio von Ockerodastes, genannt Corduanspitz, der sich dann als Gnomen-König Daucus Carota der Erste, enthüllt, und in dem poetischen Studenten Amandus von Nebelstern, von denen jedoch die letztere, die poetische, die gewaltigste ist, so daß sie selbst die beiden andern zum Verstummen bringt, und selbst zu ihrer Heilung erst des kräftigeren Schlages mit dem Spaten vor das Gehirnbehältniß bedarf." (Heidelbergische Jahrbücher der Literatur 1821, S. 1187)

Nach dieser kurzen Rezension blieb *Die Königsbraut* bis auf wenige Ausnahmen weitgehend unbeachtet (vgl. Hoffmann IV, Kommentar, S. 1643). Bemerkenswert ist allerdings die Aufmerksamkeit, die das Märchen in der französischen Moderne erhielt. Théophile Gautier etwa greift in seiner Erzählung *Le Club des Hachichins* (1863) die Figur des Daucus Carota auf. Charles Baudelaire wiederum nennt Hoffmanns Märchen in seinem Essay *De l'essence du rire* als erstes Exempel für den „wunderbaren E.T.A. Hoffmann" (Baudelaire I, S. 303): „Kein prächtigerer Anblick als wenn in seinem Märchen ‚Die Königsbraut' der große Heerzug der Mohrrüben auf dem Landgut eintrifft, wo die Braut wohnt." (ebd., S. 302) Zusammen mit *Prinzessin Brambilla* wertet Baudelaire *Die Königsbraut* als mustergültiges Beispiel des „absolut Komische[n]" (ebd., S. 303). In Deutschland wiederum zollte erst der Hoffmann-Verehrer und -Herausgeber Carl Georg von Maassen 1925 der *Königsbraut* jene hohe Achtung: „eine Meisterleistung Hoffmanns" (von Maassen 1925, S. LXXXIX). Dabei hebt er nicht nur den Erfindungsreichtum und den freien Umgang mit Mustern, sondern auch den satirischen Charakter hervor: „Die ‚Königsbraut' ist ein ironisch-satirisches Märchen [...] in ihrer Gattung vielleicht ohne Gegenstück. Ein so freier, souveräner Humor, ein so liebenswürdiger Spott wie hier, dürfte nicht so leicht wieder zu finden sein. [...] Wenn [...] die märchenhafte Fantastik ihren vollen Zauber behält, wenn all die bunten ergötzlichen Bilder wie im wirklichen Leben geschaut werden können, ohne daß wir in ihre Möglichkeit den geringsten Zweifel setzen, dann können wir nicht umhin, dem Dichter das höchste Lob zu zollen, das wir vergeben können." (ebd., S. XCVIII–XCIX)

3. Aspekte der Deutung

Die jüngere Forschung stellt sich bei der Interpretation von Hoffmanns *Die Königsbraut* wiederholt die Frage nach dem Untertitel *Ein nach der Natur entworfenes Märchen*. Dem liegt im weitesten Sinne der spekulative Naturbegriff des frühen Schelling zugrunde, der die Natur als organisch, belebt und beseelt vorstellt. In seinem Märchen bezieht sich Hoffmann allerdings weniger auf die erste Generation der romantischen Naturphilosophie und -wissenschaft, sondern – wie auch an anderen Stellen – vor allem auf Gotthilf Heinrich Schubert, dessen *Ansichten von der Nachtseite der Naturwissenschaft* (1808) Hoffmann kannte und vielfach verwendete. Es wurde in der Forschung herausgestellt, dass Hoffmann auch in seinem Naturmärchen dem Konzept von Schelling und Schubert folgt, wonach „der gesamte Naturkosmos [...] als ein System von Wechselwirkungen zwischen den verschiedenen Bereichen aufzufassen ist." (Vitt-Maucher 1989, S. 127) Laut Schubert wirken innerhalb des Naturkosmos belebte und unbelebte, organische und anorganische, aber auch spirituell-ideelle, planetarische und übersinnliche Kräfte miteinander, so dass sich diesen magischen bzw. magnetischen Einwirkungen kein Wesen entziehen kann. Während Ännchen allein den einfachen organischen Bereich des Gemüsebeetes beherrscht, kennt und mobilisiert der ‚Kabbalist' Zabelthau auch die höheren, esoterischen Bereiche der verborgenen Naturkräfte: die magnetischen Wechselwirkungen, die astrologischen Konstellationen und Einflüsse sowie – als Gegenstand der „heiligen Kabbala" – die Geisterwelt der Elemente. Wo Dapsul von Zabelthau „dem Himmlischen nachtrachtete, [besorgte] Ännchen mit Fleiß und Geschick das Irdische" (Hoffmann IV, S. 1143).

Entscheidend ist freilich, dass Hoffmanns Text diese romantische Naturphilosophie zwischen spekulativer Physik und Parawissenschaften nicht mehr in ihren affirmativen Ansprüchen gelten, sondern ironisch gebrochen auftreten lässt. Sie wird zum Gegenstand des Komischen; die sublime Naturspekulation schlägt ins Lächerliche um. Ännchens bescheidenes Glück über das Gemüsebeet etwa wird lächerlich, wenn sie sich – als „Möhrchenmutter" – beim Anblick von Mohrrüben gebärdet wie „ein zum heiligen Christ reich beschenktes Kind" (ebd.), während ihr die Beschäftigung ihres Vaters mit Astrologie, Magnetismus und Kabbala fremd und unheimlich ist. Das Streben des Vaters, der nachts in seinem zum Himmel strebenden Turm die Gestirne und tags seine „Bibliothek der geheimen Wissenschaften" (ebd., S. 1141) studiert, nach sublimen Wissenschaften, wird als „Hang zur Mystik, oder vielmehr besser gesagt, zur Geheimniskrämerei" (ebd.) apostrophiert. Während die Figuren als typenhafte Repräsentanten ihres Bereiches auftreten, besteht eine Ironie auch darin, dass die Handlung des Märchens mit dem Anstecken des Rings durch eine Grenzüberschreitung Ännchens von der profanen, irdischen zur Elementargeisterwelt und ihrer sublimen Wissenschaft, der Kabbala, vollzogen wird.

Ironisiert wird diese sublime und geheime Wissenschaft nicht zuletzt auch dadurch, dass nicht diese das prekäre Verhältnis mit dem Elementargeist auflösen kann, sondern eine, allerdings hochgradig dilettantische, Poesie ohne „Verstand und Vernunft" (ebd., S. 1144): die von Ännchens erstem und profanem Verlobten, dem Studenten Amandus von Nebelstern, der sich gleichwohl als poetisches „Genie" (ebd.) versteht. Es bedeutet allerdings eine doppelte Ironie, „wenn Hoffmann Amandus' überschwängliches Poetisieren mit Verrücktheit gleichsetzt, diese wiederum als erfolgreiches Mittel für Heilung und Rettung einsetzt." (Vitt-Maucher 1989, S. 133) Nicht die arkanwissenschaftliche Kabbala, sondern die naive Verskunst des Amandus hat den Elementargeist vertrieben. So kommentiert Dapsul von Zabelthau: „O mein teuerster, bester, geliebtester Herr Amandus von Nebelstern! Sie haben mit Ihrem kräftigen Beschwörungsgedicht meine ganze kabbalistische Weisheit zu Boden geschlagen. Was die tiefste magische Kunst, was der kühnste Mut des verzweifelnden Philosophen nicht vermochte, das gelang Ihren Versen, die wie das stärkste Gift dem verräterischen Daucus Carota in den Leib fuhren" (Hoffmann IV, S. 1195). Hoffmann greift damit die paracelsische Kabbala der Elementargeisterlehre ironisierend auf, um sie zuletzt zu einem poetologischen Reflexionsmodell umzufunktionieren. Die praktische und dämonische Magie der Kabbala wird in der *Königsbraut*, wie auch in Hoffmanns Erzählung *Der Elementargeist*, mit der metaphorischen Magie der Poesie konfrontiert (vgl. Kilcher 1998, S. 317).

Das Märchen kommt allerdings – anders als *Der Goldene Topf* – dennoch nicht im poetischen Atlantis der Schrift, der Poesie und der Liebe an. Vielmehr entsagt Amandus selbst seiner trivialen Poesie, indem er sich ihr nur noch wissenschaftlich, nicht mehr dichtend widmet. Und die Liebe führt ihn am Ende in die nüchterne und prosaische Alltagswelt bzw. in den biedermeierlichen Gemüsegarten der verarmten Adelsfamilie von Zabelthau. Implizit setzt Hoffmann hier eine Kritik des Adels fort, wie er sie zuvor etwa in seiner Erzählung *Das Majorat* formulierte. Der Adel wird zu einer Herrschaft im Gemüsebeet und der Hofstaat der „Ännchen von Zabelthau", zwischenzeitlich hoffnungsvolle „Königin" an der Seite eines „Gemüse-Monarchen", besteht nicht etwa aus „grossem Mogul" und „gelbem Prinzenkopf", sondern aus nichts anderem als „Kohl und Salat" (Hoffmann IV, S. 1141). Gerade damit aber folgt die *Königsbraut* dem serapiontischen Prinzip. Insbesondere die komischen Einlagen folgen dem Credo, dass die (triviale) Außenwelt die (phantastische) Innenwelt in Bewegung zu setzen vermag. So sind es in der *Königsbraut* ausgerechnet Gemüse, Salate und Früchte, welche die wunderbare Welt dieses „Naturmärchens" eröffnen. Serapiontisch ist sodann, dass Ännchen sich nur vorübergehend im Wunderbaren der Elementargeisterwelt verliert, letztlich aber ihre Rückbindung an die reale Außenwelt (Amandus) wiederfindet. Zwar führt das Märchen vor Augen, welche Konsequenzen der Verlust eines solchen Rückbezuges hätte: nämlich Selbstverlust. Der eitle Wunsch, Gemüsekönigin zu werden, lässt vorübergehend gar Ännchens menschliches Aussehen verlorengehen. „Viel dicker war Ännchens Kopf geworden und safrangelb ihre Haut, so daß sie jetzt schon hinlänglich garstig erschien." (ebd. S. 1186f.) Doch kann sie am Ende Selbstverlust und Wahnsinn umgehen und die Duplizität von Innen und Außen bewahren.

(Andreas B. Kilcher und Myriam Burkhard)

Die Automate

1. Entstehung und Einflüsse

Die Automate entstand binnen 10 Tagen und wurde am 16. Januar 1814 dem Herausgeber der *Allgemeinen Musikalischen Zeitung*, Friedrich Rochlitz, angeboten, für den Hoffmann seit seinem *Ritter Gluck* bereits zwei Dutzend Musikrezensionen und Musikaufsätze verfasst hatte. Darunter befanden sich die berühmten fünf Beethoven-Rezensionen, *Johannes Kreisler's, des Kapellmeisters, musikalische Leiden* und die vier Monate zuvor entstandene Erzählung *Der Dichter und der Komponist*, deren Protagonisten, ein Dichter Ferdinand und ein Musiker Ludwig, in *Die Automate* erneut auftreten. Hoffmann plante noch weitere Erzählungen „aus dem Leben zweier Freunde" (Hoffmann IV, Kommentar, S. 1378), die er jedoch nicht ausführte.

Rochlitz weigerte sich, die Erzählung ganz zu drucken und erbat sich einen Auszug, den Hoffmann am 19. Januar 1814 anfertigte und der sogleich in der Musikzeitschrift erschien (*AMZ* 16 (1814), Nr. 6, Sp. 93–102). Zwei Monate später wandte sich Hoffmann an den Herausgeber der *Zeitung für die elegante Welt* in Leipzig, August Mahlmann, der die vollständige Erzählung im April desselben Jahres, verteilt auf acht Ausgaben (7.–16. April), abdruckte (14 (1814), Nr. 68 bis Nr. 75). Geringfügig redaktionell überarbeitet wurde diese vollständige Fassung dann in den zweiten Band der *Serapions-Brüder* (1819) übernommen.

Das Automatenmotiv gehört zu den prominentesten Topoi Hoffmanns; der meistzitierte Satz aus der Erzählung liest sich wie eine Vorwegnahme des späteren Nachtstücks *Der Sandmann*: „Ich kann mir es denken, daß es möglich sein müßte, Figuren vermöge eines im Innern verborgenen Getriebes gar künstlich und behende tanzen zu lassen, auch müßten diese mit Menschen gemeinschaftlich einen Tanz aufführen und sich in allerlei Touren wenden und drehen, so daß der lebendige Tänzer die tote hölzerne Tänzerin faßte und sich mit ihr schwenkte, würdest du den Anblick ohne inneres Grauen eine Minute lang ertragen?" (Hoffmann IV, S. 418) Dennoch ist die Erzählung selbst meist mit Ratlosigkeit aufgenommen worden, da sie, als Fragment angelegt, die Begebenheiten um Ferdinand und seine eigenartige Liebe zu einer Sängerin nicht zu Ende zu erzählen scheint. So urteilen auch in den *Serapions-Brüdern* die Freunde, nachdem Theodor, der Musiker, seine Erzählung vorgetragen hat: „Nun, sprach Ottmar, als Theodor plötzlich schwieg, nun ist das alles? Wo bleibt die Aufklärung, wie wurd' es mit Ferdinand, mit dem Professor X., mit der holden Sängerin, mit dem russischen Offizier?" (ebd., S. 427)

Die Faszination, die für Hoffmann von Automaten ausging und die in dieser Erzählung mit dem Motiv der Erschaffung eines künstlichen Menschen einhergeht, ist auch autobiographisch begründet; Hoffmann weist in seinem Brief an Rochlitz darauf hin, in seinem „früher⟨n⟩ Leben in Ostpreuß⟨en⟩" (Hoffmann VI, S. 12) die akustischen Erscheinungen an der Ostsee, von denen in der Erzählung die Rede ist, selbst vernommen zu haben; am 10. Oktober 1813, nach dem Abschluß von *Der Dichter und der Komponist*, besuchte Hoffmann die Kaufmann'sche Sammlung von Musikautomaten in Dresden, über die im Jahr zuvor Carl Maria von Weber bereits einen Artikel in der *AMZ* verfasst hatte. In Johann Christian Wieglebs *Die natürliche Magie*, einem von Hoffmanns Lieblingsbüchern, konnte er den Vaucanson'schen Flötenspieler von 1729 beschrieben finden (vgl. Wiegleb I, S. 283ff.) sowie den Schachautomaten Wolfgang von Kempelens (vgl. Wiegleb II, S. 231ff.), der wohl das Vorbild für den ‚redenden Türken' in der Erzählung abgab (vgl. Gendolla 1992; Lieb 2008). In seinem Tagebuch vom 2. Oktober 1803 vermerkte Hoffmann nicht nur die Lektüre Wieglebs, sondern auch den Plan, einmal selbst einen Automaten zu bauen.

Während die ältere Hoffmannforschung den Standpunkt vertrat, der fragmentarische Charakter der Erzählung sei dem Umstand geschuldet, dass Hoffmann, als ihm die Konzeption der Erzählung über den Kopf gewachsen sei, nicht mehr weiter gewusst habe, betonte O'Brien (1989), dass die Erzählung, als Allegorie verstanden, keines weiteren Schlusses bedürfe, und arbeitete besonders ihren philosophischen, als Kritik an Schellings Idealismus aufzufassenden Gehalt heraus (vgl. auch Weinholz 1991b).

Pikulik wies darauf hin, dass im Musikteil der Erzählung eine „musikalische Version des Serapiontischen Prinzips" formuliert werde (Pikulik 1987, S. 122), wenn es heißt, dass Musik sich nicht damit begnügen dürfe, lediglich Töne mit Hilfe der mechanischen Mittel (der Instrumente) hervorzubringen, sondern aus dem Inneren des Menschen hervorströmen müsse.

Für ein Verständnis der Erzählung mag von Belang sein, dass Hoffmann für die *AMZ* keinen Auszug der Erzählung angefertigt hatte, sondern, von kleineren redaktionellen Änderungen abgesehen, einfach den Erzählstrang um Ferdinand, seine rätselhafte Liebe und die irritierende Weissagung des Türken weggelassen und nur den Musikteil (vom Besuch im Automatenkabinett des Prof. X. über das sich anschließende Gespräch der Freunde bis zu dem erneuten Auftreten des Prof. X. in dessen Garten) in der *AMZ* veröffentlichen ließ. Aus Hoffmanns Sicht war dieser Musikteil offenbar der ‚Kern' des Ganzen, in dem er, wie er Rochlitz gegenüber geschrieben hatte, „Gelegenheit gefunden mich über alles was Automat heißt auszusprechen, und also auch musikalische Kunstwerke der Art ganz vorzüglich beachte, nebenher auch den musikalischen Ludwig manches über die neuesten Bemühungen der Mechaniker – über die NaturMusik – über den vollkommensten Ton – Harmonika – Harmonichord ppp sagen lasse welches keinen schicklicheren Platz finden kann als eben in der M⟨usikalischen⟩ Z⟨eitung⟩." (Hoffmann VI, S. 11f.)

Im Musikteil zitiert Hoffmann mehrfach den Schelling-Schüler Gotthilf Heinrich Schubert, dessen Vorlesungen über *Ansichten von der Nachtseite der Naturwissenschaft* (1808) er zuvor begeistert gelesen hatte (vgl. Witting 1997). Kleßmann hat wohl zu Recht darauf hingewiesen, dass der Einfluss Schuberts schon der größeren Anschaulichkeit der Darstellung und des die Lektüre erleichternden Anekdotenreichtums wegen bedeutender war als der Schellings (vgl. Kleßmann 1988, S. 287); mit Schubert habe sich Hoffmann eine Art ‚Weltanschauung' angeeignet, die fortan sein Erzählen grundierte, namentlich den zur gleichen Zeit wie *Die Automate* entstandenen *Goldenen Topf*. Die folgende Deutung stützt sich auf Schuberts kosmologische und naturgeschichtliche Überlegungen.

2. Automate, Somnambule und die *musica mundana*

Schubert geht von der Annahme aus, dass die Menschheit in mythischer Vorzeit in einem naiven Naturzustand gelebt habe, in dem sie jedoch zugleich mit bis heute nicht mehr erreichtem Wissen und übermenschlichen Fähigkeiten ausgestattet gewesen sei; gleichzeitig sei die Natur fruchtbarer und freundlicher als heute gewesen und habe ihre Kinder besser versorgt (vgl. Schubert 1808, S. 3f.). Die Naturgeschichte sei zugleich eine Emanzipations- wie eine Verfallsgeschichte: Einerseits hätten jüngere Geschlechter immer weniger Wissen und Weisheit besessen als ihre Vorfahren, andererseits habe ihre Abhängigkeit von der Natur ständig abgenommen, selbstbewusster Geist sei erwacht und nach ihrer Entstehung seien die Wissenschaften kontinuierlich fortgeschritten. Vor allem Astronomie und Musik als die ältesten Kulturerscheinungen (vgl. ebd., S. 29ff.) dienen Schubert zum Beweis seiner Grundannahme: Das astronomische Wissen ältester Kulturen sei allen späteren Zeiten überlegen gewesen, und die Wirkungen der Musik in mythischer Vergangenheit muteten schon in der Antike wie unerreichbare Wunder an. Ausführlich behandelt er in den ersten Vorlesungen den Aufbau des Weltalls, um zu zeigen, dass es unter den zahllosen Sonnensystemen solche gebe, die im Entstehen, andere, die im Untergange begriffen seien. Unsere Erde, so glaubt er beweisen zu können, gehe allmählich ihrem Ende zu, weshalb ihre verschwenderische, den Menschen vollständig umsorgende Fülle nachließe; auf anderen Planeten könnte derzeit ein glücklicheres Geschlecht höherer Wesen beheimatet sein etc. Der Sinn der Naturgeschichte sei das Erreichen eines höheren Daseins, das dem Menschen ermögliche, dereinst über die Natur und seinen Heimatplaneten hinauszuwachsen.

Wesentlich für Hoffmann sind drei Vorstellungen Schuberts: Erstens existieren noch bis heute ‚Spuren' der einstigen integralen Symbiose des Menschen mit der Natur; zweitens sendet beim Übergang eines niederen in ein höheres Dasein Letzteres gleichsam Vorboten hinab, in denen sich das Kommende andeutet; drittens hängen die unterschiedlichen Sphären der anorganischen Natur, der Pflanzen-, Tier- und Menschenwelt sowie die unterschiedlichen Sonnensysteme und schließlich auch die verschieden hohen Daseinsstufen untereinander zusammen und erschließen sich in sinnfälligen Analogien.

Zu den Relikten eines ehemals goldenen Zeitalters zählen akustische Naturerscheinungen wie etwa die „Luftmusik" oder „Teufelsstimme" auf Ceylon, die Hoffmann direkt bei Schubert abgeschrieben hat (vgl. Schubert 1808, S. 64; Hoffmann IV, S. 422). Schubert erwog ernstlich eine physikalische Erklärung der seit der Antike beschriebenen *Sphärenmusik*; bei einer geringfügig anderen Zusammensetzung der Atmosphäre könnten die Bewegungsgeräusche der Planeten als musikalisches Tongemisch auf die Erde gelangt und hörbar gewesen sein (vgl. Schubert 1808, S. 63). Hoffmann war nicht nur die Legende von der Sphärenmusik bekannt: Als Musiker wird er auch die alte, seit Boetius überlieferte Vorstellung einer *musica mundana*, *musica humana* und *musica instrumentalis* gekannt haben, nach der nicht nur ‚Musik' das All und die Natur durchklingt (*musica mundana*), sondern auch das Innere des Menschen (*musica humana*) und gleichsam sein psychisches Prinzip darstellt (deshalb Hoffmanns Metapher von den „Saiten" in uns); schließlich entsteht Musik beim Singen und Instrumentalspiel (*musica instrumentalis*) und korrespondiert dabei kraft universalem Zusammenhang mit der *musica mundana* und vor allem mit der *musica humana*, was die starke psychosomatische Wirkung von Musik erklärt. Die Haltung der Figur Ludwig zu Musikautomaten ist konsequent: Apparaturen wie das Klavier, die Orgel, das Harmonichord oder ein mit komplexem Klappensystem ausgestattetes Blasinstrument werden begrüßt und ihre Entwicklung mit Interesse verfolgt, solange ein Mensch sie spielt und kraft seiner ihm innewohnenden *musica humana* beseelt, jedoch als grauenerregend abgelehnt, wenn sie ‚von allein', als mechanische Automaten und damit gewissermaßen ohne ‚Musik' spielen. Die Suche nach dem vollkommenen Ton bedeutet den Versuch, den ursprünglichen Naturzustand der Vorzeit wiederherzustellen.

Als auffälligsten Vorboten eines höheren Daseins im jetzigen sah Schubert den animalischen Magnetismus an, dem er seine letzte Vorlesung in dem Bemühen widmete, nur das wissenschaftlich Gesicherte zusammenzutragen. Er betont, dass hierbei ein höheres Dasein nur deshalb in Erscheinung trete, weil es sich bei den magnetisierten Somnambulen um Kranke handele, und beschreibt deren mentale Luzidität, die sich bis zur Clairvoyance, zum Hellsehen, steigern könne, ihre selbstdiagnostische Einsicht, ihr passives Abhängigkeitsverhältnis zum Magnetiseur, ihre Empfindlichkeit auf Metalle usw. Es muss auffallen, dass in Hoffmanns Erzählung niemand ernsthaft glaubt, der redende Türke sei tatsächlich ein irgendwie belebter Mechanismus. Vielmehr legen die Gespräche der Protagonisten nahe, daß die Stimme eines offenbar überdurchschnittlich intelligenten Wesens auf allerdings unerklärliche Weise in den Automaten gelenkt werde; so meint etwa Ferdinand: „Es ist gar kein Zweifel, daß ein menschliches Wesen, vermöge uns verborgener und unbekannter akustischer und optischer Vorrichtungen mit dem Fragenden in solcher Verbindung steht, daß es ihn sieht, ihn hört und ihm wieder Antworten zuflüstern kann." (Hoffmann IV, S. 400) Und Ludwig äußert: „Die Figur ist nichts weiter als die Form der Mitteilung" (ebd., S. 413). Die Leistungen des Türken entsprechen nun ziemlich genau dem Vermögen von Somnambulen, wie Schubert es in seiner letzten Vorlesung aufgestellt hat (vgl. Schubert 1808, S. 331ff.): vom Sprechen in fremden Sprachen über das Lesen eines an die Brust gehaltenen Briefes im Umschlag (bei Hoffmann ein verdecktes Bild) bis zu den Erinnerungsleistungen und der verblüffenden Schlagfertigkeit einzelner Antworten.

Wer um 1810 auch nur ein wenig mit der Literatur über Magnetismus vertraut war, dürfte also rasch vermutet haben, dass das menschliche Wesen hinter dem Automaten somnambul sein müsse, was die Frage nach sich zieht, wer in der Erzählung hierfür in Frage kommen und wer der zugehörige Magnetiseur sein könne. Somnambule waren immer junge Mädchen, die von Ärzten oder Wissenschaftlern magnetisiert (also hypnotisiert) wurden. Insofern dürften der Prof. X. als der eigentliche Kopf hinter dem Automaten und seine der Gesangskunst ergebene Tochter als die Somnambule anzusehen sein (sie ist zumindest identisch mit der unbekannten Sängerin, in die Ferdinand sich in Ostpreußen verliebt hatte). Diese Konstellation gliche dann dem im späteren *Murr*-Roman vorkommenden

Kunststück vom ‚Unsichtbaren Mädchen' des Meisters Abraham, andererseits ähnelte sie auch der zwischen dem Instrumentenbauer Krespel und seiner Tochter Antonie in der Erzählung vom *Rat Krespel*.

Der Unterschied zwischen einem ‚von selbst' spielenden Musikautomaten gegenüber einem von Menschenhand gespielten Instrument entspräche dem des redenden Türken, bevor und nachdem sich Prof. X. seiner angenommen hatte. Die Erörterung musikalisch-akustischer Phänomene entspricht einer Revokation vorzeitiger, die des Somnambulismus einer Vorahnung künftiger Daseinsstufen, denen gemeinsam ist, dass sie der gegenwärtigen überlegen sind: die vergangene kraft ihres durch Musik gewährleisteten ursprünglichen Einklangs des Menschen mit der Natur, die zukünftige kraft ihres geistigen Fortschritts. Beide Daseinsstufen geben sich bei Hoffmann durch Frauenmund kund: durch Gesang oder durch somnambule Rede.

Schubert attribuiert der Natur wie der Musik das Mütterliche und sieht in den höheren Daseinsstufen in gnostischer Tradition den Weg zur Vaterfigur Gottes vorgezeichnet (vgl. Schubert 1808, S. 320ff.). Wenn Ludwig und Ferdinand vor dem Garten des Professors stehen und einen seltsamen Klang vernehmen, der zur „tiefklagenden Melodie einer weiblichen Stimme" wird, und wenn sie dabei des Professors ansichtig werden, dessen „himmelwärts gerichteter Blick […] in seliger Verklärung das geahnete Jenseits zu schauen" (Hoffmann IV, S. 424) scheint, erschließen sich ihnen in direkter Anschauung gleichzeitig die vergangene Naturmutter wie der zukünftige Gottvater selbst. Im redenden Türken wie auf apparativen Musikinstrumenten sind dank magnetischem Rapport bzw. dank der musica humana Gott und Natur indirekt, durch ein Medium, präsent. Dagegen sind im bloßen Automaten, in der marionettenhaft tanzenden hölzernen Puppe, bei dem sich lediglich mechanisch bewegenden Türken oder bei den maschinell spielenden Musikautomaten die Fäden zu Natur und Gott abgerissen und damit die im Menschen angelegten Möglichkeiten annihiliert. Das macht ihr Entsetzliches aus. Ludwig, der Musiker, strebt bei der Suche nach dem „vollkommenen Ton" ins mütterliche Dunkel zurück, in Ferdinand, dem Dichter, entzündet sich nach der Begegnung mit höheren Mächten der gnostische Funke: „Jetzt ist eine nie gefühlte Ruhe und Heiterkeit in meine Seele gekommen […] ist sie nicht im innern glühenden Leben ewig mein?" (ebd., S. 427).

(Werner Keil)

Lebens-Ansichten des Katers Murr (1819/21)

1. Entstehung und Publikation

Die Arbeit am *Kater Murr* nahm Hoffmann offenbar nach Abschluss des ersten Bandes der *Serapions-Brüder* im späten Frühjahr 1819 auf. Es ist belegt, dass Hoffmann den Anfang des Manuskripts im Juli 1819 an den Berliner Verleger Ferdinand Dümmler schickte, der den Text daraufhin im Katalog der Leipziger Herbstmesse unter dem Titel „Lebensgeschichte des Katers Murr" ankündigte. Bis September lag der erste Abschnitt bereits in Druckfahnen vor. Zwischen September und November 1819 stellte Hoffmann den abschließenden zweiten Abschnitt des ersten Bandes fertig. Im Oktober und November des Jahres erschienen die ersten drei Partien der Murr-Geschichte in fortlaufendem Satz, d.h. nicht unterbrochen durch Kreisler-Teile, als Vorabdruck in einer Hamburger Zeitschrift mit dem Titel *Originalien aus dem Gebiete der Wahrheit, Kunst, Laune und Phantasie*. In Buchform erschien der erste Band des *Katers Murr* im Dezember mit der Jahreszahl 1820 bei Ferdinand Dümmler in Berlin.

Mit der Niederschrift des zweiten Bandes hat Hoffmann trotz gegenläufiger Behauptungen gegenüber seinem Verleger (vgl. Hoffmann VI, S. 197f.) erst im Sommer 1821 begonnen. Anfang September schickte er die ersten Manuskriptteile des zweiten Bandes an Dümmler (vgl. ebd., S. 211f.). Ähnlich rasch wie den ersten stellte Hoffmann den zweiten Band bis Ende 1821 fertig, so dass dieser noch im gleichen Monat mit der Jahreszahl 1822 erscheinen konnte. Der vollständige Titel lautete *Lebens-Ansichten des Katers Murr nebst fragmentarischer Biographie des Kapellmeisters Johannes Kreisler in zufälligen Makulaturblättern*.

2. Einflüsse

Für einen Roman, der eine polyphone Intertextualität ins Extrem treibt, ist es nahezu unmöglich, einen vollständigen Katalog seiner integrierten Quellen anzugeben. Die schreibende Katze schleicht sich in ihren autobiographischen Diskurs über ein entstelltes Goethe-Zitat aus dem *Egmont* hinein. Die Biographie des Musikers Kreisler baut sich aus dem Zitat aus Laurence Sternes *Sentimental Journey* auf, das bei genauerem Zusehen weiter auf *den* traditionsbildenden Autor einer frühneuzeitlichen Groteske zurückverweist, auf François Rabelais. Hoffmann lässt seinen Kater in die unterschiedlichsten literarischen Rollen schlüpfen, wahlweise, in Anspielung auf einen galanten Roman Johann Gottfried Schnabels vom Anfang des 18. Jahrhunderts, als „im Irrgarten der Liebe taumelnder Kavalier" (Hoffmann V, S. 201), oder er besinnt sich auf das kanonische Vorbild des passionierten Liebhabers und wird Werther (vgl. ebd., S. 195). Von direkten Einflüssen auf den *Kater Murr* lässt sich nur schwer sprechen. Die intertextuelle Verwebung ganzer Reihen von Zitaten wiederholt sich im Zitat von Gattungen und Formen. Unter diesen stehen an erster Stelle die zentralen subjektkonstitutiven Genres der beginnenden bürgerlichen Kultur: Biographie, Autobiographie, Bildungs- und Entwicklungsroman. Als autobiographische Bezugspunkte dienen vor allem Rousseaus *Confessions*, die sowohl von der Katze als auch vom Kapellmeister in ihrer Bedeutung hervorgehoben werden (vgl. ebd., S. 110ff., 432), und Goethes *Dichtung und Wahrheit. Aus meinem Leben*. Der Bezug auf Goethes Autobiographie läuft nicht nur über das Motto des zweiten Abschnitts „Auch ich war in Arkadien" (ebd., S. 117), sondern auch und vor allem über die organische Strukturierung individueller Entwicklungsprozesse, die bei Hoffmann allerdings parodistisch unterlaufen wird.

Hoffmanns Variation des Bildungsromans rückt die Figur des Künstlers in den Vordergrund, und zwar in beiden Romanteilen: emphatisch im Kreisler-Teil, ironisch im Kater-Teil. Unter den frühromantischen Künstlerromanen ist vor allem Wackenroders *Herzensergießungen eines kunstliebenden Klosterbruders* aus dem Jahre 1797 von großer Bedeutung für Hoffmanns Konstruktion der Lebensgeschichte Kreislers. Bereits in seiner ersten, im Jahre 1803 veröffentlichten Arbeit spielte Hoffmann offensichtlich schon im Titel auf Wackenroders Schrift an: *Schreiben eines Klostergeistlichen an seinen Freund in der Hauptstadt*. Die literarische Konturierung der Künstlergestalt Kreisler ist sehr weitgehend von Wackenroders Figur des ‚Tonkünstlers' Joseph Berglinger beeinflusst. Der Schlussteil der *Herzensergießungen* mit dem Titel „Das merkwürdige musikalische Leben des Tonkünstlers Joseph Berglinger" entwirft Motive, die nicht nur für Hoffmanns Tonkünstler Kreisler traditionsbildend wurden. Er baut die bis in den Ästhetizismus des 19. und 20. Jahrhunderts wirksame Kontrastellung des geweihten Künstlers gegenüber den gewöhnlichen Menschen in der Weise aus, dass die Auserwähltheit des Künstlers gleichzeitig den Preis seiner Selbstaufopferung bezeichnet. Ähnlich sind bei Wackenroder ein Bewusstsein der radikalen Asymmetrie zum Publikum und des Konflikts mit den feudalen Machtverhältnissen sowie die Bedrohung des Künstlers durch Melancholie und Wahnsinn vorgezeichnet.

Für die Inszenierung einer sprechenden Katze als ironisches Medium diente Tiecks *Der gestiefelte Kater* als Präfiguration. Diese Referenz lässt Hoffmann sowohl Kreisler als auch den Kater selbst herstellen: Murr entstammt der „illustren Familie des gestiefelten Katers" (ebd., S. 37). Im hyperbolischen Diskurs der schreibenden und deklamierenden Katze promoviert Tiecks alter Kater Hinze zum „weltberühmten Premier Minister Hinz von Hinzenfeld" (ebd., S. 76). Ein weiteres literarisches Vorbild für den Kater Murr könnte Brentanos Kater Mores gewesen sein, Titelgestalt einer Binnenerzählung aus *Die mehreren Wehmüller*, die 1817 publiziert wurde: *Das Picknick des Katers Mores* (vgl. Knauer 1995, S. 120). Ähnlich wie Hoffmann spielte Brentano in seinem kurzen Text die prätendierte Galanterie und Zivilisation eines Katers gegen die Niederungen seiner Körperlichkeit aus.

Hoffmann hat in seinen Texten immer wieder Traditionsbezüge über diejenigen literarischen Vorläufer hergestellt, die an einer antiklassizistischen Vermischung der Töne und Ausdrucksebenen interessiert waren und von daher eine gewisse Nähe zu grotesken Formen hielten. Nach den Vorbildern Shakespeares, Cervantes', Sternes oder Jean Pauls fügen sich im *Kater Murr* pathetische und ironische Züge zu einer Tragikomik, die nach dem Modell einer Kippfigur auf keine Position hin festgelegt werden kann. In dieser Hinsicht ist Shakespeare für Hoffmanns letzten Roman von besonderer Bedeutung. Die Rückbezüge auf *The Tempest* erreichen im *Kater Murr* geradezu eine leitmotivische Funktion.

Der exemplarische Bezugstext des späten 18. Jahrhunderts für die komische Auflösung eines homogenen narrativen Diskurses und die satirische Fragmentarisierung des Subjekts ist Laurence Sternes *The Life and Opinions of Tristam Shandy, Gentleman* (1760–67). Mit der Wahl des Titels („Lebens-Ansichten") spielt Hoffmann auf Sterne und die zahlreichen Nachfolger in der deutschen Literatur des 18. Jahrhunderts an. Wie Sterne unterläuft Hoffmann im *Kater Murr* das Fortschreiten der Romanhandlung durch ein ständiges Abschweifen, Unterbrechen der Handlung auf einem Spannungspunkt, scheinbar zufälliges Verschieben und Zurückschreiten. Anders als im *Tristam Shandy*, der noch von einem „zusammenhängenden Erzählfluß" geprägt ist, dominiert im *Kater Murr* „von Beginn an das Fragmentarische" (Hoffmann V, Kommentar, S. 965), und zwar auf oberster kompositioneller Ebene.

Es soll nicht unerwähnt bleiben, dass Hoffmanns Kater als ersten biographischen Referenzautor, noch vor Goethe und Rousseau, Plutarch angibt (vgl. Hoffmann V, S. 38). Für die fragmentarische Doppelbiographie von Kreisler und Kater Murr ergibt das antike Modell der doppelten Heldenbiographien Plutarchs *Von großen Griechen und Römern. Doppelbio-*

graphien in einem parodistischen Sinne das entfernte Vorbild. Überhaupt führt die bereitwillige Nennung von Referenzautoren unmittelbar vor Augen, dass in Hoffmanns Roman philologische Einflussforschung selbst fiktionalisiert und ironisiert wird.

3. Zeitgenössische Rezeption, literarische Wirkung und ältere Forschung

Im Gegensatz zu Hoffmanns eigener Wertschätzung seines zweiten und letzten Romans und im schroffen Kontrast zu seiner späteren Karriere fanden die *Lebens-Ansichten des Katers Murr* in der zeitgenössischen Kritik nur geringe Resonanz. Es sind fünf Zeitschriftenrezensionen zum ersten und zwei zum zweiten Band bekannt. Zustimmung und Ablehnung hielten sich in etwa die Waage. Die Rezension in der Literaturbeilage des *Morgenblatts für gebildete Stände* vom 12.2.1820 fiel weitgehend negativ aus. Bereits dieses zeitlich erste Rezeptionsdokument zum *Kater Murr* organisierte seine Kritik in einer Figur, die sich als äußerst traditionsbildend erweisen sollte: Der „Murr"-Teil wird als überflüssiges und ärgerliches Beiwerk abgetan, das vom eigentlich wichtigen „Kreisler"-Teil nur ablenke.

Der Rezensent der *Allgemeinen Literatur-Zeitung* aus Halle betonte den Humor im *Kater Murr*, um ihn sofort gegen die höher eingeschätzten Romane Jean Pauls auszuspielen. Wo dessen Humor in einer philosophischen „Gedankenfülle" gründe, ergehe sich Hoffmann in einer barocken Überpointierung der äußeren Form. Der Rezensent entwickelte daraus den Rat, „bey seinem unleugbaren Talente in seinen Darstellungen, wo möglich, nach grösserer Tiefe und Vollendung im Inneren und Aeusseren zu streben, wenn er anders wünscht, dass seine Schriften eine bleibende Stelle unter den classischen Werken unserer Literatur einnehmen mögen." (zit. nach Hoffmann V, Kommentar, S. 917) Auch die eher positiven Kritiken des *Literarischen Wochenblatts* aus Weimar und des *Allgemeinen Repetitoriums der neuesten in- und ausländischen Literatur* gelangten kaum zu tiefergehenden Aussagen.

Ein besonders krasses Beispiel von politisch motivierter Verzeichnung des *Katers Murr* hat, ähnlich wie zum ersten und zweiten Band der *Serapionsbrüder*, Ludwig Börne überliefert. Unter dem an sich vielversprechenden Titel „Humoralpathologie" hat er in seiner Zeitschrift *Die Wage* einen wenig inspirierten Verriss publiziert, der, ganz von seinem gesunden politischen Standpunkt überzeugt, Hoffmann einen *„kranken"* Humor attestiert (Börne II, S. 451). Aus einer Typologie der verschlagenen Katze leitet Börne seinen Rundumschlag gegen Hoffmann ab: „Eine entartete

Mutter, frißt sie ihre eigenen Jungen. So ist die Katze! So ist auch der *Katzenhumor*, der in Hoffmanns *Kater Murr* spinnt. Ich gestehe es offen, daß dieses Werk mir in der innersten Seele zuwider ist" (ebd.).

Die hier mehrfach erwähnten ausführlichen Einlassungen von Konrad Schwenck und Willibald Alexis, die sich ausführlich mit Hoffmanns Gesamtwerk auseinander setzten, zeigten sich gegenüber dem *Kater Murr* ebenfalls eher ratlos. Vor allem die Vorbehalte gegenüber den „Murr"-Passagen wurden fortgeschrieben. Ein zeitgenössisches Dokument, das das kühne literarische Formexperiment des Textes erkannt hätte, ist nicht überliefert.

Wie bei anderen Texten Hoffmanns fiel auch die Rezeption des *Katers Murr* im europäischen Ausland, vor allem in Frankreich und Russland, weit intensiver und positiver aus als in Deutschland. Zwar erreichte der Roman bei weitem nicht die Bekanntheit etwa des *Goldenen Topfs*, er wurde aber schon 1830 ins Französische übersetzt und erschien 1840 in einer vollständigen russischen Übersetzung (vgl. Ingham 1974). Im Verlauf des 19. Jahrhunderts folgten Übertragungen in die wichtigen europäischen Literatursprachen. Erst um die Jahrhundertwende, vor allem mit der Neuromantik, änderte sich die Bewertung des *Katers Murr* auch in Deutschland. Hermann Hesse hat die überraschende Widerständigkeit des Romans auf den Punkt gebracht: „Es gab Jahrzehnte, in welchen niemand in der Welt geglaubt hätte, daß Dinge wie der ‚Kater Murr' einst das deutsche Heer, die deutsche Monarchie und die deutsche Kriegswirtschaft überleben würden und nun ist es doch so gekommen." (Hesse 1972 II, S. 240) Diese Umbewertung ging allerdings einher mit einer erneuten Konzentration auf die Figur des Musikers Kreisler. *Kater Murr* wurde beinahe exklusiv als deutscher Künstlerroman mit tragischen Untertönen gelesen. Bei dieser auf tiefsinniges, ernstes Künstlertum gerichteten neuromantischen Lektüre stören die kontrastiven, philiströsen Lebensansichten einer schreibenden Katze so nachhaltig, dass die *Lebens-Ansichten des Katers Murr* zum Kreislerroman umbenannt wurden.

Ihren augenfälligsten Ausdruck hat die starke Akzentuierung der Künstlerfigur Kreisler beim Hoffmann-Philologen Hans von Müller gefunden, in dessen separater Edition der Murr- und Kreisler-Passagen zugleich auch die verworrene fragmentarische Form des Romans, das „gefährliche, selbstmörderische Spiel mit der Form" (von Müller 1903, S. XLI), geglättet wurde. 1903 edierte er *Das Kreislerbuch*, indem er nicht nur die Murr-Partien aussparte, sondern gleich auch die Kreisler-Passagen chronologisch ordnete. Erst viel später, im Jahr 1916, gab er in gleicher Weise die *Lebens-Ansichten des Katers Murr* heraus, das also, was er als

„stimmungsmordendes Beiwerk" (von Müller 1974, S. 736) der Künstlerbiographie zunächst ausgesondert hatte.

Hesses und von Müllers Hochschätzung der Künstlerfigur Kreisler wurde ebenso von Oswald Spengler, der in *Der Untergang des Abendlandes* Kreisler gleichberechtigt neben Goethes Faust-Figur stellte (vgl. Spengler 1919, S. 386), und Richard Benz geteilt, der den Kapellmeister als „höchste Gestalt" (Benz 1937, S. 353) Hoffmanns und als „Summe aller Tragik" (ebd., S. 346) feierte. Vergleichbar hoch schätzte auch Thomas Mann Hoffmanns Roman ein. Allerdings ist seine Beschäftigung mit *Kater Murr* in *Die Kunst des Romans* (1940) aus der Vorbereitungsphase des *Doktor Faustus* weniger an der tragischen Figur Johannes Kreisler als an der literarischen Form interessiert. Ausgehend von der formalen Komposition des *Katers Murr* wertet Mann ihn als Text von europäischem Rang, eine Einschätzung, die bis in die Gegenwart hinein gültig ist und etwa durch Italo Calvinos Bezugnahme auf Hoffmanns Roman, nicht nur für seinen durch und durch fragmentarischen, zudem mit der Fiktion eines Buchbinder-Fehlers spielenden Roman *Wenn ein Reisender in einer Winternacht* (1979), eine späte Bestätigung erfuhr.

4. Grundzüge der neueren Forschung

Angesichts der beinahe unüberschaubar gewordenen neueren Forschungsliteratur zu Hoffmann insgesamt und zum *Kater Murr* speziell muss sich dieser Überblick auf die knappe Rekonstruktion einiger Grundpositionen beschränken. Die neuere Forschung setzt etwa 15 bis 20 Jahre nach Ende des Zweiten Weltkriegs ein. Sie stand zunächst im Zeichen einer Neubewertung der fragmentarischen Konstruktion des Romans. Der in der älteren Forschung favorisierten Konzentration auf den Kreisler-Teil, verbunden mit einer Abwertung des Murr-Teils, hielt etwa Herbert Singer (1963) entgegen, es handele sich um „ein in sich vollendetes Fragment" (Singer 1963, S. 327), in dem beide narrativen Stränge gleichberechtigt und vor allem kompositorisch genauestens abgestimmt ineinander griffen. In diesem Sinne sprach Singer von einer formalen Geschlossenheit des Textes, denn sein Gegenstand sei keine Handlung, die durch Spannung zu einer Lösung geführt werde, sondern die Entfaltung einer durch die unüberwindlichen Antinomien der künstlerischen Existenz gekennzeichnete Situation.

Die Einsicht in die hochartifizielle Komposition des Romans ist seitdem in der Forschung nicht mehr ernsthaft in Frage gestellt worden. Sie ist vielmehr in unterschiedlichen Nuancen ausdifferenziert und ergänzt worden, etwa hinsichtlich Zitatverwendung bzw. Intertextualität (vgl. Meyer 1961; Scher 1976; Laußmann 1992), Poetologie (vgl. Preisendanz 1963; Kofman 1985; Momberger 1986; Liebrand 1996), Arabeskentechnik (vgl. Rotermund 1968; Schäfer 2001), formaler Modernität (vgl. Steinecke 1977–79) oder musikalischer Komposition (Hudgins 1975). Trotz der einheitlichen Meinung über die formale Artifizialität besteht ein Dissens hinsichtlich der synthetischen oder versöhnenden Intention des *Katers Murr*. Wolfgang Preisendanz (1963) und Walter Müller-Seidel (1963) betonen den versöhnenden Gestus, wohingegen dieser harmonisierenden Sicht in zahlreichen Beiträgen der 1980er und 1990er Jahre widersprochen wird (vgl. Kofman 1985; Gaskill 1986; Momberger 1986; Hartmann 1988; Schnell 1989; Swales 1993; Liebrand 1996). Bei Momberger heißt es resümierend: „Die Konstruktion des Romans bildet gleichsam eine Allegorie der Hoffmannschen Poetik: wie der Kreislertext beständig in die Geschlossenheit des Murrtextes eindringt, ist auch Hoffmanns Schreibweise zu lesen als eine Subversion jedes geschlossenen Diskurses." (Momberger 1986, S. 139)

Eine weitere grundlegende Forschungslinie bildet die Frage nach dem Verhältnis des *Katers Murr* zur Tradition des Bildungsromans, die schon in der älteren Forschung, etwa bei Richard Benz, mit der Subjekt- und Künstlerthematik angereichert wurde. In der Kreisler-Geschichte hat Jürgen Jacobs 1972 in seiner Untersuchung *Wilhelm Meister und seine Brüder* die „Unmöglichkeit eines ausgleichenden und befriedigenden Bildungsprozesses" (Jacobs 1972, S. 150) gesehen. Die Lebensansichten des Katers parodieren den Bildungsroman „als jene Gattung, deren Thema die jeweils individuelle und doch exemplarische Versöhnung des idealen Anspruchs mit der Wirklichkeit ist" (ebd.) und hier als Ausdruck philiströser Mentalität vorgeführt wird. Dass der Lebens- und Bildungsweg durch desillusionierende Erfahrungen hindurch zur sinnerfüllten Existenz führen könnte, ist, so Jacobs, bei Hoffmann zu einem unvollziehbaren Gedanken geworden (vgl. Selbmann 1984; Mayer 1992). Bei Inge Stephan kommt insofern eine Differenzierung hinzu, als sie den Murr-Teil parodistisch auf Goethes *Wilhelm Meister* und die Geschichte Kreislers auf Novalis' *Heinrich von Ofterdingen* bezog (vgl. Stephan 1994, S. 171).

Stärker einer sozialgeschichtlichen bzw. sozialpsychologischen Perspektive auf Hoffmanns Desillusion von subjektiver Selbstbestimmung und individueller Identität verpflichtet waren die Untersuchungen von Horst S. Daemmrich (1973; 1983), Wolfgang Nehring (1986) und Hans-Jürgen Blanke (1988). Ausgangspunkt dieser Monographien war die Beobachtung einer Krise der Subjektivität zu Beginn des 19. Jahrhunderts, die die Entwürfe autonomer Subjektivität als ideologische Projekte entlarve.

Die auffällige Zitatverwendung im *Kater Murr* hat einige spezielle Untersuchungen nach sich gezogen, die die verschiedenen Funktionen und Techniken der Zitatimplementierung in Hoffmanns Text zum Gegenstand hatten. Im Anschluss an einige wenige ältere Arbeiten (vgl. Meyer 1961) beschrieb Sabine Laußmann in ihrer Monographie *Das Gespräch der Zeichen* (1992) Hoffmanns Technik des Zitats als integralen Bestandteil der polyphonen Form des Romans. Sie beobachtete die Zitatenstellung als komplexes, unabschließbares Spiel, in das neben den Figuren Murr und Kreisler vor allem auch der fiktive Herausgeber und der Erzähler involviert sind. Laußmann verfolgte die „intertextuelle Imprägnierung" (Laußmann 1992, S. 175) des Textes bis zu dem Punkt, wo die „diskursive Maßlosigkeit" (ebd., S. 167) des Katers als selbstreflexive Verfügbarkeit über die Diskurse der Romantik transparent wird: „Als Murr über die romantische Poetik und das Verhältnis von Dichter und Gesellschaft philosophiert, erweist er sich bereits als Diskursvirtuose, der problemlos die musikalische Metaphorik des Kreisler-Diskurses assimiliert." (ebd., S. 167)

5. Fragmentarische Form

Die satirische Bildungs- und Lebensgeschichte des ambitionierten Katers wird immer wieder mitten im Satz unterbrochen durch ebenfalls mitten im Satz beginnende Fragmente der Künstler-Biographie Johannes Kreislers, die durch „*(Mak. Bl.)*" als Abkürzung für „Makulatur Blatt" gekennzeichnet sind. Der jeweils folgende Abschnitt der Murr-Geschichte ist mit „*M. f. f.*" für „Murr fährt fort" etikettiert und führt den abgebrochenen Satz syntaktisch korrekt und vollständig zum Ende. Die Geschichte des Katers ist kontinuierlich und linear fortschreitend geschrieben und wird nur durch die diskontinuierlichen Fragmente der Kreisler-Biographie destruiert. Die ironische Erklärung des Herausgebers, der bildungsbeflissene und des Schreibens mächtige Kater habe für seine Autobiographie ein anderes Buch, eben die Lebensgeschichte Kreislers, zerrissen und „teils zur Unterlage, teils zum löschen" missbraucht, und der Drucker habe diese Fragmente „aus versehen mit abgedruckt" (Hoffmann V, S. 12), darf nicht darüber hinweg täuschen, dass es sich hier um ein sehr genau durchdachtes Spiel mit einer fragmentarischen Konstruktion handelt. Es kommt zu einer wechselseitigen Inversion zweier Texte. Der Katzen-Text erweist sich als Nachahmung und Plagiat der Menschen-Schrift und der Kreisler-Text als sekundäre Aneignung des Katers (vgl. Kofman 1985, S. 68). Innerhalb der editorischen Fiktion des Textes hat der Kater in einem Akt des „litterarischen Vandalismus" (Hoffmann V, S. 12) nicht nur die bereits in Buchform vorliegende Biographie Kreislers zerstört, sondern er hat ihr vor allem einen Großteil der Linearität genommen, die durch die alphabetische Schrift, zumal in der Gestalt des Buches, vorgegeben ist.

Durch die fingierten Eingriffe des Katers zerfällt ein vormals linear durchgeschriebener und gedruckter Text in siebzehn Einzelteile, wobei ungewiss bleibt, wie viele Teile auf diese Weise verloren gegangen sind. Die syntaktisch unterbrochenen Einzelpassagen sind ihrer chronologischen und insgesamt linearen Ordnung entbunden. Erst durch die kontinuierlich durchgeführte Autobiographie des Katers wird die Simultaneität der siebzehn zerrissenen Makulaturblätter erneut in eine lineare, fortlaufende Struktur überführt. Verlässt man den Fiktionszusammenhang des Romans, so muss man selbstverständlich feststellen, dass es nicht der Kater, sondern letztlich Hoffmann ist, der über das Arrangement der Fragmente waltet. So sind zwar die An- und Abschlussstücke von Kreislers Lebensgeschichte syntaktisch zerfetzt, doch ihre Reihenfolge und mithin auch die Reihenfolge ihrer Lektüre ist genau vorgegeben. Hoffmann stützt diesen Sachverhalt, indem er den Wechsel von Murr- und Kreisler-Passagen thematisch und leitmotivisch aufeinander abgestimmt hat. Unmittelbar nachdem Kreisler im zwölften Makulaturblatt in pathetischem Gestus von einer Auseinandersetzung mit Pistole und Degen berichtet hat, kommt auch Murr in seiner Autobiographie auf ein Duell zu sprechen (vgl. ebd., S. 270ff. und 294ff.). Umgekehrt präludiert das galante amouröse Abenteuer des Katers mit Miesmies der leidenschaftlichen Liebe zwischen Kreisler und Julia Benzon im folgenden neunten Makulaturblatt.

Das hochartifizielle, selbstreflexive Spiel mit der Erzählfunktion prägt alle wichtigen Texte Hoffmanns von den *Fantasiestücken* an. Immer wieder sind es die behauptete Unmöglichkeit des Erzählens oder ein Spiel mit austauschbaren Erzählstrategien, die zur ironischen Bedingung der Möglichkeit des Erzählens werden. So auch der Kreisler-Biograph: „Gern hätte er angefangen: In dem kleinen Städtchen N. oder B. oder K., und zwar am Pfingstmontage oder zu Ostern des und des Jahres, erblickte Johannes Kreisler das Licht der Welt! – Aber solche schöne chronologische Ordnung kann gar nicht aufkommen; da [...]" (ebd., S. 58) und so weiter. Im Gegensatz zu den übrigen Texten Hoffmanns kommt hier aber etwas entscheidend anderes hinzu. Im *Kater Murr* folgt auf solche Einlassungen nicht die durcherzählte Geschichte, die die Lektüreerwartung letztlich doch erfüllt. Hoffmann lässt die Kreisler-Geschichte nicht nur immer wieder auf einem Spannungsbogen abbrechen, sondern verweigert noch dazu dessen Fortführung im nächsten Fragment. Die aufgestaute Erwartungshaltung des Lesers läuft so ins Leere: „Mit zwei Worten, sprach die Benzon erkläre ich alles. Als ich mich vor fünf Jahren in – " (ebd., S. 69). Erklärt wird dann aber gar nichts. Ebenso wenig wird die Neugier am Ende des sechsten Makulaturblattes befriedigt: „Merkwürdiger Weise trug es sich zu, daß die Benzon eben zu dieser Zeit als – " (ebd., S. 133).

Hoffmanns Roman hat in einer parodistischen Verkehrung teil an der traditionellen Handlungsverknüpfung zwei- oder mehrsträngigen Erzählens, wie es vom spätantiken Liebesroman und seinen Ausläufern im höfisch-historischen Roman des 17. Jahrhunderts bzw. im Abenteuerroman des 18. Jahrhunderts her geläufig ist. Allerdings bestätigt Hoffmann das nach dem Autor des spätantiken Liebesromans *Aithiopika* benannte Heliodor-Schema nurmehr äußerst kryptisch, insofern die Begegnung der beiden Helden Murr und Kreisler erst am Ende des Textes angekündigt wird und somit allenfalls jenseits der Textgrenze stattfinden könnte. Wo im traditionellen Erzählzusammenhang die kontingente Entscheidung der Handlungsfolge mimetisch verdeckt wird, betont Hoffmann gerade die Zufälligkeit und Willkür der Verknüpfung zweier „vordergründig unabhängig lesbare[r] Texte, deren einziger Zusammenhalt in der gemeinsamen materiellen Basis, nämlich demselben Stück Papier, zu bestehen scheint." (Laußmann 1992, S. 146) Nebenbei erreicht Hoffmann damit im *Kater Murr* einen parodistischen Seitenblick auf die Form des Fortsetzungsromans, an dessen Durchsetzung Hoffmann mit zahlreichen Texten beteiligt war und der in den Zeitschriften des 19. Jahrhunderts eine große Konjunktur erfahren sollte.

Neben den motivischen Verschränkungen und der intertextuellen Verwebung beider Basis-Texte bestätigt auch die zeitliche Ordnung des Handlungsverlaufs, dass die vorgebliche Zufälligkeit der Textgestalt in Wirklichkeit bestens durchkomponiert ist. Hoffmann hat den narrativen Zusammenhang seiner Geschichte nämlich in eine zirkuläre Ordnung eingebunden, in der genau genommen Anfang und Ende spiralförmig voneinander abgesetzt sind: Das siebzehnte und letzte Makulaturblatt endet mit der Ankündigung eben jenes Festes, von dem im ersten Blatt schon aus der Erinnerung gesprochen wird. Bei aller medial vorgegebenen Linearität der Buchform ist es die Gestalt des Kreises bzw. der Spirale, die die Vorstellung von Linearität dementiert.

6. Der romantische Text als Umschrift

Schon in beiden Basis-Texten für sich genommen, in der Autobiographie des Katers ebenso wie in der Biographie des Musikers, lösen sich die Konturen eines literarischen Subjekts auf. Das zu jeder passenden und unpassenden Gelegenheit vom Kater intonierte Pathos des erhabenen Genies zerfällt offensichtlich in die höchst prosaische Folge von Zitaten und Plagiaten. Jede vermeintliche Original-Schöpfung wird in einer „penetranten Intertextualität" (Swales 1993, S. 50) leicht als Nach-Schrift einsehbar. Hoffmann hat den Akt der Intertextualität in das Bild der „Reproduktionskraft der Eidexen" gefasst: „Und weißt du denn nicht, daß überhaupt die Verse unserer jungen Dichter die Reproduktionskraft der Eidexen besitzen, denen die Schwänze munter wiederum hervor schießen, hat man sie auch an der Wurzel weggeschnitten!" (Hoffmann V, S. 98) Wie schon Anselmus im *Goldenen Topf* ist auch der schreibende Murr in erster Linie Ab-Schreiber. Zum Kalligraphen reicht es nicht ganz, obwohl er sich nach eigener Auskunft am „Schreibevorschriftsbuch" (ebd., S. 43), der *Calligraphia Regia*, des Hilmar Curas von 1714 ausbildet, denn ganz so geschmeidig wollen seine Krallen sich dem Fluss der Schrift nicht einordnen, und bisweilen gerät ihm auch der „Schweif" in das Tintenfass, was allenfalls Kleckse und Flecken hinterlässt (vgl. ebd., S. 119). Einen obszönen Seitenblick darauf, was es heißt, mit dem „Schweif" zu schreiben, lässt Hoffmann sich um so weniger entgehen, als es oberste kompositionelle Funktion der Murr-Schrift ist, den erhabenen Ton künstlerischer und erotischer Selbstauslegung im Kreisler-Teil entweder parodistisch zu überbieten oder aber im Hinblick auf materielle Leiblichkeit zu unterlaufen. In aller Anzüglichkeit lässt Hoffmann seinen mit dem Schweif schreibenden Kater bekennen, dass er sich „in dieser Zeit in Unarten erschöpfte, so daß der Meister sprach: ich weiß gar nicht, was dir ist, Murr! ich glaube am Ende, du bist jetzt in die Lümmeljahre getreten!" (ebd.) Dass es sich hier nicht nur um ein zufälliges Motiv handelt, zeigt jene Episode gegen Ende des ersten Bandes, in der Murr sich mit intertextuellem Beistand von Ovid als „Schwanzstern" und „geschwänzter Lichtgeist" (ebd., S. 196) in seine Liebesabenteuer stürzt.

Von der ersten bis zur letzten Zeile hat Hoffmann die katerlichen Lebensansichten als Verschlingen und verdrehtes Ausscheiden mehr oder minder klassischer Textstellen eingerichtet. Den Anfang macht ein Zitat aus Goethes *Egmont*, von Murr selbstbewusst in eine heitere Lesart eingefügt: „O du süße Gewohnheit des Daseins!' ruft jener niederländische Held in der Tragödie aus. So auch ich, aber nicht wie der Held in dem schmerzlichen

Augenblick, als er sich davon trennen soll" (ebd., S. 18), sondern als er beschließt, ewig zu leben. Ähnlich wie mit der kurz vorher entstandenen Figur des Klein Zaches hat Hoffmann mit seinem Kater gleichsam einen Diskursparasiten gestaltet, der sich jeden fremden Ton aneignet und als seinen eigenen ausgibt. Dabei erweist er sich keineswegs nur als zitatwütiger Wiederkäuer der europäischen Literaturgeschichte. Ohne Mühe ist er auch in der Lage, den Ton seines – im buchstäblichen Sinne – Prätextes, der Musikerbiographie, zu imitieren. Er zerreißt somit seinen Prätext materiell, um Raum für den „eigenen" Text zu haben. Er zersetzt ihn aber auch inhaltlich, indem er den emphatischen Ton der Kreislerbiographie imitiert und verschleißt. Am Ende der Lebensansichten sieht sich der fiktive Herausgeber genötigt, auf diese parasitäre Relation zu verweisen: *„(Anmerk. Des Herausgeb:* – Murr, es tut mir leid, daß du dich so oft mit fremden Federn schmückst. Du wirst, wie ich mit Recht befürchten muß, dadurch bei den geneigten Lesern merklich verlieren. – Kommen alle diese Betrachtungen mit denen du dich so brüstest nicht gerade hin aus dem Munde des Kapellmeisters Johannes Kreisler [...])" (ebd., S. 429). Den Schlusspunkt unter Murrs intertextuellen Verschleiß der Literaturgeschichte markiert seine emphatische Bezugnahme auf den grotesken Ritter des Cervantes, nach dessen Vorbild er seinem „anmutigen weißen Windspielfräulein unverbrüchliche Treue und Ritterdienst bis in den Tod" (ebd., S. 435) schwört.

Auch der Text über den genialischen Musiker Kreisler profiliert sich in einer Masse von Zitaten, aus denen zwei exemplarisch ausgewählt seien, weil sie für die Poetik des Katers Murr von herausragender Bedeutung sind. Hoffmann hat sie zu einer Textstelle ganz zu Beginn des ersten Makulaturblattes verwoben. Dass dieses vielschichtige Zitat unmittelbar am Anfang des Kreisler-Teiles platziert ist, unterstreicht seine Wichtigkeit und zeigt einmal mehr, wie genau Hoffmann das Arrangement der Makulaturblätter bei aller vermeintlichen Zufälligkeit gehandhabt hat. Um gegenüber dem Fürsten Irenäus die Ursachen für ein Malheur beim Fest zum Namenstag der Fürstin zu benennen, das von einem Sturm abrupt beendet worden war, weicht Meister Abraham, der Arrangeur des nämlichen Festes, in eine Erzählung über einen Sturm aus, die er bei Rabelais gefunden habe: „[U]nd erinnern Sie sich gnädigster Herr! denn nicht des großen Sturms, der dem Advokaten, als er zur Nachtzeit über den Pontneuf wandelte, den Hut vom Kopfe herunter in die Seine warf? – Ähnliches steht im Rabelais, doch war es eigentlich nicht der Sturm, der dem Advokaten den Hut raubte" (ebd., S. 23f), sondern, so verändert Hoffmanns Text die Vorlage, ein Spitzbube, der es auf das Hab und Gut des Advokaten abgesehen hat.

Selbstverständlich kennt der bornierte Duodezfürst Irenäus den „Advokaten Rabelais" (ebd., S. 24) nicht. Er sieht auch nicht, dass die von Meister Abraham entstellte Sturm-Episode nicht bei Rabelais, sondern in Sternes *Sentimental Journey* (1768) zu finden ist. Hoffmann zitiert sie zu Beginn der Kreisler-Geschichte mehr oder minder implizit, weil sie ein genaues Vorbild der fragmentarischen bzw. elliptischen Konstruktion seiner Musiker-Biographie ist. In den Abschnitten 58 bis 60 erzählt Sterne diese Episode, die sich eigentlich weniger um den verwehten Hut des Advokaten als um ein Fragment handelt, das eine Lebensgeschichte verspricht, die jedoch nie erzählt wird. Zwar verliert ein Pariser Advokat auf dem Pontneuf seinen Hut durch einen, wie es heißt, „bösen Wind" (Sterne o.J., S. 118), wichtiger aber ist die narrative Rahmung bzw. materielle Gegebenheit dieser Anekdote. Der Ich-Erzähler Yorick findet – so Bodes deutsche Übersetzung des Textes, die Hoffmann kannte – „ein Stück Makulatur" (ebd., S. 116) als Unterlage eines Weinblattes und seiner Frühstücksbutter. Da es sich um ein bedrucktes Stück Makulatur handelt, wirft er es nach dem Frühstück nicht, wie das Weinblatt, aus dem Fenster, sondern beginnt es zu lesen. Da es jedoch „in altem Französisch, aus Rabelais' Zeiten" (ebd.), geschrieben ist, muss Yorick es zunächst ins Englische übersetzen, um es sich selbst und dem Leser dann vorzulesen. Yorick erzählt folglich die kryptische Geschichte des Advokaten. Außer der reichlich banalen Episode um den verlorenen Hut auf dem Pontneuf erfährt der Leser jedoch nichts Weiteres. Die angekündigte Lebensgeschichte, die „jedes Gefühl der Natur erregen" (ebd., S. 120) würde, ist dem Umstand zum Opfer gefallen, dass mit zwei Bogen der Makulaturblätter zuvor ein „Bukett" Blumen eingewickelt worden waren. Und da dieses einer „treulosen Geliebten" (ebd., S. 121) geschenkt wurde, die sie ihrerseits an einen anderen Geliebten weitergereicht hat, ist der Text für immer verloren.

Auch die zumindest doppelte, bisweilen dreifache Rahmung des *Katers Murr* ist bei Sterne vorgeprägt. Hoffmanns Umschrift des Sterne-Textes geht nahtlos in ein anders Zitat über, das den gesamten *Kater Murr* leitmotivisch durchzieht und für die Poetik dieses Textes nicht weniger wichtig ist als die ironische Ellipse Sternes und die dahinter verborgene groteske Komik Rabelais'. Die inflationäre Nennung des Wortes „Sturm" in der Eingangspassage des ersten Makulaturblattes bereitet Hoffmanns Bezug auf Shakespeares *The Tempest* vor. Es geht Hoffmann weniger um Sternes Wind auf dem Pontneuf als um jenen Sturm, über den Shakespeare seine Figur Prospero als magischen Gebieter der Elemente und Drahtzieher der Handlungsfäden einführt, jenen Sturm, mit dem Prospero zu Anfang der Komödie ein Gewitter heraufbeschwört, das den Schiffbruch seiner Widersacher bewirkt und ihm diese direkt auf die Insel seines ungewollten Exils führt. Hoffmann hat seinen „Hexenmeister" (Hoffmann V, S. 25) Abraham Liscow nach dem Vorbild Prosperos konzipiert. Wie dieser kann er „den Elementen gebieten" (ebd.; vgl. ebd., S. 26). Für denjenigen Leser, der bisher die modellbildende Funktion von Shakespeares *The Tempest* noch nicht erkannt hat, holt Abraham wenig später die explizite Auflösung nach, indem er, sich selbst mit Prospero identifizierend, das Medium von Prosperos Magie, den Luftgeist Ariel, auf Kreisler bezieht (vgl. ebd., S. 31). Begleitet von der erotisch-musikalischen „Fantasmagorie" seines Ariel (ebd., S. 32) macht der Magier, der das Wetter „auf die Sekunde" (ebd.) berechnen kann, sich einen „Orkan" (ebd., S. 33) zunutze und lässt das Fest zum Namenstag der Fürstin in einem Fiasko münden. Immerhin endet das verkehrte Fest mit der Entdeckung des ausgesetzten Katers Murr, dessen sich Abraham annimmt. In kaum einem Makulaturblatt der Kreisler-Geschichte und kaum einer Partie der Murr-Autobiographie hat es Hoffmann versäumt, scheinbar beiläufig einen „Sturm" zu nennen, der bis zur abschließenden Ankündigung des Festes, das den Anfang markierte, durchweg mit jenem paradigmatischen Sturm Shakespeares korrespondiert.

Als alchemistischer „Goldmacher" (ebd., S. 51), der über den sogenannten tierischen Magnetismus das Innenleben der Figuren sondieren und Spiegelwelten aufbauen kann, übernimmt Meister Abraham die Funktion, gleichzeitig Alter ego der Künstlerfigur Kreisler und Drahtzieher seiner Geschicke zu sein. Er holt ihn als Kapellmeister an den Duodezhof zu Sieghartsweiler, wo Kreisler zwischen zwei Frauen gerät, die künstlerisch gestimmte, eher sublime Julia Benzon und die impulsivere Prinzessin Hedwiga. Gegen ihre leidenschaftliche Liebe hat die höfische Etikette andere Allianzen geplant. Die Rätin Benzon, ehemalige Geliebte des Fürsten, möchte ihre Tochter mit dem schwachsinnigen Thronfolger Ignatius vermählen und der Fürst seine Tochter mit dem obskuren, verbrecherischen Prinzen Hektor. Als Mentor Kreislers inszeniert Meister Abraham seine ‚magischen Operationen' und ‚Stürme', um die Allianzen zu verhindern und Kreisler zu schützen.

7. Ein Fest im „Lande der Maskenfreiheit"

In zahlreichen Erzählungen Hoffmanns lassen sich Traditionen des Grotesken beobachten.

Im *Kater Murr* läuft die Groteske am sinnfälligsten über das zentrale groteske Motiv der Inversion von Tier und Mensch. Zudem hat Hoffmann die schon für das groteske Körperdrama der Frühen Neuzeit wichtige Metaphorik des Essens im *Kater Murr* auf die Verkehrung von Geist und Materie zugespitzt, insofern der häufig erwähnte ‚Heißhunger' des Katers auf ‚geistige Speise', nämlich Schriften, gerichtet ist und damit eine Degradation der ständig prätendierten Idealität bewirkt. Worüber immer der verfressene Kater spricht, er tut es in unmittelbarer Nachbarschaft von Fressen und Verdauen. Sein gesamter „unwiderstehlicher Trieb zum Höheren" (ebd., S. 23) wird mit diesem materiell-leiblichen Motiv konfrontiert. Ob die Verse im Prosatext als „fetter Speck" in einer „magern Wurst" (ebd., S. 426) figurieren oder Gedichte an anderer Stelle als höchst materielle Ausscheidungen erscheinen (vgl. ebd., S. 195f.), immer geht es Hoffmann um eine Hybridbildung von geistiger und kreatürlicher Sphäre, die sich nicht darin erschöpft, einen philiströsen, mit burschenschaftlichen Ambitionen versehenen Kater der allzu offensichtlichen Satire preiszugeben. Alle hochtrabenden Lebensansichten des Katers, selbst eine vorübergehende Teilnahme an der passionierten Liebe (vgl. ebd., S. 199), sind nach dem Motto „Die Hoffnung lebt – ich rieche Braten!" (ebd., S. 157) von diesem Diskurs der Leiblichkeit infiziert. Sogar das gesamte äußere Erscheinungsbild des Textes, die Verstümmelung der Kreisler-Vorlage, verdankt sich dem „wissenschaftlichen Heißhunger" des Katers Murr: „Welche Wollust, als ich nun mitten unter den Schriften und Büchern saß, und darin wühlte. Nicht Mutwille, nein nur Begier, wissenschaftlicher Heißhunger war es, daß ich mit den Pfoten ein Manuskript erfaßte, und solange hin und her zauste, bis es in kleine Stücke zerrissen vor mir lag." (ebd., S. 40)

Auch Murrs Lebensansichten werden auf einen peristaltischen Impuls zurückgeführt. Seine Plünderung des Archivs der europäischen Literatur ist ein universales Verschlingen und Sich-Vollstopfen: „Wie ich nun fertig las, und ich mich täglich mehr mit fremden Gedanken vollstopfte, fühlte ich den unwiderstehlichsten Drang, auch meine eignen Gedanken, wie sie der mir inwohnende Genius gebar, der Vergessenheit zu entreißen, und dazu gehörte nun allerdings die freilich sehr schwere Kunst des Schreibens." (ebd., S. 43) Ganz offenkundig ist der Genius ein äußerst gefräßiger und mit einer begnadeten Verdauung gesegneter Reißwolf. Die als philosophischer und religiöser Topos geläufige „geistige Speise" wird nicht nur – nach dem Vorbild der frühneuzeitlichen Groteske – in Hoffmanns Text zu leiblicher Speise profanisiert, sondern auch – in einem leichten Nachhall der Skatologie Rabelais' – zu Ausscheidungen verkehrt: „Ich hört' einmal den Meister Abraham erzählen, in einem alten Buche stände etwas von einem kuriosen Menschen, dem eine besondere Materia peccans im Leibe rumorte, die nicht anders abging, als durch die Finger. Er legte aber hübsches weißes Papier unter die Hand, und fing so alles, was nur von dem bösen rumorenden Wesen abgehen wollte, auf, und nannte diesen schnöden Abgang Gedichte, die er aus dem Innern geschaffen. Ich halte das Ganze für eine boshafte Satyre, aber wahr ist es, zuweilen fährt mir ein eignes Gefühl, beinahe möcht' ich's geistiges Leibkneifen nennen, bis in die Pfoten, die alles hineinschreiben müssen, was ich denke." (ebd., S. 195f.)

Im Mittelalter und in der frühen Neuzeit ist der Akt des zumeist hyperbolisch übersteigerten Essens innerhalb grotesker Ausdrucksformen häufig an ein Festessen gekoppelt. Es geht hier eine antike Tradition der Symposien, der Gastmähler, ein, die mit der Vorstellung einer zyklischen, jährlichen Wiederkehr verbunden wird. Kennzeichnend dafür ist die festliche Exponiertheit und zyklische Wiederkehr einer vorübergehenden Inversion aller Alltagsbezeichnungen. Hoffmann hat dem *Kater Murr*, ganz ähnlich wie der etwa gleichzeitig entstandenen *Prinzessin Brambilla*, eine zyklische Form gegeben, die über ihre Gestalt als Fest eine Erinnerung an karnevaleske Wiederholungsstrukturen wachhält. Dass darin letztlich eine Selbstspiegelung des zyklisch organisierten Textes enthalten ist, der einem möglichen Leser die karnevaleske Wiederholung im Akt der Lektüre der literarischen Schrift anbietet, ist an der *Prinzessin Brambilla* ebenso leicht zu überprüfen wie am *Kater Murr*. Bachtins Aussage über den frühneuzeitlichen Karneval: „Jedes Ende ist hier ein neuer Anfang" (Bachtin 1990, S. 68) trifft genau die inverse chronologische Ordnung von Hoffmanns Roman. Und dass Hoffmann die zyklische Zeitordnung seines Textes an das Ereignis eines Festes geknüpft hat, ist keineswegs nur episodisch, sondern bewusster Ausdruck seiner poetischen Referenz auf Karneval und Groteske. Die Details und der Verlauf des fürstlichen Festes, mit dessen Erinnerung der Text beginnt und mit dessen Ankündigung er endet, bestätigen dies.

Ziel von Hoffmanns literarischem Karneval ist es, die Machtverhältnisse auf den Kopf zu stellen und die erhabenen, in diesem Falle: fürstlichen Positionen der Herrschaft lächerlich zu machen. Was als Huldigung der Fürstin und des fürstlichen Hauses insgesamt geplant ist, wird unter der karnevalesken Regie Meister Abrahams zu einer vollständigen Blamage und Erniedrigung der fürstlichen Herrschaft. Da die Selbsteinschätzung des Fürsten ganz außerordentlich ist und angesichts der völligen Bedeutungslosigkeit seines Duodezreiches eben groteske Züge annimmt, kommt für die festliche Weihe seines Gottesgnadentums nur eine Maßnahme von wahrhaft erhabenen Ausmaßen in Betracht. Ein gewöhnliches Feuerwerk mit begleitender Feuerwerksmusik reicht bei weitem nicht hin. Es schwebt dem Fürsten ein Festaufmarsch von barockem Zuschnitt vor, in dem eine illuminierte Puppe den ‚Genius' der fürstlichen Familie allegorisch vorstellen soll. Doch unter der karnevalesken Festregie Meister Abrahams erleidet dieser maschinelle Genius einen tiefen Fall: „Nach der poetischen Idee des Fürsten sollte der wandelnden Familie ein in den Lüften schwebender Genius mit zwei Fackeln vorleuchten, sonst aber kein Licht brennen, sondern erst nachdem die Familie und das Gefolge Platz genommen, das Theater plötzlich erleuchtet werden. Deshalb blieb besagter Weg finster." (Hoffmann V, S. 27f.) Unter den degradierenden Bedingungen der grotesken Inszenierung muss der luftige Genius allerdings „zu schwer" sein, „so daß der leuchtende Schutzgeist des fürstlichen Hauses" sich „überkugelt" (ebd., S. 28) und kopfunter hängen bleibt, mit der fatalen Folge, dass das heiße Wachs der illuminierenden Kerzen der fürstlichen Familie und ihrem Gefolge auf die Köpfe tropft. Als eine Art Allegorie der grotesken Umstülpung, die alles, was oben ist, nach unten kehrt und umgekehrt, hebt die wachstropfende Puppe zur Degradation des Fürsten an: „Der erste dieser Tropfen traf den Fürsten selbst, der indessen mit stoischem Gleichmut den Schmerz verbiß, wiewohl er die Gravität des Schrittes nachließ und schneller vorwärts eilte." (ebd.) Zwar hält man an dem "Vivat" auf die Fürstin fest, aber das heiße Wachs verbrennt dem Fürsten ausgerechnet die „Nase" (ebd.), jenes Körperteil also, das in der karnevalesken Groteske häufig mit dem Phallus assoziiert wurde. Dass es Hoffmann darum geht, den lächerlichen Herrschaftsanspruch des Fürsten im Zentralsignifikanten patriarchaler Macht zu treffen, wird spätestens dann deutlich, wenn der allegorische Popanz sein Wachs verschossen hat und eine weitere Inszenierung der Huldigung des Fürsten ebenfalls an seiner Nase scheitert: „Der Fürst trat mit der nächsten Umgebung auf eine Art von erhöhten Blumenthron, der in der Mitte des Zuschauer-Platzes errichtet. So wie das fürstliche Paar sich niederließ, fielen vermöge einer sehr pfiffigen Vorrichtung jenes Maschinisten eine Menge Blumen auf dasselbe herab. Nun wollte es aber das dunkle Verhängnis, daß eine große Feuerlilie dem Fürsten gerade auf die Nase fiel und sein ganzes Gesicht glutrot überstäubte, wodurch er sein ungemein majestätisches, der Feierlichkeit des Festes würdiges, Ansehen gewann." (ebd., S. 29) Schon ganz zu Beginn des Textes ist der Duodez-Fürst Irenäus gegen sein prätendiertes Pathos und seine vorgebliche Erhabenheit und Machtfülle der Lächerlichkeit preisgegeben. Die Degradation des ignoranten Fürsten gipfelt darin, dass der karnevaleske Zeremonienmeister Abraham Liscow „mittelst magischer Spiegel und anderer Vorkehrungen" (ebd., S. 31) die „Verherrlichung" der Geliebten des Kapellmeisters und vor allem die Würdigung der Kompositionen Kreislers betreibt.

Bereits in diesem festlichen Anfangsbild der Makulaturblätter geht es um die Verteidigung der Kunst gegen hochherrschaftliche Ignoranz, ein Motiv, das sich durch den gesamten Text zieht. Allerdings endet das Fest, wie gesagt, mit dem Auffinden des ausgesetzten Katers, und der literarische Heißhunger in dessen autobiographischen Lebensansichten wird auch das erhabene Kunstpathos Kreislers annagen und in einer karnevalesken Degradierung entstellen. Unangetastet von der wechselseitigen Unterminierung von Kreisler- und Kater-Diskurs scheint allein die Tatsache, dass beide auf höchst unterschiedliche Art und Weise Fluchtfiguren sind. Der vaterlose Kater Murr entzieht sich einer eindeutigen Festlegung, indem er in seinem „litterarischen Vandalismus" (ebd., S. 12) alle möglichen fremden Diskurs-Masken überzieht und dabei immer unkenntlicher wird. Auch für die Figur des Kapellmeisters Johannes Kreisler hat Hoffmann von den *Fantasiestücken* an darauf bestanden, dass seine Herkunft und Identität im Dunkeln bleiben: „Wo ist er her? – Niemand weiß es! Wer waren seine Eltern? – es ist unbekannt!" (Hoffmann II/1, S. 32) So beginnt bereits das erste der *Kreisleriana*.

Stärker noch als die traurige Unmöglichkeit von Identität bezeichnet verweigerte Identität das genaue Gegenstück zum neuhumanistischen Bildungsgedanken und Persönlichkeitspostulat des Bildungsromans. In diesem Sinne ist Kreisler eine Fluchtfigur. Am Ende des ersten Bandes lässt er nur seinen blutigen Hut, also einen Kriminalfall, zurück, denn mit ihm ist auch der Prinz von Sieghartsweiler verschwunden. Zu Beginn des zweiten Bandes stellt er in einem Brief klar, dass der „*Satz*", mit dem er sich dem Pistolenschuss entzogen hat, „weder in philosophischem noch in musikalischem sondern lediglich in gymnastischem Sinn" (Hoffmann V, S. 271) zu verstehen ist.

Ähnlich wie in den *Elixieren des Teufels* webt Hoffmann in seinem letzten Roman um die Hauptfigur ein dichtes Netz von Ähnlichkeiten und Korrespondenzen, das aber stärker noch als in seinem ersten Roman geheimnisvoll und dunkel bleibt. Wird die familiäre Identität des Mönchs Medardus und seiner Doppelgänger wenigstens annähernd geklärt, so bleibt im *Kater Murr* die Beziehung Kreislers zu seinem Doppelgänger, dem Maler Ettlinger, und zu Meister Abraham ebenso im Vagen wie die Relationen anderer Figuren. Zwar wird Meister Abraham, wie gesagt, als Hüter des genealogischen Geheimnisses genannt, es gehört aber zum narrativen Rätselspiel Hoffmanns mit dem Leser und seinen Erwartungen, dass dieses Geheimnis nicht gelöst wird. Für Hoffmanns Konzept einer verweigerten Identität ist es geradezu Voraussetzung, dass der in der „Nachschrift" angekündigte dritte Band des *Katers Murr* mit der versprochenen Auflösung nicht mehr erscheint. Restlose Aufklärung der genealogischen Verhältnisse hätte er aber ohnehin nicht leisten dürfen, da Kreislers emphatischer Selbstentwurf des Künstlers darauf angelegt ist, in einem endlosen Verdoppelungs- und Wiederholungszwang zu scheitern. Und nur der Verzicht auf vollständige genealogische Aufklärung garantiert dem Musiker Kreisler die Position des Außenseiters, für die eine verweigerte Identität notwendige Voraussetzung ist.

Dass Hoffmann im *Kater Murr* eine parodistische Subversion des Bildungsromans unternommen hat, steht außer Frage: „So ging ich mit Riesenschritten vorwärts in der Bildung für die Welt." (ebd., S. 21) In diese Worte kleidet der gelehrige Kater und spätere deutschtümelnde Burschenschafter Murr, ausgestattet mit einem „unwiderstehlichen Trieb zum Erhabenen" (ebd., S. 23), das Programm seiner Autobiographie, zum Nutzen und Vorbild für so manchen „Katerjüngling" (ebd., S. 46). Aber die Destruktion des Bildungsromans stellt keineswegs den wichtigsten Punkt dar. Wichtiger erscheint mir im *Kater Murr* die Bestätigung der Kunst als Raum der verweigerten Identität und die Sicht des Textes als Ort, an dem sich die unterschiedlichsten Schrifttraditionen kreuzen. Hoffmann ist in seinem letzten Roman bis an den Punkt vorangeschritten, an dem das gesamte poetische Projekt der Romantik selbst zum zitierfähigen Intertext geworden ist, ohne dass es jedoch damit schon aufgehoben wäre.

(Detlef Kremer)

Die Irrungen / Die Geheimnisse (1820/1821)

1. Entstehung, Veröffentlichung, Quellen

Die Irrungen und *Die Geheimnisse* sind zwei selbständig publizierte Erzählungen, die jedoch narrativ aufeinander aufbauen. *Die Irrungen. Fragment aus dem Leben eines Fantasten* erschien zuerst im Herbst 1820 im *Berlinischen Taschen-Kalender*; *Die Geheimnisse* wurde ein Jahr später als *Fortsetzung des Fragments aus dem Leben eines Fantasten* in der gleichen Zeitschrift veröffentlicht. Über die Entstehungsgeschichte ist wenig bekannt: Wie die Publikationsdaten zeigen, kann Hitzigs Vermutung, Hoffmann sei durch den – im Frühjahr 1821 einsetzenden – Aufstand der Griechen gegen die osmanische Herrschaft zu der Doppelnarration angeregt worden, nicht zutreffen. Vielmehr wurde Hoffmanns Erzählprojekt von den tagespolitischen Geschehnissen gewissermaßen eingeholt. Tatsächlich dürfte Hoffmann die *Irrungen* im Sommer 1820 abgefasst haben, über die Entstehung der *Geheimnisse* gibt ein Vermerk am Ende des Textes Auskunft: „Geschrieben im Junius 1821." Die Vorlagen zu den beiden Kupferstichen, die als Illustrationen zu den *Irrungen* vorgesehen waren, stammen von Ulrich Ludwig Friedrich Wolf (1772–1832). Aufgrund einer Verzögerung konnten die Abbildungen jedoch erst als Beigabe zu den *Geheimnissen* erscheinen. Den zweiten Teil der Doppelerzählung begleitete als Illustration außerdem ein weiterer Kupferstich, der auf eine Zeichnung von Herrmann Stilke (1803–1860) zurückgeht.

Hoffmanns ungewöhnliche Entscheidung, seinen Text in zwei Etappen zu publizieren, kann durchaus als bedeutungstragend verstanden werden. Die ausdrückliche Ankündigung einer Fortsetzung am Ende der *Irrungen* belegt jedenfalls, dass Hoffmann sich nicht – wie in der älteren Forschung bisweilen angenommen – erst nachträglich dazu entschlossen hat, seinem Erzählfragment einen zweiten Teil folgen zu lassen. Vielmehr unterstützt die Veröffentlichungsstrategie die metafiktionale Wendung der Doppelerzählung, die mit einer ins Phantastische verschobenen Version ihres eigenen Entstehungsprozesses aufwartet: Sie plausibilisiert ironisch die in den *Geheimnissen* geschilderte Kontaktaufnahme der Figuren aus den *Irrungen* mit dem romantischen Autor E.T.A. Hoffmann. Zugleich und in engem Zusammenhang hiermit kann die Aufspaltung der Erzählung in zwei separat publizierte Teile als Versuch gelesen werden, aus der für Hoffmanns Poetik zentralen Figur der Doppelung – in Parallele zum *Kater Murr* – makrostrukturelle Konsequenzen zu ziehen.

Es ist nur eine Äußerung Hoffmanns überliefert, die sich auf *Die Irrungen / Die Geheimnisse* beziehen lässt: Hitzig zufolge soll er „in der letzten Woche seines Lebens" bedauert haben, „seinem Autorruf durch einige seiner damals erschienenen Erzählungen (in dem Berlinischen Taschenkalender, in dem Gleditschschen Taschenbuch zum geselligen Vergnügen u. s. w.)" (Hitzig 1986, S. 445) Schaden zugefügt zu haben. Es gibt jedoch Gründe, Hitzigs Zeugnis über eine angebliche Abbitte Hoffmanns auf dem Sterbebett als „zweifelhaft" (Hoffmann V, Kommentar, S. 1063) zu taxieren, erweisen sich doch *Die Irrungen* und *Die Geheimnisse* bei genauerer Sichtung als ästhetisch stringente, auch im Detail genau durchkomponierte Textur.

Für das ‚griechische' Kolorit seiner Erzählung hat Hoffmann auf diejenigen Werke zurückgegriffen, mit denen sich im Text auch der Baron Theodor von S. für seine geplante Griechenlandfahrt rüstet, nämlich die *Bruchstücke zur näheren Kenntnis des heutigen Griechenlands, gesammelt auf einer Reise* (1805) von Jakob Salomo Bartholdy sowie die *Voyage en Grèce et en Turquie* (1801) von Charles Nicolas Sigisbert Sonnini de Manoncourt, die Hoffmann in der ebenfalls 1801 erschienenen Übersetzung von Weyland benutzte. Als Quellen im engeren Sinne kommen auch einige Texte in Betracht, die Hoffmann bereits bei früheren Erzählungen zur Darstellung magischer Praktiken herangezogen hatte, vor allem der *Comte de Gabalis* (1715) des Abbé Montfaucon de Villars. Die Thematisierung der Frage, wie ein sich nicht länger allwissend gebender Erzähler an seine Informationen gelangt, die Investitur dieses Erzählers mit dem Autornamen und seine schließliche Verwicklung in das von ihm zunächst nur dargestellte Geschehen finden sich z. B. in Jean Pauls *Hesperus* präformiert. *Die Irrungen* und *Die Geheimnisse* konstituieren sich insgesamt über zahlreiche, teils explizite, teils implizite Verweise auf andere literarische Werke. Ähnlich wie im *Kater Murr* wird Intertextualität hier selbstbewusst als ein ästhetisches Verfahren vorgeführt, das wesentlich zur Bedeutungskomplexion der Erzählung beiträgt.

2. Rezeption und Forschung

Die wenigen zeitgenössischen Rezensionen, die zu den *Irrungen* und den *Geheimnissen* erschienen, hoben, wenn sie überhaupt über eine bloße Anzeige hinausgingen, vor allem die vermeintliche Zusammenhanglosigkeit der Doppelerzählung hervor. Wilhelm Müller, der Dichter der *Winterreise*, monierte in seiner Besprechung außerdem, Hoffmann entwürdige den griechischen Freiheitskampf, indem er ihn mit seinen „kabbalistischen Phantastereien" (Müller 1822, S. 11) in Verbindung bringe. Die wissenschaftliche Rezeption der *Irrungen* und der *Geheimnisse* fällt lange Zeit spärlich aus. Zumeist kommt die Doppelnarration nur in Vor- und Nachworten zu Textausgaben in den Blick, um dann mitunter literarästhetisch massiv abgewertet zu werden. Erst seit den 1980er Jahren finden sich Einschätzungen, die der Doppelerzählung eine besondere literarische Qualität zubilligen: Sie wird dann etwa als eines der „brillantesten Feuerwerke [...] Hoffmannscher Prosa" (Toggenbrugger 1983, S. 232) angesprochen oder der „Vorgeschichte einer Literatur des höchst poetischen Unsinns" (Kaiser 1988, S. 95) zugerechnet. Auch spezifisch postmoderne Erzählverfahren hat man in der metafiktionalen Inszenierung der *Irrungen* und der *Geheimnisse* vorweggenommen gesehen (vgl. Loquai 1999). Eine besondere Rolle in der Rezeption verschiedener späterer Erzählungen hat der Vorwurf gespielt, Hoffmann habe hier in einer Art literarischer Zweitverwertung lediglich Themen und Motive, die bereits in seinen früheren Texten zum Einsatz kamen, noch einmal neu kombiniert. Auch die jüngere Forschung bestätigt, dass sich für *Die Irrungen* und *Die Geheimnisse* zahlreiche Überschneidungen mit anderen Werken Hoffmanns ergeben (vgl. Deterding 2003, S. 45–76). Hartmut Steinecke hat aber zu Recht davor gewarnt, solche Wiederaufnahmen im Sinne eines unkreativen Selbstplagiats zu deuten. Denn damit bliebe unberücksichtigt, in welchem Maß die Doppelerzählung „von Beginn an unter dem Vorzeichen von Parodie, Karikatur und Ironie steht" (Hoffmann V, Kommentar, S. 1071). Wiederholt wurde Hoffmanns Text als satirische Kritik an überzogenen Formen deutscher Griechenlandbegeisterung gelesen; in seinem zweiten Teil hat man aber auch frühe Spuren eines durch den griechischen Aufstand induzierten Philhellenismus erkennen wollen (vgl. Segebrecht 1999). Eine weniger konkrete politische Implikation wies Odila Triebel der Erzählung zu, deren vielstimmige Anlage sie als Dekonstruktion nationaler Identität schlechthin deutete (vgl. Triebel 2003, S. 194–199). Ein gewisses Interesse hat Hoffmanns Erzählung außerdem auch durch ihre kabbalistische Thematik auf sich gezogen. Weil diese in den *Geheimnissen* mit der magischen Animation von Unbelebtem in Verbindung gebracht wird, führen Überblicke zum Golem-Motiv den Text regelmäßig auf, auch wenn der Name der jüdischen Sagengestalt in ihm nicht ausdrücklich fällt (vgl. etwa Goodman-Thau 1999, S. 119f.). Andreas B. Kilcher hat der kabbalistischen Folie der Erzählung eine dezidiert poetologische Funktion zugewiesen und sie zugleich auf die psychoanalytisch interpretierbare Wunschstruktur bezogen, die er in Hoffmanns Text beobachtet (Kilcher 1998, S. 323–327). Das

Kabbala-Motiv avanciert in dieser Perspektive zum „Reflexionsmedium des Verhältnisses von Kunst und Wirklichkeit überhaupt" (ebd., S. 327). Zuletzt haben Danny Praet und Mark Janse den Nachweis geführt, dass die griechischen und hebräischen Namen in Hoffmanns Text durchgehend einen Hintersinn besitzen und zum Teil auf subtilen Wortspielen basieren (Praet/Janse 2005).

3. Interpretation

Hoffmanns Text kreist in auffälliger Weise um Fragen der Lesbarkeit, vor allem der Lesbarkeit des Selbst. Für diesen Problemkomplex steht in der Erzählung zunächst die geheimnisvolle blaue Brieftasche ein, der der Protagonist, der Baron Theodor von S., den Hinweis entnehmen zu können glaubt, bei ihm handele es sich in Wahrheit um niemanden anderes als den quasi-mythischen griechischen Freiheitshelden Teodoros Capitanaki. Hoffmanns Text lässt insgesamt wenig Zweifel darüber aufkommen, dass er die Identität des Theodor von S. wesentlich als Funktion des besagten Etuis modelliert; der Baron selbst legt diesen Sachverhalt ahnungslos offen, wenn er stammelnd ausruft: „[I]ch bin's – Theodor – die blaue Brieftasche!" (Hoffmann V, S. 499) Die unleserlichen und fragmentarischen Blätter, mit denen das Portefeuille Hoffmanns Helden konfrontiert, deuten so an, dass sich für diesen die eigene Existenz als eine kaum zu bewältigende hermeneutische Herausforderung entpuppt. Tatsächlich muss der Baron am Ende erfahren, dass seine Lektüre nur eine Projektion seines Begehrens war und er den Part des erwarteten griechischen Messias keinesfalls ausfüllen kann. Stattdessen bringt ihn die Erzählung mit einer weitaus weniger schmeichelhaften Identität in Zusammenhang: Ausgerechnet die von ihm heiß verehrte griechische Prinzessin argwöhnt, Theodor sei in Wahrheit nur eine durch kabbalistische Magie belebte Korkholzpuppe. Um auch seinen Rezipienten die Erfahrung einer erschwerten Lesbarkeit zu verschaffen, bedient sich Hoffmanns Text einer raffinierten Wissensregie, die bis zum Ende wichtige Aufschlüsse über das erzählte Geschehen verweigert. Entsprechend bleibt unausgemacht, wie sich das Verhältnis des Barons zu dem magisch animierten Teraphim genau gestaltet. Den Verdacht jedoch, bei ihm handele es sich lediglich um eine golemhafte Automatenexistenz, kann Theodor nie mehr ganz abschütteln. Schon früh wird etwa angemerkt, das orientalisierende Negligé des Barons habe seit jeher „etwas getürkt" (ebd., S. 475). So wird Theodor auf witzige Weise mit dem berühmten (unechten) Schachautomaten Wolfgang von Kempelens in Verbindung gebracht, der als Türke aufgemacht war und von dem sich im Deutschen das Verb ‚türken' in der Bedeutung von ‚fälschen' herschreibt. Hoffmanns Text ruft ein breites Spektrum von Motiven auf, die die Vorstellung von einer künstlichen Belebung umspielen. Die Golem-Allusion der Erzählung steht dabei genau im Schnittpunkt, an dem sich Schriftthematik und das Problem der Selbstverkennung berühren: Der nach traditioneller hermetischer Auffassung durch einen Akt von Buchstabenmagie animierte Golem avanciert in den *Irrungen* und den *Geheimnissen* zur Chiffre für eine Existenz, die sich selbst nicht versteht, die gewissermaßen die Schrift an der eigenen Stirn nicht zu lesen vermag.

Das Profil der Doppelerzählung wird wesentlich auch durch einen parodistischen Bezug auf wichtige Konzepte der Frühromantik bestimmt. Die Brieftasche, die hier als Objekt vielfältiger Begierden fungiert, ist bereits durch ihre Farbe als ironischer Gegenentwurf zur blauen Blume, dem allbekannten frühromantischen Zentralsymbol, ausgewiesen; dass sich unter den Utensilien, die Theodor in dem Etui entdeckt, neben anderem auch „eine verdorrte unbekannte Blume" (ebd., S. 465) befindet, rundet die polemische Referenz unmissverständlich ab.

Wie die Assoziation der – stets verschleiert auftretenden – griechischen Prinzessin mit der Göttin Isis (vgl. ebd., S. 495) nahelegt, lässt sich Hoffmanns Text vor allem auch als parodistische Auseinandersetzung mit der frühromantischen Rezeption der antiken Mysterien lesen. Der Kultus von Saïs wird im Werk des Novalis als Trope für eine Initiation in das eigene Selbst beansprucht, zugleich auch – im *Märchen von Hyacinth und Rosenblüth* – zum Sinnbild für die Erkenntnis des geliebten Anderen stilisiert. In Hoffmanns Erzählung hingegen erweist sich der Glaube des Barons Theodor, erst vermittelt über seine Liebe zu der griechischen Fürstin verstehe er wirklich, wer er sei, als grandiose Selbsttäuschung. Wenn er tatsächlich einmal auf den Spuren Hyacinths einen Vorhang zur Seite zieht, findet er dahinter keineswegs die angebetete Prinzessin, sondern nur deren groteskes Anhängsel, das im Text auch auf den Namen Schnüspelpold hört. Angesichts der Novalis-Reminiszenzen in Hoffmanns Text wird deutlich, dass das direkte Vor- und Gegenbild zu dem blauen Portefeuille jene Handschrift darstellt, in der Heinrich von Ofterdingen im Bergwerkstollen des Einsiedlers seine eigene Geschichte zu erkennen glaubt. Zwischen der Brieftasche und dem Manuskript, das in Hardenbergs Roman als Medium der Selbsteinweihung figuriert, ergeben sich diverse Entsprechungen; entscheidend ist aber ein Moment der Differenz: Während von der Handschrift in *Heinrich von Ofterdingen* immer noch als einem obschon unvollendeten ‚Buch' die Rede ist, präsentieren sich die im Etui enthaltenen

Billets nurmehr als eine Loseblattsammlung. Das je eigene Ich, so legen es die *Irrungen* und die *Geheimnisse* nahe, wird allenfalls auf eine zutiefst fragmentarisierte und ungesicherte Weise lesbar, nicht jedoch in der totalitätsverheißenden Form des Buches.

Die selbstironische Pointe dieser Konstellation wird spätestens dann unübersehbar, wenn noch ein weiterer Theodor die Bühne des Geschehens betritt: kein anderer als der romantische Autor Ernst Theodor Amadeus Hoffmann, der nun seinerseits der blauen Brieftasche schwer zu entziffernde Blättchen entnimmt und damit in die Position eintritt, die im ersten Teil der Erzählung sein Namensvetter besetzte. Immer wenn in der Doppelerzählung jemand hinter den Vorhang tritt, um dort nach idealistischer Anleitung seines eigenen Ich habhaft zu werden, setzt er sich der Gefahr einer empfindlichen Desintegration aus: Dies gilt gerade auch für den Autor Hoffmann, der in dem Augenblick, in dem er in den selbstentworfenen Erzählkosmos eintaucht, die Sigle ‚Hff.' annimmt. Die Verkürzung betrifft in seinem Fall also – eine unter kabbalistischen Vorzeichen bedeutsame Wendung – den Namen: Ihm wird die Silbe ‚mann' amputiert; außerdem wird er – eine weitere Anspielung auf die kabbalistisch-hebräische Folie der Erzählung – entvokalisiert. Aus ‚Hoffmann' wird auf diesem Wege – wie jeder Versuch, das Kürzel auszusprechen, demonstrieren kann – ein reines Schriftwesen. Für den Autor der *Irrungen* und der *Geheimnisse*, so deutet es die Doppelerzählung an, gestaltet sich die Passage in den Text als hintergründige Fragmentierung; die Hoffnung, in der eigenen poetischen Hervorbringung sein Selbst lesen zu können, wird durch die Parallele zu den Geschicken des Barons Theodor ironisch unter Illusionsverdacht gestellt. *Die Irrungen* und *Die Geheimnisse* lassen sich in verschiedener Hinsicht als Umschrift des *Goldenen Topfs* lesen, in dem Hoffmann sich bereits eines kabbalistischen Formulars bedient hatte, um die Transposition des Körpers wie des Selbst in das Reich der Schrift und der Poesie zu bezeichnen (vgl. Kremer 1993, S. 129–142). Im Vergleich mit dem früheren Text fällt jedoch auf, wie dezidiert die Doppelerzählung den Akzent auf die Unentzifferbarkeit des Ich im Medium der Poesie legt, eine Perspektive, die Hoffmann selbstparodistisch gegen seine eigene Autorrolle kehrt. Wenn *Die Irrungen* und *Die Geheimnisse* derart dementieren, ihrem Verfasser als reiner Spiegel seines Ich dienen zu können, so scheint dies eng mit der forcierten Ausstellung von Intertextualität in der Doppelnarration zusammenzuhängen. Schon die binnenfiktionale Version der Entstehung von *Die Geheimnisse* betont, dass unterschiedliche ‚Hände' am Zustandekommen dieses Textes beteiligt sind. Erst recht unterstreicht die zitative Faktur der Doppelerzählung, dass bei ihrer Abfassung neben Hoffmann noch zahlreiche andere Autoren ihre Hand im Spiel hatten. Hoffmanns Text gibt hier einen subtilen Wink, indem er dem berühmten Altphilologen Friedrich August Wolf zu einem Kurzauftritt verhilft. Mit diesem verbindet sich bekanntlich die Frage, ob das unter dem Eigennamen ‚Homer' rubrizierte Werk nicht in Wahrheit eine Schöpfung vieler verschiedener Dichter darstellt. Die *Irrungen* und die *Geheimnisse* legen nahe, dass Analoges womöglich für jede poetische Hervorbringung gilt – und dass Autorschaft so allenfalls in einer höchst fragmentarischen Gestalt realisiert werden kann.

(Marco Lehmann)

Die Doppeltgänger (1821)

1. Entstehung und Wirkung

Die Entstehung der Erzählung geht auf das Jahr 1815 zurück. Hoffmann, der zu dieser Zeit an den *Elixieren des Teufels* schrieb, plante zusammen mit Chamisso, Hitzig und Contessa einen Roman *en quatre* (vgl. Hoffmann VI, S. 265), zu dem sie durch den Viererroman *Die Versuche und Hindernisse Karls. Eine deutsche Geschichte aus neuerer Zeit* (1808) angeregt wurden. Zentraler Bestandteil des Fragment gebliebenen Romans, der unter dem humoristischen Titel *Roman des Freiherrn von Vieren* veröffentlicht werden sollte, ist die Geschichte des Malers Georg Haberland, der sich gleich zwei Doppelgängern gegenüber sieht, die – wie er – auf der Suche nach einer idealen Mädchengestalt sind. Das Doppelgängermotiv geht dabei maßgeblich auf Chamissos *Peter Schlemihls wundersame Geschichte* (1813) und Hoffmanns *Die Abenteuer der Sylvester-Nacht* (1815) zurück und wurde in direkter Anlehnung an den Viererroman von Contessa zu der Erzählung *Das Bild der Mutter* (1818) und von Hoffmann zu den *Doppeltgängern* (1821) weiterverarbeitet. In den *Serapions-Brüdern* findet sich eine fiktive Aufarbeitung des Gemeinschaftsprojekts mit dem Hinweis, dass einer der Freunde „eine wahnsinnige Hexe mit einem weissagenden Raben auftreten" lasse (Hoffmann IV, S. 127). Da in Chamissos Nachlass Hoffmanns Kapitel (das Fünfte) fehlt, die Figur aber in *Die Doppeltgänger* auftritt, kann dies als eine direkte Anspielung auf seinen Anteil verstanden werden, den er zur Bearbeitung einer eigenständigen Erzählung von Chamisso zurückbekommen haben muss. Obwohl der genaue Zeitpunkt der Umgestaltung des Kapitels zu den *Doppeltgängern* nicht bekannt ist, wird vermutet, dass Hoffmann die Erzählung auf Druck des Verlegers Freiherr von Biedenfeld recht kurzfristig – nach Arbeiten an *Der Elementargeist*, *Die Räuber* und *Die Geheimnisse* – Ende Juni, Anfang Juli 1821 erstellt hat. Unter der Jahresangabe 1822 wurde sie im Almanach *Feierstunden* im Herbst 1821 veröffentlicht (vgl. Rogge 1926, S. 326–341; Hoffmann V, Kommentar, S. 1162–1169).

Die Erzählung gilt als eine der weniger gelungenen Hoffmanns und hat eine überwiegend negative bis harsch ablehnende Rezeption erfahren. Unter den Zeitgenossen fand sie kaum Resonanz – nur zwei kurze Erwähnungen im *Literatur-Blatt zum Morgenblatt für gebildete Stände* 1823 und in der *Jenaischen Allgemeinen Literatur-Zeitung* 1825 sind bekannt. In der Forschung begründete das mehrfach wiederholte Urteil Černys, die *Doppelt-*

gänger seien ein „schwacher Abklatsch des ‚Titan'" (Černy 1908, S. 13), eine Überbietungsmetaphorik in der Ablehnung der Erzählung. So qualifizieren von Müller und Roehl *Die Doppeltgänger* als „oberflächlich" (Roehl 1918, S. 20), „zusammengezimmert" (von Müller 1974, S. 353) und als ein „Machwerk" (von Müller 1912, S. 442) ab; Toggenburger nennt die Erzählung „an den Haaren herbeigezogen" (Toggenburger 1983, S. 183). Diese in der Forschung wiederholt aufgegriffene Negativwertung muss allerdings ein Stück weit korrigiert werden. Bereits Ellinger entdeckt in den *Doppeltgängern* ansatzweise „die alte Kraft der Erzählkunst" Hoffmanns (Ellinger 1894, S. 165), und vor allem Segebrecht stellt sich gegen die abwertenden Urteile und nennt *Die Doppeltgänger* im Hinblick auf die Figurenkonstellation eine „geradezu meisterhafte Geschichte, in der die Souveränität des Autors selbst thematisch und nur vom Humor als bewältigender Kraft eingeholt wird." (Hoffmann 1960ff., IV, S. 884) Weniger emphatisch, aber doch um ein milderes Urteil bemüht, ist Steinecke, der gleichwohl auch Verständnis für die kritischen Beurteilungen äußert, insbesondere im Hinblick auf die vielen Klischees, die in der „etwas banalen Erzählung" verhandelt würden (Hoffmann V, Kommentar, S. 1170f.). Ähnlich wie Segebrecht hebt er die kunstvolle Erzähltechnik hervor, die im Gegensatz zur Handlung eine Aufwertung der Erzählung rechtfertige. Ist dieser Einschätzung grundsätzlich zuzustimmen, so erscheint sie jedoch insofern problematisch, als dass sie in der Erzählung Kombiniertes trennt. Es ist deshalb ratsam, die Handlungselemente nicht von der Erzählkunst zu separieren, sondern sie als Bestandteile des souveränen Erzählens zu begreifen, mit denen der Erzähler versatzstückartig und teils parodistisch spielt. Die abschätzige Kritik resultiert nicht zuletzt daraus, dass die Rezensenten die Erzählung ernster nehmen, als diese sich selbst.

2. Aufbau und Erzählstruktur

Der Titel der Erzählung verweist nicht nur auf die beiden Protagonisten Deodatus Schwendy und George Haberland, sondern die Verdoppelung ist als Gestaltungsprinzip konstitutiv für die Erzählung. Die Doppelgängerkonstellationen reichen bis hin zur Kontrastierung der beiden Wirte oder der gegensätzlichen Orte Hohenflüh und Sonsitz und sind der Grund für das komplexe Figurenarrangement, das sich durch die Mehrfachidentitäten vieler Figuren verkompliziert. So verbirgt sich hinter Amadeus Schwendy Graf von Törny, der eigentlich der Vater Georges ist, hinter der Hexe/Zigeunerin, die sich für die Mutter Georges hält, die verbannte Fürstin und damit die Mutter von Deodatus und schließlich hinter Graf Hektor von Zelies der Bruder des Fürsten Remigius, Fürst Isidor, in dessen Tochter Natalie sich beide Protagonisten verlieben.

Licht in dieses konfuse Beziehungsgeflecht bringt der Erzähler erst am Ende der Erzählung mithilfe eines souveränen Eingriffs in das spannungsvolle Aufeinandertreffen der Doppelgänger. Weitschweifig beschreibt er die parallele Entwicklung der Beziehung zwischen Fürst Remigius und Prinzessin Angela und derjenigen Graf von Törnys zu Gräfin Pauline, die in der frappierenden Ähnlichkeit der „in derselben Stunde, ja in demselben Augenblick" (Hoffmann V, S. 805) geborenen Söhne der beiden Paare kulminiert. Grund hierfür ist ausgerechnet eine Asymmetrie in der an die *Wahlverwandtschaften* Goethes erinnernden Viererkonstellation, denn die Fürstin birgt das Geheimnis einer heimlichen Liebe zu Graf von Törny. Gleichwohl der Erzähler keinen Zweifel daran lässt, dass es zu keinem körperlichen Ehebruch gekommen ist – „Nur der Geist hatte gesündigt, irdische Begierde keinen Teil daran, fest stand die Treue" (ebd., S. 806) –, wird die Fürstin in ein Grenzschloss verbannt, aus dem sie jedoch mit ihrem Sohn flieht. Was sie nicht weiß, ist, dass die Söhne vertauscht wurden, sie also mit dem Sohn Graf von Törnys – George Haberland – entkommt, dieser jedoch mit dem Thronfolger Deodatus, der mit einem Brandzeichen versehen wird, in die Schweiz flieht.

Die eigentliche Handlung der Erzählung beginnt mit der Rückkehr aller Figuren in das Fürstentum Reitlingen, die vom Erzähler anhand mehrerer Erzählstränge und Perspektivträger unabhängig voneinander eingeführt und im weiteren Verlauf miteinander konfrontiert werden.

Im ersten Kapitel wird das Geschehen überwiegend über Deodatus Schwendy fokalisiert. Es ist das einzige Kapitel der Erzählung, in der das Doppelgängermotiv unheimliche Züge aufweist, da im weiteren Verlauf der Erzählung eine Identifizierung der Protagonisten für den Leser stets möglich ist. Mit dem Auftreten der Hexe/Fürstin Angela und ihrer Weissagung „Die Hoffnung ist der Tod! – Das Leben dunkler Mächte grauses Spiel" (ebd., S. 762) wird zudem die mehrfach wiederholte „leitmotivische These" (Bär 2005, S. 264) der Erzählung eingeführt (vgl. Hoffmann V, S. 763; 789; 796), deren Funktion darin besteht, den Tod des Fürsten Remigius als Auflösung der Verwirrungen vorwegzunehmen. Mit der vermeintlichen Ermordung Deodatus' am Ende des Kapitels, das als raffiniertes visuelles Arrangement gestaltet ist und noch einmal das Unheimliche unterstreicht, wechselt der Perspektivträger.

Das zweite Kapitel beginnt mit einer direkten Leseransprache, in der der Erzähler das erste Mal die Gründe für die düsteren Umstände am Fürstenhof andeutet, um dann das weitere Geschehen über Fürst Remigius zu fokalisieren. Dem bietet sich in seinem Park ein burleskes Schauspiel dar, bei dem die beiden streitenden Wirte vom Erzähler zu Fabelwesen figuriert werden, indem er sie mit den Namen ihrer Wirtshäuser – „goldener Bock" und „silbernes Lamm" – identifiziert. Ihre Ironisierung steigert sich zu einem pathetischen Versöhnungsakt, der auffällige Parallelen zur späteren Versöhnung der Doppelgänger aufweist.

Auch im dritten Kapitel wechselt der Perspektivträger. Hier ist es Georges Kunstbruder Berthold, der Zeuge der zentralen Marionettentheaterszene wird, die – ähnlich wie im *Roman des Freiherrn von Vieren* – das Doppelgänger-Thema der Erzählung in Gestalt einer Commedia dell'arte *en miniature* verhandelt (vgl. Eilert 1977, S. 61–65). Besonders die Reaktion Bertholds auf den Höhepunkt der Darbietung, bei der der Kopf des Puppenspielers/Georges als groteske Fratze Teil der Inszenierung ist, macht dies deutlich: „Berthold merkte bald, daß hier nicht der Scherz galt, der ein schaulustiges Volk ergötzen kann, sondern daß der finstre Geist einer Ironie spucke, die dem mit sich selbst entzweiten Innern entsteigt." (Hoffmann V, S. 774) Ein weiterer für die gesamte Erzählung wesentlicher Bestandteil des Kapitels ist die als Binnenerzählung eingelassene Geschichte der Liebe Georges zu Natalie. Ihre Elemente – ein Maler/George, der sich in das von ihm porträtierte Mädchen/Natalie verliebt und dessen Vater/Fürst Isidor die Liebe verhindern will – werden hinsichtlich ihrer Diskursivität von George reflektiert: „Die Geschichte dieser Liebe – sie ist so einfältig, so abgedroschen, daß du sie in jedem abgeschmackten Roman nachlesen kannst." (ebd., S. 775) Diese ironische Selbstreflexion ist ein deutlicher Hinweis darauf, dass sich die Erzählung hier als Ganze parodiert, da sie die Liebesgeschichte in der Rahmenerzählung fortführt und damit die eigene Negativ-Lektüre vorwegnimmt und entkräftet.

Parodistische Züge weist auch das vierte Kapitel auf, das chronologisch an das erste anschließt. Insbesondere die Wichtigtuerei des Ratsherren und dessen Aktuars wird durch die Ergebnislosigkeit ihrer Untersuchungen unterlaufen und damit ins Komische verzerrt. In dieser Karikatur der Amtsträger spart die Erzählung auch nicht mit Gesellschaftskritik (vgl. Toggenburger 1983, S. 185–187; Hoffmann V, Kommentar, S. 1174). Das fünfte Kapitel steht ganz im Zeichen einer für die Erzählung ungewöhnlichen epischen Beschreibung der Umgebung, die als Variation des Schreibstils auch diesen als Versatzstück erzählerischer Souveränität kenntlich macht. Im folgenden Kapitel lässt Hoffmann seinen Helden Deodatus zum zweiten Mal auf Natalie treffen, die in ihm ihren geliebten George vermutet. Gerade diese Konstellation offenbart das Spezifische der in den

Doppeltgängern verhandelten Identitätskrise. Sie wird dadurch ausgelöst, dass seine Liebe von ihr nur insofern entgegnet wird, als dass sie ihn für George hält. „Wie ein tötender Krampf erfaßte den armen Deodatus der Gedanke, daß ja nicht er, daß es jener unbekannte Doppeltgänger sei, den Natalie liebe" (Hoffmann V, S. 797). Um von ihr geliebt zu werden, muss er dessen Identität annehmen, obwohl er gleichzeitig sein Selbst als Deodatus behaupten will. Im Gegensatz zu anderen Erzählungen Hoffmanns ist die Ich-Krise in den *Doppeltgängern* somit nicht der Grund für die Doppelgänger-Erscheinung, sondern deren Resultat.

Die im siebten Kapitel durch den Tod des Fürsten Remigius enthüllte Identität der Figuren führt im achten und letzten Kapitel zu einer ins Komische tendierenden Auflösung der Dramaturgie. Natalie, die vom „Doppeltbild des Geliebten" (ebd., S. 810) überfordert ist, verlangt von beiden, der Liebe zu entsagen, was diese in einem pathetischen Versöhnungsakt auch tun. Natalie tritt daraufhin in ein Fräuleinstift ein, die Fürstin lässt sich das Grenzschloss herrichten, Fürst Isidor flieht außer Landes und Deodatus, den das Brandmal eindeutig als Thronfolger identifiziert, wird unter dem Jubel der Bevölkerung und der Obhut seines Ziehvaters Graf von Törny zum neuen Fürsten erkoren. Während somit alle Figuren ihrer eigentlichen Identität zugeführt werden, schließt die Erzählung mit der verweigerten Identität des jungen Törny, der als George Haberland wieder in sein Maler-Ich schlüpft und gemeinsam mit seinem Künstlerfreund Berthold nach Italien reist. Dieser ist es auch, der ihm über den Verlust Natalies hinweghilft: „Sie ist kein irdisches Wesen, sie lebt nicht auf der Erde, aber in dir selbst als hohes reines Ideal deiner Kunst" (ebd., S. 813). Als Schlusspunkt der Erzählung steht damit die bei Hoffmann häufig eingesetzte Wende zur Kunst, die es George erlaubt, seine selbstgewählte Künstler-Identität als Erfüllung der Liebe zu begreifen.

3. Deutungsansätze

Obwohl *Die Doppeltgänger* von der Hoffmann-Forschung lange Zeit wenig beachtet wurden und auch in neueren motivgeschichtlichen Untersuchungen zum Doppelgängermotiv eher beiläufig thematisiert werden (Webber 1996, S. 167; Forderer 1999, S. 22–24; Bär 2005, S. 264–266), lassen sich grob drei verschiedene Deutungsansätze der Erzählung unterscheiden. McGlathery interpretiert sie als „story about young men in love" (McGlathery 1985, S. 162f.) und führt die Verwicklungen auf letztlich sexuelle Motivationen zurück. Er überträgt das unbewusste Begehren Fürstin Angelas auf die Passionen Georges und Deodatus' Natalie gegenüber und parallelisiert so die beiden Dreieckskonstellation der Erzählung. Aus dieser Perspektive werden beide Protagonisten zu „suitors" (zu deutsch: Stelzböcken) und Georges Wendung zur Kunst am Ende der Erzählung reduziert sich zu einer Sublimierung letztlich unerfüllter sexueller Begehren, gleichwohl er als „lucky odd man out" und damit „Hoffmann's typical *amoroso*" (ebd., S. 165) als einziger den Konsequenzen der Intrigen entfliehen kann.

Ein zweiter, weit verbreiteter Deutungsansatz hebt die in der Erzählung verhandelte Identitätsproblematik hervor. Die bei Kuttner erstmals vorgenommene Lesart (vgl. Kuttner 1936) sieht als abstraktes Thema der Erzählung das durch die Doppelgängerkonstellation in die Krise geratene Ich, das in der Forschung um den Problemkomplex der „Selbstverwirklichung" (Segebrecht 1967, S. 158) und der „Selbsterkenntnis" (Hoffmann V, Kommentar, S. 1176) erweitert wurde. Die äußerlich motivierte Krisensituation in der Konfrontation mit dem Doppelgänger, bei der die Protagonisten Natalie als Ziel ihrer Selbstverwirklichung entsagen, hat für beide unterschiedliche Konsequenzen. Während Deodatus die Selbstverwirklichung verweigert wird, kann George die Krise am Ende durch die Wahl seiner Künstleridentität bewältigen (vgl. Bär 2005, S. 266). In einer Metaperspektive hebt Steinecke diese Wende zur Kunst auf die Ebene der Erzählung selbst, in der er letztlich einen didaktischen Anspruch ausmacht: Der Leser soll durch Kunst „erzogen werden zur Kunst, als dem Mittel der Selbsterkenntnis" (Hoffmann V, Kommentar, S. 1177).

Diese Metaperspektive verweist auf einen dritten Deutungsansatz, der in vielen Interpretationen anklingt, den es für eine Gesamtinterpretation aber noch stärker zu konturieren gilt. Es handelt sich hierbei um die souveräne und manipulative Rolle des Erzählers, dessen Dominanz darauf hindeutet, dass die Doppelgängerthematik und die daraus resultierende Komplexität der Handlung in ihrer humoristischen Handhabung für die Demonstration des Erzählens selbst funktionalisiert werden. Unterstützung erhält diese Interpretation von der in der Forschung intensiv aufgearbeiteten Parallele zwischen der Puppenspielerszene, bei der George auf der fiktiven Ebene seiner Figuren auftritt, und dem Erzählereinschub, der das Aufeinandertreffen der Doppelgänger unterbricht (vgl. Segebrecht 1967, S. 159f.; Drux 1986, S. 70f.). Diese Beobachtung kann auf die gesamte Erzählung übertragen werden: Immer wieder greift der Erzähler in das Geschehen ein, indem er zwischen verschiedenen Handlungssträngen wechselt und die Figuren marionettengleich auf der ‚Bühne' der Erzählung spielen lässt. Aus dieser Sicht sind die direkten Leseransprachen (vgl. Hoffmann V, S. 764, 767, 782, 785, 786, 793, 795) als Ausdruck der Komplizenschaft mit dem Leser zu verstehen, mit dem er sich zusammen das szenenartige, über verschiedene Figuren perspektivierte Geschehen betrachtet. Aufgrund der vielen parodistischen Elemente, die auf den „humoristischen Abstand des Erzählers" (Segebrecht 1967, S. 160) schließen lassen, erscheint die Erzählung als Spiel mit verschiedenen Versatzstücken – Elementen des Volksmärchens, der Fabel, des Theaters, der Verwechslungskomödie, des Unheimlichen –, die der Erzähler souverän arrangiert. In Fortführung der ironisierenden Selbstreflexion, die George in Bezug auf die Binnenerzählung vornimmt, kann das Ende – anders als die didaktische Konsequenz bei Steinecke – als Selbstparodie gelesen werden. Denn die Wende zur Kunst, die doch sehr unvermittelt am Schluss erscheint, ist bei Hoffmann ebenso konventionalisiert, wie er es George in Bezug auf den narrativen Konnex von Kunst, Liebe und idealisierter Mädchengestalt hat erkennen lassen.

(Christoph Kleinschmidt)

Der Elementargeist (1821)

1. Entstehung und Quellen

Der Elementargeist erschien erstmals 1821 in dem von den Verlegern Friedrich Gleditsch und Carl Gerold herausgegebenen *Taschenbuch zum geselligen Vergnügen auf das Jahr 1822*. Zu Hoffmanns Lebzeiten erfolgte kein weiterer Druck. Die handschriftliche Druckvorlage gilt als verloren. Nachdem Hoffmann zuvor schon in diesem *Taschenbuch* publizierte, bat ihn der Redakteur Amadeus Wendt Ende 1820 um einen neuen Beitrag. Bei den wenig erhaltenen Zeugnissen kann davon ausgegangen werden, dass Hoffmann Ende 1820/Anfang 1821 an dem Text schrieb.

Der Elementargeist arbeitet primär mit literarischen und parawissenschaftlichen Quellen zum Elementargeister-Komplex sowie mit einigen wenigen historischen Quellen zu den kriegerischen Ereignissen des Jahres 1815, die den zeitgeschichtlichen Hintergrund der Erzählung bilden. Nicht nur in diesem Text rekurrierte Hoffmann auf die Elementargeister-Literatur, die hier besonders in den Blick genommen werden muss, sondern auch in den beiden „Märchen" *Die Königsbraut* (1821) und *Der Goldenen Topf* (1814). Insofern knüpft Hoffmann 1821 an sein im *Goldenen Topf* perfektioniertes narratives Erfolgsmuster romantischer Phantastik an, wonach die alltägliche, ‚prosaische' mit einer zweiten, imaginären und ‚wunderbaren' Welt kontrastiert wird, die zweite in die erste eingreift, wobei sich aus diesem Zusammenstoß zweier inkommensurabler Sphären sowohl die Konfliktlagen als auch Groteske und Komik ergeben. Anders als in Hoffmanns frühem „Märchen" erweist sich jedoch diese zweite Welt im *Elementargeist* – hier eine durch Arkanwissenschaften wie Astrologie, Alchemie, Magie und vor allem Kabbala heraufbeschworene Geisterwelt – als bedrohlich, im besten Fall als „böser Traum" (Hoffmann V, S. 707) eines poetisch veranlagten Protagonisten namens Viktor.

Die literarischen Muster, mit denen Hoffmann dabei operiert, nennt er schon im *Goldenen Topf*: Gabalis und Swedenborg. Im *Elementargeist* wiederum sind diese sowie weitere Quellen noch sehr viel ausführlicher benannt, ja nachgerade in das Handlungsgeschehen integriert. Die Rede ist nicht nur von eben jenem „Comte de Gabalis", sondern auch von Cazottes *Diable amoureux*, von Schillers *Geisterseher*, Grosses *Genius* sowie einer ganzen Bibliothek „tüchtige[r] Bücher" (ebd., S. 681) zur Magie und Kabbala, von Hermes Trismegistos über Theophrastus Paracelsus, Robert Fludd, Guillaume Postel und Pico della Mirandola bis zu den „kabbalistischen Juden, Joseph und Philo" (ebd., S. 682). Während die Letzteren mehr zur Staffage eines magischen und kabbalistischen Geheimwissens gehören und allenfalls indirekte Quellen sind, haben die Ersteren für Hoffmanns Erzählung tatsächlichen Quellenstatus. Das gilt zunächst für den „Gabalis", aus dem auch jene Bibliothek geheimwissenschaftlicher Literatur zur Magie und Kabbala stammt. Gemeint ist Abbé Montfaucon de Villars' *Le comte de Gabalis ou entretiens sur les sciences sécrètes* (1670), eine auf Paracelsus beruhende Darstellung des Wissens über die Elementargeister, die hier als kabbalistische Lehre vorgestellt wird, dies allerdings bereits ironisch gebrochen. Hoffmann benutzte eine französische Ausgabe von 1718, wie ihm wohl auch die deutsche Übersetzung von 1782 unter dem Titel *Gespräche über die geheimen Wissenschaften* bekannt war. Das Potential des Elementargeisterkomplexes für die Literatur haben in Hoffmanns Vorfeld zahlreiche Erzähler in Frankreich und Deutschland ausgelotet: Marquis d'Argens' *Lettres Cabalistiques* (1737–1738) bzw. deren deutsche Übersetzung durch Friedrich Nicolai unter dem Titel *Kabbalistische Briefe, oder philosophischer, historischer und kritischer Briefwechsel zwischen zween Kabbalisten, verschiedenen Elementargeistern und dem höllischen Astaroth* (1773–1778), Friedrich Schillers *Geisterseher* (1769), Carl Grosses *Der Genius* (1791–94), Friedrich de la Motte Fouqués *Eine Geschichte vom Galgenmännlein* (1810) und *Undine* (1811), an erster Stelle aber Jacques Cazottes *Le diable amoureux* (1772), auf den der *Elementargeist* am ausführlichsten rekurriert und dessen deutsche Übersetzung *Teufel Amor* (1780) Hoffmann im Januar 1821 bei seinem Leihbibliothekar Kralowsky ausgeliehen hatte.

Der grundlegende nichtliterarische Quellentext für diesen thematischen Komplex ist allerdings Paracelsus' *Liber de nymphis, sylphis, pygmaeis et salamandris, et de caeteris spiritibus*, das postum 1566 erschien, zumeist aber nach dem Druck von 1590 überliefert ist (vgl. Kilcher 1998, S. 317–327; 2003). Gemäß Paracelsus, der in jenen „tüchtige[n] Bücher[n]" (Hoffmann V, S. 681) im *Elementargeist* auch angesprochen ist, sind die vier Elementargeister, die Undinen, Sylphen, Gnomen und Salamander, den vier Elementen zugeordnete, seelenlose Wesen. Die Undinen entsprechen dem Wasser, die Sylphen der Luft, die Gnomen der Erde und die Salamander dem Feuer. Sie können, so Paracelsus, von einzelnen Menschen wahrgenommen werden und mit ihnen in Kontakt treten, mit dem Ziel, sich mit ihnen zu vermählen. Eine solche Vereinigung mit einem Menschen ist für einen Elementargeist die einzige Möglichkeit, eine Seele zu erlangen und die Sterblichkeit zu überwinden.

Seit Villars' *Comte de Gabalis* nun – und darin folgt Hoffmann primär diesem Text – werden Menschen, die sich mit einem Elementargeist vereinen, in ideosynkratischer Weise als „Kabbalisten" bezeichnet. Villars' „Kabbala" ist folgerecht eine Metaphysik der Geisterwelt, der „Kabbalist" entsprechend ein Geisterseher. Diese als „paracelsische Kabbala" benennbare Elementargeisterlehre wird sodann in Cazottes *Le diable amoureux* ins Dämonische gesteigert und zugleich – für Hoffmanns *Elementargeist* wiederum entscheidend – sexuell ausgedeutet. Der Famulus Alvare de Maravilla beschwört dort von einem Lehrer angeführt – ebenso wie Hoffmanns Viktor angeführt von dem irischen Major O'Malley – einen Geist, welcher sich zunächst als Sylphide bzw. als Salamander zu erkennen gibt. Dieser vermeintliche Elementargeist erweist sich allerdings – bei Cazotte wie bei Hoffmann – als eine verführerische teuflische Frauenfigur (als ein „Incubus"), letztlich aber als ein Phantasma sexueller Wünsche. Diese auffälligen Parallelen zwischen Cazottes *Diable amoureux* und Hoffmanns *Elementargeist* werden in der Erzählung nicht nur implizit durchgespielt, sondern auch explizit thematisiert, wenn etwa Viktor bemerkt, dass „Cazottes Märchen mir bald wie ein Zauberspiegel dünkte, in dem ich mein eignes Schicksal erblickte." (ebd., S. 690)

Dies zeigt auch, dass die vielfältigen Bezüge zu den Quellen nicht nur von philologischer, sondern auch von poetologischer Bedeutung sind: Sie machen ein Schreibverfahren Hoffmanns deutlich, das man als intertextuell bzw. ‚transtextuell' (Gérard Genette) begreifen kann. Mehr noch: Die Erzählung gewinnt ihr produktives Moment nicht bloß in der Verarbeitung eines bestimmten literarischen Korpus, sondern auch in der nachgerade magischen Funktion der gelesenen Bücher, die als „tüchtige", ja magische Zauberbücher mit höchstem Wirkungsgrad im Text selbst als konstitutive narrative Elemente auftreten. Der romantische Protagonist ist hier ein höchst erregbarer Leser, dessen poetische wie sexuelle Phantasie – hart an der Grenze eines pathologischen Wahns – aus Büchern entspringt.

2. Wirkung

Der Elementargeist wurde – wie sämtliche der späten Erzählungen Hoffmanns – von den zeitgenössischen Rezensenten meist als konstruiert und trivial eingestuft, obwohl das Organ der Erstveröffentlichung, das *Taschenbuch zum geselligen Vergnügen*, als einer der renommiertesten Almanache seiner Zeit galt und entsprechend positiv wahrgenommen wurde. Repräsentativ für die fünf zeitgenössischen Rezensionen, die noch 1821 erschienen (vgl. Hoffmann V, Kommentar, S. 1213f.), schreibt der Rezensent der *Jenaischen Allgemeinen Literatur-Zeitung*: „*Hoffmanns Elementargeist* [...] ein Spiel mit dem Übersinnlichen, welches nirgend recht bedeutend werden kann, und einige schon bekannte Personagen, nur in anderer Uniform [...] vorbeyführt." (Jenaische Allgemeine Literatur-Zeitung 1821, S. 271) Auch Heine äußert sich skeptisch, wenn er in seinen *Briefen aus Berlin* (1822) vermerkt: „In dem Elementargeist ist Wasser das Element, und Geist ist gar keiner drin." (Heine II, S. 66) Dieses negative Urteil insbesondere über die späten Almanach-Erzählungen E.T.A. Hoffmanns hält – zweifellos zu Unrecht – bis in die jüngere literaturwissenschaftliche Rezeption an, wenn sie sich denn überhaupt mit Texten wie dem *Elementargeist* auseinandergesetzt hat.

Einen vielversprechenderen Ansatz liefert allenfalls die Rezension in den *Heidelberger Jahrbüchern der Literatur*, wenn sie das Moment der Ironie hervorgehoben hat, mit der *Der Elementargeist* das Übernatürliche, Geheimwissenschaftliche und Unheimliche darstelle: „Der *Elementargeist* von E.T.A. Hoffmann wirkt ergötzlich durch die kecke Ironie, womit das scheinbare Ernsthafte, ja Grausen erregende sich immer selbst wieder zerstört." (Heidelberger Jahrbücher der Literatur 1821, S. 1235) Dergestalt ironisch gebrochen, werden etwa die Beschwörungskünste des Majors O'Malley, wenn sich dessen Zauberbuch als eine französische Grammatik entpuppt. Bemerkenswert für die zeitgenössische Rezeption ist schließlich, dass Hoffmanns *Elementargeist* im Folgejahr in demselben *Taschenbuch des geselligen Vergnügens*, in dem er 1821 erschienen war, unter dem Titel *Die Salamandrin. Erklärendes Gegenstück zu Hoffmanns Elementargeist* (1822) eine Fortsetzung aus der Feder von Elise von Hohenhausen erhielt.

Im Gegensatz zur zeitgenössischen Rezeption gehört der *Elementargeist* in der neueren Forschungsliteratur, wie die späten Almanach-Erzählungen überhaupt, zu den wenig beachteten Erzählungen Hoffmanns (vgl. Toggenburger 1983, S. 162ff.). Dabei wurde insbesondere die arkanwissenschaftliche Basis von Kabbala und Magie der Kritik unterstellt, wenn etwa Walter Harich schrieb, dass Hoffmanns Fähigkeiten hier „unter dem Schutt von allerlei Spukhaftem und Sensationellem verschüttet" (Harich 1920 II, S. 312) wurden. Die für die Erzählung entscheidenden Quellenbezüge u.a. zu Cazotte und die Adaption und Funktion der spezifisch „paracelsischen Kabbala" fanden erst in der jüngeren Forschung Aufmerksamkeit (vgl. Winkler 1988; Kilcher 1998, S. 317–327).

3. Aspekte der Deutung

Ausgehend davon lässt sich zeigen, dass der Spiegel in Viktors Erzählung eine zentrale strukturgebende Rolle spielt. Gespiegelt werden nicht nur Bücher wie Villars' *Gabalis* und Cazottes *Verliebter Teufel*, sondern auch Figuren wie Alvare in Viktor, Biondetta in Aurora, Soberano in O'Malley. Mehr noch: Auch die magisch-poetologischen Beschwörungsoperationen funktionieren gemäß dem Prinzip der Verdoppelung und Spiegelung: Die Herstellung des sogenannten ‚Teraphims', in der hebräischen Bibel als mantischer Kultgegenstand bekannt und in der rabbinischen und kabbalistischen Literatur wie Villars' *Gabalis* als magisches Objekt und Medium eingesetzt, erfolgt vor einem Spiegel, wie er selbst als Metallspiegel charakterisiert wird. In Hoffmanns Erzählung wird das „Püppchen" zum Fetisch und Surrogat des Begehrens. Dem Prinzip der Spiegelung entsprechend, tritt auch der zwischen der bürgerlich-realen und der imaginären Geisterwelt changierende O'Malley auf. Nicht nur scheint er sich verdoppeln zu können: „Tiefes Entsetzen faßte aber den Lieutnant, als er […] auf dem breiten Wege einen zweiten O'Malley gewahrte" (Hoffmann V, S. 689); er kann sich auch in sein Ebenbild verwandeln: „Es war indessen heller Tag geworden; die Sonne schien durch die Fenster. […] [Er] warf den Mantel ab […] und stand da in voller Uniform." (ebd., S. 683) Tagsüber ist O'Malley ein Kriegsmajor, nachts aber ein unheimlicher Geisterbeschwörer. Der junge Offizier kommentiert diese Seltsamkeit so: „Haben Sie wohl bemerkt, daß der Major […] unerachtet er unter dem Mantel nur das Hemde trug, plötzlich von unsichtbaren Händen angekleidet da stand?" (ebd., S. 684)

Als Spiegelgestalt zwischen profaner Welt und Geisterwelt erscheint dem romantischen Protagonisten Viktor auch die Baronesse von E. Während sein vernünftiger Freund Albert „die kleine rundliche Frau" als „drollig", schwatzhaft und bestenfalls als „niedlich" (ebd., S. 666f.) wahrnimmt, sieht Viktor in ihr eine Schönheit „wie hingehaucht von Titian" (ebd., S. 698), mehr noch: die Züge des Elementargeistes Aurora, jener „Salamandrin" also, der sein Begehren gilt. „Ich kann dir nur sagen", versichert Viktor seinem Freund, „daß ich nie eine zartere, anmutigere Gestalt, nie ein lieblicheres Antlitz träumte" (ebd., S. 698). Doch nicht Spiegelbilder, sondern gleichsam das Fehlen eines geeigneten Spiegels bringen die unheimlichen Geschehnisse in Gang. Während der nächtlichen Geisterbeschwörung in einer alten Ruine imaginiert Viktor etwas, das er nicht anders denn als „gestaltlose[] Gestalt" (ebd., S. 688) zu erklären vermag. Die passenden Worte – in diesem Sinne der entsprechende Spiegel – für das, was ihm seine

Fantasie gezeigt hat, vermag Viktor nicht zu finden. Damit ist er zugleich auch ein Exempel für das Scheitern am ‚serapiontischen Prinzip'. Viktor verkennt die Interdependenz von Außenwelt und Innenwelt, wenn er den Rückbezug auf das determinierte Äußere gegenüber einem fantastischen Innenleben aufgibt. Das Verderben des dergestalt gescheiterten Serapiontikers, sein Abgleiten in puren Wahn nämlich, wird allerdings durch Viktors Reitknecht Paul Talkebarth verhindert. Wie sein Meister ist er zwar in die Geisterwelt initiiert, doch anders als er kann er dieses imaginäre Leben mit dem realen aufwiegen, Innenwelt und Außenwelt in ein Gleichgewicht bringen, dies allerdings auch so, dass er die imaginäre Geisterwelt der Kabbala im Umschlag in den profanen Alltag als lächerlich erscheinen lässt (vgl. Toggenburger 1983, S. 166f.).

Die Logik des Spiegels hat in *Der Elementargeist* wie auch in anderen Erzählungen Hoffmanns (namentlich im *Goldenen Topf* oder im *Sandmann*) schließlich auch die Funktion eines narzisstischen Selbstbezugs des Protagonisten. Nicht zufällig ist der Teraphim, als fetischhafter Gegenstand eine Objektivierung von Viktors Begehren, aus einem Spiegel und mithilfe von Viktors Blut hergestellt. Der dem Teraphim entspringende Elementargeist ist entsprechend Produkt von Viktors Imagination und narzisstischem Verlangen, das in der Objektwelt keine Entsprechung hat. Das zeigt sich auch darin, dass Viktor sie nicht zu berühren vermag, jeglicher Umarmungsversuch scheitert. Der Narzissmus dieser imaginären Liebe zeigt sich aber auch daran, dass Viktors Begehren nicht durch eine reale Frau, sondern durch die Lektüre u. a. von Cazottes *Diable amoureux* angeregt wird. Wie im *Goldenen Topf* wird der romantische Protagonist zugleich Liebhaber und Dichter: Er entfaltet und befriedigt sein Begehren in der imaginären Sphäre der Schrift. Anders aber als in jenem Märchen tritt der romantische Protagonist hier nicht in Atlantis ein, sondern kehrt, desillusioniert – erwacht aus einem „*langen, bösen Traum*" (Hoffmann V, S. 707) – in die bürgerliche Welt zurück, indem er „dem Paradies der Liebe" (ebd.) entsagt.

Mit der Liebe erweist sich endlich auch die „Geisterwelt" und damit die „Kabbala" als eine Funktion der romantischen narzisstischen Spiegelschrift. Der Verdacht gegenüber der Kabbala, dass ihre Geisterlehre auf „Selbsttäuschung oder Betrug" (ebd., S. 682) beruhe (womit sich Hoffmann im Übrigen an die Vorlagen teilweise wörtlich anlehnt), hat hier System. O'Malleys Entgegnung zeigt dies, wenn er als Beweis der Echtheit der Geisterwelt die „dichterische Schöpfungskraft" (ebd.) ins Feld führt. Er fordert die Skeptiker mit den Worten heraus: „[...] setzt Euch hin und schreibt ein Heldengedicht, eben so herrlich, so übermenschlich groß, wie die Ilias! [...] Ich sage Euch, jener Umgang mit höheren geistigen Naturen ist bedingt durch einen besondern psychischen Organism; und wie die dichterische Schöpfungskraft, so ist auch jener Organism eine Gabe, mit der die Gunst des Weltgeistes seinen Liebling ausstattet." (ebd.) Der Kabbalist und der Dichter stimmen folglich in der Gabe überein, „Göttliches zu empfangen und zu gebären" (ebd.). Aus der dämonologischen Magie der Geisterlehre, die mit Beschwörungsformeln operiert, wird hier die metaphorische Magie der Poesie. Die Dichtung wird umgekehrt zur Kabbala, zu einer Geisterlehre: Nur ihr gelingt es, in ihrer Schrift das „Paradies der Liebe" (ebd., S. 707) zum Leben zu erwecken; auf ihr imaginäres Zeichenreich ist jenes Paradies dann aber auch beschränkt (vgl. Kilcher 1998, S. 321).

(Andreas B. Kilcher und Myriam Burkhard)

Meister Floh (1822)

1. Entstehung, Quellen, zeitgenössische Aufnahme und Ansätze der Forschung

Über die Entstehung des *Meister Floh* sind wir durch Hoffmanns Briefwechsel recht genau informiert. Die äußeren Umstände trugen dazu bei, dass über die Entstehungsgeschichte hinaus das Märchen *Meister Floh* aus ganz anderen Gründen zum heißen Diskussionsstoff in der Berliner Öffentlichkeit wurde. Das wiederum hing direkt mit Hoffmanns beruflicher Stellung als Richter und Mitglied der „Königlichen Immediat-UntersuchungsCommission zur Ermittlung von hochverräterischen Verbindungen und anderen gefährlichen Umtrieben" seit dem 1. Oktober 1819 zusammen.

Nachdem aus einem ersten Projekt zu einem Weihnachtsmärchen mit Seitenblicken auf die juristischen Amtsgeschäfte Hoffmanns, das der Schriftsteller Ludwig Robert angeregt hatte, nichts geworden war, schlug Hoffmann am 10. März 1820 dem Verleger Wilmans in Frankfurt brieflich vor, „ein artiges Weihnachtsbüchlein zu schreiben" (Hoffmann VI, S. 175). Nach einer positiven Reaktion des Verlegers schickte er – trotz ernsthafter Erkrankung – die ersten beiden Kapitel (12 Seiten) am 6. November 1821 nach Frankfurt und vertröstete Wilmans fortan mit weiteren Lieferungen, die sich – auch wegen der gleichzeitigen Arbeit am zweiten Band des *Kater Murr* – immer wieder verzögerten. Durch Unterbrechungen und weil Hoffmann keine Abschriften angefertigt hatte, forderte er von Wilmans die Druckbogen zur Einsicht. Da Wilmans diesem Wunsch nicht nachkam, musste Hoffmann, dem die Details der Anfangskapitel entfallen waren, ohne Einsicht in die ersten 12 Manuskriptseiten mit der Arbeit fortfahren, was einige Brüche im gesamten Text des Märchens erklärt. Erst am 19. Januar 1822 hatte der Verleger sechs Kapitel in der Hand; die Weiterarbeit am letzten Kapitel wurde jedoch von unerwarteter Seite unterbrochen. Zuvor hatte Hoffmann in der Öffentlichkeit von seinem neuen Werk gesprochen und auch davon, dass er die ganze Demagogenverfolgung der preußischen Behörden satirisch ins Lächerliche zu ziehen beabsichtige. Dem preußischen Polizeiminister Karl Albert von Kamptz, der seit der Jahn-Affäre, in der Hoffmann von Kamptz vor Gericht zur Anhörung laden wollte, eine Intimfeindschaft zu Hoffmann pflegte, kam die Sache zu Ohren, und der schickte am 17. Januar 1822 den Agenten Georg Klindworth nach Frankfurt, der, mit Unterstützung des Grafen August von der Goltz, dem preußischen Gesandten am Bundestag in Frankfurt, beim Verleger Wilmans die Unterbrechung des Druckes und die Herausgabe des Manuskripts und der fertigen Druckbogen veranlasste, was Hoffmann zur Kenntnis gelangt sein muss, denn er beeilte sich, an Wilmans zu schreiben, er möge die verdächtigen Stellen im fünften Abenteuer, die Figur des Knarrpanti betreffend, streichen, da sie ihm „gewisser Umstände halber großen Verdruß machen könnten." (ebd., S. 227) Wilmans gab den Brief ebenfalls an die Behörden weiter. Sein Inhalt wurde als Schuldeingeständnis Hoffmanns gewertet. Kamptz setzte für seinen Vorgesetzten Friedrich von Schuckmann eine Denkschrift auf, in der er anhand des Manuskripts Verdachtsmomente gegen Hoffmann bestätigt sah. Die entsprechenden Stellen im Manuskript wurden gestrichen, der Rest zum Druck freigegeben. Anfang April verschickte Wilmans die ersten gedruckten Exemplare des zensierten *Meister Floh*, aber die Affäre selbst kam jetzt erst richtig in Gang. Am 7. Februar 1822 beauftragte König Friedrich Wilhelm III. seinen Justizminister Friedrich Leopold von Kircheisen, den mittlerweile schwer erkrankten Hoffmann vom Kammergerichtspräsidenten Johann Daniel Woldermann vernehmen zu lassen. Nach der mündlichen Vernehmung fasste Hoffmann das Gespräch in einer ausgeklügelten Verteidigungsrede für das anstehende Verfahren zusammen, die als *Erklärung zu „Meister Floh"* in die Akten der Preußischen Zensurbehörde gelangt ist und sich heute in den Akten des Geheimen Staatsarchivs zu Berlin befindet. Die *Erklärung* samt dem vorhergehenden Vernehmungs-Protokoll reichte der Kammergerichtspräsident Woldermann noch am selben Tag (23. Februar 1822) dem Justizminister Kircheisen ein (vgl. Hoffmann VI, Kommentar, S. 1439–1457). Zu einer Verhandlung und möglichen Verurteilung selbst kam es nicht; Hoffmann starb am 25. Juni 1822.

Von Quellen im eigentlichen Sinn kann man für das Märchen nicht sprechen, von Einflüssen und literarischen Vorbildern kaum. Dass Hoffmann jedoch seine Bibliothek und Leihbibliotheken nutzte und Nachschlagewerke ausgiebig konsultierte, ist bekannt und gehörte immer schon zu seiner Arbeitsweise als Schriftsteller. Hoffmann benutzte die 1792 erschienene deutsche Übersetzung eines Werkes des Philologen Peter Friedrich Arpe (1682–1740) unter dem Titel: *Geschichte der talismannischen Kunst, von ihrem Ursprunge, Fortgange und Verbreitung. Ein Beitrag zu den geheimen und höheren Kenntnissen des Menschen.* Aus diesem Werk entnahm er einige exotische Namen für sein Märchen. So zog er auch ein Lexikon des französischen Schriftstellers Pierre Bayle (1647–1706) heran, das Johann Christoph Gottsched 1741–1744 in deutscher Übersetzung heraus gebracht hatte. Einige Komödien von Carlo Gozzi (*Die Geschichte von den drei Pomeranzen* und *König Hirsch*) gelten ebenfalls als Quellen zum *Meister Floh*. Jene literarischen Zeugen für sein Märchen wie zum Beispiel Tobias Smollet mit seinem Werk *The Adventures of Peregrine Pickle* von 1751, die Hoffmann in seiner *Erklärung* aufruft, sind lediglich Teil der Verteidigungsstrategie und weniger Quelle für das Märchen.

Die Umstände rund um die Entstehungsgeschichte des Märchens einschließlich der Polizeiaktionen und Zensurmaßnahmen des Staates, die Umstände also, die zur verstümmelten Fassung des *Meister Floh* geführt hatten, waren bekannt geworden und hatten in weiten Kreisen über Berlin hinaus zu Stellungnahmen und Diskussionen noch vor der Veröffentlichung des Buches geführt. Der immer gut informierte Karl August Varnhagen von Ense notierte in seinen Tagebüchern, dass Mitglieder der ‚Gesetzlosen Gesellschaft' in Berlin für Hoffmann einträten; so wolle es der Geheime Legationsrat im Ministerium des Auswärtigen, Johann Albrecht Friedrich Eichhorn, von Hoffmann nicht „unschicklich finden", dass er diese „lächerlichen Untersuchungen in ihrem lächerlichen Lichte gezeigt und verspottet habe." (2. Februar 1822) Varnhagen notierte auch, dass der berühmte Mediziner Christoph Wilhelm Hufeland in seiner Gegenwart es bedauert habe, den *Meister Floh* nur zensiert lesen zu können (9. Februar 1822). Ferner habe der Philosoph und Theologe Friedrich Daniel Ernst Schleiermacher Hoffmanns Partei ergriffen (14. Februar 1822). Auf Fürsprache von Hoffmanns Freund, Theodor Gottlieb von Hippel, soll sogar der Generaladjutant des preußischen Königs, Jost von Witzleben, bei Friedrich Wilhelm III. ein Wort für Hoffmann eingelegt haben.

Der umtriebige junge Heinrich Heine, dem die Geschichte zu Ohren gekommen war, hat sich in *Briefe aus Berlin* (16. März 1822) recht kritisch über Hoffmann geäußert, weil er, vom König dazu ernannt, selbst Mitglied der Untersuchungskommission sei, sie persifliert und damit das Vertrauen des Königs missbraucht habe. Als Heine dann die zensierte gedruckte Fassung zu lesen bekam, reagierte er im dritten seiner *Briefe aus Berlin* maßlos enttäuscht: Das Buch habe „keine Haltung, keinen großen Mittelpunkt, keinen innern Kitt. Wenn der Buchbinder die Blätter desselben willkürlich durcheinander geschossen hätte, würde man es sicher nicht bemerkt haben." (Heine II, S. 66)

Goethe, der Hoffmanns Werk mehrfach abschätzig beurteilte, obwohl er fast nichts daraus kannte, erhielt pikanterweise am 10. April 1822 eine Ausgabe des *Meister Floh* vom Großherzog Karl August mit einem Begleitschreiben, in dem er auf die Zensur-Affäre anspielte, das Märchen aber lesenswert fand. Goethe reagierte umgehend und etwas herablassend, als er vom Verfasser sprach, der klug genug sei, sich seine „gewisse mittlere schriftstellerische Laufbahn" nicht mit satirischen Verwegenheiten zu verderben (Schnapp 1974, S. 742).

1906 veröffentlichte Georg Ellinger die bis dahin unter Verschluss gehaltenen Zensurpassagen innerhalb seines Aufsatzes „Das Disziplinarverfahren gegen E.T.A. Hoffmann". 1908 erschien die erste vollständige Ausgabe des *Meister Floh*, herausgegeben von Hans von Müller. In Literaturgeschichten und Einzeldarstellungen wurden Hoffmann und sein Werk erst seit den zwanziger Jahren wieder berücksichtigt (vgl. Richard Schaukal 1923; Ernst von Schenck 1939; Fritz Martini 1955). Detaillierte Fragestellungen zur Poetologie und zu Hoffmanns künstlerischem Selbstverständnis hat in den 1970er Jahren Wulf Segebrecht im Hinblick auf den *Meister Floh* entwickelt. Aufgegriffen und fortgeführt wurden die Arbeiten Segebrechts unter anderem durch Hartmut Steinecke, der sie modifizierte und Hoffmanns artifizielle Erzähltechnik analysierte. Claudio Magris (1980) leuchtete den philosophischen Hintergrund des Märchens (Schelling, Schubert und Fichte) aus und interpretierte Hoffmanns Werk als Vorläufer der Moderne. Einzeldarstellungen, wie jene von Armand de Loecker (1983), gingen der triadischen Denkfigur in Hoffmanns Märchen nach; Min Suk Chon Choe (1986) untersuchte mit feiner hermeneutischer Sondierungstechnik die Motiv-Ketten und Binnenstrukturen mit zahlreichen guten Einzelbeobachtungen, tendenziell allerdings mit vielleicht zu harmonisierenden Auflösungen. Moderner vom interpretatorischen Ansatz her, unter dem Gesichtspunkt der „Poetologie einer erweiterten Aufklärung" im Sinne eines sich ständig verwandelnden Blicks unter dem Mikroskop als Hoffmanns spezifische Erzähltechnik in *Meister Floh*, verfuhr Gerhard Neumann (1997a). Diesen Gedanken griff Detlef Kremer (1999) auf und fokussierte ihn auf die Aspekte des „mobilen Mikroskops" und der verschiedenen „Variationen über die Liebe" (vgl. Kremer 1999a, S. 116–122), die den Text strukturieren.

2. Arabeskes Erzählen. Der labyrinthische Handlungsverlauf

Ausführlich wie selten in Hoffmanns Werk wendet der Erzähler im ersten Abenteuer sein Augenmerk auf die Sozialisation der Hauptfigur Peregrinus Tyß. Ein hochsensibles Kind mit, wie sich bald zeigt, regressiven Zügen wird geboren – zum Kummer der bereits in die Jahre gekommenen Eltern, sehr wohlhabenden und sozial gesinnten Kaufmannsleuten in Frankfurt am Main. Nach wochenlangem Schreien verstummt es plötzlich und lebt in völliger seelischer Abgeschiedenheit in seiner Welt; nur gelegentlich durch die Liebe seiner Mutter geweckt und mit Hilfe einer alten Harlekinfigur nimmt es rudimentär teil am Alltagsgeschehen. Beginnt sich ein Krankheitssymptom zu legen, taucht, zum Verdruss des Vaters, sofort ein neues auf. Ein Versuch, die Nachfolge seines Vaters als Kaufmann anzutreten, scheitert unmittelbar, weil Peregrinus eine unüberwindliche Abneigung gegen Geldgeschäfte entwickelt. Er verschwindet in eine entfernte Weltgegend – Indien wird als Aufenthaltsort vermutet –, und als er nach 3 Jahren in die Heimat zurückkehrt, findet er „das elterliche Haus fest verschlossen" (Hoffmann VI, S. 314). Er muss erfahren, dass Vater und Mutter verstorben sind, und „zum erstenmal durchschnitt der Schmerz des Lebens seine Brust" (ebd.). In der unmittelbaren Folge werfen manifeste Trauer und latentes Schuldgefühl Peregrinus in die seelische Starre der frühkindlichen Phase zurück. Er lebt fortan in der Wahnvorstellung, er sei wieder Kind und seine Eltern lebten noch. Obwohl mittlerweile 36-jährig, lässt er sich von der alten Haushälterin Aline aus Kindertagen pflegen und verharrt im psychischen Zustand eines Zehnjährigen. Als Alleinerbe des väterlichen Besitzes kann er vollkommen sorgenfrei leben.

Dieses erste Abenteuer mit der stockenden Entwicklungsgeschichte der Hauptfigur, das schon der junge Heinrich Heine „göttlich" (Heine II, S. 66) fand, ist deshalb ausführlicher wiedergegeben, weil Hoffmann mit feiner psychologischer Differenzierung die Symptome absoluten seelischen Stillstandes und die Regression der Hauptfigur in ein infantiles Stadium beschrieben hat. Im Fortgang der Geschichte bricht der Erzähler die Welt des Peregrinus auf, indem er ihn zunächst mit der Realität konfrontiert, zum anderen wird sein wie in einem Kokon eingesponnenes Bewusstsein herausgelöst und in eine phantastische und mythologische Welt projiziert. Die hübsche Dörtje Elverdink, Nichte des Flohbändigers und Magiers Leuwenhoek, flieht zu Peregrinus und umgarnt ihn raffiniert, um wieder in den Besitz eines Flohs zu kommen, auf dessen belebende Stiche sie durch ein fantastisch hintergründiges Geschick angewiesen ist. Meister Floh indes, erfreut, der Gefangenschaft Leuwenhoeks entronnen zu sein, bittet den in der ganzen Sache vollkommen ahnungslosen Peregrinus um Schutz. Als Gegenleistung erhält er ein winziges Mikroskop, mit dessen Schärfe er in das Gehirn seiner Mitmenschen eindringen und ihre Gedanken lesen kann. So ausgerüstet, lernt er die soziale Welt erst kennen, dann neu entdecken und ist ganz erstaunt, wie Gedanken und Sprache auseinander klaffen können und nur in Ausnahmefällen deckungsgleich sind. Mit Hilfe des Mikroskops lernt er allmählich den Schein vom Sein zu trennen. Darüber hinaus erfährt er Abenteuer für Abenteuer den wunderlichen Zusammenhang seines eigenen Schicksals mit den Geschicken der Figuren aus dem Märchenreich Famagusta, deren Leben aus der Zeit vor der Zeit in die Erzählgegenwart hineinreicht. Hartmut Steinecke rekapituliert den Mythos in seinen Verzweigungen bis nahe an die Erzählgegenwart: Alles Geschehen im Mythos rankt um „verschiedene Liebesbeziehungen zu der Prinzessin Gamaheh, die einem mythischen Verhältnis zwischen Mensch und Blume, dem König Sekakis (später – in der Gegenwartshandlung – Peregrinus Tyß) und der Blumenkönigin entstammt. Gamaheh (später: Dörtje) liebt die Distel Zeherit (später: George Pepusch). Neben dem pflanzlichen hat sie jedoch noch einen tierischen Liebhaber, Meister Floh; ferner spielt der böse ‚Egelprinz', der sie liebt und zugleich tötet, eine Rolle; schließlich gibt es eine vierte Liebesgeschichte, die des Dämons Thetel, der sich in die Tote verliebt und sie vergeblich wiederzubeleben versucht. Thetel entführt sie und den Floh, der sich an der Prinzessin festhält – ihr Flug wird zur Verbindung zu einem zweiten Handlungskomplex, in dessen Mittelpunkt die beiden Naturwissenschaftler Leuwenhoek und Swammerdamm stehen. Diese richten ihre Ferngläser auf den vorbei fliegenden Thetel, blenden damit den Floh, der auf die Erde fällt und von Leuwenhoek gefangen genommen wird." (Steinecke 2001, S. 78) Der Floh und seine Gesellen werden dressiert und in einem Flohzirkus dem Publikum vorgeführt. „Meister Floh zettelt eine Rebellion an, entflieht und flüchtet zu Peregrinus. Ihm folgt Dörtje, die ebenfalls von Leuwenhoek gefangene und zur Abendunterhalterin gezwungene Prinzessin, die von den Magiern zu einem Scheinleben wiedererweckt wurde, allerdings nur am Leben bleiben kann, wenn sie sich regelmäßig von Meister Floh stechen lässt – dies ⟨ist⟩ der Grund ihrer verzweifelten Suche nach dem Entflohenen, die sie zu Peregrinus führt." (ebd., S. 78f.) Erst in der Schluss-Allegorie werden die Identitäten wieder hergestellt oder zusammengeführt und demonstrieren den gewachsenen Erkenntnisprozess des Peregrinus.

3. Titelkupfer und Titel

Hoffmann hat Titelkupfer seiner Werke oft selbst gezeichnet und die Ausführung sodann an bekannte Stecher weitergegeben. Er hat ihnen immer größte Aufmerksamkeit und Sorgfalt geschenkt. Sie waren im Barock als Sinnbild und Leseranweisung Teil der Poetik; mit ihrer Dreiteilung in Inscriptio, Pictura und Subscriptio gaben sie dem Leser Anweisungen, um komplexe Romanstrukturen, Metaphern und Allegorien zu verstehen. Das Märchen vom *Meister Floh* ist geradezu ein exemplarischer Fall für die

Darstellung mittels verschlüsselter Allegorien und Metaphern, die als eine Form der Geheimpoetik dem Leser Hinweise an die Hand gaben, wie das Märchen zu verstehen sei.

Zu sehen ist auf dem Titelkupfer ein hochgestelltes Rechteck mit schmalem Rand; in das Rechteck einmontiert ist eine Raute; in der Raute findet sich ein im Profil detailliert gezeichneter Floh, der geharnischt, gestiefelt und gespornt in das Märchen hinein marschiert. Um die Raute schlingen sich Blüten- und Blumenranken; in den vier Ecken des Rechtecks sind Porträts abgebildet, deren Gesichter nur im Profil zu sehen sind. Interessant ist, betrachtet man alte Abbildungen aus der Wissenschaftsgeschichte, dass die Raute die Form eines historischen Mikroskops hat; denn erst mit Hilfe des Mikroskops können Leser und Betrachter den feingliedrigen Floh in Menschengestalt überhaupt erkennen. Die Blütenmotive, die sich um das Mikroskop ranken, verweisen den Leser auf die arabeske Erzähltechnik des Autors: Um einen festen Erzählkern, den Floh und das Mikroskop, ranken sich üppige Geschichten, die sich jedoch nicht im Unendlichen verlieren sollen, sondern immer wieder auf den Erzählkern zurückführen.

Das Rücktitelkupfer ist genauso angeordnet und gezeichnet wie das Titelkupfer, nur hat sich die Flohgestalt verändert; stand sie auf dem Titelkupfer noch recht unbekleidet da, so ist sie jetzt in einen weiten Mantel eingehüllt und hält mit den kleinen Vorderbeinen eine große brennende Fackel hoch. Damit entpuppt sich der Floh als Allegorie: Die Umhüllung verweist darauf, dass die Wahrheit in Zeiten der Zensur nur verhüllt gesagt werden kann; die Wahrheit steckt im Buch. Der Floh marschiert verhüllt aus der Geschichte, und die hoch gehaltene Fackel verrät den Sinn: Der Floh verbildlicht den republikanischen Geist, der in düsteren Zeiten den Gedanken der Freiheit, der Rechtsstaatlichkeit und der Gerechtigkeit in gleicher Weise hochhält. Das Licht, mit dem die Fackel das Dunkel erhellt, ist ohnehin Zentralbegriff aller Aufklärung. Wie subversiv und politisch durchaus brisant Hoffmann hier verfährt, zeigt sich im dritten Abenteuer des Märchens. Dort gibt sich der Floh als König seines großen Volkes zu erkennen, dessen Macht durch eine republikanische Verfassung und einen Senat beschränkt ist. Wer an der Spitze des Senats steht, darf sich Meister und König nennen, „weil er in allen Dingen des Lebens" (Hoffmann VI, S. 352) es zur Meisterschaft gebracht haben muss.

Diese Interpretation führt auf den Titel des Buches selbst: „Meister Floh". Der Titel eines „Meisters" hat hier weniger mit den bekannten Meisterfiguren in Hoffmanns Werk zu tun; vielmehr verwendeten ihn die Freimaurer und Illuminaten als Anrede in ihren Zirkeln. Im Titelkupfer finden sich weitere Embleme der Freimaurer: Zu ihnen gehören die vier Rosetten als Zeichen des Ranges in den Logen; die von oben nach unten führende Schnur lag auf dem Teppich in den Wohnungen der Logen und galt als brüderliches Band und Zeichen der Verbundenheit der Mitglieder – allesamt sind es Anspielungen auf einen Arkanbereich, der den Zeitgenossen sehr geläufig war. Auf einen versteckten, geradezu unsichtbaren und doch wesentlichen Aspekt des Kupfers ist noch hinzuweisen: Zieht man nämlich in der Waagrechten des Mikroskops von Spitze zu Spitze eine Gerade, erhält man zwei exakt gleichseitige Dreiecke – seit alters her und verstärkt seit dem 18. Jahrhundert die Zentralmetapher für das Auge des Gesetzes, das nach allen Seiten gleichermaßen Recht und Gerechtigkeit ohne Ansehen der Person übt. Als das für den Betrachter sichtbare Auge im gleichseitigen Dreieck figuriert hier der Floh, der im Geist der republikanischen Verfassung die Wahrheit spricht. Darüber hinaus stellen beide Dreiecke die Vorderansicht einer Pyramide dar, ebenfalls seit alters her ein Sinnbild für Recht und Gesetz, das als Siegel wiederum bei den Freimaurern verwendet wird. In der Zeit der Restauration, von der hier die Rede ist, war dieses Sinnbild für das Auge des Gesetzes negativ konnotiert und galt als Metapher für Bespitzelung, Polizeikontrollen und Zensur (vgl. Stolleis 2004, S. 67).

Das führt zu den vier Köpfen in den Ecken beider Kupfer. Die Porträts im Profil weisen neben Gemeinsamkeiten auch signifikante Unterschiede auf. Gemeinsam sind allen die langen Ohren, Zeichen der Bespitzelung und des Aushorchens. Das Porträt links oben zeigt ein strenges, markantes Gesicht mit Bart, als hätte man es hier mit einem hohen Vertreter des Staates zu tun; die anderen Physiognomien sind bartlos; das Porträt rechts oben verrät mit dem geschlossenen Mund und den geschlossenen Augen den Spion; links unten findet sich der Denunziant mit weit aufgerissenen Augen und verräterisch offenem Mund; das Porträt rechts unten mit den Hörnern am Kopf soll ein Satyr- oder Teufelskopf sein als Hinweis auf das inquisitorische Treiben des Staates im Rahmen der Demagogen-Verfolgung. Aber alle zusammen sind sie reichlich unverhüllte Fratzen restaurativer Machtansprüche. Frappierend und geradezu entlarvend ist, wie sich die Gesichter von Recht und Rechtsstaatlichkeit abgewandt haben; alle schauen weg vom Auge des Gesetzes. So bleibt nur die Allegorie des Flohs übrig, die für Rechtsstaatlichkeit kämpft: Das Auge des Flohs blickt aus dem Auge des Gesetzes auf den Betrachter und Leser. Der Leser wiederum wird durch die Titelkupfer zwar verdeckt, aber dennoch unmissverständlich aufgefordert, mikroskopisch genau zu lesen. Für den Handlungszusammenhang des Märchens vom Meister Floh bleiben die Anspielungen auf Freimaurer und Logenwesen, die die Titelkupfer vorgeben, weitgehend folgenlos. Allenfalls lassen sich Spuren unterscheiden, die sich in der stark ritualisierten Begrüßungsszene der Flohfigur bei Peregrinus im dritten Abenteuer andeuten, sich dann aber wieder verflüchtigen – auch ein Hinweis darauf, dass Hoffmann das Märchen ursprünglich ganz anders konzipiert hatte.

4. Satirische Erzählweisen

Indiz für Hoffmanns satirische Erzähltechnik ist schon die im Titelkupfer versteckte Poetik, die in Umrissen einen gesellschaftlich utopischen Gegenentwurf enthält, der sich in den Reden des Meisters Floh im dritten und fünften Abenteuer wiederfindet. Umhüllt vom Mantel der Poesie und gerade darin gesellschaftskritisch setzt Hoffmann die Gattung des Märchens ein „als zuverlässigen und unheimlichen Spiegel nicht einer mythischen Daseinsform, sondern der geistigen Struktur des Menschen" (Magris 1980, S. 20).

Geht man von der satirischen Kritik am preußischen Staat in allegorischer Form in den Titelkupfern und den reformerischen Ansätzen der Reden des Meisters Floh im dritten Abenteuer aus, fällt die von Hoffmann erst im Dezember 1821 eingefügte „Knarrpanti-Episode" besonders auf, und es ist viel interpretatorisches Geschick darauf verwendet worden, sie als integralen Bestandteil des Märchens zu beweisen (Chon-Choe 1986, S. 152ff.); Kremer spricht mit Recht von einem „Nebenschauplatz" (Kremer 1999a, S. 117) des Märchens, auf dem allerdings mit Hilfe des Mikroskops die satirische Aufdeckung lächerlicher kriminalistischer Untersuchungsmethoden des Hofrats glänzend vorgeführt werden.

Die satirische Absicht des Erzählers wendet sich auch gegen bestimmte Wissenschaftsauffassungen, dargestellt in den Figuren Leuwenhoek und Swammerdamm, deren Anlehnung an die historischen Figuren nachgewiesen wurde (vgl. Stadler 1992/93, S. 101ff.). Beide werden in der Schluss-Allegorie als „[w]ahnsinnige Detailhändler der Natur" (Hoffmann VI, S. 460) charakterisiert, deren Erkenntnisgewinn auf einer Schwundstufe verkümmert, obwohl sie ein ganzes Forscherleben lang sich um die Erkenntnis der Zusammenhänge in der Natur bemüht haben. Im selben Maße, wie sie ins Detail eindringen und ins Zergliedern geraten, lösen sie sich aus dem Zusammenhang und verstehen schließlich überhaupt nichts mehr. In der Schluss-Allegorie werden sie als so winzig gezeigt, wie es ihr Wissenschaftsverständnis zeitlebens geblieben ist.

5. Naturphilosophischer Hintergrund und poetische Aufhebung des ‚chronischen Dualismus'

Die Zerstörung der ursprünglichen Harmonie von Geist und Natur, von Gedanke und Anschauung bedeutet den eigentlichen Sündenfall des Menschen. Und die Generation der Romantiker hat sich mit Hilfe der Philosophie und der Kunst vehement auf die Suche gemacht, diese Einheit als säkularisierten Erlösungs-Mythos mit künstlerischen Mitteln und naturphilosophischen Überlegungen wieder herzustellen. Der Schelling-Schüler Gotthilf Heinrich Schubert eröffnet seine Darstellung *Ansichten von der Nachtseite der Naturwissenschaft* mit den Worten: „Das älteste Verhältnis des Menschen zu der Natur, die lebendige Harmonie des Einzelnen mit dem Ganzen, der Zusammenhang eines jetzigen Daseyns mit einem zukünftigen höheren, und wie sich der Keim des neuen zukünftigen Lebens in der Mitte des jetzigen allmälig entfalte, werden demnach die Hauptgegenstände dieser meiner Arbeit seyn." (Schubert 1808, S. 3)

Das naturphilosophische Konzept zur Wiederherstellung des Goldenen Zeitalters findet sich direkt und indirekt in vielen Erzählungen Hoffmanns; häufig geht es darum, wie denn die verloren gegangene Einheit jenes Vor- und Unbewussten der Vergangenheit mit dem quälenden Bewusstsein der Gegenwart wieder herzustellen sei (vgl. Magris 1980, S. 30).

Wie das Ich sich spaltet in ein Ich und ein Nicht-Ich, konnte Hoffmann aus der Lektüre Fichtes erfahren, wie man es wieder zusammensetzen kann aus den Schriften Schellings. Dessen objektiver Idealismus schreibt der Kunst die Funktion zu, das Getrennte wieder zu vereinen, auf verschiedenen Wegen, in verschiedenen Formen. Hoffmann kommt, vor allem in seinen Werken ab 1819, immer wieder auf den Gedanken zurück, die Schelling'sche Indifferenz, die jede Spaltung aufhebt, mit Hilfe der Kunst darzustellen. In *Prinzessin Brambilla* werden die Figuren Giancinta Soardi und Giglio Fava von ihrem ‚chronischen Dualismus' geheilt, indem sie in den Spiegel der Urdarquelle schauen und sich lachend erkennen. Gleichzeitig verknüpft Hoffmann dieses Sich-Erkennen seiner Figuren mit dem Römischen Karneval und Theater und hebt es damit ganz konkret auf die Bühne der Kunst. In *Meister Floh* jedoch sucht Hoffmann nach einer anderen Lösung. Zwar ist die Ausgangssituation ganz ähnlich. Unter dem ‚chronischen Dualismus' leiden auch in diesem Märchen fast alle Figuren, nicht so bezeichnenderweise Knarrpanti, weil diese Figur konzeptionell zu eindimensional angelegt ist. Hoffmann spaltet die Figuren in verschiedene Figurationen auf, die unterschiedlichen Zeiten und heterogenen Räumen zugeordnet sind. Schließlich findet man Atlantis „im bürgerlichen Idyll [...]

von Peregrinus und Röschen [...]. Im Wirbel der metaphorischen Identität stimmen Kosmogonie und Geschichtlichkeit, menschliche Freiheit und physische Notwendigkeit vollkommen überein" (Magris 1980, S. 32). Eine zentrale Erkenntnis des Märchens *Meister Floh* besteht darin, dass es trotz des prinzipiellen Widerspruchs von natürlicher Abhängigkeit und Vernunft darauf ankommt, zwischen Schein und Sein zu unterscheiden und keinen Widerspruch zuzulassen zwischen Reflexion und Handeln. Der romantische und gleichermaßen aufklärerische Gedanke in Hoffmanns Märchen geht von der Entwicklung zu selbstbewusster Vernunft aus, die Prozesse, und seien sie noch so verworren, zu durchschauen und zu einem klaren Gedanken zu bündeln, anfangs mit dem optischen Instrument, schließlich aber, wenn man den Schein vom Sein zu trennen gelernt hat, auch ohne das Mikroskop. Um diesen schwierigen Prozess als eine permanente Herausforderung zu begreifen, wendet sich Hoffmann im *Meister Floh* der Liebe zu; nicht irgend einer abstrakten Liebe, sondern im Falle des Peregrinus mit dem „Karfunkel" (Hoffmann VI, S. 462) in der Brust der Liebe zum Nächsten. Darin greift er das alte frühromantische Wort des Novalis auf: „Wohin gehen wir? Immer nach Haus." Im Märchen reist Peregrinus durch die ganze Welt, sucht seine Herkunft, findet sie im Mythos der alten Zeit, kehrt wieder in die Vaterstadt zurück, muss in der Erzählgegenwart die Abenteuer des alltäglichen Lebens bei gespaltenem Bewusstsein und schwankendem Ich bestehen, entdeckt die Liebe im unmittelbar Nächsten (der schönen Tochter des Buchbinders Lämmerhirt), schaut in das Gesicht eines Individuums und zugleich in das Antlitz der Menschheit und damit der ganzen Welt. Der ‚chronische Dualismus' wird in der Traumsequenz des Peregrinus im siebten Abenteuer aufgelöst, und die poetische Form dieser Lösung ist der Märchen-Mythos, der aus der Vergangenheit unmittelbar an die Gegenwart heranreicht: Peregrinus findet sich mit Röschen verpflanzt in den Garten vor der nur eine Nacht lang blühenden Aloe, einem Emblem der Liebe, das bis in die Spätbarock-Lyrik Johann Christian Günthers zurückreicht, und das noch Heinrich Heine in der *Harzreise* von 1826 verwendet. Das individuelle Schicksal und das privatbürgerliche Idyll beider werden mit dem Mythos verbunden und reihen „sich in der märchenhaften Kosmogonie in brüderlicher Identität in alle anderen Formen des Lebens ein." (Magris 1980, S. 103) Die Fackeldistel als Metapher des Lichts und der Erleuchtung korrespondiert dem Fackelträger der Aufklärung in Gestalt des Meisters Floh – die eine auf den letzten Seiten des Märchens, der andere auf der Rückseite des Buches, die das Märchen umschließt.

Die satirischen Erzählformen decken den Widerspruch von Sein und

Schein auf; die Gedanken einer letztlich zu verwirklichenden Utopie sind im poetischen Konzept mit enthalten und werden – natürlich aus Gründen der Zensur – von der Titelgestalt, dem Meister Floh, im dritten Abenteuer vorgetragen, der einer abgelebten Staats- und Gesellschaftsform mit ihren Schwächen einen Gegenentwurf präsentiert, in dem das Neue, der republikanische Geist mit verfassungsmäßiger Kontrolle der Regierung und rechtsstaatlich einzuhaltenden Normen seiner Organe seinen Platz finden soll. Die Flohstiche im Märchen, die Peregrinus wachhalten, und die satirischen Seitenhiebe des Erzählers, die den Leser zur Aufmerksamkeit ermuntern, erinnern schmerzlich daran, wie verkehrt die gegenwärtige Welt geworden ist.

Hoffmann befürchtete, dass zumindest der Schluss des Märchens mit der großen Allegorie und dem abrupt endenden bürgerlichen Idyll künstlerisch missraten sein könnte, wie er im Brief an Julius Eduard Hitzig am 1. März 1822 schrieb (vgl. Hoffmann VI, S. 238f.). Worauf bezogen sich diese Zweifel? Der vergleichsweise harmlose Schluss mit dem künftigen Familien-Idyll legt zunächst die Vermutung nahe, dass Hoffmann überhaupt Zweifel am romantischen Konzept der Wiedergewinnung des Goldenen Zeitalters hegte, davon künstlerisch Abstand nahm, die Figuren ins Innerweltliche rückte und nicht in den Mythos entrücken ließ, wie sein Erzähler das noch mit Anselmus im *Goldenen Topf* (1814), wenn auch mit einem ironischen Augenzwinkern, getan hatte.

Den nicht recht geglückten Schluss des *Meister Floh* kritisierte auch Heinrich Heine: „Die große Allegorie, worin am Ende alles zusammenfließt, hat mich nicht befriedigt [...] *ich* glaube, dass ein Roman keine Allegorie sein soll." (Heine II, S. 66) Heine bemerkte den Widerspruch zwischen dem groß angelegten allegorischen Mythos, in dem sich die Hauptfiguren mit ihrem wiederhergestellten Bewusstsein finden, und der daraus abgeleiteten relativ bescheidenen künstlerischen Lösung mit der Schaffung einer Existenz im bürgerlichen Ehe- und Familienidyll. In *Die Harzreise* von 1826 kam er nämlich indirekt auf diese Allegorie aus dem *Meister Floh* zurück, griff wesentliche Elemente heraus, wie die blühende Aloe als Metapher für des Erzählers ‚blühendes Herz' in der Liebe zu Agnes. Was Hoffmann noch in der Schwebe ließ zwischen Traum, Mythos und Erzählwirklichkeit, versetzt Heine mit veränderter, sehr lebendiger weltanschaulicher Haltung und künstlerischer Konsequenz direkt in die irdische Erzählwirklichkeit mit den Mitteln der Poesie.

6. Hoffmanns *Erklärung zu "Meister Floh"*

Beide, das Märchen und Hoffmanns *Erklärung*, müssen im Blick behalten werden, weil die *Erklärung* scheinbar eine poetologische Rechtfertigung und Selbstkommentierung des Märchens enthält. Aber die *Erklärung* ist weniger ein poetologischer Text, der Hoffmanns Schreibstrategien vorführte (vgl. Steinecke 2003, S. 122–133; modifiziert und etwas korrigiert 2006, S. 210–223). Er sondiert vielmehr Punkt für Punkt und sprachlich subtil den juristischen Kontext einer drohenden Anklage, indem er einerseits juristische und künstlerische Argumente entwickelt, und andererseits die Poetologie des Märchens und damit auch sich selbst und seine Absichten verharmlost.

Schon von der Sache selbst her ist es begründet, davon auszugehen, dass Hoffmann valide juristische Argumente finden musste, um die offensichtlichen Verdachtsmomente zu entschärfen und einer Verurteilung zu entgehen. Die drohenden Anklagepunkte waren: Bruch der Amtsverschwiegenheit, Beamtenverleumdung und Demagogie sowie Majestätsbeleidigung. Er tut dies auf zwei verschiedenen Argumentationswegen. Einmal redet Hoffmann bezüglich der Anklagepunkte explizit nur vom anthropologisch-psychologischen Begriff des „Argwohns" (Hoffmann VI, S. 517), das nach preußischem Recht kein juristisch gültiger Begriff sei, nach dem ein Richter zu ermitteln habe; das dürfe er nur aufgrund konkreter Verdachtsmomente. Zum anderen verlegt er die Anklagepunkte auf das juristisch nur schwer zu fassende Gebiet der Literatur, die sich ohnehin im fiktionalen Raum bewegt und mit ganz anderen Kriterien zu beurteilen ist als jene, nach denen die Justiz Straftaten bemisst. Den konkreten Verdachtsmomenten begegnet Hoffmann damit, dass er sie auf Nebenschauplätze verschiebt (vgl. Hoffmann VI, Kommentar, S. 1451f.).

Wie raffiniert Hoffmann juristische und künstlerische Argumente miteinander vermischt, erhellt folgendes Zitat aus der *Erklärung*: „Der Kontrast einer inneren Gemütsstimmung mit den Situationen des Lebens ist eine Grundbasis des Komischen" (Hoffmann VI, S. 517). Hoffmann möchte diese Bemerkung zwar im engeren Sinn auf den *Meister Floh* verstanden wissen, doch zielt sie weit darüber hinaus. Der Satz beschreibt die Wahrnehmung des Justizapparates und der politischen Wirklichkeit sowohl während seiner Arbeit in der Immediat-Untersuchungs-Kommission als auch während des drohend über ihm schwebenden Verfahrens. Diese Wahrnehmung erscheint ihm als komisch, weil er sein Märchen als real und die Wirklichkeit der juristisch-politischen Welt als irreal erkennt. Diese Diskrepanz zwischen Hoffmanns Innenwelt und seiner Lebenssituation, die ihn zu Satire und Komik reizen musste, lässt sich auch beschreiben als die bis in sein eigenes Verfahren hinein erlebte „Spannung zwischen dem für legitim Erachteten und dem für legal Erklärten" (Mückenberger 1989, S. 180). Und am Ende der *Erklärung* verstärkt Hoffmann seine juristisch-künstlerische Argumentation nochmals, wenn er auf den humoristischen Schriftsteller zu sprechen kommt, „der die Gebilde des wirklich⟨e⟩n Lebens nur in der Abstraktion des Humors wie in einem Spiegel auffassend reflektiert" (Hoffmann VI, S. 523). Das aber hat so gar nichts Versöhnliches und Harmonisierendes, es ist scharf und pointiert: Die Wirklichkeit ist so fantastisch, ja irreal und zur eigentlichen Satire geworden, dass die Gebilde des Lebens gar nicht mehr mit der Vernunft allein erfasst werden können, „da dringt erst die Abstraktion des Humors zur Wahrheit vor." (Mückenberger 1989, S. 182)

Gleich zu Beginn der *Erklärung* spricht Hoffmann das Problem der Form an, insofern sich nämlich der Prozess im Märchen und die Charakteristik der Figuren „als ein integrierender Teil des Ganzen von selbst erzeugt" (Hoffmann VI, S. 517). Damit gibt Hoffmann zunächst eine direkte Antwort auf Kamptz' Vorwurf, „*Meister Floh* ist weniger die Darstellung einer zusammenhängenden abgeschlossenen Begebenheit, als vielmehr ein Vehikel, die verschiedenartigsten Gegenstände vorzutragen und zu persiflieren." (zit. nach Schnapp 1969 III, S. 235) Kamptz erkannte, dass die Knarrpanti-Episode im vierten und fünften Abenteuer sich nicht zwingend dem Gang der Gesamthandlung einfügt – ein Bruch, den Hoffmann in der *Erklärung* gleichsam wieder zu kitten sucht. Dabei geht er nahezu zwangsläufig von der harmonischen Ganzheit des Kunstwerkes aus und kommt damit nicht nur den „herrschenden Formvorstellungen, die nach 1800 durch die Ästhetik und die Vorbilder der Klassik noch einmal bestätigt und zementiert worden waren" (Steinecke 2003, S. 128), entgegen. Weil im Märchen sich alles notwendig zusammenfügen soll, leitet Hoffmann eine Begebenheit aus der anderen ab, indem sich selbst heterogen scheinende Teile wie von selbst in das Märchen einfügen. Dazu gehört, dass er sich als vollkommen harmlosen Schriftsteller darzustellen bemüht, der lediglich daran interessiert sei, „den lachlustigen Leser zu ergötzen." (Hoffmann VI, S. 519) Wie sehr ihm an der Maske eines harmlosen Literaten gelegen war, zeigt die Schlusspassage. Dort bittet er nochmals eindringlich darum, den „Gesichtspunkt nicht aus dem Auge zu lassen, daß hier nicht von einem satyrischen Werke, dessen Vorwurf Welthändel u⟨nd⟩ Ereignisse der Zeit sind, sondern von der phantastischen Geburt eines humoristischen Schriftstellers" (ebd., S. 523) die Rede ist, dem eine satirische Schreibweise geradezu wesensfremd sei. Das seinen Gegnern zugedachte Gift verbirgt sich eben in Hoffmanns Definition des Humors und im Genre des Märchens selbst, das sich im Spannungsfeld von Satire und Utopie bewegt, wie jene Anleitung beweist, die Hoffmann in der Pictura seiner Titelkupfer zu *Meister Floh* dem Leser als eine Art Geheimpoetik an die Hand gab.

Mit der *Erklärung* hinterließ Hoffmann sein Vermächtnis als Jurist und Künstler. Der Text formuliert sowohl eine Anklage gegen den Staat, der seine ursprünglichen Überzeugungen aufgegeben hat, seine juristischen Grundlagen damit verletzt und letztlich seine eigenen Institutionen zerstört hat, als auch eine Verteidigung des Juristen und Künstlers, der sich dem Ansinnen des Staates, bei seiner Selbstzerstörung mitzuarbeiten, entschieden widersetzt. Seine Mittel und Waffen sind das scharfsinnige Wort des rechtsstaatlich denkenden Juristen und, wenn das eben nicht reicht, die Schneide der literarischen Satire.

Darüber hinaus enthalten das Märchen *Meister Floh* und die *Erklärung* eine leidenschaftliche Stellungnahme gegen eine Verabsolutierung des Staatswillens vor dem Recht auf individuelle Freiheit und damit gegen die neue Staats- und Rechtsdoktrin nach der Philosophie Georg Friedrich Wilhelm Hegels. Hoffmann hält an der preußischen Rechtstradition im Sinne Kants fest, indem er in Knarrpanti eine Figur erschuf, mit der die Schwächen und Gefahren, die zwar nicht in der Absicht, wohl aber in der Konsequenz von Hegels Staats- und Rechtsdoktrin liegen, mit den poetischen Mitteln der Satire vorgeführt werden: Eben weil das Individuum gefährdet und immer verführ- und korrumpierbar ist, dürfen der Staat und seine Organe nicht absolut gesetzt und außerhalb des Rechts gestellt werden. Darin liegt auch die Brisanz, die Polizeiminister Schuckmann und Staatskanzler Hardenberg hätte durchaus beeindrucken können, wäre es zu einem juristischen Verfahren gekommen, und viel weniger in Hoffmanns „abschließende[r] Belehrung in Sachen romantischer Poetik" (Kremer 1999a, S. 113).

7. Ausblick

Hoffmanns Märchen *Meister Floh* ist, trotz seiner konzeptionellen Schwächen, die den Lebensumständen des Autors geschuldet sind, ein bedeutendes Werk, das sich qualitativ alles in allem seinen anderen Roman-Märchen, die ebenfalls in den letzten Lebensjahren entstanden sind, wie *Klein Zaches* und vor allem *Prinzessin Brambilla*, an die Seite stellen lässt, wobei Hoffmann immer wieder neue künstlerische Lösungen anstrebt. In dieser metamorphotischen Variationsvielfalt liegt bis heute die Attraktivität seiner

Texte. Im *Meister Floh* deckt Hoffmann noch einmal virtuos alle seine erzähltechnischen Möglichkeiten auf, legt gewissermaßen die Spielkarten seines artifiziellen Könnens auf den Tisch, die ihm als Schriftsteller und romantischem Autor zu Gebote stehen. Dass er, trotz wachsender Zweifel, an den Möglichkeiten der Realisierung romantischer Vorstellungen zur Wiedergewinnung des ‚Goldenen Zeitalters‘, dabei den ‚chronischen Dualismus‘ seiner Hauptfigur Peregrinus über den Traum und damit über das Unbewusste aufhebt, ist einerseits romantische Utopie, gleichzeitig aber das eigentlich Vorwärtsweisende, das in der erstaunlich präzisen Kenntnis und Erfassung psychologischer Abläufe und Prozesse liegt, die zunächst Heine und später die Psychoanalytiker des 20. Jahrhunderts, allen voran Sigmund Freud, an den Vertretern der Epoche der Romantik beeindruckte. Unter gesellschaftskritischem Aspekt ist das Märchen eine verdeckte und bei genauer Lektüre dennoch offensichtliche Auseinandersetzung mit dem preußischen Staat, die in der *Erklärung zu „Meister Floh"* und gemäß seines künstlerischen Selbstverständnisses in einer Definition des Humors beredten Ausdruck fand.

(Friedhelm Auhuber)

Des Vetters Eckfenster (1822)

1. Entstehung und Einflüsse

Hoffmann hat die Erzählung *Des Vetters Eckfenster* unter den heftigsten Schmerzen und beinahe vollständig gelähmt zwischen Februar und April 1822 vom Krankenbett aus diktiert. Es handelt sich um die letzte fertiggestellte Erzählung Hoffmanns. Am 14. April schickte er das Manuskript an den Freund Hitzig: „Hier ist des Vetters Eckfenster zur geneigten versprochenen Durchsicht. Ich lege auch das Konzept bei. Die letzten Seiten der Reinschrift habe ich noch gar nicht durchgesehen, weil mich alle Ungeduld zum Meister Wacht treibt, an dem ich scharf arbeite – Sie werden wohl noch viele Fehler finden die jedoch leicht zu verbessern sind." (Hoffmann VI, S. 242) Hitzig hat das Manuskript an Johann Daniel Symanski weitergegeben, den Herausgeber der Zeitschrift *Der Zuschauer. Zeitblatt für die Belehrung und Aufheiterung.* Hier erschien die Erzählung in Fortsetzungen zwischen dem 23. April und dem 4. Mai 1822, wenige Wochen vor Hoffmanns Tod.

Eine Bestimmung der Quellen und der Einflüsse auf diese Erzählung ist – wie bei anderen Erzählungen Hoffmanns auch – in einigen Fällen recht einfach, bei anderen hingegen problematisch, weil die intertextuelle Struktur der Erzählung äußerst komplex ist. Motivisch bezieht Hoffmann sich etwa auf eine Erzählung von Karl Friedrich Kretschmann mit dem Titel *Scarron am Fenster*, die in den Jahren 1798/99 im *Taschenbuch zum geselligen Vergnügen* erschien. Dass Hoffmann diese Erzählung kannte, belegt ein Brief vom 24.3.1814 an den Verleger Kunz (vgl. ebd., S. 28). Der Blick von erhöhter Position auf großstädtisches Treiben findet sich häufig in der Literatur um 1800, etwa in Merciers *Tableaux de Paris*, das bereits 1783 ins Deutsche übertragen wurde, August von Kotzebues *Erinnerungen aus Paris* (1804) oder Ernst Moritz Arndts *Pariser Sommer 1799* (vgl. Oesterle 1987). Ein vergleichbares Blickarrangement am Fenster und ein ausgeprägtes Interesse an Physiognomik teilt Hoffmanns Erzählung mit Johann Ludwig Christian Hakens *Blicke aus meines Onkels Dachfenster in's Menschenherz* von 1802 (vgl. von Arburg 1996). Damit ist eine weitere Quelle bzw. ein weiterer Motivkomplex angedeutet, den Hoffmann verarbeitet hat: Johann Caspar Lavaters *Physiognomische Fragmente* (1775–78) bzw. die Physiognomik als breite und populäre Strömung im ausgehenden 18. Jahrhundert. Wie als Vorausdeutung auf *Des Vetters Eckfenster* bezeichnet Lavater ganz zu Beginn seiner *Physiognomischen Fragmente*, im ersten

Fragment, den Blick durch ein erhöhtes Fenster auf eine städtische Straßenszene als „Geburtsstunde meines physiognomischen Studiums" (Lavater 1775, S. 10).

Neben der Physiognomik finden sich bestimmte kameralwissenschaftliche Ansichten, die Hoffmann allgemein durch seine Juristenausbildung und speziell auch durch Johann Heinrich Gottlob von Justis kameralistische Schriften vertraut waren (vgl. Korte 1992, S. 133f.). Justis *Schauplatz der Künste und Handwerke* erbat Hoffmann in einem Brief vom 27.1.1819 von Chamisso (vgl. Hoffmann VI, S. 158). Wie so häufig bei Hoffmann sind auch für *Des Vetters Eckfenster* Vorgaben aus der Malerei von großer Bedeutung. Callot, Hogarth und Chodowiecki werden explizit im Text genannt. Darüber hinaus muss aber die städtische Genremalerei bis in die Frühe Neuzeit zurück als Archiv des Textes bedacht werden.

2. Grundzüge der Forschung

In der zeitgenössischen Rezeption und in der literaturgeschichtlichen Forschung des 19. Jahrhunderts hat Hoffmanns *Eckfenster*-Erzählung keine nennenswerte Resonanz gefunden. Weder Alexis noch Heine nannten sie in ihren jeweiligen Wertschätzungen. Der Erstdruck der Erzählung war im Verlauf des Jahrhunderts lange Zeit offenbar unbekannt. Man hielt Hitzigs Abdruck der Erzählung in seiner Hoffmann-Biographie für den Erstdruck. Ricarda Huch streift *Des Vetters Eckfenster* nur als einen jener nüchternen Texte Hoffmanns, die er geschrieben habe, als er aus gesundheitlichen Gründen keinen Wein trinken durfte (vgl. Huch 1951, S. 537). Bei Ellinger (1894) und Harich (1920) finden sich positive Erwähnungen des Textes. Ellinger hielt ihn gar für eine der „größten Leistungen Hoffmanns" (Ellinger 1894, S. 170). Ebenfalls nicht sehr ausführlich, aber erheblich folgenreicher war Walter Benjamins Einlassung auf Hoffmanns Erzählung. In seinen Baudelaire-Studien der späten 1930er Jahre spielte Benjamin den distanzierten Blick aus dem Oberstübchen in Hoffmanns Erzählung als behäbiges und rückwärtsgewandtes „Biedermeier" (Benjamin I.2, 629) gegen die fortschrittliche Einlassung Baudelaires und Poes auf die Massen der Großstadt aus.

Die neuere Forschung seit dem Zweiten Weltkrieg ist stark motiviert von der Frage, ob *Des Vetters Eckfenster* als eine frühe realistische Erzählung zu lesen sei, die auf die Epoche des Realismus im 19. Jahrhundert vorausweise, oder ob in Hoffmanns letzter Erzählung nicht die Optionen auf eine romantische Poetik überwiegen. Sehr moderat vertritt Lothar

Köhn die Ansicht, Hoffmann begründe „die realistische Wirklichkeitserfassung mit und rückt dabei ein für die weitere Entwicklung epischer Dichtung ganz entscheidendes Strukturelement in den Vordergrund: die subjektive Weltsicht, die hier vom produzierenden Dichter selbst vorgeführt wird." (Köhn 1966, S. 215; vgl. Jebsen 1952; Martini 1976) Wulf Segebrecht sah in der Theorie und Praxis des Sehens, wie Hoffmann sie in *Des Vetters Eckfenster* vorführt, eine autobiographisch, d. h. durch den nahen Tod des Autors, bedingte Veränderung sowohl der callotschen als auch der serapiontischen Poetik hin zu einer stärkeren Öffnung zur Darstellung der „äußeren Wirklichkeit" (Segebrecht 1996a, S. 130). Einen Bezug auf den „poetischen Realismus" des 19. Jahrhunderts hielt er jedoch für „fragwürdig" (Segebrecht 1967, S. 123).

Ohne größere Differenzierungen wurde die Erzählung in der DDR-Germanistik einer realistischen Poetik zugeordnet. Diese von Hans Mayer tendenziell für Hoffmann insgesamt beanspruchte Sicht präzisierte der Herausgeber der Hoffmann-Ausgabe des Aufbau-Verlages, Hans-Joachim Kruse, für Hoffmanns *Eckfenster*-Erzählung „als Weg vom oft ‚fabelhaften' serapiontischen zum beispielgebenden realistischen Prinzip." (Kruse 1983, S. 758)

Wolfgang Preisendanz streifte in seiner Untersuchung *Humor als dichterische Einbildungskraft* Hoffmanns späte Erzählung nur auf insgesamt zwei Seiten, korrigierte aber nachhaltig die realistische Lesart des Textes, indem er dessen selbstreflexive Faktur herausstellte (vgl. Preisendanz 1963, S. 117). Peter von Matt modifizierte diese Sicht, indem er den Zusammenhang von *Des Vetters Eckfenster* mit den älteren Texten Hoffmanns darstellte. Sein Fazit lautete im Einklang mit Preisendanz: „'Schauen' aber heißt auch hier nicht die Welt beobachten, sondern sie mit einem dichten, changierenden Gewebe der Phantasie überziehen." (von Matt 1971a, S. 34) In den 1980er und frühen 1990er Jahren lässt sich eine intensive Beschäftigung mit Hoffmanns Erzählung beobachten, die zumeist die realistische Lesart zurückweist oder doch erheblich modifiziert und den Text als mehr oder minder ausgeprägte poetologische Reflexion über Wahrnehmung und die Relation von Bild und Erzählung präzisiert (vgl. Riha 1970; Brüggemann 1985; Stadler 1986; Lethen 1987; Möbius 1989; Korte 1992; Eicher 1993; Selbmann 1994; Neumann 1997a; Kremer 1999a, S. 181–199). Ausgehend von der zunächst überraschenden Beobachtung, dass Hoffmann in seiner spätromantischen Erzählung bevorzugt Diskurstraditionen der Aufklärung zitiert, bestimmte Günter Oesterle die „Sonderstellung" von *Des Vetters Eckfenster* nicht darin, ein „frührealistisches Einzelstück im Gegensatz zur Phantastik des übrigen Werkes Hoffmanns" (Oesterle 1987,

S. 110) zu sein, sondern darin, dass sie die „bisherigen starren Stilhierarchien einerseits der Aufklärung, andererseits der Romantik [auflöst] zugunsten eines historischen Stil- und Perspektivenpluralismus." (ebd., 105)

3. Fenster als Medien der Imagination und Perspektive

Des Vetters Eckfenster lässt sich wohl nicht als realistisches Testament Hoffmanns verstehen, mit dem die phantastische Modernität seiner anderen Schriften verabschiedet würde. Der Wechsel vom Karneval der *Prinzessin Brambilla* zum scheinbar biedermeierlichen Jahrmarkt der letzten Erzählung beendet keineswegs den Maskenball der problematischen romantischen Identität, sondern schreibt ihn unter anderen Vorzeichen fort. Voraussetzung der späten romantischen Selbst-Beobachtung am Fenster ist eine Absonderung von der Außenwelt in einem privaten Innenraum, der zur Allegorie der erhabenen poetischen Oberstube verdichtet wird. Einer der beiden Vettern in Hoffmanns Text fühlt sich genötigt, diesen Umstand ausdrücklich zu betonen: „Es ist nötig zu sagen, daß mein Vetter ziemlich hoch in kleinen niedrigen Zimmern wohnt. Das ist nun Schriftsteller- und Dichter-Sitte. Was tut die niedrige Stubendecke? die Phantasie fliegt empor und baut sich ein hohes, lustiges Gewölbe bis in den blauen glänzenden Himmel hinein." (Hoffmann VI, S. 469) Die vollständige Lähmung des Vetters unterstreicht diese Absonderung und garantiert eine Konzentration auf den Blick, und zwar den – in sich sehr heterogenen – Blick auf die Menschenmenge eines Berliner Marktplatzes. Fragen der Wahrnehmung und der Perspektive, vom erotischen Augenaufschlag, der Liebe und/oder Katastrophe initiiert, bis hin zum optischen Instrument, das den Blick technisch medialisiert und verfremdet, sind in Hoffmanns Erzählungen ebenso zentral wie in der Romantik insgesamt. Der allenthalben zu beobachtende Akzent auf die Subjektivität romantischer Imagination korrespondiert mit einer Form der doppelten Reflexion, die erstens Reflexion von Welt und zweitens Selbstreflexion bedeutet. Diese Doppelung ist bis in die späte Romantik hinein wirksam. Es ist hilfreich, verschiedene Formen und Funktionen des romantischen Blicks wenigstens ansatzweise zu unterscheiden. Für Hoffmanns *Eckfenster* wird sofort festgestellt, dass es einen „Panorama"-Blick (ebd., S. 469) auf den Markt ermöglicht, was allerdings nur teilweise zutreffend ist. Denn der Blick durch das Eckfenster gewährt keinen vollständigen, kreisförmigen Überblick, sondern nur einen Ausschnitt. Vor allem löst er das anfänglich versprochene Panorama in eine Folge von zwölf Einzelszenen auf. Angesichts des Durcheinanders und des Chaos der Welt haben die

Romantiker bisweilen den panoramatischen Überblick gesucht, in dem sich Natur und Welt ein Stück weit ordnet. Vor allem Eichendorff ist hier zu nennen, der seine Helden immer wieder aus den Niederungen des Geschehens auf Berge und Türme platziert und ihnen einen Rundblick ermöglicht, in dem sich die Welt konzentrisch aufbaut und ordnet.

Hiervon zu unterscheiden ist der zumeist auch erhabene Blick durch ein Fenster auf die Außenwelt. Das Fenster gibt die einfache Begrenzung des Blicks vor und wird zum Rahmen, in dem die Außenwelt als Gemälde wahrgenommen wird. Gleichzeitig übernimmt das Fenster die Funktion eines Filters, über den Innen- und Außenraum in Beziehung gesetzt werden. Besonders Eichendorff, aber auch der frühe Tieck, liebt es, seine Helden in einem Innenraum unmittelbar am Fenster zu postieren, um sich aus der äußeren Natur diejenigen Signale zuspielen zu lassen, die ihre Gemütsstimmung spiegeln oder verstärken. Diesen Vorgang darf man sich allerdings nur in den wenigsten Fällen als harmonischen Ausgleich von Innen und Außen vorstellen. Weit mehr stellen die romantischen Fenster Projektionsflächen dar, auf denen die schauenden Subjekte ihre eigenen, narzisstisch verspiegelten Wünsche halluzinieren, die Lust gewähren, aber auch mit den Schrecken einer bis hin zur autistischen Isolation gesteigerten Einsamkeit einhergehen.

Ein Sonderfall des romantischen Blicks durch ein Fenster besteht in dem sprichwörtlichen Blick durch einen Gardinenspalt, der beim jungen Tieck, vor allem im *Liebeszauber*, ebenso erotisch und narzisstisch konnotiert ist wie etwa in Arnims *Majoratsherren* oder auch in Hoffmanns *Sandmann* oder *Das öde Haus*. Auch der voyeuristische Blick auf das sich unbeobachtet fühlende Objekt der Begierde ist an die Stadt als Wahrnehmungsraum gebunden. Gerade der Blick des Voyeurs bedient sich zudem häufig des Fernglases als Verstärker. Der erotische Blick durch einen Gardinenspalt spielt für den erlahmten Vetter offenbar aber höchstens noch eine Nebenrolle. Zwar schaut er bevorzugt jüngeren weiblichen Wesen auf dem Marktplatz nach, aber in seinem Auge entzündet sich kein Funken der Leidenschaft mehr. Um so deutlicher tritt die perspektivische Funktion des Fensters hervor, die Wahrnehmung im (viereckigen) Rahmen einer distanzierten Totalen zu organisieren, die erst durch die technische Kanalisierung des Sehens mittels eines (runden) Fernglases in ihre Einzelteile zerlegt werden kann. Die vom lahmen Vetter verordneten „Primitien der Kunst zu schauen" (ebd., S. 471) bestehen – so jedenfalls das Programm – in der angemessenen Vermittlung von distanzierender Totale und dem involvierenden Blick auf das Einzelne, den er seinem Vetter durch ein Fernglas ermöglicht.

Sein Hinweis, „das Fixieren des Blicks erzeugt das deutliche Schauen" (ebd., S. 472), ist nur die eine, die statische Seite seiner Seh-Schule, denn die Beweglichkeit der Menschenmenge erfordert auch eine Elastizität der Optik. Andernfalls verlieren sich die Einzelheiten aus dem Blickfeld, denn sie bewegen sich auf Hoffmanns Marktplatz, wie eine Frau mit gelbem Tuch belegt, so schnell durcheinander, dass es dem Vetter einen „Schwindel" (ebd., S. 471) verursacht: „Ei, wie der brennende gelbe Punkt die Masse durchschneidet. Jetzt ist sie schon der Kirche nah – jetzt feilscht sie um etwas bei den Buden – jetzt ist sie fort – o weh! ich habe sie verloren – nein, dort am Ende duckt sie wieder auf – dort bei dem Geflügel – sie ergreift eine gerupfte Gans – sie betastet sie mit kennerischen Fingern." (ebd., S. 472) Der distanzierte Überblick lässt den Marktplatz zunächst als Naturbild erscheinen, als „hin und her wogende[s] Tulpenbeet[]" (ebd., S. 471), im Nah-Blick auf Einzelheiten löst sich der Eindruck des Landschaftsbildes auf, und es entsteht das verwirrende Bild eines abstrakten ökonomischen Mechanismus, in dem die einzelnen Figuren nur heterogene, fremdbestimmte Teile sind.

4. Formate und Farben

Hoffmanns letzte Erzählung ist stark von visuellen Formen und Gemäldestrukturen vorgeprägt. Sie ist durchweg einem „malerischen Anblick" (ebd., S. 491) verpflichtet. Das ist an sich nichts wesentlich Neues, denn seine Erzählungen waren von den *Fantasiestücken* an von pikturalen Vorgaben in der Weise abhängig, dass eine ihrer poetologischen Grundstrukturen darin bestand, die Differenzen beider Medien abzutasten und die Regeln ihrer wechselseitigen Transformation herauszuarbeiten. Neu in *Des Vetters Eckfenster* ist die konzentrierte Beobachtung eines äußeren Marktgeschehens. Neu ist auch, dass die Beobachtung nach dem Modell von unterschiedlichen malerischen Genres präfiguriert ist. Es entsteht aus ihnen kein irgendwie gearteter sozialer Realismus, sondern eine Abfolge malerischer Genres. Die allgemeine kompositionelle Grundfigur des Fensters als Bilderrahmen füllt der Zeichner Hoffmann durch die Formate einer Reihe konkreter Maler und Zeichner, auf die er sich bezieht. Neben Callot und Chodowiecki nennt er vor allem und mehrfach Hogarth. Günter Oesterle hat nachgewiesen, dass diese Auswahl keineswegs zufällig erfolgt ist. Die drei genannten Zeichner stehen für drei grundsätzliche zeichnerische bzw. malerische Stilrichtungen: den italienischen, den deutschen und den englischen Stil: „Der Engländer Hogarth zählt in der deutschen Kunstkritik wegen seiner Drastik zum niederländischen Stil, der Berliner Radierer Chodowiecki vertritt die dämpfende, harmonisierende deutsche Variante, die die Karikatur zum Genre mäßigt, der 1635 verstorbene französische Kupferstecher Callot endlich kann für die komisch phantastische Seite der italienischen Schule stehen." (Oesterle 1987, S. 106)

Drei malerische Genres sind für *Des Vetters Eckfenster* stilbildend. Sie ergeben sich unmittelbar aus dem Zusammenspiel von Totale und Nahbild. Für erstere steht ein Genre, das als städtische Marktszenerie über eine lange europäische Tradition verfügt, die über Callot noch weiter bis in die niederländische Malerei des 16. Jahrhunderts zurückreicht. Die mittels eines Fernrohrs ermöglichten Nah-Bilder sind dagegen durch die Physiognomik der Aufklärung präformiert, die eng mit Chodowiecki und Hogarth verbunden ist. Sie ermöglichen es, das Geschehen auf dem Marktplatz als Ensemble von Einzelszenen zu präsentieren, die über Techniken der Karikatur und Überzeichnung auf bestimmte physiognomische und charakterliche Typen hin pointiert werden.

Voraussetzung der literarischen Inszenierung und Transformation beider Genres ist in diesem Text eine weitere pikturale Kleingattung, die mit dem Namen ‚Fensterbild' etikettiert wurde. Man denke etwa an Caspar David Friedrichs *Frau am Fenster* von 1822 oder die zahlreichen Fensterdarstellungen bei Georg Friedrich Kersting, etwa *Das Paar am Fenster* von 1817 oder *Caspar David Friedrich in seinem Atelier* von 1811, oder bei Carl Gustav Carus. Neben der Strukturierung des Raums, einer Trennung von innen und außen, ist hier vor allem die selbstreflexive Thematisierung des Rahmens im Bild wichtig. Das Fenster als Binnenrahmen reflektiert die Künstlichkeit und Konstruiertheit des Bildausschnitts im Bild selber. Diese Selbstreflexion malerischer Bildkonstitution hängt eng mit einem weiteren Punkt zusammen, der die Perspektive betrifft. Die Gestalt des Fensters im Bild reflektiert nicht nur die künstlerische Rahmung und Begrenzung des Blickfeldes, sondern auch die subjektive, gewissermaßen transzendentale Bedingung und den perspektivischen Filter einer jeden Beobachtung. Auf kaum einer der romantischen Fensterdarstellungen fehlt die Position des Betrachters, der häufig von hinten dargestellt wird und damit den Blickpunkt vorgibt.

Für die Dominanz des Visuellen in Hoffmanns Erzählung steht auch die durchgängige und starke Betonung von Farben. In keinem anderen Text hat Hoffmann die Farben in einer vergleichbaren Dichte als Merkmal der Unterscheidung eingesetzt. Jede einzelne miniaturhafte Momentaufnahme des Marktgeschehens läuft über differenzierte Farbigkeit. Jede Veränderung des Fokus ist durch eine Veränderung der Farbe bedingt. Ein „Jüngling" taucht aus der Menschenmenge vorübergehend deshalb auf, weil sein „gelbe[r] kurzgeschnittene[r] Flausch mit schwarzem Kragen" und sein „rotes silbergesticktes Mützchen" (ebd., S. 478) augenfällig wird. Von da an heißt er nur noch „der Gelbe". Der panoramatische Überblick der beiden Vettern ist angesichts des „Sinn verwirrenden Gewühls" (ebd., S. 471) an Orientierung interessiert. Neben der Physiognomik wird diese Funktion vor allem von der Farbe übernommen. Die Geschwindigkeit, mit der die Menschen ihre Position wechseln, wird durch ein farbliches Attribut aufgefangen. So kann eine Frau mit rotem Schal nicht verloren gehen: „[I]ch kann sie nicht verlieren, Dank sei es dem roten Shawl" (ebd., S. 477). Neben der Orientierung dient die Farbe auch der Differenzierung des Wahrnehmungsbildes. Für die Simulation realistischer Detailgenauigkeit reicht es dann nicht hin, etwas als „gelb" zu qualifizieren, sondern es muss unterschieden werden z.B. zwischen einem „gelb kattunenen Kleid[]" (ebd., S. 473) und einem „grell Citronenfarbige[n]" (ebd., S. 472).

Für die Konstruktion seines, oberflächlich betrachtet, Wahrnehmungsrealismus hat Hoffmann auf ältere Modelle zurückgegriffen. Das gilt für die Physiognomik der Aufklärung ebenso wie für die noch ältere Vorstellung des „Orbis pictus" (ebd., S. 475), der die Welt in einem bunten Bilderbogen repräsentiert. Für Hoffmanns lahmen Vetter, der den „Orbis pictus" des städtischen Viktualienmarktes als farbenfrohes Panoptikum ausmalt, ist deshalb nicht seine Fußlähmung das schlimmste aller Übel, sondern das Unvermögen zu sehen. Über zwei Seiten lässt er sich inmitten der Farbenpracht über das „Elend" eines Blinden aus, für den die „Abendröte des Lebens" (ebd., S. 488) verloren ist.

Bei aller Bewegung und aller Vielfältigkeit verläuft der Berliner Markttag letztlich doch in geordneten Bahnen. Der gelähmte Vetter greift auf die alte Metapher des Marktes als „treues Abbild des ewig wechselnden Lebens" (ebd., S. 497) zurück, um so zwar mit einem „schauerliche[n]: es war!" (ebd.) seine anfängliche „schwärzeste Melancholie" (ebd., S. 469) zu bestätigen, um vor allem aber die Irritationen des Marktes, die nicht zu übersehen sind, in einer Ordnungsvorstellung zu versöhnen. Um das heitere Bild des Markttages in Berlin nicht zu gefährden, lässt Hoffmann seinen lahmen Schriftsteller zusätzlich eine ideologische Stütze bemühen, die wiederum in das 18. Jahrhundert zurückführt. Das ökonomische Marktgeschehen wird nicht in Formen des Kapitalismus organisiert, sondern in solchen der Kameralwirtschaft, der deutschen Variante des französischen Merkantilismus (vgl. Korte 1992). Es liegt ihr ein Bild vom Markt zugrunde, auf dem die unterschiedlichen Interessen zu einem harmonischen Ausgleich finden, der als zivilisatorischer Fortschritt und Wohlstand versprochen wird. Diesem Bild ist der gelähmte Vetter verbunden. Nicht nur dass er ausdrücklich vermerkt, dass ein aufkommender Streit ohne Polizei von den Beteiligten selbst geschlichtet wird, er wertet das Marktgeschehen insgesamt als Befriedung und Fortschritt: „Sonst war der Markt der Tummelplatz des Zanks, der Prügeleien, des Betrugs, des Diebstahls, und keine honette Frau durfte es wagen, ihren Einkauf selbst besorgen zu wollen, ohne sich der größten Unbill auszusetzen. [...] Sieh, lieber Vetter, wie jetzt dagegen der Markt das anmutige Bild der Wohlbehaglichkeit und des sittlichen Friedens darbietet." (Hoffmann VI, S. 496)

5. „Geübte Physiognomik"

In den oben bereits erwähnten Baudelaire-Studien kommt Walter Benjamin, nachdem er zuvor Poes Gespür für die Plötzlichkeit und Anonymität der Großstadt London als Phänomene der Moderne lobend hervorgehoben hat, auf dieses „anmutige Bild der Wohlbehaglichkeit" aus Hoffmanns *Eckfenster*-Erzählung zu sprechen. Wo Poes Held seine Position am Fenster aufgibt und sich selbst in die Masse der Großstadt begibt, verharrt Hoffmanns Vetter in seinem Innenraum, weil, so Benjamin, er einen bunten Bilderreigen im erhabenen Überblick genießen will: „Er ist aber über diese Menge vielmehr erhaben, wie es sein Posten in der Etagenwohnung ihm nahe legt. Von dort durchmustert er die Menge; es ist Wochenmarkt, und sie fühlt sich in ihrem Element. Sein Opernglas hebt ihm Genreszenen aus ihr heraus. Dem Gebrauch dieses Instruments ist die innere Haltung des Benutzers durchaus entsprechend." (Benjamin I.2, 628) Einmal abgesehen davon, dass in Hoffmanns Text von einem „Opernglas" nicht die Rede ist, nur ganz allgemein von einem „Glas", wohl eher im Sinne eines Fernglases, trifft Benjamins Beobachtung der Genrehaftigkeit der Szenen zu. Ob dies unbedingt biedermeierliche Szenen sein müssen, bleibe einmal dahingestellt. Benjamins Bezug auf Biedermeierliches ist jedenfalls einseitig und vernachlässigt, dass die vermeintliche Beschaulichkeit in diesem Text durchaus von tiefen Irritationen durchzogen und dass der Text von seiner Komposition her keineswegs so eindimensional angelegt ist, wie es der kameralistisch, physiognomisch oder sogar biedermeierlich gefärbte „Orbis pictus" vermuten ließe. Hoffmann hat seinen Helden nicht in die großstädtische Menge geschickt, um sie von innen heraus zu obduzieren. Von seiner poetologischen und selbstreflexiven Faktur her ist Hoffmanns Text Poes *Man of the Crowd* jedoch weit überlegen. Hoffmann hat in diesem Text keineswegs das romantische Bewusstsein der Perspektivität von

Wahrnehmung außer Kraft gesetzt. Er nutzt das Wissen der Physiognomik nicht im Dienste einer naiven Widerspiegelung des Marktgeschehens und nicht im Sinne der plastischen Überschaubarkeit eines mittleren Realismus, sondern die physiognomische Beobachtung thematisiert sich selbst als Akt der Interpretation angesichts problematisch gewordener Identitäten. Sie kommuniziert mit der detektivischen Spurensuche, die Hoffmann im *Fräulein von Scuderi* begonnen hat und die bei Poe erstmals zur Figur des Detektivs und Kriminalisten führt. Realismus gibt sich in Hoffmanns Erzählung als subjektive Konstruktion zu erkennen.

Alle experimentellen Blick-Versuche verweisen letztlich wieder zurück auf den einsamen Beobachter, der sich gegenüber dem Leben auf dem Marktplatz als „Leichnam" (Hoffmann VI, S. 470) fühlt, und das nicht in erster Linie, weil er gelähmt ist, sondern weil die Position des einsamen Autors gegenüber dem Leben notwendig auf Distanz geht. Hoffmann setzt physiognomische Beschreibungen als Funktion eines detektivischen ‚Herumkombinierens' (vgl. ebd., S. 475) ein, um überhaupt noch Ordnung in einen verwirrenden Wahrnehmungsraum zu bringen. Kant hatte schon 1798 in seiner *Anthropologie* der Physiognomik als „Ausspähungskunst des Inneren" bescheinigt, „ganz aus der Nachfrage gekommen" (Kant X, S. 640) zu sein. Das war bezogen auf einen Disziplinenzusammenhang der Physiognomik sicherlich richtig. Kant hat aber nicht vorhergesehen, dass physiognomisches Wissen in andere Teildisziplinen Einzug nehmen würde. In der kriminalistischen Hermeneutik jedenfalls – „Was hat das zu bedeuten?" (ebd., S. 474) – wird die Frage physiognomischen Sinns wieder ernst genommen. Der Blick der Vettern lässt aus der anonymen Menschenmenge immer wieder einzelne Figuren herausragen, deren Fremd- und Rätselhaftigkeit zum Anlass für physiognomische und detektivische Spekulationen wird. Die plötzliche Konfrontation mit dem Fremden führt nicht, wie Benjamin das bei Poe bzw. Baudelaire beobachtet, zum Schrecken, sondern der distanzierte Fernblick löst die Konfrontation mit dem Fremden in charakterologischen Interpretationen auf. Dabei bleibt die eine oder andere Figur „ein unauflösbares Rätsel" (ebd., S. 482).

6. Phantasmagorien eines einsamen Autors

Der Reiz der voyeuristischen Physiognomik der Vettern besteht darin, dass Hoffmann diese, bei aller Farb- und Gegenstandsdifferenzierung, nicht als Mimesis vorstellt, sondern als Akt subjektiver, bisweilen durchaus phantasmagorischer Interpretation. Der Leser erfährt nichts darüber, was und wer die markanten Gestalten des Marktgeschehens wirklich sind. Er erfährt nur, welche Vorstellungen die Vettern über sie haben. An einem „wenigstens sechs Fuß hohe[n], winddürre[n] Mann" (ebd., S. 483) führen sie ihre Spekulationen beispielhaft vor. Über eine Seite lang wird sein Verhalten auf dem Markt, ähnlich wie der Verdächtige im Kriminalroman, minutiös verfolgt und registriert. In einer Rolle, die zwischen einem Physiognomiker aus der Schule Lavaters und einem Detektiv der neueren Zeiten in der Schwebe bleibt, nimmt der lahme Vetter dann seine Interpretation vor: „Was denkst du, Vetter, zu meiner Hypothese? Dieser Mensch ist ein alter Zeichenmeister, der in mittelmäßigen Schulanstalten sein Wesen getrieben hat, und vielleicht noch treibt." (ebd., S. 484) Wie austauschbar und letztlich phantasmagorisch die Zuschreibung von Identitäten in diesem physiognomischen Spiel ist, zeigt der Vetter selbst, wenn er sofort im Anschluss eine andere Zuschreibung probiert. In einer ausführlichen Beweisführung wird aus dem Zeichenmeister dann ein Pastetenbäcker (vgl. ebd., S. 486). Identitäten sind auf dem Jahrmarkt ebenso austauschbar wie im Karneval der *Prinzessin Brambilla*.

Biedermeierliche Beschaulichkeit ist nur die eine Seite des Hoffmannschen Blickarrangements. Auf der anderen Seite wird der Markt zum phantasmagorischen Schauplatz problematischer Identitäten, der vergleichbar dem mitternächtlichen Gespensterspuk Schlag ‚eins' (vgl. ebd., S. 497) vorüber ist. Zum Gespenstischen des optischen Experiments gehört in Hoffmanns Erzählung die Lautlosigkeit des Geschehens. Akustische Signale dringen nicht in das Oberstübchen des Vetters vor, sogar vom „Gelde" heißt es deshalb ausdrücklich, dass er nur glaube, es bis in seine Stube „klappern zu hören" (ebd., S. 490), so wie er die Stimmen des Marktes nicht hört, sondern nur von den Lippen abliest. Nachdem das phantasmagorische Marktgeschehen vorüber ist, bleibt nur der leere Platz und der gelähmte Vetter zurück, dem noch der letzte Lebensmut versagt. Die am Ende wiederholt zitierte Passage aus den Oden des Horaz, dass es jetzt schlimm sei, aber dereinst nicht mehr so sein werde, erscheint als ausgesprochen schwacher Trost.

Die Vorstellung einer biedermeierlichen Erzählung wird noch von einem anderen Punkt aus nachhaltig gestört, der insofern von größter Bedeutung ist, als er die Selbstreflexion des romantischen Autors und seiner Beziehung zum Leben betrifft. Voraussetzung dafür ist zunächst die Aufspaltung des Autors in zwei Figuren, die sich in der Dialogerzählung synonym mit „Vetter" ansprechen. Aus dem Dialog wird so eine Art Selbstgespräch, in dem sich die Bestimmungen des romantischen Autors fortwährend brechen. Der lahme Vetter nimmt für sich in Anspruch, des

,wirklichen Schauens' (vgl. ebd., S. 471) mächtig zu sein, dabei ist er aber kaum mehr als ein Beobachter des äußeren Bildgeschehens, der dazu noch auf ästhetische und ideologische Leitlinien der Aufklärung zurückgreift. Andererseits gebärdet er sich durchaus in der Rolle des romantischen Poeten, der von seiner Poesie erwartet, dass sie einen Leser, in diesem Fall ein lesendes Blumenmädchen auf dem Markt, „in die phantastische Welt [seiner] Träumereien versetze." (ebd., S. 480) Diese Erwartung findet sich in einer Szene, die aus dem übrigen Geschehen herausgehoben ist. Inmitten der Folge unmittelbarer Beschreibungen des Marktgeschehens steht isoliert eine Erinnerungssequenz, in der der kranke Vetter noch seiner Füße sicher war. Direkter Kontakt mit der Welt steht in der Poetik des Vetters offenbar nur in der Erinnerung, wie jedes Schreiben oder Erzählen eigentlich eine Abwesenheit markiert. Die Reminiszenz dreht sich um besagtes Blumenmädchen, in dem der Autor-Vetter das findet, von dem der romantische Kunstschriftsteller seit je träumt: die Wiederholungsleserin, diejenige Leserin, die ein Märchen des Vetters so genau kennt, dass sie es offenbar „mehrmals gelesen haben mußte" (ebd., S. 481). Der Vetter wähnt sich schon im Himmel der „süßesten Autorgefühle[]", als er erfahren muss, was es bedeutet, wenn das „sublime Genie" so plötzlich, wie es heißt, bei den „Geranien" (ebd.) erscheint und sich dort als Autor des eben gelesenen Buches zu erkennen gibt. Es bleibt ihm die Erfahrung nicht erspart, dass seine Bücher zu Massenwaren in der Leihbibliothek eines gewissen Kralowski degradiert wurden und dass die geschätzte Wiederholungsleserin schlichtweg die naive Leserin ist, die fragt, ob er, der Vetter, denn „alle Bücher beim Herrn *Kralowski* mache?" (ebd., S. 482)

Hoffmanns Erzählung variiert noch ein letztes Mal das Bild des einsamen, romantischen Autors, für den die Voraussetzung der Schrift von Anfang an Distanz zum äußeren Leben hieß. Hoffmanns letzte Erzählung entwirft ein Vierteljahrhundert später weniger einen Bilderbogen des biedermeierlichen oder auch beginnenden kapitalistischen Marktes als das Bild des einsamen, melancholischen Autors, dessen Lage sich drastisch zugespitzt hat, da er nicht mehr schreiben kann. *Des Vetters Eckfenster* zeichnet das Bild des sterbenden romantischen Autors, der sich selbst als „Leichnam" erfährt, des Autors, der in die Rede ausweicht, aber nicht im Sinne der lebendigen Stimme, von der die frühe Romantik geträumt hat, sondern im Sinne eines gespenstischen Monologs und einer in ihrer Lautlosigkeit phantasmagorischen Blickfolge, in der die beobachtenden Figuren nurmehr – wie es heißt – „[v]orbeihuschen" (ebd., S. 489). Voraussetzung der Rede ist nicht mehr die lebendige Vergegenwärtigung, sondern Bewegungsunfähigkeit, ganz so wie die Voraussetzungen der Rede über ein

„Schlaraffenland" (ebd., S. 483) der Essensgenüsse auf dem Viktualienmarkt, vom Blumenkohl bis zum Pflaumenmus, die Unmöglichkeit des Vetters ist, überhaupt noch einen Bissen ohne „die entsetzlichsten Schmerzen" (ebd., S. 497) herunterzubekommen. Dass es E.T.A. Hoffmann zur Zeit des Diktats der Erzählung genau so ging, sollte nicht dahingehend missverstanden werden, als handele es sich nur um eine autobiographische Selbstspiegelung. Es geht vielmehr um das Ende einer traditionellen Rolle des sich autonom wähnenden Autors, der längst zum Marktschriftsteller geworden ist.

(Detlef Kremer)

Der Feind (1822)

1. Entstehung und Publikation

Die unvollendete Erzählung ist eine Arbeit aus Hoffmanns letzten Lebenswochen im Mai und Juni 1822. Wie Julius Eduard Hitzig berichtet, wollte der vollständig gelähmte Hoffmann noch am Tag seines Todes den *Feind* „weiter dictiren" (Hitzig 1823 II, S. 167). Die zweieinhalb fertiggestellten Kapitel erschienen 1824 im *Frauentaschenbuch*, für das Hoffmann die Erzählung auch vorgesehen hatte. Während Friedrich Rückert, der Herausgeber des Almanachs, den Text aufgrund seines Fragment- und Nachlasscharakters als ästhetisch uninteressant beurteilte – „ob er gleich wenig mehr realen Werth hat, als eben Reliquien gewöhnlich haben" (Rückert 1977 I, S. 303) –, sorgte derselbe Umstand bei Hitzig und anderen Zeitgenossen für eine sehr hohe Einschätzung. Hitzig spricht von einer „köstliche[n] Reliquie" (Hitzig 1823 II, S. 163). Die Forschung hat insgesamt wenig Notiz von Hoffmanns letzter Arbeit genommen; bisweilen begegnet allerdings die Vermutung, die abgeschlossene Erzählung hätte zu seinen Meisterwerken gehören können (vgl. Hoffmann VI, Kommentar, S. 1479f.). Von Klaus Deterding stammt eine vervollständigte Fassung des Fragments (Hoffmann/Deterding 2000/2002).

2. Skizze der Handlung

Die Erzählung spielt im Nürnberg des beginnenden 16. Jahrhunderts. Realhistorische Zentralfigur ist Albrecht Dürer (1471–1528), der hier auf dem Höhepunkt seines künstlerischen Ruhms dargestellt wird: Sein „herrlichstes Gemälde" (Hoffmann VI, S. 606), eine (historisch nicht belegte) Kreuzigungsszene, soll im Nürnberger Kaisersaal öffentlich ausgestellt werden. In der festlich gestimmten Stadt, in der jedermann Dürer verehrt, erscheint nun eine düstere Gestalt aus seiner Vergangenheit. Dabei könnte es sich sowohl um seinen einstmaligen Freund und späteren Konkurrenten, den Maler Dietrich Irmshöfer, als auch um dessen Mentor Solfaterra handeln: Hier deutet sich ein Doppelgängermotiv an, das aber unausgeführt bleibt. Dasselbe gilt für den zweiten Erzählstrang, in dem es um die Liebesgeschichte zwischen Dürers Pflegesohn, dem Maler Raphael, und der Patriziertochter Mathilde geht. Angelegt ist aber bereits eine Verknüpfung beider Stränge: Raphael entpuppt sich als der uneheliche, in Italien zur Welt gekommene Sohn Irmshöfers. Die erhaltenen Kapitel umfassen Alltags- und Festszenen, die sich mehrmals in plötzlichen dramatischen Konflikten zuspitzen, ein längeres Gespräch zwischen Mathilde und ihren Eltern sowie einen abschließenden Dialog Dürers mit seinem Freund, dem Gelehrten Mathias Salmasius.

Die narrative Struktur des aufzuklärenden Geheimnisses lässt sich in der Lektüre des fragmentarischen Textes nur ansatzweise nachvollziehen. Deutlich wird aber, dass – unabhängig von den zu erwartenden Auflösungen und Identifikationen – die Geheimnisse der Vergangenheit sich in einem rätselhaften Verhalten der handelnden Personen abbilden sollen. Dürer erweist sich hinter seiner harmonischen Bürgerlichkeit als melancholischer, abgründiger Charakter; der schöne Jüngling Raphael ist gleichzeitig bedroht und bedrohlich durch seine unvermittelt ausbrechende Gewalttätigkeit (vgl. ebd., S. 608); über Mathilde heißt es, ihre Sanftmut liege „nur wie eine dünne Eisdecke über einer stets zehrenden Feuerglut [...], die jeden Augenblick brechen kann." (ebd., S. 617) Auch der Doktor Mathias Salmasius, zunächst als beobachtende Randfigur angelegt, scheint in die Geheimnisse der Vorgeschichte verwickelt zu sein; merkwürdig ist in jedem Fall, dass in der einleitenden Wirtshausszene jedem der anwesenden Nürnberger Bürger auffällt, „daß er nicht wisse, wer der Alte sei, unerachtet er ihn schon seit vielen Jahren kenne." (ebd., S. 598)

Besonders Dürers Gegenspieler Solfaterra (auch Sollfaterra geschrieben) ist als rätselhafter Charakter angelegt, wobei sich Kennzeichnungen des Unheimlichen und Satanischen mit denen des Grotesken überlagern. Bei seinem Auftritt im Wirtshaus zum weißen Lamm erscheint er mit übergroßer Rüstung und riesenhaftem Schwert, also mit Requisiten, die seit Horace Walpoles *Castle of Otranto* (1764) für die *gothic novel* einschlägig sind. Ebenso steht er aber mit seinen Flüchen und seinem Gepolter in der komischen Tradition des großsprecherischen Soldaten, des *miles gloriosus* aus dem altrömischen Drama (vgl. Köhn 1966, S. 197). Seine hässlichen Gesichtszüge werden als entstellt und als maskenhaft beschrieben. Zusammen mit der Kennzeichnung seiner Bewegungen als „zweideutig" (Hoffmann VI, S. 602) deutet sich hier schon das Element der nichtidentischen Identität an, das später von Meister Thomas, dem Wirt zum weißen Lamm, als das Satanische dieser Figur interpretiert wird: „Freunde, fuhr er dann feierlich fort, dieser Irmshöfer ist eine Art von Satan. Wißt ihr nicht, daß er auch Sollfaterra heißt?" (ebd., S. 633)

Allerdings ist weder ausgemacht, dass einzig und allein Solfaterra/Irmshöfer der ‚Feind' aus der Überschrift der Erzählung ist, noch, dass das feindliche Prinzip unbedingt als satanisches festgelegt werden muss. So wird zwar Mathilde von ihrem Vater gewarnt, Raphael übe als „treues Ebenbild" seines Vaters „die verführerische Kraft des Satans selbst über die Jungfrauen" (ebd., S. 626) aus, doch wenn in einer vorangegangenen Szene Raphael auf der Festwiese beinahe einen Patriziersohn ersticht, der ihn als „Bastard" beleidigt hatte, bemerkt der Erzähler, er hätte sich „[u]nter andern Umständen [...] dem Erzengel vergleichen lassen, wie er im Begriff steht, dem sich krümmenden Erbfeinde den Todesstreich zu versetzen." (ebd., S. 609) Als Konstellation zweier Feinde wird die Gegnerschaft zwischen den alten Kontrahenten beschrieben, wenn es bei ihrer Wiederbegegnung heißt: „In dem Augenblick trafen Sollfaterras und Dürers Blicke zusammen, wie funkelnde Schwerter." (ebd., S. 615) Und schließlich geht es auch um den inneren Kampf Dürers gegen „fremde, verworrene Bilder, die sich eindrängen wie feindliche Geister, in die Werkstatt meiner Gedanken" (ebd., S. 634).

Dürers Bekenntnisse gegenüber seinem Freund Mathias, in denen er von „Traurigkeit", „Befangenheit" und der „tiefen Bekümmernis meines Herzens" (ebd.) spricht, lassen die Überlegung zu, ob nicht die Konfrontation mit dem ‚Feind' auch die mit der eigenen Kunst, speziell mit dem abgeschlossenen Werk meint. Über das große Gemälde im Kaisersaal sagt Dürer, sein „eigenes Gebilde" jage ihm „Entsetzen" und „Schwindel" ein (ebd., S. 635). Mit dem problematischen Verhältnis zwischen Künstler und Kunstwerk konterkariert Hoffmann den von ihm im *Feind* erstmals unternommenen „Versuch, den großen Künstler von Anfang an als Mitglied der bürgerlichen Gesellschaft, ja als Gipfel und nach allen Seiten ausstrahlenden Maßstab für eine Gemeinschaft zu zeigen." (Köhn 1966, S. 199) Für diesen Versuch steht vor allem die Idealvorstellung einer Verbindung von Kunst und Handwerk, wie sie der Doktor Mathias gegenüber den Handwerksmeistern im Wirtshaus entwirft: „[D]er Einfluß solcher hohen Geister erstreckt sich bis aufs Handwerk, so daß die schönste Grenzlinie [andere Ausgaben korrigieren in ‚schnöde Grenzlinie'] welche begann, Kunst und Handwerk zu trennen, wieder beinahe ganz verschwindet und beide sich als Kinder einer Mutter freundlich die Hand bieten." (Hoffmann VI, S. 600)

3. Künstler und Bürgertum

In dieser Sichtweise weicht Hoffmann vom frühromantischen Dürerbild ab, wie es Wackenroder und Tieck in den *Herzensergießungen eines kunstliebenden Klosterbruders*, in den *Phantasien über die Kunst* und in *Franz*

Sternbalds Wanderungen konzipierten. Auch dort war die Kunst zwar, neben ihrer quasi-religiösen Überhöhung, von ‚altdeutscher' Bürgerlichkeit geprägt, aber die Verbindung von Kunst und Handwerk lieferte dafür noch nicht das entscheidende Argument. Da genau dies aber im weiteren Verlauf des 19. Jahrhunderts immer mehr zum nationalen Kunst-Ideologem wurde – etwa in Richard Wagners Oper *Die Meistersinger von Nürnberg* –, kann man Hoffmanns Darstellung des altmeisterlichen Kunsthandwerks, wie er es hier und in *Meister Martin der Küfner* entwirft, als durchaus wirkungsreich bezeichnen, vor allem im Hinblick auf die mitgeführte Ausgrenzung der nicht handwerklich ausgerichteten, nicht gemeinschaftlich eingebundenen Künstler als „unbürgerlich, ‚bloß' artistisch, amoralisch" (Hoffmann VI, Kommentar, S. 1480).

Allerdings ließe sich Hoffmanns Text in seinem erzählerischen Verfahren für eine solche ästhetische Ideologie nicht glaubhaft in Dienst nehmen. Dass das Fragment ausgerechnet mit Dürers Satz abbricht: „Hier habt Ihr, mein Freund Mathias, mit wenigen Worten die ganze Tendenz meiner Kunst" (Hoffmann VI, S. 636), und dass dieser Satz somit gleichsam zu Hoffmanns ‚letztem Wort' geworden ist, ist zwar ein schöner Zufall, spricht aber sicherlich nicht dafür, dass hier das Kunstprogramm des Autors verkündet würde. In jedem Fall sollte man den Satz auf Dürers unmittelbar vorangehende Erläuterung beziehen, „daß nicht allein die Gebilde der Menschen, deren Antlitz mich besonders ansprach, sondern daß auch Gestalten beim lesen der heiligen Historien in meinem Innern aufgingen" (ebd., S. 635). Denn auf diese Weise kommt ein Wechselverhältnis von Bild und Lektüre, Imagination und Historie in den Blick, das in der Tat mit der Machart des *Feindes* als einer historischen Erzählung zu tun hat.

Zweifellos hat sich Hoffmann bemüht, unter Verwendung von Zeit- und Lokalkolorit ein idealisiertes ‚altdeutsches' Nürnberg-Bild zu erzeugen, und zweifellos hat er in den detailliert ausgestalteten Wirtshaus- und Festwiesen-Szenen dabei mitunter etwas zuviel des Guten getan. Aber auch in seiner letzten Erzählung verfährt er poetologisch so präzise, dass der Text auf seine Verfertigung hin durchsichtig bleibt. Gerade das Ins-Bild-Setzen und Vor-Augen-Stellen wird immer wieder als solches thematisiert, etwa wenn es über Solfaterra mit Anspielung auf eine Nürnberger Graphikserie aus dem 16. Jahrhundert heißt: „Der ganze Kerl schien aus Justus Amann Kriegszug gesprungen zu sein" (ebd., S. 613), oder wenn der Erzähler bei der Schilderung Mathildes und ihrer Eltern bemerkt, hier finde der „geneigte Leser, der Sinn hat für die edle Malerkunst", die „Gelegenheit, sich ein kleines, gar anmutiges Kabinetsstück vor Augen zu bringen." (ebd., S. 623)

Derselbe Befund gilt für die Art und Weise, wie historisch-chronikalisches Wissen zur Sprache kommt. Wie für seine *Meister Martin*-Novelle benutzte Hoffmann hauptsächlich Johann Christoph Wagenseils Nürnberger Chronik von 1697 (*De Sacri Rom. Imperii Libera Civitate Noribergensi commentatio*, vgl. Hoffmann VI, Kommentar, S. 1478f.). Im *Feind* verwendet er den Kunstgriff, die Instanz des Chronikalischen in Gestalt des Wirts Thomas selbst in die Erzählung mit aufzunehmen. Dieser ausgewiesene Kenner all der „schönen Ordnungen, Privilegien, Satzungen, Gesetzlichkeiten, Edikte und Verordnungen, wie sie von Kaiser und Rat ergangen" (Hoffmann VI, S. 589), ruft nicht nur wiederholt Jahreszahlen, Herrschernamen und historische Abfolgen in Erinnerung, sondern tritt außerdem selbst als Erzähler in Erscheinung. Gleich zu Beginn präsentiert er seinen Gästen die „wundersame Geschichte von den zerbrochenen Eiern", einen Schwank, in dem eine Hexe „im Jahr des Herrn 1484" (ebd., S. 591) aus Zorn über die Bürgermeisterin alle Weiber der Stadt Nürnberg so verzaubert, dass sie sich bis auf weiteres zwanghaft auf alle frischen Hühnereier setzen und sie zerbrechen. Diese Geschichte zeigt in ihrem Ausspielen von Dämonie und Groteske viele Verbindungen zur rahmenden *Feind*-Erzählung (vgl. Terpstra 1986), vor allem bietet sie aber den Anlass, den Wirt als „eine vollständige, anmutige Chronika seiner herrlichen, weltberühmten Vaterstadt" (Hoffmann VI, S. 599) zu exponieren. Seine Selbstaussage, er erzähle „nicht wie mir gerade das Maul steht, sondern so viel möglich, mit denselben zierlichen Frasen, Redensarten, Wörtern und Ausdrücken, wie der alte Chroniker, der eine artige Zunge führte, und seine Rede wohl zu setzen wußte" (ebd., S. 591), ist ebenso offenkundig metapoetisch zu verstehen wie das an ihm gelobte „Talent alte Geschichten, nur was weniges nach seiner Weise zugestutzt, zu erzählen" (ebd., S. 596).

Eine so eigentümliche wie poetologisch exemplarische Anverwandlung ‚alter Geschichten' bietet vor allem der Einstieg in das zweite Kapitel. Hier wird das festliche Szenario vor den Stadttoren mit verschiedenen literarhistorischen Referenzen und Brechungen präsentiert. Die Erzählerrede gibt sich selbst mehr und mehr ‚altdeutsch' mit Wörtern und Ausrufen wie „Märlein", „buntscheckigter Schalksnarr" und „Ei a!". Auch das bei Hoffmann sonst seltene Element der Gattungsmischung findet Verwendung, wenn ein Zitat aus Martin Opitz' Versifikation des Hohenliedes eingeblendet wird (vgl. ebd., S. 607) und kurz darauf Raphael – zunächst „in Begeisterung", dann „von Liebeswahnsinn ergriffen" – ein Lied im Meistersingerton und ein zweites nach Art „italischer Singerei" zum Besten gibt (vgl. ebd., S. 610–612). Im erzähltechnischen Moment der Einschachtelung von Binnenerzählung und Liedeinlagen wird das „serapiontische Gerüst"

(Toggenburger 1983, S. 192) des *Feindes* kenntlich. So wie es in den historischen Erzählungen der *Serapionsbrüder* darum geht, mit den „farbigen Geschichten aus älteren Chroniken" doch letztlich immer den „narrativen Gestus des Historismus" auszustellen (Kremer 1999a, S. 166), so wird auch in Hoffmanns letzter Erzählung die Historie in ihrer sinnlichen Erscheinung, aber zugleich immer auch in ihrer Archiviertheit und Konstruiertheit vorgeführt.

(Stefan Willer)

Das Musikalische Werk

I. Musikalische Schriften und Rezensionen

Sieht man von den beiden Texten ab, in denen sich Hoffmann mit der Rolle des Chors im Schauspiel beschäftigt, seinen ersten Veröffentlichungen überhaupt (*Schreiben eines Klostergeistlichen an seinen Freund in der Hauptstadt*, Hoffmann I, S. 491–494; *Über „Salomon's Urteil"*, ebd., S. 496–499), so lassen sich die Publikationen, in denen er sich als Musiker mit Fragen der Musik auseinandersetzt, recht übersichtlich in zwei Perioden gliedern: die in Bamberg, Dresden und Leipzig verbrachte Zeit als freischaffender Künstler und die letzten Jahre in Berlin nach seinem Wiedereintritt in den preußischen Justizdienst. Die Texte der ersten Periode sind Arbeiten für die in Leipzig erscheinende *Allgemeine musikalische Zeitung* (*AMZ*); hier handelt es sich überwiegend um Rezensionen neu erschienener Kompositionen. Die meisten Veröffentlichungen der zweiten Periode sind für verschiedene Berliner Blätter geschriebene Berichte über musikalische Ereignisse: Konzert- und Opernkritiken, die zumeist nur von tagesaktueller Bedeutung sind.

1. Hoffmanns Arbeiten für die *AMZ*

Am 11. Januar 1809 notiert Hoffmann im Tagebuch: „An den HofRat Rochlitz nach Leipzig geschrieben und ihm den *Ritter Gluk* für die Mus. Zeitung geschickt und mich zum Mitarbeiter angeboten!" (ebd., S. 353) Friedrich Rochlitz, der Herausgeber der bei Breitkopf & Härtel seit 1799 erscheinenden *Allgemeinen musikalischen Zeitung*, hat 1822 in seinem Nachruf auf Hoffmann geschrieben, die Erzählung *Ritter Gluck* habe Hoffmann auf seine Anregung hin verfasst und dadurch den entscheidenden Schritt vom Musikschriftsteller zum Dichter getan. In Wirklichkeit war es umgekehrt: Erst nach der Veröffentlichung der Erzählung erhielt Hoffmann von Rochlitz Aufträge zu Rezensionen.

1.1 Rezensionen der Sinfonien 5 und 6 von Friedrich Witt

Die erste Arbeit dieser Art war die Besprechung der beiden Sinfonien Nr. 5 und 6 von Friedrich Witt (1770–1836), der neun Sinfonien im Druck veröffentlichte und mehrere andere als Manuskript hinterließ. Hoffmann bekam am 2. März 1809 die gedruckten Stimmen der beiden Werke und ließ sie in einem Konzert der Bamberger Harmonie-Gesellschaft am 13. März aufführen. Im Tagebuch notierte er danach: „Die beiden Symph. von Witt rezensiert – *opus* 1. dieser Art – ging leichter als ich gedacht hatte." (ebd., S. 363) Hoffmann beurteilt die Stücke durchaus positiv; Witt habe sich Haydn zum Vorbild genommen und würdig die Bahn des Meisters betreten. Bemerkenswert ist die Rezension Hoffmanns durch seine Charakterisierung der Wesensmerkmale der klassischen Sinfonie: Sie sei durch Haydn und Mozart gleichsam die Oper der Instrumente geworden, die sich, ihre charakteristischen Eigenheiten ausspielend, zu einem Drama vereinigen. Durch den spezifischen Bau der Themen ihrer Sinfoniesätze gelang es den Komponisten der Wiener Klassik, ihnen ein so scharfes Profil zu geben, dass sie mit der Technik der thematisch-motivischen Arbeit einem quasi dramatischen Veränderungsprozess unterworfen wurden. Der Hörer konnte sowohl die Entwicklung der musikalischen Form im Großen als einen spannenden Ablauf erleben als auch das Miteinander und Gegeneinander der einzelnen musikalischen Motive im Kleinen als eine Interaktion individualisierter Gestalten empfinden.

1.2 Rezension von Beethovens 5. Sinfonie

Bis zum Ende des Jahres 1814 erschienen in der *AMZ* weitere 25 Besprechungen Hoffmanns, darunter die Epoche machenden Beethoven-Rezensionen, zunächst diejenige der 5. Sinfonie, dann der *Coriolan*-Ouvertüre, der beiden Klaviertrios op. 70, der Messe in C-Dur und der Musik zu Goethes *Egmont*.

Durch seine sorgfältigen Analysen der Kompositionen gelang es Hoffmann, den damals häufig zu hörenden Vorwurf, Beethoven komponiere undiszipliniert, seiner zügellosen Phantasie folgend, zu entkräften, indem er die „Besonnenheit" (ebd., S. 535) Beethovens aufzeigte. Zugleich vermittelte er dem Leser seine eigene Hörweise, die dem Werk nicht konkret bestimmbare Empfindungen abgewinnt, sondern solche, die über den Bezirk menschlicher Erfahrung hinausweisen und jene „unendliche Sehnsucht" nach dem „Reich des Ungeheueren und Unermeßlichen" (ebd., S. 534) erregen, die den Hörer durch einen „Schmerz, der, Liebe, Hoffnung, Freude in sich verzehrend, aber nicht zerstörend" seine „Brust mit einem vollstimmigen Zusammenklange aller Leidenschaften zersprengen will", als „entzückte[n] Geisterseher" (ebd.) fortleben lässt. Hoffmanns Darstellung richtet sich also an beide Pole des Publikums, an den geschulten Musiker ebenso wie an den Enthusiasten. Aber diese beiden Möglichkeiten der Wahrnehmung, das Begreifen der Besonnenheit des Komponisten, also die Erkenntnis der Struktur des Kunstwerks, und dessen Erleben als eines Schlüssels zum „Reich des Unendlichen" (ebd.), gehören untrennbar zusammen. Das Verbindende fasst Hoffmann im Begriff des Romantischen. Es bedarf (beim Hörer) des romantischen Geschmacks, um des transzendenten Aspekts des Kunstwerks innezuwerden, und (beim Komponisten) des romantischen Talents, das dazu befähigt, „jene Lyra, welche das wundervolle Reich des Unendlichen aufschließt, anzuschlagen" (ebd.). Fehlt der romantische Geschmack, so kann auch ein „ästhetischer Meßkünstler" (ebd., S. 535) Beethoven nicht romantisch hören; fehlt das romantische Talent, so kann man auch so gediegene Kompositionen wie die Sinfonien von Wilms und Braun, die Hoffmann im Jahre 1813 für die *AMZ* besprach, nicht romantisch auffassen (vgl. Hoffmann I, Kommentar, S. 1269–1273; Huck 1994).

Die *AMZ* druckte auch rein literarische Texte Hoffmanns, wenn deren Stoff musikalische Implikationen hatte. Nach dem *Ritter Gluck* waren dies *Johannes Kreisler's, des Kapellmeisters, musikalische Leiden, Des Kapellmeisters, Johannes Kreislers, Dissertatiuncula über den hohen Werth der Musik* und die Erzählung *Don Juan*. Weiterhin veröffentlichte die *AMZ* drei umfangreiche Abhandlungen Hoffmanns zu musikalischen Problemfeldern von allgemeinerem Interesse – Hoffmann bezeichnete sie als „Aufsätze" –, nämlich zwei Texte zur Opernästhetik (1813 bzw. 1814) sowie die Schrift *Alte und neue Kirchenmusik* (1814).

1.3 *Der Dichter und der Komponist*

Der erste der opernästhetischen Texte, *Der Dichter und der Komponist* (1813), handelt von einem Problem, das Hoffmann schon jahrelang beschäftigte. Er fragte am 1.7.1809 bei der Redaktion der *AMZ* an, ob man einen Aufsatz aufnehmen möchte, „der über die Forderungen, die der Komponist an den Dichter einer Oper mit Recht macht, sprechen würde" (Hoffmann I, S. 224). Er kleidete seine Abhandlung in die Form eines Dialogs zwischen zwei Freunden, eben einem Dichter, Ferdinand, und einem Komponisten, Ludwig, die durch die aktuellen Kriegsereignisse ebenso unerwartet zusammengetroffen sind wie Hoffmann selbst mit seinem Jugendfreund Theodor von Hippel in Dresden zu Ende des Monats April 1813. Im Gespräch der beiden Freunde über das Verhältnis der Opern-Dichtung und der Opern-Musik zueinander wird zunächst darüber diskutiert, ob sich nicht der Komponist bei etwas literarischer Begabung seinen Text am besten selber schreiben solle. Ludwig gibt zwar zu, dass der Musiker die eigenen Bedürfnisse am besten kenne, lehnt es aber gleichwohl ab, sich selbst an eine Operndichtung zu machen, denn die musikalische Vorstellungskraft müsse sich am Ganzen der Dichtung entzünden, andererseits könne sich der Musiker aber nicht mit der Formulierung des Textes losgelöst von musikalischen Ideen beschäftigen. Notwendig müssten poetische und musikalische Inspiration einander behindern, wenn nicht gar blockieren. Ferdinand seinerseits erklärt die Tätigkeit eines Librettisten für die unbefriedigendste der Welt, da man an die strukturellen Bedingungen des Komponisten gebunden sei und es ohnehin den undankbaren Musikern niemals recht machen könne, die Verse, die in poetischer Begeisterung empfangen wurden, als des musikalischen Schmucks unwürdig verwerfen und stattdessen sich an Texte heranmachen, die „unter dem Erbärmlichen" (ebd., S. 758) stehen. Damit sind die Gesprächspartner beim Kernpunkt des Problems angekommen: Was sind der Musik zusagende Gedichte? Um sie zu schreiben, bedarf es keiner musikalischen Schulkenntnisse, denn Dichter und Musiker sind „die innigstverwandten Glieder *einer* Kirche: denn das Geheimnis des Worts und des Tons ist ein und dasselbe" (ebd., S. 759); in einer wahrhaften Oper entspringt die Musik „unmittelbar aus der Dichtung als notwendiges Erzeugnis derselben" (ebd., S. 760). Ludwig äußert Gedanken, wie sie Hoffmann in seiner Rezension der 5. Sinfonie Beethovens ausgesprochen hatte: Musik als die Sprache eines fernen Geisterreichs, deren Töne im Innern des Menschen widerklingen und seine Brust mit unaussprechlicher Sehnsucht füllen. Anders als in der Sinfonie muss sich die Musik der Oper aber mit einer anderen Kunst, der Poesie, paaren und „von bestimmten Leidenschaften und Handlungen sprechen" (ebd.). Die Musik kann jedoch nur von den Wundern jenes Landes künden, aus dem sie zu uns herübertönt. Also muss sich der Dichter „zum kühnen Fluge in das ferne Reich der Romantik" (ebd.) rüsten – und mithin gilt auch umgekehrt, dass die Operndichtung dem Konzept romantischer Musik entspringt als notwendiges Erzeugnis derselben.

1.4 Über einen Ausspruch Sacchini's, und über den sogenannten Effekt in der Musik
Dieses Zeugnis der Hoffmannschen Opernästhetik wird bestätigt und ergänzt durch das Kreislerianum *Über einen Ausspruch Sacchini's, und über den sogenannten Effekt in der Musik* (vgl. Hoffmann II/1, S. 438–447). Kreisler, der fiktive Autor dieses Textes, lässt hier zwei seiner charakteristischsten Merkmale vermissen: Ironie und Gesellschafts-Satire einerseits

und die Umsetzung ästhetischer Anschauungen in Äußerungen des Kunst-Enthusiasmus andererseits. Man darf daher die erstmals 1814 in der *AMZ* publizierte Abhandlung als einen Text Hoffmanns lesen, der an einen anekdotisch überlieferten Ausspruch des Opernkomponisten Antonio Sacchini anknüpft. Es geht vordergründig um die unterschiedliche Bedeutung der Modulation für die Kirchenmusik und für die Oper; dahinter steht jedoch die grundsätzliche Frage nach der Rolle der Musik in der Oper, die schon in den beiden großen Fehden des 18. Jahrhunderts in Paris über opernästhetische Fragen mit großem Aufwand diskutiert worden war, nämlich in dem sog. Buffonisten-Streit, dem sich zwanzig Jahre später der Piccinnisten-Streit anschloss (vgl. Hoffmann V, S. 613–657; Kommentar, S. 1112–1128).

Beide Male war die Auseinandersetzung über die Funktion der Musik in der Oper als ein Streit über den Vorrang der italienischen über die französische Opernmusik maskiert. Die französische Partei wollte die Rolle der Musik auf eine dienende Funktion beschränkt wissen und geißelte an der italienischen Oper ihre Kompliziertheit, insbesondere ihren harmonischen Reichtum. Just diese ästhetische Grundposition unterstellt Hoffmann Sacchini und der italienischen Opera seria des 18. und frühen 19. Jahrhunderts, wenn auch leicht modifiziert. Die Musik der italienischen Oper sei nur „zufällige Begleiterin des Schauspiels" und trete „nur hin und wieder als selbstständige Kunst" hervor, dann aber „für sich allein wirkend", also ohne Zusammenhang mit dem Drama, „ohne Rücksicht auf den Moment der Handlung" (Hoffmann II/1, S. 439). Hoffmann denkt hier an die metastasianische Oper in der ersten Hälfte des 18. Jahrhunderts, in der jeder einzelne Auftritt in die Folge von Dialog und abschließendem Monolog, der Arie, gegliedert war. Der in madrigalische Verse gefasste Dialog wurde als generalbassbegleitetes Rezitativ vertont, die Arie bestand regelmäßig aus zwei Strophen zu je vier Versen mit nicht festgelegtem Reimschema. Die Rezitative des Dialogs bildeten die fiktionale Bühnenzeit getreu ab; es gab keine Wortwiederholungen, die floskelhafte Melodik diente der Stilisierung einer leidenschaftlichen, dem jeweiligen Affekt zuträglichen Deklamation. Die Generalbass-Begleitung zeichnete die Entwicklung des Dialogs nach, indem überraschende Wendungen des Gesprächs in überraschenden harmonischen Wendungen gespiegelt wurden. Die abschließende Arie dagegen brach aus dem Ablauf der fiktionalen Bühnenzeit aus; sie projizierte gleichsam den blitzartigen Reflex im Kopf oder im Herzen der betreffenden Person auf das Geschehen der vergangenen Szene in die zeitliche Ausdehnung der dreiteiligen Da-capo-Arie. Hier entfaltete die Musik ihren ganzen Zauber sowohl in der Kunst des Sängers als in den vielfältig schillernden Orchesterfarben. Hoffmann hatte also insofern Recht, als der auf den Zuhörer wirkende Totaleindruck der metastasianischen Oper komplex war. Sie trennte zwischen der sich im Dialog vollziehenden Bühnenaktion und der am Ende der Szene darauf reagierenden inneren Handlung, in der bei stillstehender fiktiver Bühnenzeit ein Gedanke oder ein Gefühl ausgebreitet wurde. Dem Dialog war das Rezitativ, der inneren Handlung die Arie zugeordnet.

Hoffmann schoss also über das Ziel hinaus, wenn er der Arie den Zusammenhang mit der Handlung absprach. Es war und ist zwar in der opernästhetischen Literatur weit verbreitet, den Handlungsbegriff auf die Bühnenaktion einzuengen, dramentheoretisch korrekt ist dies jedoch nicht. Fast noch wichtiger freilich ist in diesem Zusammenhang, dass Hoffmann bei der Interpretation jenes „merkwürdigen Ausspruchs" zwei gattungsgeschichtliche Aspekte außer Acht lässt. Der eine betrifft die Entwicklung der Opera seria in der zweiten Hälfte des 18. Jahrhunderts. Durch mehrere Ursachen, unter denen die Einflüsse der Opera buffa und der französischen Tragédie lyrique die wichtigsten sind, war praktisch das opernästhetische Konzept Metastasios so weit modifiziert worden, dass auch Teile des Dialogs, also der Bühnenaktion, „in bedeutender, oder vielmehr wahrer Musik hervortreten durften", nämlich insbesondere in Ensemble-Sätzen, aber auch in Solo-Szenen, die nun nicht mehr nur reflektierender Monolog waren, sondern auch Bestandteil der szenischen Interaktion sein konnten. Die Folge davon war, dass in der Tat die Musik immer weniger „zufällige Begleiterin des Schauspiels" blieb, sondern mehr und mehr „als selbstständige Kunst" (ebd.) in Erscheinung trat. Am Ende dieser Entwicklung, in der Oper des 19. Jahrhunderts, wurde die fiktive Bühnenzeit nicht mehr am rezitativischen Ablauf des Dialogs gemessen, sondern unterlag ganz den autonomen Formgesetzen der Musik.

Der andere von Hoffmann vernachlässigte gattungsgeschichtliche Aspekt ist die Vorgeschichte der von ihm so hoch geschätzten französischen Opern Glucks. Diese wurzeln in der von Lully und Rameau geprägten Tragédie lyrique. Gluck hatte sich in Paris als ein Opernkomponist empfohlen, der einerseits in Italien große Erfolge errungen, andererseits aufgrund seiner hohen Schätzung der Tragédie lyrique zur italienischen Oper ein distanziertes Verhältnis hatte. Er kam so allen Seiten des Pariser Publikums entgegen, den konservativen ebenso wie denen, die eine Erneuerung der französischen Oper im italienischen Geiste erstrebten: Gluck versprach eine Bereicherung der Gattung durch italienisches Melos ohne Verrat an den Prinzipien der Tragédie lyrique. Einen mindestens ebenso starken Einfluss auf die weitere Entwicklung der französischen Oper hatte

Nicola Piccinni, der von jenen nach Paris geholt worden war, denen die durch Gluck bewirkte Italianisierung der französischen Oper nicht weit genug ging. Die moderne Forschung sieht die französische Oper am Ende des 18. Jahrhunderts geradezu als ‚piccinnistisch' geprägt an (vgl. Rushton 1971/72) und steht dadurch im Widerspruch zur traditionellen Musikgeschichtsschreibung, die Komponisten wie Sacchini, Salieri, Cherubini und Spontini einer imaginären Gluck-Schule zurechnet. Es waren insbesondere Berliner Musikschriftsteller (wie Ludwig Rellstab und Adolf Bernhard Marx), die nach den napoleonischen Kriegen einer deutschen nationalen Kunst das Wort redeten und Gluck zum Ahnherrn dieser Schule ausriefen. Dieses Geschichtsbild wurde im weiteren Verlauf des 19. Jahrhunderts insbesondere durch Richard Wagner gefestigt, der sich ausdrücklich auf Gluck als seinen Vorläufer berief. Obwohl Hoffmann das Verhältnis zwischen Gluck und Piccinni differenzierter sah als seine jüngeren Zeitgenossen – er konnte noch Werke Piccinnis aus unmittelbarer Anschauung kennenlernen –, hat er zweifellos wie diese den unbestreitbaren Einfluss Glucks überbewertet und verabsolutiert. Wie stark Gluck selbst der italienischen Oper verpflichtet war, konnte er nicht erkennen, da ihm offenbar spezifische Erscheinungen der zeitgenössischen italienischen Oper, insbesondere der Werke Paers und des frühen Rossini, den Blick für ihre historischen Bedingungen trübten.

In der 1814 erschienenen Rezension *Der Opern-Almanach des Hrn. A. v. Kotzebue*, die auf Hoffmanns eigene Initiative entstanden ist, griff er das Problem der Operndichtung noch einmal auf, kleidet aber jetzt seinen streng vertretenen hohen Kunstanspruch in ein Meisterstück ironischer Prosa, dessen unmittelbare Wirkung freilich gering war. Nicht nur, dass Kotzebue seinem ersten Almanach für das Jahr 1815, der fünf von ihm gefertigte Opernlibretti enthält, einen weiteren für das Jahr 1817 mit vier neuen Libretti folgen ließ, es sind auch fast alle der in den beiden Bänden veröffentlichten Texte vertont und als Opern aufgeführt worden, einige davon sogar mehrfach.

1.5 *Alte und neue Kirchenmusik*

Hoffmanns umfangreiche Abhandlung über *Alte und neue Kirchenmusik*, zu deren Abfassung Rochlitz den Anlass gegeben hat (vgl. Hoffmann VI, S. 32f.), geht von der nach seiner Auffassung gerechtfertigten Klage über die Armut der neueren Zeit an Kirchenmusik aus: Entweder seien die meisten Komponisten aus Mangel an kontrapunktischen Fähigkeiten nicht in der Lage oder sie seien aus Geltungssucht und Geldstreben nicht willens, für die Kirche zu schreiben; sie wenden sich jedenfalls lieber der Oper zu. Dieser

„Leichtsinn" (Hoffmann II/1, S. 504) in der Kunst hat nach Hoffmann noch einen tieferen Grund: den dämonischen Bann, der die Menschen im ärmlichen Leben festhält und dem Höheren, Wahrhaften, Heiligen abtrünnig macht. Mitverantwortlich dafür war die französische Aufklärung, indessen sind der neuen Zeit – nach den Stürmen der Französischen Revolution und den ihr nachfolgenden Kriegen – Mut und Kraft zugewachsen, die Bedrängnisse des Irdischen nicht nur zu ertragen, sondern ihnen zu widerstehen. Im zweiten Abschnitt der Abhandlung skizziert Hoffmann die Entwicklung der Kirchenmusik bis zu ihrem geschichtlichen Höhepunkt im 16. Jahrhundert, der im Schaffen Palestrinas seinen deutlichsten Ausdruck findet. Ihm folgt stufenweise der Abstieg: Der tiefe Ernst jener Musik wird zunächst durch den ‚melodischen Schwung' angetastet, den die Musik im 17. und frühen 18. Jahrhundert nahm, obwohl nach Hoffmanns Meinung die Meister jener Epoche noch Würde, Einfachheit und Kraft bewahrten. Unter dem Einfluss der Aufklärung schwanden dann jedoch der tiefere religiöse Sinn und mit ihm auch Ernst und Würde der Kirchenmusik und machten Verweichlichung und „ekle[r] Süßlichkeit" (ebd., S. 522) Platz. Selbst Haydn und Mozart hielten sich nicht rein „von dieser ansteckenden Seuche des weltlichen, prunkenden Leichtsinns." (ebd., S. 523)

Diese beiden Gesichtspunkte, die Hochschätzung des Palestrina-Stils und die Kritik an der Kirchenmusik der Wiener Klassik, greift Anton Friedrich Justus Thibaut in seiner 1824 erschienenen Schrift *Über Reinheit der Tonkunst* auf. Für ihn reicht die ‚klassische' Epoche der Kirchenmusik von Palestrina bis Händel. In seinem Buch bezieht sich der Begriff der „Reinheit" sowohl auf den strengen kontrapunktischen Satz (ganz im Sinne von Kirnbergers *Kunst des reinen Satzes*) als auch auf die Trennung der Stile. Er meint damit aber auch die alte Vokalpolyphonie schlechthin; nach seiner Ansicht ist die moderne geistliche Musik durch die Hinzunahme von Instrumenten, die geradezu als ‚Feinde' der Stimmen auftreten können, unrein geworden. ‚Reinheit der Tonkunst' wird so zu einer Frage der Gesinnung, ja der Moral. Thibaut redet einer Wiederbelebung der alten Vokalmusik und einer Absage an alle modernen ‚Verirrungen' das Wort und wird daher mit Recht als Wegbereiter des Caecilianismus angesehen, der sich auch auf ihn berufen konnte.

Es ist jedoch ganz falsch, auch Hoffmann als Ahnherrn dieser kirchenmusikalischen Restaurationsbewegung anzusehen, wie dies allzu oft geschehen ist. Im dritten Abschnitt seiner Abhandlung, der „die Resultate dessen, was in der jetzt angebrochenen Zeit für die Kirchenmusik geschehen kann" (ebd., S. 525), diskutiert, ist er nämlich von jeder restaurativen Haltung weit entfernt. Dass in seiner Zeit ein Komponist so schreiben könne wie Palestrina oder Händel, erklärt Hoffmann für „[r]ein unmöglich" (ebd.), und er sagt das ohne Bedauern, denn die Instrumentalmusik hat sich in neuerer Zeit zu einer Höhe erhoben, welche die alten Meister nicht ahnen konnten. „Haydn, Mozart, Beethoven, entfalteten eine neue Kunst" (ebd., S. 526).

Für die moderne Kirchenmusik ergeben sich daraus insbesondere zwei Probleme. Das erste ist der Missbrauch, der durch Leichtsinn und Unverstand mit den neuen Errungenschaften getrieben wurde, das zweite der Umstand, dass mit der steigenden Bedeutung der Instrumentalmusik der Gesang, besonders der Chorgesang, vernachlässigt wurde, wobei das gewandelte Interesse der Komponisten mit institutionellen Wandlungen, wie der Aufhebung der Klöster, unglücklich zusammentraf. „[D]aß es unmöglich ist, jetzt zu Palestrina's Einfachheit und Größe zurückzukehren, wurde schon gesagt: in wiefern aber der neu erworbene Reichtum ohne unheilige Ostentation in die Kirche zu tragen sei, das fragt sich noch." (ebd.)

Die Antworten, die Hoffmann im letzten Abschnitt der Abhandlung gibt, beziehen sich wieder zunächst auf die Komponisten, sodann auf die musikalischen Institutionen. Wer wahre, würdige Kirchenmusik schreiben will, muss sich prüfen, „ob der Geist der Wahrheit und der Frömmigkeit in ihm wohne, und ob dieser Geist ihn antreibe, Gott zu preisen" (ebd.). „Jede äußere Anregung, jedes kleinliche Bemühen um irdischen Zweck, jedes eitle Trachten nach Verwunderung und Beifall, jedes leichtsinnige Prunken mit erworbener Kenntnis, führt zum Falschen, zum Unwürdigen." (ebd., S. 527) Dabei kann das Studium der alten Meister helfen. Die Kenntnis der kontrapunktischen Technik ist freilich nichts als selbstverständliche Voraussetzung jeder eigenen Bemühung. Das Studium der Werke alter Meister soll den Sinn für das Angemessene, die Selbstkritik, schärfen. Ein so entwickeltes Wertgefühl wird den Komponisten daran hindern, die Errungenschaften der modernen Orchestertechnik anders als „nur zu größerer Verherrlichung des Hohen, Überirdischen" (ebd., S. 528) anzuwenden.

Dem Verfall des Gesangs können Institutionen wie die Berliner Singakademie entgegenwirken, freilich nur, wenn sie nicht „Privat-Unternehmungen bleiben, sondern in religiöser Form vom Staate gebildet und unterstützt werden." (ebd., S. 530) Hoffmann bekräftigt also, bewusst oder unbewusst, die von Zelter zuletzt in dessen Denkschrift von 1811 erhobene Forderung nach Gründung staatlicher Institute für Kirchen- und Schulmusik, die übrigens im Jahre 1814, als Hoffmanns Abhandlung erschien, zu einem Resultat in Königsberg führte, dem dann Gründungen in Breslau (1815) und Berlin (1822) folgten.

1.6 Rezension der *Zwölf Lieder* von Wilhelm Friedrich Riem

Seine Lied-Ästhetik hat Hoffmann in der Rezension von zwölf Liedern des Komponisten Wilhelm Friedrich Riem (1779–1857), die 1814 in der AMZ erschien, niedergelegt (vgl. Hoffmann II/2, S. 360–374). Darin grenzt er das Lied von andersartigen Gesängen ab, die nicht als Lieder bezeichnet werden können, weil sie sich „mehr oder weniger der ausgeführten Arie nähern, oder wie eine freie Phantasie erscheinen" (ebd., S. 361). Bei der Arie hat der Dichter in nur wenigen Worten die Stimmung des Gemüts bestimmt ausgesprochen, die Skala, „in der der Affekt auf- und abwogt" (ebd.), aber nur angedeutet. Der Hauptcharakter, der in den Worten angegeben ist, bestimmt die Grundfarbe. Die einzelnen vom Dichter nur angedeuteten Momente werden vom Komponisten besonders aufgefasst und unter Ausnutzung aller zur Verfügung stehenden Ausdrucksmittel musikalisch dargestellt. Die Worte der Arie sind „nur symbolische Bezeichnung der Gefühle" (ebd.), die sich erst in der Musik angemessen artikulieren können. Anders im Lied: Hier spricht der Dichter die Empfindungen ganz in Worten aus, hat also die Aufgabe des Arien-Komponisten bereits erfüllt. Der Komponist eines Liedes muss alle Momente des Affekts wie in einem Brennpunkt auffassen. Seine Melodie ist ein Symbol der Gesamtheit der Affekte des Liedes. Insofern hat der Liederkomponist die Aufgabe, „selbst Dichter des Liedes" (ebd., S. 362) zu werden. Hoffmann formuliert unter dem Einfluss Reichardts eine Liedästhetik, die vom Komponisten erwartet, dass er sich selbst eine gewisse Beschränkung auferlege, und zwar sowohl um der Reinheit der Gattung willen als auch um den eigentlichen Zweck des Liedes nicht zu gefährden: nämlich nicht nur den ausgebildeten Sänger zu erreichen, sondern „die Theilnahme einer jeden zum natürlichen Gesange fähigen Stimme" (Reichardt 1796, Abschnitt V) zu gestatten. Trotz dieser Beschränkungen soll der Komponist „das Gemüt im Innersten" anregen, „*das* ist eben die geheimnisvolle Kraft des wahren Genius, die jene alten, herrlichen Meister, und unter den Neueren Reichardt und Zelter, gar oft übten." (ebd., S. 363)

Noch im zweiten Jahrgang der von A. B. Marx herausgegebenen *Berliner Allgemeinen Musikalischen Zeitung* von 1825 findet sich die Forderung nach einer strophischen Form des Liedes und dem Festhalten am prinzipiellen Unterschied zwischen Lied und Arie. Mit der kompositorischen Praxis stimmte diese Gattungstheorie inzwischen längst nicht mehr überein. Die Komponisten – und nicht nur Schubert – begnügten sich nicht mehr mit jener schlichten, die Melodie ganz dem Gedicht unterordnenden Schreibweise, sondern strebten nach autonomem, spezifisch musikalischem Ausdruck auch im Liede (vgl. Debryn 1983). Nun zeigt sich Hoffmann in seiner Rezension der Riem'schen Lieder nicht als Rigorist. Er wendet sich zwar gegen eine begrifflich unscharfe Terminologie, die etwas als Lied ausgibt, das auf diesen Namen keinen Anspruch haben darf, aber er verwirft solche „Gesänge" (Hoffmann II/2, S. 363) nicht grundsätzlich, so als ob ihm der Widerspruch zwischen der reinen Lehre der Gattungstheorie und der kompositorischen Praxis bewusst gewesen wäre. Er nennt Riems op. 27 die „Gesänge" eines „beachtenswerten Komponisten" (ebd., S. 373), an denen er allerdings „so manches auszustellen gefunden" (ebd.) hat, übrigens in sehr konstruktiver Weise. Es ist das einzige Mal, dass Hoffmann in einer Rezension mit der Kritik zugleich konkret formulierte alternative Lösungen anbietet.

Die letzte kritische Arbeit Hoffmanns für die *AMZ* waren die *Briefe über Tonkunst in Berlin*, die er ungefähr zehn Wochen nach seiner Ankunft dort als den ersten einer Reihe von Berichten an die Redaktion in Leipzig schickte. Es blieb freilich bei diesem einen Brief, der ein Konzert des Cellisten Bernhard Romberg und Aufführungen der Opern *Oedip auf Kolonos* von Sacchini und *Fernand Cortez* von Spontini zum Gegenstand hat. Bemerkenswert ist der Text insbesondere durch den Absatz, in dem sich Hoffmann über Stil und Manier in der Musik äußert (vgl. ebd., S. 400f.).

2. Beiträge Hoffmanns zu Berliner Blättern

Hier handelt es sich überwiegend um kurze Beiträge zu Berliner Tageszeitungen und Zeitschriften, die Besprechungen von Konzert- und Opernaufführungen enthalten. Im Einzelnen sind dies zehn Beiträge für die *Vossische Zeitung*. Dazu gehören u. a. Rezensionen der Opern *Die Alpenhütte* und *Das Fischermädchen* von J. P. Schmidt und *Armide* von Gluck; von zwei Konzerten des Konzertmeisters Moeser und von einem Konzert Spontinis; zwei Repliken auf andere Beiträge, so die Rüge eines antisemitischen Ausfalls durch einen Kritiker anlässlich der Aufführung einer Oper Meyerbeers. Hinzu kommen acht Besprechungen von Opernaufführungen im *Dramaturgischen Wochenblatt* (u. a. *Das unterbrochene Opferfest* von P. von Winter, Mozarts *Zauberflöte* und *Don Juan*), zwei Beiträge in der *Zeitung für Theater und Musik*, der *Begleiterin des Freimüthigen*, (Besprechung einer Aufführung des Festspiels *Lalla Rûkh* von Spontini und *Nachträgliche Bemerkungen über Spontinis Oper „Olimpia"*), im *Freimüthigen* selbst zwei Texte und schließlich die *Zufälligen Gedanken beim Erscheinen dieser Blätter*, nämlich der *Allgemeinen Zeitung für Musik und*

Musikliteratur, welche allfällige Komponisten unter den Lesern dieser neuen Zeitung über die Maximen der Kritiker beruhigen sollen.

Hier stehen mithin Gedanken über Tagesaktualitäten im Vordergrund des Interesses, bei deren rascher Niederschrift auch peinliche Irrtümer unterlaufen konnten, wie das Missgeschick, einen Sänger für seine Mitwirkung an einem Ensemblesatz zu loben, der daran gar nicht beteiligt war. Andererseits findet man ein so prächtiges Stück wie den Beitrag für die *Vossische Zeitung*, *An den Herrn Konzertmeister Moeser*, in dem Hoffmann ein enthusiastisches Lob so geschickt maskiert, dass kein Gedanke an Peinlichkeit aufkommen kann.

(Gerhard Allroggen)

II. E.T.A. Hoffmann als Komponist

Die frühesten bekannten Kompositionen Hoffmanns sind kleine Rondos für das Klavier, Lieder und eine (unvollendete) Motette *Judex ille* auf Worte aus Goethes *Faust* für Solo, Chor, Orgel und Orchester aus dem Jahre 1795; sein letztes, nicht mehr zu Ende geschriebenes Werk ist eine Oper, *Der Liebhaber nach dem Tode,* auf ein Libretto Carl Wilhelm Salice-Contessas nach Calderons *El Galan Fantasma* (1818/1822). Gemeinsam ist diesen Kompositionen, dass sie, wie mehr als die Hälfte der musikalischen Werke Hoffmanns, heute als verloren gelten müssen. In Gerhard Allroggens chronologisch-thematischem Verzeichnis („AV") der musikalischen Werke Hoffmanns (vgl. Allroggen 1970) tragen sie die Nummern 1–3 und 85: Für einen Juristen, der nur fünf Jahre seines Lebens ‚hauptamtlich' als Musiker tätig war (in Bamberg, Leipzig und Dresden), stellen 85 überwiegend ‚nebenher' entstandene Kompositionen, darunter ein Dutzend vollständiger Bühnenwerke, eine beachtliche Leistung dar. Die folgende Übersicht stellt alle heute noch erhaltenen Kompositionen nach Gattungen geordnet zusammen und gibt Hinweise auf Autograph, gedruckte Ausgaben sowie Einspielungen auf Tonträgern.

Erhaltene Kompositionen E.T.A. Hoffmanns

AV = Allroggen-Verzeichnis
AMW = E.T.A. Hoffmann, *Ausgewählte musikalische Werke*, hrsg. im Auftrage der musikgeschichtlichen Kommission e.V., B. Schott's Söhne, Mainz 1971ff.
SBB = Staatsbibliothek Berlin
*, ** = auf Tonträger (CD, LP, Rundfunkmitschnitt) teilweise (*) oder ganz (**) eingespielt

Bühnenwerke (Singspiel, Bühnenmusik, Ballettmusik, Melodram, Oper):
1. Singspiel *Die Maske* (Libretto: E.T.A. Hoffmann), 1799 (AV 4). Autograph: SBB. Ausgabe: 3 Szenen im Klavierauszug, in: *E.T.A. Hoffmann, Die Maske. Ein Singspiel in drei Akten (1799). Aufgefunden und zum ersten Male veröffentlicht von Friedrich Schnapp*, Verlag für Kunstwissenschaft, Berlin 1923.
2. Singspiel *Die lustigen Musikanten** (Libretto: Clemens Brentano), 1804 (AV 19). Autograph: Bibliothèque Nationale, Paris. Ausgabe: AMW Bd. 4/5, hrsg. von Gerhard Allroggen, 1975/76.
3. Singspiel *Liebe und Eifersucht*** (Libretto: Calderon/A. W. Schlegel), 1807 (AV 33). Autograph: SBB. Ausgabe: AMW Bd. 6–8, hrsg. von Hartmut Schick, 1999.
4. Bühnenmusik zu Zacharias Werners Trauerspiel *Das Kreuz an der Ostsee**, 1805 (AV 20). Autograph: SBB.
5. Bühnenmusik zu Julius von Sodens Drama *Julius Sabinus* (unvollendet), 1810 (AV 54). Autograph: SBB.

6. Prolog *Wiedersehn!* (Libretto: E.T.A. Hoffmann), 1809 (AV 53). Autograph: Hessische Landesbibliothek Darmstadt.
7. Ballettmusik *Arlequin***, 1808 (AV 41). Autograph: SBB.
8. Melodram *Dirna*** (Libretto: Julius von Soden), 1809 (AV 51). Autograph: Verschollen. Zeitgenössische Abschrift: Staatsbibliothek Bamberg.
9. Melodram *Saul, König in Israel* (Libretto: Joseph von Seyfried), 1811 (AV 59). Autograph: Staatsarchiv Würzburg.
10. Romantische Oper *Der Trank der Unsterblichkeit** (Libretto: Julius von Soden), 1808 (AV 34). Autograph: SBB.
11. Heroische Oper *Aurora*** (Libretto: Franz von Holbein), 1812 (AV 55). Autographe: Staatsarchiv Würzburg und Staatsbibliothek Bamberg. Ausgabe: *Denkmäler der Tonkunst in Bayern*, Neue Folge, Bd. 5, Breitkopf & Härtel, hrsg. von Hermann Dechant, Wiesbaden 1984.
12. Zauberoper *Undine*** (Libretto: Friedrich de la Motte Fouqué), 1814 (AV 70). Autograph: SBB. Ausgaben: Edition Peters Nr. 9296 (Klavierauszug), hrsg. von Hans Pfitzner, Leipzig 1906. AMW Bd. 1–3, hrsg. von Jürgen Kindermann, 1971/72.

Kirchenmusik:
13. *Overtura. Musica per la chiesa***, d-Moll, 1801 (AV 7). Autograph: SBB.
14. *Messa***, d-Moll, 1805 (AV 18). Autograph: SBB. Ausgabe: *Agnus Dei* (Klavierauszug) in: Hans von Müller, *Das Kreislerbuch. Texte, Compositionen und Bilder von E.T.A. Hoffmann*, Insel, Leipzig 1903.
15. *6 Canzoni per 4 voci alla Capella***, 1808 (AV 36). Autograph: SBB. Ausgaben: *E.T.A. Hoffmanns Musikalische Werke* Bd. 4 Nr. 1, C. F. W. Siegel, hrsg. von Gustav Becking, Leipzig 1927; Breitkopf & Härtels Chorbibliothek Nr. 4893, hrsg. von Winfried Radeke, Wiesbaden 1974.
16. *Miserere***, b-Moll, 1809 (AV 42). Autographe: SBB und Musikarchiv des Fürsten Esterházy, Eisenstadt. Ausgaben: Edition Breitkopf Nr. 6656 (Klavierauszug), hrsg. von Winfried Radeke, Wiesbaden 1971; AMW Bd. 10b, hrsg. von Friedrich Schnapp, 1981.

Weitere Vokalwerke:
17. *Recitativo ed Aria „Prendi l'acciar ti rendo"***, 1812 (AV 65). Autograph: SBB. Ausgabe: AMW Bd. 11, hrsg. von Herbert Schulze, 1982.
18. *Trois Canzonettes à 2 et à 3 voix***, 1807 (AV 32). Autograph: verschollen. Ausgabe: R. Werckmeister No. 238, Berlin 1808.
19. *Tre Canzonette italiane***, 1812 (AV 64). Autograph: Bibliothek der Gesellschaft der Musikfreunde Wien. Ausgabe: Deutscher Verlag für Musik, hrsg. von Herbert Schulze, Leipzig 1976.
20. *6 Duettini italiani***, 1812 (AV 67). Autograph: SBB. Ausgabe: Schlesingersche Buch- und Musikalienhandlung No. 588, Berlin 1819.
21. Quartett *O Nume che quest' anima*, 1812 (AV 68). Autograph: SBB.
22. Lied *In des Irtisch weiße Fluten* (Kotzebue), 1811 (AV 60). Autograph: Verschollen. Ausgabe: *Weltspiegel*, Jahrgang 1907, Nr. 67.
23. Vier Männerchorsätze *Nachtgesang, Türkische Musik, Jägerlied, Katzburschenlied*, 1819–1821, AV 77, AV 78, AV 83, AV 84. Autograph: SBB bzw. Universi-

tätsbibliothek Basel (*Nachtgesang*). Ausgaben: *Nachtgesang* und *Türkische Musik*: Bärenreiter, Kassel 1975 (Reihe *Das 19. Jahrhundert*); *Katzburschenlied*: in E.T.A. Hoffmann, *Lebensansichten des Katers Murr*, hrsg. von Hans von Müller, Insel, Leipzig 1916; *Jägerlied*: Faksimile-Druck im Programm der Hoffmannausstellung der Preußischen Staatsbibliothek Berlin 1922.

Instrumentalwerke:
24. *Sinfonia***, *Es*-Dur, 1806 (AV 23). Autograph: SBB. Ausgabe: AMW Bd. 11, hrsg. von Herbert Schulze, 1982.
25. Fünf Klaviersonaten** in *A*-Dur, *f*-Moll, *F*-Dur, *f*-Moll, *cis*-Moll, 1805–1808, AV 22, AV 27, AV 29, AV 30, AV 40. Autographe: AV 22 verschollen; die anderen SBB. Ausgaben: Klaviersonate in *A* (AV 22), hrsg. von Joseph Elsner in *Wybor Pięknych Dzieł Musycznych i Pieśni Polskich na Rok 1805 [...]*, Heft VII, Warschau 1805; Neuausgabe Bärenreiter Nr. 19105, hrsg. von Friedrich Schnapp, Kassel 1967; *E.T.A. Hoffmanns Musikalische Werke* Bd. I: *Vier Sonaten für Pianoforte* [= AV 27, AV 29, AV 30, AV 40], C.F.W. Siegel, hrsg. von Gustav Becking, Leipzig 1922; Sonate *cis*-Moll (AV 40), Walter Wollenweber, München 1982 (Reihe *Unbekannte Werke der Klassik und Romantik*, Heft 12); Sonate *f*-Moll (AV 27), Edition Breitkopf Nr. 8143, hrsg. von Werner Keil, Wiesbaden 1984.
26. Quintett** für Harfe, 2 Violinen, Viola und Violoncello, *c*-Moll, 1807 (AV 24). Autograph: SBB. Ausgaben: *E.T.A. Hoffmanns Musikalische Werke* Bd. II Nr. 1, C.F.W. Siegel, hrsg. von Gustav Becking, Leipzig 1922; AMW Bd. 12b, hrsg. von Gerhard Allroggen, 1985.
27. *Grand Trio*** für Klavier, Violine und Violoncello, *E*-Dur, 1809 (AV 52). Autograph: Privatbesitz. Ausgaben: Deutscher Verlag für Musik, hrsg. von Herbert Schulze, Leipzig 1971; AMW Bd. 12b, hrsg. von Friedrich Schnapp, 1985.

Die Übersicht zeigt, dass gut Dreiviertel des musikalischen Schaffens Hoffmanns aus Vokalmusik besteht; dennoch hat seine für das Gesamtwerk wenig repräsentative Klavier- und Kammermusik (Nr. 25–27), in Notenausgaben seit den zwanziger Jahren des vergangenen Jahrhunderts gut zugänglich, das Bild des Komponisten in der Musikforschung der letzten Jahrzehnte nachhaltiger geprägt, dadurch freilich einseitig verzerrt, ähnlich wie auch die Rezension der fünften Sinfonie Beethovens weitaus stärker beachtet worden ist als seine opern- und kirchenmusikgeschichtlichen Aufsätze und Besprechungen. Aus der Übersicht geht ferner hervor, dass zu Hoffmanns Lebzeiten lediglich drei seiner Werke im Druck erschienen waren, nämlich neben der erst 1967 wiederentdeckten Klaviersonate in *A*-Dur (AV 22) seine drei Kanzonetten von 1807 (AV 32) und seine sechs *Duettini italiani* von 1819 (AV 67); trotz der Bedeutung der Letzteren für den ein Jahr später im gleichen Verlag erschienen *Kater Murr* (in welchem sie von Kreisler und Julia gesungen werden) kamen seinerzeit also eher Neben- als Hauptwerke ans Licht der Öffentlichkeit. Vor allem offenbart die Übersicht, dass bis heute ganze Opern, Singspiele und Melodramen Hoffmanns unpubliziert geblieben sind.

Beispiel 1: Das sechste der *Duettini italiani*, das Kreisler und Julia im 7. Kreisler-Fragment des *Murr-Kreisler*-Romans gemeinsam singen, in der Originalausgabe der Schlesingerschen Buch- und Musikalienhandlung, No. 588 (1819).

Erfreulicherweise hat die Musikindustrie in den letzten Jahren in gesteigertem Umfang auch Musikaufnahmen von bis heute unpublizierten Kompositionen produziert (wobei meist von den Handschriften Aufführungsmaterial im Computer-Notensatz hergestellt wird); Einspielungen der *Missa*, des Melodrams *Dirna*, der Ballettmusik *Arlequin*, der Ouvertüren zu *Das Kreuz an der Ostsee*, *Liebe und Eifersucht*, *Der Trank der Unsterblichkeit* neben den bereits existierenden des *Miserere* sowie der Gesamtaufnahmen der beiden großen Opern *Aurora* und *Undine* können heute dem interessierten Musikliebhaber anschaulich die originellen Leistungen des durchaus vielseitigen Komponisten Hoffmann vor Ohren führen.

Die folgenden Ausführungen beschränken sich auf eine zusammenfassende Charakterisierung von Hoffmann als Komponist und auf Einzelaspekte von allgemeinerer Bedeutung. Eingehendere musikwissenschaftliche Untersuchungen finden sich bei Greeff 1947, Dechant 1975, Schnapp 1981, Schulze 1983, Keil 1986, Pohsner 1999 und Keil 2003a.

1. Entstehung und Aufführung der Kompositionen

Von den zwölf erhaltenen Bühnenwerken gelangten zu Hoffmanns Lebzeiten nur sechs zur Aufführung, nämlich *Die lustigen Musikanten* (in Warschau), das Ballett *Arlequin*, der Prolog *Wiedersehn*, die Melodramen *Dirna* und *Saul, König von Israel* (in Bamberg) sowie die Märchenoper *Undine* (in Berlin und Prag); von den übrigen wurde wohl nur noch die Sinfonie mehrmals (in Warschau) aufgeführt. Seine große Oper *Aurora*, von der Hoffmann für eine erhoffte Aufführung in Würzburg eine zweite Partitur anfertigte, ebenso sein *Miserere*, von dem er eine verbesserte Fassung für den Fürsten Esterházy in Wien abschrieb, blieben unaufgeführt, seine Klavier- und Kammermusik, seine Sinfonie und ein halbes Dutzend Ouvertüren bot er zu wiederholten Malen vergeblich verschiedenen Verlegern, darunter Nägeli in Zürich und Kühnel in Leipzig, zum Druck an. Einzig der Berliner Erfolg seiner *Undine* (1816) machte ihn als Komponisten über Nacht ähnlich berühmt, wie es ihm als Schriftsteller mit seinen *Fantasiestücken in Callots Manier* zwei Jahre zuvor widerfahren war.

Das Interesse der heutigen Musikwissenschaft am Komponisten Hoffmann gilt einmal einem Zeitgenossen Beethovens, der als charakteristischer Kleinmeister seiner Zeit, provinziell sowohl nach Herkunft (Königsberg) wie nach musikalischer Ausbildung (norddeutsch-bachische Schule), überlieferte Satztechniken und Stilvorstellungen mit den neueren musikalischen Strömungen aus Österreich, Italien und Frankreich zu einem eigenartigen, seinen Vorbildern (vor allem Reichardt, Mozart und Haydn) ähnlichen, gleichzeitig altmodischen wie zukunftsweisenden, jedenfalls unzeitgemäßen (und wenig erfolgreichen) Personalstil verbindet. Vor allem jedoch bietet die Auseinandersetzung mit dem Komponisten einen konkreten Zugang zu seinem Musikdenken, zu seiner Auffassung vom musikalischen Handwerk und damit zu einem besseren Verständnis des Musikrezensenten, des Musikästhetikers und des Musikschriftstellers Hoffmann.

Die musikalische Ausbildung Hoffmanns war erstaunlich umfassend, wenn auch nicht im eigentlichen Sinn professionell oder gar auf eine künstlerische Karriere ausgerichtet. Ersten Klavierunterricht erteilte der Onkel Otto Wilhelm Doerffer, der im Hause der Großmutter lebte, in dem auch Hoffmann nach der Trennung der Eltern aufwuchs. An die schöne Sopranstimme der früh verstorbenen Tante Charlotte Wilhelmine, der jüngeren Schwester seiner Mutter („Tante Füßchen" im *Kater Murr*), errinnerte sich Hoffmann lebenslang; eine andere Tante, Johanna Sophie in Glogau, erteilte ihm Gesangsunterricht. Außerhalb der Familie erlernte Hoffmann Violine und Generalbass beim Kantor Otto Christian Gladau (1770–1835),

Klavier und Komposition unterrichteten der Domorganist Christian Wilhelm Podbielski (1740–1792) und mutmaßlich auch dessen Amtsnachfolger Carl Gottlieb Richter (1728–1809), einer der gefragtesten Königsberger Klavierlehrer und ein berühmter Bachspieler. Richter hatte auch den jungen Johann Friedrich Reichardt (1752–1814) ausgebildet, der seinerseits seinem Landsmann in dessen Berliner Referendarszeit sporadisch Kompositionsunterricht erteilte. Sich selbst brachte Hoffmann das Spiel auf der Harfe bei; Mal- und Zeichenunterricht rundeten die musische Ausbildung ab. Dem Vorbild Reichardts folgend, entstand in Berlin 1799 ein erstes Singspiel *Die Maske* (AV 4), das es jedoch nicht zu einer Aufführung brachte, während ein zweites, heute verlorenes Singspiel auf Goethes *Scherz, List und Rache* 1801/02 in Posen mehrfach über die Bühne ging.

In Warschau, 1804–1807, komponierte der inzwischen glücklich verheiratete Regierungsrat etwa ein Dutzend Werke, darunter eine Messe in *d*-Moll (AV 18), eine Sinfonie in *Es*-Dur (AV 23), die Schauspielmusik zu Zacharias Werners Preußen-Drama *Das Kreuz an der Ostsee* (AV 20) und zwei Singspiele, *Die lustigen Musikanten* (AV 19, nach Clemens Brentano), aufgeführt am 6. April 1805 in Warschau, *sowie Liebe und Eifersucht* (AV 33, nach Calderóns Lustspiel *La Banda y la Flor* in August Wilhelm Schlegels 1803 erschienener Übersetzung), ein Werk, das er für sein bis dahin gelungenstes hielt.

1808 erhielt Hoffmann die Stelle eines Musikdirektors am 1802 gegründeten Bamberger Theater; als Beweis seines musikalischen Könnens hatte er zuvor ein Libretto des Theaterleiters Julius von Soden, *Der Trank der Unsterblichkeit*, einen den Erzählungen aus *Tausend und einer Nacht* nachempfundenen, in Persien spielenden Märchenstoff, binnen 35 Tagen als „romantische Oper in 4 Ackten" vertont (AV 34). Auf der Reise nach Bamberg entstand *Der Ritter Gluck*, der ein Jahr später in der Leipziger *AMZ* erschien und den Beginn einer zehnjährigen Tätigkeit als Musikredakteur für die von Friedrich Rochlitz herausgegebene führende deutschsprachige Musikzeitschrift markierte. Bis 1819 schrieb Hoffmann 41 Kritiken und Aufsätze für die *AMZ*, darunter die berühmten Rezensionen Beethoven'scher Werke, die Erzählungen *Don Juan, Johannes Kreislers, des Kapellmeisters, musikalische Leiden* und weiteres.

Unerfreulich gestaltete sich indes die Tätigkeit als Musikdirektor des Bamberger Theaters, denn bereits nach wenigen Wochen musste Hoffmann wegen Auseinandersetzungen mit den Orchestermusikern sein Amt niederlegen; fortan blieb er dem Theater nur lose verbunden. Wenn er auch unverdrossen komponierte und mit den Aufführungen etwa seiner Ballettmusik *Arlequin* (AV 41, 1808) oder seines indischen Melodrams *Dirna* (AV

Beispiel 2: Beginn der Ouvertüre zum Singspiel *Liebe und Eifersucht* (Autograph).

51, 1809, auf ein Libretto von Sodens), das es sogar zu weiteren Aufführungen in Salzburg (1811) und Donauwörth (1812) brachte, Achtungserfolge erzielte, konnte er doch Hauptwerke wie sein *Miserere* in *b*-Moll für Soli, Chor und Orchester (AV 42, 1809) oder seine große heroische Oper *Aurora* (AV 55, 1811/12), beide für den Würzburger Hof geschrieben, nicht zur Aufführung bringen, geschweige denn Verleger für seine Kompositionen finden.

Dankbar nahm der sich zunehmend gedemütigt fühlende Hoffmann das Angebot des Opernimpresarios Joseph Seconda an, als Kapellmeister dessen in Dresden und Leipzig spielende Truppe zu leiten. Die Zeit in Dresden fiel mitten in die Monate der Befreiungskriege, als die von französischen Truppen gehaltene Stadt durch die Alliierten belagert wurde; in jeder Atempause zwischen den Waffengängen ließ Seconda seine Theatertruppe spielen. Binnen sechs Monaten hatte Hoffmann 36 verschiedene Opern mit seinen Musikern einzustudieren und 80 Vorstellungen zu dirigieren. Physisch überfordert nahm er 1814 das Angebot seines Jugendfreundes Hippel an, ihm eine Stelle am Kammergericht in Berlin zu verschaffen, wo am 3. August 1816, dem Geburtstag des Königs, im Königlichen Schauspielhaus am Gendarmenmarkt die Uraufführung der in Dresden komponierten Märchenoper *Undine* stattfand, der wohl größte künstlerische Erfolg

Hoffmanns. Die in Berlin entstandene Musik zu Fouqués zweimal aufgeführtem Schauspiel *Thassilo* (AV 74) – eine Ouvertüre und mehrere Chorsätze – ging verloren, ebenso wie Fragmente einer unvollendet gebliebenen dreiaktigen Oper *Der Liebhaber nach dem Tode* (AV 85, nach Calderóns *El Galan Fantasma* von Carl Wilhelm Salice-Contessa), mit der sich Hoffmann in seinen beiden letzten Lebensjahren beschäftigte.

Hoffmanns Witwe vertraute den musikalischen und literarischen Nachlass ihres Mannes Julius Eduard Hitzig an, der 1823 für seine Biographie *Aus Hoffmann's Leben und Nachlaß* die Kompositionen durch Adolph Bernhard Marx besprechen ließ; 1847 vermachte sie die noch vorhandenen Musikmanuskripte dem preußischen König, der sie der Königlichen Bibliothek, der heutigen Staatsbibliothek zu Berlin Preußischer Kulturbesitz, überwies.

2. ‚Künstlichkeit' als Stilmittel

Berücksichtigt man nur das überlieferte Œuvre und vernachlässigt die späte Gelegenheitskomposition von vier Liedertafel-Chorsätzen, umspannt die erhaltene musikalische Produktion 15 Jahre; es fällt schwer, innerhalb dieses kurzen Zeitraums stilistische Entwicklungen auszumachen. Der Komponist der *Lustigen Musikanten* (1804) ist gegenüber dem der *Undine* (1814) nicht ‚unreif'; und wenn man diese Oper gern als erste romantische Oper bezeichnet hat, so sind doch die früheren Bühnenwerke nicht von ihr aufgrund eines wie auch immer gearteten vorromantischen ‚Frühstils' unterschieden, sondern lediglich aufgrund ihres jeweils anderen Sujets und der als zugehörig empfundenen Gattungsnormen. – Bereits eine fragmentarisch überlieferte Notiz aus einem Aufsatz „über Sonaten" von 1808 enthält in nuce Hoffmanns Musikästhetik und sein künstlerisches Credo: „Es muß anscheinende Willkür herrschen, und jemehr sich die höchste Künstlichkeit dahinter versteckt, desto vollkommener. – Größe des Theoretikers, Haydn. – Freude des gebildeten Menschen am Künstlichen u. s. w." (Hoffmann I, S. 786) Das „Künstliche" war zu Hoffmanns Zeit vor allem der Kontrapunkt. Kontrapunktische Satztechniken stehen in seinen Kompositionen hoch im Kurs. Die vier Klaviersonaten AV 27, 29, 30, 40 beispielsweise sind Kreuzungen aus Fuge und Sonate, die er selbst zutreffend als „nach der älteren Art gesezt" (zitiert nach Schnapp 1981, S. 66) und als „durchgehends thematisch" (ebd., S. 74) gearbeitet beschrieben hat; in der Coda des letzten Satzes des Klaviertrios werden die drei auftretenden Themen im dreifachen Kontrapunkt permutierend miteinander kombiniert, während zu Beginn der Durchführung das erste Thema im Krebsgang erklingt; das Menuett der Sinfonie ist als zweistimmiger Kanon gestaltet usw. „Künstlichkeit" hinter „anscheinender Willkür" offenbart sich besonders auffallend, wenn, wie im ersten Satz des Harfenquintetts, äußerlich die ‚Mannigfaltigkeit' eines Sonatensatzes vorzuliegen scheint, nämlich die heterogene Abfolge unterschiedlicher Teile wie erster und zweiter Themengruppe, Schlussgruppe, Tonartenwechsel etc., bei genauerer Analyse sich jedoch das gesamte musikalische Geschehen als aus dem Hauptthema abgeleitet entpuppt. Denn dieser c-Moll-Satz, *Allegro moderato*, formal einer Sonatenhauptsatzform ähnelnd, bringt als erste Themengruppe (Hauptsatz) zweimal hintereinander ein achttaktiges Thema; als zweite Themengruppe (Seitensatz), in *Es*-Dur, ebenfalls zweimal dieses Thema; ein weiteres Mal, nun in *As*-Dur bzw. *f*-Moll, erklingt es in der Durchführung und schließlich weitere viermal in der der Exposition nahezu notengetreu folgenden Reprise. Die übliche Wiederholung der Exposition eingerechnet, erklingt in diesem Satz besagtes Thema dreizehnmal: Echte musikalische Kontraste, gar ein an Beethovens Sonatentyp orientierter Themendualismus fehlen. Zwischen dem dritten und vierten Themeneinsatz in Exposition bzw. Reprise sowie vor und nach dem Themeneinsatz in der Durchführung stehen acht bis 16 Takte lange harmonisch instabilere, freier wirkende Abschnitte mit Figurenwerk, in denen jedoch ebenfalls Motivmaterial des Themas imitatorisch oder in Sequenzen verarbeitet wird. Berücksichtigt man nun noch den relativ ebenmäßigen, überwiegend in vier- oder achttaktigen Perioden aufgebauten Tonsatz, der am jeweiligen Perioden-Ende harmonisch zumeist im Halbschluss endet, so dass die nachfolgend einsetzende Periode mit der vorhergehenden harmonisch dicht verkettet wird, entsteht insgesamt ein ganz dem Prinzip der Einheitsgestaltung verpflichtetes Satzbild von großer musikalischer Dichte und Geschlossenheit. Einzig das Thema selbst zerfällt in zwei gegensätzliche Hälften: Die ersten vier Takte, akkordisch-homophon, stehen im *forte*, die übrigen vier, im *piano*, sind streng kontrapunktisch gehalten und kombinieren den Themenkopf, imitatorisch enggeführt zwischen Cello und Bratsche, mit einem neuen, seinerseits imitatorisch geführten Triller-Motiv, das in den figurativen Passagen des Satzes omnipräsent ist (Beispiel 3).

Künstlichkeit zeigt sich auch in taktgenau ausgezählten formalen Binnenproportionen oder in ausgeklügelten Tonartendispositionen, etwa in *Liebe und Eifersucht* (s. u.), im *Miserere*, das nur *b*-Tonarten verwendet, oder in der *Aurora* mit ihrem intensiven Gebrauch mediantischer Tonartsbezüge. Hin und wieder kommen barock anmutende Skurrilitäten vor, etwa wenn sich Hoffmann bei der Wahl von Tonarten in seinen Bühnen-

Beispiel 3: Erstes Thema am Beginn des ersten Satzes des Harfenquintetts c-Moll.

werken vom Namen der jeweils singenden Person oder den ersten Worten des Textes inspirieren lässt: Der Chorsatz „*H*eysa hu!" der Preußen im *Kreuz an der Ostsee* steht in *h*-Moll, der Opfergesang am Anfang des Schauspiels, mit dem Wort „*B*ankputtis" beginnend, in *B*-Dur, der Schlachtgesang der Preußen, „*D*en Keul, den Keul, schwingt mit Geheul!" in *d*-Moll; in *Liebe und Eifersucht* singt bei dem jeweiligen ersten Auftritt der Herzog von *F*lorenz in *f*-Moll, Cloris in *C*-Dur, Enrico in *E*-Dur etc.

Die Welt des Künstlichen ist für den *Erzähler* Hoffmann zumeist mit Grauen und Schrecken konnotiert, (die Puppe Olimpia im *Sandmann*), aber auch ein kontrapunktischer Satz J. S. Bachs kann „beinahe einer geisterhaften graulichen Erzählung" gleichen (Hoffmann IV, S. 74), Kontrapunkt überhaupt „ein inneres Grauen erwecken" (Hoffmann II/1, S. 63) und Beethovens fünfte Sinfonie „die Hebel der Furcht, des Schauers, des

Entsetzens, des Schmerzes" bewegen (ebd., S. 54). Das Künstliche bezeichnet für die Frühromantik die Moderne, etwa wenn Wackenroder und Tieck in den *Phantasien über die Kunst* (1799) gegen eine Ästhetik des Edlen und Einfachen zeitgenössische Instrumentalmusik als „buntes, mannigfaltiges, verworrenes [...] Drama" mit „grotteskesten Bilder[n]" wahrnehmen (Wackenroder 1991, S. 244) oder Friedrich Schlegel für den romantischen Roman „künstlich geordnete Verwirrung" (Schlegel II, S. 318f.) und „gebildete Willkür" (ebd., S. 134) fordert. So legt auch Hoffmanns Rezension der *Fünften Sinfonie* in erster Linie die absichtsvolle *Künstlichkeit* des Satzgefüges (nämlich strikte Monothematik) offen.

3. Symmetrische Strukturen

Besonders eigenartig ist in dieser Hinsicht Hoffmanns Neigung zu zyklischen, spiegelsymmetrischen Strukturen, die der Musik als Zeitkunst eigentlich widersprechen. Die Zeitvorstellung des 19. Jahrhunderts, auf Newton und Kant zurückgehend, fasst Zeit als absolute Größe auf, unabhängig vom Betrachter, seit jeher und auf immer gleichförmig verrinnend und unumkehrbar, versinnbildlicht im linearen Zeitpfeil eines kartesischen Raum-Zeit-Koordinatensystems. Diese Vorstellung führte unter anderem zu einer Idee von Geschichte als (zeitlich verlaufendem) Prozess und insbesondere zur Idee eines in der Zeit verlaufenden, dabei ‚wachsenden' und sich entwickelnden, gewissermaßen lebendigen musikalischen Kunstwerks. Dieses im 19. Jahrhundert beliebte vegetative Organismusmodell hat auch Hoffmann gerne bemüht, etwa wenn er das Kopfmotiv am Beginn des ersten Satzes von Beethovens fünfter Sinfonie einem Samenkorn vergleicht, aus dem sich im Verlauf des Satzes – im Verlauf der Zeit also – Stamm und Krone, Blüte und Früchte entwickeln. Hierbei greift Hoffmann auf die von Kant in der *Kritik der Urteilskraft* (§ 64) verwandte Metapher des Baums für alles Organische zurück. Insbesondere die Sonatenform, namentlich diejenige Beethoven'scher Prägung, wurde im 19. Jahrhundert bei Adolph Bernhard Marx und Hugo Riemann, im 20. Jahrhundert bei Adorno als Entwicklungsform, als auf ihr Ende ausgerichteter (zudem noch dialektischer) Prozess angesehen. Bei Hoffmann finden sich nicht bloß herkömmliche Reprisen und Wiederholungen, sondern er erzeugt eine durch Umgruppierung von Binnenteilen intensivierte Symmetrie, die insofern als zyklisch aufzufassen ist, als am Ende eines Satzes oder sogar eines ganzen Werkes sein Anfang wieder aufgegriffen wird. So gruppiert Hoffmann etwa im Schlusssatz des Klaviertrios den Haupt- und Seitensatz dergestalt, dass in der Exposition der Seitensatz (die zweite, in neuer Tonart stehende Themengruppe) dem Hauptsatz folgt, in der Reprise jedoch umgekehrt (und unüblich) der Seitensatz dem Hauptsatz vorangeht. Im *Miserere* greift das Schlussstück (Nr. 11 in der Ausgabe der *AMW*) den Anfang wieder auf, ebenso in der *Undine* der Schlusschor am Ende des dritten Aktes die Ouvertüre. Im mittleren Akt von *Liebe und Eifersucht* sind die Tonarten in den Nummern 7–13 dergestalt angeordnet, dass in Nr. 7 drei, in Nr. 8 zwei, in Nr. 9 ein *B*-Vorzeichen vorgeschrieben ist; vor Nr. 10 steht ein Kreuz; die Nummern 11–13 steigen wieder von einem bis zu drei *B*-Vorzeichen an:

♭♭♭   ♭♭   ♭   #   ♭   ♭♭   ♭♭♭

Die Anordnung von Binnenteilen nach dem Schema A-B-C * C-B-A tritt in fast allen Sonatensätzen Hoffmanns auf, namentlich in den Opernouvertüren und der Sinfonie (vgl. Keil 1986, S. 288ff.). Es ist in diesem Zusammenhang überaus bezeichnend, dass Kant in der *Kritik der Urteilskraft* (§ 65) als Metapher für das Mechanische die Uhr und ihr (damals) wesentliches Bauteil, das Rad, gewählt hat; und wie auf dem Ziffernblatt einer Uhr am Ende eines Tages die Zeiger wieder da stehen, wo sie an seinem Beginn standen, erreichen auch in Hoffmanns symmetrischen musikalischen Strukturen die jeweiligen Endpunkte wieder den Anfang. Das Mechanische, Uhrwerksartige ist aber auch das Kennzeichen und (entscheidende Merkmal) künstlicher Automaten der Hoffmann-Zeit, für die dieser bekanntlich größtes Interesse hegte. Erneut bekundet sich hierin ein Zug von „Künstlichkeit", der dem organisch sich entwickelnden, in der linearen Zeit sich abspielenden musikalischen Prozess zuwiderläuft.

Diese Eigenart seines Komponierens hatte bereits zu seinen Lebzeiten Carl Maria von Weber bemerkt, als er in seiner Rezension der *Undine* auf die Wiederaufnahme der Ouvertüre im Schlusschor eigens hinwies: „Am gelungensten und wirklich gross gedacht erscheint Ref. der Schluss der Oper, wo der Componist noch als Krone und Schluss-Stein alle Harmoniefülle rein achtstimmig im Doppelchore ausbreitet [...] Ouverture und Schlusschor geben sich hier, das Werk umschliessend, die Hände." (zit. nach Schnapp 1981, S. 479)

Weber versprach in seiner Rezension eine – jedoch nie erschienene – Notenbeilage mit einer Arie Undinens aus dem zweiten Akt, „die so ungemein lieblich und geistvoll behandelt ist, daß sie als ein kleiner Vorgeschmack des Ganzen dienen kann" (ebd., S. 478.). Ihr besonderer Reiz besteht zunächst in ihrer tonartlichen Instabilität, die vom anfänglichen *b*-Moll über *g*-Moll (im *Andantino*), von *B*-Dur über *F*-Dur, *f*-Moll, g-Moll, *G*-Dur, *Es*-Dur zurück nach *B*-Dur (im *Allegretto*) bis zum Schluss der Arie in *c*-Moll (im *Andante*) reicht, so dass hier eine sinnfällige musikalische Entsprechung für den eigenartigen Zustand gefunden wurde, in dem Undine sich zu diesem Zeitpunkt befindet: Zweifelnd („Wer traut des laun'gen Glückes Flügeln"), aus ihrem ursprünglichen Element, dem Wasser, ins Reich der Menschen getreten, nun aber in beiden Welten nicht wirklich heimisch, leidet Undine an ihrem Identitätsverlust: „Jüngst tanzte froh sie auf den Fluten, jetzt sinkt sie ein". Und eben deshalb fehlt ihr in dieser Arie auch eine eindeutige Tonart. Einen „Vorgeschmack des Ganzen" gibt diese Musik aber auch insofern, weil sie, wie die ganze Oper, symmetrisch eingerahmt wird, in diesem Fall von einem tonal instabilen Orchestermotiv, das zögernd die Arie einleitet, um mit seiner Wiederkehr den zuletzt dann doch noch hoffnungsfroh aufschwingenden Koloraturen in *B*-Dur (auf „noch strahlt das Licht") einen fragend-unentschiedenen Abschluß anzuhängen, einen Halbschluss nämlich in der ‚falschen' Tonart *c*-Moll (Beispiel 4).

Die Vorliebe für symmetrische Rahmungen und Anordnungen konnte sich an mindestens drei Vorbilder anlehnen: Reichardt, Mozart und Bach. Reichardt versah seine Ouvertüren seit den 1790er Jahren mit einer nur wenige Takte umfassenden, langsamen und in Moll stehenden Einleitung,

Beispiel 4: Anfangs- und Schlusstakte der Arie der Undine (Nr. 10) aus der Oper *Undine*.

die zumeist auch noch (wie etwa in der Ouvertüre seiner 1798 in Berlin aufgeführten Oper *Die Geisterinsel*) am Ende des Sonatenallegros wiederkehrt, den Hauptteil also symmetrisch einrahmte (vgl. Keil 2003b, S. 49ff.); in Mozarts *Requiem* (von dem Hoffmann noch nicht wusste, dass es unvollendet hinterlassen und erst von Mozarts Schüler Franz Xaver Süßmayr zuende komponiert worden war) greift die Musik der *Communio* am Ende des Werkes auf Material der Anfangsstücke (*Introitus* und *Kyrie*) zurück; das wichtigste Vorbild jedoch dürften Bachs *Goldbergvariationen* darstellen, ein Werk, das Hoffmann sogar zu seiner Erzählung *Johannes Kreisler's, des Kapellmeisters, musikalische Leiden* (in den *Fantasie-Stücken*) angeregt hat, bei dem die das Thema der Variationen bildende *Aria* am Ende wiederholt wird.

4. *Undine*

Der Erfolg der *Undine*, die nach ihrer Erstaufführung während eines Jahres noch dreizehnmal gegeben wurde (dann brannte das Schauspielhaus mitsamt allen Requisiten ab, aus Kostengründen unterblieb nach seiner Wiedererrichtung eine Neuinszenierung), 1821 in Prag und noch im 20. Jahrhundert wiederholt aufgeführt wurde, hat mehrere Ursachen. Hoffmanns Musik, um dem Anspruch einer neuartigen Operngattung (Märchenoper) gerecht zu werden, verzichtet auf einige gattungsspezifische Gepflogenheiten wie z. B. das dramatische Secco-Rezitativ in Kombination mit betrachtender Dacapo-Arie, ignoriert Szenengrenzen und hat eine ausgeprägte Tendenz zur Durchkomposition größerer dramatischer Abschnitte. Hinzu kommen Leit- und Erinnerungsmotivik, Semantisierung von Motiven, Tonmalerei und Instrumentationseffekte, die vieles von dem vorwegnehmen, was später bei Carl Maria von Weber und Richard Wagner als Charakteristikum der romantischen deutschen Oper gelten wird. Bereits die Ouvertüre exponiert die Grundtonart des Werkes, C-Dur, worin das Chorfinale enden wird, sowie das den dämonischen Mächten, verkörpert in Undines Oheim Kühleborn, zugewiesene c-Moll. Kühleborn, eine Basspartie, eigentlicher Drahtzieher hinter allen Verhängnissen und Schicksalsschlägen, ist die erste durch und durch dämonische Gestalt auf der Opernbühne; seine gewaltigen Melodiesprünge (bis zu einer Duodezime) und das dissonanzreiche Klangbild aus Orchester und (meistens) mit Kühleborn zusammen auftretendem (Männer-)Chor der Wassergeister brachten im Verbund mit den verschwenderisch-aufwendigen Bühnenbildern Karl Friedrich Schinkels eine bis dahin ungesehene (und ungehörte) Schauerromantik auf die Bühne. Zu Recht bewunderte Weber den Schluss der Oper; Hoffmann hätte den Tod des Ritters Huldbrand als furiosen Abgang nach Art des von ihm so bewunderten *Don Giovanni* komponieren können; er wählt statt dessen, nach dem zum Liebestod gestalteten Ende des Ritters („des Himmels milder Wille hat ihn zum reinen Liebestod erkoren") und einem kurzen Orchesterzwischenspiel, einen weihevoll-langsamen, choralartigen achtstimmigen Chorsatz, in dem das Orchester mit den Chorstimmen colla parte geht, der musikalisch den Anfang der Ouvertüre aufgreift und in geradezu Schopenhauerischer Resignation Weltentsagung besingt: „Gute Nacht, gute Nacht, alle Erdensorg' und Pracht".

Für den Erfolg der *Undine* war aber gewiss auch der stimmige Totaleindruck, das glückliche Zusammenwirken von Musik, Text, Bühnenbild und Kostümen, von maßgeblicher Bedeutung. Hierin zeigt sich die Idee eines ‚Gesamtkunstwerks', der zuliebe Hoffmann den Effekt einzelner Stellen regelmäßig opfert, eine Beobachtung, die ebenfalls bereits Weber gemacht hat: „Mit einer seltenen Entsagung, deren Grösse nur derjenige ganz zu würdigen versteht, der weiss, was es heisst, die Glorie des momentanen Beyfalls zu opfern, hat Hr. Hoffmann es verschmähet, einzelne Tonstücke auf Unkosten der übrigen zu bereichern, welches so leicht ist, wenn man die Aufmerksamkeit auf sie lenkt durch breitere Ausführung und Ausspinnen, als es ihnen eigentlich als Gliedern des Kunstkörpers zukommt. Unaufhaltsam schreitet er fort, von dem sichtbaren Streben geleitet, nur immer *wahr* zu seyn, und das dramatische Leben zu erhöhen" (zit. nach Schnapp 1981, S. 478).

5. Musik zum *Kreuz an der Ostsee* und zur *Dirna*

Den Totaleindruck der *Undine* erreichte Hoffmann zumindest teilweise bereits in zwei früheren Werken, die zu im 19. Jahrhundert weniger geachteten Gattungen gehören, nämlich in seiner Schauspielmusik zu Zacharias Werners Trauerspiel *Das Kreuz an der Ostsee* (1805) sowie in seiner Musik zu Julius von Sodens Melodram *Dirna* (1809). Die Musik zu dem auf mehrere Abende angelegten Preußen-Drama Werners entstand in enger Zusammenarbeit mit dem Dichter in Warschau. Hoffmann komponierte für den ersten Teil des Trauerspiels, *Die Brautnacht*, eine große und stark besetzte Ouvertüre in *d*-Moll sowie eine weitere, ähnlich umfangreiche „Belagerungs-Ouverture" (Zwischenakt-Sinfonie) für die Pause zwischen zweitem und drittem Akt in *D*-Dur; hinzu kommen mehrere Chorsätze, zum Beispiel ein *Schlachtgesang der Preussen* in *d*-Moll, begleitet von großer Trommel, vier Hörnern und neun Holzbläsern: „Den Keul, den Keul, schwingt mit Geheul!", Marschmusik der gegen die Preußen kämpfenden Deutschordensritter, Lieder und verschiedene Arten Signalmusik. Aufschlussreich sind vor allem die erste Szene des ersten und die erste Szene des dritten Aktes. Wenn der Vorhang sich nach der düsteren Ouvertüre hebt, wird man Zeuge einer heidnischen Opferszene am Strand der Ostsee: Nach Bernstein suchende Männer und Fisch kochende Frauen und Mädchen stimmen als Chöre im Wechselgesang („Auf den Stürmen, // In den Wellen, // Die sich thürmen // Und zerschellen") in die Anrufungen eines Met opfernden Priesters ein („Bangputtis, Bangputtis, Bangputtis! Erhöre den Opfergesang!"); hinzu kommen kurze Sologesänge, ein längerer melodramatischer Abschnitt, also gesprochener, mit Orchestermusik unterlegter Text, und das alles zu einer fünfteiligen Szene gefügt: Man glaubt den Anfang einer Oper zu erleben, nicht den eines Schauspiels.

Die Zwischenakt-Sinfonie geht direkt in die erste Szene des dritten Aktes über, in der die heidnischen Preußen eine christliche Burg bestürmen, in welcher Warmio und Malgone, einer ihrer Häuptlinge, der sich zum Christentum bekehrt hat, und die Tochter des Herzogs Conrad von der Masau, ihre Hochzeitsnacht verbringen. Die Szene ist vollständig mit Musik unterlegt, ja, es ist einzig der Musik überantwortet, das Kampfgeschehen tonmalerisch zu illustrieren (Beispiel 5).

Beispiel 5: Schauspielmusik zur 1. Szene des 3. Aktes von Werners *Kreuz an Ostsee* (Takt 386ff.).

Hierzu tragen nicht nur ein stark besetztes Orchester, ein Bläsermarsch der Ordensritter, auf der Bühne befindliche Sturmglocke und Hörner, sondern auch ein Priester-Choral („Hoch bedrängt sind wir in Nöthen, // Feind und Hölle will uns tödten") bei, der – hier zeigt sich erneut Hoffmanns

Liebe zum ‚Künstlichen' – musikalisch dem Seitensatz in der voraufgegangenen Zwischenakt-Sinfonie entspricht. Überhaupt hat Hoffmann in seiner Musik zum *Kreuz an der Ostsee* kunstvolle motivisch-thematische Verknüpfungen unter den einzelnen Musiknummern vorgenommen und ähnlich plakativ wie in der *Undine* die Welt der rauen, unzivilisierten Preußen und diejenige der christlich-kultivierten Ordensritter und Polen durch die Tonarten *d*-Moll und *D*-Dur kontrastiert.

Dirna war vor der *Undine* Hoffmanns erfolgreichstes Werk; es wurde dreimal in Bamberg unter großem Beifall des Publikums aufgeführt und in den folgenden Jahren noch mehrfach an anderen Bühnen gespielt (Salzburg, Donauwörth und Nürnberg). Das Autograph und die von Hoffmann selbst für Salzburg angefertigte Abschrift sind verschollen; 1968 tauchten aus Privatbesitz Sodens Textbuch, Partitur und Stimmen in zeitgenössischen Kopien auf. Bei einem Melodram wird anders als bei einem mit Musik ausgestatteten Schauspiel auch der Sprechtext nahezu durchgehend von Instrumentalmusik unterlegt, die ihn teils musikalisch malend intensiviert oder kommentiert, teils musikalische Übergänge zwischen den Szenen schafft. Hoffmann komponierte für die drei Akte des Soden'schen Textbuchs 1243 Takte Musik, die, neben einer großen Ouvertüre in *E*-Dur, einem Tanz-Intermezzo im ersten Akt sowie vier Chorsätzen im zweiten und dritten Akt, in etwa 130 kleine, jeweils in sich zusammenhängende Musikstücke von einem bis 22 Takte Länge zerfallen, die zumeist die starken Affektwechsel der handelnden Personen musikalisch begleiten. In der Fülle an auf kleinstem Raum untergebrachten melodisch-harmonischen Wendungen und Klangfarben der *Dirna* läßt sich manches wiederfinden, was später in der *Undine* musikalisch weiterverwendet wurde, so etwa *Dirnas* mehrfach wiederholtes *C*-Dur-Schluchzer-Motiv aus dem ersten Akt, das im Schlusschor der *Undine* wiederkehrt, oder die pastosen Holzbläserklänge beim Auftreten von Dirnas Kindern, die am Beginn der *Undine* bei der Schilderung von deren Kindheit erneut auftauchen. Höchst reizvoll ist dabei der jeweilige Wechsel von Tempo, Tonart und Besetzung der instrumentalen Einwürfe, Echos, Vorwegnahmen und Überleitungen während und zwischen dem gesprochenen Text. Sich nicht mehr zu einem runden Ganzen fügend, aus ständig in Stimmung und Charakter wechselnden Stückchen bestehend, verkörpert die Musik zur *Dirna* eine romantische Ästhetik des Fragmentarischen. Dabei verdankte *Dirna* ihre Popularität gewiss auch dem damaligen Zeitgeschmack, der an exotischen Stoffen besonderes Interesse fand. Die Geschichte einer Inderin, die geraubt, vergewaltigt und gefangengehalten wurde, dann, zur Sühne ihrer Schande, auf Geheiß hinduistischer Priester ihre Kinder ermordet und sich willig in den

Tod fügt, war 1757 in John Henry Groses *A Voyage to the East Indies* erstmals erschienen; im Jahr darauf folgten eine französische und 1775 eine deutsche Übersetzung. Von Soden tilgte für die Theaterbearbeitung Kindsmord und Sühnetod und rückte stattdessen die Mutter- und Gattenliebe ins Zentrum. Dass am Ende wie ein deus ex machina ein Großmogul auftaucht und ein glückliches Ende herbeiführt, indem er als weiser Herrscher die Priesterschaft in ihre Schranken verweist, den Bösewicht bestraft und das Paar, von seiner Liebe gerührt, zusammenführt, gibt dem Stück einen märchenhaften Schluss. Wieder ist es die Musik, die dem sinnfällig entspricht, wenn Hoffmann gegen Ende des Dramas die Musik überhandnehmen und das Melodram mit mehreren Chorsätzen wie ein Opernfinale schließen lässt (Beispiel 6).

Hoffmanns Musik zur *Dirna* ist dabei an keiner Stelle ‚indisch' oder um ein indisches Klangbild bemüht, wenn man von den (sparsam) in der Ouvertüre und dem Tanzintermezzo eingesetzten Triangeln und Schellen absieht. Im Gegenteil singen am Ende die indischen Priester im meist vierstimmigen Männerchorsatz in weltlichem Kantatenstil, undramatisch, melodisch wenig bewegt, dafür weihevoll und auf Klangwirkung bedacht, durchaus dem Schlusschor der *Undine* analog.

Beispiel 6: Beginn des Schlusschores aus von Sodens Melodram *Dirna*.

6. Kirchenmusik

Eine gesonderte Stellung nimmt Hoffmanns Kirchenmusik ein, die ausnahmslos der katholischen Liturgie gilt, obwohl Hoffmann selbst evangelisch war. Hier verbindet sich seine Vorliebe für Kontrapunkt und alten Stil mit einer bemerkenswert lyrischen Begabung; nicht nur klangprächtige und satztechnisch komplizierte Chorfugen, auch „die herrliche göttliche Stimme eines Weibes in einer herzergreifenden Melodie", die in „einfachen Melismen" erklingt (Hoffmann IV, S. 405) oder „himmlischen Balsam in alle Wunden" gießt (Hoffmann II/1, S. 43), hat er in seiner Kirchenmusik wiederholt selbst komponiert, etwa in der nur von Streichern begleiteten Sopran-Arie *Sacrificium Deo* aus seinem nazarenische Milde atmenden *Miserere* (Beispiel 7).

Beispiel 7: Beginn der Sopran-Arie (Nr. 10) aus dem *Miserere*.

Die Vorliebe für den reinen, ungekünstelten Stimmklang führt dabei zu einer Verklärung alter Musik, insbesondere derjenigen Palestrinas, die wesentliche Elemente des Cäcilianismus vorwegnimmt und den Niedergang der alten Gesangskunst mit der Entfaltung der modernen Instrumentalmusik in Beziehung bringt: „Rein unmöglich ist es wohl, daß jetzt ein Komponist so schreiben könne, wie Palestrina, Leo [...] Jene Zeit [...] scheint auf immer von der Erde verschwunden, und mit ihr jene heilige Weihe der Künstler." (Hoffmann II/1, S. 525)

Neben den vierstimmigen a capella-Chorsätzen der *Canzoni* fallen im *Miserere* wiederholt Abschnitte in unbegleiteter Fünfstimmigkeit des Chores bzw. der Solisten auf, die obendrein in ihrer äußerst schlichten Faktur die Tonsätze der Renaissance (wie Hoffmann sie sich etwa nach Maßgabe des Allegrischen *Miserere* vorstellte) nachzuahmen suchen, so etwa in Nr. 4, bei der Vertonung des Verses „Asperges me hysopo, et mundabor" („Entsündige mich mit Ysop, dass ich rein werde"), in rein diatonischem *As*-Dur, oder in Nr. 11, bei dem Vers „Benigne fac, domine, in bona voluntate tua Sion" („Tue wohl an Zion nach deiner Gnade, Herr"), in rein diatonischem *Des*-Dur.

7. ‚Musikalische' Erzähltechnik

Will man den Einfluss der Hoffmann'schen musikalisch-kompositorischen Eigenarten auf das literarische Schaffen untersuchen und der oft diskutierten Frage nach der ‚musikalischen' Struktur der Texte nachgehen, wird man sich zuerst an die angedeutete ‚Künstlichkeit' halten und zum Beispiel bemerken, dass die Kreisler-Fragmente im *Kater Murr* zyklisch angeordnet sind und die Übergänge der beiden Erzählstränge, die oft mitten im Satz abreißen, äußerst kunstvoll gestaltet sind (vgl. Keil 1985); oder dass in der von den *Goldbergvariationen* inspirierten Erzählung *Johannes Kreisler's, des Kapellmeisters, musikalische Leiden* am Beginn wie am Schluss Kreisler mit Gottlieb, der ihm die Lichter anzündet bzw. putzt, alleine ist (dazwischen liegt, aus der Rückschau niedergeschrieben, der ‚Musikabend' im Hause Röderlein). Ähnliche ‚zyklische' Anordnungen finden sich auch in anderen Erzählungen, beispielsweise in dem *Fragment aus dem Leben dreier Freunde* (vgl. Hoffmann IV, S. 129–176). Entsprechungen zu dem kunstvollen Arrangement aller am Tonsatz beteiligten Stimmen mit Verknüpfungen zu Vorausgegangenem und Folgendem, mit kontrapunktischen Kunststücken und mit einem von Nummer zu Nummer (in Oper, Singspiel und Kirchenmusik) bzw. Fragment zu Fragment (in den Melodramen) wechselnden Klangbild und Gestus der Musik könnte man im Erzählwerk wohl noch öfter wiederfinden, als es bisher geschehen ist, traute man dem vermeintlichen Schnellschreiber Hoffmann ‚erzähltechnische Kunststücke' überhaupt nur erst zu. Der in Schauspiel- und Bühnenmusik obwaltenden musikalischen Kontrast-Ästhetik entsprechen schließlich im literarischen Werk die Konterkarierung des Erhabenen durch das Lächerliche, das unmittelbare Nebeneinander von Alltag und Kunst, die ironischen Brechungen und Perspektivenwechsel, die allenthalben anzutreffende Selbstreferenzialität, kurz: Hoffmanns Humor im weitesten Sinn. Und der gegenüber den Kompositionen erheblich größere Erfolg der Erzählungen und Romane beruht wohl auch auf dem Umstand, dass Musik, zumindest wenn man sie als Sprache der Affekte, als eine ‚Empfindungsangelegenheit' versteht, von Natur aus humorlos ist und Hoffmanns humoristische Begabung sich in der Musik daher nicht recht entfalten konnte.

8. Rezeption

Von einer eigentlichen Rezeption der Musik Hoffmanns kann nach Vorstehendem keine Rede sein: Seine Musik wurde, von wenigen Ausnahmen abgesehen, weder aufgeführt noch gedruckt und konnte daher keine Wirkung entfalten. Erst im 20. Jahrhundert begann, nachdem Hans Pfitzner 1906 einen Klavierauszug der *Undine* in der Edition Peters vorgelegt hatte, die Musikwissenschaft relativ zögerlich sich auch für die Kompositionen Hoffmanns zu interessieren; die auf lediglich zwölf Bände angelegte Auswahledition seiner musikalischen Werke im Mainzer Schott-Verlag, die 1971/72 mit der Partitur der *Undine* ihren Anfang nahm, ist bis heute (2009) nicht abgeschlossen.

Rezipiert im eigentlichen Sinne des Wortes hatten Hoffmanns Musik Carl Maria von Weber, als er im neunzehnten Jahrgang der *Allgemeinen Musikalischen Zeitung* 1817 ausführlich dessen Oper *Undine* rezensierte, sowie im Jahr zuvor der Komponist Johann Peter Schmidt (1779–1853), der das Werk für das Berliner *Dramaturgische Wochenblatt* wohlwollend besprochen hatte (beide Rezensionen in Schnapp 1981, S. 452–457 bzw. 476–480). Webers zwischen 1817 und 1821 entstandene Märchenoper *Der Freischütz*, mit dem das renovierte Berliner Schauspielhaus nach dem Brand, der die *Undinen*-Dekorationen zerstört hatte, am 18. Juni 1821 wiedereröffnet wurde, verdankte, wie die ältere Musikforschung hervorhob, manche Wendung der Hoffmann'schen *Undine* (vgl. Mahr 1968).

Um 1838 bemühte sich der Dirigent und Komponist Hieronymus Truhn um Aufführungen Hoffmannscher Werke, nachdem ihm Julius Eduard Hitzig, der Hoffmanns Nachlass verwaltete, „den gesamten Vorrath an Musikalien" ausgeliehen hatte. Truhn konnte Felix Mendelssohn Bartholdy in Leipzig für ein Konzert gewinnen, das am 4. April 1839 im Leipziger Gewandhaus stattfand und im zweiten Teil, nach (u. a.) einer Ouvertüre Beethovens und Mendelssohns *Rondo brillant* für Klavier und Orchester op. 29 den *Schlachtgesang der Preußen* aus der Bühnenmusik zum *Kreuz an der Ostsee* sowie das Sextett aus dem ersten Akt der *Undine* („Wie ich höre, gibt's 'ne Reise") sowie ein Duett aus derselben Oper zur

Aufführung brachte (anonyme Besprechung in der *AMZ* Nr. 15 vom 10. April 1839). Es gelang Truhn jedoch nicht, Verleger für den Druck auch nur eines Hoffmann'schen Werkes zu gewinnen; die Musikalien gingen (bis auf das Klaviertrio) an Hitzig zurück; das Trio, das Truhn behielt, geriet nach dessen Tod in den Autographenhandel und befindet sich seit 1916 in deutschem Privatbesitz.

Die deutsche Musikwissenschaft begann in den 1920er Jahren mit einer Gesamtausgabe von Hoffmanns Kompositionen, innerhalb derer jedoch nur die Klaviersonaten, das Harfenquintett sowie die *Canzoni* im Druck erschienen; nach dem Tod des Herausgebers Gustav Becking kam das Unternehmen zum Erliegen. Nach dem Zweiten Weltkrieg erschwerte die Teilung Deutschlands lange Zeit die wissenschaftliche Auseinandersetzung mit Hoffmanns Kompositionen, da der größte Teil der Musikalien sich in der damals ostdeutschen Staatsbibliothek zu Berlin befand und westdeutschen Romantikforschern nur schwer zugänglich war, ostdeutsche Musikforscher wie Herbert Schulze sich aber aus ideologischen Gründen auf die Untersuchung von Instrumentalmusik beschränkten (vgl. Schulze 1983).

(Werner Keil)

Hoffmanns Briefe und Tagebücher

Hoffmanns Briefkorpus umfasst von Oktober 1794 bis zum 22. Mai 1822 zusammen 416 Briefe. Nimmt man die nicht datierbaren Briefe hinzu, kommt man auf 419. Sie sind in wenigen Originalen überliefert, in vielen Abschriften oder in den Drucken der Briefbücher. Noch spärlicher fallen die überlieferten Tagebuchaufzeichnungen aus. Sie datieren mit Unterbrechungen vom 1. Oktober 1803 bis zum 10. März 1804. Es folgt eine jahrelange Pause. Erst 1808 finden sich Notizen, die bis zum 1. September reichen. Am 1. Januar 1809 setzte Hoffmann seine Aufzeichnungen fort und schrieb regelmäßig am Tagebuch bis zum 23. Dezember 1809. Erst am 1. Januar 1811 findet sich der nächste Eintrag wieder; mit größeren Unterbrechungen datieren die Aufzeichnungen bis zum 27. Dezember des Jahres. Dann führte er mit weit größerer Regelmäßigkeit Tagebuch, die Eintragungen reichen vom 1. Januar 1812 bis zum 1. Juni 1814. Mit weiteren Unterbrechungen erstrecken sich die Aufzeichnungen 1814 bis zum 4. Oktober. Am 1. Januar 1815 setzte Hoffmann noch einmal an, war anfangs um regelmäßige Einträge bemüht, die sich aber mehr und mehr verloren und mit einem Eintrag am 3. März endeten. Danach sind von Hoffmann keine Tagebuchaufzeichnungen mehr bekannt.

Briefe und Tagebücher zählen ganz allgemein zu den autobiografischen Gebrauchsformen. Bei der Bewertung von Hoffmanns Briefen und Tagebüchern kommt hinzu, dass er wohl nie an eine Veröffentlichung gedacht hat; beide Gebrauchsformen sind nicht auf ihren Nachlass hin geschrieben – die Briefe nicht, weil sie stark zeit- und adressatengebunden bleiben; die Tagebücher nicht, weil sie in der Regel ohne große Sorgfalt geschrieben sind und eine Vielfalt verschiedener Themen beinhalten: von Aussagen über persönliche Tagesbefindlichkeiten, Notizen über Begebenheiten, kleinen Ereignissen, misslichen Stimmungslagen, Informationen über Briefverkehr, Werk- und Kompositionsabsichten, bis hin zu – seltenen – Literarisierungsversuchen.

1. Die Briefe

In seinem literarischen Werk benutzte Hoffmann wiederholt die Briefform – vom *Schreiben eines Klostergeistlichen an seinen Freund in der Hauptstadt* (1803) bis zum *Brief an den Herausgeber* (1821). Privat jedoch war Hoffmann kein leidenschaftlicher Briefschreiber; das erklärt die langen Briefpausen und gilt auch dann, wenn man die hohen Briefverluste mitberücksichtigt. Hoffmann selbst rügte seine „unbeschreibliche Brieffaulheit" in einem Schreiben an seinen Jugendfreund Theodor Gottlieb von Hippel vom 26. September 1805 (Hoffmann I, S. 150).

Die Annahme ist gewiss nicht von der Hand zu weisen, dass ohne die Briefe (und Tagebücher) unsere Kenntnisse von Hoffmanns Leben lückenhafter wären; seine Jugend ließe sich beispielsweise nur aus den fragmentarischen Erinnerungen seines Freundes Theodor Gottlieb Hippel (1775–1843) rekonstruieren; vor allem fehlen die Briefe an seinen zweiten Jugendfreund Johannes Hampe, der auch in den erhaltenen Briefen an Hippel kaum erwähnt wird (in den Tagebüchern taucht sein Name wiederholt auf). Alle Biographen Hoffmanns haben daher die Briefe begreiflicherweise auch als Quelle zur Beschreibung von Hoffmanns Jugendjahren benutzt. Die Briefe geben auch deutlich zu erkennen, wie ihm die Kommunikation mit Hippel über viele einsame Momente hinweghalf und bis zu einem gewissen Grad als Familienersatz diente. Während der Glogauer Jahre von 1796–1798 verlobt sich Hoffmann mit seiner Cousine Minna Doerffer, über die man aus den Briefen allerdings nur wenig erfährt. Von 1798 bis 1800 dauert sein erster Berliner Aufenthalt als Referendar. In dieser Zeit komponiert er das Lustspiel *Die Maske*, das er vergeblich aufzuführen versucht. Spärlich belegt ist die Zeit in Posen und jene in Płock von 1802–1804. Die Briefe aus Warschau zwischen 1805 und 1807 zeigen, wie Hoffmann seine musikalischen Talente fördert; sie spiegeln sein wachsendes künstlerisches Selbstbewusstsein, das sich in zahlreichen Kompositionen dokumentiert. Die französische Besetzung und sein verweigerter Eid auf Napoleon beenden seinen Aufenthalt in Warschau und zwingen ihn noch 1807 zum Umzug nach Berlin. Dort erlebt er im Heer der stellungslosen Offizianten die bittersten Jahre seines Lebens.

Die Bamberger Jahre von 1808 bis 1813 sind künstlerisch eine fruchtbare Zeit. Es entstehen die Opern *Aurora* und (in Teilen) *Undine*. Doch beeinflussen die Napoleonischen Kriege weiterhin den Lebensweg Hoffmanns, der 1813 als Musikdirektor nach Dresden und Leipzig wechselt. Die erlebten Kriegstage finden auch in den Briefen in distanzierten Beschreibungen ihren Niederschlag. Mitte September 1814 nimmt Hoffmann ein Angebot des preußischen Justizministers Friedrich Leopold von Kircheisen an, zunächst auf ein halbes Jahr ohne Gehalt am Kammergericht in Berlin zu arbeiten, und zum 1. Oktober 1814 wird er als Mitarbeiter beim Berliner Kammergericht mit beratender Stimme zugelassen; erst am 22. April 1815 erfolgt seine Ernennung zum Kammergerichtsrat. Hoffmanns Freundeskreis und damit seine Briefkontakte erweitern sich beträchtlich. Einen großen Teil der Korrespondenz nehmen in diesen Berliner Jahren bis Juni 1822 die Kontaktpflege und Honorarverhandlungen mit Verlegern und Buchhändlern ein; Leihbibliotheken werden angeschrieben, weil Hoffmann ständig auf Stoffsuche für seine eigene literarische Produktion war. So verändern sich die Briefe inhaltlich und formal: weg vom unsicheren freien Schriftstellerleben bis etwa 1814 hin zur gesicherten Existenz, mit einem selbstbewusst auftretenden Kammergerichtsrat und Erfolgsschriftsteller.

Aus mehreren Gründen wäre es problematisch, die Briefe ausschließlich als Lebensdokumente zu lesen. Einfache Gründe dafür sind, dass der Verlust an Originalbriefen zu hoch ist, die erhaltenen Briefe ein individuell einseitiges Bild ergeben und – mit wenigen Ausnahmen – die Gegenbriefe an Hoffmann fehlen. Schwerer wiegt, dass vermeintlich autobiographische Mitteilungen aus den Briefen bisweilen mit Vorsicht aufzunehmen sind und immer mit anderem Quellenmaterial abgeglichen werden müssen. Wenn Hoffmann über einen und denselben Sachverhalt zuweilen an zwei Adressaten schreibt, lässt sich gut beobachten, wie er die Akzente unterschiedlich setzt oder verschiebt. Es ist bei genauer Lektüre ohnehin erstaunlich, wie wenig Privates Hoffmann aus seinem Leben erzählt. Mitteilungen aus seinem Leben und über seine Befindlichkeit sind meist literarisch umgeformt, eingebettet in Metaphern, stilisiert zu rhetorischen Figuren. Schließlich ist immer im Blick zu behalten, dass Briefe gattungsspezifische Eigenheiten aufweisen und damit an bestimmte Kategorien der Form gebunden sind, an die sich der Briefautor zu halten hat, wenn er in einen Dialog mit einem Briefpartner tritt: „Sein Auftrag an bestimmte Sprachformen, die Vermittlungsfunktion zu übernehmen, ist nicht nur der Einsicht verpflichtet, daß die gewählten Sprachformen diese Funktion am kunstgerechtesten erfüllen können, sondern auch der Überzeugung, daß sie die zwischen den Briefpartnern gewünschte Verbindung am besten zu knüpfen verstehen." (Segebrecht 1967, S. 48)

2. Herkunft und Überlieferung der Briefe und Forschungsgeschichte ihrer Editionen

Julius Eduard Hitzig, Hoffmanns Freund aus den Warschauer Jahren, später sein Kollege am Kammergericht und sein erster Biograph, übernahm nach Hoffmanns Tod mit Einverständnis der Witwe das Amt des Nachlassverwalters. Ihm wurden sämtliche erhaltenen Handschriften Hoffmanns übergeben, die er als Grundlage für seine Biographie des Freundes benutzen wollte. Hoffmanns Briefe hat Hitzig bewahrt, die Tagebücher zum Teil verbrannt. Auf Hitzigs Wunsch hin verfertigte Hoffmanns Jugendfreund Hippel zwischen 1822 und 1824 einen Entwurf seiner Erinnerungen an Hoffmann für die geplante Biographie und gab 47 Originalbriefe Hoffmanns aus seinem Besitz an Hitzig. Diese Briefe wurden jedoch zuvor von Hippel nach eigenem Ermessen ausgewählt, redigiert und mit Abkürzungen für Namen und Streichungen versehen, die durch Gedankenstriche markiert wurden. Hippel gab außerdem nur jene Briefe weiter, die seiner Auffassung nach der Öffentlichkeit präsentiert werden konnten. So schreibt Hippel zur Brieflücke zwischen Frühjahr und Herbst 1795: „Eine Menge Briefe aus der Zwischenzeit sind nicht fürs Publikum." (Zit. n. Schnapp 1974, S. 33) Die Streichungen betrafen nach Meinung Hippels allzu private Äußerungen und solche, die Hoffmanns, sein eigenes und Hitzigs Bild in der Öffentlichkeit nicht beschädigen sollten; dies vor allem wegen der hervorgehobenen beruflichen Stellung, wie Hippel an Hitzig schreibt, und natürlich aus Angst vor der Zensur, was in der Ära Metternichs, vor allem nach den Karlsbader Beschlüssen von 1819, rigide Überwachung aller Drucksachen und Publikationen und erhebliche redaktionelle Eingriffe (wie aus der Zensuraffäre rund um die Veröffentlichung des *Meister Floh* ersichtlich) bedeutete. Hippel schrieb genau aus diesem Grund noch ein halbes Jahr nach Hoffmanns Tod an Hitzig: „Und endlich, mein werther Freund, wahren Sie die Biographie vor jedem Eingriffe der Censur. In das, was ich sende, hätte sich selbst bey den Haaren nichts Anstößiges ziehen lassen. Allein auch Ihnen kann es nicht schwer werden, allen Häkchen, die sie etwa stellen könnte, aus dem Wege zu gehen." (zit. ebd., S. 679) Man mag diese vielen Verstümmelungen, Streichungen und Vernichtungen heute bedauern, doch wurden sie nicht aus Willkür oder Nachlässigkeit vorgenommen, sondern aus Gründen der Diskretion sowie des Personenschutzes angesichts drohender Zensur. Es ist ein herausragendes Merkmal der Briefkultur jener Epoche, dass man über menschliche Schwächen und Unzulänglichkeiten wie ausgeprägte Spielleidenschaft oder übermäßigem Hang zum Alkoholkonsum nicht schrieb. Hippel jedenfalls ließ nach all den aufgezählten Einschränkungen und Eingriffen diese bearbeiteten Briefe von einem Schreiber wiederum für Hitzig kopieren.

Nach Hitzigs Tod im Jahr 1849 blieben Hoffmanns Briefe im Besitz der Familie Hitzig und gingen, wie die Tagebücher, auf dessen Sohn Friedrich über; von diesem erbte sie im Jahr 1881 der Enkel Eduard Hitzig; jener übergab sie 1904 zusammen mit dem vererbten Teil des großväterlichen Besitzes dem Märkischen Museum in Berlin. Der akribischen Sammelleidenschaft und dem detektivischen Spürsinn Hans von Müllers ist es fast allein zu verdanken, dass ein Großteil von Hoffmanns Briefen schließlich ins 20. Jahrhundert überliefert wurde. Das Ergebnis dieser Bemühungen ist seine Briefausgabe von 1912, Hoffmanns Briefwechsel in zwei Bänden. Der erste Band unter dem Titel *Hoffmann und Hippel. Das Denkmal einer Freundschaft* enthält die Briefe der beiden von 1794 bis 1822, Hippels „Erinnerungen" an Hoffmann und seine Korrespondenz mit Hitzig; im zweiten Band publizierte er die übrige Korrespondenz.

Die biographische Forschung, vor allem in der ersten Hälfte des 20. Jahrhunderts, machte diese Briefausgabe zur Grundlage ihrer Arbeit, weil die Briefe – ganz im Sinne von Müllers – entweder als Lebensdokumente gesehen und interpretiert wurden oder lediglich als kommentierende Zeugnisse des literarischen Werks. Walter Harich und Friedrich Schnapp edierten die Briefe nach ähnlichen Prinzipien: Harich in seiner Edition der Tagebücher und Briefe (chronologisch ineinander geordnet), den Bänden 14 und 15 seiner 15-bändigen Hoffmann-Ausgabe der *Dichtungen und Schriften*, Weimar 1924, wobei er Hoffmanns freie künstlerische Prosaschrift *Briefe aus den Bergen* (1820) wie einen reellen Brief aufgenommen und eingeordnet hat. Solch ein Verfahren stellt lediglich eine „durch Auswahl und Anordnung der Texte vorgenommene Sinnkonstruktion dar" (Dücker 1992, S. 125) und verrät mehr über den Willen des Herausgebers als über jenen des Briefautors selbst. Harich und vor allem von Müller verfuhren wohl deshalb so, weil sie sich in die Editionspraxis Hippels und Hitzigs gestellt sahen und die Berechtigung ihres Verfahrens mit allen subjektiven Eingriffen gewissermaßen aus den Arbeiten der beiden Vorgänger herleiteten und legitimierten.

Friedrich Schnapp, Hans von Müllers Freund und Nachlassverwalter, gab ein halbes Jahrhundert danach (1967–1969) auf der Basis von Müllers Handexemplar samt Korrekturen eine neu edierte und wesentlich erweiterte Gesamtausgabe der Briefe heraus, in der er den Editionsprinzipien Hans von Müllers im Wesentlichen folgte, ohne die Sonderstellung des Briefes, seinen Gattungscharakter, zu reflektieren. Schnapp sah sich als Erben und ideellen Testamentsvollstrecker, erlaubte sich ähnlich wie von

Müller eigene Texteingriffe und gab alles in allem der daraus abgeleiteten, vermeintlich persönlichen Verpflichtung eindeutig den Vorrang vor philologischer Genauigkeit und methodischem Problembewusstsein.

Wulf Segebrecht kritisierte Schnapps Prämissen, dass Briefe entweder Werkcharakter hätten oder Lebensdokumente seien: „[Briefe] haben Mitteilungsfunktion und sind an ihrem Leser orientiert […]. In Briefen liegt […] ein gegenüber einer, wenn auch noch so begrenzten ‚Öffentlichkeit' formuliertes und oft genug retuschiertes Selbstverständnis des Briefautors vor; und dementsprechend vereinigt ein Briefwechsel eine Vielfalt an Intentionen verschiedener Personen, deren Gemeinsamkeit nur im Gattungscharakter des Briefes selbst zu suchen ist, nicht etwa in der Bezogenheit auf eine Person." (Segebrecht 1970, S. 167)

Die kommentierte Neuausgabe der Briefe im Rahmen der Gesamtausgabe der Werke E.T.A. Hoffmanns im Deutschen Klassiker Verlag (1984–2004) revidierte die Prämissen der Vorgänger und behob die Schwächen sowohl in den Editionsprinzipien als auch in der Kommentierung.

3. Hoffmanns Adressaten

Im Wesentlichen lassen sich Hoffmanns Briefe in zwei größere Adressatenkreise einteilen, wobei die wenigen Laufbahnbriefe vernachlässigt werden können. Der eine betrifft die Briefe an Verleger und Redakteure, in denen Hoffmann am Beginn seiner literarischen Karriere entweder um Veröffentlichung seiner Werke warb oder seine Mitarbeit in Zeitschriften gegen Honorar anbot; in den Berliner Jahren, besonders ab 1816 bis zu seinem Tod trat er als überaus selbstbewusster Autor auf, der seinen literarischen Marktwert genau kannte und entsprechende Honorare, zwar in der gebotenen höflichen Form, aber in der Sache sehr bestimmt einforderte. Allein der Themenkreis „Hoffmann und seine Verleger" ist eine eigene Untersuchung wert und bleibt ein echtes Desiderat der Forschung.

Der zweite Adressatenkreis betrifft seine Schriftstellerkollegen und im engeren Sinn seine Freunde, allen voran natürlich Theodor Gottlieb von Hippel, seinen Freund aus Königsberger Jugendtagen, eine Freundschaft, die bis zu Hoffmanns Tod anhielt, zwar auch Schwankungen unterworfen war, nie jedoch abriss.

3.1 Die Briefe an Hippel

Von den 419 erhaltenen Briefen gingen allein 70 an Hippel, von 1794–1813 von 157 Briefen 57, ab 1814 lässt die Anzahl schon wegen des gemeinsamen beruflichen Aufenthalts in Berlin beträchtlich nach, nur noch 13 Briefe sind bis 1822 überliefert, so dass die Briefe der Jahre 1794 bis 1813 an Hippel in mehrfacher Hinsicht aufschlussreich sind. Darin erfährt der Leser zunächst Seite für Seite etwas über Hoffmanns künstlerische Anfänge, über die berufliche Ausbildung und seinen Werdegang, über seine Hoffnungen und Pläne. Schwärmerischer Freundschaftskult gibt den Grundton vor: „Jedes Wort in Deinen Briefen ist mir teuer und heilig" (Hoffmann I, S. 92). Die Harmonie der Gesinnungen knüpft das Freundschaftsband zwischen den Briefpartnern. Gewiss war diese Schwärmerei zum Teil angelesen oder auch nur anempfunden nach den Vorbildern aus Sternes, Jean Pauls, Grosses, Kotzebues oder Schillers Werk; schon deshalb sind biographische Mitteilungen nicht für bare Münze zu nehmen (wenngleich sie zweifellos Fragen der Jugendpsychologie aufwerfen). Diesen Vorbehalt mahnt auch Eckart Kleßmann an: „Wer Briefwechsel aus jenen Tagen liest, wird immer wieder bemerken, wie sehr das angelesene Vokabular, das angelesene Sentiment die Korrespondenzen bestimmt. Statt eigene Empfindungen zu haben, borgt man sie sich aus Romanen und empfindet wie Romanfiguren." (Kleßmann 1988, S. 60) Solche Schwärmerei veredelte die Freundschaft, erhob sie zur Kunstform und machte sie damit auch nach außen unangreifbar. „Nach Hippels Weggang aus Königsberg [...] nimmt das Asyl der Freundschaft schon deshalb eine literarische Qualität an, weil es fast nur noch über den Briefverkehr aufrechterhalten wird. Literarische Valeurs bekommt diese Freundschaft aber auch durch die absichtsvoll inszenierte, schwärmerische Haltung zur Freundschaft, die sich die beiden zur Pflicht machen." (Safranski 1984, S. 82)

Hoffmann selbst bemerkte die Inszenierung seiner Freundschaft schon sehr früh; bereits Anfang Januar 1795 schrieb er an Hippel: Schwärmerei „ist uns das, was einem Gemälde das Kolorit ist – Sie erhöht jede Idee, die unsern Geist beschäftigt" (Hoffmann I, S. 20). Zu empfindlichen Störungen kam es in der künstlerischen Kultivierung der Freundschaft immer dann, wenn Hippel Hoffmanns offensiv inszenierte Zuneigung persönlich als zu bedrängend empfand und mit einem gewissen Recht dahinter Hoffmanns vereinnahmenden Künstler-Narzissmus vermutete, der unduldsam und energisch den alles andere ausgrenzenden Freundschaftsbund für sich reklamierte und dem Adressaten ein überschwängliches Ich aufdrängte (vgl. Brief vom 28. Mai 1796; Hoffmann I, S. 67ff.), was Hoffmann gelegentlich auch einräumte (vgl. Brief vom 15. März 1797; ebd., S. 94ff.). Wenn Hippel der Freundschaft dann nach seinem persönlichen (also nicht künstlerischen) Verständnis einen eigenen Stellenwert zuwies, reagierte Hoffmann indigniert: „Deine *classificatoria* taugt nichts – ist Dein Herz denn insolvent, daß

Du die eingetragenen Gläubiger so ängstlich klassifizierst, damit sie sich in die Masse teilen sollen? [...] Ich habe mich geärgert, als ich las – Meine Braut den ersten – Du den zweiten" (Brief vom 1. April 1798; ebd., S. 109). Die literarische Zelebrierung des Freundschaftskultes konnte ohnehin mit der Realität nie Schritt halten, manchen geplanten Begegnungen wich Hoffmann geradezu ängstlich aus. Nach allmählichem Abflauen wird diese Phase in der Rückschau als Blütezeit mit romantischem Schwung historisiert (vgl. Brief vom 31. Dezember 1798; ebd., S. 121), und nach dem Umzug nach Glogau beschwört Hoffmann im Brief vom 30. Juni 1798 „die Erinnerung *unsrer* Vergangenheit" (ebd., S. 111). Dennoch galten ihm Hippels „lange Briefe" (ebd., S. 13) als Freundschaftsbeweis. Und etliche Briefpassagen bezeugen auch, dass Hoffmann zurückliegende Briefe an Hippel las, um sich selbst in eine empfindsame Stimmung zu versetzen (vgl. ebd., S. 106ff. und 111ff.). Hippel war darüber hinaus ein Anreger von Hoffmanns ersten künstlerischen Versuchen, gegenseitig ermunterten sie sich zur Kritik (vgl. ebd., S. 102ff.) oder stellten dem Freund die gerade gemalten, komponierten oder gedichteten Eigenproduktionen vor. Es war eine enge geistig-künstlerische Gemeinschaft, die durch die örtliche Trennung, aber auch Persönlichkeitsveränderungen langsam einen anderen Charakter annahm. Hippel, dessen beruflicher Werdegang ungleich geradliniger verlief, entfernte sich durch seine Heirat und eine reiche Erbschaft von Hoffmann und zerstörte so die bis dahin geltende Ausgewogenheit der Freundschaft, nicht aber die Freundschaft an sich (vgl. Brief vom 6. März 1806; ebd., S. 155f.). Mit wachsendem Kunstverständnis, zunehmender Welterfahrung oder bedingt durch den Umgang mit neu gewonnenen Freunden, wie etwa dem Musiker Hampe oder dem Maler Molinari, löste sich auch Hoffmann von Hippel; jedenfalls verlor die Freundschaft ihren ausschließlichen Charakter. Hippel blieb aber für Hoffmann lebenslang der „Freund im ganzen Sinne des Wortes" (ebd., S. 142). Das zeigte sich nicht zuletzt darin, dass Hippel auf wiederholtes drängendes Bitten Hoffmanns (vgl. Brief vom 12. März 1815; Hoffmann VI, S. 59ff. u. ö.). Fürsprecher beim Justizminister Kircheisen bezüglich einer Wiedereinstellung Hoffmanns in den preußischen Staatsdienst war, was aus dem Brief vom 1. November 1814 (vgl. ebd., S. 48ff.) hervorgeht.

Die frühen Briefe an Hippel sind von Anfang an immer auch Medium der eigenen künstlerischen Produktion, indem er lächerliche Begebenheiten als Stoff zum Briefschreiben benutzt (vgl. Brief vom 12. Dezember 1794; Hoffmann I, S. 17ff.). Sie sind zugleich ein Mittel der Selbstdarstellung, die weit über das Private hinausgeht. Im Brief vom 13. März 1796 (vgl. ebd., S. 61ff.) stellt Hoffmann Hippel eine Passage aus seinem nicht erhaltenen Roman *Der Geheimnißvolle* vor und bittet allenfalls um nachsichtige Kritik, indem er Hippel mit der rhetorischen Figur des „Accis-Inspektors" oder „Inquisitor privatus" tituliert und ihn dadurch gleichsam in ironische Distanz rückt. In diesem Brief wird beim Sterben der Mutter der Tod über die rhetorische Figur der Personifikation als „despotische Majestät" poetisiert. Hoffmanns Familie steht nicht nur im Zentrum seiner Kritik und seines Spottes, sie ist auch bestens geeignet zur Gestaltung komischer literarischer Genre-Szenen – so im Brief vom 7. Dezember 1794 (vgl. ebd., S. 12ff.), in dem Hoffmann den Onkel als Falstaff aus Shakespeares *Heinrich IV.* und *Die lustigen Weiber von Windsor* literarisiert; der Brief beginnt mit einem Bild aus dem religiösen Bereich und endet mit einem Zitat aus einer Horazischen Ode; dazwischen nähert sich eine Passage dem Ton des Erzählers aus Laurence Sternes *Tristram Shandy* an: „Wie Andacht und Frömmigkeit, die immer mit goldenem Zepter in unsrer Familie geherrscht haben, es heischte, da wir unsre Sünden bereuen und zur Kommunion gehen mußten, wollte der dicke Sir recht anständig erscheinen" (ebd., S. 14). Rüdiger Safranski kommentiert dies anschaulich: „Im Doerfferschen Hause von der Angst geplagt, im Allzugewöhnlichen ertrinken zu müssen, hat Hoffmann seine Überlebensstrategie sehr früh darauf abgestellt, das ,Gewöhnliche fremd zu machen'. Die Jugendbriefe, die über Familienszenen berichten, offenbaren jenen verfremdenden Blick, der das Treiben zu Hause in ein oft bizarres Familientheater verwandelt […] Man poetisiert sich und seine Umwelt und hält dann beides ganz gut aus." (Safranski 1984, S. 60) Heterogenes und Disparates, neben den Formen der Rhetorik, der Ironisierung, des zum Teil virtuosen Spiels mit den sprachlichen Möglichkeiten „des Humors, der Täuschung […] und vielen anderen Kunstformen" (Segebrecht 1967, S. 50) zeigen auch die zahlreichen poetischen Einsprengsel oder ganze erzählerische Abschnitte des frühen Briefwerks. Bereits im oben zitierten Brief zeichnen sich diese Merkmale ab; nach einer angelesenen Reflexion über den Genuss folgt eine launige Charakteristik des Briefboten als „pausbäckiger dickbeinigter Mercur", dargeboten in der Schreibmanier des Laurence Sterne. Erneut nahm Hoffmann sich Sterne im Brief vom 18. Juli 1796 (vgl. Hoffmann I, S. 73ff.) zum Vorbild. Dort beschreibt er seinen Abschied aus Königsberg und lässt einen poetisch ausgemalten Reisebericht folgen. In diesem Reisebericht wiederum spielt die Beschreibung einer Knopfmacher-Familie die Hauptrolle. Auch in späteren Briefen finden sich poetische Einschübe und kleine Exkurse; exemplarische Begebenheiten werden dem Brief-Adressaten nicht einfach nur mitgeteilt, sondern stilistisch aufgeputzt und mit den Möglichkeiten humoristischer Erzähltechnik literarisiert.

Hoffmanns Briefe als Beginn und Teil seiner künstlerischen Produktion zu sehen, ist in der Forschung schon mehrmals unternommen worden, teils in einzelnen Hinweisen und sporadischen Bemerkungen, teils in kurzen Interpretationen, teils in kleinen Untersuchungen. Neben Wulf Segebrecht (1967) bewertete Klaus Günzel „die an Hippel gerichteten Briefe als erstes auf die Nachwelt gekommenes schriftstellerisches Werk" (Günzel 1979, S. 39). Im Brief vom 12. Januar 1795 (vgl. Hoffmann I, S. 20f.) beispielsweise vergleicht Hoffmann den Freundschaftsbund mit Hippel mit Vorgaben aus einem Lustspiel. Er verleiht diesem Bund damit zugleich eine Begründung und literarische Qualität: „Eines Abends nimmt er sich Ifflands *Herbsttag* vor und findet darin eine Szene, worin das Zusammentreffen zweier Freunde dargestellt wird, die sich wehmütig ihrer lange zurückliegenden gemeinsam verbrachten Universitätsjahre erinnern. Noch am selben Abend schreibt Hoffmann an seinen Freund Hippel einen elegischen Brief. Erst ein halbes Jahr sind die beiden Freunde getrennt, ihre glückliche Gemeinschaft dauert fort, doch um sie intensiver erleben zu können, rückt sie Hoffmann im Lichte der literarischen Wehmutsszene in die imaginäre Ferne des längst Versunkenen. Er macht die Gegenwart künstlich zur Vergangenheit, um ihr einen elegischen Glanz zu geben. In diesem Glanz soll auch Hippel die Freundschaft sehen und soll deshalb Iffland lesen, denn der ‚Rückblick in vergangene frohe Zeiten gewährt einen hohen geistigen Genuß' [...] Im Lesen bekommt das eigene Erleben Umriß." (Safranski 1984, S. 57)

Ein noch sinnfälligeres Beispiel für literarische Verfahrensweisen in den Briefen demonstriert Hoffmann im Geburtstagsbrief vom 23. bis 25. Januar 1796, wie Hartmut Steinecke (vgl. Steinecke 1999 und 2004, S. 21ff.) anschaulich vorgeführt hat. Mindestens drei literarische Vorlagen mit zahlreichen wörtlichen Übernahmen waren für Hoffmann Voraussetzung, sich künstlerisch im Brief in Szene zu setzen: Jean Paul mit einem Kapitel aus dem Roman *Die unsichtbare Loge*, der mittelalterliche Briefwechsel zwischen Abaelardus und Héloïse und schließlich Schillers Drama *Don Karlos* mit der bekannten Freundschaftsbeziehung zwischen dem Prinzen und dem Marquis Posa. Alle drei Vorbilder überträgt Hoffmann auf sich und Hippel, wodurch die Freundschaft erhöht, ja gleichsam geadelt wird. Solche poetisierenden Verfahrensweisen und die Fülle literarischer Anspielungen setzen allerdings einen Leser voraus, der selbst über einen soliden humanistischen Bildungshintergrund verfügen musste. Und offensichtlich besaß der Autor Hoffmann in Hippel seinen ersten kundigen Leser.

Hoffmanns Briefe an Hippel sind deshalb nicht so sehr das „Denkmal einer Freundschaft" und natürlich keineswegs ausschließlich „Lebensdokumente", wie Hans von Müller sie 1912 an die Öffentlichkeit gebracht und wie es Friedrich Schnapp 1967–1969 fortgeführt hat, sondern sie sind stark auf einen Leser hin orientiert: „Der Briefpartner repräsentiert für die Gattung des Briefes das ‚Publikum', das im dichterischen Werk der Leser bildet." (Segebrecht 1970, S. 167) Nirgends ist diese Orientierung am Adressaten als Publikum so deutlich in die Praxis des Schreibens überführt wie in einer Vielzahl von Hoffmanns Briefen an Hippel. Hier hat er die Spielräume des Briefes erstmals erkannt und ausgiebig genutzt: Spielräume der Selbstinszenierung, der Literarisierung von Alltagsbegebenheiten, Verfremdungstechnik, Verhüllung und Verkleidung, alle die literarischen Formen, die dann im eigentlichen Werk wieder begegnen werden: „Wortwitze vom Albernen und Kalauerhaften bis zum Absurden, rascher Wechsel der Töne und Stile, Zusammenprall von Unterschiedlichstem, von Komik und Melancholie, Spiel, bis ins Groteske getrieben, die ständige Verwandlung von Leben in Kunst durch eine überbordende Fülle literarischer und musikalischer Anspielungen, dazu eine durchgehende Selbstironie bis zu Selbstverspottung" (Steinecke 2002, S. 129). Viele von Hoffmanns frühen Briefen an Hippel lassen sich, ohne allzu forciert zu argumentieren, als Teil seiner literarischen Produktion interpretieren; sie erklären jedenfalls hinreichend, warum er am Brief als Kunstform seines im engeren Sinn literarischen Werks zeitlebens festgehalten, ihn variiert und verfeinert hat: von der ersten Veröffentlichung an – *Schreiben eines Klostergeistlichen an seinen Freund in der Hauptstadt von 1803* – bis zu den Prosaschriften *Briefe aus den Bergen* (1820) und *Schriften an den Herausgeber* (1821).

3.2 Briefe an Verleger und Redakteure
Hoffmanns Briefe an Verleger und Redakteure sind zunächst vom Kalkül und dem starken Wunsch geprägt, mit seinen künstlerischen Arbeiten öffentlich zu werden – stand doch am Anfang gleich der Misserfolg. Hoffmanns Versuch, einen Verleger für seinen Romanerstling *Cornaro* zu finden, misslang auch deshalb, weil er einen Buchhändler als Vermittler eingeschaltet hatte. In direktem Briefkontakt mit Verlegern wusste Hoffmann weitaus professioneller seine Kompositionen, Zeichnungen und Dichtungen anzupreisen. In seinem ersten erhaltenen Brief an den Verlag Breitkopf & Härtel vom 14. September 1799 (vgl. Hoffmann I, S. 123f.) zeigt sich Hoffmann schon selbstbewusst, begabt mit taktischem Geschick und die Möglichkeiten nutzend, die das Medium ‚Brief' ihm bot. Er betont den Marktwert des von ihm angebotenen Produkts und die zu erwartende

Nachfrage, da es der herrschenden Mode angepasst sei. Er geht auf die Belange und Vorlieben des Verlegers ein, verweist auf seinen Status als literarischer Neuling, hat aber bereits genaue Honorarvorstellungen und fingiert deshalb Angebote von anderen Verlegern, um damit dem Adressaten eine für sich selbst positive Entscheidung nahezulegen.

Auch der Begleitbrief zur Prosaschrift *Schreiben eines Klostergeistlichen* an den Verleger Johann Daniel Sander vom 19. August 1803 (vgl. ebd., S. 138) belegt Hoffmanns früh ausgeprägte Fähigkeit, auf den Adressaten einzugehen. Der von ihm angebotene Text setzt eine bereits im *Freimüthigen* und anderen Zeitschriften begonnene literarische Diskussion fort und stellt den eigenen Text in diesen Kontext. Bescheiden weist er auf die Qualität seines Aufsatzes hin und fragt gleichzeitig, ob er noch weitere Beiträge schicken dürfe. Sander druckte schließlich diese Prosaschrift und besiegelte damit das öffentliche Debüt des Schriftstellers Hoffmann.

Die Briefe an den Verleger Ambrosius Kühnel in Leipzig vom 14. November (vgl. ebd., S. 178f.) und 12. Dezember 1807 (vgl. ebd., S. 180) zeigen ein ähnliches, jetzt bereits erprobtes Muster wie der oben erwähnte Brief an Breitkopf & Härtel. Wieder geht er auf die Interessen und Belange des Adressaten ein, beruft sich auf andere Autoritäten, beschreibt die Marktlage und sagt voraus, bald ein bekannter Komponist zu sein, wobei er nicht versäumt, auf ein angemessenes Honorar hinzuweisen. Seine Briefe an Kühnel werden zwar nicht von Erfolg gekrönt, doch bedeuten sie für Hoffmann eine lehrreiche Kommunikation und sind Voraussetzung für einen immer selbstbewusster werdenden Umgang mit seinen künftigen Verlegern und Redakteuren.

Die Briefe an den Musikschriftsteller und Redakteur der *Allgemeinen Musikalischen Zeitung*, Friedrich Rochlitz, führen vor, wie es Hoffmann gelang, ständiger Mitarbeiter an dieser renommierten Zeitung zu werden. Er stellt dabei seine Liebe zur Kunst in den Vordergrund, zählt seine bewährten Kontakte zu anderen Verlegern auf und bittet Rochlitz um eine Besprechung seiner *Canzonetten*, während er im Gegenzug anbietet, ein Singspiel aus Rochlitz' Feder zu vertonen (vgl. Brief vom 10. Mai 1808; ebd., S. 191ff.). Am 12. Januar 1809 schickt Hoffmann an Rochlitz „einen kleinen Aufsatz", den *Ritter Gluck*, mit der Bitte um Aufnahme in die *AMZ* und setzt hinzu, etwas Ähnliches schon einmal in der *AMZ* gelesen zu haben (vgl. ebd., S. 202ff.). Dass der Verfasser des von Hoffmann erwähnten Aufsatzes *Der Besuch im Irrenhause* Rochlitz selbst war, wusste Hoffmann natürlich. Und wie schon beim *Schreiben eines Klostergeistlichen* zu beobachten war, passt Hoffmann seine Arbeiten thematisch dem aktuellen Zeitschriftenkontext an – ein Verfahren, das er bis an sein Lebensende beibehält und zunehmend virtuos handhabt. Seine Erzählungen für Taschenbücher und Almanache, verstärkt seit etwa 1818, berücksichtigen immer das Medium, für das er schreibt. Die genaue Wahrnehmung des Adressaten Rochlitz und seiner Verleger-Interessen durch Hoffmann, was Publikationsort und Thema betrifft, erweist sich als erfolgreich: *Ritter Gluck* wird gedruckt. Dabei muss Hoffmann am Beginn seiner literarischen Karriere Zugeständnisse machen und redaktionelle Eingriffe in seinen Text hinnehmen. Dies ändert sich: Zwar sanktioniert er gegenüber Rochlitz noch die Kürzungsvorschläge und Zusätze von fremder Hand, „denn mein Manuskript kann dadurch nur gewinnen." (Hoffmann I, S. 205) Doch wird er bald deutlich zu verstehen geben, dass ihm solche Eingriffe widerstreben. Ging es zunächst noch um ein notwendiges Zugeständnis auf dem Weg zur ständigen Mitarbeit an der *AMZ*, verbat sich Hoffmann wenige Jahre später derartige Eigenmächtigkeiten energisch, wie aus einem Brief vom 26. Juli 1813 an seinen Verleger Carl Friedrich Kunz hervorgeht: „Bester Mann! – Nur keine Änderungen in meinem Manuskript" (ebd., S. 298). Seine Fähigkeit, für sich und sein Werk zu werben, und dabei die Verleger gegenseitig auszuspielen, wurde mit den Jahren immer raffinierter. Im Verkehr mit Verlegern und Redakteuren nutzte er die zahlreichen strategischen Möglichkeiten, die der Brief ihm bot, und instrumentalisierte seine sprachlichen Fähigkeiten, um seine Interessen als Künstler entschieden wahrzunehmen und durchzusetzen. Der Erfolgsschriftsteller der Jahre 1816–1822 diktierte bereits die Honorare, kassierte Vorschüsse, versprach meist mehr als er produzieren konnte, hielt seine Verleger hin und die versprochenen Abgabetermine nur selten ein.

4. Die Tagebücher

Die Überlieferungs- und Editionsgeschichte der Tagebücher verläuft ähnlich jener der Briefe, weil Hitzig den gesamten handschriftlichen Nachlass von Hoffmanns Witwe erhielt, der dann zunächst an seinen Sohn Friedrich und später an seinen Enkel Eduard Hitzig weiter vererbt wurde. Hans von Müller und Friedrich Schnapp legten, wie schon bei den Briefen, Editionen der Tagebücher vor.

„Anfang August 1803 erwarb Hoffmann als Schreibbuch einen Halblederband im Oktavformat mit 18 Bogen, dem er den Titel gab: ‚Miscellaneen / die litterarische und künstlerische / Laufbahn betreffend / Angefangen im Exil und zwar im August / 1803.'" (Hoffmann I, Kommentar, S. 1172) Die 18 Bogen enthielten 144 Blätter, von denen Hoffmann 102

Seiten beschrieb. Miscellaneen, Vermischtes also, heterogenste Notizen wollte er eintragen. Und so finden sich Briefkonzepte, Skizzen seiner Erstveröffentlichung *Schreiben eines Klostergeistlichen* und Bruchstücke aus den Singspieltexten *Der Renegat* und *Faustina*; und seit dem 1. Oktober erste Tagebuchaufzeichnungen. Während seines zweiten Berliner Aufenthalts (1807–1808) trug Hoffmann in ein von Hans von Müller als „Briefbuch" bezeichnetes Exemplar wiederum Vermischtes ein, darunter auch Tagebuchnotizen. Schreibkalender waren es in den Bamberger Jahren von 1808 bis 1813 mit vorgedrucktem Kalendarium, in denen Hoffmann zunächst sein Tagebuch fortführte, 1809 und 1811–1813 „benutzte Hoffmann die vom Nürnberger Verleger J. A. Endter vertriebenen Schreib-Almanache." (ebd., S. 1173) In Leipzig und Berlin, 1814 bis zum 3. März 1815, benutzte Hoffmann wieder Kalendarien, die sich im Format beträchtlich unterschieden.

4.1 Inhalte und Form der Tagebuchnotizen
Über die Themen seiner Tagebuchaufzeichnungen gibt Hoffmann früh schon schwungvoll Auskunft. Am 1. Januar 1804 heißt es: „[V]on heute an wird regulair Buch gehalten über die Begebenheiten des Lebens die bunte Welt innerhalb der Wände des GehirnKastens mit ihren Ereignissen mit eingerechnet. –" (Hoffmann I, S. 339) Noch am 17. Oktober 1803 konnte man lesen: „Das Tagebuch wird merkwürdig, weil es den [sic] Beweis der ungeheuern Erbärmlichkeit ist, in die ich hier versinke – Wo sind meine Vorsätze hin! – wo meine schönen Pläne für die Kunst? – " (ebd., S. 336). Klagen über Langeweile beginnen und häufen sich, gepaart mit peinigenden Selbstvorwürfen wegen mangelnder künstlerischer Produktivität; gelegentlich vermerkt er noch seine Lektüren. Nach jahrelanger Pause gibt es erst wieder im Jahr 1808, allerdings mit großen zeitlichen Unterbrechungen, einige wenige Notizen ohne größeren Belang.

Bekanntermaßen sind Hoffmanns Bamberger Jahre geprägt von drückenden Geldsorgen, seiner unglücklichen Liebe zur Gesangsschülerin Julia Mark, großen Phasen der Langeweile, aber auch von künstlerischer Aktivität und enttäuschten, aber nie aufgegebenen Hoffnungen. Festgehalten werden: Lektüre-Erfahrungen, Tagesereignisse, der Eingang von sehnlich erwarteten Honoraren, das Begleichen von Schulden in Lokalen, das Erledigen von Korrespondenzen, Musik-Produktionen, Wetterberichte, hin und wieder Politisches. Auffallend oft notiert er seine Krankheiten und Kränklichkeiten, verbunden mit der ständig wiederholten lapidaren Bemerkung: „Dies ordinarius atque tristis". Notizen über die fast täglichen Gesangsstunden bei den Töchtern der Bürgerhäuser Mark und Rothenhan,

Begegnungen mit seinem künftigen Verleger Carl Friedrich Kunz, von dem er sich oft Geld borgen muss; Bitten an Kunz, denen sich dieser nur selten verschloss, werden im Tagebuch der Jahre 1809 und 1811 festgehalten ebenso wie Charakterisierungen von Menschen, mit denen er widersprüchliche Erfahrungen machte, die an Deutlichkeit und Schärfe nichts zu wünschen übrig ließen. Die Tagebücher des Jahres 1810 sind nicht überliefert, wenn auch davon auszugehen ist, dass Hoffmann in jenem Jahr Tagebuch geführt hat. Tag für Tag sind die Jahre 1812 und 1813 notiert. Die Aufzeichnungen werden dichter; psychologische Selbstbeobachtungen in Form fiktiver Dialoge bezüglich Julia Mark wechseln mit großen Stimmungsschwankungen von tiefster Depression bis zu höchsten Glücksmomenten. Seine Frau Michaelina dagegen wird nur gelegentlich und äußerst distanziert erwähnt.

Vom 1. Januar bis 4. Oktober 1814 werden – wiederum mit Lücken – im Wesentlichen Tagesereignisse festgehalten. Während seiner Stationen und Umzüge nach Leipzig und Dresden gerät Hoffmann in die Wirrnisse wechselnder Koalitionen der Napoleonischen Kriege, was sich – bisweilen eindrucksvoll – im Tagebuch niederschlägt. Die Eintragungen im Tagebuch vom 1. Januar bis 3. März 1815 verlieren sich dagegen in Belanglosigkeiten.

Die in groben Zügen wiedergegebenen Inhalte aus den Tagebüchern sagen nur indirekt etwas über bestimmte konzeptionelle Merkmale. Charakteristisch für Hoffmanns Tagebuchaufzeichnungen ist ein lineares, aber bruchstückhaftes, dabei wechselnden Themen offenes Schreiben ebenso wie eine in der Regel geringe Distanz zu den Gegenständen. Entsprechend niedrig ist auch der Charakter der Fiktionalisierung. Inhaltliche Beschränkungen dagegen legte sich Hoffmann, so weit man das überhaupt beurteilen kann und wie oben bereits dargetan, nicht auf.

„Mancher Einsame, dem auf Grund äußerer Umstände oder als Resultat seiner eigenen Unsicherheit eine Kommunikation mit anderen versagt ist, findet im Tagebuch einen heimlichen Partner, welcher ihm bei der Klärung seiner Probleme helfen kann und ihm vielleicht sogar sein verlorenes Gleichgewicht wiedergewinnen läßt [...]. Diaristen, die diese beruhigenden und bändigenden Wirkungen des Tagebuchs erkannten, sind etwa Henri-Frédéric Amiel und E.T.A. Hoffmann." (Boerner 1969, S. 20f.) In der Tat: Alle seine Motive entsprangen einer großen Einsamkeit, so dass die Zwiesprache mit sich selbst und der Briefwechsel mit Hippel es ihm erleichterten, über solche Tage seines Lebens hinwegzukommen. Entsprechend versiegen seine diarischen Aufzeichnungen in Zeiten des geselligen großstädtischen Lebens, so während seiner Aufenthalte in Warschau und in den Berliner Jahren zwischen 1816 und 1822. Das Medium des Dialogs mit sich selbst wird dann nicht mehr gebraucht. An mangelnder Zeit kann es kaum gelegen haben, dass seine in der Regel knappen Aufzeichnungen jetzt aufhörten, denn sein beruflicher Arbeitsaufwand belief sich – wie bei den meisten seiner Kollegen – auf nicht mehr als durchschnittlich sechs Stunden täglich. Eintragungen ins Tagebuch bedurften, so sporadisch, ja flüchtig sie Hoffmann meistens geführt hatte, nur weniger Minuten.

4.2 Die literarische Struktur der Tagebücher

Während jene Arbeiten, die sich mit Hoffmanns Biographie beschäftigen, die Tagebücher als autobiographische Gebrauchsform begreiflicherweise ausgiebig heranziehen, wird in größeren Darstellungen und wissenschaftlichen Beiträgen von Zitaten aus Hoffmanns Tagebüchern eher zurückhaltend Gebrauch gemacht; es fällt rasch auf, dass daraus auf vielleicht ein Dutzend Eintragungen verwiesen wird; die angeführten Belege betreffen Themen über Hoffmann selbst, sein Ich, das er wie in einem Vervielfältigungsglas wahrnimmt (vgl. Eintrag vom 6. November 1809; Hoffmann I, S. 375), seine exaltierte Liebe zu Julia Mark (vgl. Einträge vom 16. und 26. Februar 1811; ebd., S. 383, 385), seine Anstrengung, zur künstlerischen Produktion zu finden: „Warum denke ich schlafend und wachend so oft an den Wahnsinn? – ich meine, geistige Ausleerungen könnten wie ein Aderlaß wirken – " (Eintrag vom 6. Januar 1811; ebd., S. 377); und es finden sich Notizen über persönliche Kriegserlebnisse und erste Bemerkungen, Ereignisse und psychologische Bedrängnisse in eine künstlerische Distanz zu rücken.

Deswegen fehlt es auch nicht an Versuchen, Hoffmanns Tagebüchern – bei notwendig eingeräumten Einschränkungen – einen gewissen literarischen Wert zuzuschreiben. Wulf Segebrecht sah in den Tagebüchern „mehr als bloße Merkbücher; sie sind, obwohl sie selbst keine dichterischen Ansprüche stellen, Urformen Hoffmannscher Poesie [...]. Die Mittel der Selbstbetrachtung sind auch in den Tagebüchern ausdrücklich benannt als Exaltation, Ironie, Fantasma, Erinnerung, Überlegung und Poesie – alles Worte, die Hoffmann benutzt, wenn er aus der Selbstbetrachtung in die Formen der Mittelbarkeit vorzudringen sucht" (Segebrecht 1967, S. 46). „Auch die Tagebücher sind literarische Texte", konstatiert Hartmut Steinecke (Steinecke 2004, S. 115), und zwar „nicht so sehr in Erzählkeimen, in bestimmten Szenen und Bildern, sondern [...] als Zwischenstationen der Umwandlung von ‚Leben' und ‚Wirklichkeit' in Literatur. Besonders ergiebig sind dabei in den Bamberger Jahren zwei Themenkreise: das eigene Ich und die Beziehung zu Julia Mark." (ebd. S. 116) Gut begründet wird das im Nachweis der literarischen Verwandlung Julias in die Titelfigur aus

Kleists *Käthchen von Heilbronn* (1810). Der Grad der Fiktionalisierung in die literarische Figur aus einem Schauspiel erhöhe sich noch weiter, indem Hoffmann beginne, sein Verhältnis zunehmend selbst als Schauspiel zu sehen.

Dem ist ernsthaft nicht zu widersprechen. Es wäre lediglich behutsam ins Gedächtnis zurückzurufen, in welchem Verhältnis die vergleichsweise geringe Anzahl der Ansätze einer Fiktionalisierung und Literarisierung zu den zahlreichen anderen Eintragungen steht, die von der Last eines schwierigen Lebens erzählen, das oft genug von Krankheit, existenzieller Not, zerschlagenen Hoffnungen und erlittenen Demütigungen geprägt war.

Im Unterschied zu den immer auf Kommunikation angelegten Briefen kommt es in den Tagebüchern naheliegender Weise allenfalls zum Gespräch mit sich selbst und zur fiktiven Fortsetzung des Dialogs mit Gesprächspartnern, von denen er sich noch eben, während des Tages, verabschiedet hatte. Im Tagebuch werden auch Briefpartner erwähnt, aber in Ausdrucksweisen, die dem Medium ‚Brief' in der Regel völlig fremd sind. Hippel beispielsweise spielt in den Tagebüchern keinesfalls eine ähnlich herausragende Rolle wie in den Briefen; eher beiläufig wird hin und wieder notiert, er müsse Hippel schreiben, oder er habe Hippel heute geschrieben. Während die Briefe an den Arzt Friedrich Speyer von betonter Höflichkeit sind, wird in den Tagebüchern dessen intrigantes Wesen notiert, das er aus persönlichen Begegnungen und in geselliger Runde beobachten zu müssen glaubte. Die oft vernichtenden Worte, die Hoffmann für Carl Friedrich Kunz, Franz Seconda oder, abgeschwächt, für die Mutter Julias nach einer der zeitweise fast täglichen Begegnungen im Hause Mark in sein Tagebuch schreibt, könnten niemals in ein direktes Gespräch Eingang finden. 25. März 1811: „V.M. bei Mark – Einen exotischen infamen zum Töten ärgerlichen ⟨Handel⟩ mit der Consul Mark gehabt – Geringschätzung beleidigter Stolz – *infamie*" (Hoffmann I, S. 387). In kryptischer Form notiert Hoffmann seine missliche Stellung zur Gesangsschülerin Julia Mark und ihrer Mutter. Die Konsulin beobachtete wohl sehr genau und zunehmend argwöhnisch und verärgert, wie das Interesse des 35-jährigen verheirateten Hoffmann an der 15-jährigen Tochter weit über den Gesangsunterricht hinausging. Gleichzeitig demonstrierte sie Hoffmann, dass nämlich der mittellose Gesangslehrer nicht entfernt in dem Stand war, um an eine gemeinsame Zukunft mit ihrer Tochter überhaupt nur zu denken. Und das ist es, was Hoffmann als so kränkend empfand: Die Konsulin gibt ihm – gerade auch über die Honorarverhandlungen – deutlich zu verstehen, dass er lediglich geduldeter Bittsteller unter dem arrivierten Stand der betuchten

Bürgerhäuser Bambergs ist. Hoffmanns wüste Beschimpfung von Julias Verlobtem Georg Graepel während einer Partie nach Pommersfelden am 6. September 1812, an der auch Kunz teilnahm, ist für die Konsulin dann der sehr willkommene Anlass für den in ihren Augen längst fälligen Bruch.

(Friedhelm Auhuber)

E.T.A. Hoffmann als Jurist: Künstler vs. Konvention, Citoyen vs. Staatsmacht

1. Verteidigung der Individualität

Wie bei kaum einem anderen Schriftsteller, der im Hauptberuf Jurist und als solcher auf den klassischen Feldern der Justiz tätig war, haben Hoffmanns rechtspraktische Erfahrungen und seine rechts- und staatstheoretischen Anschauungen Niederschlag in seinen Erzählungen und Romanen gefunden. Entlang seiner juristischen Berufsbiographie lässt sich zeigen, wie über die wechselvollen Jahre der künstlerischen und juristischen Existenz die Verteidigung der individuellen Freiheit des Künstlers und des Bürgers gegen die Zumutungen gesellschaftlicher Konvention und staatlicher Willkür in den Mittelpunkt seines Selbst- und Gesellschaftsbildes rückte. In Hoffmanns Rolle als Richter in den sogenannten Demagogenprozessen fand dies seinen Höhepunkt.

Der Vorrang des Individuums, der Hoffmanns Weltbild zeitlebens prägte, war mehr als ein bloßer Schutzreflex des Exzentrikers gegen die Konventionen der Restaurationszeit oder des künstlerisch veranlagten Menschen gegen die Zumutungen des juristischen ‚Brotberufes'. Es ging ihm auch nicht – im emphatischen Sinne der Frühromantik – um eine Verabsolutierung des Künstlerischen als ästhetischem Gegenentwurf zu einer als defizitär empfundenen Realität. Die Verteidigung der Individualität gegen gesellschaftliche Konvention, des künstlerischen Freiraumes gegen berufliche Verpflichtungen und der Freiheit des Bürgers gegen den Zugriff des absolutistischen Staates waren drei Facetten eines Lebensthemas: die Suche nach einer produktiven Beziehung zwischen Individuum und Gemeinschaft, zwischen Künstler und Gesellschaft.

Hoffmanns persönlicher ‚Gesellschaftsvertrag' sollte dem Individuum Freiraum für Phantasie und Kreativität als Gegenleistung für seine Bereitschaft bieten, einen Teil dieser kreativen Kraft auf die Mühlen der Gemeinschaft zu leiten. Voraussetzung für einen solchen Pakt war für Hoffmann ‚Bewegungsfreiheit' – im tatsächlichen wie im übertragenen Sinne: die kritische Distanz des Juristen, wenn er seine Rolle als fairer und objektiver

Richter übernehmen sollte, der angemessene Freiraum des Bürgers im Denken und Handeln, der es ihm ermöglicht, seine Talente zur eigenen Befriedigung und zum Wohle der Gemeinschaft zu entfalten, und die Freiheit des Künstlers, ohne die kein wirkliches Kunstwerk entstehen kann.

2. Vom Königsberger Jurastudenten zum Richter am Berliner Kammergericht

Die Zeugnisse, die wir von Hoffmanns juristischer Biographie kennen, offenbaren eine wechselvolle und spannungsreiche Beziehung zwischen Künstler- und Juristenexistenz, doch war sie wohl nicht so problematisch und heillos, wie sie gerade die frühen Hoffmann-Biographen gezeichnet haben. Die juristische Karriere begann weit vor der des Schriftstellers und des Komponisten im Sommersemester 1792. Da schrieb sich der erst 16-Jährige für das Studium der Jurisprudenz an der Königsberger „Albertina" ein und studierte dort bis 1795. Er knüpfte damit an die familiäre Tradition an und erfüllte die Erwartungen an ein männliches Mitglied der bürgerlichen Familie. Während seiner Studienzeit fand die Jurisprudenz – bis auf einen Hinweis auf seinen wichtigsten Hochschullehrer – in seiner Korrespondenz keine Erwähnung. In Briefen an seinen Jugendfreund Theodor von Hippel, während seiner praktischen Ausbildung verfasst, klagte er darüber, dass er finanziell abhängig sei und es als Komponist nicht weit bringen werde, da er nur aus „Überzeugung der Notwendigkeit [sein] jus" (Hoffmann I, S. 59) studiere. Für seine Leidenschaft, die Musik, blieben ihm „nur die Stunden der Erholung" (ebd.).

Schon ein kurzer Blick auf die damals übliche juristische Ausbildung reicht aus, um zu verstehen, wie gut nachvollziehbar Hoffmanns regelmäßige Anfälle von Frustration angesichts des ausgesprochen trockenen pädagogisch-akademischen Konzepts der „Albertina" waren. Denn der angehende preußische Jurist des ausgehenden 18. Jahrhunderts hörte an der Königsberger Universität zwar auch Vorlesungen über Naturrecht und Rechtsphilosophie, vor allem aber in einem mehr und mehr verschulten Studium die Grundzüge des Allgemeinen Preußischen Landrechts, des Straf- und des Wechselrechts sowie Institutionen und Pandekten. Gleichwohl waren Hoffmanns Zeugnisse ausgesprochen gut. Im Jahre 1795 wird ihm bescheinigt, dass er die Lehrveranstaltungen mit „Ausgezeichnetem Fleiße" besucht habe und „Beweise guter Repetition und vorzüglichstem Fleiße" gegeben habe. Sein Freund Hippel bestätigte in seinen Erinnerungen, dass Hoffmann das Studium pragmatisch und effizient betrieb – eben als unvermeidliche Vorbereitung auf den „Brotberuf" (von Müller 1912 I, S. 18). Die Frage, ob Hoffmann aus seinem Studium ein rechtsphilosophisches Credo mitgenommen hat, ist schwer zu beantworten. Jedenfalls hatte er in seinem wichtigsten juristischen Lehrer Daniel Christoph Reidenitz einen überzeugten Kantianer und Anhänger der kantianisch geprägten, äußerst einflussreichen Strafrechtslehre Anselm Feuerbachs.

Für die Frage nach dem Verhältnis von Individuum und Gesellschaft lässt sich das rechtstheoretische Gerüst Hoffmanns in folgenden Sätzen zusammenfassen: 1. Der Mensch ist ein freies und selbstverantwortliches Wesen und verantwortlich für sein Handeln und dessen Konsequenzen. 2. Die Strafandrohung ist ein Appell an die Vernunft, im Wissen um die üble Folge der Tat auf deren Realisierung zu verzichten. Wer diesen Appell überhört, trägt die Verantwortung. 3. Einem solchen Menschenbild kann nur eine Gesellschaftsordnung gerecht werden, die ihren Bürgern Gleichheit vor dem Gesetz, bürgerliche Freiheiten und Selbständigkeit gewährt.

Diese Wertebasis wurde besonders gefordert, als Hoffmann, in einem juristischen Brotberuf etabliert, in Berlin als Richter an das politische Sondergericht des Königs, die berühmte „Königliche Immediat-Untersuchungskommission" berufen wurde. Einstweilen bestand er 1795 das Erste Juristische Staatsexamen mit Bravour. Danach folgte für den jungen preußischen Juristen auf die Theorie die Praxis: Hoffmann wurde in einer damals noch zweiteiligen praktischen Ausbildung zuerst ‚Auskultator' – das bedeutet etwa ‚Zuhörer' – in Glogau. Er bestand dort auch erfolgreich sein zweites juristisches Staatsexamen, um dann 1798 mit Unterstützung eines in der Justizverwaltung tätigen Verwandten als ‚Referendar' nach Berlin zu gelangen. Aus Berlin, das damals etwa 150.000 Einwohner zählte, berichtete Hoffmann 1798 seinem Freund Hippel enthusiastisch von den Besuchen verschiedener Ausstellungen, seinen Fortschritten in der Portraitmalerei und einem Tagebuch mit literarischem Anspruch, an dem er arbeitete. Mit dem gleichen, nur leicht ironisierten Stolz schilderte er aber, dass er seinen Vorgesetzten, weil er sich in diesem Amte nicht ausgelastet fühlte, um mehr Arbeit gebeten habe. Diesem Wunsch wurde umgehend entsprochen: „Dies hat gewirkt, denn seit dem 11 Okt: habe ich 15 Instr⟨uktions⟩Term⟨ine⟩, 2 Spruchsachen, 1 KriminalS⟨ache⟩ zum Gutachten erhalten und nebenher noch 2 Appell⟨ations⟩Berichte, 2 Deduk⟨tionen⟩ und einen SchlußBericht anzufertigen." (Hoffmann I, S. 116) Hoffmanns künstlerische Ambitionen haben seinem beruflichen Ehrgeiz offenbar nicht im Wege gestanden: Er bestand das Dritte Examen so gut, dass er im Jahr 1800 von seinem Ausbilder für eine Karriere als ‚Rat', d.h. als Richter an einem Obergericht, vorgeschlagen und zum Assessor in Posen ernannt wurde.

Hoffmanns Korrespondenz zeigt, dass er durchaus zielgerichtet an seiner juristischen Karriere gearbeitet hat und zu seinem künftigen Beruf eine pragmatische und ergebnisorientierte Haltung einnahm. Die Juristerei war das Mittel zum Zweck seiner persönlichen Unabhängigkeit. Dieser nüchterne Zugang korrespondierte mit dem Ausbildungsziel der preußischen Justiz. Die praktische Ausbildung der preußischen Juristen sollte eine funktionsfähige, angepasste und weitgehend apolitische Führungselite heranbilden. Schon die Tatsache, dass der mehrjährige Vorbereitungsdienst nicht bezahlt wurde, sorgte für eine soziale Auslese. Ein besonderer Ausdruck dieses Ausbildungsmodells war die sogenannte ‚Conduitenliste', d. h. persönliche Führungszeugnisse, in denen die angehenden Juristen einer strengen Kontrolle auch in ihrem persönlichen Lebenswandel unterzogen wurden. Hoffmanns Beurteilungen in dieser Conduitenliste waren exzellent. Am 27. März 1800 ernannte man ihn zum Assessor in Posen. Am 21. Februar 1801 wurde er Regierungsrat. Laut seiner Versetzungsurkunde sollte er zum Rat bei der südpreußischen Regierung in Posen werden. Stattdessen landete er bei der neu-ostpreußischen Regierung in Płock. Ausgelöst hatte diese für Hoffmann unwillkommene Entwicklung der General des Posener Regiments, Wilhelm von Zastrow. Um sich für die gesellschaftliche Nichtachtung der bürgerlichen Beamten durch die militärische und adlige Oberschicht der Stadt zu rächen, sollen unter Hoffmanns Führung auf einer Fastnachtsredoute Karikaturen der Anwesenden verteilt worden sein. Auch von Zastrow war auf einer dieser Zeichnungen lächerlich gemacht worden.

In einem Tagebucheintrag vom 17. Oktober 1803 findet sich der ganze Jammer eines zwei Jahre währenden intellektuellen und gesellschaftlichen Exils: „Gearbeitet den ganzen Tag! – O weh! – ich werde immer mehr zum RegierungsRat – Wer hätte das gedacht vor drei Jahren – Die Muse entflieht – der Aktenstaub macht die Aussicht finster und trübe!" (ebd., S. 336) Wiederum war es sein preußisches Arbeitsethos, das nach zwei langen Jahren die Versetzung aus der tristen Provinzstadt ermöglichte. Die glänzenden dienstlichen Beurteilungen für die Jahre 1802 und 1803 veranlassten seinen Vorgesetzten zu einer Eingabe bei Friedrich Wilhelm III. Er wurde am 21. Februar 1804 als Regierungsrat nach Warschau versetzt, wo er sehr schnell Teil des gesellschaftlichen und künstlerischen Lebens der Stadt wurde. Er galt aber auch dort – ausweislich der Erinnerungen Eduard von Hitzigs – als ausgezeichneter Jurist: Warschau „wirkte so belebend und stärkend auf ihn, daß er auch die große Last der Dienstgeschäfte, die jedes Mitglied des Collegiums drückte, mit Freudigkeit und Leichtigkeit trug. Er hatte nie Spruchreste, hielt seine Termine gewissenhaft ab, erschien früh auf dem Collegienhause, und arbeitete rasch fort, ohne sich mit Nebendingen zu beschäftigen, so daß er gewöhnlich gegen ein Uhr schon fertig war, während viele andere erst anfingen." (Hitzig 1823 I, S. 294) Im Jahr 1806 besetzten napoleonische Truppen Warschau und lösten die südpreußische Verwaltung und damit auch die Justizbehörden auf. Auch Hoffmann musste seine Position aufgeben. Er kehrte Anfang 1807 nach Berlin zurück, doch der ökonomisch und politisch zerrüttete preußische Staat hatte für ihn zunächst keine weitere Verwendung.

Als Theaterdirektor und Kapellmeister, Musiklehrer und -kritiker versuchte er in den Folgejahren in Berlin, Bamberg, Dresden und Leipzig mühevoll und wenig erfolgreich Fuß zu fassen, bis ihm im Juli 1814 in Leipzig eine zufällige Begegnung mit Theodor von Hippel erneut das Entrebillet in den Justizdienst verschaffte. Hippels neue Funktion als Kammerpräsident in Berlin gab Hoffmann die Unterstützung, die schließlich in das Angebot des Justizministers von Kircheisen an Hoffmann mündete, für ein halbes Jahr ohne Bezahlung am Kammergericht zu arbeiten, um anschließend Rat zu werden. Am 1. Oktober 1814 übernahm Hoffmann diese Funktion, wurde Kriminalrat am Kriminalsenat des Kammergerichts und erhielt am 7. Januar 1815 volles Stimmrecht. Volle Bezahlung allerdings bekam er erst mehr als ein Jahr später.

Hoffmanns Versuche, über Hippel eine zeitlich weniger aufwendige und inhaltlich weniger anspruchsvolle Stellung als Expedient zu bekommen, um mehr Zeit für seine künstlerische Arbeit zu haben, war nicht erfolgreich. Er verstand es aber offenbar sehr bald, die Verpflichtungen der „juristischen Walkmühle" (Hoffmann VI, S. 62), wie er seine Kammergerichtsratsexistenz am 12. März 1815 in einem Brief an Hippel nannte, ganz pragmatisch mit seinen literarischen Ambitionen zu koordinieren. Sein Brief an den Verleger Kunz in Bamberg vom 24. Mai 1815, den er „während der Session des KriminalSenats dem Präsidenten zur Seite" (ebd., S. 71) zu schreiben angab, belegt den Willen, diese gesellschaftliche Doppelrolle anzunehmen und so spielerisch-ironisch wie selbstbewusst und erfolgreich zu gestalten. Die Zeugnisse, die ihm der Vizepräsident des Kammergerichtes, Friedrich von Trützschler, in den Jahresberichten zwischen 1814 und 1821 ausstellte, fielen wiederum exzellent aus. Aus dem am 10. Januar 1819 verfassten Bericht für das Jahr 1818 stammt die oft zitierte Passage: „Seine schriftstellerischen Arbeiten, denen er zuweilen noch die Stunden der Erholung und Muße widmet, thun seinem Fleiße keinen Eintrag und die üppige zum Komischen sich hinneigende Phantasie, die in denselben vorherrschend ist, kontrastirt auf eine merkwürdige Art mit der kalten Ruhe, und mit dem Ernst, womit er als *Richter* an die Arbeit geht" (Schnapp 1974, S. 459).

Am 1. Dezember 1821 erfolgte die Beförderung an den Oberappellationssenat des Kammergerichtes. Dieses Amt hatte er bis zu seinem Tode inne. Im Zuge der sogenannten Demagogenverfolgungen wurde er auf Veranlassung von Trützschlers am 1. Oktober 1819 zusätzlich zum Mitglied der Immediat-Untersuchungs-Kommission ernannt.

3. Hoffmann als Strafrichter

Über Hoffmanns Arbeit als Strafrichter liegen nur sehr wenige ‚Voten' vor. Darunter versteht man Entscheidungsvorschläge in einer Strafsache, die ein Mitglied des Kollegiums für das Gericht entwirft. Hoffmanns Voten sind die eines kantianisch geschulten preußischen Juristen: genau in der Analyse, kritisch gegenüber Willkür und voreingenommener Beweisführung, ausgeprägt skeptisch gegenüber dem menschlichen Beobachtungsvermögen und eben deshalb akribisch bei der Feststellung der objektivierbaren Fakten. So verließ er sich nicht allein auf medizinische oder forensische Gutachten, sondern konsultierte z. B. arzneiwissenschaftliche Werke, um in einem Giftmordprozess besser argumentieren zu können. Skepsis prägte seine Untersuchungsführung besonders dann, wenn die Lösung des Falles in dem für die Beweisaufnahme schwer zugänglichen Bereich der subjektiven Schuldfähigkeit des Tatverdächtigen lag. Beispielhaft für Hoffmanns psychologische und rechtstheoretische Expertise war sein Votum über die Schuld von Daniel Schmolling, der seine Lebensgefährtin ermordet haben sollte. Hoffmann verwarf das medizinische Gutachten, das Schmolling Schuldunfähigkeit attestiert hatte und kam zu der gegenteiligen Auffassung – er sah keine Beweise für krankhafte Schuldunfähigkeit (vgl. Hoffmann VI, S. 691–730).

Das Strafrecht der Jahre um 1820 war bereits Täterstrafrecht, d.h. die Zurechnungsfähigkeit des Täters war Voraussetzung der Strafe. Als ein von Anselm Feuerbachs Lehre geprägter Jurist galt für Hoffmann das Primat der Willensfreiheit: Die strafrechtliche Verantwortung des Täters leitete sich aus der prinzipiellen Fähigkeit des Menschen zu vernunftgesteuertem freien Handeln ab. Angriffspunkt für Hoffmanns Kritik war deshalb die These des medizinischen Gutachters, die in der zeitgenössischen Psychiatrie häufig vertreten wurde: Der Beschuldigte, so der Gutachter, leide an der sogenannten *amentia occulta*, einer psychischen Deformation, bei der der Mensch ohne erkennbare somatische Symptome bei scheinbar intaktem Verstand unwiderstehlich zu einem bestimmten Verhalten genötigt werde. Diese Krankheit wurde also allein aufgrund ihrer Irrationalität diagnostiziert. Ihr lag damit die anthropologische Hypothese zugrunde, alles normwidrige und unvernünftige Verhalten – vor allem das fehlende oder nicht nachvollziehbare Motiv einer Straftat – gehe auf eine psychische Deformation zurück, geschehe also ohne Schuld. Für Hoffmann hingegen war jedes Individuum grundsätzlich in der Lage zu vernünftigem Handeln. Solange keine objektivierbaren Anzeichen für eine Schuld ausschließende Geisteszerrüttung vorlägen, müsse man davon ausgehen, dass der Mensch auch bei unverständlichem, normwidrigem Verhalten im Besitz seiner Zurechnungsfähigkeit und damit rechtlich verantwortlich sei. Deshalb wäre auch bei Schmolling das fehlende oder nicht erkennbare Motiv allein kein Beweis seiner Schuldunfähigkeit. Andere Indizien lägen nicht vor – also votierte Hoffmann für Verurteilung wegen Mordes (vgl. ebd., S. 730).

Dieses Urteil mag auf den ersten Blick verwundern, weil psychische Störungen und unbewusste Motivationen in Hoffmanns literarischen Arbeiten eine große Bedeutung haben. Die Entscheidung wird aber nachvollziehbar, wenn man sie aus der eingangs erwähnten Beziehung zwischen Individuum und Gesellschaft zu verstehen versucht. Als Richter bestand Hoffmann auf dem Postulat des Schuldstrafrechts – also der Annahme, dass jedes Individuum grundsätzlich eigenverantwortlich handle. Die Gründe für eine Schuld ausschließende Unzurechnungsfähigkeit sollten objektivierbar und kalkulierbar bleiben und rechtsstaatlicher Gleichbehandlung entsprechen. Als Bürger und künstlerischer Außenseiter hatte er einen weiteren guten Grund, dem Feuerbach'schen Modell zu folgen, das das Individuum in seiner Eigenverantwortung ernst nimmt. Ein Staat aber, der Handlungsfreiheit akzeptiert und Abweichungen nur sanktioniert, wenn sie gegen das Gesetz verstoßen, garantiert letztlich größere Freizügigkeit auch in jenem nicht strafbewehrten Bereich der Abweichung von bürgerlichen Verhaltensregeln. Auch als Strafrichter wehrte sich Hoffmann also gegen den Staat, der Gesinnungen bewerten, beeinflussen oder gar bestrafen wollte.

4. Hoffmann als Richter in der „Immediat-Untersuchungskommission"

Der Wiener Kongress hatte weder die von vielen Liberalen erhoffte staatliche und politische Einheit Deutschlands noch eine verfassungsmäßige Verankerung der bürgerlichen Freiheiten gebracht. Friedrich Wilhelm IV. hatte sein im Jahre 1815 gegebenes Verfassungsversprechen nicht eingelöst. Die studentischen Vereinigungen und liberalen Bünde forderten diese Zusage nun ein. Sie standen in der Tradition der Bünde der Befreiungskriege, die in den Jahren der napoleonischen Besetzung konspirativ, nach den Befreiungskriegen zunächst öffentlich agierten, aber durch ein Edikt Friedrich Wilhelms III. im Jahre 1816 wiederum in den Untergrund gedrängt wurden. Bei aller Unterschiedlichkeit ihrer politischen Ziele im Einzelnen stimmten alle Studentenverbindungen in der Forderung nach einer Repräsentativverfassung überein. Diese zweite Generation liberaler Bewegungen bestand aus jungen Akademikern, die sich in Gießen, Heidelberg und Jena als patriotische Studentenverbindungen organisierten. Bis auf den sehr kleinen radikalen Flügel der Gießener Burschenschaft, die ‚Schwarzen', verfolgten sie bürgerlich liberale und keine revolutionären Ziele. Auch die im Jahre 1811 von Friedrich Ludwig Jahn ins Leben gerufene Turnbewegung, die sich von Berlin aus in ganz Preußen verbreitete, wollte den Staat in seiner Substanz nicht antasten. Eine Republik nach französischem Muster hatten nur die Gruppe der ‚Altdeutschen' und der harte Kern der Gießener Burschenschaft, die eben erwähnten ‚Schwarzen', und deren engster Kreis, die ‚Unbedingten' um Karl Follen als politisches Ziel. Ihre Resonanz und ihre politische Wirkung waren ebenso gering wie die Zahl ihrer Mitglieder. Die studentischen Bewegungen stellten also weder für Preußen noch für die anderen deutschen Staaten eine politische Gefahr dar.

Die Politik reagierte in Preußen und Österreich gleichwohl äußerst hart – mit der Verhaftung einer großen Anzahl von Studenten und Liberalen als ‚Demagogen' im Juli 1819 und mit den vom 6. bis 19. August 1819 von den zehn größten deutschen Staaten gefassten „Karlsbader Beschlüssen": Handstreichartig wurden unter Führung Österreichs und Preußens dem Bundestag ein Universitäts-, ein Pressegesetz, ein Untersuchungsgesetz und eine Exekutionsordnung – also gewissermaßen die Ausführungsbestimmungen – vorgelegt. Den politischen Anlass dazu bot der Student Karl Ludwig Sand am 23. März 1819 mit seinem tödlichen Attentat auf den populären Autor und russischen Staatsrat August von Kotzebue.

Gegenstand dieser Gesetze waren die weitgehende Aufhebung der Unabhängigkeit der Universitäten und deren Überwachung durch Regierungskommissare, eine umfassende Vorzensur für alle kleineren Publikationen und sämtliche Periodika und, was für Hoffmanns juristische Karriere von Bedeutung war, die Einrichtung einer zentralen Behörde zur Untersuchung sogenannter revolutionärer Umtriebe. Diese zentrale, in Mainz angesiedelte Untersuchungskommission war nicht als Gericht mit Rechtsprechungskompetenz, sondern als Untersuchungsgericht konzipiert, konnte also – am ehesten vergleichbar mit einer heutigen Staatsanwaltschaft – Zeugen vernehmen, Akten anfordern und Durchsuchungen durchführen lassen. Sie sollte die Arbeit der entsprechenden Landeskommissionen – in Preußen war dies die im September 1819 eingerichtete „Königliche Immediat-Untersuchung-Kommission" („IUK") – koordinieren. Preußen exekutierte die Karlsbader Beschlüsse mit besonderer Härte – mit einer strengen Zensurverordnung vom 18.10.1819, einer rigorosen Kontrolle der Hochschulen durch eine Universitätsverordnung vom 18.11.1819. Wesentliche Grundlage für das Verbot von Burschenschaften war das Hochschulrecht, das verbotene studentische Verbindungen zunächst disziplinarisch – nicht strafrechtlich – verfolgte; seit dem 7.7.1821 genügte der bloße Verdacht der Zugehörigkeit, um die Relegation von der Universität zu rechtfertigen. Mit Kabinettsorder vom 16.9.1819 wurde Hoffmann zum Mitglied der „IUK" bestellt.

Die „IUK" war, wie gesagt, als Untersuchungsgericht konzipiert und mit allen Rechten und Pflichten eines solchen Gerichtes in Preußen ausgestattet. Dies bedeutete, dass die Verfahrensregeln der Preußischen Kriminalordnung und das Preußische Strafrecht Anwendung fanden. Zum Spruchgericht, der in der Strafsache entscheidenden Instanz, wurde das Oberlandesgericht Breslau bestimmt. Die „IUK" führte die Untersuchung durch und fasste sie in einem Votum zusammen, das entweder die Freilassung des Angeschuldigten verfügte oder die Empfehlung auf eine Kriminaluntersuchung vor einem ordentlichen Strafgericht abgab. Bereits im Juli 1819 hatte eine erste Verhaftungswelle stattgefunden, der unter anderem Karl Follen, Ernst Moritz Arndt, Carl Bader, Carl Jung, Friedrich Ludwig Jahn, Friedrich Wilhelm Lieber und Ludwig von Mühlenfels zum Opfer gefallen waren. In fast allen Fällen war Hoffmann mit der Untersuchung beauftragt. Die Protokolle der bisherigen polizeilichen Vernehmungen, die Begründungen und die Umstände der Verhaftungen zeigten den Mitgliedern der „IUK" sehr schnell, dass ihnen keine andere Funktion zugedacht war, als ein juristisches Deckmäntelchen für politische Willkür zu liefern. Die Kommission hatte ihren gerichtlichen Auftrag aber insofern wörtlich genommen, als sie sich vollständig an die gesetzlichen Bestimmungen hielt und entsprechend für die weit überwiegende Zahl der Angeschuldigten auf sofortige Haftentlassung mangels strafrechtlich relevanter Tatbestände verfügte. Wohl weil die Mitglieder der Kommission wussten, dass sie damit den eigentlichen Implikationen des Preußischen Innen- und Polizeiministeriums – der Ausschaltung der liberalen Opposition – nicht gerecht wurden, hatten sie in einer Anfrage an Justizminister von Kircheisen am 23.9.1819 um Klärung gebeten, ob ihnen die Befugnis zur Eröffnung förmlicher Kriminaluntersuchungen zustände. Von Kircheisen und Innenminister Schuckmann trugen dies dem König vor, der tatsächlich mit

Kabinettsorder vom 30.9.1819 der „IUK" alle Rechte eines Gerichtes zusprach. Am 1.10.1819 teilten der Innen- und der Justizminister dies der Kommission mit. Hoffmann nahm dieses Schreiben am 6.10.1819 zu den Akten mit dem folgenschweren Satz: „soll nun dieser Anweisung gemäß überall verfahren werden." (Schnapp 1973, S. 121)

Die überlieferten Gutachten Hoffmanns machen deutlich, dass er mit großer Konsequenz auf die Fairness und Rechtsförmigkeit der Ermittlungen und die Sachlichkeit seiner juristischen Argumentation achtete. Bereits im Oktober und November 1819 votierte er in den ersten ihm zugewiesenen Fällen des Studenten Carl Ulrich und Franz Lieber, des Arztes Carl Bader und des Philologen Ludwig Roediger auf Freilassung. Die gegen sie erhobenen Vorwürfe waren entweder offensichtlich abwegig oder die tatsächlich nachweisbare Straftat reduzierte sich auf eine politische Provokation des Staates, die sie bereits mit der Untersuchungshaft mehr als abgegolten hatten. Selbst im Falle des Redakteurs Follen, dessen radikales politisches Pathos Hoffmann eher suspekt war, plädierte er auf Freilassung, weil Follen zweifellos aufrührerisch dachte, aber eben nichts Strafbares verbrochen hatte. Auch im Verfahren gegen Friedrich Ludwig Jahn, den Hoffmann für einen politischen Phantasten hielt, plädierte er aus gleichen Gründen – wenn auch ohne jeden Erfolg – auf Freilassung. Obwohl Hoffmann wenig Sympathie für den ethischen Rigorismus seiner ‚Inquirenten' aufbrachte, wurde er mehr und mehr zum Verteidiger der letztlich unschuldigen Opfer des absolutistischen Verfolgungswahns. Dabei war er nüchtern und pragmatisch genug, um zu erkennen, dass er die Beschuldigten nur retten konnte, indem er die minimale richterliche Unabhängigkeit nutzte. Entsprechend zog er sich auf seine professionellen Fähigkeiten und Möglichkeiten zurück. Durch akribische Recherche decouvrierte er die absurden und lächerlichen Tatvorwürfe der Polizei – oft nur rot unterstrichene Passagen in Briefen und Pamphleten, die angeblich verschwörerische Absichten beweisen sollten. Und er ließ sie gnadenlos durch das Raster des preußischen Strafrechts fallen. Was am Ende blieb, waren leichtere Vergehen, die zwar nicht den Freispruch, aber die unmittelbare Haftentlassung erlaubten.

Weil sich Hoffmann und seine Kollegen ihrer politischen Instrumentalisierung verweigerten und dies unter rechtstreuer Erfüllung der ihnen auferlegten Verpflichtungen zur Anwendung der Gesetze exerzierten, sah sich der König im November 1819 veranlasst, die „IUK" darauf hinzuweisen, dass es hier eigentlich um etwas Anderes ging, dass nämlich „die vollständige polizeiliche Aufklärung der Staatssache der nicht zu verrückende Hauptzweck des Geschäfts ist, die Verzweigungen der dem Staate höchst gefährlichen Verbindungen und Umtriebe so vollständig als möglich zu entdecken [...]; wogegen die Bestrafung einzelner Schuldigen zwar nöthig, aber in Beziehung auf das Ganze immer ein untergeordneter Zweck bleibt" (Schnapp 1969 III, S. 139). Und als auch dies die Kommission nicht zu politischer Raison brachte, unterstellte Friedrich Wilhelm III. sie am 6. Dezember 1819 einer Ministerialkommission unter dem Vorsitz Hardenbergs, zu der die Minister von Kircheisen, Schuckmann und Wittgenstein sowie der Geheime Kabinettsrat Albrecht gehörten. Referent war neben von Bülow jener Albert von Kamptz, der die Folie für den intriganten Spion Knarrpanti in Hoffmanns *Meister Floh* bildete und zu seinem Hauptgegner wurde. Die „IUK" blieb zwar weiterhin zuständig für die Ermittlungen und gab auch ein Votum ab, die Ministerialkommission entschied jedoch über die Entlassung und über die Haftbedingungen. Die Entscheidung des Königs stand nicht nur in klarem Widerspruch zu den der „IUK" zugewiesenen Rechten als Untersuchungsgericht, mit ihr war ein permanenter Konflikt geradezu angelegt, denn die Ministerialkommission weigerte sich in der Regel, die rechtlich begründeten Freilassungsverfügungen der „IUK" umzusetzen.

Der Konflikt fand seinen Höhepunkt im Verfahren gegen den sog. ‚Turnvater' Friedrich Ludwig Jahn im Jahre 1820. Nach etlichem Hin und Her zwischen den Instanzen berief sich die „IUK" auf ihre durch königliche Kabinettsorder geschaffene Position als „förmlicher selbstständiger CrimninalGerichtshoff mit allen Gerechtsamen und Prärogativen der LandesjustizCollegien [...], dessen rechtliche Beschlüsse rechtsgültige Kraft haben und behalten müssen." (ebd., S. 198) Im Namen der Kommission verlieh Hoffmann der Forderung, Jahn freizulassen, deutlichen Nachdruck. Er drohte mit dem Rücktritt: „Sollte auch dieser erneute Antrag unberücksichtigt bleiben so würden wir uns genöthigt finden Se. Majestät den König zu imploriren uns in der mittelst der oben erwähnten Allerhöchst⟨en⟩ CabinetsOrdres gegebenen Stellung aufrecht zu erhalten da eine andere Stellung die unsere nach rechtlicher Ueberzeugung gefaßten Beschlüsse ganz wirkungslos macht, als mit Unserm RichterAmt unverträglich uns veranlassen müßte, sofort um unsere Entlassung von der uns übertragenen richterlichen Commission zu bitten." (ebd.)

Die „IUK" erreichte aber nur einen Zwischenerfolg. Friedrich Wilhelm III. genehmigte den Antrag, Jahn zunächst auf die Festung Kolberg zu bringen und schließlich freizulassen. Auf Initiative der Ministerialkommission erließ der König am 5.3.1821 eine neue Kabinettsorder, in der die Ministerialkommission als Oberbehörde festgelegt wurde, deren Anordnungen die „IUK" zu folgen hatte. Damit war die „IUK" faktisch entmachtet.

In einem Brief an Hippel vom 24.6.1820 bringt Hoffmann die Motivation für sein rechtsstaatliches Engagement in der „IUK" auf den Punkt: Ihn irritiere zwar das „hirngespenstische Treiben einiger junger Strudelköpfe" (Hoffmann VI, S. 188), der Staatsmacht wollte er aber nicht mehr zugestehen, als „auf gesetzlichem Wege mit aller Strenge zu strafen und zu steuern." (ebd., S. 189) In keinem Falle aber wollte er Maßnahmen decken, die „nicht nur gegen die Tat, sondern gegen Gesinnungen gerichtet waren" (ebd.) und deshalb nicht Recht, sondern „heillose Willkür, freche Nichtachtung aller Gesetze, persönliche Animosität" (ebd., S. 188) bedeuteten. Der Jurist und der gesellschaftliche Grenzgänger Hoffmann wollte dem staatlichen Machtapparat nicht den Zugriff auf den höchstpersönlichen Bereich philosophischer, politischer und moralischer Auffassungen einräumen. Er bestand auf einem ‚Sicherheitsabstand' zwischen Staat und Individuum.

Das eindrucksvollste Beispiel für Hoffmanns Standhaftigkeit gegenüber der preußischen Ministerialbürokratie war sein Umgang mit einer Verleumdungsklage Jahns. Auslöser für diese Verleumdungsklage war ein Artikel, den von Kamptz am 15. Juli 1819, also kurz nach Jahns Verhaftung, in der *Haude-Spenerschen* und in der *Vossischen Zeitung* lanciert hatte. Dort wurde Jahn als Demagoge, Revolutionär und Verführer der Jugend diskreditiert, der sogar den politischen Mord billige. Jahn erreichte mit einer Klage gegen beide Zeitschriften, dass ihm der Verfasser des diffamierenden Artikels – von Kamptz – offenbart wurde, verklagte ihn am 19.11.1819 beim Kriminalsenat des Kammergerichtes auf Festungshaft und öffentliche Verbrennung der Schmähschrift. Weil die Herausgeber beider Zeitungen den Urheber des Pasquills preisgegeben und sogar einen Brief von Kamptz' zur Verfügung gestellt hatten, der seine Urheberschaft bewies, waren Jahns Verfahrenschancen sehr gut. Von Kamptz konnte sie auch nicht mit dem Argument entkräften, er hätte im Amte und auf Anweisung des Staatskanzlers gehandelt, denn der Artikel war anonym und ohne Unterschrift erschienen.

Für die preußische Regierung war eine Klage gegen den obersten Demagogenverfolger selbstverständlich eine Ungeheuerlichkeit. Entsprechend versuchte der Präsident des Kammergerichtes, Woldermann, Hoffmann mit juristisch fragwürdigen Argumenten zur Einstellung des Verfahrens zu bewegen. Dieser blieb jedoch standfest. Am 30.11.1819 verfügte Hoffmann mit einem ‚decretum ex conclusio', d.h. einer vom ganzen Kriminalsenat mitgetragenen Entscheidung, die Eröffnung des Beleidigungsverfahrens und lud von Kamptz wie einen normalen Beschuldigten vor. Hoffmann machte sich dabei das Argument seines Präsidenten zu nutze, von Kamptz hätte als Beamter gehandelt und wäre damit nur dem Disziplinarrecht unterworfen. Das Allgemeine Preußische Landrecht erkannte bei einer in Amtsfunktion begangenen Beleidigung nämlich auf Strafverschärfung. Hoffmann stützte sich dabei ausgerechnet auf ein Dekret, das in den vom Beschuldigten von Kamptz herausgegebenen *Jahrbüchern für Preußische Gesetzgebung, Rechtswissenschaft und Rechtsverwaltung* im Jahre 1815 veröffentlicht und kommentiert wurde. Und konsequenterweise konfrontierte Hoffmann von Kamptz' Dienstherrn, den preußischen Innenminister, bei Klageeröffnung mit der Frage, ob dieser eine disziplinarrechtliche Verschärfung der Strafe für angemessen halte.

Die Reaktion auf Hoffmanns forsches Vorgehen erfolgte umgehend: Sein Dienstherr, Justizminister von Kircheisen, wies ihn an, das Verfahren unverzüglich auszusetzen, da von Kamptz als Regierungsbeamter wegen seiner Diensthandlungen nicht den ordentlichen Gerichten, sondern lediglich dem König unterstellt wäre. Diese Anweisung veranlasste das Kammergericht jedoch lediglich dazu, seinen ministeriellen Vorgesetzten juristisch ‚vorzuführen'. Man wies ihm nach, dass er verfahrens- und materiellrechtlich irrte. Es existierte nämlich eine Königliche Kabinettsorder aus dem Jahre 1815, nach der „Entscheidungen durch Urtel und Recht" (Schnapp 1969 III, S. 163), d.h. juristische Sach- und Verfahrensentscheidungen, vom Weisungsrecht des Justizministeriums ausdrücklich ausgenommen waren. Und das Kammergericht hatte auch die Normen des Strafrechts auf seiner Seite, nach denen weder der Beamtenstatus von Kamptz' noch der Ausgang des Verfahrens gegen Jahn Einfluss auf die Zulässigkeit des Verleumdungsverfahrens hatte und nicht zur Straflosigkeit einer Verleumdung führe. Es sei vielmehr „ein abnormes den Gesetzen widersprechendes Verfahren, wenn ein Verbrechen öffentlich bekannt gemacht wird, dessen der Angeklagte weder überführt noch geständig ist" (ebd., S. 165).

Alle juristisch überzeugenden Argumente des Kammergerichts griffen jedoch nicht. Der Justizminister gab am 31.1./3.2.1820 die „wiederholte Anweisung", die Klage abzuweisen. Auch ein letzter Versuch des Kammergerichts, mit rechtlichen Argumenten Widerstand zu leisten, glückte nicht. Zwar stimmte es der Aussetzung des Verfahrens, nicht aber der Einstellung zu, „weil auch die höchsten Staatsbeamte nicht außer dem Gesetz gestellt, vielmehr demselben, wie jeder andere Staatsbürger unterworfen" (Hoffmann VI, S. 970) seien. Nur der König als oberster Richter, nicht aber die Ministerialverwaltung könne die Beendigung von gerichtlichen Verfahren verfügen. Friedrich Wilhelm III. verfügte am 13.3.1820 die Einstellung des Verfahrens gegen von Kamptz.

Seinen öffentlichkeitswirksamen Niederschlag fand Hoffmanns Abscheu gegen Spitzeltum und juristisch bemäntelte staatliche Willkür in seiner Erzählung *Meister Floh*. In dieser Erzählung wird der junge Held, Peregrinus Tyß, von einem intriganten Hofrat namens Knarrpanti – ein Anagramm für ‚Narr Kamptz' – beschuldigt, eine junge Frau entführt zu haben. Diese Entführung hat gar nicht stattgefunden, aber der Hofrat verspricht sich einen Schub für seine Karriere, wenn er nicht nur eine Tat erfindet, sondern auch noch einen Täter dazu liefert. Und nach einem denkwürdigen Verhör legt er dem Rat der Stadt Frankfurt ‚Beweismittel' vor: Die Briefe des Peregrinus, in denen er scheinbar verdächtige Passagen – wie das Wort „mordfaul" – rot unterstrichen hat und ein gesondertes Blatt, auf dem sie noch einmal zusammengefasst sind.

Große beamtenrechtliche Brisanz erreichte dieser fragwürdige methodische Ermittlungsansatz dadurch, dass er nicht auf eine Erfindung Hoffmanns zurückging, sondern ein beinahe wörtliches Selbstzitat Hoffmanns aus dem Verfahren gegen den Studenten Roediger darstellte, wo tatsächlich genau solche willkürlichen Unterstreichungen in rot den Hochverrat beweisen sollten. Doch während in Hoffmanns Erzählung die Vernunft und die Gerechtigkeit siegen – der lächerliche Hofrat wird vom Rat der Stadt Frankfurt als intriganter Betrüger entlarvt und davongejagt –, kommt es in der Realität des preußischen Obrigkeitsstaates für Hoffmann ganz anders: Von Kamptz erfährt von der geplanten Veröffentlichung des Buches bei dem Verleger Wilmans in Frankfurt und beginnt zu ermitteln. Hoffmann erfährt von den Ermittlungen und schreibt seinem Verleger, er möge die inkriminierten Passagen streichen. Der verängstigte Verleger liefert diesen Brief an die preußische Polizei, die Veröffentlichung der Passagen wird verboten und Hoffmann mit einem Disziplinarverfahren wegen Verstoßes gegen die Amtsverschwiegenheit und öffentlicher Verleumdung eines Staatsbeamten wegen Ausübung seines Amtes überzogen. In einer grandios formulierten Verteidigungsschrift wehrt sich Hoffmann gegen den Vorwurf mit einem Plädoyer für die poetische Freiheit – ob es ihn gerettet hätte, bleibt offen, denn Hoffmann stirbt im Sommer 1822, bevor das Disziplinarverfahren zu Ende gebracht werden konnte.

(Hartmut Mangold)

Systematische Aspekte

Arabeske

Eine wissenschaftlich exakte Definition des Begriffs *Arabeske*, der in vielen verschiedenen Bereichen der Kunst Anwendung findet, ist äußerst schwierig, da das Erscheinungsbild und die Voraussetzungen ihrer jeweiligen Ausprägung sehr stark differieren. In einem Lexikon der Bildenden Kunst findet sich folgender weit gefasster Begriff: „Arabeske (ital.): naturalisierendes plastisches Rankenornament in symmetrischer Anordnung aus der hellenistisch-römischen Antike; es wurde in einer abstrahierten flächenhaften Form von der islamischen Kunst übernommen und entwickelte sich zu einem ihrer charakteristischsten Ornamente: fortlaufende rhythmisch geschwungene Ranken, die durch Gabelblätter und Tierkörper hindurchlaufen und in Wiederholung, Aufrollung und Überschneidung zu dekorativem Füllwerk wurden. [...] Ihre Verbreitung ist durch das islamische Bilderverbot mitverursacht." (Kunstbrockhaus 1983, S. 63)

Richtungweisend für die neuere literaturwissenschaftliche Forschung zur Arabeske war Günter Oesterles Aufsatz *Vorbegriffe zu einer Theorie der Ornamente* (1984). Er stellt die Zusammenhänge zwischen den jeweils gültigen ästhetischen Normen und ihren entsprechenden Einschätzungen der Arabeske dar. Als Zeitpunkt für das aufkeimende Interesse an der Arabeske nennt er die Zeit kurz vor Ausbruch der Französischen Revolution. Von dieser Zeit an lasse sich ein ästhetischer Prozess beobachten, an dessen Beginn die gänzliche Verdammung der Arabeske durch die Aufklärung stehe und der übergehe in ihre teilweise Anerkennung durch den Klassizismus als „subordinierte Kunst" (G. Oesterle 1984, S. 133). Eine besondere Leistung der Arabeske besteht in ihrer Ermöglichung eines Moduswechsels, z. B. von der Fläche in die Tiefe, der vor allem in der Romantik erneut Bedeutung erhält (vgl. G. Oesterle 2000). Friedrich Schlegel versteht unter Arabeske ganz allgemein die fantastische Form eines sentimentalen Stoffes, die „Hindeutung auf das Höhere, Unendliche, Hieroglyphe der einen ewigen Liebe und der heiligen Lebensfülle der bildenden Natur." (Schlegel II, S. 334) Für das Verständnis der romantischen Arabeske gilt in

Anlehnung daran, dass sie als „Figur der produktiven Aneignung orientalischer, religiös motivierter Kunstformen" (Kotzinger 1994, S. 12) aufzufassen ist und dass das amimetische Prinzip der arabischen Ornamentkunst zum Programm einer neuen Literatur gemacht wurde, die zum Ausgangspunkt der Moderne avancierte. In der Romantik entwickelt sich die Arabeske zum Bild eines neuen Textmodells, das durch eine Verdopplung der Lesbarkeit gekennzeichnet ist und ein entsprechendes Lektüremodell voraussetzt (vgl. von Graevenitz 1994, S. 18–24). Dem entsprechen die arabesken Erzählstrukturen im Werk Hoffmanns, zu denen es allerdings nur wenige Untersuchungen gibt. Hynn-Sook Lee zufolge sind sie Ausdruck der idealen mythischen Welt in den Märchen Hoffmanns. Für Hoffmann bestehe das Wesensmerkmal der Arabeske in „Verschlingungen" fremdartigphantastischer „Figuren" und „Dinge" (Lee 1985, S. 244). Oesterle entdeckt die bei Hogarth als *line of beauty* bezeichnete Schönheitslinie, die *figura serpentinata*, in Hoffmanns Märchen *Der goldene Topf* in Form der Schlange Serpentina wieder: „Sie ist ein Tier und zugleich eine bildhübsche Frau im grünen Negligé, sie ist eine Kunstfigur und zugleich ein abstraktes Prinzip." (Oesterle 1991, S. 89) Das Arabeske ist, so Renate Lachmann, in vielen Texten Hoffmanns „die semantische Lineatur des Phantasmas" (Lachmann 2002, S. 19). Zieht man die Definition von Ingrid Oesterle für die literarische Arabeske zur Analyse des Romans heran, nähert man sich zentralen Konstruktionsprinzipien von Hoffmanns Roman: „Arabeske, literarische Arabeske, ist Umschrift per se: Umschrift im allein hörbaren Doppelsinn des Wortes von umschreiben und umschreiben." (Oesterle 1995, S. 187)

Diese Definition der Arabeske trifft den Kern der *Lebens-Ansichten des Katers Murr*, die als groß angelegtes erzähltechnisches Experiment Hoffmanns anzusehen sind. Der Text gilt „als einer der gelungensten arabesken Romane der romantischen Phase." (Hoffmeister 1994, S. 223) Das Verständnis von Arabeske als Umschrift ermöglicht einen Zugang zu einem seiner zentralen Themen, der im Roman selbst reflektierten arabesken Schreibverfahren – Schreiben, Um-Schreiben. Ein Blick auf die Grundstruktur der Arabeske in der bildenden Kunst, die durch gegenständliche Verdoppelung, spiegelnde oder reziproke Wiederholung und Gliederung durch bestimmte Formen gekennzeichnet ist (Kühnel 1977, S. 6), macht die arabeske Struktur schon in ihrer Anlage als Doppelroman augenfällig (vgl. Schäfer 2001).

Erster Anknüpfungspunkt für den Nachweis arabesker Strukturen in Hoffmanns *Kater Murr* ist die Frage nach dem Autor. In der islamischen Tradition der Arabeskenkunst gilt es als eine unabdingbare Voraussetzung, dass der Künstler anonym bleibt: „Man würde vergeblich fragen, wer die

Meister waren, die das System der Gabelblattranke zuerst zu reifer Blüte gebracht und die ihm später neue Möglichkeiten der Entfaltung geboten haben. Die Kunst der Arabeske ist in vollem Umfange anonym. Die Erinnerung an die Namen derer, die sich ihr widmeten, würde ihrer vornehmsten Aufgabe widersprechen: die Befreiung von der Vergänglichkeit irdischer Bindungen." (Kühnel 1977, S. 12)

Dagegen wird die Anonymität der Autorschaft in Hoffmanns *Kater Murr* Teil des fiktionalen Spiels, zu dem Hoffmann seine Leser auffordert. Hoffmann entwirft ein verweisendes Textgebilde, das den Zusammenhang von Kunstproduktion und -rezeption als unabschließbaren Prozess allegorisch darstellt. In seiner Doppelstruktur erscheint dieses Romangebilde als Allegorie des Lesens und Schreibens, als Löschen und als Unterlage. Der Text entwickelt eine Dynamik in zwei Richtungen: Anfang und Ende bilden eine inverse Kreisstruktur.

Die arabeske Semantik des *Katers Murr* deutet in ihrer Anlage eines Doppelromans auf die beiden Ebenen von simuliertem und konstruiertem Sinn der beiden biographischen Erzähllinien, die miteinander verschränkt werden. Die Verschränkung von Abbildhaftem, simuliertem Sinn, und spielerischer Kombinatorik, konstruiertem Sinn, ist Formprinzip der spätantiken naturalisierenden plastischen Rankenornamente. Die Akanthuswellenranke wird als Ornament von der islamischen Kunst übernommen und in ein amimetisches System transformiert, in dem sie zum Element eines bestimmten Rapportschemas wird. Dabei lässt sich ein enger Zusammenhang zwischen islamischen Arabeskenformen und den Schriftornamenten beobachten; die Schriftarabesken stehen in einem Spannungsverhältnis von Mimetischem und Abstraktem. Dieses Prinzip scheint aber auch schon den spätantiken Arabeskenursprüngen innegewohnt zu haben (Vgl. Meyer 1944, S. 36). Auch im Murr-Teil von Hoffmanns Doppelroman findet der Leser einen ironischen Hinweis auf die Arabeske in ihrer Ornamentform als Akanthusblatt. Der Kater Murr betitelt solchermaßen eine Sammlung von ihm in schriftlicher Form ausgedrückter Gedanken, deren inhaltliche Bedeutung ihm selbst verschlossen bleibt.

Hoffmann verschwindet als Autor hinter der von ihm selbst gewählten, fiktiven Rolle des Herausgebers. Im arabesken Spiel mit dem schreibenden Autor-Ich in (auto-)biographischer Form, mit Welt sowie mit der Reflexion über die formalen Bedingungen des Schreibens setzt Hoffmann Schlegels theoretische Option auf Welt- und Selbstreflexion in die poetische Praxis um. Das Spiel mit der Funktion *Autor* durch Thematisierung dieses Bruchs, die Ungewissheit gegenüber dem Zuschreibungsverhältnis zwischen Autor und Text sind Kennzeichen der literarischen Arabeske bei

Hoffmann. Das Herausgeber-Ich, das im Vorwort spricht, distanziert sich vom Autor; die fiktiven Autoren sind nicht identisch mit dem Autor Hoffmann, sie verdoppeln sich sogar. Murr ist nicht nur der Philister-Kater; er ist gleichzeitig auch der sich selbst reflektierende Autor. Diese Merkmale erinnern unweigerlich an die Formprinzipien der Arabeske in der bildenden Kunst, vor allem in ihrer romantischen, mehrdeutigen Ausprägung bei Philipp Otto Runge. Es geht Hoffmann dabei um die Konstruktion der sprachlichen Zeichen, die an der Oberfläche des Textkörpers den Leser mit Simulation ködern, um gleichzeitig den Vorgang als fingierten transparent zu machen und ihn als technische und künstliche Konstruktion zu entblößen.

Im Unterschied zu den an der Gothic Novel orientierten *Elixieren des Teufels*, denen das arabeske Konstruktionsprinzip als Spannung verstärkendes Mittel für den narrativen Plot dient, ist es im *Kater Murr* von grundlegender Bedeutung. Vorgeführt wird ein experimentelles Spiel mit literarischen Formen, medialen Bedingungen und sprachlichem Material, das durch die Herausgeberfiktion in zwei Halbromane fragmentiert und deren typografisch voneinander abgesetzte Elemente auf diegetischer Ebene heillos verwirrt sind. Der Text des *Katers Murr* als Konstellation signifikanter Zeichen entzieht sich einer eindeutigen Konfiguration, denn es lassen sich immer wieder verschiedene Lesarten des arabesken Gewebes denken.

(Bettina Schäfer)

Automaten

Mit Automaten ist Hoffmann wahrscheinlich 1801 im Danziger Zeughaus, dem „Danziger Arsenal" (Hoffmann IV, S. 409), direkt konfrontiert gewesen (vgl. Hoffmann IV, Kommentar, S. 1394). Auf dieses Ereignis rekurriert er in seiner Erzählung *Die Automate* (1814), die als Archiv, besser: als Kabinett oder Wunderkammer der zeitgenössischen Diskurse über Automaten und künstliche Menschen gelesen werden kann. Die „beunruhigende Faszination, die für Hoffmann, aber auch für seine Zeitgenossen, von den Automaten, den künstlichen Menschen, ausging" (ebd., S. 1392), kulminiert dabei in dem rätselhaften Ende der fragmentarischen *Automate*, das ungelöst das Automatenphänomen zwischen mechanisch akustischer Täuschung, „magische[n] Künste[n]" (Hoffmann IV, S. 412), „psychische[m] Rapport" (ebd., S. 415) und der „Sphärenmusik" (ebd., S. 421) einer „höhere[n] musikalische[n] Mechanik" (ebd., S. 420) einordnet. Gotthilf Heinrich Schuberts „Ansichten von der Nachtseite der Naturwissenschaft" (ebd., S. 421) werden dabei an die Seite der physikalisch-akustischen Vibrationstheorie Ernst Florens Friedrich Chladnis (1756–1827) gestellt.

Offen formuliert werden in der *Automate* auch die zeitgenössischen Befürchtungen, die sich mit dem Phänomen der Automaten verknüpfen und auf die Kulmination einer heterogenen Ideen- und Kulturgeschichte des künstlichen Menschen zu Beginn des 19. Jahrhunderts verweisen. Hermetisch-alchemistische Traditionen der Menschenschöpfung treffen dabei auf mechanistische Vorstellungen des menschlichen Körpers und werden sowohl von der philosophischen Anthropologie als auch von der Biologie gespiegelt, die beide wiederum noch von der Uhrwerksmetapher des 17. Jahrhunderts beeinflusst sind. Nach René Descartes' Überlegungen, den menschlichen Körper im Sinne eines Uhrwerks zu erklären, erreicht die mechanistische Auffassung vom Menschen in Julien Offray de La Mettries *L'homme machine* (1747) ihren Höhepunkt. Zwischen perfekt aufeinander abgestimmten Organen findet La Mettrie im menschlichen Körper keine Seele mehr. Komplementär dazu entwickelt sich der Diskurs über die Schöpfung künstlicher Menschen. Zwischen der Utopie einer göttlichen Nachschöpfung und Verbesserung der Natur sowie dem Phantasma von der Bewahrung des Selbst in einem unsterblichen künstlichen Körper und der unheimlichen Bedrohung durch künstliche Doppelgänger wird das Feld der Erwartungen, Hoffnungen und Ängste abgesteckt. Prekär ist dabei die Position der Frau, deren biologische Schöpfungsmacht zum einen umgangen wird und die zum anderen als Projektionsfläche des männlichnarzisstischen Begehrens dient (vgl. Gendolla 1980; Heckmann 1982; Sauer 1983; Drux 1986a; Drux 1986b; Drux 1988; Sutter 1988; Gendolla 1992; Dotzler/Gendolla/Schäfer 1992; Völker 1994; Wittig 1997).

Die Protagonisten Ludwig und Ferdinand beschleicht in *Die Automate* denn auch ein „unheimliche[s] grauenhafte[s] Gefühl" (Hoffmann IV, S. 399) angesichts täuschend echter Automatenmenschen und „lebendigtote[r] Wachsfiguren" (ebd., S. 400), und bis zum Schluss bleibt das Unheimliche und Geheimnisvolle der Automaten erhalten. Das entscheidende Spannungsfeld entsteht dabei zwischen dem Motiv des unsichtbaren Mädchens aus der Vergangenheit Ferdinands und dem „redende[n] Türke[n]" (ebd., S. 396), einer weissagenden „lebensgroße[n], wohlgestaltete[n] Figur, in reicher geschmackvoller türkischer Kleidung" (ebd.). In der Erzählung treten überdies sämtliche bekannten Erscheinungsformen der Automaten zu Beginn des 19. Jahrhunderts auf oder finden Erwähnung. Die meisten davon sind im Kabinett des „Professor X." (ebd., S. 411) zu finden, das als *mise en abyme* des Textes gelesen werden kann. Benannt werden Wachsfiguren, Nussknacker, Alraunen und Marionetten. Neben Spieluhren und neuen mechanischen Instrumenten besitzt der Professor auch die Maschinen von Jacques de Vaucanson (1709–1782), wie den *Flötenspieler* (1737), J.C. Enslens (1782–1866) „Voltigeur" (ebd., S. 400) oder die *Klavierspielerin* der Brüder Pierre und Henri Jacquet-Droz als Beispiel für ihre Miniaturandroiden, zu denen historisch auch ein ‚Schreiber' und ein ‚Zeichner' gehören. Das Konzept dieser Automaten ist dabei immer gleich. Es geht um die genaue Beobachtung und perfekte Imitation physiologischer Vorgänge, um die Betrachtung des Körpers als funktionierendes und mechanisch kopierbares Uhrwerk.

Dass nicht der namenlose Künstler, sondern der Professor der Schöpfer des Türken ist, wirft noch zwei historische Referenzen in der Geschichte vom Automatenmotiv auf. So verschmelzen in den beiden Figuren zum einen der Erfinder Vaucanson mit dem Sammler Gottfried Christoph Beireis (1730–1809) und zum anderen der Erfinder des berühmten *Schachtürken* (1768), dem Vorbild der Titel gebenden Automate, Wolfgang von Kempelen (1734–1804), mit dem reisenden Schausteller Johann Nepomuk Mälzel (1772–1837), der nach Kempelens Tod den Automaten übernimmt. Bekanntermaßen ist die Tatsache, dass in dem Schachautomaten ein Mensch versteckt war, erst spät gelöst worden. Noch Edgar Allan Poe versucht sich 1836 in seinem Essay *Maelzel's Chess Player* an dieser Lösung.

Das Motiv von der belebten Puppe wird auch in Hoffmanns „Kindermärchen" (Hoffmann IV, S. 241) *Nußknacker und Mäusekönig* (1816) ausformuliert. Der familiäre Rahmen und die diminutive Welt des Wunderbaren täuschen dabei über das bedrohliche Potenzial der Einschachtelung von Phantastik und Alltag, in der leblose Gegenstände zum Leben erwachen, hinweg (vgl. Neumann 1997b; Kremer 1999a, S. 89–100). Das mechanische Nussknacker-Spielzeug, animiert durch kindliche Phantasie, spielt dabei vor allem eine symbolische Rolle im Initiationsszenario der kleinen Marie. Der Nussknacker übernimmt, zum Teil hergestellt durch Ähnlichkeiten in Alltags- und Phantasierealität, zugleich die Rollen des Kindes, des Vaters und des Partners. Obendrein wird die mechanische Künstlichkeit des Nussknackers und seiner Spielzeugsoldaten gegen die grotesk-eklige Kreatürlichkeit des Mäusekönigs ins Feld geführt, ein Szenario, das als kindliche Abwehr der sexuellen Implikationen von körperlicher Reifung und Familie gelesen werden kann.

Eine dritte Variante des Automatenmotivs bei Hoffmann findet sich in dem Nachtstück *Der Sandmann* (1816). Die Puppe Olimpia ist wohl der bekannteste Automat in Hoffmanns Werk, belebt durch den mit einem

Fernglas verstärkten Blick des traumatisierten Nathanael. Während die Freundin Clara von diesem als „lebloses, verdammtes Automat" (Hoffmann III, S. 32) bezeichnet wird, schreibt er der Automatenfrau Olimpia ein tiefgründiges Gemüt zu, weil sie nur ‚Ach! Ach!' äußern kann. Die Figur der Olimpia setzt deshalb im Wesentlichen die *Pygmalion*-Geschichte aus Ovids *Metamorphosen* fort, die eine erotisch motivierte Perfektionierung der weiblichen Schönheit durch den Künstler und ihre göttliche Belebung zum Inhalt hat. Diese phantastische Figur zeigt den Automaten aber auch als ununterscheidbaren Doppelgänger des Menschen und etabliert damit einen Tenor des Unheimlichen, der sich bis in die Literatur und andere Künste und Medien der Gegenwart im Automatenmotiv und auch im Topos des Mad Scientists, der im *Sandmann* von Coppola und Spalanzani verkörpert wird, erhält.

Ausdrücklich als Konstrukteur von Automaten führt Hoffmann auch die zentrale, die Geschicke leitende Figur im *Kater Murr* (1819/21), Meister Abraham, ein, der ein „akustische[s] Zauberspiel" meisterlich beherrscht, „das später unter der Benennung des unsichtbaren Mädchens so viel Aufsehen gemacht" (Hoffmann V, S. 51) hat, und fügt damit dem Rätsel der *Automate* ein Puzzleteil hinzu.

(Arno Meteling)

Doppelgänger

Der Doppelgänger ist bei Hoffmann ein überaus häufiges Motiv in der Darstellung verschobener oder verweigerter Identität. Diese Grundprobleme der Hoffmannschen Figurenzeichnung erhalten in der Imagination des „Doppeltgängers" (wie Hoffmann zu schreiben pflegt) eine spezifische Form, die sich idealtypisch als Gegensatz zur Metamorphose auffassen lässt: Es geht nicht um die Verwandlung der eigenen Gestalt in eine fremde, sondern umgekehrt um das Erscheinen eines fremden Ich in der eigenen Gestalt. Im Unterschied zum burlesken Ausspielen des Verwechslungspotenzials, das die vorgängige Komödientradition des Doppelgängermotivs bestimmt (vgl. Moraldo 1996), rückt bei Hoffmann wie auch sonst in der Romantik das Problem der Unrechtmäßigkeit von Identitätszuschreibungen und damit einhergehend die mögliche Nivellierung des Unterschieds zwischen Original und Kopie ins Zentrum der literarischen Bearbeitungen. Dieser literarhistorische Umbruch lässt sich paradigmatisch an Kleists Doppelgänger-Schauspiel *Amphitryon* im Vergleich mit den älteren Versionen des Stoffes bei Plautus und Molière verfolgen.

Die früheste Erwähnung des Doppelgängers in Hoffmanns Tagebuch stellt das Phänomen in den Zusammenhang der (im Rausch verstärkten) Selbstpathologisierung und des Todes: „Alle Nerven irritiert von dem gewürzten Wein – Anwandlung von TodesAhndungen – DoppeltGänger –" (Hoffmann I, S. 341). Im Deutungsmuster der ‚Persönlichkeitsspaltung' wird somit der Doppelgänger zum Hauptakteur des Hoffmannschen ‚Wahnsinns' (vgl. Safranski 1984, S. 339f.). Titelgebend ist das Motiv in der Erzählung *Die Doppeltgänger*, die etwa gleichzeitig mit den *Elixieren des Teufels* entstand. In beiden Fällen sind Doppelgänger von entscheidender handlungsmotivierender Funktion. Im Roman wird die „ganz genaue Ähnlichkeit" (Hoffmann II/2, S. 217) zwischen Medardus und Viktorin einerseits genealogisch erklärt – die gemeinsame Abstammung der Halbbrüder aus einem sündigen Geschlecht steht letztlich für alle Verwicklungen der Romanhandlung ein –, andererseits erscheint das Double immer auch als mögliche Illusion des Protagonisten, als „Phantom bzw. Ich-Projektion" (Hildenbrock 1986, S. 135).

Die für weite Teile der literaturwissenschaftlichen Forschung einflussreiche psychoanalytische Deutungstradition des Motivs nennt dies die „abgespaltene Personifikation der als verwerflich empfundenen Triebe und Neigungen" (Rank 1914, S. 156), die in unheimlicher Weise aus „seelischen Urzeiten" zurückkehre (Freud XII, S. 248). In historischer Ergänzung dieser Lesart lässt sich die Doppelgängerfaszination mit der Problematisierung von Individualität in der zeitgenössischen Anthropologie (vgl. Fröhler 2004) oder dem übersteigerten Setzen auf Identität in der idealistischen Philosophie engführen (vgl. Troubetzkoy 1996, S. 59). Der Doppelgänger wird somit zum Wiedergänger, zum Gespenst jeglicher Ich-Logik, wofür die von Hoffmann im *Sandmann* verwendete Formel „verfluchter Doppeltgänger und Revenant" spricht (Hoffmann III, S. 36).

Gerade im *Sandmann* erweist sich aber auch jenseits der Verrechnung des Doppelgängermotivs auf „Sorge um Identität" (Forderer 1999, S. 52) seine poetologische Tragweite. So kann man mit Blick auf das komplexe, apparativ verstärkte Blickarrangement der Erzählung vom Konstruktionsprinzip einer „double projection" sprechen. Dabei handelt es sich um die Potenzierung des „double of reality", wie es in mimetischer Nachahmung entstehen soll, in Richtung auf ein „*Doppelgänger* narrative" im Sinne der „self-reflexive disposition of the tales of Hoffmann" (Webber 1996, S. 128f.). Da außerdem Hoffmanns bevorzugtes makrostrukturelles Verfahren, die Aufspaltung der Erzählinstanzen in Gesprächs- und Herausgeberfiktionen, schließlich in der Verfertigung des Doppel-Romans *Kater Murr* kulminiert, lässt sich verallgemeinernd feststellen, dass auch „der

Schreibprozess [...] Teil von Hoffmanns Doppelgängerproblematik" (Bär 2005, S. 259) ist. Wie sehr ein so verstandenes Doppelgängertum als Erschütterung der Einheit des Sinns (vgl. Kofman 1975, S. 162) auf allen Ebenen der literarischen Verfertigung eines Textes wirken kann, zeigt das Capriccio *Prinzessin Brambilla* mit der spielerischen Umsetzung des „chronischen Dualismus" (Hoffmann III, S. 893), der dem Protagonisten Giglio Fava attestiert wird und der dessen Selbstverdoppelungen als Schauspieler ebenso betrifft wie das karnevaleske und märchenhafte Projektionsspiel der Erzählung insgesamt (vgl. Kremer 1999a, S. 123–143).

Gegen eine restlose Formalisierung des Doppelgängermotivs zum Motor literarischer Selbstreflexion sprechen allerdings seine mimetischen Anteile, deren poetologische Bedeutung nicht zu unterschätzen ist. Gerade weil sich romantische Poesie in der Abkehr von Nachahmungsästhetik und in der Emphase originärer Autorschaft entwirft, artikuliert sie ihr damit einhergehendes Krisenbewusstsein in unabschließbarer Auseinandersetzung mit mimetischen Konzepten. Die Arbeit am Doppelgängermotiv ist Teil dieser Auseinandersetzung, was sich vor allem darin zeigt, dass die Alter-ego-Verkörperungen in der Regel höchst unerwünscht erscheinen und dem Ich ihr mimetisches Vermögen wie zum Hohn vorführen (vgl. die Schlussstrophe von Heines Gedicht *Der Doppeltgänger*: „Du Doppeltgänger! du bleicher Geselle, / Was äffst Du nach mein Liebesleid,/ Das mich gequält auf dieser Stelle,/ So manche Nacht, in alter Zeit?"). Die romantische Konjunktur des Doppelgängers lässt sich so gesehen als eine geradezu sozialpsychologisch begründete *Abwehr von Nachahmung* verstehen.

(Stefan Willer)

Fragment

Die universalpoetologische Begründung der Romantik (vgl. Schlegel II, S. 182) legt fragmentarische Gestaltungsformen insofern nahe, als mit der Abkehr von den Ganzheitsvorstellungen des 18. Jahrhunderts die infinite („sehnsüchtige") Reflexion auf die Bedingungen der Möglichkeit der Darstellung des Ganzen an die Stelle der Überzeugung von dessen faktischer Darstellbarkeit getreten ist. Der frühromantischen Theorie des Fragments zufolge lässt sich Totalität höchstens punktuell herstellen und keinesfalls verstetigen (vgl. Frank 1984, S. 215–217). Zugleich ist das Fehlende als Fehlendes dauerhaft präsent; darin besteht die spezifische „Macht des Abwesenden" (Valéry 1993, S. 57). Hoffmann macht sich dieses Konzept zum einen insofern zunutze, als sein poetisches Werk dem ‚Fragment' den Status einer literarischen Gattung zuweist. Das gilt etwa für die aus unterschiedlichen Fragmenten bestehende Erzählung *Der Magnetiseur*, für *Ein Fragment aus dem Leben dreier Freunde*, für die fragmentarischen *Lebens-Ansichten des Katers Murr*, die darüber hinaus das Fragment der „Biographie" Kreislers enthalten, oder für die späten Erzählungen *Die Irrungen* („Fragment aus dem Leben eines Fantasten") sowie *Die Genesung* („Fragment aus einem noch ungedruckten Werke").

Zum anderen setzt Hoffmann das Fragment als eine Art *pars pro toto* ein. Der fragmentarische Text stellt demnach immer zugleich einen Bezug zu den ihm fehlenden Teilen her (vgl. Dällenbach / Hart Nibbrig 1984, S. 14f.; Hartmann 1988). Es ist also nur konsequent, wenn der Ich-Erzähler in *Der Magnetiseur* die weiteren Textfragmente mit dem Hinweis ankündigt, die im Folgenden eingerückten ‚nachgelassenen Papiere' vervollständigten die Erzählung zu einer harmonischen (‚gerundeten') Einheit: „Bald fanden sich ein paar Blätter vor, die in kurzen hingeworfenen Notizen nach Art eines Tagebuchs Aufschluß über die Katastrophe gaben, in der ein ganzer Zweig einer bedeutenden Familie unterging. Durch die Zusammenstellung mit einem ziemlich humoristischen Aufsatz: Träume sind Schäume, und den Fragmenten zweier Briefe, die dem Maler auf ganz eigne Weise zu Händen gekommen sein müssen, rundet sich das Ganze." (Hoffmann II/1, S. 222)

Allerdings eignet dem Fragment Hoffmann zufolge nicht nur die Qualität, Widerschein des Ganzen zu sein. In bestimmter Rücksicht fungiert es bereits selbst *als* Ganzes – und qualifiziert sich so zu einer angemessenen Darstellungsform für die Paradoxien der Poetologie Hoffmanns, die das Wunderbare des Alltäglichen, die Normalität des Wahnsinns, die Gleichzeitigkeit von Bodenständigkeit und abgehobenem (‚genialem') Künstlertum oder die Zusammengehörigkeit des Unvereinbaren und Heterogenen propagiert (vgl. Kaiser 1988, S. 139). Hoffmanns Ganzheitsvorstellung geht von einer „kaleidoskopische[n] Natur" der Dinge aus, von einer mosaikartigen Organisationslogik von Geschichten, der zufolge die einzelnen Fragmente, also „die heterogensten Stoffe willkürlich durcheinander geschüttelt, doch zuletzt artige Figuren bilden." (Hoffmann IV, S. 720) An anderer Stelle ist etwa auch von den „mannigfachen Bildern der Camera obscura" die Rede, die die Vielgestaltigkeit der Welt abbilden und die auf den ersten Blick gelegentlich kaum zu „ertragen" (Hoffmann II/2, S. 12) sein mögen. Dass aus den Einzelheiten ein zusammenhängendes Ganzes wird, dass also „das gestaltlosscheinende, so wie du schärfer es ins Auge fassest, sich dir bald deutlich und rund darstellt" (ebd.) und „zu einem sinnigen bedeutungsvollen Ganzen" verbindet (ebd., S. 146), verantwortet nicht zuletzt der Rezipient, dessen Verstehensleistung eine für das erweiterte romantische Autorverständnis konstitutive Rolle spielt (vgl. Kaiser 1988, S. 140; Stockinger 2002).

(Claudia Stockinger)

Herausgeberfiktion

Das Phänomen der Herausgeberfiktion ist in der Romanliteratur des 18. Jahrhunderts überaus häufig anzutreffen. Auch E.T.A. Hoffmann bedient sich dieser Rahmenkonstruktion, die sich in entsprechenden paratextuellen Randbemerkungen (in Vorworten, in Fußnoten oder in Einschüben im Haupttext) manifestiert. So in den *Fantasiestücken* (1814/15), dem Capriccio *Prinzessin Brambilla* (1820) oder dem Märchen *Meister Floh* (1822). Zentrale Bedeutung gewinnt die Herausgeberfiktion in den beiden Romanen E.T.A. Hoffmanns *Die Elixiere des Teufels* (1814) und *Lebens-Ansichten des Katers Murr* (1820/22). Im Fall der *Lebens-Ansichten* kann man sogar sagen, dass mit ihnen die gesamte Tradition der Herausgeberfiktion zu einem Höhepunkt gelangt.

Das Prinzip der Herausgeberfiktion besteht kurz gesagt darin, dass der reale Autor seine Autorschaft verneint (vgl. Genette 1992, S. 173) und behauptet, er sei bloß der Herausgeber. Im Fall der Herausgeberfiktion soll der Leser – anders als bei fingierter Herausgeberschaft – jedoch nicht getäuscht, sondern in ein literarisches Spiel gezogen werden, das ihn im Unklaren lässt und so zur Bildung eines reflektierten „Fiktivitätsbewusstseins" (Berthold 1993, S. 123) beiträgt. Dabei wird die Frage nach dem (realen) Autor in die Frage nach dem (fiktiven) Herausgeber moduliert (vgl. Wirth 2008).

Das kann man an Rousseaus berühmtem Vorwort zur *Nouvelle Héloïse* (1761) feststellen, in dem offen bleibt, ob der Briefwechsel, als dessen Herausgeber Rousseau auftritt, echt oder erdichtet ist. Dergestalt wird die in der Briefromanliteratur häufig anzutreffende Authentizitätsfiktion ironisiert. Außer in Briefromanen kommen Herausgeberfiktionen im Rahmen von Manuskript- und Archivfiktionen vor. Hier sind vor allem der *Don Quijote* (1605/15) des Cervantes und der *Robinson Crusoe* (1719) von Defoe zu nennen. Diese Traditionslinie setzt sich über Schnabel und Wieland bis zu Brentano und Jean Paul fort. Brentanos *Godwi* (1800/02) und Jean Pauls *Leben Fibels* (1811) setzen neue Maßstäbe in Sachen Herausgeberfiktion. Insbesondere das Konstruktionsprinzip von *Leben Fibels* scheint eine Inspirationsquelle von E.T.A. Hoffmanns *Lebens-Ansichten des Katers*

Murr gewesen zu sein: In beiden Romanen werden – als Reflex auf die romantische Vorliebe fürs Fragmentarische – Fragmente rearrangiert; in beiden Romanen ist aber auch eine transzendentalpoetische Reflexion auf das Schreiben und den Umgang mit Geschriebenem festzustellen.

In *Leben Fibels* werden Papierschnipsel einer bereits geschriebenen Biographie Fibels von der Herausgeberinstanz gesammelt und dem Leser als Konvolut verstreuter Schriften präsentiert. In den *Lebens-Ansichten des Katers Murr* gesteht der Herausgeber – eine Instanz, die wie in *Leben Fibels* mit dem Namen des realen Autors unterschreibt, zugleich aber Teil der fiktiven Welt des Romans ist –, dass beim Abdruck des Romans ein Missgeschick geschehen sei: Das autobiographische Manuskript des schreibenden Katers sei mit einem bereits gedruckten Buch, der Biographie des Kapellmeisters Kreisler, durcheinander geraten und zusammen abgedruckt worden. Der Grund für dieses „Versehen" (Hoffmann V, S. 12) ist, so erfährt man im „Vorwort des Herausgebers", seine Unzuverlässigkeit. Er hat das ihm zur Publikation anvertraute Manuskript offensichtlich nicht gelesen, ja, nicht einmal durchgesehen – sonst hätte er die Differenz zwischen Hand- und Druckschrift bemerken müssen. Damit stellen die *Lebens-Ansichten* die hinlängliche Definition der editorialen Tätigkeit in Frage: Prinzipiell ist ein Herausgeber – gleichgültig, ob faktual oder fiktional – dadurch definiert, dass er der erste Leser von bereits Geschriebenem ist und die Möglichkeit des korrigierenden Umschreibens respektive des kommentierenden Dazuschreibens hat. So bemerkt der Herausgeber der *Elixiere des Teufels*, er habe „die Papiere des Capuziners Medardus recht emsig durchgelesen, welches mir schwer genug wurde, da der Selige eine sehr kleine, unleserliche mönchische Handschrift geschrieben" (Hoffmann II/2, S. 12). Der Hinweis auf die schwere Lesbarkeit markiert zugleich die Aufgabe des Herausgebers: Er sorgt dafür, dass aus der unleserlichen Handschrift eine leserliche Druckschrift wird.

In den *Lebens-Ansichten* wird die Lesbarkeit des Drucktextes dagegen durch die mangelnde Sorgfalt des Herausgebers erschwert: Der autobiographische Lebensbericht des Katers wird immer wieder durch Ausrisse aus der Biographie Kreislers unterbrochen, da der Kater das gedruckte Buch „teils zur Unterlage, teils zum löschen" (Hoffmann V, S. 12) verwendet hatte. Der fiktive Herausgeber korrigiert das „zusammengewürfelte Durcheinander" (ebd., S. 11) nun nicht etwa, sondern kommentiert lediglich seine eigene Unzulänglichkeit, indem er jeden Bruch im Drucktext durch die Kürzel „Mak.Bl." (Makulaturblatt) und „M.f.f." (Murr fährt fort) markiert. Dergestalt wird die Unzuverlässigkeit des Herausgebers zur Begründung einer provokanten Romanstruktur. Mehr noch: Die *Lebens-*

Ansichten thematisieren auf ganz neue Weise den Akt der Publikation (vgl. Červenka 1971, S. 144), durch den die Handschrift in Druckschrift verwandelt wird. Dabei kommt – und hier steht Hoffmann in einer Linie mit Brentano und Jean Paul – die Instanz des Druckers als Sachwalter eines „typographischen Dispositivs" (Wehde 2000, S. 14) ins Spiel. Dies zeigt sich daran, dass das wegen seiner eklatanten Unbescheidenheit unterdrückte Vorwort des Katers dennoch abgedruckt wird. In der Nachschrift des Herausgebers – „Das ist zu arg! – Auch das Vorwort des Autors, welches unterdrückt werden sollte, ist abgedruckt!" (Hoffmann V, S. 17) – kommt seine diskursive Ohnmacht zum Ausdruck: Der Herausgeber hat seine Funktion als letzte Instanz der „Schriftverantwortlichkeit" (Bunia 2005, S. 391) eingebüßt.

(Uwe Wirth)

Ironie / Humor

Ironie ist auch bei Hoffmann ein Modus der Versprachlichung von Welt in Form einer gleichzeitigen Gegenrede (vgl. Japp 1983, S. 327). Sie resultiert aus den Widrigkeiten und Kontrasten des Lebens, die durch poetische Reflexion und ästhetisches Spiel in ihrer Bedingtheit gezeigt werden. Ironie ist die Sprachform der Ambivalenz, wie bei Friedrich Schlegel eine Denkform des Paradoxen, bei Hoffmann im Unterschied aber zur frühromantischen Begründung weniger eine transzendentalpoetische Kategorie als vielmehr ein narrativer Modus der Relativierung aller Einseitigkeiten. Sie ist der Effekt einer literarischen Selbstreflexion, die das Ästhetische und Illusionäre der Wirklichkeit wie der Imagination präsent hält, um beide Bereiche zugleich in ihrer jeweiligen Geltung ironisch zu relativieren. Von Beginn an ist die Ironie ein zentraler Modus zur Selbstdarstellung der produktiven Einbildungskraft im poetischen Prozess des Schreibens, der zwischen Illudierung und Desillusionierung oszilliert. Ironie funktioniert damit „als inhaltlich instrumentalisiertes und formal funktionalisiertes Medium einer Erfahrung, die im uneigentlichen Entwurf eines unerreichbaren Ideals zu sich selber findet. Ironie bildet das Form gewordene Bewußtsein dieses existentiellen Dualismus, Montage und Selbstreflexion Faktoren seiner ästhetischen Organisation." (Schnell 1989, S. 26) Sie ist damit ein „gleichsam unstoffliches Gefüge von Strukturen, die einander zurücknehmen und widersprechen, spiegeln und in Frage stellen." (ebd., S. 37)

Hoffmann hat keine Theorie der romantischen Ironie wie etwa Friedrich Schlegel formuliert. Ironie ist bei ihm konkreter in der poetischen

Praxis zu fassen. Grundsätzlich werden also die poetologischen Reflexionen auf Formen des Komischen poetisch verhandelt, wie hoch auch immer man den diskursiven Anteil etwa in Kunstdialogen wie *Seltsame Leiden eines Theaterdirektors* einschätzen mag. Die ausschließliche Bezugnahme auf Ironie noch in den *Fantasiestücken* – z. B. im Eingang von *Jacques Callot*, resultierend aus dem „Konflikt" des „Menschliche[n] mit dem Tier" (Hoffmann II/1, S. 18) – wird im Laufe der Werkgenese zunehmend an den Komplementärbegriff des Humors gekoppelt. Über das Lachen ist der Humor stärker an den Körper und damit an das empirische Leben gebunden. Im Spätwerk, so in *Prinzessin Brambilla* oder in *Seltsame Leiden eines Theaterdirektors*, reflektiert Hoffmann die Ironie nicht selten in eins mit dem Humor als Doppelformel. Beide Begriffe werden dabei nicht notwendig distinkt gebraucht, auch wenn man generell eine bestimmte Verschiebung von der Ironie als einer negativen Sprachfigur der Differenz hin zum Humor als einer positiven Haltung der Versöhnung beobachten kann. Zumindest wird der Humor und seine Gebundenheit an den Körper und an das konkrete soziale Leben im Spätwerk sehr viel stärker verhandelt, wobei nun auch die Satire als Modus der kritischen Entlarvung von Missständen durch Übertreibung hinzutritt.

Die uneinheitliche Verwendung geht u. a. auch darauf zurück, dass Hoffmann poetologische Explikationen in die poetischen Werke und so nach Maßgabe ihrer perspektivischen Organisation integriert. Im Unterschied zur transzendentalpoetischen Begründung bei Friedrich Schlegel geht es um konkrete Gegensätze im chronischen Dualismus des Menschen. Eine Gemeinsamkeit zur frühromantischen Ironie besteht darin, dass sie auch für Hoffmann den Varianten der Selbstreflexion, also der Beobachtung zweiter Ordnung den Namen gibt. Es gibt keine festen Letztgewissheiten: weder in der inneren Realität der Fantasie noch in der äußeren Realität der empirischen Wirklichkeit, auch wenn sich beide Sphären in Spätwerken wie *Prinzessin Brambilla* in einem angestrebten dritten Ort wiederum wechselseitig ausbalancieren. Ironie ist dann die komische Reflexionsfigur der Differenz, Humor die komische Haltung der Synthese. Im Unterschied zum poetischen Realismus verfestigt sich der Humor bei Hoffmann allerdings nie zum Behagen und damit zum gemütlichen Trost gegenüber den Widrigkeiten der empirischen Welt.

Die von der Hoffmann-Forschung behauptete Verschiebung von der primären Reflexion auf die Ironie im Früh- hin zur versöhnenden Synthesefigur des Humors im Spätwerk wird gelegentlich problematisiert. Das Verhältnis ist tatsächlich eher als Interferenz denn als Gegensatz zu begreifen, zumal Hoffmann gerade im Spätwerk die Virulenz des jeweiligen

Gegenbegriffs demonstriert, wenn „Ironie gilt und echter Humor" (Hoffmann III, S. 911). Wie auch immer beide Formen des Komischen begrifflich unterscheidbar sind (vgl. Feldges/Stadler 1986, S. 131), kann man sie dennoch nicht hierarchisieren oder gar gegeneinander ausspielen. So darf auch der humoristische Aspekt in einer allzu modernistischen Auffassung, die das differenzielle Spiel gegenüber der versöhnlichen Stillstellung betont, nicht unterschlagen werden.

Allerdings ist auch im Spätwerk die Spannung, also der Gegensatz von negativer Unversöhntheit in *Kater Murr* und positiver Versöhnungsidee in *Prinzessin Brambilla*, nicht zu verkennen. Das Missverhältnis zwischen innerem Leben und begrenzender Realität, das die Ironie anzeigt, bleibt in *Kater Murr* tatsächlich negativ bestehen, weil Hoffmann hier „unversöhnt gelassen hat, was er an Dualismen, Widersprüchen und Zwiespältigem in der empirischen Wirklichkeit sah" (Schnell 1989, S. 41). Dies ist derjenige Schritt der Desillusionierung, der über die Frühromantik in der Nicht-Vollendung des Fragments hinausführt. Dass Hoffmann seine Märchen in einem Atem Werke der Ironie und des Humors nennt, ist also keineswegs tautologisch, weil sich die angewandte Phantasie des Humors mit der freien Phantasie der Ironie verbindet. Die Ironie allein, so Hegels Kritik an Hoffmann, „löst den Charakter auf, vervielfacht ihn und macht ihn zugleich leer" (Japp 1983, S. 215). Ironie ist das Bewusstsein der Duplizität und Relativität, das sich in jedem Menschen geltend macht, während der Humor als dessen Bewältigung funktioniert. Die Bilder der Phantasie können dabei erst im Spiegel der Faktizität zum deutlich erfassten Bild werden. Zeigt die Ironie im Zwiespalt die Offenheit des Menschen, die nicht einverstanden ist mit der Gültigkeit des Vorhandenen, ist der Humor die Folge und zugleich die Form der Bewältigung der Ironie. „Der Humor ist voll Erkenntnis dieses seltsamen Organismus der menschlichen Natur" und „erkennt lachend auch noch die Ironie, er sieht, wie sich die Faxen des ganzen Seins hienieden wechselseitig bedingen, weil er, als volle Erkenntnis, beiderlei Faxen auf die Grundbedingung der Duplizität bezieht." (Preisendanz 1963, S. 73f.) Damit wäre auch der Humor dialektisch zu verstehen. Und diese Struktur ist Wolfgang Preisendanz zufolge bereits im *Goldenen Topf* und nicht erst in den späten Märchen angelegt. ‚Wiederzuerkennen' sei bereits hier das entscheidende Wort: Das wunderbar herrliche Reich, zu dem die Himmelsleiter der Phantasie emporstrebt, liegt dem alltäglichen Leben näher, als der Mensch glaube. Es gehört eigentlich in dieses gewöhnliche Leben hinein. Dies zu erkennen, hängt von der Fähigkeit des Wiedererkennens durch den Humor ab, nachdem alles Wirkliche durch die Ironie als ambivalent gezeigt worden ist. Auf jeden Fall aber ist für Hoffmann der enge Zusammenhang von Ironie und Humor von zentraler Bedeutung. Sie bilden „eine Art innerer Verwandtschaft, in der Scherz und Kritik, Witz und Destruktivität, Heiterkeit und Negation sich aufs engste verbinden." (Schnell 1989, S. 38) Hoffmanns Distanz zu seinen Figuren bedingt, dass es kein eindimensionales und damit auch kein eindeutiges Verhältnis von Ironie und Humor gibt. Sie sieht vielmehr „Übergänge und Nuancen, Schattierungen und Differenzierungen zwischen den beiden verwandten Haltungen, die Anteile der jeweils anderen in sich aufnehmen, die mit anderen Formen des existentiellen Lachens und Verlachens sich mischen und dadurch selber qualitativ sich verändern können." (ebd.) Erscheint einmal die Ironie „als negatorische Ausdrucksform der Selbstentzweiung", so ein andermal als eine „abgeleitete Potenz des ‚Humors', der sich lachend über sich selber zu erheben vermag, indem er sich selbst erkennt und zugleich die Widersprüche des Lebens." (ebd., S. 38f.) Diese Offenheit hängt nicht zuletzt damit zusammen, dass mit den Begriffen keine bestimmten Inhalte verbunden werden. Sie sind vielmehr abhängig von der jeweiligen Perspektive, bedingt durch die Situation der Wahrnehmung. Deshalb können Hoffmanns Figuren – vom Erzähler bis zu den Protagonisten – unterschiedliche Auffassungen vertreten, ohne dass damit die Sympathie des Autors etwa mit dem Kapellmeister Kreisler dessen Ansichten und Argumente ins Recht setzen würde. Es geht Hoffmann um „Offenheit und Übergänge. Wo Definitionen sich finden, entstammen sie dem Wahrnehmungshorizont seines epischen Personals, die Autoritäten des Erzählprozesses eingeschlossen. Es geht um Perspektivierung und Relativierung des Blicks, der auf die Welt fällt." (ebd., S. 39)

(Stefan Scherer)

Groteske und Pathos

Von Friedrich Schlegel zum „*Wesen* der Poesie" (Schlegel XVI, S. 272) erklärt, nimmt das Groteske einen wichtigen Stellenwert in der frühromantischen Reflexion literarischen Schreibens ein. Trotzdem hat Schlegel, wie die Jenaer Romantik insgesamt, keinen systematischen Begriff des Grotesken entwickelt. Die Rede vom Grotesken dient dazu, ein absolut gesetztes „grauses Chaos" zu feiern, das „so bizarr als möglich" (Schlegel II, S. 248) ausfallen sollte, sei es in der Französischen Revolution oder in der Kunst anzutreffen. „Ohne Sinn fürs Groteske giebts keine Universalität. Groteske ist Universalspiel" (Schlegel XVIII, S. 116). Demgegenüber fällt Hoffmanns Verständnis vom Grotesken, das am ausführlichsten zu Beginn seiner *Fantasiestücke in Callot's Manier* zum Ausdruck kommt, kunsthistorisch präziser aus: „Die Ironie, welche, indem sie das Menschliche mit dem Tier in Konflikt setzt, den Menschen mit seinem ärmlichen Tun und Treiben verhöhnt, wohnt nur in einem tiefen Geiste, und so enthüllen Callots aus Tier und Mensch geschaffne groteske Gestalten [...] alle die geheimen Andeutungen, die unter dem Schleier der Skurrilität verborgen liegen" (Hoffmann II/1, S. 18). Jene „überreichen aus den heterogensten Elementen geschaffenen Kompositionen", die der Erzähler hier als Vorbild anruft, sollen als Zeugnis einer „romantischen Originalität" verstanden werden, die dem Dargestellten „etwas fremdartig Bekanntes gibt" (ebd., S. 17). Durch diese Engführung des Grotesken mit Novalis' programmatischer Formel des Romantisierens – „dem Bekannten die Würde des Unbekannten" geben (Novalis II, S. 545) – werden Form und Funktion des Grotesken in den Rang einer ästhetischen Kategorie erhoben, die erstens als genuin romantische gelten darf und zweitens als poetologisches Programm. Eben dieses Programm, das Groteske als ästhetische Theorie zu nutzen bzw. Ästhetik und Poesie in Begriffen des Grotesken zu beschreiben, ist Hoffmann und der Frühromantik gemein.

Isoliert man die Komponenten, die Hoffmann an den Anfang seiner *Fantasiestücke* gesetzt hat, so ergibt sich ein Merkmalskatalog, der noch in der gegenwärtigen Forschungsliteratur – etwa im *Reallexikon der deutschen Literaturwissenschaft* (1997) – zur Kennzeichnung des Grotesken dient: Skurrilität, Ironie, Hyperbolik und Heterogenität, die als Kreuzung von Mensch und Tier, von Fremdem und Vertrautem, von Alltäglichem und Phantastischem sowie von Komik und Ernst konkretisiert werden (vgl. Hoffmann II/1, S. 17f.). Neben diesen motivischen und wirkungsästhetischen Komponenten stellt die Prosa Hoffmanns insgesamt eine Heterogenität des Erzählens aus, die auf eine groteske Zerstörung der Form zielt; am konsequentesten umgesetzt findet sich dies in den *Lebens-Ansichten des Katers Murr*.

Schon in der zeitgenössischen Rezeption entfaltet Hoffmanns kurze Eloge auf das Groteske und seine narrative Umsetzung eine beachtliche Wirkung. In seinem Aufsatz *On the Supernatural in Ficticious Composition* (1827) bezeichnet Walter Scott Hoffmann als Erfinder des ‚Übernatürlich-Grotesken': „Thus he was the inventor, or at least the first distinguished artist who exhibited the fantastic or supernatural grotesque in his compositions" (Scott 1968, S. 335); aus Charles Baudelaires *De l'essence du rire généralement du comique dans les arts plastiques* (1857) geht Hoffmann ebenfalls als Meister des Grotesken hervor.

1930 erscheint mit Elli Desalms Dissertation *E.T.A. Hoffmann und das*

Groteske die erste literaturwissenschaftliche Monographie zum Thema. Sie sieht die Differenz von Realistik und Phantastik als Möglichkeitsbedingung des Grotesken und macht es in einem Durchgang durch Hoffmanns Werk an Elementen wie der Figurenführung, dem formalen Aufbau und an vielfältigen Motiven wie etwa dem Traum und dem Doppelgänger fest. Wolfgang Kaysers 1957 erstmals erschienene Arbeit *Das Groteske. Seine Gestaltung in Malerei und Dichtung* führt neben Edgar Allan Poes *Tales of the Grotesque and Arabesque* (1840) die *Nachtstücke* Hoffmanns als Kardinalbeispiel einer romantischen Erzählkunst an, die schlechterdings „alle Arten des Grotesken" (Kayser 1957, S. 76) pflege, die seit dem 16. Jahrhundert kursierten. In Abgrenzung von Kayser, an dessen Hoffmann-Lektüre er die Überbetonung des Grauens kritisiert, legt Thomas Cramer 1966 eine weitere Monographie zum *Grotesken bei E.T.A. Hoffmann* vor. Sie knüpft vielfach an Desalms Ergebnisse an, geht aber darüber hinaus, indem die Opposition von Realistik und Phantastik auf die Sprache übertragen wird: Cramer unterscheidet einen „pathetisch-gehobenen" Stil, den er im Bereich des Phantastischen ansiedelt, von einem „alltäglich niederen" und leitet aus deren Zusammenspiel „Hoffmanns Poetik der Groteske" (Cramer 1966, S. 38, 77) ab. Der auf Aristoteles zurückgehende Begriff von Pathos als dargestelltem Leiden tritt dabei hinter das rhetorische Ideal des hohen Stils zurück, der Pathos und ‚Höhe' in eins setzt. Dominique Iehls kurzer Beitrag zum Phantastischen und Grotesken in den *Nachtstücken* bietet demgegenüber keinerlei Neuerungen (vgl. Iehl 1992).

In jüngerer Zeit hat vor allem Detlef Kremer die Forschung zum Grotesken bei Hoffmann intensiviert. Im Anschluss an Michail Bachtins 1965 auf Russisch, 1987 auf Deutsch erschienene Arbeit *Rabelais und seine Welt*, wo die „romantische Groteske" und das Werk Hoffmanns in die Tradition frühneuzeitlicher Groteskenliteratur gestellt werden (vgl. Bachtin 1987, S. 87–96), beobachtet Kremer eine starke Formalisierung grotesker Motive bei Hoffmann. Zu ihnen zählen Hybridbildungen aus Mensch und Maschine bzw. Marionette, die Tendenz zur Verwandlung oder Verdopplung der Figuren, Bildhäufungen sowie die Inszenierung von Maskeraden, Maskenbällen und vom Karneval (vgl. Kremer 1998a, S. 95). Hinzu treten die zentrale Figur der Inversion, die alle alltäglichen Bezüge ins Gegenteil verkehrt, und damit zusammenhängend eine Funktionsbestimmung, die die von Victor Hugo im *Cromwell* (1827) geäußerte Beziehung der Komplementarität von Groteskem und Erhabenem präzisiert: „Alle elementaren Figuren grotesker Ästhetik zielen auf eine Inversion des Erhabenen" (Kremer 1995, S. 15). Hier ist der Akzent weniger auf die groteske Opposition gegen Machtinstanzen wie Kirche und Staat gelegt, die Bachtin geltend macht, sondern auf den Widerstand gegen die ästhetischen Normen des Klassizismus bzw. Idealismus, der umso wirkungsvoller zum Ausdruck kommt, je heftiger der Zusammenprall von „Pathos und Groteske" (ebd.) ist.

(Claudia Lieb)

Identität / Ich-Auflösung

Die um 1800 im Rahmen des deutschen Idealismus entwickelten Konzepte von Selbstidentität werden in weiten Teilen durch die Romantik konterkariert. Der identitätsphilosophischen Vorstellung, in erster Linie formuliert durch Johann Gottlieb Fichte, nach der die Einheit von Ich und Nicht-Ich ein absolutes Ich darstellt, hält die romantische Literatur den differenten Charakter moderner Identität entgegen (vgl. Taylor 1994). Dabei wird die Prozesshaftigkeit identischer Subjektivität als ein Vorgang begriffen, bei dem Bildung und Auflösung von Identität als unabschließbares Geschehen aufeinander bezogen sind. Im Gegensatz zu Schillers Person-Zustand-Modell (vgl. Schiller NA XX, S. 341), das er in seiner Schrift *Über die ästhetische Erziehung des Menschen in einer Reihe von Briefen* (1795) entwickelt und welches eine konstante Verknüpfung von Ich-Bewusstsein und Veränderung vorsieht, gibt sich Hoffmann nicht mit der bloßen Feststellung einer auf Differenz abgestellten Identitätskonzeption zufrieden und bezweifelt die Utopie von der Integrität personaler Identität, mit der Schiller die psychischen Gefährdungen, die aus einer prekären Identität erwachsen, überwinden will.

In einem Tagebucheintrag vom 06.11.1809 heißt es unter der Überschrift „Sonderbarer Einfall auf dem Ball am 6": „Ich denke mir mein Ich durch ein VervielfältigungsGlas – alle Gestalten die sich um mich herum bewegen sind Ichs und ich ärgere mich über ihr tun und lassen ppp" (Hoffmann I, S. 375). Es zeichnet sich hier eine ambivalente Signatur der Identitätsproblematik ab. Der spielerischen Thematisierung, in der motivischen Ausprägung durch Rollenspiel, Maskierung und Verwandlung, steht die das Katastrophische betonende Darstellung problematischer Identität in Form von Ich-Spaltung, Doppelgängertum, Ich-Auflösung bis hin zu Wahnsinn gegenüber (vgl. Steinecke 2004, S. 268f.). Es ist dabei zu beachten, dass das Phänomen der Ich-Multiplizierung zunächst nicht gegen einen normativen Gesundheitszustand ausgespielt, sondern als einem gesunden Zustand zugehörig beschrieben wird. Die psychische Dynamik, die sich als ein Unbewusstes vollzieht, formt die Basis für den Prozess sowohl der Identitätsbildung als auch der Ich-Spaltung bzw. -Auflösung. Entsprechend erscheint das Unbewusste als Bezugsgröße für die Entdeckung seelischer Vielschichtigkeit und der Möglichkeiten multipler Identifikationen. Der Komplexität des Innenlebens korrespondiert in Hoffmanns literarischer Praxis die Auflösung von einfachen Identitätsrelationen in Metamorphosen und Multiplikationen, die durch die Öffnung eines imaginären phantastischen Raums möglich werden. Die Beziehungen der Figuren und die Problematik der Identifikation ergeben sich durch eine strukturelle Verschränkung von Zeitebenen und Raumordnungen, die das poetologische Prinzip der Imagination regelt. Daraus resultiert eine breit gefächerte Perspektivierung, welche die Polyvalenz und Selbstreferentialität der Hoffmann'schen Texte prägt. Sie ist an eine zerstreute Form der Wahrnehmung im Allgemeinen und der Selbstwahrnehmung im Besonderen gebunden. So geht die Ununterscheidbarkeit von fiktiver Wirklichkeit und phantastischer Traumwelt einher mit einer massiven Verwirrung der Figurenidentitäten.

In *Die Elixiere des Teufels*, einem für die ganze Identitätsproblematik bei Hoffmann paradigmatischen Text, stellt der Ich-Erzähler bestürzt fest: „Mein eignes Ich zum grausamen Spiel eines launenhaften Zufalls geworden, und in fremdartige Gestalten zerfließend, schwamm ohne Halt wie in einem Meer all' der Ereignisse, die wie tobende Wellen auf mich hineinbrausten. – Ich konnte mich selbst nicht wieder finden! […] Ich bin das, was ich scheine, und scheine das nicht, was ich bin, mir selbst ein unerklärlich Rätsel, bin ich entzweit mit meinem Ich!" (Hoffmann II/2, S. 73)

Einer paradoxen Logik folgend, nach welcher der Mönch Medardus zugleich mit sich selbst identisch und nicht-identisch ist, wird hier das „unerklärlich[e] Rätsel" der Identität in skeptischer und pessimistischer Weise als ein „grausame[s] Spiel eines launenhaften Zufalls" (ebd.) ausgewiesen. Zu ganz ähnlichen Ergebnissen kommt auch die zeitgenössische Psychologie. Hoffmanns Rede von der ‚Nachtseite' der Psyche ist wesentlich durch die Schriften Gotthilf Heinrich Schuberts inspiriert, *Ansichten von der Nachtseite der Naturwissenschaft* (1808) und *Symbolik des Traums* (1814).

Das Paradebeispiel für eine eher spielerische Umsetzung der Identitätsfrage bildet Hoffmanns Erzählung *Prinzessin Brambilla*, wobei die humoristisch-heitere Gestaltung nicht als versöhnlicher, harmonisierender Abschluss der Identitäts-Problematik zu verstehen ist. In diesem Text werden psychische Vorgänge, insbesondere die der Identitätsbildung, analog zur Freud'schen Traumarbeit als karnevaleske Verschiebungen inszeniert. Den Überblick über das bunte Treiben verlierend, bemerkt der Maler Reinhold: „Mich will es bedünken, als hetze das bunte Maskenspiel eines tollen märchenhaften Spaßes allerlei Gestalten in immer schnelleren und schnelleren Kreisen dermaßen durcheinander, daß man sie gar nicht mehr zu erkennen, gar nicht mehr zu unterscheiden vermag." (Hoffmann III, S. 898) Die poetologische Strategie des Textes, die im Text selbst allegorisch als Tanz der Prinzessin figuriert (vgl. Kremer 1993, S. 318–332), orientiert sich an den ästhetischen Vorgaben der Frühromantik und löst diese gewissermaßen verspätet ein. Im Überschreiten der raumzeitlichen Ordnungen der einzelnen narrativen Ebenen, in deren Durchmischung und der damit einhergehenden Auflösung jeglicher Figurenidentitäten vollzieht sich das ästhetische Programm einer „gleitenden Signifikation" (Kremer 1999a, S. 139) im literarischen Text. Die ironisch gefasste Unabschließbarkeit von Identitätsbildung und allgemein die Unmöglichkeit identifikatorischer Stillstellung von Sinn kommt im Tanz der Prinzessin zum Ausdruck: „Sieh, wie dich umkreisend ich dir entschlüpfe in dem Augenblick, da du mich zu erhaschen, mich festzuhalten gedachtest!" (Hoffmann III, S. 870f.)

(Dirk Uhlmann)

Identität, verschobene und nicht-identische

Die Thematisierung von Identität im Anschluss an den romantischen Diskurs über den problematischen Status der idealistischen Konzepte von Selbstidentität vollzieht sich bei Hoffmann mit signifikanter Beständigkeit durch das gesamte erzählerische Werk in der Gestaltung der Figuren. In dem ersten von ihm veröffentlichten Text, *Ritter Gluck. Eine Erinnerung aus dem Jahre 1809*, lässt er den Ich-Erzähler auf einen rätselhaften Musiker treffen, der zunächst seine Identifizierung verweigert: „Ich kenne Sie nicht: dafür kennen Sie mich aber auch nicht. Wir wollen uns unsere Namen nicht abfragen: Namen sind zuweilen lästig" (Hoffmann II/1, S. 22f.), um im letzten Satz der Erzählung überraschend seine Identität zu enthüllen: „*Ich bin der Ritter Gluck!*" (ebd., S. 31) Die Datierung der Geschehnisse im Titel macht das Problematische dieses Ich-Ausweises deutlich, denn der Komponist Christoph Willibald Gluck (1714–1787) ist zu diesem Zeitpunkt seit über zwanzig Jahren tot. In der imaginativen Logik der Narration wird diese nicht-identische Identität plausibilisiert, indem der kongenial improvisierende Musiker als Wiedergänger des verstorbenen Meisters verstanden werden kann.

In der Palette der Figurenzeichnungen im Rahmen des Identitätsthemas finden sich bei Hoffmann neben dieser Ausprägung als nicht-identische Identität weitere Gestaltungsformen. In dem Kunstmärchen *Der goldene*

Topf, das in struktureller Parallelität von phantastischer, poetischer Welt und realistisch-bürgerlichem Alltag angelegt ist, lässt sich das konsequent durchgeführte Prinzip verschobener Identität beobachten. Die Figuren im *Goldenen Topf* verfügen sowohl über ein alltägliches als auch über ein phantastisches Selbst (vgl. Schmidt 1981a, S. 166ff.), wobei die Überschneidung der Identitäten der Verschränkung von realistischem Wahrnehmungsraum und imaginativen Kosmos entspricht. So handelt es sich bei der ätherischen Serpentina um das poetische Alter ego der bürgerlichen Veronika Paulmann, während ihr Verehrer zwischen dem Dasein als philiströser Registrator Heerbrand und zu initiierendem Poeten Anselmus schwankt. Im ironisch gebrochenen Schluss der Erzählung wird die märchenhafte Entrückung Heerbrands als Anselmus ins Reich Atlantis zurückprojiziert auf die nicht zu reduzierende Doppelidentität von poetischem und alltäglichem Ich. Hoffmann entwirft das Kunstwerk als einen Fluchtraum zur Überwindung der Alltagsidentität, in dem sich die phantastische Möglichkeit multipler Identitäten bietet, die allerdings ohne ihr Revers eines bürgerlichen Ichs nicht denkbar sind.

Eine weitere Spielart verschobener Identität entfaltet Hoffmann in seiner Erzählung *Der Sandmann*, in welcher die problematischen Aspekte der Identitätsthematik akzentuiert werden. Auf gleich mehreren Ebenen und auf verschiedene Weisen finden in diesem Text Verschiebungen von Identitäten statt. Freud weist in seinem auch heute noch für dieses Thema einschlägigen Aufsatz *Das Unheimliche* (1919) darauf hin, dass im Konvergenzpunkt der verschobenen Wahrnehmung Nathanaels sein Vater und der Professor Spalanzani bzw. der Advokat Coppelius und der Wetterglashändler Coppola als identisch figurieren (vgl. Freud XII, S. 244f., Anm. 1). Die Wahrnehmungsverschiebung habe ihren Grund in einer narzisstisch motivierten Spiegelung Nathanaels in der Automatenfrau Olimpia, wobei sich diese Identitätsverschiebung in psychoanalytischer Sicht als regressive Projektion des Selbst im Anderen, verbunden mit einem schockhaften Erlebnis von Ich-Verlust, erklärt. Während die Ich-Verschiebung im primären Narzissmus noch die Funktion der „Versicherung des Fortlebens" (ebd., S. 247) besitze, kehre sie sich im Erwachsenenalter zu einem „unheimlichen Vorboten des Todes" (ebd.) um. Die allzu reduktive Lesart der Psychoanalyse ist dabei freilich zu erweitern (vgl. Kittler 1977; Kremer 2008), denn eine voreilige Stillstellung des Textes auf eine ubiquitäre Kastrationsangst verstellt den Blick auf seine viel komplexere Semiose, welche den paradoxen Status nicht-identischer Identität aufrechterhält und nicht einseitig rückführt. Entsprechend wird im Text selbst eine rationalistische Psychologie über die Figur Clara perspektiviert und auf narrativer Ebene mit ihrer Behauptung der Möglichkeit abschließender Identifikation zurückgewiesen: „Es ist auch gewiß [...], daß die dunkle physische Macht, haben wir uns durch uns selbst ihr hingegeben, oft fremde Gestalten, die die Außenwelt uns in den Weg wirft, in unser Inneres hineinzieht, so, daß wir selbst nur den Geist entzünden, der, wie wir in wunderlicher Täuschung glauben, aus jener Gestalt spricht. Es ist das Fantom unseres eigenen Ichs, dessen innige Verwandtschaft und dessen tiefe Einwirkung auf unser Gemüt uns in die Hölle wirft oder in den Himmel verzückt." (Hoffmann III, S. 23)

In ganz ähnlicher Weise wie im *Sandmann* die kindliche Angst vor dem Verlust der Augen ist es auch in der späteren Erzählung *Das Fräulein von Scuderi* ein Kindheitstrauma, das zu einer verschobenen Identität führt. Der Goldschmied Cardillac begeht seine Raubmorde auf Basis einer Motivation, die weit in seine Kindheit zurückreicht, denn in dem Moment, da seine Mutter während des Zeugungsaktes nach der Juwelenkette ihres Kavaliers greift, welcher sie zum Ehebruch verführt hat, stirbt dieser und hinterlässt dem noch ungeborenen Cardillac die lebenslange Assoziation von Gold und Tod: „Aber die Schrecken jenes fürchterlichen Augenblicks hatten *mich* getroffen. Mein böser Stern war aufgegangen und hatte den Funken hinabgeschossen, der in mir eine der seltsamsten und verderblichsten Leidenschaften entzündet. Schon in der frühesten Kindheit gingen mir glänzende Diamanten, goldenes Geschmeide über Alles." (Hoffmann IV, S. 832f.)

Es gelingt Cardillac zwar, die Existenz eines rechtschaffenen und angesehenen Bürgers anzunehmen, aber nur um den Preis einer gespaltenen Persönlichkeit, die im nächtlichen Raubmörder ihr Gegenstück hat. Ein Großteil des Reizes der Kriminalerzählung beruht auf der Suche nach der Identität des Mörders, womit die Identitätsproblematik den narrativen Diskurs der Erzählung reflexiv werden lässt, welcher im Normalfall der Erfahrung von Diskontinuität und Ordnungsverlust seine Kontinuität entgegenhält. Nicht zufällig ist der Text über eine höchst komplexe narrative Schachtelung konstruiert (vgl. Kremer 1999a, S. 153).

(Dirk Uhlmann)

Identität, verweigerte

1809 erscheint in der *Allgemeinen Musikalischen Zeitung* das Fantasiestück *Ritter Gluck*, Hoffmanns erste literarische Veröffentlichung. Im Untertitel eigens als „Erinnerung" (Hoffmann II/1, S. 16) an dieses Jahr ausgewiesen, war die Erzählung eigentlich ein Nebenprodukt, entstanden in einer Situation großer beruflicher Unsicherheit und Unzufriedenheit. Als preußischer Regierungsrat aus dem französisch besetzten Warschau vertrieben, sodann bei seinem zweiten Berlinaufenthalt als Komponist gescheitert, bleibt Hoffmann auch in der notgedrungen angenommenen Position des Kapellmeisters am Theater in Bamberg der musikalische Durchbruch versagt. Er hat als Musikdirektor keine glückliche Hand und versucht, sich neben der praktischen Tätigkeit einen Namen als Rezensent und Musikschriftsteller zu erwerben.

Im *Ritter Gluck* ist die Kritik am zeitgenössischen Geschmack des Berliner Musiklebens allgegenwärtig. Einer historischen Anekdote nach war es Mozart, der in Berlin inkognito eine Aufführung der *Entführung aus dem Serail* verfolgte und mit abschätzigen Kommentaren bedachte (vgl. Safranski 1984, 204f.). Hoffmann entwickelt daraus seine Gluck-Phantasie, in der der Meisterkomponist, ohne als solcher öffentlich in Erscheinung zu treten, über die Interpretation seiner Werke wacht. Er bleibt ein von allen unbeachteter Außenseiter. Seine Anwesenheit weiß allein der Ich-Erzähler zu schätzen, der als Gesprächspartner nur deshalb akzeptiert wird, weil er gleichfalls unzugehörig, nämlich „kein Berliner" (Hoffmann II/1, S. 23) ist. Man kann darin den Versuch des namenlosen Komponisten Hoffmann sehen, den eigenen Misserfolg zu relativieren und sich selbst als verkanntes Genie in Szene zu setzen. Doch trifft diese Sichtweise allenfalls die Oberfläche des Textes, in dem Anonymität zum erzählerischen Programm erhoben wird: „Wir wollen uns unsere Namen nicht abfragen: Namen sind zuweilen lästig." (ebd.) Die Begegnungen des Erzählers mit seinem geheimnisvollen Gegenüber wiederholen sich unter der Bedingung, die Identitäten ungeklärt zu lassen und einander im Gespräch auch nicht unbedingt verstehen zu müssen. Auf das Eingeständnis: „Ich verstehe Sie nicht!", ist dann die richtige Antwort: „Desto besser." (Hoffmann II/1, S. 26) Deutungsoffen bleibt das rätselhafte Wesen des Virtuosen, welcher Glucks Werke nach leeren Notenblättern genial improvisiert, über seinen letzten Auftritt hinaus, der ihn im Galakleid, mit einem Licht in der Hand und Degen an der Seite „sonderbar lächelnd" den Namen „*Ritter Gluck*" nennen lässt (Hoffmann II/1, S. 31). So wie das Musik-Genie die Unterhaltungen stets unversehens abbricht und die Flucht ergreift, sperrt sich die Identitätsangabe am Ende (auch typografisch) gegen eine tatsächliche Festlegung. Die im Untertitel ausgestellte Jahresangabe zeigt die erzählte Zeit als unvereinbar mit der Lebenszeit des Komponisten, so dass der feierlich ausstaffierte Künstler der Identifizierung als historische Figur offensichtlich entzogen wird. Er erscheint als Wiedergänger Glucks und ist doch nicht einzuordnen, bleibt den eigenen Worten nach „gestaltlos, damit mich Niemand kenne" (Hoffmann II/1, S. 30).

Die Forschung bezeichnet die offensive Identitätsverweigerung im *Ritter Gluck* als „poetisches Selbstporträt" (Kremer 1993, S. 221) des Hoffmann'schen Schreibens. Was in seinem literarischen Werk von Anfang an mit einem hohen Maß an Autoreferenz hervortritt, wird zur Grundlage der Figurenzeichnung und erweist sich als eigenständiges Erzählprinzip. Die Verweigerung des Namens ruft enthusiastische Vorstellungen autonomer Kunst auf, um sie gleichzeitig zu durchkreuzen. In der romantischen Position des rein auf sich gestellten Außenseiters lässt Hoffmann den Spaltpilz der Selbstironie wuchern. Mit den Mitteln einer grotesken Ästhetik der Mischung des Unvereinbaren schafft er imaginäre Zeit-Räume, die Möglichkeiten der Flucht vor den Zumutungen der bürgerlichen Alltagswelt eröffnen, ohne die Sicherheit eines in sich geschlossenen Refugiums romantischer Identität dagegenzusetzen. Stattdessen eignet seinen Figuren – vom Ritter Gluck über den Kapellmeister Kreisler bis zum Mönch Medardus und zu Meister Floh – ein durchgehendes Interesse an Veränderung und Mobilität. Ursprung und Ziel ihres Entwicklungsganges bleiben uneinholbar ambivalent. Woraus sich auf der einen Seite die Handlungsbögen abgründiger Verbrecher- und Kriminalgeschichten ergeben, das destruiert auf der anderen Seite Identität gerade auf dem Gebiet ihrer ureigensten Gattungen: im Biographischen und im Entwicklungsroman (Kater Murr/Johannes Kreisler im *Kater Murr*, Medardus in den *Elixieren des Teufels*).

In Gestalt des Kapellmeisters Kreisler entwirft Hoffmann eine weitere Zentralfigur, die mit Heiterkeit ihre Herkunft im Ungewissen lässt. Die *Fantasiestücke* führen sie ein über die Abwesenheit eines Ursprungs („Wo ist er her? – Niemand weiß es!") und verweisen angesichts der offenen Identitätsfrage nur auf eine „Urkunde" über die Aufgabe einer Stellung bei Hofe, die der Künstler bei „guter Laune" präsentiere (Hoffmann II/1, S. 32). Dass Identitätskontrolle durch die Gesetzgebung der Französischen Revolution und den europäischen Einfluss des Napoleonischen Namensrechts an institutioneller Festigkeit gewonnen hatte, blieb dem Juristen Hoffmann nicht verborgen. „Ich hatte noch gar nicht daran gedacht, daß es nötig sei, irgend einen Namen anzunehmen" (Hoffmann II/2, S. 99), formuliert erstaunt der inkognito reisende Held der *Elixiere des Teufels*, als er mit den Passgesetzen in Konflikt gerät. In *Prinzessin Brambilla* schmettert ein Damenchor dem institutionellen Zwang zur Identität spöttisch entgegen: „Wer ist der Ich, der aus dem Ich gebären / das Nicht-Ich kann" (Hoffmann III, S. 864f.; vgl. Lachmann 2005, S. 79). Mit der ausschweifenden Parodie auf die Subjektphilosophie Gottlieb Fichtes gerät derjenige Zweig des Deutschen Idealismus ins Visier, der für die Politik administrativer Personenerfassung als Begründungsinstanz Pate stand. Tanz und Maskenspiel betonen angesichts dessen den subversiven Prozesscharakter wechselhafter Identitäten, die durch eine karnevaleske Lachkultur permanent reorganisiert werden (vgl. Kremer 1993, S. 265f.). Hoffmann mobilisiert im Ausnahmezustand verweigerter Identität die Souveränität des exzentrischen Werdens als Gegenbewegung zur Festlegung des Seins.

(Thomas Weitin)

Kindheit als Trauma

Anders als eine landläufige Vorstellung von ‚romantischer Kindheit' es will, erscheint die kindliche Entwicklungsphase in zahlreichen Erzählungen Hoffmanns als traumatischer Zusammenhang, zentriert um ein Ereignis fundamentaler Verletzung, das eine im Unbewussten bleibende Wunde hinterlässt und eine prägende Verhaltensdisposition ausbildet. Kindheit kommt hier nicht als undifferenzierte, nicht entfremdete Existenz in den Blick, sondern als fragile, verletzenden Übergriffen ausgesetzte Phase, in der ein individuelles Verhaltensmuster ausgebildet wird. Hoffmanns Behandlung kindlicher Traumata kommt Freuds Begriff der ‚Urszene' nahe, insofern hier wie dort ein einschneidendes Ereignis gemeint ist, das verdrängt wird und aus dem Unbewussten heraus ‚neurotische' Effekte zeitigt. Was bei Freud jedoch auf die verdrängte Beobachtung des elterlichen Sexualaktes beschränkt ist, erreicht in Hoffmanns Prosa eine breite Fächerung.

Markante Beispiele dafür, wie Hoffmann das Motiv des Traumas als Motor psychischer Entwicklungsprozesse einsetzt, sind *Der Sandmann*, *Die Elixiere des Teufels* und *Das Fräulein von Scuderi*. Aber auch in anderen Erzählungen werden Figuren und ihre bestimmten Verhaltensweisen über traumatische oder jedenfalls prägende Erlebnisse in der Kindheit und Jugend motiviert, u. a. in *Ignaz Denner*, *Das öde Haus*, *Die Bergwerke zu Falun*, *Die Marquise de la Pivardiere*, *Nußknacker und Mausekönig*, parodistisch in *Kater Murr*. Im *Sandmann* weist Hoffmann die Rolle des traumatischen Erlebnisses zunächst dem schrecklichen ‚Ammenmärchen' über einen Sandmann zu, der den Kindern ihre Augen raubt, indem er sie „blutig aus dem Kopf herausspringen" (Hoffmann III, S. 13) lässt. Im Pubertätsalter hat Nathanaels traumatisches Phantasma eine solche Dynamik erreicht, dass es im Advokaten Coppelius bedrohliche Gestalt annehmen kann. Das grausige Sandmann-Märchen hat sich ihm so tief eingeprägt, dass er das alchemistische Experimentieren des Advokaten und des Vaters, das in der Forderung nach ‚schönen Augen' gipfelt, als Wiederholung und massive Verstärkung des kindlichen Traumas wahrnimmt. Damit ist der Boden bereitet, auf dem Nathanael empfänglich wird für das Fernglas Coppolas, das ihm den Automaten Olimpia zum begehrten Objekt seiner passionierten, tödlich endenden Liebe werden lässt. Ausgehend vom Kindheitstrauma der geraubten Augen entfaltet Hoffmann ein komplexes Zeichenspiel von Blick, Wahrnehmung, Perspektive und Auge, das für den männlichen Helden in Wahnsinn und Tod mündet.

In *Die Elixiere des Teufels* hat Hoffmann das Motiv des Traumas zu einem körperlichen Mal verdichtet. Zu Beginn des Romans wird der kleine Franz, der spätere Mönch Medardus, von einer Äbtissin, die eine ehemalige Geliebte seines Vaters ist, in seinen katastrophisch verlaufenden Lebensweg initiiert. Die Engführung von obsessiver Erotik und religiöser Metaphorik ist gewährleistet dadurch, dass es ein „diamantnes Kreuz" (Hoffmann II/2, S. 18) der väterlichen Geliebten ist, das ihm eine blutende Wunde beibringt. Zudem stellt die Äbtissin im Akt der Initiation den Zusammenhang des schicksalhaften erotomanischen Familienfluchs selbst explizit her, indem sie den kleinen Franz mit dem Namen des Vaters, Franziskus, identifiziert und das erotische Verhältnis zum Vater am Sohn symbolisch wiederholt. Das Diamantkreuz der Nonne hat eine „rote kreuzförmige Narbe hinterlassen, die die Zeit nicht vertilgen konnte" (ebd., S. 205) und die sich gewissermaßen als Fetischisierung des Traumas verstehen lässt. Die Narbe verschwindet erst, nachdem sowohl das Objekt der Begierde, Aurelie, als auch das körperliche Begehren selbst in einem erneut symbolischen Kastrationsakt ausgelöscht worden sind (vgl. Kremer 1999a, S. 57).

In *Das Fräulein von Scuderi* spitzt Hoffmann die traumatisierende Prägung durch ein Schmuckstück, mit erneut deutlich erotischen Untertönen, weiter zu. Das zwanghafte Verhalten des Goldschmieds Cardillac, seine schillernden Kunstwerke wenn nötig durch Raubmord von den Käufern zurückzuholen, erhält eine in ihrer Extremität kaum zu überbietende Ätiologie, indem er das frühkindliche zu einem vorgeburtlichen Trauma steigert: Als seine Mutter mit ihm „im ersten Monat schwanger ging", ließ sie sich durch eine „blitzende[] Juwelenkette" zum Ehebruch hinreißen, bei dem der „Cavalier" (Hoffmann IV, S. 832) gerade in dem Augenblick, wie vom Schlag getroffen, stirbt, als die Mutter voller Begierde nach der Kette greift. Wie sich später herausstellt, erleidet Cardillac in diesem ebenso pikanten wie grausigen Ereignis seine ‚Urszene', die ihn auf die Doppelkarriere eines Gold schmiedenden Kunsthandwerkers und brutalen Mörders festlegt: „Aber die Schrecken jenes fürchterlichen Augenblicks hatten mich getroffen. Mein böser Stern war aufgegangen und hatte den Funken hinabgeschossen, der in mir eine der seltsamsten und verderblichsten Leidenschaften entzündet. Schon in der frühesten Kindheit gingen mir glänzende Diamanten, goldenes Geschmeide über Alles." (ebd., S. 832f.)

Ähnlich wie im Fall des Mönchs Medardus macht Hoffmann die Leidenschaft Cardillacs als inzestuöse Phantasie einsehbar. Die Schmuckstücke lassen sich als verschobene Substitute der Mutter lesen, und die Suche des Sohnes nach ihnen zielt eigentlich auf die Vereinigung mit der verlorenen Mutter (vgl. Blamberger 1991; Kittler 1991). Entsprechend energisch und mit vorübergehendem Erfolg lässt Hoffmann den Vater gegen das früh ausgebildete Begehren des Sohnes einschreiten: „Den grausamsten Züchtigungen des Vaters musste die angeborne Begierde weichen." (ebd., S. 833) Später aber bricht der verdrängte, „angeborne Trieb" (ebd.) wieder aus und findet seine fatale Befriedigung.

In allen genannten Erzählungen Hoffmanns wird das entwicklungspsychologische Deutungsmuster der kindlichen Traumatisierung eng in das historisch neue Sozialmodell der intimen bürgerlichen Kleinfamilie eingebunden, die sich erst seit dem ausgehenden 18. Jahrhundert durchsetzt. Die Kindheitstraumata resultieren aus inzestuösen Konflikten innerhalb der Familie und sie ziehen weitergehende Familiendramen mit zumeist katastrophischen Untertönen nach sich. Sie aktualisieren sich, da es in den genannten Texten durchweg männliche Helden sind, in einer typischen Familientrias, in der eine intime Beziehung zwischen Mutter und Sohn im Konflikt mit einer männlichen Väterwelt steht (vgl. Kittler 1985; Kremer 1997, S. 148ff.).

(Detlef Kremer)

Künstler / Außenseiter

Das Verhältnis von Künstler- und Außenseitertum betrifft das Verhältnis von Kunst und bürgerlicher Gesellschaft. Außenseitertum ist eine Folge des seit dem frühen 19. Jahrhundert etablierten bürgerlichen Kunstbetriebs. Dieser bringt den freien Künstler hervor, der sich auf dem Markt entweder zu bewähren hat oder der sich aufgrund seiner spezifischen Auffassungen von Kunst davon abkehrt. Der Künstler steht entweder in Opposition zu den Wertvorstellungen seiner sozialen Sphäre, oder er bedient mit seinen Werken deren Wünsche nach Unterhaltung, Bildung und nützlicher Belehrung. Die Tätigkeit des Künstlers ist dann als Beruf anerkannt.

Verweigert er sich diesen Anforderungen, wird er ausgegrenzt. Zum Außenseiter wird der Künstler, weil die bürgerliche Sphäre und der Kunstbetrieb seine Werke nicht anerkennen können, soweit sie deren Ordnungsvorstellungen stören oder gar sprengen. Der Gegensatz zwischen Kunst und Leben kann gesellschaftlich oder werkbezogen begründet sein: weil das Werk entweder das Akzeptable übersteigt oder weil nur die Abgrenzung von der bürgerlichen Sphäre (Ehe, Familie) das Werk garantiert.

Bei Hoffmann wird der Künstler vor allem dann zum Außenseiter, wenn sein Kunstenthusiasmus und die Idee der absoluten Kunst die Erwartungen seiner Umwelt nicht teilen. Ich-Dissoziation und Wahnsinn sind die psychischen Konsequenzen. Ob eine Figur allerdings tatsächlich wahnsinnig wird, ist kaum zu entscheiden, weil sie im Falle Kreislers etwa aus der Perspektive anderer Figuren beurteilt wird. Dass Kreisler tatsächlich wahnsinnig ist, kann mit Gewissheit nicht gesagt werden, dass ihn die soziale Welt nicht anerkennt und für verrückt erklärt, allerdings sehr wohl.

Hoffmann hat eine ganze Reihe dezidierter Künstlertexte geschrieben, darüber hinaus Erzählungen, die Probleme der Kunst verhandeln, ohne dass sie *strictu sensu* dem Genre zuzuordnen wären, wenn etwa der Liebeskonflikt im Vordergrund steht. Zu den dezidierten Künstlererzählungen kann man *Ritter Gluck, Kreisleriana* und *Don Juan* aus den *Fantasiestücken* zählen, aus den *Nachtstücken Die Jesuiterkirche in G.*, wobei natürlich auch im *Sandmann* kunstaffine Exaltationen anzutreffen sind. Die Künstlerproblematik häuft sich dann in den *Serapions-Brüdern*, hier in *Rat Krespel, Die Fermate, Der Artushof, Der Kampf der Sänger, Doge und Dogaresse, Meister Martin der Küfner und seine Gesellen, Das Fräulein von Scuderi* und *Signor Formica*. Nicht zuletzt umkreisen die beiden Romane das Problemfeld.

Hoffmanns Künstlertexte bilden das Verhältnis des Künstlers zur Sphäre des sozialen und privaten Lebens im Spektrum der Varianten ab: einerseits in den negativen Konsequenzen des Wahnsinns und des Außenseitertums, andererseits aber auch – verstärkt im Spätwerk – die positiven Folgen, ja die Verbindung der Kunst mit dem Leben etwa im bürgerlichen Beruf (Handwerk) oder gar die Versöhnung des Lebens, insofern die Kunst im Leben praktisch wirksam wird und so dessen Konflikte löst (*Signor Formica, Prinzessin Brambilla*). Im Frühwerk bleiben Künstler wie *Ritter Gluck* ‚Sonderlinge' (vgl. Hoffmann II/1, S. 28), wenn sie sich gegen die philiströse Kunstkritik wenden und das innere Reich der Träume dagegenstellen. Wie auch bei Kreisler besteht eine spezifische Konsequenz im Exzentrischen und Verrückten. In *Ritter Gluck* erfolgt die Verklärung des Künstlers durch den zwar inkompetenten und unzuverlässigen, selbst aber doch auch phantasiebegabten Ich-Erzähler. Sie ist, wie bei Hoffmann überhaupt, stets perspektivisch gebrochen. Der Ich-Erzähler bleibt besonnen, verfällt also nicht den Phantasien und hält sich fern von den Exaltationen Glucks, auch wenn im Blick auf das narrative Verfahren die Sphären bereits ineinander fließen.

So ergibt sich insgesamt die Polarität zwischen Bedrohung durch die Kunst im Wahnsinn (*Rat Krespel*) und Rettung durch die Kunst kraft ihrer Versöhnung im Humor. Die *Fantasiestücke* zeigen mit den Möglichkeiten und Problemen des Künstlers mehr die Gefährdungen, dies öfter an Musikern und bildenden Künstlern als an Schriftstellern. Meist scheitern sie an den Erwartungen der bürgerlichen Gesellschaft: den Forderungen nach Unterhaltung und Zerstreuung, denen ihre Auffassung von der absoluten Kunst entgegensteht. Der Bürger erweist sich im passiven Genuss als Banause. Der Kunstenthusiasmus erscheint ihm als ‚Exaltation', als übersteigerte, krankhafte Erregung. Hoffmanns frühe Texte stellen so die Thematik von Künstlertum und Krankheit, Genie und Wahnsinn als Irritationen, Leiden und Gefährdungen des Künstlers dar, häufig auch, wie im Fall des Ritters Gluck, als Folter (vgl. ebd., S. 25).

In späteren Werken versuchen Künstler wie Berthold in *Die Jesuiterkirche in G.* mit der Frau, die ihnen als Ideal begegnet, zu leben. Die Heirat ist jedoch Verrat an der Kunst und zieht den Verlust des Künstlertums nach sich. Der Konflikt erscheint damit unlösbar: Berthold verstößt Frau und Sohn, bricht zusammen und kann nur noch als Wandmaler arbeiten. So zeigt sich auch hier noch eine geheimnisvolle Macht im Hintergrund, die das Künstlertum in seiner Entfaltung und in seinem Verlöschen bestimmt. Zwei Folgen der Kunst sind idealtypisch zu unterscheiden: Nathanael wird zum Wahnsinn getrieben, während der Held in *Das öde Haus* oder die Sängerin in *Das Sanctus* geheilt werden. Die Heiligkeit der Kunst gefährdet der Künstler auch durch seine Bereitschaft, den Wünschen der Gesellschaft entgegenzukommen. Konfliktlinien laufen zwischen Kunst und Liebe, zwischen der wunderbaren Traumwelt und den Anforderungen und Grenzen der Wirklichkeit. In *Meister Martin der Küfner und seine Gesellen* dagegen entwickelt sich der bürgerliche Friedrich im Handwerk zum Künstler, so dass hier die Spannung zur autonomen Kunst aufgehoben erscheint. In der letzten, fragmentarischen Erzählung *Der Feind* wird Nürnberg zum historischen und utopischen Ort, an dem Kunst und Handwerk mit Dürer als Idealbild des Künstlers konvergieren.

So polarisiert sich die Darstellung des Künstlers zwischen beharrendem Außenseitertum und gelingender Integration. Kreisler ist eine Gestalt voller Abgründe und exzentrischer Stimmungen. Er kennt und durchleidet die unüberbrückbare Kluft zwischen sich und seiner Umwelt, zwischen Kunst und Leben, zwischen irdischem und höherem Sein. Er spielt der Welt Verrücktheit und Wahnsinn vor, er ängstigt und belustigt sie mit seinen seltsamen Scherzen als genialer Künstler, der sich ganz der Phantasie überantwortet. Weil er sensibel und reizbar ist, wirkt er auf seine Umwelt verrückt, so dass sein Leben und seine Kunst zwischen schrillen Dissonanzen und abruptem Wechsel vom Erhabenen zum Lächerlichen, von Pathos und Ernst zur Tollheit oszilliert. Seine Vorstellungen von der höchsten Kunst als Ideal sind unter den gegebenen Umständen nicht zu verwirklichen. Hauptursache des Konflikts zwischen Kreisler und der bürgerlichen Gesellschaft sind völlig gegensätzliche Einstellungen zur Kunst: Für Kreisler das höchste Prinzip, das Absolute, ist sie für die Gesellschaft nur Mittel zu untergeordneten Zwecken. Solange er sich in den Dienst dieser Sphären stellt, ihr als Kapellmeister dient, fühlt er sich und seine Kunst korrumpiert. In den frühen *Kreisleriana* werden die Konflikte mit der Gesellschaft noch gelöst, indem sich der Künstler von der Welt abwendet und ausschließlich der ‚überirdischen' Kunst widmet. In *Kater Murr* wird dieser Standpunkt modifiziert. Kreisler vernichtet seine Musik nicht mehr, um sie vor dem Missbrauch durch die Welt zu schützen, er schreibt seine Kompositionen auf und spielt sie seiner Umwelt vor.

(Stefan Scherer)

Magnetismus / Mesmerismus

„Es ist der *dramatisierte Magnetismus*" (Börne II, S. 455) – Ludwig Börnes polemische Charakterisierung von E.T.A. Hoffmanns literarischem Gesamtwerk hat einen wahren Kern. Kein anderer Autor der Zeit hat den animalischen Magnetismus oder Mesmerismus, diese theoretisch wie praktisch wichtigste und auch ästhetisch produktivste Variante der romantischen Medizin so häufig und so vielgestaltig als Motiv und Strukturelement literarisiert. Wenn sich die Serapionsbrüder in ihrer ausführlichen Erörterung des Mesmerismus darin einig sind, „daß die Lehre vom Magnetismus [...] den unendlichsten Reiz hat für jeden Poetisch-Gesinnten" (Hoffmann IV, S. 318), so ist das als autopoetologischer Kommentar auf diesen Sachverhalt zu lesen. Franz Anton Mesmers Lehre vom kosmischen Fluidum, dessen Mangel oder Stockung im Körper Krankheiten hervorrufe, die vom Magnetiseur durch Striche entlang der Nervenbahnen behoben werden könnten, basiert auf einem naturphilosophischen Modell kommunikativer Vernetzung von Mensch und Natur, Leib und Seele und Menschen untereinander, nach welchem Wiederherstellung von Gesundheit zugleich die Rückführung in die Harmonie der All-Natur bedeutet. Der Mesmerismus stellt sich damit als ein Medium der Synthese dar, in dem sich verschiedenste Diskursfelder der Medizin, der Nervenphysiologie, der Naturphilosophie, der Anthropologie, der Psychologie, der Religion, des Okkultismus und schließlich der Ästhetik überblenden. Hoffmann bot er ein attraktives Motivfeld, um in seinen ästhetischen Experimentalanordnungen die ambivalenten Potenziale eines solchen metaphysischen, sich auch in der Kunst manifestierenden höheren Prinzips durchzuspielen. Zudem stimulierte die Psychologisierung der Heilmethode durch Mesmers Anhänger sein Interesse an psychischen Grenzerfahrungen. Die mesmeristische Heilmethode wurde damit zum Vorläufer der Hypnose und zum Meilenstein in der Entdeckungsgeschichte des Unbewussten. Die im somnambulen Schlafwachen aktivierten paranormalen Phänomene wie Telepathie und Hellsehen boten ihm reiches Material für die imaginative Erkundung der Spannung von Alltag und Wunderbarem, empirischer Realität und Phantastik, Normalität und Wahnsinn, Vernunft und Unterbewusstem, Selbstbehauptung und Ich-Verlust. Wie eng die für Hoffmann zentrale Metaphorik des bezaubernd-bezwingenden Blicks mit den interpersonalen Beziehungen im magnetischen Rapport verbunden ist, lässt sich bis heute im englischen Verb *to mesmerize* ablesen.

Hoffmann war ein Kenner der Materie. Die beiden Standardwerke zum Thema, Gotthilf Heinrich Schuberts *Ansichten von der Nachtseite der Naturwissenschaft* (1808) und Carl Alexander Ferdinand Kluges *Versuch einer Darstellung des animalischen Magnetismus als Heilmittel* (1811) werden vielfach erwähnt und haben auch sonst in seinem Werk deutliche Spuren hinterlassen. In Bamberg wurde er 1808–1812 von den Ärzten Adalbert Friedrich Marcus und Friedrich Speyer mit der seriösen und fachgerechten Anwendung der umstrittenen Heilmethode bekannt gemacht. Bei aller Faszination aber blieb Hoffmann sowohl gegenüber den naturphilosophisch-religiösen wie den therapeutischen Heilserwartungen, die von seinen Anhängern an den Mesmerismus geknüpft wurden, höchst reserviert und eröffnete in seinen Literarisierungen einen skeptischen Gegendiskurs. Statt metaphysischer Sicherheiten bietet sein Werk in der Verhandlung des animalischen Magnetismus tiefe Einblicke in die Abgründe der Psyche und die Ambivalenzen (kunst-)metaphysischer Konstruktionen.

Gegenüber seinem Verleger kündigt Hoffmann anlässlich der Erzählung *Der Magnetiseur* (1814) in deutlicher Anspielung auf Schuberts Werk an, die „Nachtseite" des Mesmerismus zur Darstellung bringen zu wollen (vgl. Hoffmann I, S. 294). Dieser für das Thema zentrale Text bringt zusammen mit *Der unheimliche Gast* (1818) und, in Nebenmotiven, *Ignaz Denner* (1814) und *Kater Murr* (1821) die naturphilosophischen Systementwürfe, die den Mesmerismus im Sinne der Schelling'schen Weltseele zum intuitiven Ganzheits- und Wahrheitsmedium nobilitieren, radikal um ihre Unschuld. Bei Hoffmann führt der magnetische Rapport nicht zu Heilung und Harmonie, sondern wird als destruktives Gewaltverhältnis entlarvt, in dem die Patientinnen zum Opfer manipulativ-narzisstischer Magnetiseure werden und in Ich-Verlust, Wahnsinn und Tod enden. Vielfach variieren Hoffmanns vom Mesmerismus handelnde Erzählungen die, wie es in den *Serapions-Brüdern* heißt, „gänzliche Willenlosigkeit der Somnambule, dies gänzliche Aufgeben des eignen Ichs, diese trostlose Abhängigkeit von einem fremden, geistigen Prinzip" (Hoffmann IV, S. 330). *Das Öde Haus* (1817) und *Doge und Dogaresse* (1817) radikalisieren diese psychologischen Experimentalanordnungen noch, indem sie in Umkehrung des dominanten Geschlechterverhältnisses Magnetiseurinnen auftreten lassen.

Zudem nutzt Hoffmann vielfältig die Parallelführung magnetischer und ästhetischer Einbildungskraft zur autopoetologischen Reflexion des künstlerischen Prozesses und seiner Wirkungen. Insbesondere in seinen Musikernovellen *Ritter Gluck* (1809), den *Kreisleriana, Don Juan* (1814/15), *Das Sanctus* (1817) und *Die Genesung* (1822) werden Musik und mesmerisches Fluidum als analoge Medien präsentiert. Indem er die Zauberkraft von Musik und Poesie als der Magie des Magnetismus verwandt darstellt, kritisiert Hoffmann die Verabsolutierung des Künstler-Ichs in der Autonomieästhetik und stellt romantische Kunstproduktion unter den Projektionsverdacht, nicht mehr zu sein als die künstlerisch überhöhte Spiegelung des eigenen Ich; eines Ich, das so mit seinen Ängsten und Sehnsüchten allein steht und an dieser Überforderung zugrunde zu gehen droht. Dies kann das Mesmerismus-Motiv durch die intensive Verflechtung der Bildfelder für künstlerische Inspiration, magnetische Ekstase, erotische Verzauberung und manipulative Vernichtung deutlich machen.

(Jürgen Barkhoff)

Metamorphose

Die Wandelbarkeit der erzählten Welt ist, vom Erstlingswerk *Ritter Gluck* an, ein durchgängiges Charakteristikum von Hoffmanns Literatur. Mit ihrer zuweilen exaltierten Bildlichkeit sind die Metamorphosen eng mit der

Poetik einer autonomen Imagination verbunden; als ästhetisches Verfahren entsprechen sie dieser auch darin, dass sie figurale und semantische Beziehungen in der Schwebe halten und dies zugleich in selbstreflexiven Wendungen thematisieren. Vorgänge der Verwandlung ereignen sich in Hoffmanns Texten dort, wo die Ordnung der alltäglichen Wirklichkeit suspendiert wird und ihre Elemente, seien es Figuren, Dinge oder ganze Landschaften, in eine eigengesetzliche, transgressive Dynamik entlässt. Oftmals sind derartige Vorgänge an die subjektive Wahrnehmung einer Figur gebunden, deren Perspektive auf die Außenwelt sich verschiebt – so etwa, wenn einem desillusionierten Künstler die Geliebte „zum toten Wachsbilde" wird, „das ihn mit gläsernen Augen anstierte" (Hoffmann Bd. III, S. 138). Bezeichnend für Hoffmanns Erzähltechnik ist jedoch ebenso, dass auch die perspektivische Rahmung des Geschehens aufgelöst wird, um die autonom gewordenen, imaginären Bilder in die Alltagswelt eintreten zu lassen. Das Prinzip, Metamorphosen aus dem Überschreiten der Grenze zwischen Imagination und Außenwelt hervorgehen zu lassen, ist dabei nicht nur auf der Ebene der fiktionalen Bezüge wirksam; es zählt vielmehr zu den Grundzügen von Hoffmanns Poetik. In diesem Sinne heißt es über den reisenden Enthusiasten, den fiktiven Tagebuchschreiber aus den *Fantasiestücken*, er trenne „offenbar sein inneres Leben so wenig vom äußern, daß man beider Grenzen kaum zu unterscheiden vermag", derweil seine Vorstellungen ein „äußeres Leben" im Erzähltext annehmen und mit dem Leser „auf du und du umgehen wollen, wie alte Bekannte" (Hoffmann II.1, S. 325).

Insofern stellen Verwandlungen ein entscheidendes Scharnier innerhalb der „Duplizität" der Hoffmann'schen Erzählwelten, ihrer Dopplung in eine alltägliche und eine mehr oder minder fantastische Dimension, dar: Sie modellieren den – nicht selten abrupten – Übergang von der realistischen Alltagssphäre hin zu einer Ordnung des Imaginären, bei dem die Logik von Dingen und Naturphänomenen, von Figurengrenzen und sozialen Rollenmodellen ebenso wie die Gesetze von Raum und Zeit ihre Geltung verlieren – dies jedoch, ohne die Rückbindung an ein mimetisches Regulativ vollständig aufzugeben. Geradezu mustergültig kommen dieses Verfahren und seine dramaturgische Steuerung im Karnevalstreiben der *Prinzessin Brambilla* zur Geltung. Wenn sich hier vermeintlich stabile Identitäten in einem verzweigten Maskenspiel auflösen, so ist dieser Prozess an die Dynamik des Tanzes gekoppelt, bei der sich einerseits die Figuren in einem „Strudel wilder Lust" (Hoffmann Bd. III, S. 870) verlieren, und die sich zugleich auch als strukturbildend für eine dynamisierte Textbewegung zu erkennen gibt (vgl. Kremer 1993, S. 264ff.; Neumann 2003, S. 65ff.).

Insofern sie stets auf die äußere Gestalt gerichtet ist, ist die Darstellung von Verwandlungen eng auf das Paradigma der Visualität bezogen, und entsprechend häufig auch mit dem Motiv der Augen bzw. des Blicks sowie mit verwandten Requisiten wie Spiegeln, Bildern oder optischen Geräten korreliert. Mit der halluzinativen Anschaulichkeit der Vorgänge verbindet sich zudem die Option auf jene begriffliche Unbestimmtheit, die für Hoffmanns Poetik insgesamt tragend ist. Hoffmann schließt dabei an das frühromantische Konzept einer „progressiven Universalpoesie" an, in dem beständige Übergänge und Transformationen für eine Literatur einstehen, die, nach Friedrich Schlegels Wort, „ewig nur werden, nie vollendet sein kann" (Schlegel KA II, S. 183). Analog zu den hieroglyphischen Chiffren der Natur, misst sich diese Poesie am Modell einer hermetischen Universalsprache und deren schillernden, stets uneindeutigen Korrespondenzen. Eine paradigmatische Figur ist hier die literarische Arabeske, deren verschlungene Textur sich einer klaren Semantisierung entzieht und die Möglichkeiten eines prinzipiell unbegrenzten Rapports offen hält. Darüber hinaus tritt an der Arabeske stets ihr anti-mimetischer, artifizieller Charakter hervor, und mit ihm der eminent selbstreferenzielle und metasprachliche Zug der romantischen Literatur (vgl. Oesterle 1991). Dass literarische Metamorphosen, insbesondere auch bei Hoffmann, ein privilegiertes Feld solcher Selbstreflexion darstellen, wird zudem gestützt durch die jeweiligen Rückbezüge auf verschiedene hermetische Wissensbereiche. Es handelt sich vor allem um naturphilosophische Spekulationen und chemische bzw. alchemistische Lehren sowie um sprachmystische und kabbalistische Traditionen, die in Hoffmanns Aneignungen jedoch nicht systematisch ausgearbeitet, sondern fragmentarisch mit anderen Textfunktionen verwoben werden – in *Der Goldene Topf* wurde diesem Verfahren ein Denkmal gesetzt (vgl. Kremer 1993, S. 111ff.).

Insgesamt legen Hoffmanns Verwandlungsszenarios auch darüber Zeugnis ab, welche skeptischen Revisionen das frühromantische Erbe in seiner Hand durchläuft. Charakteristisch ist seine Wendung zur exzentrischen und oft dämonisierenden Überzeichnung der Figuren, deren zuweilen universale Wandelbarkeit mit einem Fehlen an individueller Substanz korrespondiert – so dass umso mehr der Leib ins Zentrum rückt. Die Plastizität der physischen Welt wird dabei einer grotesken Ästhetik unterstellt, die hypertrophe Entstellungen ebenso kennt wie unblutige Zergliederungen und heterogene, etwa zwischen Mensch und Tier oszillierende Fügungen. Die beständige Konfusion von Identität, die den Protagonisten zumeist eignet, wird in Hoffmanns Werk jedoch gleichermaßen auch als psychologisches Drama ausformuliert. Wo Wahnsinn oder Rauschzustände das Bewusstsein trüben, kann die Übermacht halluzinativer Erscheinungen destruktive und tödliche Konsequenzen annehmen. Die Fähigkeit zu einem solchen „inneren Sehen", das die Erscheinungen der Alltagswelt verwandelt, ist gleichwohl erste Voraussetzung der künstlerischen Produktivität, und Hoffmann vergisst in der Regel nicht, ihr den Abgrund des Wahnsinns als eine immanente Gefahr einzuschreiben.

(Alexandra Heimes)

Phantastik

Seit Hoffmanns erster veröffentlichter Erzählung *Ritter Gluck* (1809) gehört das Phantastische zu den Schlüsselfiguren seines Erzählwerks. Die Titel seiner Erzählsammlungen *Fantasiestücke in Callot's Manier* (1814/15) und *Nachtstücke* (1817) verweisen nicht allein auf die Folie malerischer Genres, sondern programmatisch vor allem auf die phantastischen Aspekte des Wunderbaren und Unheimlichen. Auch die Geschichten der *Serapions-Brüder* (1819/21), Erzählungen wie *Klein Zaches genannt Zinnober* (1819) und *Prinzessin Brambilla* (1820) sowie die Romane *Die Elixiere des Teufels* (1815/16) und die *Lebens-Ansichten des Katers Murr* (1819/21) sind von einer phantastischen Erzählweise geprägt. Phantastik kommt bei Hoffmann dabei als das simultane Auftreten und wechselseitige Durchdringen von Alltäglichem und Wunderbarem ins Spiel. So geht es zumeist nicht um den plötzlichen und bedrohlichen Riss oder Einbruch des Fremden, Spukhaften, Dämonischen oder Unerklärlichen in eine etablierte Welt der Realität, wie es Louis Vax (vgl. Vax 1974, S. 11–43) und Roger Caillois (vgl. Caillois 1974, S. 44–83) definitorisch für die Phantastik festlegen, sondern Hoffmann inszeniert das funktionierende oder auch pathogene Nebeneinander zweier Welten, die sich mitunter überlappen – räumlich im *Don Juan*, zeitlich im *Ritter Gluck*. Der bürgerliche Alltag der Figuren wird dabei in hohem Maße realistisch beschrieben und mit authentifizierenden Merkmalen wie der Nennung historischer Personen und Werke sowie genauen Zeit- und Ortsangaben versehen, so dass das Wunderbare im Tageslicht auftritt und deutlich von den diffus nebligen Hintergründen der Gespenstergeschichten des 18. Jahrhunderts getrennt ist.

Trotzdem schließt das Phantastische bei Hoffmann, beispielsweise in Nachtstücken wie *Ignaz Denner* (1816) und *Das Majorat* (1817), präzise an Motive und Traditionen des englischen Schauerromans an. *Die Elixiere des Teufels* übernimmt zum Beispiel entscheidende Figuren und Motive direkt aus Matthew Gregory Lewis' berühmter Gothic Novel *The Monk* (1796).

Kennzeichen des Schauerromantischen sind etwa „dunkle Wälder und vor Feuchtigkeit triefende Keller, Klosterruinen voller geheimer Gänge, klirrende Ketten, Skelette, Gewitter und Mondlicht" (McGrath/Bradford 1992, S. 9). Es sind Räume, „Requisiten und Kulissen" (ebd.), die seit Hoffmann und Edgar Allan Poe als Externalisierung des Unbewussten gelesen werden können. Ihre bevorzugten Themen sind der Familienfluch, die unklaren Verhältnisse einer Erbfolge und das Wirken eines übermenschlich bösen Schurken. Verwendung findet dabei ein übernatürliches Personal in Gestalt von Mischwesen, Doppelgängern, künstlichen Menschen, Gespenstern oder einer unsichtbaren Macht, der „invisible hand" (vgl. Andriopoulos 1999).

Dieser Tradition folgend, neigt das Phantastische bei Hoffmann zuweilen einer Registratur des Unheimlichen und einer Ästhetik des Schreckens zu (vgl. Bohrer 1983). Im Gegensatz zu den Gespenstergeschichten des 18. Jahrhunderts (vgl. Brittnacher 1994, S. 25–116) und vieler Gothic Novels beschränkt Hoffmann sich allerdings nicht darauf, sondern seine Texte weisen häufig eine Ästhetik des Grotesken auf, die komische und skurrile Momente beinhaltet und mitunter, wie in *Klein Zaches genannt Zinnober* oder dem *Kater Murr*, deutlich in Karikatur und Satire münden. Aber auch in dem Nachtstück *Der Sandmann*, das Sigmund Freud exemplarisch für das Unheimliche in der Literatur heranzieht (vgl. Freud XII, S. 227–268), relativiert sich der Schrecken in einer ironisch gesellschaftssatirischen Wendung. Denn nach der Entlarvung Olimpias als Automat werden die jungen Frauen der Gesellschaft, um nicht für Puppen gehalten zu werden, nicht nur dazu genötigt, taktlos zu singen und zu tanzen, sondern auch so zu sprechen, dass Denken und Empfindung vorausgesetzt werden können (vgl. Hoffmann III, S. 46f.).

Häufig stellt Hoffmann das Phantastische als Ergebnis der eingeschränkten Perspektive fokalisierter Figuren und damit als Möglichkeit einer fragwürdigen Sinnestäuschung, einer Halluzination oder eines Wahnsinns dar. So ist im *Ritter Gluck* nicht entscheidbar, ob der Erzähler mit einem Wahnsinnigen oder dem ‚tatsächlichen' Revenant des verstorbenen Komponisten Christoph Willibald Gluck spricht. Korrespondierend dazu steht die unzuverlässige Erzählung im *Sandmann* (1816). Nicht entscheidbar ist, ob die phantastischen Vorgänge Nathanaels Wahnsinn entspringen, hervorgerufen durch optisch verstärkte Lüste und traumatische Ereignisse in der Kindheit, oder ob tatsächlich phantastische Sandmänner, Doppelgänger und Automatenfrauen auf ihn einwirken. Dagegen existieren Dresden und das wunderbare Atlantis im *Goldenen Topf* (1814) Seite an Seite und etablieren auf sämtlichen Ebenen ein funktionierendes „Prinzip der

Duplizität" (Kremer 1999a, S. 28; vgl. Schmidt 1981a). So haben der Archivarius Lindhorst als Geisterfürst Phosphorus und seine Tochter Serpentina als Schlange phantastisch-alchemistische Doppelidentitäten, die zwar allein der Student Anselmus auf dem Weg zu seinem zweiten poetischen Leben wahrnimmt. Aber der *Goldene Topf* verzichtet erstens nicht nur auf die Effektregister des Schaurigen und Schrecklichen, sondern stellt auch die Existenz einer wunderbaren Welt der Poesie nicht in Frage. In dieser Form der wechselseitigen Einschachtelung zweier Welten, in der das Wunderbare zweifellos Gültigkeit beansprucht, rückt die Phantastik Hoffmanns – auch im Sinne der Phantastiktheorie Tzvetan Todorovs – auf das Terrain des Märchenhaften, in dem unbefragt das Übernatürliche existiert. Der Begriff des „Wunderbaren" (vgl. Bodmer 1966; Stahl 1975), den Hoffmann im Zusammenhang mit dem Nachtstück *Das öde Haus* selbst benutzt (vgl. Lachmann 2002), bezeichnet im 18. und 19. Jahrhundert etwas, das in der modernen Theorie gewöhnlich als das ‚Phantastische' begriffen wird: ein übernatürliches Ereignis, das die im Text diegetisch etablierte Realität sprengt. ‚Wunderbar' in der Diktion Todorovs (1972) und Uwe Dursts (2001) hingegen beschreibt die Auflösung der phantastischen Ambivalenz zugunsten des Übernatürlichen und Märchenhaften. Das Phantastische wird bei Todorov an der ‚Unschlüssigkeit' des Lesers festgemacht, der nicht entscheiden kann, ob es sich im Text um ‚natürliche' oder ‚übernatürliche' Phänomene handelt. Durst verlegt die Entscheidung in den Text hinein und definiert Phantastik als eine literarische „Ambivalenz, in der sich zwei Realitätssysteme überlagern" (Durst 2001, S. 101). Gibt es einen Wechsel oder „Sprung" zwischen diesen Systemen, wie im *Sandmann*, handelt es sich um einen phantastischen Text. Hoffmanns Literatur oszilliert deshalb in diesem System von Text zu Text zwischen den Kategorien des „Wunderbaren" und des „Phantastischen".

Im *Sandmann* weist der Rhetorik-Professor deutlich darauf hin: „Das Ganze ist eine Allegorie – eine fortgeführte Metapher!" (Hoffmann III, S. 46) Aufgehoben wird die Gattungsfrage der Phantastik bei Hoffmann letztlich durch die Hinwendung zur Imagination und romantischen Ironie sowie zu einer Poetik der Selbstreferenz. Denn wenn phantastische Motive und Figuren zu allegorischen Repräsentationen von Literarizität, Poetologie, Schriftlichkeit und Autorschaft werden, besitzt die Phantastik als Gattungsbegriff keine Gültigkeit. Sie wird dann zur Figur der literarischen und künstlerischen Reflexivität selbst. So kann die gespenstische Musikerfigur im *Ritter Gluck* als anekdotische Ungleichzeitigkeit, Inkarnation einer fixen Idee oder des Wahnsinns, als Allegorie der Reformoper, der Musik sowie der Kunst und damit der Literatur überhaupt betrachtet werden.

Auch Anselmus' magische Schreibarbeit im *Goldenen Topf* kann auf neue Standards im Schreibunterricht (vgl. Kittler 1993), auf den Einfluss von Kopierarbeit in der Dichtung oder auf Literatur als direkte Abschrift aus dem Reich der Poesie verweisen.

Emblematisch für eine phantastische Topographie bei Hoffmann ist die „Tapetentür" in der Erzählung *Don Juan*, die vom Hotel direkt in die Opernloge „Nro. 23" (Hoffmann II/1, S. 83) führt und damit als Schwellenmotiv am deutlichsten den Übergang von der Alltagswelt in die phantastische Welt der Kunst veranschaulicht. Die Phantastik bei Hoffmann wird auf diese Weise zum Platzhalter und Markierungsstein romantischer Selbstreflexivität. Mit dieser poetologischen Funktion ist deshalb letztlich auch die Inszenierung von Autormasken im Text verknüpft. Namentliche Codierungen wie ‚Nathanael', hebräisch für ‚Theodor', der Kapellmeister Kreisler und der „reisende Enthusiast" als Erzähler der *Fantasiestücke*, die beide als Alter ego fungieren, sind Ergebnisse einer literarischen „Selbstmultiplikation" (Kremer 1993, S. 18), einer Doppelung, Zerstreuung und zugleich Konstruktion der Identität des romantischen Künstlersubjekts.

(Arno Meteling)

Phantastik und Alltäglichkeit

Mit E.T.A. Hoffmanns Erzählungen beginnt programmatisch eine neue Form der phantastischen Literatur. So schreibt er, nachdem er den *Goldenen Topf* beendet hat, am 19.8.1813 an seinen Verleger Carl Friedrich Kunz: „Denken Sie dabei nicht, Bester! an Scheherezade und Tausend und Eine Nacht – [...] Feenhaft und wunderbar aber keck ins gewöhnliche alltägliche Leben tretend und sei⟨ne⟩ Gestalten ergreifend soll das Ganze werden." (Hoffmann I, S. 301) Hoffmanns erzählerische Technik des Phantastischen besteht darin, zunächst eine realistische Folie der hellen Alltagswelt zu erschaffen, um dann als schleichenden Übergang, meist befördert durch Effekte der Künste oder Medien (Musik, Bild, Schrift) sowie durch Traum oder Rausch, entweder plötzlich das Wunderbare (vgl. Bodmer 1966; Stahl 1975) erscheinen oder eine funktionierende phantastische Parallelität der Alltagsrealität mit dem Reich des Wunderbaren sichtbar werden zu lassen. Häufig halten diese narrativen Konstruktionen es unschlüssig in der Schwebe (vgl. Todorov 1972), ob sie vom Wunderbaren berichten oder nicht, und überantworten diese Entscheidung der Frage nach der Gültigkeit der Perspektive einer fiktiven Figur.

Die Medien, über die das Wunderbare an den Alltag gekoppelt wird, sind (1.) die Zeit bzw. Ungleichzeitigkeit, (2.) die Inszenierung des Raums, (3.) der Blick, häufig verstärkt durch optische Apparate, sowie (4.) die Musik, der Lärm, der Alkohol und andere Mittel, die zu Rausch- und Traumzuständen führen. Eine Poetik des Wunderbaren, die im Tageslicht in Erscheinung tritt, so muss hinzugefügt werden, gilt für die Literatur Hoffmanns allerdings nur eingeschränkt. Texte, die deutlich in der Tradition der Gothic Novel stehen und deshalb die Registratur des Dunklen, Unheimlichen und Schrecklichen bedienen, wie *Ignaz Denner* (1816) oder *Das Majorat* (1817) und in Teilen auch *Die Elixiere des Teufels* (1815), bedienen weiterhin partiell die eingespielten Requisiten des Schauerromans (vgl. McGrath/Bradford 1992, S. 9; Wünsch 1991).

(1.) In Hoffmanns erster veröffentlichten Erzählung, *Ritter Gluck* (1809), begegnet der Erzähler entweder einem Wahnsinnigen oder einem Revenant, dem gespenstischen und zeitlich verschobenen Wiedergänger des Komponisten Christoph Willibald Gluck (1714–1787), der zum Zeitpunkt der Handlung eigentlich bereits 22 Jahre tot ist. Die Beschreibung seiner Qualen und einige Selbstäußerungen des Fremden deuten überdies auf eine Existenz in Verdammnis und damit auf den Topos des ewigen Juden hin. Bernhard Dotzler und Günter Oesterle weisen im Zusammenhang mit dieser Ungleichzeitigkeit auf die „Calderón-Anekdote" in Hoffmanns Tagebuch hin (vgl. Dotzler 1988; Oesterle 1993). Dort berichtet Hoffmann davon, wie der Dichter als Küchenjunge von Friedrich dem Großen nach dem Hubertusburger Frieden 1763 entdeckt wurde und wie dieser ihn hat zum Poeten ausbilden lassen. Pedro Calderón de la Barca starb allerdings schon 1681. Raffiniert werden, so Oesterle, in dieser Anekdote die historischen Zeiten wie im *Ritter Gluck* ineinander geblendet. So legt Hoffmann den Zeitpunkt der Geschichte mit dem 1814 angefügten Untertitel „*Eine Erinnerung aus dem Jahre 1809*" mit vielen Details sehr genau an und erwähnt beispielsweise den „Mohrrüben-Kaffee" (Hoffmann II/1, S. 19), der auf die wirtschaftlich prekäre Lage Berlins als Folge der Kontinentalsperre und Verarmung durch den Krieg hinweist. Hoffmanns Strategie, ein möglichst realistisches Bild der Alltagswelt zu zeichnen, das durch genaue Angaben zu Raum und Zeit verifiziert wird, kann deshalb als eine Finte verstanden werden, um die Wirkung des phantastischen Täuschungsmanövers zu steigern. Das Ergebnis ist ein Außerkraftsetzen der historischen und diegetischen Chronologie und ein logischer Taumel zwischen unvereinbaren Zeitebenen, den Identitäten der Figuren und letztlich den ‚Realitätssystemen' (vgl. Durst 2001) von Alltag und Phantastik.

(2.) Wichtiger noch als das Spiel mit der Zeit ist für Hoffmanns Erzählen eine Inszenierung des Raums, die mit genauer Milieuschilderung und Lokalkolorit Authentizität erzeugt. Im *Ritter Gluck* wird beispielsweise die Beschreibung des bunten Straßentreibens vor dem Berliner Gartenlokal „Klaus und Weber" zum Ausgangspunkt für das plötzliche Auftauchen des phantastischen Fremden. Auch in seinen anderen Texten wird mit genauen (wenn auch häufig abgekürzten) Angaben zu Ort und Zeit gearbeitet. Im *Goldenen Topf* bevölkern deshalb Hexen und Feen das bürgerliche Dresden. Selten erscheint das Wunderbare in einem streng begrenzten Kontext wie noch in den Gespenstergeschichten des 18. Jahrhunderts. In Hoffmanns letzter Erzählung *Des Vetters Eckfenster* (1822) werden deshalb zwar noch alle für Hoffmann typischen Zeichen des Phantastischen aufgerufen, aber die Phantasien werden als Imaginationen offenbar. So gibt es keine Elemente des Wunderbaren mehr, wohl aber die präzise und detaillierte Beschreibung des Treibens auf dem Berliner Gendarmenmarkt unter dem Fenster der Vettern sowie die Verwandlung des Platzes in eine Projektionsleinwand für die Phantasien der beiden, die, verstärkt durch ein Fernglas, einzelne Figuren in den Fokus nehmen und ihnen Geschichten buchstäblich andichten.

Eine zweite signifikante Gruppe von Orten der Phantastik in der romantischen Literatur sind die unterirdischen Räume wie Brunnen und Bergwerke (vgl. Frank 1996). Diese bedeuten schon die frühen Erkundungen auf den Feldern des Unbewussten, die zugleich als wunderbar und meistens auch als tödlich ausgewiesen sind (vgl. Böhme 1988). Hoffmanns Beitrag dazu sind die *Bergwerke zu Falun* (1818), die das Motiv von der unerwarteten Rückkehr eines toten Bergmanns übernehmen, wie es vorher bereits in Gotthilf Heinrich Schuberts *Ansichten von der Nachtseite der Naturwissenschaft* und in Johann Peter Hebels *Unverhofftes Wiedersehen* (1811) Verwendung fand. Auch das Motiv der Ungleichzeitigkeit einer Figur wird durch die perfekte Konservierung des 50 Jahre alten und jugendlich gebliebenen Leichnams aufgegriffen. Eine dritte Möglichkeit räumlicher Phantastik sind geheime Korridore und Zugänge, die schon in der Gothic Novel die Verteilung des Gespenstischen regeln. So gibt Novalis in *Heinrich von Ofterdingen* (1802) frühzeitig das selbstreflexive und psychologische Motto der Romantik aus: „Die Worte des Alten hatten eine versteckte Tapetenthür in ihm geöffnet." (Novalis I, S. 299) Denn diese geheimen Tore führen wie die unterirdischen Kammern im Berg immer in das Innere und in die Phantasie der Helden.

Eine dieser Türen lässt sich hinter dem „alten mächtigen Kleiderschrank auf dem Hausflur" (Hoffmann IV, S. 291) in Hoffmanns *Nußknacker und Mausekönig* (1816) finden. Sie führt über eine Treppe zum „Mandeln- und Rosinentor" (ebd.) ins wunderbare Reich der Puppen. Der Inbegriff einer romantisch-phantastischen „Tapetentür" (Hoffmann II/1, S. 83) befindet sich allerdings in einem unbenannten Gasthof in der Erzählung *Don Juan* (1812/14). Von dort aus gelangt der Erzähler, der leicht angetrunkene ‚reisende Enthusiast', ohne Umschweife in ein Opernhaus, um dort von einer Fremdenloge aus *Don Giovanni* (1787) des „berühmten Herrn Mozart aus Wien" (ebd.) und dann hautnah eine Wiedergängerin von Donna Anna zu erleben. Ungeklärt bleibt, wie es eine direkte Verbindung durch die Wand zwischen einem Hotelzimmer und der Loge eines Theaters geben kann. Diese verborgene Tür zeigt poetologisch am deutlichsten das direkte räumliche Nebeneinander von Alltag und Phantastik, das auch als Nebeneinander von profaner Realität und der wunderbaren Welt der Kunst verstanden werden kann. Es gilt eben nur, die richtige, aber verborgene Tür zu öffnen.

(3.) Gestaltet werden die ineinander geschachtelten Räume des Alltags und der Phantastik im Wesentlichen durch die Blickarrangements der Figuren. Paradigmatisch dafür sind die beiden Nachtstücke *Der Sandmann* (1816) und *Das öde Haus* (1817). Erst durch den Blick Nathanaels wird die Automatenfrau Olimpia animiert, und im Blick Theodors wandelt sich ein Ölbild einer Dame in eine begehrenswerte, lebendige Schönheit. Auffällig benutzen beide Figuren optische Geräte wie ‚Perspektiv', ‚Operngucker' und ‚Taschenspiegel', die den Blick verstärken und fokussieren, aber zugleich den phantastischen Vorgang einer „optische[n] Täuschung" (Hoffmann III, S. 179; vgl. Lieb 2002) einleiten. Diese Verstärkungsmedien spiegeln deshalb zwar das Ziel romantischer Literatur, dass der Leser keine Buchstaben mehr lesen, sondern mittels seiner Einbildungskraft durch das Buch Bilder sehen soll. Aber sie führen zugleich das Moment der Perspektivierung, der Verzerrung und der Täuschung in die Geschichte ein und decken damit den gefährlichen Narzissmus der Beobachter auf.

(4.) Häufig kündigt sich, ganz in der Tradition der Gespenstergeschichte des 18. Jahrhunderts (vgl. Brittnacher 1994, S. 48–49), das Phantastische bei Hoffmann nicht visuell, sondern akustisch an. So ist der Grund für das Zusammentreffen des Erzählers mit dem geheimnisvollen Fremden im *Ritter Gluck* die Unzufriedenheit über die Berliner Musik- und Opernsituation. Eingeleitet wird die Erzählung deshalb mit dem „kakophonische[n] Getöse" (Hoffmann II/1, S. 19) eines Berliner Gartenorchesters. Auch im *Don Juan* wird dem sanften Schlaf des reisenden Enthusiasten durch lautes und polyphones Getöse jäh ein Ende gesetzt. Das Erwachen geschieht plötzlich und buchstäblich mit einem Paukenschlag: „Ein durchdringendes Läuten, der gellende Ruf [...] Bässe brummen durcheinander – ein Paukenschlag – Trompetenstöße – ein klares A, von der Hoboe ausgehalten – Violinen stimmen ein" (ebd., S. 83).

Musik ist bei Hoffmann, wie auch die Malerei (vgl. *Die Jesuiterkirche in G.*) oder die Poesie (vgl. *Der goldene Topf*), immer das direkte Medium des Übergangs ins Reich der Träume und des Wunderbaren. Sie eröffnet stets einen phantastischen Raum zweier Welten und ruft häufig erotisch aufgeladene Situationen hervor. So ist das phantastische Element im *Ritter Gluck* der rätselhafte Wiedergänger eines Komponisten, und im *Don Juan* wird die infernalisch markierte Erhabenheit der Mozart-Oper *Don Giovanni* (1787) heraufbeschworen. Die tödliche Gefahr, von der die musikalische Entgrenzung immer bedroht ist, wird auch in den Erzählungen *Das Sanctus* (1817) und *Rat Krespel* (1819) zum Thema.

Nicht ohne Bedeutung für den Übergang von der Alltagsrealität in eine phantastische Welt sind neben der Rauschhaftigkeit der Musik auch die verschiedenen Sorten Alkohol, die die Hoffmann'schen Figuren zu sich nehmen. So wird im *Ritter Gluck* von Beginn an viel Wein getrunken, und im *Goldenen Topf* lässt sich eine Dichotomie zwischen der Wirkung von bürgerlichem Kaffee und „Doppelbier" (ebd., S. 293), von dem der Registrator Heerbrand einschläft, und dem Phantasmagorien erzeugenden Trinken von Punsch aufmachen: „Aber so wie dem Studenten Anselmus der Geist des Getränks zu Kopfe stieg, kamen auch alle Bilder des Wunderbaren Seltsamen [...] wieder zurück. [...] Veronika reichte ihm ein Glas Punsch und indem er es faßte, berührte er leise ihre Hand. – Serpentina Veronika! – seufzte er in sich hinein." (ebd., S. 297)

Auch der noch schlaftrunkene Erzähler in *Don Juan* hat sich zu Beginn der Geschichte nicht ganz von seinem mittäglichen Champagner-Rausch (vgl. ebd., S. 83) erholt. Zu Mitternacht bestellt er sich auch für seine literarische Geisterbeschwörung in der Opernloge einen „Punsch" (ebd., S. 91) als Phantastik förderndes Tonikum. Manfred Momberger hat auf die Funktion dieses Lieblingsgetränks Hoffmanns hingewiesen: „Hoffmanns Nacht, oder was dasselbe ist, Hoffmanns Licht, ist anderer Art. Sie ist die Zeit, wenn der Punsch bereitet wird." (Momberger 1986, S. 67) Gegen die Licht- und Sonnenmetaphorik der Reinheit bei Autoren wie Novalis, Friedrich Schlegel und Ludwig Tieck setzt Hoffmann nach Momberger einen unreinen Doppelblick der Dämmerung: „Der Punsch ist seiner Zubereitung nach ein Gemisch, etwas Unreines, denn er entsteht aus dem Zusammentreffen von Feuer und Flüssigkeit, zwei Elementen, die sich eigentlich fliehen sollten [...] Aber der Alkohol brennt [...] auch im Innern, wenn er getrunken wird, und regt so die Phantasie künstlich an. Der eigentliche Effekt des Alkohols ist die Phantasmagorie." (ebd., S. 69)

Walter Scott hat sich schon 1827 mit dem Phantastischen bei Hoffmann und in der Romantik auseinandergesetzt und landet bekanntlich zum einen bei der Gegenüberstellung von gesunder „imagination" und krankhafter „fancy", einer Einschätzung, bei der der Autor des *Sandmanns* selbst zum therapiebedürftigen Wahnsinnigen erklärt wird. Zum anderen erreicht Hoffmann für Scott nicht einmal die überzeugende Authentizität einer Halluzination, wie sie sich einem Wahnsinnigen zeigt (vgl. Scott 1968). Offenbar ist Scott das narrative System der phantastischen Erzählungen Hoffmanns nicht geschlossen genug, um überzeugend zu sein. Irritierend sind, so eine mögliche Erklärung für diese von einem ‚realistischen' Standpunkt aus getroffene Einschätzung, die komplizierte und offene Narrativik Hoffmanns, zu der differente Identitäten und ein unschlüssiges Schweben zwischen Alltagsrealität und Wunderbarem ebenso gehören wie der hohe Grad an literarischer Selbstreferenzialität.

Eine Theorie der Phantastik, so Renate Lachmann, entwickelt allerdings schon Hoffmann selbst (vgl. Lachmann 2002, S. 87). Denn in dem Nachtstück *Das öde Haus* lässt dieser nicht nur über die zwei Manifestationen des Phantastischen, das ‚Wunderbare' und das ‚Wunderliche', diskutieren, sondern belegt diese auch performativ mithilfe der rahmenden Geschichte. Entscheidender für eine Bestimmung der Hoffmann'schen Verschachtelung von Alltag und Phantastik ist allerdings Lachmanns Engführung einer Geschichte der phantastischen Literatur mit der Geschichte der Rhetorik. Sie kommt anhand einer „Eigensubversion" der Rhetorik zu dem Schluss, dass bestimmte rhetorische Figuren die „Rhetorik/Poetik" angreifen und „in eine Gegenrhetorik des Phantastischen" überführen (ebd., S. 99). Literatur finde deshalb in einem Spannungsfeld zwischen rhetorischer Konvention und ungezügelter Phantasie statt. Aufgrund des rhetorischen Hintergrunds der Phantastik gelten deshalb nicht die Inhalte, sondern die „Schreibweise" (ebd., S. 12).

Es lässt sich allerdings abseits der von Lachmann vermuteten historischen Divergenz beider Traditionen mit Hoffmanns spezifischer Narrativik der unscharfen Zeit- und Raumüberblendung, der komplizierten Blickarrangements und des Einsatzes der Medien des Traums und Rausches eine dicht gefügte Rhetorik genau an den Stellen beobachten, an denen das Phantastische auftritt. Wenn die Theorie also bisher das Phantastische auf der Ebene der *histoire* als diegetischen „Einbruch in das narrative Kontinuum" (ebd., S. 17; vgl. Vax 1974; Caillois 1974) definiert hat, so könnte man genau diese Textstellen auch als Wechsel oder Verdichtung von rhetorischer Sprache lokalisieren. Denn häufig genug ist es gerade die dicht gefügte Rede der tropologischen Unschärfe und Verschleierung, die das Phantastische markiert. Romantische Literatur und speziell Hoffmanns narrative Verfahren etablieren deshalb gerade vor dem inhaltlichen Hintergrund einer Erscheinung des Wunderbaren im Tageslicht eine Rhetorik des Phantastischen, die als Rhetorik der Unschärfe (*obscuritas*) dem konventionellen Ziel der Rhetorik, Transparenz (*perspicuitas*) und Evidenz (*hypotyposis*) zu erzeugen, gegenübergestellt werden kann.

(Arno Meteling)

Philister und gemeines Leben

Die Romantik schafft sich im Philister eine blasse Antithese. Der Philister sorgt durch Horizontverengung für überschaubare Verhältnisse, liebt keine Überraschungen, sondern Alltagsrituale und kultiviert so Normalität (vgl. Stein 1985; Althaus 2001). Er verkörpert das zum Realitätssinn abgestumpfte Erfahren. Da ist es merkwürdig, dass sich die romantischen Texte und zumal diejenigen Hoffmanns immer wieder und ausgiebig mit diesem ihrem Gegenteil beschäftigen (vgl. Schneider 1978; Schmeling 1991; Barth 1993; Paulus 1998; Arendt 2001). Sie sind auf den Kontrast zum gemeinen Leben des Philisters angewiesen, ohne den offenbar das Wunderbare, Märchenhafte, Phantastische mit seiner Aura des Unbegreiflichen sich selbst zu wenig versteht und der Fixpunkt einer fasslichen Bedeutung fehlt: Die Prinzessin Gamaheh in Hoffmanns *Meister Floh* ist zu anderer Zeit „ein kleines fremdartiges Körnlein", „in den Blumenstaub des Tulpenkelchs gebettet" oder auch selbst „eigentlich eine schöne Tulpe" und ähnelt zu wieder anderer Zeit sehr der Holländerin Aline aus Henri Montan Bertons Oper *Aline, Reine du Golconde*. Da heißt es den „rechten Namen" treffen (Hoffmann VI, S. 336, 388f.), und der lautet im gemeinen Leben Dörtje Elverdink. Hoffmann steigert die Differenz ins Extreme, lässt ständige Metamorphose (das Romantische) auf völlige Verdinglichung des Lebens (das Philiströse) treffen und beharrt gleichwohl auf direkten Bezügen. Zugespitzt enthält dieses Verfahren die epochen- und schreibkritische These, dass die Darstellungsfähigkeit des Ideals gar nicht mehr anders als über das Problem der Reduktion zu sichern ist.

Darum ist der Philister für sich aber vorderhand doch nichts als eine Hohlform der Existenz mit dem einzigen Plus deutlicher Bestimmbarkeit. Figuren wie der Geheime Kanzlei-Sekretär Tusmann in *Die Brautwahl* oder der Konrektor Paulmann, der Registrator und spätere Hofrat Heerbrand in *Der goldene Topf* klammern sich an ihre Titel, weil ihnen schlicht kein anderes Identitätsmerkmal zukommt, und personifizieren insgesamt die Leere der Normalität. Ihre Präsenz im Text dient denn auch zuallererst einer effektiven satirischen Akzentuierung des Nicht-Romantischen. Dafür liefert das Philisterleben zuverlässige und leicht abrufbare Topoi der Beschränktheit, die dann darstellungsökonomisch einzusetzen sind für eine Entwicklung von Perspektiven darüber hinaus. Allerdings gehören zu dieser Dialektik weitere kritische Rückbezüge auf das Romantische, über die schon angedeuteten Probleme darstellerischer Konkretion hinaus. Indem die Bedenken aus ridikülen Eigenheiten des gemeinen Lebens hergeleitet werden, bleibt durchweg die Überlegenheitsposition des Romantischen markiert. Trotzdem kommen Zweifel auf. So fehlt der Philisterin und dem Philister nichts, wenn nur alles seine richtige Ordnung hat, kein Talgfleck auf den Sonntagsrock gerät, kein Aktenstück verlegt wird, die Töpfe nicht überlaufen usw. Das sind – etwa in *Klein Zaches* – unerhebliche Zielvorgaben für die unendliche romantische Sehnsucht. Aber gar nicht unerheblich ist das hiervon abzuleitende Postulat nach Erfüllung im Nahbereich, mit dem Sinn einer Vermeidung ewigen Mangels und Entzugs, der demgegenüber dem Romantischen angelastet wird.

Der Philister führt ein zwiebelartig organisiertes Leben, das aus Schalen über Schalen besteht, ohne eigenen Kern (vgl. Brentano II, S. 972, 976). An dieser romantischen Position halten Hoffmanns Texte fest. Aber sie generieren aus dem Nullwert auch eine Form von voraussetzungslos gelingender Existenz, die so einfach dann nicht mehr zu disqualifizieren ist. Vor dem Fond des Romantischen besteht das Philisterleben ausschließlich aus einem Verhalten, das die Macht der Gewohnheit größer werden lässt als die Mächte des Irregulären. Dass sie überhand nehmen, ist bei Hoffmann indes Programm, und so steht das Tun des Philisters vorderhand auch unter der Bedingung des Scheiterns. Es macht einfach keinen Sinn, beim Einsturz eines Hauses „noch vor schneller Flucht ganz geschwinde einen falschen Kniff in der Fenstergardine glattstreichen" (Hoffmann III, S. 20) zu wollen. Dennoch schließt ein beharrlich so organisiertes Verhalten einen Voraussetzungswechsel ein. Wird es nämlich konsequent durchgehalten, mündet ein Leben voll der Einbrüche und Unwägbarkeiten doch wieder in Routine. Das ist dann nicht lächerlich, wenn jene Einbrüche wirklich Katastrophen sind und sich für ein anders geführtes Leben mit schauerromantischer Konsequenz nur Orientierungsverlust einstellt. Da schafft das philiströse Gebaren Ordnung in sinnvoller Ungemäßheit zum Irregulären. Dieses Gebaren verbindet sich sogar mit einem Ethos der Durchsetzung, und es wird selbst im Scheitern nur bedingt von der Fülle des Phantastischen widerlegt. Oft bewahrheitet sich das Phantastische dann nämlich nur noch destruktiv (wie in *Der Sandmann, Die Bergwerke zu Falun*), womit denn sein Sieg den ängstlichen Blick des Philisters bestätigt, dass es das Fürchterliche, Entsetzliche sei. Dies kann für den Kontrast Romantiker/Philister zu völlig verschobenen Wertungen führen, und damit können die Texte im Ganzen zwischen einer Position und Negation des Romantischen changieren. Das wiederum kann Passagen innerhalb der Texte betreffen und nachherige Aufhebung erfahren, aber auch Schlusspassagen und dann der im Leseprozess unrevidierbar letzte Eindruck sein, den ein Text vermittelt. Es ist ebenfalls nicht ausgeschlossen, dass die Figurationen des romantischen Bewusstseins selbst jenen ängstlichen Blick des Philisters übernehmen und ihnen folglich der eigene Zustand so unheimlich ist, wie er der reduzierten Fremdwahrnehmung erscheint. Je schlimmer es um den haltlosen Medardus in den *Elixieren des Teufels* steht, desto mehr lernt er die philiströse Beschränktheit als kindliche Unschuld schätzen. Manchmal interpretiert er sogar einen Zuwachs an Kompetenz hinein: Für ihn gibt es dort drüben in der geistigen Enge ein Regulativ, über das er selbst auf seinen verschlungenen Wegen in den Wahnsinn und in das Verbrechen nicht verfügt.

Bei Hoffmanns kritischer Belastung des Romantischen schlagen die „Wunder, die die höchste Wonne so wie das tiefste Entsetzen in gewaltigen Schlägen hervorrufen" (Hoffmann II/1, S. 251f.), merklich oft ins Dunkle aus. Anders als mit solcher Verschlechterung wird das Romantische meist nur dem Künstler und durch höchste Kunst erfahrbar, auch da aber nur unter Verlust der eigenen Lebensmitte. Erreicht die Kunstproduktion ihre von der Normalität stets mit Komparativen und Superlativen abgesetzten Ziele, erfüllt sich also das Höhere und Höchste anders denn bloß im Maß irdischer Dinge, reißt es folgerichtig auch aus dem verbürgten Kontext heraus. Berthold in der *Jesuiterkirche in G.* entscheidet sich daher gegen die große Kunst und für ein gedeihliches Leben. Er übt sich in planvoller Selbstverhinderung handwerksmäßig als Kopist und Maler nach Zahlen und wird dadurch zu einem Philister in der Kunst. Für diesen Fall einer ‚wahnsinnigen' Befähigung zur Kunst ist das Therapie. Das Ungenügen an der Realität (vgl. Pikulik 1979) disponiert grundsätzlich zu Mangelerfahrungen, und darüber erweist sich das künstlerische und romantische Bewusstsein als unglückliches Bewusstsein; das philiströse hingegen ist vielleicht nicht glücklich, aber doch zufrieden.

An dem Gegensatz romantisch/philiströs werden aber auch die Produktionsbedingungen von Kunst diskutiert, und dies keineswegs nur so, dass sich alle Faktoren dafür auf der Seite des Romantischen finden lassen. Im *Kater Murr* sind die Rollen zwischen Künstler und Philister an sich deutlich verteilt. Doch wird gleichzeitig vorgeführt, wie sehr sich der romantische Musiker Kreisler in der Fülle seiner Möglichkeiten bis zu völliger Unproduktivität verliert. Erst in klösterlicher Eingeschlossenheit kommt er zu sich und zu Werken, während der philiströse Schriftsteller Murr trotz aller objektiven und subjektiven Hinderungen umstandslos zur Feder greift und etwas zustande bringt. In Kreisler sperrt sich die romantische Kunst gegen jede eindimensionale Verengung ihres Potentials. Die Folgen jedoch sind Produktionsstörungen und eine Zerrissenheit des Künstlers, die sich strukturell in der Zerrissenheit des Romans niederschlägt. Die einander unterbrechenden Textpartien des Romans können aber nur das Leben des Kapellmeisters auseinanderzerren. Den mustergültigen Philister Murr geht die Zerrissenheit seines Widerparts herzlich wenig an. Sein Leben wird durch die Unterbrechungen bestens sortiert (vgl. Althaus 2003, S. 237–249). So wird der schriftstellernde Kater in der Entstehungsfiktion für den Roman als ‚ganzen' Text zuständig. Das ist einerseits eine ironische Verkürzung des Schreibens und andererseits ein bedenklicher Hinweis darauf, dass bei fortgesetzter Dekomposition und einem durchgängig starken Irritationswillen die Werkfähigkeit auf dem Spiel steht. Da zeigt dann nur noch Beschränkung den Meister.

So sorgt das Philiströse für manchen kritischen Blickwechsel in Hoffmanns Texten. Damit bringt es gerade als Modus von Reduktion den Prozess der Denküberhöhung voran, in dem das Romantische seinen eigenen Möglichkeiten mit romantischer Ironie begegnet. Die reflexive Brechung verlangt nach der Fremdstimme des Philisters im Text, die das alles zu bloßer Einbildung, Verirrung und Wahnsinn erklärt. Hoffmanns Texte verzichten nicht auf solche Infragestellungen. Indem es die Gegenposition gibt, werden sie in ihren eigenen Bedingungen diskutierbar. Im Vergleich mit den idealtypischen Ausprägungen eines ‚vollendet' Romantischen wirkt diese Prosa tatsächlich um so viel avancierter, als es ihr an der Differenz zwischen offenem und reduziertem Bewusstsein nicht fehlt. Das Philiströse wirkt als interner Vorbehalt, der die Widerspruchsfähigkeit der Texte auch noch gegenüber dem eigenen ästhetischen Programm sichert. Das verlangt allerdings, dass der hier entstehende Kontrast keine einsinnige Auslegung erfährt, also tatsächlich Reduktion ein Stück weit waltet und die Texte in ihrer Absicht schwankend genug werden, um romantikkritische Lektüren zuzulassen. Deshalb überrascht es andererseits auch nicht, wenn Hoffmann mitunter zu Experimenten ‚naiver Schließung' neigt, in denen Philiströses bestimmend wird und Romantisches verkümmert. Trotz entsprechender (interner) Kritik – „zu wenig fantastisch", „zu sehr in den gewöhnlichen Kreisen" (Hoffmann IV, S. 176) – behaupten solche Experimente ihre Stellung im Werk. Dazu gehören Texte wie *Meister Martin der Küfner* und *Meister Johannes Wacht* „über das einfache, harmlose Leben des tüchtigen Bürgers" (ebd., S. 556), „nach gerader deutscher Sitte" (Hoffmann VI, S. 538), in denen nur noch einige fixe Ideen als „Vorurteile" auf der „Schattenseite" (ebd., S. 529) oder hysterische Anwandlungen, „Faxen" (ebd., S. 545) „à la Werther" (ebd., S. 574) die Zweckmäßigkeit des Ganzen stören.

Freilich bleibt es ein Sonderfall, wenn das Romantische seiner Kontrafaktur derart ausgeliefert wird und sich in ihr verflüchtigt. Ebenso bilden aber solche Texte wie *Prinzessin Brambilla* eine Ausnahme, in denen „das kecke launische Spiel eines vielleicht manchmal zu frechen Spukgeistes" (Hoffmann III, S. 769) unter vollständiger Preisgabe des Philiströsen, ganz heraus „aus dem engen Kreise gewöhnlicher Alltäglichkeit" (ebd., S. 791), „allerlei Gestalten in immer schnelleren und schnelleren Kreisen dermaßen durcheinander [hetzt], daß man sie gar nicht mehr zu erkennen, gar nicht mehr zu unterscheiden vermag." (ebd., S. 898) Das Spätwerk Hoffmanns scheint die Differenz romantisch/philiströs in einer Y-Struktur zu entfalten, um die kritisch aufeinander reagierenden Korrelate zu isolieren. Das macht wohl jeden der beiden Bewusstseinszustände defizitär, misst aber jedem auch eine Eigenwertigkeit zu, für die der Mangel an anderem in Kauf zu nehmen ist. Darin scheint trotz einseitiger Lösungen Hoffmanns Unentschiedenheit wieder auf. Mit dieser Unentschiedenheit setzt er sich von einer Konstante romantischen Schreibens ab, zu der sich wohl nur noch Tieck und Eichendorff ähnlich schwankend verhalten können, letzterer vor allem mit der kurz nach Hoffmanns Tod entstandenen Literaturkomödie *Krieg den Philistern* (1823). Sonst bleibt der Begriff des Philisters bei höchst unterschiedlicher Referenz (für Heine z. B. sind Kant, Robespierre, Ruge, Wellington wahre Philister) und trotz seines inflationären Gebrauchs in der Romantik doch letztlich bedeutungsstarr, wie es dem Entwurf als Stereotyp ja auch entspricht (vgl. Hofstaetter 1992). Das schließt Umwertungen beinahe ganz aus, während Hoffmann in einem werkgeschichtlich angelegten Experiment auf bewegliche Weise teils der Hauptspur folgt, teils aber auch vom Negierten aus das (eigene) romantische Konzept skeptisch prüft.

(Thomas Althaus)

Poetik des Konjunktivs / Leseransprache

Hoffmanns Erzählungen loten das Verhältnis von wunderbarer und wirklicher Welt neu aus. Sie setzen bei den Alltagserfahrungen der Leserschaft ein, indem sie Topographie, Mode, Habitusformen, Sprechweisen und Gewohnheiten so genau beschreiben, dass von einem frührealistischen Potential dieser Darstellungen durchaus die Rede sein kann. Zugleich nehmen sie eine zweite Realitätsebene an, die mit den genannten Erfahrungen auf den ersten Blick wenig gemein zu haben scheint, sondern höchstens als Traum, als unerfüllbare Sehnsucht oder als Produkt der Phantasie akzeptiert werden kann, und die gleichwohl nicht selten kurzweg als Aberration oder Wahnsinn behandelt wird (vgl. etwa die Figur des Kapellmeisters Johannes Kreisler). Dabei wird der unsichere Wirklichkeitsstatus dieser Ebene in Hoffmanns Texten nicht etwa verleugnet, im Gegenteil. Indem sie aber nun – in der Fiktion einer alltäglichen Welt – die Fiktion einer wunderbaren Welt als Fiktion ausstellen, gelingt es ihnen, die Leser von der Wahrscheinlichkeit des auf den ersten Blick Unwahrscheinlichen zu überzeugen.

Zweierlei ineinander wirkende Mechanismen spielen hierfür eine entscheidende Rolle: zum einen die für den romantischen Stil an sich konstitutive Poetik des Konjunktivs, als deren bevorzugte Form die Wendung ‚als ob' gilt (vgl. Jahn 1937, S. 41; Krummacher 1965, S. 9); zum anderen die vielfältigen Strategien der Leseransprache in Hoffmanns Erzählungen. Beide Mechanismen übernehmen metapoetische Funktionen. Sie verweisen also auf die je eigene Fiktionalität des entsprechenden Textes und wirken einer Illusionierung des Lesers zunächst einmal entgegen. Der in der Frühromantik geprägten Leserfunktion entsprechend, bindet Hoffmann diesen als „höhere Instanz" (Novalis II, S. 282) der poetischen Produktion und damit als aktiven Partner des Erzählers in das Geschehen ein. Allerdings verliert der Erzähler dadurch nur vordergründig an Souveränität.

Vielmehr verfügt er weiterhin über den Leser, indem seine gezielten Ansprachen das Potential des Textes zur Illusionierung, Desillusionierung und, damit einhergehend, potenzierten Illusionierung des Lesers ausloten. Illusionierung und Desillusionierung schließen sich nämlich dann nicht aus, wenn das im Akt der Desillusionierung explizit als ‚unwirklich' gekennzeichnete Geschehen erzählstrategisch für dennoch plausibel gehalten wird, wenn sich der Leser also im Bereich des ‚Wunderbaren' wie in der Wirklichkeit zu bewegen lernt: „Es kommt nur darauf an, daß ein Dichter uns durch den Zauber seiner Darstellung in eine fremde Welt zu versetzen wiße, so kann er alsdann in ihr nach seinen eignen Gesetzen schalten" (A.W. Schlegel SW IX, S. 301). In der ‚Illusion zweiter Ordnung' erscheint demnach „das Wunderbare so natürlich und schlicht als möglich, gleichsam im Nachtkleide" (A.W. Schlegel SW XI, S. 136).

Mit anderen Worten: Hoffmanns Poetik des Konjunktivs zielt auf die Bereitschaft eines mit poetischer Aufmerksamkeit begabten Lesers, das Wunderbare als Form des Wirklichen anzuerkennen. Wenn in den Erzählungen ein Satz mit ‚als ob' eingeleitet wird, dann wird nur auf den ersten Blick eine Ebene der Simulation aufgerufen, die den Schein eines Sachverhalts erzeugt, der so eben gerade nicht zutrifft (vgl. Knauer 1995, S. 155). Stattdessen ist der Leser gehalten, konjunktivische Wendungen zumindest als ‚tatsächlich mögliche' ernst zu nehmen. Äußert in der Erzählung *Ignaz Denner* die Figur des Andres den Eindruck, es sei ihm „vorgekommen, als ob mehrere Stimmen seinen Namen gerufen hätten" (Hoffmann III, S. 65), hält der Leser diese – auf personaler Erzählebene noch kurz zuvor ungebrochen indikativisch formulierte – Perspektive in Erwartung eines sich weiter ins Bedrohliche und Dämonische auswachsenden ‚Nachtstücks' für durchaus plausibel. Lediglich Andres selbst beruhigt sich an dieser Stelle mit Denners Hinweis, dass ihn „das Heulen des Windes getäuscht haben müsse" (ebd.). Auch die besondere Qualität des von Maria in der Erzählung *Der Magnetiseur* gebrauten Punschs steht fest, ohne dass dabei tatsächlich ‚magische Kräfte' im Spiel sein müssen, wie dies die ‚als-ob'-Formel ankündigt: „[...] es ist als ob Maria noch eine Zauberformel über den Trank spräche, die ihm eine besondere magische Kraft gäbe. Ist es denn anders, rief Bickert: es ist der Zauber der Zierlichkeit, der Anmut, mit dem Maria Alles, was sie tut, belebt; das bereiten *sehen* des Punsches macht ihn herrlich und schmackhaft." (Hoffmann II/1, S. 192)

Gelegentlich spitzen Hoffmanns Erzählungen diese vielfältigen Tendenzen zur semantischen Entpotentialisierung des konjunktivischen Sprechens noch zu, indem sie das tatsächlich Mögliche als das eigentlich Zutreffende profilieren. Das betrifft insbesondere Passagen mit poetologischem Aussagegehalt. Es ist demnach nicht nur möglich („als ob"), dass „ein geheimes, sympathetisches Band oft manche entfernt liegende Tonarten" (*Über einen Ausspruch Sacchini's, und über den sogenannten Effekt in der Musik*; Hoffmann II/1, S. 445) miteinander verknüpft; diese Verbindung entsteht tatsächlich und macht aus den einzelnen Tonelementen ein zusammenhängendes harmonisches Ganzes. Ebenso ist klar, dass nicht schon die Wahl oder intertextuelle Verarbeitung eines Stoffs den Dichter qualifiziert, sondern dessen spezifisches Bildungsvermögen (vgl. Hoffmann IV, S. 638). In diesen und anderen Fällen lässt sich die konjunktivische Wendung indikativisch lesen, und die Formulierung ‚etwas scheine so zu sein, als ob' kann übersetzt werden mit ‚es ist tatsächlich so, wie es zu sein scheint'. Fungiert die konjunktivische Wendung demnach in einem ersten Schritt als Mittel zur Desillusionierung, weil der Leser dazu aufgefordert wird, sich von der Wahrheit des Dargestellten zu distanzieren, lässt er sich dadurch in einem zweiten Schritt um so wirksamer von dessen Plausibilität überzeugen (‚Illusion zweiter Ordnung').

Eine vergleichbare Funktion – nicht selten ebenfalls konjunktivisch unterstützt – übernehmen in Hoffmanns Erzählungen die Leseransprachen.

Oftmals ist festgestellt worden, dass Hoffmann in auffällig ausgeprägter Weise mit dem Mittel der Leseranrede arbeitet, um sein Publikum an die in der Regel von den eigenen Erfahrungswerten abweichenden Inhalte der Texte zu binden (vgl. Kaiser 1988, S. 155). Der für den Effekt des konjunktivischen Sprechens skizzierte Zweischritt gilt auch hier: Zunächst irritiert die Leseranrede einen gleichsam naiven Anschluss an das Geschehen und rückt die Vermittlungsfunktion der Erzählerposition in den Blick, zielt also auf Desillusionierung. Indem der Erzähler aber die ‚historische Wahrheit' des Erzählten immer zugleich betont, macht er deutlich, dass er sich „mit dem Anliegen seines Märchens identifiziert und daher die mögliche ‚Realisierung' jenes herrlichen Reiches auch für den Leser behauptet, d. h. seine Fiktion zum Leser hin öffnet" (Heine 1974, S. 183; vgl. Kremer 1993, S. 104f.). Dies gelingt gerade über den Topos der Authentizitätsbeteuerung (vgl. Meyer 1987, S. 71–85), dessen Einsatz insbesondere dann zu beobachten ist, wenn die Literarizität und Fiktionalität des Erzählten ‚selbstbewusst' angezeigt werden soll, um strukturell die höhere Ordnung und thematisch die Glaubwürdigkeit sowie Berechtigung dieses Erzählens zu ‚legitimieren' (vgl. Brecht 1993, S. 175). Die Eigenart von Hoffmanns Erzählen, Effekte des Realen zu erzeugen, die das Wunderbare ins Alltägliche einbinden, wird dadurch angemessen abgebildet.

Der Einsatz der Leseransprache in den Erzählungen weist zumeist ebenfalls einen ambivalenten Charakter auf. Es dominiert die Form der Captatio Benevolentiae, vermittels derer der Erzähler explizit um die Gunst des Lesers wirbt, ohne dabei auf einen ironischen Unterton gänzlich zu verzichten. Dies ist vor allem dann der Fall, wenn die Anrede des ‚günstigen Lesers' den Ton der Anrufung eines Gottes annimmt, dem das Geschehen gleichsam als eine Art Dank- oder Bittopfer zu Füßen gelegt wird, um sein Wohlwollen zu erhalten und eine gnädige Aufnahme der Gabe zu erwirken: „Bist du, günstiger Leser, mit der edlen Malerkunst was weniges vertraut, so wirst du ohne weitere Erklärung sogleich wissen […]"; „Die Weise, wie er sich mir zeigte, wird dadurch ganz erklärt, und du, o mein Leser! wirst dann auch gewahren, wie des Schicksals wunderliches Spiel uns oft zu verderblichem Irrtum treibt." (Hoffmann III, S. 114, 124) Der Erzähler zeigt sich insbesondere daran interessiert, den Lesern zu gefallen und ihre ‚liebende Zuneigung' zu erwerben. Im Gegenzug bietet er ihnen ebenfalls Freundschaft und Liebe an. Nicht selten also transportieren die Leseransprachen einen Freundschaftserweis. Sie lauten dann etwa: „Kommst du einmal, vielgeliebter Leser! des Weges, so scheue weder […]", oder: „Nun könnte ich, sehr geliebter Leser! wohl füglich meine Erzählung schließen" (ebd., S. 318, 344).

Dass der Leser selbst als eine poetische Instanz gelten könne, in den Akt der poetischen Produktion also direkt eingebunden sei, nimmt Hoffmanns Erzähler in den Leseransprachen demnach ebenso ernst wie in den Erzählfiktionen. Anders gesagt: Die Erzählungen führen die Konsequenzen vor, die sich aus dieser Neuakzentuierung der Rollen für die traditionellen Erzählmuster notwendig ergeben. Der Erzähler gibt vordergründig einen Teil seiner Autorität ab, indem er auf die Mitarbeit des Lesers angewiesen zu sein behauptet. Genauer scheint er davon abhängig zu sein, dass der Leser die Glaubwürdigkeit des dargestellten Geschehens letztendlich nicht bezweifelt, sondern trägt – mit dem Effekt, dass dieses Geschehen genau dadurch erst ‚wahr' wird. Zum einen gilt das etwa für den sich im Schlusskapitel als einen (beinahe) Gescheiterten vorführenden Erzähler von *Der goldene Topf*: Ohne Unterstützung Lindhorsts wäre der Erzähler zur Beendigung des Textes nicht in der Lage gewesen (vgl. Hoffmann II/1, S. 315–321). Dabei bestätigt gerade der Eintritt des Erzählers in die phantastische Welt von Atlantis die Glaubwürdigkeit der zuvor geschilderten märchenhaften Vorkommnisse um den Studenten Anselmus.

Zum anderen gilt das für die Herausgeberfiktionen in Hoffmanns Erzählungen, die es dem Erzähler erlauben, die Verantwortung für das zu Berichtende an alte Aufzeichnungen etc. abzugeben: sowohl an denjenigen, der für die Niederschrift oder das niedergeschriebene Erlebnis selbst verantwortlich zeichnet, als auch an den Leser selbst, der das Niedergelegte akzeptieren oder verwerfen kann. In *Die Elixiere des Teufels* beispielsweise soll der Leser wie zuvor der Erzähler die Möglichkeit erhalten, unter denselben Bedingungen wie Letzterer die Aufzeichnungen des Medardus kennenzulernen: „Gern möchte ich dich, günstiger Leser! unter jene dunkle Platanen führen, wo ich die seltsame Geschichte des Bruders Medardus zum erstenmale las" (Hoffmann II/2, S. 11). Die Gefahr, der Leser möchte darauf weniger erpicht sein als auf die Vernichtung der überlieferten Blätter, nimmt der Erzähler dafür in Kauf: „Als ich mich einst in diesem Kloster einige Tage aufhielt, zeigte mir der ehrwürdige Prior, die von dem Bruder Medardus nachgelassene, im Archiv aufbewahrte Papiere, als eine Merkwürdigkeit, und nur mit Mühe überwand ich des Priors Bedenken, sie mir mitzuteilen. Eigentlich, meinte der Alte, hätten diese Papiere verbrannt werden sollen. – Nicht ohne Furcht, du werdest des Priors Meinung sein, gebe ich dir, günstiger Leser! nun das aus jenen Papieren geformte Buch in die Hände." (ebd., S. 12)

Die Leseranrede als vielgestaltige Form der Solidarisierung mit dem Rezipienten (vgl. ebd., S. 276) bildet eine wichtige Konstante im Erzählen Hoffmanns. In den späten Texten lässt sich allerdings eine Rücknahme des vertraulichen Tons beobachten, der nicht mehr an den je Einzelnen zu appellieren scheint, sondern das Publikum als eine Art ‚Abstraktum' im Allgemeinen anspricht: „[W]eil sich das, was wir Publikum nennen, doch auf nicht recht zu erklärende Weise als ein Ganzes in dem die Individualität jedes einzelnen integrierenden Teils verschwindet, darstellt und ausspricht." (Hoffmann III, S. 505) Unpersönliche Anreden kennt zwar schon die Sammlung *Die Serapionsbrüder* (vgl. Hoffmann IV, S. 1056), in den letzten Texten aber haben sie Konjunktur: „Ganz geschwinde muß hier ein Bild vertilgt werden, das *dem* Leser aufgehn könnte, der vor langen Jahren in Bamberg war" (Hoffmann VI, S. 541; vgl. ebd., S. 627).

Die verschiedenen Funktionen der Leseranrede lassen sich beispielhaft am Beginn der vierten Vigilie der Erzählung *Der goldene Topf* nachvollziehen, für deren Disposition Leserbindungsstrategien insgesamt eine herausragende Rolle spielen (vgl. Elling 1973; Heine 1974, S. 154–198). An dieser Stelle des Textes nähert sich der Erzähler dem Leser zunächst in affirmativer Haltung: Er knüpft an dessen Lebensrealität an, unterstellt Defiziterfahrungen, die so allgemein gehalten sind, dass die Unterstellung als Akt eines anmaßenden Eingriffs in die eigene Souveränität gar nicht auffällt, und verbindet auf diese Weise die eigene erlebte Welt mit der geschilderten Welt des Anselmus. Dessen Sehnsucht nach einer höheren Existenzform wird dadurch zu einem ‚natürlichen' Impuls erklärt und erhält den Status des allgemeinmenschlich Selbstverständlichen. Dass die Imaginationen des Erzählers über die Fremdheitsgefühle des Lesers konjunktivisch formuliert sind, lässt sich darüber beinahe vernachlässigen. Denn: Wenn man – beherrscht von einem „dunkle[n] Gefühl, es müsse irgendwo und zu irgend einer Zeit ein hoher, den Kreis alles irdischen Genusses überschreitender Wunsch erfüllt werden" (Hoffmann II/1, S. 251) – das eigene ‚gewöhnliche' „Tun und Treiben" schon einmal für „läppisch und nichtswürdig" (ebd.) gehalten hat, findet man sich in der bislang vertrauten Umgebung gegebenenfalls überhaupt nicht mehr zurecht. Man fühlt sich dann tatsächlich nicht mehr als ein funktionierender Teil der gewöhnlichen Welt: „Du schlichst mit trübem Blick umher wie ein hoffnungslos Liebender, und Alles, was du die Menschen auf allerlei Weise im bunten Gewühl durcheinander treiben sahst, erregte dir keinen Schmerz und keine Freude, als gehörtest du nicht mehr dieser Welt an" (ebd.).

Mit solchen Zugeständnissen an die Situation lassen sich Leser- und Figuren-Erleben zusammenschließen: „Ist dir, günstiger Leser, jemals so zu Mute gewesen, so kennst du selbst aus eigner Erfahrung den Zustand, in dem sich der Student Anselmus befand" (ebd.). Sollte dieser Zusammenschluss missglücken, droht der Erzähler zu scheitern. Sein Tun kann nur erfolgreich sein, wenn er glaubwürdig erscheint, und genau dabei ist er auf die Mitarbeit des Lesers angewiesen: „[D]enn in der Tat, ich habe [...] noch so viel wunderliches [...] zu erzählen, daß mir bange ist, du werdest am Ende weder an den Studenten Anselmus, noch an den Archivarius Lindhorst glauben, ja wohl gar einige ungerechte Zweifel gegen den Konrektor Paulmann und den Registrator Heerbrand hegen" (ebd.). Überwiegt dennoch die Skepsis, dann bleiben dem Leser schließlich nur die ‚real' zur Verfügung stehenden Brücken in die Welt des Wunderbaren: der „Traum" bzw. die „Phantasie" (vgl. ebd., S. 302f.). Allerdings bestätigen gerade letztgenannte Figuren der Erzählung, die ja bekanntlich „noch jetzt in Dresden umherwandeln" (ebd., S. 251) und deren jeweilige Pendants auch die alltäglichen Begegnungen der Leserschaft ausmachen, dass von einer Realität der wunderbaren Erscheinungen auszugehen sei: „[V]ersuche es, geneigter Leser! die bekannten Gestalten, wie sie täglich [...] um dich herwandeln, wieder zu erkennen. Du wirst dann glauben, daß dir jenes herrliche Reich viel näher liege, als du sonst wohl meintest" (ebd., S. 252). Solidarisierungsakt und Authentizitätsbeteuerung sollen bei den Rezipienten den Eindruck der Alltäglichkeit des Wunderbaren hervorrufen und dadurch die Perspektive des Protagonisten stützen, der als eine Art Vermittlerfigur die Wirklichkeit einer absonderlichen Parallelwelt bezeugt: „‚Das alles', schloß der Student Anselmus, ‚habe ich wirklich gesehen'" (ebd., S. 254f.). Anselmus' Glaubwürdigkeit beruht nicht zuletzt darauf, dass er die Schockwirkung aushält, die sich aus der Diskrepanz der ineinander übergänglichen Sphären notwendig ergibt: „So wie der Archivarius Lindhorst den Namen Heerbrand nannte, war es dem Studenten Anselmus erst wieder als stehe er wirklich mit beiden Füßen auf der Erde [...]. Der gleichgültige Ton, in dem dieser sprach, hatte im grellen Kontrast mit den wunderbaren Erscheinungen, die er wie ein wahrhafter Nekromant hervorrief, etwas grauenhaftes" (ebd., S. 256).

(Claudia Stockinger)

Selbstreflexion

Für Hoffmanns Prosa sind Reflexionen auf die Bedingungen des Erzählens im Erzählen konstitutiv. Die Selbstreflexion als wichtigste Form literarischer Potenzierung kennzeichnet demnach das metapoetische Potential seiner Texte. Sie übernimmt zum einen hermeneutische Funktionen, indem sie Deutungshilfen etwa im Rahmen von Erzählerkommentaren liefert. Zum anderen rückt sie die Literarizität, die Künstlichkeit und Gemachtheit des Textes in den Blick. Hoffmanns Erzählungen stellen somit unentwegt die eigene Medialität aus – eine Vorgehensweise, für deren Beschreibung Niklas Luhmanns Unterscheidung von Medium und Form hilfreich ist (vgl. dazu Plumpe/Werber 1993, S. 25f., 36). Ein Beispiel: Schon vor der eigentlichen Lektüre des ‚Fantasiestücks' *Nachricht von den neuesten Schicksalen des Hundes Berganza* sieht sich der Leser auf die Quelle verwiesen, die seiner Konzeption vorausgeht und eine ‚conditio sine qua non' sowohl für die Entstehung des Textes als auch für dessen angemessenes Verständnis darstellt: „S. das Gespräch der beiden Hunde, Scipio und Berganza, in *Cervantes* Erzählungen, übersetzt v. Soltau. 3r Teil, pag. 208" (Hoffmann II/1, S. 101). Indem Hoffmann die eigene Montageleistung deutlich markiert, evoziert er das gesamte Reservoir zum einen literaturgeschichtlicher Vorlagen, zum anderen transzendentalpoetischer Darstellungsweisen (das ‚Medium' nach Luhmann), aus denen er seine Auswahl (die ‚Form') trifft. Zugleich zeigt er damit den Weg auf, der ihn von der Möglichkeit der Poesie zu deren Aktualität bringt. Die Überführung von Latenzen und Potenzen in die poetische Vergegenwärtigung bestimmt also gleichermaßen den Inhalt des Erzählens wie den Modus seines Vollzugs.

Die Selbstreflexion tritt im Werk Hoffmanns bevorzugt in zwei Formen auf: in der Form der „einfachen Spiegelung" oder in der Form der „ausweglosen Spiegelung" (Fricke 2003, S. 145). Die erste Form umfasst allgemeine Verfahren der Distanzierung, wie etwa einen in den Text eingerückten Hinweis auf die geplante Veröffentlichung („So wirst du z.B. ohne Zweifel unser heutiges Gespräch aufschreiben und drucken lassen, weshalb ich mich denn bemühen will, meine beste Seite herauszukehren und so schön zu sprechen, als es mir nur möglich ist"; *Berganza*, Hoffmann II/1, S. 105); außerdem Verschachtelungsstrukturen wie etwa Reflexionen auf die Dialogform in der Dialogform: „[D]och, erlaube mir, daß ich um das ewig wiederkehrende: ‚antwortete er, sagte er', zu vermeiden, gleich in der Gesprächsform erzähle. – Läßt du unsere jetzige Unterhaltung drucken, so muß das Gespräch im Gespräch gehörig eingerückt werden" (Hoffmann II/1, S. 136). Die zweite Form verschiebt die Erzählebenen auf eine Weise ineinander, die die Grenzen zwischen Alltagsfiktion und wunderbarer Welt zunehmend auflöst. Die Erzählung thematisiert das Programm damit nicht nur, in ihrem Verlauf ‚ereignet' es sich zugleich. Das gilt etwa dann, wenn der heterodiegetische Erzähler zu einem Teil der erzählten Geschichte wird (vgl. *Der goldene Topf*) oder wenn als Verfasser von *Johannes Kreislers Lehrbrief* „*Johannes Kreisler*, cidevant Kapellmeister" (Hoffmann II/1, S. 455) selbst unterzeichnet.

Versteht man mit Gerhard R. Kaiser unter Hoffmanns Ironie „das schmerzliche, befangen bleibende Bewußtsein der für die menschliche Existenz konstitutiven Widersprüche" (Kaiser 1988, S. 136; vgl. auch Wellenberger 1986, S. 69–80), so bieten Figuren der Selbstreferenz dafür die geeigneten Darstellungsmittel an. Sie ermöglichen eine angemessene Erzählhaltung in Hinsicht auf das problematische Verhältnis von wirklicher und wunderbarer Welt, ohne dass die dafür benötigte distanzierte Beobachterposition den Idealgestalten und eigentlichen Sympathieträgern der Erzählungen Hoffmanns eignete. Zwar ermöglicht deren fröhlich-unbedarfte Kindlichkeit in der Weltbegegnung allererst eine Versöhnung der sich ausschließenden Sphären. Hierzu zählen etwa ‚poetische Gemüter' wie der Student Anselmus in *Der goldene Topf* (vgl. Steinecke 2004, S. 192) oder das Mädchen Marie in *Nußknacker und Mausekönig* (vgl. Barth 1995). Parekbasen aber, also die unterschiedlichen Mechanismen des Heraustretens aus der Erzählsituation, sind gerade weder für diese Figuren gemacht noch werden sie in der Regel von ihnen selbst (im Sinne einer Doppelfunktion der Figur für Darstellung und Deutung) praktiziert.

(Claudia Stockinger)

Serapiontik

Als emphatisch-poetisches Prinzip der inneren Schau bezeichnet die Serapiontik eine produktionsästhetische Regel, der sich die Serapions-Brüder in der gleichnamigen Erzählsammlung verpflichten und die als (selbst-)kritischer Bewertungsmaßstab für die jeweiligen Erzählungen innerhalb des Rahmengesprächs fungiert. Inspiriert durch die erste Geschichte *Der Einsiedler Serapion*, deren Hauptfigur als „wahrhafter Dichter" (Hoffmann IV, S. 68) Vorbildcharakter für die Serapions-Brüder erhält und an dessen Namenstag der Bund geschlossen wird, schwören sich Lothar, Ottmar, Cyprian und Theodor – später erweitert um die Figuren Sylvester und Vinzenz – auf die Prinzipien der Serapiontik ein: „Jeder prüfe wohl, ob er auch wirklich das geschaut, was er zu verkünden unternommen, ehe er es wagt laut damit zu werden. Wenigstens strebe jeder recht ernstlich darnach, das Bild, das ihm im Innern aufgegangen recht zu erfassen mit allen seinen Gestalten, Farben, Lichtern und Schatten, und dann, wenn er sich recht entzündet davon fühlt, die Darstellung ins äußere Leben ⟨zu⟩ tragen. [...] Der Einsiedler Serapion sei unser Schutzpatron, er lasse seine Sehergabe über uns walten, seiner Regel wollen wir folgen, als getreue Serapions-Brüder!" (ebd., S. 69)

Diese „Seher-Poetik" (Japp 1992, S. 66) bzw. „Poetik des Schauens" (Hoffmann IV, Kommentar, S. 1247), die auf die metonymische Engführung von Seher und Dichter in der Antike rekurriert, ist in der älteren Forschung als zentrale ästhetische Maxime der gesamten Schriften Hoffmanns gedeutet worden (vgl. Winter 1976, S. 9f.). Sie fordert von den Serapions-Brüdern ein Imaginationsvermögen ein, das – gewährleistet durch die dichterische Selbstprüfung und enthusiastische Initiation – für die Zuhörer bzw. Leser eine besondere Bildhaftigkeit des Erzählten garantieren soll. Als „serapionische[s]" (Hoffmann IV, S. 70; vgl. Japp 1992, S. 75, Anm. 1) bzw. „serapiontische[s] Prinzip" (Hoffmann IV, S. 123, 124) hat die Regel neben der produktionsästhetischen deshalb eine in weitaus stärkerem Maße rezeptionsästhetische bzw. literaturkritische Funktion. Mangelnde Angemessenheit des Vorgetragenen im Hinblick auf die statuierte Kunstfertigkeit wird dabei von den Serapions-Brüdern ebenso angemahnt (vgl. ebd., S. 92, 382), wie bestimmte serapiontische Elemente in den Erzählungen gelobt werden (vgl. ebd., S. 382f., 769, 1012, 1134). Besonders gelungen – im Sinne der Serapiontik – gelten als ganze Erzählungen *Doge und Dogaresse* (vgl. ebd., S. 482), *Das Fräulein von Scuderi* (vgl. ebd., S. 853) sowie mit Einschränkungen *Meister Martin der Küfner* (vgl. ebd., S. 568f.) und *Zacharias Werner* (vgl. ebd., S. 1050f.). Allerdings besteht unter den Serapions-Brüdern keineswegs stets Einigkeit im Urteil. Im Gegenteil: Die Differenz der Auslegung stellt ein konstitutives Moment des Serapions-Bundes dar. Indem die Serapions-Brüder davon ausgehen, dass ihre Verpflichtung „eben nichts weiter heißen wollte, als daß sie überein gekommen sich durchaus niemals mit schlechtem Machwerk zu quälen" (ebd., S. 70), leiten sie aus dem Prinzip einen weniger emphatisch aufgeladenen Qualitätsstandard ab, der zwar an die Kriterien der Imagination und Bildhaftigkeit gebunden bleibt, dennoch aber einen größeren Auslegungsspielraum zulässt.

Neben der internen Versicherung in Form des Schwurs, der häufig zu Beginn und zum Abschluss der insgesamt acht Treffen in Erinnerung gerufen wird (vgl. ebd., S. 309, 620f., 907, 1054, 1199), und der Mahnung, sich auch in den Gesprächen serapiontisch zu verhalten (vgl. ebd., S. 208, 638, 779, 1034, 1135), dient die Regel nach außen als Abgrenzungskriterium, das über die Aufnahme in den Bund entscheidet. Während Sylvester und Vinzenz die Voraussetzungen erfüllen (vgl. ebd., S. 314), wird die Aufnahme Leanders gerade deshalb abgelehnt, weil – so Ottmar – „niemande[m] weniger unser serapiontisches Prinzip innewohnen" könne (ebd., S. 124). Aus dieser Formulierung, die die Serapiontik als Eigenschaft beschreibt, ergeben sich gewisse Widersprüchlichkeiten, die Hoffmanns Konzept vorgeworfen wurden (vgl. Japp 1992, S. 64f.). Sie resultieren aus der Diskrepanz zwischen der Serapiontik einerseits als seherischem Vermögen und andererseits als dichterischer Norm. Weitere Irritationen entstehen aus den Bedeutungsvariationen bzw. -zusätzen, die das serapiontische Prinzip innerhalb der Erzählsammlung erfährt und die daher dessen poetologische Verbindlichkeit und Konsistenz zweifelhaft werden lassen (vgl. Pfotenhauer 1982). So geht der Treueschwur Sylvesters und Vinzenz' mit der Auslegung der Regel einher, sich „geistreich, lebendig, gemütlich, anregbar und witzig zu zeigen" (Hoffmann IV, S. 484). An anderer Stelle steht das Prinzip für ein ausgewogenes Verhältnis von Wirklichkeit und Phantastik ein, das von den Serapions-Brüdern verlangt, ihre Erzählungen auf „geschichtlichen Grund" zu stellen, um von dort „ins Fantastische" aufzusteigen (ebd., S. 853); andere Dualismen, die das serapiontische Prinzip vereint, bilden Ernsthaftigkeit und Humor (vgl. Hoffmann IV, S. 490), Schauerliches und Heiteres (vgl. ebd., S. 906, 907) sowie Verstand und Fantasie, wobei die Fantasie mit der inneren Schau korreliert (vgl. ebd., S. 770) und der Verstand die ordnende Gestaltungskunst darstellt (vgl. ebd., S. 124). Das Ideal des (serapiontischen) Dichters, das im anfänglichen Eid auf die Befähigung zur Visualisierung bezogen war, wird zudem um die Faktoren der rechten Zuhörerschaft (vgl. ebd., S. 916, 921) und, ganz am Ende der Sammlung im abschließenden Rahmengespräch, der „gemütliche[n] Anspruchslosigkeit" (ebd., S. 1199) erweitert. Aufgrund dieser heterogenen Anlage geht die neuere Forschung nicht mehr von einer einheitlichen Ausrichtung des Prinzips aus, sondern bestimmt es vielmehr als „einen ganzen Komplex von Prinzipien" (Pikulik 1987, S. 40).

Im Hinblick auf Komposition und Struktur der Erzählsammlung hat das serapiontische Prinzip aber durchaus eine Kohärenz bildende Funktion. Es konstituiert den Zusammenhang von Rahmen- und Binnenerzählung(en), indem es die heterogenen Beiträge – Hoffmann fügte in den *Serapions-Brüdern* größtenteils bereits veröffentlichte Erzählungen zusammen – mithilfe einer poetologisch-selbstreflexiven Metaperspektive zu verbinden versucht. Hoffmann konstruiert damit ein Interpretationsschema, das über die fingierten Diskussionen der Serapions-Brüder hinweg an den Leser der Erzählsammlung weitergegeben wird.

(Christoph Kleinschmidt)

Text-Bild-Relationen

Die Forschung gerade der vergangenen beiden Jahrzehnte hat gezeigt, dass Hoffmanns Erzählkunst Bildern und bildkünstlerischen Verfahren grundlegende Anregungen verdankt. Um relevante Aspekte von Hoffmanns nie systematisch ausgeführter Kunsttheorie zu erfassen, lohnt sich zunächst der Blick auf einige seiner erhaltenen Zeichnungen und Gemälde (vgl. von Müller 1973). Sorgfältige Kopien der Kupferstiche von altgriechischen Vasenbildern der Sammlung Sir William Hamiltons zeugen von Hoffmanns früher Auseinandersetzung mit der Umrisslinie; mit Darstellungen, die zwischen abstrahierendem Kontur und plastischer Durcharbeitung changieren. Gleichwohl ist die Orientierung an antik(isierend)en Formen oder generell die enge Nachahmung von Zeichenvorlagen nur als Intermezzo im Verlauf von Hoffmanns weitgehend autodidaktischer Entfaltung seines Zeichentalents zu sehen. Der kühnere Strich der spontanen Zeichnung oder ausnahmsweise auch einer schnell angefertigten Gouache, einer genialisch entworfenen Bühnen- oder Wanddekoration entspricht ihm offenkundig mehr. Zu den Genres, in denen Hoffmann das ihm gemäße Betätigungsfeld findet, zählt die Karikatur als Überzeichnung physiognomischer Züge oder der skurrilen Gestalt von zeitgenössischen Schauspielern, Mitbürgern bzw. Vertretern kritisch gesehener Institutionen. Die Grenze zur Groteske verläuft fließend, wenn man etwa an Hoffmanns Darstellung zweier preußischer Räte in Warschau denkt, auf der die unterwürfige Regierungstreue der Porträtierten durch Hundekörper ausgedrückt ist, denen die mit wenigen Strichen treffend skizzierten Köpfe der Beamten aufsitzen. Hoffmanns Hang zum Capriccio als einer Kunstform, die launenhaft-improvisierend den Regelverstoß gegen akademische Normen ins Bild setzt, ist bereits durch die wohl schon 1794 entstandene Gouache *Die Fantasie erscheint zum Troste* dokumentiert, auf der heterogene Bildelemente zu einer nicht ohne weiteres nachzuvollziehenden Bildaussage zusammengespannt sind. Vergleichbar komplex, kapriziös, phantasievoll und deutungsoffen präsentieren sich noch die von Grotesken und Arabesken umrahmten Umschlagzeichnungen zu den beiden (ausgeführten) Bänden seines letzten Romans *Lebens-Ansichten des Katers Murr* – und spiegeln durch ihre Gestaltungsgrundsätze die verschlungene Faktur des Textes. Die Treffsicherheit und die Erfindungsgabe seines Zeichenstifts auf diesem Gebiet der ‚Selbstillustrationen' – und damit auch ‚Selbstinterpretationen' – zeigt sich zudem auf den Einbandentwürfen für die Erstausgaben von *Klein Zaches genannt Zinnober* und zu *Meister Floh*.

Hoffmanns manieristisch zu nennende Ästhetik ist also bereits in seinem graphischen Schaffen mit der Bevorzugung eben jener Gattungen nachgewiesen, von denen insbesondere sein literarisches Œuvre profitiert. In dieser Neigung zum Manierismus mit einer Betonung des Disharmonischen und Outrierten, in der Vorliebe für groteske Figurationen, Detailreichtum und Maskenspiel liegt Hoffmanns Affinität zu Jacques Callot begründet, auf dessen Manier er sich nicht nur im Titel seiner ersten Erzählsammlung beruft. Dass Hoffmann seine eigene erzählerische Verfahrensweise in einem poetologischen Aufsatz über den lothringischen Radierer und Zeichner als Auftakt der *Fantasiestücke in Callot's Manier* entwickelt, schlug sich in der Intermedialitätsforschung notwendig darin nieder, Hoffmanns Bildvorlagen nach ikonographischen Gesichtspunkten zu erschließen und die Tragfähigkeit von Hoffmanns Entscheidung für eben diesen Graphiker als Gewährsmann seines poetologischen Selbstverständnisses zu überprüfen. Schließlich gehen Callots und Hoffmanns Ästhetik nicht bruchlos ineinander auf: in einer Epoche des Umbruchs, krisenhaft geprägt von einem Verlust kulturellen Vorwissens und verbindlicher Vorgaben durch Bildgegenstände oder Techniken, nimmt sich Hoffmann die Freiheit, „Callot's Manier" subjektiv auszulegen.

Ausgehend von Callot waren leicht weitere Wahlverwandte in der Kunst zu ermitteln. Orientiert an Hoffmanns Anerkennung für stilistisch ausgereifte, eigenständige Bildwerke, an Literarisierungen der Künstlerpersönlichkeiten oder an wiederholten Aussagen, die auf eine einlässliche, ja identifikatorische Auseinandersetzung mit ihnen schließen lassen, hat man nach und nach Hoffmanns Pantheon meisterhafter Maler oder Graveure durchschritten, ohne dass bislang alle Nischen ausgeleuchtet wären.

In einer knappen Auflistung seien prominente Namen mit Schlagworten zu ihrer Bewertung und Stellung in Hoffmanns Werk erinnert. So finden sich zahlreiche Verweise auf Salvator Rosa – dicht gedrängt in der Erzählung *Signor Formica* –, dessen ‚Nachtstücke' Hoffmann besonders auch deshalb stark fasziniert haben, weil er in den düster-pathetischen Wüsteneien seiner Gemälde den unmittelbaren Ausdruck einer wahlverwandten Seele und Künstlerschaft sieht. Schon Hoffmanns frühes Bild *Die Feuersbrunst. Ein Dosengemälde von Rembrand* (vgl. von Müller 1973, Tafel 31) stellt bereits im Titel eine Beziehung zu Rembrandt Harmensz van Rijn her. Mit dem englischen Kupferstecher William Hogarth hat Hoffmann sich über lange Zeit beschäftigt, u. a. in einem mit Worten nachgestochenen *Musicien enragé*, in der erzählerischen Übernahme der mitternächtlichen Punschgesellschaft im *Goldenen Topf* oder in einer mit dem „Crayon eines Hogarth's" (Hoffmann VI, S. 473) entworfenen Szenerie auf dem Berliner Gendarmenmarkt in *Des Vetters Eckfenster*. In dieser späten Erzählung, die stark auf die unterschiedlichen Sichtbarkeiten von Bild und Text konzentriert ist, liefern neben Hogarth auch Chodowiecki und Callot unterschiedliche bildgestalterische Formate und Vorgaben (vgl. Oesterle 1987; Kremer 1999a, S. 192ff.). Trotz der häufigen Bezugnahme auf Hogarth hat Hoffmann eine eher distanzierte Haltung. So sieht er dessen punktierte Manier als Ausdruck einer gewissen Pedanterie an, die eine Angriffsfläche im kritischen Dialog der *Serapions-Brüder* bietet. Konträr zur idealisierenden Klosterbruderliteratur Wackenroders und Tiecks in der frühen Romantik sieht Hoffmann Albrecht Dürer eher als Melancholiker (vgl. die Erzählung *Der Feind*).

Wenn Hoffmanns Texte die medialen Grenzen zu überwinden suchen und die Übergänge zwischen Bild und Sprache erproben, gehen dem nicht zwingend Seherlebnisse vor den zitierten oder in Allusionen oder explizit aufgerufenen Bildwerken voraus. Das Œuvre auch dieser Künstler war nie auch nur annähernd im Überblick in Augenschein zu nehmen: Pieter Brueghel d. J. (als Höllenbreughel Gewährsmann für mitternächtliche Spuk- und Feuerszenen etwa in *Abenteuer der Sylvester-Nacht*); David Teniers d. J., auf dessen *Tanzende Bauern* Hoffmann rekurriert; Raphael, der als Verkörperung schöpferischer Inspiration und Ausdrucksvermögens in Hoffmanns Texten vorrangig als Kontrastfigur zu anderen Malern greifbar wird, nicht länger jedoch als ‚göttlicher Raphael' im Sinne Wackenroders; Correggio und Claude Lorrain, deren souveräne Beleuchtungseffekte Hoffmann lobend erwähnt; Carlo Dolce, dessen Dresdener Cäciliendarstellung Hoffmann im *tableau vivant* Cäzilias der *Berganza*-Erzählung evoziert; Frans von Mieris d. Ä., auf dessen schwelgerisch ausstaffierte Jungfrauen-Darstellungen Hoffmann in *Die Abenteuer der Sylvester-Nacht* anspielt; Jacob Philipp Hackert, den Hoffmann in jungen Jahren verehrt und der ihm später als Projektionsfläche für seine dezidierte Absage an die Nachahmungsästhetik dient (vgl. *Jesuiterkirche in G.* und den Brief an Hippel vom 1. Mai 1795, Hoffmann I, S. 33); Johann Heinrich Schönfeld, der das Vorbild für Pietro Belcampo in den *Elixieren des Teufels* stellt und auf dessen ungewöhnliche Darstellung einer Rosalien-Figur sich Hoffmann in seinem Roman bezieht.

Hoffmann konnte die Gemälde der genannten Maler allenfalls ausnahmsweise und exemplarisch im Original sehen, obwohl er die sich ihm bietenden Gelegenheiten zu Besuchen der Dresdener Gemäldegalerie, der im Zweijahreswechsel stattfindenden Ausstellungen der Berliner Akademie, der Galerie mit Kunstwerken des 16. und 17. Jahrhunderts in Schloss Weißenstein in Pommersfelden intensiv nutzte. Sein ästhetisches Urteilsvermögen schulte er an Reproduktionen, ob an qualitätvollen Blättern aus der Werkstatt Callots oder Stichen von Rosa, wie er sie im Hause des Bamberger Sammlers von Kupferstichen Stephan Freiherr von Stengel betrachten konnte oder an schlichten Abbildungen in Taschenkalendern. Der erst ansatzweise katalogisierte Bilderfundus Hoffmann'scher Dichtungen verdankt sich vor allem profunden Kenntnissen eines denkbar weiten Spektrums an Künstlerbiographien, bildhermeneutischen und kunstphilosophischen Abhandlungen. Wie aufschlussreich es sein kann, die in Erzählungen oder Rahmengesprächen scheinbar beiläufig eingeflochtenen, auf den ersten Blick mitunter wenig differenzierten Werturteile den ästhetischen Konzepten der von Hoffmann benutzten – und zitierend abgewandelten – Textpassagen der Kunstliteratur gegenüberzustellen, haben etliche der neueren Studien unter je unterschiedlichen Perspektiven eindrucksvoll vorgeführt (vgl. Bomhoff 1999; Schmidt 2003; Cometa 2005; Schmidt 2006; Tausch 2006).

Zu berücksichtigen sind – unter erweiterter Perspektive – die Vitenliteratur und die Kunstlexika von Derzallier d'Argensville, Fiorillo, Füßli oder Sandrart, die Berichte und Kunsturteile der Italienreisenden Fernow, Moritz und Seume ebenso wie die Künstlerlegenden und Ekphrasen der Frühromantiker. Weder wurden diese Quellen hinreichend ausgeschöpft, um Hoffmanns Haltung etwa gegenüber der klassizistischen Autonomieästhetik, gegenüber den dezidiert nicht der romantischen Schule angehörenden Schriftstellern Wieland, Lichtenberg, Jean Paul oder Goethe ausreichend scharf zu profilieren, um beurteilen zu können, ob sie als ästhetische Frontstellung zu bewerten ist oder die Schnittmenge der gemeinsamen Anliegen größer als bisher angenommen ist. In seinem Faible für das spielerische Ab- und Ausschweifende der literarischen wie der darstellenden Arabeske, in seinem Ausloten der Möglichkeiten einer abstrahierend-ornamentalen und dennoch präzisen Umrisslinie oder ihres Widerparts eines an- und abschwellenden Linienduktus einer spontanen Bilderfindung, die sich im Detailreichtum verwegener Striche verliert, in seinen Gedankenexperimenten über die Möglichkeit ‚natürlicher Zeichen' gibt es bekanntlich Anknüpfungspunkte an die Debatten, die seit der Mitte des 18. Jahrhunderts geführt werden. Wie Goethe und eine Reihe anderer Autoren der Kunstperiode vermag Hoffmann den Erkenntnisgewinn aus seiner intensiven Beschäftigung mit bildender Kunst als ästhetischen Mehrwert, als zusätzliches Ausdruckspotenzial für seine Erzählliteratur produktiv zu machen.

In die Narration eingebundene Bilder können unterschiedliche Funktionen erfüllen oder Wirkungen erzielen. So erscheint die Pflegemutter des Medardus in den *Elixieren des Teufels*, die Fürstin auf dem einlässlich geschilderten Porträtbild, zusätzlich dadurch profiliert, dass Hoffmann es ausdrücklich vor dem Hintergrund von Van Dyks Porträtstil thematisiert (vgl. Hoffmann II/2, S. 113). Das Lob für das Bild fällt auf die Porträtierte zurück, wie umgekehrt Bildmotive zur Diskreditierung einer Figur führen können. Im *Sandmann* fällt auf Claras blütenweißes Image ein erster ironischer Schatten, wenn von ihrem „wunderbare[n] Magdalenenhaar" und von „Battonischem Kolorit" (Hoffmann III, S. 28) die Rede ist, wird es doch mit Pompeo Girolamo Battonis *Büßender Magdalena* aus der Dresdener Galerie überblendet. Als sei für seine Ergreifung bereits ein Steckbrief mit seinem Konterfei vervielfältigt worden, behauptet Nathanael in seiner physiognomischen Verurteilung des Professors Spalanzani eine sprechende Ähnlichkeit mit Chodowieckis Bild Cagliostros in einem Berliner Taschenkalender. Ohne sich auf ein Einzelbild festlegen zu müssen, genügt die Beschreibung des gen Himmel gerichteten Blicks einer jungen Frau, um ein künftiges Martyrium anzudeuten.

Hoffmanns Evokationen von bizarren Motiven treffen so gezielt ins kulturelle Bildgedächtnis, dass die Visionen von Medardus' Alpträumen bei seiner Ankunft in Italien kaum ohne seine – nicht belegbare – Vertrautheit mit den chimärischen Mischwesen des Hieronymus Bosch zu denken sind. Schwer vorstellbar zudem, die Kerkerszenen seien ohne die Faszination für Piranesis *Carceri* entstanden. Anders stellt sich die Situation in denjenigen Texten dar, welche den prägnanten Moment eines ausdrücklich benannten und beschriebenen Bildes ausfabulieren: *Die Fermate, Doge und Dogaresse, Meister Martin der Küfner und seine Gesellen, Der Artushof*. Während die in literarische Texte eingeschalteten Szenen von besonderer ikonischer Dichte das Tempo der Erzählung verlangsamen oder beschleunigen, während literarische Tableaux die sukzessive Abfolge von Narration durch die Imagination einer konfigurativen Räumlichkeit in der Lektürewahrnehmung zu arretieren vermögen, werden in den oben genannten Beispieltexten umgekehrt die Bilder verzeitlicht. Indem ihnen eine Geschichte entlockt wird, werden sie in einem Maß aufgewertet, dass ihr Nachruhm durch Hoffmanns Text gewährleistet ist. Dies gilt umso mehr für das Capriccio *Prinzessin Brambilla*, bei dem die Stiche nach Callot'schen Vorlagen und der Text inhaltlich eng verzahnt und vereint abgedruckt sind. Nicht nur die Sprachbilder, auch die Graphiken steuern Dynamik und Spannungsaufbau. Trotzdem kommt der Literatur ein gewisser Mehrwert zu, da sie eine wohlüberlegte Bildauswahl nutzt, um daraus eigene Bilder zu generieren.

Texte gewinnen ganz unterschiedlich durch Bilder. Protagonisten erleben in der Begegnung mit einem Porträtbildnis den Liebesaugenblick als

Wendepunkt ihrer Existenz oder sehen sich durch das plötzliche Auftauchen eines entlarvenden Bildes in ihrem Inkognito bedroht, als Verbrecher der Verfolgung ausgesetzt. Der Rahmen eines Bildes, aus dem gemalte Gestalten ins Leben treten, fungiert als Schwelle, mittels derer eine in der Alltagswirklichkeit situierte Erzählung ins Phantastische kippen kann. Wie sie auf der Handlungsebene den Sprung von einer Stimmungslage oder Sphäre in die andere erlauben, erweitern sie zugleich im Übersetzen der literarischen Prozessualität in die malerische Räumlichkeit und Simultaneität das Reflexionspotenzial der Sprache. Das Unsagbare, bei dem die Sprache an ihre Grenzen stößt, wird im Bild zum Ausdruck gebracht. Und mit dieser Bildlichkeit ist nun nicht mehr allein von sprachlichen Vergegenwärtigungen einer materialen Bildvorlage die Rede, sondern von den inneren Bildern. In der Überzeugung von der Notwendigkeit eines im Innern ‚wirklich' geschauten Bildes als der künstlerischen Produktion unabdingbar vorgängige Erfahrung, lotet Hoffmann erzählerisch die ganze Bandbreite der Möglichkeiten aus, die schöpferische Einbildungskraft zu stimulieren. Für das Verständnis seines serapiontischen Prinzips ist es wichtig, die zahlreichen, in ganz unterschiedlichen Diskursen verhandelten Erklärungsversuche für die Ursachen von Visionen, für die Auslösereiz ästhetischer Erregung zu berücksichtigen, die Hoffmann für seine Texte fruchtbar macht. So werden Imaginationen durch optische Irritationen simuliert, wie sie von Anamorphoten, Mikroskopen und Ferngläsern hervorgerufen werden können oder auch von katoptrischen Trickspielereien wie die durch einen ‚Sehespiegel' – und durch das psychologische Fragegeschick eines Magiers – heraufbeschworenen halluzinativen Vergegenwärtigungen abwesender Personen. Die für Rückprojektionen geeignete Laterna magica, das dem Theatermaschinisten vertraute Instrument, Phantasmagorien vor den Augen der Zuschauer entstehen zu lassen, gehört ebenfalls in diesen Bereich. Des Weiteren werden Punsch und Syrakuser Wein zur Befeuerung der Rede und des Schreibrausches des Dichters kredenzt.

Hoffmann rekurriert auf die Berichte von Visionserfahrungen in Folge von Schlafentzug, Isolation, Fasten und meditativer Versenkung ins Gebet. Halbschlafbilder, die sich in der dämmernden Schwellenphase zum Einschlafen einstellen (vgl. Pfotenhauer 2006), ein Phänomen, zu dem Hoffmann die wissenschaftlich-philosophische Literatur von der Erfahrungsseelenkunde bis zur Physiologie aufmerksam verfolgt hatte, sind eng mit den Erfahrungen des Visionären verwandt, die seine Künstlerfiguren machen, wenn sie die Regel befolgen, die Leonardo da Vinci bildenden Künstlern empfohlen hatte. Die aus Leonardos Traktat *Della Pittura* stammende *inventio*-Lehre, die unregelmäßigen Flecken und Makel einer verwitterten Mauer, aus verschiedenen Gesteinsarten zusammengesetztes Geröll als Auslösereize für Bildentwürfe zu nutzen, in Naturdinge wie Felsen und Bäume, Wolken und Wellen, Gestalten hineinzusehen und das Geschaute sodann schöpferisch umzusetzen, ist das produktionsästhetische Äquivalent zu den hypnagogen Dämmerbildern des Halbschlafs. Aus diesen Prämissen der visuellen Phantasie erschließt sich Hoffmanns Poetik der inneren Bilder.

(Petra Zaus)

Text-Musik-Relationen

Mag der Musiker auch weniger hoch im Kurs stehen als der Erzähler, so sind die Leistungen des Komponisten und Musikschriftstellers Hoffmann alles andere als unbedeutend. Im Folgenden soll es um die Frage gehen, inwiefern musikalische Theorie und Praxis auf das literarische Werk einwirken. Es sei gleich vorweg bemerkt, dass dem (vielleicht ebenso naheliegenden) Einfluss von Hoffmanns Schreiben auf sein Komponieren hier nicht nachgegangen wird (vgl. Wörtche 1987).

Um sich der Beziehung von Sprache und Musik bei Hoffmann zu nähern, ist es sinnvoll, drei Untersuchungsebenen zu unterscheiden: eine formale, eine thematische und eine ästhetische. Die erste Ebene wird durch eine musikalische Verwendung alltagssprachlicher Zeichen und Zeichenfolgen gebildet. Diese „musikalische Schicht" (Dürr 1994, S. 22–24) kann je nach Länge und Komplexität der jeweiligen Syntagmen genauer differenziert werden. Sie reicht von kleinteiligen Einheiten prosodischer (rhythmischer und metrischer) Gestaltung über Satzbau bis hin zur Disposition längerer Textpassagen oder ganzer Texte. Das Feststellen von Übereinstimmung zwischen sprachlichen und musikalischen Effekten auf dieser Ebene unterliegt gewissen Vorbehalten: Allzu häufig werden Äquivalenzen zwischen musikalischem und sprachlichem „Klang" bemerkt und behauptet, die sich einzig aus der homophonen Verwendung gewisser Termini sowohl für die eine als auch die andere Seite ergeben. So ist etwa das für die neuzeitliche Musik charakteristische Metrum isochron, das Metrum des Verses jedoch nicht (vgl. Beardsley 1972, S. 245–248). Was im deutschsprachigen Vers gezählt und betont wird, hängt zudem – zumindest in mehrsilbigen Wörtern – von der Betonbarkeit der jeweiligen Silbe nach gängiger Aussprache ab. Eine solche vorgängige Bestimmung ist dem musikalischen Ton fremd. Und nicht anders als mit „Metrum" verhält es sich mit „Exposition", „Imitation", „Satz", „Umkehrung", „Komposition" etc., allesamt Ausdrücke, die in literarischer und musikalischer Analyse zur Anwendung kommen, jedoch ganz unterschiedliche Dinge bezeichnen. Der explikative Wert der Analogien, die durch solche Ausdrücke zwischen Musik und Sprache suggeriert werden, ist in der Regel gering, besteht das jeweilige *tertium comparationis* doch meist in Beziehungen und Operationen allgemeinster Art (Identität, Ähnlichkeit, Umstellung, Anordnung etc.).

So ist es zwar durchaus richtig, dass sich metrische und rhythmische Auffälligkeiten in Hoffmanns Texten ausmachen lassen, und bisweilen werden diese durch klingende Mittel wie Reim und Onomatopöien in ihrer akustischen Wirkung noch verstärkt. Deutliche Beispiele finden sich etwa in *Der goldene Topf* (vgl. Giraud 1987, S. 208–213). Fragwürdig erscheint jedoch, ob die sporadische Nutzung solcher Mittel eine auffällige Musikalität Hoffmannscher Sprache zu belegen vermag – aus dem einfachen Grund, dass solche Mittel nicht per se musikalisch sind: Dass nämlich beim Vertonen von Sprache auf das Ertönen der Sprache Rücksicht genommen wird, bedeutet ganz und gar nicht, dass tönende Sprache Musik sei. Darüber hinaus lässt der Vergleich mit zeitgenössischen Autoren (etwa Jean Paul, Tieck oder Fouqué) wohl kaum auf eine außergewöhnliche Neigung Hoffmanns zu Lyrismen schließen. Nein, im Gegenteil scheint Hoffmann stark regelbestimmte sprachliche Darstellungsformen wie der Versifikation als ‚mechanische Arbeit' empfunden zu haben (vgl. Hoffmann IV, S. 100f.). Sie liegen dem Naturell eines Sonette dichtenden und in Jamben denkenden Murr näher als dem genialischen Schöpfertum Kreislers (vgl. Hoffmann V, S. 90–92 u. 162).

Anders sieht es aus, wenn wir uns längeren Syntagmen, gar der Disposition ganzer Texte zuwenden. In seinen zahlreichen Musik-Rezensionen und allgemeinen Betrachtungen zur Musik lenkt Hoffmann seinen analytischen Scharfblick beständig auf ein gestalterisches Problem, nämlich das Verhältnis von anscheinender Heterogenität und verborgenem inneren Zusammenhang. So notiert er bezüglich der Sonate: „Es muß anscheinende Willkür herrschen, und jemehr sich die höchste Künstlichkeit dahinter versteckt, desto vollkommener." (Hoffmann I, S. 786; vgl. Brzoska 1988; Pohsner 1999, S. 35–40) Die Form der Sonate erfordert den „Schein" unbedingter subjektiver Freiheit, denn dafür steht bei Hoffmann „Willkür"; gleichzeitig soll die Sonate jedoch beherrscht sein von einer Künstlichkeit, die hinter den spontanen Einfällen, Gemüts- und Willensäußerungen einen Zusammenhang herstellt. Dieser Dialektik von ungebundener Freiheit und verborgener Verkettung im Kunstwerk entspricht auf Seiten des Künstlers die Dichotomie von genialer Erfindung und tiefer Besonnenheit (vgl. Hoffmann I, S. 551; Dahlhaus 1981; Brzoska 1987, S. 154f.). Das moderne Kunstideal besteht nach Hoffmann nun in der Zusammenführung der beiden Seiten, und es wird vornehmlich durch den „rein romantische[n]" Komponisten Beethoven realisiert (Hoffmann I, S. 534; vgl. Hoffmann II/1, S. 54). Für den Musiker Hoffmann ist „Künstlichkeit" in erster Linie Kontrapunkt; diesem fühlt er sich zeitlebens als Praktiker (vgl. Leyendecker 1992) und Rezensent verpflichtet. So dürfte der Kontrapunkt eines Johann Sebastian Bach im Zentrum seiner musikalischen Schulung der Königsberger Jahre gestanden haben (vgl. Hoffmann III, S. 916; IV, S. 74; Schaeffer 1909, S. 71f.; Keil 1986, S. 7 u. 304f.). Später feiert er begeistert die moderne Behandlung des Kontrapunktes in der zeitgenössischen Instrumentalmusik Mozarts, Haydns und vor allem Beethovens (vgl. Hoffmann I, S. 533f.; II/1, S. 53). Ganz richtig erkennt er in der charakteristischen Verwebung der Melodie seit Bach jene Form des Komponierens, die sich von einer akkordisch geprägten Handhabe des Kontrapunkts bei Palestrina unterscheidet (vgl. Hoffmann IV, S. 496f.; Schlager 1993, S. 7–10; Giraud 1995). Damit sind nicht nur zentrale Figuren der Entwicklungsgeschichte des Kontrapunktes genannt (vgl. de la Motte 1981); durch diese Traditionsbildung datiert Hoffmann – wie im Übrigen andere seiner Zeitgenossen (vgl. Dahlhaus 1978) – in Bach den Ursprung moderner Musik, die mit der ungebrochenen und ungezierten Einfachheit eines Palestrina bricht und im Wechselspiel zwischen innerer Zerrissenheit und der Sehnsucht nach Genesung das Wesen der Romantik zum Ausdruck bringt (vgl. Rüdiger 1989, S. 146–148): „Ich sehe in Bachs achtstimmigen Motetten den kühnen, wundervollen, romantischen Bau des Münsters mit all den phantastischen Verzierungen, die künstlich zum Ganzen verschlungen, stolz und prächtig in die Lüfte emporsteigen." (Hoffmann II/1, 62f.; vgl. Rüdiger 1989, S. 146–148)

Die Metapher, die mit auffälliger Häufigkeit für den Kontrapunkt zu stehen kommt, heißt „Verschlingung" (vgl. Lubkoll 1995; Dobat 1984, S. 68–73). Durch Verschlingung entsteht ein „Ganzes", das auf einem „innere[n] tiefe[n] Zusammenhang" (Hoffmann II/1, S. 55) beruht. Vielsagend korreliert Hoffmann die besagten Verschlingungen mit den romantischen Ornamentfiguren der Groteske und der Arabeske (vgl. Rotermund 1968; Oesterle 1984, S. 138f.): Von einem „Landhaus", das „altertümliche groteske Weise mit bunten gemalten Zieraten verschmückt", heißt es, dass „bei näherer Betrachtung [...] ein besonderer wunderbarer Geist aus diesen bemalten Steinen" (Hoffmann III, S. 318) weht; und weiter, dass auf den Wänden „mit grellen Farben gemalte Arabesken, die in den wunderlichsten Verschlingungen, Menschen- und Tiergestalten, Blumen, Früchte, Gesteine, darstellen, und deren Bedeutung [...] ohne weitere Verdeutlichung zu ahnen" (ebd., S. 318f.) geglaubt werden. Die Grenze zwischen Künstlichkeit und Natürlichkeit verwischt sich im figuralen Wuchern; und so erscheint der Kontrapunkt nicht nur als eine unter den Techniken eines wohlverstandenen musikalischen Handwerks, sondern als der formale Inbegriff von Kunst und gleichzeitig als Auflösung und Überwindung der Form in wachsender Entgrenzung.

So lässt auch Hoffmanns dichterisches Werk den Versuch erkennen, das ästhetische Grundproblem der Vermittlung zwischen Mannigfaltigkeit und Einheit zu lösen: Denn ebenso wie Bachs und Beethovens Behandlung des Kontrapunktes das dialektische Verhältnis zwischen dem gleichzeitigen Ertönen im Akkord (Vertikalität) und der fortschreitenden Entwicklung der Melodie (Horizontalität) durch das Verweben von Harmonie und Melodie einer „Synthese zwischen Kontrapunkt und Harmonik" (Leibowitz 1950, S. 94) zuführt, ganz ebenso versucht Hoffmann diese Synthese in seiner Dichtung durch die Kombination von heterogensten Elementen und ihrer geheimen Korrespondenz zu realisieren. Die Dialektik von anscheinender Willkür und verborgener Künstlichkeit realisiert der Dichter Hoffmann in zahlreichen Varianten: in der Kopräsenz von Märchen- und Alltagswelt, im vielbesprochenen Doppelgängermotiv, in Effekten des Geheimbundromans, die aus dem Widerspiel von scheinbaren Wundern und geheimen Mächten resultieren, im Antagonismus von organischer Selbstbestimmtheit und mechanischer Determination usf. Der vordergründigen Erscheinung wird ein tieferer, meist geheimnisvoller Zusammenhang entgegengesetzt, den es zu erahnen gilt. Die verborgene Struktur verschlungener Fäden organisiert nicht nur das sichtbare Gewebe in Musik und Baukunst, sondern fundiert ganz allgemein als zweite zusammenhängende Wirklichkeit die vordergründige Phantastik der Erscheinungen. Der notwendige Bruch zwischen den Themenkomplexen bzw. Seinsbereichen, den die „Duplizität" einfordert, provoziert die Sehnsucht nach der verlorenen Einheit, die als übergeordnete, unerreichbare Harmonie von affektiver Dissonanz des Scheins und effektiver Konsonanz einer verborgenen Wirklichkeit ins Unendliche verweist. Die Analogie zwischen musikalischer und sprachlicher Komposition ergibt sich also durch thematische Doppelstrukturen (vgl. Pohsner 1999, S. 379) und ihre sporadisch aufscheinende Bezüglichkeit. Der Austausch gewisser Elemente zwischen den Strängen, die ambivalente Funktion der Erscheinungen in unterschiedlichen Bezugsrahmen, die Wiederaufnahme gewisser Motive schließlich lassen eine übergeordnete Einheit erahnen.

Ganz auffällig ist dabei die häufig genutzte Technik der Rahmung, die ja nichts anderes ist als die ternäre Struktur, die sich notwendig aus der Folge zweier Themen und Reprise ergibt (A B A'). Die kontrapunktische Verschlingung zweier Themenkomplexe wird so – einer Sonate analog (vgl. Almond 1987, S. 170; Lawson 1968) – zyklisch überformt und dadurch in ihrer suggestiven Kraft hinsichtlich der Einheit bestärkt.

Als Beispiel für diese auffällige Kompositionsweise sei der Doppelroman *Lebens-Ansichten des Katers Murr* genannt, dessen zyklische Struktur sich aus der suggerierten Zeitidentität von Anfang und Schluss des *Kreisler*-Romans, durch Geburt und Tod des Katers Murr sowie durch die Herausgeberfiktion am Anfang und am Ende des Romans ergibt. Gleichzeitig verweben sich die beiden Stränge durch das Auftreten von Kreisler und Meister Abraham sowohl in der Kater- als auch in der Kreisler-Geschichte durch die Komplementarität von enthusiastischer, an Wahnsinn grenzender Genialität Kreislers und der philiströsen selbstdeklarierten Genialität des Katers, schließlich material durch die Verwebung (Vertextung) zweier Romane auf der Vorder- und Rückseite desselben Papiers (vgl. Mahr 1968; Rotermund 1968, S. 57–69; Schäfer 2001).

Gegen solche Analogien zwischen musikalischer und sprachlicher Makrostruktur ließen sich nun die gleichen Einwände erheben, wie sie eingangs gegen mikrostrukturelle Analogien behauptet wurden – dass nämlich die Analogie einzig auf sehr allgemeinen Variations- und Anordnungsfiguren aufbaue, die auch ohne das Hinzuziehen musikalischer Formen leicht erklärt und ebenso wohl bei anderen, u. U. vollkommen unmusikalischen Autoren gefunden werden könnte. Der Unterschied besteht jedoch darin, dass diese Kompositionsfiguren in Hoffmanns Werk ausgiebig zur Sprache kommen, dass die kunsttheoretische Selbstreflexion hauptsächlich über das Thema der Musik geschieht und mit den etwas selteneren poetologischen Aussagen kongruiert. Diese zweite Ebene, die Musik thematisiert, ist in Hoffmanns Werk omnipräsent: Wir finden einen reichen Schatz an Metaphern aus dem Bereich der Musik (vgl. Schaeffer 1909, S. 166–192; Setzer 1988, S. 136–170), zahlreiche Schilderungen von Musikpraxis sowie -konsum, ein Personeninventar schließlich, das von Musikern strotzt (vgl. Schaeffer 1909, S. 126–143) – ganz zu schweigen vom berühmten Alter ego Kreisler. In Kreisler erfährt das selbstreflexive Spiel der Kunst- und Künstlerfiguration seinen Höhepunkt, vereinigen sich hier doch die Rolle des Musikers sowie Musik-Schriftstellers und -Rezensenten (*Kreisleriana*) mit derjenigen des Romanhelden (*Lebensansichten des Katers Murr*), wobei in beiden Fällen gezielt durch ein autobiographisches Vexierspiel die Grenze zwischen der fiktionalen literarischen Welt und der realen Autorwelt persifliert wird. Der Umstand, dass vier der Beiträge für die

Allgemeine Musikalische Zeitung Jahre später mehr oder minder wörtlich in die großen Sammlungen der *Fantasiestücke* und der *Serapions-Brüder* aufgenommen werden, zeigt aber nicht nur die offensichtlich intendierte Ambivalenz zwischen der Kunstfigur Kreisler und dem Rezensenten Hoffmann an, sondern verlagert zudem die Reflexion über Musik zunehmend in den Bereich der Kunst selbst, wo eine sich selbst adressierende Kunstfigur (vgl. Hoffmann II/1, S. 447–455) ihr musikalisches Credo in einem literarischen Textzusammenhang entfaltet. So entspricht auch Kreislers Charakter sehr genau der Spannung zwischen der starken affektiven Kraft von Musik und einer unstillbaren Sehnsucht nach Harmonie. Der humoristische Charakter des Helden ist Ausdruck der modernen ‚conditio humana'; Kreisler zerbricht am Antagonismus zwischen subjektiver Empfindung und objektiver Nötigung und erhofft sich Heilung einzig in der Musik, einer Kunst, die in ihrer reinen Form eine fundamentale Einfachheit zu variieren und den verschiedenen Gefühlslagen anzupassen vermöchte.

Womit wir bei der dritten Ebene angelangt wären, der ästhetischen. Sowohl die strukturelle Analogie kontrapunktischer Verschlingung in Text und Musik als auch die thematische Favorisierung der Musik als der höchsten Kunst im literarischen Werk sind letztlich Ausdruck einer ästhetischen Grundüberzeugung, die auf der Vorstellung einer ursprünglichen Harmonie und affektiven Klangqualität der Dinge aufbaut: „Bei der individualisierten Sprache waltet solch' innige Verbindung zwischen Ton und Wort, daß kein Gedanke in uns sich ohne seine Hieroglyphe – (den Buchstaben der Schrift) erzeugt, die Musik bleibt allgemeine Sprache der Natur, in wunderbaren geheimnisvollen Anklängen spricht sie zu uns, vergeblich ringen wir danach, diese in Zeichen festzubannen, und jenes künstliche Anreihen der Hieroglyphe erhält uns nur die Andeutungen dessen, was wir erlauscht." (ebd., S. 464)

Musik ist für Kreisler, aus dessen *Lehrbrief* die Stelle entnommen ist, sowohl allgemein als auch unmittelbar. Sie ist gleichzeitig „Sprache der Natur" (vgl. Lichtenhahn 2001, S. 100–105) und innere Sprache: „Der Ton wohnt überall, die Töne, das heißt die Melodien, welche die höhere Sprache des Geisterreichs reden, ruhen nur in der Brust des Menschen." (Hoffmann II/1, S. 453) Musik drückt somit die grundlegende Stimmigkeit der Natur als auch die Stimmung des Menschen aus. Die „Duplizität" (Hoffmann IV, S. 68) von äußerer und innerer Wirklichkeit, der wir bei Hoffmann im Zusammenhang mit dem ‚serapiontischen Prinzip' begegnen, findet in der Musik den ahnungsvollen, sehnsüchtigen Ausdruck einer möglichen Versöhnung bzw. die schmerzvolle Erfahrung des Einheitsverlustes. „Kann denn", so fragt Ludwig in *Die Automate*, „die Musik, die in unserm Innern wohnt, eine andere sein als die, welche in der Natur wie ein tiefes, nur dem höhern Sinn erforschliches Geheimnis verborgen, und die durch das Organ der Instrumente nur wie im Zwange eines mächtigen Zaubers, dessen wir Herr worden, ertönt?" (ebd., S. 423) Dieser gleichzeitig gnostische und affektive Ausdruck, den die Musik zu erfüllen verspricht, beruht auf einem Einheitsdenken, das sich an den platonischen und neoplatonischen Topos der Erfahrung des Einen anlehnt: Der Weg zur Einheit führt über Musik, Liebe, Wahnsinn. In der Ekstase tritt der Mensch aus sich heraus und nähert sich in seiner Begeisterung dem Einen. Die Erfahrung der Urnatur gilt in dieser Tradition als Moment höchster menschlicher Erfüllung und höchsten Glücks. Nicht anders äußert sich der Erzähler am Schluss des *Goldenen Topfes*: „Ist denn überhaupt des Anselmus Seligkeit etwas anderes als das Leben in der Poesie, der sich der heilige Einklang aller Wesen als tiefstes Geheimnis der Natur offenbaret?" (Hoffmann II/1, S. 321)

(Eric Achermann)

Tier-Mensch-Kreuzungen

Mit Hoffmanns Option auf groteske Darstellungsmittel verbunden sind die häufigen Hybridisierungen von Tier und Mensch. Seiner ersten Buchpublikation, den *Fantasiestücken*, hat er die Vermischung menschlicher und tierischer Züge mit Bezug auf Jacques Callot und eine Ästhetik der Groteske vorangestellt: „Die Ironie, welche, indem sie das Menschliche mit dem Tier in Konflikt setzt, den Menschen mit seinem ärmlichen Tun und Treiben verhöhnt, wohnt nur in einem tiefen Geiste, und so enthüllen Callots aus Tier und Mensch geschaffne groteske Gestalten dem ernsten tiefer eindringenden Beschauer, alle die geheimen Andeutungen, die unter dem Schleier der Skurrilität verborgen liegen." (Hoffmann II/1, S. 18) Was Hoffmann an Callots Stichen fasziniert, ist die Verkehrung gewohnter Beziehungen, die Art, das Bekannte zu verfremden und das Fremde als das Alltägliche zu behandeln, etwas „fremdartig Bekanntes" (ebd., S. 17), also im rhetorischen Sinne ein Oxymoron zu gestalten. Ebenfalls im Einleitungstext der *Fantasiestücke*, in *Jacques Callot*, hebt Hoffmann hervor, dass die Tier-Mensch-Kreuzungen eng mit einer Figurenhäufung zusammenhängen: „Schaue ich deine überreichen aus den heterogensten Elementen geschaffenen Kompositionen lange an, so beleben sich die tausend und tausend Figuren, und jede schreitet, oft aus dem tiefsten Hintergrunde, wo es erst schwer hielt sie nur zu entdecken, kräftig und in den natürlichsten Farben glänzend hervor. – Kein Meister hat so wie Callot gewußt, in einem kleinen Raum eine Fülle von Gegenständen zusammenzudrängen, die ohne den Blick zu verwirren, neben einander, ja ineinander heraustreten, so dass das Einzelne als Einzelnes für sich bestehend, doch dem Ganzen sich anreiht." (ebd.)

Im Vorwort zu seinem Drama *Cromwell* (1827) hat Victor Hugo den Zweiklang von Pathos und Groteske nicht nur als Kernpunkt der romantischen Ästhetik bestimmt, sondern seinen Fluchtpunkt darüber hinaus im Kontrast von Tierischem und Menschlichem gesehen. Erst im antiklassizistischen, Traditionen des Manierismus aufnehmenden Zusammenspiel von Groteske und Erhabenem sind, so Hugo, die Extreme menschlicher Existenz zwischen Gottähnlichkeit und Tier abgesteckt (vgl. Hugo I, S. 425).

Neben den offensichtlichen Tierfiguren (der Hund Berganza, der Affe Milo, Meister Floh, Kater Murr usw.) stehen bei Hoffmann jene skurrilen Gestalten, die sich als phantastische Mischwesen zu erkennen geben und dem Menschlichen ebenfalls eine Spur des Tierischen einschreiben: Ritter Gluck, Belcampo/Schönfeld, Klein Zaches usw. Gemeinsames Charakteristikum der grotesken Gestalten ist ihre Ungreifbarkeit. Sie verwischen die Grenze zwischen der erhabenen Würde des Menschen und den Niederungen seiner Kreatürlichkeit. Sie untergraben Identität, indem sie zwischen menschlichen und tierhaft-phantastischen Ausdrucksformen ständig springen. Sie gehören einer Zwischenwelt an, in der sich die Räume schwellenartig verwirren. Noch der gänzlich unsympathische, gnomische Klein Zaches hat Teil an Hoffmanns Vorliebe für diese irritierenden Zwischenwesen. Die kleine ‚Zecke', die „knurrte und murrte beinahe wie ein Kater" (Hoffmann III, S. 599), ist die perfekte Personifikation der grotesken Inversion, der vollendete Parasit, der selbst über keine Identität verfügt, gleich einem Chamäleon aber unwillkürlich die Identitäten seiner Umwelt annimmt oder wie im alchemistischen Experiment die Farbe und Gestalt der Dinge verändert, dabei nur ‚Zinnober' redet, der allen Anwesenden jedoch sogleich als größter Tiefsinn erscheint. Hoffmanns ausführlichste Gestaltung einer Tierfigur, der Kater Murr, realisiert für sich genommen bereits eine Inversion von Tier und Mensch, mit dem genannten Effekt einer Subversion des idealistisch-pathetischen Duktus' des Bildungsromans. Verstärkt hat Hoffmann diese Subversion dadurch, dass er zwischen dem Kater und dem Kapellmeister Kreisler, alias Wilhelm Meister (vgl. von Matt 2005, S. 196), eine Beziehung der chiastischen Verkehrung installiert hat, die bewirkt, dass der künstlerische Enthusiasmus des Musikers mit dem burschenschaftlichen, d. h. philiströsen Geniebewusstsein des schreibenden Katers kollidiert (vgl. Kofman 1985).

Auf literarisch weniger komplexe Art und Weise, dabei aber durchaus effektvoll spielt Hoffmann mit einer simulierten Tier-Mensch-Inversion in der späten Erzählung *Haimatochare* (1819). Die genauestens kalkulierte Erwartung des Lesers, im Streitobjekt zweier Naturwissenschaftler in der Südsee eine hübsche und begehrenswerte Frau zu sehen, kollabiert am Ende der Erzählung, wenn klar wird, dass das Objekt der Begierde nichts anderes als eine, immerhin aber seltene Laus ist (vgl. Hoffmann III, S. 678).

Die groteske Tradition der Konfrontation von Mensch und Tier führt Edgar Allan Poe um die Mitte des 19. Jahrhunderts in den *Tales of the Grotesque and Arabesque* fort. Die beiden Erzählungen *The Murders in the Rue Morgue* (1841) und *The Black Cat* (1843) zeigen allerdings, dass der Einbruch des Rätselhaften und des Grauens nicht in der Schwebe bleibt, sondern zum Ausgangspunkt einer detektivischen Analyse wird. Ein starker Einfluss von Hoffmanns Tier-Mensch-Kreuzungen ist in den Erzählungen Franz Kafkas zu finden. Ob im Fall von Gregor Samsa aus der *Verwandlung* oder vom Affen Rotpeter aus *Ein Bericht für eine Akademie* – um nur diese beiden zu nennen –, jeweils nutzt Kafka, wie Hoffmann hundert Jahre zuvor, den grotesken und phantastischen Effekt von Schwellenfiguren, um den literarischen Diskurs in der Schwebe zu halten (vgl. Kremer 21998).

(Detlef Kremer)

Traum und Rausch

Die Schilderungen eines traum- oder rauschhaften Erlebens nehmen in Hoffmanns Literatur einen paradigmatischen Status ein. Sie stellen einerseits ein Schlüsselphänomen dar, um die Natur des Menschen dort auszuleuchten, wo die Reichweite eines kontrollierenden Bewusstseins endet. Die psychische Innenwelt des Subjekts gestaltet Hoffmann als einen höchst ambivalenten Erfahrungsraum, in dem sich ungeahnte Erkenntnisse ebenso auftun wie erschreckende Abgründe. Doch erst hier, jenseits des Wachlebens, kann sich das schöpferische Vermögen der Seele entfalten und seine innerlich geschauten Bilder formen – ein Vorgang, der stets auch als Chiffre der künstlerischen Imagination lesbar ist. Vor diesem Hintergrund wird eine zweite, poetologische Funktion der Traumsequenzen deutlich, denn sie stellen ein geradezu privilegiertes Medium der ästhetischen Selbstreflexion dar (vgl. Kremer 2005). Die programmatische Aufwertung, die bewusstseinsferne Zustände in der Romantik und besonders bei Hoffmann erfahren, ist so mit einem doppelten Index des Modernen versehen: Indem sie das Subjekt von seinem Unbewussten her fokussieren, unterlegen sie der Narration einen psychodynamischen Subtext, der sich mit anderen Schichten der Bedeutungskonstitution überlagert (vgl. Kremer 1997, S. 143). Darüber hinaus behauptet sich hier die Autonomie imaginärer Wirklichkeiten, als eine dem Traum analoge Weltschöpfung in der Literatur, und damit ein Kernpostulat der romantischen Dichtung.

Die Erfahrung einer fantasmatischen Entgrenzung ist Hoffmanns Figuren in unterschiedlicher Form bekannt – sei es, dass sie träumen, im Halbschlaf delirieren oder ihre Lebensgeister mit Punsch beflügeln. Ebenso können die zumeist poetischen Gemüter durch Kunst, vor allem Musik, und nicht zuletzt durch eine anbetungswürdige Frau in die „exaltierteste Stimmung" (Hoffmann II/1, S. 90) geraten. Die Grenzen sind nicht nur innerhalb dieses Spektrums fließend, sondern auch zu benachbarten Phänomenen wie Somnambulismus, Hypnose und besonders dem Wahnsinn als einem stets impliziten Gefährdungsmoment. Gemeinsam ist den genannten Varianten, dass sie die Logik des Alltags zugunsten einer imaginären Ordnung außer Kraft setzen und so – folgt man Ottmars Apotheose des Traums im *Magnetiseur* – „ein höheres intensiveres Leben" ermöglichen, „in dem wir alle Erscheinungen der uns fernen Geisterwelt nicht nur ahnen, sondern wirklich erkennen, ja in dem wir über Raum und Zeit schweben." (ebd., S. 179)

Ein solches Hochgefühl ist indessen nur die eine Seite der Medaille, und diese Ambivalenz wird bei Hoffmann ungleich drastischer exponiert als in den wissenschaftlichen Traumdiskursen, auf die er sich beruft. Insgesamt greift seine Konzeption auf verschiedene Quellen zurück, um sie jedoch stets einer narrativen Funktion unterzuordnen. Seine wichtigsten Impulse bezieht Hoffmann einerseits aus hermetischen Wissensbeständen, etwa der Alchemie, und zudem aus diversen zeitgenössischen Disziplinen, namentlich der Naturphilosophie, Anthropologie, Psychiatrie und Medizin sowie dem animalischen Magnetismus, mit deren Grundpositionen er erwiesenermaßen vertraut war (vgl. Alt 2002, S. 282f.). Anders als in den Theorien der Aufklärung gilt das unbewusste Geschehen in der Romantik weder als rein passiv noch als defizitär. Vielmehr wird es als ein poietisches Prinzip mit geradezu spirituellen Erkenntnismöglichkeiten gewürdigt, das allerdings stets auch die Gefahr einer haltlosen Entgrenzung birgt. Indem sie verdrängte Erinnerungen und Triebkräfte zum Vorschein bringen, geben Traumbilder zunächst Aufschluss über die unbegriffenen Zusammenhänge des eigenen Selbst. Darüber hinaus führen sie den Einzelnen an seine gattungs- bzw. naturgeschichtlichen Wurzeln zurück, denn zumindest als Ahnung bewahrt das romantische Unbewusste die Teilhabe an einem ursprünglichen, universellen Leben (vgl. Engel 2002, S. 75ff.).

Grundlegend für Hoffmanns Poetik ist die Annahme einer hermetischen Universalsprache, wie sie Schubert in seiner *Symbolik des Traums* von 1814 beschreibt. Demnach bilden geträumte oder hypnotische Bilder eine „Abbreviaturen- und Hieroglyphensprache" (Schubert 1814, S. 2), mithin ein System geheimer Zeichen, das analog zur romantischen Poesie und zur Chiffrenschrift der Natur verstanden wird. Nahezu sprichwörtlich in diesem Kontext ist Schuberts Formel vom Traum als dem „versteckte[n] Poete[n] in unserem Innern" (ebd., S. 3). Doch wenn er Traumarbeit und poetische Textproduktion hier gleichermaßen auf das Unbewusste verpflichtet, übergeht er einen entscheidenden Hiatus. Denn dass die Literatur der Romantik auf äußerst durchdachter Komposition beruht, tritt in besonderem Maße eben dort hervor, wo sie präreflexive Vorgänge in erzählbare Formen – und das heißt: in selbstreferentielle, explizit künstliche Konstrukte – überführt.

Angelehnt an die visuelle Dominanz im Traumgeschehen, sind Hoffmanns Texte durchzogen von den Evokationen schwebender, halluzinativer Bilder, deren Dynamik sich über Figurengrenzen und Raumordnungen hinwegsetzt. Dennoch sind diese imaginären Welten meist in unheimlicher Nähe zur Alltagssphäre angesiedelt. Sie nehmen Eindrücke des Wachlebens in sich auf und transformieren bzw. entstellen sie in beständigen Metamorphosen, Hybridbildungen und einer oftmals grotesken Überzeichnung der Motive. Auf semantischer Ebene kommen dabei jene Verfahren zur Geltung, die Freud später in der *Traumdeutung* (1900) als Verdichtung und Verschiebung diskutieren wird. Bei Hoffmann aber stehen sie prinzipiell unter ästhetischen Vorzeichen; sie sind tragende Komponenten einer Poetologie, die traumhaft-unbewusste Zustände als „Paradigma einer gleitenden Signifikation" favorisiert (Kremer 1997, S. 143). Charakteristisch für die Erzählführung ist dabei die Duplizität von Imagination und Außenwelt. Sie wird vor allem dann virulent, wenn die Grenzen zwischen beiden Sphären verschwimmen, wenn sich also die Traumbilder von der subjektiven Figurensicht ablösen und ein fantastisches Eigenleben annehmen – „wunderbar aber keck ins gewöhnliche alltägliche Leben tretend und sei⟨ne⟩ Gestalten ergreifend" (Hoffmann I, S. 301). Doch je tiefer sich Hoffmanns Helden in die imaginären Welten verstricken, desto mehr riskieren sie die Dissoziation und Auflösung ihres Selbst, was nicht selten katastrophische und tödliche Folgen zeitigt. Den wesentlichen Quellpunkt dieser destruktiven Kräfte verortet Hoffmann, wie das imaginäre Vermögen, gleichfalls im Unbewussten. Verspricht dessen Freisetzung zunächst die im Alltag versagten Erfüllungen, so droht hier zugleich der Abgrund von unberechenbaren Trieben, Begehrlichkeiten und Ängsten, die selbst den frommsten Bürger zu „Mordthaten und Verletzungen" befähigen (Schubert 1814, S. 118). Der Wahn des Mönchs Medardus aus den *Elixieren des Teufels* oder Nathanaels, des Protagonisten im *Sandmann*, können als Musterbeispiele einer dämonisierten Traumpoetik bei Hoffmann gelten; das versöhnliche Schicksal hingegen, das der *Goldene Topf* seinem Helden schließlich beschert, als Hinweis darauf, dass die frühromantische Vision einer universalen Harmonie bei Hoffmann lediglich in märchenhaft-ironischer Brechung einen Platz hat.

(Alexandra Heimes)

Wahnsinn

Der in Hoffmanns Texten häufig thematisierte ‚Wahnsinn' ist in der deutschen Sprache erst seit etwa 1780 für die Bezeichnung krankhafter Einbildungen gebräuchlich. In dieser medizinhistorisch neuartigen Pathologisierung übermäßiger Imaginationsfähigkeit (vgl. Eckhardt 2000) verband sich der seit der Antike überlieferte Melancholiediskurs mit dem empirischen Interesse der Erfahrungsseelenkunde, wie es populär etwa in Christian Heinrich Spieß' *Biographien der Wahnsinnigen* (1796) dargeboten wurde. Daraus entstand ein psychiatrisches Wissen mit systematischer und therapeutischer Ausrichtung bei Medizinern wie Johann Christian Reil, dessen *Rhapsodieen über die Anwendung der psychischen Curmethode auf Geisteszerrüttungen* (1803) Hoffmann gut kannte und oft verwendete (vgl. Auhuber 1986, S. 1–12).

Die sich in dieser Zeit etablierende Verknüpfung von Melancholie und übersteigerter Einbildungskraft zu einem spezifischen Künstler-Wahnsinn hat Hoffmann wiederholt verwendet, von der Figur des Kapellmeisters Kreisler mit ihren *musikalischen Leiden* und *höchst zerstreuten Gedanken* (so zwei Überschriften der *Kreisleriana* in den *Fantasiestücken*) bis zum Schriftsteller in *Des Vetters Eckfenster*, der seine „schwärzeste Melancholie" schildert: Er komme sich vor „wie jener alte, vom Wahnsinn zerrüttete Maler, der Tage lang vor einer in den Rahmen gespannten grundierten Leinewand saß, und allen, die zu ihm kamen, die mannigfachen Schönheiten des reichen, herrlichen Gemäldes anpries, das er soeben vollendet". Hier verhindert das Übermaß der Imagination selbst, dass sie sich „zur äußern Form gestaltet"; dieses Unvermögen und der Wahnsinn werden gleichgesetzt: „Mein Geist zieht sich in seine Klause zurück!" (Hoffmann VI, S. 469) Genau dieser ‚Rückzug' lässt sich als Extremform künstlerischer Autonomisierung und als Gewinn einer „Gegenwelt" (Sanna

1998, S. 311) verstehen, so dass dem Wahnsinn geradezu die Rolle einer Initiation in die Dichtung zugesprochen werden könnte (vgl. Matzker 1984). Allerdings sind solche Deutungen insofern problematisch, als sie in gewisser Weise dem Gemeinplatz von ‚Genie und Wahnsinn' verpflichtet sind, für den die psychopathologische Forschung im frühen 20. Jahrhundert Hoffmann gern als Musterbeispiel verwendete (vgl. Klinke 1908; Kuenemann 1911).

Demgegenüber zeigen sich, wo Hoffmann den Wahnsinn zum erzählerischen Sujet macht, differenzierte Umformungen des anthropologischen Wissens seiner Zeit. Die Aussage, jemand sei oder verhalte sich wahnsinnig, wird immer als Zuschreibung perspektiviert: als externer Befund, als Selbstdeutung oder als auktorial-erzählerische Markierung. Diese Perspektiven können sich durchaus überlagern oder widersprechen. So mag zwar *Der Sandmann* als „fiktive Psycho-Biographie eines romantischen Dichters" (Mahlendorf 1981) lesbar bleiben, jedoch irritiert die Fiktion das psychologische Interesse an der Fallgeschichte nachdrücklich. Vor allem das Einwirken des Unheimlichen zieht die Interpretation des Wahnsinns als Projektion eines kranken Ich in Zweifel. Genau deshalb erweist sich im *Sandmann* das Versprechen einer Heilung Nathanaels von seiner Raserei – „Jede Spur des Wahnsinns war verschwunden" (Hoffmann III, S. 47) – als trügerisch. Die Erzählung legt eine konkurrierende Deutung nahe, derzufolge der Wahnsinn eine eigenständige, dämonische Kraft sein könnte: „Da packte ihn der Wahnsinn mit glühenden Krallen und fuhr in sein Inneres hinein Sinn und Gedanken zerreißend" (Hoffmann III, S. 45; vgl. Preuß 2003).

Besonders reichhaltig sind derartige Perspektivierungen im Märchen vom *Goldenen Topf*. Hier meint ‚Wahnsinn' sowohl die Bedrohung durch die von allen Seiten andrängende magische Welt (wenn Veronika fühlt, „wie der Anblick des Gräßlichen, des Entsetzlichen, von dem sie umgeben, sie in unheilbaren zerstörenden Wahnsinn stürzen könne"; Hoffmann II/1, S. 281) als auch die eben dadurch hervorgerufene Exaltation (Anselmus' „Wahnsinn des höchsten Entzückens"; ebd., S. 287). Die Szenen im Hause Paulmann reichern diese Opposition mit der ‚philisterhaften' Deklaration abweichenden Verhaltens als Geistesgestörtheit an („rappelt's Ihnen im Kopfe?"; „sind Sie rasend?"; „Sie sind toll – toll!"; ebd., S. 298) und führen außerdem ein Übergreifen des Wahnsinns auf die bürgerliche Verständigkeit vor („ja ich bin auch toll – auch toll!"; ebd., S. 299). Es ist genau diese Überblendung unterschiedlicher und widerstreitender „Tollheiten", die in Anselmus den „Wahnsinn des innern Entsetzens" weiter verstärkt. Um so mehr bemüht er sich zunächst, seine „albernen Grillen" als typischen erfahrungsseelenkundlichen Fall einzuordnen: „Wahrhaftig ging es mir nicht besser als jenem, welcher glaubte er sei von Glas, oder dem, der die Stube nicht verließ aus Furcht von den Hühnern gefressen zu werden, weil er sich einbildete ein Gerstenkorn zu sein" (ebd., S. 300). Im vorletzten Kapitel des Märchens werden dann einige Begründungen für den diagnostizierten Wahnsinn durchgespielt, wie sie auch im zeitgenössischen medizinischen Diskurs auftreten: der Alkoholrausch, die emotionale Verwirrung der Liebe sowie der Umstand, „daß der Wahnsinn ansteckt" (ebd., S. 310). Speziell der Liebeswahnsinn, so die Hoffnung des Philisters Paulmann, „gibt sich aber bald in der Ehe", wobei hier besonders Sorge zu tragen sei, weitere Übertreibungen zu vermeiden, weil sich sonst in der „Deszendenz [...] das Malum der Eltern vererben könnte" (ebd., S. 315).

Ausgerechnet bei dem Versuch, den Wahnsinn von sich und den Seinen abzuhalten, kann aber auch Paulmann „nicht an sich halten": „Halt um Gottes willen halt! haben wir uns denn etwa wieder übernommen im verdammten Punsch, oder wirkt des Anselmi Wahnsinn auf uns?" (ebd., S. 315) Indem so ausführlich von den Übertragungsmöglichkeiten des Wahnsinns die Rede ist, zeigt er sein poetologisches Potenzial jenseits der medizinisch-anthropologischen Diskurse: Bei Hoffmann ist der Wahnsinn mit seinen vielfältigen ‚Ansteckungs'-Gefahren immer zugleich als wirkungsästhetisches Modell lesbar. Das mag auch für die Wirkung der Hoffmannschen Imaginationen auf den Verfasser selbst gelten, wie schon Jean Paul in einem Brief an Heinrich Voss bemerkt: „Hoffmann hatte sich zuletzt aus dem poetischen Wahnsinn in einen wirklichen hineingeschrieben" (Voss 1833, S. 143). Ohne dass man zur Gleichsetzung von ‚Genie und Wahnsinn' zurückzukehren müsste, ließe sich mit einem solchen wirkungsästhetischen Zugriff der Topos ‚Wahnsinn bei Hoffmann' auf den von ‚Hoffmanns Wahnsinn' abbilden.

(Stefan Willer)

Wiederholung

In Hoffmanns Prosa findet das Prinzip der Wiederholung auf zwei Ebenen statt, die sich bisweilen überkreuzen und dabei eine produktive Symbiose eingehen. Die Figur der Wiederholung lässt sich zunächst auf der thematischen Ebene in einem protopsychoanalytischen Sinne beobachten, spielt zudem aber auch auf einer formalen Ebene eine wichtige Rolle und markiert gewissermaßen ein Poetologem im Schaffen Hoffmanns.

Gemäß der Überlegung Hartmut Böhmes, den romantischen Text als ein „protopsychoanalytisches strukturales Feld" (Böhme 1981, S. 136) zu betrachten, tritt das Phänomen der Wiederholung in einem psychologisch beschreibbaren Zusammenhang auf. In *Das Fräulein von Scuderi* ist es der Goldschmied Cardillac, der aufgrund einer pränatalen Traumatisierung „eine der seltsamsten und verderblichsten Leidenschaften" (Hoffmann IV, S. 832) entwickelt, die sich als beständige Wiederholung entfaltet. Die seit der „frühesten Kindheit" (ebd., S. 833) bestehende Obsession für „glänzende Diamanten, goldenes Geschmeide" (ebd.) erklärt sich aus dem Ableben des Liebhabers seiner Mutter im Moment der Vereinigung mit ihr und der symbolischen Verletzung des Kindes durch eine verführerische Juwelenkette, durch die sich die Mutter zum Ehebruch hat hinreißen lassen. Nach einer psychoanalytischen Logik begründet diese ‚Urszene' einen Wiederholungszwang, der den traumatisierten Cardillac dazu nötigt, dem Fetisch Gold nachzugehen bis hin zur verbrecherischen Konsequenz einer Serie von Morden. Dabei gerät die Tötung eines Liebhabers, der nächtens zu seiner Geliebten schleicht, zur gleichsam endlosen Wiederholung der einen, das Trauma auslösenden Szene, die auf diese Weise ungeschehen gemacht werden soll.

Ganz ähnliche Konstellationen sind auch in *Die Elixiere des Teufels* anzutreffen, wo das Initialtrauma, die Verletzung durch ein Schmuckstück in Form eines Kreuzes, als Markierung von Sündhaftigkeit einen Familienfluch bezeichnet, der als fatalistischer Wiederholungszwang genealogisch angelegt ist. Die Endlosschleife von sexuell motivierter Gewalt geht immer wieder, so der Mönch Medardus, auf „Erinnerungen aus meiner frühsten Jugend" (Hoffmann II/2, S. 112f.) zurück und manifestiert sich als Wiederholung der familiären Urszene. Die genealogische Ordnung des Romans, von der aus das Schicksal des Mönchs als auswegloser Wiederholungszwang verständlich wird, führt indessen zu einer Erweiterung der Bedeutung des Wiederholungsprinzips für die Poetik Hoffmanns. Im Gegensatz zu Überlegungen, die Gesamtanlage des Romans auf Entwicklung hin zu lesen (vgl. Segebrecht 1967; Magris 1980), eröffnet der Fokus auf die als Wiederholung strukturierte Zeit im Text eine ganz andere Perspektive (vgl. Kremer 2004, S. 75–79). Gerade in der Irritation einer „Bildung der eigenen Persönlichkeit" (Magris 1980, S. 66) entfaltet die Wiederholungsstruktur ihr Potential und begründet das, was Manfred Frank als „einzigartige Atmosphäre von Dichte und Unentrinnbarkeit" (Frank 1978, 352) beschrieben hat. Entsprechend berichtet Medardus: „Rastlos durchstrich ich das herrliche Land, nirgends fand ich Ruhe, es trieb mich unaufhaltsam fort, immer weiter hinab in den Süden, ich war, ohne daran zu denken, bis jetzt kaum merklich von der Reiseroute abgewichen, die mir Leonardus bezeichnet, und so wirkte der Stoß, mit dem er mich in die Welt getrieben, wie mit magischer Gewalt fort in gerader Richtung." (Hoffmann II/2, S. 122)

Die Erzählung, für die Frank dieses Phänomen dezidiert geltend gemacht hat, ist *Der Sandmann*, in welchem „ganze Bündel von metonymischen Beziehungen" (Frank 1978, S. 352) den Grundsatz der Wiederholung auf einer formalen Ebene umsetzen. Die auch hier zu findende Wiederholungsstruktur in thematischer Hinsicht wird in einen engen Zusammenhang mit dem formalen Prinzip der metonymischen Verschiebung gebracht. So verbinden sich die alchemistischen Experimente von Nathanaels Vater und dem Advokaten Coppelius zu einer Wiederholung des Sandmann-Märchens und der traumatischen Urszene mit der Verschiebung, die sich zwischen den zwei Handlungsphasen, nach denen der Text aufgebaut ist, als Wiederholung vollzieht (vgl. Kremer 1993, S. 147f.). Die Ähnlichkeitsrelation, welche die zwei Teile unterhalten, stellt die metonymische Verschiebung von Motivkomplexen als praktizierte Poetik der Wiederholung aus.

In *Prinzessin Brambilla* findet dann gleichsam eine Entkoppelung der beiden Modi von Wiederholung statt, so dass weniger die psychologische Kategorie als vielmehr die peotologische Figur zum Tragen kommt. Die als zyklisch wiederkehrender literarischer Karneval inszenierte Handlung läuft über eine Verschachtelung der Fiktionsebenen, welche in einer Wiederholungsrelation stehen. Der Text öffnet sich hin zu einer ironischen Selbstreflexion, die nur als Prozess und Wiederholung möglich ist und gleichzeitig die zyklische Zeitstruktur des ästhetischen Ereignisses reflektiert. Das wiederholbare ästhetische Ereignis wird als Endlosschleife präsentiert, in welcher sich immer neue, nie abschließbare Sinnkonstellationen ergeben. In einer rezeptionsästhetischen Perspektive lassen sich hier die Wiederholungsstruktur des Textes und „eine narzißtische Erotik des Lesens" (Kremer 1999a, S. 13) verbinden zu einer impliziten Theorie der Wiederholungslektüre, wie sie später bei Roland Barthes ausbuchstabiert wird (vgl. Barthes 1976).

(Dirk Uhlmann)

Hoffmanns literarische Rezeption im 19. und in der Neuromantik des frühen 20. Jahrhunderts

1. Edgar Allan Poe und Auguste Villiers de l'Isle-Adam

In einem kurzen autobiographischen Text aus dem Jahr 1926, *Skizze meines Lebens*, gibt Alfred Kubin Auskunft darüber, dass er sich bei seinen „Illustrationsvorwürfen" (Kubin 1977, S. 97) u.a. in die phantastischen Dichtungen Hoffmanns und derjenigen Schriftsteller vertieft, die mehr oder minder stark von ihm beeinflusst sind. Neben Hauff und der Droste, Balzac und Dostojewskij nennt er ebenfalls Poe. An anderer Stelle fügt er noch Nerval hinzu, dessen Erzählung *Aurélia* er illustriert hat (vgl. ebd., S. 42). Mehrfach erwähnt er seine enge Freundschaft mit dem „bekannten Hoffmannforscher" Hans von Müller (ebd., S. 30; vgl. auch S. 31), bei dem er 1903 mehrere Wochen zu Gast war. Gewiss hätte Kubin, dessen Roman *Die andere Seite* (1909) neben seinen Zeichnungen ebenfalls einen prominenten Platz in einer ausgearbeiteten Wirkungsgeschichte Hoffmanns beanspruchen könnte, auch Villiers de l'Isle-Adam in seine Liste aufgenommen, wenn er ihn denn gekannt hätte. In dem Maße wie Hoffmann, vermittelt über die französische, russische und amerikanische Literatur, ansatzweise bereits im 19. Jahrhundert, vollends dann im Verlauf des 20. Jahrhunderts zu einem herausragenden Beispiel von Weltliteratur wurde, dessen Spuren ebenso durch die europäischen wie die lateinamerikanischen Dichtungen führen: in diesem Maße hätte bereits Kubins Liste erheblich umfangreicher sein müssen, von einer Bestandsaufnahme zu Beginn des 21. Jahrhunderts nicht zu reden. Stärker noch als für die wissenschaftliche Rezeption gilt für die künstlerische Wirkungsgeschichte: Sie ist allenfalls in Ansätzen erarbeitet, und die Breite der poetologischen bzw. intertextuellen Anschlüsse an Hoffmanns Prosa in der Weltliteratur verweist eine auch nur annähernd vollständige Erschließung der Hoffmann-Rezeption in den Bereich des Unwahrscheinlichen. Jedenfalls bedürfte es einer großen Forschungsanstrengung, um die verstreuten Einzeluntersuchungen in einen Gesamtkontext einzufügen. Den Rahmen des vorliegenden Handbuchs würde dies jedenfalls bei weitem sprengen. Die verzweigten Traditionswege Hoffmann'scher Phantastik von der Spätromantik über Baudelaire und Nerval, Gogol und Dostojewskij, Droste-Hülshoff und Thomas Mann (etwa die frühe Erzählung *Der Kleiderschrank*), Kafka (verwiesen sei nur auf *Ein Bericht für eine Akademie*) und die Expressionisten bis in den magischen Realismus der lateinamerikanischen Literatur und in die globalisierte Gegenwartsliteratur zu verfolgen, bezeichnet ein Forschungsdesiderat. Es empfiehlt sich aus diesem Grund ein exemplarisches Vorgehen, das anhand einer besonders intensiven Phase der Auseinandersetzung mit und Weiterentwicklung von Hoffmanns Prosa Grundzüge der Wirkungsgeschichte aufzeigen kann. Eine solche auffällige Auseinandersetzung mit Hoffmanns Erzählungen und Romanen findet im Rahmen der sogenannten Prager Neuromantik statt. Vorläufer hat dies im 19. Jahrhundert bei Poe und Villiers de l'Isle-Adam.

Die Anerkennung als einer der wichtigsten Schriftsteller in der ersten Hälfte des 19. Jahrhunderts erwarb sich der Amerikaner Edgar Allan Poe (1809–1849) zuerst in Europa. Mit der Übersetzung ins Französische durch Charles Baudelaire ist der Grundstein für Poes literarischen Erfolg gelegt. Vorbereitet war dieser durch die enorme Resonanz E.T.A. Hoffmanns in Frankreich, an der wiederum Baudelaire maßgeblich beteiligt war. Hintergrund ist auch eine Konjunktur des Unheimlichen und Okkulten im Verlauf des 19. Jahrhunderts, die an die romantische Entdeckung der ‚Nachtseiten' von Rationalität, Wissenschaft und Zivilisation anschließt und mit einem Inventar von Spiritismus, Verbrechen, Doppelgängertum, Satanismus usw. ausgewiesen ist. Im Unterschied zur bewussten Selbstreflexion des Ich bei Fichte, die das Ich und das Nicht-Ich einander gegenüberstellt, wird die Differenz hier in das Seelenleben hineingetragen und in der Literatur als einer komplexen ‚Schrift' des Traums und des Wahns ausgesprochen. Im Vordergrund der über Frankreich vermittelten Hoffmann-Rezeption im 19. und frühen 20. Jahrhundert stehen die *Fantasie-* und *Nachtstücke* sowie *Die Elixiere des Teufels*.

Es ist nicht verwunderlich, dass diese ‚Schauerromantik' im weiteren Verlauf des 19. Jahrhunderts deshalb als ein spezifisch deutsches Phänomen wahrgenommen wurde, wie etwa Poe im Vorwort zu den *Tales of the Grotesque and Arabesque* (1840) bekundet. Bekanntermaßen wird Poe über die Lektüre von H. W. Longfellows Roman *Hyperion. A Romance* (1839), den er noch im Erscheinungsjahr rezensiert, auf Hoffmanns Werk aufmerksam. Das Buch enthält englische Auszüge aus den *Phantasy-Pieces in Callot's Manner* sowie Teile aus den *Kreisleriana* und eine Charakterisierung des *Ritter Glück* [sic!] (vgl. Vitt-Maucher 1992/1993, S. 178.). Die *Tales of the Grotesque and Arabesque* nimmt Poe zwar zum Anlass, sein Schreiben vom Vorwurf des ‚Germanism' freizusprechen und in den Rang einer universalen und vor allem originalen Seelenschau zu erheben, doch ist ein Bezug zu Hoffmann schon im Begriff der "phantasy-pieces" gegeben: „The charge is in bad taste, and the grounds of the accusation have not been sufficiently considered. Let us admit, for the moment, that the 'phantasy-pieces' now given *are* Germanic, or what not. Then Germanism is 'the vein' for the time being. Tomorrow I may be anything but German, as yesterday I was everything else." Poes Bezugnahme auf Hoffmann geht mit einer deutlichen Strategie der Abgrenzung einher: Seiner Wertschätzung des Verfassers der *Fantasiestücke* korrespondiert die Ablehnung der übrigen deutschen, wie er meint: mediokren Schauerromantiker: „[T]he truth is that, with a single exception, there is no one of these stories in which the scholar should recognise the distinctive features of that species of pseudo-horror which we are taught to call Germanic, for no better reason than that some of the secondary names of German literature have become identified with its folly. If in many of my productions terror has been the thesis, I maintain that terror is not of Germany, but of the soul, – that I have deduced this terror only from its legitimate sources, and urged it only to its legitimate results" (Poe 1978 II, S. 473).

Wahrscheinlich spielt Poe hier auf seine Erzählung *The Fall of the House of Usher* an, die frappierende Ähnlichkeit mit Hoffmanns Erzählung *Das Majorat* aus den *Nachtstücken* aufweist. Nicht nur die Namen der Protagonisten (‚Roderick Usher' bei Poe; der alte und der junge ‚Roderich von R.' bei Hoffmann) sind nahezu identisch. Auch die Motive des einstürzenden Hauses und der unheimlichen nächtlichen Geräusche sowie ein Erzählverfahren der *mise en abyme* sind vergleichbar: Die interne Verdopplung der Erzählung dient zur Spiegelung der Gesamtanlage des Textes. Auf diese Grundkonstellation einer die Realität verunsichernden imaginären Ebene, wie sie Hoffmann auch in *Rat Krespel* vorstellt (vgl. Eggers 1999, S. 139), rekurriert Poe mit der programmatischen Betonung von „those mere points of time, where the confines of the waking world blend with those of the world of dreams" (Poe 1965 XVI, S. 88).

Poes Zurückweisung einer Beeinflussung durch Hoffmann und die übrige deutsche Schauerromantik ist zwar leicht als Selbstprofilierung und Originalitätsbekundung zu durchschauen, hinterlässt aber deutliche Spuren in der Rezeptionsgeschichte. Noch in der ersten Hälfte des 20. Jahrhunderts mag das Gros der Poe-Biographen und -Exegeten, wenn überhaupt, nur eine zufällige Übernahme unerheblicher Details erkennen oder lehnt eine stoffliche respektive poetologische Wirkung Hoffmanns rundweg ab (vgl. Hewett-Thayer 1948, S. 387). Eine Ausnahme bildet Palmer

Cobb in *The Influence of E.T.A. Hoffmann on the Tales of Edgar Allan Poe* (1908), der verschiedene Erzählungen der Autoren miteinander vergleicht und schließlich zu dem Ergebnis kommt, dass die Art der Motive und ihrer Verwendung (z.B. die Ermordung des Doppelgängers, die Kombination von Mesmerismus und Metempsychose) sowie die augenfällig analoge Figuren-Orchestrierung einen weitreichenden intertextuellen Zusammenhang aufzeigen. Wenn auch der Grad der Wirkung bis heute umstritten ist, so besteht kein Zweifel daran, dass Poe in der englischsprachigen Literatur als einer der ersten Autoren von Hoffmanns Werk nachhaltig beeinflusst wurde. Es ist dies eine eher verdeckte als explizite Anbindung an das Werk Hoffmanns, die über die Kategorie der Phantasie in einer Sprache des Unheimlichen und Okkulten gestiftet ist, zugleich aber auf die Entdeckung des Unbewussten verweist.

Im Unterschied zu Hoffmann sind jedoch die meisten Erzählungen Poes durch die Rückbindung der dichterischen ‚imagination' und der Elemente des Phantastischen an eine empirische Ästhetik gekennzeichnet. Seine ‚tales of ratiocination' geben nur solche Rätsel auf, die mit Hilfe der ‚analysis' bis ins letzte Detail entschlüsselbar sind. Während das ‚serapiontische Prinzip' Hoffmanns das Irreale mit den Kategorien des Realen auszuloten versucht, bildet die Realität den konsequenten Bezugspunkt der Phantasie bei Poe (vgl. Link 1968, S. 305f.). Dementsprechend kommt auch der Wissenschaftsthematik ein jeweils anderer Stellenwert zu: Hoffmann beruft sich auf die Autorität der romantischen Medizin (Mesmerismus), um wissenschaftliche Theoreme in phantastische Erzählungen zu transformieren, so z.B. in *Der Magnetiseur* aus dem Jahr 1814; umgekehrt bedient sich Poe bei der Bearbeitung einer ähnlichen Thematik – *Mesmeric Revelation* (1844), *The Facts in the Case of M. Valdemar* (1845) – einer Schreibweise, die ganz den Anschein wissenschaftlicher Abhandlungen wahrt (vgl. Conrad 1974, S. 120). Wenn Hoffmann dem alten d'Andilly in der Novelle *Das Fräulein von Scuderi* die Worte in den Mund legt: „Le vrai peut quelque fois n'être pas vraisemblabe", dann wird hier auch eine Poetologie artikuliert, die die Perspektivität und Ambivalenz der Wahrnehmung im Spannungsfeld von Phantasie und Realität verhandelt. Hingegen ist die Schilderung des Rätselhaften bei Poe, mit wenigen Ausnahmen, nur vorläufig ambivalent und fügt sich im Fortgang der Erzählung den Direktiven der Logik mit ihrer klaren Scheidung in Phantastisches und Wirkliches.

Im Hinblick auf das transitorische Moment des Unheimlichen erweist sich der Schriftsteller und Mitbegründer des französischen Symbolismus Auguste Villiers de l'Isle-Adam (1838–1889) als Hoffmanns treuerer Adept. Der Freund Baudelaires und Mallarmés hat mit dem Roman *L'Ève future* (1886) eine Wissenschaftssatire geschrieben, die bei der Ausgestaltung des Pygmalionstoffs auf Hoffmanns *Sandmann* zurückgreift. Vor dem Hintergrund einer umfassenden Technisierung im Verlauf des 19. Jahrhunderts reflektieren beide Texte die Wirkungen der Mechanisierung (Hoffmann) und Elektrifizierung (Villiers) auf die sinnliche Organisation des Menschen. Hier wie dort wird die maschinelle Transformation von Gesellschaft als eine männliche Anstrengung charakterisiert, die „den aus der Produktion ausgeschlossenen, auf die ‚natürliche' Reproduktion begrenzten weiblichen Teil der Gattung auch noch zu integrieren, den eigenen zeitlosen Formen anzupassen, dem Zufall, den unkontrollierbaren *Geschichten* der Natur zu entziehen" versucht (Gendolla 1992, S. 205). Sowohl im *Sandmann* als auch in *L'Ève future* liegt ein Narrativ zugrunde, das den männlichen Protagonisten in eine Anwendung technischer Funktionen und in ein leidenschaftliches Sehen partialisiert – erst die Maschinenfrau ermöglicht die Verschmelzung von technologischem Substrat (Maschine) mit dem Objekt der isolierten Augen (weibliche Gestalt) zu einem ‚lebendigen' Körper und damit auch die „Verganzheitlichung" des gespaltenen Mannes (ebd., S. 207). Im Unterschied zu Poes Abhandlung *Maelzel's Chess-Player* (1836), die sich ebenfalls des Automatenmotivs annimmt, um schließlich das Geheimnis einer Maschinerie zu lüften, arbeiten Technik und Okkultismus bei Hoffmann und Villiers einander in die Hand. Die Grenzen von Leben und Tod, belebter und unbelebter Materie bleiben fließend, Technik und Phantastisches bilden eine verstörende Einheit (vgl. Hädrich 2001, S. 370).

In *L'Ève future* baut der Forscher und Magier Edison für Lord Ewald einen weiblichen Automaten, der dessen erotischen Erwartungen an eine Geliebte entspricht. Ähnlich wie Nathanael im *Sandmann* entscheidet sich der englische Lord für das mit dem Geist einer Somnambulen beseelte galvanoplastische Ebenbild seiner Geliebten Alicia und gegen das Original. Auf Hoffmann wird *expressis verbis* Bezug genommen, als sich Edison nach der elektrochemisch induzierten Entkopplung von Miss Clarys Seele an Lord Ewald wendet: „[J]e *tirerai la vivante à un second exemplaire, et transfigurée selon vos vœux!* Je doterai cette Ombre de tous les chants de l'*Antonia* du conteur Hoffmann, de toutes les mysticités passionnées des *Ligéias* d'Edgar Poë [sic!], de toutes les séductions ardentes de la *Vénus* du puissant musicien Wagner! Enfin pour vous prouver l'être, je prétends [...] pouvoir faire sortir du limon de l'actuelle Science-Humaine un Etre *fait à notre image*, et qui nous sera, par conséquent, CE QUE NOUS SOMMES A DIEU." (Villiers 1928, S. 103; Hervorhebung im Original)

Neben *L'Ève future* knüpfen insbesondere die *Contes cruels* (1883) eng an Hoffmann an. Das Phantastische tritt hier gerade in der abendlichen Übergangszeit in Erscheinung, wenn das Licht eine Trübung erfährt – z. B. in *Le convive des dernières fêtes*, wo das Punschtrinken, das seit Hoffmann zum Inventar phantastischer Erzählungen gehört, mit dem Einbruch des Unheimlichen in die Geschichte zusammenfällt (vgl. Hädrich 2001, S. 108). In *L'Intersigne* beginnt die Sphäre des Unheimlichen gleich hinter den Türen, in den Korridoren – in jenem Schwellenbereich also, der bei Hoffmann eine wiederkehrende Motivkette in Gang hält und die Grenze zwischen Realität und Imagination versinnbildlicht (vgl. ebd., S. 106). Für die *Nouveaux Contes cruels* (1888) kann der Hoffmann-Roman *Die Elixiere des Teufels* als Referenztext geltend gemacht werden. So weist etwa die Figur des Abbé Tussert Ähnlichkeiten zum Mönch Medardus auf und erscheint wie dieser im Zeichen des Dämonischen. Das Changieren zwischen den Sphären des Realen und Übernatürlichen, die Schwelle ihrer Ununterscheidbarkeit und die Faszination für den künstlichen Menschen gehören zu den zentralen Merkmalen jener Traditionslinie, die von Hoffmann über Poe und Villiers de l'Isle-Adam bis in die Prager Neuromantik hineinführt.

2. Hoffmann und die Prager Neuromantik

Das Prag der Moderne um 1900 ist „eine okkulte Metropole, weil es nirgendwo in Europa, weil es, wie die Theosophen sagen, in einer Astralebene lag" (Mehring 1952, S. 198). So beschreibt der Berliner Avantgardist Walter Mehring die tschechische Schwellenstadt im Jahr 1919 – ‚Praha' bedeutet ‚Schwelle' – und zitiert damit den Topos Prags als Ort von Alchemie, Kabbala und Astrologie, auf dem die metaphysische Geographie der Theosophie beruht. Als Beispiel dafür gilt Mehring nicht nur das Prag Rudolf II., Tycho Brahes und des Rabbi Löw, der Altmeister von Alchemie und Kabbala, sondern auch und vor allem eine literarische Moderne, die sich nicht mehr von Goethe und Schiller, sondern von den Romantikern herschreibt: namentlich von Hoffmann: „Prag [...] war der Geburtsort des großen deutschen Symbolisten Rainer Maria Rilke (dem es, wie dem theosophischen Barockdichter Angelus Silesius, bangte, was, wenn er einmal nicht mehr sei, aus Gott werden würde). [...] Und des deutsch-österreichischen Weltfreundes Franz Werfel; des – in seinen Worten – ‚seelisch, geistig, bewegten, des erschütterlichen, des raschfähigen, phantasievollen, weltoffen, sympathiedurchströmten, des im weitesten Sinne musikalischen Menschen' und des Raja-Yoga-kundigen Sataniker-Humoristen Gustav Meyrink (aus der Schule E.Th. A. Hoffmann – Edgar A. Poe – Villiers de l'Isle-Adam)." (ebd.)

Zu dieser Prager Hoffmann-Schule zählt nach Meyrink auch die nicht kleine Schar weiterer Bewunderer: die Schriftsteller Paul Leppin, Viktor Hadwiger, Camill Hoffmann, Ottokar Winicky, Oskar Wiener und Leo Perutz, die Künstler Emil Orlik, Richard Teschner und Hugo Steiner-Prag, der Regisseur Franz Zavrel sowie der Schauspieler Alexander Moissi. Ab 1898 treten sie unter dem an den Jugendstil angelehnten Namen „Jung-Prag" auf. Um die Jahrhundertwende, zwischen März 1900 und April 1901, dienen ihnen die lyrischen Flugblätter des *Frühling* als erstes Sprachrohr; Herausgeber ist der spätere Prinzipal der ‚Prager Bohème' Paul Leppin. Auf den *Frühling* folgt die Zeitschrift *Wir. Deutsche Blätter der Künste.*

Die Prager Neoromantiker orientieren sich – anders als ihre älteren Prager Schriftstellerkollegen aus dem Verein „Concordia"– nicht mehr an Goethe und Schiller. Entgegen einem epigonalen Klassizismus verstehen sie sich als Bohemiens, ausgestattet mit dem unbedingten Willen zum Neuanfang. Ihre Heroen sind Nietzsche, Baudelaire, Freud – und Hoffmann. Mit ihm besingen sie nicht mehr den bürgerlichen Hafen der Ehe (wie noch Hugo Salus), sondern eine tabuisierte Sexualität, das Phantastische, Groteske, Okkulte; mit seinen Augen sehen sie nicht mehr die schönen Prager Kirchen und Burgen, sondern verfallene Hinterhöfe und modrige Gassen. Das alte Prag – insbesondere auch das im Abriss begriffene jüdische Ghetto – wird zur Kulisse eines in Mythos und Magie verhüllten Eros, bewohnt nicht mehr von Ärzten und Advokaten, sondern von jüdischen Trödlern und verführerischen Zigeunerinnen. In Paul Leppins Romanen *Daniel Jesus* und *Severins Gang in die Finsternis* erhalten diese Motive und Themen ebenso wie in Gustav Meyrinks *Der Golem* oder, sehr viel später, in Leo Perutz' *Nachts unter der steinernen Brücke* (1953) ihre markante Ausformulierung.

Die heraufbeschworene Romantik nimmt unter dem Patronat Hoffmanns eine radikale, förmlich ‚schwärzere' Form an: Sie wird zur abgründigen Gegenwelt gegen den bürokratischen und bürgerlichen Alltag. In dieser Gegenwelt erst entfaltet sich in einer phantastischen, grotesken und okkulten Camouflage die Sphäre eines bedrohlichen, rauschhaften Unbewussten, das von einem blinden, gewaltigen, ja gewalttätigen Eros getrieben ist. Die ästhetizistische Neoromantik lässt sich nicht nur mit Erotismus, sondern auch mit Okkultismus bestimmen. Das Gespenstische erschöpft sich nicht in Spukerscheinungen, vielmehr wird es psychologisiert. Spiritismus und Okkultismus sind Teil einer radikal antibürgerlichen

Sphäre, zu der ein exzessiver Erotismus wie ein unberechenbarer Anarchismus gleichermaßen zählen.

2.1 Gustav Meyrink *Der Golem* (1915)

Gustav Meyrink verleiht dieser Sphäre den stärksten Ausdruck in seinem *Golem*-Roman (1915). Das phantastische Narrativ des Okkulten, Übersinnlichen und Jenseitigen korreliert hier mit einem Diskurs des Unbewussten, der nicht allein auf Freud zurückgeht. Als bedeutendstes literarisches Vorbild für den *Golem* kann vor allem Hoffmann ausgemacht werden, zu dessen Märchen *Der goldene Topf* (vgl. Marzin 1986, S. 26 und 31), aber auch zu den *Nachtstücken* und den *Elixieren des Teufels* vielfache intertextuelle Bezüge bestehen. Neben dem bekannten Motiv der Vermischung von Imagination und Realität, von Erlebtem und Gelesenem im Halbschlaf des Erzählers verhandelt Meyrinks Roman eine vergleichbare Künstlerthematik, die sich in der alchemistischen Transformation des Adepten zu einer Existenz in der Kunst niederschlägt. Wie die Beziehung zwischen dem Archivarius Lindhorst und Anselmus im *Goldenen Topf* von der alchemistischen Tradition her zu denken ist, in der ein Geheimwissen vom Meister auf den Adepten übergeht (vgl. Kremer 1994; 1999b), findet sich im *Golem* eine vergleichbare Figurenkonstellation: Schemajah Hillel, der wie sein Vorgänger bei Hoffmann als Archivar eingeführt wird (vgl. Meyrink 1989, S. 22), fungiert als jener Meister, der seinem Schüler Pernath zu einem neuen Kunstverständnis verhilft: „Jahrelang hatte ich den irrigen Grundsatz der Maler, man müsse die äußere Natur studieren, um künstlerisch schaffen zu können, stumpfsinnig nachgebetet und befolgt; erst, seit Hillel mich in jener Nacht erweckt, war mir das innere Schauen aufgegangen: das wahre Sehenkönnen hinter geschlossenen Lidern, das sofort erlischt, wenn man die Augen aufschlägt" (ebd., S. 141). Im Einklang mit Anselmus aus dem *Goldenen Topf* formuliert Pernath hier eine romantische Poetologie der Imagination, die dem traditionellen Mimesis-Konzept diametral entgegensteht (vgl. Kremer 2007, S. 101ff.). Mit dem ‚inneren Schauen' spielt Meyrink direkt auf den visuellen Kern von Hoffmanns Poetik an. Das Motiv des Feuers, das die wundersame Erweckung künstlerischer Fähigkeiten in Pernath zum Ausdruck bringt, geht ebenfalls auf ein von Hoffmann ausgeführtes alchemistisches Dispositiv zurück. So leitet sich der Archivarius Lindhorst vom Geisterfürsten Phosphorus her und wird mit dem Feuer assoziiert – jenem Schmelzfeuer der Alchemistenküche, in dem die Verwandlung von Körper in Geist vonstattengeht (vgl. Kremer 1994, S. 43). Wie Pernath seinem Meister Hillel die Ahnung einer jenseitigen Heimat verdankt, so verspürt Anselmus „seit jenem Abende, als er den Archivarius Lindhorst gesehen", eine Sehnsucht, „welche dem Menschen ein anderes höheres Sein verheißt" (Hoffmann II/1, S. 252), das sein, wenn auch ironisiertes Ziel im Reich der Poesie auf Atlantis hat.

Die alchemistische Verwandlung von Anselmus im *Goldenen Topf* beginnt mit der Auftragsarbeit des mechanischen Kopierens von Schriftzeichen. Auch am Anfang von Pernaths geistiger Entwicklung steht der Auftrag, ein Initial in einem alten Buch auszubessern. Beim Betrachten der auffälligen Beschaffenheit des Initials „aus zwei Platten dünnen Goldes" (Meyrink 1989, S. 24) fängt Pernath an, in dem Buch zu lesen: „Und ich las weiter und weiter. Das Buch sprach zu mir, wie der Traum spricht, klarer nur und viel deutlicher. Und es rührte mein Herz an wie eine Frage. Worte strömten aus einem unsichtbaren Munde, wurden lebendig und kamen auf mich zu." (ebd.) Dabei nehmen die gelesenen Worte, ganz nach dem Vorbild im *Goldenen Topf*, die Gestalt von Frauen an, die im *Golem* nach Typen der Tarock-Karten geformt sind (vgl. ebd., S. 107 und 122). Auch nimmt Meyrink das aus Hoffmanns Märchen bekannte Wechselspiel von Stimme und Schrift auf, in dessen Vollzug das Buch zu einem „unsichtbaren Mund" wird: „Das war kein Buch mehr, das zu mir sprach. Das war eine Stimme." (ebd., S. 26) Und dass dieses Buch „unverständlich" und letztlich mit Pernaths eigenem „Gehirn" identisch ist, liegt genauestens in der Perspektive von Hoffmanns Poetik.

Die Erfahrung des Unbewussten ist hier und an späterer Stelle über die okkulte Stimme eines Doppelgängers bzw. Gespenstes und über eine okkulte Schrift, eine Geisterbotschaft, vermittelt. Es handelt sich gewissermaßen um eine Art ‚écriture automatique', ein automatisches, unbewusstes Schreiben, das auch Anselmus im *Goldenen Topf* zu beherrschen lernt. Diese Welt des Unbewussten lässt sich nicht in einer Beamtenschrift, sondern erst in einer ‚violetten Schrift' (Meyrink), d.h. in einer antibürgerlichen Schrift aufschreiben. Es ist eine doppeldeutige Rätselschrift, die sich der Kontrolle des Bewusstseins entzogen und der psychischen Energie des Wunsches unterstellt hat. Meyrink übernimmt diesen Antagonismus aus dem *Goldenen Topf*: Der in der bürgerlichen Welt gefangene Anselmus kann die Rätselschrift in dem Buch des Archivarius erst in dem Moment entziffern, in dem er sie als Zeichen einer okkulten Welt von Kabbala und Alchemie zu lesen lernt. Analog dazu fungiert der Prager Schauplatz als Zerrspiegel eines seelischen Dämmerzustands, der die Grenzen von Ich und Außenwelt durchlässig macht. Mit der Freilegung von labyrinthischen Gängen und Gassen (vgl. ebd., S. 103) werden die verborgenen Winkel der eigenen Vergangenheit dem Traumbewusstsein zugänglich, das sich selbst auf diese Weise als einem unheimlichen Doppelgänger gegenübertritt.

Vom Anfang bis zum Ende des Romans bleibt unentscheidbar, ob der Ich-Erzähler tatsächlich Athanasius Pernath ist oder ein anderer oder gar mehrere andere. Seine Identität erhält er jedenfalls nur über eine gewissermaßen kabbalistische Geste, indem er einen ihm „fremden Hut" aufsetzt, in dessen Futter in „goldenen Papierbuchstaben" (ebd., S. 21) eben der Name ‚Athanasius Pernath' eingefügt ist. Meyrinks *Golem* und die rätselhaften Ereignisse um die schillernde Titel- und die Hauptfigur sind, anders als die ironisch-spielerischen Töne im *Goldenen Topf*, zutiefst vom Schrecken und vom Unheimlichen geprägt. Meyrink bedient sich einer Ästhetik des Schreckens, die, ansetzend bei den *Elixieren des Teufels*, Hoffmanns Vorgaben in jeder Hinsicht radikalisiert. Dies betrifft nicht nur die größere Explizitheit im Sexuellen und nächtlich Abseitigen, sondern auch und vor allem die kompositorische Anlage des gesamten Textes, der mit fortschreitender Dauer die in ihm beschriebene labyrinthische Topographie annimmt und am Ende die Frage offen lässt, ob alles nur ein (fiktiver) Traum des Ich-Erzählers gewesen ist oder doch (fiktive) Realität: „Dann richte ich mich auf und muß mich besinnen, wo ich bin. Ich liege im Bett und wohne im Hotel. Ich heiße doch gar nicht Pernath. Habe ich das alles nur geträumt? Nein? So träumt man nicht." (ebd., S. 269) Und parallel zum labyrinthischen Raum krümmt sich auch die Zeit: „Ich schaue auf die Uhr:" – so fährt er fort – „kaum eine Stunde habe ich geschlafen. Es ist halb drei." (ebd.) Wie am Anfang ist auch der „fremde Hut" mit dem magischen Namen Athanasius Pernath da, und der Roman könnte von neuem beginnen.

2.2 Leo Perutz
Eine vergleichbare Unentscheidbarkeit trägt auch die Konstruktion von Leo Perutz' Roman *St. Petri-Schnee* (1933). Zu Beginn des Textes liegt der Arzt Georg Amberg wegen eines Verkehrsunfalls verletzt in einem Osnabrücker Krankenhaus. Er war, so erfährt man, auf dem Weg zum Baron von Malchin im westfälischen Morwede, um dort die Stelle eines Landarztes anzunehmen, als er in Folge des Unfalls im Krankenhaus aufwacht. Ganz und gar unklar aber bleibt, ob er den Aufenthalt dort und die Wiederbegegnung mit einer mysteriösen, ehemals heftig begehrten Frau und Doktorin der Chemie namens Kallisto Tsanaris nur „im Fiebertraum" (Perutz 2005a, S. 177) halluziniert hat, oder ob er ‚tatsächlich' Zeuge eines merkwürdigen Experiments geworden ist, in dessen Zuge der Baron und die Chemerikerin mittels einer chemischen Droge, der Synthetisierung eines Getreidepilzes, des ‚Muttergottesbrandes' bzw. des ‚St. Petri-Schnees', den verloren gegangenen mystischen Gottesglauben in der westfälischen Land-

bevölkerung wiederzubeleben trachten: „Das alles – sagte ich mir – war so schön und so flüchtig, als ob es ein Traum gewesen wäre. – Als ob es ein Traum gewesen wäre, wiederholte ich. Und ich begann darüber nachzudenken, wie klein der Unterschied ist zwischen vergangener Wirklichkeit und Traum. Aber wenn es wirklich nur ein Traum gewesen wäre? – Ich blieb stehen. – Vielleicht träume ich noch immer. [...] das alles träume ich. Und gleich werde ich erwachen und alles wird verschwunden sein, jetzt – in der nächsten Sekunde schon werde ich erwachen! –" (ebd., S. 75)

Das chemisch-religiöse Erweckungsexperiment des Barons und der attraktiven Doktorin der Chemie nimmt schließlich einen ganz anderen Verlauf. Nicht mystischen Gottesglauben bewirkt die synthetische Droge, sie treibt die westfälische Landbevölkerung vielmehr in einen bäuerlich-proletarischen Aufstand, der sich gegen die ‚Herrschenden' richtet und in dessen Verlauf der Ich-Erzähler Amberg einen Schlag auf den Kopf erhält – „Dann verlor ich das Bewußtsein" (ebd., S. 171) –, der ihn erneut im Osnabrücker Krankenhaus aufwachen lässt, wo der Gutsverwalter des Barons, ein exilierter russischer Adliger, inzwischen wieder seine zweite Identität als Krankenpfleger angenommen hat. Es stellt sich heraus, dass die Chemikerin, die der Ich-Erzähler vom gemeinsamen Studium in Berlin her kennt und die ihm seitdem nicht mehr aus dem Kopf gegangen ist, die Ehefrau des behandelnden Oberarztes Friebe ist. Ausgerechnet der Pfarrer aus Morwede ist es dann, der Amberg erneut von der Realität seiner Erlebnisse überzeugen will. Aufgelöst sind die intrikaten Ereignisse damit aber nicht. Immerhin erfüllt sich Ambergs erotisches Begehren darin, dass er der geliebten Chemikerin die Hand küssen darf, die in der seinen „zitterte" (ebd., S. 189). Bereits zu Beginn des Textes überlagern sich in einer Mischung aus Hellsehertum und Chloroform der Verkehrsunfall und der westfälische Bauernaufstand, mit dem Perutz, nebenbei bemerkt, auf den „Moloch" (ebd., S. 167) anspielt, der 1933 den nationalsozialistischen Thron besteigen sollte. Vom Anfang bis zum Ende des Romans bleibt die Wahrnehmung des Ich-Erzählers wie diejenige des Lesers eine unsichere. Die initiale Begegnung mit einem Doppelgänger im Spiegel, die deutlich auf Hoffmann zurückweist, ist auch am Schluss nicht überwunden: „In einem Bett an der Wand gegenüber lag ein Mann mit Bartstoppeln, eingefallenen Wangen und weißbandagiertem Kopf. Er blickte mich unverwandt an aus großen Augen und mit einem Ausdruck von Besorgnis im Gesicht. Ich glaube, ich habe durch eine rätselhafte Spiegelung ein paar Augenblicke lang mich selbst gesehen, wie ich dalag, blaß, abgemagert, unrasiert und mit verbundenem Kopf. Doch es kann auch sein, dass ich einen fremden Menschen gesehen habe" (ebd., S. 9).

In den meisten seiner Romane spielt Perutz mit einem irreduziblen phantastischen Rest und verschobenen Identitäten, wie sie eng mit Hoffmanns Prosa verbunden sind. In *Der Marques de Bolibar* (1920) setzt er die nicht-identische Identität der Titelfigur mit dem Leutnant Jochberg ein, um den blinden Fleck des historischen Untergangs zweier deutscher Regimenter 1812 in Spanien phantastisch auszugestalten. Ähnlich verfährt Perutz schon in seinem ersten veröffentlichten Roman von 1915, *Die dritte Kugel*, in dem er die Eroberung Mexikos durch Cortez mit dem Ende des Schmalkaldischen Krieges verschaltet und in einem Gemisch aus Historischem und Phantastik eine Erklärung dafür liefert, dass Cortez nicht aufzuhalten war, weil die ‚dritte Kugel' nicht ihn, sondern einen Falschen getroffen hat. In beiden Romanen arbeitet Perutz zudem mit komplexen Herausgeber-Rahmungen, die ihren Ursprung bei Hoffmann nicht verleugnen wollen. In einem Brief vom 18. Dezember 1951 an Josef Nadler, so teilt Hans-Harald Müller mit, hat Perutz offen bekannt, „dass er E.T.A. Hoffmann in jedem seiner Romane die Tür ‚oder zumindest einen Türspalt' offengehalten habe." (Müller 2007, S. 346) Auch in seinem Roman *Wohin rollst du, Äpfelchen ...* (1928) hat Perutz einen Gedenkstein für Hoffmann eingefügt. Auf seiner obsessiven Suche nach einem russischen Offizier trifft Georg Vittorin auf einen von den Bolschewiken ins Exil getriebenen Baron Pistolkors, der eine Ebenholzkommode ins Exil gerettet hat. Diese enthält u. a. ein „Selbstporträt E.T.A. Hoffmanns aus seiner Bamberger Zeit." (Perutz 2005b, S. 167)

3. Der Maler und Illustrator Hugo Steiner-Prag

Das janusköpfige Prag, in dem die öffentliche Seite der Kirchen, Paläste und Gärten ein Gegenpol findet in den mittelalterlichen Gemäuern, im Ghetto und in der Figur des Golems, ist auch ein wiederkehrendes Thema für den Maler und Buchgestalter Hugo Steiner-Prag (1880–1945), der zu den bedeutendsten Illustratoren der ersten Hälfte des zwanzigsten Jahrhunderts zählt (vgl. Schremmer 1981, S. 4). Geboren und aufgewachsen in Prag, findet Steiner früh zu jenem Kreis neoromantischer Avantgardisten der „Jung-Prager", von dem oben die Rede war. Der große Einfluss Gustav Meyrinks auf den angehenden Künstler schlägt sich in der gespenstischen, dunklen Welt vieler Graphiken und Zeichnungen sowie in einem bleibenden Interesse für das Übernatürliche nieder – Steiner hatte offenbar einen gewissen Ruf als spiritistisches Medium. Nach dem Besuch der Prager Kunstakademie von 1897 bis 1901 studiert er an der Münchner Akademie bei Johann Hertrich, Peter von Halm und Franz von Stuck. Mit der Übersiedlung legt sich Steiner den Beinamen Prag zu, um die Verbundenheit mit seiner Heimatstadt zum Ausdruck zu bringen. Das Interesse für paranormale Phänomene führt ihn zu den spiritistischen Séancen des Barons Schrenck-Notzing, wobei er später jedoch zugibt, dass der häufige Hunger der ersten Münchner Jahre seine medialen Qualitäten verstärkt habe (vgl. Stummvoll 1955, S. 13).

In diese Zeit fällt auch Steiner-Prags intensive Beschäftigung mit seinem „Lieblingsdichter" E.T.A. Hoffmann und sein zeichnerisches Engagement für die *Lustigen Blätter* und die *Berliner Illustrierte Zeitung* (vgl. ebd., S. 12). Mit der Berufung an die Kunstgewerbeschule in Barmen beginnt bald ein rascher Aufstieg, der in der erfolgreichen Präsentation seiner Entwürfe für Illustrationen zu Hoffmanns *Die Elixiere des Teufels* auf der graphischen Ausstellung des „Deutschen Künstlerbundes" im Jahr 1906 einen ersten Höhepunkt erreicht. Ein Jahr später folgt Steiner-Prag dem Ruf an die Akademie für graphische Künste und Buchgewerbe nach Leipzig, wo er in den folgenden 26 Jahren Meisterklassen für Buchgestaltung und Illustration leitet (vgl. ebd., S. 13). Bedeutend neben den Hoffmann-Illustrationen sind auch die 25 Lithographien zu Gustav Meyrinks *Golem* (1916) sowie diejenigen zu Poes *Poems* aus dem Jahr 1943. Steiner-Prag nutzt Licht- und Schattenwirkung der Lithographie für den Ausdruck des Geheimnisvoll-Phantastischen, für das das alte Prag, insbesondere auch das jüdische Ghetto, die hervorragende Kulisse bot.

Bei der Gestaltung dieses Zwischenreichs, von dem sich Steiner-Prag gleichsam genealogisch herschreibt – er behauptet die Abstammung vom legendären Rabbi Löw –, erweist sich Hoffmann als eine unerlässliche Autorität. In dem Prosa-Prolog *Besuch um Mitternacht*, den Steiner-Prag der amerikanischen Ausgabe seiner Hoffmann-Illustrationen (1943) voranstellt, wird diese Autorität buchstäblich herbeizitiert: „Hugo fühlte sich selbst E.T.A. Hoffmann so nahe", sagt Eleanor F. Steiner-Prag nach dem Tod ihres Mannes, „daß er in der Lage war, sich einzubilden, er hätte ihn getroffen [...]" (E.F. Steiner-Prag 1981, S. 17). Der Text gibt sich unverhohlen als ein hoffmanneskes Nachtstück zu erkennen und erzählt von der nächtlichen Heimsuchung des Illustrators durch keinen Geringeren als Hoffmann selbst. Die Geschichte spielt in Prag, wohin Steiner im Jahr 1933 nach seiner Entlassung aus dem Lehramt an der Leipziger Akademie aufgrund seiner jüdischen Herkunft emigriert war. Auf der Prager Kleinseite hat man ihm in einem „merkwürdigen, seltsam verwinkelten uralten Hause" eine Schule, „Officina Pragensis", eingerichtet; er kann dort bis zur deutschen Besetzung der Tschechoslowakei 1938 unterrichten. In diesem

Palais am Waldsteinplatz unter dem Hradschin ereignet sich jene „fabelhafte Begebenheit": „Es war eine Begegnung zur mitternächtlichen Stunde, eine so seltsame, wie sie nur in Prag und nur in einem solchen Hause möglich ist." (Steiner-Prag 1955, S. 37) „In einer jener Septembernächte, die alles Leben von den Straßen verbannten", vertieft sich der Erzähler in seinem Studio in die Arbeit an einem neuen Portrait Hoffmanns, dessen Augen und Lächeln so seltsam anmuten, dass sie eine besondere Herausforderung an den Künstler darstellen; Traum beginnt sich mit Wirklichkeit zu mischen (vgl. ebd., S. 38). Als Steiner-Prag von der Arbeit aufstehen will, wird er durch die Ankunft eines Fremden in seiner Wohnung aufgeschreckt. Ganz nach dem Vorbild Hoffmanns wartet Steiner mit den bekannten Elementen der Schauerromantik auf – das Herannahen des Unbekannten, plötzliche Stille, knarrende Dielen, langsame Schritte –, um schließlich den Effekt des Unheimlichen an die Figur Hoffmanns zurückzubinden und aufzulösen: Statt einzufallen wie ein Geist, bittet der Fremde durch Klopfen um Einlass; statt einer Schreckgestalt sieht sich der Erzähler jenem vertrauten „kleine[n] Mann mit hohem Hut" gegenüber, dem seine Arbeit gilt; statt einer leblosen Hand empfängt Steiner die warme Hand eines ausgesprochen lebendigen Hoffmann zum Gruß: „Haben Sie vielleicht Angst vor mir?", fragt der rührige Schriftsteller. „Sie brauchen sich wahrhaftig nicht zu erschrecken, Verehrenswürdiger. Warum auch? Weil Ihnen jemand vor Augen steht, plötzlich hingezaubert wie durch den Schlag des magischen Stabes? Ein Jemand, der Gesicht, Farbe, Gestalt, kurz, die ganze sterbliche Hülle Ihres gehorsamen Dieners trägt, sodaß er in der Tat niemand anderes sein kann als Ihr gehorsamer Diener selbst?" (ebd., S. 40) Wenn der nächtliche Besucher auf Steiners Frage „Was suchen Sie hier, zu dieser Stunde, Herr Kammergerichtsrat Hoffmann?" lachend antwortet: „Ei [...] mit einem Zitat aus einem meiner Werke begrüßt zu werden, das ist schon etwas, geschätzter Herr, das ist wahre Popularität", tritt das autoreferenzielle Moment dieser Szene deutlich zutage. Es kommt nun zu einer beeindruckenden Diskussion über die Wechselwirkungen zwischen der Hoffmann'schen und der Steiner'schen Welt, während derer zwar kein Punsch, aber doch reichlich Wein fließt – bis an den Punkt, wo Traum und Wirklichkeit ununterscheidbar geworden sind.

Als Hoffmann das Manuskript eines um seine Person und seine „menschlichen Schwächen" kreisenden Hörspiels von Steiner-Prag entdeckt, verteidigt sich der Schriftsteller programmatisch: „Schon bei unserer Geburt walten die himmlischen und dämonischen Mächte über uns, und was wir auch tun mögen, wir entgehen ihnen und ihrem zerschmetternden Willen nicht. Sie sind es, die uns umlagern. Sie sind es, die jene geheimnisvollen Verknüpfungen des menschlichen Geistes mit all den höheren Prinzipien schaffen, die in der ganzen Natur verborgen sind. Wir ahnen nichts von ihrer Anwesenheit, aber hie und da blitzt es hervor, und unser Geschick wird dirigiert." (ebd., S. 42) Steiner begreift schließlich die „qualvolle Teilung dieses tiefen schöpferischen Wesens und die geheimen Wege seines künstlerischen Schaffens". Es scheint ihm, „als höbe sich die Decke der Bibliothek, als öffne sich das weite Firmament und als stiege Hoffmann, ein strahlender Magier, leuchtenden Auges empor zu den Sternen." (ebd., S. 43) Erschreckt fährt Steiner empor und muss feststellen, dass er einen Augenblick geschlafen hat. Dennoch lässt sich die unverhoffte Begegnung nicht als Traum rationalisieren – auf dem runden Tisch stehen drei geleerte Weinflaschen und, zu beiden Seiten, zwei rotgoldene Gläser: „Was war hier zu mitternächtlicher Stunde vor sich gegangen. [...] Ich war ratlos. Warum standen zwei Gläser dort, *zwei* Gläser ...?" (ebd., S. 46)

Auch nach der Flucht nach Schweden im Jahr 1938 und der Berufung an die Division of Graphic Arts der New York University 1941 bleibt Steiner-Prags Interesse für Hoffmann und für das Phantastische insgesamt bestehen. Die „gemeinsame Arbeit", von der der nächtliche Besucher gesprochen hat (ebd., S. 45), wird fortgesetzt. So stattet Steiner die Erzählungen Hoffmanns und die Gedichte Edgar Allan Poes mit Lithographien aus und erhält später den Auftrag, eine Sammlung von Gespenstergeschichten zu illustrieren, eine Arbeit, die allerdings unvollendet bleibt (vgl. Stummvoll 1955, S. 18).

4. Philologische Neuromantik: Carl Georg von Maassen

Die zunehmende Rezeption Hoffmanns im deutschsprachigen Raum zu Beginn des 20. Jahrhunderts ist eng mit dem Namen des Literarhistorikers Carl Georg von Maassen (1880–1940) und seinem Projekt einer historisch-kritischen Gesamtausgabe Hoffmanns verbunden. Seine Leidenschaft für den um die Jahrhundertwende in Deutschland aus dem literarischen Bewusstsein nahezu verschwundenen Schriftsteller entdeckt der gebürtige Hamburger während der letzten Gymnasialjahre in Kassel. Rückblickend beschreibt Maassen diese Initiation in dem Aufsatz *Wie ich zum Bibliophilen wurde. Geständnisse eines Büchersammlers*, erschienen am 24. September 1927 in der *Literarischen Rundschau* der Abendausgabe des *Hamburger Fremdenblattes*: „In meiner frühen Jugend wollte ich überhaupt von Büchern nicht viel wissen. [...] Da geschah das grösste Erlebnis meines Lebens, das ihm in der Folge seine ganze Richtung geben sollte, überhaupt

– wie ich erst jetzt weiss – mein ganzes Schicksal bestimmte. Ich lernte die Werke E.T.A. Hoffmanns kennen.

Kein Autor aller Zeiten und Völker hatte einen solchen Eindruck auf mich gemacht, er kehrte mich völlig um und machte mich zu einem ganz andern Menschen, als ich vorher war – oder wenigstens zu sein glaubte. Ich habe Hoffmann nicht gelesen, ich habe ihn gelebt!" (Maassen 1987, 12–15)

Maassen ist mehr oder weniger zufällig über einen Katalog der Reclamschen Universalbibliothek auf Hoffmann gestoßen; eine Gesamtausgabe ist zu dieser Zeit nur antiquarisch erhältlich. „Ein Beweis", so Maassen, „dass […] das Interesse an Hoffmann auf den Nullpunkt gesunken war. Es musste sich, nach diesem Umstand zu schliessen, kaum noch ein Mensch um den vergessenen Autor bekümmern." (ebd., S. 15f.) Schließlich erwirbt Maassen die Reimer'sche Ausgabe von Hoffmanns sämtlichen Werken aus dem Jahr 1871 und veröffentlicht ab 1904, jedoch insbesondere während der 1920er Jahre eine Vielzahl von Aufsätzen und Artikeln zu Hoffmann und dessen Werk. Die meisten publiziert er unter seinem Namen. Zahlreiche Arbeiten zu Hoffmann, die auch versuchen, dessen humoristischen Gestus zu erneuern und somit nicht nur *über*, sondern auch *mit* und *wie* Hoffmann zu schreiben, erscheinen aber auch unter Pseudonymen, beispielsweise unter Jacobus Schnellpfeffer, Paul Talkebarth (der in Hoffmanns *Der Elementargeist* als Knecht auftaucht) oder Wilhelm Heinrich Schollenheber.

Bei Maassen schlägt Hoffmann-Philologie in neuromantische Hoffmann-Leidenschaft um. Sie geht so weit, dass Maassen anfängt, jeden Druck, jede Anekdote, jede Biographie, jede noch so nebensächliche Information über den Autor und seine Werke akribisch zu sammeln. Unter dem Pseudonym Wilhelm Heinrich Schollenheber publiziert er dann 1922 das Büchlein *E.T.A. Hoffmanns Persönlichkeit. Anekdoten. Schwänke und Charakterzüge*, worin sämtliche Anekdoten aus Hoffmanns Leben vereinigt sind. Im Vorwort bekundet Maassen die Absicht, den „Mensch[en] Hoffmann" „auf diesen Blättern" „lebendig werden" zu lassen. „Möge sein Bild dadurch an Schärfe und Farbigkeit gewinnen." (Maassen 1922, S. 7–20)

Ein Großteil der versammelten Informationen bezieht Maassen aus seiner eigenen, stetig anwachsenden und gänzlich an Hoffmann ausgerichteten Bibliothek: „Allgemach fahndete ich nach allen Autoren der klassischen und romantischen Zeit, die irgendwie in Beziehung zu Hoffmann standen, sowie allen Werken aus den Disziplinen, die Hoffmann stofflich in seinen Schriften verarbeitet [hatte], und ich kann wohl sagen, dass sich meine ganze Büchersammlung [...] um Hoffmann gruppiert. Alle Strahlen gehen von ihm aus." (ebd., S. 17)

Carl Georg von Maassens Büchersammlung umfasst schätzungsweise 8.000 bis 15.000 Bücher, die der Bibliophile in sieben Abteilungen unterteilt. Die Sammlung gliedert sich in Bücher der Vorromantiker, Romantiker, Nachromantiker sowie in Bücher zur Literatur- und Kunstgeschichte, in Zeitschriften und fremdsprachige Literatur (vgl. Schott 1978, S. 28f.). Eingang findet nur, was in eine Fluchtlinie mit Hoffmann zu bringen ist – so etwa die im Hinblick auf Inhalte wie Magie, Geheimwissenschaften, Magnetismus und Alchemie erworbene Literatur der nachromantischen Epoche. Diese umfangreiche und einschlägige Bibliothek Maassens gehört heute zu den Beständen der Münchner Universitätsbibliothek.

Zu Beginn des 20. Jahrhunderts wächst das Interesse an Hoffmann und an der romantischen Epoche im Allgemeinen schlagartig: „Schon um 1905 standen alle Werke der Romantik auf schwindelnder Preishöhe, und die Herren Antiquare waren über Nacht wissend geworden." (Maassen 1987, S. 17) Im Zuge der Wiederentdeckung der Romantiker will Maassen nun eine neue, den wissenschaftlichen Anforderungen entsprechende historisch-kritische Ausgabe von Hoffmanns Werken besorgen. Beim Münchner Verlag Georg Müller erscheint zu Beginn des Jahres 1908 der mit ausführlichen und kenntnisreichen Einleitungen und Kommentaren versehene erste Band, der die *Fantasiestücke in Callot's Manier* enthält. Darauf folgen noch im selben Jahr *Die Elixiere des Teufels* und ein Jahr später die *Nachtstücke*. 1910 erscheinen die *Seltsamen Leiden eines Theaterdirektors* und *Klein Zaches genannt Zinnober*, 1912 und 1914 schließlich der zweite und der dritte Band der *Serapions-Brüder*. Die Fortsetzung der Edition wird vom Ersten Weltkrieg unterbrochen, während welchem Maassen in Kurland als Vizewachtmeister zum Dienst verpflichtet ist. Finanzielle Nöte verhindern nach der Rückkehr aus dem Krieg eine unmittelbare Fortsetzung der Werkausgabe. Erst 1925 kann der vierte Band der *Serapions-Brüder* erscheinen, drei Jahre später die *Lebensansichten des Katers Murr*. Zur Publikation des fünften Bandes der Werkausgabe und damit des ersten Bandes der *Serapions-Brüder* kommt es jedoch nicht mehr. Obwohl die historisch-kritische Hoffmann-Ausgabe von Carl Georg von Maassen unvollständig bleibt, gilt sie bis heute als maßgebend. Es ist darum sehr treffend, wenn Hugo Steiner-Prag in *Besuch um Mitternacht* die Würdigung dieser verlegerischen Leistung in den Mund eben jenes Schriftstellers legt, dessen literarisches Nachleben im 20. Jahrhundert nicht zuletzt auf die Werkausgabe zurückgeht: „Die Maassensche Gesamtausgabe meiner Schriften! Gute und gründliche Arbeit", bekundet

Hoffmann bzw. sein Revenant höchstpersönlich (Steiner-Prag 1955, S. 41).

Neben der wissenschaftlichen Hoffmann-Ausgabe begründet Maassen im Münchner Georg Müller Verlag auch eine an Hoffmann ausgerichtete Buchreihe mit Literatur aus dem Umfeld Hoffmanns mit dem Titel „Bücherei der neuen Serapionsbrüder", die einige der damals vergessenen Autoren des 19. Jahrhunderts aus dem Wirkungskreis Hoffmanns vorlegen. Die hier 1922 und 1923 erschienenen bibliophilen Bände sind mit Titelholzschnitten von Hans Pape und Einbänden von Paul Renner versehen sowie stets herausgegeben und eingeleitet von Carl Georg von Maassen. Darunter finden sich die drei Bände des Hoffmann-Freundes Carl Wilhelm Salice-Contessa *Kleine Geschichten und Hoffmaniana, Märchen und Nachtstücke* sowie *Serapionistische Erzählungen*. Der zweite Autor dieser Reihe ist ebenfalls ein Freund Hoffmanns: Friedrich de la Motte Fouqué, von dem drei Bände erschienen: *Undine und andere Erzählungen, Gespenstersagen und Rittergeschichten* sowie *Romantische Erzählungen*. Darüber hinaus ediert Maassen in der genannten Reihe Ludwig Tieck: *Straußfedern*, Karl Immermann: *Der neue Pygmalion* und Carl Weisflog: *Bürgerliche Historien*. Die „Bücherei der neuen Serapionsbrüder" arbeitet gleichermaßen wie die Hoffmann-Ausgabe und die Hoffmann-Sammlungen an einer zugleich philologischen und neuromantisch erweckten Etablierung Hoffmanns.

(Jörg Marquardt, Andreas Kilcher, Detlef Kremer)

E.T.A. Hoffmanns Wirkung im Film und in der Literatur nach 1945

1. Hoffmanns Wirkung in der Literatur nach 1945

Schon im 19. Jahrhundert zählt E.T.A. Hoffmann in Frankreich, Russland und Großbritannien neben Goethe und Schiller zu den populärsten deutschen Gegenwartsautoren. Die Rezeption reicht dabei von dem Enthusiasmus der französischen Romantiker bis zur tendenziell pathologisierenden Einschätzung des *Sandmann*-Autors durch Walter Scott (vgl. Scott 1968). Auch in Deutschland sind die Reaktionen geteilt und bis zum 21. Jahrhundert sichtbar noch durch das zeitgenössische Bild vom „Gespenster-Hoffmann" geprägt. Im Verlauf des 19. Jahrhunderts gerät die Literatur Hoffmanns in Deutschland aber, wie ein großer Teil der romantischen Literatur überhaupt, aus dem Blickfeld der literarischen Öffentlichkeit und des literaturwissenschaftlichen Interesses. Es hält sich dabei allerdings hartnäckig die Einschätzung Hoffmanns als Autor phantastischer Geschichten und Vertreter einer ‚satanischen' oder ‚schwarzen Romantik' – selbst wenn er zum Beispiel in Mario Praz' einschlägiger Studie nur dreimal Erwähnung findet (vgl. Praz 1970, S. 114, 512 und 557).

Dies rückt ihn in die Nähe der Dekadenzliteratur des Fin de Siècle (vgl. Hoffmeister 1990, S. 217–221), so dass Thomas Mann ihn in einem Brief an Otto Grautoff als Wahlverwandten im Geiste des Verfalls bezeichnet: „Ähnlich erging es mir vor kurzem mit einem sehr anderen, uns Verfallsmenschen verwandteren Geiste, E.T.A. Hoffmann nämlich, diesem sonderbaren und kranken Menschen mit der Phantasie eines hysterischen Kindes, von dem ich Alles mir Erreichbare gelesen habe." (Mann 1975, S. 96) In seinen Kindheitserinnerungen *Berliner Kindheit um Neunzehnhundert* bestätigt Walter Benjamin die rekurrente Rede vom „Gespenster-Hoffmann": „Verboten nämlich waren mir die Schriften, von denen ich mir reichlich Ersatz für die verlorene Märchenwelt versprach. Zwar blieben mir die Titel – ‚Die Fermate', ‚Das Majorat', ‚Heimatochare' – dunkel. Jedoch für alle, die ich nicht verstand, hatte der Name ‚Gespenster-Hoffmann' und die strenge Weisung, ihn niemals aufzuschlagen, mir zu bürgen." (Benjamin IV.1, S. 284)

International gehört Hoffmann auch nach 1945 zu den populären deutschen Schriftstellern, und sein literarischer Einfluss ist hinsichtlich seiner Figuren, Stoffe, Motive, aber auch seiner psychologischen Szenarien ungebrochen. Dabei richtet sich das allgemeine Interesse allerdings, so bleibt zu vermuten, auch im 20. und 21. Jahrhundert zunächst immer noch „zuerst auf seine Phantasie und Nachtbilder" (Miller 1978, S. 39) und weniger auf die zum Beispiel von der Dekonstruktion hervorgehobene moderne Erzählweise. Mag deshalb, wie Hartmut Steinecke kenntnisreich ausführt, die „Liste derer, die Hoffmann fortschrieben, sich mit seiner Person, seinen Werken, einzelnen Personen beschäftigten, [...] auch im 20. Jahrhundert lang" (Steinecke 1997, S. 225) sein, und Autoren wie Robertson Davis, Italo Calvino, Zsuszanna Gahse, Anna Seghers, Christa Wolf, Hans Joachim Schädlich, Dieter Kühn, Wolfgang Hegewald, Gerhard Mensching, Peter Schneider, Bodo Kirchhoff, Franz Fühmann, Arno Schmidt und Hans Wollschläger (vgl. ebd., S. 225f.) zu den direkten Nachfahren oder nur zu den Inspirierten durch Hoffmanns Literatur gehören, so muss ergänzend doch die Frage nach den Aspekten mit dem nachhaltigsten Einfluss gestellt werden, also danach, welche der Hoffmann'schen Poetiken, Erzählverfahren, Themen, Motive und Figuren in der Literatur ab 1945 am wirksamsten fortwirken.

Denn wenn auch moderne und postmoderne Poetiken des Erzählens, gekennzeichnet durch Fragmentarität, Polyphonie, metamorphotische Figuren, heterotope Räume und Zeiten, sprunghafte Textübergänge und verschiedene Formen poetologischer Selbstbezüglichkeit, wie man sie zum Beispiel in Calvinos *Se una notte d'inverno un viaggiatore* (1979), Umberto Ecos *Il pendolo di Foucault* (1988), Cees Nootebooms *Het volgende verhaal* (1991), Klaas Huizings *Der Buchtrinker* (1994) oder in Jorge Luis Borges' Erzählungen und Thomas Pynchons Romanen, um nur einige paradigmatische Vertreter internationaler Gegenwartsliteratur zu nennen, entscheidend durch romantische Literatur wie zum Beispiel Hoffmanns Roman *Lebens-Ansichten des Katers Murr* vorgeprägt sein mögen. Man kann nicht umhin, festzustellen, dass es wahrscheinlich die schon im 19. Jahrhundert zum Klischee geronnene Figur des ‚Gespenster-Hoffmanns' ist, die nicht nur im kulturellen Imaginären, sondern in der deutschen, aber auch in der internationalen Literatur am sichtbarsten fortlebt. Zwar kann man beispielsweise in der Hoffmann'schen Thematisierung des romantischen Künstlers einen wichtigen Motivstrang auch in der modernen Literatur erkennen, aber vor allem ist es dessen Verstrickung in eine Welt der undurchschaubaren Duplizität, seine phantastische oder ambivalente Schwebeexistenz zwischen Kunst und Leben, Wahn und Vernunft, Wunderbarem und Alltagsrealität, die fortgeschrieben wird. Mit der Hoffmann'schen Phantastik reüssieren deshalb vor allem die Monster der Gothic Novel des 18. Jahrhunderts (vgl. Brittnacher 1994) beziehungsweise auch der deutschen ‚Schauerromantik' sowie die grotesken, unheimlichen und schrecklichen Aspekte des Phantastischen (vgl. Freud 1999 XII, S. 227ff.; Bohrer 1983) im 19. Jahrhundert genauso wie in der modernen Literatur.

Neben der Vielfältigkeit der Beschäftigungsformen mit Hoffmann bei den Autoren, die Steinecke anführt, müssen deshalb vor allem die Momente des Unheimlichen und Phantastischen hervorgehoben werden. Vermittelt über Nikolai Gogol und Fjodor Dostojewski, Edgar Allan Poe, Robert Louis Stevenson, Charles Baudelaire, Gérard de Nerval, Charles Nodier, Théophile Gautier, Guy de Maupassant und die Dekadenzliteratur des Fin de Siècle (vgl. Praz 1970; Fischer 1978), den Surrealismus, Hugo von Hofmannsthal, Rainer Maria Rilke und Thomas Mann (vgl. Lieb/Meteling 2003; Koopmann 2005), aber eben auch über Hanns Heinz Ewers, Werner Bergengruen, Alfred Kubin, Gustav Meyrink oder Leo Perutz finden sich Einflüsse des Phantastischen bei Ernst Jünger, Marie Luise Kaschnitz, Bruno Schulz, H. C. Artmann und Hans Erich Nossack sowie in der südamerikanischen Phantastik beziehungsweise im magischen Realismus, bei Mario Vargas Llosa, Gabriel García Márquez, Julio Cortázar und Adolfo Bioy Casares, und auch in der als postmodern ausgeflaggten Literatur von Borges, Calvino, Eco, Nooteboom, Huizing, Lawrence Norfolk oder Paul Auster wieder. Romantische Motive, Topoi und phantastische Figuren wie Automaten, Vampire, Doppelgänger und Gespenster sind überdies vor allem in der modernen Trivial- und Genreliteratur der Phantastik, der Science Fiction, der Fantasy- und vor allem der Horror-Literatur, fest verankert. Man kann deshalb davon ausgehen, dass zumindest die deutsche und die angloamerikanische Phantastik der Gegenwart sich mindestens zu gleichen Teilen auf Traditionen beziehen, die sowohl durch die britische Gothic Novel als auch durch ihre entscheidende Modernisierung, speziell der Psychologisierung und des Einzugs selbstreferenzieller literarischer Verfahren, exemplarisch bei Hoffmann, ihre entscheidenden Prägungen erhalten haben: „Die Tradition des Schauerromans ist", so René Wellek, „bei Coleridge, Shelley und Scott ebenso zu finden wie bei Tieck, Arnim, Brentano und E.T.A. Hoffmann. Ideen und Motive wandern sehr leicht und bilden ein gemeinsames Erbe" (Wellek 1964, S. 17; vgl. Hoffmeister 1990).

Hoffmanns Einfluss setzt sich deshalb, so könnte man resümieren, für das 20. und das 21. Jahrhundert letztlich als globales Zirkulationsmodell fort, etwas, das Heinrich Heine in der *Romantischen Schule* schon 1835 für die deutsche Romantik im Angesicht der französischen Literatur in Anspruch genommen hat: „Laßt uns Deutschen alle Schrecknisse des Wahnsinns, des Fiebertraums und der Geisterwelt. Deutschland ist ein gedeihlicheres Land für alte Hexen, tote Bärenhäuter, Golems jedes Geschlechts [...]. Nur jenseits des Rheins können solche Gespenster gedeihen; nimmermehr in Frankreich." (Heine V, S. 465)

2. E.T.A. Hoffmann und der Film

Der Einfluss E.T.A. Hoffmanns auf die Filmgeschichte ist schwer einzuschätzen. So gibt es einerseits eine verhältnismäßig überschaubare Menge direkter Verfilmungen seiner Texte, und der Großteil der Filme, der sich überhaupt auf Hoffmanns Schriften bezieht, tut dies meist über das Relais einer Überarbeitung, wie über die Oper *Les Contes d'Hoffmann* von Jacques Offenbach oder die Ballettstücke von Léo Delibes und Pjotr Tschaikowski. Andererseits sind für die Filmgeschichte, speziell für den Genrefilm, die märchenhaft wunderbaren, unheimlich phantastischen und metamorphotischen Aspekte bedeutsam, die sowohl die Figuren, das Inventar und die Requisiten der Gothic Novel des 18. Jahrhunderts tradieren als auch eine moderne psychologisierende Fortschreibung der Schauerromantik unternehmen. Übermenschliche Bösewichte, Fabelwesen und Gespenster, Burgen, Friedhöfe und Kellergewölbe sowie Handschriften, Musikwerke und Bilder, die lebendig werden oder Macht über die Menschen gewinnen, sind in der Romantik zum einen als Projektion der Seelenzustände und zum anderen als selbstbezüglicher Kommentar über die Macht der Dinge und der Kunst zu lesen. Speziell diese schauerromantischen Elemente der Hoffmann'schen Literatur werden im Film übernommen, dabei aber aus dem jeweiligen Kontext gelöst und erhalten so häufig eine andere Tonalität. So finden sich beispielsweise in phantastischen Filmen, die sich auf Aspekte der Literatur Hoffmanns beziehen, wenig märchenhafte, komische oder satirische Elemente, sondern die Gespenster-, Automaten- und Doppelgängermotive bedienen stets die Registratur des Horrorfilms. Man kann deshalb dahingehend zusammenfassen, dass – vergleichbar der Rezeption in der modernen Trivial- und Genreliteratur – es vor allem isolierte Stoffe, Figuren, Motive und Settings der Hoffmann'schen Literatur sind und weniger ihre Erzählweise, die in Filmen Verwendung finden.

Auch eine filmische Biographie E.T.A. Hoffmanns steht bislang aus. Ein

Sonderfall in diesem Kontext wäre deshalb wohl das teilbiographische Projekt Andrej Tarkowskijs gewesen, dessen Filme von *Der Spiegel* bis *Nostalghia* durch Elemente einer auf Hoffmann zurückgehenden Ästhetik des Phantastischen, vermittelt über Spiegel, Doppelgänger und magische Räume, geprägt sind. Das Drehbuch erschien bereits 1976 in der sowjetischen Filmzeitschrift *Iskusstwo kino*, bevor es 1986 unter dem Titel *Hoffmanniana. Szenario für einen nicht realisierten Film* auf Deutsch publiziert wurde. „In seiner Novelle", so die Zusammenfassung in diesem Band, „verknüpft Tarkovskij Episoden aus Hoffmanns Leben mit Zitaten, Motiven und Passagen aus dessen literarischen Werk zu einer szenischen Collage. Ort der Rahmenhandlung ist das Sterbezimmer Hoffmanns." (Tarkovskij 1987, S. 1)

Versuchsweise lassen sich die Beziehungen des Spielfilms zur Literatur Hoffmanns in vier Kategorien einteilen:

(1) Erstens sind dies Verfilmungen von Jacques Offenbachs Opéra fantastique *Les Contes d'Hoffmann*, die dieser 1877 begonnen hat und die 1881 posthum aufgeführt wurde. Die Oper mit dem Libretto von Jules Barbier versammelt Motive aus verschiedenen Erzählungen Hoffmanns, wie dem *Sandmann*, *Rat Krespel* oder *Klein Zaches genannt Zinnober*, und fokalisiert sie in einer E.T.A. Hoffmann-Figur als Erzähler der Rahmenhandlung. Dieser entspricht gänzlich der klischeehaften Zeichnung des stets berauschten ‚Gespenster-Hoffmanns'. Schon zuvor hat sich Offenbach mit Victorien Sardou zusammengetan, um mit *Le Roi Carotte* (*Der König Mohrrübe*), einer Version von Hoffmanns *Klein Zaches genannt Zinnober*, so Siegfried Kracauer, ein reaktionäres und gegenrevolutionäres Stück zu komponieren, das aber nicht vollendet wurde (vgl. Kracauer 1994, S. 287). Die Geschichte der Verfilmung der *Contes d'Hoffmann* beginnt 1911 mit *Hoffmanns Erzählungen* (Ö/UNG 1911; R: Jacob Fleck, Luise Fleck, Anton Kohn und Claudius Veltée). Es folgen *Hoffmanns Erzählungen* (D 1916) von Richard Oswald, der auch als Regisseur der *Unheimlichen Geschichten* (D 1919; D 1932) bekannt geworden ist, der österreichische Film *Hoffmanns Erzählungen* (Ö 1923; R: Max Neufeld) und der berühmte „fantastische Prunkfilm" (Kracauer 1985, S. 213) *The Tales of Hoffmann* (GB 1951) unter der Regie von Michael Powell und Emeric Pressburger. Französische Versionen für Kino und Fernsehen sind *Les Contes d'Hoffmann* (TV; F 1978; R: André Flédérick), *Les Contes d'Hoffmann (The Tales of Hoffmann)* (TV; GB 1981; R: Brian Large) und *... des contes d'Hoffmann* (F 1993; R: Pierre Cavassilas). Die jüngsten Verfilmungen der Oper sind der italienische Film *Les Contes d'Hoffmann – I racconti di Hoffmann* (TV; I 1995; R: Tina Protasoni) sowie die beiden

französischen Produktionen *Les Contes d'Hoffmann* (TV; F 2000) von Ariane Adriani und *Les Contes d'Hoffmann* (TV; F 2003) von François Roussillon.

(2) Zweitens gibt es eine große Anzahl an Verfilmungen des Märchens *Nußknacker und Mäusekönig* aus den *Serapions-Brüdern* einerseits und eine fast unüberschaubare Menge an Verfilmungen des Balletts zu Pjotr Iljitsch Tschaikowskis opus 71, *Der Nussknacker* (1882), andererseits. Tschaikowski hat, muss hinzugefügt werden, allerdings nicht Hoffmanns Text vertont, sondern Alexandre Dumas' Variation *Histoire d'un Casse Noisette* (1844/45), die im Gegensatz zur Originalfassung ausdrücklich für Kinder gedacht ist. 1892 formt Tschaikowski den *Nussknacker* in das berühmte Tanzstück um, das im Petersburger Mariinskij-Theater in St. Petersburg uraufgeführt wird. Dem märchenhaften Stoff in seiner Kinderversion entsprechend, gibt es auch Zeichentrickversionen, wie das japanische Anime *Nutcracker Fantasy* (JAP 1979) von Takeo Nakamura, unter anderem mit der Stimme von Christopher Lee für die Figur des Paten Droßelmeyer, den kanadischen Film *The Nutcracker Prince* (KAN 1990) unter der Regie von Paul Schibli und die internationale Koproduktion *The Nutcracker and the Mouseking* (V; US/D/RUS 2004) von Tatjana Ilyina und Michael G. Johnson, die zum Teil mit Computeranimationen entstanden ist. Auch für den Debütfilm der *Barbie*-Puppe (!) wurde sinnfällig das Thema des belebten Spielzeugs ausgewählt: Sie ist zum ersten Mal in dem Film *Barbie and the Nutcracker* (V; US 2001; R: Owen Hurley) zu sehen. Dieser Film ist vollständig computeranimiert. Beispiele für die zahlreichen Real-Ballettverfilmungen sind in chronologischer Reihenfolge *Der Nussknacker/The Nutcracker* (TV; US/BRD 1964; R: Heinz Liesendahl), *The Nutcracker* (TV; KAN/US 1977; R: Tony Charmoli), *The Nutcracker: A Fantasy on Ice* (TV; US 1983; R: Ron Meraska), *The Nutcracker* (TV; GB 1985; R: John Vernon), *Nutcracker: The Motion Picture* (US 1986; R: Carroll Ballard), *The Nutcracker* (V; RUS 1994; R: Yvon Gérault), *The Nutcracker* (V; D 1999; R: Alexandre Tarta) und *The Nutcracker* (TV; GB 2001; R: Ross MacGibbon/Roger M. Sherman).

(3) Die Anzahl der direkten Verfilmungen von Hoffmann-Texten ist hingegen übersichtlich und wesentlich auf Fernsehproduktionen beschränkt. Nachdem Georges Méliès mit seinem zweiminütigem Film *Coppélia ou la poupée animée* (F 1900) nicht mehr als das Automatenmotiv aufgreift, wird *Der Sandmann* unter diesem Namen in Deutschland zweimal verfilmt. Einmal 1983 unter der Regie Dagmar Dameks im Auftrag des Bayerischen Rundfunks als Fernsehfilm und dann 1992/1993 unter der Regie Eckhart Schmidts. 1968 wird in der Bundesrepublik Deutschland

dann *Coppélia* verfilmt. Truck Branss setzt damit das französische *Sandmann*-Ballettstück *Coppélia ou La fille aux yeux d'émail* (1870) von Léo Clément Philibert Delibes um. Eine zweite Erzählung, die insgesamt fünfmal verfilmt wird, ist *Das Fräulein von Scuderi*: 1919 von Karl Frey unter dem Titel *Der Besessene*, 1930 als *Juwelen* von Hans Brückner und 1955 mit den beiden Titeln *Das Fräulein von Scuderi* oder *Die Schätze des Teufels* als Koproduktion der DDR mit Schweden. Regie führt dabei Eugen York. 1969 verfilmt Edgar Reitz dann in der Bundesrepublik Deutschland die Geschichte unter dem Titel *Cardillac*, und 1975 dreht schließlich Lutz Büscher für das ZDF eine Kammerspielfassung dieser Erzählung (vgl. Ringel 1995, S. 89). Vier Jahre zuvor (BRD 1971/72) dreht der Regisseur Helmut Käutner für das ZDF *Die seltsamen Abenteuer des geheimen Kanzleisekretärs Tusmann*, eine Verfilmung der Erzählung *Die Brautwahl* (1820) aus den *Serapions-Brüdern*. Mit nur drei Jahren Abstand voneinander wird dann – nach der frühen Verfilmung von 1922 durch Eugen Burg – auch Hoffmanns Roman *Die Elixiere des Teufels* zweimal verfilmt: in der DDR 1973 unter der Regie von Brigitte und Ralf Kirsten und in der Bundesrepublik 1977 mit dem Regisseur Manfred Purzer. Interessant ist die Texteinblendung in Purzers Film, mit dem dieser beginnt: „75 Jahre bevor Sigmund Freud die Geheimnisse der menschlichen Seele wissenschaftlich zu enträtseln begann, schrieb E.T.A. Hoffmann die phantastischen Abenteuer eines gespaltenen ICHs." (zitiert ebd., S. 90) Nur vereinzelt, so kann man zusammenfassen, werden andere Erzählungen Hoffmanns verfilmt, wie 1977 der französische Kurzfilm *Le Conseiller Crespel* unter der Regie von Robert Pansard-Besson oder 1982 der italienische Film *Vampirismus* von Giulio Questi.

(4) Vergleichbar der modernen Genreliteratur, die der Hoffmann'schen Romantik vor allem das Figuren- und Motivarsenal verdankt, können als Fortsetzung der Gothic Novel, der literarischen Romantik und speziell der Literatur Hoffmanns auch die Genres des Film Noir und des Giallo (der italienische Kriminalfilm/Thriller) sowie vor allem die phantastischen Filmgenres Science Fiction, Fantasy und Horror betrachtet werden (vgl. Meteling 2006, S. 19–57). Mit dem Film *Die Puppe* (D 1919) unter der Regie von Ernst Lubitsch wird nach kurzen Einsätzen bei Méliès (*Coppélia ou la poupée animée*; *La Poupée vivante*, F 1909) beispielsweise schon früh das Hoffmann'sche Motiv des weiblichen Automaten aus dem *Sandmann* filmisch umgesetzt, um daraus eine Liebesgeschichte zu formen: Prinz Lancelot flieht in diesem Film vor einer Brautschau mit vierzig Jungfrauen in ein Kloster. Dort willigt er auf Geheiß der Mönche ein, eine Puppe zum Schein zu heiraten. Da die Puppe allerdings kurz vor der Hochzeit zer-

bricht, wird sie ohne Wissen Lancelots von Ossie, der Tochter des Puppenmachers Hilarius, ersetzt. Das Ende ist absehbar: Lancelot merkt nichts, verliebt sich aber in sie und wird letztlich über alles aufgeklärt. Das Motiv des Automaten und seiner Pygmalion- beziehungsweise Olimpia-Version der belebten weiblichen Puppe wird dann – parallel zu ihrer Karriere in der Literatur – entscheidend für die Entwicklung des Horror- und des Science Fiction-Films.

Zu den bekanntesten Filmen, die dies Motiv benutzen, zählen sicher Fritz Langs *Metropolis* (D 1927), Ridley Scotts *Blade Runner* (US 1982) sowie die *Frankenstein-*, *Alien-*, *Robocop-* und *Terminator*-Reihen, die alle das Thema der schwierigen Grenzziehung zwischen Menschlichkeit und kalter Mechanik der Automaten, Roboter, Androiden und Cyborgs ausloten. Bemerkenswert in dieser Reihe ist dabei James Whales Film *The Bride of Frankenstein* (US 1935). Denn in ihm werden zwei verschiedene Traditionen der Produktion künstlicher Menschen zusammengebracht und bewertet, die schon in der romantischen Literatur, beispielsweise in Hoffmanns Erzählung *Die Automate* (1814), Verwendung finden. So wird der deutlich naturwissenschaftlich gekennzeichneten Arbeit Frankensteins die hermetisch-alchemistische Zeugung von Homunculi durch den schurkischen Dr. Praetorius gegenübergestellt (vgl. Meteling 2004).

Nicht übersehen werden darf für die Geschichte des Genrefilms die Bedeutung der Tricktechnik, die allein das Sprunghafte und die Gestaltlosigkeit der Hoffmann'schen Figuren wie auch der Figuren- und Bildwelten der Romantik überhaupt auf den Film zu übertragen vermag. Künstliche Menschen und Automaten, Vampire, Doppelgänger und Gespenster werden erst durch bestimmte filmische Techniken darstellbar, und es ist der phantastische Film, der als erster die technischen Möglichkeiten des neuen Mediums auslotet. Die phantastische Bildwelt romantischer Imagination wechselt damit zur Leinwand über, wie Friedrich Kittler feststellt: „Seit 1895 treten auseinander: ein bilderloser Letternkult namens E-Literatur auf der einen Seite und auf der anderen lauter technische Medien, die wie Eisenbahn oder Film, die Bilder motorisieren. Literatur [...] gibt ihren Zauberspiegel an Maschinen ab." (Kittler 1993, S. 97) Und obwohl Siegfried Kracauer seine Aussage zu Hoffmanns Wirkung auf den Film nur mit einer Korrektur tätigt, fasst sie die Bedeutung für Friedrich Wilhelm Murnaus Film *Nosferatu – Eine Symphonie des Grauens* (D 1922) als einer der Ursprünge des phantastischen Films treffend zusammen: „Wenn von NOSFERATU die Rede war, brachten die Kritiker, mehr noch als im Fall von CALIGARI, gern E.T.A. Hoffmann ins Spiel." (Kracauer 1984, S. 86)

Die deutsche Romantik und speziell Hoffmann sieht auch Lotte H. Eisner als direkten Vorläufer des phantastischen deutschen Films. Dazu zählt sie Karl Heinz Martins Film *Das Haus zum Mond* (D 1921) über einen Wachsfigurenbildner, Fritz Langs *Der müde Tod* (D 1921), *M* (D 1931) und seine beiden *Dr. Mabuse*-Filme (D 1922; D 1933), Alfred Abels *Narkose* (D 1929), Paul Lenis *Wachsfigurenkabinett* (D 1924), Max Macks *Der Andere* (1913) und Robert Wienes Version von 1930 sowie dessen *Cabinet des Dr. Caligari* (D 1919), Murnaus *Januskopf* (D 1920) und *Nosferatu*, Richard Oswalds „Homunculus"-Episode aus den *Unheimlichen Geschichten* (D 1919) oder auch Stellan Ryes *Der Student von Prag* (D 1913) und seine Neuverfilmungen 1926 und 1936, die das romantische Doppelgänger-Thema aufgreifen, das schon 1914 von dem Freud-Schüler Otto Rank intensiv bearbeitet wird (vgl. Rank 1993). In dem Film *Der Student von Prag* beispielsweise verkauft der Prager Student Balduin dem „Abenteurer" Scapinelli für 100.000 Goldgulden sein Spiegelbild. Als er sich kurz darauf in eine junge Gräfin verliebt, will er sich mit ihrem Vetter, dem sie versprochen ist, duellieren. Durch Scapinelli verhindert, duelliert sich stattdessen sein Doppelgänger mit dem Nebenbuhler und tötet ihn. Bei seinem Versuch, dies vor seiner Geliebten zu rechtfertigen, erkennt sie, dass er kein Spiegelbild hat und verlässt ihn. Verzweifelt schießt Balduin auf seinen Doppelgänger und stirbt selbst dabei. Lotte Eisners Fazit lautet dazu romantikbewusst: „Als der STUDENT VON PRAG auf den Doppelgänger, sein Spiegelbild, schießt, auf jenen Bruder des Schattens, der für alle romantischen Gemüter das im Spiegel reflektierte Bild bedeutet, zerstört er sich selbst." (Eisner 1980, S. 131) Zusammenfassend rechnet Eisner diesen Kanon phantastischer Filme zu „E.T.A. Hoffmanns satanische[r] Welt" (ebd., S. 102), die in dem neuen Medium fortgesetzt wird: „Es ist jene halb reale Zwischenwelt E.T.A. Hoffmanns, die in den phantastischen deutschen Filmen weiterlebte." (ebd., S. 103)

Neben deutschen Stummfilmen und modernen phantastischen Genrefilmen sind auch filmische Projekte einzelner „*auteur*"-Regisseure zu den Transkriptionen der Literatur Hoffmanns zu zählen, die diese vor allem über die Diskussion psychosexueller Themen, meist vor familiärem Hintergrund, in Szene setzen. Zu nennen sind exemplarisch Alfred Hitchcocks komplizierte und mitunter inzestuös und Gewalt besetzte Familien- und Wahlverwandtschaftskonstruktionen wie in *Rebecca* (US 1940), *Psycho* (US 1960), *The Birds* (1963) oder *Marnie* (US 1964), die pathologisch aufgeladenen Doppelgängerkonstruktionen wie in *Shadow of a Doubt* (US 1943) und *Vertigo* (US 1958) sowie die stilbildende Inszenierung eines männlich phantasmatischen Beobachtungsszenarios in *Rear Window* (US 1954), das sein Vorbild in zahlreichen romantischen Blick- und Fensterszenarien und vor allem in Hoffmanns Erzählungen *Der Sandmann, Das öde Haus* und auch *Des Vetters Eckfenster* hat (vgl. Kremer 2000; Gunia/Kremer 2001; Lieb 2002). Vor allem in *Des Vetters Eckfenster* lassen sich, im Wechsel zwischen Panoramablick und fokussierendem Zoom, schon deutlich protofilmische Züge ausmachen (vgl. Kremer 1999a, S. 181–199).

Ebenfalls zumeist sexuell aufgeladene Blickkonstruktionen, die von den Erzählverfahren der Romantik zehren, gibt es auch in Michael Powells *Peeping Tom* (GB 1960), John Carpenters *Someone's Watching Me* (US 1978) und *Halloween* (US 1978) sowie beinahe in dem gesamten Filmschaffen Brian De Palmas, dessen Werk deutlich von den Themen und der Inszenierungsweise Hitchcocks geprägt ist (vgl. *Sisters*, US 1973; *Obsession*, US 1976; *Dressed to Kill*, US 1980; *Blow Out*, US 1981; *Body Double*, US 1984; *Raising Cain*, US 1992; *Snake Eyes*, US 1998 und *Femme Fatale*, F 2002). Auch im italienischen Giallo- und Horrorfilm, zum Beispiel bei Mario Bava (vgl. *La maschera del demonio*, IT 1960; *I tre volti della paura*, IT/F/US 1963; *La frusta e il corpo*, IT/F 1963; *Sei donne per l'assassino*, IT/MON/F/BRD 1964; *Operazione paura*, IT 1966 und *La casa dell'esorcismo*, IT/BRD/SPA 1973) und Dario Argento (*L'uccello dalle piume di cristallo*, IT 1970, *Profondo rosso*, IT 1975; *Suspiria*, IT 1977; *Inferno*, IT 1980; *Tenebre*, IT 1982; *Opera*, IT 1987; *La Sindrome di Stendhal*, IT 1996 und *Ti piace Hitchcock?*, IT/SPA 2005), geht es, wie bei Hitchcock und De Palma, um eine Verquickung psychosexueller Themen mit der Inszenierung komplexer Blickkonstruktionen, die stets durch optische Medien kanalisiert und dadurch verstärkt werden.

Nicht nur von Hitchcocks eigenwilligen psychoanalytisch geprägten Szenarien beeinflusst, sondern auch in der komplexen Erzählweise deutlich als romantische Kunstmärchen ausgewiesen, sind überdies die Filme David Lynchs wie *Blue Velvet* (US 1986), *Wild at Heart* (US 1990), *Lost Highway* (F/US 1996), *Mulholland Dr.* (F/US 2001) und *Inland Empire* (F/POL/US 2006). Vor allem die Poetik einer unauflöslichen Zwei-Welten-Konstruktion, in der eine real bürgerliche und eine wunderbar poetische Sphäre aufeinandertreffen und die in vielen phantastischen Texten Hoffmanns, wie im *Goldenen Topf*, dem *Sandmann*, *Klein Zaches genannt Zinnober* oder der *Prinzessin Brambilla*, vorzufinden ist, spiegelt sich deutlich in den Filmen Lynchs, die als Möbiusband oder als unauflöslich multiperspektivische Geschichten inszeniert sind. Ganz im Sinne der Phantastik bei Hoffmann kann dabei häufig nicht mehr aufgeschlüsselt werden, welche Anteile der diegetischen Realität entsprechen und welche der internen Fokalisierung einer womöglich halluzinierenden Figur entspringen. Immer aber werden – und darin exakt analog zu Verfahrensweisen in der Literatur

E.T.A. Hoffmanns – selbstbezügliche Leseweisen nahegelegt, die die Macht der audiovisuellen Medien über die Wahrnehmung der Figuren offenbaren.

(Arno Meteling)

Grundzüge der Hoffmann-Forschung

Die Artikel zu einzelnen Texten Hoffmanns innerhalb dieses Handbuchs enthalten in der Regel auch Informationen über die Forschungsgeschichte. Ein Gesamtüberblick über die Hoffmann-Forschung darf sich deshalb auf einige wenige Entwicklungslinien innerhalb der Forschung beschränken. Eine solche Disziplin ist noch aus zwei weiteren Gründen geraten: Es fehlt an Vorarbeiten, die einen wenigstens annähernd vollständigen kommentierten Forschungsbericht erlaubten. Zudem wird ein solcher umfassender Forschungsbericht zunehmend dadurch unwahrscheinlicher, dass die Menge der Forschungsbeiträge seit den 1980er Jahren exponential angestiegen ist und einen Umfang angenommen hat, der kaum mehr zu überblicken ist. Vor allem die gegenwärtige Hoffmann-Forschung im ausgehenden 20. und beginnenden 21. Jahrhundert hat eine Vielstimmigkeit an Perspektiven und Methoden erreicht, die sich kaum mehr systematisieren lässt. Mit diesem Vorbehalt sei eine Gliederung der Forschungsgeschichte vorgeschlagen, die in vier Phasen unterteilt ist: das 19. Jahrhundert; von der Reichsgründung bis zum Ende des Nationalsozialismus; von 1945 bis 1980; seit 1980.

1. Das 19. Jahrhundert

Nachdem in den letzten Lebensjahren Hoffmanns und wenige Jahre nach seinem Tod eine lebhafte, jedoch eher publizistische als wissenschaftliche Rezeption seiner Erzählungen und Romane zu beobachten war, geriet er – wie die meisten übrigen Romantiker – im 19. Jahrhundert weitgehend in Vergessenheit. Dort, wo er dennoch erwähnt wird, stößt er durchweg auf Ablehnung. Die einzigen nennenswerten Ausnahmen, Heines *Romantische Schule* von 1836 und seine *Briefe aus Berlin* von 1822, bezeichnen keine ‚germanistische' Perspektive, sondern sie verdanken sich eher dem geschärften Blick des Schriftstellers. Was auf Heine zutrifft, wiederholt sich bei zahlreichen Schriftstellern und allgemein Künstlern, zumal in Frankreich und Russland: Bis hin zur Jahrhundertwende sind es vornehmlich

Künstler-Kollegen und nicht Literaturwissenschaftler, die die Bedeutung von Hoffmanns Prosa sehen.

Heines Lob – vor allem der *Prinzessin Brambilla* – entspringt einer vernichtenden Kritik der Romantik. Daraus resultiert eine Ambivalenz, die sich als sehr folgenschwer erwiesen hat: Heines einseitige Sicht der Romantik als Beschwörung eines verklärten Mittelalters und Parteinahme für die politische Reaktion führt ihn dazu, Hoffmann aus der Romantik auszusondern. Wenn Romantik polemisch mit dem „Weihrauch des Hochamts" (Heine V, S. 410) identifiziert wird, dann ist klar, dass Hoffmann nicht dazu gehören kann: „Hoffmann gehört nicht zu der romantischen Schule. Er stand in keiner Berührung mit den Schlegeln, und noch viel weniger mit ihren Tendenzen." (ebd., S. 440)

Heine hat mit diesem Urteil eine kritische Figur etabliert, die von den unterschiedlichsten ideologischen Positionen aus einerseits die Romantik abqualifiziert und andererseits Hoffmann, wenn überhaupt, als Realisten aufwertet. Sowohl Autoren des Vormärz wie Ludwig Börne als auch linkshegelianische Publizisten wie Arnold Ruge und Theodor Echtermeyer und liberale bzw. nationalliberale Literarhistoriker wie Georg Gottfried Gervinus, Julian Schmidt und Hermann Hettner bedienen sich dieser kritischen Figur, allerdings ohne Hoffmann deshalb positiv zu bedenken. Erst im 20. Jahrhundert, im Kontext einer marxistischen Literaturwissenschaft, führt die umfassende, von Heine vorgegebene Kritik der Romantik zu einer Aufwertung des ‚realistischen' Hoffmann, allerdings um den Preis einer weitgehenden Ausblendung der phantastischen Elemente (vgl. Mayer 1959; Lukács 1962; Träger 1980). Bis in die Gegenwart hinein wirkt diese Loslösung des ‚fortschrittlichen' Hoffmann aus dem Zusammenhang der Romantik nach (vgl. Momberger 1986; Harnischfeger 1988). Auf den Kopf gestellt, dient Heines Kritik in den 1950er Jahren zu einer Rehabilitation der Romantik, nachdem diese während der Nazi-Zeit zu einer völkischen Kulturbewegung verzeichnet worden und entsprechend nach dem Zweiten Weltkrieg nicht mehr anschlussfähig war: Ernst Behler dreht Heines Kritik der Romantik um, stellt das rationale Reflexionsniveau und die republikanische Tendenz der Frühromantik um Friedrich Schlegel und Novalis heraus und gibt im Gegenzug die spätere Romantik preis (vgl. Behler 1957; Schanze 1966; Peter 1980; Vietta 1983).

In der wissenschaftlichen, aber auch der literarischen Öffentlichkeit im Deutschland des 19. Jahrhunderts kommt Hoffmann nicht oder kaum vor. Beispielhaft für die kritische Haltung gegenüber Hoffmann ist Gervinus' *Geschichte der poetischen Nationalliteratur der Deutschen* (1835–42). Seine starke Option auf das Klassik-Paradigma, Goethe und Schiller als

‚Dioskuren' der deutschen Nationalliteratur, geht zu Lasten der Romantik, die er mit Heine unter den Verdacht des reaktionären Obskurantismus stellt und der er vorwirft, den politischen Konflikten der Gegenwart in eine nebulöse Vorzeit und in Traum- und Wahnwelten ausgewichen zu sein. Gervinus' Engagement für nationale Einheit und Demokratie lässt gerade noch die antinapoleonische Literatur Kleists, Arndts und Körners gelten, mit der Phantastik von Hoffmanns *Goldenem Topf*, dem Verwirrspiel der *Prinzessin Brambilla* oder der kühnen fragmentarischen Form des *Kater Murr* kann er definitiv nichts anfangen. Und wenn man neben dem dominanten National-Pathos in den zahlreichen Literaturgeschichten des 19. Jahrhunderts (vgl. Koberstein 1827; 1845–1866; Schmidt 1853; 1866/67) überhaupt einen Blick für das Ironische und das Humoreske entwickelt, dann eher, wie es früh schon in einer Rezension Ludwig Börnes heißt, für den „gesunde[n] und lebensfrische[n] Humor" als den *„kranken"* des E.T.A. Hoffmann und dessen humoralpathologischen *„Katzenhumor"* (Börne II, S. 451).

Selbst wo einzelne Werke Hoffmanns lobend erwähnt werden, charakteristischer Weise wiederum bei einem Schriftsteller, nämlich bei Friedrich Hebbel, geschieht dies mit einer fundamentalen Kritk des Gesamtwerks: „Das meiste von Hoffmann hat sich überlebt, aber seine ‚Elixiere des Teufels' sind und bleiben ein höchst bedeutendes Buch" (Hebbel o.J., S. 448).

Anders als in Deutschland fanden die zentralen Texte Hoffmanns in Frankreich, auch in Russland, bedingt und nur vereinzelt in England begeisterte Aufnahme. Allerdings geschah dies wie im Fall Heines vornehmlich durch Schriftsteller. Unter den zahlreichen Autoren, die sich künstlerisch von Hoffmanns Œuvre inspirieren ließen (Honoré de Balzac, Théophile Gautier, Gerard de Nerval, Nikolaj Gogol, Edgar Allan Poe u.a.; vgl. Zylsta 1940; Teichmann 1961; Erné 1970; Ingham 1974; Dose 1980; Tietz 1980; Hübener 2004; Petry 2007) kommt Charles Baudelaire insofern eine besondere Rolle zu, als er sich auch im Zusammenhang eines theoretischen Essays mit Hoffmanns Poetik auseinandergesetzt hat. In seiner Abhandlung *Vom Wesen des Lachens* (1855) entwickelt er ein Konzept der Ambiguität des Lachens über weite Strecken im direkten Bezug auf Hoffmann. Seine Vorstellung einer ‚absoluten Komik' fand er in einigen, den Ästhetizismus vorwegnehmenden Texten Hoffmanns realisiert. Baudelaires besonderes Lob galt, wie bei Heine, der *Prinzessin Brambilla*, die er gleichsam als ästhetischen Katechismus einschätzte: „Bei dem wunderbaren E.T.A. Hoffmann ließe sich noch eine ganze Anzahl weiterer Beispiele für das absolut Komische finden. Will man recht begreifen, worauf es mir ankommt, so lese man achtsam ‚Die Königsbraut', ‚Meister Floh', den

,Goldenen Topf' und insbesondere, vor allen anderen, die ,Prinzessin Brambilla', die ein wahrer Katechismus der hohen Ästhetik ist." (Baudelaire I, S. 303) Baudelaires Einsicht in die radikalen Neuerungen der literarischen Form in Hoffmanns Prosa, mit starker Ausstrahlungskraft auf die beginnende Moderne in Symbolismus und Ästhetizismus, bleibt mehr oder weniger ein Einzelfall, der in der literaturwissenschaftlichen Disziplin erst seit ungefähr 1960 eingeholt wird.

2. Von der deutschen Reichsgründung bis zum Ende des Zweiten Weltkriegs

Die Blindheit gegenüber der ästhetischen Qualität von Hoffmanns Erzählungen, wie sie die wichtigen Literaturgeschichten und die gesamte akademische Öffentlichkeit des 19. Jahrhunderts charakterisiert, setzt sich nach der Reichsgründung beispielhaft in den Schriften Wilhelm Scherers (*Die deutsche Literaturrevolution*, 1874; *Geschichte der deutschen Literatur*, 1880–83) und Rudolf Hayms *Die romantische Schule* (1870) fort. Allerdings lässt sich eine entscheidende Veränderung beobachten, die für die germanistische Rezeption der Romantik bis 1945 folgenschwer ist. Weiterhin sorgt die Klassik-Doktrin dafür, dass man der romantischen Poetik der Imagination und Phantastik mit Unverständnis begegnet, aber im Zuge der Reichsgründung die nationalen Tendenzen der Romantik in einer Weise aufwertet, die einem gegen Frankreich gerichteten Chauvinismus und nationalistischer Volkstümelei zuarbeitet. Es liegt auf der Hand, dass diejenigen Romantiker, die, wie Kleist, Körner, Eichendorff u. a., im antinapoleonischen Befreiungskrieg stramme nationale Töne angeschlagen hatten, stärker in den Vordergrund treten. Hoffmann kommt weder unter einer nationalliberalen noch später völkischen Perspektive als Gewährsmann in den Blick. Ebenso bleibt er weitgehend von denjenigen Positionen unbemerkt, die an einer Harmonisierung von Weimarer Klassik und Frühromantik interessiert sind (vgl. Dilthey 1906). Von der Warte der akademischen Germanistik bleibt Hoffmann im gesamten Zeitraum eine Randfigur. Dem entspricht, dass vornehmlich universitäre Außenseiter oder Publizisten seine literarische Bedeutung erkennen.

Rudolf Haym beginnt seine *Romantische Schule* mit der Klage über eine nicht vorhandene Romantikforschung: „Im Bewußtsein der Gegenwart erfreut sich das, was man ,romantisch' nennt, keinerlei Gunst." (Haym 1870, S. 3) Zwar lässt man mit Haym allgemein die germanistische Rezeptionsgeschichte der Romantik beginnen (vgl. Peter 1980, S. 5; Hoffmeister

1994, S. 183f.), eine Perspektive für die revolutionäre Veränderung der Formensprache in der Romantik und namentlich bei Hoffmann entwickeln weder Haym noch Scherer noch diejenigen Autoren, die, wie Oskar Walzel (*Deutsche Romantik*, 1908), die „intellektuelle analytische Potenz der Frühromantik" (Bohrer 1989, S. 277) favorisieren. Was bei Scherer etwa als „Literaturrevolution" verstanden wird, bezeichnet weniger eine ästhetische Revolution als ein ideologisches Projekt zur Revolution des politischen und kulturellen, jedenfalls deutschen Geistes. Gleiches gilt auch für die geistesgeschichtliche Orientierung Diltheys. Seine deutliche Aufwertung der Romantik läuft nicht über ihr explizit literarisches Profil, sondern über eine Weltanschauung, eine „Weltsicht" (Dilthey 1965, S. 188), wie Dilthey es nennt. Hoffmann spielt hier keine Rolle.

Dies ändert sich im Kontext der sogenannten Neuromantik Ende des 19. und Anfang des 20. Jahrhunderts immerhin zaghaft. Georg Ellinger veröffentlicht 1894 die erste Biographie Hoffmanns, die wissenschaftlichen Standards verpflichtet ist: *E.T.A. Hoffmann. Sein Leben und seine Werke*. 1912 gibt er eine fünfzehnbändige Ausgabe der poetischen Werke Hoffmanns heraus, fügt den Bänden durchaus kenntnisreiche Einleitungen bei und versieht die Texte mit Anmerkungen. Vorher bereits, seit 1908, hat Carl Georg von Maassen, ebenfalls eher ein akademischer Außenseiter, Bibliophiler und Hoffmann-Enthusiast im Zeichen der Neuromantik, eine historisch-kritische Ausgabe Hoffmanns begonnen, die aber 1928 unvollständig abgebrochen wird. In seinen Erinnerungen führt er sein editorisches Engagement, neben der Begeisterung in der Hoffmann-Lektüre, auf den Umstand zurück, dass um die Jahrhundertwende keine Ausgabe im Buchhandel war, dass mithin „das Interesse an Hoffmann auf den Nullpunkt gesunken war." (Maassen 1987, S. 15f.)

Etwa gleichzeitig beginnt Hans von Müller den literarischen und biographischen Nachlass Hoffmanns zu sichten. Alle diese Projekte führen zu einer breiteren Rezeption Hoffmanns im deutschsprachigen Publikum; zu einer intensiveren Auseinandersetzung innerhalb der Fachgermanistik führen sie gleichwohl nicht. Kennzeichnend sind einerseits eine starke Konzentration auf die Biographie Hoffmanns (vgl. Walther Harichs zweibändige Biographie von 1920), andererseits eine auffällige Unsicherheit im literarischen Urteil auch bei den Hoffmann-Liebhabern. So hält Ellinger *Des Vetters Eckfenster* für eine der „größten Leistungen Hoffmanns" (Ellinger 1894, S. 170), während ausgerechnet die von Heine und Baudelaire geschätzte *Prinzessin Brambilla* als eine der „geringwertigsten Leistungen des Dichters" (ebd., S. 163) bewertet wird, weil es der Erzählung an einem inneren, kompositionellen Zusammenhalt fehle. Dass es sich eher um wenig begründete Geschmacksurteile handelt, zeigt Harich, der Hoffmanns Capriccio wiederum als dessen „gelungenste" Erzählung (Harich 1920 II, S. 319) schätzt. Immerhin betont Harich die Modernität des Textes, indem er ihn in einen Zusammenhang mit der sogenannten ‚Nervenkunst' der Wiener Moderne stellt.

Dass andererseits selbst einem ausgesprochenen Hoffmann-Liebhaber wie Hans von Müller genau diese literarische Modernität Hoffmanns entgangen ist, die, im Gegenzug zu klassizistischen Figuren, durch Begriffe wie Fragment, Heterogenität, Differenz etc. bestimmt ist, zeigt seine, aus heutiger Sicht unfreiwillig komische Edition des *Katers Murr*. Von Müller schreibt die Akzentuierung auf die Künstlerfigur und -problematik innerhalb der anfänglichen Rezeption des Romans fort, indem er 1903 *Das Kreislerbuch* herausgibt, das von den Murr-Teilen befreit ist und in die Kreisler-Partien eine chronologische Ordnung einführt. Es geht ihm darum, das seiner Ansicht nach „gefährliche, selbstmörderische Spiel mit der Form" (von Müller 1903, S. XLI) in Hoffmanns Roman rückgängig zu machen. Später, im Jahr 1916, ediert er in gleicher Weise die *Lebens-Ansichten des Katers Murr*, das also, was er als „stimmungsmordendes Beiwerk" (von Müller 1974, S. 736) aus der Künstlerbiographie zunächst ausgesondert hat. Ähnlich auf den Aspekt des Künstlertums bezogen, kommt Hermann Hesse, kurz nach dem Ersten Weltkrieg, in einer neuromantischen Perspektive zu einem sehr positiven Urteil über den *Kater Murr* und seine widerständige Form: „Es gab Jahrzehnte, in welchen niemand in der Welt geglaubt hätte, daß Dinge wie der ‚Kater Murr' einst das deutsche Heer, die deutsche Monarchie und die deutsche Kriegswirtschaft überleben würden und nun ist es doch so gekommen." (Hesse 1972, S. 240) Hesses und von Müllers Hochschätzung der Künstlerfigur Kreisler wird ebenso von Oswald Spengler und Richard Benz geteilt. In *Untergang des Abendlands* (1919) stellt Spengler mit Blick auf die Tragik und Zerrissenheit des modernen Künstlers Kreisler neben die Faustfigur Goethes (vgl. Spengler 1919, S. 386). Richard Benz, der bereits 1908 zu einer positiven Umbewertung der Kunstmärchen Hoffmanns angesetzt hatte, zitiert Spengler zustimmend in seiner Monographie *Die deutsche Romantik* von 1937. Er schätzt Kreisler nicht nur als Hoffmanns „höchste Gestalt" (Benz 1937, S. 353), sondern als „Summe aller Tragik" (ebd., S. 346) des mit Außenseitertum und Wahnsinn geschlagenen „Genius". Unter anderem an der Kreisler-Figur macht Benz eine „Wendung" der Romantik zu „dämonisch-heroischer Überlegenheit" (ebd., S. 347) fest, die etwa gleichzeitig auch Thomas Mann (*Die Kunst des Romans*, 1940), allerdings eher mit Blick auf die avancierte literarische Form in Hoffmanns Roman, wahrnimmt.

Bereits 1895 findet sich im Kontext der Neuromantik bei Ricarda Huch eine vorsichtige Aufwertung der literarischen Leistung Hoffmanns, ebenfalls aber im Stil einer wenig begründeten Literaturkritik, in der die Wertschätzung eines oder einiger Texte nur um den Preis der Abwertung anderer geschieht. Im Zusammenhang einer Einlassung auf das Phantastische bei Hoffmann hebt Huch den *Goldenen Topf* hervor: „Am vollkommensten ist Hoffmann die Darstellung dieser Doppelwelt im Märchen vom goldenen Topf gelungen." (Huch 1951, S. 531) *Des Vetters Eckfenster* kommt dagegen nur kurz als eine jener nüchternen Erzählungen vor, die er geschrieben habe, als er aus gesundheitlichen Gründen keinen Wein mehr trinken durfte (vgl. ebd., S. 537). Die Relativierung von Hoffmanns dichterischer Gesamtleistung folgt auf dem Fuß: „Wer möchte ihn einen großen Dichter nennen?" (ebd., S. 541) Und weiter mit neuromantischem Pathos: „Er durchmaß den Strom des Lebens nicht in seiner ganzen Tiefe und Breite, so daß er seine Gewalt und Erhabenheit, seinen Glanz, sein Rauschen, seine Geheimnisse hätte offenbaren können" (ebd., S. 541f.).

Immerhin ist die Bekanntheit Hoffmanns außerhalb eines literaturwissenschaftlichen Fachpublikums bereits Anfang des 20. Jahrhunderts so ausgeprägt, dass man von psychologischer Seite aus auf seine Erzählungen aufmerksam wird. So führt Ernst Jentsch in *Zur Psychologie des Unheimlichen* (1906) Hoffmann als Gewährsmann für seine Hypothese an, die Wirkung des Unheimlichen beruhe auf der Unsicherheit oder Vagheit zweier Deutungsmöglichkeiten. Die unheimliche Wirkung des *Sandmanns* führt er darauf zurück, dass Hoffmann „den Leser im Ungewissen darüber lässt, ob er in einer bestimmten Figur eine Person oder etwa einen Automaten vor sich habe" (Jentsch 1906, S. 203). Über das Unheimliche und die Motive des Doppelgängers und der Ich-Spaltung kommen Hoffmanns *Sandmann* und *Die Elixiere des Teufels*, ebenfalls von fachpsychologischer Seite aus, in Otto Ranks Untersuchung *Der Doppelgänger* (1914) und in Sigmund Freuds *Das Unheimliche* (1919) in den Blick. Mögen diese Beiträge explizit unter einem psychoanalytischen Interesse verfasst sein, so enthalten sie doch mehr literaturwissenschaftlichen Ertrag als die meisten der zeitgenössischen Untersuchungen von Germanisten und bilden seit etwa 1980, zusammen mit einigen Artikeln und Passagen Walter Benjamins über Hoffmann (vgl. Benjamin I.2, S. 627–629; II.2, S. 641–648), wichtige Anschlusspunkte für die neuere Forschung, in der psychologische und semiologische Perspektiven zusammenkommen.

Neben einigen z. T. geistesgeschichtlichen, stil- bzw. form- und gattungstypologischen oder im engeren Sinne biographischen, jedenfalls heterogenen Forschungsbeiträgen (vgl. Strich 1922; Dahmen 1926 und 1929;

Egli 1927; von Schaukal 1923; Kuttner 1936; Benz 1937; Bergengruen 1939) setzt sich nach 1933 eine völkisch-stammesgeschichtliche Tendenz innerhalb der Romantik-Forschung durch, von der auch Hoffmann, obwohl für nationalistische und faschistische Indienstnahmen eigentlich völlig ungeeignet, nicht verschont bleibt. Angeregt von August Sauer und ausgeführt durch seinen Schüler Josef Nadler (*Literaturgeschichte der deutschen Stämme*, 1912–28) gewinnt diese absonderliche und erzreaktionäre Art und Weise der Literaturgeschichtsschreibung, die in den Zwanziger Jahren zunächst noch von fachwissenschaftlicher Seite heftig kritisiert wurde, nach der nationalsozialistischen Machtergreifung immer mehr an Boden. Hoffmann kommt bei Nadler als Gewährsmann des östlichen „Siedelraumes" vor, den es mit seiner Literatur ins „Mutterland" (Nadler ²1924 III, S. 1) zieht. Die Trennung von Früh- und Spätromantik erhält bei Nadler eine ganz andere Interpretation, indem einer frühromantischen Tendenz zur ‚altdeutschen Restauration' eine spätere ‚neudeutsche Romantik' der ‚östlichen Grenzstämme' (vgl. ebd., S. 280ff.) aufwertend gegenübergestellt wird. Allerdings muss hinzugefügt werden, dass Nadler für seine Blut- und-Boden-Germanistik in Zacharias Werner, Eichendorff (vgl. Klausnitzer 1999, S. 585ff.) und – nicht zuletzt wegen seiner antijudaistischen Ausfälle u. a. in der „Deutschen Tischgesellschaft" – Achim von Arnim erheblich bessere Opfer für seine ideologische Indienstnahme der Romantik gefunden hat.

Sowohl der verquaste, deutschtümelnde Diskurs als auch die nationalistische Aufwertung der späten und Distanzierung von der frühen Romantik finden sich ebenso jenseits einer stammesgeschichtlichen Germanistik vom Schlage Nadlers (vgl. Petersen 1926; Linden 1933; Bäumler 1937). Zwei wichtige Forschungsberichte zur Romantik unterstreichen die Bedeutung der genannten Umwertung. Wo Benno von Wiese 1937 die „Wiedererschließung" der Spätromantik als eine der „wesentlichsten Aufgaben künftiger Romantikforschung" (von Wiese 1937, S. 85; vgl. Klausnitzer 1999, S. 121) ansieht, kann Paul Kluckhohn wenig später bereits eine deutliche „Schwergewichtsverschiebung" zugunsten der Spätromantiker Arnim, Brentano, Görres, Hoffmann und besonders Eichendorff konstatieren (zit. nach Gilman 1971, S. 260). Da es um die Konstruktion einer nationalistischen Blut-und-Boden Tradition in der romantischen Literatur geht, kann es nicht verwundern, dass Hoffmann, trotz etlicher Einzeluntersuchungen, eher eine nachgeordnete Rolle spielt und dass die hier erzielten Ergebnisse eher aufschlussreich für die Geschichte des NS-Regimes als für die Hoffmann-Forschung sind. Rassistische Verirrungen wie die für die meisten Schriftsteller und so auch für Hoffmann angefertigten ‚Ahnentafeln' mögen von heute aus wie skurrile Disparatheiten wirken, stellen aber die politischen Rahmenbedingungen der NS-Germanistik genauestens dar. In der von Eduard Grigoleit angefertigten Ahnentafel des „Probanden" Hoffmann heißt es im Auszug: „Die Kleinheit und Schwächlichkeit in der Figur Hoffmanns ist bei seinen mütterlichen Ahnen erblich. [...] Die Ahnentafel E.Th.A. Hoffmanns beweist starke Inzucht. Sie führt zu einer hohen Verstärkung der Erbmassen in dem Probanden. Daraus erklärt sich sein Genie, das, durch übermäßigen Alkoholgenuß geschwächt, in eine pathologische Erscheinung endete." (Grigoleit 1943, S. 198)

Sogar Texte wie *Die Elixiere des Teufels*, die weder etwas mit einer deutsch-nationalen noch gar einer rassistischen Semantik zu tun haben, werden nach den Maßgaben einer völkischen Rassen- und Vererbungslehre zugerichtet. Im genealogischen Schicksalszusammenhang der *Elixiere* sieht Kurt Willimczik in seiner Hoffmann-Monographie von 1939 das „Gesetz des Blutes" (Willimczik 1939, S. 119) am Werk, das er als zentrales Element der „deutschen Weltanschauung" (ebd., S. 121) wertet und das für den zeitgenössischen Nationalsozialismus von traditionsbildener Kraft sei. Erstaunlicher noch ist, dass das genealogische Forschungsinteresse, losgelöst selbstverständlich von nationalsozialistischer Rassenideologie, nach dem Zweiten Weltkrieg fortgesetzt wird. Anknüpfend etwa an Elisabeth Kutzers Untersuchung zum Stammbaumroman in der neueren Literatur (1929) setzt die Forschung zu den *Elixieren* in den 1950er Jahren erneut mit Fragen der Genealogie ein (vgl. Negus 1958; von Schroeder 1976). Zahlreiche Hoffmann-Ausgaben, einschließlich der Edition im Deutschen Klassiker Verlag aus dem Jahr 1988, lassen es sich nicht nehmen, im Kommentar zu den *Elixieren* eine Ahnentafel des Medardus aufzuführen, die dessen Abstammung minutiös zum Fürsten Camillo zurückverfolgt (vgl. Hoffmann II/2, Kommentar, S. 592).

Bis in das publizistische Gründungsdokument der Hoffmann-Gesellschaft haben die nationalistischen, rassistischen und antisemitischen Tendenzen Spuren hinterlassen. In seinem Beitrag für den ersten Jahrgang der *Mitteilungen der E.T.A. Hoffmann-Gesellschaft*, *Ernst Theodor Amadeus Hoffmann und der deutsche Geist*, verwahrt sich der Verfasser Julius Lothar Schücking zunächst gegenüber „des Juden Hitzig Erzählungen von Hoffmanns Trunksucht" (Schücking 1938/39, S. 25) und „einige[n] flinke[n] Juden", die, gleich „nach dem Krieg", den „Kapellmeister Kreißler auf die Bühne brachten" (ebd., S. 31), um schließlich die Bedeutung Hoffmanns ausgerechnet unter Berufung auf Nadler und im Gegensatz zu Frankreich herauszustellen: „Josef Nadler hat das Verdienst, Hoffmann als einen der Bedeutendsten charakterisiert zu haben von denen, die aus dem

Osten kamen um mit der unverbrauchten Frische ihrer Phantasie wie ihrer Gefühlskraft dem Intellektualismus eines westlerischen Schrifttums entgegenzutreten." (ebd.) Die Hoffmann-Gesellschaft wird am 14. Juni 1938 gegründet. Sie geht auf eine um den Bamberger Buchhändler Wilhelm Ament bereits in den Zwanziger Jahren gegründete „Tafelrunde der Freunde E.T.A. Hoffmanns" zurück. Die *Mitteilungen der E.T.A. Hoffmann-Gesellschaft* erscheinen zwischen 1938/39 und 1943 vier Mal (vgl. Ament 1938/39), werden dann eingestellt und erst 1958 unter gleichem Namen weitergeführt.

3. 1945–1980

Durch die ideologische Besetzung der Romantik in der Germanistik der NS-Zeit ist sie nach dem Zweiten Weltkrieg für etliche Jahre diskreditiert. Heines Urteil über die Romantik aus der ersten Hälfte des 19. Jahrhunderts scheint sich auf schmerzliche Weise bestätigt zu haben. Durch die nationalsozialistische Indienstnahme gewisser nationaler und antiliberaler Züge der Romantik dauert es, abgesehen von einigen wenigen Einzelbeiträgen von zumeist formanalytischer bzw. geistesgeschichtlicher Methodik, bis zum Ende der 1950er Jahre, dass eine nennenswerte und breitere Forschung zur Romantik einsetzt. Da es vor allem die spätere Romantik war, die völkisch-nationalistisch besetzt wurde und entsprechend unter Verdacht stand, liegt es auf der Hand, dass es darin zunächst zu einer starken Privilegierung der Frühromantik kommt. Über den Ausweis der aufklärerischen Tradition der Frühromantik, ihr rationales Reflexionsniveau und ihre Nähe zur Philosophie des Idealismus wird, zunächst durch Ernst Behler, später durch Klaus Peter oder Helmut Schanze, ihre politische und damit wissenschaftliche Anschlussfähigkeit gesucht und gefunden (vgl. Behler 1957; Brinkmann 1958; Schanze 1966; Peter 1980). Ganz ähnlich an der Frühromantik orientiert, vor allem an Novalis, setzt sich im Verlauf der 1960er Jahre eine ähnlich gelagerte Forschungsperspektive durch, die die romantische Literatur vornehmlich als geschichtsphilosophisches Projekt versteht, das seine Literarizität in den Dienst einer utopischen Zielbestimmung stelle (vgl. Mähl 1963 und 1965; Malsch 1965; Jauß 1970; Faber 1970; Szondi 1974). Dass unter dieser Perspektive Hoffmanns Prosa wegen ihrer dissonanten Neigung zum Dunklen, Unheimlichen und Grotesken und wegen ihrer diskontinuierlichen Struktur kaum in den Blick kommt, ist naheliegend. Ansätze zu einer geschichtsphilosophischen Perspektive auf die *Prinzessin Brambilla* finden sich vereinzelt, jenseits der deutschen Germanistik und durch andere Traditionen motiviert, etwa bei Bonaventura Tecchi bereits im Jahr 1960 (vgl. Tecchi 1960). Die harmonisierende Geste der Geschichtsphilosophie formuliert Claudio Magris in seiner Hoffmann-Monographie aus dem Jahr 1980 aus: *Die andere Vernunft. E.T.A. Hoffmann.* Sehr weitgehend gerät das Capriccio hier allerdings zu einer Illustration der Philosophie Schellings, wobei die literarische Differenz dem Primat einer idealistischen Identität und Versöhnung zum Opfer fällt.

Für eine geistesgeschichtliche Kontinuität derjenigen Romantik-Forschung des 19. Jahrhunderts, die die gesamte Romantik als Verfall gegenüber der Weimarer Klassik sah, steht Hermann August Korffs vierter Band von *Geist der Goethezeit* (1955). Seine kursorische Wertschätzung des *Goldenen Topfs* Mitte der 1950er Jahre darf nicht darüber hinwegtäuschen, dass sie erstens einer negativen Einschätzung des übrigen Œuvres geschuldet ist und dass zweitens die Gesamtanlage seiner Monographie erheblich älter ist, bis in die Zwanziger Jahre zurückreicht und gegen Ende hin immer stärker in den Sog einer nationalsozialistischen Semantik gerät. Der dritte, der Frühromantik und den „Helden unseres Freiheitskampfes" gewidmete Band erscheint 1940, wie es im Vorwort heißt: „am Tage der Einnahme von Paris" (Korff III, S. VI).

Gleichzeitig mit Korffs viertem Band von *Geist der Goethezeit* veröffentlicht Fritz Martini einen formanalytisch und gattungstheoretisch orientierten Aufsatz über Hoffmanns Kunstmärchen: *Die Märchendichtungen E.T.A. Hoffmanns* (1955). Es handelt sich gleichzeitig um die erste nennenswerte analytische Auseinandersetzung mit *Meister Floh*, der in der älteren Forschung kaum eine Rolle gespielt hat. Martini wertet den Text als „Vollendung" von Hoffmanns Märchendichtung, weil er die „exzentrischen Spannungen" vermittle und „die Welt aus dem Grotesken und dem Unheimlichen zur Harmonie" (Martini 1976, S. 182) erlöse. Unüberhörbar verdankt sich Martinis ästhetisches Urteil über den *Meister Floh*, ähnlich übrigens auch über den *Goldenen Topf*, in letzter Instanz einem ethischen Prinzip, das die literarische Versöhnung ermögliche. So sieht er den Fluchtpunkt in Hoffmanns Märchen, so dissonant sie auch daher kommen, in einem „Glauben an die eingeborene, ihm unbewußte Güte des Menschen" (ebd., S. 184).

Stärker noch auf eine formalanalytische Perspektive hat Herbert Singer seine Interpretation des *Katers Murr* aus dem Jahr 1963 beschränkt. Seine Kritik der älteren Forschung zu Hoffmanns Roman und seine radikale Neubewertung des Textes als „ein in sich vollendetes Fragment" (Singer 1963, S. 327) prägen die gesamte neuere Forschung. Singer weist einlässlich am Text nach, dass die beiden narrativen Stränge, der Murr- sowie der

Kreisler-Teil, gleichberechtigt sind und vor allem kompositorisch genauestens abgestimmt ineinandergreifen. In diesem Sinn spricht er von der formalen Geschlossenheit des Romans, denn sein Gegenstand sei keine Handlung, die über Spannungsbögen zu einer Lösung geführt werde, sondern die Entfaltung einer ambivalenten Konstellation, die durch die unüberwindlichen Antinomien der künstlerischen Existenz gekennzeichnet sei. Bereits zwei Jahre früher, 1961, behandelte Hermann Meyer in seiner Monographie *Das Zitat in der Erzählkunst* ebenfalls den *Kater Murr*. Seine Ausführungen zur Zitatverwendung in Hoffmanns Roman belegen den hochreflektierten kompositionellen Grundzug und sind traditionsbildend für die späteren Untersuchungen im Zeichen der Intertextualität.

Anfang der sechziger Jahre etabliert sich eine äußerst wirkungsvolle Richtung innerhalb der Hoffmann-Forschung. Sie verknüpft eine formanalytische, die Texte genauestens beobachtende Methode mit einer philosophischen, sowohl ästhetiktheoretischen als auch geschichtsphilosophischen Ausrichtung. Gleichzeitig korrigiert sie die Trennung von Früh- und Spätromantik, wie sie von Behler und anderen propagiert wurde, und zeigt am Beispiel von Hoffmann, dass seine Prosa als eine genaue literarische Umsetzung der frühromantischen Ästhetik zu verstehen ist. Was bei Marianne Thalmann (1961) allererst vorsichtig angedeutet ist, die zentrale Bedeutung ästhetischer Selbstreflexion in Hoffmanns Erzählungen, wird von Ingrid Strohschneider-Kohrs in ihrer Monographie *Die romantische Ironie in Theorie und Gestaltung* (1960) stärker akzentuiert. Ihre Analyse der Ironie in Hoffmanns Märchen arbeitet die selbstreflexiven Momente pointiert heraus und stellt sie in die Tradition Jean Pauls und Friedrich Schlegels. Stärker an einem ästhetischen Begriff des Humors orientiert ist die Studie von Wolfgang Preisendanz: *Humor als dichterische Einbildungskraft* (1963). Neben einer Aufmerksamkeit für Hoffmanns humoristischen Perspektivismus besteht der Verdienst Preisendanz' darin, dass er Hoffmanns Erzählkunst im Kontext der Frühromantik und des Deutschen Idealismus, Solger und Hegel, sieht, ohne ihre literarische Differenz einzuebnen. Dass er dieser Gefahr nicht ganz entgeht, zeigen vor allem die Ausführungen zum *Kater Murr*. Hier stehen Einsichten in die avancierte, heterogene Konstruktion des Romans einem dialektischen Begriff des Humors gegenüber, der im Sinne Hegels letztlich auf Synthese und Versöhnung ausgelegt ist. Er spricht von einer „dialektischen Struktur des Humors bei Hoffmann": Die „Ironie ist die von schmerzhafter Sehnsucht getriebene Negation der gegebenen Wirklichkeit, sie ist, als das im Innern liegende Prinzip, die Antithese der prosaischen Positivität; der Humor aber ist die poetische Synthese, in der die Wahrheit der Negation und die Wahrheit der Positivität vermittelt und aufgehoben werden kann." (Preisendanz 1963, S. 74) Mit dem Resultat des Fragmentarischen und Differenten will sich auch Walter Müller-Seidel nicht abfinden, wenn er Humor als metaphysische Kategorie begreift, die dem Fragmentarischen des Katers Murr als „das Höhere, das episch Erreichte" (Müller-Seidel 1963, S. 686) enthoben sei.

Von der geschichtsphilosophischen, Anleihen bei Hegels Dialektik machenden Orientierung lassen sich einige andere Untersuchungen abgrenzen, die neben einer Aufmerksamkeit für Entwicklungsprozesse, ermöglicht durch einen verstärkt psychologischen Blick, Aspekte der Identität aufnehmen. Wulf Segebrecht (1967) und Claudio Magris (1980) lesen *Die Elixiere des Teufels* in diesem Sinn als Bildungsgeschichte, die vor dem Hintergrund des Bildungsromans zu situieren sei. Vor allem Magris sucht diese Parallele, indem er Hoffmanns Roman auf die „Bildung der eigenen Persönlichkeit" (Magris 1980, S. 66) festlegt und ihn insgesamt als „Roman einer moralischen Bildung" (ebd., S. 79) einordnet. Bei Magris findet sich die größte Wertschätzung dieses Romans, der lange Zeit unter dem Vorbehalt der Trivialität stand. Er feiert die *Elixiere* als „kühnsten humanistischen Roman der deutschen klassisch-romantischen Epoche: ohne Gewißheiten oder Visionen der Essenz, ohne Ordnung, aber auch ohne Kapitulation vor der Unordnung." (ebd., S. 79) Eine sehr differenzierte Beobachtung der rhetorischen und vor allem figurativen Struktur der *Elixiere des Teufels* hat Horst Meixner 1971 in seiner Studie *Romantischer Figuralismus* unternommen. Die um den Identitäts-Begriff kreisenden Untersuchungen zu alteuropäischen Postfigurationen kommen zu stimmigen Einzelergebnissen, die dann allerdings vorschnell einer geschichtsphilosophischen Vereinheitlichung unterzogen werden. Die „triadische Struktur des Romans" (Meixner 1971, S. 162) enthält allerdings nur eine oberflächliche Analogie zur Geschichtsphilosophie, in der die Differenz von Ich, Selbstbild und Figuration nicht aufgehoben ist. Am Ende des Abschnitts zu den *Elixieren* bestätigt Meixner dies im Grunde selbst, indem er an der problematischen Identität und der Doppelgänger-Struktur des Textes festhält: „Das Ich spiegelt sich im Bild und begegnet sich in der Figur, aber in beidem geht es nicht auf. Es ist immer unterwegs." (ebd., S. 230)

Bereits 1966 hat Lothar Köhn in seiner Monographie *Vieldeutige Welt* darauf bestanden, dass die *Elixiere* weit eher auf Irritation und eine problematische Identität als auf Bildung setzen und dass die Zeitstruktur des Romans eine der Wiederholung, nicht der Entwicklung ist. Köhn ordnet sich, durch eine eher formalanalytische Sicht zur vorsichtigen Argumentation geneigt, einer Forschungsrichtung ein, die in Hoffmanns Erzählwerk eine realistische Überwindung der Romantik sieht. Dies verfügt in der Germanistik der Bundesrepublik wie der DDR über eine längere Tradition. Gestützt auf ältere Arbeiten von u. a. Georg Lukàcs und Hans Mayers *Die Wirklichkeit E.T.A. Hoffmanns* (1959) hat Hans-Georg Werner, exemplarisch für die DDR-Forschung, einige Erzählungen Hoffmanns unter marxistischer Perspektive gelesen. Für *Meister Martin der Küfner und seine Gesellen* lobt er den realistischen Bezug auf historische Lebenswelten, tadelt aber im gleichen Atemzug den harmonisierenden Blick auf das 16. Jahrhundert, der soziale Spannungen und ‚Klassengegensätze' unter den Tisch fallen lässt: „Die wahren geschichtlichen Konflikte wurden nicht dargestellt, das menschliche Leben erscheint in idyllischer Verklärung." (Werner 1962, S. 114) Stärker wird, bei Mayer wie bei Werner, *Des Vetters Eckfenster* für eine realistische Ausrichtung Hoffmanns in Anspruch genommen. Im Kommentar des Herausgebers der Hoffmann-Ausgabe im Aufbau-Verlag, Hans-Joachim Kruse, heißt es zu dieser Erzählung: „Hoffmanns Vermögen, aus den einfachsten Alltagsvorgängen wie aus einem aufgeschlagenen Buch das Menschlich-Allzumenschliche mit seinen vielfältigen sozialen Bezügen und individuellen Eigenarten herauszulesen, kennzeichnet sein meisterhaftes Kunstverständnis und zugleich den Weg vom oft ‚fabelhaften' serapiontischen zum beispielgebenden realistischen Prinzip." (Kruse 1983, S. 758)

Sehr früh wird Hoffmanns späte Erzählung auch in der westdeutschen Germanistik als realistische Abkehr von der Romantik gelesen. In einer Dissertation von 1952, *Kunstanschauung und Wirklichkeitsbezug bei E.T.A. Hoffmann*, betont Regina Jebsen, dass die realistische Perspektive von *Des Vetters Eckfenster* nicht mehr mit einer Poetik der Imagination zu vereinbaren sei. Mit einer Nuance zum Biedermeierlichen ist auch Fritz Martini in seinem bereits erwähnten Beitrag von 1955 dieser Interpretation verpflichtet, die von Lothar Köhn, wenn auch moderat, noch einmal bestätigt wird: Hoffmann begründet, so Köhn, „die realistische Wirklichkeitserfassung mit und rückt dabei ein für die weitere Entwicklung epischer Dichtung ganz entscheidendes Strukturelement in den Vordergrund: die subjektive Weltsicht, die hier vom produzierenden Dichter selbst vorgeführt wird." (Köhn 1966, S. 215) Wulf Segebrecht stimmt der Verlagerung des Blicks auf die äußere Welt prinzipiell zu, hält aber einen Bezug zum „poetischen Realismus" für „fragwürdig" (Segebrecht 1967, S. 123).

Mit einer einerseits durch eine psychoanalytische, andererseits durch eine ästhetiktheoretische Tradition motivierte Einsicht in die grundlegende selbstreflexive Struktur in Hoffmanns Prosa, die bei Strohschneider-Kohrs (1960) und Preisendanz (1963) bereits angedeutet wurde, setzt sich zu Beginn und im Verlauf der 1970er Jahre eine wichtige Richtung durch, die die Hoffmann-Forschung bis in die Gegenwart hinein geprägt hat. Innovativ ist hier die Monographie Peter von Matts *Die Augen der Automaten* (1971). Er analysiert sehr detailliert, dass Hoffmanns Erzählungen Variationen über das Sehen, auch über das Sehen von Texten sind: „Denn im Grunde versteht E.T.A. Hoffmann seine Werke selbst als Verwandte des Nußknackers und der Olimpia, als Gebilde, die erst durch die erweckten ‚skönen Oken' des Lesers lebendig werden." (von Matt 1971a, S. 93) Ausgehend von der selbstreflexiven Dichte des *Sandmanns* betont von Matt die epochale Bedeutung des Textes: „Es wäre lohnend, abzuklären, ob vor dieser Erzählung je ein Leitmotiv in solcher Dichte, Vielseitigkeit und Stimmigkeit in der Literatur eingesetzt worden ist, wie hier die Augen (und, als deren Erweiterung, Brillen und Ferngläser)." (ebd., S. 79) Hoffmann setzt, so von Matt, die narzisstische Rahmung des Blicks als Animation eines „Teraphim aus Spiegel und Herzblut" ein, um das sehende Ich und mit ihm das identische Subjekt des Idealismus in einen „autistischen" (ebd., S. 105) Abgrund zu stürzen. Ähnlich wie von Matt sieht Manfred Frank im Nachwort zu seiner Sammlung romantischer Erzählungen, *Das kalte Herz* (1978), den *Sandmann* als metonymische Verschiebung von Motivkomplexen, die fragmentarisch und heterogen bleiben, weil in ihnen Beziehungen aufgebaut werden, ohne sie abzurunden: „Es gibt im Sandmann ganze Bündel von metonymischen Beziehungen, was der Erzählung ihre einzigartige Atmosphäre von Dichte und Unentrinnbarkeit verleiht." (Frank 1978, S. 352)

Stärker von der Psychoanalyse Freuds und vor allem Lacans inspiriert sind die *Sandmann*-Studien von Hélène Cixous *Prénoms de Personne* (1974) und Friedrich Kittlers *‚Das Phantom unseres Ichs' und die Literaturpsychologie: E.T.A. Hoffmann – Freud – Lacan* (1977) sowie Sarah Kofmans Arbeit über die *Elixiere*: *Vautour Rouge. Le double dans ‚Les Élixirs du diable' d'Hoffmann* (1975). Sie bestätigen die Ergebnisse von Matts, indem sie das selbstreflexiv modulierte Thema der Wahrnehmung und Wahrnehmungsverzerrung als psychologisches und semiotisches Zentrum des Textes sehen. Inspiriert von Lacans Umformulierung der Psychoanalyse in Richtung auf eine sprachliche Fassung des Begehrens im Symbolischen und Foucaults Diskursanalyse, schafft Kittler Anschlussmöglichkeiten für eine Historisierung und semiotische Differenzierung der Erzählung, die traditionsbildend für große Bereiche der Hoffmann-Forschung seit den 1980er Jahren ist.

4. Die Gegenwart der Hoffmann-Forschung seit etwa 1980

War die ältere Hoffmann-Forschung im Wesentlichen von geistesgeschichtlichen, formanalytischen, philologischen und biographischen Fragen bestimmt, so zeichnet sich seit den 1970er Jahren eine verstärkte methodische Reflexion und größere theoretische Breite ab, die eine Kontextualisierung der Literatur im Blick hat. Dies betrifft zunächst eine sozialgeschichtliche und psychoanalytische Ausrichtung, die, in Ergänzung von Freud und Jung, durch Jacques Lacan geprägt ist. Im Zuge der allgemein in der Germanistik zu beobachtenden sogenannten Methodendiskussion kommt es auch in der Romantik- und speziell Hoffmann-Forschung zu einem auffälligen Import neuerer, zumeist französischer Theorien: Strukturalismus, Diskursanalyse, Dekonstruktion, Semiologie. Da diese Theorien, ebenso wie Lacans Psychoanalyse, an einer Materialität des Sprachlichen resp. Literarischen orientiert sind, besteht eine grundlegende Konvergenz mit einer im engeren Sinn medientheoretischen Perspektive. Die vorher bereits konstatierte Selbstreflexivität von Hoffmanns Prosa wird jetzt auf ihre psychoanalytischen Konsequenzen und die materiellen Bedingungen literarischer Medialität befragt: Schrift und Lektüre als wechselseitig aufeinander bezogene materielle und gleichermaßen imaginative Vorgänge.

Obwohl sich die älteren Forschungsrichtungen bis in die Gegenwart hinein fortsetzen, ist doch auffällig, dass auch diese von den genannten französichen Theorie-Importen, in wechselnden Abstimmungs-Verhältnissen und Dosierungen, nicht unberührt bleiben. Sowohl die Studien zur Bedeutung wissenschaftlicher und parawissenschaftlicher Diskurse für Hoffmanns Prosa – Medizin, Psychologie, Naturphilosophie, Alchemie und Mystik – als auch die Arbeiten zur Künstlerthematik, zur Gattungstheorie, zur Intertextualität, zur Poetik und formalen Komposition haben die strukturalistischen und poststrukturalistischen Theorien zumeist zur Kenntnis genommen.

Bereits 1983 hat L.C. Nygaard in einem zunächst wenig beachteten Aufsatz, *Anselmus als Amanuensis: The Motif of Copying in Hoffmanns ‚Der goldne Topf'*, das Motiv des Schreibens und Kopierens im *Goldenen Topf* in einen aufschlussreichen Kontext gestellt. Indem er die Schreibpraxis des Anselmus auf die spätmittelalterliche Herausbildung moderner Schreibtechniken zurückbezieht, gelingt es ihm, einerseits den Blick für die mediale Basis der Kulturtechnik Schreiben zu schärfen und andererseits die selbstreflexive Dimension der romantischen Schriften zu erschließen. In Hoffmanns Poetik der romantischen Imagination erscheint Anselmus als, wie es in der scholastischen Schrifttheorie heißt, ‚amanuensis', d.h. als derjenige Schreiber im scholastischen Schriftarrangement, der der diktierenden Stimme eines ‚auctor' die Hand (‚manus') zur Niederschrift leiht. Nygaard sieht in der Abschrift-Praxis des Anselmus einerseits einen Vorgang der Initiation und andererseits der poetischen Selbstreflexion (vgl. Nygaard 1983, S. 80).

Ebenfalls vom *Goldenen Topf* ausgehend, perspektiviert Friedrich Kittler in seiner Studie *Aufschreibesysteme 1800–1900* (1985) die Funktion der Niederschrift in der Bibliothek des Archivarius Lindhorst auf ihre materielle und mediale Basis und ermöglicht damit, selbst wenn er in der Pointierung der romantischen Literatur als ‚hard ware' gelegentlich etwas reduktiv verfährt, ein komplexes Gefüge neuer Hoffmann-Lektüren. Serpentina und ihre beiden Schlangen-Schwestern führt Kittler als Schlangenlinie einer, wie es in Hoffmanns Text selbst heißt, „englischen Kursivschrift" aus. Ihr Bezugspunkt sei, so Kittler, die zeitgenössische Normhandschrift Pöhlmanns und Stephanis: „Handschriftlichkeit wie aus einem Guß anerziehen heißt Individuen produzieren. Als elementare Schreibsysteme sind die Normschriften Pöhlmanns oder Stephanis grundlegend für das Aufschreibesystem von 1800. Anselmus, bevor er dem System in strahlendem Dichtertum beitreten kann, muß erst einmal durch eine Schreibschule gehen, die seine bisherige Handschrift am Ideal normiert." (Kittler 1985, S. 90) Gegenüber dem reduktiven Zug in Kittlers Hoffmann-Lektüre verweist Günter Oesterle (1991) auf ältere ästhetische und naturphilosophische Traditionen, auf die Hoffmann sich bezieht, u.a. auf die sogenannte ‚figura serpentinata' des Manierismus und die Form der Arabeske. In eine ähnliche Richtung zielt Detlef Kremer (*Romantische Metamorphosen*, 1993), indem er den Begriff und Vorgang der Metamorphose, um den es im *Goldenen Topf* an zentraler Stelle geht, stärker an eine poetische Imaginationsleistung bindet, die wesentlich von einer Abstraktion des Körperlichen, namentlich des weiblichen Körpers, ermöglicht wird. Gleichzeitig zeigt er für die Schriftreflexion, nicht nur im *Goldenen Topf*, sondern für weite Bereiche von Hoffmanns Prosa, die Bedeutung einer säkularen Rezeption der Kabbala und Alchemie auf (vgl. Kremer 1993, S. 111ff.; 1994; 1997, S. 76ff.; 1999, S. 31ff.; 1999b). Die Betonung des selbstreflexiven Grundzugs in Hoffmanns Prosa ist für die neuere Forschung beinahe durchgängig charakteristisch. Claudia Liebrand (1996) erkennt in ihr ein „ironisches und selbstreflexives Textspiel [...], das keinen anderen Ort hat als den auf den Buchseiten und in der Phantasie der Leser." (Liebrand 1996, S. 110f.) Allerdings sieht sie im *Goldenen Topf* den Beginn einer Verabschiedung einer „romantischen Kunstmetaphysik und ihre[r] negativen

Ästhetik" (ebd., S. 257), die in der *Prinzessin Brambilla* zugunsten einer positiven Ästhetik, d. h. einer endgültigen Lösung des Kunst- und Künstlerproblems, überwunden sei. Demgegenüber wird in der Forschung zu Bedenken gegeben, ob man die ironischen Untertöne der abschließenden Versöhnung für bare Münze nehmen könne und ob nicht der später entstandene zweite Teil des *Katers Murr* die problematische Beziehung von Künstler/Kunst und Gesellschaft wieder aufgreife (vgl. Kremer 1999a, S. 129f.). Nicola Kaminski verbindet in ihrer einlässlichen Lektüre der *Elixiere des Teufels* die selbstreferente Differenz des Textes mit einer Reflexion auf die technikgeschichtlichen Referenzen (Camera obscura bzw. Laterna magica) und kunsthistorischen Bezüge (vgl. Kaminski 2001, S. 307ff.). Ebenfalls von Derridas Differenz-Begriff kommend und ebenso an den *Elixieren* ausgerichtet, hat Manfred Momberger bereits 1986 eine vielbeachtete Dissertation vorgelegt, deren Verdienst vor allem darin besteht, die differentielle Form des Romans aus einem rein psychologischen Zusammenhang zu nehmen und semiologisch zu erweitern. Nicht Identität kann, so Momberger, am Ende einer Lektüre der *Elixiere* stehen, sondern nur ein „Abgrund", in dem sowohl Identität als auch Sinn verloren gegangen sind: Hoffmann „treibt die Erfahrung des Subjekts bis an die Grenze der Vernunft, bis zu dem Punkt, wo der Schleier reißt und den Blick freigibt auf eine Leere, in der das Subjekt sich verliert." (Momberger 1986, S. 192) Hieraus resultiert bei Momberger und auch bei Johannes Harnischfeger (1988) die Einsicht in die Modernität Hoffmanns, die dann aber unverständlicher Weise mit einer aus der älteren Hoffmann-Forschung bekannten Abtrennung von der Romantik erkauft wird. Differentielle Subjekt- und Schriftreflexivität ist innerhalb der Romantik jedoch keineswegs auf Hoffmann beschränkt, und unvereinbar ist sie nur mit einem zu eng gefassten Romantik-Begriff.

In den 80er und 90er Jahren des 20. Jahrhunderts gewinnt eine Forschungsrichtung deutlich an Dominanz, die die Bedeutung wissenschaftlicher Diskurse für Hoffmanns Œuvre betont. Zwar wurde früher bereits Hoffmanns Rezeption der zeitgenössischen Medizin, Psychologie und Naturphilosophie beobachtet, im Zuge einer kulturwissenschaftlichen Orientierung der germanistischen Literaturwissenschaft verdichten sich diese sporadischen Beobachtungen zu einer wissenspoetischen Perspektive. Franz Loquai (1984) konzentriert sich auf die Bedeutung des medizinhistorischen Melancholie-Komplexes, Friedhelm Auhuber (1986) auf Medizin und Psychiatrie um 1800, und Jürgen Barkhoff (1995) erweitert den Blickwinkel auf diejenigen Strömungen, die esoterischen Traditionen nahe stehen, Mesmerismus und der sogenannte animalische Magnetismus. Charakteristisch für diese Arbeiten ist, dass die Aufmerksamkeit für wissenschaftliche Bezüge in Hoffmanns Texten die literarische Differenz nicht nivelliert. Dies setzt sich in den Aufsätzen Gerhard Neumanns fort, die innerhalb der Hoffmann-Forschung der letzten Jahre von großem Einfluss gewesen sind. In einem Beitrag von 1997, *Romantische Aufklärung – Zu E.T.A. Hoffmanns Wissenschaftspoetik*, beschäftigt sich Neumann mit Hoffmanns Kombination von autonom literarischer Artistik und Phantastik und den wissenschaftlichen Diskursen der Psychologie und Naturwissenschaften. Für den *Meister Floh* betont er, dass die „anamorphotische Umstülpung" (Neumann 1997a, S. 135) an das technisch-dioptrische Medium des Mikroskops gebunden sei, das letztlich, da hier wie in anderen Erzählungen Hoffmanns, eine verwirrende Liebesgeschichte erzählt wird, die die Erkenntnis der Frau im Blick des Mannes verbürgen solle. Unter Bezug auf die Liebes-Verstellung am Ende des vierten Abenteuers kommentiert Neumann, indem er die Bedeutung der Metamorphose hervorhebt: „Das geradezu Unvergleichliche dieses Textes besteht darin, daß Hoffmann zeigt, wie die Lektüre des Nervengeflechts, als des ‚organischen Fundaments' der Gedanken und Empfindungen, in einem anamorphotischen Akt zuletzt zur Wahrnehmung, zum Erkennen des rätselhaft Anderen führt: in einem metamorphotischen Vorgang der Entstellung und Refiguration." (ebd., S. 139) Mit derselben konzentrierten Verknüpfung von wissenschaftlichen Diskursen mit den Details des literarischen Textes arbeitet Neumann die psychosemiotischen Strukturen von *Nußknacker und Mausekönig* heraus, das er u.a. als „Szenario einer Initiation" (Neumann 1997b, S. 146) liest. Zusammen mit Gabriele Brandstetter hat Neumann 2004 den Sammelband *Romantische Wissenspoetik* herausgegeben, in dem Beiträge zu *Prinzessin Brambilla* (Neumann 2004) und zu *Das Sanctus* (Barkhoff 2004) zu finden sind. Im Jahr 2005 folgt der Sammelband *‚Hoffmaneske Geschichte'. Zu einer Literaturwissenschaft als Kulturwissenschaft*, der ein gutes Dutzend Aufsätze zu Hoffmann enthält (Neumann 2005).

Insgesamt hat die Hoffmann-Forschung in den letzten 20 bis 30 Jahren einen Umfang und eine Vielfalt erreicht, die es schwer machen, die Beiträge systematisch zu bündeln. Zu den genannten Ausrichtungen kommen unterschiedliche, z.T. sehr heterogene Akzente, die etwa das Künstlerthema, die ästhetiktheoretische Bedeutung des Grotesken und des Manierismus, genrespezifische Fragestellungen, die Modernität der fragmentarischen Form, die Ambivalenz von Realismus und fantastischer Konstruktion oder Fragen der Intertextualität betreffen. Des Weiteren kommen die musikalischen Arbeiten und Kompositionen Hoffmanns stärker in den Fokus; das gilt auch für den Juristen Hoffmann.

Die Künstlerthematik ist in der älteren Forschung zumeist auf einen biographischen Aspekt verengt und nur selten in poetologischen oder sozialgeschichtlichen Kontexten gedacht worden. Dies ändert sich ansatzweise mit Peter von Matts Studie *Die Augen der Automaten* (1971), Peter Schneiders Aufsatz *Verbrechen, Künstlertum und Wahnsinn* (1980) und einer *Sandmann*-Lektüre von Jochen Schmidt aus dem Jahr 1981. Schmidt sieht die alchemistischen Praktiken des Vaters und Coppelius' als Analogien zur dichterischen Schöpfung. Er führt dieses Thema in einem Nachwort zu *Das Fräulein von Scuderi* (1986) fort, indem er die Erzählung als – freilich scheiternden – Versuch liest, in der symbolischen Paarung der Scuderi und Cardillacs eine „Versöhnung von wahrer Menschlichkeit und wahrem Künstlertum" (Schmidt 1986, S. 121) zu erreichen. Günter Blamberger verknüpft in seiner Monographie über *Kreativität zwischen Goethezeit und Moderne* (1991) in einem Abschnitt zum *Fräulein von Scuderi* eine poetologische mit einer psychologischen Sicht und fragt *„warum Hoffmann die Bilder des Künstlertums mit denen des Verbrechens kontaminiert hat."* (Blamberger 1991, S. 102f.) Blamberger greift auf die psychoanalytische Figur eines kindlichen Traumas zurück, über die er einen „Perspektivenwechsel" (ebd., S. 115) unterschiedlicher Binnenerzählungen konstruiert. Dies hat auch Lothar Pikulik (1993) zum Dreh- und Angelpunkt seiner Analyse der Erzählung gemacht. Beide stellen den Umstand heraus, dass es eine Erzählung der Mutter ist, aus der Cardillac als Kind von seinem „Trauma" erfahren habe. Aus dieser Erzählung entsteht eine Serie von geschachtelten Erzählungen. Der Ursprung des Verbrechens wie des künstlerischen Ingeniums wird als Ort und Zeit der Traumatisierung metaphorisch umgangen. Von ihm wird nur erzählt: er selbst bleibt im Dunkeln. Nach dem Muster einer ‚stillen Post', so Blamberger, konstituiert Hoffmann eine „Kette von Erzählakten, die sich immer weiter von der Anfangswahrheit entfernen." (ebd., S. 121) Über einen Abgleich unterschiedlicher Diskurse der Liebe und eine psychoanalytische Pointierung der Mutter-Figur hat Kittler diese Lesart radikalisiert: „Das Selbst, das den unerhörten und alle überkommenen Berufe sprengenden Beruf des Künstlers ergreift, ist gar kein Selbst, sondern die Mutter im Unbewußten." (Kittler 1991, S. 208; vgl. Kremer 1999a, S. 150ff.) Die Utopie eines harmonischen Ausgleichs von Künstler und Bürger hat Wulf Segebrecht in der Erzählung *Meister Martin* im Blick. Er hebt die sozialgeschichtliche Präzision hervor, mit der Hoffmann in den drei Gesellen und dem Meister vier unterschiedliche ständische und künstlerische Typen charakterisiert, mit Fluchtpunkt auf den „bürgerlichen Künstler" Friedrich (Segebrecht 1996, S. 146). Über den Begriff der Fantasie stellt auch Hartmut Steinecke das

Künstler-Thema in den Mittelpunkt seiner Hoffmann-Biographie aus dem Jahr 2004: *Die Kunst der Fantasie. E.T.A. Hoffmanns Leben und Werk*.

Die Bedeutung des Grotesken für Hoffmanns Prosa wird in der älteren Forschung nur gelegentlich angesprochen, etwa bei Elli Desalm (1930), Wolfgang Kayser (1957) oder bei Thomas Cramer (1966), in ihrer grundlegenden poetologischen Funktion allerdings erst bei Vitt-Maucher (1984), Kaiser (1985) und in den Kommentaren der von Hartmut Steinecke u.a. seit 1985 edierten Ausgabe des Klassiker Verlages. Den Zusammenhang mit Michail Bachtins Konzept einer frühneuzeitlichen Groteske und eines literarischen Karnevals stellt Kremer in etlichen Beiträgen her. Besonders die *Prinzessin Brambilla* rückt als exemplarischer Fall einer selbstreflexiv in sich verspiegelten karnevalisierten Literatur in den Blick. In *Romantische Metamorphosen* (vgl. Kremer 1993, S. 261 ff.), *Literarischer Karneval* (1995) und in *E.T.A. Hoffmann. Erzählungen und Romane* (1999) wird, im Rückgriff auf Bachtin, die traditionsbildende Funktion frühneuzeitlicher Groteske und Karnevalskultur für Hoffmanns Text beschrieben (vgl. Kremer 1999a, S. 130ff.; Nährlich-Slatewa 1995).

Charakteristisch für die neuere Hoffmann-Forschung ist auch eine grundlegende Umbewertung des *Katers Murr*, die, wie gesagt, vor allem mit Singers Interpretation aus dem Jahr 1963 vorsichtig einsetzte und mit Aufsatzbeiträgen von Steinecke (1977–79) fortgesetzt wurde. Die ältere Forschung begegnete der komplizierten fragmentarischen Struktur zumeist, indem sie sich mit einer – im Hegelschen Sinn – versöhnenden Aufhebung aus der Affäre zog. Dem widerspricht Sarah Kofman (1985) entschieden. Im Sinne Derridas liest sie die Lebensgeschichte des Katers als parodistische Dekonstruktion der Autobiographie. Durch die Verdoppelung des Autors bleibe die Unterscheidung von Mensch und Tier in der Schwebe und problematisiere ein System binärer Oppositionen, das die kulturellen Praktiken des Schreibens und Lesens normiere. Mit der Konfusion zweier Texte sei das Buch als klassischer Raum der Schrift und traditioneller Ort der Lektüre zerrissen, die Identität des Autors als Garant lesbaren Sinns verloren und der Rahmen des Genres Autobiographie gesprengt: „Hybride Schrift streicht alles Eigene aus und vereitelt jegliche ‚Aufhebung' in der Erektion des Einen Portraits" (Kofman 1985, S. 120). Untersuchungen zum Genre des Bildungsromans (vgl. Jacobs 1972, S. 148ff.; Selbmann 1984; Mayer 1992; Stephan 1994), zur ausufernden Intertextualität (vgl. Laußmann 1992), zur Subjekt- und Identitätsproblematik (vgl. Daemmrich 1983; Momberger 1986; Nehring 1986; Blanke 1988) sowie einlässliche Detailuntersuchungen der formalen Komposition (vgl. Keil 1985; Gaskill 1986; Hartmann 1988; Schnell 1989; Swales

1992/1993; Liebrand 1996, Kremer 1999a, S. 212ff.) haben seitdem immer wieder die komplexe, äußerst reflektierte fragmentarische Komposition und radikale Modernität des Katers Murr bestätigt.

In den letzten Jahrzehnten kommen verstärkt auch die musikalische Seite von Hoffmanns künstlerischem Schaffen und seine Praxis als Jurist in den Blick der Forschung. Nach dem Verzeichnis der musikalischen Werke durch Gerhard Allroggen (1970) und der Herausgabe ausgewählter musikalischer Werke durch Georg von Dadelsen und Thomas Kohlhase (1971ff.) sind hier vor allem Allroggens Kommentar (vgl. Hoffmann II/2, S. 704ff.), Klaus-Dieter Dobats *Musik als romantische Illusion* (1984) und Werner Keils Untersuchung *E.T.A. Hoffmann als Komponist* (1986) zu nennen (vgl. auch Keil 1992/93 und 2003a; Müller-Sievers 1989; Leyendecker 1992; Lubkoll 1995; Pohsner 1999). Hoffmanns berufliche Existenz als Kammergerichtsrat ist vereinzelt bereits in den 1960er und 1970er Jahren Thema der Forschung (vgl. Segebrecht 1967; Blomeyer 1978). Seit den achtziger Jahren nimmt die Zahl der Veröffentlichungen deutlich zu; gleichzeitig ist eine Verlagerung des Schwerpunkts auf den Zusammenhang von juristischer und schriftstellerischer Tätigkeit zu beobachten (vgl. Himmel 1976; Ponert 1981; Reuchlein 1985; Mangold 1989 und 1992; Weinholz 1991a; Schadewill 1993; Meier 1994). In jüngster Zeit, parallel zur wieder aufflammenden Debatte um Folter und Folterverbot, sind im Schnittpunkt von juristischer und literaturwissenschaftlicher Forschung einige Aufsätze erschienen, die die Thematisierung der Folter in den Erzählungen Hoffmanns und die entschiedene Ablehnung der Folter in seinen richterlichen Gutachten behandeln (Borgards/Neumeyer 2003; Kramer 2004, S. 166ff.; Kremer 2009).

Für die Forschungslage, die Präsenz der Werke in der Öffentlichkeit sowie ihre Behandlung in Schule und Universität lässt sich ohne Übertreibung feststellen, dass Hoffmann seit den 1980er Jahren zum festen Bestandteil des gehegten literarischen Kanons geworden ist. Neben der stetig steigenden wissenschaftlichen Publikation bestätigen dies auch die zahlreichen Literaturgeschichten der vergangenen drei Jahrzehnte, zahlreiche Einführungs- bzw. Überblicksdarstellungen (vgl. Prang 1976; Feldges/Stadler 1986; Kaiser 1988; Steinecke 1997; Kremer 1998a und 1999; Steinecke 2006), Sammlungen von Interpretationen (vgl. Saße 2004; Neumann 2005); didaktische Aufbereitungen für den Deutschunterricht (vgl. Bönnighausen 1999; Bogdal/Kammler 2000) und eine Reihe von Hoffmann-Biographien (vgl. Günzel 1979; Safranski 1984; Kleßmann 1988; Steinecke 2004). Abgerundet wird das Bild Hoffmanns als romantischer Klassiker durch die von Hartmut Steinecke, Wulf Segebrecht u.a. mustergültig edierte und umfangreich kommentierte Werkausgabe im Deutschen Klassiker Verlag, die 1985 mit dem dritten Band begann und mit dem sechsten Band im Jahr 2004 zum Abschluss kam. Lediglich eine historisch-kritische Gesamtausgabe bleibt, nach dem beinahe einhundert Jahre zurückliegenden fragmentarischen Ansatz von Hans von Müller und abgesehen von Ulrich Hohoffs kritischer Edition des *Sandmanns* (1988), auch zu Beginn des 21. Jahrhunderts ein philologisches Desiderat.

(Detlef Kremer)

Literaturverzeichnis

1. Hoffmann-Ausgaben

Hoffmann, E.T.A: Sämtliche Werke. Historisch-kritische Ausgabe mit Einleitungen, Anmerkungen und Lesarten von Carl Georg von Maassen. Bd. 1–4, 6–10. München/Leipzig 1908ff.
–: Werke in 15 Teilen. Hg. von Georg Ellinger. Berlin u.a. 1912, ²1928.
–: Werke [in 5 Bänden, ohne Bandnummerierung und Herausgeber. Nachworte von Walter Müller-Seidel und Friedrich Schnapp. Anmerkungen von Wolfgang Kron, Wulf Segebrecht und Friedrich Schnapp]. München 1960–1965 u. ö. – Bd. 5 in 2 Teilbänden. Hg. von Friedrich Schnapp 1978 und 1981 [Winkler-Ausgabe].
–: E.T.A. Hoffmanns Briefwechsel, gesammelt und erläutert von Hans von Müller und Friedrich Schnapp. Königsberg bis Leipzig 1794–1814. Hg. von Friedrich Schnapp. 3 Bände. München 1967–1969.
–: Tagebücher. Hg. von Friedrich Schnapp. München 1971.
–: Ausgewählte musikalische Werke. Hg. von Georg von Dadelsen und Thomas Kohlhase. Mainz 1971ff.
–: Juristische Arbeiten. Hg. von Friedrich Schnapp. München 1973.
Schnapp, Friedrich (Hg.): Der Musiker E.T.A. Hoffmann. Ein Dokumentenband (=Hoffmann, E.T.A.: Ausgewählte musikalische Werke, Supplement). Hildesheim 1981.
Hoffmann, E.T.A.: Sämtliche Werke in sechs Bänden. Hg. von Wulf Segebrecht und Hartmut Steinecke unter Mitarbeit von Gerhard Allroggen, Friedhelm Auhuber, Hartmut Mangold, Jörg Petzel und Ursula Segebrecht. Frankfurt am Main 1985ff. [= Hoffmann I–VI]
–: Der Feind. Das fertige Fragment. Bearbeitet von Klaus Deterding. Würzburg ²2002.

2. Bibliographien

Kanzog, Klaus: E.T.A. Hoffmann-Literatur 1966–1969. In: Mitteilungen der Hoffmann-Gesellschaft 16 (1970), S. 28–40.
–: Zehn Jahre E.T.A. Hoffmann-Forschung. E.T.A. Hoffmann-Literatur 1970–1980. In: Mitteilungen der Hoffmann-Gesellschaft 27 (1981), S. 55–103.
Olbrich, Andreas: Bibliographie der Sekundärliteratur über E.T.A. Hoffmann 1981–1993. In: Hoffmann-Jahrbuch 4 (1996), S. 91–141 und 5 (1997), S. 67–119.
Olbrich, Andreas/Pohsner, Anja: Bibliographie der Sekundärliteratur über

E.T.A. Hoffmann 1994–1996 bzw. 1997–1998. In: Hoffmann-Jahrbuch 6 (1998), S. 72–112 und 7 (1999), S. 110–131.

Voerster, Jürgen: 160 Jahre E.T.A. Hoffmann-Forschung 1805–1965. Eine Bibliographie mit Inhaltserfassung und Erläuterungen. Stuttgart 1967.

3. Quellen

Allgemeines Theater-Lexikon oder Enzyklopädie alles Wissenswerthen für Bühnenkünstler, Dilettanten und Theaterfreunde. Hg. von R. Blum u.a. Bd. 4. Altenburg/Leipzig 1841.

Anonymus [Rezension]. In: Allgemeine Literatur-Zeitung 179 (1817), Sp. 596–600.

Baudelaire, Charles: [De l'essence du rire (1855)]. Vom Wesen des Lachens und allgemein von dem Komischen in der Bildenden Kunst. In: Sämtliche Werke/Briefe in acht Bänden. Hg. von Friedhelm Kemp und Claude Pichois in Zusammenarbeit mit Wolfgang Drost. Bd. 1: Juvenilia – Kunstkritik 1832–1846. München 1977, S. 284–305.

Benjamin, Walter: Gesammelte Schriften. Hg. von Rolf Tiedemann und Hermann Schweppenhäuser. Frankfurt am Main 1974ff.

Bernhard, Thomas: Der Theatermacher. Frankfurt am Main 1984.

Bernhardi, August Ferdinand: Sprachlehre. Berlin 1801–1803. Neudruck Hildesheim/New York 1973.

Bodmer, Johann Jakob: Critische Abhandlung von dem Wunderbaren in der Poesie. Faksimiledruck nach der Ausgabe von 1740. Hg. von Wolfgang Bender. Stuttgart 1966.

–: Critische Betrachtungen über die poetischen Gemählde der Dichter [1741]. Frankfurt am Main 1971.

Börne, Ludwig: Sämtliche Schriften in fünf Bänden. Hg. von Inge und Peter Rippmann. Dreieich 1977.

Brentano, Clemens: Werke in vier Bänden. Hg. von Wolfgang Frühwald und Friedhelm Kemp. München ³1980.

Callot, Jacques: Das druckgraphische Werk im Kupferstich-Kabinett zu Dresden. Bearbeitet von Christian Dittrich. Ausstellung 8.11.1992–10.1.1993, Staatliche Kunstsammlungen Dresden 1992.

–: Radierungen aus dem Kupferstichkabinett der Staatlichen Kunsthalle Karlsruhe. Hg. von B. Rommé. Ausstellung 20.5.–27.8.1995. Karlsruhe 1995.

Cervantes, Miguel de Saavedra: Gesamtausgabe in vier Bänden. Bd. I: Exemplarische Novellen. Die Mühen und Leiden des Persiles und der Sigismunda. Hg. und neu übersetzt von Anton M. Rothbauer. Stuttgart 1963.

Conversations-Lexikon oder kurzgefaßtes Handwörterbuch für die in der gesellschaftlichen Unterhaltung aus den Wissenschaften und Künsten vorkommenden Gegenstände. Bd. 2. Amsterdam 1809.

Descartes, René: Meditationes de prima philosophia. In: Œuvres de Descartes. Hg. von Charles Adam und Paul Tannery. Bd. VII. Paris 1904.

Die Wage. Eine Zeitschrift für Bürgerleben, Wissenschaft und Kunst (1918). Heft 1.

Eichendorff, Joseph von: Werke in sechs Bänden. Hg. von Hartwig Schultz u. a. Frankfurt am Main 1987ff.

Fichte, Johann Gottlieb: Sämmtliche Werke. Hg. von I.H. Fichte. Berlin 1846.

Frank, Othmar: Fragmente eines Versuchs über dynamische Spracherzeugung nach Vergleich der Persischen, Indischen und Teutschen Sprachen und Mythen. Nürnberg 1813.

Freud, Sigmund: Gesammelte Werke. Hg. von Anna Freud u. a. Frankfurt am Main 1999.

Goethe, Johann Wolfgang von: Werke. Weimarer Ausgabe. Hg. im Auftrag der Großherzogin Sophie von Sachsen. Weimar 1887ff.

–: Gedenkausgabe der Werke, Briefe und Gespräche. Hg. von Ernst Beutler. Zürich 1948–1954.

Grimm, Jacob: Gedanken über Mythos, Epos und Geschichte. In: Deutsches Museum 3 (1813), S. 53–75 (auch in: Ders.: Kleinere Schriften. Bd. 4. Berlin 1869, S. 74–85).

Härtling, Peter: Hoffmann oder Die vielfältige Liebe. Köln 2001.

Haindorf, Alexander: Versuch einer Pathologie und Therapie der Geistes- und Gemüthskrankheiten. Heidelberg 1811.

Hebbel, Friedrich: Tagebücher in zwei Bänden. Leipzig o.J.

Hegel, Georg Wilhelm Friedrich: Werke in zwanzig Bänden. Hg. von Eva Moldenhauer und Karl Markus Michel. Frankfurt am Main 1970.

–: Differenz des Fichteschen und Schellingschen Systems der Philosophie. Hg. von Werner Marx. Stuttgart 1982.

Heidelberger Jahrbücher der Litteratur 12 (1819), Heft 12.

Heine, Heinrich: Sämtliche Schriften. Hg. von Klaus Briegleb. München 1976.

Herder, Johann Gottfried: Werke in zehn Bänden. Hg. von Günter Arnold, Martin Bollacher u.a. Frankfurt am Main 1988.

–: Abhandlung über den Ursprung der Sprache. Hg. von Wolfgang Proß. München/Wien o.J.

Herders Conversations-Lexikon. Freiburg im Breisgau 1856.

Hitzig, Julius Eduard: Aus Hoffmann's Leben und Nachlaß, hg. von dem Verfasser des Lebens-Abrißes Friedrich Ludwig Zacharias Werners. Berlin 1823.

Hitzig, Julius Eduard/Wilhelm Häring (Hg.): Der neue Pitaval. Eine Sammlung der interessantesten Criminalgeschichten aller Länder aus älterer und neuerer Zeit. Bd. 1. Leipzig 1842.

Hitzig, Julius Eduard: E.T.A. Hoffmanns Leben und Nachlaß. Mit Anmerkungen zum Text und einem Nachwort von Wolfgang Held. Frankfurt am Main 1986.

Hugo, Victor: Théâtre Complet. Paris 1963.

Jacobi, Friedrich Heinrich: Brief an Fichte vom 3.–21. März 1799. In: Appellation an das Publikum. Dokumente zum Atheismusstreit um Fichte, Forberg, Niethammer – Jena 1798/99. Leipzig 1987, S. 153–167.

Jean Paul: Sämtliche Werke. Hg. von Norbert Miller. Abteilung I. München 1960ff.

Kanne, Johann Arnold: Erste Urkunden der Geschichte oder allgemeine Mythologie. Bayreuth 1808.

–: Pantheum der Aeltesten Naturphilosophie, die Religion aller Völker. Tübingen 1811.

Kant, Immanuel: Werke in zehn Bänden. Hg. von Wilhelm Weischedel. Darmstadt 1968.
Kinder-Märchen. Von C.W. Contessa, Friedrich Baron de la Motte Fouqué und E.T.A. Hoffmann. Hg. und mit einem Nachwort von Hans-Heino Ewers. Stuttgart 1987.
Kleist, Heinrich von: Sämtliche Werke und Briefe. Hg. von Ilse Marie Barth u. a. Frankfurt am Main 1986ff.
Kubin, Alfred: Aus meinem Leben. Gesammelte Prosa mit 73 Zeichnungen. Hg. von Ulrich Riemerschmidt. München 1977.
Kunz, Carl Friedrich [=Z. Funck]: Erinnerungen aus meinem Leben in biographischen Denksteinen und andern Mittheilungen. Bd. 1: Aus dem Leben zweier Dichter: Ernst Theodor Wilhelm Hoffmann's und Friedrich Gottlob Wetzel's. Leipzig 1836, S. 1–172.

La Mettrie, Julien Offray de: Der Mensch eine Maschine (1747). In: Künstliche Menschen. Über Golems, Homunculi, Androiden und lebende Statuen. Hg. von Klaus Völker. Frankfurt am Main 1994, S. 78–102.
Lavater, Johann Kaspar: Physiognomische Fragmente. Leipzig/Winterthur 1775ff.
Lessing, Gotthold Ephraim: Werke in 8 Bänden. Hg. von Herbert G. Göpfert. Darmstadt 1996.
Lichtenberg, Georg Christoph: Vermischte Schriften. Neue vermehrte, von dessen Söhnen veranstaltete Original-Ausgabe. Acht Bände. Göttingen 1844.
–: Erklärungen der Hogarthschen Kupferstiche [1786]. Frankfurt am Main 1991.
Lomazzo, Giovanni Paolo: Trattato dell'arte della Pittura. Mailand 1584. Nachdruck: Hildesheim 1968.

Mann, Thomas: Briefe an Otto Grauthoff 1894–1901 und Ida Boy-Ed 1903–1928. Hg. von Peter de Mendelssohn. Frankfurt am Main 1975.
Mehring, Franz: Die verlorene Bibliothek. Autobiographie und Kultur. Hamburg 1952.
Meyrink, Gustav: Der Golem [1915]. München 1989.
Mörike, Eduard: Historisch-kritische Ausgabe. Hg. von Hans-Henrik Krummacher, Herbert Meyer und Bernhard Zeller. Stuttgart 1967ff.
Moritz, Karl Philipp: Grundlinien zu einem ohngefähren Entwurf in Rücksicht auf die Seelenkrankheitskunde. In: Karl Philipp Moritz: Die Schriften in dreißig Bänden. Hg. von Petra und Uwe Nettelbeck. Nördlingen 1986.
Müller, Hans von (Hg.): Das Kreislerbuch. Texte, Compositionen und Bilder von E.T.A. Hoffmann. Leipzig 1903.
–: E.T.A. Hoffmann im persönlichen und brieflichen Verkehr. Bd. 2. Berlin 1912.
Müller, Wilhelm: Rezension zu *Die Geheimnisse*. In: Literarisches Conversations-Blatt. Nr. 3 (1822), S. 11.

Novalis: Werke, Tagebücher und Briefe Friedrich von Hardenbergs. Hg. von Hans-Joachim Mähl und Richard Samuel. München/Wien 1978.

Paracelsus: Vom Licht der Natur und des Geistes. Eine Auswahl aus dem Gesamtwerk. Stuttgart 1993.
Perutz, Leo: St. Petri-Schnee [1933]. München 2005 (=2005a).
–: Wohin rollst du Äpfelchen … [1928]. München 2005 (=2005b).

Pinel, Philippe: Philosophisch-medicinische Abhandlung über Geistesverwirrungen oder Manie. Übersetzt und mit Anmerkungen versehen von Michael Wagner. Wien 1801.
Poe, Edgar Allan: Complete Works of Edgar Allan Poe. Hg. von James A. Harrison. Bd. 16. New York 1965.
–: Collected Works of Edgar Allan Poe. Bd. 2. Tales and Sketches, 1831–1842. Hg. von Thomas O. Mabbott. Cambridge/London 1978.
Pöhlmann, Johannes: Meine Schreiblectionen, oder praktische Anweisung für Schullehrer, welche den ersten Unterricht im Schönschreiben zugleich als Verstandesübung benützen wollen. Fürth 1803.

Reil, Johann Christian: Rhapsodieen über die Anwendung der psychischen Curmethode auf Geisteszerrüttungen. Halle 1803. Nachdruck: Amsterdam 1968.
Richer, François: Causes célèbres et intéressantes avec les jugements qui les ont décidées. Bd. IV. Amsterdam 1773.
Ritter, Johannes Wilhelm: Fragmente aus dem Nachlasse eines jungen Physikers. Ein Taschenbuch für Freunde der Natur [1810]. Leipzig und Weimar 1984.
Rogge, Helmut: Der Doppelroman der Berliner Romantik. Zum ersten Male hg. und mit Erläuterungen dargestellt von Helmuth Rogge. Leipzig 1926. Nachdruck: Hildesheim u. a. 1999.
Rückert, Friedrich: Briefe. Hg. von Rüdiger Rückert. Bd. 1. Schweinfurt 1977.
–: Dissertatio philologico-philosophica de idea philologiae. Jena 1811. Dt. in: Friedrich Rückerts *De idea philologiae* als dichtungstheoretische Schrift und Lebensprogramm. Hg. von Claudia Wiener. Schweinfurt 1994, S. 173–285.

Schelling, Friedrich Wilhelm Joseph: Ausgewählte Schriften in sechs Bänden. Hg. von Manfred Frank. Frankfurt am Main 1985.
Schiller, Friedrich: Werke. Nationalausgabe. Begründet von Julius Petersen. Hg. von Lieselotte Blumenthal und Benno von Wiese. Weimar 1943ff.
Schlegel, August Wilhelm: Sämmtliche Werke. 12 Bände. Hg. von Eduard Böcking. Leipzig 1846/1847.
–: Kritische Schriften und Briefe. Hg. von Edgar Lohner. Stuttgart/Berlin/Köln/Mainz 1962ff.
Schlegel, Friedrich: Kritische Ausgabe in 35 Bänden. Hg. von Ernst Behler unter Mitwirkung von Jean-Jacques Anstett und Hans Eichner. München/Paderborn/Wien 1958ff.
Schnapp, Friedrich (Hg.): E.T.A. Hoffmann in Aufzeichnungen seiner Freunde und Bekannten. München 1974.
Schubert, Gotthilf Heinrich: Ansichten von der Nachtseite der Naturwissenschaft. Dresden 1808.
–: Die Symbolik des Traumes. Bamberg 1814.
Spieß, Christian Heinrich: Biographien der Wahnsinnigen [1796–1803]. Mit 27 zeitgenössischen Illustrationen. Hg. von Wolfgang Promies. Neuwied/Berlin 1966.
Steiner-Prag, Hugo: Festgabe anläßlich der Gedächtnisausstellung zum 75. Geburtstag. Bearbeitet von Franz Hadamowsky und Josef Mayerhöfer. Wien 1955.
–: Aquarelle, Zeichnungen, Graphik, Buchkunst. Galerie der Stadt Esslingen, Villa Merkel. Eine Ausstellung der Künstlergilde [Katalog: Ernst Schremmer]. Esslingen 1981.

Sterne, Lawrence: Empfindsame Reise durch Frankreich und Italien. Hg. von Wedigo Michael Schwarz. München o.J.
Sulzer, Johann Georg: Allgemeine Theorie der schönen Künste. Erster Theil. Leipzig 1771.
Tieck, Ludwig: Schriften in 28 Bänden. Berlin 1828ff.
–: Schriften in zwölf Bänden. Hg. von Manfred Frank u.a. Frankfurt am Main 1985ff.
–: Der gestiefelte Kater. Kindermärchen in drei Akten. Mit Zwischenspielen, einem Prologe und Epiloge. Hg. von Helmut Kreuzer. Stuttgart 1996.
–: Die Elfen. In: Märchen aus dem Phantasus. Hg. von Walter Münz. Stuttgart 2003.
Valéry, Paul: Cahiers/Hefte. Bd. 6. Hg. von Hartmut Köhler und Jürgen Schmidt-Radefeldt. Frankfurt am Main 1993.
Villiers de L'Isle-Adam, Auguste: L'Ève future [1886]. Nouvelle édition. Paris 1928.
Vollmann, J.: Burschicoses Wörterbuch. Oder: Erklärung aller im Studentenleben vorkommenden Sitten, Ausdrücke, Wörter, Redensarten und des Comments, nebst Angabe der auf allen Universitäten bestehenden Corps, ihrer Farben und der Kneipen. Bd. 1 und 2. o. O. 1846.
Voss, Heinrich: Briefwechsel zwischen Heinrich Voss und Jean Paul. Hg. von Abraham Voss. Heidelberg 1833.
–: Briefe von Heinrich Voss. Hg. von Abraham Voss. Bd. 2. Heidelberg 1834.

Wackenroder, Wilhelm: Sämtliche Werke und Briefe. Historisch-kritische Ausgabe. Hg. von Silvio Vietta und Richard Littlejohns. Heidelberg 1991.
Wackenroder, Wilhelm/Ludwig Tieck: Herzensergießungen eines kunstliebenden Klosterbruders (1797). Stuttgart 1991.
Walch, Johann Georg: Philosophisches Lexicon. Leipzig 1726.
Wetzel, Friedrich Gottlob: Rezension zu *Die Serapions-Brüder*. In: Heidelbergische Jahrbücher der Litteratur 8, Nr. 66 (1815), S. 1041–1056.
Wiegleb, Johann Christian: Die natürliche Magie. 20 Bände. Berlin/Stettin 1782ff.

4. Forschungsliteratur

Aichinger, Ingrid: E.T.A. Hoffmanns Novelle *Der Sandmann* und die Interpretation Sigmund Freuds. In: Zeitschrift für deutsche Philologie 95 (1976), S. 113–132.
Albrecht, Michael von: Die Verwandlung bei E.T.A. Hoffmann und bei Ovid. In: Antike und Abendland 10 (1991), S. 161–180.
Alefeld, Yvonne-Patricia: Göttliche Kinder. Die Kindheitsideologie in der Romantik. Paderborn/München/Wien/Zürich 1996.
Alewyn, Richard: Der Ursprung des Detektivromans. In: Ders. (Hg.): Probleme und Gestalten. Frankfurt am Main 1974, S. 341–360.
Alexander, Franz G./Sheldon T. Selesnick: Geschichte der Psychiatrie. Zürich 1969.
Allen, Oliver E.: Pfropfen und Beschneiden. Time-Life Handbuch der Gartenkunde. Amsterdam 1980.
Allroggen, Gerhard: E.T.A. Hoffmanns Kompositionen. Ein chronologisch-thematisches Verzeichnis seiner musikalischen Werke mit einer Einführung. Regensburg 1970.

Almond, Michael: Les sonates pour piano d'E.T.A. Hoffmann. In: Alain Montandon (Hg.): E.T.A. Hoffmann et la musique. Actes du colloque international de Clermont-Ferrand. Bern 1987, S. 149–158.
Alt, Peter-André: Der Schlaf der Vernunft. Literatur und Traum in der Kulturgeschichte der Neuzeit. München 2002.
Alt, Peter-André/Christiane Leiteritz (Hg.): Traum-Diskurse der Romantik. Berlin/New York 2005.
Althaus, Thomas (Hg.): Kleinbürger. Zur Kulturgeschichte des begrenzten Bewußtseins. Tübingen 2001.
–: Strategien enger Lebensführung. Das endliche Subjekt und seine Möglichkeiten im Roman des 19. Jahrhunderts. Hildesheim 2003.
Ament, Wilhelm: E.T.A. Hoffmann und E.T.A. Hoffmann-Gesellschaft. In: Mitteilungen der Hoffmann-Gesellschaft 1 (1938/1939), Heft 1, S. 3–7.
Andriopoulos, Stefan: The Invisible Hand: Supernatural Agency in Political Economy and the Gothic Novel. In: English Literary History 66 (1999), S. 739–758.
Arendt, Dieter: Der romantische Philister und seine blutleeren Wiedergänger. In: Dietmar Jacobsen (Hg.): Kontinuität und Wandel, Apokalyptik und Prophetie. Frankfurt am Main 2001, S. 29–59.
Auhuber, Friedhelm: In einem fernen dunklen Spiegel. E.T.A. Hoffmanns Poetisierung der Medizin. Opladen 1986.

Bachtin, Michail: Die Ästhetik des Wortes. Hg. von Rainer Grübel. Frankfurt am Main 1979.
–: Probleme der Poetik Dostojevskijs. Frankfurt am Main/Berlin/Wien 1985.
–: Rabelais und seine Welt. Volkskultur als Gegenkultur. Frankfurt am Main 1987.
–: Literatur und Karneval. Zur Romantheorie und Lachkultur. Frankfurt am Main 1990.
Bär, Gerald: Das Motiv des Doppelgängers als Spaltungsphantasie in der Literatur und im deutschen Stummfilm. Amsterdam 2005.
Baeumler, Alfred: Studien zur deutschen Geistesgeschichte. Berlin 1937.
Barkhoff, Jürgen: Magnetische Fiktionen. Literarisierung des Mesmerismus in der Romantik. Stuttgart/Weimar 1995.
–: Inszenierung – Narration – *his story*. Zur Wissenspoetik im Mesmerismus und in E.T.A. Hoffmanns *Das Sanctus*. In: Gabriele Brandstetter/Gerhard Neumann (Hg.): Romantische Wissenspoetik. Die Künste und die Wissenschaften um 1800. Würzburg 2004, S. 91–122.
–: Geschlechteranthropologie und Mesmerismus. Literarische Magnetiseurinnen bei und um E.T.A. Hoffmann. In: Gerhard Neumann (Hg.): ‚Hoffmaneske Geschichte'. Zu einer Literaturwissenschaft als Kulturwissenschaft. Würzburg 2005, S. 15–42.
Barth, Johannes: Der höllische Philister. Die Darstellung des Teufels in Dichtungen der deutschen Romantik. Trier 1993.
–: „So etwas kann denn doch wohl der Onkel niemals zu Stande bringen." Ästhetische Selbstreflexion in E.T.A. Hoffmanns Kindermärchen *Nußknacker und Mausekönig*. In: Hoffmann-Jahrbuch 3 (1995), S. 7–14.
Barthes, Roland: Schriftsteller und Schreiber. In: Literatur oder Geschichte. Frankfurt am Main 1969, S. 44–53.

–: Variation sur l'écriture [1973]. In: Œuvres complètes. Tome II: 1966–1973. Hg. von Éric Marty. Paris 1994, S. 1535–1574.
–: S/Z. Frankfurt am Main 1976.
Beardsley, Monroe C.: Verse and Music. In: Versification. Major language types. Hg. von W. K. Wimsatt. New York 1972, S. 238–252.
Becker, Allienne R.: *Alice Doane's Appeal*: A Literary Double of Hoffmann's *Die Elixiere des Teufels*. In: Comparative Literature Studies 23 (1986), S. 1–11.
Béguin, Albert: Traumwelt und Romantik. Versuch über die romantische Seele in Deutschland und in der Dichtung Frankreichs. Bern 1972.
Behler, Ernst: Friedrich Schlegels Theorie der Universalpoesie. In: Jahrbuch der deutschen Schillergesellschaft 1 (1957), S. 211–252.
–: Klassische Ironie, romantische Ironie, tragische Ironie. Zum Ursprung dieser Begriffe. Darmstadt 1972.
Behrens, Rudolf: Die Spur des Körpers. Zur Kartographie des Unbewußten in der französischen Frühaufklärung. In: Hans-Jürgen Schings (Hg.): Der ganze Mensch. Anthropologie und Literatur im 18. Jahrhundert. Stuttgart 1994, S. 561–583.
Behrmann, Alfred: Zur Poetik des Kunstmärchens. In: Zeitschrift für Literaturwissenschaft und Linguistik. Beiheft 8. Hg. von Wolfgang Haubrichs. Göttingen 1978.
–: Was geschieht in der *Prinzessin Brambilla*? In: Ders. (Hg.): Wörterwelten. Kleine Schriften zur Sprache und Literatur. Berlin 2002, S. 287–308.
Belgardt, Raimund: Der Künstler und die Puppe. Zur Interpretation von Hoffmanns *Der Sandmann*. In: German Quarterly 42 (1969), S. 686–700.
Benz, Richard: Die deutsche Romantik. Geschichte einer geistigen Bewegung. Leipzig 1937.
Bergengruen, Maximilian: Die heitere Therapie. Persönlichkeitsspaltung und Groteske in E.T.A. Hoffmanns *Prinzessin Brambilla*. In: Martin Hedinger (Hg.): Das Groteske. Freiburg/Schweiz 2005, S. 119–142.
Bergengruen, Werner: E.T.A. Hoffmann. Stuttgart ²1941.
Bergström, Stefan: Between Real and Unreal. A Thematic Study of E.T.A. Hoffmann's *Die Serapionsbrüder*. New York 2000.
Berkowski, Naum Jakowlewitsch: Die Romantik in Deutschland. Leipzig 1979.
Berthold, Christian: Fiktion und Vieldeutigkeit. Zur Entstehung moderner Kulturtechniken des Lesens im 18. Jahrhundert. Tübingen 1993.
Billaz, André: Diderot – Hoffmann – Hugo: *Le neveu de Rameau, Prinzessin Brambilla, L'homme qui rit ou les métamorphoses du bouffon des Lumières au Romantisme*. In: Beiträge zur romanischen Philologie 24 (1985), Heft 2, S. 305–310.
Billy, Ted: Optics and Imagery. Hoffmann's *Sand-Man* and Joyce's *Portrait*. In: Irish Renaissance Annual 4 (1983), S. 110–117.
Blamberger, Günter: Das Geheimnis des Schöpferischen oder: Ingenium est ineffabile? Studien zur Literaturgeschichte der Kreativität zwischen Goethezeit und Moderne. Stuttgart 1991.
Blanke, Hans-Jürgen: Ich und Welt im Roman des 19. Jahrhunderts. Frankfurt am Main 1988.
Blomeyer, Arwed: E.T.A. Hoffmann als Jurist. Berlin/New York 1978.
Bloom, Harold: The Anxiety of Influence. A theory of poetry. New York 1973.
–: A Map of Misreading. New York 1975.

Blumenberg, Hans: Wirklichkeitsbegriff und Möglichkeit des Romans. In: Hans Robert Jauß (Hg.): Poetik und Hermeneutik. Bd. 1: Nachahmung und Illusion. München ²1969, S. 9–27.
–: Die Lesbarkeit der Welt. Frankfurt am Main 1981.
Böhme, Hartmut: Romantische Adoleszenzkrisen. Zur Psychodynamik der Venuskultnovellen von Tieck, Eichendorff und E.T.A. Hoffmann. In: Klaus Bohnen (Hg.): Literatur und Psychoanalyse. Kopenhagen 1981, S. 133–176.
–: Geheime Macht im Schoß der Erde. Das Symbolfeld des Bergbaus zwischen Sozialgeschichte und Psychohistorie. In: Ders. (Hg.): Natur und Subjekt. Frankfurt am Main 1988, S. 67–144.
Bönnighausen, Marion: E.T.A. Hoffmann: *Der Sandmann/Das Fräulein von Scuderi*. Oldenbourg Interpretationen. München 1999.
Boerner, Peter: Tagebuch. Stuttgart 1969.
Bogdal, Klaus-Michael/Clemens Kammler: (K)ein Kanon. 30 Schulklassiker neu gelesen. München 2000.
Bohrer, Karl Heinz: Die Ästhetik des Schreckens. Die pessimistische Romantik und Ernst Jüngers Frühwerk. Frankfurt am Main/Berlin/Wien 1983.
–: Die Kritik der Romantik. Frankfurt am Main 1989.
Boje, Bernhild: Der zärtliche Haubenstock und die schöne Automate: Zur weiblichen Kunstfigur in der Romantik. In: Seminar 20 (1984), S. 284–297.
Boldt, Arnold: Über die Stellung und Bedeutung der *Rhapsodien über die Anwendung der psychischen Curmethode auf Geisteszerrüttungen* von Johann Christian Reil (1759–1813) in der Geschichte der Psychiatrie. Berlin o.J.
Bomhoff, Katrin: Zur Bedeutung der *Balli di Sfessania* Callots für E.T.A. Hoffmanns *Prinzessin Brambilla*. In: Jacques Callot (1592–1635). Das druckgraphische Werk im Kupferstich-Kabinett zu Dresden. Bearbeitet von Christian Dittrich. Ausstellung 8.11.1992–10.1.1993, Staatliche Kunstsammlungen Dresden 1992, S. 20–25.
–: Bildende Kunst und Dichtung. Die Selbstinterpretation E.T.A. Hoffmanns in der Kunst Jacques Callots und Salvator Rosas. Freiburg im Breisgau 1999.
Borgards, Roland/Harald Neumeyer: Familie als Exekutionsraum. E.T.A. Hoffmanns *Ignaz Denner* und die Debatten um Verhör, Folter, Todesstrafe und Hinrichtung. In: Internationales Archiv für Sozialgeschichte der deutschen Literatur 28 (2003), Heft 2, S. 152–189.
Boss, Bettina: Die Rolle des Erzählers bei E.T.A. Hoffmann. University of New South Wales, Australia 1978 [Diss.].
Brandstetter, Gabriele: Die Stimme und das Instrument. Mesmerismus als Poetik in E.T.A. Hoffmanns *Rat Krespel*. In: Dies. (Hg.): Jacques Offenbachs *Hoffmanns Erzählungen*. Konzeption, Rezeption, Dokumentation. Laaber 1988, S. 15–38.
–: Transkription in Tanz. E.T.A. Hoffmanns Märchen *Nußknacker und Mausekönig* und Marius Petipas Ballett-Szenario. In: Günter Oesterle (Hg.): Jugend – ein romantisches Konzept? Würzburg 1997, S. 161–181.
Brandstetter, Gabriele/Gerhard Neumann (Hg.): Romantische Wissenspoetik. Die Künste und die Wissenschaften um 1800. Würzburg 2004.
Brecht, Christoph: Die gefährliche Rede. Sprachreflexion und Erzählstruktur in der Prosa Ludwig Tiecks. Tübingen 1993.
Brinkmann, Richard: Romantische Dichtungstheorie in Friedrich Schlegels Frühschriften und Schillers Begriffe des Naiven und Sentimentalischen. In: Deutsche

Vierteljahrsschrift für Literaturwissenschaft und Geistesgeschichte 32 (1958), S. 344–372.
Brittnacher, Hans Richard: Ästhetik des Horrors. Gespenster, Vampire, Monster, Teufel und künstliche Menschen in der phantastischen Literatur. Frankfurt am Main 1994.
Brüggemann, Heinz: Die Genrebilder der Stadt und das ‚wirkliche Schauen' der Poesie. E.T.A. Hoffmanns *Des Vetters Eckfenster*. In: Ders.: „Aber schickt keine Poeten nach London!" Großstadt und literarische Wahrnehmung im 18. und 19. Jahrhundert. Texte und Interpretationen. Reinbek 1985, S. 173–187.
–: Das andere Fenster: Einblicke in Häuser und Menschen. Zur Literaturgeschichte einer urbanen Wahrnehmungsform. Frankfurt am Main 1989.
Brzoska, Matthias: La symphonie en *Mi* bémol et la catégorie de la ‚Besonnenheit'. In: Alain Montandon (Hg.): E.T.A. Hoffmann et la musique. Actes du colloque international de Clermont-Ferrand. Bern 1987, S. 149–158.
–: Das ‚Anscheinende' der ‚Willkür'. E.T.A. Hoffmanns Es-Dur-Symphonie und seine Beethoven-Deutung. In: Musiktheorie 3/2 (1988), S. 141–155.
Bunia, Remigius: Die Stimme der Typographie. Überlegungen zu den Begriffen ‚Erzähler' und ‚Paratext', angestoßen durch die *Lebens-Ansichten des Katers Murr* von E.T.A. Hoffmann. In: Poetica 37 (2005), S. 373–392.

Caillois, Roger: Das Bild des Phantastischen. Vom Märchen bis zur Science Fiction (1966). In: Rein A. Zondergeld (Hg.): Phaïcon 1. Almanach der phantastischen Literatur. Frankfurt am Main 1974, S. 44–83.
Campe, Rüdiger: Die Schreibszene. Schreiben. In: Hans Ulrich Gumbrecht/Karl Ludwig Pfeiffer (Hg.): Paradoxien, Dissonanzen, Zusammenbrüche. Situationen offener Epistemologie. Frankfurt am Main 1991, S. 759–772.
Carrera, Roland/Dominique Loiseau/Olivier Roux: Androiden. Die Automaten von Jaquet-Drox. Lausanne 1979.
Cercignani, Fausto: E.T.A. Hoffmann, Italien und die romantische Auffassung der Musik. In: Sandro M. Moraldo (Hg.): Das Land der Sehnsucht. E.T.A. Hoffmann und Italien. Heidelberg 2002, S. 9–23.
Černy, Johann: Jean Pauls Beziehungen zu E.T.A. Hoffmann. Mies 1908.
Červenka, Miroslav: Textologie und Semiotik. In: Gunter Martens/Hans Zeller (Hg.): Texte und Varianten. Probleme ihrer Edition und Interpretation. München 1971, S. 143–163.
Chon-Choe, Min Suk: E.T.A. Hoffmanns Märchen *Meister Floh*. Frankfurt am Main/Bern/New York 1986.
Cixous, Hélène: La fiction et ses fantômes. Une lecture de l'*Unheimliche* de Freud. In: Dies. (Hg.): Prénoms de personne. Paris 1974, S. 13–106.
Cobb, Palmer: The Influence of E.T.A. Hoffmann on the Tales of Edgar Allan Poe. Chapel Hill 1908.
Cometa, Michele: Hoffmann und die italienische Kunst. In: Sandro M. Moraldo (Hg.): Das Land der Sehnsucht. E.T.A. Hoffmann und Italien. Heidelberg 2002, S. 105–126.
–: Descrizione e desiderio. I quadri viventi di E.T.A. Hoffmann. Rom 2005.
Conrad, Horst: Die literarische Angst. Das Schreckliche in Schauerromantik und Detektivgeschichte. Düsseldorf 1974.

–: Deutsche Literaturgeschichte. Von den Anfängen bis zur Gegenwart. Stuttgart/Weimar ⁶2001.
Corbineau-Hoffmann, Angelika: Einführung in die Komparatistik. Berlin 2000.
Coulmas, Florian: Über Schrift. Frankfurt am Main 1982.
Cramer, Thomas: Das Groteske bei E.T.A. Hoffmann. München 1966.
Crabtree, Adam: From Mesmer to Freud. Magnetic Sleep and the Roots of Psychological Healing. New Haven/London 1993.

Dahlhaus, Carl: E.T.A. Hoffmanns Beethoven-Kritik und die Ästhetik des Erhabenen. In: Archiv für Musikwissenschaft 38 (1981), Heft 2, S. 79–92.
–: Zur Entstehung der romantischen Bach-Deutung (1978). In: Ders. (Hg.): Klassische und romantische Musikästhetik. Laaber 1988, S. 121–140.
Dahmen, Hans: E.Th.A. Hoffmann und G.H. Schubert. In: Literaturwissenschaftliches Jahrbuch der Görres-Gesellschaft 1 (1926), S. 62–111.
–: E.T.A. Hoffmanns Weltanschauung. Marburg 1929.
Dällenbach, Lucien/Christiaan L. Hart Nibbrig: Fragmentarisches Vorwort. In: Dies. (Hg.): Fragment und Totalität. Frankfurt am Main 1984, S. 7–17.
Daemmrich, Horst S.: The Shattered Self. E.T.A. Hoffmanns Tragic Vision. Detroit 1973.
–: E.T.A. Hoffmann. *Kater Murr*. In: Paul Michael Lützeler (Hg.): Romane und Erzählungen zwischen Romantik und Realismus. Neue Interpretationen. Stuttgart 1983, S. 73–93.
Dammann, Günter: Antirevolutionärer Roman und romantische Erzählung. Vorläufige konservative Motive bei Christian A. Vulpius und E.T.A. Hoffmann. Kronberg/Taunus 1975.
Darnton, Robert: Mesmerism and the End of the Enlightenment in France. Cambridge 1968.
de Man, Paul: The Rhetoric of Romanticism. New York 1984.
–: Die Ideologie des Ästhetischen. Hg. von Christoph Menke. Frankfurt am Main 1993.
Debryn, Carmen: Vom Lied zum Kunstlied. Eine Studie zu Variation und Komposition im Lied des frühen 19. Jahrhunderts. Göppingen 1983.
Dechant, Hermann: E.T.A. Hoffmanns Oper *Aurora*. Regensburg 1975.
Deichfelder, Karl: Geschichte der Medizin. Skizzen aus 2500 Jahren Heilkunde. Wiesbaden 1985.
Derrida, Jacques: La Dissémination. Paris 1972.
–: Signatur Ereignis Kontext [1972]. In: Ders.: Limited Inc. Wien 2001, S. 15–45.
Desalm, Elli: E.T.A. Hoffmann und das Groteske. Remscheid 1930.
Deterding, Klaus: Das allerwunderbarste Märchen. E.T.A. Hoffmanns Dichtung und Weltbild. Würzburg 2003.
Dierse, U./R. Kuhlen: Anschauung, intellektuelle. In: Historisches Wörterbuch der Philosophie. Hg. von Joachim Ritter. Bd. 1. Darmstadt 1971, Sp. 349–351.
Dieterle, Bernard: Erzählte Bilder. Zum narrativen Umgang mit Gemälden. Marburg 1988.
Dietsch, Steffen: Gotthilf Heinrich Schubert. In: Naturphilosophie nach Schelling. Hg. von Thomas Bach und Olaf Breidbach. Stuttgart 2005, S. 673–699.
Dilthey, Wilhelm: Das Erlebnis und die Dichtung. Göttingen ¹⁴1965.
Dobat, Klaus-Dieter: Musik als romantische Illusion. Eine Untersuchung zur Be-

deutung der Musikvorstellung E.T.A. Hoffmanns für sein literarisches Werk. Tübingen 1984.
Dohm, Burkhard: Das unwahrscheinliche Wahrscheinliche. Zur Plausibilisierung des Wunderbaren in E.T.A. Hoffmanns *Das Fräulein von Scuderi*. In: Deutsche Vierteljahrsschrift für Literaturwissenschaft und Geistesgeschichte 73 (1999), Heft 2, S. 289–318.
Döring, Thomas: William Hogarth zum 300. Geburtstag. Beilage zu: William Hogarth zum 300. Geburtstag. Ausstellung seiner Graphik im Herzog Anton Ulrich-Museum Braunschweig. 6.11.1997–1.2.1998. Braunschweig 1998 (o. S.).
Dörner, Klaus: Bürger und Irre. Zur Sozialgeschichte und Wissenschaftssoziologie der Psychiatrie. Frankfurt am Main 1975.
Dose, Klaus Dieter: The Reception of E.T.A. Hoffmann in the United States 1940–1976. New York 1980 (Diss.).
Dotzler, Bernhard J.: „Dem Geist stehen die Geister bei". Zur ‚Gymnastik' E.T.A. Hoffmanns. In: Jürgen Fohrmann/Harro Müller (Hg.): Diskurstheorien und Literaturwissenschaft. Frankfurt am Main 1988, S. 365–399.
Dotzler, Bernhard J./Peter Gendolla/Jörgen Schäfer: MaschinenMenschen. Eine Bibliographie. Frankfurt am Main/Bern/New York/Paris 1992.
Drux, Rudolf: Marionette Mensch. Ein Metaphernkomplex und sein Kontext von Hoffmann bis Büchner. München 1986.
Drux, Rudolf (Hg.): Die lebendige Puppe. Erzählungen aus der Zeit der Romantik. Frankfurt am Main 1986.
–: Menschen aus Menschenhand. Zur Geschichte der Androiden, Texte von Homer bis Asimov. Stuttgart 1988.
Drux, Rudolf: E.T.A. Hoffmanns Version der ‚Fabel vom Prometheus'. In: Hoffmann-Jahrbuch 1 (1992/93), S. 80–90.
Dücker, Burkhard: Brief. In: Walther Killy (Hg.): Literaturlexikon. Bd. 13: Begriffe. Realien. Methoden. Hg. von Volker Meid. Gütersloh 1992, S. 124–129.
Dürr, Walther: Sprache und Musik. Geschichte – Gattungen – Analysemodelle. Kassel 1994.
Durst, Uwe: Theorie der phantastischen Literatur. Tübingen/Basel 2001.

Eckhardt, Wolfgang U.: Vom Wahn zum Wahnsinn. Anmerkungen zur Begriffsgeschichte einer Störung der Wahrnehmung in Medizin- und Kulturgeschichte vom Mittelalter bis ins frühe 20. Jahrhundert. In: Silke Leopold/Agnes Speck (Hg.): Hysterie und Wahnsinn. Heidelberg 2000, S. 10–30.
Eggers, Michael: Erzählungen aus dem ‚Zwischenreich'. Über Räumlichkeit, Stimme und Tod in E.T.A. Hoffmanns *Rat Krespel* und Edgar Allan Poes *The Fall of the House of Usher*. In: Lektüren des Imaginären. Bildfunktionen in Literatur und Kultur. Hg. von Erich Kleinschmidt und Nicolas Pethes. Köln u. a. 1999.
Egli, Gustav: E.T.A. Hoffmann. Ewigkeit und Endlichkeit in seinem Werk. Zürich u. a. 1927.
Ego, Anneliese: Magnetische Auftritte – ideologische Konflikte. Zur Problematik eines medizinischen Konzeptes im Zeitalter der Aufklärung. In: Hans-Jürgen Schings (Hg.): Der ganze Mensch. Anthropologie und Literatur im 18. Jahrhundert. Stuttgart 1994, S. 187–213.
Eicher, Thomas: „Mit einem Blick das ganze Panorama des grandiosen Platzes".

Panoramatische Strukturen in *Des Vetters Eckfenster*. In: Poetica 25 (1993), S. 360–377.
Eilert, Heide: Theater in der Erzählkunst. Eine Studie zum Werk E.T.A. Hoffmanns. Tübingen 1977.
–: Eduard Mörike: *Maler Nolten*. In: Romane des 19. Jahrhunderts. Stuttgart 1992, S. 250–279.
Eisner, Lotte H.: Die dämonische Leinwand. Hg. von Hilmar Hoffmann und Walter Schobert. Frankfurt am Main 1980.
Ellenberger, Henry F.: Die Entdeckung des Unbewußten. Bd. 1. Bern/Stuttgart/Wien 1973.
Elling, Barbara: Leserintegration im Werk E.T.A. Hoffmanns. Bern/Stuttgart 1973.
Ellinger, Georg: E.T.A. Hoffmann. Sein Leben und seine Werke. Hamburg/Leipzig 1894.
Ellis, John M.: Clara, Nathanael and the Narrator: Interpreting Hoffmann's *Der Sandmann*. In: German Quarterly 54 (1981), S. 1–18.
Engel, Manfred: Naturphilosophisches Wissen und romantische Literatur – am Beispiel von Traumtheorie und Traumdichtung der Romantik. In: Lutz Danneberg/Friedrich Vollhardt (Hg.): Wissen in Literatur im 19. Jahrhundert. Tübingen 2002, S. 65–91.
Engelhardt, Dietrich von: Schuberts Stellung in der romantischen Naturforschung. In: Alice Rössler (Hg.): Gotthilf Heinrich Schubert. Gedenkschrift zum 200. Geburtstag des romantischen Naturforschers. Erlangen 1980, S. 11–36.
–: Prinzipien und Ziele der Naturphilosophie Schellings. Situation um 1800 und spätere Wirkungsgeschichte. In: Ludwig Hasler (Hg.): Schelling. Seine Bedeutung für eine Philosophie der Natur und Geschichte. Stuttgart 1981, S. 77–98.
Erné, Nino: Hoffmann in Italien. In: Mitteilungen der Hoffmann-Gesellschaft 16 (1970), S. 19–27.
Essen, Gesa von: Die Subversion der Wohlabgegrenztheit – das Exzentrische in E.T.A. Hoffmanns *Prinzessin Brambilla*. In: Karol Sauerland (Hg.): Das Subversive in der Literatur, die Literatur als das Subversive. Torún 1998, S. 49–68.
Ewers, Hans-Heino: Kindheit als poetische Daseinsform. Studien zur Entstehung der romantischen Kindheitsutopie im 18. Jahrhundert. Herder, Jean Paul, Novalis und Tieck. München 1989.

Faber, Richard: Novalis. Die Phantasie an die Macht. Stuttgart 1970.
Feldges, Brigitte/Ulrich Stadler: E.T.A. Hoffmann. Epoche – Werk – Wirkung. München 1986.
Feldmann, Helmut: Die Fiabe Carlo Gozzis. Die Entstehung einer Gattung und ihre Transposition in das System der deutschen Romantik. Köln/Wien 1971.
Feldt, Michael: Ästhetik und Artistik am Ende der Kunstperiode. Textanalytische, kunstphilosophische und zivilisationsgeschichtliche Untersuchungen zur Prosa von Goethe, E.T.A. Hoffmann, Heine und Büchner. Heidelberg 1982.
Fernandez Bravo, Nicole: Die kommunikative Funktion rhetorischer Fragen in E.T.A. Hoffmanns Erzählung *Der Magnetiseur*. In: Eugène Faucher (Hg.): Signans und Signatum. Auf dem Weg zu einer semantischen Grammatik. Festschrift für Paul Valentin zum 60. Geburtstag. Tübingen 1995, S. 411–424.
Fiesel, Eva: Die Sprachphilosophie der deutschen Romantik. Tübingen 1927.
Fischer, Jens Malte: Deutschsprachige Phantastik zwischen Décadence und Fa-

schismus. In: Rein A. Zondergeld (Hg.): Phaïcon 3. Almanach der phantastischen Literatur. Frankfurt am Main 1978, S. 93–130.
Fischer, Stephan: E.T.A. Hoffmanns *Prinzessin Brambilla*: Auf der Suche nach der verlorenen Lust. In: Mitteilungen der Hoffmann-Gesellschaft 34 (1988), S. 11–34.
Florey, Ernst: Ars Magnetica. Franz Anton Mesmer 1734–1815. Magier vom Bodensee. Konstanz 1995.
Forderer, Christof: Ich-Eklipsen. Doppelgänger in der Literatur seit 1800. Stuttgart/Weimar 1999.
Forssmann, Juliane: Intimations of Ambiguity. The Narrative Treatment of the Uncanny in Selected Texts of Romantic English and German Prose Fiction. Stuttgart 1999.
Foucault, Michel: Schriften zur Literatur. Frankfurt am Main 1993.
–: Was ist ein Autor? In: Dits et Ecrits. Schriften. Bd. 1. Frankfurt 2001, S. 1003–1041.
Frank, Horst J.: Handbuch der deutschen Strophenformen. Tübingen/Basel ²1993.
Frank, Manfred: Steinherz und Geldseele. Ein Symbol im Kontext. In: Ders. (Hg.): Das kalte Herz. Frankfurt am Main 1978, S. 253–387. Neuauflage: Frankfurt am Main/Leipzig 1996.
–: Das ‚fragmentarische Universum' der Romantik. In: Lucien Dällenbach/Christiaan L. Hart Nibbrig (Hg.): Fragment und Totalität. Frankfurt am Main 1984, S. 212–224.
–: Einführung in die frühromantische Ästhetik. Vorlesungen. Frankfurt am Main 1989 (= 1989a).
–: Kaltes Herz. Unendliche Fahrt. Neue Mythologie. Frankfurt am Main 1989 (= 1989b).
Frey, Hans-Jost: Der unendliche Text. Frankfurt am Main 1990.
Fricke, Harald: Potenzierung. In: Reallexikon der deutschen Literaturwissenschaft. Bd. III. Hg. von Jan-Dirk Müller. Berlin/New York 2003, S. 144–147.
Frischmann, Bärbel: Personale Identität und Ironie. E.T.A. Hoffmanns *Prinzessin Brambilla*, Fichtes Philosophie und Friedrich Schlegels Ironie. In: Colloquia Germanica 38 (2005), Heft 2, S. 93–122.
Fröhler, Birgit: Seelenspiegel und Schatten-Ich. Doppelgängermotiv und Anthropologie in der Literatur der deutschen Romantik. Marburg 2004.
Fühmann, Franz: Fräulein Veronika Paulmann aus der Pirnaer Vorstadt oder Etwas über das Schauerliche bei E.T.A. Hoffmann. Rostock 1979.

Gabel, Gernot: Deutsche Buchkünstler des 20. Jahrhunderts illustrieren deutsche Literatur. Begleitband zur Ausstellung in der Universitäts- und Stadtbibliothek Köln [vom 7. November bis 22. Dezember 2006]. Köln 2006.
Galle, Roland: Entstehung der Psychologie. In: Horst Albert Glaser/György M. Vajda (Hg.): Die Wende von der Aufklärung zur Romantik 1760–1820. Epoche im Überblick. Amsterdam/Philadelphia 2001, S. 313–335.
Gaskill, Howard: Open Circles. Hoffmann's *Kater Murr* und Hölderlin's *Hyperion*. In: Colloquia Germania 19 (1986), Heft 1, S. 21–64.
Gauld, Alan: A History of Hypnotism. Cambridge 1992.
Gendolla, Peter: Die lebenden Maschinen. Zur Geschichte der Maschinenmenschen bei Jean Paul, E.T.A. Hoffmann und Villiers de l'Isle-Adam. Marburg 1980.

–: Anatomien der Puppe. Zur Geschichte der Maschinenmenschen bei Jean Paul, E.T.A. Hoffmann, Villiers de l'Isle Adam und Hans Bellmer. Heidelberg 1992.
Genette, Gérard: Paratexte. Frankfurt am Main 1992.
–: Palimpseste. Die Literatur auf zweiter Stufe. Frankfurt am Main 1993.
–: Die Erzählung. München 1994.
Gerber, Richard: Verbrechensdichtung und Kriminalroman. In: Jochen Vogt (Hg.): Der Kriminalroman II. Zur Theorie und Geschichte einer Gattung. München 1971, S. 404–420.
Gilman, Sander L. (Hg.): NS-Literaturtheorie. Eine Dokumentation. Frankfurt am Main 1971.
Giraud, Jean: E.T.A. Hoffmann, *Die Abentheuer der Sylvester-Nacht*. Le double visage. In: Recherches germaniques 1 (1971), S. 109–145.
–: Éléments musicaux dans l'œuvre littéraire d'E.T.A. Hoffmann. In: Alain Montandon (Hg.): E.T.A. Hoffmann et la musique. Bern 1987, S. 207–238.
–: Hoffmanns Vergangenheitswendung in der Kirchenmusik. Zu dem grundlegenden Buch von Werner Keil. In: Hoffmann-Jahrbuch 3 (1995), S. 31–47.
Gnam, Andrea: Sei meine Geliebte, Bild! Literarische Rezeption der Medien seit der Romantik. München 2004.
Gockel, Heinz: Friedrich Schlegels Theorie des Fragments. In: Ernst Ribbat (Hg.): Romantik. Ein literaturwissenschaftliches Studienbuch. Königstein 1979, S. 22–37.
Gold, Helmut: Erkenntnisse unter Tage. Bergbaumotive in der Literatur der Romantik. Opladen 1990.
Goltz, Maren: Das Spiel mit den beiden Urdargeschichten – Das Capriccio *Prinzessin Brambilla* und seine Bedeutung für E.T.A. Hoffmanns Verständnis von Karneval und Commedia dell'arte. In: Maske und Kothurn 39 (1997/98), Heft 3, S. 43–65.
Goodman-Thau, Eveline: Golem, Adam oder Antichrist – Kabbalistische Hintergründe der Golemlegende in der jüdischen und deutschen Literatur des 19. Jahrhunderts. In: Eveline Goodman-Thau/Gert Mattenklott/Christoph Schulte (Hg.): Kabbala und die Literatur der Romantik. Zwischen Magie und Trope. Tübingen 1999, S. 81–134.
Gorski, Gisela: *Das Fräulein von Scuderi* in Schauspiel, Oper, Film und Fernsehen. In: Mitteilungen der Hoffmann-Gesellschaft 26 (1980), S. 76–87.
Graevenitz, Gerhart von: Das Ornament des Blicks. Stuttgart 1994.
Greeff, Paul: E.T.A. Hoffmann als Musiker und Musikschriftsteller. Köln/Krefeld 1947.
Grigoleit, Eduard: Ahnentafel des Dichters E.T.A. Hoffmann. In: Ahnentafeln berühmter Deutscher. Folge 5. Lieferung 12. Leipzig 1943, S. 193–200.
Grob, Hans: Puppen, Engel, Enthusiasten: Die Frauen und die Helden im Werke E.T.A. Hoffmanns. Bern/Frankfurt am Main/New York 1984.
Großklaus, Götz: Wirklichkeit als visuelle Chiffre. Zur ‚visuellen Methode' in der Literatur und Photographie zwischen 1820 und 1860 (E.T.A. Hoffmann, Heine, Poe, Baudelaire). In: Harro Segeberg (Hg.): Die Mobilisierung des Sehens. Zur Vor- und Frühgeschichte des Films in Literatur und Kunst. München 1996, S. 191–208.
Gruber, Bettina: Die Passivität des Magnetiseurs. Transformationen des Geschlechtermodells am Beispiel der Subjekttopik des Romantischen Magnetismus. In:

Paul Geyer/Claudia Jünke (Hg.): Von Rousseau zum Hypertext. Subjektivität in Theorie und Literatur der Moderne. Würzburg 2001, S. 179–194.

–: Hoffmann, Chamisso, Caligari. *Der Student von Prag* und *Das Cabinett des Doktor Caligari*: Zu den romantischen Prämissen zweier deutscher Stummfilme. In: Hoffmann-Jahrbuch 13 (2005), S. 117–132.

Günzel, Klaus: E.T.A. Hoffmann. Leben und Werk in Briefen, Selbstzeugnissen und Zeitdokumenten. Berlin 1979.

Gunia, Jürgen/Detlef Kremer: Fenster-Theater. Teichoskopie, Theatralität und Ekphrasis im Drama um 1800 und in E.T.A. Hoffmanns *Des Vetters Eckfenster*. In: Hoffmann-Jahrbuch 9 (2000), S. 70–80.

Haas, Gerhard/Erika Haas: Romantische Weltsicht und Philisternunft. Die Funktion der Phantastik in E.T.A. Hoffmanns *Der Sandmann*. In: Praxis Deutsch 54 (1982), S. 56–61.

Haase, Frank: Nachrichtentechnik vs. romantische Autorschaft in E.T.A. Hoffmanns Novelle *Rat Krespel*. In: Friedrich A. Kittler/Manfred Schneider/Samuel Weber (Hg.): Medien. Opladen 1987, S. 55–67.

Hädrich, Aurélie: Die Anthropologie E.T.A. Hoffmanns und ihre Rezeption in der europäischen Literatur im 19. Jahrhundert. Eine Untersuchung insbesondere für Frankreich, Rußland und den englischsprachigen Raum, mit einem Ausblick auf das 20. Jahrhundert. Frankfurt am Main u.a. 2001.

Hahn, Hans-Joachim: G. H. Schubert's Principle of Untimely Development. Aspects of Schubert's *Ansichten von der Nachtseite der Naturwissenschaft* and its Reverberations in Romantic Literature. In: German Life and Letters 37 (1984), S. 336–353.

Hahn, Walter: E.T.A. Hoffmanns *Prinzessin Brambilla*: Künstlerisches Selbstbewußtsein und schöpferischer Prozeß. In: Michigan Germanic Studies 12 (1986), S. 133–150.

Harich, Walther: E.T.A. Hoffmann. Das Leben eines Künstlers. 2 Bände. Berlin 1920.

Harnischfeger, Johannes: Die Hieroglyphen der inneren Welt. Romantikkritik bei E.T.A. Hoffmann. Opladen 1988.

Hartmann, Anneli: Geschlossenheit der ‚Kunst-Welt' und fragmentarische Form. E.T.A. Hoffmanns *Kater Murr*. In: Jahrbuch der Deutschen Schillergesellschaft 32 (1988), S. 148–190.

–: Der Blick in den Abgrund. E.T.A. Hoffmanns Erzählung *Die Bergwerke zu Falun*. In: Bettina Gruber/Gerhard Plumpe (Hg.): Romantik und Ästhetizismus. Festschrift für Paul Gerhard Klussmann. Würzburg 1999, S. 53–73.

Hayes, Charles N.: Phantasie und Wirklichkeit im Werke E.T.A. Hoffmanns, mit einer Interpretation der Erzählung *Der Sandmann*. In: Volkmar Sander (Hg.): Ideologiekritische Studien zur Literatur. Essays. Bd. 1. Frankfurt am Main 1972, S. 169–214.

Haym, Rudolf: Die romantische Schule. Ein Beitrag zur Geschichte des deutschen Geistes. Berlin 1870.

Heckmann, Herbert: Die andere Schöpfung, Geschichte der frühen Automaten in Wirklichkeit und Dichtung. Frankfurt am Main 1982.

Heilborn, Ernst: E.T.A. Hoffmann und das Automat. In: Das literarische Echo 28 (1925), S. 72–75.

Heine, Roland: Transzendentalpoesie. Studien zu Friedrich Schlegel, Novalis und E.T.A. Hoffmann. Bonn 1974.
Henkelmann, Thomas: Zur Geschichte des pathophysiologischen Denkens. John Brown (1735–1788) und sein System der Medizin. Berlin/Heidelberg 1981.
Hertz, Neil: Freud and the Sandman. In: Josué V. Harari (Hg.): Textual Strategies. Perspectives in Post-Structuralist Criticism. Ithaca 1979, S. 296–321.
Herwig, Henriette: *Das Fräulein von Scuderi*. Zum Verhältnis von Gattungspoetik, Medizingeschichte und Rechtshistorie in Hoffmanns Erzählung. In: Günter Sasse (Hg.): E.T.A. Hoffmann: Romane und Erzählungen. Interpretationen. Stuttgart 2004, S. 199–211.
Hesse, Hermann: Rezension der Lebensansichten des Katers Murr [1923]. In: Ders.: Schriften zur Literatur. Bd. 2. Hg. von Volker Michels. Frankfurt am Main 1972, S. 240.
Hewett-Thayer, Harvey W.: Hoffmann. Author of the Tales. New Jersey 1948.
Hiepko, Andreas: Der Schwindel des Karnevals. Zu E.T.A. Hoffmanns Capriccio *Prinzessin Brambilla*. In: Rolf-Peter Janz/Fabian Stoermer/Andreas Hiepko (Hg.): Schwindelerfahrungen. Zur kulturhistorischen Diagnose eines vieldeutigen Symptoms. Amsterdam 2003, S. 73–81.
Hildebrandt, Alexandra: „Genug sei es auch eigentlich, die Zeichen zu verstehen…". Weisheit, Körper und Neurose in E.T.A. Hoffmanns Erzählung *Die Bergwerke zu Falun*. In: Athenäum 5 (1995), S. 117–129.
Hildenbrock, Aglaja: Das andere Ich. Künstlicher Mensch und Doppelgänger in der deutsch- und englischsprachigen Literatur. Tübingen 1986.
Himmel, Helmut: Schuld und Sühne der Scuderi. In: Helmut Prang (Hg.): E.T.A. Hoffmann. Darmstadt 1976, S. 215–236.
Hoareau, Jacqueline: Henri François d'Aguesseau et le temps de justice. L'affaire de La Pivardière. In: Le temps, la justice et le droit (=Les Entretiens d'Aguesseau. Bd. 4). Limoges 2004, S. 35–42.
Hoffmeister, Gerhart: Deutsche und europäische Romantik. Stuttgart ²1990.
–: Der romantische Roman. In: Helmut Schanze (Hg.): Romantik-Handbuch. Stuttgart 1994, S. 207–240.
Hofstaetter, Ulla: Das verschimmelte Philisterland. Philisterkritik bei Brentano, Eichendorff und Heine. In: Burghard Dedner/Ulla Hofstaetter (Hg.): Romantik im Vormärz. Marburg 1992, S. 107–127.
Hohoff, Ulrich: E.T.A. Hoffmann. *Der Sandmann*. Textkritik, Edition, Kommentar. Berlin/New York 1988.
Holbeche, Yvonne J.: Optical Motifs in the Works of E.T.A. Hoffmann. Göppingen 1975.
Holländer, Barbara: Augenblicke der Verwandlung in E.T.A. Hoffmanns Märchen *Der goldene Topf*. In: Christian W. Thomsen/Hans Holländer (Hg.): Augenblick und Zeitpunkt. Studien zur Zeitstruktur und Zeitmetaphorik in Kunst und Wissenschaften. Darmstadt 1984, S. 325–331.
Huch, Ricarda: Die Romantik. Blütezeit, Ausbreitung, Verfall. Tübingen 1951 [1. Aufl. Leipzig 1920].
Huck, Oliver: E.T.A. Hoffmann und *Beethovens Instrumental-Musik*. In: Hoffmann-Jahrbuch 2 (1994), S. 88–99.
Hudgins, Esther: Nicht-epische Strukturen des romantischen Romans. Den Haag/Paris 1975.

Hübener, Andrea: Kreisler in Frankreich. E.T.A. Hoffmann und die französischen Romantiker. Heidelberg 2004.
Hügel, Hans-Otto (Hg.): Handbuch Populäre Kultur. Begriffe, Theorien und Diskussionen. Stuttgart/Weimar 2003.
Hühnerfeld, Paul: Kleine Geschichte der Medizin. Frankfurt am Main 1956.

Iehl, Dominique: Fantastique et grotesque. Quelques aspects de leur rencontre dans les *Nachtstücke* de Hoffmann. In: Jean-Marie Paul (Hg.): E.T.A. Hoffmann et le fantastique. Nancy 1992, S. 115–126.
Imada, Jun: Funktion und Rolle der Familie in E.T.A. Hoffmanns Novelle *Ignaz Denner*. In: Hoffmann-Jahrbuch 5 (1997), S. 47–53.
Ingham, Norman W.: E.T.A. Hoffmann's Reception in Russia. Würzburg 1974.

Jacobs, Jürgen: Wilhelm Meister und seine Brüder. Untersuchungen zum deutschen Bildungsroman. München 1972.
Jaeger, Stephan/Stefan Willer (Hg.): Das Denken der Sprache und die Performanz des Literarischen um 1800. Würzburg 2000.
Jahn, Gisela: Studien zu Eichendorffs Prosastil. Leipzig 1937.
Jaiser, Gerhard: Konstruktion als Prozeß. Leserführung als Formprinzip in E.T.A. Hoffmanns *Fantasiestücken in Callot's Manier*. In: Hoffmann-Jahrbuch 5 (1997), S. 19–36.
Jansen, Brunhilde: Spuk und Wahnsinn. Zur Genese und Charakteristik phantastischer Literatur in der Romantik, aufgezeigt an den Nachtstücken von E.T.A. Hoffmann. Bern u. a. 1986.
Japp, Uwe: Theorie der Ironie. Frankfurt am Main 1983.
–: Das serapiontische Prinzip. In: E.T.A. Hoffmann. Text + Kritik. Sonderband. München 1992, S. 63–75.
–: Die Komödie der Romantik. Typologie und Überblick. Tübingen 1999.
–: Rätsel der Kunst. *Rat Krespel*. In: Günter Saße (Hg.): Interpretationen. E.T.A. Hoffmann. Romane und Erzählungen. Stuttgart 2004, S. 157–167.
Jauß, Hans-Robert: Schlegels und Schillers Replik auf die „Querelle des Anciens et des Modernes". In: Ders.: Literaturgeschichte als Provokation. Frankfurt am Main 1970, S. 67–106.
Jebsen, Regine: Kunstanschauung und Wirklichkeitsbezug bei E.T.A. Hoffmann. Kiel 1952 [Diss.].
Jennings, Lee B.: Klein Zaches and his Kind. The Grotesque Revisited. In: Deutsche Vierteljahrsschrift für Literaturwissenschaft und Geistesgeschichte 44 (1970), S. 687–703.
–: The Downward Transcendence: Hoffmann's *Bergwerke zu Falun*. In: Deutsche Vierteljahrsschrift für Literaturwissenschaft und Geistesgeschichte 59 (1985), S. 278–289.
–: Blood of the Android. A Post Freudian Perspective on Hoffmanns *Der Sandmann*. In: Seminar. A Journal of Germanic Studies 22 (1986), S. 95–111.
Jentsch, Ernst: Zur Psychologie des Unheimlichen. In: Psychiatrisch-Neurologische Wochenschrift 22/23 (1906), S. 195–198 und 203–205.
Jolles, André: Einfache Formen. Legende, Sage, Mythe, Rätsel, Spruch, Kasus, Memorabile, Märchen, Witz. Tübingen 1982.
Jürgens, Christian: Luftschlösser träumen – Theatralität und ihre Überschreitung in

E.T.A. Hoffmanns *Prinzessin Brambilla*. In: Anja Lemke/Martin Schierbaum (Hg.): „In die Höhe fallen". Grenzgänge zwischen Literatur und Philosophie. Würzburg 2000, S. 23–54.

–: Das Theater der Bilder. Ästhetische Modelle und literarische Konzepte in den Texten E.T.A. Hoffmanns. Heidelberg 2003.

Jüttemann, Gerd (Hg.): Wegbereiter der Historischen Psychologie. München 1988.

Just, Klaus Günther: Die Blickführung in den Märchennovellen E.T.A. Hoffmanns. In: Wirkendes Wort 14 (1964), S. 389–397.

Kaiser, Gerhard R.: E.T.A. Hoffmann: *Klein Zaches genannt Zinnober*. Erläuterungen und Dokumente. Stuttgart 1985 (=1985a)

–: Nachwort. In: E.T.A. Hoffmann: *Klein Zaches genannt Zinnober*. Stuttgart 1985 (=1985b).

–: E.T.A. Hoffmann. Stuttgart 1988.

–: E.T.A. Hoffmanns *Prinzessin Brambilla* als Antwort auf Goethes *Römisches Carneval*. Eine Lektüre im Lichte Baudelaires. In: Klaus Manger (Hg.): Italienbeziehungen des klassischen Weimar. Tübingen 1997, S. 215–242.

Kaminski, Nicola: Kreuz-Gänge. Romanexperimente der deutschen Romantik. Paderborn 2001.

Kanzog, Klaus: E.T.A. Hoffmanns Erzählung *Das Fräulein von Scuderi* als Kriminalgeschichte. In: Mitteilungen der Hoffmann-Gesellschaft 11 (1964), S. 1–11.

–: Berlin-Code, Kommunikation und Erzählstruktur. Zu E.T.A. Hoffmanns *Das öde Haus* und zum Typus *Berlinische Geschichte*. In: Zeitschrift für deutsche Philologie 95 (1976), S. 42–63.

Karoli, Christa: *Ritter Gluck*. Hoffmanns erstes Fantasiestück. In: Helmut Prang (Hg.): E.T.A. Hoffmann. Darmstadt 1976, S. 335–358.

Kaulbach, Friedrich: Das perspektivische Wirklichkeitsprinzip in E.T.A. Hoffmanns *Der Sandmann*. In: Perspektiven der Philosophie. Neues Jahrbuch 6 (1980), S. 187–211.

Kayser, Wolfgang: Das Groteske. Seine Gestaltung in Malerei und Dichtung. Oldenburg/Hamburg 1957.

Keil, Werner: Erzähltechnische Kunststücke in E.T.A. Hoffmanns *Lebens-Ansichten des Katers Murr*. In: Mitteilungen der Hoffmann-Gesellschaft 31 (1985), S. 40–52.

–: E.T.A. Hoffmann als Komponist. Studien zur Kompositionstechnik an ausgewählten Werken. Wiesbaden 1986.

–: Dissonanz und Verstimmung. E.T.A. Hoffmanns Beitrag zur Entstehung der musikalischen Romantik. In: Hoffmann-Jahrbuch 1 (1992/93), S. 119–132.

–: E.T.A. Hoffmann. In: Ludwig Finscher (Hg.): Die Musik in Geschichte und Gegenwart. Bd. 9. Kassel 2003, Sp. 113–122 (=2003a).

–: Zur Ästhetik der frühromantischen Schauspielmusik. In: Dagmar Beck/Frank Ziegler (Hg.): Carl Maria von Weber und die Schauspielmusik seiner Zeit. Mainz 2003, S. 47–60 (=2003b).

–: The Voice from the Hereafter: E.T.A. Hoffmann's Ideal of Sound and Its Realization in Early Twentieth-Century Electronic Music. In: Siobhán Donovan/Robin Elliott (Hg.): Music and Literature in German Romanticism. New York 2004, S. 143–161.

Kesting, Marianne: Das imaginierte Kunstwerk: E.T.A. Hoffmann und Balzacs

Chef-d'oeuvre inconnu, mit einem Ausblick auf die gegenwärtige Situation. In: Romanische Forschungen 102 (1990), Heft 2/3, S. 163–185.
Kiermeier-Debre, Joseph: Eine Komödie und auch keine, Theater als Stoff und Thema des Theaters von Harsdörffer bis Handke. Wiesbaden/Stuttgart 1989.
Kilcher, Andreas: Der Sprachmythos der Kabbala und die ästhetische Moderne. In: Poetica 25 (1993), S. 237–261.
–: Die Sprachtheorie der Kabbala als ästhetisches Paradigma. Die Konstruktion einer ästhetischen Kabbala seit der Frühen Neuzeit. Stuttgart/Weimar 1998.
Kim, Hee-Ju: *Prinzessin Brambilla*. Humoristische Identitätsfindung im Spannungsfeld von Wirklichkeit und Phantasie. In: Günter Saße (Hg.): E.T.A. Hoffmann. Romane und Erzählungen. Stuttgart 2004, S. 237–255.
Kittler, Friedrich A.: „Das Phantom unseres Ichs" und die Literaturpsychologie: E.T.A. Hoffmann – Freud – Lacan. In: Friedrich A. Kittler/Horst Turk (Hg.): Urszenen. Literaturwissenschaft als Diskursanalyse und Diskurskritik. Frankfurt am Main 1977, S. 139–166.
–: Der Dichter, die Mutter, das Kind. Zur romantischen Erfindung der Sexualität. In: Richard Brinkmann (Hg.): Romantik in Deutschland. Ein interdisziplinäres Symposion. Stuttgart 1978, S. 102–114.
–: Aufschreibesysteme 1800/1900. München 1985 [²1987].
–: Eine Detektivgeschichte der ersten Detektivgeschichte. In: Ders.: Dichter. Mutter. Kind. München 1991, S. 197–218.
–: Romantik – Psychoanalyse – Film: eine Doppelgängergeschichte. In: Ders.: Draculas Vermächtnis. Technische Schriften. Leipzig 1993, S. 81–104.
–: Die Laterna magica der Literatur. Schillers und Hoffmanns Medienstrategien. In: Athenäum 4 (1994), S. 219–237.
–: Die Mathematik der Endlichkeit. E.T.A. Hoffmanns *Die Jesuiterkirche in G*. In: Athenäum 9 (1999), S. 101–120.
–: Optische Medien. Berliner Vorlesung 1999. Berlin 2002.
Klausnitzer, Ralf: Blaue Blume unterm Hakenkreuz. Die Rezeption der deutschen literarischen Romantik im Dritten Reich. Paderborn/München/Wien/Zürich 1999.
Kleßmann, Eckart: E.T.A. Hoffmann oder die Tiefe zwischen Stern und Erde. Stuttgart 1988.
Klier, Melanie: Kunstsehen. E.T.A. Hoffmanns literarisches Gemälde *Doge und Dogaresse*. In: Hoffmann-Jahrbuch 7 (1999), S. 29–49.
Klinke, Otto: E.T.A. Hoffmanns Leben und Werke. Vom Standpunkt eines Irrenarztes. Halle 1908.
Kluge, Gerhard: Spiel und Witz im romantischen Lustspiel. Zur Struktur der Komödiendichtung der deutschen Romantik. Köln 1963.
Knauer, Bettina: Die Kunst des ‚als ob'. E.T.A. Hoffmanns Märchen von *Klein Zaches genannt Zinnober*. In: Aurora 55 (1995), S. 151–167.
–: Im Rahmen des Hauses. Poetologische Novellistik zwischen Revolution und Restauration (Goethe, Arnim, Tieck, E.T.A. Hoffmann, Stifter). In: Jahrbuch der deutschen Schillergesellschaft 41 (1997), S. 140–169.
Koberstein, August: Grundriß der Geschichte der deutschen National-Litteratur. Leipzig 1827 [4. erweiterte Auflage 1845–1866]
Kofman, Sarah: Le double e(s)t le diable. L'inquiétante étrangeté de *L'Homme au sable* (*Der Sandmann*). In: Quatre romans analytiques. Paris 1973, S. 138–181.

–: Vautour rouge (Le double dans *les Élixirs du diable* d'Hoffmann). In: Sylviane Agacinski u. a. (Hg.): Mimésis des articulations. Paris 1975, S. 95–163.
–: Schreiben wie eine Katze. Graz/Wien 1985.
Kohlenbach, Margarete: Ansichten von der Nachtseite der Romantik. Zur Bedeutung des animalischen Magnetismus bei E.T.A. Hoffmann. In: Nicholas Saul (Hg.): Die deutsche literarische Romantik und die Wissenschaften. München 1991, S. 207–233.
Köhn, Lothar: Vieldeutige Welt. Studien zur Struktur der Erzählungen E.T.A. Hoffmanns und zur Entwicklung seines Werkes. Tübingen 1966.
Kondylis, Panajotis: Konservativismus. Geschichtlicher Gehalt und Untergang. Stuttgart 1986.
Konersmann, Ralf: Lebendige Spiegel. Die Metapher des Subjekts. Frankfurt am Main 1991.
Konstantinović, Zoran: Vergleichende Literaturwissenschaft, Bestandsaufnahme und Ausblick. Bern u. a. 1988.
Koopmann, Helmut (Hg.): Thomas-Mann-Handbuch. Frankfurt am Main 2005.
Köppler, Rudolf: E.T.A. Hoffmann am Bamberger Theater. Ein Beitrag zur Kenntnis seiner Persönlichkeit, seiner Werke und der Theatergeschichte Bambergs. In: Historischer Verein für die Pflege der Geschichte des ehemaligen Fürstbistums zu Bamberg. 81. Bericht. Bamberg 1929.
Korff, Hermann August: Geist der Goethezeit. 3. Teil. Leipzig 1940.
–: Geist der Goethezeit. 4. Teil. Leipzig 1955.
Korte, Hermann: Der ökonomische Apparat. E.T.A. Hoffmanns späte Erzählung *Des Vetters Eckfenster*. In: E.T.A. Hoffmann. Text und Kritik. Sonderband. München 1992, S. 125–137.
Koschorke, Albrecht: Körperströme und Schriftverkehr. Mediologie des 18. Jahrhunderts. München 1999.
Kotzinger, Susi/Gabriele Rippl (Hg.): Zeichen zwischen Klartext und Arabeske. Konferenz des Konstanzer Graduiertenkollegs ‚Theorie der Literatur'. Veranstaltet im Oktober 1992. Amsterdam/Atlanta 1994.
Kracauer, Siegfried: Von Caligari zu Hitler. Eine psychologische Geschichte des deutschen Films. Frankfurt am Main 1984.
–: Theorie des Films. Die Errettung der äußeren Wirklichkeit. Frankfurt am Main 1985.
–: Jacques Offenbach und das Paris seiner Zeit. Frankfurt am Main 1994.
Kramer, Sven: Die Folter in der Literatur. München 2004.
Kremer, Detlef: „Ein tausendäugiger Argus". E.T.A. Hoffmanns *Sandmann* und die Selbstreflexion des bedeutsamen Textes. In: Mitteilungen der Hoffmann-Gesellschaft 33 (1987), S. 66–90.
–: Romantische Metamorphosen. E.T.A. Hoffmanns Erzählungen. Stuttgart/Weimar 1993.
–: Alchemie und Kabbala. Hermetische Referenzen im *Goldenen Topf*. In: Hoffmann-Jahrbuch 2 (1994), S. 36–56.
–: Literarischer Karneval. Groteske Motive in E.T.A. Hoffmanns *Prinzessin Brambilla*. In: Hoffmann-Jahrbuch 3 (1995), S. 15–30.
–: Prosa der Romantik. Stuttgart/Weimar 1997.
–: E.T.A. Hoffmann zur Einführung. Hamburg 1998a.
–: Kafka. Die Erotik des Schreibens. Bodenheim ²1998b.

–: Zeit-Räume. Kultische Choreographien in Andrej Tarkowskijs Film *Nostalghia*. In: Rolf Grimminger/Iris Hermann (Hg.): Mythos im Text. Zur Literatur des 20. Jahrhunderts. Bielefeld 1998, S. 173–193 (=1998c).
–: E.T.A. Hoffmann. Erzählungen und Romane. Berlin 1999 (=1999a).
–: Kabbalistische Signaturen. Sprachmagie als Brennpunkt romantischer Imagination bei E.T.A. Hoffmann und Achim von Arnim. In: Eveline Goodman-Thau/Gert Mattenklott/Christoph Schulte (Hg.): Kabbala und die Literatur der Romantik. Zwischen Magie und Trope. Tübingen 1999, S. 197–221 (=1999b).
–: Liebe im virtuellen Raum. Das Verschwinden des (anderen) Körpers. In: Thomas Düllo/Arno Meteling/André Suhr/Carsten Winter (Hg.): Kursbuch Kulturwissenschaft. Münster 2000, S. 81–88.
–: Idyll oder Trauma. Kindheit in der Romantik. In: Hoffmann-Jahrbuch 11 (2003), S. 7–18.
–: Literaturwissenschaft als Medientheorie. Münster 2004.
–: Traum als Präfiguration, topologische Schwelle und Verdichtung des romantischen Textes. In: Peter-André Alt/Christiane Leiteritz (Hg.): Traum-Diskurse der Romantik. Berlin/New York 2005, S. 113–128.
–: Romantik. Lehrbuch Germanistik. Stuttgart/Weimar ³2007 (1. Aufl. 2001).
–: Folter als diskursgeneratives Moment in der Literatur der Romantik. In: Thomas Weitin (Hg.): Wahrheit und Gewalt. Der Diskurs der Folter. Bielefeld 2009 [im Erscheinen].
Krolopp, Bernd: Versuch einer Theorie des phantastischen Realismus: E.T.A. Hoffmann und Franz Kafka. Frankfurt am Main 1981.
Krummacher, Hans-Henrik: Das ,als ob' in der Lyrik. Erscheinungsformen und Wandlungen einer Sprachfigur der Metaphorik von der Romantik bis zu Rilke. Köln/Graz 1965.
Kruse, Hans-Joachim: Kommentar. In: E.T.A. Hoffmann: Letzte Erzählungen. Berlin/Weimar 1983.
Küchler, Petra: Allegorie und Mythos in E.T.A. Hoffmanns *Prinzessin Brambilla*. Berlin 1983/84.
Küchler-Sakellariou, Petra: Implosion des Bewußtseins. Allegorie und Mythos in E.T.A. Hoffmanns Märchenerzählungen. Frankfurt am Main 1989.
Kuenemann, Gaston: E.T.A. Hoffmann. Étude médico-psychologique. Paris 1911.
Kühnel, Ernst: Die Arabeske. Sinn und Wandlung eines Ornaments. Graz 1977.
Kunst-Brockhaus. Wiesbaden 1983.
Kunz, Josef: Die deutsche Novelle zwischen Klassik und Romantik. Berlin ³1992.
Kuttner, Margot: Die Gestaltung des Individualitätsprinzips bei E.T.A. Hoffmann. Hamburg/Düsseldorf 1936.

la Motte, Diether de: Kontrapunkt. Ein Lese- und Arbeitsbuch. München 1981.
Lachmann, Peter: Doppelgänger in E.T.A. Hoffmanns Lachtheater. In: Gerhard Neumann (Hg.): ,Hoffmanneske Geschichte'. Zu einer Literaturwissenschaft als Kulturwissenschaft. Würzburg 2005, S. 77–133.
Lachmann, Renate: Erzählte Phantastik. Zu Phantasiegeschichte und Semantik phantastischer Texte. Frankfurt am Main 2002.
Landfester, Ulrike: Um die Ecke gebrochen. Kunst, Kriminalliteratur und Großstadttopographie in E.T.A. Hoffmanns Erzählung *Das Fräulein von Scuderi*. In:

Gerhart von Graevenitz (Hg.): Die Stadt in der Europäischen Romantik. Würzburg 2000, S. 109–125.
Lauer, Gerhard: Hoffmanns Träume. Über den Wahrheitsanspruch erzählter Träume. In: Peter-André Alt/Christiane Leiteritz (Hg.): Traum-Diskurse der Romantik. Berlin/New York 2005, S. 129–147.
Laußmann, Sabine: Das Gespräch der Zeichen. Studien zur Intertextualität im Werk E.T.A. Hoffmanns. München 1992.
Lawson, Ursula: Musical Structure in E.T.A. Hoffmann's Fiction. Athens (Ohio) 1968.
Le Rider, Jacques: E.T.A. Hoffmann. Der phantastische Maler und die Farben des Teufels. In: Matthias Bickenbach/Axel Fliethmann (Hg.): Korrespondenzen. Visuelle Kulturen zwischen Früher Neuzeit und Gegenwart. Köln 2002, S. 129–149.
Lee, Hyun-Sook: Die Bedeutung von Zeichen und Malerei für die Erzählkunst E.T.A. Hoffmanns. Frankfurt am Main/Bern/New York 1985.
Lehmann, Johannes F.: Hoffmanns *Die Marquise de la Pivardiere*. In: Jahrbuch der deutschen Schillergesellschaft 49 (2005), S. 228–253.
Leibbrand, Werner: Die spekulative Medizin der Romantik. Hamburg 1956.
Leibowitz, René: Die strukturelle Dialektik im Werk J. S. Bachs (1950). In: Walter Blankenburg (Hg.): Johann Sebastian Bach. Darmstadt 1970, S. 85–99.
Lethen, Helmut: Eckfenster der Moderne. Wahrnehmungsexperimente bei Musil und E.T.A. Hoffmann. In: Josef Strutz (Hg.): Robert Musils „Kakanien" – Subjekt und Geschichte. Festschrift für Karl Dinklage zum 80. Geburtstag. München 1987, S. 195–229.
Lewandowski, Rainer: Fiktion und Realität. E.T.A. Hoffmann und Bamberg. Über eine Beziehung zwischen Leben und Literatur. Bamberg 1995.
Leyendecker, Ulrich: E.T.A. Hoffmann als Komponist. In: E.T.A. Hoffmann. Text + Kritik. Sonderband. München 1992, S. 138–148.
Lichtenhahn, Ernst: Sichtbare Sprache der Natur. Zur romantischen Deutung musikalischer Chiffrenschriften. In: Hans-Georg von Arburg/Michael Gamper/Ulrich Stadler (Hg.): „Wunderliche Figuren". Über die Lesbarkeit von Chiffrenschriften. München 2001, S. 97–113.
Lieb, Claudia: Und hinter tausend Gittern keine Welt: Raum, Körper und Schrift in E.T.A. Hoffmanns *Das öde Haus*. In: Hoffmann-Jahrbuch 10 (2002), S. 58–75.
Lieb, Claudia/Arno Meteling: E.T.A. Hoffmann und Thomas Mann. Das Vermächtnis des *Don Juan*. In: Hoffmann-Jahrbuch 11 (2003), S. 34–59.
Lieb, Claudia: Das Sandmann-Syndrom. Romantische Liebe in Text und Film. In: Der Deutschunterricht 57 (2005), S. 70–78.
–: Der gestellte Türke. Wolfgang von Kempelens Maschinen und E.T.A. Hoffmanns Erzählung *Die Automate*. In: Hoffmann-Jahrbuch 16 (2008), S. 82–97.
Liebrand, Claudia: Aporie des Kunstmythos. Die Texte E.T.A. Hoffmanns. Freiburg 1996.
Liedke Konow, Petra: Sich hineinschwingen in die Werkstatt des Autors: Ästhetische Rekurrenzphänomene in E.T.A. Hoffmanns Rahmenzyklus *Die Serapions-Brüder*. In: Hoffmann-Jahrbuch 2 (1994), S. 57–68.
Linden, Walther: Deutschkunde als politische Lebenswissenschaft – Das Kerngebiet der Bildung! In: Zeitschrift für Deutschkunde 47 (1933), S. 337–341.

Lindken, Hans Ulrich (Hg.): E.T.A. Hoffmann. *Das Fräulein von Scuderi*. Erläuterungen und Dokumente. Stuttgart 1978.
Lindner, Henriett: „Schnöde Kunststücke gefallener Geister". E.T.A. Hoffmanns Werk im Kontext der zeitgenössischen Seelenkunde. Würzburg 2001.
Link, Franz H.: Edgar Allan Poe. Ein Dichter zwischen Romantik und Moderne. Frankfurt am Main 1968.
Liver, Claudia: Theater auf dem Theater in der italienischen Literatur besonders bei Goldoni und Pirandello. Neapel 1964.
Loecker, Armand de: Zwischen Atlantis und Frankfurt. Märchendichtung und Goldenes Zeitalter bei E.T.A. Hoffmann. Frankfurt am Main/Bern 1983.
Loquai, Franz: Künstler und Melancholie in der Romantik. Frankfurt am Main u. a. 1984.
–: Die rebellischen Fiktionen. Eine postmoderne Lesart der Erzählungen *Die Irrungen* und *Die Geheimnisse* von E.T.A. Hoffmann. In: Wulf Segebrecht (Hg.): Europavisionen im 19. Jahrhundert. Vorstellungen von Europa in Literatur und Kunst, Geschichte und Philosophie. Würzburg 1999, S. 183–189.
–: Die Bösewichte aus dem Süden: Imagologische Überlegungen zu E.T.A. Hoffmanns Italienbild in *Ignaz Denner* und anderen Erzählungen. In: Sandro Moraldo (Hg.): Das Land der Sehnsucht. E.T.A. Hoffmann und Italien. Heidelberg 2002, S. 35–53.
Lorenz, Emil: Die Geschichte des Bergmanns von Falun, vornehmlich bei E.T.A. Hoffmann, Richard Wagner und Hugo von Hofmannsthal. In: Imago 3 (1914), S. 250–301.
Lubkoll, Christine: „Basso ostinato" und „kontrapunktische Verschlingung". Bach und Beethoven als Leitfiguren in E.T.A. Hoffmann *Kreisleriana*. In: Gabriele Brandstetter (Hg.): Ton – Sprache. Komponisten in der deutschen Literatur. Bern 1995, S. 71–98.
Lukács, Georg: Die Zerstörung der Vernunft. Werke. Bd. 9. Neuwied 1962.
Lunc, Lev: „Warum wir Serapionsbrüder sind". In: Gisela Drohla (Hg.): Die Serapionsbrüder von Petrograd. Frankfurt am Main 1963, S. 7–12.
Lüsebrink, Hans-Jürgen: Kriminalität und Literatur im Frankreich des 18. Jahrhunderts. Literarische Formen, soziale Funktionen und Wissenskonstituenten von Kriminalitätsdarstellung im Zeitalter der Aufklärung. München 1983.

Maassen, Carl Georg von: Vorwort. Historisch-kritische Ausgabe der Sämtlichen Werke Hoffmanns. Bd. VI. München/Leipzig 1908.
–: E.T.A. Hoffmanns Persönlichkeit. Anekdoten, Schwänke und Charakterzüge aus dem Leben des Kammergerichtsrats, Dichters und Kapellmeisters Ernst Theodor Amadeus Hoffmann nach Mitteilungen seiner Zeitgenossen aus den Quellen zusammengetragen und an das Licht gestellt von Wilhelm Heinrich Schollenheber. München 1922.
–: Wie ich zum Bibliophilen wurde. Geständnisse eines Büchersammlers. In: Carl Georg von Maassen. Sammler und Forscher. Hg. von Mitgliedern der Freien geselligen Vereinigung „Die Mappe". München 1987, S. 9–18.
Mähl, Hans-Joachim: Novalis und Plotin. Untersuchungen zu einer neuen Edition und Interpretation des „Allgemeinen Brouillons". In: Jahrbuch des Freien Deutschen Hochstifts (1963), S. 139–250.
–: Die Idee des goldenen Zeitalters im Werk des Novalis. Heidelberg 1965.

Magris, Claudio: Die andere Vernunft. E.T.A. Hoffmann. Königstein/Ts. 1980.
Mahlendorf, Ursula: E.T.A. Hoffmanns *Der Sandmann*. Eine fiktive Psycho-Biographie eines romantischen Dichters. In: Claire Kahane (Hg.): Psychoanalyse und das Unheimliche. Bonn 1981, S. 200–227.
–: Die Psychologie der Romantik. In: Helmut Schanze (Hg.): Romantik-Handbuch. Stuttgart 1994, S. 590–604.
Mahr, Justus: Die Musik E.T.A. Hoffmanns im Spiegel seiner Novelle vom *Ritter Gluck*. In: Neue Zeitschrift für Musik 129 (1968), S. 339–346.
Malsch, Wolfgang: Europa. Poetische Rede des Novalis. Stuttgart 1965.
Mangold, Hartmut: Gerechtigkeit durch Poesie. Rechtliche Konfliktsituationen und ihre literarische Gestaltung bei E.T.A. Hoffmann. Wiesbaden 1989.
–: „Heillose Willkühr". Rechtsstaatliche Vorstellungen und rechtspraktische Erfahrungen E.T.A. Hoffmanns in den Jahren der preußischen Restauration. In: E.T.A. Hoffmann. Text und Kritik. Sonderband. München 1992, S. 167–176.
Marquard, Odo: Transzendentaler Idealismus, Romantische Naturphilosophie, Psychoanalyse. Köln 1987.
Martini, Fritz: Die Märchendichtungen E.T.A. Hoffmanns [1955]. In: Helmut Prang (Hg.): E.T.A. Hoffmann. Darmstadt 1976, S. 155–184.
Marzin, Florian F.: Okkultismus und Phantastik in den Romanen Gustav Meyrinks. Essen 1986.
Matuschek, Stefan: Die Macht des Gastmahls. Schlegels *Gespräch über die Poesie* und Platons *Symposion*. In: Ders. (Hg.): Wo das philosophische Gespräch ganz in Dichtung übergeht. Heidelberg 2002, S. 81–96.
Matt, Peter von: Die Augen der Automaten. E.T.A. Hoffmanns Imaginationslehre als Prinzip seiner Erzählkunst. Tübingen 1971 (= 1971a).
–: Die gemalte Geliebte. Zur Problematik von Einbildungskraft und Selbsterkenntnis im erzählerischen Werk E.T.A. Hoffmanns. In: Germanisch-Romanische Monatsschrift N.F. 21 (1971), S. 395–412 (= 1971b).
–: Das Tier Murr. In: Gerhard Neumann (Hg.): ‚Hoffmaneske Geschichte'. Zu einer Literaturwissenschaft als Kulturwissenschaft. Würzburg 2005, S. 179–197.
Matzker, Reiner: Der nützliche Idiot. Wahnsinn und Initiation bei Jean Paul und E.T.A. Hoffmann. Frankfurt am Main u. a. 1984.
Maurer, Arnold E.: Carlo Goldoni. Seine Komödien und ihre Verbreitung im deutschen Sprachraum des 18. Jahrhunderts. Bonn 1982.
May, Markus: Im Spie(ge)l des Schreckens und Begehrens. Spiegelphänomene in der phantastischen Literatur am Beispiel von E.T.A. Hoffmanns *Die Abenteuer der Sylvester-Nacht*. In: Christine Ivanovic/Jürgen Lehmann/Markus May (Hg.): Phantastik – Kult oder Kultur? Aspekte eines Phänomens in Kunst, Literatur und Film. Stuttgart/Weimar 2003, S. 127–151.
Mayer, Hans: Die Wirklichkeit E.T.A. Hoffmanns (1959). In: Klaus Peter (Hg.): Romantikforschung seit 1945. Königstein 1980, S. 116–144.
Mayer, Gerhart: Der deutsche Bildungsroman. Von der Aufklärung bis zur Gegenwart. Stuttgart 1992.
McGlathery, James M.: „Der Himmel hängt ihm voller Geigen": E.T.A. Hoffmann's *Rat Krespel*, *Die Fermate*, and *Der Baron von B*. In: The German Quarterly 51 (1978), S. 135–149.
–: Mysticism and Sexuality. E.T.A. Hoffmann. Part 2: Interpretations of the Tales. New York u. a. 1985.

McGrath, Patrick/Morrow Bradford (Hg.): The New Gothic. Neue Schauergeschichten. Frankfurt am Main 1992.
Meid, Marianne: Tagebuch. In: Walther Killy (Hg.): Literaturlexikon. Bd. 14: Begriffe, Realien, Methoden. Hg. von Volker Meid. Gütersloh/München 1993, S. 418–420.
Meier, Rolf: Dialog zwischen Jurisprudenz und Literatur: Richterliche Unabhängigkeit und Rechtsabbildung in E.T.A Hoffmanns *Das Fräulein von Scuderi*. Baden-Baden 1994.
Meixner, Horst: Romantischer Figuralismus. Kritische Studien zu Romanen von Arnim, Eichendorff und Hoffmann. Frankfurt am Main 1971.
Menke, Bettine: Prosopopoiia. Stimme und Text bei Brentano, Hoffmann, Kleist und Kafka. München 2000.
Meteling, Arno: Weird Science. Wissenschaft und Wahn im amerikanischen Superhelden-Comic. In: Torsten Junge/Dörte Ohlhoff (Hg.): Wahnsinnig genial. Der Mad Scientist Reader. Aschaffenburg 2004, S. 171–195.
–: Monster. Zu Körperlichkeit und Medialität im modernen Horrorfilm. Bielefeld 2006.
Meyer, Hermann: Das Zitat in der Erzählkunst. Zur Geschichte und Poetik des europäischen Romans. Stuttgart 1961.
–: Der Sonderling in der deutschen Dichtung. München/Wien 1963. Nachdruck: Frankfurt am Main/Berlin/Wien 1984.
Meyer, Peter: Das Ornament in der Kunstgeschichte. Zürich 1944.
Meyer, Reinhart: Novelle und Journal. Erster Band: Titel und Normen. Untersuchungen zur Terminologie der Journalprosa, zu ihren Tendenzen, Verhältnissen und Bedingungen. Stuttgart 1987.
Miller, Norbert: E.T.A. Hoffmanns doppelte Wirklichkeit. Zum Motiv der Schwellenüberschreitung in seinen Märchen. In: Helmut Arntzen/Bernd Balzer u.a. (Hg.): Literaturwissenschaft und Geschichtsphilosophie. Festschrift für Wilhelm Emrich. Berlin/New York 1975, S. 357–372.
–: Das Phantastische – Innensicht, Außensicht. Nachtstücke und Märchen bei E.T.A. Hoffmann. In: Rein A. Zondergeld (Hg.): Phaicon 3. Almanach der phantastischen Literatur. Frankfurt am Main 1978, S. 32–56.
Möbius, Hanno: Ruhe und Bewegung. „Beobachtung" in Literatur und Wissenschaft im Prozeß der Technisierung des 19. Jahrhunderts. In: Götz Großklaus/Eberhard Lämmert (Hg.): Literatur in einer industriellen Kultur. Stuttgart 1989, S. 431–444.
Momberger, Manfred: Sonne und Punsch. Die Dissemination des romantischen Kunstbegriffs bei E.T.A. Hoffmann. München 1986.
Moore, Anneliese W.: Hawaii in a Nutshell – E.T.A. Hoffmann's *Haimatochare*. In: The Hawaiian Journal of History 12 (1978), S. 13–27.
Moraldo, Sandro M.: Wandlungen des Doppelgängers. Shakespeare – E.T.A. Hoffmann – Pirandello. Von der Zwillingskomödie (*The Comedy of Errors*) zur Identitätsgefährdung (*Prinzessin Brambilla*; *Il fu Mattia Pascal*). Frankfurt am Main u.a. 1996.
–: „Ein Spiel zum Spiel", E.T.A. Hoffmanns Annäherungen an die Commedia dell'arte. In: Sandro M. Moraldo (Hg.): Das Land der Sehnsucht, E.T.A. Hoffmann und Italien. Heidelberg 2002, S. 127–143.
Mückenberger, Ulrich: Phantasie und Gerechtigkeitssinn. Der Dichter und Jurist E.T.A. Hoffmann. In: Neue Rundschau 100 (1989), Heft 2, S. 163–186.

Müller, Bruno: Der sprechende Hund bei A.F.E. Langbein und bei E.T.A. Hoffmann. Quellen und Nachwirkungen. In: Mitteilungen der Hoffmann-Gesellschaft 30 (1984), S. 8–14.
Müller, Dieter: Zum Automatenproblem bei Hoffmann. In: Mitteilungen der Hoffmann-Gesellschaft 12 (1966), S. 1–10.
Müller, Hans-Harald: Leo Perutz. Biographie. Wien 2007.
Müller, Hans von: Gesammelte Aufsätze über E.T.A. Hoffmann. Hg. von Friedrich Schnapp. Hildesheim 1974.
Müller-Funk, Wolfgang: E.T.A. Hoffmanns Erzählung *Der Magnetiseur*. Ein poetisches Lehrstück zwischen Dämonisierung und neuzeitlicher Wissenschaftskritik. In: Heinz Schott (Hg.): Franz Anton Mesmer und die Geschichte des Mesmerismus. Stuttgart 1985, S. 200–214.
Müller-Seidel, Walter: Nachwort. In: E.T.A. Hoffmann. *Die Serapionsbrüder*. Gesammelte Werke. Bd. 3. München 1963, S. 999–1026.
Müller-Sievers, Helmut: Verstimmung. E.T.A. Hoffmann und die Trivialisierung der Musik. In: Deutsche Vierteljahrsschrift für Literaturwissenschaft und Geistesgeschichte 63 (1989), S. 98–119.
–: Epigenesis. Naturphilosophie im Sprachdenken Wilhelm von Humboldts. Paderborn u.a. 1993.

Nadler, Josef: Literaturgeschichte der deutschen Stämme und Landschaften. 4 Bände. Regensburg 1912–1918 (2. Aufl. 1923/24).
Nährlich-Slatewa, Elena: Das Leben gerät aus dem Gleis. E.T.A. Hoffmann im Kontext karnevalesker Überlieferungen. Frankfurt am Main u.a. 1995.
Negus, Kenneth G.: The Family Tree in E.T.A. Hoffmann's *Die Elixiere des Teufels*. In: Publications of the Modern Language Association of America 73 (1958), Heft 1, S. 516–520.
Nehring, Wolfgang: E.T.A. Hoffmann: *Die Elixiere des Teufels* (1815/16). In: Paul Michael Lützeler (Hg.): Romane und Erzählungen der deutschen Romantik. Neue Interpretationen. Stuttgart 1981, S. 325–350.
–: *Lebensansichten des Katers Murr*. In: Brigitte Feldges/Ulrich Stadler: E.T.A. Hoffmann. Epoche – Werk – Wirkung. München 1986, S. 216–240.
–: Nachwort. In: E.T.A Hoffmann: *Prinzessin Brambilla*. Ein Capriccio nach Jakob Callot. Hg. von Wolfgang Nehring. Stuttgart 2003, S. 161–171.
Nettesheim, Josefine: E.T.A. Hoffmanns Phantasiestück *Der Magnetiseur*. Ein Beitrag zum Problem ‚Wissenschaft' und Dichtung. In: Jahrbuch des Wiener Goethe-Vereins 71 (1967), S. 113–127.
Neuhaus, Stefan: Das fremde Kind. In: Ders. (Hg.): Märchen. Tübingen 2005, S. 171–178.
Neumann, Gerhard: Romantische Aufklärung. Zu E.T.A. Hoffmanns Wissenschaftspoetik. In: Helmut Schmiedt/Helmut J. Schneider (Hg.): Aufklärung als Form. Beiträge zu einem historischen und aktuellen Problem. Würzburg 1997, S. 106–148 (=1997a).
–: Puppe und Automate. Inszenierte Kindheit in E.T.A. Hoffmanns Sozialisationsmärchen *Nußknacker und Mausekönig*. In: Günter Oesterle (Hg.): Jugend – ein romantisches Konzept? Würzburg 1997, S. 135–160 (=1997b).
–: Kindheit und Erinnerung. In: Günter Oesterle (Hg.): Jugend – Ein romantisches Konzept? Würzburg 1997, S. 81–103 (=1997c).

–: Narration und Bildlichkeit. Zur Inszenierung eines romantischen Schicksalsmusters in E.T.A. Hoffmanns Novelle *Doge und Dogaresse*. In: Gerhard Neumann/Günter Oesterle (Hg.): Bild und Schrift in der Romantik. Würzburg 1999, S. 107–139.
–: Glissando und Defiguration. E.T.A. Hoffmanns Capriccio *Prinzessin Brambilla* als Wahrnehmungsexperiment. In: Erika Greber/Bettine Menke (Hg.): Manier – Manieren – Manierismen. Tübingen 2003, S. 63–94 (= 2003a).
–: Traum und Transgression. Schicksale eines Kulturmusters: Calderón – Jean Paul – E.T.A. Hoffmann – Freud. In: Gerhard Neumann/Rainer Warning (Hg.): Transgressionen. Literatur als Ethnographie. Freiburg im Breisgau 2003, S. 81–122 (= 2003b).
–: E.T.A. Hoffmanns *Prinzessin Brambilla* als Entwurf einer ‚Wissenspoetik'. Wissenschaft – Theater – Literatur. In: Gabriele Brandstetter/Gerhard Neumann (Hg.): Romantische Wissenspoetik. Die Künste und die Wissenschaft um 1800. Würzburg 2004, S. 15–47.
Neumann, Gerhard (Hg.): ‚Hoffmaneske Geschichte'. Zu einer Literaturwissenschaft als Kulturwissenschaft. Würzburg 2005.
Neymeyr, Barbara: Musikalische Mysterien. Romantische Entgrenzung und Präfiguration der Décadence in E.T.A. Hoffmanns *Rat Krespel*. In: Hoffmann-Jahrbuch 11 (2003), S. 73–103.
–: *Die Abenteuer der Sylvester-Nacht*. Romantische Ich-Dissoziation und Doppelgänger-Problematik. In: Günter Saße (Hg.): E.T.A. Hoffmann: Romane und Erzählungen. Interpretationen. Stuttgart 2004, S. 60–74.
–: Nachwort. In: E.T.A. Hoffmann: Die Abentheuer der Sylvester-Nacht. Stuttgart 2005, S. 63–92.
Nickisch, Reinhard M.: Brief. Stuttgart 1991.
Nygaard, L.C.: Anselmus as Amanuensis. The motif of copying in Hoffmann's *Der goldene Topf*. In: Seminar 19 (1983), Heft 2, S. 79–104.

O'Brien, William Arctander: E.T.A. Hoffmann's critique of Idealism: Psychology, Allegory and Philosophy in *Die Automate*. In: Euphorion 83 (1989), S. 369–406.
Obermeit, Werner: „Das unsichtbare Ding, das Seele heißt". Die Entdeckung der Psyche im bürgerlichen Zeitalter. Frankfurt am Main 1980.
Oesterle, Günter: „Vorbegriffe zu einer Theorie der Ornamente". Kontroverse Formprobleme zwischen Aufklärung, Klassizismus und Romantik am Beispiel der Arabeske. In: Herbert Beck u.a. (Hg.): Ideal und Wirklichkeit in der bildenden Kunst im späten 18. Jahrhundert. Berlin 1984, S. 119–140.
–: E.T.A. Hoffmann. *Des Vetters Eckfenster*. Zur Historisierung ästhetischer Wahrnehmung oder Der kalkulierte romantische Rückgriff auf Sehmuster der Aufklärung. In: Der Deutschunterricht 39 (1987), S. 84–110.
–: Arabeske, Schrift und Poesie in E.T.A. Hoffmanns Kunstmärchen *Der goldene Topf*. In: Athenäum 1 (1991), S. 69–107.
–: Dissonanz und Effekt in der romantischen Kunst. E.T.A. Hoffmanns *Ritter Gluck*. In: Hoffmann-Jahrbuch 1 (1992/93), S. 58–79.
–: Arabeske. In: Karlheinz Barck u.a. (Hg.): Ästhetische Grundbegriffe. Stuttgart 2000, S. 272–286.
Oesterle, Ingrid: Arabeske Umschrift, poetische Polemik und Mythos der Kunst. Spätromantisches Erzählen in Ludwig Tiecks Märchen-Novelle *Das alte Buch*

und die Reise ins Blaue hinein. In: Gerhard Neumann/Alexander von Bormann u. a. (Hg.): Romantisches Erzählen. Würzburg 1995, S. 167–194.
Ortkemper, Hubert: Engel wider Willen. Die Welt der Kastraten. Eine andere Operngeschichte. Berlin 1993. Nachdruck: München 1995.
Ostermann, Eberhard: Fragment/Aphorismus. In: Helmut Schanze (Hg.): Romantik-Handbuch. Stuttgart 1994, S. 276–288.

Parot, Françoise/Marc Michelle: Introduction à la psychologie. Histoire et Méthodes. Paris 1992.
Paul, Jean-Marie: Der Teufel und das Diabolische in E.T.A. Hoffmanns *Ignaz Denner* und Jeremias Gotthelfs *Die schwarze Spinne*. In: Ders. (Hg.): Dimensionen des Phantastischen. Studien zu E.T.A. Hoffmann. St. Ingbert 1998, S. 133–152.
Paulus, Jörg: Der Enthusiast und sein Schatten. Literarische Schwärmer- und Philisterkritik um 1800. Berlin/New York 1998.
Peez, Erik: Die Macht der Spiegel. Das Spiegelmotiv in Literatur und Ästhetik des Zeitalters von Klassik und Romantik. Frankfurt am Main 1990.
Peter, Klaus (Hg.): Romantikforschung seit 1945. Königstein/Ts. 1980.
Peters, Uwe Henrik: Morbide Theorien zur seelischen Gesundheit. Einige romantische Wurzeln der gegenwärtigen Psychiatrie bei E.T.A. Hoffmann. In: Erika Tunner (Hg.): Romantik – eine lebenskräftige Krankheit: Ihre literarischen Nachwirkungen in der Moderne. Amsterdam/Atlanta 1991, S. 5–35.
Petersen, Julius: Die Wesensbestimmung der deutschen Romantik. Eine Einführung in die moderne Literaturwissenschaft. Leipzig 1926.
Petry, Uwe: Romantik im Rückspiegel. Die Bezugnahme auf E.T.A. Hoffmann seitens der italienischen Neoavantgarde. In: Hoffmann-Jahrbuch 15 (2007), S. 129–134.
Pfotenhauer, Helmut: Exoterische und esoterische Poetik in E.T.A. Hoffmanns Erzählungen. In: Jahrbuch der Jean-Paul-Gesellschaft 17 (1982), S. 129–145.
–: Gesichte an den Rändern des Traumes: E.T.A. Hoffmanns Poetik der Halbschlafbilder. In: Helmut Pfotenhauer/Sabine Schneider (Hg.): „Nicht völlig Wachen und nicht ganz ein Traum." Die Halbschlafbilder in der Literatur. Würzburg 2006, S. 70–86.
Pietzcker, Carl: *Nussknacker und Mausekönig*. Gründungstext der Phantastischen Kinder- und Jugendliteratur. In: Günter Saße (Hg.): E.T.A. Hoffmann: Romane und Erzählungen. Interpretationen. Stuttgart 2004, S. 182–198.
Pikulik, Lothar: Romantik als Ungenügen an der Normalität. Am Beispiel Tiecks, Hoffmanns, Eichendorffs. Frankfurt am Main 1979.
–: E.T.A. Hoffmann als Erzähler. Ein Kommentar zu den *Serapions-Brüdern*. Göttingen 1987, S. 89–95.
–: Das Verbrechen aus Obsession. E.T.A. Hoffmann: *Das Fräulein von Scuderi*. In: Winfried Freund (Hg.): Deutsche Novellen. Von der Klassik bis zur Gegenwart. München 1993, S. 47–57.
–: Frühromantik. Epoche – Werk – Wirkung. München ²2000.
–: *Die Serapions-Brüder*. Die Erzählung vom Einsiedler Serapion und das Serapion(t)ische Prinzip – E.T.A. Hoffmanns poetologische Reflexionen. In: Günter Saße (Hg.): E.T.A. Hoffmann: Romane und Erzählungen. Interpretationen. Stuttgart 2004, S. 135–156.
Planta, Urs Orland von: E.T.A. Hoffmanns Märchen *Das fremde Kind*. Bern 1958.

Plumpe, Gerhard/Niels Werber: Literatur ist codierbar. Aspekte einer systemtheoretischen Literaturwissenschaft. In: Siegfried J. Schmidt (Hg.): Literaturwissenschaft und Systemtheorie. Positionen, Kontroversen, Perspektiven. Opladen 1993, S. 9–43.
Pohsner, Anja: „Wenn ich von mir selbst abhinge, würd' ich Componist ..." – Die Umwege des Musikers E.T.A. Hoffmann. Wechselwirkungen innerhalb seines musikalischen und literarischen Werkes. Heidelberg 1999.
Polaschegg, Andrea: „Diese geistig technischen Bemühungen...". Zum Verhältnis von Gestalt und Sinnversprechen der Schrift: Goethes arabische Schreibübungen und E.T.A. Hoffmans *Der goldene Topf*. In: Gernot Grube/Werner Kogge/Sybille Krämer (Hg.): Schrift. Kulturtechnik zwischen Auge, Hand und Maschine. München 2005, S. 279–304.
Ponert, Dietmar Jürgen: Hoffmann als Richter des Criminal-Senats des Königl. Preußischen Kammergerichts. In: Ders. (Hg.): Hoffmann – ein Preuße? Berlin 1981, S. 116–195.
Pontzen, Alexandra: Künstler ohne Werk. Modelle negativer Produktionsästhetik in der Künstlerliteratur von Wackenroder bis Heiner Müller. Berlin 2000.
Praet, Danny/Mark Janse: „Dem Namen nach". Greek and Jewish references and word play in the character names of E.T.A. Hoffmann's *Die Irrungen* and *Die Geheimnisse*. In: Hoffmann-Jahrbuch 13 (2005), S. 78–97.
Prang, Helmut (Hg.): E.T.A. Hoffmann. Darmstadt 1976.
Prawer, Siegbert S.: „Ein poetischer Hund". E.T.A. Hoffmann's *Nachrichten von den neuesten Schicksalen des Hundes Berganza* and its Antecedents in European Literature. In: Stanley A. Corngold/Michael Curschmann/Theodore J. Ziolkowski (Hg.): Aspekte der Goethezeit. Festschrift für Victor Lange. Göttingen 1977, S. 273–292.
Praz, Mario: Liebe, Tod und Teufel. Die schwarze Romantik [1930]. München 1970.
Preisendanz, Wolfgang: Humor als dichterische Einbildungskraft. Studien zur Erzählkunst des poetischen Realismus. München 1963 (^{3}1985).
Preuß, Karin: The Question of Madness in the Works of E.T.A. Hoffmann and Mary Shelley. With Particular Reference to *Frankenstein* and *Der Sandmann*. Frankfurt am Main 2003.

Rank, Otto: Der Doppelgänger. In: Imago 3 (1914), S. 97–164 [Buchausgabe: Leipzig/Wien/Zürich 1925; Nachdruck: Wien 1993].
Rathmann, Thomas/ Nikolaus Wegmann (Hg.): „Quelle". Zwischen Ursprung und Konstrukt. Ein Leitbegriff in der Diskussion. Berlin 2004 (Beiheft 12 zur Zeitschrift für deutsche Philologie).
Requadt, Paul: Norden und Süden in der Allegorik von E.T.A. Hoffmanns *Prinzessin Brambilla*. In: Ders. (Hg.): Die Bildersprache der deutschen Italiendichtung von Goethe bis Benn. München 1962, S. 125–130.
Reuchlein, Georg: Das Problem der Zurechnungsfähigkeit bei E.T.A. Hoffmann und Georg Büchner. Frankfurt am Main u.a. 1985.
–: Bürgerliche Gesellschaft, Psychiatrie und Literatur. Zur Entwicklung der Wahnsinnsthematik in der deutschen Literatur des späten 18. und frühen 19. Jahrhunderts. München 1986.
Richter, Dieter: Das fremde Kind. Zur Entstehung der Kindheitsbilder des bürgerlichen Zeitalters. Frankfurt am Main 1987.

Riha, Karl: Die Beschreibung der „Großen Stadt". Zur Entstehung des Großstadt-Motivs in der deutschen Literatur (ca. 1750–1850). Bad Homburg 1970.
Ringel, Stefan: E.T.A. Hoffmanns Werke im Film. In: Hoffmann-Jahrbuch 3 (1995), S. 84–94.
–: Realität und Einbildungskraft im Werk E.T.A. Hoffmanns. Köln/Weimar/Wien 1997.
–: Von eitlen Schauspielern, adligen Marktschreiern und strickenden Prinzessinnen. Komisches Erzählen am Beispiel von E.T.A. Hoffmanns *Prinzessin Brambilla*. Sankt Augustin 2003.
Roehl, Martin: Die Doppelpersönlichkeit bei E.Th.A. Hoffmann. Rostock 1918.
Rohrwasser, Michael: Coppelius, Cagliostro und Napoleon. Der verborgene politische Blick E.T.A. Hoffmanns. Ein Essay. Basel 1991.
–: Der Leser als Detektiv. Hoffmann: *Das Fräulein von Scuderi*. In: Klaus-Michael Bogdal/Clemens Kammler (Hg.): (K)ein Kanon. 30 Schulklassiker neu gelesen. München 2000, S. 58–62.
Rotermund, Erwin: Musikalische und dichterische ‚Arabeske' bei E.T.A. Hoffmann 1968.
Rothschuh, Karl Eduard: Physiologie. Der Wandel ihrer Konzepte, Probleme und Methoden vom 16. bis 20. Jahrhundert. Freiburg/München 1968.
Rudolph, Olivier-Pierre/Jean-Françoise Goubet (Hg.): Die Psychologie Christian Wolffs: systematische und historische Untersuchungen. Tübingen 2004.
Rüdiger, Wolfgang: Musik und Wirklichkeit bei E.T.A. Hoffmann. Zur Entstehung einer Musikanschauung der Romantik. Pfaffenweiler 1989.
Rupp, Gerhard: Träume und medial verzerrte Kommunikation: neue didaktische Perspektiven auf den *Sandmann*. In: Deutschunterricht 54 (2001), S. 24–28.
Rushton, Julian G.: The Theory and Practice of Piccinnism. In: Proceedings of the Royal Musical Association 98 (1971/72), S. 31ff.

Safranski, Rüdiger: E.T.A. Hoffmann. Das Leben eines skeptischen Phantasten. München 1984.
Saito, Shigeo: *Der Sandmann*: der psychoanalytische Diskurs. In: Doitsu Bungaku 105 (2000), S. 139–148.
Sanna, Simonetta: Im gesprungenen Spiegel des Wahnsinns. Die Moderne und ihre Bewußtseinskrise. In: Silvio Vietta/Dirk Kemper (Hg.): Ästhetische Moderne in Europa. Grundzüge und Problemzusammenhänge seit der Romantik. München 1998, S. 287–319.
Saße, Günter: Die Karnevalisierung der Wirklichkeit. Vom „chronischen Dualismus" zur „Duplizität des irdischen Seins" in Hoffmanns *Prinzessin Brambilla*. In: Hoffmann-Jahrbuch 9 (2001), S. 55–69.
Saße, Günter (Hg.): E.T.A. Hoffmann: Romane und Erzählungen. Interpretationen. Stuttgart 2004, S. 157–167.
Sauer, Lieselotte: Marionetten, Maschinen, Automaten. Der künstliche Mensch in der deutschen und englischen Romantik. Bonn 1983.
Schadewill, Uwe: Poeta Judex. Eine Studie zum Leben und Werk des Dichterjuristen E.T.A. Hoffmann. Münster u.a. 1993.
Schäfer, Bettina: Ohne Anfang – ohne Ende. Arabeske Darstellungsformen in E.T.A. Hoffmanns Roman *Lebens-Ansichten des Katers Murr*. Bielefeld 2001.

Schaeffer, Carl: Die Bedeutung des Musikalischen und Akustischen in E.T.A. Hoffmanns literarischem Schaffen. Marburg 1909.
Schaeffer, Jean-Marie: La naissance de la littérature. La théorie esthétique du romantisme allemand. Paris 1983.
Schanze, Helmut: Romantik und Aufklärung. Untersuchungen zu Friedrich Schlegel und Novalis. Nürnberg 1966 (^{2}1976).
Schaukal, Richard von: E.T.A. Hoffmann. Sein Werk aus seinem Leben dargestellt. Zürich u.a. 1923.
Scheffel, Michael: Die Geschichte eines Abenteuers oder das Abenteuer einer Geschichte? Poetische Autoreflexivität am Beispiel von E.T.A. Hoffmanns *Prinzessin Brambilla*. In: E.T.A. Hoffmann. Text + Kritik. Sonderband. München 1992, S. 112–124.
Schemmel, Bernhard: Nachwort. In: E.T.A. Hoffmann: *Haimatochare*. Horn 2006.
Schenk, Ernst von: E.T.A. Hoffmann. Ein Kampf um das Bild des Menschen. Berlin 1939.
Scher, Steven Paul: *Kater Murr* und *Tristram Shandy*. Erzähltechnische Affinitäten bei Hoffmann und Sterne. In: Zeitschrift für deutsche Philologie 95 (1976) [Sonderheft E.T.A. Hoffmann], S. 24–42.
Scherer, Gabriela: E.T.A. Hoffmann. *Prinzessin Brambilla*. In: Rolf Tarot/Gabriela Scherer (Hg.): Kunstmärchen. Erzählmöglichkeiten von Wieland bis Döblin. Berlin/Frankfurt am Main u.a. 1993, S. 191–205.
Scherer, Stefan: Witzige Spielgemälde. Tieck und das Drama der Romantik. Berlin/New York 2003.
–: Naive Re-Flexion. Romantische Texturen, erzählte Theatralität und maskiertes Rollensprechen im *Maler Nolten* (Epigonalität und Modernität eines ‚Schwellentexts' in der ‚Schwellenepoche' 1830–1850). In: Wolfgang Braungart/Ralf Simon (Hg.): Eduard Mörike. Ästhetik und Gesellligkeit. Tübingen 2004, S. 5–30.
Scherer, Wilhelm: Geschichte der Deutschen Literatur. Berlin 1880–1883.
Schlager, Karlheinz: Kirchenmusik in romantischer Sicht. Zeugnisse des Musikjournalisten und des Komponisten E.T.A. Hoffmann. Regensburg 1993.
Schmeling, Manfred: „Wir wollen keine Philister sein": Perspektivenvielfalt bei Hoffmann und Tieck. In: Armin Paul Frank/Ulrich Mölk (Hg.): Frühe Formen mehrperspektivischen Erzählens von der Edda bis Flaubert. Ein Problemaufriß. Berlin 1991, S. 97–113.
Schmidt, Arno: Fouqué und einige seiner Zeitgenossen. Biographischer Versuch. Darmstadt 1958.
Schmidt, Jochen: *Der goldne Topf* als dichterische Entwicklungsgeschichte [Nachwort]. In: E.T.A. Hoffmann: Der goldne Topf. Hg. von Jochen Schmidt. Frankfurt am Main 1981, S. 145–176 (=1981a).
–: Die Krise der romantischen Subjektivität. E.T.A. Hoffmanns Künstlernovelle *Der Sandmann* in historischer Perspektive. In: Jürgen Brummack u.a. (Hg.): Literaturgeschichte und Geisteswissenschaft. Festschrift für Richard Brinkmann. Tübingen 1981, S. 348–370 (=1981b).
–: Die Geschichte des Genie-Gedankens in der deutschen Literatur, Philosophie und Politik 1750–1945. Bd. 1: Von der Aufklärung bis zum Idealismus. Darmstadt 1985 (Neudruck: Heidelberg 2004).
–: Das Fräulein von Scuderi und Cardillac [Nachwort]. In: E.T.A. Hoffmann: Das Fräulein von Scuderi. Stuttgart ^{3}1986, S. 109–121.

Schmidt, Julian: Geschichte der deutschen Nationalliteratur im neunzehnten Jahrhundert. 2 Bände. Leipzig 1953.
–: Geschichte der deutschen Literatur seit Lessing's Tod. 3 Bände. Leipzig 1866–1867 (5. vermehrte Auflage).
Schmidt, Olaf: „Die Wundernadel des Meisters" – Zum Bild-Text-Verhältnis in E.T.A. Hoffmanns Capriccio *Prinzessin Brambilla*. In: Hoffmann-Jahrbuch 7 (1999), S. 50–62.
–: „Callots fantastisch karikierte Blätter". Intermediale Inszenierungen und romantische Kunsttheorie im Werk E.T.A. Hoffmanns. Berlin 2003.
Schmidt, Ricarda: Wenn mehrere Künste im Spiel sind. Intermedialität bei E.T.A. Hoffmann. Göttingen 2006.
Schmidt-Biggemann, Wilhelm: Maschine und Teufel. Jean Pauls Jugendsatiren nach ihrer Modellgeschichte. Freiburg/München 1975.
Schmitz-Emans, Monika: Naturspekulation als ‚Vorwand' poetischer Gestaltung. Über das Verhältnis E.T.A. Hoffmanns zu den Lehren G.H. Schuberts. In: Mitteilungen der Hoffmann-Gesellschaft 34 (1988), S. 67–83.
Schnapp, Friedrich: Der Seraphinenorden und die Serapions-Brüder E.T.A. Hoffmanns. In: Literaturwissenschaftliches Jahrbuch N.F. 3 (1962), S. 99–112.
Schneider, Karl Ludwig: Künstlerliebe und Philistertum im Werk E.T.A. Hoffmanns. In: Hans Steffen (Hg.): Die deutsche Romantik. Poetik, Formen und Motive. Göttingen ³1978, S. 200–218.
Schneider, Manfred: Serapiontische Probabilistik. Einwände gegen die Vernunft des größten Haufens. In: Gerhard Neumann (Hg.): ‚Hoffmaneske Geschichte'. Zu einer Literaturwissenschaft als Kulturwissenschaft. Würzburg 2005, S. 259–276.
Schneider, Peter: Verbrechen, Künstlertum und Wahnsinn. In: Mitteilungen der Hoffmann-Gesellschaft 26 (1980), S. 34–50.
Schnell, Ralf: Die verkehrte Welt. Literarische Ironie im 19. Jahrhundert. Stuttgart 1989.
Schott, Heinz: Carl Georg von Maassen und seine Bücher. In: Carl Georg von Maassen. Sammler und Forscher. Hg. von Mitgliedern der Freien gesellligen Vereinigung „Die Mappe". München 1978, S. 19–30.
–: Der versteckte Poet in uns. Zur Sprachtheorie in der naturphilosophischen Seelenlehre von Gotthilf Heinrich von Schubert (1780–1860). In: Sudhoffs Archiv 65 (1981), S. 226–250.
Schott, Heinz (Hg.): Franz Anton Mesmer und die Geschichte des Mesmerismus. Stuttgart 1985.
Schremmer, Ernst: Hugo Steiner-Prag – Ein Universalkünstler. In: Hugo Steiner-Prag: Aquarelle, Zeichnungen, Graphik, Buchkunst. Galerie der Stadt Esslingen, Villa Merkel. Esslingen 1981, S. 3–6.
Schrey, Dieter: Mythos und Geschichte bei Johann Arnold Kanne und in der romantischen Mythologie. Tübingen 1969.
Schroeder, Felix von: Genealogische Fragen in E.T.A. Hoffmanns *Die Elixiere des Teufels*. In: Der Herold. Vierteljahresschrift für Heraldik, Genealogie und verwandte Wissenschaften 8 (1976), Heft 1, S. 133–149.
Schulze, Herbert: E.T.A. Hoffmann als Musikschriftsteller und Komponist. Leipzig 1983.
Schücking, Julius Lothar: Ernst Theodor Amadeus Hoffmann und der deutsche Geist. In: Mitteilungen der Hoffmann-Gesellschaft 1 (1938/39), Heft 1, S. 25–31.

Schwenck, Konrad: Ueber E.T.W. Hoffmann's Schriften. In: Hermes oder kritisches Jahrbuch der Literatur, Nr. 13, 3. Stück. Leipzig 1823, S. 80–143.
Scott, Walter: On the Supernatural in Fictitious Composition; and particularly on the Works of Ernest Theodor William Hoffmann. In: Foreign Quarterly Review, 1 (1827), S. 60–98. Neudruck in: Joan Williams (Hg.): On Novelists and Fiction. London 1968, S. 312–353].
Sdun, Wilfried: E.T.A. Hoffmanns *Prinzessin Brambilla*. Analyse und Interpretation einer erzählten Komödie. Freiburg im Breisgau 1961.
Seebacher, Katrin: Poetische Selbst-Verdammnis. Romantikkritik der Romantik. Freiburg im Breisgau 2000.
Segebrecht, Wulf: Autobiographie und Dichtung. Eine Studie zum Werk E.T.A. Hoffmanns. Stuttgart 1967.
–: Rezension zu: Friedrich Schnapp (Hg.): E.T.A. Hoffmanns Briefwechsel. München 1967–1999. In: Anzeiger für deutsches Altertum und Literatur 81 (1970), S. 166–180.
–: Heterogenität und Integration bei E.T.A. Hoffmann. In: Helmut Prang (Hg.): E.T.A. Hoffmann. Darmstadt 1976, S. 381–397.
–: Krankheit und Gesellschaft. Zu E.T.A. Hoffmanns Rezeption der Bamberger Medizin. In: Richard Brinkmann (Hg.): Romantik in Deutschland. Ein interdisziplinäres Symposium. Stuttgart 1978, S. 267–290.
–: Beamte, Künstler, Außenseiter. Analogien zwischen der juristischen und der dichterischen Praxis E.T.A. Hoffmanns. In: Ders.: Heterogenität und Integration. Studien zu Leben, Werk und Wirkung E.T.A. Hoffmanns. Frankfurt am Main u.a. 1996, S. 91–106 (=1996a).
–: Heterogenität und Integration. Studien zu Leben, Werk und Wirkung E.T.A. Hoffmanns. Frankfurt am Main u. a. 1996 (=1996b).
–: Hoffmann und die englische Literatur. In: Ders.: Heterogenität und Integration. Studien zu Leben, Werk und Wirkung E.T.A. Hoffmanns. Frankfurt am Main u.a. 1996, S. 183–201 (=1996c).
–: Von der Graecomanie-Kritik zur poetischen Reaktion auf den Philhellenismus. E.T.A. Hoffmanns Erzählungen *Die Irrungen* und *Die Geheimnisse*. In: Ders. (Hg.): Europavisionen im 19. Jahrhundert. Vorstellungen von Europa in Literatur und Kunst, Geschichte und Philosophie. Würzburg 1999, S. 171–182.
–: Hoffmanns imaginäre Bibliothek italienischer Literatur. In: Sandro M. Moraldo (Hg.): Das Land der Sehnsucht. E.T.A. Hoffmann und Italien. Heidelberg 2002, S. 9–23.
Selbmann, Rolf: Der deutsche Bildungsroman. Stuttgart 1984.
–: Diät mit Horaz: zur Poetik von E.T.A. Hoffmanns Erzählung *Des Vetters Eckfenster*. In: Hoffmann-Jahrbuch 2 (1994), S. 69–77.
Setzer, Matthias: Wirklichkeitsentgrenzung und musikalische Poetologie. Untersuchungen zum Werk von E.T.A. Hoffmann. Frankfurt am Main 1988.
Shearman, John: Manierismus. Das Künstliche in der Kunst. Weinheim 1994.
Shorter, Edward: Geschichte der Psychiatrie. Reinbek bei Hamburg 2003.
Singer, Herbert: Hoffmann. *Kater Murr*. In: Benno von Wiese (Hg.): Der deutsche Roman. Bd. 1. Düsseldorf 1963, S. 301–328, 938–990.
Šklovskij, Viktor: Kunst als Kunstgriff. In: Ders.: Theorie der Prosa. Frankfurt am Main 1984, S. 7–24.

Sloterdijk, Peter: Einleitung. In: Schellings Werke, ausgewählt von Michaela Boenke. München 1995.
Smuda, Manfred: Variation und Innovation. Modelle literarischer Möglichkeiten der Prosa in der Nachfolge Edgar Allan Poes. In: Jochen Vogt (Hg.): Der Kriminalroman I. München 1971. S. 33–63.
Sommerhage, Claus: Hoffmanns Erzähler. Über Poetik und Psychologie in E.T.A. Hoffmanns Nachtstück *Der Sandmann*. In: Zeitschrift für deutsche Philologie 106 (1987), S. 513–534.
Spengler, Oswald: Der Untergang des Abendlandes. Wien/Leipzig 1919.
Spiegelberg, Hartmut: Der *Ritter Gluck* von NN (1809) als Wegweiser zum dichterischen Schaffen des Komponisten und bildenden Künstlers in Sprache E.T.A. Hoffmann. Marburg 1973.
Stadler, Ulrich: Die Aussicht als Einblick. Zu E.T.A. Hoffmanns später Erzählung *Des Vetters Eckfenster*. In: Zeitschrift für deutsche Philologie 105 (1986), S. 498–515.
–: Von Brillen, Lorgnetten, Fernrohren und Kuffischen Sonnenmikroskopen. Zum Gebrauch optischer Instrumente in Hoffmanns Erzählungen. In: Hoffmann-Jahrbuch 1 (1992/93), S. 91–105.
–: Über Sonderlinge, Spieler und Dichter. Zum Verhältnis von Poesie und Wissenschaft in E.T.A. Hoffmanns *Serapions-Brüdern*. In: Gerhard Neumann (Hg.): ‚Hoffmaneske Geschichte'. Zu einer Literaturwissenschaft als Kulturwissenschaft. Würzburg 2005, S. 277–292.
Stahl, Karl-Heinz: Das Wunderbare als Problem und Gegenstand der deutschen Poetik des 17. und 18. Jahrhunderts. Frankfurt am Main 1975.
Starobinski, Jean: Ironie et mélancholie (II). La *Princesse Brambilla* de E.T.A. Hoffmann. In: Critique 22 (1966), S. 438–457.
Steigerwald, Jörn: Anschauung und Darstellung von Bildern. E.T.A. Hoffmanns *Die Jesuiterkirche in G*. In: Gerhard Neumann/Günter Oesterle (Hg.): Bild und Schrift in der Romantik. Würzburg 1999, S. 329–356.
–: Die fantastische Bildlichkeit der Stadt. Zur Begründung der literarischen Fantastik im Werk E.T.A. Hoffmanns. Würzburg 2001.
Stein, Gerd (Hg.): Philister – Kleinbürger – Spießer. Normalität und Selbstbehauptung. Kulturfiguren und Sozialcharaktere des 19. und 20. Jahrhunderts. Bd. 4. Frankfurt am Main 1985.
Steinecke, Hartmut: E.T.A. Hoffmanns *Kater Murr*. Zur Modernität eines ‚romantischen' Romans. In: Jahrbuch des Wiener Goethe-Vereins 81–83 (1977–79), S. 275–289.
–: E.T.A. Hoffmann. Stuttgart 1997.
–: „Meine Fantasie ist stärker als alles." Hoffmanns Geburtstagsbrief vom 23.–25. Januar 1796. In: Im Dienste der Auslandsgermanistik. Festschrift für Prof. Dr. Dr. h. c. Antal Mádl zum 70. Geburtstag. Budapester Beiträge zur Germanistik. Budapest 1999, S. 239–250.
–: E.T.A. Hoffmanns Märchen *Meister Floh*, „wunderlichstes aller Märchen" und „humoristischer" Roman. In: Friedhelm Marx/Andreas Meier (Hg.): Der europäische Roman zwischen Aufklärung und Postmoderne. Festschrift zum 65. Geburtstag von Jürgen C. Jacobs. Weimar 2001, S. 75–87.
–: „Ein Spiel zum Spiel". E.T.A. Hoffmanns Annäherungen an die Commedia dell'arte. In: Sandro M. Moraldo (Hg.): Das Land der Sehnsucht. E.T.A. Hoffmann und Italien. Heidelberg 2002, S. 125–143.

–: „Dem humoristischen Dichter muss es freistehen..." Hoffmanns „Erklärung" vom Februar 1822 als poetologischer und literarischer Text. In: Hoffmann-Jahrbuch 11 (2003), S. 122–133 [etwas modifiziert in: E.T.A. Hoffmann. Neue Wege der Forschung. Darmstadt 2006, S. 210–224].

–: Die Kunst der Fantasie. E.T.A. Hoffmanns Leben und Werk. Frankfurt am Main 2004.

Steinecke, Hartmut (Hg.): E.T.A. Hoffmann (Neue Wege der Forschung). Darmstadt 2006.

Steiner-Prag, Eleanor F.: Hugo Steiner-Prag. Versuch einer Darstellung des Künstlers und der Persönlichkeit [Vorträge in New York und Los Angeles 1966/67, Erstveröffentlichung in deutscher Sprache]. In: Hugo Steiner-Prag: Aquarelle, Zeichnungen, Graphik, Baukunst. Galerie der Stadt Esslingen, Villa Merkel. Esslingen 1981, S. 12–17.

Stephan, Inge: Kunstperiode. In: Wolfgang Beutin u. a. (Hg.): Deutsche Literaturgeschichte von den Anfängen bis zur Gegenwart. Stuttgart ^{2}1994, S. 147–194.

Stingelin, Martin: „Unser Schreibzeug arbeitet mit an unseren Gedanken". Die poetologische Reflexion der Schreibwerkzeuge bei Georg Christoph Lichtenberg und Friedrich Nietzsche. In: Lichtenberg-Jahrbuch 1999 [2000], S. 81–98.

Stockinger, Claudia: Das dramatische Werk Friedrich de la Motte Fouqués. Ein Beitrag zur Geschichte des romantischen Dramas. Tübingen 2000 (=2000a).

–: Dramaturgie der Zerstreuung. Schiller und das romantische Drama. In: Uwe Japp/Stefan Scherer/Claudia Stockinger (Hg.): Das romantische Drama. Produktive Synthese zwischen Tradition und Innovation. Tübingen 2000, S. 199–225 (=2000b).

–: Tod und Auferstehung des Autors im Architext. Clemens Brentanos philologisch-poetische *Gründung Prags*. In: Heinrich Detering (Hg.): Autorschaft. Positionen und Revisionen. DFG-Symposion 2001. Stuttgart/Weimar 2002, S. 220–240.

–: The Romantic Drama. Tieck, Brentano, Arnim, Fouqué, and Eichendorff. In: Dennis F. Mahoney (Hg.): The Literature of German Romanticism. Rochester, New York 2004, S. 125–145.

–: Verkehrungen der Romantik. Hauffs Erzählungen im Kontext frührealistischer Verfahren. In: Ernst Osterkamp/Andrea Polaschegg/Erhard Schütz (Hg.): Wilhelm Hauff oder Die Virtuosität der Einbildungskraft. In Verbindung mit der Deutschen Schillergesellschaft. Göttingen 2005, S. 52–82.

Stolleis, Michael: Das Auge des Gesetzes. Geschichte einer Metapher. München 2004.

Strich, Fritz: Deutsche Klassik und Romantik oder Vollendung und Unendlichkeit. Ein Vergleich. München 1922.

Strobel, Jochen: Die Ahnenprobe des Medardus. In: Hoffmann-Jahrbuch 13 (2005), S. 29–46.

Strohschneider-Kohrs, Ingrid: Die romantische Ironie in Theorie und Gestaltung. Tübingen 1960.

Stummvoll, Josef: Hugo Steiner-Prag. In: Hugo Steiner-Prag: Festgabe anläßlich der Gedächtnisausstellung zum 75. Geburtstag. Bearbeitet von Franz Hadamowsky und Josef Mayerhöfer. Wien 1955, S. 9–20.

Sutter, Alex: Göttliche Maschinen. Die Automaten für Lebendiges. Frankfurt am Main 1988.

Swales, Martin: „Die Reproduktionskraft der Eidexen". Überlegungen zum selbstreflexiven Charakter der *Lebens-Ansichten des Katers Murr*. In: Hoffmann-Jahrbuch 1 (1992/93), S. 48–57.
Szondi, Peter: Poetik und Geschichtsphilosophie. Frankfurt am Main 1974.

Tap, Patricia: E.T.A. Hoffmann und die Faszination romantischer Medizin. Düsseldorf 1996.
Tarkovskij, Andrej: Hoffmanniana. Szenario für einen nicht realisierten Film [1976]. München 1987.
Tatar, Maria M.: Spellbound. Studies on Mesmerism and Literature. Princeton 1978.
Tausch, Harald: „Die Architektur ist die Nachtseite der Kunst". Erdichtete Architekturen und Gärten in der deutschsprachigen Literatur zwischen Frühaufklärung und Romantik. Würzburg 2006.
Tawada, Yoko: Spielzeug und Sprachmagie. Eine ethnologische Studie. Tübingen 2000.
Taylor, Charles: Quellen des Selbst. Die Entstehung der neuzeitlichen Identität. Frankfurt am Main 1994.
Tecchi, Bonaventura: E.T.A. Hoffmanns *Prinzessin Brambilla*. In: Benno Reifenberg/Emil Staiger (Hg.): Weltbewohner und Weimaraner. Zürich 1960, S. 301–316.
Teichmann, Elizabeth: La fortune d'Hoffmann en France. Genf/Paris 1961.
Terpstra, Jan U.: Hexenspruch, Eierzauber und Feind-Komplex in E.T.A. Hoffmanns Fragment *Der Feind*. In: Euphorion 80 (1986), S. 26–45.
Thalmann, Marianne: Das Märchen und die Moderne. Zum Begriff der Surrealität im Märchen der Romantik. Stuttgart 1961.
Tietz, Manfred: E.T.A. Hoffmann und Spanien. In: Mitteilungen der Hoffmann-Gesellschaft 26 (1980), S. 51–68.
Tilliette, Xavier: Schubert und Schelling. Schuberts *Symbolik des Traumes*. In: Alice Rössler (Hg.): Gotthilf Heinrich Schubert. Gedenkschrift zum 200. Geburtstag des romantischen Naturforschers. Erlangen 1980, S. 51–73.
Todorov, Tzvetan: Einführung in die fantastische Literatur. München 1972.
Toggenburger, Hans: Die späten Almanach-Erzählungen E.T.A. Hoffmanns. Bern 1983.
Träger, Claus: Ursprünge und Stellung der Romantik. In: Klaus Peter (Hg.): Romantikforschung seit 1945. Königstein/Ts. 1980, S. 304–334.
Triebel, Odila: Staatsgespenster: Fiktionen des Politischen bei E.T.A. Hoffmann. Köln/Weimar/Wien 2003.
Troubetzkoy, Wladimir: L'ombre et la différence. Le double en Europe. Paris 1996.
Tsouyopoulos, Nelly: Andreas Röschlaub und die romantische Medizin. Die philosophischen Grundlagen der modernen Medizin. Stuttgart 1982.
Tunner, Erika: Besonnenheit und tolles Spiel. Zur Gestaltung des Schauspielers Giglio Fava in E.T.A. Hoffmanns *Prinzessin Brambilla*. In: Germanistik aus interkultureller Perspektive. Hg. von Adrien Finck. Strasbourg 1988, S. 271–280.
Tunner, Erika (Hg.): Romantik – eine lebenskräftige Krankheit: Ihre literarischen Nachwirkungen in der Moderne. Amsterdam/Atlanta 1991.
Türk, Klaus: E.T.A. Hoffmann: *Meister Martin der Küfner und seine Gesellen.* Kolbe-Gemälde wiedergefunden. In: Hoffmann-Jahrbuch 11 (2003), S. 134–137.

Uber, Wolfgang: E.T.A. Hoffmann und Sigmund Freud. Ein Vergleich. Berlin 1974.

Valk, Thorsten: *Die Bergwerke zu Falun.* Tiefenpsychologie aus dem Geist romantischer Seelenkunde. In: Günter Saße (Hg.): E.T.A. Hoffmann: Romane und Erzählungen. Interpretationen. Stuttgart 2004, S. 168–181.

Vax, Louis: Die Phantastik (1963). In: Rein A. Zondergeld (Hg.): Phaïcon 1. Almanach der phantastischen Literatur. Frankfurt am Main 1974, S. 11–43.

Vietta, Silvio: Das Automatenmotiv und die Technik der Motivschichtung im Erzählwerk E.T.A. Hoffmanns. In: Mitteilungen der Hoffmann-Gesellschaft 26 (1980), S. 25–33.

Vietta, Silvio (Hg.): Literarische Frühromantik. Göttingen 1983.

Vitt-Maucher, Gisela: Hoffmanns *Rat Krespel* und der Schlafrock Gottes. In: Monatshefte 64 (1972), S. 51–72.

–: E.T.A. Hoffmann „Klein Zaches genannt Zinnober": Gebrochene Märchenwelt. In: Aurora 44 (1984), S. 196–212.

–: Träumer und Phantast als narratives Medium bei Hoffmann, Poe, Dostojewski und Stolper. In: Hoffmann-Jahrbuch 1 (1992/93), S. 174–183.

Völker, Klaus (Hg.): Künstliche Menschen. Über Golems, Homunculi, Androiden und lebende Statuen. Frankfurt am Main 1994.

Walter, Jürgen: Das Unheimliche als Wirkungsfunktion. Eine rezeptionsästhetische Analyse von E.T.A. Hoffmanns Erzählung *Der Sandmann.* In: Mitteilungen der Hoffmann-Gesellschaft 30 (1984), S. 15–33.

Walzel, Oskar: Deutsche Romantik. Leipzig 1908.

Watzke, Daniela: Hirnanatomische Grundlagen der Reizleitung und die „bewußtlose Sensibilität" im Werk des Hallenser Klinikers Johann Christian Reil. In: Jörn Steigerwald/Daniela Watzke (Hg.): Reiz, Imagination, Aufmerksamkeit. Erregung und Steuerung von Einbildungskraft im klassischen Zeitalter (1680–1830). Würzburg 2003, S. 247–267.

Webber, Andrew J.: The Doppelgänger. Double visions in German literature. Oxford 1996.

Weber, Samuel: Das Unheimliche als dichterische Struktur: Freud, Hoffmann, Villiers de L'Isle Adam. In: Claire Kahana (Hg.): Psychoanalyse und das Unheimliche. Essays aus der amerikanischen Literaturkritik. Bonn 1981, S. 122–147.

Wehde, Susanne: Typographische Kultur. Eine zeichentheoretische Studie zur Typographie und ihrer Entwicklung. Tübingen 2000.

Weinhart, Martina: Selbstbild ohne Selbst. Dekonstruktionen eines Genres in der zeitgenössischen Kunst. Berlin 2004.

Weinholz, Gerhard: E.T.A. Hoffmann. Dichter, Psychologe, Jurist. Essen 1991 (= 1991a).

–: E.T.A. Hoffmanns Erzählung *Die Automate.* Eine Kritik an einseitiger naturwissenschaftlich-technischer Weltsicht vor zweihundert Jahren. Essen 1991 (= 1991b).

Wellbery, David E.: Rites de passage: Zur Struktur des Erzählprozesses in E.T.A. Hoffmanns *Prinzessin Brambilla.* In: Gerhard Neumann (Hg.): Hoffmanneske Geschichte. Zu einer Literaturwissenschaft als Kulturwissenschaft. Würzburg 2005, S. 317–335.

Wellek, René: Konfrontationen. Vergleichende Studien zur Romantik. Frankfurt am Main 1964.

Wellenberger, Georg: Der Unernst des Unendlichen. Die Poetologie der Romantik und ihre Umsetzung durch E.T.A. Hoffmann. Marburg 1986.
Werber, Niels: Al limitar del bosco: il perturbante nel romanticismo. *Zauberei im Herbste* di Eichendorff e *Ignaz Denner* di E.T.A. Hoffmann. In: Orrore/terrore (1998), S. 51–72.
Werner, Hans-Georg: E.T.A. Hoffmann. Darstellung und Deutung der Wirklichkeit im dichterischen Werk. Weimar 1962.
Werner, Johannes: Ist Olimpia wie Britney Spears? Idealisierung und Projektion in E.T.A. Hoffmanns Erzählung *Der Sandmann*. In: Praxis Deutsch 29 (2002), S. 40–45.
Wigbers, Melanie: Der Schauplatz als Schlüssel zum Textverständnis. Überlegungen zur didaktischen Relevanz der Ortsgestaltung in ausgewählten Kriminalnovellen des 19. Jahrhunderts. In: Didaktik Deutsch 8 (2003), Heft 14, S. 38–54.
Wiese, Benno von: Forschungsbericht zur Romantik. In: Dichtung und Volkstum 38 (1937), S. 65–85.
Willer, Stefan: Poetik der Etymologie. Texturen sprachlichen Wissens in der Romantik. Berlin 2003.
–: Haki Kraki. Über romantische Etymologie. In: Gabriele Brandstetter/Gerhard Neumann (Hg.): Romantische Wissenspoetik. Die Künste und die Wissenschaften um 1800. Würzburg 2004, S. 393–412.
Willimczik, Kurt: E.T.A. Hoffmann. Die drei Reiche seiner Gestaltenwelt. Berlin 1939.
Winkler, Markus: Cazotte lu par E.T.A. Hoffmann. Du *Diable amoureux* à *Der Elementargeist*. In: Arcadia 23 (1988), S. 113–132.
Winter, Ilse: Untersuchungen zum serapiontischen Prinzip E.T.A. Hoffmanns. Den Haag/Paris 1976.
Wirth, Uwe: Original und Kopie im Spannungsfeld von Iteration und Aufpfropfung. In: Gisela Fehrmann/Eckhard Schumacher/Erika Linz/Brigitte Weingart (Hg.): Original-Kopie. Köln 2004, S. 18–33.
–: Die Geburt des Autors aus dem Geist der Herausgeberfiktion. Editorische Rahmung im Roman um 1800: Wieland, Goethe, Brentano, Jean Paul und E.T.A. Hoffmann. München 2008.
Witt, Tobias: Die Generationen am Ende der Goethezeit. Zu E.T.A. Hoffmanns *Die Marquise de la Pivadiere* und Wilhelm Hauffs *Die Sängerin*. In: Literatur in Wissenschaft und Unterricht 32 (1999), Heft 1, S. 3–15.
Wittig, Frank: Maschinenmenschen. Zur Geschichte eines literarischen Motivs im Kontext von Philosophie, Naturwissenschaft und Technik. Würzburg 1997.
Wittkop-Ménardeau, Gabrielle: E.T.A. Hoffmann in Selbstzeugnissen und Bilddokumenten. Reinbek bei Hamburg 1966.
Wittkowski, Wolfgang: E.T.A. Hoffmanns musikalische Musikerdichtungen *Ritter Gluck, Don Juan, Rat Krespel*. In: Aurora 38 (1978), S. 54–74.
–: Stufe und Aufschwung. Musikstrukturen in Hoffmanns *Kreisleriana I* (1984). In: Ders.: Andeuten und Verschleiern in Dichtung von Plautus bis Hemingway und von der Goethezeit bis Sarah Kirsch. Frankfurt am Main 1993, S. 215–227.
Wöbkemeier, Rita: Erzählte Krankheit. Medizinische und literarische Phantasien um 1800. Stuttgart 1990.
Wörtche, Thomas: Hoffmanns Erzählungen von der Musik: Einige Distinktionen. In: Mitteilungen der Hoffmann-Gesellschaft 33 (1987), S. 13–33.

Wolf, Werner: Ästhetische Illusion und Illusionsdurchbrechung in der Erzählkunst. Theorie und Geschichte mit Schwerpunkt auf englischem illusionsstörenden Erzählen. Tübingen 1993.
Wolters, Gereon (Hg.): Franz Anton Mesmer und der Mesmerismus. Wissenschaft, Scharlatanerie, Poesie. Konstanz 1988.
Woodgate, Kenneth B.: Das Phantastische bei E.T.A. Hoffmann. Frankfurt am Main 1999.
Wührl, Paul-Wolfgang: E.T.A. Hoffmann: *Der goldne Topf*. Erläuterungen und Dokumente. Stuttgart 2004.
Wünsch, Marianne: Die Fantastische Literatur der Frühen Moderne (1890–1930). Definition; Denkgeschichtlicher Kontext; Strukturen. München 1991.
Würker, Achim: Das Verhängnis der Wünsche. Unbewußte Lebensentwürfe in Erzählungen E.T.A. Hoffmanns. Frankfurt am Main 1993.

Zeller, Rosmarie: Das Kunstmärchen des 17. und 18. Jahrhunderts zwischen Wirklichkeit und Wunderbarem. In: Zeitschrift für Literaturwissenschaft und Linguistik 23 (1993), S. 56–74.
Zima, Peter V.: Komparatistik. Einführung in die Vergleichende Literaturwissenschaft. Tübingen 1992.
Zimmermann, Hans Dieter: „Der junge Mann leidet an chronischem Dualismus". Zu E.T.A. Hoffmanns Capriccio *Prinzessin Brambilla*. In: E.T.A. Hoffmann. Text + Kritik. Sonderband. München 1992, S. 97–111.
Ziolkowski, Theodore: Das Amt der Poeten. Die deutsche Romantik und ihre Institutionen. Stuttgart 1992.
Zorn, Wolfgang: Verdichtung und Beschleunigung des Verkehrs als Beitrag zur Entwicklung der ‚modernen Welt'. In: Reinhart Koselleck (Hg.): Studien zum Beginn der modernen Welt. Stuttgart 1977, S. 115–134.
Zylsta, Henry: E.T.A. Hoffmann in England and America. Harvard 1940 (Diss.).

E.T.A. Hoffmann
Zeittafel

1776	24.1.: Geburt als Ernst Theodor Wilhelm Hoffmann in Königsberg. 2.2.: Taufe (evangelisch-lutherisch)
1778	Scheidung der Eltern; der Vater verlässt mit dem ältesten Bruder Johann Ludwig (* 1768) die Familie. Hoffmann zieht mit seiner Mutter in das Haus der Großmutter
1782	Einschulung in der reformierten Burgschule
1786	Beginn der Freundschaft mit Theodor Gottlieb Hippel (1775–1843)
1790	Bekanntschaft mit Dora Hatt
1792	Aufnahme des Jura-Studiums an der Königsberger Universität. Dora Hatt nimmt Klavierunterricht bei Hoffmann und wird seine Geliebte
1795	22.7.: Erstes juristisches Examen. Anstellung als Auskultator (Referendar, Beisitzer) am Obergericht in Königsberg
1795/96	Die Romane *Cornaro. Memoiren des Grafen Julius von S.* und *Der Geheimnisvolle* entstehen (beide nicht erhalten)
1796	Frühjahr: die Affäre mit Dora Hatt wird bekannt; Hoffmann muss Königsberg verlassen. Juni: Anstellung bei der Oberamtsregierung in Glogau (Schlesien). Tod der Mutter. Tod der Großmutter
1798	20.6.: Zweites juristisches Examen. August: größere Reise ins Riesengebirge, durch Böhmen und Sachsen. Herbst: Anstellung als Referendar am Kammergericht in Berlin. Verlobung mit der Kusine Sophie Wilhelmine Konstantine („Minna") Doerffer
1800	27.3.: Drittes juristisches Examen (Note: „vorzüglich"). Mai: Anstellung als Assessor in Posen. Silvester: erste Aufführung einer eigenen Komposition in Posen (*Cantate zur Feier des neuen Jahrhunderts*)
1801/02	Mehrfache Aufführungen von Hoffmanns Komposition zu Goethes Singspiel *Scherz, List und Rache*
1802	Lösung der Verlobung mit Minna Doerffer. 26.7.: Heirat mit Marianne Thekla Michaelina („Mischa") Rorer (1778–1859). Strafversetzung nach Płock
1804	März: Versetzung nach Warschau. Auf dem Titelblatt der Partitur des Singspiels *Die lustigen Musikanten* findet sich erstmals der Name E.T.A. Hoffmann
1805	Geburt der Tochter Cäcilia
1807	Mitte des Jahres: Umzug nach Berlin (ohne seine Frau). Tod der Tochter Cäcilia bei Verwandten in Posen

1808	Stellengesuch als Direktor eines Theaters oder einer Privatkapelle. Ab 1.9.: Anstellung als Musikdirektor am Theater in Bamberg
1809	15.2.: *Ritter Gluck. Eine Erinnerung aus dem Jahre 1809* erscheint als erster literarischer Text Hoffmanns in der „Allgemeinen Musikalischen Zeitung"
1811	Hoffmann verliebt sich in seine 13-jährige Schülerin Julia Mark
1812	September: die Schwärmerei für Julia Mark endet in einem Eklat, als Hoffmann mit ihrem Verlobten in Streit gerät
1813	April: Wechsel nach Sachsen (mit seiner Frau) auf Einladung von Josef Seconda. Ab 25.5.: Tätigkeit als Musikdirektor in Leipzig. Juli–Dezember: Tätigkeit als Musikdirektor in Dresden
1814	ab Jahresbeginn: Tätigkeit als Musikdirektor in Leipzig. Ende Februar: Kündigung durch Seconda nach einem Streit. September: Umzug nach Berlin (mit seiner Frau). 1.10.: Einstellung als Mitarbeiter beim Kammergericht. Die *Fantasiestücke in Callot's Manier* (Bde. 1–3) erscheinen
1815	Frühjahr: Band 4 der *Fantasiestücke* erscheint
1815/16	*Die Elixiere des Teufels. Nachgelassene Papiere des Bruders Medardus, eines Kapuziners* erscheinen in zwei Teilen
1816	1.5.: Berufung zum Kammergerichtsrat. 3.8.: Uraufführung der Oper *Undine* im Königlichen Schauspielhaus
1816/17	Die *Nachtstücke* erscheinen in zwei Teilen
1818	Spätherbst: die *Seltsamen Leiden eines Theater-Direktors* erscheinen
1819	Beginn des Jahres: *Klein Zaches genannt Zinnober. Ein Märchen* erscheint. Ende Juni: *Haimatochare* erscheint in drei Teilen in der Zeitschrift „Der Freimüthige oder Unterhaltungsblatt für gebildete, unbefangene Leser"
1819/21	*Die Serapions-Brüder* erscheinen in vier Bänden (zwischen Februar 1819 und Mai 1821)
1820	*Die Marquise de la Pivardiere* erscheint im „Taschenbuch zum geselligen Vergnügen auf das Jahr 1821". *Prinzessin Brambilla* erscheint. Herbst: *Die Irrungen. Fragment aus dem Leben eines Fantasten* erscheint im „Berlinischen Taschen-Kalender". Dezember: Band 1 der *Lebens-Ansichten des Katers Murr* erscheint
1821	Herbst: *Die Doppeltgänger* erscheint im Almanach „Feierstunden". Ende des Jahres: Versetzung in den Oberappellationssenat des Kammergerichts. Endes des Jahres: Band 2 der *Lebens-Ansichten des Katers Murr* erscheint. *Die Geheimnisse* erscheint unter dem Titel *Fortsetzung des Fragments aus dem Leben eines Fantasten* im „Berlinischen Taschen-Kalender". *Der Elementargeist* erscheint im „Taschenbuch zum geselligen Vergnügen auf das Jahr 1822"
1822	Fortschreitende Lähmungserscheinungen. Frühjahr: *Meister Floh* erscheint. April/Mai: *Des Vetters Eckfenster* erscheint in Fortsetzungen in der Zeitschrift „Der Zuschauer. Zeitblatt für die Belehrung und Aufheiterung". April/Mai: Arbeit an der unvollendeten Erzählung *Der Feind* (erschienen 1824 im „Frauentaschenbuch"). 25.6.: E.T.A. Hoffmann stirbt. 28.6.: Beisetzung auf dem Friedhof der Jerusalems- und Neuen Kirchengemeinde am Halleschen Tor in Berlin

Personenregister

Adorno, Theodor W. 435
Adriani, Ariane 586
Aischylos 41
d'Aguesseau, Henri François 233
Albrecht, Daniel Ludwig (Kabinettsrat) 477
Alefeld, Yvonne-Patricia 314
Alewyn, Richard 334
Alexis, Willibald 43, 147, 203ff, 316, 318, 342, 395
Allroggen, Gerhard 425, 427, 614
Amann, Justus 410
d'Argens, Marquis 326, 372
d'Argensville, Derzallier 543
Ariost, Ludovico 41
Aristophanes 41
Aristoteles 41, 498
Arndt, Ernst Moritz 277, 394, 475, 595
Arnim, Achim von 21, 30, 52, 62, 69, 175, 276, 293, 398, 583, 600
Arnim, Bettina von 62
Arpe, Peter Friedrich 326, 379
Artemidorus 41
Artmann, H.C. 583
Auhuber, Friedhelm 610
Auster, Paul 583

Bach, Johann Sebastian 3, 29, 430, 434, 437f, 438, 548, 549
Bachtin, Michail Michailowitsch 46, 353, 498, 613
Bader, Carl 475f
Balzac, Honoré de 149, 563, 595
Bandello, Matteo 41
Barbier, Jules 173, 585
Barkhoff, Jürgen 63
Bartel, Ernst Daniel August 112, 174, 200

Barthes, Roland 54, 121f, 124, 126, 150, 561
Bartholdy, Felix Mendelssohn 447
Bartholdy, Jakob Salomo 358
Basile, Giambattista 41, 112
Battoni, Pompeo Girolamo 544
Baudelaire, Charles 237, 243, 328f, 395, 402f, 497, 564, 566, 569, 583, 595ff
Bayle, Pierre 379
Becking, Gustav 448
Beethoven, Ludwig van 7, 29, 88, 90, 98f, 414ff, 421, 427, 429f, 433ff, 447ff
Behler, Ernst 594, 602, 604
Beireis, Gottfried Christoph 486
Benda, Franz 30
Benda, Juliane 30
Benedikt XIV 84
Benjamin, Walter 181, 395, 402f, 581, 599
Benz, Richard 343f, 598
Bergengruen, Werner 245, 305, 583
Bernhard, Thomas 214
Bernhardi, August Ferdinand 77
Biedenfeld, Freiherr von 364
Blamberger, Günter 319, 612
Blanke, Hans-Jürgen 344
Boccaccio, Giovanni 41, 45, 50, 258
Bodmer, Johann Jakob 126
Boetius 335
Böhme, Hartmut 559
Böhme, Jacob 44
Borges, Jorge Luis 582f
Börne, Ludwig 62, 267, 341, 511, 594f
Bosch, Hieronymus 154, 545
Brahes, Tycho 568
Brahms, Johannes 255
Brambilla, Ambrogio 242
Brambilla, Antonio 242

Brambilla, Jacob 242
Brambilla, Paolo 242
Brandstetter, Gabriele 269, 611
Branss, Truck 587
Braun, C.A.B. 415
Braunfels, Walter 255
Breitkopf, Johann Gottlob Immanuel 22
Brentano, Clemens 19, 22, 27, 47, 52, 69, 123, 137f, 141f, 253, 269, 293, 340, 491, 493, 583, 600
Brinvilliers, Marie-Madelaine de 231
Brown, John 59, 66
Brückner, Hans 587
Brüggemann, Heinz 199
Brueghel, Pieter 154
Brueghel, Pieter d.J. 163, 542
Brühl, Karl Reichsgraf von 12, 212
Büscher, Lutz 587
Bulgakow, Michail Afanasjewitsch 136
Burg, Eugen 587
Busoni, Ferrucio 267
Buttmann, Philipp (Karl) 18

Caillois, Roger 516
Calderón de la Barca, Pedro 6, 40f, 84, 103, 142, 210, 213, 242, 253, 425, 430, 432, 520
Callot, Jacques 27, 33, 88ff, 95f, 100, 103, 112, 238ff, 242, 244f, 247, 249, 254, 399, 400, 497, 541ff
Calvino, Italo 46, 343, 582f
Carpenter, John 590
Carré, Michel 173
Carus, Carl Gustav 400
Casares, Adolfo Bioy 583
Cazotte, Jacques 42, 326, 371ff
Cellini, Benvenuto 39
Cervantes Saavedra, Miguel de 16, 38, 40, 42, 44, 46, 94, 102, 104, 218, 242, 340, 349, 491
Chamisso, Adelbert von 12, 18, 22f, 44, 94, 99, 131ff, 215, 225ff, 364, 395
Chappe, Gebrüder Jean und Claude 180
Chaucer, Geoffrey 258
Cherubini, Luigi 10, 419
Chézy, Helmina von 316
Chiari, Pietro 240f

Chladnis, Ernst Florens Friedrich 272, 485
Chodowiecki, Daniel Nikolaus 184, 395, 399f, 542, 544
Chopin, Frédéric 21
Cicero 40
Cixous, Hélène 607
Cobb, Palmer 566
Cohen, Jean 149
Contessa, Carl Wilhelm Salice 12, 18f, 27, 257, 287, 310, 364, 425, 432, 580
Corneille, Pierre 40, 42
Correggio 542
Cortázar, Julio 583
Cramer, Karl Gottlob 38, 145
Cramer, Thomas 243, 498, 613
Crescentini, Girolamo 274
Crespel, Johann Bernhard 20
Creuzer, Friedrich 78
Cuno, Heinrich 19
Curas, Hilmar 348

Dadelsen, Georg von 614
Daemmrich, Horst S. 344
Dameks, Dagmar 586
Dante Alighieri 41, 44, 246
Davies, Marianne 247
Davis, Robertson 582
Defoe, Daniel 491
Delibes, Léo 173, 584, 587
Derrida, Jaques 123, 150, 610, 613
Desalm, Elli 497f, 613
Descartes, René 58, 68, 224, 485
Deterding, Klaus 407
Devrient, Ludwig 12, 19, 43, 210, 212
Diderot, Denis 40f, 44, 212f, 241
Dobat, Klaus-Dieter 614
Doerffer, Charlotte Wilhelmine 1, 19
Doerffer, Johann Jakob 1
Doerffer, Johann Ludwig 3, 19
Doerffer, Johanna Sophie 1, 20
Doerffer, Lovisa Sophie (geb. Voeteri) 1, 20, 24
Doerffer, Otto Wilhelm 1, 20, 429
Doerffer, Sophie Wilhelmine Konstantine 3, 20, 450
Dolce, Carlo 542
Dostojewskij, Fjodor 563f

Dotzler, Bernhard 84, 520
Droste-Hülshoff, Annette 563f
Dümmler, Ferdinand 20, 215, 325, 338
Dürer, Albrecht 510, 542, 308, 407ff
Dumas, Alexandre 586
Dumas d. Ä., Alexandre 289
Duncker, Carl Friedrich Wilhelm 21, 144f
Durst, Uwe 518, 520

Echtermeyer, Theodor 594
Eco, Umberto 582f
Eichendorff, Joseph von 22, 56, 305, 398, 530, 596, 600
Eichhorn, Johann Albrecht Friedrich 380
Eisner, Lotte H. 589
Ellinger, Georg 597
Elsner, Joseph Anton Franz 21, 427
Endter, J.A. 462
Enslen, Johann Carl 486
Erthal, Franz Ludwig 68
Esterházy (Fürst), 429
Eunike, Johanna (verh. Krüger) 21
Ewers, Hanns Heinz 136, 583
Ewers, Hans-Heino 315

Falieri, Marino 298
Fedin, Konstantin 267
Feldges, Brigitte 313
Fernow, Carl Ludwig 240, 543
Feuerbach, Anselm 469, 472f
Fichte, Johann Gottlieb 22, 45, 68, 77, 122, 178, 224, 381, 387, 499, 506, 564
Fielding, Henry 43
Fiesel, Eva 76
Fiorillo, Johann Dominik 543
Fischer, Joseph 209
Flaubert, Gustave 86
Fludd, Robert 371
Follen, Karl 474ff
Fortner, Wolfgang 255
Foucault, Michel 121, 124, 174, 607
Fouqué, Friedrich Heinrich Karl Baron de la Motte 10f, 18, 19, 21f, 23, 27, 88, 103, 113f, 161, 242, 257, 268, 270f, 287, 305, 310, 326, 372, 426, 432, 548, 580

Frank, Manfred 560f, 607
Frank, Othmar 78
Franz, Carl Wilhelm 231
Freud, Sigmund 62, 64, 74, 162, 166, 173f, 176, 179, 393, 500, 502, 506, 517, 556, 569f, 587, 589, 599, 607f
Frey, Karl 587
Friedrich Wilhelm III. 204, 379f, 470, 477, 479
Friedrich Wilhelm IV. 473
Friedrich, Caspar David 400
Frischmann, Bärbel 244
Frölich, Heinrich 21
Fühmann, Franz 186f, 582
Füßli, Johann Caspar 543

Gahse, Zsuszanna 582
García Márquez, Gabriel 583
Garrick, David 212
Gautier, Théophile 328, 583
Genette, Gérard 102, 373
Gerold, Carl 371
Gervinus, Georg Gottfried 594f
Gladau, Otto Christian 429
Gleditsch, Friedrich 358, 371
Gluck, Christoph Willibald 83, 270, 501, 517, 520
Goethe, Johann Wolfgang von 4, 19, 21, 30, 39, 43ff, 54, 91, 115f, 162, 175, 191, 211f, 240ff, 256, 258, 287, 293, 327, 338ff, 343f, 348, 366, 380, 414, 425, 430, 443, 468, 469, 581, 594, 598, 603
Gogol, Nicolai 136, 149, 564, 583, 595
Goldoni, Carlo 43f
Goltz, Graf August von der 378
Gozzi, Carlo 38ff, 45f, 137, 139, 140ff, 209f, 213f, 240ff, 245, 253, 288, 379
Graepel, Johann Gerhard 8, 22, 28, 466
Grautoff, Otto 581
Grigoleit, Eduard 601
Grimm, Jacob 30, 78, 287, 289, 327
Grimm, Wilhelm 30, 287, 289, 327
Grose, John Henry 443
Grosse, Carl 39, 44, 145, 326, 371f, 455
Günthers, Johann Christian 388
Günzel, Klaus 458

Haase, Frank 269, 273
Hackert, Jacob Philipp 191, 194, 542
Hadwiger, Viktor 569
Hake, Johann Ludwig Christian 394
Haller, Albrecht von 59
Halm, Peter von 575
Hamann, Johann Georg 39
Hamilton, William 42, 540
Hampe, Johannes 450
Hardenberg, Friedrich von (siehe Novalis)
Hardenberg, Karl August von 11, 27, 29, 32, 35, 392, 477
Hardenberg, Lucie Gräfin von (gesch. von Pappenheim) 29
Harich, Walter 186, 374, 395, 453, 598
Häring, Wilhelm (siehe Willibald Alexis)
Harnischfeger, Johannes 150, 610
Härtel, Gottfried Christoph 22, 413, 459f
Hartley, David 58
Härtling, Peter 17
Hatt, Dorothea 3, 20, 22
Hauff, Wilhelm 563
Hausmann, Johann Friedrich Ludwig 277
Hawthorne, Nathaniel 149
Haydn, Joseph 414, 420f, 429, 432, 548
Haym, Rudolf 596f
Hebbel, Friedrich 148, 595
Hebel, Johann Peter 45, 276f, 521
Hegel, Georg Wilhelm Friedrich 125, 392, 495, 604f, 613
Hegewald, Wolfgang 582
Heine, Heinrich 22, 148, 237, 243, 374, 380, 382, 388f, 393, 395, 489, 529, 584, 593ff, 597, 602
Henseler, Lotte 269
Herder, Johann Gottfried 21, 30, 71, 77f, 129, 310
Hertrich, Johann 575
Hesse, Hermann 342, 598
Hettner, Hermann 594
Hiller, Johann Adam 22f
Hindemith, Paul 267
Hippel, Theodor Gottlieb von (der Jüngere) 2f, 5, 11, 13, 23, 31, 41, 380, 415, 431, 450ff, 463, 465, 468ff, 478, 542

Hippel, Theodor Gottlieb von 23
Hitchcock, Alfred 590
Hitzig, Eduard 453, 461
Hitzig, Friedrich 453
Hitzig, Julius Eduard 14f, 20, 23, 288, 357f, 384, 389, 394f, 407, 432, 447f, 452f, 461, 470, 601
Hoffmann, Albertina Lovisa (geb. Doerffer) 1, 19f, 24
Hoffmann, Cäcilia 5, 24
Hoffmann, Camill 569
Hoffmann, Christoph Ludwig 1, 24
Hoffmann, Johann Ludwig 1, 24
Hoffmann, Marianna Thekla Michaelina (geb. Rorer) gen. Mischa 4, 9, 20, 24
Hofmannsthal, Hugo von 277, 583
Hogarth, William 395, 399f, 482, 541f
Hohenhausen, Elise von 374
Hohoff, Ulrich 169
Holbein, Franz 6, 19, 25, 33
Holberg, Ludvig 142
Hölderlin, Friedrich 69
Homer 41, 44
Horaz 40, 404, 457
Houwald, Ernst von 18
Huch, Ricarda 305, 395, 599
Hufeland, Christoph Wilhelm 61, 65, 68, 380
Hugo, Victor 498, 553
Huizing, Klaas 582f
Humblot, Pierre 21
Humboldt, Alexander von 18
Humboldt, Wilhelm von 18, 31, 77
Hume, David 58

Iffland, August Wilhelm 6, 39, 105, 212, 458
Ilyina, Tatjana 586
Immermann, Karl 22, 580
Irmshöfer, Dietrich 407f

Jacobi, Friedrich Heinrich 224
Jacobs, Jürgen 344
Jacquet-Droz, Henri-Louis & Henry 486
Jahn, Friedrich Ludwig 25, 317, 378, 474ff

Janse, Mark 360
Japp, Uwe 214
Jean Paul 136f, 163, 183, 186, 218, 458, 491, 493, 543, 547, 559
Jebsen, Regina 606
Jentsch, Ernst 166, 599
Johnson, Michael G. 586
Jonson, Ben 43
Jünger, Ernst 583
Jürgens, Christian 110, 243
Jung, Carl Gustav 608
Jung-Stilling, Johann Heinrich 61
Justis, Johann Heinrich Gottlob von 395

Kafka, Franz 86, 136, 165, 237, 554, 564
Kaiser, Gerhard R. 37, 74, 225, 537
Kaminski, Nicola 610
Kamptz, Albert von 13, 25, 32, 34, 378f, 391, 477ff
Kanne, Johann Arnold 78f, 123
Kant, Immanuel 2, 47f, 58, 65, 67, 177f, 392, 403, 435f, 529
Kaschnitz, Marie Luise 583
Kaufmann, Friedrich 26, 181
Kaufmann, Johann Gottfried 26, 181
Käutner, Helmut 587
Kayser, Wolfgang 498, 613
Keil, Werner 614
Keller, Gottfried 137
Kempelen, Wolfgang von 181, 333, 360, 486
Kersting, Georg Friedrich 400
Kilcher, Andreas B. 359
Kim, Hee-Ju 244
Kircheisen, Friedrich Leopold von 13, 26, 379, 451, 456, 471, 475, 477, 479
Kirchhoff, Bodo 582
Kirsten, Brigitte 587
Kirsten, Ralf 587
Kittler, Friedrich A. 125, 174, 182, 588, 607, 609, 612
Kleist, Heinrich von 6, 8, 21f, 31, 38, 43ff, 69, 146f, 158, 165, 214, 465, 487, 595f
Klenze, Clemens August Carl 18
Kleßmann, Eckart 17, 81, 334, 455
Klindworth, Georg 378

Klingemann, Ernst August Friedrich 44
Kluckhohn, Paul 600
Kluge, Carl Alexander Ferdinand 26, 61, 112, 174, 180, 200, 512
Koch, Heinrich Christoph 247
Kofman, Sarah 150, 607, 613
Kohlhase, Thomas 614
Köhn, Lothar 150, 305f, 396, 605f
Kolbe, Carl Wilhelm 26, 298ff, 304, 309
Köppler, Rudolf 210
Koreff, David (Johann Ferdinand) 19, 27, 61, 237, 257, 325f
Korff, Hermann August 243, 603
Kotzebue, August von 6, 39, 205, 210, 394, 419, 455, 474
Kracauer, Siegfried 585, 588
Kralowsky, Friedrich 27, 316, 372, 405
Kremer, Detlef 63, 73, 123, 175f, 243f, 319, 381, 386, 498, 609, 613
Kretschmann, Karl Friedrich 394
Kristeva, Julia 46
Krüger, Franz 21
Krünitz, Johann Georg 304
Kruse, Hans-Joachim 396, 606
Kubin, Alfred 563, 583
Kühn, Dieter 582
Kühnel, Ambrosius 27, 429, 466
Kunz, Carl Friedrich 9, 27, 29, 40, 43, 71, 87, 101, 108, 114, 144, 161, 167, 186, 394, 461, 463, 466, 471, 519
Kuttner, Margot 369
Kutzer, Elisabeth 601

La Mettrie, Julien Offray de 58, 485
Lacan, Jacques 150, 174, 273, 607f
Lachmann, Karl 18
Lachmann, Renate 482, 524
Lafontaine, August Heinrich Julius 38
Landfester, Ulrike 321
Lang, Fritz 588f
Laußmann, Sabine 345
Lavater, Johann Caspar 30, 394, 404
Le Bret, Friedrich Johann 298f
Lee, Christopher 586
Lee, Hyun-Sook 482
Leibniz, Gottfried Wilhelm 58, 310
Lenis, Paul 589
Leonardo Da Vinci 146, 545

Leppin, Paul 569
Lesage, Alain René 42, 45
Lessing, Gotthold Ephraim 6, 39, 89, 92, 105, 239
Levin, Rahel 31
Lewandowski, Rainer 210
Lewis, Matthew Gregory 39, 44, 145f, 148, 516
Lichtenberg, Georg Christoph 39, 43, 45f, 119, 164, 543
Lichtenstein, Roy 136
Lieber, Franz 476
Lieber, Friedrich Wilhelm 475
Liebrand, Claudia 150, 175, 244, 319, 609
Locke, John 58, 174
Lockhart, John Gibson 148
Loecker, Armand de 381
Lomazzo, Giovanni Paolo 125
Longfellow, Henry W. 564
Loquai, Franz 610
Lorrain, Claude 542
Löw, Rabbi 568, 575
Lubitsch, Ernst 587
Luhmann, Niklas 536
Luise Frederike von Preußen 18
Lukács, Georg 606
Lukian 102
Lully, Jean-Baptiste 418
Lunc, Lev 267
Lynch, David 590

Maassen, Carl Georg von 169, 305, 329, 577ff, 597
Macks, Max 589
Magris, Claudio 150, 381, 603, 605
Mahlendorf, Ursula 63
Mahlmann, August 332
Malebranche, Nicolas 58
Mälzel, Johann Nepomuk 486
Man, Paul de 54
Mann, Thomas 564, 582f, 598
Manoncourt, Charles Nicolas Sigisbert Sonnini de 358
Marcus, Adalbert Friedrich 9, 26, 28, 33, 61, 66f, 512
Mark, Franziska (Fanny) 28, 102
Mark, Juliane (Julia) 7, 9, 22, 28, 101, 462ff

Martin, Karl Heinz 589
Martini, Fritz 603, 606
Marx, Adolf Bernhard 422, 432, 435
Matt, Peter von 150, 184, 202, 306, 396, 607, 612
Maupassant, Guy de 583
Max, Josef 29, 238
May, Markus 131
Mayer, Hans 86, 396, 606
McGlathery, James 273, 368
Mehring, Walter 568
Meier, Rolf 322
Meixner, Horst 150, 605
Méliès, Georges 173, 586
Mendelssohn, Moses 30
Mensching, Gerhard 582
Mesmer, Franz (Friedrich) Anton 26, 32, 61f, 112, 170, 511f
Metternich, Clemens Wenzel Lothar von 542
Meyer, Hermann 604
Meyerbeer, Giacomo 423
Meyrink, Gustav 148, 569ff, 583
Mieris, Frans von d.Ä. 542
Moeser, Carl 423
Moissi, Alexander 569
Molinari, Antonio 456
Molinary, Aloys 190
Momberger, Manfred 150, 344, 523, 610
Montfaucon de Villars 325, 358, 372
Moore, Anneliese 226, 229
Mörike, Eduard 255, 308f
Moritz, Karl Philipp 39, 47, 58, 65, 69, 147, 163, 240, 543
Mozart, Wolfgang Amadeus 3, 5f, 10, 16, 21, 84, 414, 420f, 423, 429, 437f, 504, 522f, 548
Mühlenfels, Ludwig von 475
Müller, Hans von 305, 342f, 365, 381, 427, 453f, 459, 461f, 563, 597f, 615
Müller, Hans-Harald 574
Müller, Wilhelm 358
Müller-Funk, Wolfgang 63
Müller-Seidel, Walter 319, 344, 605
Murnau, Friedrich Wilhelm 588f
Musil, Robert 52, 277

Nadler, Josef 574, 600f
Nägeli, Hans Georg 29, 32, 429
Nakamura, Takeo 586
Napoleon 5f, 10f, 32, 110, 204, 274, 450
Navaras, Margarethe von 258
Nehring, Wolfgang 243, 344
Nerval, Gérard de 563f, 583, 595
Neumann, Gerhard 63, 244, 381, 611
Neumann, Wilhelm 18, 22, 88
Nicolai, Friedrich 30, 326, 372
Niethammer, Friedrich Immanuel 232
Nietzsche, Friedrich 569
Nodier, Charles 583
Nooteboom, Cees 583
Norfolk, Lawrence 583
Nossack, Hans Erich 583
Novalis 30, 44f, 47ff, 51f, 52, 55ff, 59, 61, 66, 69, 71, 103, 112, 116, 118, 127, 163, 180, 240, 242, 263, 277f, 281, 312, 314, 344, 361, 388, 497, 521, 523, 594, 602
Nygaard, L.C. 608f

O'Brien, William Arctander 333
Oesterle, Günter 84f, 126, 396, 399, 482, 520, 609
Oesterle, Ingrid 482
Offenbach, Jacques 16, 173, 267, 583, 585
Opitz, Martin 411
Orlik, Emil 569
Oswald, Richard 173, 585
Ovid 40, 348

Paer, Ferdinando 33
Paisiello, Giovanni 10
Palestrina, Giovanni Pierluigi 420f, 445, 548
Palma, Brian de 590
Pansard-Besson, Robert 587
Pape, Hans 580
Paracelsus 326, 371f
Perrault, Charles 42
Perutz, Leo 569, 572ff, 583
Pestalozzi, Heinrich 29
Peter, Klaus 447
Petrarca 41
Pfeuffer (Pfeufer), Christian 29

Pfitzner, Hans 447
Piccinni, Nicola 419
Pico della Mirandola 371
Pikulik, Lothar 319, 333, 612
Pinel, Philippe 29
Piranesi, Giovanni Battista 544
Pistor, Carl 269
Pitaval, François Gayot de 231f
Planta, Orland von 313
Plato 41
Plautus 40, 116, 487
Plutarch 41, 340
Podbielski, Christian Wilhelm 3, 29, 430
Poe, Edgar Allan 149, 318, 403, 486, 554, 563ff, 583, 595
Pöhlmann, Johannes 125
Postel, Guillaume 371
Powell, Michael 585
Praet, Danny 360
Praetorius, Michael 247
Prawer, Siegbert S. 104
Praz, Mario 582
Preisendanz, Wolfgang 243, 344, 396, 495, 604, 606
Pressburger, Emeric 585
Pückler-Muskau, Hermann Graf 29f
Purzer, Manfred 587
Pynchon, Thomas 582

Questi, Giulio 587

Raabe, Wilhelm 137
Rabelais, François 38, 41f, 45f, 338, 349f, 352
Racine, Jean 40
Rameau, Jean Philippe 418
Rank, Otto 589
Raphael 407ff, 411, 542
Reichardt, Johann Friedrich 4, 30, 422, 429f, 437
Reidenitz, Daniel Christoph 2, 469
Reil, Johann Christian 9, 30, 59, 61, 66f, 163, 174f, 177, 200, 202, 223, 245, 557
Reimer, Georg Andreas 161, 169, 257, 268, 287, 325
Renner, Paul 580
Richardson, Samuel 176
Richer, François 231ff, 236, 316

Richter, Carl Friedrich Enoch 304
Richter, Carl Gottlieb 430f
Richter, Dieter 314
Riem, Wilhelm Friedrich 422
Riemann, Hugo 435
Rilke, Rainer Maria 568
Ritter, Wilhelm 118, 129
Robert, Ludwig 31, 371, 378
Rochlitz, Johann Friedrich 7, 31, 44, 81, 144, 332ff, 413, 419, 430, 460f
Roediger, Ludwig 476 , 480
Roehl, Martin 365
Rohrwasser, Michael 110
Romberg, Bernhard 423
Rosa, Salvator 241, 541, 543
Röschlaub, Andreas 59
Rossini, Gioachino 419
Rousseau, Jean-Jacques 41, 45, 340, 491
Roussillon, Francois 586
Rudolf II. 568
Rückert, Friedrich 77, 79, 407
Ruge, Arnold 529, 594
Ruisdael, Jacob van 184
Runge, Philipp Otto 484
Rye, Stellan 589

Sacchini, Antonio 417, 419, 423
Saemann, Johann 31
Safranski, Rüdiger 17, 110, 457
Saint Martin, Louis Claude de 116
Salice-Contessa, Carl Wilhelm 18, 425, 432, 580
Salieri, Antonio 10, 419
Salus, Hugo 569
Sand, Karl Ludwig 205, 474
Sander, Johann, Daniel 460
Sandrart, Joachim von 543
Sardou, Victorien 585
Sarnelli, Gennaro Maria 41
Saße, Günter 244
Sauer, August 600
Savigny, Friedrich Carl von 18
Sayn-Wittgenstein-Hohenstein, Wilhelm zu 477
Schädlich, Hans Joachim 582
Schadwill, Uwe 179
Schanze, Helmut 602

Schelling, Friedrich Wilhelm Joseph 9, 28, 32, 47, 54, 59, 61, 66ff, 112, 116, 177, 329, 333f, 387, 513, 603
Schenck, Ernst von 381
Scherer, Wilhelm 596f
Schibli, Paul 586
Schiller, Friedrich 5, 21, 39, 43ff, 47, 89, 112, 131, 137f, 141, 147, 153, 178, 186, 217, 221, 231, 279, 316, 326, 371f, 455, 458, 499, 568f, 581, 594
Schinkel, Karl Friedrich 12, 31, 439
Schlegel, August Wilhelm 19, 21, 30f, 41, 47f, 90, 594
Schlegel. Friedrich 30f , 47, 49ff , 76, 90, 92, 105, 118, 126, 177f, 237, 243, 253, 257, 314, 430, 435, 481, 483, 493ff, 515, 523, 594, 604
Schleiermacher, Friedrich Daniel Ernst 18, 47, 380
Schmidt, Arno 305, 582
Schmidt, Eckhart 586
Schmidt, Jochen 175, 319, 612
Schmidt, Johann Peter 423, 447
Schmidt, Julian 594
Schmidt, Olaf 95, 243
Schmolling, Daniel 472f
Schnabel, Johann Gottfried 339, 491
Schnapp, Friedrich 453f, 459, 461
Schneider, Peter 582, 612
Schnellpfeffer, Jacobus 578
Schönfeld, Johann Heinrich 154, 160, 542, 553
Schönfeld, Peter 38
Schopenhauer, Arthur 274, 439
Schott, (Peter) Bernhard 32
Schrag, Johann Leonard 268
Schrenck-Notzing, Albert Freiherr von 575
Schröder, Friedrich Ludwig 6
Schubert, Franz 422
Schubert, Gotthilf Heinrich 9, 32, 61, 71ff, 112, 115f, 122, 164, 174, 200, 240, 276, 278, 299, 303, 329, 334ff, 381, 387, 485, 500, 512, 521, 556
Schuckmann, Friedrich von 13, 32, 35, 379, 392, 475, 477
Schücking, Julius Lothar 60
Schütze, Stephan 318

Schulz, Bruno 583
Schulze, Herbert 448
Schwab, Gustav 18
Schwenck, Konrad 148, 173, 342
Scott, Ridley 588
Scott, Walter 42f, 162, 173, 203, 497, 523f, 581, 583
Scudery, Madelaine de (Magdaleine von Scuderi) 316f
Seconda, Joseph 10f, 32f, 431, 465
Segebrecht, Wulf 150, 174, 306, 365, 381, 396, 454, 458, 464, 605f, 612, 614
Seghers, Anna 582
Seneca 40
Sergejewitsch, Lev 275
Seume, Johann Gottfried 543
Seyfried, Joseph Ritter von 33
Shakespeare, William 6, 8, 16, 37f, 40ff, 45f, 98, 103, 112, 141f, 210, 212f, 242, 250, 253, 289, 340, 350f, 457
Silesius, Angelus 568
Singer, Herbert 343, 603, 613
Sloterdijk, Peter 70
Smollet, Tobias 42, 380
Soden, Julius Graf von 6, 19, 25, 33, 425, 430, 440, 442f
Soemmering, Samuel Thomas von 77, 180
Spengler, Oswald 343, 598
Speyer, Friedrich 26, 28, 33, 108, 465, 512
Spieß, Christian Heinrich 145, 557
Spontini, Gaspare 419, 423
Staël, Anne Louise Germaine de 116
Steffens, Heinrich 9
Steinecke, Hartmut 37, 92, 109, 134, 230, 243, 359, 365, 369f, 381, 383, 458, 464, 582f, 612f
Steiner-Prag, Eleanor F. 575
Steiner-Prag, Hugo 569, 574ff
Stengel, Stephan Freiherr von 543
Stephan, Inge 344
Sterne, Lawrence 38, 42, 45f, 88, 218, 247, 338, 340, 350, 455, 457
Stevenson, Robert Louis 583
Stilke, Hermann 357
Storm, Theodor 137
Straparola, Giovanni Francesco 41

Strohschneider-Kohrs, Ingrid 243, 604, 606
Stuck, Franz von 575
Süßmayr, Franz Xaver 438
Swift, Jonathan 42, 46
Symanski, Johann Daniel 394

Tarkowskij, Andrej 585
Tartini, Giuseppe 271ff
Tasso, Torquato 41
Teniers d.J., David 542
Terenz 41
Teschner, Richard 569
Thalmann, Marianne 604
Thibaut, Anton Friedrich Justus 420
Thiele, Carl Friedrich 33, 238f
Tieck, Ludwig 6, 21, 23, 28, 30f, 38, 40, 43ff, 62, 69, 71, 90, 97, 100, 103, 137ff, 146, 175, 191, 198, 213, 242, 245, 253, 255f, 258f, 276ff, 308, 310, 314f, 340, 398, 409, 435, 523, 529, 542, 547, 580, 583
Todorov, Tzvetan 262, 518f
Toggenburger, Hans 365
Trakl, Georg 277
Triebel, Odila 110, 360
Trützschler und Falkenstein, Friedrich Karl Adolf von 11, 13, 26, 34, 471f
Truhn, Hieronymus 447f
Tschaikowsky, Peter 289

Ulrich, Carl 476

Varnhagen von Ense, Karl August 18, 22, 30f, 380f
Vargas Llosa, Mario 583
Vaucanson, Jacques de 333, 486
Vax, Louis 516
Vega, Lope de 253
Vergil 40, 44
Villiers de l'Isle-Adam, Auguste 563ff
Vitt-Maucher, Gisela 613
Voeteri, Christoph Ernst 203
Volkmann, Johann Jacob 240
Voltaire, François Marie Arouet 42, 316
Voß, Heinrich 41, 162, 560
Vulpius, Christian A. 38

Wackenroder, Wilhelm Heinrich 7, 44, 47, 62, 71, 90, 146, 191, 287, 339, 435, 542
Wagenseil, Johann Christoph 304, 316f, 411
Wagner, Richard 267, 277, 410, 419, 439, 567
Walpole, Horace 145, 408
Walzel, Oskar 597
Weber, Carl Maria von 22, 37, 333, 436, 439f, 447
Wegener, Paul 136
Weinhart, Martina 136
Weisflog, Carl 580
Wellbery, David E. 245
Wellek, René 583
Wendt, Amadeus 371
Werfel, Franz 568
Werner, Hans-Georg 305, 606
Werner, Zacharias 5, 34, 43, 430, 440, 600
Wetzel, Friedrich Gottlob 34, 88, 114, 267, 328
Whales, James 588
Wiegleb, Johann Christian 333
Wieland, Christoph Martin 45, 116, 258, 492, 543
Wiene, Robert 589
Wiener, Oskar 569
Wiese, Benno von 600
Willimczik, Kurt 601
Wilmans, Friedrich 34, 318, 378f, 480
Wilms, Johann Wilhelm 415
Winicky, Ottokar 569
Winter, Peter von 423
Witt, Friedrich 414
Wittkop-Ménardeau, Gabriele 81
Witzleben, Jost von 380
Wöbkemeier, Rita 68
Woldermann, Johann Daniel 34f, 379, 478
Wolf, Christa 582
Wolf, Friedrich August 363
Wolf, Ulrich Ludwig Friedrich 357
Wolfart, Karl Christian
Wolff, Christian 58, 310
Wolff, Pius Alexander 212
Wollschläger, Hans 582

York, Eugen 587

Zastrow, Wilhelm von 470
Zavrel, Franz 569
Zelter, Carl Friedrich 421f
Zimmermann, Johann Georg 174

Register der Werke E.T.A. Hoffmanns

Das literarische Werk

Die Abentheuer der Sylvester-Nacht 18, 28, 87, 94, 131–136, 364, 542
Der Artushof 257, 509, 544
Die Automate 261, 332–337, 484f., 487, 588
Der Baron von B. 261
Die beiden Pantalone 95
Die Bergwerke zu Falun 74, 258, 261f., 276–286, 506, 521, 526
Billet des Herausgebers an den Justizrat Nikodemes 109f., 112
Die Brautwahl 258, 261, 525, 587
Brief an den Herausgeber 450
Brief des Baron Wallborn an den Kapellmeister Kreisler 88
Brief des Kapellmeisters Kreisler an den Baron Wallborn 88
Briefe aus den Bergen 453, 459
Cornaro. Memoiren des Grafen Julius von S. 3, 145, 459
Dichtungen und Schriften 453
Doge und Dogaresse 95, 258, 298–303, 509, 513, 538, 544
Don Juan 31, 44, 81, 87, 99, 108, 273, 415, 430, 509, 513, 516, 519, 522f.
Die Doppeltgänger 364–370, 488f.
Das einsame Schloß 108
Der Einsiedler Serapion 168, 258, 260, 262, 537
Der Elementargeist 326, 331, 364, 371–377, 578
Die Elixiere des Teufels. Nachgelassene Papiere des Bruders Medardus, eines Kapuziners 21, 28, 39, 44, 99, 132, 144–161, 169, 206, 293, 355, 364, 484, 488, 491f., 500, 505–507, 516, 520, 527, 533, 542f., 557, 560, 564, 568, 570, 572, 575, 579, 587, 599, 601, 605, 610
Erklärung zu Meister Floh 39, 379f., 390–393
Erscheinungen 261
Fantasiestücke in Callot's Manier 9–12, 27, 40, 44, 81, 87–102, 105–109, 111f., 114, 131, 137–140, 143, 147, 151, 161, 166, 169, 179, 186, 190, 240, 346, 355, 399, 429, 438, 491, 497, 505, 509f., 514, 516, 519, 541, 551f., 557, 564f., 579
Der Feind 407–412, 510, 542
Die Fermate 257, 264f., 268, 273, 509, 544, 581
Das Fräulein von Scuderi 50, 189, 231, 258, 261f., 266f., 304f., 316–324, 403, 503, 506f., 509, 538, 560, 566, 587, 612
Ein Fragment aus dem Leben dreier Freunde 446, 490
Fragment von Alban's Brief an Theobald 108, 111
Das fremde Kind 262, 287, 310–315
Gedanken über den hohen Werth der Musik 87
Die Geheimnisse 357–364
Der Geheimnißvolle 3, 145, 457
Das Gelübde 161, 165
Die Genesung 75, 490, 513
Der goldene Topf 10, 27, 44, 48, 50, 56f., 62, 69, 73, 79f., 87, 97, 99f., 109, 114–130, 144, 241, 289, 326, 331, 334, 342, 348, 362, 371, 376, 389, 482, 495, 501f., 515, 517–519, 521, 523, 525, 533f., 536f., 541, 547, 552, 557f., 570–572, 590, 595, 599, 603, 609

Haimatochare 225–230, 554, 581
Höchst zerstreute Gedanken 87, 557
Ignaz Denner 161, 167, 186–189, 506, 513, 516, 520, 531
Die Irrungen 357–363, 490
Jaques Callot 89, 92f., 95, 100, 494, 552
Die Jesuiterkirche in G. 161, 163f., 166, 168, 190–196, 320, 509f., 523, 527, 542
Johannes Kreislers, des Kapellmeisters, musikalische Leiden 7, 87, 332, 415, 430, 438, 446, 536, 557
Der Kampf der Sänger 258, 262, 509
Des Kapellmeisters, Johannes Kreislers, Dissertatiuncula über den hohen Werth der Musik (späterer Titel: Gedanken über den hohen Werth der Musik) 87, 415
Kinder-Mährchen 19, 31, 287, 289, 310
Klein Zaches genannt Zinnober 20, 45, 69, 215–224, 516f., 526, 540, 579, 585, 590
Die Königsbraut 258, 262, 325–331, 371
Kreisler-Aufsätze 81
Kreisleriana 40, 44, 87–89, 94, 96, 98, 108, 137–140, 179, 273, 355, 416, 509, 511, 513, 550, 557, 564
Kreislers musikalisch-poetischer Clubb 87, 137
Die Kunstverwandten (späterer Titel: Seltsame Leiden eines Theater-Direktors) 40, 209
Lebens-Ansichten des Katers Murr 20, 28, 40, 42, 45, 52, 62, 136, 179, 237, 247, 273, 336, 338–358, 378, 427–429, 446, 482–484, 487f., 490–493, 495, 497, 505f., 513, 516f., 527, 540, 550, 579, 582, 595, 598, 603f., 610, 613
Der Magnetiseur 26, 28, 62, 71, 87, 93, 108–113, 174, 297, 490, 512, 531, 555, 566
Das Majorat 161f., 164, 166f., 203–208, 273, 331, 516, 520, 565, 581
Mariens Brief an Adelgunde 108, 111
Die Marquise de la Pivardiere (Nach Richer's Causes Célèbres) 231–236, 506
Meister Floh 13, 25, 32, 34f., 39, 45, 69, 222, 291, 378–393, 452, 477, 480, 491, 525, 540, 603, 611

Meister Johannes Wacht 29, 528
Meister Martin der Küfner und seine Gesellen 26, 258, 263, 304–309, 410f., 509f., 528, 538, 544, 606, 612
Der Musikfeind 87
Nachricht von den neuesten Schicksalen des Hundes Berganza 8, 28, 40, 44, 87, 94, 97, 99–107, 536, 542
Nachricht von einem gebildeten, jungen Mann. Aus den Papieren des Kapellmeisters, Johannes Kreisler 87
Nachtstücke 31, 109, 161–169, 186–188, 190f., 193, 197, 203, 287, 318, 498, 509, 516, 564f., 570, 579
Nußknacker und Mausekönig 50, 258, 287–297, 313f., 486, 506, 521, 537, 586, 611
Das öde Haus 161, 163–166, 174, 197–202, 398, 506, 510, 513, 518, 522, 524, 590
Der Preis 5, 137
Prinzessin Blandina 40, 43, 87, 105, 137–143, 213, 253, 255
Prinzessin Brambilla 27, 29, 33, 38, 40, 42, 45, 48, 54, 56, 69, 95, 142f., 211, 215, 224, 230, 237–256, 329, 353, 387, 392, 397, 404, 489, 491, 494f., 500, 505, 509, 514, 516, 529, 544, 561, 590, 594f., 597, 602, 610f., 613
Die Räuber 364
Rat Krespel 19, 258, 260, 262, 264, 266, 268–275, 337, 509f., 523, 565, 585, 587
Der Revierjäger (späterer Titel: Ignaz Denner) 161, 186
Ritter Gluck. Eine Erinnerung aus dem Jahre 1809 8, 31, 40, 44, 81–87, 94f., 99, 108, 144, 413, 415, 430, 461, 501, 503–505, 509, 513, 516–518, 520–523, 564
Roman des Freiherren von Vieren 364, 367
Sämtliche Werke 109
Das Sanctus 161, 168, 273, 510, 513, 523, 611
Der Sandmann 28, 112, 161f., 164–167, 169–187, 197f., 201, 277, 283, 285, 289, 292f., 332, 376, 398, 434, 486–488, 502f., 506, 509, 517f., 522, 524,

526, 544, 557f., 561, 567, 581, 585–587, 590, 599, 607, 612, 615
Schriften an den Herausgeber 459
Seltsame Leiden eines Theater-Direktors 38, 40, 141, 209–214, 241f., 494, 579
Die Serapions-Brüder 31, 34, 41, 45, 62, 100, 142, 163, 166, 168, 257–269, 272, 276, 287, 298, 302, 304, 310, 318f., 325, 332, 338, 341, 364, 412, 513, 516, 534, 539, 542, 551, 579, 586f.
Signor Formica 241f., 258, 509
Eine Spukgeschichte 260
Das steinerne Herz 161, 167
Träume sind Schäume (späterer Titel: Der Magnetiseur) 108
Der unheimliche Gast 513
Des Vetters Eckfenster 40, 42, 45, 94, 394–406, 521, 541, 557, 590, 597, 599, 606
Die Vision auf dem Schlachtfeld bei Dresden 110
Der vollkommene Maschinist 139f.
Zacharias Werner 261, 263, 538

Schriften zur Musik

Alte und neue Kirchenmusik 260, 274, 415, 419–421
An den Herrn Konzertmeister Moeser 424
Beethoven-Rezensionen 332, 414, 430
Beethovens Instrumentalmusik 87
Besprechung einer Aufführung des Festspiels *Lalla Rûkh* von Spontini 423
Besprechung einer Aufführung von Mozarts *Don Juan* 423
Besprechung einer Aufführung von Mozarts *Zauberflöte* 423
Besprechung der Opernaufführung *Das unterbrochene Opferfest* von P. von Winter 423
Briefe über Tonkunst in Berlin 423
Der Dichter und der Komponist 140, 213, 241, 332f., 415f.
Nachträgliche Bemerkungen über Spontinis Oper *Olimpia* 423
Repliken auf andere Beiträge 423
Rezension, *Der Opern-Almanach des Hrn. A. v. Kotzebue* 419
Rezension der *Coriolan*-Ouvertüre von Beethoven 414
Rezension der 5. Sinfonie von Ludwig van Beethoven 414f., 435
Rezension der Klaviertrios op. 70 414
Rezension der Messe in C-Dur 414
Rezension der Musik zu Goethes *Egmont* von Ludwig van Beethoven 414
Rezension der Oper *Die Alpenhütte* von J. P. Schmidt 423
Rezension der Oper *Armide* von Christoph Willibald Gluck 423
Rezension der Oper *Das Fischermädchen* von J. P. Schmidt 423
Rezensionen der Sinfonien 5 und 6 von Friedrich Witt 414
Rezension der *Zwölf Lieder* von Wilhelm Friedrich Riem 422f.
Rezension zu Braun 415
Rezension zu einem Konzert Spontinis 423
Rezension zu Konzerten des Konzertmeisters Moeser 423
Rezension zu Wilms 415
Schreiben eines Klostergeistlichen an seinen Freund in der Hauptstadt 40, 413, 450, 459f., 462
Texte zur Opernästhetik 415
Ueber einen Ausspruch Sachini's, und über den sogenannten Effect in der Musik 87f., 97, 416–419, 531
Über *Salomons Urteil* 413
Zufällige Gedanken beim Erscheinen dieser Blätter 423

Kompositionen

Allegro moderato, c-Moll-Satz 433
Arlequin (Ballettmusik) 426, 428–430
Aurora (Heroische Oper) 7, 426, 428f., 431, 433, 450
Ausgewählte musikalische Werke 425
Die Brautnacht (erster Teil aus *Kreuz an der Ostsee*) 440
Cantate zur Feier des neuen Jahrhunderts 4
Dirna (Melodram) 33, 426, 428–430, 440–444
E.T.A. Hoffmanns Musikalische Werke 426
Faustina 462
Das Gelübde 19
Grand Trio für Klavier, Violine und Violoncello 427
In des Irtisch weiße Fluten (Lied, Kotzebue) 426
Jägerlied (Männerchorsatz) 426
Judex ille 425
Julius Sabinus (Bühnenmusik zu Julius von Sodens Drama) 33, 425
Katzburschenlied (Männerchorsatz) 426
Klaviersonate A-Dur 21, 427
Klaviersonate cis-Moll 427
Klaviersonate f-Moll 427
Klaviersonate F-Dur 427
Das Kreuz an der Ostsee (Bühnenmusik zu Zacharias Werners Trauerspiel) 5, 425, 428, 430, 434, 440–443, 447
Liebe und Eifersucht 425, 428, 430f., 433f., 436
Der Liebhaber nach dem Tode (unvollendete Oper) 425, 432
Lieder 425
Die lustigen Musikanten 5, 425, 429f., 432
Die Maske (Singspiel) 4, 30, 425, 430, 450

Messa, d-Moll (Kirchenmusik) 426, 430
Missa 428
Miserere, b-Moll (Kirchenmusik) 426, 429, 431, 433, 436, 444–446
Nachtgesang (Männerchorsatz) 426
O Nume che quest'anima (Quartett) 426
Overtura. Musica per la chiesa (Kirchenmusik) 426
Quintett für Harfe, zwei Violinen, Viola und Violoncello, c-Moll 427, 434
Recitativo ed Aria *Prendi l'acciar ti rendo* 426
Der Renegat 462
Rondos für das Klavier 425
Sacrificium Deo (Arie aus *Miserere*) 444
Saul, König in Israel (Melodram) 426, 429
Scherz, List und Rache (Singspiel, Goethe) 4, 430
Schlachtgesang der Preussen (aus *Kreuz an der Ostsee*) 440, 447
Sei canzoni per quattro voci alla Capella (Kirchenmusik) 426, 448
Sei Duettini italiani 426–428
Sinfonia, Es-Dur 427, 430
Thassilo (Musik zu Fouqués Schauspiel) 432
Der Trank der Unsterblichkeit (Romantische Oper) 6, 426, 428, 430
Tre Canzonette italiane 426, 460
Trois Canzonettes à 2 et à 3 voix 426
Türkische Musik (Männerchorsatz) 426
Undine (Zauberoper) 10, 12, 22, 31, 161, 209, 426, 428f., 431f., 436, 439f., 442f., 447, 450
Wiedersehn! (Prolog) 426, 429
Die Wünsche 19

Briefe und Tagebücher

Brief an den Verlag Breitkopf & Härtel 459f.
Brief an den Verleger Johann Daniel Sander (Begleitbrief zum *Schreiben eines Klostergeistlichen*) 460
Briefe 451–461

Briefe an Friedrich Rochlitz 460
Briefe an Hippel 454–459
Briefe an den Verleger Ambrosius Kühnel 460
Tagebücher 461–466

Bilder

Die Fantasie erscheint zum Troste 540
Die Feuersbrunst. Ein Dosengemälde von Rembrand 541

www.ingramcontent.com/pod-product-compliance
Lightning Source LLC
Chambersburg PA
CBHW021219300426
44111CB00007B/351